·PANZHIHUA YEARBOOK·

攀枝花年鉴

2011

攀枝花市人民政府 主办
攀枝花市地方志办公室 编

方志出版社

图书在版编目（CIP）数据

攀枝花年鉴.2011 / 攀枝花市地方志办公室编. —北京：方志出版社，2011.9
ISBN 978—7—5144—0247—6

Ⅰ.①攀… Ⅱ.①攀… Ⅲ.①攀枝花市—2011—年鉴
Ⅳ.①Z527.13

中国版本图书馆 CIP 数据核字（2011）第 197062 号

攀枝花年鉴（2011）

编　　者：攀枝花市地方志办公室
责任编辑：冯　松

出 版 者：方 志 出 版 社
（北京市建国门内大街 5 号中国社会科学院科研大楼 12 层）
邮编　100732
网址　http：//www.fzph.org
发　　行：方志出版社发行部
(010)85195814　85196281
经　　销：新华书店总店北京发行所
法律顾问：北京市大禹律师事务所
设计制版：成都市标点制版印务有限责任公司　（028）86269782
印　　刷：成都现代印务有限公司

开　　本：889mm×1194mm　1/16
印　　张：27.5
字　　数：993 千
版　　次：2011 年 9 月第 1 版　2011 年 9 月第 1 次印刷
印　　数：0001—3000 册

ISBN 978—7—5144—0247—6/K·203　　定价：180.00 元

攀枝花市行政区划图

凉山彝族自治州
盐源县
德昌县
米易县
盐边县
仁和区
东区
西区
宁蒗彝族自治县
华坪县
丽江地区
云南省
楚雄彝族自治州
大姚县
永仁县
会理县
凉山彝族自治州
图例
省界
市、州界
县、区界
乡、镇界
铁路及车站
国道
省道
县道
乡道
山峰及高程点
省政府驻地
县、区政府驻地
乡(镇)政府驻地
街道办事处
行政村
电站
电视发射塔

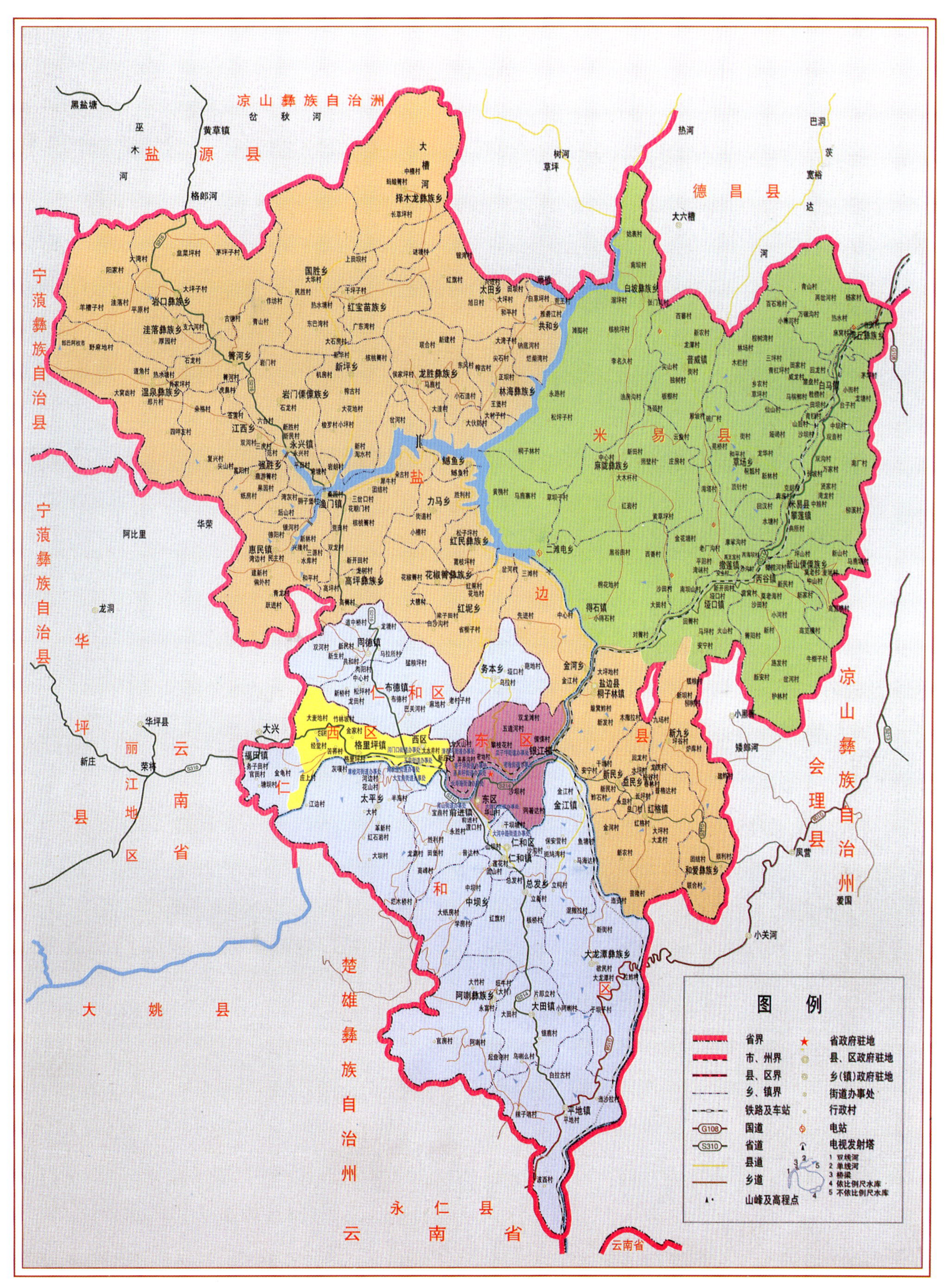

领导视察

2010年11月22日，中共中央政治局委员、国务院副总理张德江（中）到攀枝花钒钛产业园区调研。（王猛 摄）

2010年11月2日，国土资源部党组书记、部长，国家土地总督察徐绍史（左三）到攀枝花钒钛产业园区视察。（宋俊康 摄）

2010年4月7日，国家防总副总指挥、水利部副部长鄂竟平（左二）到攀枝花市视察抗旱情况。（市电子政务中心 提供）

2011年6月15日，农业部副部长牛盾（左二）到攀枝花市调研。（晏洁 摄）

2010年11月22日，铁道部副部长陆东福（右一）到仁和区总发乡成昆铁路新线项目攀枝花段调研。（陈旭耀 摄）

2010年3月22日，省委书记、省人大常委会主任刘奇葆（右三）视察攀枝花市新密地大桥建设工程。
（市电子政务中心 提供）

2010年11月22日，省委副书记、省长蒋巨峰（左一）视察攀枝花“八三○”地震灾后农房和学校重建工作。
（王猛 摄）

2010年3月19日，民政部救灾司专员柳永法（右二）到攀枝花市视察旱情。（攀枝花市民政局提供）

2011年4月13日，省政协主席陶武先（右二）到攀枝花市调研。
（宋俊康 摄）

2010年11月4日，省委常委、省国资委党委书记王少雄（前排中）到攀枝花钒钛产业园区调研。
（宋俊康 摄）

2010年11月8日，省委常委、省委宣传部部长黄新初（中）视察攀枝花钒钛产业园区。
（市电子政务中心提供）

2010年11月10日，副省长张作哈到攀枝花青年志愿者服务站慰问民运会青年志愿者。
（共青团攀枝花市委提供）

2010年11月17日，副省长陈文华（右二）到四川省运动技术学院红格训练基地调研。
（市电子政务中心提供）

重要会议

2011年2月21日，攀枝花市第八届人大第六次会议在攀枝花会展中心召开。（宋俊康 摄）

2011年2月19日，中国人民政治协商会议第七届攀枝花市委员会第五次会议在攀枝花会展中心召开。（宋俊康 摄）

2011年5月5日，2011年全市工业工作会议在攀枝花会展中心召开。（宋俊康 摄）

2010年7月3日，钒钛磁铁矿转底炉煤基直接还原—电炉熔分工业化试验研究成果鉴定会在攀枝花会展中心举行。（宋俊康 摄）

2011年6月15日，“全球治理革命和政府管理创新”专题讲座在攀枝花会展中心举行。（宋俊康 摄）

2010年9月16日，“转变经济发展方式、建设特色经济强市”论坛在攀枝花会展中心举行。（宋俊康 摄）

2010年8月1日，钒钛资源综合利用国家重点实验室建设计划可行性论证会在成都召开并通过国家科技部组织的专家论证。（攀钢史志办提供）

2011年2月15日，城市新区开发建设专题研讨会在攀枝花会展中心召开。（宋俊康 摄）

2011年5月10日，攀枝花市人民政府与国家开发银行四川分行银政合作会议暨“十二五”合作备忘录签字仪式在攀枝花会展中心举行。（宋俊康 摄）

—— 重要活动 ——

2010年11月10日，四川省第十三届少数民族体育运动会开幕式在攀枝花市体育场举行。（高飞 摄）

2011年6月17日，“旗帜更鲜艳、歌声更嘹亮——市直机关纪念中国共产党建党90周年文艺晚会”在攀枝花市体育馆举行。（宋俊康 摄）

2010年8月13日，七夕相亲汇大型公益演唱会在市中心广场举行。

（宋俊康 摄）

2011年4月7日，全国检察机关惩治和预防渎职侵权犯罪巡展在攀枝花市体育馆开幕。（宋俊康 摄）

2010年5月22日，激情跨越魅力东区大型文艺晚会在市体育场举行。（寇华春 摄）

2011年5月19~23日，颂歌献给党文艺汇演在市中心广场举行。（寇华春 摄）

2011年2月19日，攀枝花欢乐阳光节闭幕式暨庆祝米易县建县60周年星光大道冠军走进米易大型文艺晚会在米易县举行。（寇华春 摄）

重要活动

2010年7月16日，攀枝花市第六届（雪花）啤酒节开幕式在市中心广场举行。（寇华春 摄）

2010年8月22日，攀枝花金芒果节“芒果小精灵”评选大赛决赛暨闭幕式在仁和广场举行。(寇华春摄)

2011年1月15日，第五届中国·攀枝花国际长江漂流节在西区金沙滩举行。（寇华春 摄）

2011年12月18日，中国·攀枝花欢乐阳光节“山城啤酒”欢乐购物节暨金沙江美食节开幕式在市中心广场举行。（寇华春 摄）

重要工程

2011年3月16日，四川攀枝花钒钛产业园区与攀枝花卡耐特晶源科技有限公司、攀枝花新中钛科技有限公司签订合作协议。（宋俊康 摄）

2010年7月1日，四川攀枝花钒钛产业园区迤资火车站改扩建暨铁路专用货场竣工。（余斌 摄）

2010年9月12日，攀枝花市中心医院第二住院大楼暨市干部保健中心项目建设动工。（宋俊康 摄）

2010年10月20日，雅砻江官地、桐子林水电站开工典礼在盐边县桐子林镇举行。（晏洁 摄）

2010年10月30日，攀枝花市公租房建设项目开工仪式在炳三区举行。（宋俊康 摄）

重要工程

2010年10月，攀钢18万吨/年高钛渣二期工程建成投产。（攀钢史志办提供）

2010年10月，攀枝花市民族体育馆竣工并投入使用。（彭小平 摄）

2010年11月11日，阳光馨园经济适用房小区举行交房仪式。（攀钢史志办提供）

2010年12月28日，由云南钛业股份有限公司投资4.34亿元的攀枝花钛锭项目一期工程建设开工。（宋俊康 摄）

2011年4月28日，世行贷款项目炳仁路工程举行通车典礼。（宋俊康 摄）

2010年底，攀钢1.5万吨/年海绵钛项目建设主要设备正在安装中。（攀钢史志办提供）

2011年4月18日，攀枝花运力汽车部件制造有限公司汽车上装生产线项目奠基仪式在南山循环经济发展区举行。（宋俊康 摄）

2011年5月4日，中缅天然气管道攀枝花支线项目合作意向协议在成都签订。（杨荟琳 摄）

2011年6月21日，金沙江木材水运局棚户区改造工程开工。（宋俊康 摄）

2011年6月22日，丽攀高速公路华坪荣将至攀枝花福田段项目建设动员大会在云南省丽江市华坪县荣将镇举行。（陈旭耀 摄）

2011年6月23日，攀钢集团有限公司与贵州盘江投资控股集团有限公司在南山宾馆签订战略合作协议。（杨荟琳 摄）

旅 游

二滩风景区——大坝泄洪（市旅游局提供）

西区老拱山傈僳寨（西区地方志办提供）

米易国家级激流回旋竞训基地（市旅游局提供）

二滩库区渔门岛 （盐边县地方志办提供）

国家4A级旅游区——盐边县格萨拉风景区（市旅游局提供）

米易龙潭溶洞（市旅游局提供）

红格温泉（市旅游局提供）

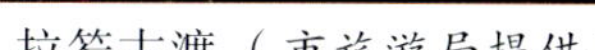

拉笮古渡（市旅游局提供）

宝鼎弥猴生态旅游区（市旅游局提供）

旅 游

仁和区乌拉风情森林酒店（仁和区地方志办提供）

仁和区柠檬庄园（仁和区地方志办提供）

米易县“迷易周庄”（周朝禄 摄）

米易县碧园农家乐（米易县地方志办提供）

米易县馨园农家乐（米易县地方志办提供）

东区天寿湖度假村（东区地方志办提供）

《攀枝花年鉴(2011)》编纂委员会

《攀枝花年鉴(2011)》编辑部

编辑说明

一、《攀枝花年鉴》是根据中共攀枝花市委、市人民政府决定，由攀枝花市人民政府主管、主办，攀枝花市地方志办公室编纂，全面反映攀枝花市政治、经济、文化和社会发展情况的地方综合性年鉴。《攀枝花年鉴》每年编辑出版1卷，已连续编辑公开出版20卷。

二、《攀枝花年鉴》是一部资料、知识、信息高度密集的大型综合性资料工具书，他为认识攀枝花、研究攀枝花、建设振兴攀枝花提供翔实资料；为科学决策、指导工作提供可靠依据和最新信息；为教学和思想教育提供现实资料和乡土教材；为“让攀枝花走向世界，让世界了解攀枝花”提供窗口；也为攀枝花留下可供借鉴的宝贵历史财富。

三、《攀枝花年鉴(2011)》系记述攀枝花市2010年度资料，内容以条目形式表述。从稳定性和连续性出发，全书设特载、大事记、概貌、党政群团、军事、政法、经济管理、工业、农业、交通、信息产业、口岸、开发区建设、林业·环保、城乡规划建设与城市管理、商贸、金融、财政·税务、科学、文化、教育、体育·卫生、社会、专文、附录共25个部类。内文配以统计表格和图片，力求图文并茂，增强可读性。附录中选载有重要文件目录、先进名录、实用指南等，增加了二次文献分量，以供使用者查询。

四、《攀枝花年鉴(2011)》所用资料、图片，均由有关单位撰写、提供，并经有关领导审核、单位盖章。有关全年主要经济指标数据经市统计局审核。个别部门数据由于统计口径不同而表述不尽相同的，以市统计局年报数为准。全书文稿经市保密局、市统计局审查。全书编纂结束后，送编委会终审定稿，由方志出版社出版，国内外公开发行。

五、《攀枝花年鉴(2011)》类目、分目、副分目标题，分别用魏体、隶书、楷体区别，条目标题均用黑体字加“【】”符号，一次文献和二次文献采用不同字体以示区别。

六、《攀枝花年鉴(2011)》在编辑出版过程中，得到各县(区)、市级各部门、中央和省驻攀单位、各有关单位及全体撰搞人员的积极支持和通力合作，在此一并致谢。并请所有关心和支持《攀枝花年鉴》编辑出版的各界人士给予批评、指正。

《攀枝花年鉴》编辑部

2011年7月

《攀枝花年鉴(2011)》编撰单位责任人、主撰人

（排名不分先后）

单　　位	责任人	主撰人
中共攀枝花市委办公室、攀枝花市委研究室	张大奇	曾学军　但镗宏　张　彬　张雪峰　游　鸿
攀枝花市人大常委会办公室	杨洪达	王　熙
攀枝花市人民政府	贾德华	刘兴林　达士杰　范昌明　银敦辉
政协攀枝花市委员会办公室	唐超雄	章成侠
中共攀枝花市纪律检查委员会、攀枝花市监察局	李群林	谢　强
中共攀枝花市委组织部	王向阳	马　涛
中共攀枝花市委宣传部	李　燕	雍茹元
中共攀枝花市委对台办	柳建红	王　铎
中共攀枝花市委统战部	钟毅刚	郑秋蕾
攀枝花市精神文明建设办公室	代兴强	刘嘉华
中共攀枝花市委党校	李国庆	周　玮
中共攀枝花市直机关工委	雷兴全	苗鹏亮
攀枝花市国家保密局	张大奇	丁　利
中共攀枝花市委机构编制委员会办公室	张云中	和江华
中国人民银行攀枝花市中心支行	罗　结	谢　娟
中国银行业监督管理委员会攀枝花监管分局	康跃辉	唐　云
中国工商银行股份有限公司攀枝花分行	祝文康	李　广
中国农业银行股份有限公司攀枝花分行	刘天贵	马昌贵
中国银行股份有限公司攀枝花分行	罗万云	倪明君
中国建设银行股份有限公司攀枝花分行	朱　虹	邹瑜琦
交通银行股份有限公司攀枝花分行	张进康	刘昆山
中国农业发展银行攀枝花市分行	杨　辉	何　雯
攀枝花市商业银行	邓崇定	黄春霞
攀枝花农村商业银行筹建工作小组	刘元海	严文勇　杨昌洲
华西证券有限责任公司攀枝花新华街证券营业部	冯于顺	赵　鑫
中国人民财产保险股份有限公司攀枝花市分公司	华德麟	陈　宏
中国人寿保险股份有限公司攀枝花市分公司	高　俊	王国蓉
中国平安财产保险股份有限公司攀枝花中心支公司	唐　华	钟　勇
中国太平洋财产保险股份有限公司攀枝花中心支公司	刘晓阳	尤奇伟

中国太平洋人寿保险股份有限公司攀枝花中心支公司	李艳秋	袁孟康	
中华联合财产保险股份有限公司攀枝花中心支公司	杨　东	皮宗兴	
天安保险股份有限公司攀枝花中心支公司	李静萍	代　磊	
阳光财产保险股份有限公司攀枝花中心支公司	黄仕平	赖庆秀	
华安财产保险股份有限公司攀枝花中心支公司	王以刚	曾　平	
攀枝花市财政局	刘元海	袁　柳	
四川省攀枝花市国家税务局	王小明	唐　斌	
四川省攀枝花市地方税务局	潘元昌	余鹏远	
中共攀枝花市委群众工作局　攀枝花市人民政府信访局	张卫中	杨　茜	
攀枝花市人力资源和社会保障局	刘忠杰	肖礼荣	刘延东
攀枝花市人民政府外事办公室	高　翔	罗友凤	
攀枝花市人民政府侨务办公室	陈君仁	张穗蓉	
攀枝花市机关事务管理局	王　斌	陈其祥	
攀枝花市扶贫和移民工作局	韦美辉	张细平	
攀枝花市安全生产监督管理局	庞　德	肖黔俐	
攀枝花市旅游局	唐明怡	张志明	
攀枝花市人民政府政务服务中心	杨秋林	周　娴	
攀枝花市住房公积金管理中心	李向前	张治文	
民革攀枝花市委	孙美娟	陈　洪	
民盟攀枝花市委	胡志林	蒋冰韬	
民进攀枝花市委	朱发彬	张　玥	
中国农工民主党攀枝花市委	许　勤	王沛然	
中国致公党攀枝花市委	邓永玲	张尔栗	
九三学社攀枝花市委	吴　雨	韩　林	
民主建国会攀枝花支部	李绍华	于立光	
攀枝花市工商业联合会	刘宝林	陈忠荣	
攀枝花市总工会	张开锋	张泽周	
共青团攀枝花市委	葛晓鹏	潘国娟	
攀枝花市妇联	刘道泸	徐云芳	
攀枝花市发展和改革委员会	覃发树	向彩宏	
攀枝花市经济和信息化委员会	刘建明	欧阳平	
攀枝花市国有资产投资经营有限责任公司	贺云海	张小勇	
攀枝花市城市建设投资经营有限公司	曾光富	蔡　茵	李建莉
攀枝花市交通投资开发有限公司	莫萃芳	周　勇	程晓勤
攀枝花市政府国有资产监督管理委员会	李　军	任文辉	杨　惠
攀枝花市统计局	徐　翠	胡　滔	
攀枝花市审计局	谢安德	陈　黎	

四川省攀枝花市工商行政管理局	许城萌	吴 琨
四川省攀枝花质量技术监督局	冯 勇	李 建
攀枝花市国土资源局	邓浙林	陈 锐
攀枝花市食品药品监督管理局	何昌文	郑 涛
攀钢集团有限公司	顾智忠	黄长银
中国十九冶集团有限公司	田 野	陈昭华
攀枝花煤业(集团)有限责任公司	袁渊泉	唐和平 王 宁
华电四川发电有限公司攀枝花分公司	贺熹坤	李 冰
二滩水力发电厂	张树忠	雷 勇
四川省电力公司攀枝花电业局	黎湘康	郭 健 刘雅利
攀枝花钢城集团有限公司	王明伟	莫基秀
攀枝花市农牧局	李春华	青致刚
攀枝花市农业综合开发	鲁 川	杨 东 雷 林
攀枝花市水务局	马泽林	景志飞
攀枝花市交通运输局	雷 雨	胡晓莉
攀枝花市保安营机场	李亚林	罗 莉
西昌车务段	郑泽培	代林均
攀枝花市邮政局	杨 军	黄 毅 寇建梅
电信攀枝花分公司	单 歆	吴 艳
移动攀枝花分公司	胡锴喆	李志德
联通攀枝花分公司	刘开阳	文 玉
攀枝花市电子政务管理中心	李少昆	余自彬
攀枝花海关	岳重光	刘代英
攀枝花检验检疫局	庞万里	王春香
攀枝花钒钛产业园区	苏蜀林	余 斌
攀枝花红格开发区	丁建高	董世强 曹洪英
攀枝花市林业局	杨礼文	李思谊
攀枝花市环保局	任礎军	夏 勇
攀枝花住房和城乡规划建设局	杨 林	王文静
攀枝花市城管局	赵 琪	姜雪娇
攀枝花市商务和粮食局	陈远俊	张亚梅
攀枝花市供销社	唐 平	叶宗翠
中国石油攀枝花分公司	张成斌	李泽民 缪 君
攀枝花烟草公司	伍仁军	刘思源
攀枝花市盐业分公司	吴成勋	杨世堂
攀枝花市教育局	孔 炜	崔晨浩 刘万康
攀枝花学院	胥 刚	王同朝

四川机电职业技术学院	许志军	周官强
攀枝花市体育局	刘　跃	彭小平
攀枝花市卫生局	杨　军	田维新
攀枝花市人口和计划生育委员会	李　敏	杨仕显
攀枝花市民政局	钱　卫	李泽明
攀枝花市残疾人联合会	李维忠	黄金秀
攀枝花市民族宗教事务委员会	段怀云	李　华
攀枝花市老龄工作委员会办公室	唐国建	巫俊霞
攀枝花市东区人民政府	陈忠恕	张忠庆　鄢　平
攀枝花市西区人民政府	陈　力	杨　岷　毛　荣
攀枝花市仁和区人民政府	唐旭光	马　毅
攀枝花市盐边县人民政府	邓　斌	刘贵云　周玉国
攀枝花市米易县人民政府	蒋　蕊	周在元　王小岚
攀枝花军分区	程少华	许正选
武警攀枝花市支队	曹建平	蔡常青
攀枝花市人民防空办公室	杜勇进	徐　明
攀枝花市公安消防支队	张步权	黄建智
武警攀枝花市森林支队	王保中	肖玉霞
中共攀枝花市委政法委	周元明	刘云涛
攀枝花市公安局	殷旭东	姜　鑫
攀枝花市检察院	卢旭东	王　凯
攀枝花市中级人民法院	赵　勇	郑天君
攀枝花市司法局	彭维滨	马荣锁
攀枝花市政府法制办公室	文　静	何　鹏
攀枝花市科学技术知识产权局	李兴华	李盛国
攀枝花市科学技术协会	林智深	潘学才
攀枝花市防震减灾局	卢开南	王　斌
攀枝花市气象局	肖仲民	陶洪福　杜成勋
攀枝花市农林科研院	张存岭	吕金燕
攀枝花市社科联	杜　非	刘之丁
攀枝花市地方志办公室	周世开	王　锋
攀枝花市党史研究室	赵东宇	牟来斌
攀枝花市文化局	马晓凤	吴　俊
攀枝花市文联	李　平	马亚伟
攀枝花市广播电影电视局	张　雷	后　斌
攀枝花日报社	张　春	毛哲先
攀枝花市档案局	李加强	曾姗姗

目　录

特　载

大事记

概　貌

党政群团

军　事

政　法

经济管理

工　业

农　业

交　通

信息产业

口　岸

开发区建设

林业·环保

城乡规划建设与城市管理

商 贸

金　融

财政・税务

科　学

文　化

教　育

专　文

附　录

索　引

Contents

Special Reports

Memorabilia

General Survey

Parties · Government · Non-government organizations

Military

Legal System

Economic Management

Industry

Agriculture

Traffic

Informationg Industry

Ports

Construction of Development Areas

Forestry · Environment protection

Urban and Rural Planning and Construction and Urban Management

Commerce and Trade

Finance

Finance · Taxation

Science

Culture

Education

Physical Culture · Public Health

Society

Special Articles

Appendix

Index

特 载

政府工作报告

——2011年2月21日在攀枝花市第八届人民代表大会第六次会议上

市 长 刘晓华

各位代表：

我代表市人民政府向大会报告工作，请予审查，并请各位政协委员和其他列席会议的同志提出意见。

一、2010年及“十一五”时期工作回顾

2010年，是“十一五”规划的最后一年。一年来，市政府在市委的正确领导下，在市人大、市政协的监督支持下，深入贯彻落实科学发展观，牢牢把握“提速增效、加快发展”的工作基调，加快转变经济发展方式，纵深推进“四个倾力打造”，努力促进社会和谐进步，圆满完成了市八届人大五次会议确定的目标任务。全年实现地方生产总值523.99亿元，比上年（下同）增长15.1%，其中，第一产业增加值21.49亿元，增长3.9%，第二产业增加值386.63亿元，增长17.5%，第三产业增加值115.86亿元，增长9%；完成全社会固定资产投资330.7亿元；增长24.9%；实现社会消费品零售总额140.17亿元，增长17.7%；完成地方财政收56.49亿元，增长19.6%；城镇居民人均可支配收入16 882元，增长12.8%，农民人均纯收入6 293元，增长14.9%；城镇登记失业率和人口自然增长率分别控制在3.5%和4‰以内；预计单位GDP能耗下降4.8%。

一年来，我们重点做了以下四个方面的工作：

（一）抓项目带全局，推动经济提速增效

——投资拉动成效显著。固定资产投资对经济增长的拉动作用充分显现，投资拉动GDP增长9.1个百分点，对经济增长的贡献率达到60%。投资结构不断优化，三次产业投资1 490亿元的100个重点项目，其中51个重大产业化项目完成投资74.79亿元。重大基础设施、民生工程及产业化项目加快推进，攀钢18万吨钛渣二期、钢城集团5 000吨海绵钛、攀煤100万吨焦炭等项目全面竣工，福川机械球墨铸件汽车后桥壳等项目基本建成，白马铁矿二期、观音岩水电站等项目按计划推进，桐子林水电站、云钛公司2万吨钛锭、省道310红格过境线、二滩水淹区连片扶贫开发、红格温泉度假酒店二期、金海五星级酒店等项目开工建设，富邦1 000万件刹车制动毂、润莹300万件汽车齿轮技术改造扩能等机械制造项目前期工作进展顺利。

——三次产业健康发展。工业强市战略深入实施，钒钛、钢铁、能源、化工四大支柱产业不断壮大，矿业和机械加工产业加快发展，新兴产业培育取得新进展，成功跻身国家首批62个新型工业化产业示范基地，全市共完成工业增加值364.63亿元，增长18%，其中规模以上企业实现增加值348.59亿元，增长20.5%。农村经济平衡增长，粮食、水果、蔬菜、肉类总产量分别增长0.2%、9.8%、4.1%、3.4%，收购烟叶32万担，完成农林牧渔业总产值36.52亿元，增长4.5%；新农村建设取得积极进展，米易、盐边新农村示范片建设通过省级验收，东区、西区、仁和区市级新农村示范片建设正式启动，米易县被确定为首批省级现代农业产业基地强县，盐边台湾农民创业园挂牌并启动建设；农业基础设施不断完善，新增节水灌面2万亩，整治病险水库17座，大竹河引水工程等水利建设加快推进。以旅游业和现代物流为重点的第三产业蓬勃发展，欢乐阳光节、金芒果节等活动精彩纷呈，中国阳光生态旅游度假区打造有力推进，“阳光花城”旅游形象进一步提升，实现旅游总收入42亿元，增长21%；烟叶仓储中心、密地现代粮食物流中心一期粮库主体工程顺利完工，沃尔玛等知名企业入驻我市，汽车、住房等大宗消费品市场表现活跃，城乡现代市场体系不断完善。

——要素制约有所缓解。总量减排任务全面完成，实

施二氧化硫减排项目19个，预计新增削减量4万吨，实施化学需氧量减排项目10个，预计新增削减量1 500吨，为加快发展腾出了环境容量。土地整理工作有效开展，农用地征转批5 530亩，供应建设用地4 515亩。金融稳健运行，全社会金融机构本外币各项存款余额达571.69亿元，增长16%；本外币各项贷款余额达387.76亿元，增长16%；中小企业贷款余额165.6亿元，增长25.56%，中小企业融资难问题进一步缓解；攀枝花商业银行成都分行顺利开业，农村商业银行正式获批组建。自主创新能力不断增强，钒钛磁铁直接还原新流程、机械加工制造、高钛型高炉渣综合利用等技术攻关取得重要进展，高新技术产品及技术性收入达105亿元。煤、电、油、运等要素供应保持稳定。

——财税支撑作用明显。收规模进一步扩大，实现全口径地方财政收入107.1亿元，同口径增长7.22%，其中，国税系统组织收入44.87亿元，增长11.1%，地税系统组织收入37.66亿元，增长16.9%。支出结构继续优化，实现地方财政支出94.46亿元，同口径增长12.6%。充分发挥财政资金的引导作用，全力促发展、惠民生、保投资，产业发展投入力度加大，民生投入大幅增长，重点项目建设资金得到保障。

——县域和园区经济活力提升。东区、西区、仁和区、米易县、盐边县地区生产总量值分别增长12%、18%、23.8%、18.7%、14.8%。地方财政收入分别增长16.2%、9.1%、15.6%、22.2%、30.4%。钒钛产业园区、县(区)工业集中区承载能力不断增强，聚集效应进一步凸显，其中钒钛产业园区(本部)完成工业产值82.38亿元，增长62.8%，新签入园协议项目24个。

——国企民企竞相发展。引导国有企业积极应对复杂多变的市场形势，努力克服原材料涨价等困难，加大产品结构调整力度，强化供产运销衔接，各国有企业生产规模和经济效益等指标均迈上新台阶。其中，攀钢集团在攀实现总收入412.6亿元，攀煤集团煤炭产能达500万吨，十九冶集团新签合同额93亿元。民营经济不断壮大，新增私营企业1 291户、个体工商户8 111户，钢城集团营业总收入突破130亿元并入选全省重点培育的100户大企业大集团，安宁铁钛等5户企业上市工作顺利推进。

（二）抓建设上台阶，改善城乡发展条件

——交通枢纽组建设提速。对外大通道建设有力推进，成昆铁路新线攀枝花段、丽—攀—遵铁路、攀—宜沿江高速公路等项目前期工作进展顺利，丽—攀高速公路攀枝花段13个工程标段已开工11个，攀—大(理)高速公路、绕城高速公路纳入《四川省高速公路网规划(2008—2030年)》。区域内路网进一步完善，炳二区主干道、龙密路开工建设，渡口桥南立交系统DEF匝道建成通车，新密地大桥、沿江快速通道西区段、临江路立交系统等项目建设有力推进，建成通乡油路(水泥路)120公里、通村公路320公里。

——城乡建设步伐加快。组织开展了《城镇化发展“十二五”规划》、《城乡风貌塑造专项规划》等编制工作，城市总体规划确定的建设用地范围基本实现控制性详细规划全覆盖，规划引领作用进一步发挥。炳三区等城市新区及小城镇建设步伐加快，旧城改造稳步推进，城市空间不断拓展。“8·30”地震灾后住房重建工作全面完成，建成永久性农房12 553户、城镇住房158户。缅气入攀项目前期工作进展顺利，水厂、电网、煤气管网等公用基础设施不断完善，公共服务功能进一步增强。

——生态环境不断改善。环保模范城市创建工作取得积极进展，被省政府命名为省级环保模范城市，米易、盐边被命名为省级环保模范县。生态市建设稳步推进，生态县(区)创建工作全面展开，米易县顺利通过生态县建设省级技术核查，全市建设生态乡(镇)3个，生态村13个、生态小区5个。全面加强生态环境保护，切实做好自然保护区建设和管理工作，促进区域生态环境持续好转。森林城市创建有序推进，生态修复积极开展，完成义务植树231万株，营造林25.65万亩，综合治理水土流失134.5平方公里，森林覆盖率达58.97%。

——城市管理明显加强。城乡环境综合治理全面推进，“五十百千示范工程”深入实施，“双创”成果进一步巩固。全面启动市区主要街道、花园的生态景观打造，建设了一批具有浓郁地方特色的花卉景观，新增改造绿化景观5.6万平方米，初步形成了四季有花、花团锦簇的特色花城景观效果。数字化城管稳步推进，基本实现市容市貌实时监控。

（三）抓改革促开放，增添发展内生动力

——体制机制不断创新。市级政府机构改革有序推进，市政府部门由37个精简到33个，机构设置进一步优化。农村综合配套改革继续深化，村级公益事业建设“一事一议”财政奖补试点工作稳步开展。集体林权制度改革深入推进，林权流转市场进一步规范，医药卫生体制改革全面启动，基本药物制度顺利实施。科技、教育、文化等社会事业体制改革加快实施。

——对外开放取得突破。成功举办川滇黔十市地州合作与发展峰会，与凉山、丽江、楚雄等毗邻市州建立互访交流机制，对外合作领域不断拓宽。依托长江沿岸中心城市信息合作联盟，大力宣传我市投资优惠政策，广泛发布区域合作信息，主动融入长江沿岸中心城市和重庆经济协作区等区域经济圈。外经外资外贸工作成效显著，实现外贸出口1.83亿美元，增长116.9%，实际利用外资2.08亿美元，增长16%，对外承包工程和劳务合作营业额达到1 059万美元，增长201%。

——招商引资再创佳绩。加强项目包装，突出产业招商，认真组织小分队招商活动。第十一届西博会签约项目和投资总额创历史新高，全年新签约履约项目160个，实际到位资金301.39亿元，增长33.5%，其中国内省外到位资

金198.62亿元。招商引资项目结构进一步优化，投资额超过5 000万元的落地重大项目达140个，协议资金在1亿元以上项目达141个。

(四)抓民生重和谐，提升人民生活水平

——民生工程利民惠民，统筹安排资金22.4亿元，"十大民生工程"共85小项全面完成。就业规模不断扩大，国家级创业型试点城市建设加快推进，城镇新增就业1.45万人，新增创业675人。扶贫解困成效显著，实施城乡医疗救助4.2万人次，兑现计划生育奖励扶助资金376.34万元，扶持农村贫困人口改善生产生活条件5 625人，提供法律援助15 841人次。教育助学工作积极推进，免除义务教育阶段学杂费学生14.79万人，资助家庭经济困难学生2.15万人，新建和改造中小学校舍5 814平方米。社会保障体系不断完善，新型农村基本养老保险试点工作扎实推进，城镇劳动者医疗保险实现全覆盖，发放社保卡20.09万张，城乡最低生活保障受益面不断扩大，农村"五保"集中供养率达到55%。医疗卫生工程深入实施，15岁以下人群乙肝疫苗补种率达95.16%。群众住房困难问题逐步缓解，改造农村残疾人危房416户，建成廉租房1 288套，完成棚户区改造2 907户、采煤沉陷区治理1 089户，"阳光馨园"3 672套经济适用房如期竣工，首批958套公共租赁住房建设正式启动，我市被批准为全国首批利用住房公积金贷款支持保障性住房建设试点城市并已正式启动贷款工作。道路通畅、基础设施、生态环境、地质灾害防治、文化体育等其他民生工程成效显著。

——各项事业全面进步。深入开展群众性精神文明创建活动，城乡居民文明素质进一步提高。教育"两基"迎国检工作全面启动，义务教育均衡发展有力推进，中小学办学条件有效改善；两类高中教育发展水平进一步提高，职普招生比例达到4.9:5.1；高等教育和成人教育健康发展，逐步成为学习型城市建设的重要平台。文化事业进一步繁荣，群体文化活动丰富多彩，重大文化基础设施建设的前期工作有序推进，第三次全国文物普查成效明显，非物质文化遗产保护体系不断健全。卫生事业健康发展，市中心医院第二住院大楼、市中西医结合医院改扩建等项目加快推进，新型农村合作医疗参合率达93.8%，大力开展健康教育，健康城市创建前期工作进展顺利。体育事业蓬勃发展，成功举办四川省第十三届少数民族体育运动会，组团参加第十一届省运会并获得团体总分第七名，我市培养、输送的运动员在第十六届亚运会和第七届亚残运会上取得优异成绩。广播和电视综合人口覆盖率分别达到95.5%和96.4%，"村村通"用户达到3.1万户。统筹解决人口问题，低生育水平保持稳定。第六次全国人口普查和企业"一套表"网上直报改革工作顺利推进。国防建设扎实开展，荣膺"全国人民防空先进城市"称号，第五次被评为全省"双拥模范城"，连续四十年实现无责任退兵。哲学社会科学进一步繁荣。全市第二轮修志工作全面完成。审计、气象、档案、外事、防震减灾、台务、侨务、保密、老龄、妇女儿童等工作取得新成绩。

——社会政治保持稳定。不断深化平安创建，严厉打击违法犯罪活动，社会治安形势总体平衡，人民群众安全感持续增强，积极构建矛盾纠纷"大调解"工作体系，建立健全"三联两进"工作机制，切实抓好社会管理创新，未发生重大涉稳事件。加强重大安全隐患治理，不断提高安全生产保障和公共突发事件应急管理能力，无重、特大安全事故发生。打击私挖盗采行动深入开展，私挖盗采行为得到有效遏制。民族宗教政策进一步落实，民族地区和宗教领域保持和谐稳定。

一年来，在推动经济社会平稳快速发展的同时，我们也十分注重政府自身建设。扎实开展创先争优活动，兑现公开承诺事项4 965项，"挂包帮"活动成效明显，自觉接受市人大及其常委会的法律监督、工作监督和市政协的民主监督，按时办结人大代表建议111件、政协委员提案263件，从反馈情况看，人大代表和政协委员对办理结果均表示满意或基本满意。政府决策规范化全面落实，法治政府创建活动深入开展。扎实推进行政审批服务"两集中、两到位"，成功召开全省政务服务中心标准化建设工作现场会，我市经验在全省推广，市县(区)两级政务服务中心按时办结率均达100%。集中开展机关作风整顿，制定了《攀枝花市机关效能责任追究办法》，对170人实施了效能问责。加大政务信息公开力度，市政府门户网站第五次获评中国特色政府网站。深入实施政府采购阳光工程，采购资金节约率达14%。进一步加大廉政工作力度，在2个县(区)和6个市级部门开展了廉政风险防范管理试点工作。

各位代表，2010年，全市上下同舟共济、攻坚克难、奋发有为，各项目标任务胜利完成，这标志着"十一五"规划的圆满实现。五年来，在党的十七大和十七届二中、三中、四中、五中全会精神指引下，在市委的坚强领导下，我们立足科学发展，致力社会和谐，有效应对"8·30"地震等重大自然灾害和国际金融危机等各种严峻挑战，加快构建实力、魅力、活力、和谐攀枝花，经济社会发展取得了巨大成就。

——过去五年，是经济实力跃上新台阶的五年。地区生产总值突破500亿元大关，比"十五"末翻了一番；地方财政收入突破50亿元，是"十五"末的2.75倍；固定资产投资总量突破千亿，是"十五"期间的3.3倍；预计单位GDP能耗下降22%。工业结构继续优化，"6+2"特色产业加快发展，钒钛产业集群入选"中国产业集群50强"，荣膺"中国钒钛之都"，实现了从钢铁经济向钒钛钢铁经济的战略性转变；现代特色农业初具规模，五大特色农业基地初步建成；第三产业蓬勃发展，旅游业加速转型，现代服务业规模不断扩大、档次持续提升；民营经济和县(区)属经济占全市GDP比重分别提高到40.1%和66%，支柱产业多元发展、多种经济竞相发展的格局基本形成，经济发展方式逐步转变。

——过去五年，是人民生活取得新改善的五年。"惠民行动”和民生工程深入开展，坚持每年为群众办成一批实事、解决一批问题，民生工作实现了从弥补欠账到系统推进的重大转变。城镇居民人均可支配收入和农民人均纯收入较“十五”末分别增加了7 758元和2 830元，年均增长13.1%和12.7%。就业工作进一步加强，累计新增就业6.81万人，城镇登记失业率持续控制在4.1%以内。社会保障体系不断完善，保障层次和水平稳步提高。人居环境切实改善，成功创建为国家卫生城市和全省首个环保模范城市群，环境空气质量优良率由“十五”末的53%提高到89%。

——过去五年，是发展活力得到新展现的五年。市属国有企业、经营性事业单位和集体企业改制任务全面完成，企业办社会职能顺利移交，新的国有资产管理体制基本建立，统筹城乡综合配套改革、政府机构改革等各项改革深入推进，体制机制创新对发展的促进作用日益彰显。自主创新能力逐步增强，区域创新体系不断完善，钒钛资源综合利用等科技攻关取得重大突破，科技投入是“十五”期间的3.6倍。对外开放步伐加快，招商引资成效显著，累计到位资金989亿元，是“十五”期间的6.34倍，实际利用外资5.92亿美元，是“十五”期间的39倍；外贸出口较快增长，完成出口8.7亿美元，是“十五”期间的1.36倍。

——过去五年，是城乡建设迈出新步伐的五年。全面加强城乡规划建设，规划引领约束作用明显增强，区域定位渐趋合理，城市功能日臻完善，污水处理厂等一大批公共基础设施投入使用，城市新区建设加快推进，建成区面积由“十五”末的41.9平方公里提高到60.7平方公里，工矿城市配套滞后的格局有了显著改观，区域性中心城市的发展构架初步形成。全力打造区域性交通枢纽，高速公路实现零的突破，集航空、铁路、高速公路于一体、贯通南北、连接东西的交通大网络加速形成。深入实施新农村建设，新村规划、小城镇建设、风貌打造等工作有序推进，农村公服务设施不断完善。“8·30”地震灾后重建取得重大胜利。

——过去五年，是社会发展呈现新局面的五年。坚持教育优先发展，中小学校布局更加合理，教育教学质量稳步提高，各级各类教育协调发展。公共卫生体系进一步完善，中心城区“15分钟社区卫生服务圈”初步形成，新型农村合作医疗实现制度全覆盖，区域性医疗卫生服务中心加快构建。城市文化软实力不断提升，特色文化资源有效整合，在全省率先实现公共文化服务体系覆盖到村。全民健身运动广泛开展，体育设施建设成绩斐然，人均体育场地面积较“十五”末增长了182.9%。平安创建工作全面推进，社会保持和谐稳定。

成绩令人鼓舞，经验弥足珍贵。回顾五年的发展历程，我们深刻体会到：攀枝花精神是我们必须传承的宝贵财富。“艰苦创业、无私奉献、开拓进取、团结协作、科学求实”的攀枝花精神作为发展之魂、胜利之本，在继承中发扬，在实践中丰富，成为凝心聚力、攻坚克难的强大精神力量。科学发展是我们必须坚持的第一要务。牢固树立全面、协调、可持续的发展观，正确处理速度、质量、效益关系，协调解决人口、资源、环境问题，努力促进经济、社会和人的全面发展。改革开放是我们必须永续的动力源泉。将解放思想、锐意创新贯穿于政府工作全过程，开放开明，敢闯敢试，以包容的心态博采众长，用改革的办法破解难题，大胆突破资源依赖、区域限制和既有模式的局限，为发展注入不竭动力和强大活力。统筹兼顾是我们必须遵循的基本要求。把统筹兼顾作为处理经济社会发展重大关系的基本方略，全面推进与重点突破相结合，加快发展与维护稳定相协调，切实做到统筹安排、兼顾各方，促进社会总体和谐稳定。让攀枝花人民生活得更加美好是我们必须追求的最终目标。把造福人民作为政府工作的出发点和落脚点，做到重大决策依民而定、工作措施应民而出、安危冷暖唯民而系，不断满足人民群众日益增长的物质文化生活需求，切实提高广大市民的幸福指数。

各位代表！过去的五年，我们在克服多种困难中增强了后劲，在应对严峻挑战中实现了目标，在科学发展、加快发展、又好又快发展的道路上取得了丰硕成果。这些可喜的成绩，是市委总揽全局、掌舵把关、坚强领导的结果，是市人大及其常委会寓支持于依法监督之中、积极开展有效工作监督的结果，是市政协寓支持于民主监督之中、积极参政议政的结果，是驻攀部队携手共建、无私奉献的结果，是社会各界朋友竭诚尽智、献策献力的结果，是各级各部门和全市人民齐心合力、众志成城的结果。在此，我谨代表市人民政府，向全市人民，向在各条战线和各个岗位上辛勤工作的全体劳动者，向驻攀部队、武警官兵和政法干警，向给予政府工作大力支持的人大代表、政协委员、各民主党派、工商联、人民团体和社会各界人士，向为攀枝花发展殚精竭虑的老领导、老同志，致以崇高的敬意！向在我市创业发展的境内外投资者、建设者，表示衷心的感谢！

在肯定成绩的同时，我们也清醒地看到，发展不足、经济总量偏小、产业结构不尽合理仍然是我市发展面临的突出问题，基础条件较差、生产要素偏紧仍然是制约我市发展的主要瓶颈，思想观念解放不够、体制机制创新不足仍然是影响我市发展的主导内因，面对这些困难和问题，我们有决心、有信心、更有责任，通过务实的工作、有效的举措，逐步加以解决，力争在“十二五”时期有明显改变。

二、“十二五”时期奋斗目标及发展思路

根据市委《关于制定国民经济和社会发展第十二个五年规划的建议》，市政府在广泛深入调查研究的基础上起草了《攀枝花市国民经济和社会发展“十二五”规划纲要(草案)》，已提交本次大会审议。

“十二五”期间，全市国民经济和社会发展的指导思想是：高举中国特色社会主义伟大旗帜，以邓小平理论和“三个代表”重要思想为指导，深入贯彻落实科学发展观，以科学发展为主题，以加快转变经济发展方式为主线，紧紧围绕“打造中国钒钛之都，建设特色经济强市”战略目标和“四个倾力打造”战略重点，着力推进产业升级、城市转型和环境优化，统筹推进城乡协调发展，全面提升综合经济实力，在全省率先实现全面建设小康社会主要目标。

“十二五”期间，全市国民经济和社会发展的主要预期目标是：地区生产总值、投资规模、地方财政收入和居民收入四项指标实现翻番，地区生产总值突破1 000亿元，固定资产投资总量五年累计突破2 000亿元，地方财政收入突破110亿元，城镇居民人均可支配收入和农民人均收入分别达到3.3万元和1.2万元以上，人均GDP继续在全省保持领先地位，城镇化率达到68.5%，人口自然增长率控制在3‰以内；社会基本保险覆盖率达到100%，新农合参保率达到95%，城镇登记失业率控制在4.5%以内；森林覆盖率达到60%，城市绿化覆盖率达到40%，环境空气质量优良率保持在90%左右，单位GDP能耗下降完成省政府下达任务。

各位代表，未来五年，是我市应当迎难而上，主动作为的严峻挑战期，也是我市可以乘势而上，奋力突破的战略机遇期，更是我市必须跳起摸高、求进图强的跨越发展期。抓住这五年，就能赢得主动、迅速崛起；错过这五年，将会丧失机遇、步步被动。我们必须抢抓一切可用机遇，利用一切有利条件，调动一切积极因素，敢于超越，奋勇争先，朝着全面建设小康社会奋斗目标阔步前进！

“十一五”时期，我们将按照《纲要》要求，组织实施好有关工作，并重点在以下五个方面抓好落实：

一是把产业结构战略性调整作为主攻方向，加快转变经济发展方式，不断壮大总量、提升实力。按照做强工业、做大三产、做精农业的思路，逐步优化产业结构，有效提升国民经济整体实力。以工业强市为主导，以建设钢铁(钒钛)国家新型工业化产业示范基地和国家级钒钛资源创新开发试验区为抓手，坚持“6+2”特色产业发展导向，全力以赴推进工业结构调整，推动钒钛、钢铁、机械制造、矿产采选、能源开发等产业实现新突破，初步构建起综合配套能力强、产业关联度高的特色优势产业体系。以现代物流业和旅游业为龙头，加快发展第三产业，着力打造省际商贸中心，在全省率先建成二级物流节点城市和次级区域物流中心，努力建成面向大香格里拉的重要旅游集散地和全国著名的冬季阳光度假目的地。以农民增收为核心，加快城乡统筹步伐，大力发展特色水果、早春蔬菜、优质烤烟、畜牧水产等农业优势产业，着力抓好现代农业基地建设，大幅提升农业基础设施保障能力和农业发展组织化程度。

二是把重大项目建设作为主要抓手，调整优化投资结构，充分发挥投资在跨越发展中的推动作用。坚持扩大规模与优化结构并重，立足做大总量上项目，围绕调整结构上项目，瞄准市场需求上项目，加快推进在建项目，努力保持投资的连续性与稳定性，使投资成为跨越发展的重要推手。全面加强招商引资工作，确保项目引得进、留得住、建得好。充分发挥政府投资导向作用，引导投资向社会民生、生态环境等领域倾斜。鼓励扩大民间投资，进一步促进中小企业发展。

三是把建设文明美好家园作为工作重点，大力推进城乡统筹，努力实现城乡一体化发展。全面推行城乡规划一体化，实现规划对乡(镇)、村(社)全覆盖。加快推进城市新区建设，稳步推进旧城改造，加快完善城市功能，全力打造区域交通枢纽，努力建设百万人口宜居宜业大城市和区域性中心城市。加强环境保护和生态建设，基本实现生态市建设目标，建成四川省森林城市。推进社会主义新农村建设，加速新型城镇化进程，建立完善以工促农、以城带乡长效机制，逐步形成城乡经济社会一体化发展新格局，力争使统筹城乡发展走在全省前列。

四是把增强自我发展能力作为战略支撑，加快推进改革创新，积极创造区域竞争新优势。进一步完善区域创新体系，深入实施七大科技工程，切实做好人才工作，力争综合科技竞争力进入全省前三位。以转变经济发展方式、破除城乡二元结构、保障和改善民生等方面的体制机制创新为主要任务，加快重要领域和关键环节改革步伐，着力构建充满活力、富有效率、有利于攀枝花跨越发展的体制机制。全面加强对外区域合作，大力引进外商投资，努力扩大外贸出口规模。

五是把人民幸福、社会和谐作为不懈追求，全面加强社会建设和管理，切实提高发展成果普惠度。坚持把保障和改善民生作为一切工作的出发点和落脚点，深入实施民生工程，积极推进社会建设，协调发展社会事业，不断优化公共服务，持续增加居民收入，让人民群众分享更多发展成果、体验更多和谐幸福。加强安全监管，初步建成本质安全型城市。强化社会治安综合治理，进一步加强新时期群众工作，切实维护社会稳定。

三、2011年的主要任务

2011年，是“十二五”规划的开局之年，也是我市抢抓机遇、加快发展的重要一年。我们既要顺应控制通胀、稳定增长的宏观形势，又要抢抓新一轮西部大开发等重大机遇；既要应对经济周期性调整和产业结构性调整的双重压力，又要体现新时期速度和质量的双重要求。

根据新的形势需要，今年政府工作的总体思路是：全面贯彻党的十七届五中全会、中央经济工作会议和省委九届八次全会、省委经济工作会议精神，牢牢把握科学发展主题，奋力抢抓发展机遇，加快转变经济发展方式，大力调整经济结构，积极推进城乡统筹，纵深推进“四个倾力打造”，切实保障和改善民生，全力促进社会和谐，确保实现“十二五”发展“开门红”。

全市经济和社会发展的主要目标建议为：地区生产总值增长13%以上，其中第一产业增长5%，第二产业增长15%，第三产业增长10%；固定资产投资同口径完成370亿元；地方财政收入增长11%；社会消费品零售总额增长15%以上；单位GDP能耗下降3.3%；城镇居民人均可支配收入增长13.5%，农民人均纯收入增长14%；城镇登记失业率控制在4%以内；人口自然增长率控制在4‰以内。

围绕上述目标，我们将重点做好五个方面的工作：

（一）加速转型升级，发展创新经济

——坚持做强工业，强势推进新型工业化进程。加快建设国家新型工业化产业示范基地，牢牢把握“6+2”特色产业发展导向，努力推动钢铁产业延伸发展、钒钛产业加快发展、矿业经济规模扩大、机械制造产业加速壮大，着力培育太阳能等新兴产业，确保工业增加值长16%，规模以上工业增加值增长17%。加快推进重大项目建设，确保白马铁矿二期、攀钢1.5万吨海绵钛、龙蟒矿冶300万吨二期选矿、安宁铁钛潘家田铁矿采选改扩建等35个重点项目全面竣工，扎实推进金江钛业15万吨钛渣、云钛公司2万吨钛锭、富邦1 000万件刹车制动毂、梅塞尔制氧生产线改扩建、桐子林和观音岩水电站等项目，开工建设白马铁矿选钛工程、德胜400万吨球团生产线等项目，继续做好太阳能产业相关项目的跟踪落实工作。加快钒钛产业园区扩区进度，启动国家级产业园区申报工作，切实抓好县（区）工业集中区升级为省级园区工作，促进产业集群、集约、集中发展。大力促进中小企业和民营经济快速发展，引导民间投资进入新领域。

——立足区位优势，大力发展第三产业。加快推进密地商贸物流园区、格里坪省际工业物流区等项目建设，确保现代烟草物流中心如期竣工，加强与成都、昆明等城市的区域物流合作，培育发展钢城集团汉风物流公司等一批物流龙头企业，培育壮大第三方物流市场，推动现代物流业快速发展。围绕“一心一轴两翼”旅游发展格局，着力构建集运动、休闲、度假为一体的现代旅游体系，精心打造红格温泉、岩神山——莲花村阳光康养、米易南部新城三大旅游度假区，推动旅游产业由观光型向休闲度假综合型转变，实现旅游总收入45亿元。加强引导和调控，促进房地产健康发展。完善并落实商业网点布局规划，加快炳草岗中央商务区建设。深入实施“万村千乡”和“双百”市场工程，支持引导连锁经营企业到社区、农村建立营销网络，继续抓好家电和摩托车下乡、家电以旧换新等工作，积极开拓农村消费市场，努力扩大城乡消费。

——依靠科技支撑，加快发展现代农业。实施统筹城乡发展科技行动，推广普及新型农机具、优良新品种和先进种植模式，健全农业科技服务网络，加快发展现代特色农业。加强特色水果、早春蔬菜、优质烤烟、畜牧水产、林业生物等优势产业的标准化基地建设，着力打造米易县湾丘—垭口、盐边县红格两个省级新农村示范片，扎实推进省级农业科技园区、市级新农村示范片、新村聚居点和台湾农民创业园建设，加快实施二滩水淹区连片扶贫开发项目，进一步发展农村专业经济合作组织，继续培育壮大一批骨干龙头企业，不断提升农业产业化发展水平。坚持精品农业发展方向，科学整合农产品品牌，继续抓好优势农产品原产品原产地和特色农产品地理标志申报工作，争创更多的绿色食品、有机食品品牌，不断开拓农产品高端市场。切实改善农村基础设施，建成通乡油路（水泥路）30公里，硬化通村公路80公里。新增和改善有效灌面3.68万亩，整治病险水库5座，加快大竹河水库等水利建设，完成观音岩城乡供水工程的前期工作，推进沼气池建设和中低产田改造，努力提高农业综合生产能力。进一步落实村级公益事业财政奖补等支农惠农政策，建立完善农村投入稳定增长机制，加强农民实用技术、就业创业培训，继续做好农村劳动力转移工作，促进农民持续增收。

——集聚创新资源，增强自主创新能力。以建设创新型城市为目标，围绕支柱产业，聚集创新要素，推动省钒钛产学研技术创新联盟升级为国家级产业技术创新战略联盟，加快国家钒钛制品质量监督检验中心建设，支持相关企业和科研单位申报国家钒钛工程技术中心，完成国家知识产权试点城市创建工作。充分发挥市场的基础性作用和政策的导向性作用，合理配置创新资源，梯度培育创新型企业群体，新增国家级高新技术企业4家、省级创新型企业4家。加快构筑区域人才高地，切实加大人才培育和引进力度，启动实施国家高技能人才振兴计划，尽快在钒钛产业园区、钢城集团和县（区）工业园区创建院士专家工作站，支持攀枝花学院建立博士后工作站。

——强化要素保障，助推经济跨越发展。加强财源建设，依法强化税收征管，充分挖掘非税收入增长潜力，促进财政收入持续稳定增长。有效发挥财政职能，促进财政资金在项目、行业和区域间优化配置，推动重点产业和工业园区加快发展。优化财政支出结构，加强预算管理，坚决压缩会务费、接待费等一般性支出，切实保障民生领域、公共服务和重点项目的资金需求，不断提高财政资金使用绩效。准确把握国家货币政策新变化，继续规范政府融资平台，提高政府投融资能力和市场化资本运作能力；进一步改善金融服务，引导各类金融机构继续合理增加信贷投入，加快煤炭资源整合进度，尽快开工建设攀Ⅱ500千伏和米易500千伏输变电工程，推进铁路战略装车点建设，争取启动缅气入攀、成品油入攀等项目建设，积极探索建立成品油战略储备机制。

（二）围绕品质提升，建设宜居城市

——打造区域交通枢纽。全面加强以高速公路和铁路为重点的对外大通道建设，加快丽—攀高速公路攀枝花段等项目进度，力争开工建设成昆铁路新线攀枝花段、省道310线倮果至渡口段改建等项目，积极做好攀—宜沿江高速公路、绕城高速公路和丽—攀—遵铁路等项目的前期准备工作。继续抓好畅通城市工程，加快推进沿江快速通道西区段、新密地大桥、龙密路、临江路立交系统等项目建设，确保炳仁路“五一”前建成通车；优先发展城市公共交通，推进综合客运枢纽中心建设，做好停车场（点）规划、建设和管理工作，有效缓解中心城区道路拥堵问题。加强客货站场等配套建设，强化公路、铁路、航空等运输方式的有效衔接，逐步完善多式联运节点布局。

——强化城市功能配套。坚持规划引领，高水平完成《城市新区建设规划》等专项规划的编制工作，调整完善炳三区、炳四区及干坝塘片区详细性规划，科学确定城市片区功能定位和新区拓展优先方向。逐步扩大城市规模，规划建设集行政文化中心、高端商务区和高品质居住区于一体的现代化城市新区，积极稳妥实施旧城改造。加快新型城镇化建设步伐，推动城市功能逐步向乡村延伸，促进小城镇从数量型向质量型转变。不断完善城乡基础设施，抓好污水处理厂、垃圾处理场、排污管网、煤气储运设施更新改造等项目建设，确保城市气化率和用水普及率均不低于90%，城市生活污水集中处理率达71%。深入实施城乡环境综合治理，扎实推进“四化”工程和“五十百千示范工程”，全力打造花城景观，加快攀枝花大道东段、格萨拉大道、隆庆路绿化改造步伐，力争人均公园绿地面积不低于8.5平方米。不断优化城市管理，完善责任体系，推行规范化、精细化、网格化管理模式，巩固城市建设成果。

——建设生态宜居环境。严格执行污染物排放标准和总量控制制度，加快污染全防全控体系建设，突出抓好钢铁、球团、焦化等重点行业的污染治理，大力推动主要污染物削减，持续改善空气和水环境质量。加大农村面源污染治理力度，积极发展农业循环经济，不断改善农村环境质量。大力推进生态市建设，认真做好生态县（区）、乡（镇）创建工作，加快重建矿山生态系统，切实保护生物资源多样性。扎实开展森林城市创建工作，全面实施森林生态效益补偿，继续巩固退耕还林成果，持续推进天然林资源保护二期工程，有效管护705万亩森林资源。

——增强城市文化软实力。切实加强社会主义核心价值体系的宣传教育，大力倡导社会主义荣辱观，深入开展群众性精神文明创建活动，进一步提高居民文明素质和城市文明程度。科学整合“三线”文化、民俗文化等文化资源，逐步造就海纳百川、开放包容、具有攀枝花特色的城市文化。大力推动公共文化发展，加强广播、电视等宣传阵地建设，争创国家公共文化服务体系示范区。积极开展“全民读书节”、“攀枝花讲坛”等群众文化活动，组织开展好纪念建党90周年等主题宣传活动，以文化氛围凝聚人心，增强全市人民的自豪感、荣誉感和归属感。加快发展文化产业，继续打造仁和区苴却砚产业园区，重点扶持文化创意、影视传媒等文化产业。

（三）顺应人民期待，促进普惠民生

——切实抓好民生工程。不断调整和丰富民生工作内容，有针对性的安排项目和资金，集中财力物力办好社会发展急需、人民群众热盼的大事实事，确保民生工程按时、保质、全面完成。加强住房保障工作，新增廉租房500套、经济适用房2 000套、公共租赁住房1 000套，启动棚户区改造6 000户。深入实施农村安居工程，加快改造农村危旧房，不断改善农村困难群众住房条件。加大对低收入人群的帮扶救助力度，逐步提高城乡居民最低生活保障水平。加强商品供应和监管，依法打击恶意囤积、哄抬物价等违法行为，认真抓好“菜篮子”一把手工程，加强粮食产销衔接，适时动用价格调节基金，保持市场物价基本稳定。

——做好就业和社会保障工作。以创建国家级创业型城市为抓手，落实更加积极的就业政策，做好高校毕业生、城镇低收入家庭和被征地农民等重点群体的就业工作，扎实开展创业示范基地和孵化基地建设，建立创业促就业长效机制，努力实现充分就业。加大劳动监察和劳动人事争议案件调解仲裁力度，切实维护劳动者合法权益。加快建立覆盖城乡的社会保障体系，加强社会保险扩面征缴工作，发放社保卡30万张，全面落实被征地农民社会保险政策，力争实现新型农村社会养老保险制度全覆盖。

——协调发展社会事业。启动实施学前教育三年行动计划，大力促进义务教育均衡发展，深入实施素质教育，扎实推进职教攻坚，全面提高两类高中教育质量，支持攀枝花学院加强优势学科和特色专业建设，支持四川机电职业技术学院创建国家示范性高职院校，完善公共卫生服务体系，加快城乡医疗卫生基础设施建设，抓好西区、仁和区新农合门诊统筹试点工作，大力发展中医药事业。加强和改进人口计生工作，稳定适度低生育水平。广泛开展全民健身运动。加快广播电视公共服务体系建设，进一步提高广播电视综合人口覆盖率。深入开展双拥共建活动，加强国防动员和后备力量建设。全面落实新时期民族宗教政策，促进各民族团结进步和宗教和睦。积极推进妇女儿童、档案、人防、地方志编修等各项事业全面发展。

（四）坚持改革开放，增强发展活力

——加快推进改革攻坚。建立健全更为高效的行政管理体制、更具活力的创业创新体制、更重民生的社会管理体制，使我市体制更加适应抢抓机遇的新需要和加快发展的新要求。加大市属国有企业资产（资本）整合力度，提升市

属国有企业竞争力。加快推进统筹城乡综合配套改革，在东区、西区启动破除城乡二元结构试点。全面深化集体林权制度改革，逐步建立现代林权制度。深入开展医药卫生体制改革，继续做好公立医院改革试点工作。稳步实施资源价格体制改革。积极推进科技、教育、文化等社会事业体制改革。

——强力推进招商引资。以优势资源为依托，以特色产业为重点，全面加强招商引资工作，确保实际到位资金达360亿元。围绕“6+2”产业发展方向，有针对性地进行专题招商和延链、补链招商，重点引进钒钛低(微)合金钢、工程机械配件、钒钛深加工和新能源等项目，继续抓好与大企业项目对接，争取大型工程机械制造和汽车改装企业来攀投资。强化项目跟踪服务，切实提高西博会等重大活动签约项目的履约率、开工率和资金到位率。

——大力推进区域合作。实施更加积极主动的对外开放战略，全方位、宽领域、深层次优化资源配置，加快打造四川南向开放的“桥头堡”。借助川滇黔十市地州合作与发展峰会胜利召开之势，加速推进跨地区、跨省际的重大项目建设，不断深化与各地在产业、科技等方面的交流合作。加强与友好城市的互访互往，将友好关系进一步延伸到项目合作、人才培养、文化交流等领域。

——积极推进“三外”工作。大力扶持外贸龙头企业，优化出口产品结构，扩大外贸出口规模，实现外贸出口2.28亿美元。组织企业参加外贸洽谈会、博览会，鼓励企业开展境外贸易，参与经贸合作，实现对外承包工程及劳务合作营业额1 000万美元。加大外资项目引进力度，承接国际国内产业转移，确保外商投资实际到位资金1.5亿美元。

(五)落实维稳重任，构建平安社会

——全力维护社会稳定。加强综治基层基础工作，加快“天网”二期和“1221”工程建设，全面提升社会治安防控能力，依法严厉打击各类违法犯罪活动，确保社会治安大局平稳。完善社会稳定风险评估和社会矛盾化解机制，深入开展“大调解”工作，有效化解各类矛盾纠纷。充分发挥信访维稳作用，加大积案化解力度，妥善处理涉稳问题，确保不发生影响稳定的重大群体性事件。

——加强民主法制建设。坚持向人大报告工作、向政协通报工作制度，认真办理人大代表建议和政协委员提案。做好第八届村(居)委会换届选举工作，推进城乡社区建设，有效扩大基层民主。全面实施《攀枝花市依法行政第二个五年规划》，切实规范行政执法行为，强化行政监督问责，加快推进依法治市进程。启动“六五”普法，深入开展法制宣传，加强法律服务和法律援助，不断提高全民法律意识和全社会法制管理水平。

——强化公共安全管理。以创建本质安全型城市为目标，加强安全生产标准化建设，建立安全生产隐患排查治理长效机制，深入开展煤矿、危化、非煤矿山等重点领域专项整治，严厉打击私挖盗采矿产资源等违法行为，坚决遏制重特大安全事故发生。进一步整治规范食品药品市场，确保食品药品安全。完善应急管理体系和工作机制，提高突发公共事件应急处置能力。

各位代表，要抓好上述工作，完成既定目标，促进经济大跨越、社会大发展，离不开政府自身建设的加强和改进。2011年，我们将以人民满意为标尺，以加快发展为己任，不断推动政府自身建设。一是坚持创新为先，谋跨越之业。大兴学习之风，推进思想解放，前无先例敢于探索，先行先试善于创新，放眼全国勇于超越，在不断探索、不断创新、不断超越中推动工作、促进发展。全面审视我市跨越发展的困难和问题，对总量、结构、效益等事关经济发展的问题，突破定势、大胆作为，对自然灾害、社会治安等事关和谐稳定的问题，居安思危、未雨绸缪，在破解难题中寻求突破，在突破发展中实现跨越。二是坚持民生为本，办为民之事。把执政为民理念融入进感情里、体现在工作中、落实到行动上，在推进发展中更多地关注民计民生，在加快建设时更多地考虑为民利民，在强化管理上更多地体现人文关怀，实实在在为群众办实事、谋福祉。更加注重富民优先，把发展经济与造福百姓统一起来，把促进经济增长与提高居民收入协调起来，把改善群众物质生活与丰富精神文化生活结合起来，尽快让老百姓的腰包鼓起来、生活富起来。三是坚持监督为重，兴诚信之德。牢固树立法制意识，不断推进政务公开，主动接受人大法律监督、政协民主监督和社会舆论监督为重，兴诚信之德。牢固树立法制意识，不断推进政务公开，主动接受人大法律监督、政协民主监督和社会舆论监督，做到阳光行政。加强政府诚信建设，强化绩效考核和责任追究，制定并实施《攀枝花市行政决策责任追究制度》，对既定的目标、部署的工作和确定的事项，实行责任到人、事事追踪、件件落实，以言必行、行必果的作风取信于民。四是坚持廉政为要，树清廉之风。全面开展廉政风险防范管理，强化教育，注重预防，健全机制，从源头上预防和遏制腐败。深入开展政风行风民主评议活动，切实纠正行业和部门不正之风。加大对行政审批、工程建设、土地出让、政府采购等重点领域的监管力度，着力解决教育、卫生、涉农、涉企等民生方面损害群众利益的突出问题，真正以清廉务实的作风、干净做事的正气、改革发展的实绩，回报全市人民的殷切期望。

各位代表，今天的攀枝花，正在焕发着前所未有的蓬勃生机，正在聚集着加快发展的巨大能量。让我们在中共攀枝花市委的坚强领导下，凝聚全市人民的智慧和力量，继往开来，锐意进取，攻坚克难，乘势而上，为推进攀枝花发展新跨越、开创攀枝花发展新局面而努力奋斗！

大 事 记

1 月

1 日　攀枝花市在市中心广场举行升国旗仪式和攀枝花市“金海”杯第 36 届元旦越野跑活动。市人大常委会副主任栗素娟、副市长沈钧出席升国旗仪式和越野跑活动起跑仪式。来自市直机关、攀枝花学院、各大企业和东区、西区等代表队的2 010人参加活动。

△为期两个月的攀枝花市第二届阳光休闲节・阳光旅游度假月活动在东区银江镇阿署达村火之舞广场正式启动。副市长许建民宣布活动启动，市政协副主席伍维根出席启动仪式。

6 月　仁和区大竹河水库工程在仁和区总发乡板桥村开工。省委副书记李崇禧宣布工程开工。省人大常委会副主任郭永祥出席开工仪式并对工程开工建设表示热烈祝贺。市委书记、市人大常委会主任赵爱明在开工仪式上致辞。市委副书记、市长刘晓华主持开工仪式。市领导高方芹、谢道全、李群林、邵革军、郑学炳出席开工仪式。大竹河工程包括新建大竹河水库枢纽工程和灌区渠系配套工程，总投资28 401万元，水库总库容1 128.9万立方米。2011 年12 月竣工。

6～7 日　四川省委副书记李崇禧在攀调研。6 日，在市领导刘晓华、李群林、郑学炳陪同下，对攀枝花农业产业化开发、新农村建设情况进行调研。李崇禧强调要发挥规划的引领作用，统筹新农村建设和产业发展。大力推动农业产业规模化，不断提升农产品的品牌和质量，带动农民增收致富。7 日，李崇禧到市政务中心，慰问工作人员，向办事群众了解攀枝花落实“两集中、两到位”和行政审批办理等情况，李崇禧强调要深入推进“两集中、两到位”，把机关行政效能建设向纵深推进，创造更加优良的政务服务环境，为百姓办事提供更便利的条件。市领导赵爱明、刘晓华、张剡、王川红、李群林陪同调研。

7 日　攀枝花市机械行业协会成立。市委常委、副市长赵辉，市人大常委会副主任张如英，市政协副主席刘建明出席成立大会并为市机械行业协会授牌。

9 日　以攀枝花钒钛磁铁矿开发利用为主要研究对象的科技部 973 项目 2009 年度工作总结交流会在攀枝花会展中心召开。中国工程院院士张懿、王国栋、余永富出席会议。市委常委、副市长赵辉在会上致辞。会上，各课题组介绍、交流了各自课题的进展情况和取得的成果。

11 日　中共四川省委、四川省人民政府表彰 2009 年度全省城乡环境治理先进单位和优秀环卫工人。米易县获先进县（市、区）三等奖，为攀枝花市区（县）唯一获此殊荣。

15 日　全市科学技术奖励大会暨科技工作会在攀枝花会展中心召开。市委书记、市人大常委会主任赵爱明在会上强调，全市广大科技工作者要以推进科技进步创新，加快发展方式转变为使命，进一步坚定信心、鼓足干劲、扎实工作，不断开创攀枝花市科技工作新局面，为纵深推进“四个倾力打造”、实现全市经济“提速增效、加快发展”提供动力和支撑。市委副书记、市长刘晓华主持大会并宣读 2009 年度科学技术奖励决定。市委常委、副市长赵辉在会上对全市 2009 年度科技工作作了全面回顾，并提出了 2010 年科技工作的重点。市人大常委会副主任栗素娟、市政协副主席庞向东出席大会。

18 日　在市高新技术产业园区内，攀枝花鼎好太阳能30 兆瓦太阳能电池组件项目开工建设，这是攀西地区首家太阳能电池组件项目。市委副书记张剡宣布开工令。市委常委、副市长赵辉，市政协主席刘建明出席开工奠基典礼。

20 日　中共攀枝花市委新经济组织和新社会组织工作委员会成立。市委副书记张剡为两新组织工作委员会授牌、授印。市委常委、市委组织部部长张祖芸兼任中共攀枝花市委两新组织工作委员会书记。

△中共攀枝花市委党建研究会成立大会在攀枝花会展中心举行。市委副书记张剡出席会议，市委常委、市委组织部部长张祖芸主持会议。会议经表决通过了中共攀枝花市委党建研究会章程及领导机构名单。市委副书记张剡担任中共攀枝花市委党建研究会会长，市委常委、市委组织部部长张祖芸任执行副会长。

22 日　米易县被中共四川省委农村工作、四川省旅游产业发展领导小组授予“四川省乡村旅游示范县（市、区）”称号。

24 日　米易县晃桥水库工程通过省市县专家组的验收。该水库是一座以农业灌溉为主兼有城镇供水、防洪及发电等综合功能的中型水利工程，总投资 1.5 亿元，设计总库容1 894万立方米。设计灌溉面积2 680公顷，城镇供水能力每年 350 万立方米，年发电量355 万千瓦时。该工程是四川省利用世界银行贷款安宁河流域农业资源开发项目中的子项目。1999 年 6 月 2 日开工，2002 年 8 月 16 日下闸蓄水，2002 年底投入使用。

25日　中国十九冶集团有限公司成立大会在中国十九冶成都大厦举行。中冶集团副董事长、党委书记、中冶股份总裁沈鹤庭，攀枝花市委副书记、市长刘晓华为公司成立揭牌。中国十九冶集团有限公司由中国第十九冶金建设有限公司吸收合并中冶实久建设有限公司组建成立，为中国冶金科工股份有限公司全资子公司。公司注册地在四川省攀枝花市，经营指挥中心在四川省成都市，简称“中国十九冶集团”。

2月

2日　四川农业大学校长、党委副书记郑有良率团莅攀考察，并与攀枝花市有关方面进行座谈。市领导李群林、郑学炳出席座谈会。

4日　全市政法工作会议在攀枝花会展中心召开。市委书记、市人大常委会主任赵爱明在会上强调，要牢固树立“发展是硬道理、第一要务，维护稳定是硬任务、第一责任”的理念，以新的视角审视政法工作，以新的理念谋划政法工作，以新的举措推动政法工作，全力保障和服务改革发展稳定大局，努力开创政法工作局面。会议对获得《2009年度综治工作目标》、《2009年度工作目标》一等奖的区县进行了表彰。市领导单荣、唐建民、殷旭东、王庆友出席会议。

10日　晚21时，“春节平安行动”正式启动，全市公安机关对重点场所、重点部位、重点目标等，全警投入、迅速布控，掀起了节前集中清查整治行动的高潮。市委常委、市委政法委书记单荣，副市长殷旭东出席启动仪式。

14日至3月31日　米易县委、米易县政府在县城迷易湖畔、河滨公园和文化广场举办“米易·迷易灯会”。灯会由最高12米、最长100米的40个灯组构成，分为“百虎闹春”、“春满安宁”、“快乐时空”、“梦幻世界”等展区，为攀西地区规模最大的一次灯会。

25日　四川省第十三届少数民族体育运动会第一次筹备会在攀枝花会展中心召开。副省长张作哈出席会议。市委副书记、市长刘晓华在会上通报了本届运动会筹备情况。

△全市旅游工作会在攀枝花会展中心召开。会议指出，2010年，攀枝花市将从加快项目建设、加大宣传力度和提升服务质量入手，推动旅游业快速发展，确保实现全年旅游总收入40.02亿元目标。会上，市委常委、常务副市长王川红对2010年旅游工作提出了具体要求。会议还对全市2009年度旅游专项工作先进单位进行了表彰。市领导谢道全、沈钧、伍维根出席会议。

25～26日　国务院国资委主任、党委书记李荣融莅临攀枝花，就在攀国有企业改革发展情况进行调研。25日，实地察看了攀钢集团有限公司部分厂区生产情况并听取了攀钢集团公司相关情况汇报。26日，实地察看了二滩水电站生产运营情况，听取了相关汇报。省委常委、省国资委党委书记王少雄，市委书记、市人大常委会主任赵爱明，市委副书记、市长刘晓华，市委常委会、副市长赵辉等陪同调研。

3月

1日　市委、市政府在攀枝花会展中心召开全市2009年度城乡环境综合治理工作表彰大会。市委书记、市人大常委会主任赵爱明在会上强调，全市上下要鼓足干劲，再接再厉，坚持认识再提高、工作再突破、措施再加强，打赢城乡环境综合治理攻坚战，把城市、城镇、乡村打造得更加优美，推动攀枝花从生产型工业城市向综合型宜居城市转变。市委副书记、市长刘晓华主持会议。市委副书记张剡宣读市委、市政府表彰决定。市领导高方芹、谢道全、王川红、李群林、沈钧、李章忠出席大会。副市长柳康健在会上总结了攀枝花市2009年城乡环境治理工作，并对2010年进一步推动城乡环境综合治理工作进行了安排部署。

4日　攀枝花开发建设纪念园揭园仪式暨向攀枝花英雄纪念碑献花仪式在攀枝花公园举行，该纪念园是攀枝花市第一个以公共艺术方式展现全市开发建设历程的文化景观。市委书记、市人大常委会主任赵爱明，市老领导韩国宾为纪念园揭幕。市党政军领导高方芹、谢道全、张剡、赵辉、单荣、张祖芸、李群林、邵革军、程少华等出席仪式。在向英雄纪念碑献花仪式上，赵爱明、高方芹等市领导以及市老领导、驻攀部队、青少年向英雄纪念碑敬献花篮。市委副书记张剡在仪式上致辞。攀枝花建设者代表、劳模代表、政法代表、市级各部门负责人以及大企业代表参加了向攀枝花英雄纪念碑献花仪式。

△国务院安委会调研督导组抵攀，就安全生产工作进行调研督导。调研督导组一行赴攀钢进行了实地调研，并在攀枝花会展中心听取了有关情况汇报。市委常委、副市长赵辉汇报了安全生产工作情况。

18～22日　中国人民政治协商会议第七届攀枝花委员会第四次会议在攀枝花会展中心举行。大会应到委员304名，实到255名，符合政协《章程》的规定。市委书记、市人大常委会主任赵爱明，市委副书记、市长刘晓华到会祝贺大会召开。市领导谢道全、王川红、赵辉、单荣、李群林、邵革军、程少华等应邀出席大会。会议议程：一、听取并审议政协第七届攀枝花市委员会常务委员会工作报告；二、听取并审议政协第七届攀枝花市委员会常务委员会关于七届三次会议以来提案工作情况的报告；三、列席市八届人大五次会议，听取和讨论政府工作报告和计划、预算报告，市中级人民法院、市人民检察院工作报告；四、补选政协第七届攀枝花市委员会常务委员会组成人员，赵勇当选为政协第七届攀枝花市委员会副主席；五、审议并通过《政协第七届攀枝花市委员会第四次会议决议》；六、审议并通过《政协第七届攀枝花市委员会提案委员会关于七届四次会议提案审查情况的报告》；七、听取中共攀枝花市委领导讲话。

20～23日　攀枝花市第八届人民代表大会第五次会议在攀枝花会展中心举行。主席团常务主席、大会执行主席赵爱明主持会议。大会执行主席谢道全、张剡、张祖芸、杨文富等在主席台就座。市领导刘晓华、高方芹、王川红、赵辉、单荣、李群林、邵革军、程少华等应邀出席大会并在主席台就座。大会应到代表279名,实到代表247名,符合法定人数。会议议程:一、听取和审查攀枝花市人民政府工作报告;二、审查和批准攀枝花市2009年国民经济和社会发展计划(草案);三、审查攀枝花市2009年财政预算执行情况的报告及2010年财政预算(草案);批准2009年攀枝花市本级财政预算执行情况的报告及2010年本级财政预算;四、听取和审查攀枝花市人民代表大会常务委员会工作报告;五、听取和审查攀枝花市中级人民法院、攀枝花市人民检察院工作报告;六、补选张国民为市八届人大常委会副主任,张敏为市人民政府副市长,卢旭东为人民检察院检察长(待报省人大常委会批准)。

22日　省委书记、省人大常委会主任刘奇葆莅攀调研。刘奇葆在赵爱明等市领导的陪同下,先后来到攀枝花钒钛产业园区、米易县白马镇、攀枝花新密地大桥施工现场等地实地察看、了解情况。刘奇葆强调,要坚定不移地走新型工业化道路,围绕"巩固回升、加快发展"全省经济工作基调,突出抓投资拉动、产业支撑两个着力重点,加快经济发展方式转变,把政府支持的重点放在钒钛资源综合利用的技术创新和新产品研发上,优化产品和产业结构,着力把资源优势转变为经济优势、竞争优势。刘奇葆还十分关心旱情和抗旱工作,要求各级党委、政府积极应对,采取各项措施抗击旱情。省委常委、省委秘书长陈志光,副省长李成云参加调研。

23~24日　省委第一巡视组莅攀就扩大内需灾后重建工作进行检查,在攀枝花会展中心听取了本市相关工作汇报。市委常委、常务副市长王川红代表市委、市政府作汇报,市委常委、市纪委书记李群林主持汇报会。

25日　市委农村工作会议在攀枝花会展中心召开。会议指出,2009年全市农林牧渔业总产值达到34.03亿元,农民人均纯收入居全省第三位,达到5 475元,高于全省平均水平1 013元。2010年全市农业农村工作主要发展目标是:努力实现农林牧渔业总产值同比增长5%以上;农民人均纯收入达到6 100元,同比增长11.5%,增加625元。市委书记、市人大常委会主任赵爱明,市委副书记、市长刘晓华出席会议并讲话。市委常委、市纪委书记李群林主持会议并就贯彻落实会议精神作安排部署。副市长郑学炳作主题报告并代表市政府与各县区签订2010年农业农村发展目标责任书。市领导高方芹、张国民出席会议。

26~27日　云南省丽江市委书记王君正,市委副书记、市长和良辉率丽江市党政代表团到攀,对丽攀调整公路建设、钒钛资源综合开发利用及城市建设等情况进行考察。并与攀枝花市就增进友谊,加强合作,共同推动两市又好又快发展进行交流座谈。市领导赵爱明、刘晓华、张剡、邵革军、柳康健陪同考察。

28日　广东省云浮市委副书记、市长黄强率云浮市政府考察团到攀考察,并与市政府就进一步增进友谊、加强合作进行了座谈。市领导刘晓华、王川红陪同考察。

4月

7日　水利部部长鄂竟平莅攀视察旱情和抗旱救灾工作。鄂竟平一行在市领导刘晓华、张剡、李群林、郑学炳陪同下深入盐边县红格镇田间地头察看灾情、走访农户、慰问群众,与当地干部群众共商抗旱救灾之策,并听取了市委副书记、市长刘晓华代表市委、市政府关于旱情及抗旱工作的汇报。

8日　中国石油四川销售分公司代表中国石油在川企业向攀枝花市捐赠150万元,支援抗旱救灾工作。市委副书记张剡出席捐赠仪式,并代表市委、市政府向中石油四川销售分公司和中石油攀枝花销售分公司对攀枝花市抗旱救灾工作的支持和帮助表示感谢。

12日　建设银行攀枝花分行向仁和区捐赠70万元,用于旱区提灌站建设和打井等,帮助灾区抗旱救灾渡过难关。市委常委、市委秘书长邵革军出席捐赠仪式。

16日　攀枝花企业文化建设工作委员会成立。这将为本市企业学习、交流企业文化建设提供一个良好的平台。市委常委、市委宣传部部长沈钧出席成立大会并讲话。

17日　攀枝花市首家小额贷款股份有限公司——攀枝花市东区金联小额贷款股份有限公司正式开业。市委常委、副市长赵辉出席授牌仪式并致辞。

19日　全市民营经济工作会在攀枝花会展中心召开。会议指出,2009年全市民营经济实现增加值157.07亿元,同比增长19.5%,民营经济占GDP的比重为37%,对GDP增长的贡献率达到56.6%,拉动全市经济增长6.3个百分点。2010年要确保民营经济完成增加值200亿元,增长27.33%,民营经济占经济总量的比重达到40%。市委副书记、市长刘晓华在会上强调,全市上下要坚定发展信心,围绕钒钛资源综合开发利用,全力攻坚克难,确保全面完成"十一五"民营经济发展目标,推动本市民营经济发展上新台阶。市委副书记张剡主持会议。

14~16日　中央检查组到攀对炳二区基础设施建设项目、西区人民法院审判庭项目、仁和区大竹河水库工程建设现场和仁和区石漠化综合治理试点工程建设现场,就工程建设领域突出问题专项治理、落实新增中央投资项目和灾后恢复重建项目实施情况进行检查,并在攀枝花会展中心听取了汇报。市委副书记、市长刘晓华代表市委、市政府作汇报,市委常委、常务副市长王川红主持汇报会,市委常委、市纪委书记李群林出席汇报会。

20~21日　副省长李成云率相关专家和省有关部门负责人在攀就钒钛相关延伸产品及装备产业化工作进行调研,并主持召开座谈会,就该项工作进行专题研究。市委副书记、市长刘晓华代表市委、市政府作汇报。

26日　凉山——攀枝花区域合作联席会第二次会议在攀枝花会展中心召开。双方就区域合作进行了广泛交流,并提出了建议。凉山州党政代表团,攀枝花市委书记、市人大常委会主任赵爱明，市委副书记、市长刘晓华，市委副书记张剡，市委常委、市纪委书记李群林，市委常委、市委秘书长邵革军，市委常委、市委宣传部部长沈钧等出席会议。赵爱明、刘晓华等还陪同凉山州党政代表团在炳三区考察城市规划建设情况。

27日　攀枝花市首个农民健身试点工程在米易县丙谷镇文化宣传中心建成投入使用。该工程于2010年3月25日开工建设，总投资60万元，占地4 000余平方米，建有带看台的灯光篮球场1个、灯光羽毛球场2个、健身路径1套（20件）、乒乓球台及健身活动广场1个

△"国窖1573"攀枝花市首届"我最喜爱的人民法官"评选活动颁奖晚会在市中心广场举行。刘起新等十位法官获得"我最喜爱的人民法官"殊荣。市领导单荣、唐建民、殷旭东、王庆友出席晚会并为获奖者颁奖。

28日　攀枝花市商业银行成都分行在成都市金牛区蜀汉路开业。副省长黄小祥出席开业仪式，并代表省政府向攀枝花市商业银行成都分行开业表示热烈祝贺。攀枝花市领导刘晓华、高方芹、谢道全、许建民出席开业仪式。

29日　盐边县红格省级社会主义新农村建设示范片建设工作全面启动。按照相关规划，2012年，该示范片农业总产值将达6亿元以上，同时，基础设施、村落民居等也将大有改善。市委常委、市纪委书记李群林宣布示范片建设启动，副市长郑学炳出席启动仪式。

5月

6日　攀枝花市干部人才援助凉山州木里藏区行前动员大会在攀枝花会展中心召开。攀枝花市将于5月8日派出35名干部赴凉山州木里藏族自治县进行对口援助，帮助藏区突破发展瓶颈，破解工作难题。市委常委、市委组织部部长张祖芸出席会议并讲话。

11日至6月6日　国家林业局核查组一行对仁和区2009年度森林采伐限额执行情况和2007～2009年度林地征占用情况进行全面核查。核查采用样圆调查、线路踏查、实地调查等方式。核查组充分肯定了仁和区资源管护和采伐限额管理工作。

12～14日　省委人大工作会议精神贯彻落实情况督查组莅攀开展督查指导工作。13日在攀枝花会展中心听取了攀枝花市、县、区人大常委会贯彻落实省委人大工作会议精神情况的汇报。市人大常委会党组书记、常务副主任谢道全，党组副书记、副主任张如英，副主任杨文富、邓可兴、栗素娟、张汝林、张国民、秘书长杨洪达出席汇报会。14日听取了市委方面的汇报。市委书市、市人大常委会主任赵爱明主持汇报会，并就市委贯彻落实省委人大工作会议精神情况向督查组作汇报。市领导谢道全、王川红、单荣、张祖芸、邵革军等出席汇报会。

14～16日　2010年中国攀枝花（仁和）首届汽车节在仁和区文化广场举行。市政府副市长郑学炳，仁和区委书记、区人大常委会主任赵忠义出席开幕仪式。此次参展共展出了30种品牌汽车，参展车辆200余辆，展览面积达500平方米。

16～17日　由致公党中央联合国家发改委、国家民委、科技部和四川省政协组成的调研组抵达攀枝花，开展关于钒钛战略资源综合开发利用情况专题调研。16日，在攀枝花会展中心听取了钒钛资源开发利用情况的汇报。全国人大常委、华侨委副主任、致公党中央副主席杨邦杰，省政协副主席、致公党四川省委主委陈杰，省政协副主席解洪以及国家发改委、国家民委、科技部的有关负责人出席汇报会。中共攀枝花市委书记、市长大常委会主任赵爱明在会上发言。市委副书记、市长刘晓华在会上汇报了钒钛资源开发利用取得的成绩和存在的困难和问题。市政协主席高方芹主持汇报会。市领导王川红、何群、吴文发、刘建明出席汇报会。

28日　攀枝花市首届"钢城放歌"中小学生合唱节展演在攀枝花会展中心上演，来自全市15支合唱团、1 500余名学生参加演出。市委常委、市委宣传部部长沈钧，市政协副主席庞向东出席合唱节展演并为获奖团体颁奖。

6月

1日　仁和区幼儿教育协会正式成立。

1～3日　四川省第十一届运动会皮划艇激流回旋比赛在米易国家级激流回旋竞训基地举行。此次运动会由四川省人民政府主办，四川省体育局、自贡市人民政府承办。来自乐山、凉山、雅安、南充、宜宾、自贡、攀枝花7个市州代表队的27名运动员参加比赛。

2日　四川省副省长黄小祥率省商务厅、省招商局、四川银监局等部门负责人深入攀枝花市部分企业和重大项目建设现场调研指导工作。黄小祥指出，攀枝花要抢抓发展重大机遇，充分发挥比较优势，不断壮大优势、特色产业，加快推进经济发展方式转变，加快培育战略性新兴产业，不断提高经济发展质量，为服务全省"两个加快"作出新的更大贡献。市委副书记、市长刘晓华，市委副书记张剡，副市长许建民陪同调研。

12日　四川省信息安全测评中心攀枝花分中心成立授牌仪式在攀枝花会展中心举行，这是省内首个地市级信息安全测评分中心。市委常委、市委秘书长、市信息化工作领导小组副组长邵革军出席授牌仪式并讲话。

13日　攀枝花市东区银江镇双龙滩村、仁和区前进镇普达村等9个村获省级生态村称号。

14日　攀枝花市首届金沙源古文化旅游节在西区开幕。武术、古筝、扬琴、茶艺、龙舟舞和独具特色的汉服模特走秀拉开了首届金沙源古文化旅游节的大幕。

17日　市委书记、市人大常委会主任赵爱明在攀枝花会展中心会见世界卫生组织驻华办健康社区与人口部门负责人裴雷一行。就加强交流与合作，努力把攀枝花创建成

为健康城市，进一步提升攀枝花市民生活品质，尤其是健康水平等进行了会谈。世界卫生组织有关专家和官员，全国、全省爱卫办负责人，市委常委、市委宣传部部长沈钧，副市长张敏会见时在座。

△攀枝花市政府与昆明钢铁集团公司在红格温泉度假酒店正式签约，红格温泉度假酒店100%股权暨红格温泉宾馆51%产权捆绑转让昆明钢铁集团公司。市委副书记、市长刘晓华出席签约仪式并致辞，市委常委、市委宣传部部长沈钧主持签约仪式。

17～18日　攀枝花市健康城市工作研讨会在攀枝花会展中心召开，世界卫生组织驻华办健康社区与人口部门负责人裴雷博士及有关官员、专家应邀莅攀并与有关方面人士就健康城市建设相关领域工作进行专题交流探讨。市委副书记、市长刘晓华出席开幕式并代表市委、市政府致辞，市委常委、常务副市长王川红主持开幕式，副市长张敏介绍了攀枝花市开展城市健康状况基线调查项目工作情况。研讨会上，裴雷博士介绍了健康城市管理体系，中国健康教育中心副主任陶茂萱介绍了国内外建设健康城市有关情况。研讨会期间，与会官员、领导和专家与攀枝花市有关方面人士专题研讨卫生应急反应、环境健康行动计划、伤害预防与控制、安全和绿色医院、食品安全与健康市场、慢性病控制等六方面内容。

18～19日　省环境保护厅厅长姜晓亭在攀调研，并听取了环境保护工作相关情况汇报。市委副书记、市长刘晓华出席汇报会，副市长柳康健代表市政府汇报了环境保护工作相关情况。

22日　省调研组莅攀，对政务工作建设情况进行调研。目前攀枝花市所有市、区县政务中心均搭建了集政务服务、惠民帮扶、公共资源交易三中心合一的综合性服务平台，有效缩短了办理时间。市委常委、常务副市长王川红陪同调研。

28日　攀钢集团有限公司在南山宾馆举行建成投产40周年纪念大会。省委常委王少雄受省委书记、省人大常委会主任刘奇葆，省委副书记、省长蒋巨峰的委托，代表省委、省政府对攀钢建成投产40年来取得的巨大成就表示热烈的祝贺。国务院国资委规划发展局局长王晓齐，市委书记、市人大常委会主任赵爱明，市委副书记、市长刘晓华，市委常委、副市长赵辉，鞍钢集团公司总经理、党委书记张晓刚出席大会。攀钢集团公司董事长、总经理樊政炜发表了热情洋溢的讲话。攀钢集团公司党委书记余自甦主持大会。会议号召，在新的历史起点上奋力推进二次创业，把攀钢建设成具有国际竞争力的现代化大型钢铁钒钛企业集团。会上，向攀钢40年发展中条战线的模范代表颁发了荣誉勋章。

29日　国家钒钛制品质量监督检验中心奠基仪式在攀枝花市炳三区举行。市委书记、市人大常委会主任赵爱明宣布国家钒钛制品质量监督检验中心正式奠基。省质量技术监督局局长刘云夏，市委副书记、市长刘晓华分别致辞。市领导谢道全、赵辉、严文洪出席奠基仪式。

△省质量技术监督局局长刘云夏与市委副书记、市长刘晓华在攀枝花会展中心签署了关于实施"以质取胜、质量兴市"战略，促进攀枝花经济又好又快发展的合作备忘录。市委常委、副市长赵辉主持签字仪式。

7月

1日　四川攀枝花钒钛产业园区迤资火车站改扩建暨铁路专用货场竣工，这将进一步拓宽本市铁路货运的南向通道。市领导赵爱明、刘晓华、谢道全、赵辉等为项目竣工剪彩。

△商务部产业损害调查局局长杨益一行在市委书记、市人大常委会主任赵爱明陪同下深入攀枝花钒钛产业园区，对钒钛产业发展以及产品出口等情况进行调研。

3日　省科技厅在攀枝花市组织召开鉴定会。由四川龙蟒集团承担开发的"钒钛磁铁矿转底炉煤基直接还原——电炉深还原、熔分新工艺"工业化试验研究成果通过省级鉴定。该项目在国内外首次采用转底炉——电炉流程冶炼钒钛磁铁矿，实现了铁、钒、钛的有效分离和利用，属于国际先进水平。

5日　攀枝花救灾应急工作平台——攀枝花建设工程有限责任公司挂牌成立。市人大常委会副主任张如英、市政府副市长许建民、市政协副主席严文洪出席成立大会。

6日　省委组织部督察组对本市党员干部现代远程教育工作进行检查，并听取了本市相关情况汇报。市委常委、市委组织部部长张祖芸出席汇报会并讲话。

7日　省总工会督查组莅攀，就工会维权维稳机制建立、企业工会组建和作用发挥、企业劳动关系状况等方面情况进行督查。市委常委、市委组织部部长、市总工会主席张祖芸向督查组汇报了工会近期工作。

9日　上午，在省委副书记李崇禧，省委常委、常务副省长魏宏的率领下，来自省委、省政府相关部门和全省21个市州的相关领导，先后前往西区政务服务中心、河门口街道便民服务中心和攀枝花市政务服务中心参观。市领导赵爱明、刘晓华、王川红、李群林、邵革军陪同参观。

下午，全省政务服务中心标准化建设现场会议在攀枝花会展中心召开。省委副书记李崇禧主持会议，省委常委、常务副省长魏宏出席会议并讲话。省委副秘书长马波、省政府副秘书长薛康及全省21个市州相关领导，市委书记、市人大常委会主任赵爱明，市委副书记、市长刘晓华等市领导出席会议。会上，刘晓华就攀枝花推进政务服务标准化建设作了经验交流发言。李崇禧在会上指出，机关行政效能建设，基础在政务服务中心。攀枝花市委、市政府高度重视，把最好的人员、最好的环境和最优质的服务用于政务服务中心建设，软硬并重，全面推进积极拓展服务范围，提高政务服务水平，其成功经验值得全省推广。各地各部门要深化思想认识，强化领导，促进行政效能建设上新台阶。

△四川省抗旱救灾"共青水池"建设在攀枝花市正式启

动。由团省委捐赠的500万元资金,全部用于攀枝花市干旱地区蓄水池建设。预计2011年2月底,攀枝花市将新增1 061口"共青水池"。团省委书记张彤,团省委党组成员、机关党委书记彭闯出席启动仪式,并在市委副书记张剡、副市长张敏陪同下调研"共青水池"建设情况。

△全市首个行业专家组——攀枝花市钛白行业专家组正式成立。市委常委、副市长赵辉出席成立大会并讲话。市政协副主席刘建明出席成立大会。

16日 攀枝花第六届(雪花)啤酒节在市中心广场开幕。市人大常委会副主任张如英、市政协副主席庞向东出席开幕式,副市长殷旭东宣布啤酒节正式开始。为期3天的啤酒节,将为市民奉上一道道丰盛的文化"大餐"。

21~22日 国家发改委东北振兴司副司长姜四清一行莅攀调研工业发展情况,就老工业基地调整改造规划的制定等情况进行座谈,并听取了情况汇报。市委常委、副市长赵辉作相关情况汇报。副市长李章忠出席座谈会。

22日 米易县城市公交车开通仪式在县城文化广场举行。该县此次开通城市公交车,总投资330万元,共投入12辆无人售票空调车,分三条工交线路运行,平均300至500米设置一个站台,全线共设59个站点。

27日 市委副书记、市长刘晓华,副市长李章忠陪同省交通厅厅长高烽一行,对丽攀调整公路攀枝花段建设情况进行调研。高烽一行深入到丽攀调整公路攀枝花段C4、C6合同段,实地了解工程建设、征地拆迁等情况,并现场协调解决工程建设中存在的问题和困难。刘晓华表示,攀枝花市委、市政府将全力以赴做好征地拆迁等工程保障,妥善做好拆迁群众安置工作,决不因自身原因而影响整个工程建设进度。

29日 "沃尔玛米易绿生蔬菜农超对接基地"揭牌仪式在攀西农产品交易中心举行。市领导李群林,米易县领导张伟及市县相关部门负责人出席揭牌仪式。该基地是沃尔玛公司在四川省内建立的第一家蔬菜农超对接基地,位于米易县攀莲镇,占地133.3公顷。

30日 四川省第一个正式成立的院士专家工作站和第一个由政府批准成立的院士专家服务中心在攀枝花挂牌。本市聘请张锡祥、刘宝珺、张懿、李洪钟、陈景5位中国科学院和中国工程院院士为"攀枝花钒钛产业发展科技顾问"。院士专家工作站设在攀钢集团有限公司。

31日 以"携手合作、共赢发展"为宗旨的川滇黔十市地州合作与发展峰会在攀枝花会展中心隆重召开。四川省副省长黄小祥,云南省委常委、昆明市委书记仇和出席峰会。大理州、六盘水市、毕节地区、丽江市、昆明市、宜宾市昭通市、凉山州、楚雄州、攀枝花市十市的领导和相关部门负责人参加峰会。峰会由攀枝花市委书记、市人大常委会主任赵爱明主持。会上,各市地州领导先后围绕"平等协商、真诚合作、携手发展、互惠共赢"的峰会主题发表了演讲;会议讨论通过了《川滇黔十市地州合作与发展峰会章程》;签署了《川滇黔十市地州合作与发展峰会框架协议》。

8月

3日 省委检查组莅攀,对贯彻落实中央5号文件和省委18号文件情况进行检查,并听取了相关情况汇报。市委副书记、市长刘晓华主持汇报会,市政协主席高方芹、市委副书记张剡作相关情况汇报。市委常委、市委组织部部长张祖芸,市政协副主席严文洪、赵勇出席会议。

5日 市委、市政府在攀枝花会展中心召开首届"攀枝花市人才奖"表彰大会,隆重表彰为经济建设和社会发展作出突出贡献的5家单位和33名个人,并对获奖单位和个人给予共计119万元的奖励。市委副书记、市长刘晓华在会上强调,各级有关部门要切实强化人才强市战略意识,进一步丰富和完善人才发展规划体系,确立人才竞争比较优势,市委常委、市委组织部部长张祖芸主持表彰大会。市人大常会党组书记、常务副主任谢道全,副市长李章忠,市政协主席伍维根出席表彰大会。

9日 国家产业发展调研组在市委书记、市人大常委会主任赵爱明,副市长李章忠的陪同下先后深入到攀枝花钒钛产业园区内的攀钢钛冶炼厂、钛海科技有限公司、钢城集团钛厂以及攀钢集团有限公司攀宏钒制品厂等企业,就钒钛产业发展情况进行调研。

20日 四川攀枝花盐边台湾农民创业园在益民乡举行挂牌仪式。市、县领导刘晓华、许健民、郑学炳、李仁杰、邓斌及省市有关部门负责人、台商代表等出席了仪式。省农办、省财政厅负责人为攀枝花盐边台湾农民创业园授牌。"攀枝花盐边台湾农民创业园",其核心位于盐边县益民乡。规划面积53.3公顷,主要以引进台湾特色水果和先进的种植、管理营销模式,来带动当地及周边农业产业优化升级,促进台湾特色精品农业水果产业在盐边县发展,增加农民收入。

20~22日 20日晚8时,2010年攀枝花金芒果节开幕式"金芒果之夜"文艺晚会在仁和区大河中学运动场举行。市委副书记、市长刘晓华宣布芒果节正式开幕,市领导沈钧、张国民、郑学炳等出席开幕式。22日,市委常委、市委宣传部部长沈钧宣布"2010年攀枝花金芒果节"闭幕。此次芒果节招商引资签约总额达3.2亿元。

25日 省政协视察团莅攀,对新型工业化、新型城镇化和战略资源开发情况进行视察。下午,在攀枝花会展中心听取了市委、市政府汇报。市委书记、市人大常委会主任赵爱明,市委副书记、市长刘晓华,市政协副主席赵勇参加汇报会。市委常委、常务副市长王川红向视察团作汇报,市政协副主席严文洪主持汇报会。

30日 米易县融城小额贷款股份有限公司在县城人民路100号开业。攀枝花市人民政府副市长郑学炳,米易县委副书记张伟、县长刘先伟等领导出席开业剪彩仪式。该公司是经四川省人民政府金融办公室批准成立、攀枝花市工商行政管理局核准注册的新型金融机构。注册资金为1亿元，经营范围为发放贷款及相关咨询活动，主要为米易县农村和城市中小企业、农村经济组织及农户、个体工商户提供人民币信用贷款、担保贷款、抵押和质押贷款、票据贴现等方式的小额贷款。

9 月

4 日　国务院节能减排督察组莅攀，对节能减排和利用住房公积金贷款支持保障性住房建设试点工作进行督查，并在攀枝花会展中心听取了市政府关于节能减排等方面的工作汇报。市委常委、副市长赵辉，市政协副主席刘建明出席汇报会。

6 日　省“挂包帮”活动调研组莅攀，对“挂包帮”工作进行检查指导，并听取了相关方面的工作汇报。市委常委、市委秘书长邵革军代表市委、市政府向省调研组作攀枝花市“领导挂点、部门包村、干部帮户”活动情况汇报。

7 日　四川省机关党建研究会在攀枝花会展中心召开“提高机关党的建设科学化水平”主题研讨会。会上，来自部分省直机关单位和绵阳、内江、宜宾、凉山等市州的代表就提高机关党建设工作科学化水平进行了广泛深入的研讨。市委常委、市委秘书长邵革军出席会议并代表市委、市政府对研讨会的召开表示热烈祝贺。

9 日　米易县被中共四川省委、四川省人民政府、四川省军区命名为四川省双拥模范县称号，该县连续六届获此殊荣。

△中共攀枝花市八届八次全委(扩大)会议在攀枝花会展中心召开。会议应到市委委员 43 员、市委候补委员 3 名；实到市委委员 32 员、市委候补委员 2 名。会议强调，面对新一轮西部大开发带来的历史机遇，全市上下要立足新起点，抢抓新机遇，在全面完成“十一五”规划的基础上，瞄准更高的目标定位，拼搏实干，乘势而上，奋力开创攀枝花科学发展新局面。市委书记赵爱明主持会议并就贯彻落实西部大开发战略、谋划“十二五”发展、全面完成 2010 年及“十一五”目标任务作讲话。市委副书记、市长刘晓华总结和部署全市经济工作。市委领导张剡、王川红、赵辉、单荣、李群林、邵革军、沈钧出席会议。

10 日　市委、市政府在攀枝花会展中心召开市政府机构改革动员大会。会议指出，此次市政府机构改革共涉及 21 个市级部门和 1 个省直属部门。主要包括：组建市经济和信息委员会、市人力资源和社会保障局、市商务和粮食局等。同时，市交通局、市规划和建设局、市科学技术局、市文化局和市广播电视局分别更名为市交通运输局、市住房和城乡规划建设局、市科学技术和知识产权局、市文化和新闻出版局、市广播电影电视局。

14 日　省政协考察团莅攀调研，并听取了市委、市政府关于攀枝花战略资源综合开发利用情况的汇报。市领导高方芹、赵辉、严文洪、何群出席汇报会。

15 日　米易县第三初级中学校建成并正式投入使用。学校位于湾丘彝族乡湾丘社区，距县城 30 公里，是“八三〇”地震灾后恢复重建的一所全寄宿制学校，办学规模为1 800人，占地面积45 356平方米，建设面积28 261平方米，总投资约5 000万元。

16 日　由九三学社四川省委员会和政协攀枝花委员会共同主办的“转变经济发展方式、建设特色经济强市”论坛在攀枝花会展中心举行。来自九三学社和省内外相关专家、著名学者齐聚一堂，深入探讨转变经济发展方式的重要思路，共同谋划建设特色经济强市的实现途径。九三学社中央副主席、全国人大常委会委员兼财经委员会副主任贺铿，四川省政协副主席、九三学社四川省委主委黄润秋出席论坛。市领导赵爱明、刘晓华、高方芹、张剡、张祖芸、邵革军、程少华等出席论坛。

20 日　晚 8 点，本市“正气满乾坤，欢歌颂祖国”群众歌咏比赛暨颁奖晚会在攀枝花学院大礼堂举行。市领导刘晓华、谢道全、张剡、李群林等观看晚会并为获奖单位颁奖。

26 日　渡口桥南立交 DEF 匝道工程举行通车典礼。该工程的建成通车，实现了渡口大桥、江南三路、滨江大道、大河北路等多条城市交通动脉间的全互通，使过往车辆分流分道通行，有效缓解市区交通拥塞的“瓶颈”问题，进一步完善了城市路网功能。市委副书记张剡宣布工程正式通车。

10 月

10 日　中国苴却砚之乡四川省攀枝花市仁和区被中国轻工业联合会授予“中国文房四宝特色区域”称号。

13 日　省委政法委督导组莅攀，就公安机关开展清理信访积案与案件评查工作进行督导检查。市委常委、市委政法委书记单荣陪同检查。

14 日　为庆祝川煤集团成立五周年，中国煤矿文工团到川煤集团攀煤公司进行慰问演出。市委常委、市委宣传部部长沈钧出席并观看演出。

14～15 日　省政协副主席曾清华率省“五五”普法检查验收组莅攀，开展普法检查验收工作。于 14 日下午在攀枝花会展中心听取了开展“五五”普法工作情况汇报。市领导刘晓华、唐建民、殷旭东、王庆友参加汇报会。市委常委、市委政法委书记单荣代表市政府汇报“五五”普法工作开展情况。15 日，市领导张剡、殷旭东、王庆友陪同检查。

20 日　国家深入实施“西部大开发”标志性重大工程——雅砻江桐子林水电站开工建设。同日开工的还有官地水电站。省委书记、省人大常委会主任刘奇葆在成都主会场下达开工令。市领导刘晓华、高方芹、谢道全、李章忠在桐子林工地分会场参加典礼。桐子林水电站工程总投资 62.57 亿元，总装机容量 60 万千瓦，年发电量 29.75 亿千瓦时。2015 年首台机组发电，2016 年工程竣工。

20～21 日　云南省丽江市政法代表团到攀考察。先后到市戒毒所、大渡口司法所等地考察，并与攀枝花市政法系统进行了座谈。攀枝花市委常委、市委政法委书记单荣出席座谈会。

22日　第十一届中国西部国际博览会在成都锦江大礼堂开幕。攀枝花市委书记、市人大常委会主任赵爱明，市委副书记、市长刘晓华，市委副书记张剡，市委常委、副市长赵辉出席开幕式。在本届西博会上，攀枝花市共组织了特色农业、旅游、攀枝花钒钛产业园区等5个专业展区，涵盖三大产业，布展面积近400平方米。当日，攀枝花市共签约64个项目，签约金额达204亿元。

25日　四川省广元市党政考察团莅攀，进行为期一天的参观考察。上午，广元市、攀枝花市党政领导座谈会在攀枝花会展中心举行。攀枝花市委书记、市人大常委会主任赵爱明主持座谈会，赵爱明对代表团的莅攀表示热烈欢迎，希望双方在今后进一步加强合作，优势互补，互助互惠，共谋和谐发展新篇章。攀枝花市委副书记、市长刘晓华，市委常委、常务副市长王川红，市委常委、市委秘书长邵革军陪同考察并出席座谈会。

26日　省政府调研组莅攀，就推进攀枝花市水土保持收费改革试点，健全"谁开发、谁保护"机制等内容进行专题调研。市委常委、常务副市长王川红作相关情况汇报。

27～28日　中国金属学会2010年非高炉炼铁学术年会暨钒钛磁铁矿综合利用技术研讨会在攀枝花会展中心召开，国内外300余名专家和企业代表齐聚攀枝花，共同研讨非高炉冶炼技术发展及在钒钛磁铁矿综合利用中的新应用。市委副书记、市长刘晓华出席会议并致欢迎词。市委常委、副市长赵辉在会上作《攀枝花钒钛磁铁矿资源综合开发利用情况报告》。

28日　市金鼎融资担保有限责任公司的全资子公司——攀枝花市金惠农业融资担保有限责任公司成立，这是成立的首家面向农业的专业化融资担保公司。

30日　四川省第二个公共租赁住房建设项目——攀枝花市首批公共租赁住房在炳三区正式破土动工。市委书记、市人大常委会主任赵爱明，市委副书记、市长刘晓华，市政协主席高方芹，市人大常委会党组书记、常务副主任谢道全，副市长柳康健出席开工仪式，并为工程开工奠基。刘晓华宣布工程开工。

11月

2日　四川省攀西地区钒钛磁铁矿整装勘查工作会议在攀枝花会展中心召开。国土资源部党组书记、部长、国家土地总督察徐绍史，四川省委常委、常务副省长魏宏，攀枝花市委书记、市人大常委会主任赵爱明，凉山州州委副书记、州长张支铁，攀枝花市委副书记、市长刘晓华出席会议。会议由省政府副秘书长薛康主持。当天上午，徐绍史、魏宏一行在攀枝花市领导赵爱明、刘晓华、赵辉、柳康健陪同下，先后到盐边县新九乡红格矿区和攀枝花钒钛产业园区，就矿产资源整顿整合和利用情况、攀西钒钛磁铁矿整装勘查及钒钛资源综合利用情况进行调研。会后，徐绍史、魏宏一行还听取了关于建设用地整理用于城市发展的情况汇报，并参观了展板。

4日　省委常委、省国资委党委书记王少雄在攀专题调研钒钛产业发展情况。王少雄一行在市委副书记、市长刘晓华，市委常委、副市长赵辉，市政协副主席刘建明陪同下前往攀枝花钒钛产业园区部分企业，实地察看、了解企业生产经营情况及下一步发展思路。并听取了钒钛产业发展情况汇报。王少雄强调，攀枝花要保持现有良好发展势头，抢抓发展机遇，强化以高端、特色、优势产品开发带动产业发展的意识，进一步突出重点，整合资源，凝聚各方力量，合力抢占钒钛产业发展制高点，为全省加快建设灾后美好家园、加快建设西部经济发展高地作出更大贡献。

5～16日　四川省第十三届少数民族体育运动会在攀枝花市举行。10日上午9时30分，在攀枝花体育场举行开幕式。省委民工委副书记、副省长张作哈宣布四川省第十三届少数民族体育运动会开幕，副省长陈文华代表省委、省政府对运动会开幕表示热烈祝贺。市委书记、市人大常委会主任赵爱明致欢迎词，省民委主任敬全林致开幕词，四川省体育局局长朱玲主持开幕式。市委副书记、市长刘晓华，市政协主席高方芹出席开幕式。本届运动会经四川省人民政府批准，由四川省民委和四川省体育局主办，攀枝花市人民政府承办。本次运动会以"平等、团结、拼搏、奋进"为宗旨，设有珍珠球、押加、射弩等9个大项、77个小项，还有《羌铃》、《藏族操舞》、《白马大刀舞》等33个节目参加表演项目，共有12个代表队参赛。开幕式上，东道主攀枝花市为来宾和运动健儿献上了大型文艺演出《阳光攀枝花》。16日，四川省第十三届少数民族体育运动会圆满谢幕，在市体育馆举行闭幕式。四川省副省长、省委民工委副书记张作哈宣布四川少数民族体育运动会闭幕。副省长陈文华将省少数民族体育运动会会旗交给下届运动会承办城市宜宾市政府负责人。省民委主任敬全林代表主办单位，向承办单位攀枝花市人民政府赠送纪念品，并致闭幕词。市委副书记、市长刘晓华致辞。市人大常委会党组书记、常务副主任谢道全等出席闭幕式。此次运动会共产生71枚金牌、71枚银牌、67枚铜牌，共209枚奖牌。

7～8日　四川省委常委、省委宣传部部长黄新初莅攀调研。7日，黄新初一行在市领导赵爱明、刘晓华、邵革军、沈钧陪同下，先后到西区煤炭采空沉陷区河门口安置小区和川煤集团攀煤棚户区改造清香坪安置小区，实地察看、了解工程建设进展及群众安置情况。黄新初在调研中强调，要坚持以人为本，切实将棚户区改造工程、煤炭采空沉陷区安置工作办好，通过保障性住房这项民生工程的实施，切实解决群众困难，不断促进社会和谐稳定发展。8日，黄新初在市领导赵爱明、张剡、邵革军陪同下先后到攀枝花钒钛产业园区内的攀钢钛业有限责任公司钛冶炼厂、钢城集团钛业分公司就钒钛产业和制造业发展情况进行调研。黄新初强调，攀枝花钒钛产业园区发展势头良好，目前已形成了比较完备的钒钛产业链，具备了新型产业园区特征。在此基础上,攀枝花市要认真贯彻落实党的十七届五中全会精神,要更加注重科技进步和创新,以此为重要支撑带动产业结构进一步调整优化,加快转变经济发展方式。

9日　四川省军区司令员、少将夏国富抵米易,检查指导国防后备力量建设工作。

12日　四川省副省长黄彦蓉莅临攀枝花,着重对攀枝花教育事业发展情况进行调研,并征求了对四川省中长期教育改革与发展规划纲要的意见和建议。上午,黄彦蓉一行在市委书记、市人大常委会主任赵爱明,市委常委、市委宣传部部长沈钧,副市长张敏,市政协副主席伍维根的陪同下,重点对攀枝花学院进行了调研,并在攀枝花学院召开"四川省中长期教育改革与发展规划纲要"攀枝花座谈会,征求基层学校和教育工作者对纲要的意见和建议。下午,黄彦蓉一行在赵爱明、刘晓华、柳康健的陪同下,到炳三区调研本市公租房建设情况。

17~18日　17日上午四川省副省长陈文华在市委副书记张剡、副市长张敏陪同下,到四川省运动技术学院红格训练基地、红山绿色运动休闲中心等地,实地察看、了解各项目规划、建设进度等情况。陈文华强调,要充分利用攀枝花阳光资源,结合自身实际,做好特色文章,进一步完善规划,高标准、高质量地建设具有亚洲一流水平的体育运动休闲基地。下午又到红格中心卫生院,就新农合、医疗卫生服务质量、群众对医改的意见等情况进行了调研。18日,在副市长柳康健陪同下对环境保护工作开展情况进行调研。

19日　省政府公路项目督查组莅攀,对丽攀公路建设情况进行了实地检查了解,并与市政府进行座谈交换了意见

△科技部领导莅临攀枝花,就钒钛磁铁矿资源综合利用技术创新战略联盟建设工作进行实地调研,并听取了相关方面的专题汇报。市委常委、副市长赵辉汇报了攀枝花钒钛磁铁矿资源综合利用技术创新情况。

△四川省2010年煤炭价格调节基金工作现场会在攀枝花召开。会议消息:2010年前三季度,攀枝花市煤炭价格调节基金共征收5 835万元,在全省15个产煤地市州中,位居第一。市委常委、副市长赵辉出席会议。

20日　全国政协原副主席、四川省老领导杨汝岱到米易,视察立体农业发展情况。

△全省首个产业技术路线图、全国首个立足资源综合利用技术路线图——《攀枝花钒钛磁铁矿资源综合开发利用技术路线图》在攀枝花市发布。该技术路线图描绘了攀枝花市未来15年钒钛磁铁矿资源综合开发利用的技术路线图谱。省科技厅副厅长杨起全出席会议并讲话。市委常委、副市长赵辉主持会议。

22日　中共中央政治局委员、国务院副总理张德江莅临攀枝花,先后到攀钢、攀枝花钒钛产业园区调研。张德江在调研时强调,要深入贯彻落实科学发展观,认真学习和贯彻落实党的十七届五中全会精神,紧紧围绕加快转变发展方式这一主线,坚持以深化改革为动力,以科技进步和创新为支撑,依托最具特色和优势的钒钛资源,坚持差异化发展战略,在资源深度开发利用上下功夫,努力在实现科学发展中有更大作为。四川省委副书记、省长蒋巨峰,四川省委常委、省国资委主任王少雄,市委书记、市人大党委会主任赵爱明,市委副书记、市长刘晓华,市委常委、副市长赵辉,市委常委、市委秘书长邵革军陪同调研。

△铁道部副部长陆东福一行在市领导刘晓华、李章忠陪同下,对成昆铁路新线项目攀枝花段的路线规划、站点选址等情况进行现场调研。

27~29日　第八届全国高中信息技术与课程整合优质课大赛暨教育学术年会在米易县安宁明珠大酒店和四川省米易中学校、米易县第一初级中学校举行。来自全国26个省、市、自治区各级教育行政部门、电教馆、学校的专家、学者、校长、教师共600余人参加会议。此次大赛和年会由教育部数字化学习支撑技术工程研究中心、全国现代教育技术培训中心和东北师范大学主办,四川省电化教育馆、攀枝花市教育局协办,米易县人民政府承办。本届大赛举行了现代教育学术年会、优质课大赛决赛、全国高中校长教育信息化发展研讨会及"同题异构"课决赛。米易县15名参赛老师全部获奖,其中4名老师获一等奖、11名老师获二等奖。

27日　晚,"2010年中国·攀枝花欢乐阳光节"在市体育场开幕。副省长黄彦蓉委托省旅游局局长张谷向欢乐阳光节开幕表示祝贺。市委书记、市人大常委会主任赵爱明宣布2010年中国·攀枝花欢乐阳光节开幕,市委副书记、市长刘晓华致辞,市政协主席高方芹等出席开幕式。开幕式上,来自港台和内地的明星郑秀文、何润东、杨坤、阿朵等为现场观众献上精彩的演出。

△攀枝花市举行投资项目说明会,向到攀考察的致公党北京市委员会的客人介绍攀枝花的投资环境和项目情况。市委副书记张剡,市政协副主席赵勇、何群出席说明会。

28日　中央电视台电影频道送电影下乡活动在仁和区平地镇迤沙拉村举行。市委副书记、市长刘晓华致欢迎词,活动由市委常委、市委宣传部部长沈钧主持,市领导张国民、许建民、庞向东出席活动。中央电视台电影频道主持人蒋小涵代表CCTV—6向迤沙拉村赠送了数字电影放映设备,并主持了流行艺术与攀枝花传统、特色文化的互动与交流。

29~30日　承德市委副书记、市长张古江率领承德市政府考察团莅攀考察。攀枝花市委副书记、市长刘晓华,市委常委、副市长赵辉,市政协副主席刘建明陪同考察。

30日　全省政协民族宗教工作研讨会在攀枝花会展中心召开。省政协常务副主席晏永和,市政协主席高方芹、副主席吴文发、赵勇及全省21个市、州政协分管领导和相关负责人出席会议。市委副书记张剡代表市委、市政府在会上致辞,并向客人简要介绍了经济社会发展概况。研讨会认真学习了中共中央七届五中全会精神和省委九届八次全会精神,安排部署了新一年全省政协民族宗教工作,研讨交流了各地政协民族宗教工作的经验和体会。

12 月

2日　全国最大的零售商沃尔玛在本市的第一家分店正式开业。市政协主席高方芹，市人大常委会党组书记、常务副主任谢道全，市委副书记张剡出席开业仪式。

4日　本市玉佛寺天王殿开光庆典仪式在玉佛寺景区举行。这标志着攀枝花欢乐阳光节系列活动之迎春佛事活动正式启动。市委常委、市委政法委书记单荣，市委常委、市委宣传部部长沈钧等出席仪式。省人大常委、中国佛教协会副会长、省佛教协会会长、峨眉山报国寺方丈永寿法师出席庆典仪式。

6日　本市仁和区广场至路歇桥的社区空调巴士6路正式投入运营。市委副书记张剡、副市长李章忠出席开行仪式。

9日　市"文轩杯"第三十一届中小学生暨中专学生田径运动会在仁和区体育运动中心开幕。市领导沈钧、栗素娟、庞向东出席开幕式。

13日　攀枝花市民防局挂牌成立，标志市"两防一体化"建设进入新的发展阶段。省人防办主任、省民防局局长喻克彬，市委副书记、市长刘晓华为攀枝花市民防局揭牌。市领导邵革军、程少华、柳康健出席挂牌仪式。

14日　省禁毒委检查组莅攀，对禁毒工作进行检查，并听取了禁毒工作汇报。市委常委、市委政法委书记、市禁毒委主任单荣，市人大常委会副主任唐建民，副市长殷旭东，市政协副主席王庆友出席全市禁毒工作汇报会。

17日　由攀枝花市委宣传部、攀枝花市旅游局主办的"攀枝花欢乐阳光节"之《送电影·学演戏——电影爱攀枝花》节目晚会在北京市丰台区体育中心录制。市委副书记、市长刘晓华，市委常委、市委宣传部部长沈钧，副市长许建民及相关区县负责人到现场观看演出。

△2010年中国·攀枝花第二届苴却砚文化艺术节暨第二届石展在仁和区商业文化广场开幕。市委常委、市纪委书记李群林，副市长张敏，市政协副主席庞向东出席开幕式。

18日　在广州奥林匹克体育中心声举行的亚残运会田径项目男子跳远—F44和男子100米—T44决赛中，攀枝花市选手商俊峰获得两枚银牌，并和队友一起摘取了男子4X100米—T42—46决赛的金牌。

20日　省劳动保障监察两网化管理试点工作现场会在攀枝花召开。市委常委、常务副市长王川红代表市委、市政府致辞。市三区两县的主城区及全市6个工业园区均已初步实现劳动保障监察"两网化"管理。

△四川消费价格调查工作会议在攀枝花会展中心召开。会议指出，2011年，全省各级调查队要认真做好各项工作，确保消费价格调查工作顺利进行。市委常委、常务副市长王川红出席会议并致辞。

20～21日　省政府人口和计划工作督查组莅攀督查。市委副书记、市长刘晓华出席汇报会并作汇报，市委常委、市委组织部部长张祖芸主持会议，市领导栗素娟、张敏、庞向东出席会议。张祖芸、郑学炳陪同调研。

21日　省委宣讲团党的十七届五中全会精神报告会在攀枝花会展中心举行。四川省社会科学院副院长、博士生导师郭晓鸣就学习党的十七届五中全会作专题报告。市委书记、市人大常委会主任赵爱明主持报告会并讲话。市政协主席高方芹等市委、市政府、市政协、市纪委、攀枝花军分区领导出席报告会。

22日　2010年全省综合统计工作会议在攀枝花会展中心召开，来自全省21个市州的代表参加会议。

△攀枝花市西区"攀煤杯"第一届运动会暨首届冬至美食节开幕。市委常委、宣传部长沈钧，市人大副主任张汝林，市政府副市长许健民，市政协副主席庞向东，区委书记、区人大常委会主任赵中，区委副书记、区长陈力出席会议。

26日　《天下四川依然美丽——攀枝花》大型邮册在市中心广场首发。该邮册发行3 000套，共6版，每版4枚邮票，收录了反映攀枝花的二滩、苏铁、钢产量突破1亿吨等题材的邮票。市委常委、副市长赵辉启动邮册发行，市领导栗素娟、张敏参加首发式。

28日　由云南钛业股份有限公司投资4.34亿元建设的攀枝花钛锭项目一期工程正式开工建设，云南钛业股份有限公司全资子公司——攀枝花云钛实业有限公司举行揭牌仪式。市委书记、市人大常委会主任赵爱明，市委副书记、市长刘晓华，昆明钢铁控股有限党委书记、董事长王长勇，市委副书记张剡，市委常委、副市长赵辉等出席开工、揭牌仪式。

△总投资2.26亿元，总建筑面积29 378平方米的攀枝花红格温泉度假酒店二期项目正式破土动工。市委副书记、市长刘晓华出席开工仪式并下达开工令。昆明钢铁控股有限公司党委书记、董事长王长勇，市委副书记张剡，市委常委、副市长赵辉，市委常委、市委宣传部部长沈钧等出席开工仪式。

△省道210线红格过境线新建公路工程正式开工建设。市委副书记、市长刘晓华出席开工典礼并发布开工令。市委副书记张剡，市委常委、副市长赵辉等出席开工典礼并为工程开工剪彩。

△丽攀调整公路西区安置房暨西贵金沙项目开工。该项目力争2011年8月30日前完工，将安置丽攀高速公路西区段拆迁户300户。市委副书记张剡下达开工令。

29日　攀枝花市首届青年创业设计大赛决赛在攀枝花学院大礼堂落幕。三文鱼团队凭借优异表现，最终从6支决赛队伍中脱颖而出，夺得大赛桂冠。

概 貌

自 然 概 貌

【地理位置】 攀枝花市是中国四川省直辖市。位于中国西南川滇交界部，金沙江与雅砻江在境内交汇，北纬26°05′~27°21′，东经101°18′~102°15′。东北面与四川省凉山彝族自治州的会理、德昌、盐源3县接壤，西南面与云南省的宁蒗、华坪、永仁3县交界。北距成都749千米，南接昆明351千米，是四川省通往华南、东南亚沿边、沿海口岸的最近点，为“南方丝绸之路”上重要的交通枢纽和商贸物资集散地。

【建置人口】 2010年，攀枝花市辖东区、西区、仁和区、米易县、盐边县。有16个街道办事处、44个乡镇、130个社区居委会、352个村民委员会。攀枝花市共有42个民族，其中汉族占全市人口的86.6%，41个少数民族中人口较多的彝族占8.89%，其次是傈僳族、苗族、纳西族、白族、傣族、满族等。

2010年，全市年末总户数34.84万户，比2009年增加0.42万户。户籍总人口111.79万人，其中非农业人口59.4万人、农业人口51.98；男性人口57.54万人，女性人口54.25万人，性别比106:100。出生人口12 830人，死亡人口14 307人，人口自然增长率为-1.3‰；迁入人口9 824，迁出人口11 013人；年末全市总人口数比2009年减少2 666人，增长率为-2.4‰。

【地形河流】 攀枝花市地处攀西裂谷中南段，属侵蚀、剥蚀中山丘陵、山原峡谷地貌，具有山高谷深、盆地交错分布的特点，地势由西北向东南倾斜，山脉走向近于南北，是大雪山的南延部分。海拔最高点位于盐边县境内的柏林山穿洞子(4 195.5米)，最低点位于仁和区平地镇师庄(937米)，相对最大高差3 258.5米，一般相对高差1 500米~2 000米。

攀枝花市隶属长江水系，河流多，境内有大小河流95条，分属金沙江水系、雅砻江水系，两水系在雅江桥汇合。流域控制面积较大的主要有安宁河、三源河、大河三大支流。其中流域面积大于500平方千米以上的6条；100平方千米~500平方千米的26条；50平方千米~100平方千米的18条；5平方千米~50平方千米的小河流只统计直接汇入金沙江、雅砻江的共45条。

【气 候】 攀枝花市属南亚热带——北温带的多种气候类型，被称为“南亚热带为基带的立体气候”，具有夏季长，四季不分明，而旱、雨季分明，昼夜温差大，气候干燥，降雨量集中，日照长，太阳辐射强，蒸发量大，小气候复杂多样等特点。年平均气温是四川省年平均气温总热量最高的地区，无霜期达300天以上。

2010年，攀枝花市平均气温20.7℃~21.5℃，较多年平均值正常略高0.6℃~1.0℃，月平均气温最高出现在5月(27.9℃~28.8℃)，最低除米易县出现在1月(11.9℃)外，其他地区出现在12月(11.5℃~12.6℃)。全年总降水量为725.7毫米~1 019.9毫米，较常年偏少65.2毫米~95.0毫米，偏少幅度达8%~12%；自2009年10月至2010年6月，攀枝花市遭受有气象资料记载以来最严重的“秋冬春夏”四连旱灾害。年日照时数为2 302.5小时~2 730.8小时，较多年平均基本正常。年平均相对湿度53%~60%，较多年平均明显偏小4%~9%。

【国土资源】 攀枝花市面积7 440.398平方千米，全市土地面积7 440.398平方千米。其中农用地约666 200万平方米(耕地保有量为49 800万平方米、基本农田保有量为43 100万平方米)；建设用地约30 300万平方米；未利用地约45 900万平方米。

【水能资源】 攀枝花水能资源丰沛，水能资源理论蕴藏量达687.9万千瓦以上，可开发量达到599.4万千瓦，2010年装机容量约350万千瓦。攀枝花地区水能资源分布集中，主要分布在过境的金沙江、雅砻江以及支流安宁河、永兴河、藤桥河。

【矿产资源】 全市共发现矿产76种，探明储量的矿产39种，得到开发利用的矿种45种。全市发现矿产地490余处(含矿点、矿化点),其中,特大型、大型矿床46个,中型矿床30个。

全年全市优势矿种的资源储量为煤保有储量36 947.26万吨,钒钛磁铁矿保有储量669 374.1万吨,伴生钛保有储量42 457.93万吨,共生钒保有储量1 037.59万吨,熔剂石灰石保有储量29 493.1万吨,冶金用白云岩36 347万吨,晶质石墨1 529.8万吨,硅藻土1 355.6万吨,饰面用花岗石资源储量8 375万立方米,苴却砚石资源储量2 098万吨。

【生物资源】 攀枝花市的植物和野生动物种类繁多,达2 500多种。珍贵稀有动物中,国家一级重点保护动物有4种(金雕、豹、黑颈鹤、四川山鹧鸪),国家二级重点保护动物30种。国家重点保护的一、二级珍稀濒危植物14种。其中,一级重点保护珍稀濒危植物攀枝花苏铁举世称奇,成片生长,达20多万株,且年年开花,雌雄竞放,与恐龙、熊猫一并被誉为"巴蜀三宝"。

国民经济和社会发展概貌

【经济综述】 2010年,市政府贯彻落实科学发展观,牢牢把握"提速增效、加快发展"的工作基调,加快转变经济发展方式,纵深推进"四个倾力打造",保持了经济持续增长、效益稳步提高、居民收入增加和社会协调发展的良好态势,圆满完成市八届人大五次会议和"十一五"规划确定的主要目标任务。

全年全市实现地区生产总值(GDP)523.99亿元,比2009年(下同)增长15.1%,增速比2009年加快3.9%,与全省水平保持一致。其中:第一产业增加值21.49亿元,增长3.9%;第二产业增加值386.63亿元,增长17.5%;第三产业增加值115.86亿元,增长9.0%。三次产业对经济增长的贡献率分别为0.9%、85.4%和13.7%,三次产业结构比由2009年的4.8:70.8:24.4调整为4.1:73.8:22.1。民营经济实现增加值210.38亿元,增长19.6%,占地区生产总产值的比重为40.1%,比2009年上升3.1%,对经济增长的贡献率达45.3%,拉动全市经济增长6.8%。其中:第一产业民营增加值为7.20亿元,增长6.6%;第二产业民营增加值为144.79亿元,增长23.2%;第三产业民营增加值为58.39亿元,增长12.8%。年末全市注册登记个体工商户为44 438户,私营企业8 569户。

全年东区实现地区生产总值237.00亿元,增长12.0%;西区64.98亿元,增长18.0%;仁和区100.05亿元,增长23.8%;米易县59.59亿元,增长18.7%;盐边县50.02亿元(不含二滩发电厂),增长19.2%。东区实现民营经济增加值72.02亿元,增长16.1%;西区28.90元,增长22.4%;仁和区53.93亿元,增长22.8%;米易县30.02亿元,增长20.6%;盐边县27.46亿元,增长19.5%。

【农 业】 2010年,攀枝花市农业生产稳步增长,新农村建设扎实推进,米易县、盐边县新农村示范片建设通过省级验收,东区、西区、仁和区市级新农村示范片建设正式启动,米易县被确定为首批省级现代农业产业基地强县,盐边台湾农民创业园挂牌并启动建设。农业综合生产能力不断增强,产业化进程不断加快,新发展市级重点龙头企业9家、农民专合组织77个。支农惠农政策全面落实,农产品质量安全合格率稳步提高。全年实现农林牧渔业总产值36.52亿元,增长4.5%。其中:农业产值19.39亿元,增长4.0%;林业产值0.65亿元,增长0.8%;牧业产值12.99亿元,增长4.4%;渔业产值2.93亿元,增长9.9%;农林牧渔服务业产值0.56亿元,增长3.4%。

农作物总播种面积68 940万平方米,比2009年增加574万平方米。其中,粮食作物播种面积42 496万平方米,增长3.5%;油料种植面积2 217万平方米,增长18.1%;糖料种植面积1 379万平方米,下降0.2%;蔬菜种植面积11 343万平方米,增长5.2%。烟叶移栽面积7 665万平方米,比2009年减少2 503万平方米;粮食作物、经济作物和其他农作物播种面积的结构为61.6:34.5:3.9。

粮食总产量23.20万吨,增产0.2%;油料产量0.32万吨,增产16.5%;糖料产量15.42万吨,增长1.5%。蔬菜产量54.61万吨,增长4.1%;水果产量15.68万吨,增长9.8%;烤烟产量1.60万吨,下降23.7%。

肉类总产量7.01万吨,比2009年增长3.4%。其中,猪肉产量4.81万吨,增长3.0%;牛肉产量0.49万吨,与2009年持平;羊肉产量0.74万吨,增长2.1%;禽肉产量0.92万吨,增长8.5%;禽蛋产量1.22万吨,增长47.8%;牛奶产量0.24万吨,增长32.7%;蚕茧产量0.33万吨,增长3.2%。

全年水产品养殖面积3 446.67万平方米,减少113.33万平方米,淡水鱼苗11.30亿尾,增长18.2%,水产品产量2.65万吨,增长13.1%。

全年完成造林面积22 300万平方米,增扩8 900万平方米,其中全年人工造林面积14 700万平方米,退耕造林面积533万平方米;封山育林面积55 200万平方米;森林面积438 400万平方米,森林覆盖率59.0%。全年苗木产量12 797万株,活立木蓄积量2 942万立方米。全市共有3个自然保护区,拥有面积99 900万平方米。

农业机械总动力56.41万千瓦,增长0.6%,年末实有机耕作业面积26 340万平方米，增长47.6%。有效灌溉面积28 078万平方米，增长6.1%，其中新增有效灌溉面积2 060万平方米，增长83.9%。排灌机械保有量2 903台，增加62台，机电排灌负担面积8 313.33万平方米，增长0.6%，新增蓄引提水能力1 559万立方米；水利工程数量7 903处，新增496处；农业用水量22 555万立方米。

【工 业】 2010年，工业强市战略深入人心，钒钛、钢铁、能源、化工四大支柱产业不断壮大，矿业和机械加工产业加快发展，新兴产业培育取得新进展，成功跻身国家首批62个新型工业化产业示范基地。全年全市完成工业增加值364.63亿元，增长18.0%，比2009年回升5.8%，对经济增长的贡献率为82.8%。规模以上工业企业户数达388户，规模以上工业企业实现增加值348.59亿元，增长20.5%，增速比2009年加快7.5%。规模以上工业中，分轻重工业看，重工业实现增加值增长19.5%，轻工业实现增加值增长56.3%，重、轻工业在全部工业的占比为96.4:3.6，轻工业占全部工业的比重较2009年提高0.6%；分登记注册类型看，国有工业完成增加值106.27亿元，增长5.4%，集体工业企业完成增加值1.14亿元，增长26%，股份制工业完成增加值226.33亿元，增长29.5%。

规模以上工业实现总产值969.33亿元，增长34.0%；四大支柱产业完成总产值情况为，钢铁产业456.32亿元，增长23.1%；钒钛产业66.54亿元，增长46.7%；能源产业236.76亿元，增长32.5%；化工产业72.58亿元，增长64.7%。规模以上工业企业实现销售产值938.82亿元，增长34.8%；产销率为96.9%，比2009年提升0.6个百分点；工业企业综合效益指数为195.8，比2009年上升34.2点；实现利润总额38.26亿元，增长110.0%；利税总额85.81亿元，增长42.5%。总资产贡献率为6.8%，上升0.8%，资产负债率为76.0%，增长2.2%，成本费用利润率为3.8%，增长1.3%。

【固定资产投资】 2010年，固定资产投资对经济增长的拉动作用充分显现，投资拉动GDP增长9.1%，对经济增长的贡献率达到60%。重大基础设施、民生工程及产业化项目加快推进，攀钢18万吨钛渣二期、钢城集团5 000吨海绵钛、攀煤100万吨焦炭等项目全面竣工，福川机械球墨铸件汽车后桥壳等项目基本建成，白马铁矿二期、观音岩水电站等项目按计划推进，桐子林水电站、云钛公司2万吨钛锭、省道310红格过境线、二滩水淹区连片扶贫开发、红格温泉度假酒店二期、金海五星级酒店等项目开工建设，富邦1 000万件刹车制动毂、润莹300万件汽车齿轮技术改造扩能等机械制造项目前期工作进展顺利。

全年全市固定资产投资完成330.70亿元，增长24.9%，其中民间投资完成170.03亿元，增长45.8%。从管理渠道看，基本建设投资146.09亿元，增长50.8%；更新改造投资128.39亿元，增长11.4%；房地产开发完成投资34.20亿元，增长53.7%，其他投资22.02亿元，下降27.5%。全年新增固定资产192.27亿元，下降8.6%。从产业结构看，第一产业完成投资7.14亿元，下降6.4%；第二产业完成投资182.30亿元，增长35.4%，其中工业投资181.63亿元，增长36.2%；第三产业完成投资141.26亿元，增长15.3%。三次产业投资结构由2009年的2.9:51.9:45.2调整为2.2:55.1:42.7。

全年累计完成产业投资174.71亿元，增长36.7%，占全社会投资比重52.8%；完成基础设施投资53.30亿元，增长29.6%，占全社会投资比重16.1%；完成民生及社会事业投资96.54亿元，增长5.2%，占全社会投资比重29.2%；其他投资6.15亿元，增长51.4%，占全社会投资比重1.9%。

【建筑业】 全市年末资质等级以上施工总承包和专业承包建筑企业79个，期末从业人员34 139人。建筑企业实现总产值125.35亿元，增长30.4%；建筑业完成增加值22.00亿元，增长10.2%。

【房地产业】 全年完成房地产开发投资34.20亿元，增长53.7%。房屋施工面积471.39万平方米，增长6.9%。房屋竣工面积81.55万平方米，下降3.3%。商品房销售面积115.0万平方米，增长53.9%，其中住宅销售面积108.2万平方米，增长58.5%。

【消费品市场】 全年实现社会消费品零售总额140.17亿元，增长17.7%。按销售单位所在地分，城镇消费品零售额130.99亿元，增长17.4%，其中城区消费品零售额增长17.7%；乡村消费品零售额9.18亿元，增长21.5%。按行业分，批发零售业实现消费品零售额123.35亿元，增长17.8%；住宿餐饮业实现消费品零售额16.81亿元，增长16.5%；按限额以上和限额以下单位分，限额以上单位实现消费品零售额42.54亿元，增长16.7%，限额以下单位实现消费品零售额97.62亿元，增长18.1%。

【对外经济】 2010年，攀枝花市成功举办川滇黔十市地州合作与发展峰会，与凉山、丽江、楚雄等毗邻市州建立互访交流机制，对外合作领域不断拓宽，依托长江沿岸中心城市信息合作联盟，主动融入长江沿岸中心城市和重庆经济协作区等经济圈。全年全市招商引资履约项目329个(其中新签约履约项目160个)，总到位资金301.39亿元，增长33.5%。其中：省外国内履约项目165个，到位资金198.62亿元，增长28.1%，占总到位资金比例65.9%；省内市州间履约项目30个，到位资金17.74亿元，增长12.2%，占总到位资金的5.9%；市内县际间履约项目134个，到位资金84.66亿元，增长49.5%，占总到位资金的28.1%。全市进出口总额24 892万美元，增长66.0%。其中，出口总额18 348万美元，增长116.9%；进口总额6 544万美元，与2009年持平。

【交通、邮电】 2010年,对外大通道建设有力推进,成昆铁路新线攀枝花段、丽—攀—遵铁路、攀—宜沿江高速公路等项目前期工作进展顺利,丽—攀高速公路攀枝花段13个工程标段已开工11个,攀—大(理)高速公路、绕城高速公路纳入《四川省高速公路网规划(2008~2030年)》。区域内路网进一步完善,炳二区主干道、龙密路开工建设,渡口桥南立交系统DEF匝道建成通车,新密地大桥、沿江快速通道西区段、临江路立交系统等项目建设有力推进,建成通乡油路(水泥路)120千米、通村公路320千米。

全市交通运输业完成投资16.15亿元,增长44.6%。改建公路725千米。全年公路完成营业性客运量5 471万人次,旅客周转量95 938万人千米,分别比2009年增长6.4%和31.4%;完成营业性货运量8 983万吨,货物周转量438 760万吨千米,分别比2009年增长16.3%和18.4%。全市航道里程366.4千米,完成水路客运量31万人,旅客周转量775万人千米,分别比2009年增长3.3%和3.3%;完成水路货运量16万吨,货物周转量960万吨千米,分别比2009年增长6.7%和6.7%。

境内铁路营运里程181.6千米,与2009年持平,境内火车站个数11个,完成铁路客运量213.72万人次,下降2.3%,铁路货运量2 540.30万吨,增长5.2%。民航客运量16.36万人次,下降8.1%;货运量2 844.28吨,增长20.2%。全市民用汽车保有量达8.23万辆,比2009年增加1.16万辆,其中私人汽车6.01万辆,增加1.06万辆。

全年邮电业务总量14.87亿元,增长13.7%。其中,电讯业务总量14.02亿元,增长13.8%;邮政业务总量0.85亿元,增长12.6%。年末拥有邮电局(所)48处,比2009年减少4处;全年报刊发行量2 558万份,增长31.6%;函件314万份,增长25.6%;特快专递26万件,增长11.4%;邮路长度(单程)2 025千米。年末固定电话用户32.51万户,下降0.8%,其中住宅电话26.21万户;年末移动电话用户数115.57万户,增长15.3%。国际互联网用户数14.91万户,增长23.9%。

【旅　游】 "阳光花城"旅游形象进一步提升,冬季阳光旅游、乡村旅游积极推进。成功举办"攀西第一灯"——米易·迷易灯会花会、2010年格萨拉索玛花节、攀枝花欢乐阳光节等旅游节庆活动。旅游项目加快推进,格萨拉生态旅游区、二滩森林公园4A级景区通过省级复核,金海开元名都五星级酒店建设全面推进。全年全市旅游总收入42.01亿元,增长20.8%。接待旅游总人数705.21万人次,增长3.8%。国家A级景区5个,其中4A级2个;星级饭店、宾馆12家,其中四星级2家;旅行社29家,其中国际旅行社2家、国内旅行社19家。

【财政、税务】 全年完成地方财政收入56.49亿元,增长10.4%,其中一般预算收入38.78亿元,增长11.1%。一般预算支出75.08亿元,下降0.1%。其中,教育支出11.65亿元,增长20.8%;社会保障和就业支出11.42亿元,下降44.7%。

国家税务局组织收入44.87亿元,增长11.1%。其中,税收收入45.58亿元,增长12.6%;增值税增长10.9%,消费税增长159.5%。地方税务局组织收入37.66亿元,增长16.9%,其中税收增长17.5%。

【金融、保险】 年末金融机构人民币各项存款余额570.72亿元,比年初增加79.04亿元,增长16.1%。其中,城乡居民储蓄存款余额281.42亿元,比年初增长15.2%;企业存款余额142.15亿元,比年初增长19.7%。金融机构社会信用投放总量598.12亿元,比年初增长46.4%。金融机构人民币各项贷款余额383.63亿元,比年初增长15.9%。其中,中长期贷款余额207.40亿元,比年初增长37.3%;短期贷款余额152.12亿元,比年初增长6.2%。个人消费贷款余额18.30亿元,增长17.0%。其中,住房消费贷款15.76亿元,增长18.8%;汽车消费贷款0.31亿元,下降3.6%。

全年实现保费收入16.41亿元,增长31.2%。其中,财产保险保费收入5.15亿元,增长16.8%;人寿保险保费收入11.26亿元,增长39.0%。保险赔款支出3.10亿元,增长4.7%。其中,财产保险赔款支出1.80亿元,增长4.7%;人寿保险赔款支出1.30亿元,增长4.8%。

【教育、科技】 全市拥有普通高等学校2所,中等专业学校4所,普通中学60所,普通小学64所,幼儿园186所,特殊教育学校1所。全市普通高等学校在校生21 451人,中等专业学校在校生14 019人,普通中学在校生69 574人。义务教育阶段在校生144 392人,其中小学在校生94 574人、初中在校生49 818人。幼儿在园儿童数31 915人。特殊教育在校生152人(盲聋哑学校)。普通高校专任教师1 136人,中等专业学校专任教师418人,特殊教育学校专任教师33人。学龄儿童入学率100%,小学和初中毕业生升学率分别为100%和95.1%。

全年共有国家建设创新型企业1家,省级建设创新型企业试点企业7家,新增国家级高新技术企业7家,全市高级技术产业实现产值180亿元。钒钛磁铁矿资源综合利用产业技术创新战略联盟有望成为四川省第一家由攀枝花市企业牵头成立的国家级产业技术创新联盟。表彰奖励66项市级科技成果;19项科技成果获2010年度四川省科学技术进步奖。申报省级、国家级科技计划、专利专项资金项目110项,获得科技经费达4 087万元,增长53.1%。全市专利申请达811件,增长51.3%。专利授权545件,增长153.5%。新增国外专利申请3件,欧盟授权专利1件。全市新增专利实施技术项目145项,新增产值19.36亿元,新增利税8.3亿元。

全年拥有国内专业技术人员51 178人,比2009年增加527人。其中,具有中级职称以上人员增加1 039人,农业技术人员增加70人;引进高级管理人才和科技人才68人。

2010年,全国第二次科技R&D资源清查结果显示:全市共有R&D资源的单位402户,有科技活动的企业28户,科技活动人员1.02万人,科技活动经费内部支出9.25亿元,开发科技项目919项。

【文化和广电事业】　全市拥有博物馆和展览馆2个;文化(艺术)馆50个,比2009年增加17个,其中文化站44个;剧场影院2个,与2009年持平;公共图书馆5个,全年公共图书馆藏书总量58.96万册,增长1.8%,新增图书7 500册。建成乡镇广播电视站44个,通广播电视的村有352个。全市有线电视用户入户率达71%,比2009年提高0.4%;广播覆盖率95.5%,比2009年提高0.4%;电视覆盖率96.4%,比2009年提高0.4%。

【卫生、体育】　全市拥有医院、卫生院66个,疾病预防控制中心8个,妇幼保健站8个。医院、卫生院技术人员5 739人,比2009年增加188人。其中,执业(助理)医生2 121人,增加59人;注册护士2 486人,增加96人。年末卫生机构床位数7 437张,比2009年增加1 051张。全年5岁以下儿童死亡率12.4‰,比2009年下降3.3‰;婴儿死亡率8.8‰,下降3.5‰;新生儿死亡率6.9‰,下降2.3‰;孕产妇死亡率十万分之三十点七。甲、乙类传染病发病率十万分之三百零九点九。参加新型农村合作医疗人数为47.89万人,比2009年增加1.28万人,新农合参保率达93.8%。

全市拥有体育场(馆)6个。各级体育社会团体61个;全民健身路径241条,新建40条;社会体育指导站309个,新增16个。全市各类运动队夺得全国各类比赛金牌8枚、银牌1枚;全市各类运动员参加省级比赛获得金牌76枚、银牌58枚、铜牌44枚。全年举办38次全民健身活动,参加活动的人数达5万人。

【城市建设】　全年全市建成区土地面积60.92平方千米,公园绿地面积598万平方米,人均城市道路面积9.2平方米,市政设施完好率达95%以上,城市生活垃圾无害化处理率达91.1%,完成拆墙透绿38.9千米、拆违建绿2.7万平方米。

【公用事业】　全市年末实有公共汽车营运车辆559辆,公共汽车客运总量12 063.6万人次;实有出租汽车1 475辆,拥有公共汽车614标台。年末城市供水管道长度1 222.75千米,排水管道长度619千米,水厂综合生产能力59.01万吨/日,全年供水总量11 606.39万立方米,其中生活用水3 361.59万立方米,用水普及率90.96%。全年煤气供应总量159 719.4万立方米,其中生活用量5 173.75万立方米。

【环境保护】　全年5个环境优美乡镇已通过省专家组的技术核查,全市共建成12个文明村(市级)、5个生态小区(市级)、330户生态家园(市级)。全市环境空气质量优良率为89%,比2009年提高0.8%。

【收入及消费】　城镇居民人均可支配收入16 882元,增长12.8%。其中,工资性收入12 008元,增长13.1%;财产性收入171元,下降1.1%;转移性收入5 538元,增长6.0%。城镇居民人均消费支出12 695元,增长15.9%。其中,食品支出5 080元,增长11.7%,占消费支出的比重为40%;衣着支出增长与2009年持平;居住支出增长21.7%;家庭设备用品及服务支出增长25.4%;交通和通讯支出增长47.8%;医疗保健支出增长26.9%;教育文化娱乐服务支出下降2.0%。

农村居民人均纯收入6 293元,增长14.9%。其中,人均家庭经营纯收入4 187元,增长12.6%;人均工资性收入1 497元,增长19.0%;人均财产性纯收入122元,增长34.1%;人均转移性纯收入486元,增长18.9%。农村居民人均生活消费支出5 439元,下降7.2%。其中,食品支出2 438元,增长4.2%,占生活消费支出的比重为44.8%;衣着支出增长26.1%;家庭设备用品支出增长6.6%;居住支出下降44.3%;交通和通讯支出增长12.9%;文化教育及娱乐支出增长18.3%;医疗保健支出增长6.8%。

【物价水平】　全年居民消费价格总水平比2009年上涨3.3%。其中,食品类价格上涨7.2%,烟酒及用品上涨2.6%,衣着类上涨2.1%,家庭设备用品及维修服务类下降0.2%,医疗保健和个人用品上涨1.2%,交通与通信下降0.3%,娱乐教育文化用品及服务上涨0.8%,居住类价格上涨2.5%。商品零售价格总水平上涨3.9%。

【居住条件】　抽样调查表明,2010年末,城镇居民人均住房建筑面积26.59平方米,增长1.9%;91.9%的城镇居民家庭拥有自有房屋产权;93.9%的城镇居民家庭住进单元房。农村居民人均住房面积33.75平方米,下降0.4%。

【社会保障】　全年全市养老、失业、医疗保险基金支出29.66亿元,增长5.6%。参加养老保险的人数41.47万人,比2009年增加2.01万人,其中参加基本养老保险的职工人数27.92万人,增加1.72万人;参加基本医疗保险人数61.57万人,比2009年增加0.89万人;参加失业保险人数19.97万人,比2009年增加1.23万人。城镇新增就业1.45万人,新增创业675人,城镇登记失业率为3.5%,比2009年下降0.36%。

全市享受城镇居民最低生活保障人数2.45万人,比2009年减少0.52万人,城镇居民低保人均月支出185.49元,比2009年增加26.91元;享受农村居民最低生活保障人数3.03万人,比2009年减少0.45万人;社会救济对象人数6.83万人,比2009年减少1.35万人。全市拥有社会福利院4个,床位数491张;敬老院31所,床位数2 224张。

(赵雪松)

县（区）概貌

东区

【建置人口】 东区是攀枝花市主城区，是全市政治、经济、文化中心。位于北纬26°32′～26°39′、东经101°39′～101°49′，行政区域东起渡（口）金（江）公路雅砻江与金沙江汇合处下行850米处；西至云盘山顶、凉风坳，分别与仁和区、西区接壤；南抵攀枝花大道中段巴斯箐；北至大黑山麓、老岩山，与仁和区、盐边县分界。幅员167.225平方千米，其中耕地面积209.60万平方米，占辖区总面积的1.25%。

东区辖1个镇、9个街道办事处，9个村民委员会、61个社区居民委员会。2010年末，全区人口总数97995户316352人，其中男165460人、女150892人。总人口中非农业人口306788人（男160923人、女145865人）、农业人口9564人（男4537人、女5027人）。全年出生2194人，出生率6.90‰；死亡1417人，死亡率4.5‰；人口自然增长率2.40‰，计划生育率97.10%。全区有少数民族34个，人口8706人。

【经济发展状况】 2010年，东区实现地区生产总值（GDP）237.00亿元，同比增长12.00%；完成区属规模以上工业增加值34.72亿元，同比增长34.90%；完成固定资产投资100.97亿元，同比增长22.30%；地方财政收入5.76亿元，同比增长16.20%；实现社会消费品零售总额达到84.84亿元，同比增长17.10%；招商引资实际到位资金60.11亿元，同比增长38.00%；城镇居民可支配收入18407元，同比增长12.20%；农民人均纯收入7730元，同比增长15.00%。

2010年东区主要经济指标

表1

指标名称	单位	2010年	比2009年±（%）
年末总人口	人	316352	-0.88
城镇从业人员	人	117155	-0.50
地区生产总值（当年价）	万元	2370019	12.00
第一产业总产值	万元	4798	3.30
第二产业总产值	万元	1716015	13.00
第三产业总产值	万元	649206	8.90
全部工业企业总产值	万元	5521419	22.60
旅游收入总额	万元	180094	28.20
金融机构各项存款余额	万元	3724750	19.00

续表1

指标名称	单位	2010年	比2009年±（%）
参加基本养老保险职工数	人	207608	3.90
参加失业保险人数	人	167660	2.50
城镇登记失业人数	人	11337	-36.40
电信业务总量	万元	83982	26.50
全社会固定资产投资总额	万元	848356	22.30
社会消费品零售总额	万元	848356	17.10
地方财政收入	万元	57598	16.20
地方财政支出	万元	91378	12.50
城镇居民人均可支配收入	元	18407	12.20
农民人均纯收入	元	7730	15.00

【工业经济】 2010年，东区加快工业产业结构调整步伐，延伸钢铁产业链条，煤基直接还原铁、钒钛渣浆泵项目正式投产；钒钛产业由初级产品向附加值高、科技含量高的产品转变，高钛铁、钒氮合金生产线建成投产；都市型工业发展势头良好，冷链物流、区域物流项目建成投产；发展循环经济，辖区表外矿资源综合开发利用强力推进，丰源100万吨选矿等项目建成投产；培育太阳能光伏产业和生物产业，鼎好太阳能电池组件项目、金利中药饮片项目进展顺利。加强园区建设，高梁坪园区环山路二段开工，完成排洪管道建设，园区基础设施不断完善；启动高梁坪园区控规调整，加快流沙坡园区综合服务带建设，园区承载能力进一步增强。地企协作水平持续提升，实现地企协作贸易额24亿元，同比增长16%。新增地方规模以上工业企业12户，完成区属地方规模以上工业增加值34.72亿元，同比增长34.90%。

【农业和农村经济】 2010年，东区加快推进城乡一体化建设。改善农村基础设施，完成农业综合开发项目，阿署达水保牌坊至机场路公路投入使用，加快推进弄弄沟公路建设。实施农村安居工程，全面建成密地二社村民集中居住区、阿署达村民集中居住区，稳妥推进攀枝花村六社村民安置房建设，改善农村生产生活条件。完善城乡一体的公共服务和社会管理制度，提高社会保障水平。全面发展近郊休闲旅游业和特色种养殖业，打造星级农家乐、乡村酒店，阿署达村获“四川省乡村旅游示范村”称号，壮大特色农业基地，初步实现特色农业与第三产业的融合发展，村民增收渠道持续拓宽。全年农民人均纯收入7730元，同比增长15%。

【招商引资】 2010年，东区树立科学招商、依法招商、理性招商的理念，制定招商引资重点产业（项目）指导目录，建立健全招商引资工作机制，形成包括目标设立、渠道拓展、平台建设等全方位的招商引资工作推进体系。组织有关项目招商单位到昆明、成都、上海等地开展招商活动，先后参加2010年（第七届）中国商业地产年会、东盟博览会、第十一届中国西部博览会等大型展会进行项目招商推介，与汉庭商务酒店、家乐福、中影集团等近20个知名商家进行招商对接、洽谈。召开东区服务业重点项目专场推介会，向150余名市内外企业家详细解析东区服务业未来5～10年的发展规划，重点推介二街坊旧城改造等28个未来几年将实施的服务业招商项目。先后邀请四川省闽联投资有限公司、四川得聪乡村基建公司、中铁二局、昆钢集团、重庆商社集团、云南昆明双龙百货、四川博亚传媒等多家投资商到东区考察服务业项目和商谈名品名店进驻事宜。利用现有客户资源，广泛发动企业家、中介组织或个人参与招商引资工作，建立并执行代理招商机制，项目落地后给予一定奖励。把环境建设作为招商工作的重点，树立"服务就是招商"的理念，做好对现有外来投资企业的后续管理和跟踪服务，推行"保姆式"服务，实行项目代办制、岗位责任制、服务承诺制、重大投资项目"五个一"（一个项目、一名领导、一支队伍、一笔经费、一抓到底）推进制、政务公开制、限时办结制、首办负责制、文明办公等。全年招商引资实际到位资金60.11亿元，同比增长38%

【科教文化】 2010年，东区切实开展科技服务、项目申报和知识产权等工作。成立以孙朝晖、陈厚生、王希哲等11人为主要成员的钒钛产业专家组，针对钒钛企业在技术、生产、加工过程中出现的问题开展服务、咨询、论证等以产学研为主题的活动。依托四川大学、昆明理工大学、攀枝花学院等科研院所为钒钛产业技术指导，以钛铝钒合金实验生产线、钛铁系列合金、硫酸钛白、钒氧化物、钒氮合金、钒钛废弃物循环利用等主要产品的钒钛企业为主，组建钒钛产业联盟，搭建产学研一体的科技创新服务平台。以专利代理服务机构为纽带，在企业开展科技信息咨询、培训、专利代理等服务。为辖区中小企业提供技术供求信息发布、文献资料查询，帮助企业进行项目对接，协助解决企业生产过程中遇到的难题。引进成都虹桥代理等专业机构代理，做好咨询、中介、生产力促进、专利代理等科技服务。广泛联系国内大专院校和科研院所，建立起以钒钛资源综合利用、材料、钒氮合金、固废利用、光伏、钛白、钛材、冶金辅料、直接还原、钛白废酸处理、新型建材、特色生物、产业研究等领域的80多名专家的东区专家联系库。与攀枝花学院、昆明理工大学、云南师大、四川建材研究中心等院所合作，在洁宇工贸、银江金勇工贸建立工程技术中心。年内，东区有国家级高新技术企业2家（金勇工贸、环业公司），省级高新技术企业3家（攀研产业公司、志林网络、鼎星钛业），省级知识产权优势培育企业1家（顺腾集团），省知识产权试点企业1家（金勇工贸），省级专利实施试点企业2家（攀化科技、南辉科技），攀阳钒钛的钒钛冶金粉末获得四川省高新技术创新产品称号。5月22日，攀枝花市科技活动中心被列为国家级科普教育基地。

年内东区各类专利申请176件，兑现知识产权奖励9.75万元。与项目承担单位申报科技计划项目26项，其中市级科技计划项目19个，省级科技计划项目5个，10万元以上的12项，合计资金453万元。

2010年，东区有直属中小学校27所，其中高中1所、单设初中2所、九年一贯制学校10所、小学14所；幼儿园2所。教职工4 331人，其中在职2 419人、退休1 912人；学生3万余人。安置进城务工子女入学1 446名，落实"两免一补"（对符合条件的城市低保家庭的学生减免书费、作业本费，对家庭经济困难的寄宿生给予生活补助）2 984人次，支付资金33.50万元。

小学适龄人口入学率100%，在校生年辍学率为0，毕业率100%，15周岁人口中初等教育完成率100%；初等教育适龄儿童少年入学率为100%，在校生年辍学率为0，毕业率100%，17周岁人口中初级中等教育完成率100%，三类残疾儿童入学率100%。2010年度义务教育阶段全市教学质量监测，东区小学监测成绩综合RSR值99.8，继续保持全市第一；东区初中全市监测成绩七年级综合RSR值99.4，保持全市第一；八、九年级综合RSR值分别为99和98.9，分别名列全市县（区）第一。普通高校报考人数1 843人，其中文科632人、理科1 100人、对口职教111人，考点设在市三中，共63个考场。普通高考录取1 224人，录取率66.4%，其中本科录取613人、专科录取606人、中专5人。成人高考报名人数2 097人，其中专科升本科670人、高中起点专科文科240人、高中起点专科理科1 187人。完成两次高等教育自学考试，共报名3 432人、5 960科次，及格率56.84%，办理自学考试毕业证书54人。

全面完成市十六小综合楼、市五小综合楼等新建面积5.50万平方米，加固校舍17栋，完成加固面积2.57万平方米。市二十五中小炳三区学校（市四十中小）新建项目于12月26日开工建设。

加强校园安全防范，为区属校园配置47名协警和防卫设施，指导学校成立校园护卫队。加强校园食品卫生安全督查，配合市卫生监督局、区食品安全委员会成员部门等单位对区属校园及周边小食店、商店的食品卫生安全等进行检查3次，联合整治2次。

2010年，东区有文化、新闻出版经营单位400家，其中歌舞娱乐场所82家、游艺娱乐场所19家、网吧72家、音像制品52家、国内出版物零售79家、打字复印94家、演出经济机构1家、演出场所经营单位1家。

2010年，东区组织辖区文化市场经营业主进行消防安全暨两会安全、健康城市、迎接省民运会攀枝花东区文化市场安全等法律法规培训7次，参加人数600余人次。开展文化市场检查5 200家（次），出动车辆520台（次），1 500人（次）参加，对违反文化、新闻出版等法律法规的41家经营户进行批评教育、限期整改、罚款等处罚，处理完毕案件15

件,罚款4.05万元。加强对车站、政府、广场、农贸市场、学校等地方的巡查。对校园周边秩序进行联合检查6次,56人(次)参加,收缴非法音像制品3 000盒,取缔黑网吧4家,取缔、收缴带赌博性质电子游戏机30台,主板16张,并进行集中销毁。

开展系列文化下乡、文化进社区活动,全年组织文化下乡、文化进社区20场,观众50 000余人次。承办系列节庆活动10余场,成功举办东区第七届社区艺术节。创作排练歌舞《女人花》、舞蹈《摇摆》、《吉祥如意》等节目7个。原创舞蹈作品《七棵小树苗》赴北京参加"盛世炎黄"爱心行动全国青少年才艺展示活动,获少儿组金奖。

开展第三次全国文物普查东区境内的相关数据采集、登录、文字图片收集整理。3月29日,东区通过田野调查阶段省级实地验收,确定141处文物点上报省文物局,其中辖区内的攀钢一号高炉、兰尖铁矿、朱家包包铁矿进入申报国家级文物保护单位程序。原生态舞蹈"阿署达彝族打跳舞"成功申报"四川省第二批非物质文化遗产名录"。

【体育卫生】 2010年,东区成立东区体育总会和东区老年人体育协会,并成立足球、篮球、保龄球、羽毛球、网球、乒乓球、棋类、钓鱼、游泳、风筝和徒步运动等10余个分会,通过分会章程。全年组织开展区内大型体育活动10余次。组队参加四川省2010年地掷球比赛,获小金属球团体、塑掷球团体第一名和男子准确抛击第一名。参加全国第四届体育大会地掷球比赛,获得小金属球双人赛和大金属球准确抛击第五名。组队参加四川省十一运会,获男子跳水丙组跳台第七名、第八名,跳板第七名、第八名,男子团体第五名,1名运动员被评为精神文明运动员;组队训练备战省民运会,完成市区下达的目标任务。推进攀枝花体育公园建设,完成攀枝花体育公园项目《地质灾害评估报告》、《初勘报告》、《可行性研究方案》和《用地性质调整方案》并上报市级相关部门,市规建局对体育公园用地调整进行公示,市国土局根据建设指标对地块进行初步估价。

2010年,东区境内有各级各类医疗卫生机构298个,其中国家三级甲等综合医院2所、国家三级甲等专科医院2所、二级甲等综合医院2所、镇卫生院1个、村卫生站9个、社区卫生服务站(中心)21个、其他261个。拥有病床2 905张,平均每千人占有病床约9张;卫生技术人员3 966人,平均每千人拥有卫生技术人员11人。

2010年,东区以优化城乡环境、构建和谐东区为目标,按照"清洁化、秩序化、优美化、制度化"标准,开展爱国卫生和健康教育工作进农村、入农户,进机关、入科室,进景区、入景点,进厂矿、入班组,进社区、入家庭,进学校、入课堂,进医院、入病房活动。组织开展全区群众性治脏活动27次,参与人员180 077人,清除各种垃圾267 200千克,疏通沟渠83条4 120米,铲除四害孳生场所159处。出动车辆306台,清洗人行道、护栏、广告栏9 300米、"牛皮癣"129 930张。以爱国卫生月宣传日,重大节日,世卫组织和国家规定的爱牙日、高血压日、精神卫生日、无烟日、洗手日等49个疾病预防宣传日,结合重大疾病、慢性病、地方病等防治,以专栏、咨询、义诊、巡讲、发放宣传品等方式,开展健康教育集中宣传52次,发放宣传资料276 000份,义诊4 124人,设宣传栏196个。组织指导、督导、检查16次,暗访4次,检查食品卫生和"五小"行业(小美容美发、小食品经营加工、小网吧、小旅馆、小浴室)817家,单位169个,市场11个,超市12个,车间2个,科室9个,家庭17个,医院4个,病房12个,社区6个,村4个,发现环境卫生问题58处,就地督促相关单位整改。开展"除陋习、树新风"文明劝导,现场发现并教育、纠正乱穿公路、乱吐痰、乱扔垃圾的行为151人。组织开展全区性统一除四害活动5次。完成东区、西区和盐边县爱国卫生工作交叉检查。举办工作培训4期622人。组织健康城市市民调查问卷1 370人。

全区基础疫苗接种43 672人次,其中卡介苗2 002人、脊髓灰质炎糖丸7 916人次、百白破7 971人次、麻苗4 073人、乙肝疫苗5 960人次、甲肝2 011人、乙脑3 920人次、流脑A+C 3 943人次、流脑A群3 884人次、百白破二联1 992人。基础免疫建卡率100%,建证率100%,卡证符合率100%。

整顿和规范医疗服务市场,检查300余户次,取缔无"医疗机构执业许可证"擅自开展医疗活动的机构9户次;限期整改21户,没收药品、器件2件;取缔不规范招牌17块,出动监督人员134人次,出动车辆10辆次。及时处理医患纠纷16起。

对辖区65岁及以上老年人进行登记管理,建档3 743份,并对其进行健康危险因素调查和一般体格检查,提供疾病预防、自我保健及伤害预防、自救等健康指导。为辖区1 167名50岁以上城市低保人群提供200元的医疗救助卡。为辖区21个社区卫生服务机构更换移动服务电话,并为其缴纳全年话费,确保"灵通"惠民服务持续开展。

【民生工程】 2010年,东区投入改善民生资金1.68亿元,全面完成就业促进、扶贫解困、教育助学等公开承诺的40余项目标任务。推进基层便民服务机构标准化建设,在街道(镇)建立便民服务中心,在社区建立便民服务站,在各村建立便民代办点,构建区、街道(镇)、社区(村)三级便民服务体系,实现便民服务全覆盖。开展对残疾人等社会弱势群体的帮扶,切实帮助困难群众解决"就业难、看病难、维权难、上学难"等问题。

社保制度日趋完善,覆盖面不断扩大,参保人数达到18.30万人,征收各类社会保险基金1.29亿元。社会救助水平不断提高,城乡低保应保尽保,全年发放城乡低保金1 307万元、廉租住房租金补贴195万元、救助金111万元、"五保"(指依照《农村五保供养工作条例》规定,在吃、穿、住、医、葬方面给予村民的生活照顾和物质帮助)供养金13万元,"五保"集中供养率达到82%。落实就业再就业优惠政策,发放各项补贴280万元、青年创业小额贴息贷款20万元。建设创业孵化基地3个,收集开发就业岗位2 100个,新增就业人数5 472人,"零就业"家庭当期消零,城镇登记失业率3.00%。

【商务中心区建设】 2010年,东区以"商务中心区建设年"为契机,强化规划引领,全面完成服务业发展规划、服务业重点项目策划编制,进一步明确全区服务业发展思路、目标和战略重点。名品名店引进实现新突破,世界五百强沃尔玛成功入驻,横店影视城正式签约,金沙明珠、学府酒店通过四星级酒店检查验收,上岛咖啡、圣地亚家居、国美电器二店相继开业。结合旧城改造和新区开发,推进特色街区建设,完成双江美食一条街的整体策划,金瓯购物中心、曼哈顿商业中心招商工作取得实质性进展。以"阳光运动·休闲健康"为主题,倾力打造"东区商贸十节",成功举办啤酒节、家居建材节、欢乐购物节等节会活动。加快发展旅游业,搭建攀西阳光旅游网络,旅游信息服务体系初步建成,全年共接待游客220万人次,实现旅游收入18亿元,同比增长28.20%。"社区商业双进工程"(便利消费进社区、便民服务进家庭工程)和"万村千乡市场工程"(商务部自2005年始计划、实施的农村商业网点建设工程)深入开展,家政服务、连锁超市、标准化农贸市场建设成效明显。全区第三产业增加值完成66亿元,同比增长10%。

【重点项目建设】 2010年,东区实施项目带动战略,推出省、市、区重点项目88个,投资规模255.50亿元,全年累计完成投资45.20亿元,完成年计划投资的113.60%,占全区投资总量的47.60%。丽攀高速公路东区范围内征地拆迁补偿工作全面完成,渡口桥南立交系统建成通车,工人文化宫、阳光馨园等一批重大基础设施、民生项目相继竣工,三森美居、申蓉汽车4S产业带、密地综合物流园区等项目加快推进。建立固定资产投资推进责任制,完成全社会固定资产投资100.97亿元。

【城乡环境综合治理】 2010年,东区全年投入治理经费约7 000万元,以"五十百千"(四川省委、省政府决定2010年在全省选择5个城市、10个县城、100个镇〈乡〉、1 000个村庄作为城乡环境综合治理示范点)示范工程为抓手,把城乡风貌塑造与旧城改造、立面整治、示范学校创建、特色农居建设相结合,开展城乡环境综合治理。花城打造初见成效,完成东阳巷、机场路观景台、马家田路口、凤凰广场等处景观美化近4万平方米。强力推进风貌塑造,清洗、粉刷立面300余处、12万余平方米,拆除不规范防盗栏约1 000个,规范空调外机1 300余台,治理商招店招2 000余个、立面小广告3万余张。启动森林城市创建工作,完成森林管护3 333.35万平方米、景观造林40万平方米,巩固退耕还林400万平方米。强化环境执法监管,污染物总量减排工作顺利推进,辖区环境质量持续改善,城市形象进一步提升。

【平安和谐创建】 2010年,东区加强社会治安综合治理,开展矛盾纠纷排查和化解工作,重视解决群众信访问题,切实抓好校园安全、平安文化建设等专项行动,妥善化解各类社会矛盾,顺利通过省政府"五五普法"检查验收。开展"安全生产年"活动,全年未发生重特大安全生产事故,安全生产形势总体保持稳定,全国平安先进区建设纵深推进。投入资金500万元,改扩建社区办公用房4个,建成未成年人社区活动中心4个,新建社区小广场10个,顺利开展第八届村(居)民委员会换届选举工作,全国和谐社区建设示范区创建成果进一步深化。

【市容管理】 2010年,东区按照各节庆活动和各不同时段整治工作的重点,将市容管理按街道(镇)分成10大片区,以定人员、定责任、定时间、定标准、定奖惩的"五定"责任制将任务落实到人头,双休日和节假日执法人员照常坚守岗位,采取分包负责、重点守候、机动巡查、错时监管等方式相结合,基本实现8~21时,有时甚至24时街面秩序都有人管理。开展违章建筑专项治理、高考和中考禁噪行动、夜间烧烤专项治理、流动水果车专项治理、校园周边环境专项治理、孔明灯专项治理等30余次专项整治,出动城管人员7 500余人(次),出动车辆2 200余台(次),取缔不规范自发市场62个,规范或查处乱摆摊设点、占道经营、坐商不归店1万余家(次);规劝夜间烧烤258家(次),取缔扰民烧烤154家(次),下发各类整改通知400余份,整改率100%。

【街道、镇发展状况】 2010年,东区辖大渡口、炳草岗、密地、瓜子坪、向阳村、长寿路、南山9个城市街道办事处和银江镇。各街道和银江镇坚持科学发展,加快转变经济增长方式,切实履行职责,建立健全机构,完善管理和服务机制,为辖区居民办实事,社会安定有序,各项社会事业取得新发展。

2010年东区街道、镇基本情况

表2

街道(镇)名称	常住人口(人)	面积(平方千米)	社区(个)	工业总产值(万元)		工业增加值(万元)		招商引资到位资金(万元)	农民年均纯收入(元)
				年末累计	同比±%	年末累计	同比±%		
大渡口	33 801	5.0	6	57 304	95.00	19 898	—	18 463	
炳草岗	106 368	7.5	13	40 661	36.50	13 126	—	24 042	
密地	18 372	6.7	6	97 629	42.20	34 456	—	10 610	
瓜子坪	43 353	5.2	9	94 623	57.00	25 684	—	7 610	
向阳村	13 128	13.5	4	112 115	29.90	40 345	—	16 911	

续表 2

街道(镇)名称	常住人口(人)	面积(平方千米)	社区(个)	工业总产值(万元)		工业增加值(万元)		招商引资到位资金(万元)	农民年均纯收入(元)
				年末累计	同比±%	年末累计	同比±%		
长寿路	11 804	2.7	2	81 326	33.70	28 687	—	16 572	
枣子坪	23 405	3.0	4	86 711	132.00	28 050	—	13 751	
弄弄坪	30 705	4.8	9	91 805	46.60	34 505	—	12 000	
南　山	7 250	2.5	2	43 986	42.60	17 273	—	13 333	
银江镇	29 166	116.1	14	316 149	33.70	105 172	—	24 834	7 730

注:银江镇人口数包括农村人口9 564人、社区数包括村委会9个。

(张忠庆　鄢平)

西　　区

【建置人口】 西区位于攀枝花市西部,东与东区为邻,南、北与仁和区接壤,西和云南省华坪县交界,面积123.955平方千米。辖1个镇、10个村,6个街道办事处、33个社区居委会。2010年末,全区人口总户数54 164户,人口总数153 317人。其中男79 495人、女73 822人;非农业人口142 835人(男74 398人、女68 437人),农业人口10 482人(男5 097人、女5 385人)。全年出生820人,出生率5.35‰;死亡703人,死亡率4.59‰。全区有33个少数民族,少数民族人口8 900余人。

【经济发展状况】 2010年,全区实现地区生产总值64.98亿元,同比增长18.00%;完成地方财政收入2.45亿元,增长9.10%;完成固定资产投资37.59亿元,同比增长28.90%,有固定资产投资项目141个,其中2010年完工63个;规模以上工业完成总产值146.25亿元,同比增长31.32%;地方规模以上工业总产值完成116.87亿元,同比增长36.66%;地方规模以上工业增加值完成40.25亿元,同比增长33.1%;实现农业总产值1.19亿元,同比增长6.6%;实现农业增加值6 472万元,同比增长3.0%;城镇居民人均可支配收入16 194元,同比增长13.52%;农民人均纯收入7 527元,同比增长14.97%;实现社会消费品零售总额16.46亿元,同比增长17.2%;实现旅游收入3.3亿元,同比增长17.9%;全年招商引资到位资金43.9亿元,同比增长31.8%。

2010年西区主要经济指标

表3

指标名称	单位	2010年	比2009年增长(%)
地区生产总值	万元	649 828	18.00
其中:区属增加值	万元	512 815	25.80

续表3

指标名称	单位	2010年	比2009年增长(%)
第一产业增加值	万元	6 472	3.00
第二产业增加值	万元	547 515	20.50
其中:工业增加值	万元	530 325	20.50
第三产业增加值	万元	95 841	8.00
粮食产量	吨	3 100	-2.70
蔬菜产量	吨	10 020	-7.82
肉类产量	吨	3 103	4.41
禽蛋产量	吨	2 023	29.18
固定资产投资总额	万元	375 857	28.90
社会消费品零售总额	万元	164 641	17.20
招商引资到位资金	万元	439 000	31.80
地方财政收入	万元	24 489	9.10
城镇居民人均可支配收入	元	16 194	13.52
农民人均纯收入	元	7 527	14.97

注:区属增加值是指区生产总值扣除大企业增加值部分,西区扣除攀枝花煤业(集团)有限责任公司。

【工业经济】 2010年,西区推动“四个一批”(项目建设中竣工投产一批、加快建设一批、争取开工一批、加快储备一批)重点项目建设,攀煤100万吨焦化项目炼焦系统、国正重介洗煤等5个项目相继建成投产,华益能源、翰通100万吨焦化、马上坪220千伏输变电站等43个项目开工建设,完成投资额26.4亿元。园区建设提速,控制性详规通过成果验收,洗煤集中区水网已建成,次干路、电网、渣场、矸石临时堆场等基础设施建设加快推进,为国正工贸等企业安排工业发展资金3 150万元。煤化工等优势产品产量持续增长,产业链条逐步延伸,产业集群开始形成。煤及煤化工、钢铁及机械深加工、电力、建材实现产值103.67亿元、8.21亿元、13.22亿元、5.42亿元,分别增长40.6%、12.4%、32.4%、-13.8%。结构调整、节能降耗取得新进展,淘汰3

家规模以上焦化企业，总产能55万吨，淘汰2家立窑水泥企业，总产能95万吨，在产值减少7.1亿元的情况下，全年完成工业增加值53亿元，同比增长20.5%，地方规模以上工业增加值完成40.2亿元，同比增长33.1%。完成固定资产投资37.59亿元，同比增长28.9%。

【农业和农村经济】 2010年，西区完成农业总产值11 936万元，同比增长6.6%；农业增加值6 477万元，同比增长3.0%；完成农民人均纯收入7 527元，同比增收980元，同比增长14.97%；粮食产量3 100吨，同比下降2.7%；蔬菜产量10 020吨，同比下降7.82%；水果产量2 460吨，同比增长12.23%；禽蛋产量2 023吨，同比增长29.18%；出栏肉猪23 551头，同比增长2.4%；家禽出栏535 297只，同比增长8.69%。

完成新增有效灌面33.33万平方米，完成目标任务的100%；新增和恢复复引提水能力50万立方米，完成目标任务的100%；硬化机耕道2千米，完成目标任务的100%；农机总动力完成2万千瓦，完成目标任务的100%。有效应对60年一遇的特大旱情，抗旱救灾共青池项目等农田水利设施建设顺利实施，梅子箐水库扩建工程列入西南五省区旱区规划，成功申报9 000余人的人蓄饮水工程。积极筹备梅子箐生态园区规划，协调锐华公司等企业投资240万元进行土肥改造、建设节水设施，扶持农业产业化项目12个，储备养殖、节水等项目5个，优质特色农产品规模进一步扩大。统筹城乡发展，格里坪镇作为省发改委4个城乡统筹一体化建设试点镇之一，已编制完成镇综合规划和新庄村、庄上村的新村规划编制，启动新庄村集中居住点建设。

【招商引资】 2010年，西区把招商引资作为资源深度开发及产业结构调整的重要途径，开展全方位、多层次的招商引资活动。全年，共履行招商引资项目61个，实际到位资金43.9亿元，同比增长31.8%，完成全年目标任务38亿元的115.5%。其中，新执行项目32个，实际到位资金11.57亿元；续建项目29个，实际到位资金32.33亿元；国内省外项目36个，到位资金35.92亿元，同比增长54.8%，完成全年目标任务31.5亿元的114%。

【科教文化】 2010年，西区组织实施市科技计划项目4项，获市级项目经费28万元。其中："攀枝花循环农业示范"5万元，"科普示范学校建设"5万元，"堆浸法提钒试验"15万元，"三村建设、移民帮扶、科技扶贫专项"3万元。在科普月活动期间，累计发放宣传资料11万份（册），办各类科普专栏、板报244期，展出展板、挂图251块（幅），张贴科普标语、宣传画32幅，放映录像9场（次），开展咨询1 800人（次），举办各类培训班21期，举办科普讲座30场（次），开展科普上街宣传17次，给居民赠送价值27 500余元的书籍、家庭常用药品、妇女用品、日常用品、计生药具，组织357人（次）参加技术培训，市、区出动宣传车辆31台（次），395人（次）参加科普月活动，全区近5万人（次）接受科普宣传教育。

2010年，全区有区直属中小学校15所，其中高级中学1所（省级示范学校）、初级中学3所、九年一贯制学校4所、独立小学7所（1所农村中心学校下辖6所村小、1个教学点）。辖区有幼儿园44所（政府办1所、企业办8所、民办35所），有省级示范幼儿园2所、市级示范幼儿园2所、区级示范幼儿园6所。全区有教职工2 164人，其中在岗教职工1 300人、离退休教职工864人，在岗职工中，有在岗专任教师1 127人。小学、初中、高中教师学历达标率分别为100%、100%、97.22%，小学、初中、高中教师学历提高率分别为78.49%、82.7%、5.6%。在职专业技术人员中，有副高级职称188名、中级职称665名、初级职称314名，各级职称结构比例均达到省定标准。有特级教师2人，省骨干教师10人，市、区骨干教师192人，市、区学科带头人30人，有市、区级优秀班主任45人，市、区级优秀教师123人，市、区级师德标兵13人，市、区优秀教育工作者16人。全区在校中小学生20 013人，其中高中生1 681人、初中生5 882人、小学生12 450人。有在园幼儿4 883人，学前三年幼儿入园率92.2%。

全年，西区小学、初中RSR评价值综合排位列全市各县（区）第二。完成市教育局下达的高考任务，本科上线53人，完成高考本科上线保证目标35人、奋斗目标39人的任务。完成省教育督导评估，规范有效完成国家教育教学质量监测工作任务。组织学校参加先进示范学校的创建工作，并以示范校创建带动学校整体工作的提高。全年新增市级校风示范学校1所，攀枝花市第19小学校获依法治校市级示范学校，攀枝花市第32中学校、攀枝花市第38中小学校获市级校园文化先进学校。示范校创建提升了西区学校的常规管理整体水平，涌现出攀枝花市德育工作先进单位4个和优秀德育管理干部、优秀班主任（辅导员）、优秀政治（思想品德）教师各7名、市三好学生115名、优秀学生干部58名、先进班集体22个。组织教师德育论文评选工作，全区有10名班主任获"文轩杯"2010年度"攀枝花市中小学最具风采班主任"称号。

全学年资助家庭困难职工子女上学200人，完成资助50人的目标；落实"两免一补"政策，免除学杂费18 215人次，完成计划的100%；免费提供教科书1 815人次，完成计划的124.3%；补助寄宿生生活费306人次，完成计划的100%解决进城务工人员子女接受义务教育3 402人，完成计划的136%，进城务工人员子女接受义务教育率达到100%；义务教育阶段残疾在校学生就学62人，完成计划的100%；在全市第一个率先实现农村住宿生的床上用品由政府免费提供，农村学生住宿条件有较大改善。

2010年，全区有文化馆、图书馆、青少年活动中心、镇宣传文化中心各1个，有10个村文体活动室，有34个社区文体活动中心。共有32个社区、10个农村拥有图书阅览室，18个社区、8个农村拥有综合教育培训室，21个社区、8个农村拥有多功能文化活动室和文化宣传画廊，31个社区、9个农村拥有室外活动场地,30 个社区、8 个农村拥有文体演出队伍。全区有各类文化休闲广场 40 多个,社区健身器材 65 套,拥有 1.1 万平方米室内文体活动场地和 14.6 万平方米室外活动场地。开展迎春系列文化活动,举办“山城啤酒杯”攀枝花市首届金沙源古文化旅游节,推进廉政文化进农村、社区工作。广泛开展文化下乡、基层文艺辅导、文化学习、文化交流活动。举办法规培训 3 次,有 130 人次参加。区图书馆全年订阅杂志 150 余种,报纸 30 余种,其中报纸免费 365 天开放,接待读者50 000余人次,向 800 余人提供图书外借服务。全年,出动执法检查 580 人次,检查全区音像、电子出版物、报刊、打字复印店等经营单位2 085家次,责令改正、停业整顿 15 家次,集中销毁收缴的各类非法出版物、非法音像制品2 500余件。开展“扫黄打非”和“校园周边环境整治”专项行动,形成健康、繁荣、有序的文化市场,有力维护全区政治安定和社稳定。至年底,西区文化市场经营单位登记在册的有 145 家,其中娱乐场所 40 家、音像制品 21 家、打字复印 24 家、书报刊 29 家、网吧 31 家。初步形成工艺美术、影视传媒、舞美制作、出版发行、文化休闲娱乐、文化旅游、节庆会展、艺术培训 8 个产业门类。

全年,全区完成 1 个镇、10 个行政村、6 个街道办事处以及境内 60 余个大中小企业和学校的田野文物调查,普查文物点 616 处,经整理合并,审核上报 222 处。其中新发现 220 处,复查 2 处,覆盖率和完成率达到 100%。上报古遗址 7 处,古墓葬 23 处,古建筑 7 处,石雕石刻 4 处,近现代重要史迹及代表性建筑 172 处,其他 9 处。2010 年 3 月 30 日,西区顺利通过第三次全国文物普查实地调查阶段的省级验收。

【体育卫生】 2010 年,西区参加国际比赛 2 次、省级比赛 4 次、市级比赛 3 次,获金牌 8 枚、银牌 3 枚、铜牌 4 枚,获体育道德风尚奖 8 个、优胜奖 9 个、优秀奖 6 个。大力推进体育设施建设,新建健身路径 9 套。7 月,金沙滩国际长江漂流培训基地成功创建“全国全民健身营地”。全年,辖区内的体育场馆免费对外开放 5.3 万人次,完成市政府下达的目标任务。

12 月 22 日,攀枝花市西区“攀煤杯”第一届运动会开幕,该运动会由中共攀枝花市西区区委、攀枝花市西区人民政府主办。这是西区建区 37 周年首次举办的大型体育盛会,也是西部大开发战略实施 10 周年,总结“十一五”规划发展的一次公益活动。运动会以“全民健身与和谐同行”为主题,42 个代表团2 100名运动员分别参加 3 个组别(老年组、成年组、学生组)17 个大项的比赛。

至 2010 年底,西区已成立西区全民健身指导委员会、西区社会体育指导员及体育骨干培训机构,制定西区《国民体质测定标准》工作方案,强化政府对全民健身工作的领导职能。全区 6 个街道和格里坪镇均成立体育组织机构或文体协会等群众体育组织网络,均设兼职工作人员负责体育工作。为使群众体育活动能更全面、更有序地开展,成立老年体协、信鸽协会、棋类协会及钓鱼协会等。全年,西区财政预算安排体育投入 23 万元。

2010 年,境内有各级各类医疗卫生机构 125 个、市级医院 1 个、企业医院 1 个、民营医院 2 个、镇卫生院 1 个、村卫生站 16 个(有 6 个医疗点或中医医疗点)、社区卫生服务机构 19 个、自主经营的诊所和医务室及卫生所 80 个。全区有病床1 536张,卫技人员1 406人,其中医院社区卫生服务机构以及诊所共1 338人、村卫生站共 45 人、疾控和卫监所 23 人。全年,各级各类医疗机构诊疗人数达740 984人。完成辖区医师资格考试及护士考试的组织、报名工作,依法注册执业医师(执业助理医师)、变更注册执业医师(执业助理医师)142 人次,首次注册护士 6 人,医疗机构注册、注销、换证及变更 43 家(次)。全年对新型农村合作医疗补偿制度进行调整,新农合覆盖西区农业人口10 482人,覆盖率达到 100%,参合人数8 765人,参合率为 83.62%。全年筹集资金 123.38 万元,累计筹集资金 186.38 万元。支出资金总额为 100.67 万元,其中住院补偿支出 68.51 万元、二次补偿支出 31.08 万元、门诊统筹支出 0.91 万元、住院分娩定额补偿 0.17 万元。农民累计受益1 562人次、其中住院补偿 527 人次、二次补偿受益 441 人次、门诊统筹受益 582 人次、住院分娩定额补偿人次 12 人。全年,政务中心窗口共受理卫生许可申请 817 件,其中发放卫生许可证 4.15 户、医疗机构年审 114 户;注销卫生许可证 22 户。共办理从业人员健康证明 2 563个。

加快卫生基础设施建设,投入 300 万元(中央 200 万元、地方 100 万元)完成建筑面积1 500平方米的陶家渡社区卫生服务分中心的建设。加快基层人才队伍建设,全年有 14 名医生、22 名护士参加全科医师和社区护士岗位培训,在岗培训镇卫生人员 4 人次,培训村卫生站人员 32 人次。辖区 6 个社区卫生服务中心分别与对口联系的攀钢医院、市二医院及攀煤总医院签订对口支援协议。全面启动建立居民健康档案、健康教育、免疫规划、传染病防治、儿童保健、孕产妇保健、老年人保健、慢性病管理、重性精神疾病患者管理等基本公共卫生服务项目。至年底,健康教育130 300人次,儿童管理10 412 人次,孕产妇管理8 314 人次,预防接种 48 228人次,老年人保健21 168人次,精神病治疗 279 人次,城市、农村居民健康档案建档率分别为 32%、20%,重点人群服务率、建档率分别为 85.65%、60%。全年,西区财政预算安排卫生投入2 111万元。

【民生工程】 投入8 935万元实施 10 大项 92 小项民生工程,完成 62 项,正在推进或正进行前期准备的有 30 项。城乡居民收入不断增长,实现城镇居民人均可支配收入16 194 元,增长 13.52%;农民人均纯收入 7 526.85 元,增长 14.97%。创业型城市创建工作积极推动,城镇新增就业 3 510人,新增创业人数 175 人,城镇登记失业率 3.61%。社会保障体系逐步完善,完成“三类”人员(破产国有企业退休人员、破产集体企业等其他各类关闭破产企业退休人员、困难企业职工和退休人员)的参保工作1 831例,征缴保险费2 110万元,发放城乡低保金1 245.9万元,城乡医疗救助金119.4万元。新农合覆盖率100%,参合率83.62%,资金支出100.67万元,圆满完成门诊统筹试点任务,累计受益1 562人次。

全年投入资金3 000余万元,抓紧推进城市棚户区改造,启动1 962户改造任务,完成采空沉陷区392户988人货币安置工作。资助家庭困难职工子女上学200人、少数民族学生105人、新入学大学生14人,继续执行"两免一补"政策。加强农村饮水安全建设,争取社会资金解决300名农村人口饮水困难问题。投入各类扶贫资金66万元。

【城乡建设与环境治理】 2010年,丽攀高速公路基本完成拆迁任务,沿江快速通道Ⅰ标段完成投资1 100万元。玉泉广场连接线路基基本形成,金竹路开工建设,延伸32路公交车至格里坪、S3路公交线路至石灰石矿,继续延伸农村客运线路。完成交通智能化工程建设,积极推进货车厢式化运输试点。永宏房产、西御花园、锦绣豪庭竣工。

投入3 500余万元推进城乡环境综合治理。"五十百千示范工程"(省委、省政府决定,在全省选择5个城市、10个县城、100个镇乡、1 000个村庄作为城乡环境综合治理示范点,开展"五市十县百镇千村环境优美示范工程")进展顺利,新庄村、庄上村优美环境示范村打造工作稳步推进。因地制宜完成凉风坳隧道口、玉泉广场等示范点绿化亮化工程,实施阳光花城打造,升级绿化面积26 486平方米。持续推进"七进"(进机关、进企业、进学校、进社区、进家庭、进村社、进景区)活动,推进"五乱"(垃圾乱扔、摊位乱摆、广告乱贴、车辆乱停、工地乱象)治理向企业、向社区(村)延伸,形成城乡容貌整洁、管理有序的良好局面。

全年环境保护累计支出1 927万元。环境空气质量达标天数268天,达标率73.42%,其中空气质量达优6天。推进污水处理厂管网建设,清香坪污水处理厂一期工程完工,后续管网建设正在进行。投资1 200余万元的沿江沟污水处理站竣工投入运行,顺利实现市场化运作。二氧化硫减排任务全面完成,水环境质量和噪声环境质量均未出现异常。完成生态区建设规划编制,申报庄上村为省级生态文明村,退耕还林工程、天然林保护工程稳步推进,全区森林覆盖率达48.51%。

【格里坪工业园区水网工程竣工】 2010年4月15日,格里坪工业园区水网工程开工建设,工程由攀枝花市水务(集团)有限公司设计室设计,攀枝花市攀西水工程有限公司施工,9月17日竣工并通过攀枝花市水务(集团)有限公司、格里坪工业园区、格里坪水厂验收,具备供水条件。

格里坪工业园区水网工程是西区重大基础设施建设项目,起点为格里坪金林公司门前,终点至洗煤集中区北线道路临近攀钢504电厂道路接口,途经格里坪村四、六社,金家村一社,苦荞村一、二社,全长4 000米,总投资1 300万元,以直径400毫米的钢管铺设。该项目的竣工,将有效解决园区主公路沿线企业和洗煤集中区企业用水问题,为西区工业发展提供有效支撑,并为周边农田发挥抗旱功能,为西区农业经济发展提供保障。

【金沙水电站项目获准建设】 2010年6月1日,国家发改委下发《国家发展改革委办公厅关于金沙江攀枝花河段水电规划报告的复函》,原则同意根据经济社会发展对攀枝花河段开发要求以及河段梯级开发条件提出的《金沙江攀枝花河段水电规划报告》及审查意见,并同意金沙江攀枝花河段按金沙和银江两级开发,标志着金沙水电站项目获准建设。

金沙水电站上游与观音岩水电站衔接,下游与银江水电站衔接,项目总投资约50亿元,装机容量520兆瓦(52万千瓦)。项目建成后,将为攀枝花市提供清洁能源,缓解因观音岩水电站建设而致使水位大幅波动造成的不利环境影响,提升城市品位,促进西区乃至攀枝花市经济社会加快发展。

【首例破坏生产经营案成功起诉】 2010年7月20日,西区检察院对周某等3人破坏生产经营罪提起公诉。8月3日,西区法院开庭审理。2008年12月至2009年12月,周某、张某、严某3人以获得补偿废弃石料款为借口,采取非法手段阻碍观音岩水电站施工,致使电站砂石系统平硐施工现场40余天无法正常施工,给国家造成损失90余万元,严重影响国家重点工程的施工进度。受案后,检察院及时成立公诉专案组,多次查看施工现场,核实施工单位受阻情况,在事实清楚、证据确凿、程序合法、定罪准确的情况下,西区首例破坏生产经营案成功移送法院起诉。

【梅子箐现代节水农业技术示范推广项目通过省级检查验收】 2010年9月3日,国家科技支撑计划现代节水农业项目四川省课题组委托市科技局组织省、市有关专家,对国家科技支撑计划现代节水项目重点示范点"攀枝花市西区梅子箐现代节水农业技术示范推广"课题的示范区进行检查验收。中科院成都生物所、省农科院上肥所、省农科院园艺所、市科技局、市农牧局、市农林研究院、市科技平台中心、市电视台、市锐华农业开发公司等单位有关专家、人员在西区相关部门(单位)陪同下,进行现场验收。

西区作为全省首批20个现代节水农业技术示范点之一,区委、区政府高度重视该项目,经过4年努力,建成约133.33万平方米的"山丘区集雨节灌技术核心示范区",在示范区内科学用水、节约用水。该示范区为全省农业特别是旱灾地区农业提供了一种"科学抗旱、工程抗旱、长效抗旱"、大旱之年夺丰收的示范模式,具有较好的推广意义和现实意义。经过现场考核,验收专家组给予高度评价,一致同意该项目通过验收,并建议加强该技术在类似区域推广。

【金竹路开工建设】 2010年12月29日下午,西区金竹路开工仪式在格里坪镇金家村射击基地举行,市政府副秘书长唐成斌、市交通局副局长王勇、市农牧局副局长温波、市发改委副主任罗启武、市旅游局副局长彭德清出席开工仪式,区级相关领导参加。

金竹路全长7.6千米,路面结构为水泥混凝土结构,道路设计等级为四级,总投建1 560万元,施工单位是重庆市合川区冬立建筑工程有限公司,设计单位是四川恒盛路桥勘察设计有限公司。该路的建设将进一步完善金家村和竹林坡村之间的路网结构,改善格里坪镇山区和二半山区公路环线,助推沿线村民致富增收,加快推进西区新农村建设进程。

【首个新村建设居住小区开工】 2010年12月30日下午,攀枝花市西区第一个新村建设点——新庄梨树园农民集中居住小区建设工程在格里坪镇新庄村开工,市交通局副局长王勇、市农牧局副局长温波出席开工仪式,区级相关领导参加。

该工程是西区推进"农民向城镇集中"发展战略的重大举措,是一项改善农村人居环境,加快新农村建设步伐的重大安居工程。该项目规划建筑用地面积约17 032平方米,总投资5 035.28万元,拟建房屋364套,安置农村居民224人,计划3年内完成建设。该项目建成后将成为西区集居住、商业、文化、卫生、休闲等于一体的高品质现代化生活社区。

【街道、镇发展状况】 西区辖6个街道、1个镇,即清香坪街道、玉泉街道、河门口街道、陶家渡街道、摩梭河街道、大宝鼎街道、格里坪镇。全年6街道1镇共完成工业总产值1 168 696.7万元,工业增加值402 477万元,招商引资到位资金263 338万元。

2010年西区街办、镇基本情况

表4

街道(镇)名称	人口(人)	面积(平方千米)	社区(个)	工业总产值(现价)(万元)	工业增加值(现价)(万元)	招商引资到位资金(万元)	农民人均纯收入(元)
清香坪	42 403	5	7	36 050	10 712	40 055	
玉泉	21 667	4.95	5	79 846.7	31 825	12 229	
河门口	8 704	7	3	71 892.4	39 756	11 714	
陶家渡	23 537	3.5	5	32 814.8	12 371	15 712	
摩梭河	15 044	7.1	4	103 557.3	39 020	15 828	
大宝鼎	18 989	4.25	4	53 320.7	20 102	14 501	
格里坪镇	22 973	116.7	15	791 214.8	248 691	153 299	7 526.85

注:格里坪镇社区数包括10个村委会,人口数中包括非农业人口12 491人。工业总产值与工业增加值均只统计规模以上企业。

(杨岷　毛荣)

仁　和　区

【建置人口】 仁和区位于四川省西南部,北纬26°06′~26°47′,东经101°24′~101°56′。东临会理县,南接云南省永仁县,西靠云南省华坪县,北连盐边县。辖8个镇、6个乡和1个街道办事处,共设81个行政村、60个村民小组、19个居民委员会、144个居民小组。全区面积1 727.07平方千米,其中耕地面积8 781万平方米。全区共23个民族,有平地、啊喇、大龙潭、福田、金江5个少数民族乡镇、32个民族行政村、267个民族村民小组,民族乡镇总人口44 841人。全区总户数68 299户,总人口220 462人,其中男性111 855人、女性108 607人,非农业人口86 313人,人口自然增长率为3.09‰。

【经济发展状况】 2010年,仁和区完成国内生产总值100亿元,同比增长23.8%,其中第一产业增加值5.9亿元,同比增长3.4%;第二产业增加值77.6亿元,同比增长30.2%;第三产业增加值16.5亿元,同比增长8.0%。积极培育税源财源,强化税收管理,财政税收结构不断优化,全年实现地方财政收入7.03亿元,同比增长15.7%。坚持依法治税,区国税局完成收入43 748万元,增收6 942万元,同比增长18.9%,攀枝花钒钛产业园区完成收入21 218万元,增收4 866万元,增长29.76%。全区固定资产投资项目208个,其中新开工项目128个,完成全社会固定资产总投资103亿元,同比增长36.3%。社会消费品零售总额16.7亿元,同比增长18.0%,实现城镇居民可支配收入14 492元,同比增长10.7%。

2010 年仁和区主要经济指标

表 5

指标名称	单位	2010 年	增长(%)
地区生产总值	万元	1 000 505	23.80
其中:县区增加值	万元	678 217	22.80
第一产业增加值	万元	59 064	3.40
第二产业增加值	万元	776 202	30.20
其中:工业增加值	万元	738 740	31.40
第三产业增加值	万元	165 239	8.00
粮食总产量	万吨	6.99	-1.80
蔬菜总产量	万吨	21.46	2
水果总产量	万吨	7	9.60
肉类总产量	万吨	2.31	3.70
禽蛋产量	吨	5 333	100.30
牛奶产量	吨	2 010	40
烤烟总产量	万担	5.37	-31.10
固定资产投资总额	万元	1 033 272	36.43
社会消费品零售总额	万元	166 666	18.00
招商引资到位资金	万元	514 000	14.00
地方财政收入	万元	70 256	15.57
一般预算收入	万元	50 198	14.89
城镇居民人均可支配收入	元	14 492	10.70
农民人均纯收入	元	6 742	13.48

【工业经济】 2010 年,仁和区按照“稳煤兴工调结构”的发展思路,坚持以钒钛耐磨铸件和钢铁深加工为重点发展方向,切实推进产业结构调整和优化升级。集中精力破解发展难题,实现速度领先和总量赶超,工业对全区财政的贡献率达 41.38%。推进以钒钛制动毂项目为重点的耐磨铸件产业发展,圣达富邦1 000万件钒钛制动毂项目通过环评,场平工程进展顺利;润莹齿轮、东林汽车平衡增力制动器、三圣机械制造等机械加工项目全部开工建设。钢城集团轧钢、瑞远冷弯型钢、白云铸造等技改项目投产达效;欣科冶金辅料、圣达富邦钒钛制动毂一期 200 万件、火凤凰烧结烟尘综合利用项目建成投产;山青钛制品、锦星电器设备项目建设加快。煤炭资源由 58 个采矿权、73 套生产系统整合为 45 个采矿权、52 套生产系统,资源整合矿井全面开工建设,并积极争取资源增划,煤炭资源保有储量从3 600万吨提高到6 100万吨,新增2 500万吨。融资5 000万元完善橄榄坪园区基础设施建设,迤资园区基础设施建设加快,园区承载力和吸引力不断增强,全年新入驻园区企业 17 家。2010 年,新增规模以上工业企业 13 户,达到 145 户,规模以上工业企业产值 197 亿元,同比增长 51.1%,增加值 71.25 亿元,同比增长 53.3%。全区工业总产值达 204.3 亿元,同比增长 51.1%;实现工业增加值 73.9 亿元,同比增长 31.4%。

【农业和农村经济】 2010 年,仁和区坚持以果、畜、烟、菜、粮五大特色农业产业为方向,积极推进农业适度规模化、品牌化、标准化建设,推进农业产业发展。财政筹集资金 550 万元,稳步推进新农村连片打造工作,建设普达村、立新村、平地村 3 个新村示范片。加强农田水利基本建设,改善农业生产条件,整治病险水库 8 座,改造中低产田土 666.67 万平方米,新建标准农田 433.33 万平方米,新建沼气池 500 口,完成水土流失综合治理 33 平方千米。烟叶基地第一单元项目开工建设,完成烤烟种植1 213.33万平方米,收购烟叶 5 万担。大竹河水库工程建设完成投资 1.16 亿元,小纸房水库加坝工程主体完工。全区奋力抗击旱灾,投入抗旱资金2 700余万元,临时解决 2.8 万人饮水困难问题,新建防渗渠 30 千米,新增节水灌面1 980万平方米,确保了大灾之年农业稳定发展。全年粮食产量 6.99 万吨,蔬菜产量 21.46 万吨,水果产量 7 万吨,肉类总产量 20.12 万吨。认真落实各项惠农政策,兑现粮食直补面积6 666.67万平方米,共拨付粮食直补资金 109 万元、农业综合补贴资金 802 万元、退耕还林补贴资金1 701万元、兑现农作物良种补助资金 151 万元,全年对“下乡”家电10 116台(件)补贴资金 263 万元、汽车和摩托车 583 辆补贴资金 197 万元。全年实现农业总产值 10.8 亿元,同比增长 14.9%;实现农民人均纯收入6 742元,同比增加 800 元;转移农村劳动力24 618人,实现劳务收入 2.01 亿元。

【第三产业】 2010 年,仁和区编制服务业发展、城乡商业网点、新农村市场体系、汽车贸易行业发展等专项规划,引导第三产业健康发展。完成总发综合型物流园区控规编制和可行性研究报告;汽车、机电、钢材等专业市场形成规模,起辰和瑞汽车生活广场开工建设,民用煤炭交易市场建成投入使用。仁和区旅游文化特色商品一条街初具规模,同乐家居广场主体工程完工。仁和区主城区商业营业面积增加 5 万平方米,规模以上的零售、餐饮企业增加到 33 家;120 余家超市、专业店、专卖店、连锁店相继在仁和主城区开张营业,吸引外来投资5 000万元。岩神山—莲花乡村旅游区建设稳步推进,乌拉风情谷、啊莫莫民族生态园等旅游接待点投入运行。成功举办攀枝花市首届金芒果节等节庆活动,拉动旅游、餐饮、住宿等市场消费,实现农业、旅游、文化互动共赢。

【招商引资】 2010 年,仁和区依托资源、交通优势,围绕工业、城市建设、三产服务业等重点产业和重点行业,强化项目包装和宣传推荐,降低招商成本,提高招商成功率,招商引资工作取得实效。先后引进圣达富邦1 000万件钒钛制动毂、攀西运力汽车部件制造等工业项目;其中圣达富邦1 000万件钒钛制动毂项目已完成征地140万平方米,场平工程土石方开挖300万立方米。把单体项目招商与产业集群招商同时策划,提出宝灵寺周边地块、巴斯箐园区整体开发方案,引进亚太花园、南洋瑞景、同乐家居广场、攀枝花·银泰城市综合体等项目共同完成对宝灵寺周边地块的开发,引进建国汽车、五金机电交易市场、二手车交易市场、旧货交易市场共同完成对巴斯箐园区的整体开发。全年招商引资实际到位资金51.4亿元,同比增长14%。

【重点乡镇建设】 2010年,仁和区突出重点乡镇建设,加快推进城镇化进程。年内完成平地、总发等乡镇总体规划及集镇建设规划,制定村镇规划建设管理办法。财政投入资金550万元,打造平地镇示范街风貌和普达村、立新村等7个示范村及中心区农户庭院绿、美、亮工程。编制干坝塘片区800万平方米土地储备的联动方案,为承接攀枝花城市核心区南移奠定基础。

【基础设施建设】 2010年,仁和区按照"大手笔规划、高标准建设、精细化管理"的思路,为推进"北联南扩"的城市发展战略,进一步拓展城市规划空间,启动仁和区原控制性详细规划论证评价、仁和区城区22平方千米控规修编和宝灵片区控规编制工作。四季花城连接线道路总投资3 600万元,于2010年11月完成全部工程;仁和区新村3号道路工程总投资250万元,于2010年11月底完成路面沥青铺筑;莲花村农副产品集中加工区1号道路工程总投资1 242.7万元,于2010年11月底建成通车;炳仁线后段工程计划投资910万元,实际完成投资766万元;仁和区城区1号线、莲花村农副产品集中加工区7号、8号、9号线道路年内完成投资440万元;仁和区主城区河道整治建设稳步推进。多方筹措资金1 720万元,打造市政基础设施风貌,实施联通路、宝灵街、风雨廊桥美化亮化工程,城市整体形象进一步提升。新投入20辆社区巴士进行城区营运,提升城区客运服务品质。加强城市管理、规划建设和国土执法,严厉查处违法建设和违法用地行为,依法拆除"两违"(违章、违规)建筑物,有效遏制违法建设和违法用地势头。

以"花城"打造和"五十百千"(四川省五个市、十个县、百个乡、千个村)环境优美示范工程为抓手,投入资金4 600万元,改善城乡面貌。深入开展道路交通秩序、集贸市场环境、建筑立面清理和商招店牌整治等专项活动。加大文明劝导力度,持续开展"除陋习、树新风"活动,巩固国家卫生城市创建成果。扎实推进生态区建设,大力开展节能减排工作,全面完成省、市限期治理和淘汰落后产能项目。全年空气质量优良率达95%以上。

【区乡公路建设】 2010年,市交通局下达仁和区交通建设目标任务为完成县乡道15千米;区下达县乡道建设目标任务10千米。至12月底,完成县乡道改造工程19.78千米。其中:G108(迤沙拉至平地段)8.78千米、平啊路(平地至啊喇地段)11千米。完成市交通局下达目标任务的131.86%;完成区下达目标任务的197.8%

2010年,完成通村通畅公路27.6千米。其中布德镇S216至回龙湾弹石路4.8千米、布德镇梁子田至仙人洞弹石路3千米、同德镇石纳路至云南组弹石路2.5千米、仁和镇仁拉路至那招水泥路1.7米、中坝乡仁拉路至弯力水泥路2千米、中坝乡仁拉路至石墨矿水泥路5千米、大龙潭乡大凹路水泥路8.6千米。

【协调服务高速公路建设】 丽攀高速公路建设涉及仁和区的有太平、福田、金江(市钒钛园区托管)3个乡(镇),长度共约26千米。2010年开工建设的主要是太平乡境内的14千米,共有征地拆迁户155户,红线内征地面积537 602平方米。至12月底,已100%完成农户签订征地补偿协议155户,完成补偿155户,红线内征地面积537 602平方米,支付补偿费3 646.34万元。拆迁房屋24户,9 035.17平方米,构筑物已拆迁133 500立方米,附着物清表536 268平方米,占应清表的99.7%。在征地拆迁和清表工作中实现了拆迁清表零事故和无征地群众群体上访事件的发生,拆迁工作取得阶段性的成效。同时还加强施工损害矛盾的协调处理工作,及时解决施工损害引起的阻工8起,使丽攀高速公路仁和段太平乡范围基本达至全线施工。1~12月,太平乡段C3、C4、C5、C13金江段工程建设完成产值12 812万元。

【十大民生工程】 2010年,市委、市政府下达仁和区民生工程为10大项57分项。仁和区在此基础上进一步增项、扩面、提标,按照"一乡一镇一亮点"思路,新增民生工程7大项40件实事。已投入资金2.71亿元,通过采取"一把手上电视公开承诺"、"民生工程回头看"等有效措施,确保市、区两级各项民生工程全面推进。加强基层公共设施建设,大龙潭乡、平地镇、大田镇基层政权设施重建前期工作有序推进。实施安居工程,"八三0"地震灾后城镇居民住房137户重建和2 256户维修加固全部完成,改造贫困残疾人危房80户,农村困难群众危房95户,彝族地区茅草房、石板房、木板房500户;全年续建、新建廉租住房488套,棚户区改造安置房1 288套,采空区安置房60套,发放廉租住房补贴147.5万元。大力实施扶贫解困工程,在平地镇、中坝乡等乡镇新建200万平方米核桃种植基地。实施道路畅通工程,改造国道、乡道16千米,通村公路18.56千米,新建机耕道6千米,硬化机耕道8千米。实施人畜饮水安全工程,解决1.6万农村人口饮水安全问题。

【社会保障】 2010年,实现城镇新增就业2 633人,其中下岗失业人员及失地无业农民再就业1 889人,帮助就业困难对象实现就业520人,动态消除零就业家庭,城镇登记失业率控制在3.2%以内。创建国家级创业型城市,实现新增创业376人,带动就业1 128人,完成小额担保贷款200万元。落实城乡低保政策,发放城市低保金1 207万元,享受面达6.5万人次;发放农村低保金721万元,享受面达10.4万人次。加大城市和农村医疗救助力度,发放救助金540万元,享受面达1.4万人次。加强新型农村合作医疗管理,新农合资金安全、平稳运行。新型农村合作医疗补偿比例稳步提高,农民参合率达94.46%。

【教科文体】 2010年,全区有学校25所、56个教学点,其中完全中学1所、初级中学3所、民族中学1所、教师进修学校1所、九年一贯制学校5所、小学14所。有幼儿园38所,其中区属示范幼儿园1所、乡镇中心幼儿园13所、民办幼儿园24所。全区有在职教职工2 601人,其中专任教师1 663人。秋季学期,全区中小学有在校学生34 000人,其中义务教育阶段在校学生25 078人、高中在校学生3 577人、在园幼儿5 345人。全区小学入学率100%,初中入学率99%以上;小学辍学率为0.11%,初中辍学率为0.6%;小学生毕业率99.9%,初中毕业率97%。全年仁和区继续加大教育投入,投入425万元改善办学条件;全面落实义务教育阶段免教科书、作业本费,25 570人免费使用教科书、作业本,发放经济困难寄宿生生活补助和肉食补贴,5 667人享受肉食补贴,6 194人享受贫困寄宿生生活费补贴;购买教学设备及仪器共投入财政资金122万元;实施学校安全工程投入资金1 533万元;多渠道筹集地震灾后教育重建资金3 368万元;大河中学初中部教学综合楼建设项目及全区校安工程稳步推进。品牌学校创建初见成效,平地中心校被教育部授予全国“十一五”教育科研先进集体,教育质量进一步提高,大河中学高考上本科线233人,继续保持全市第三的好成绩。

2010年,仁和区成功举办首届青少年科技创新区长奖评选活动,青少年科技创新工作走在全市前列。推进科技富民行动,全年投入资金384万元组织实施各类科技示范和实用技术项目37项,新增产值1.6亿元,实现利税4 800万元。加强农村及社区公共文化服务站点运行管理,进一步完善公共文化服务体系,全年财政共投入文体资金384万元;着力打造城市文化名片,苴却砚走进世博会,走进人民大会堂,提高了知名度。成功举办区职工运动会,承办攀枝花市第三十一届中小学生暨中专学生田径运动会,组织运动员参加省十一届运动会和省十三届民运会,均取得优异成绩。继续推进农村广播电视数字微波覆盖工程,广播电视“村村通”工程投入资金183万元。

【医疗卫生】 2010年,辖区有各类医疗卫生机构253个,其中区级综合医院(二级甲等)1个、疾病预防控制机构1个、妇幼保健院(一级甲等保健院)1个、卫生监督所1个、区新型农村合作医疗服务中心1个、社区卫生服务中心2个、社区卫生服务站8个、乡镇卫生院16个、民营专科门诊部5个、个体诊所82个、企业卫生所和学校医务室18个、全区81个行政村设有村卫生室117个。开设病床463张,每千人拥有病床数2.18张;有卫生专业技术人员815人,每千人拥有卫生技术人员3.85人。

2010年,区人民医院迁建和30个标准化村卫生站建设相继开工,城市社区卫生服务工作全面启动,医疗卫生服务功能日趋完善,服务能力明显提高,完成17 043人次的15岁以下人群乙肝疫苗补种,新建和改建卫生院4个、社区卫生服务中心2个、农村无害化卫生厕所200座。加强流动人口服务与管理,全区符合政策生育率达93.61%,人口自然增长率为3.09‰,稳定了低生育水平。

【莲花村农副产品集中加工区建设】 2009年7月20日,仁和区莲花村农副产品集中加工区1号道路开工建设,招标价2 496万元,计划工期170天。2010年11月完成全部工作(含单列的滑坡治理工程6根抗滑桩,西侧滑坡治理工程23根抗滑桩,供水管道工程、标识标线等交通安全设施工程,太阳能路灯工程等),竣工验收合格,进入审计阶段。该工程完成投资1 242.7万元。

2009年9月9日,莲花村农副产品集中加工区7、8、9号道路工程完成招投标程序,中标价338万元,12月底完成7、8、9-2号道路工程量清单中全部内容,并完成标识标线及太阳能路灯的安装;工程总投资440万元。莲花村新建7号、8号桥及接口道路工程计划投资523万元,2010年4月28日开标,中标价439万元,年底完成7、8号线桥桩基、盖梁、上部空心板梁预制安装及铺装层,完成投资320万元。

【仁和广场三期工程建设】 2009年11月16日,仁和广场三期工程开工建设,建设内容包括碧水阳光楼盘周边及人行道,工程于12月底竣工,总设计面积4 000平方米,总投资106万元。2010年1月,该工程正式验收并交付使用。

【仁和新村3号道路建设】 2010年,仁和区进行仁和新村3号道路工程B地块联通桥延伸线道路建设,工程计划总投资250万元。其中:合同中标价144.57万元,附属工程106万元,增加投资约30万元。设计道路总长210.09米,为城市主干道,沥青路面,双向四车道,车行道宽16米,人行道宽4.5米。至12月底,已完成雨水管及污水管的安装、路基挖填方、浆砌片石挡墙、级配碎石、水泥稳定、路沿石安装及人行道铺设、平台修建。计划2011年1月底完成路面沥青铺筑。

【托利多滨河景观工程建设】 2010年3月11日,托利多滨河景观工程开标,投资预算199万元,中标价139万元,工程含景观园林及附属设施。到12月底,完成子堤挡墙1 000立方米、人行道路沿石、人行道花岗石铺装160米、子堤挡墙贴文化石200米、给水管安装300米等全部工程，完成投资130万元。

【苴却石资源开发项目】 2010年，继续完善办理矿山安全生产许可证、环评等证照手续，通过探、采矿权年审工作。修通矿区接108线道路后，2月完成架水、管护房等矿山基础设施建设。

2010年1月，在矿山部分剥离的基础上，矿山实现开采。6月，公司积极准备材料，向省国土资源厅积极申报争取矿山地质环境恢复治理配套资金。通过对苴却石项目包装，完成苴却石项目申请中央财政资金的各项材料的编制和报送工作。公司与区文体局等部门极力申报苴却石地理标志产品认证工作，12月进入实质性操作阶段。

【烟叶生产】 2010年，仁和区烤烟生产目标任务是种植烤烟1 260万平方米，收购烟叶5万担。其中：大龙潭乡种植433.33万平方米，收购烟叶18 200担；平地镇种植493.33万平方米，收购烟叶17 920担；啊喇乡种植240万平方米，收购烟叶10 080担；大田镇种植40万平方米，收购烟叶1 600担；布德镇种植26.67万平方米，收购烟叶1 100担；同德镇种植26.67万平方米，收购烟叶1 100担。

2010年，采取以全额收取烟苗款形式确定落实到户面积，每亩52元，烟农交烟苗款93.08万元，全面落实1 260万平方米种植面积。做好育苗和物资准备，共育苗1 974个小棚、495个中棚、30个大棚，保证了1 260万平方米面积的供苗和补苗。大龙潭、平地、啊喇、大田、同德和布德6个烤烟乡镇共有29个村、177个村民小组、2 201户烟农按时完成烤烟移栽，户均种烟面积5 724.67平方米，全额完成烤烟种植任务。

仁和区的烤烟生产得到四川省烟草公司和湖南烟草公司230万元的抗旱资金支持，用于抗旱机具设备购置；争取到烤房建设资金1 409.6万元，完成432座密集式烤房和平地镇30座联体密集式烤房建设；争取到一条Ⅰ型支渠（0.8千米）建设资金6.4万元。电力行业投资674万元，为仁和区烤烟乡镇新建和改造50个用电台区，解决了抗旱用电和烟区生产生活用电。森警支队出动运水车辆近两个月，为平地镇波西村烟农拉水。社会各界通过民政部门捐款达233.563万元（大龙潭55.563万元、平地40万元、啊喇56万元、大田25万元、同德31万元、布德26万元），不包括实物捐赠。财政投入烤烟乡镇的抗旱资金达454万元（大龙潭117万元、平地87万元、啊喇52万元、大田75万元、同德61万元、布德62万元）。6个烤烟乡镇也筹措了大量资金，整治沟渠、维修和新建提灌站、购水泵、水管、打深水井、焊水箱、架电、拉水等，全力抗旱。

【街道、乡（镇）发展状况】 2010年，全区辖8个镇、6个乡和1个街道办事处，共设81个行政村、604个村民小组、19个居民委员会、144个居民小组。

2010年仁和区街办、乡（镇）基本情况

表6

乡镇名称	人口（人）	耕地面积（万平方米）	农业总产值（万元）	工业总产值（万元）	粮食（吨）	蔬菜（吨）	水果（吨）	出栏肥猪（头）	人均纯收入（元）
大河中路街道	25 313			10 100					
仁和镇	40 004	166	5 651	14 200	6 092	18 814	3 561	19 280	7 632
大田镇	8 514	408	6 406	2 033	3 892	21 189	7 833	10 990	6 719
平地镇	14 915	1 512	9 302	4 033	5 268	15 063	11 350	18 580	6 458
金江镇	18 186	327	4 089	23 801	2 897	11 294	1 920	8 156	6 890
福田镇	4 296	279	2 547	4 200	2 804	1 207	2 752	7 170	6 754
同德镇	14 701	749	9 383	95 051	8 911	14 135	4 380	20 340	6 704
布德镇	15 916	804	10 077	168 816	8 453	27 054	3 848	27 610	6 748
前进镇	17 443	382	4 915	364 515	2 994	12 821	3 636	10 120	7 205
太平乡	9 741	481	4 014	380 130	4 646	5 207	4 097	10 135	6 943
中坝乡	10 151	539	6 205	3 100	4 232	19 910	2 565	12 226	6 754
总发乡	8 356	316	5 619	10 000	3 169	23 706	3 356	12 500	7 002
大龙潭乡	15 273	1 923	11 546	730	12 295	23 552	10 275	28 495	6 669

续表 6

乡镇名称	人口（人）	耕地面积（万平方米）	农 业 总产值（万元）	工 业 总产值（万元）	粮食（吨）	蔬菜（吨）	水果（吨）	出栏肥猪（头）	人 均 纯收入（元）
务 本 乡	8 200	376	3 913	24 282	2 663	11 673	4 300	10 740	6 686
啊 喇 乡	9 453	519	5 804	1 108	6 182	9 015	3 100	10 120	6 351
合 计	220 462	5 346	89 471	1 106 099	74 498	214 640	66 973	206 471	95 515

（马 毅）

盐 边 县

【建置人口】 盐边县地处攀枝花市北部，地理坐标介于北纬26°25′～27°21′和东经101°08′～102°04′之间。东邻米易县、凉山彝族自治州会理县，南接市郊仁和区，西与云南省华坪县、宁蒗彝族自治县接壤，北与凉山彝族自治州盐源县毗邻。县政府驻桐子林镇，距攀枝花市28千米，距桐子林火车站3千米，距攀枝花机场44千米、西攀高速公路18千米。境内矿产资源富集，光热资源丰富，旅游资源独特。盐边县面积3 269.453平方千米。下辖4个镇、12个乡、164个村、826个村民小组、7个居民委员会。共居住有25个民族，其中汉族人口最多，其余人口较多的依次为彝族、傈僳族、苗族、回族、纳西族、傣族等。2010年底，全县共有62 976户208 223人，其中男106 870人、女101 353人；农业人口179 890人，占86.39%，非农业人口28 333人，占13.61%。人口自然增长率6.65‰，计划生育率89.42%。

【经济发展状况】 2010年，盐边县县属（不含二滩发电厂）生产总值50.02亿元，同比增长19.2%；其中，第一产业增加值6.26亿元，同比增长4.9%；第二产业增加值32.57亿元，同比增长28.1%；第三产业增加值11.19亿元，同比增长9.9%。地方财政收入完成5.8亿元，同比增长30.4%；财政支出11.72亿元，同比增长12%。国税收入3.5亿元，同比增长23.4%；地税收入4.8亿元，同比增长33.6%。城镇居民人均可支配收入14 821元，同比增长15.5%。农民人均纯收入5 786元，同比增长16.3%。全县金融机构存款余额37.54亿元，同比增长16.1%；金融机构各项贷款余额26.76亿元，同比增长41.6%。

2010年盐边县主要经济指标

表 7

指标名称	单位	2010年	比2009年增长(%)
年末总人口	人	208 223	1.00
县属地区生产总值(当年价)	万元	500 178	19.20
第一产业增加值	万元	62 634	4.90

续表 7

指标名称	单位	2010年	比2009年增长(%)
第二产业增加值	万元	325 650	28.10
第三产业增加值	万元	111 894	9.90
农业总产值	万元	116 575	5.00
粮食总产值	吨	72 558	1.61
蔬菜产量	吨	98 578	0.65
水果产量	吨	20 912	0.18
猪肉产量	吨	16 743	4.03
水产品产量	吨	11 781	10.78
县属工业企业总产值	万元	823 171	52.80
县属规模以上工业总产值	万元	651 888	70.10
规模以下工业总产值	万元	171 299	10.20
公路客运周转量	万人千米	6 814	19.70
公路货运周转量	万吨千米	80 332	20.40
年末固定电话用户	户	27 060	18.30
社会固定资产投资总额	万元	338 544	29.80
社会消费品零售总额	万元	75 396	17.90
地方财政收入	万元	57 973	30.40
地方财政支出	万元	117 151	12.00
城镇在岗职工工资总额	万元	31 474	15.90
城镇在岗职工平均工资	元	43 532	28.78
城镇居民人均可支配收入	元	14 821	15.50
农民人均纯收入	元	5 786	16.30
金融机构存款年末余额	万元	375 383	16.10
金融机构贷款年末余额	万元	267 579	41.60
全部学校在校学生	人	36 610	－1.57

【农业和农村经济】 2010年，盐边县以实现农业优良品种覆盖率、畜牧业发展规模突破为重点，发展绿色高值精品农业，农业总产值完成11.66亿元，同比增长5%。提高优良品种覆盖率，发展芒果500万平方米、核桃2 226.68万平方米、设施蔬菜80万平方米，推广优质稻2 333.35万平方米、鲜食玉米800万平方米，移栽烤烟2 853.35万平方米，烟叶收购12万担，销售收入7 008万元。扩大畜牧业发展规模，建设畜牧兽医站13个，配备大型疫苗运输冷藏车1辆，治理恢复天然草场1 333.33万平方米，攀枝花市龙腾四海农牧业有限公司实现生猪标准化规模化养殖，畜牧业总产值实现4.8亿元，同比增长7.2%。逐步规范二滩水电站库区网箱养殖，水产产值实现1.42亿元。全面完成十年扶贫规划任务，稳步推进二滩水电站库区淹没区连片扶贫开发、红格新农村示范片建设，启动并挂牌建设台湾农民创业园。锐华公司"攀枝花"牌水果打入国际市场，正式启用国胜茶地理保护专用标志，红格脐橙获国家地理保护标志认证，金河芒果进入沃尔玛超市。加强农业基础建设，完成高堰沟水库节水配套改造、昔格达水库整治等项目，加快推进红果河道整治、红格提灌站改造，有序推进藤桥河引水工程前期工作。认真落实支农惠农政策，发放各类直补资金5 780万元，兑现移民生活补助1 580万元。投入抗旱资金1 284万元，确保人畜饮水和农业生产用水。认真开展防洪和地质灾害防治，确保安全度汛。

【工业经济】 2010年，盐边县以实现原矿供应、产业链延伸和要素保障突破为重点，全力成就先进能源材料产业，工业产值突破百亿达113.83亿元，同比增长37.9%。继续搞好矿产资源整合，加快原矿开采，推进龙蟒采矿扩能项目建设，全年开采原矿930万吨，同比增长50%，原矿供应基本得到保障。推进产业化项目建设，建成试产博越铸件、福川技改、拥华搅拌站、锟鹏重介质粉厂等项目，加快推进攀昆800万吨洗选、龙蟒洗选二厂等项目，开工云钛公司钛锭一期项目，工业产业链实现从资源加工型向深度开发型转变。全力抓好要素保障，调整充实工业发展领导小组，完善工业发展激励机制，落实县级领导联系重大产业化项目制度。加大工业运行协调力度，组织企业签订原料购销协议，加强与省、市有关部门及铁路部门协调衔接，与中石油签订战略合作框架协议，水、煤、电、油、运等生产要素基本得到保障。《盐边县2010～2020年电网发展规划》纳入国家电网发展规划，安宁、金河园区并入市钒钛产业园区获得省级审批，新九工矿区通过市级审批，顺利推进西攀高速公路盐边进出口至S310连接线工程，西千线一期工程竣工，完成新九湾子田公路前期工作，加快新九、红格计量站建设。工业园区实现产值52亿元，同比增长43.6%。

【招商引资】 2010年，盐边县加大招商引资力度，包装工业、农业、旅游项目参加西博会、珠洽会、高交会、兰洽会等活动。在第十一届西博会上，与昆钢、龙蟒等大企业签合作协议13个，协议投资33亿元。全年实施招商引资项目72个，累计到位资金44.05亿元，同比增长63.1%。

【科教文化】 2010年，全县有中小学100所，其中小学93所(中心校16所、村小76所、县城小学1所)，初中7所(含高中2所)。有幼儿园77所(公办19所、民办15所、学前班43所)。有在校学生36 610人，其中小学在校学生20 135人、初中在校学生9 639人、高中在校学生1 499人、在园幼儿5 337人。全县正常适龄儿童入学率为100%，辍学率为0.22%，毕业率为100%。15周岁完成率为99.50%。初级中等教育阶段全县正常适龄少年儿童入学率为98.80%，辍学率初中为1.12%，毕业率为99.70%。17周岁完成率为96.90%。特殊教育三类残疾儿童(视残、听残、弱智)入学率达到95.44%。青壮年非文盲率达到100%。高中教育阶段，初中毕业生升入高中阶段的入学率达到91.36%。全年，教育系统在职职工1 911人(含特岗教师63人)，各级学科带头人、骨干教师337名，其中省特级教师1人、省级骨干教师11人、市级学科带头人7人、市级骨干教师144人、县级学科带头人34人、县级骨干教师140人。小学、初中专任教师学历达标率分别为99%、98.8%，高中专任教师学历达标率为85.5%。

2010年，盐边县完成116个农家书屋设备配送任务、16个乡镇资源信息共享站点设备采购。加强文化遗产保护，积极申报省市级非物质文化遗产保护名录。开展"第五届箐山风情歌手大赛"、"迎春晚会"、"欢庆五一"等大型群众文化活动。切实推进有线电视网络整合，基本完成清产核资的自查清理。完成《阳光锅庄》、《绷鼓乐》等精品文艺宣传品制作。全年，盐边县采编和制播《盐边新闻》327期，《走进盐边》29期，《盐边警讯》12期，共播出各类新闻稿件2 950条。在年初参加全市广播电视创优评比活动中，电视台报送的6件新闻作品中获优秀奖1件、提名奖3件。为丰富荧屏，县电视台还从中央台购买播出《四季养生》、《致富经》、法制片《非常档案》等栏目，全年播出优秀电视剧1 460余集，科普节目52期，播出法律法规知识17期，播出各类标语19条。

【体育卫生】 2010年，盐边县开展"元旦"千人健身跑、全民健身周、5月23日国民体质监测、2010年12月29日至2010年1月2日二滩至泸沽湖徒步赛等体育活动，通过大力开展群众身边的体育活动，全县体育人口上升为42.1%，组织300余人参加国民体质监测活动。盐边县蹴球队代表攀枝花市代表队参加于11月10～16日在攀枝花市举行的四川省第十三届少数民族运动会获三金、三银、一铜(马明才、付思雨分获男单、女单、混双冠军，付立全、马明才获男双亚军，付立全、张伍解获混双亚军，张伍解获女单亚军，付思雨、张伍解获女双季军)，表演项目《绷鼓乐》获一等奖的优秀成绩。全年,盐边县完成“雪炭工程”——盐边县综合健身馆内部设施采购、安装。新建6条社区健身路径和70个农民体育健身工程。免费将全县健身路径,16个乡镇文体活动室及164个村文体活动室向群众开放。全年,全县各校认真推行《国家体育锻炼标准》,推行《学生体质测试》,实施体育锻炼达标活动,盐边县学校体育达标实施面为100%,学生体育达标率为99%。

2010年,继续加强公共医疗服务体系建设,顺利完成渔门医院迁建工程,建成投入使用格萨拉、国胜、永兴等中心卫生院,推进盐边县中医院改扩建及村卫生室建设。新型农村合作医疗健康发展,参合人数16.98万人,参合率达96%。有各级各类医疗卫生机构256个,其中政府举办的县乡两级医疗卫生机构22个,村卫生站180个,个体诊所27个,其他医疗机构26个,民营医院1个。有病床598张,其中乡镇级医疗机构有病床423张,全县平均每千人占有病床约2.9张。全年县乡两级医疗机构门诊病人346 623人次,住院病人19 709人次。县乡两级政府举办的医疗机构有在职职工546人,退休职工223人,在职人员中有卫技人员511人,占职工总数的93.59%。卫技人员中有副高级职称26人、中级职称139人、初级职称298人、无职称48人。全县平均每千人拥有卫生技术人员约2.5人。

【民生工程】 2010年,投资1.4亿元,全面完成10大民生工程79项任务。新增城镇就业岗位1 205个,城镇登记失业率3.4%,农民实用技术培训9万人次,转移农村劳动力3.12万人,实现劳务收入2.19亿元。帮扶农村贫困人口4 679人,发放医疗救助金389.5万元,新建4个社区慈善爱心超市,建成1 500个小粮仓。全县义务教育阶段学生全部免除学杂费、书本费,量化达标改制12所中小学食堂,救助贫困大学生286名、高中生51名。发放低保金1 678万元、“五保户”供养金528.4万元,建设廉租房132套、敬老院2所,改造农村危房110户,加快殡葬服务站建设。免费为85名贫困白内障患者实施复明手术、13名残疾人安装假肢,完成格萨拉、国胜、永兴3所中心卫生院建设。改造农村贫困残疾人危房144户,解决饮水安全3.66万人。完成盐择路环湖路段改造,改建乡道36.64千米、村道200千米,新建江西、强胜2个农村客运站。整治病险水库2座,实施29个无电村农网和9个村低等级线路改造,惠及4 000余名群众,彻底消除无电村。全年管护森林173 767.54万平方米,巩固退耕还林8 333.38万平方米,建成标准农田420万平方米、高产稳产农田180万平方米。建设农家书屋116个、广播电视“村村通”15个、农民体育健身工程70个,放映电影2 028场。

【举办“红山杯”2010年中国四川二滩至泸沽湖山地徒步邀请赛】 2010年12月29日,攀枝花欢乐阳光节重要板块之一,由盐边县主办的“红山杯”2010年中国四川二滩至泸沽湖山地徒步邀请赛正式开赛。258名来自国内外的参赛选手在盐边、盐源两县境内进行为期5天的比赛。赛事分为五个赛段,盐边县境内将举行四个赛段比赛,整个赛程路线贯穿红格温泉休闲度假旅游区及二滩国家森林公园、格萨拉生态旅游区、泸沽湖旅游景区三个国家AAAA级景区,总路程达120千米。最终,来自辽宁的赵伟以10小时22分2秒61的成绩获得男子组全赛程冠军;来自山东的陈春艳以8小时54分43秒的成绩获得女子组全赛程冠军。此次活动以徒步运动为载体充分展示盐边、盐源两县的优秀旅游资源,有效推动与实现四川省打造阳光休闲旅游度假区的发展战略。倡导“徒步旅行”这种健康低碳的运动养生方式,鼓励人们在强身健体的同时,以实际行动为建设低碳社会贡献力量。

【电视连续剧《金沙》在格萨拉景区拍摄】 2010年7月18日,30集大型远古历史题材电视连续剧《金沙》在格萨拉景区举行开机仪式。该剧由四川红旗影业有限公司和成都佳和文化传播公司联合摄制,以轰动世界的三星堆、金沙文明和古蜀国历史为背景,将历史文献和民间传说结合起来,演绎古蜀国鱼凫王朝与杜宇王朝的演变、更替过程,艺术地再现古蜀国三星堆文明和金沙文明时代的历史风貌。这是继《传说》在格萨拉景区拍摄之后的第二部电视连续剧,极大提升盐边县旅游形象及知名度,为盐边县更好更快发展服务。

【盐边县举办50万找寻“格萨拉绿色守护者”活动】 2010年4月28日,盐边县面向全球推出“工作6个月、薪酬50万寻找格萨拉绿色守护者”活动,吸引来自国内外的众多旅游爱好者报名参与。经过海选、淘汰赛等,共有6名选手(西昌市的吴晓波,成都市的陈亚辉、葛晓蔓,丽江市的陈连跃,攀枝花市的李玉华、卢丙华)进入终极PK赛。7月6日,终极PK赛在盐边县接待中心大礼堂举行,在终极PK赛上,经过“知识大考验”,“才艺大比拼”、“广告语创作”、“竞聘演讲”、“我为格萨拉做一件有意义的事”、“终极大拷问”等六大环节的比拼,最终来自西昌摄影家协会的吴晓波成为“格萨拉绿色守护者”;其余5名选手被聘为“格萨拉荣誉形象大使”。

【乡镇发展状况】 2010年,盐边县下辖16个乡镇,其中4个镇(桐子林、红格、渔门、永兴)、12个乡(新九乡、和爱彝族乡、益民乡、红果彝族乡、鳡鱼彝族乡、共和乡、惠民乡、国胜乡、红宝苗族彝族乡、箐河傈僳族乡、温泉彝族乡、格萨拉彝族乡)、164个村、826个村民小组。格萨拉彝族乡面积最大,为339.55平方千米。桐子林镇人口最多、国内生产总值最大,分别为26 572人、17.27亿元。益民乡蔬菜产量最大,为18 960吨。渔门镇水产产量最大,为8 780吨。国胜乡为茶叶之乡,茶叶产量达58吨。

2010 年盐边县乡镇情况

表 8

指标 乡镇名称	面积（平方千米）	村（个）	人口（人）	国内生产总值（万元）	工业总产值（万元）	财政收入（万元）	农民人均纯收入（元）	农业总产值（万元）	粮食总产量（吨）	蚕茧产量（吨）	蔬菜产量（吨）	水果总产量（吨）	畜禽出栏				水产品产量（吨）	烤烟产量（吨）	茶叶产量（吨）
													生猪（头）	牛（头）	羊（只）	家禽（只）			
桐子林镇	240.00	4	26 572	172 792	120 000	23 280	6 515	6 737	3 360	—	8 995	4 295	13 607	1 131	5 420	160 150	108	—	—
红格镇	160.23	4	14 492	35 000	4 650	1 359	5 626	7 687	5 755	—	18 823	3 129	11 310	679	22 728	36 049	101	147	—
渔门镇	236.64	17	23 205	44 947	22 998	1 125	5 488	19 341	5 297	351	8 533	1 977	26 247	157	8 624	117 815	8 780	475	—
永兴镇	223.02	18	23 024	20 586	7 771	588	5 569	11 965	8 505	825	7 431	1 328	31 596	392	3 650	124 760	176	606	—
益民乡	66.75	10	12 208	104 261	2 797	656	5 683	8 239	4 826	—	19 860	3 651	13 997	47	2 053	150 488	120	—	—
新九乡	124.80	7	11 299	13 382	253 800	2 161	5 892	3 922	4 496	—	2 670	212	15 745	385	1 842	24 493	260	140	—
和爱彝族乡	64.50	4	5 245	6 438	876	345	5 348	3 677	1 993	—	6 140	938	6 000	400	3 200	26 002	20	562	—
红果彝族乡	245.73	11	13 058	45 538	3 953	645	5 403	5 766	5 064	—	2 615	1 828	13 890	659	12 581	45 582	650	477	—
鳡鱼彝族乡	272.00	14	7 701	6 067	1 788	368	5 282	4 569	3 229	101	1 953	527	8 524	557	7 868	28 161	300	587	—
共和乡	240.84	17	9 352	6 398	182	389	5 694	6 305	3 441	—	2 170	503	11 756	847	10 376	29 599	35	1 196	—
国胜乡	321.42	14	19 323	18 313	1 057	505	5 956	9 182	6 477	280	4 223	1 012	11 652	592	7 264	74 415	769	224	58
红宝苗族彝族乡	304.00	7	5 231	3 499	548	314	5 306	2 736	1 670	8	1 184	75	6 208	431	11 993	20 539	4	169	—
惠民乡	146.67	13	17 836	10 974	2 510	456	5 817	11 383	7 163	797	6 689	722	30 615	583	4 918	103 771	437	241	2
箐河傈僳族乡	115.38	6	6 238	6 644	7 721	248	5 354	2 752	2 960	97	2 515	389	4 863	90	5 419	14 248	11	140	5
温泉彝族乡	167.92	7	7 633	5 476	1 397	289	5 220	4 651	2 786	40	2 167	305	11 439	2 125	14 633	41 707	10	543	—
格萨拉彝族乡	339.55	11	12 673	15 177	7 100	620	5 520	6 423	5 537	—	3 500	21	19 051	677	26 300	45 895	—	281	—

（刘贵云　周玉国）

米 易 县

【建置人口】 2010 年，米易县面积2 152.695平方千米，其中实有耕地16 710万平方米，森林面积125 827.4万平方米，覆盖率58.45%，比2009年增长0.11个百分点。辖7个镇（少数民族镇1个），5个乡（少数民族乡4个），88个村（少数民族村38个），826个村民小组（少数民族村民小组199个），11个社区居委会，170个居民小组。总人口215 482人，其中农业人口185 710人，少数民族人口占17.46%。全县出生2 025人，比市下达控制指标2 500人少出生475人，比2009年同期少出生72人。人口出生率9.73‰、死亡率5.52‰、自然增长率4.21‰，出生率、自然增长率比2009年同期分别下降0.34、0.78个千分点，死亡率比2009年同期上升0.44个千分点。全县符合政策生育1 842人，符合政策生育率为90.96%，比2009年同期下降0.84个百分点，比市下达目标任务88%高2.96个百分点。

【经济发展状况】 2010年，米易县以科学发展观为统领，以建设特色经济强县、构建和谐米易为目标，集智集力，抢抓机遇，克难奋进，成功应对重大自然灾害和全球金融危机的严重冲击，强力推进工业强县、科教兴县主体战略，围绕“建设特色经济强县、构建和谐米易”的战略目标。全年实现县域生产总值595 872万元，比2009年增长18.7%，比2005年净增37.5亿元，年均增长15%；第一产业增加值81 973万元，增长3.5%；第二产业增加值357 809万元，增长28.6%；第三产业增加值156 090万元，增长10.4%。完成地方财政收入61 168万元，比2009年增长22.2%，比2005年净增4.2亿元，年均增长26.8%；完成固定资产投资580 631万元，比2009年增长13.4%，比2005年净增36亿元，年均增长21.4%；完成社会消费品零售总额146 612万元，比2009年增长21%，比2005年净增8.3亿元，年均增长18.3%。城镇居民人均可支配收入15 216元，增长15.8%；农民人均纯收入6 427元，增长14.9%；全县金融机构存款余额420 255万元，增长22.6%，贷款余额296 835万元，增长18.7%；基本建设投资144 086万元，增长18%；农户投资45 000万元，下降50%；更新改造投资273 645万元，增长34.8%；房地产开发投资37 610万元，增长235.5%；其他投资80 290万元，下降6.1%；交通运输邮政业务增加值43 168万元，增长12.1%；公路客运周转量20 422万人千米，增长46.6%；公路货运周转量54 563万吨千米，增长23.8%；水路货运周转量420万吨千米，增长135.3%。

2010年，米易县以打造迷易美食文化一条街，发展观光农业、迷易元宵焰火晚会、迷易灯会、迷易花会和激流回旋皮划艇竞赛等品牌为重点，成功创建普威镇为省级乡村旅游示范镇，撒莲镇海塔村、白马镇龙塘村为省级乡村旅游示范村，米易县为省级乡村旅游示范县。编制全县物流体系规划，制定现代物流业发展意见，成功引进物流龙头企业德胜集团骏丰物流公司、中铁西南国际物流公司。丙谷垭口片区、白马湾丘片区物流体系加快建设，实现村村通公路和通乡路面硬化目标，完成214省道县境段改造，西攀高速公路建成通车，垭口、湾丘战略装车点建成投入使用，交通条件显著改善。攀西农产品交易中心、烟叶仓储中心等相继建成，市场流通体系不断完善。商贸流通业、房地产业、金融保险业稳步发展，创建成为省级金融生态环境示范县。

2010 年米易县主要经济指标

表 9

指标名称	单位	2010 年	比 2009 年增长（%）
县域生产总值	万元	595 872	18.7
第一产业增加值	万元	81 973	3.5
第二产业增加值	万元	357 809	28.6
第三产业增加值	万元	156 090	10.4
粮食总产量	吨	85 248	1.0
甘蔗	吨	149 664	1.4
烟叶	吨	7 544	19.0
肉类总产量	吨	18 238	2.8
禽蛋产量	吨	1 260	1.0
牛奶产量	吨	420	10.5
水产品产量	吨	11 850	17.9
蔬菜产量	万吨	21.61	9.0
水果产量	吨	43 086	10.4
社会消费品零售总额	万元	146 612	21.0
固定资产投资总额	万元	580 631	13.4
地方财政收入	万元	61 168	22.2
财政总支出	万元	118 927	7.0
地税税收收入	万元	34 770	29.5
国税税收收入	万元	25 004	15.2
农民人均纯收入	元	6 427	14.9
城镇居民人均可支配收入	元	15 216	15.8

【工业经济】 2010年，米易县依托资源优势，夯实发展平台，调整产业结构步伐，建成一批产业链延伸项目，开发球团、钛白粉、二氧化钛脱硝催化剂载体、钒铁、钼镍钴稀有金属等新产品，产品附加值明显提高。矿产资源有效整合，一批低品位矿、钒钛二次资源综合利用项目建成投产，钒钛磁铁矿多金属分离直接还原铁项目启动，花岗石资源综合利用水平不断提高，节能减排成效明显，循环经济发展取得重大进展。全年工业增加值357 809万元，比2009年增长28.6%，其中规模以上工业产值增加值307 122万元，增长33.7%；建筑业产值增加值38 762万元，增长17.5%。发电量62 362万千瓦时，增长41.4%；生产水泥49.1万吨，增长165.4%；铁矿石1 209.3万吨，增长17%；铁精粉616.6万

吨,增长40.2%;钛铁精粉31.99万吨,增长36.8%;氧化球团288.55万吨,增长36.1%;钛白粉36 214吨,增长88.1%;花岗石荒料5.55万立方米,增长0.5%;花岗石板材169.36万平方米,增长67.8%。规模以上企业37户,产值上亿元企业14户,其中5亿元以上10亿元以下企业4户、10亿元以上企业2户。一批35千伏、110千伏变电站项目建成投入使用,启动大草坝220千伏变电站和丙谷500千伏变电站建设。白马工业园区建成省级成长型特色工业园区,入园企业72户,其中规模以上企业24户。

2010年,米易县民营经济实现增加值30.02亿元,比"十五"末的9亿元增加3倍,年均增长22.2%,民营经济占全县GDP比重由2005年的40.7%提高到50.4%。"十一五"期间,米易县狠抓节能工作,关闭高能耗企业川投电冶黄磷厂,淘汰立窑水泥厂3个、土立石灰窑67口、花岗石板材企业36家,实施一批节能技改项目,并先后组织实施安宁公司采选节能技改项目、立宇公司矿浆运输节能、米易水泥厂异地技改节能改造工程等14项。2010年,规模以上工业综合能耗为39.29万吨标煤,比2005年增长76.2%。"十一五"期间,能源消费以年均12%的增长速度支撑全县规模以上工业年均35%以上的增长。

【农业和农村经济】 2010年,米易县重点抓住省级新农村示范片建设、特色农业基地建设、农业园区建设、畜禽标准化规模养殖场(小区)建设等重大项目和重点工作,优化小春粮油作物种植结构,调减小麦、薯类播种面积,增加油菜、早玉米、豌豆播种面积,开展普威观光油菜基地建设。小春粮食作物播种2 913万平方米,比2009年下降6.45%;小春产量13 105吨,下降5.23%;油菜播种600万平方米,比2009年增长33.33%;油菜产量968吨,增长22.22%。大春粮食作物播种9 722万平方米,比2009年增长5.33%,其中水稻6 531.73万平方米、玉米2 415万平方米、豆类206.27万平方米、薯类742.4万平方米;大春粮食总产达72 143吨,比2009年增长2.17%。推广无公害设施栽培,种植早春蔬菜3 265万平方米(其中大棚蔬菜达1 400万平方米),产量161 160吨,比2009年增长2.1%。全县农牧渔业总产值127 735万元,比2009年增长4.8%。其中,农业产值76 064万元,增长5%;林业产值2 780万元,下降2.2%;牧业产值34 769万元,增长2.9%;渔业产值12 580万元,增长11.3%;其他产值1 542万元,增长4.2%。农民人均纯收入6 427元,增长14.9%。全年粮食产量85 248吨,增长1%;蔬菜产量216 111吨,增长9%;水果产量43 086吨,增长10.4%;肉类总产量18 238吨,增长2.8%;生猪出栏174 600头,增长3%;牛出栏11 850头,增长6.3%;羊出栏115 389只,增长6.1%;家禽出栏68.45万只,增长7.9%。

【招商引资】 2010年,米易县及时收集招商项目信息和产业发展情况,年内重点推出招商项目16个,按有关要求制作成规范文本。全年,实施招商项目49个,到位资金51.89亿元,比2009年增长31.97%,占县人代会目标的115.31%,占市下达目标任务的120.67%。其中,省外资金累计完成36.57亿元,占市下达目标任务的114.29%。

全县49个招商项目中,工业项目31个,到位资金41.48亿元,占总到位资金的79.94%;农业及深加工项目10个,到位资金2.99亿元,占总到位资金的5.76%;第三产业及城市房地产项目8个,到位资金7.42亿元,占总到位资金的14.30%。其中,续建项目26个,到位资金39.12亿元,占总到位资金的75.39%;新开工项目23个,到位资金12.77亿元,占总到位资金的24.61%,比2009年增长189.54%。

【科教人才】 2010年,米易县启动全国科普示范县创建工作,要求企业自主创新推广新型实用技术应用。全年引进核桃新品种17个、枇杷新品种13个、蔬菜新品种6个、梨子新品种1个、桃子新品种6个,开展大棚蔬菜水肥一体化技术示范8万平方米,引进晚熟芒果生产技术试验示范。组织开展"冬季送科技下乡"、"三月科技之春科普宣传月"等大型科普活动,发放资料39 500份、册,赠送药品、器具、生活用具等6 110件,义诊、义务咨询1 300人次,展出挂图300幅,科普受众29 660人次。科技之春科普宣传月发放资料50 900份(册),赠送药品、器具、生活用具等500件,义诊、义务咨询4 820人次,展出挂图76幅,科普受众33 700人次,还发放枝剪、果锯等劳动工具。

2010年,米易县紧紧围绕全面提高教育教学质量和教育发展水平,集中财力办教育,以创新投资方式,高起点、大手笔规划建设和改扩建一大批学校,教育发展已经迈上"适度超前"的新台阶。米易中学、第一初级中学、第三初级中学等一批城乡教育基础设施建成投入使用,开工建设第二初级中学男女生宿舍楼、第四中学女生宿舍楼、民族中学教学楼、米易县幼儿园迁建等项目。全年开工建设项目52 800平方米,项目投资7 327万元。合理配备学校设备设施,完成5 843套课桌更换的采购发放和第四中学、湾丘、新山、垭口中学的食堂设备采购安装工作。投资600万元为23所中小学装备常规实验仪器设备、信息技术设备、图书等。到年底,全县有理化生实验室和小学科学室31间、仪器室47间、语音室2间、县教育城域网1个、电脑1 700台。落实"两免一补",化解"普九"债务;高考本科上线389人,比2009年增长52.7%;中考上国家重点中学示范线人数243人,增长76.1%。特殊儿童入学坚持"零拒绝",入学率97.89%。以华森糖业股份有限公司为依托,推进米易县职业教育发展。年内,有在校生1 118人,开展两个以上专业初、高中毕业生的初等职业培训,完成50学时农业技术培训12 000人次,完成农民工转移培训1 700人。

2010年,米易县引进培养教育卫生高层次人才95名、经济建设和社会事业发展急需紧缺专业人才420名。

【卫生人口计生】 2010年,米易县人民医院创建国家二级甲等医院通过初检,县中医院迁建工作顺利启动,完成乡镇卫生院建设,县乡村三级医疗卫生服务体系完善。年内培训在岗乡(镇)、村卫生人员1 274人次,完成8名基层医疗卫生机构在岗人员全科医生转岗培训。农村居民健康档案建档率为22.25%,城市居民健康档案建档率为25.05%。完成贫困白内障患者免费复明手术82例,完成丙谷、普威卫生院项目建设。启动县中医院搬迁建设项目,设计总建筑面积12 900平方米、总投资2 900万元。完成13个村卫生站的新、改、扩建项目建设规划和初步设计。监督检查学校食品卫生、饮用水卫生安全、传染病防治等工作,规范化管理46家个体诊所及医疗市场,量化评级管理36家医疗单位。孕产妇系统管理率86.18%,儿童系统管理率86.03%。农村孕产妇住院分娩率90.3%,农村孕产妇住院分娩补助项目共补助953人,补助金额38.06万元。2010年,全县有172 931人参加新型农村合作医疗,参合率达92.08%,筹集资金2 421.03万元,住院、门诊及慢性病补偿33 720人次,共补偿1 967.31万元。

2010年,米易县结合元旦、春节及科技、文化、卫生"三下乡"等集中宣传人口和计划生育法律法规,共发放宣传资料3万份、计生知识年历画1万张、避孕药具11 532人次,计划生育宣传品进村入户率达96%以上。巩固完善生育文化中心12个、生育文化大院114个、计生中心户120户、生育文化小区2个、人口文化屋50个。全县符合国家和省奖励扶助条件的对象1 647人,兑付奖励金118.58万元;计划生育家庭特别扶助对象47人,兑付奖励金5.54万元。有9 672户农村独生子女家庭符合独生子女父母奖励条件,兑现奖励金57.13万元。建立以种、养殖业等为主导项目的帮扶基地12个,完成计划生育"三结合"帮扶新增户325户、联系户636户、帮带户1 151户,落实帮扶资金19万元。

【文化广电体育】 2010年,米易县完成农村基层文化阵地建设,开展群众性文化活动,省级文明城市创建工作通过检查。打造地方特色文艺品牌,组织创作并演出音乐、舞蹈、戏曲、小品等作品11件,完成迷易锅庄第三部的编排、拍摄、后期制作及发布,组织文化单位完成文化下乡演出15场次。完善县、乡、村公共文化服务网络,乡镇综合文化站每周开放35小时,村文化活动室每周开放15小时以上。以建设安宁河流域特色文化县为发展目标,成立迷易文化研究会,落实专人负责非物质文化遗产和民俗文化工作,收集、整理本土民族民间音乐舞蹈等素材,组织创作人员加工提炼。本年度举办全县性大型文化活动6次,其中"元宵之夜"焰火晚会、迷易灯会、迷易花会开(闭)幕式、花舞迷易灯红安宁"三八"节百年庆典歌咏比赛、爱国廉政歌曲大家唱等文艺活动很受欢迎。

2010年,米易县制定《米易县推进农家乐(乡村酒店)发展实施办法(试行)》,扶持发展农家乐,成立米易县农家乐(乡村酒店)发展领导小组,全县申请改扩建农家乐(乡村酒店)50家,年内动工新建和改扩建并被评为三星以上农家乐(乡村酒店)7家。全年接待游客109.2万人,旅游总收入4.74亿元,实现旅游总收入6亿元。连续成功举办迷易灯会、迷易元宵焰火晚会以及迷易花会等系列节庆活动,整个灯会和花会期间共接待游客100万人,旅游收入1.2亿元。成功创建四川省乡村旅游示范县,普威镇和海塔村分别成功创建为四川省乡村旅游示范乡和示范村。

2010年,米易县实现广播电视"村村通",市、县广播电视节目入户率73%。全年改造城区网络线路15千米,城区埋设地下管道5 600米,新架主干线路2 460米,架设光纤线路5.5千米,同轴电缆主干线路5.87千米;完成长坡工业园区主干线路入地等工程。年内,发展用户5 502户,米易电视台播出新闻1 812条,送市台新闻142条,省台播出新闻2条,央视播出新闻2条,《对话米易》栏目播出42期。发放直播卫星设备3 000套,拆除非法安装使用的卫星地面接收设施2 600套。

2010年,米易县体育中心建成投入使用,成功举办"奥之康"元旦越野赛活动、"迷易三花节"徒步50千米活动、首届公路自行车赛、中国象棋团体赛、"迎国庆"桥牌双人赛。米易县代表队代表攀枝花市参加省十一届运动会夺得金牌4枚、银牌2枚、铜牌3枚,奖牌数达9枚,总分233.5分。组队参加省第十三届少数民族运动会押加项目比赛,夺得1金1铜、两个第4名、一个第5名,米易代表队荣获体育道德风尚奖。申办2011年亚洲区皮划艇激流回旋伦敦奥运会资格选拔赛暨第七届亚洲皮划艇激流回旋锦标赛获得成功,申报米易皮划艇基地为国家级皮划艇激流回旋训练基地成功,国家体育总局正式命名为"四川米易国家皮划艇激流回旋训练基地"。

【社会保障体系建设】 2010年,米易县健全就业促进制度,帮助困难群众就业,推进国家级创业型城市创建工作。建设基层劳动保障平台,开展全国新型农村社会养老保险试点工作,参保率83.7%。完善城镇职工基本养老、失业、工伤、生育和医疗保险制度,社会基本养老保险实现全覆盖。新型农村合作医疗保险参合率为92.1%。城乡低保标准不断提高,实现动态管理下的应保尽保,推进敬老院新改建工程,五保集中供养率63.1%。启动二滩水淹区连片扶贫开发,建成廉租房244套、经济适用房110套、限价商品房526套,完成农村危房改造任务,群众住房困难问题得到缓解。

2010年,米易县新增城镇就业1 547人,完成目标任务的119%;下岗失业人员和失地无业农民再就业812人,完成目标任务的203%,其中就业困难对象再就业282人,完成目标任务的352.5%;就业人员中女性743人,占48%;动态消除当期"零就业家庭",城镇登记失业率3.18%,控制在4.0%以内。

年内,完成创业培训981人,是目标任务的19.6倍。其中,创业意识培训871人,完成目标任务的10.88倍;创业能力培训110人,完成目标任务的137.5%。完成农民工培训13 954人,占目标任务的100.4%;品牌工程培训300人,完成100%;新型农民工培训1 500人,完成100%。全县农村劳动力转移输出35 500人,完成任务的104%;实现劳务收入3.07亿元,完成任务的106%,人均劳务收入8 637元;农民工在岗培训10 700人,完成培训任务的238%;发放小额担保贷款250万元,完成目标任务的250%。

2010年,米易县城镇职工基本养老、基本医疗、失业、工伤、生育保险参保人数分别达到17 330人、21 198人、11 226人、11 663人、12 768人,完成市政府下达目标任务比例分别118.1%、112.8%、224.5%、118.9%、116.1%;征收城镇职工基本养老、基本医疗、失业、工伤、生育保险费分别为6 046万元、2 604万元、447万元、329万元、83万元,分别为市政府下达目标任务的108.5%、203.1%、235.1%、143%、138.3%。城镇居民基本医疗保险参保人数为23 392人,完成目标任务的106.3%。全县参加新型农村社会养老保险总人数88 431人,其中参保缴费的64 018人,年满60周岁以上人员享受待遇的25 404人,参保率83.7%,超额完成市政府下达的目标任务。

【新农村建设】 2010年,米易县整合项目和资金,实施农业综合开发,建设特色产业基地,发展现代农业,落实强农惠农政策,着力改善农村生产生活条件,改造传统优势产业基地,扩大连片规模。新改建特色蔬菜5 000万平方米、特色水果5 866.67万平方米、核桃666.67万平方米、优质烤烟3 533.33万平方米;新建标准化养殖场、养殖小区47个,新建种养结合循环示范片11个;建成西南地区最大特色水产早繁育苗基地,网箱养殖达6 435口,水产品产量达1.1万吨,建设产值过亿的鱼子酱加工基地;发展壮大特色蔬菜、特色林果、优质烤烟、畜牧水产等支柱产业。年内,成功申报1个绿色食品品牌和11个无公害农产品品牌,引进培育国家级农业龙头企业1户、省级农业龙头企业3户、市级农业龙头企业6户,发展壮大农业专合组织55个。攀西特色农业产业园区初具规模,入园企业达5户。实施水利工程项目260个,解决10.5万人安全饮水问题,开发整理土地1 466.67万平方米,改造中低产田5 666.67万平方米,新改建县乡村公路540千米、机耕道120千米,治理水土流失175平方千米,整治病险水库15座,新建户用沼气池1.5万口。启动湾丘乡热水村7社、白马镇田坝村、攀莲镇双沟村和观音村、丙谷镇沙沟村、垭口镇安全村6个集中居住点建设,建农房746户,完成年度目标任务的151.8%;实施农房风貌改造4 416户,比原计划3 410户增加1 006户,完成年度目标任务的129.5%。

2010年,米易县被省委、省政府命名为全省首批现代农业产业基地强县,被列为省级新农村建设示范片和农村公益事业一事一议财政奖补试点县。编制新农村建设系列规划,以点带片、以片带面,整体推进全县新农村建设,产业连片发展已具雏形。

【重点项目建设】 2010年,按照相互支持、合作共赢的原则,米易县与攀钢集团有限公司衔接,在米易县新建与煤化工项目投资规模相当的钒钛加工和机械加工替代项目;与德胜、昆钢、川投、钢城集团进行战略合作,构建钒钛产业集群。全县15个重点项目中,立宇公司技改扩能、兴辰镍钴分离二期2个项目建成投产;安宁铁钛矿山选厂技改扩能、中禾矿山及球团技改扩能、秀品选厂和元宝山矿业技改扩能、立宇公司直接还原铁产业化示范工程、得石煤矿、大草坝220千伏变电站等7个项目正在建设中;丙谷500千伏枢纽变电站、安宁铁钛120万吨氧化球团生产线、红运物流重型卡车4S店、丙谷青杠物流园区建设等4个项目取得实质性进展。钢企球团提钒及直接还原产业化实验示范和太阳能光伏发电2个项目因业主无投资意向等原因推进滞后。

【白马工业园区建设】 2010年,米易县白马工业园区有入驻企业73户,其中钒钛磁铁矿采选加工工业区28户、钒钛工业区14户、石材工业区31户;入园企业中规模以上企业26户,销售收入超亿的企业14户;园区累计签约入园项目78个,已建成投产项目61个,在建项目17个,其中全年新开工项目6个,园区基础设施投入25 244万元,比2009年增长571.74%;入园企业投资320 055万元,比2009年增长43.45%;从业人员10 885人,比2009年增长18.94%;实现工业总产值71.2亿元,比2009年增长54%;实现工业增加值28.98亿元,比2009年增长66.28%;实现销售收入83.66亿元,比2009年增长83.32%;实现利税总额8亿元。

【攀西农业产业园区建设项目】 2010年,米易县攀西农产品批发市场扩容建设项目一期工程于6月竣工,完成投资5 951.6万元,建成信息交易中心综合办公大楼、交易大厅、果蔬冷藏及分级系统、果蔬加工配送中心及其他配套设施16 000平方米。二期工程完成项目立项和初步方案设计,正在办理规划用地手续。通威饲料厂建设项目投资4 000万元,年生产能力15万吨的饲料生产线竣工投产。烟叶仓储中心建设,项目总投资7 920万元,建成投入使用。万民生物饲料厂建设项目投资1 938万元,已完成主体厂房结构建设及部分设备安装,9月8日试投产。何首乌茶厂建设项目,由平大公司投资4 000万元,正在建设GMP车间主体工程。全县农业产业化龙头企业总资产达34 084.16万元,带动农户38 568户。全年,新发展农民专业合作社21个,合作社总量达到55个,注册资金总额达10 282.37万元,注册会员1 796人。

【特色农产品基地建设】 2010年,米易县通过调整品种结构,推广无公害设施栽培,拓展销售市场等措施促进蔬菜产、销两旺。在安宁河沿线种植早春蔬菜3 265万平方米(其中大棚蔬菜1 400万平方米),比2009年增长2.03%;产量21.61万吨,比2009年增长2.1%。利用河谷区坡地资源,发展特种作物山药,在丙谷、垭口建立山药基地466.67万平方米,带动全县发展山药666.67万平方米,产量2万吨,产值超过1亿元。克服前期霜冻、干旱等自然灾害影响,新建芒果基地133.33万平方米、枇杷基地66.67万平方米。在麻陇、白坡等中高山区建核桃基地1 533.33万平方米和林下产业基地666.67万平方米,推动特色林果业发展。

【烤烟生产】 2010年,米易县烤烟种植实行集中商品化育苗,全县育苗110处,其中大棚1个(可供126.67万平方米大田移栽)、中棚1 539个、小棚5 348个。烤烟大田移栽期间,各水源点相继枯竭,小水窖、水池、山坪塘所蓄水待用完,县政府组织挂钩帮乡部门出资捐物投入抗旱,共捐资54.45万元,帮助乡镇购买水箱、水管等物资,制作水箱20口,打取水井81口,投入运水车辆197辆次,新建维修提灌站2座,建蓄水池24口,维修疏通沟渠31 300米,安装引水管47 100米。烟叶生长期,开展统防统治,全县协调资金307 670元,完成防治2 331.87万平方米。按照“整村推进”的原则,在白马、普威、麻陇、白坡4个乡镇投入资金700万元,新建蓄水池30口12 761立方米、机耕道3条12.17千米、主干渠1条2.8千米、支渠13条21.7千米、管网9.48千米。全县12个乡镇、76个村、428个社、6 100户农户种植烤烟3 573.73万平方米,收购烟叶7 544吨,收购香料1 262.93担(63.15吨),实现烟叶总产值12 174.68万元,仅烤烟一项实现烟农户均收入17 657元,比2009年增收682.73元,人均收入5 518元。

【“新农保”试点】 2009年12月28日,米易县被列为四川省新型农村社会养老保险(简称“新农保”)试点县后,县委、县政府将此项工作列为全县最大的民生工程,与各乡镇签订目标责任书,并纳入年度综合目标考核。全县上下形成一把手亲自抓,分管领导具体抓,乡干部包村,村干部包组,乡村设专职人员具体负责。同时,责成有关部门负责“新农保”参保缴费工作督导检查,每周定期通报参保缴费情况,重点督导参保进度缓慢的乡镇。在全县范围内广泛宣传动员,发放《米易县新型农村社会养老保险政策简明读本》5万册、“新农保”宣传日历5万份。利用电视台“对话米易”宣传平台,制作“新农保”专题节目。采取乡镇干部与农村群众面对面沟通交流、算细账、明白账、家庭账、实惠账,还通过手机彩铃、举办养老金发放仪式等多种形式宣传。2010年底全县“新农保”参保88 431人,征收“新农保”基金1 271.55万元,发放待遇1 660.8元,金保网络已延伸至全县12个乡镇,每个乡镇配备1套“新农保”专用电脑设备。全县符合“新农保”参保条件105 762人,需参保缴费的人数为81 151人,参保率为83.7%。

【生态环境建设】 2010年,米易县开展违法排污专项整治,严厉打击环境违法行为,建设生态细胞工程,独树、晃桥等11个村创建成为省级生态村,攀莲、丙谷等7个乡镇创建成为省级环境优美乡镇。县城区空气质量优良率为98%,安宁河地表水水质达标率为100%,城区饮用水源地晃桥水库水质达标率100%,区域环境噪声年均值优于国家二类标准,交通噪声年均值低于国家推荐的道路交通噪声控制值。环境监测站技术人员已通过上岗考试,监测站资质认证已通过省环保厅资质审查,县环境监测站已具备开展水、气、声常规项目的监测能力。成功创建优美乡镇7个、生态村11个、生态小区3个、生态家园111个、绿色学校9所,超额完成细胞工程创建指标。9月28～29日,通过省级生态县创建技术考核验收标准,8项指标有待完善。省级绿化模范县创建工作通过专家组验收,省级生态县创建工作顺利开展。地质灾害防治、小流域治理、天然林保护、退耕还林成效显著,无重大森林火灾发生。

【城市建设】 2010年,米易县以实施构建最宜人居、最佳创业的现代化县级市战略目标为统领,启动川煤集团与省道214线连接线工程和迷阳湖大桥、迎宾大道等项目,完成河西主干道路面工程、河西中轴广场、机械厂至米易县第一小学道路、米普路人行道铺装、河西连接道和农民安置房室外排污管道等项目建设;完成河西河滨印象小区环境景观工程、商务中心室外景观工程和睿龙商务酒店主体工程。启动城北保障性住房建设和迷阳湖大桥工程施工图设计。编制集镇村庄体系规划,完善重点集镇规划,白马、垭口环境优美示范乡镇创建通过验收,完善丙谷、普威等集镇建设水电路、市场等配套基础设施建设,建立健全城乡环境综合治理长效机制,强化环卫基础设施建设和城镇管理,实行环卫作业市场化,实施城乡风貌塑造和绿化、亮化、美化等专项工程,推进“五十百千示范工程”(为推动城乡环境综合治理不断向纵深发展,省委、省政府决定,在全省选择5个城市、10个县城、100个乡镇、1 000个村庄作为城乡环境综合治理示范点,开展“五市十县百镇千村环境优美示范工程”建设,简称“五十百千示范工程”)。

2010年办理工程项目施工许可证23个,建筑面积148 574.4平方米,工程总投资1 877.8万元。实施招投标项目35个(其中公开招投标项目20个、比选项目15个),项目投资约3亿元。全年受监工程86个,89.3万平方米,竣工工程49个27.4万平方米。为解决城市中低收入住房难问题,总投资700万元新建廉租房100套,建筑面积约5 000平方米。

【国土资源管理】 2010年,米易县发放国有土地使用证269宗598.44万平方米,办理变更登记528宗20.48万平方米;办理他项权利登记133宗88.17万平方米,登记贷款金额22 921.80万元;集体土地使用权变更登记4宗453平方米。完成丙谷、撒莲、新山、垭口4个乡镇的农村土地确权登记招投标工作。全年土地供应总量80宗33.03万平方米,其中划拨4宗8.46万平方米,出让76宗24.57万平方米,拍卖2宗、挂牌4宗共15.48万平方米,成交总价款10 033万元。收取白马铁矿价款4 000万元,挂牌出让2宗采矿权:草场乡中梁子硅藻土矿、易家坪子前程石灰石矿,收取采矿权价款217万元。

2010年,完成37个矿山的储量统计、开发利用数据统计和年检工作,现场抽检26个矿山,抽检率80%;完成矿业权核查工作,并已通过省厅组织验收。境内有7个地勘单位在15个勘探区开展地勘工作,其中铂矿6个、铁矿2个、镍矿1个、铌钽矿1个、硅线石矿1个、铜镍矿2个、石灰石矿1个、铅锌矿1个,已累计完成勘查投入1.2亿元。

【民区经济】 2010年,米易县严格执行中央、省、市、县民族宗教政策以及相关法律法规,依法保护少数民族群众和信教群众合法权益。下发《关于进一步加快民族地区发展的意见》、《米易县民族地区2010年农业产业项目安排方案》

和《关于加强推进核桃产业发展的实施意见》，推动民族地区农业产业化发展。全县5个民族乡镇地区生产总值实现116 306万元，比2009年增长18%，农民人均纯收入5 788元，比2009年增加500元。烤烟大田移栽21 982万平方米，占全县的61.5%，产量92 323担(4 616.15吨)，产值7 084.26万元；发展核桃种植1 533.33万平方米。在麻陇乡中心村、普威镇独树村发展林下魔芋133.33万平方米；在麻陇乡、白坡乡、得石镇、攀莲镇等乡镇林下种植中药材5 776万平方米。生猪存栏78 870头，出栏76 319头；牛存栏20 078头，出栏4 438头；羊存栏75 690只，出栏54 132只。

【米易迷易灯会】 2010年2月14日至3月31日，米易县举办"米易·迷易灯会"。在县城迷易湖畔、河滨公园和文化广场分别设"百虎闹春"、"春满安宁"、"快乐时空"、"梦幻世界"、"盛装迷易魅力米易"等展区，由40个灯组构成。其中，文化广场主题灯高12米、最长100米。2月14日(大年初一)试灯，2月24日正式开放，至3月31日结束。灯会期间，举办联欢晚会、新春游园活动、歌咏大赛、创建省级文明城市专题文艺晚会等专题文化活动。共接待游客100余万人，旅游收入达到1.2亿元。

【全国高中现代教育学术年会】 2010年11月25日，第八届全国高中信息技术与课程整合优质课大赛暨现代教育学术年会在米易县安宁明珠大酒店召开。会议由教育部数字化学习支撑技术工程研究中心、全国现代教育培训中心及东北师范大学主办，四川省电化教育馆、攀枝花市教育局协办，米易县人民政府承办。会议期间，县领导多次到迷易湖宾馆、惠馨宾馆、玲珑雅居、华鑫宾馆、华天酒店、金龙宾馆等酒店督促检查，县公安局、卫生局、食品药品监督管理局派出专人负责监督检查环境卫生、安全等情况，县教育局派出专人从早上7点到晚上10点协助宾馆为代表服务。本次大赛暨学术年会历时5天，全国26个省、自治区、直辖市630人参加，其中领导、专家25人，参赛教师322人，观摩人员280人。大赛在米易中学和第一初级中学设置5个赛场，米易县有15名教师代表参赛，4名获一等奖，11名获二等奖。会议期间，代表参观了米易龙潭溶洞、国家激流回旋皮划艇竞训基地等旅游景点。很多代表从未到过米易不了解米易县的发展而心存顾虑，来到米易县后，看到米易城市建设、市容环境、学校建设等都赞不绝口，有的代表说："到米易这样一个山区小县来参加大赛和学术年会不虚此行，来年把亲朋好友带到米易县过冬"。通过大赛，米易县建立参加本次大赛的专家、校长和优秀教师的信息库。大赛评委、浙江省特级教师、温州市教师教育院院长谷定珍被米易县的热情感动，大赛闭幕式后主动为米易县的语文教师作专题讲座，并希望在退休后能到米易县担任教育顾问，发挥余热。

【乡镇发展状况】 2010年，米易县12个乡镇，农业总户数47 783户181 632人，米易县委、县政府贯彻落实中央和省市关于农村工作会议精神，落实强农惠农政策，开展农业综合开发，发展特色农业和现代畜牧业，搞好城乡统筹工作，推动农村经济发展，实现农林牧渔业总产值127 735万元。全县乡镇有公路里程2 348千米，通车的村87个，通电的村88个，通电户数47 917户，建沼气池33 617口。农作物播种23 856万平方米，其中粮食12 638万平方米，产量85 248吨，甘蔗1 307万平方米，产量149 664吨，烤烟571万平方米，产量7 544吨，蔬菜3 982万平方米，产量21.61万吨，西瓜58万平方米，产量2 499吨。果园6 543万平方米，产量40 607吨。造林1 000万平方米，产核桃2 669吨、板栗390吨、花椒310吨。水产养殖1 080万平方米，水产品产量11 850吨。猪出栏174 600头，存栏190 371头；羊出栏115 389只，存栏153 880只；牛出栏11 850头，存栏48 000头；家禽出栏68.45万只，存栏58.29万只，肉类总产量18 238吨。

2010年米易县乡镇基本情况

表10

乡镇名称	人口(人)	耕地面积(万平方米)	农业总产值(万元)	乡镇工业产值(万元)	农民人均纯收入(元)	粮食产量(吨)	蔬菜产量(吨)	烤烟产量(吨)	甘蔗产量(吨)	水果产量(吨)	出栏生猪(头)
攀连镇	49 811	1 720	19 992	108 279	6 591	14 224	43 958	238	26 540	4 204	30 690
丙谷镇	25 417	2 249	13 799	56 870	6 467	10 636	37 992	650	37 978	3 855	20 653
撒莲镇	16 813	1 204	10 811	13 213	6 537	8 170	42 950	252	5 365	4 414	14 315
垭口镇	10 529	617	5 150	203 881	6 282	3 314	17 911	70	7 504	1 040	7 615
得石镇	9 049	670	11 342	18 584	6 130	2 750	3 590	327	1 190	1 962	8 256
新山乡	6 980	1 060	5 855	1 294	6 270	4 153	6 972	453	17 444	1 395	15 531
湾丘乡	15 873	1 334	8 684	300 214	6 053	6 080	9 868	504	4 680	1 102	9 655
白马镇	28 961	1 981	15 749	96 922	6 357	14 195	16 971	560	13 299	6 283	18 958
草场乡	19 770	1 722	12 134	5 257	6 176	9 274	15 973	739	23 629	5 115	15 719
普威镇	13 379	1 128	7 954	1 006	6 351	3 761	4 777	967	373	8 608	13 422
麻陇乡	8 561	1 400	6 090	473	6 065	3 983	6 475	1 214	520	859	7 593
白坡乡	10 339	1 625	10 175	275	6 193	4 708	8 674	1 480	11 142	1 770	12 193

（周在元　王小岚）

党政群团

中共攀枝花市委

综　　述

【国民经济发展】　2010年，中共攀枝花市委面对全面完成"十一五"目标、推动攀枝花加快发展的紧迫任务，坚持以中共十七大和十七届四中、五中全会精神为指引，深入贯彻科学发展观，认真落实省委决策部署，牢牢把握"提速增效、加快发展"的工作基调，团结带领全市各族人民，立足当前，着眼长远，迎难而上，爬坡实干，强力推进"四个倾力打造"，推动全市经济持续快速增长，基础设施投资不断加大，民生事业进一步改善，社会更加和谐稳定，各项工作取得新的进展。全年完成地区生产总值523.99亿元，增长15.1%；完成地方财政收入56.49亿元，增长10.4%；完成固定资产投资330.70亿元，增长24.9%；招商引资实际到位资金301.39亿元，增长33.5%；城镇居民人均可支配收入达到16 882元，增长12.8%，农民人均纯收入达到6 293元，增长14.9%。

【工业经济】　工业经济提速增效，"6+2"（大力发展钒钛、钢铁、能源、矿业、化工、机械制造六大支柱产业的基础上积极培育太阳能、生物两大新兴产业）特色产业发展格局进一步形成，市场竞争力不断增强。钒钛、钢铁、能源、化工四大支柱产业强劲恢复，支撑工业经济快速回升，上半年全市工业增加值增幅达到29.5%，创近年来同期增长最高水平。全年规模以上工业企业实现增加值348.59亿元，增长20.5%。机械加工产业取得积极进展，泓兵钒镍利用低品位红土镍矿生产镍铁合金形成了成熟的冶炼工艺和成套装备；白云铸造开发的出口型斗衬板及相关配件，大西南实业使用钒钛蠕墨铸铁生产的制动毂，产品综合性能达到国内先进水平。新兴产业培育实现突破，7个太阳能专项资金项目通过初审。

【农业和农村经济】　全年实现农业增加值21.49亿元，增长3.9%。抗击自然灾害取得新胜利，在遭受2009年底到2010年上半年严重干旱的情况下，实现受灾不减产、不减收。新农村示范片建设加快推进，农村新村建设、产业发展、基础设施建设、公共服务和风貌打造力度加大，2个省级示范片的年度建设任务全面完成，市级示范片建设按计划推进。特色农业基地建设卓有成效，农业标准化生产深入推广，农产品结构进一步优化、质量进一步提升，带动农民不断增收致富。米易县被确定为首批省级现代农业产业基地强县，盐边台湾农民创业园正式挂牌启动建设。

【现代服务业】　以旅游业和物流业为重点的现代服务业蓬勃发展，旅游经济持续增长。全年完成旅游总收入47.01亿元，增长20.8%；第三产业实现总产值115.87亿元，增长9%；实现社会消费品零售总额140.2亿元，增长17.7%。先后完成大黑山旅游区、啊喇诸葛营文化生态旅游区、大田红石榴乡村旅游区总体规划并通过评审。成功承办川滇黔十市（地、州）、攀渝、攀楚等跨区域旅游交流合作会议，胜利举办索玛花节、芒果节、"欢乐阳光节"等旅游节庆活动，"阳光花城"旅游形象进一步提升。盐边红格、仁和岩神山、米易城南三大休闲旅游区建设加快推进，特色休闲旅游品牌初步形成。

【地方经济和民营经济】　建立完善促进县（区）发展的激励机制，积极调动县（区）的积极性和主动性，大力支持县（区）经济竞相发展、良性互补，东区、西区、仁和区、米易县、盐边县（不含二滩）生产总值分别增长12%、18%、23.8%、18.7%、14.8%，地方财政收入分别增长16.2%、9.10%、15.6%、22.2%、30.4%，县域经济实力进一步提升，成为全市经济发展的主导力量。把扩大民营经济总量作为改善经济结构、壮大全市经济的重要推动力量，切实改善发展环境，进一步放宽市场准入和经营范围，民营经济保持强劲增长势头，全年实现增加值210.38亿元，增长19.6%。

【项目建设】　把投资拉动作为巩固和发展经济回升向好势

头的重要抓手,大力实施投资拉动战略,千方百计扩大投资规模,拉动经济持续快速增长。全年完成固定资产投资330.7亿元,增长24.9%。渡口桥南立交系统、烟叶仓储中心、攀钢18万吨/年钛渣二期工程等11个项目竣工投入使用,圣达富邦1 000万件刹车毂项目一期200万件基本建成,成昆铁路新线、丽—攀—遵铁路、金沙电站、银江电站等一批重大项目纳入国家和省上"十二五"规划。

【招商引资】 充分利用西博会、区域经济合作论坛等招商平台,精心组织一系列大型招商活动,推出一批重大产业招商项目,招商引资取得丰硕成果,全年实际到位资金达到301.39亿元,增长33.5%。招商引资项目结构进一步优化,投资额超过5 000万元的落地重大项目达到141个,协议资金在1亿元以上的项目达到126个。

【企业生产经营保障】 抓住宏观形势逐步好转、市场逐步回升的有利时机,采取切实有力措施,统筹煤炭调度,确保电力供应,稳定成品油供应,积极为企业争取项目和资金支持,切实做好企业生产要素保障工作,促进工业产能充分释放,全市工业企业生产经营情况良好,各项经济指标持续好转。钢城集团、四川安宁铁钛有限公司等6户企业成为2010年度四川省重点改制上市企业,工业企业招商履约项目达到193个,到位资金191.6亿元。全年实现工业增加364.62亿元,增长18%,规模以上工业企业产品产销率达到96.8%,上升0.6个百分点。

【特色优势产业发展】 紧紧围绕打造高水平战略资源开发基地,下大力气推进钒钛产业突破发展,资源综合利用水平进一步提升。钒钛产业发展规划更加完善,《攀枝花市钢铁(钒钛)国家新型工业产业化示范基地建设实施方案(2010—2012年)》编制完成,国家发改委基本同意设立中国攀西战略资源创新开发试验区,并将钒钛资源利用产业基地规划纳入国家"十二五"专项规划,《四川省主体功能区规划》中进一步提出,要把攀枝花建设成为"西部钢铁工业基地和世界钒钛中心"。钒钛产业链不断延伸,产品品种更加齐全,攀钢获取到最高品位75%的人造金红石产品,华铁钒钛生产出纯二氧化钛、钛钨和钛钡复合粉。钒钛产业集群初具规模,民营资本不断进入钒钛产业,钒钛企业加快向钒钛产业园区集中,形成以攀钢为龙头,70余家地方、民营钒钛企业合理分工、共同发展的产业格局。

【现代化大城市建设】 交通建设全面提速,"两高两铁"(成昆铁路新线、丽—攀—遵铁路;攀—宜沿江高速公路、丽—攀高速公路)项目取得重大进展,城市路网建设力度加大,丽—攀高速公路攀枝花段加快建设,渡口桥南立交提前半年建成通车,新密地大桥、沿江快速通道等重点工程进展顺利。市区主要街道、花园和迎宾大道的城市生态景观打造全面启动,突出"花是一座城,城是一朵花"的风貌特色,整改重要地段园林景观4.9万平方米,新增补植公共绿地63.6万平方米,建设了一批具有浓郁攀枝花地域特色的花卉景观,"阳光花城"形象初步显现。新区建设提上日程,组织开展《城市新区建设规划》编制工作,形成城市新区建设的总体战略构想,明确新区建设的基本思路、基本原则、功能定位、产业发展及优先拓展方向等,为正式启动新区建设做好了充分准备。

【对内改革和对外开放】 各类改革不断深化,完成市级政府机构改革,新组建5个部门,调整5个部门职能,市政府部门从37个精简到33个,机构设置进一步优化。攀钢与鞍钢实现联合重组,正式成为新鞍钢集团的全资子公司。对外开放持续扩大,与周边地区的交流与合作进一步深化,成功举办川滇黔十市地州合作与发展峰会,先后组团参加重庆经济协作区第十五次市长联席会、北部湾区域经济合作市长论坛等活动,与凉山、丽江、楚雄等毗邻市州建立起互访交流机制,对外合作领域不断拓宽。

【民生工程】 全年安排财政资金21.2亿元,扎实开展百姓安居、就业促进、生态环保等10大民生工程。就业促进工作成效显著,超额完成全年新增就业任务,城镇登记失业率控制在3.5%以内,群众生活不断改善。新(改)建廉租住房1 288套,棚户区改造新完成1 598户,瓜子坪"阳光馨园"3 672套经济适用房全部完工,首批958套公共租赁住房建设正式启动,攀枝花市被批准为国家首批利用住房公积金贷款支持保障性住房建设的试点城市。灾后恢复重建工作加快推进,"八三〇"地震、米易"七二七"山洪并泥石流灾害灾后恢复重建任务基本完成。教育"两基"迎国检工作;全面启动,"两基"成果持续巩固,义务教育均衡发展,其他各类教育协调推进。医药卫生体制改革稳步实施,新型农村合作医疗覆盖面稳中有升。全民健身活动广泛开展,群众性体育运动蓬勃发展,圆满完成四川省第十三届少数民族运动会的承办任务。公共文化服务体系不断完善,首届全民读书节系列活动成功举办,创建学习型城市活动有力有序开展。

【社会稳定】 积极建立完善社会稳定风险评估机制,严格落实维稳责任制和责任追究制,坚持把维护稳定工作纳入年度目标管理,与经济社会发展工作同安排、同部署、同考核、同奖惩。一手抓事要解决,一手抓依法处理,建立健全人民调解、司法调解、行政调解相互衔接、整体联动的"三联两进"工作机制,促进调解工作制度化、常态化发展。全力抓好社会矛盾化解、社会管理创新和公正廉洁执法,确保了"两会"及世博会、亚运会、省民运会等重大活动期间社会和谐稳定。全面推进平安创建,深化社会治安综合治理,严厉打击违法犯罪行为,全市社会治安形势总体平稳,没有发生重大涉稳事件,人民群众安全感持续增强。

【民主法治及精神文明建设】 进一步加强和改进党领导下的人大工作,召开市委人大工作会议,出台《关于进一步加强和改进人大工作的意见》,积极支持和充分保障人大依法开展工作,各级人大及其常委会自觉围绕全市发展大局履职尽责,监督工作更加切实有力。坚持和完善党领导下的多党合作和政治协商制度,认真贯彻落实市委《关于进一步加强人民政协工作的实施意见》,大力支持政协依照章程履行政治协商、民主监督、参政议政的职能,人民政协事业不断焕发生机与活力。认真开展统一战线工作,各民主党派、工商联、无党派人士及工、青、妇等群团组织在推动重点工作、促进社会和谐中的重要作用得到有效发挥。围绕建市45周年,深入开展公民道德系列宣传教育活动,将建设社会主义核心价值体系与继承弘扬攀枝花精神结合起来,进一步巩固全市人民团结奋斗的共同思想基础。以建党89周年和廉政文化宣传为契机,开展"颂歌献给党"大合唱等形式多样的庆祝活动,在全社会形成讲正气、树新风、促和谐的文明新风尚。以网络等新媒体的建设、运用和管理为手段,不断增强舆情信息工作能力,公共突发事件新闻报道应急工作机制更加完善,宣传思想工作进一步加强。大力开展城乡文明创建活动,公民道德建设全面推进,市民文明素质不断提高。创作完成《阳光花城》等一批富有攀枝花特色的优秀文化作品,文化事业和文化产业繁荣发展,城市文化软实力进一步增强。

【党的建设】 按照中央和省委关于开展创建先进基层党组织、争当优秀共产党员活动的统一部署,积极搭建活动载体、突出实践特色,研究制定农村、街道社区、国有企业、机关、事业单位、两新组织6个分类实施方案,投入资金11亿元,做好事实事7873件,兑现公开承诺事项4 965项,惠及群众75万人次。研究完善《攀枝花市"五大人才培养工程"实施办法》等8项人才政策,编制完成中长期人才发展规划,启动"钒钛之光"人才工程,柔性引进5名院士、2个创新团队,安排财政专项资金对4名院士后备人才进行重点培养。扎实推进城市区域化党建,深入开展"万村党建富民、建设美好家园"行动、城乡党组织互助工程、"领导挂点、部门包村、干部帮户"活动,积极推广"春风经验",抓好村级党组织带头人队伍建设,大力推行农村(社区)民主自治"四议两公开一监督"(党支部会提议,两委会商议,党员大会审议,村民代表会议或村民会议决议,决议公开,实施结果公开及村务监督委员会监督)工作法,稳步推进基层党内民主建设,扎实开展新经济组织、新社会组织建党和党建工作,实现规模以上非公有制企业党组织全覆盖。严格落实党风廉政建设责任制,深入推进惩治和预防腐败体系建设,大力开展工程建设领域等突出问题专项治理,强化对领导干部贯彻落实中央和省、市委重大决策部署情况的监督检查,坚决查处违法违纪案件,严厉惩治党员领导干部贪污贿赂、失职渎职等腐败行为。严格执行《党政领导干部选拔任用工作条例》,认真贯彻实施干部选拔任用工作四项监督制度,坚持崇尚实干的考核导向和用人导向,选好领导干部、配强领导班子,从严管理干部,深入整治用人的不正之风,不断提高选人用人的公信度。

重要会议

【建市45周年庆祝大会】 2010年3月3日,攀枝花建市45周年庆祝大会在攀枝花会展中心召开。刘晓华主持会议,赵爱明作主题报告。会议总结了攀枝花开发建设45年来取得的辉煌成就,提出了未来一个时期的发展思路和工作重点。

赵爱明指出,经过45年的开发建设,昔日荒凉贫瘠的攀枝花在攀西大裂谷迅速崛起,实现了由原始农业社会向现代工业文明的历史性跨越,成为中国西部一颗璀璨的工业明珠,一座现代化的钢铁钒钛能源基地,新中国建设创业和改革开放的标志地之一,取得了令世人瞩目的辉煌成就。在此过程中,还孕育和形成了"艰苦创业、无私奉献、开拓进取、团结协作、科学求实"的攀枝花精神,这是老一辈建设者用心血和汗水、勤劳和智慧铸就的宝贵财富,是攀枝花开发建设取得丰硕成果的强大精神动力。

赵爱明指出,攀枝花开发建设走到今天,发展环境和发展格局已经完全不同,面对新困难、新挑战,全市上下必须牢固树立强烈的市场意识、竞争意识、攻坚意识、惠民意识,坚决破除"等、靠、要"的依赖思想、因循守旧的保守思想和自我封闭的狭隘思想,充分发挥主观能动性,依靠内力,借助外力,形成合力,不断改善和优化发展环境,积极争取发展支持,在竞争中抢占发展先机,创造性地推进改革和发展,努力让攀枝花人过得更加幸福。今后一个时期,要坚持不懈地推进战略资源集约开发,在优化产业结构、做强优势企业、壮大产业园区和提升资源利用水平上实现重大突破,加快打造高水平的战略资源开发基地;坚持不懈地推进攀枝花由生产型工业城市向综合型宜居城市转型,通过全力打造次级交通枢纽,加快构建省际商贸中心,精心打造优美宜居环境等举措,加快打造川滇交界的区域性中心城市;坚持不懈地推进城乡统筹发展,着力建设现代特色农业基地,加快转变农业发展方式,积极构建城乡一体化格局;坚持不懈地推动特色旅游大发展,着力塑造"阳光花城"形象,大力发展特色休闲旅游,全面提升旅游业发展水平,加快打造阳光生态旅游度假区;坚持不懈地实施和谐惠民工程,坚持以人为本、富民优先,坚持为民造福、改善民生,坚持促进民和、保障民安,让全市人民更好地享受改革发展成果。

赵爱明强调,45年的艰辛创业,换来了攀枝花经济社会发展的辉煌成就,为进一步加快发展奠定了坚实基础,全市上下要以建市45周年为新的起点,继往开来,奋发进取,纵深推进"四个倾力打造",全面提升综合竞争实力,共同谱写攀枝花开发建设新的篇章。

【市委人大工作会议】 2010年5月18日,市委人大工作会议在攀枝花会展中心召开。赵爱明主持会议并作主题报告,对2005年以来的人大工作进行全面总结,对未来5年的人大工作作出安排部署。会议指出,做好新时期人大工作,是坚持、巩固和完善中国社会主义政治制度的必然要求，是发展社会主义民主、建设社会主义政治文明的必然要求，是贯彻依法治国基本方略、建设社会主义法治国家的必然要求，是落实科学发展观、加快建设和谐美好攀枝花的必然要求。全市各级人大及其常委会作为地方国家权力机关，承担着宪法和法律赋予的重要职责，要坚决贯彻市委的决策部署，紧紧围绕全市工作大局，认真总结经验，积极探索规律，明确任务，准确定位，依法履职，为加快推进“四个倾力打造”、建设“四个攀枝花”作出应有的贡献。会议要求，要继续深化对坚持和完善人民代表大会制度的认识，进一步增强做好新形势下人大工作的自觉性和主动性，不断加强和改进党对人大工作的领导，高度重视和充分发挥人大职能作用，更好地服务和推动攀枝花的经济社会发展。

【市委常委(扩大)会】 2010年6月10日~12日，中共攀枝花市委常委(扩大)会议在攀枝花会展中心召开，专题研究攀枝花市“十二五”国民经济和社会发展基本思路，赵爱明主持会议。会议认为，“十一五”期间，全市上下齐心协力，克服国际金融危机和地震灾害的叠加影响，努力化解宏观政策限制等不利因素，取得了来之不易的成绩，积累了行之有效的发展经验。5年来，攀枝花在国家没有重大项目投入的情况下，仍完成固定投资过1 000亿元，为下一步发展奠定了坚实的基础；成功打通全流程钒钛产业链，创建成为国家新型工业化产业示范基地，为攀枝花进一步参与广阔的市场竞争、抢占发展制高点赢得了先机；“6+2”产业布局全面展开，机械制造业已经起步，为“十二五”期间加快发展增添了后劲；人居环境不断改善，成功创建为国家卫生城市和省级环保模范城市，“四个倾力打造”取得明显进展。

会议提出，在客观总结“十一五”工作的同时，要清醒认识攀枝花当前和今后一个时期发展所面临的复杂形势，辩证地看待所面对的机遇和挑战，克服“妄自菲薄”和“盲目乐观”的思想倾向，坚定加快发展的信心不动摇。下一步，仍然要将“加快发展”作为全市总体工作的基调，坚持在发展中调整结构、提升质量、改善民生。要切实调整思路，扬长避短，充分利用好攀枝花的比较优势，从容应对竞争，抢占发展制高点；要创造条件，争取支持，打好“资源牌”、“国家新型工业化产业示范基地牌”、“创新牌”、“技术牌”，千方百计破解制约攀枝花经济发展的不利因素；要真正解放思想、善于谋事，不但“敢想敢干”，还要“会想会干”，把推动发展的战略构想落实到加快发展的实践中去。

会议强调，在制定“十二五”规划时，要继续将“十一五”期间确定的建设“四个攀枝花”的战略定位、“打造中国钒钛之都，建设特色经济强市”的战略目标、“四个倾力打造”的战略重点作为主线，坚持结构调整，做强工业、做精农业、做大服务业，坚定不移地支持攀钢等国有大企业发展，毫不动摇加快民营企业发展；要在科学制定目标的基础上，抓好项目支撑工作，重点研究增加城乡居民收入、环境保护、城市发展、社会事业发展等问题，在加快经济发展的同时，进一步提高人民群众的生活水平，增强城市的凝聚力和辐射力。

【川滇黔十市地州合作与发展峰会】 2010年7月31日，以“携手合作、共赢发展”为主题的首届川滇黔十市地州合作与发展峰会在攀枝花会展中心召开，来自四川攀枝花、凉山、宜宾，云南昆明、丽江、大理、楚雄、昭通，贵州六盘水、毕节等10市地州的代表齐聚一堂，畅谈加强区域交流合作、促进区域联动发展的共同愿望和建议。赵爱明主持会议，刘晓华作主题报告，各成员方代表分别发表演讲。四川省副省长黄小祥，云南省委常委、昆明市委书记仇和出席会议，并发表讲话。

川滇黔十市地州合作与发展峰会，是经过各成员方多次沟通交流、反复探讨磋商之后，共同发起的一个横向型、开放型的区域性合作会议，采用联合主办、轮流承办的方式举行，首届由攀枝花承办。峰会本着“平等协商、真诚合作、携手发展、互惠共赢”的原则，着力搭建区域合作平台，发挥各市地州在区位、资源、产业、文化等方面的优势和特色，共同构建错位发展、相互协调、优势互补、互利共赢的区域经济合作机制，不断提升区域发展水平，增强区域综合竞争实力。

黄小祥代表四川省人民政府，对川滇黔十市地州合作与发展峰会在攀枝花市隆重召开表示热烈祝贺。黄小祥指出，川滇黔十市地州是西部资源富集的重要地区之一，也是西部大开发的重点地区之一。在前十年的西部大开发中，川滇黔三省有了很快的发展，取得了很大的成绩，发展的可持续能力大幅提升。中央新一轮西部大开发战略对西部地区的发展作了新的部署，从前十年主要加快基础设施建设、生态环境建设和科教文化建设，更多地转向发展特色优势产业，着力建立能源、资源深加工、装备制造业和战略性新兴产业四大基地。十市地州是这四个基地建设的重要主体和载体，应当本着“平等协商、真诚合作、携手发展、互惠共赢”的原则，共谋共商抓住新一轮西部大开发的机遇，加快发展步伐，力争走在新一轮西部大开发的前列。

与会代表一致认为，位于川滇黔毗邻地区的这10个市地州山水相连、人文相近、利益相关。携手合作、共赢发展，既符合区域内各市地州的根本利益，也是区域加快发展的共同愿景。大家完全可以并应该携手并进，在发展装备制造业方面大显身手，在建设新型能源基地、新的资源深加工基地，以及发展战略性新兴产业基地方面实现大的作为。

峰会讨论通过《川滇黔十市地州合作与发展峰会章程》，签署《川滇黔十市地州合作与发展峰会框架协议》。根据协议，十市地州将全力推动，力求将川滇黔毗邻地区区域发展从地区构想上升为国家战略，争取更多的政策支持，推动区域经济加快发展；建立健全多层次交流与合作机制，深化发展改革、经委、交通、农业、旅游、商务等部门对接，建立协调机构，实现区域信息资源共享；积极拓展区域交流与合作领域，构建区域性综合交通体系，培育优势工业产业集群，建设现代特色农业基地，打造区域无障碍旅游区，创建区域一体化市场。

【市委八届八次全体(扩大)会议】 2010年9月9日，中共攀枝花市委八届八次全体(扩大)会议在攀枝花会展中心召开。赵爱明主持会议并作主题报告,刘晓华对年度最后四个月经济工作提出要求。赵爱明指出,西部大开发战略实施以来的10年,攀枝花历届市委、市政府团结带领全市人民,埋头苦干破难关,坚持不懈抓发展,凝心聚力促和谐,全市经济持续快速发展,综合实力大幅提升,经济结构不断优化,发展活力显著增强,设施建设加快推进,城乡面貌明显改善,社会事业全面进步,群众得到更多实惠,成为改革开放以来全市发展最快、突破最大、亮点最多的时期。

赵爱明指出,10年西部大开发,带来了10年经济大发展、社会大变革、人民生活大改善。10年后,中央站在新的历史起点和统筹发展的战略高度,着眼形成西部"特色优势产业体系"的更高目标,着手布局西部特色优势产业发展,特别要求提高产业集中度,形成包括攀枝花市在内的几个西部钢铁基地,吹响了深入推进西部大开发的号角。在新一轮西部大开发中,中央将对西部地区实施全方位的政策扶持,在维持政策连续性和稳定性的同时,特别强调对西部加大转移支付力度,实施有差别的产业政策和差别化的土地政策,在项目布局上给予倾斜支持。中央高度重视增强西部地区的"造血"功能,要求推进资源的本地区转化,把资源加工的附加值更多地留在西部资源地,服务西部产业、造福西部群众。相对10年前,新一轮西部大开发战略定位更高,政策措施针对性更强、突破点更多、含金量更足,为攀枝花市加快发展提供了更多更好的重大战略机遇。

赵爱明强调,攀枝花市要把今后10年的发展,放在全国、全省发展大局,特别是新一轮西部大开发全局中去思考和谋划,纵深推进"四个倾力打造",努力把政策优势转化为发展动力、发展举措和发展成效。为此,一要以资源综合开发利用为抓手,加快打造高水平战略资源开发基地。抓住中央支持攀枝花钢铁基地建设的政策机遇,以创新的思路加快打造中国钒钛之都;抓住国家推进冶电联营的政策机遇,努力开辟资源就地转化的新路径;抓住国家支持外资参与尾矿资源利用的政策机遇,积极推动二次资源的开发利用。二要以城乡统筹发展为主线,加快打造现代特色农业基地。不断做大特色农业产业基地,显著提升农业综合生产能力,加快推进城乡统筹一体化发展。三要以"阳光花城"为总体形象,加快打造阳光生态旅游度假基地。着力塑造"阳光花城"形象,建设特色休闲旅游精品景区,推进旅游产业优化升级。四要以综合性宜居城市为目标,加快打造区域性中心城市。抓紧规划建设城市新区,加快完善城市综合功能,提升城市品位,增强城市辐射力和积聚力。

赵爱明强调,要立足当前、着眼长远,紧密结合攀枝花市发展实际,集中力量解决一些全局性、关键性、战略性的发展难题。要抓住国家支持西部交通建设的有利时机,加快推进"两高两铁"交通项目建设,集中力量实施"畅通城市"工程,千方百计突破交通瓶颈,着力构建环网相连、节点畅通、结构合理、高效便捷的城市路网,全面提升交通基础设施综合服务能力。要抓住国家对西部发展用地的差别化政策,千方百计突破建设用地瓶颈;抓住国家重视西部科技创新的有利契机,千方百计突破科技瓶颈;抓住国家重视西部能源开发的创新举措,加快推进观音岩电站、桐子林电站建设,积极开展太阳能先进适用技术应用示范,千方百计突破能源瓶颈,为产业发展提供新的能源支撑。

赵爱明要求,全市上下要牢固树立机遇意识、大局意识、忧患意识和责任意识,站在长远发展的战略高度,用好用活用足政策机遇,集思广益,群策群力,统筹谋划好攀枝花"十二五"经济社会发展。在研究和编制"十二五"规划时,要把市委常委(扩大)会议的共识和新一轮西部大开发的部署结合起来,科学分析,充分论证,找准切入点和突破口,厘清全市"十二五"经济社会发展的总体思路、目标任务、基本原则、战略重点和主要任务。

【市委八届九次全体(扩大)会议】 2010年12月29日30日,中共攀枝花市委八届九次全体(扩大)会议在攀枝花会展中心召开。赵爱明主持会议并受市委常委会委托向全委会报告2010年工作,代表市委常委会就2011年工作提出意见。会议审议通过《中共攀枝花市委关于制定国民经济和社会发展第十二个五年规划的建议》。刘晓华对2011年全市经济工作作出安排部署。

会议指出,市委八届七次全会以来的一年,面对全面完成"十一五"目标、推动攀枝花市加快发展的紧迫任务,市委团结带领全市各族人民,立足当前,着眼长远,迎难而上,爬坡实干,强力推进"四个倾力打造",推动全市经济平稳快速增长,基础设施投资不断加大,民生事业进一步加强,社会更加和谐稳定,各项工作取得新的进展。全年完成地区生产总值523.99亿元,增长15.1%;完成地方财政收入56.49亿元,增长10.4%;城镇居民人均可支配收入达到16 882元,增长12.8%;农民人均纯收入达到6 293元,增长14.9%。

会议指出,"十一五"以来的5年,是攀枝市花经济社会发展极不平凡的五年,是全市人民在极为艰难的局面下爬坡奋进、取得累累硕果的五年。在市委的坚强领导下,全市各族人民深入贯彻落实科学发展观,抢抓发展机遇,更新发展理念,完善发展思路,创新发展举措,经受住了国际金融危机冲击和"八三〇"地震、严重干旱等自然灾害的重大考验,推动全市经济快速发展,社会事业全面进步,改革发展成果更多地惠及人民群众,全面完成"十一五"规划确定的主要目标任务,为"十二五"发展奠定了坚实基础。

会议指出,"十二五"时期是攀枝花市加快发展的重要战略机遇期、城市拓展与品位提升的加速期、重大项目集中建设的高峰期和区域竞争优势地位确立的关键期,既面临国家深入实施西部大开发战略、批准设立"中国攀西战略资源创新开发实验区",四川省确立攀西经济区功能定位、实施南向发展战略等重大历史机遇,也面临经济发展结构性矛盾突出、产业导向政策约束日益加强、产业发展的外部竞争日趋激烈、重要生产要素保障能力不足等重大困难和挑战。未来五年,要把"抢抓机遇、加快发展"作为全市工作的总体基调,以加快转变经济发展方式为主线,紧紧围绕"打造中国钒钛之都,建设特色经济强市"的战略目标和"四个倾力打造”的战略重点，着力推进产业升级、城市转型和环境优化，加快城乡统筹发展，全面提升综合经济实力，不断改善城乡居民生活，努力实现地区生产总值、地方财政收入、城乡居民收入、固定资产投资（五年累计）“四个翻番”（即到2015年，全市地区生产总值突破1 000亿元，地方财政收入达到110亿元，城镇居民人均可支配收入达到3.2万元以上，农民人均纯收入达到1.2万元以上，固定资产投资五年累计突破2 000亿元），在全省率先实现全面建设小康社会的主要目标。

会议提出，“十二五”期间，要立足攀枝花市经济社会发展的阶段性特征和现实需要，着眼增强发展的全面性、协调性、可持续性，坚持科学发展、加快发展，始终把发展作为解决所有问题的关键，持续壮大经济实力；坚持结构调整、绿色增长，实现经济效益、社会效益与环境效益相协调；坚持科技引领、创新驱动，走出一条资源依托、技术创新的可持续发展道路；坚持深化改革、扩大开放，加快构建有利于科学发展的体制机制，建立辐射周边、面向国内外的开放型发展格局；坚持民生为先、共建共享，让全市人民更好地共享改革发展成果。会议强调，2011年是“十二五”的开局之年，是新一轮西部大开发的启动之年，是攀枝花市从应对金融危机、全力“保增长、保民生、保稳定”转向抢抓发展机遇、全面推动加快发展的第一年。做好2011年各项工作，对推动今后一个时期的发展至关重要。要根据新的发展形势需要，把全市经济工作重心从保存量转向抓增量，从产能释放转向后劲培育，从应对经济困难局面转向抢抓机遇、加快发展，通过抓产业发展增创发展新优势、抓项目投资增添发展新动力、抓新区建设开拓发展新空间、抓服务保障创造发展好环境、抓民主政治和社会管理推动民生发展、抓党建创新强化政治保证，努力为“十二五”发展开好局、起好步。

重要决策

【深化医药卫生体制改革】 为贯彻落实中共中央、国务院和省委、省政府《关于深化医药卫生体制改革的实施意见》，以及《四川省深化医药卫生体制改革近期工作方案（2009—2011年）》精神，深入推进攀枝花市医药卫生体制改革，2010年1月12日，市委、市政府下发《关于深化医药卫生体制改革的实施意见》（攀委发〔2010〕2号）。《意见》要求深入贯彻落实国家、省医药卫生体制改革精神，坚持公共医疗卫生的公益性质，以“三基”（基础、基本、基层）为重点，以优化配置医疗卫生资源为基础，以人人享有基本医疗卫生服务为目标，建设覆盖城乡居民的公共卫生服务体系、医疗服务体系、医疗保障体系、药品供应保障体系，完善医药卫生管理、运行、投入、价格、监管的体制机制，加强医药卫生方面的科技、人才、信息与法制建设，逐步建立覆盖城乡居民的基本医疗卫生制度，保障医药卫生体系规范、有效运转，促进人人享有基本医疗卫生服务，加快构建区域性医疗卫生服务中心。到2011年，明显提高基本医疗卫生服务可及性，有效减轻居民就医费用负担，切实缓解“看病难、看病贵”问题；到2020年，建成技术领先、设施先进、功能完善、协调发展的区域性医疗卫生服务中心，基本适应人民群众多层次的医疗卫生需求，使全市医药卫生事业和群众健康水平达到全省领先水平。

【强力推进重大工业产业化项目建设】 为贯彻落实市委八届七次全会精神，进一步扩大投资规模，及时完成2010年工业投资目标，促进全市经济平稳较快发展，2010年3月25日，市委办公室、市政府办公室下发《关于强力推进重大工业产业化项目建设的意见》（攀委办发〔2010〕4号）。《意见》确立督办会、信息报送、考核督查等重大工业产业化项目工作推进机制，明确市级领导、责任单位、市级协调责任部门、项目业主、市推进办及市委、市政府目标督查办的工作职责，通报了2010年全市重大工业产业化项目的安排及进展情况，要求各县（区）市级各部门增强责任意识，切实做好推进重大工业产业化项目建设的各项工作，确保全市2010年目标任务及“十一五”规划目标任务圆满完成。

【进一步加强和改进人大工作】 为进一步加强和改进党对人大工作的领导，充分发挥人大及其常委会在推动科学发展、促进“四个倾力打造”中的职能作用，不断推进社会主义民主政治建设，根据省委相关文件精神，2010年5月12日，市委下发《关于进一步加强和改进人大工作的意见》（攀委发〔2010〕9号）。《意见》从加强和改进党对人大工作的领导、支持和保证人大及其常委会依法行使职权、支持和保障人大代表依法履行职务、重视和提高人大及其常委会的履职能力四个方面，对加强和改进人大工作作了安排部署。《意见》指出，坚持和完善人民代表大会制度，是发展社会主义民主政治、建设社会主义政治文明的必然要求，是依法治国、建设社会主义法治国家的必然要求，是保证人民当家做主、实现国家长治久安的必然要求，是党实现科学执政、民主执政、依法执政的必然要求，各级党委要从加强社会主义民主政治建设、巩固党的执政地位、实现党对国家政权领导的全局和战略高度，深刻认识坚持和完善人民代表大会制度的重大意义，切实把人民代表大会制度坚持好、完善好、发展好，实现党的领导、人民当家做主和依法治国的有机统一，充分发挥全市各级人大及其常委会作为地方国家权力机关在纵深推进“四个倾力打造”、全面建设小康社会中的重要作用。

【开展“领导挂点、部门包村、干部帮户”活动】 按照省委、省政府统一部署，2010年5月18日，市委办公室、市政府办公室联合下发《攀枝花市开展“领导挂点、部门包村、干部帮户”活动实施方案》（攀委办发〔2010〕6号）。《方案》明确活动的范围和对象，提出活动的目标和任务，要求县区各部门、有关企事业单位从2010年起，围绕全省“扶贫解困明显推进、灾后重建明显加快、干部作风明显转变、基层组织明显加强”的总体目标要求，在全面落实“部门帮村、党员帮户"结对帮扶工作和"城乡党组织互助工程"基础上，紧密结合攀枝花市帮扶工作实际，发挥自身优势，整合各方资源，根据帮扶对象需求，选派帮村干部，制定帮村方案，突出工作重点，落实帮扶项目，通过连续3年时间的工作，着力完成好推进扶贫解困、加快灾后恢复重建、转变干部作风、加强基层组织等活动任务，切实巩固扩大学习实践科学发展观活动成果，进一步加强党的作风建设，为纵深推进"四个倾力打造"提供有力支撑。

【开展创先争优活动】 根据中央组织部、中央宣传部《关于在党的基层组织和党员中深入开展创先争优活动的意见》(中办发〔2010〕12号)和省委组织部、省委宣传部《关于在全省基层组织和党员中深入开展创先争优活动的实施意见》(〔2010〕13号)要求，2010年5月19日，市委办公室转发《市委组织部、市委宣传部关于在全市基层党组织和党员中深入开展创先争优活动的实施意见》(攀委办发〔2010〕19号)。《意见》按照农村、街道社区、国有企业和国有控股企业、机关、事业单位及"两新组织"六类别，对全市党组织和全体党员进行分类，要求各级各类党组织加强分类指导、突出实践特色，严格落实，广泛发动、安排部署，全面争创、扎实推进，示范带动、整体推进，系统总结、完善机制的步骤安排，积极创建"五好四强"先进基层党组织，努力在党组织自身建设上做到领导班子好、党员队伍好、工作机制好、工作业绩好、群众反映好，在发挥作用上做到推动发展强、服务群众强、凝聚人心强、促进和谐强；要求广大党员模范履行党章规定的义务，争当"五带五争"优秀共产党员，做到带头学习提高、争当勤学标兵，带头创造佳绩、争当敬业模范，带头服务群众、争当为民先锋，带头遵纪守法、争当自律表率，带头弘扬正气、争当和谐卫士；要求各级各部门以创建先进基层党组织、争当优秀共产党员为主要内容，以创建"十星基层党组"和争当"五星共产党员"为载体，紧密联系实际，坚持改革创新，统筹推进党的建设及其他经常性工作，进一步激发各级党组织和广大党员的生机活力，充分发挥基层党组织的战斗堡垒作用和共产党员的先锋模范作用，努力在纵深推进"四个倾力打造"、促进社会和谐、服务人民群众、加强基层组织建设的实践中建功立业，取得明显成效。

【加快"三农"发展】 为统筹城乡发展、改善农村民生、加快城镇化进程，2010年7月5日，市委、市政府下发《关于加大统筹城乡发展力度、开创"三农"工作新局面的意见》(攀委发〔2010〕11号)。《意见》从倾力打造现代特色农业基地、促进农业发展方式转变，提高现代农业装备水平、加强农业综合生产能力建设，加大城乡统筹力度、全面推进社会主义新农村建设，健全强农惠农支农政策体系、推动资源要素向农村配置，深化农村综合改革、增强农业农村发展活力，加强党对"三农"工作的领导、巩固党在农村的执政基础等六个方面入手，对2010年全市"三农"工作作了周密安排，要求各级各部门按照"特色促发展、增收惠民生、改革促统筹、强基增后劲"的基本思路，深入贯彻落实市委各项决策部署，确保全年农民人均纯收入净增长625元、农林牧渔业总产值达到35.56亿元，开创全市农业农村工作新局面。

【推进学习型党组织建设】 为进一步贯彻落实中共十七届四中全会关于建设马克思主义学习型政党的精神，把全市各级党组织建设成学习型党组织，成为贯彻落实科学发展观的组织者、推动者、实践者及建设学习型城市的先行者，2010年7月15日，市委办公室下发《攀枝花市推进学习型党组织建设实施意见》(攀委办发〔2010〕14号)。要求充分认识建设学习型党组织的重要意义，全面把握建设学习型党组织的总体要求，建立健全党委(党组)中心组学习制度、基层党组织学习制度、党员个人学习制度和述学评学考学制度，丰富学习载体，完善学习途径，深入学习中国特色社会主义理论体系、社会主义核心价值体系，深入学习现代化建设以及"打造中国钒钛之都，建设特色经济强市"、加快攀枝花市经济社会发展所必需的知识技能，精心打造学习品牌，在全市党员中牢固树立全员学习、终身学习的理念，在各级党组织中逐渐形成重视学习、崇尚学习、坚持学习的良好风气，以学习型党组织建设带动学习型城市建设，为建设文明、富裕、和谐攀枝花提供组织保证、思想动力和智力支持。

【进一步加强和改进农村基层党建工作】 为贯彻落实省委相关文件精神，进一步加强和改进全市农村基层党建工作，2010年7月22日，市委办公室转发《市委组织部关于学习推广"春风经验"，进一步加强和改进农村基层党建工作的意见》(攀委办发〔2010〕16号)。《意见》从四个方面作出安排部署，要求通过突出引领发展的选任标准，完善选任办法，拓展选任范围，加大基层干部培训力度，强化村级后备干部队伍建设，健全完善激励机制，不断加强以村级党组织带头人为重点的农村基层干部队伍建设；通过加大农村党员发展力度，强化农村党员的培训和管理，切实保障党员民主权利，不断加强以党员素质提升为重点的农村党员队伍建设；通过广泛推行村级民主自治"四议两公开一监督"工作法，创新和深化农村党建工作载体，改进农村基层组织设置，完善村级领导班子和干部考核办法，不断推进以"春风示范村"创建活动为重点的创先争优活动；通过完善领导责任机制、经费保障机制、宣传推广机制和党建考评机制，不断完善以责任制为重点的农村基层党建工作运行机制

【创建国家级创业型城市】 为更好地推进攀枝花市创建国家级创业型城市工作，以创业带动就业，促进经济社会发展与社会和谐稳定，2010年8月23日，市委、市政府下发《关于开展创建国家级创业型城市工作的实施意见》(攀委发〔2010〕13号)，明确创建国家级创业型城市的指导思想和工作目标，落实工作措施和责任单位，确定工作步骤和工作进度。《意见》提出，要通过放宽市场准入条件、改善行政管理、完善金融信贷支持政策及完善落实税收优惠等创业扶持政策，进一步完善和落实创业支持政策，促进城乡劳动者

创业;通过加大创业培训力度、加强创业培训基地建设、开展创业实训等,进一步加强创业培训,增强创业意识和创业能力;积极开展创建国家级创业型城市宣传活动、"创业型社区"创建活动、重点群体创业扶持行动,以及实施创业推动计划等主题创建活动,推进创建国家级创业型城市工作深入开展;健全组织领导体系、加大资金投入,强化考核督查、进一步完善促进创业带动就业工作推进机制,力争到2010年底,全员创业活动指数达到15%,创业活动对就业的贡献率达到40%,创业带动就业增长率达到40%,全年新增发放小额担保贷款3 200万元,创业环境满意度等指标位居全省前列。《意见》要求,要以创建国家级创业型城市为契机,通过进一步放宽政策、搭建平台、优化环境,构建全民创业支撑体系,在全社会营造崇尚创业、鼓励致富的良好氛围,激发全民创业激情,挖掘全民创业潜能,提高全民创业能力,形成全民积极参与创业的生动局面,努力将攀枝花市打造成创业体系健全、创业服务完善、创业环境优良、创业人才聚集、创新企业众多、创业投资活跃的创业型城市,全面达到国家级创业型城市创建标准。

【创建学习型城市】 为全面深入贯彻中共十七大和十七届四中全会精神,不断提高广大市民的综合素质和城市文明程度,促进人的全面发展,增强城市的创新力和核心竞争力,加速实现攀枝花发展的战略目标,2010年9月30日,市委、市政府下发《攀枝花市建设学习型城市的意见》(攀委发〔2010〕15号)。《意见》要求,各级党委、政府要深刻认识推进学习型城市建设的重要意义,坚持以人为本、学习创新、分类指导、学以致用的原则,努力构筑全民终身教育体系,不断丰富和创新推进学习型城市建设的有效载体,建立完善推进学习型城市建设的保障机制,全面推进学习型党组织、学习型机关、学习型企业、学习型社区、学习型村镇和学习型家庭建设。力争用5年左右的时间构筑起攀枝花学习型城市的基本框架,初步建立起终身教育体系和制度保障体系,创建一批学习型组织;用10年左右的时间,把攀枝花市建设成为学习风气浓厚、终身教育体系比较完备、城市文化品位和市民综合素质全面提升、充满生机和活力的具有攀枝花特色的学习型城市。

制度建设

【建立经济社会发展评价机制】 为健全完善经济社会发展评价指标体系和评价方法,建立符合攀枝花实际的经济社会发展评价机制,引导各级各部门将科学发展观贯穿到经济社会发展的各个环节,2010年2月1日,市委办公室、市政府办公室下发《建立攀枝花市经济社会发展评价机制(试行)的意见》(攀委办发〔2010〕31号)。《意见》确定采用指数化的综合评价方法,建立由经济发展、人民生活、社会发展和资源环境4大类42项指标构成的全市经济社会发展综合评价体系,要求各级各部门加强组织领导和统筹协调,建立动态管理体系,健全统计监测体系,完善综合评价机制,逐步形成速度、结构、质量、效益相统一,经济、人口、资源、环境相协调的科学发展格局,切实促进经济社会转入科学发展轨道,走出一条符合攀枝花实际的全面协调可持续发展之路。

【建立促进科学发展的党政领导班子和领导干部考核评价机制】 为建立健全促进科学发展的党政领导班子和领导干部考核评价机制,加强和改进党政领导班子和领导干部考核评价工作,2010年2月8日,市委下发《关于建立促进科学发展的党政领导班子和领导干部考核评价机制的试行意见》(攀委发〔2010〕5号)。《意见》指出,建立考核评价机制,是深入贯彻落实科学发展观的必然要求,是深化干部人事制度改革的迫切需要,是加强领导班子和领导干部队伍建设的重要保障,要坚持德才兼备、以德为先的标准,突出注重实绩的要义,落实群众公认的原则,强化制度规范的构建,通过配套实施《攀枝花市区(县)党政领导班子和领导干部综合考核评价试行办法》、《攀枝花市党政工作部门领导班子和领导干部综合考核评价试行办法》、《攀枝花市县级领导班子和领导干部年度考核试行办法》,完善考核评价内容,健全考核评价方式,扩大考核评价民主,强化考核评价结果运用,将平时考核、年度考核与换届(任期)考核、提拔任职考察有机结合起来,将组织评价与群众评价、社会评价、自我评价有机结合起来,将考核评价结果与领导班子和领导干部队伍建设有机结合起来,逐步形成系统配套、科学规范、运行有效的党政领导班子和领导干部考核评价制度体系和工作机制,不断提高考核评价工作的科学化、民主化、制度化水平。

【制定民生工程实施方案】 为进一步加快推进以改善民生为重点的社会建设,2010年3月31日,市委办公室、市政府办公室下发《攀枝花市2010年民生工程实施方案》(攀委办发〔2010〕5号),明确年度民生工作重点,落实各民生事项的责任单位及其工作责任。按照《意见》要求,2010年全市安排财政资金21.2亿元,深入实施以就业促进、扶贫解困、教育助学、社会保障、医疗卫生、百姓安居、道路通畅、基础设施、生态环境及文化体育为主要内容的共10个大项、85个分项的民生工程,让广大人民群众更多更好地共享改革发展成果。

【出台三大人才管理办法】 为大力实施科技兴攀、人才强市战略,培养造就一批攀枝花市各学科、各专业领域的领军人才,充分发挥他们的学术和技术带头作用,推进攀枝花市学科、专业梯队建设,促进科技进步和经济社会发展,2010年6月9日,市委办公室、市政府办公室以攀委办发〔2010〕11号文件(《关于印发〈攀枝花市学术和技术带头人管理办法〉等三个办法的通知》)下发《攀枝花市学术和技术带头人管理办法》、《攀枝花市有突出贡献专家管理办法》和《攀枝花市学术和技术带头人后备人选管理办法》三个人才管理办法，明确相关类别及级别人才的选拔对象、选拔条件、选拔程序、职责待遇及管理考核等内容，要求进一步加大人才工作力度，着力培养造就高层次人才，加快全市科技创新步伐。

【完善民主党派、工商联、无党派代表人士参政议政机制】 为推进多党合作和政治协商的制度化、规范化、程序化建设，拓宽民主党派、工商联、无党派代表人士参政议政渠道，进一步做好新时期、新阶段全市统一战线工作，2010年6月23日，市委办公室下发《关于进一步完善民主党派、工商联、无党派代表人士参政议政机制的通知》(攀委办发〔2010〕12号)。《通知》从三个方面提出措施、落实责任，要求定期或不定期召开市委与各民主党派、工商联负责人和无党派代表人士情况通报会，邀请各民主党派、工商联负责人和无党派代表人士列席市政府全体会议，定期召开各民主党派、工商联年度专题调研成果汇报会，并对民主党派、工商联、无党派代表人士参加相关会议的时间、模式及程序等基本内容进行了明确。

【出台中长期人才发展规划纲要(2010～2020年)】 为深入实施人才强市战略，促进攀枝花加快发展、科学发展、又好又快发展，根据国家、省中长期人才发展规划纲要和攀枝花经济社会发展远景目标，2010年12月24日，市委、市政府下发《攀枝花市中长期人才发展规划纲要(2010～2020年)》(攀委发〔2010〕17号)。《纲要》着眼依靠人才引领推动经济社会发展，明确未来十年全市人才工作的总体思路、实施步骤、工作任务和工作措施，要求各级各部门坚持人才优先、以用为本，突出高端引领，积极加强组织保障、优化人才发展环境，不断完善人才的评价、选拔使用、社会保障、荣誉激励机制及体现人才价值的分配机制，大力实施"钒钛之光"人才工程、五大人才培养工程、高层次人才创新创业孵化园建设工程及高层次人才引进"千人计划"、人才培养基地建设计划，纵深推进创新型科技领军人才队伍和重点领域人才队伍建设，统筹推进各类人才队伍建设，培养造就与经济社会发展需求相适应的数量充足、结构优化、布局合理、素质优良、效能突出的人才队伍，形成攀枝花人才竞争比较优势，建成川西南、滇西北区域人才高地，为"打造中国钒钛之都，建设特色经济强市"提供人才支撑。

政策研究

【攀枝花"十二五"规划思路研究】 为科学分析、充分论证事关攀枝花市发展的前瞻性、全局性、战略性的重大问题，明确"十二五"时期全市经济社会发展的总体思路、基本原则、经济布局、战略重点和主要任务，为编制"十二五"规划提供参考，2010年市委政策研究室结合全市经济社会发展和改革开放实际，在总结成绩与经验、分析机遇与挑战的基础上，形成《攀枝花市"十二五"经济社会发展基本思路研究报告》。

《报告》从支柱产业多元化发展格局加快形成、多种经济竞相发展的态势日趋明显、现代化综合宜居型大城市初具雏形、改革发展成果更多地惠及人民群众四个方面，全面总结"十一五"以来全市发展格局和发展面貌发生的深刻变化，明确"十一五"发展为"十二五"发展奠定的坚实基础。《报告》综合分析了"十二五"发展面临的形势，认为"十二五"期间，攀枝花既面临宏观政策及环境约束日益突出、产业发展的外部竞争异常激烈、产业转型尚未实现根本性突破、城市综合功能亟待进一步提升等困难和挑战，也面临发展基础不断夯实、对外综合交通条件加速改善、资源综合利用面临重大突破、现代化大城市框架逐步形成、以人为本理念更加深入人心等条件和机遇，总的来看仍然处于加快发展的重要战略机遇期。在此基础上，《报告》提出关于"十二五"发展总体思路、主要目标、经济布局总体构想及战略重点和主要任务的建议。关于经济布局，《报告》提出要从产业、城市、交通、区域经济协作四个方面着手，通过"十二五"期间的努力，形成具有指导性和约束力的生产力布局规划，为实现攀枝花可持续发展创造良好的环境和条件。关于战略重点和战略任务，《报告》提出要将结构调整作为"十二五"发展的切入点和核心问题，将"四个倾力打造"及社会建设作为实现"十二五"目标任务的重要抓手，着重抓好六个方面的工作，即：推进经济结构的战略性调整，加快转变经济发展方式；倾力打造高水平战略资源开发基地，加快推进资源综合利用开发；倾力打造现代特色农业基地，加快城乡统筹发展进程；倾力打造阳光生态旅游度假区，加快实现旅游业转型升级；倾力打造区域性中心城市，加快提升城市整体功能；大力推进以改善民生为重点的社会建设，努力促进社会和谐稳定。

【产业集群与地区经济发展研究】 为全面把握国内外产业集群发展的模式、规律和特点，为"十二五"时期攀枝花市产业集群发展提供决策参考，2010年，市委政策研究室通过专题调研市内外产业集群发展情况，形成《产业集群与地区经济发展研究》的调研报告。《报告》借鉴国内外对产业集群发展的部分研究成果，总结攀枝花产业集群发展的历程和贡献，具体分析攀枝花产业集群发展存在的问题和未来发展的有利因素，提出今后一个时期产业集群发展的重点及促进产业集群发展的政策措施。

《报告》指出，一个地区的经济发展往往与特定产业集群的形成和发展有着紧密的联系，加快产业集聚、形成产业集群，是工业化发展到一定程度的必然结果，是提升区域经济竞争力的必然选择。在攀枝花开发建设过程中，产业集群作出过巨大的贡献，发挥了重要的作用；但同时，攀枝花产业集群还存在产业链条短、整体竞争力不强、关联不紧密、技术和基础设施制约严重等问题，亟须加以切实解决。《报告》深入分析攀枝花市面临的政策、资源、技术、人才等优势，立足攀枝花市发展实际和发展需要，提出打造先进环保的钒钛磁铁矿采选产业、国内一流的钒钛产业集群、独具特色的能源产业集群、区域领先的钢铁产业集群、竞争优势明显的制造业产业集群等攀枝花产业集群发展的五大战略重点，建议市委、市政府强化政府对产业集群发展的推动和引导作用，发挥园区对产业集群的培育和聚集功能，重视核心企业对产业集群发展的龙头带动，巩固民营经济对产业集群团队，依托国家级钢铁产业基地和新型工业化产业示范基地建设，提升自主创新能力，增强产业集群发展的核心竞争力，加快攀枝花产业集群发展，为全市经济社会发展注入强大动力。

（曾学军　但铿宏　张彬　张雪峰　游鸿）

纪律检查与行政监察

【概　况】 2010年，开展学习邓小平理论、“三个代表”重要思想和科学发展观等教育活动，强化纪检监察干部围绕中心、服务大局的意识，巩固学习实践活动和主题实践活动成果，开展向王瑛学习和创先争优活动，落实建设学习型政党、学习型机关要求，开展学习型、效能型、服务型、廉洁型、和谐型机关建设，不断提升纪检监察机关效能。加强纪检监察干部教育培训和工作实践锻炼，开展在职学习、素质提升活动，机关干部职工综合素质和能力得到提高。委局机关已取得硕士学位6人，另有11人正在攻读硕士学位，共占全体机关干部的38.46%；有4名委局领导具有研究生学历，占班子成员的40%；机关具有大学本科以上学历的干部37名，占全体机关干部94.87%。

2010年，市纪委、市监察局机关编制为48人，其中行政编制41人、工勤编制7人，实际在岗人员44人，其中副厅级干部1人、正县级干部4人、副县级干部12人、科级干部19人、科员1人、工勤人员7人；无党派干部1人，女干部8人、少数民族干部2人。

【市纪委八届四次全会】 2010年2月21日，中共攀枝花市第八届纪律检查委员第四次全体会议在攀枝花会展中心召开。32名市纪委委员出席会议，各县（区）纪检监察机关负责人，市级各部门及企事业单位纪检监察组织负责人，市纪委特约纪检员、特邀监察员等列席会议。会议传达学习第十七届中央纪委第五次全会精神和省纪委九届六次全会精神，总结回顾2009年党风廉政建设和反腐败工作，研究部署2010年工作任务。市委书记赵爱明出席全会第二次大会并作重要讲话。全会审议通过市委常委、市纪委书记李群林代表市纪委常委会所作的《深入推进党风廉政建设和反腐败工作，为全市改革发展稳定提供坚强有力保证》工作报告和《中国共产党攀枝花市第八届纪律检查委员会第四次全体会议决议》。全会提出，2010年全市各级纪检监察机关要全面贯彻中共十七届五中全会和十七届中央纪委五次全会、省委九届七次全会和省纪委九届六次全会、市委八届七次全会精神，以邓小平理论和“三个代表”重要思想为指导，深入贯彻落实科学发展观，坚持标本兼治、综合治理、惩防并举、注重预防的方针，加强以保持党同人民群众血肉联系为重点的作风建设，加强完善惩治和预防腐败体系为重点的反腐倡廉建设，着力解决人民群众反映强烈的突出问题，不断取得党风廉政建设和反腐败工作新成效，为实现全市经济“提速增效、加快发展”，纵深推进攀枝花市“四个倾力打造”、建设特色经济强市提供有力保障。

【重大决策部署落实情况监督检查】 2010年，市纪委监察局健全监督检查领导机构，建立排查、分析、反馈、发布、处置风险的工作机制，形成条块结合、上下联动、齐抓共管的监督局面。全年共组织10批检查组出动，470人（次）对中央投资的267个扩大内需项目的审批、招投标、资金管理使用等进行全覆盖督促检查，确保工程项目规划立项、工程项目审批、项目建设资金管理规范透明。加强对灾后恢复重建和抗旱救灾等重点工作的监督检查。对13所直属学校灾后重建和64所学校校舍安全工程项目、990余万元抗旱资金和21.25亿元民生工程项目资金使用情况进行全面的监督检查，预防发生违规违纪问题。对强农惠农政策资金落实情况进行监督检查，兑现各种补贴资金6 760万元。对保障性住房建设项目进行监督检查，及时纠正违规违纪问题，确保4 500套廉租房和经济适用房、1 166户棚户区改造工程项目如期开工建设和公平使用。督促落实林改面积256 546.67万平方米，纠正退耕还林和天保工程违规问题22个，挽回经济损失11.8万元。对环境保护、节能减排、城乡环境综合治理和安全生产法律法规执行情况进行监督检查，共组织开展检查107次，参与调查处理安全生产事故15起，问责16名责任人，挽回经济损失291万元。

【违纪违法案件查处】 2010年，制定《案件线索集体排查办法》、《信访举报工作业务流程》，提高工作质量和效率。出台《奖励信访举报有功人员办法》，鼓励群众依法举报。全年全市各级纪检监察机关受理信访举报1 639件（次），立案80件102人，结案82件，给予党纪处分105人（其中县处级干部6人、乡科级干部22人），挽回经济损失400余万元。严肃查处熊彬、卿烈锋、齐敬平、黄锦平等一批领导干部严重违纪违法案件。扎实推进治理商业贿赂专项工作，全市共查办商业贿赂案件38件41人，涉案金额805万元。为87名受到错告、诬告的党员干部澄清问题，维护党员干部合法权利。严格依纪依法安全文明办案。制定市纪委、监察局《案件工作流程》、《使用“两规”“两指”措施流程》、《案件线索初核和案件调查主办人制度》、《暂扣涉嫌违纪款物流程》、《提请保全流程》等办案制度和程序，制发《被调查对象权利、义务及应遵守的纪律告知书》，强化依纪依法办案，全市各级纪检监察机关在办案中查办工作“五个一”（记录一份办案工作日志，撰写一篇案件分析报告，提出一份整改建议书，制作一部警示教育片，开展一次案件跟踪回访）制度和重大案件发生地区、部门单位专题民主生活会制度，将治本功能向教育、制度、监督等领域延伸，以案说纪、以案示警，推动建章立制。

【专项治理】 2010年，开展国土资源和工程建设领域突出问题专项治理。组织对52宗划拨供地、302宗招拍挂出让土地，涉及面积438.7万平方米的国有土地使用权出让情况开展专项清理，对2008年以来全市投资500万元 ~5 000万元的302个立项项目、在建和竣工项目进行全面排查，对全市87个工程项目196个单位工程进行拉网式检查，对6个项目责任单位和责任人进行了处罚。全面开展“小金库”治理，共清理出违规资金1 315万元。治理教育乱收费。纠正一边免费一边乱收费行为，查处教育乱收费3起，清退违规收费4.37万元，确保农村义务教育“两免一补”等政策全面落实。纠正医药购销和医疗服务中心的不正之风。建立由1 038人组成的覆盖全市药品、医疗器械经营企业不良反应监测网络体系，加强对二级以上医疗机构药品、医用耗材集中上网采购、大型医疗设备配置和使用监督检查，全市85家医疗机构药品上网集中采购金额占到总采购金额的98.07%。开展药品安全监督检查，查处药品和医疗器械案件109件。推行医务人员医德考评制度，开展规范个体医疗市场监督管理专项活动，规范医疗服务行为。治理食品安全方面的突出问题。组织对全市食品生产加工企业、餐饮业进行全面检查，对滥用食品添加剂和“地沟油”开展专项整治，对乳制品和含乳食品开展安全整顿。加强价格监管工作，查处各类价格（收费）违法案件30件，查处价格（收费）违法所得257.34万元。

【作风建设】 2010年，以密切党群干群关系为重点，加强领导干部作风建设。结合开展创先争优活动，组织党员领导干部认真查找在党性党风方面存在的突出问题，围绕治庸治懒、提能增效，落实首问负责制、限时办结制、绩效管理制、责任追究制，强化行政效能监察，推动行政效能提升。建立领导干部联系县（区）、干部和企业，“挂、包、帮”困难群众和定期接待群众来访等制度，促进人民群众反映强烈的问题及时得到解决。加大对政风行风突出问题的治理力度。深入384户民营企业进行走访，征求意见、建议173条，组织社会各界250多名代表对81个市级部门进行满意度测评，对38个有行政审批和执法职能的市级部门单位的政风行风进行专项治理；组织卫生、国税等33个部门和行业按照履职、服务、效率、公开、廉政等五个方面的要求，聘请评议代表289名深入开展民主评议政风行风活动；组织对全市67个市级干部和企事业单位、72个县（区）部门和企事业单位及7个街道、乡镇机关工作作风进行专项突出检查，促进了部门和行业转变工作作风，提高工作效能。继续办好“效能热线”，建立健全依托热线畅通群众诉求渠道的制度机制。组织新闻媒体明察暗访，曝光个别部门、企事业单位工作作风方面的问题，督促整改，机关工作作风得到进一步转变。

【廉政风险防范】 2010年，以党政机关为重点加强廉政风险防控机制建设，在东区、米易县和6个市级部门开展廉政风险防范管理试点工作。围绕监督制约和规范权力运行采取单位自己找、群众提、互相查、领导点、组织评等方法，深入查找业务流程、制度机制和外部或危害损失程度确定风险等级，有针对性地制定规章制度加强防控，在人财物管理的关键环节推动形成了权责明确、运行规范的防控机制。同时，在行业系统突出工程建设领域问题治理，在招投标管理、诚信体系建设等关键环节加强廉政风险防控；在城乡基层深化村（居）务公开、“三资”（资产、资源、资金）管理事务流程设置，建立前期预防、中期监控、后期处置“三道防线”，推动了预防腐败“关口前移”。

【领导干部廉洁自律】 按照省委“四个纳入”（纳入各级党委党组理论中心组学习内容，纳入各单位部门班子民主生活会学习内容，纳入各级党校、行政学院和其他干部培训机构教育计划，纳入党风廉政建设党纪制度和干部考核重要内容）要求，把学习贯彻《廉政准则》纳入各级党委（党组）理论学习中心组学习计划，作为各级党校、行政学院和其他干部培训机构培训的重要内容。2010年共有8期，497名县级领导干部参加轮训。开展“学《廉政准则》、做廉洁干部”活动，各县（区）和市级部门组织对本单位的党员干部进行《廉政准则》培训辅导。加强对权力运行的制约和监督。强化任前谈廉、任中述廉、任后审廉等监督措施，各级党委和纪委同下级党政主要负责人谈话709人（次），廉政谈话684人（次），诫勉谈话62人（次），函询37人（次），领导干部述职述廉4 144人（次）。探索建立苗头性问题早发现、早提醒、早纠正工作机制，对存在苗头性、倾向性问题和一般性轻微违纪问题的党员干部实施信访谈话20人（次）。开展领导干部经济责任审计工作，组织对26名领导干部进行离职和任中经济责任审计。解决领导干部廉洁自律方面存在的突出问题。严格执行中央厉行节约各项规定，压缩行政支出，控制楼堂管所建设，严禁超标准配置使用公务用车，行政成本明显降低。开展违反规定收受现金、打麻将赌博和经商办企业等专项治理，有92名领导干部主动上交现金、有价证券、支付凭证62.13万元。

【廉政文化建设】 2010年，着力打造廉政教育精品基地，“金色攀枝花展览馆”被省纪委确定为四川省首批廉政教育基地。认真贯彻落实中纪委等六部委《关于加强廉政文化建设的实施意见》，开展“创建学习型机关打造新型团队”演讲比赛、“正气满乾坤，对歌颂祖国”歌咏比赛、学习贯彻《廉政准则》暨干部选任“四项监督制度”知识竞赛等廉政文化活动，大力倡导“以廉为荣、以贪为耻”的良好社会风尚，两万多名干部参加活动，扩大了反腐倡廉宣传教育辐射和影响力。创新形式，以公交车和出租车等交通工具作为宣传教育载体，拓展反腐倡廉思想理念和廉政文化建设成果宣传渠道。

【干部队伍建设和机关党建】 2010年，贯彻落实中纪委和省纪委加强县纪检监察机关建设的意见，协调有关部门为县（区）纪委监察局共增加公务员编制32名。坚持民主、公开、竞争、择优原则，形成干部选拔任用科学机制。2010 年市纪委监察局机关新配备 1 名副书记，1 名副局长进入常委班子，1 名常委兼任副局长，委局班子配齐配强。机关内部 12 人进行岗位交流，新提拔 2 名室副主任，新调入 1 名工作人员。履行对纪检监察干部的双重管理职责，继续加强对系统干部的选拔交流力度。各县（区）纪委监察局、市级各部门纪检组（纪委）和派驻监察室共提拔和交流干部 11 名。强化制度建设，制定《关于进一步加强和改进全市纪检监察机关干部队伍建设的具体意见》，从加强思想建设、能力建设、组织建设、作风建设、制度建设等方面提出要求。加强和改进市纪委机关党组织工作机制。对党总支和 3 个党支部重新进行改选，进一步健全机关党组织工作机制。着力发展新党员，补充机关党组织新鲜血液，2 名预备党员转正。以执行能力建设和先进性建设为主线，深入开展创先争优活动，加强基层党组织建设。开展“领导挂点、部门包村、干部帮户”活动，下派干部到帮扶村挂职帮助工作，协调有关部门为帮扶村改善基础设施建设争取项目及资金 100 余万元。

（谢　强）

组　　织

【概　况】 2010 年，全市组织系统紧紧围绕年初确定的指导思想和工作部署，认真研究、积极探索、大胆实践，在改革创新中实现了组织工作的新突破、新发展。全市党员总数 107 252人，其中女党员25 578人，少数民族党员6 823人。全年任免干部 398 人次，培训各级各类干部35 147人次，发展党员3 511名。

【“创先争优”活动】 根据中央及省、市委的安排，市委组织定于 2010 年在全市范围内开展“创先争优”活动，活动分为 4 个步骤和 16 项工作。坚持以深入学习实践科学发展观、纵深推进“四个倾力打造”为主题，以省委提出的基层党组织“五好四强”（领导班子好、党员队伍好、工作机制好、工作业绩好、群众反映好、推动发展强、服务群众强、凝聚人心强、促进和谐强）和共产党员“五带五争”（带头学习提高，争当勤学标兵；带头创造佳绩，争当敬业模范；带头服务群众，争当为民先锋；带头遵纪守法，争当自律表率；带头弘扬正气，争当和谐卫士）为主要内容，提出“十星基层党组织”（领导班子，党员队伍，工作机制，发展业绩，富民惠民，凝心聚力，社会和谐，团队学习，党建创造，群众满意）和“五星共产党员”（勤于善思、爱岗敬业、为民利民、遵纪守法、工作生活作风）的具体要求，并把创建“十星基层党组织”和争当“五星共产党员”作为活动主要载体，引导基层党组织履职尽责创先进，广大党员立足岗位争优秀，研究制定农村、街道社区、国有企业、机关、事业单位、“两新”组织等 6 个分类实施方案，各级党组织层层召开运动会或组织生活会，动员部署实现了基层党组织和党员的全覆盖，各级党组织利用专题组织生活会，党小组会等形式，开展创先争优标准大讨论，细化“十星基层党组织”、“五星共产党”的标准和要求，据统计，全市共开学习讨论会4 050次，参与学习讨论人数达 99 224人次。督促指导基层党组织和党员采取多种途径和形式，就 2010 年要做的实事向群众作出公开承诺。全市公开承诺的党组织3 551个，公开承诺事项10 962项，已兑现的承诺事项4 965项，投入资金113 230万元、做好事实事7 873件，惠及群众752 495人次，进行公开承诺的党员总数72 670人，公开承诺事项81 990项。督促县以上党委领导班子成员及创先争优活动领导小组成员建立联系点，全市3 397名领导干部共建立联系点3 584个。9 月开始，市委常委带头深入联系点对活动开展情况进行点评，各级领导干部纷纷跟进，领导点评工作扎实开展。据统计，各基层党组织负责人深入联系点指导工作5 971人次，已开展点评的党支部2 372个、被点评的党员51 735名。各级基层工青妇组织结合自身实际，广泛开展劳动竞赛、技能比武，青年创业、“双学双比”（在全国各族农村妇女中开展的“学文化、学技术、比成绩、比贡献”竞赛活动）等岗位成才、岗位奉献主题实践，激励基层群团组织和广大职工、青年、妇女在保证本单位中心任务中创先争优，在完成急难险重任务中创先争优，在做好日常工作中创先争优，在提高自身素质中创先争优。利用广播、电视、网站、手机平台、报刊、公告栏等媒介开办宣传专栏 991 个，对创先争优活动进行广泛宣传，营造了“电视有影像，广播有声音，手机有信息，网络有动态，报纸有专栏，活动有简报”的良好氛围，进一步扩大创先争优活动影响力。

【基层组织建设】 2010 年，抓好基层干部队伍建设，以开展乡镇党委领导班子成员公推直选试点工作为重点，着力推进乡镇党委科学化建设，在仁和区大龙潭乡开展党委书记、副书记公推直选试点，在盐边县和爱乡开展缺额党委委员公推直选试点。扎实抓好村党组织换届，在开展村党组织换届调研、摸清党员干部队伍和“两委”（村支部委员会，村民委员会）班子情况的基础上，安排仁和区、米易县分别选择一个乡镇开展村党组织换届“公推直选”试点，东区、西区分别选择一个街道开展社区党组织换届“公推直选”试点。大力推广“春风经验”，落实“一定三有”（定责权立规范，收入有保障、干好有希望、退后有所养）要求，抓好村级党组织带头人队伍建设，制定《关于学习推广“春风经验”进一步加强和改进新时期农村基层党建设工作的意见》等规范性文件和“春风示范村”创建规划，举办“春风示范村”学习考察培训班，建立领导干部和部门联系“亿元村”制度。坚持选育并举，做好大学生村（社区）干部工作，全年共选聘大学生“村官”39 名到村任职。出台《关于进一步深化地企党组织共建和谐社区加快推进城市区域化党建工作的意见》，重点抓好在职党员社区报到并服务。2010 年底已开展在职党员双向管理的社区有 114 个、到社区报到的党员15 302人、设置党员服务岗 864 个。继续开展好“万村党建富民、建设美好家园”行动，落实 7 个省级重点项目村和 69 个市级重点项目村的集中建设工作。召开全市深化城乡党组织互助工程工作会议，进一步深化城乡党组织互助工程，认真做好生活困难党员、老党员和受灾党员走访慰问工作，全市各级城市党组织与互助村党组织同过组织生活643次，走访慰问困难党员2 484人，落实帮扶项目513个，协调资金2 142.89万元。稳步推进党内民主建设，督促基层党组织抓好党员列席基层党委会议制度的贯彻落实工作，做好东区、仁和区和米易县党代会常任制试点工作指导。召开全市党领导的村级民主自治机制工作会议，大力推行农村（社区）民主自治“四议两公开一监督”[四议：涉及农村（社区）发展和村（居）“两委”会商议、党员大会审议后，提交村（居）民会议或村（居）民代表会议讨论做出决议；两公开：重大事务决议公开和实施结果公开；一监督：重大事项的决议和决议实施全过程接受党员群众的监督]工作法，在全市44个乡镇、341个村推行“四议两公开一监督”工作法，决议各类重大事项1 094项，参与议事的村（居）民达9万余人次、党员达1.7万余人次。开展“扩大公推直选基层党组织领导班子成员试点”，选取3个市级机关和8个县级机关部门，成功选举产生11名机关党组织书记，完善了机关党组织公推直选操作规范。扎实开好党员领导干部民主生活会，加强对全市县级领导班子党员领导干部民主生活会的督促指导。扎实抓好“两新”组织党建，建立新经济组织和新社会组织台账，及时掌握“两新”组织党员数量、党组织建立、党务干部配备等基本情况。按照就地就近的原则，通过行业统建、区域联建、周边挂建、楼宇共建等形式建立党组织，新建“两新”党组织40个。至年底，全市规模以上非公企业实现党组织全覆盖，新社会组织党组织覆盖率为60.59%，建党率为32.88%，启动国有企业与非公企业党组织书记互派实践培训试点，促进公私企业党建人才培养、业务交流。

【领导班子和干部队伍建设】 紧扣发展选干部、配班子、强素质。坚持选优配强科学发展的中坚力量，大力交流提拔想干事、能干事、能干成事的干部，2010年共提拔干部132人，其中从乡镇、街道等基层提拔34人，从工业经济发展主战场提拔9人。坚持把党政正职的选拔放在干部选拔任用的突出位置，提拔、调整县（区）、市级部门党政正职25人，其中新提拔7人。加大女干部、少数民族干部和非中共党员干部培养和选拔工作力度，调整妇女干部51人次、非中共党员干部19人次、少数民族干部19人次。围绕提高选人用人公信度，认真贯彻执行四项监督制度，对全市74个市级部门（单位）和5个县（区）的干部选拔任用工作进行全面检查，为选贤任能提供了有力的保证。积极稳妥做好政府机构改革领导班子调整，政府机构改革后设置的33个工作部门领导班子配备及时到位，实现了改革前后部门工作的“无缝对接”、平稳过渡。坚持把能力素质培训作为先导性、基础性、战略性工程，围绕解决攀枝花市当前科学发展中存在的瓶颈问题和制约因素，积极开展大规模培训干部工作，举办全市县级领导干部“学习贯彻十七届四中、五中全会精神，提速增效、加快发展”轮训班8期，培训党政机关、事业单位县级领导干部465人；组织开展各种分类培训，共培训党政领导干部35 147人次，培训企业经营管理人员4 505人次，培训专业技术人员30 837人次，各级各类干部队伍服务科学发展的能力得到进一步提升。进一步加大后备干部队伍建设力度，认真贯彻中央、省藏区工作会议精神，落实“千名干部人才援助藏区行动”，精心选派35名干部人才援助木里县。省委干部实践锻炼的“双千工程”（2010年至2012年3年内，从省级机关和县乡基层单位分别集中选派1 000名优秀年轻干部进行双向互派挂职）启动后，选配5名县处级干部、10名县级副职后备干部、10名乡镇干部和111名优秀年轻干部上挂下派，使后备干部在多个岗位、多个领域经受锻炼，增长才干。面对大旱，及时选派22名干部到受灾乡镇挂职帮助工作，为抗旱救灾提供了干部支撑。围绕农村产业发展、农民增收，实施打造“亿元村”工程，制定创建规划，建立市级领导和部门联系创建村制度，选派创建规划，建立市级领导和部门联系创建村制度，选派49名村支书到山东培训，帮助他们开阔眼界、理清思路，为推动农村经济快速发展打下了良好的基础。

【干部监督】 2010年，市委组织部以建设高素质的干部队伍为目标，以严厉整治用人上的不正之风为重点，切实加强对党政领导干部选拔任用工作监督，继续加强和改进对领导干部特别是主要领导干部的日常监督。以四项监督制度为重点，加强对干部选任工作法规制度的学习宣传。提高认识，精心组织安排四项监督制度的学习宣传、市委常委会对四项监督制度进行专题学习，对全市学习贯彻实施四项监督制度作了安排部署。召开全市贯彻实施四项监督制度和整治用人上不正之风工作进行安排部署。加强宣传报道，营造良好氛围，在《攀枝花日报》等媒体刊登四项监督制度和2009年~2010年中央和省、市委出台的一些重要的干部选拔任用工作法规制度，同时报道中央和省、市委在深化干部人事制度改革，树立选人用人导向，营造风清气正用人环境等方面采取的新举措和行动，共计报道务实文章523篇（次）。向全市1 200多名基层党建工作人员发送四项监督制度相关宣传信息，在全市范围内开展“四项监督制度有奖知识竞赛活动”，共2万多人参加知识竞赛。全市各系统、各部门（单位）通过新闻媒体、网络、会议、标语、发放宣传资料等多种载体，开展宣传活动。举办由全市41个部门（单位）参加的“《廉政准则》暨干部选任‘四项监督制度’现场知识竞赛活动”。强化学习培训，提高思想认识。全市各县（区）、各部门、各单位普遍开展“五个一”（即：一次中心组专题学习讨论、一次单位职工专题学习、一次基本知识测试、一次专题培训、一次专题民主生活会）活动，实现党政机关干部职工（含离退休人员）全覆盖。深入整治用人上不正之风，切实提高选人用人公信度。对全市74个市级部门（单位）学习贯彻落实干部选拔任用工作四项监督制度、《中共攀枝花市委关于加强干部选拔任用工作监督进一步提高选人用人公信度的意见》的情况、干部选拔任用工作和整治用人上不正之风工作、干部选任工作法规制度学习宣传月活动开展情况进行全面检查。加大对群众反映干部选任工作问题的查处力度,对群众反映和组织部发现的涉及干部选拔任用的9件问题,进行直接调查,至年底已查核7件,其中5件属实、2件不属实。对查核属实的,依照《党政领导干部选拔任用工作责任追究办法(试行)》的有关规定进行严肃处理。进一步加强干部选拔任用监督机制建设,完成《攀枝花市科级领导干部破格提拔暂行办法》、《攀枝花市党政领导干部选拔任用工作有关事项报告工作规程》和《攀枝花市(党委)党组书记履行干部选拔任用工作职责离任检查工作规程》,对《攀枝花市干部监督工作规程》进行补充修正完善。严格执行干部选拔任用工作有关事项报告制度。批复各单位一次调整干部超规定人数的请求,党政正职在同一岗位任职未满3年需要调整的请示,曾受行政记处分首次提拔任用的请求,科级领导干部超过任职年龄需要继续留任的请示。对任职资格不够、需要破格提拔的干部,事先与省委组织部沟通,及时上报有关材料。严厉整治干部选拔任用工作中行贿受贿行为。要求各级领导干部严格遵守组织人事纪律,坚决抵制包括买官卖官在内的用人上不正之风。加强和规范"12 380"群众举报受理工作,进一步拓宽"12 380"举报渠道。市委组织部共收到"12 380"群众举报74件,其中揭发反映类问题64件、历史遗留问题4件、咨询建议类问题2件、其他类4件,对每件举报件均按规定进行及时处理,其中查核30件,查实10件。对"中共攀枝花市委组织部12 380举报网站"进行开发,年底已完成测试工作,基本上形成信访、电话、网络"三位一体"的举报平台。同时对群众实名反映的问题,经查核后,采取电话、书面或面谈等方式将查核结果反馈给举报人。对实名反映的申诉求决类问题,均以书面形式回复举报人。

【老干部工作】 以"全面做好新形势下老干部工作"为目标,以"让党委放心、让老干部满意"为工作标准,以落实老干部政治生活待遇为重点,积极发挥老干部作用,加强离退休干部"两项建设"(离退休干部思想政治建设和党支部建设),不断研究老干部工作面临的新情况新问题,顺利推进全年工作的开展。做好老干部走访慰问工作。走访慰问5个县(区)的23名离休厅级干部、7名退休厅级干部和36名困难离休干部、1名老红军遗属。春节前夕,市委、市政府举行老干部春节团拜会。市委书记、市人大常委会主任赵爱明致慰问词,市委副书记、市长、市老干部工作领导小组组长刘晓华通报全市经济社会发展情况,市委党委、市委组织部部长张祖芸主持团拜会。在成都干休所举行老干部春节茶话会,刘晓华、张祖芸在成都看望慰问成干所的老干部和老干部遗孀。市委书记赵爱明,市长刘晓华,市委副书记张剡,市委常委、组织部部长张祖芸,市委常委、秘书长邵革军5位市领导慰问韩国宾、孙本先2位老市委书记。张祖芸到市中心医院看望慰问因生病住院不能回家过春节的40名离退休老干部。7月底至8月初和10月中旬,市老干部局受张祖芸的委托,代表市委、市政府开展16名易地安置离休干部走访慰问活动,县(区)、市级部门、大企业也对管理和服务的易地安置或异地居住的离休干部进行走访慰问。抓好离休干部"两费"保障及"三个机制"的正常运行。全市800余名离休干部的离休费、生活补贴、护理费、医药费等,没有拖欠和不兑现的现象。及时督促、检查对调整提高离休干部生活待遇的落实。切实解决离休干部的实际问题。在市财政和市医保局的大力支持和配合下,缩短了市外居住离休干部报销医疗费用的时间,简化了报销手续。做好攀枝花市部分离休干部提高享受待遇的审核、呈报等相关工作,全年,全市(含大企业)共有14名抗日战争时期参加革命工作的副厅级离休干部提高享受正厅级工资、医疗待遇。继续推进攀枝花市老干部活动中心建设,市老干部活动中心建设的前期工作已进行到可研报告和相关手续的审批阶段。深化开展老干部评价老干部工作,在各县(区)、市级各单位部门全面开展该项工作

【干部人事制度改革】 为着力创新干部选拔任用机制,制定《攀枝花市选拔任用市管干部初始提名试行办法》,明确提名主体,规范初始提名内容,坚持署名提名,严格责权统一,推进初始提名规范化、科学化。制发《关于建立促进科学发展的党政领导班子和领导干部考核评价机制的意见》和《攀枝花市县级领导班子和领导干部年度考核办法(试行)》,对考核重点、考核标准、考核评价方法及考核评价结果运用作出详细规定,健全了全市党政领导班子和领导干部考核评价机制。东区探索实施干部任职双向选择,组织干部结合自身情况进行个人任职意愿申报,并以此作为干部选拔任用的重要依据掌握。仁和区出台《公开推荐量化考评差额选用领导干部办法(试行)》,并运用该办法选任3个正科级职位人选,有效探索了防止"简单以票取人"问题。进一步扩大干部工作中的民主,加大竞争性选拔干部工作力度,积极推行公选、竞争上岗差额选拔等竞争性选拔方式。拿出8个县(处)级领导职务参加全省定向统筹公选;以"一述两推"或"先陈述、后推荐"为核心程序,差额选拔14名县级领导干部;认真总结近年来市级部门选拔任用中层干部中新经验、新做法,起草《攀枝花市市级部门科级领导干部竞职上岗暂行办法》。积极优化民主推荐投票环境,制作"干部考察工作流程图"、发放"温馨提示"和设置"民主推荐独立填票点",将民主推荐结果向参会人员公布。以充分保障参与民主推荐的干部群众行使民主权利、自主表达推荐意愿、积极探索从基层一线培养选拔干部制度,积极探索市、县(区)机关从基层和生产一线逐级遴选干部制度,加大录用具有两年以上基层工作经历公务员比例,拿出6个乡镇机关公务员职位进行定向招考。以抗旱救灾、"挂、包、帮"活动为载体,认真实施省委"双千工程",有计划地选派机关年轻干部到基层、艰苦地区和生产一线接受锻炼、增长才干,全年共选派5名县处级干部到省级机关挂职锻炼,10名县级副职后备干部到乡镇挂职,22名市级机关优秀年轻干部到旱情较重乡镇挂职,111名优秀干部到乡镇(街道)、村(社区)"挂、包、帮"活动;接收5名省级机关干部,5名北京西城区干部到攀枝花市锻炼,10名乡镇干部到市级机关锻炼。积极探索创新干部职务职级并行制度,坚持关

心激励干部特别是长期在基层和边远艰苦乡镇工作的干部,建立健全干部职务与职级并行制度,制定涵盖县处级正职到乡科级副职的领导职务和调研员到乡镇科员的非领导职务享受有关干部职级待遇政策,推进干部职级与待遇挂钩,已审批办理64名正县级干部、90名副县级干部、879名正科级干部享受上一级非领导职务工资、医疗待遇,拓展了基层干部向上空间。积极创新干部管理监督制度,落实干部工作信息公开制度,对不同类别的干部选拔任用信息,确定了不同范围的公开渠道。坚持把严格管理监督作为干部人事制度改革的重要内容,按照事前、事中、事后三个阶段,建立健全干部监督制度建设,制发《中共攀枝花市委关于进一步从严管理干部的试行意见》,落实好干部选拔任用全程纪实制度、干部选拔任用工作有关事项报告制度和“一报告两评议”制度;集中开展大检查、大宣讲,抽调5个检查组对全市74个市部门(单位)的干部选任工作进行全覆盖检查、宣讲干部政策法规、培训相关干部工作业务知识;严肃受理监督举报,建成信访、电话、网络“三位一体”的举报平台,加大对群众反映干部选任工作问题的查处力度,营造了风清气正的用人环境。

【干部培训】 以增强培训的针对性和实效性为导向,深入推进新一轮大规模干部培训工作。以提效增效、加快发展为主线,以研究解决攀枝花市当前发展中存在的瓶颈问题和制约因素为导向,2010年举办全市县级领导干部“学习贯彻十七届四中全会精神,提速增效、加快发展”轮训班8期,培训党政群机关、事业单位县级领导干部465人。2010年首次与陕西省委党校和江西省委组织部井冈山党员干部培训中心合作开展赴延安和井冈山的党性锻炼培训项目,114名组工干部分三批到井冈山进行集中培训;在同济大学举办“城乡环境综合治理专题培训班”。全市共培训党政领导干部35 147人次,培训企业经营管理人员4 504人次,培训专业技术人员30 837人次,各级各类干部队伍服务科学发展的能力得到进一步提升。

【人才工作】 创新机制、引智聚才,着力激发人才工作活力,创新人才政策,2010年出台《攀枝花市学术和技术带头人管理办法》、《攀枝花市人民政府顾问和特聘专家管理办法》等5个人才政策文件,研制完善《关于攀枝花“钒钛之光”人才工程的实施意见》、《攀枝花市高层次人才引进稳定培养暂行办法》等8项人才政策,编制中长期人才发展规划。抓好2010年县(区)重点人才工作目标落实,将13个派出党(工)委的重点人才工作纳入目标责任,以签订责任书的方式督促落实,并首次把全市各部门(单位)人才工作纳入年度考核范围。抓好人才培养选拔工作,全面启动“钒钛之光”人才工程,建立院士专家服务中心和院士专家工作站,首批柔性引进5位院士、2个创新团队;组织实施院士后备人才培养计划,从市财政中安排专项资金对4名高层次人才作为院士后备人才进行重点培养。推进人才培训基地建设,对首批9个人才培训基地进行命名授牌。抓好高层次人才选拔,组织开展享受政府特殊津贴人员、省学术和技术带头人选拔,组织开展享受政府特殊津贴人员,省学术和技术带头人及后备人选、省有突出贡献的优秀专家的推荐申报,确定32名人选。抓好人才重大活动,继续拓展专家示范基地,新建4个专家示范基地;组织开展第三批导师带徒工作,共批准各类专家、学术和技术带头人100人,结对辅导对象达158人。结合“送教下乡”、“送医下乡”、“专家进村”,组织开展第二届专家服务农村示范月活动。制作涉及新农村建设各个方面的“人才进村专家服务卡”,发放给农户,告知专家的姓名、学历、专业知识和通讯方式等个人信息。以“推进新型工业化”为主题,成功举办“2010攀枝花人才论坛”。加大人才激励关爱力度,组织开展首届“攀枝花市人才奖”评选,38个单位和个人获得荣誉称号和总额119万元的资金,最高奖金达到10万元,构建了富有攀枝花特色的荣誉激励体系。召开2010年攀枝花市高层次人才代表迎春茶话会,组织市委直接掌握的联系高层次人才和市级以上专家及学术技术带头人外出疗养,有序推进攀枝花人才公寓建设,营造了四个尊重的良好氛围。

(马　涛)

宣　传

【概　况】 2010年,市委宣传部作为市委分管意识形态领域的综合职能部门,负责组织、指导全市理论研究、理论学习和理论宣传,引导社会舆论,规划、部署全市性思想政治工作,统筹、协调对外宣传和对外文化交流,指导分管部门的领导班子建设和对外建设工作。市委宣传部挂市委对外宣传办公室(市政府新闻办公室、市网络文化建设管理办公室)和市精神文明建设办公室牌子。干部编制27人,工勤人员编制6人,实有干部23人,工勤人员6人。内设办公室、政策法规研究室、干部管理处(挂离退休人员工作处牌子)、理论文化和建设管理处。市精神文明建设办公室下设综合处(挂未成年人思想道德建设工作处牌子)、创建协调处。代管《四川日报》攀枝花记者站、四川人民广播电台攀枝花记者站、市舆情信息中心。

根据中央和省、市委工作部署,2010年始终坚持高举中国特色社会主义伟大旗帜,坚持以邓小平理论和“三个代表”重要思想为指导全面落实科学发展观,按照“高举旗帜、围绕大局、服务人民、改革创新”的总体要求,紧紧围绕“提速增效,加快发展”的全市工作基调以纵深推进“四个倾力打造”为工作重点,切实加强理论武装、舆论引导、文化发展和对外宣传能力建设,全面提升宣传思想工作科学化水平,为推动攀枝花市经济社会又快又好发展提供了有利的文化条件、强大的思想保证和有力的舆论支持。

【理论学习与研究】 2010年,市委宣传部深入开展理论研究,整合利用市委党校、市社科联、市文联、攀枝花学院等内部研究资源,借助省委党校、省社科院、四川大学等“外脑”

力量，紧紧围绕倾力打造高水平战略资源开发基地、现代特色农业基地、阳光生态旅游度假区和区域性中心城市等战略重点，以应用性研究为主，深入开展“纵深推进‘四个倾力打造’”、“建设中国钒钛之都”、“大工业文化遗产保护”、“学习型组织建设”等重大理论研究，形成一批具有战略指导性和实践可行性的研究成果，一些研究成果获得市委、市政府主要领导的高度认可，其中一部分重要成果已转化为市政府的决策意见。

抓好学习型城市建设，围绕“把攀枝花建设成为学习风气浓厚、终身教育体系比较完备、城市文化品位和市民综合素质全面提升、充满生机和活力的具有攀枝花特色的学习型城市”目标，全面开展学习型城市创建活动，深入开展“全民读书月”、“全民学习日”活动，确定每年4月为“攀枝花市全民读书月”，每月最后一个星期五为全市“学习日”。针对不同行业和对象，确定不同的学习主题和内容，组织全市各级机关、团体、城市、农村、学校、社区以及企事业单位开展各种形式的学习教育活动。开展丰富多彩的读书活动，形成全市热爱学习、追求知识的良好风气。抓好以市委理论学习中心组为龙头的各级党委中心组学习，强力推进学习型党组织建设，充分发挥领导干部在学习型党组织建设和学习型城市建设中的示范引领作用，充分利用各级党校、电大、职业教育学校等教育培训阵地，开展干部、党员企事业单位职工培训，激励各行各业骨干人员自觉学习，借助政府公共信息网络、广播电视“村村通工程”、文化信息资源共享工程、攀枝花讲坛等开放的学习平台，举办学习讲座、攀枝花读书节等主题学习活动，掀起了全民学习热潮。

【新闻宣传】 2010年，市委宣传部不断改进和创新新闻宣传方法，努力提高新闻宣传质量。围绕大局工作，积极改进会议和领导活动报道，切实抓好时政要闻和社会动态报道，增强新闻宣传的时效性，围绕中心工作，扎实抓好专题报道和深度报道，增强新闻宣传的指导性。坚持新闻宣传“每周一专题、每月一聚焦”，组织开展“四个倾力打造”、“建设西部综合交通枢纽”、“城乡环境综合治理”等近10个专题宣传活动，形成舆论宣传强势，唱响“提速增效，加快发展”的年度工作主题。根据宣传节奏和工作重点，对“转变经济发展方式，推进国家新型工业化示范基地建设”、“四川省第十三届少数民族体育运动会”、“两会”、“创先争优”、“挂包帮”等等全市重点工作进行集中采访。结合攀枝花市建市45周年，配合中央台、四川卫视进行采访，在央视《朝闻天下》栏目中播出新闻1条，在四川电视台播出新闻3条，在《新闻天天看》节目策划《岁月如歌》子栏目，反映老一辈建设者的辛酸历程。围绕富民惠民，突出抓好民生宣传，增强新闻宣传的针对性。充分利用媒体资源，组织精干力量，密切关注民生问题，及时反映民意，化解民怨，解除民忧，做群众的贴心人。打造“小科帮忙”、“法制时空”、“民生社会”等一批群众喜爱信任的民生品牌栏目。

【社会宣传】 2010年，结合攀枝花建市45周年，积极开展爱国主义教育活动，在全市各级干部群众中营造爱国、爱市、爱家的宣传氛围，引导广大干部群众提升自身素质，养成良好行为习惯。开展“继承和弘扬攀枝花精神，把攀枝花建设得更加美好”、攀枝花市建市45周年庆祝大会和攀枝花开发建设纪念园揭园仪式暨向攀枝花英雄纪念碑献花仪式等系列热爱攀枝花教育活动，结合攀枝花市创建学习型组织活动，开展形势教育。按照省委宣传部通知要求，下发500套“双百人物”宣传学习材料、400套《四川省思想政治工作创新案例》和500套《四川建设西部综合交通枢纽学习宣传材料》，并认真组织各单位进行学习。组织开展“大力营造喜庆祥和节日氛围”工作，对全市各单位春节期间在全市城乡范围广泛营造节日氛围工作进行安排，结合各时段不同的学习内容和时段特性，开展有针对性的典型宣传工作。结合公民道德宣传月、“五一”国际劳动节、“创先争优”活动等开展系列典型宣传工作，并在市级媒体开辟专栏，对先进个人进行报道。组织、协调开展送文化、科技、卫生“三下乡”活动。结合《全民科学素质行动计划纲要》的宣传贯彻，开展全民科普宣传工作。

【精神文明建设】 2010年，紧密结合城乡环境综合治理和建市45周年纪念活动，深入开展群众性精神文明创建活动，大力弘扬民族传统文化和普及文明礼仪知识，扎实推进未成年人思想道德建设，着力提高城乡居民文明素质和社会文明程度，各项工作都取得新的进展，充分发挥先进典型的示范引领作用，组织开展“我推荐、我评议身边的好人”活动，5人入选中国文明网举办的“我推荐、我评议身边的好人”候选人榜，张仕陵入选7月份“我推荐、我评议身边的好人榜”；注重细胞建设，提高市民素质，文明创建活动成效显著。开展2010年度省级文明单位、省级最佳文明单位、省级文明村的创建活动，全市有省级以上文明单位75个、省级文明村10个、省级文明行业6个、省级文明社区5个、省级文明示范小城镇4个。结合城乡环境综合治理，组织开展“美环境、讲文明、树新风”、“除陋习、树新风”，集中治理“四乱”等系列活动。注重实践育人，健全工作网络，不断深化“我们的节日”主题活动，未成年人成长的良好环境逐渐形成。注重统筹协调，建立工作体系，社会志愿服务能力初步彰显，组建文明劝导志愿服务队285支，开展文明劝导活动1 100余次。

【对外宣传】 2010年，结合攀枝花建市45周年等重大时间节点和“四个倾力打造”重大工作，精心策划，周密组织，组织开展川滇黔十市地州合作与发展峰会、四川省第十三届少数民族体育运动会、欢乐阳光节等具有本地特色和对外影响的重大对外专题宣传活动，提升了攀枝花城市影响力。与中央电视台、香港凤凰卫视、《四川日报》、四川电视台等知名媒体协作，推出《岁月山河》、《奇迹攀枝花》、《三线往事》等一批影响较大的电视专题节目、利用重大事件加强对外宣传，面对重大自然灾害，及时启动新闻报道预案并召开新闻发布会向媒体通报灾情。邀请新华社、中新社、《人民日报》、中央电视台、《四川日报》等近20家省级及以上媒体和网站进行采访报道，共刊发攀枝花市抗旱信息90余条，各大网站刊发、转载信息量达3万余条。抓好重大成果的对上对外宣传，与中央、省级媒体合作，分批次开展多项专题宣传活动，真实反映攀枝花经济社会发展成就，产生了广泛而深刻的影响，为攀枝花市又好又快发展营造了良好的外部舆论环境，提升了攀枝花的美誉度和影响力。9月7日，新华社刊发的《资源型城市经济与民生和谐发展的典范——攀枝花市保障住房建设调查》稿件，引起中央领导的高度重视。

【文化建设】 抓好攀枝花市文化艺术中心建设，计划投资900万元建设的攀枝花市文化艺术中心，前期工作基本就绪，2011年将开工建设。推进"中国三线建设博物馆"建设，牵头组织前期论证工作，得到市委、市政府的认可，项目前期立项、报批工作已经启动，计划投资1.2亿元，争取在2015年攀枝花建市50周年时建成投入使用。设立宣传文化发展专项资金，重点保障文化软实力项目投入，2010年设立起始资金为500万元，此后逐年保持增长。加强重点文艺创作扶持保供给，完善文艺创作项目扶持工作机制，提高扶持经费额度，落实一批重点扶持文艺创作项目，推出大型歌舞《阳光花城》等一批优秀作品。举办一批重大文化活动，围绕庆祝攀枝花建市45周年，举办"45周年庆"专场文艺演出、美术书法摄影作品展等主题文化活动。围绕"五一二"汶川地震和"八三〇"攀枝花地震2周年，举办"感恩·奋进"大家唱，围绕攀枝花"四个倾力打造"战略部署，重点举办"金芒果节"、"欢乐阳光节"两大品牌性节庆文化活动。继续深化国有文艺院团改革，积极开拓市场，进一步完善攀枝花艺术剧院的运行管理机制和分配机制，落实财政投入保障、人才住房保障等支持剧院发展的一系列新增扶持政策，财政新增投入100多万元，改善剧院生产条件，有效地解决了文艺院团前期改革遗留的问题。加快推进广播电视网络资源整合，对全市有线广播电视网络进行清产核资和资产评估，年底前完成对有线电视网络"一省一网"资源整合。全面开展攀枝花市文化市场综合执法改革，初步形成以旅游业为主体，演艺娱乐业、出版发行业、创意广告业等为支撑的产业发展格局，培育了格萨拉旅游投资开发公司、攀枝花阳光影业公司、攀枝花市敬如石艺公司等一批文化龙头企业，打造了"阳光度假"、"攀枝花苴却砚"等文化产业品牌。

【舆情信息】 2010年，经过积极协调，逐步解决市面上舆情信息中心的人员编制和办公场所、办公设施、办公经费等问题。初步建立舆情跟踪反馈机制，完善舆情信息员激励机制、舆情信息保密工作制度、市区两级舆情机构工作沟通协调机制，与县（区）、大企业、市级各部门初步形成资源共享、快速反应、协作联动的工作网络和工作平台。加强对舆情信息的分析、研判和预测，及时发现一些深层次矛盾的"苗头"，帮助决策层及时掌握，尽早应对处置。2010年，编发《舆情摘报》47期、《舆情专报》41期（次），采报各类舆情信息5 756条，市领导批示达133条（次），批示量同比增长45%，其中报送中央宣传部的信息中有2条得到中央领导的批示。多次通过舆情信息对可能发生的社会突发事件成功预警，在处置和化解社会危机事件中发挥了突出作用。组建100人的舆情信息员队伍，建立200人的网络评论员队伍，重点培养一批网站论坛版主，建立一批网络协作伙伴，壮大了攀枝花市网络舆论应对处置力量，迅速有效地处置多起网络舆情，防止了重大网络舆论事件发生。各县（区）网络文化建设和舆情信息结构基本建立，人员、经费基本落实，为推动舆情信息工作奠定了基础。

【干部队伍建设】 紧紧围绕"优化班子结构、加大交流调整、提升整体素质"，切实加强宣传文化系统干部队伍建设、进一步加强文化系统领导班子建设，对攀枝花日报社班子进行调整，充实指导完成市社科联的换届选举工作，进一步加大干部教育培训力度，全年共选派全市宣传文化干部参加各种层次的干部培训20余人次。举办"十七届五中全会精神暨学习型城市建设"理论学习班和舆情信息员培训班，加大干部交流力度，全年共上挂、下派宣传干部10人次，加大年轻干部的培养选拔力度，组织开展新闻中级职务、企业政工中级职务的评审工作，攀枝花申报的7名宣传工作者被省委宣传部评为高级政工师。

【城乡环境综合治理宣传】 根据各成员单位承担的不同工作任务，制定并实施《城乡环境综合治理宣传报道工作考核项目》和《考核办法》，考核结果纳入被考核单位年度工作考核目标统一考评。并制发《攀枝花市城乡环境综合治理"除陋习、树新风"专项行动宣传报道方案》、《开展"除陋习、树新风"集中治理"四乱"活动户外广告宣传工作的通知》等11个宣传报道方案，对不同阶段城乡环境综合治理的宣传报道内容作出具体的安排部署。

2010年，市级媒体围绕城乡环境综合治理工作，以动态消息、专稿、系列报道、特写、专访、专版、图片、宣传漫画、市民热线、图片公益广告等多种形式，刊播各类相关报道2 436篇，平均每天在市级主流新闻媒体上有相关报道7条以上。市级媒体以消息、专稿、市民热线等形式曝光各类城乡环境卫生问题790多个，并建立媒体曝光问题处置情况追踪制度，使曝光的各类问题得到迅速整治。积极向市外媒体报送相关稿件，其中《四川日报》、四川广播电视台等省级主要媒体刊播相关报道37篇，四川新闻网、中国文明网、四川文明网、新华网四川频道等网络媒体刊发相关报道140余篇。

开展大型集中宣传活动20余次，印制"讲文明、树新风、除陋习"集中治理"四乱"招贴画20 000份，宣传漫画10 000份，悬挂横幅标语900余幅，制作各宣传专栏1 500余个，累计发放各种宣传资料60多万份。组建城乡环境综合治理文明劝导队252支，开展文明劝导活动1 100余次，劝导"不文明、不卫生"行为5 200余人（次）。户外公益广告宣传抓阵地，重教育，全覆盖，组织各相关单位在交通要道、社区广场、机场、车站、码头等地，制作设置大型单立柱广告20个、大型户外公益广告8 600平方米，悬挂道旗和灯箱广告5 200幅。

【四川省第十三届少数民族体育运动会宣传报道】 为配合四川省第十三届少数民族体育运动会宣传工作，营造良好的舆论氛围，2010年印制5 000份、10 000张张贴画并组织下发和张贴工作，对攀枝花市主要区域和定点接待单位的张贴工作进行核查。联合交通局在运动会期间，安排对全市出租车电子屏滚动播放少数民族体育运动会宣传标语。借四川省第十三届少数民族体育运动会在攀枝花市举办的契机，邀请中央、省级14家新闻媒体的知名记者，对攀枝花市攀西钒钛磁铁矿整装勘测、新型工业化、学习型城市建设、保障性住房建设、城乡环境综合治理、打击私挖盗采、"阳光花城"冬季休闲度假等攀枝花市经济社会发展成就和四川省第十三届少数民族体育运动盛会进行宣传报道。宣传报道质量高、稿件多、声势大、效果好，从各方面展示了攀枝花市经济社会发展成就和四川第十三届少数民族体育运动会的激情盛况。中央、省级媒体刊播宣传报道攀枝花市经济社会发展成就和省少数民族运动会的稿件达到200多篇（条），其中深度报道多达60篇，四川电台用汉语、藏语、彝族三种语言对开幕式进行两个半小时的全省直播，各种网络媒体转载刊发攀枝花相关信息图片260多万条。四川省政府副省长张作哈赞扬这是历届少数民族体育运动会宣传报道效果最好的一次。

【首届"中国·攀枝花欢乐阳光节"主题宣传活动】 首届"中国·攀枝花欢乐阳光节"于2010年11月27日至2011年2月19日在攀枝花市举办。此次活动由四川省旅游局和攀枝花市人民政府主办，以"畅享缤纷冬日相约阳光花城"为主题，展示攀枝花阳光、运动、休闲、养生的城市风貌。举办开、闭幕式暨大型群星演唱会、苴却石文化艺术节、欢乐阳光音乐邀请赛、第五届攀枝花长江漂流节、盐边二滩至泸沽湖国际山地徒步邀请赛等13个板块活动。

做好欢乐阳光节推介宣传，先后在昆明、重庆、成都召开"中国·攀枝花欢乐阳光节"新闻发布会，120余名中央、省、市新闻媒体记者到位采访报道。在《四川日报》相继推出"欢乐阳光节"开幕式、欢乐音乐节、第二届苴却石文化节、第五届中国攀枝花长江漂流节、第二届米易龙舟节等专版。邀请香港亚洲卫视制作播出宣传攀枝花阳光旅游的专题片。通过在中央、省级及网络媒体上开展声势浩大的宣传活动，推介展示攀枝花冬季阳光花城旅游的特色品牌，影响广泛。

11月27日，成功联合CCTV－6举办中国·攀枝花欢乐阳光节开幕式大型综艺晚会，邀请两岸三地著名影视明星到攀枝花市演出，并组织央视电影频道送电影下乡等专题宣传活动，有效宣传了攀枝花市的特色旅游资源。

12月17日，由攀枝花市委宣传部、攀枝花市旅游局主办的"攀枝花欢乐阳光节"之《送电影·学演戏——电影爱攀枝花》节目晚会在北京市丰台区体育中心录制。市委副书记、市长刘晓华，市委常委、市委宣传部部长沈钧，副市长许健民及相关负责人到场观看演出。晚会以展示攀枝花城市风貌、文人景观和特色产业等方面为主要内容。国内著名歌手及演员为大家献上了精彩的表演，共有800多名观众观看演出。通过与央视电影频道合作，着力打造攀枝花市旅游节庆氛围，将攀枝花独特的"冬日暖阳"和北方的"天寒地冻"进行旅游的差势互补，并将攀枝花特色农产品、特色工艺品展示给全国的电视观众。此次《送电影·学演戏——电影爱攀枝花》特别节目也作为央视电影频道元旦特别节目在元旦期间播出。

（雍茹元）

精神文明建设

【"公民道德宣传教育月"活动】 市文明办围绕"庆祝建市45周年，弘扬攀枝花精神"的主题，组织开展"公民道德宣传教育月"活动，协调各单位利用中心组学习会、职工会议等形式，学习焦裕禄式的好干部亓伟、革命烈士李永成、全国模范法官唐汉华等英烈无私奉献、服务人民的崇高精神，进行理想信念和形势政策教育。推广市特殊教育学校开展"学雷锋活动"、市档案局举办"英烈档案展"等好的做法和先进经验。

【"我推荐、我评议身边好人"活动】 攀枝花文明办组织协调各单位，动员广大市民积极推荐在各行业各领域中涌现出来的先进人物和身边的好人好事，协调市级新闻媒体进行宣传报道。向省文明办推荐"身边好人"7人，5人入选中国文明网举办的"我推荐、我评议身边好人"候选人榜，张仕陵入选7月"我推荐、我评议身边好人"榜。

【"我们的节日"主题活动】 攀枝花文明办协调各县（区）、市级各单位不断深化"我们的节日"主题活动的内涵和形式，大力弘扬民族传统文化。在清明节期间，组织开展形式多样的缅怀祭奠革命先烈活动，动员广大干部群众积极参加网上祭奠活动和"我们的节日·清明"古诗词填写活动，发表感言，撰写体会，表达对先烈的感恩和敬仰，协调市级新闻媒体及时进行宣传报道，介绍与清明节有关的传统文化知识，倡导文明、环保的祭祀方式。在"重阳节"期间，积极宣传尊老、敬老的典型人物和感人事迹，不断增强干部群众的敬老爱老意识，举行千人登山、"余热生辉"老干部座谈会、"欢度重阳"文艺汇演、走访慰问孤寡老人和空巢老人等形式多样的敬老爱老活动，既弘扬了传统美德，又丰富了老年人的文化生活。动员广大市民积极参加省文明办组织的"我们的节日"主题系列文化活动，刘铁等17人获得"中华经典学习知识竞赛"优胜奖，姚婷等6人获得"公益广告有奖征集大赛"个人奖，市文明办获"我们的节日——中华经典学习知识竞赛"先进集体和"我们的节日——公益广告有奖征集大赛”优秀组织奖。

【“三大文明”创建活动】 市文明办严格按照规定程序，组织开展2010年度省级文明城市、省级文明单位、省级文明村“三大文明”创建活动。年初，对中国石油攀枝花销售分公司等14个申报单位进行材料审核、资格把关；年中，对各申报单位逐一进行检查指导。推荐指导米易县创建“第二届四川省文明城市”，安排市级新闻媒体宣传报道米易县的创建活动，营造浓厚的创建氛围。2010年10月下旬，协助米易县完成省文明办组织的实地考核测评。至2010年底，攀枝花市有省级以上文明单位75个，省级文明村10个，省级文明行业6个，省级文明社区5个，省级文明示范小城镇4个。

【“美环境、讲文明、树新风”活动】 2010年5月20日，市委宣传部、市文明办、各县（区）委宣传部和文明办联合举行“美环境、讲文明、树新风”活动启动仪式，开展“告别不文明言行”承诺签名和文艺演出，组织东区10个街道（镇）举办精神文明建设成果展、“除陋习、树新风”宣传漫画展。从2010年5月下旬至2010年12月底，市文明办配合市妇联、市环保局等单位启动“低碳家庭·时尚生活”主题活动，开展读书征文、知识竞赛、巡讲活动；配合市公安局组织实施“文明交通行动计划”，配合市工商局组织开展创建文明集市活动，配合团市委举办“车行天下、文明有我”个性车贴征集活动；组织动员各级文明单位和干部职工积极参加“四川省2010年文明创建大看台”网络展示活动、“我热爱的城市”征文大赛和“文明印象”网络作品征集活动。各县（区）也组织辖区群众开展“你我手拉手，文明一起走”环境大清扫活动，文明素质大讨论、文明卫生礼仪提示语征集、文明卫生礼仪知识竞赛等活动。市文明办加强信息工作，制发《关于加强精神文明建设工作信息报送的通知》，通过编写简报上报下发，推广东区开展“爱心促和谐、奉献在东区”志愿服务活动、清明公祭活动等先进经验和有效举措，先后向中央文明网和四川文明办报送文字信息191条（次）、图片31幅，被采用文字信息181条（次）、图片24幅。

【“除陋习、树新风”，集中治理“四乱”活动】 从2010年6月30日至2010年9月25日，市文明办组织各县（区）广泛开展“文明知识知多少”主题宣传教育活动，印制20 000份“讲文明、树新风、除陋习”集中治理“四乱”（乱吐、乱扔、乱倒、乱穿）招贴画，在全市各公共场所广泛张贴。策划“我为治理‘四乱’建言献策征文活动”，发动广大市民为“四乱”治理查问题、找原因、出主意、想办法，在《攀枝花日报》刊登优秀征文21篇。组织开展“十大不文明行为”网络评选排序活动，引导广大网民对城乡环境综合治理活动建言献策，收到网友投票108 644人（次）、相关建议100多条，选取几十张网民拍摄的“不文明行为”照片在网上曝光，引起群众强烈反响。

【未成年人思想道德建设】 2010年，市文明办把实践育人和健全工作网络作为未成年人思想道德建设工作的重点，努力为未成年人健康成长营造良好的社会环境。坚持把未成年人思想道德建设工作纳入目标管理，抓好任务分解，协助市委目标督查办对58个未成年人思想道德建设责任单位2009年的工作进行检查考核。向市委常委会专题汇报2010年未成年人思想道德建设工作要点，经常委会研究审议后下发落实。制定市委2010年度未成年人思想道德建设保证目标，及时分解下达任务分工和考评细则。按照人口总数中西部地区≥0.1元/人的标准，落实市和县（区）两级未成年人思想道德建设工作专项经费。督促协调公安、文化等相关部门做好校园及周边重点区域、地段的安全防范工作，切实提高校园周边的治安防控能力和师生的安全防范意识。重视农村留守学生问题，转发《四川省精神文明建设办公室关于加强正面宣传引导，进一步做好农村留守学生思想道德教育工作的通知》，积极培育、发现并树立农村留守学生正面典型，推动留守学生教育管理进一步规范。制定出台《关于进一步加强中小学生校外辅导教育的意见》，对中小学生校外辅导教育的任务进行具体分解，落实责任部门。

【“做一个有道德的人”主题实践活动】 2010年，市文明办组织协调全市未成年人思想道德建设责任单位不断深化“做一个有道德的人”主题实践活动。继续强化革命传统和攀枝花精神教育，在清明节期间，协调各中小学校组织师生祭扫烈士陵墓，参观爱国主义教育基地，开展清明节专题国旗下讲话、读书朗诵等活动。开展“传唱优秀童谣、做有道德的人”网上签名寄语活动，吸引4万余名中小学生参加。督促教育主管部门组织中小学校和幼儿园利用班会课、音乐课等，组织学生学唱“全国优秀童谣评选活动”评出的80首获奖童谣。联合市教育局等部门在中小学生中开展“继承和弘扬攀枝花精神，把攀枝花建设得更加美好”主题教育活动，举办“文轩杯·我爱攀枝花”知识竞赛。申报确定市外国语学校为全省首批“心海护航”未成年人心理健康教育工程实验学校，指导学校积极开展校园心理剧创作活动。联合市妇联等单位继续开展“爱国爱家，争做优秀小公民”活动，授予欧鑫佳等24人“优秀小公民”称号。

【志愿服务活动】 2010年，市文明委制定《攀枝花市精神文明建设委员会关于深入开展志愿服务活动的实施意见》和《攀枝花市关于深入开展志愿服务活动的任务分工方案》等政策文件，对全市开展志愿服务工作进行安排部署，对各成员单位的任务和职责进行细化和明确。市文明办协助东区启动“爱心促和谐、奉献在东区”志愿服务活动，组织志愿者开展文明风尚普及、城乡环境综合治理、社区服务、建设平安家园、扶贫助困、大型社会公益活动等六大志愿服务行动，着力提高志愿服务的社会影响力和认同感。推荐东区志愿者协会的王海燕为攀枝花市参加全国百名优秀志愿者候选人。突出抓好青年志愿服务活动，团市委组织青年志愿者开展春运志愿服务、“青春攀枝花、抗旱齐行动”志愿服务活动，举办全市第三期应急志愿者培训班暨志愿者训练营开营仪式。在全省第十三届少数民族运动会期间，招募230名志愿者提供礼仪接待、信息咨询、赛事介绍、道路指引等服务工作。2010年，全市各相关单位还组建城乡环境综合治理志愿者服务队33支，3 000余人参加不同形式的志愿服务活动。

【西部开发助学工程】 市文明办联合市委宣传部、市教育局推荐张益华、姚礼银、张晓东、唐梓尧、付金祥等5名同学为攀枝花市2010年“西部开发助学工程”受助大学生，督促各县（区）将8万元助学贷款发给16名受助学生，落实2010年毕业的受助大学生工作去向，跟踪收集受助学生在校的学习、生活、思想情况。同时，和市教育局共同推荐唐文雨、韦川两名同学为攀枝花市2010年度高中“宏志班”受助学生。

【城乡环境综合治理宣传教育】 2010年，市委宣传部、市文明办以营造氛围和动员群众参与为重点，持续推动城乡环境综合治理宣传报道工作。继续加强统筹协调，强化督导检查，根据各成员单位承担的不同工作任务，制定并实施《城乡环境综合治理宣传报道工作考核项目》和《考核办法》。通过加大日常督促检查力度，促进成员单位自觉落实工作职责。切实履行牵头部门的职责，先后制发《攀枝花市城乡环境综合治理“除陋习、树新风”专项行动宣传报道方案》、《开展“除陋习、树新风”集中治理“四乱”活动户外广告宣传工作的通知》、《关于加强中秋和国庆期间城乡环境综合治理宣传报道工作的通知》等12个宣传报道方案，建立并实施工作动态周报制度，通过编发48期《城乡环境综合治理宣传报道情况汇报》、12期《宣传报道工作月报》、51期《宣传报道工作简报》等，协调、指导全市面上的宣传报道工作。综合运用多种宣传手段，持续为治理工作营造强大的舆论声势和浓厚的社会环境氛围，组织市、县（区）和大企业新闻媒体围绕城乡环境综合治理工作展开持续不断、形式多样的新闻宣传活动。2010年，市和县（区）大企业的新闻媒体围绕城乡环境综合治理工作，以动态消息、专稿、系列报道、特写、专访、专版、图片、宣传漫画、市民热线、图片公益广告等多种形式，刊播各类相关报道3 430篇（条）。坚持对城乡环境综合治理工作中存在的突出问题进行舆论监督，特别注意对群众意见大、久拖无成效等现象进行监督。2010年，市级媒体以消息、专稿、市民热线等形式曝光各类城乡环境卫生问题990多个。组织市、县（区）和大企业新闻媒体围绕“除陋习、树新风”活动，开展公益广告宣传，《攀枝花日报》不定期地在第三版刊登“讲文明、树新风、除陋习”图片公益广告，市级广电媒体每天都在两个本地广播频率和三个本地电视频道中滚动播出城乡环境综合治理公益广告，县（区）广电媒体坚持每天滚动播出城乡环境综合治理标语、公益片。协调、组织指导市级相关部门、单位、各县（区）和大企业党委宣传部开展一系列形式多样的社会宣传活动，激发了广大市民参与城乡环境综合治理活动的热情。2010年，先后组织开展多种形式的大型集中宣传活动20余次，印制“讲文明、树新风、除陋习”集中治理“四乱”招贴画2 000份，宣传漫画10 000份，悬挂横幅标语900余幅，制作各种宣传专栏1 500余个，累计发放各种宣传资料60多万份。组建城乡环境综合治理文明劝导队252支，开展文明劝导活动1 100余次，劝导“不文明、不卫生”行为52 000余人（次）。组织各相关单位在交通要道、社区广场、机场、车站、码头等地，制作设置大型单立柱广告20个、大型户外公益广告8 600平方米，悬挂道旗和灯箱广告5 200余幅。协调市级新闻媒体和省级新闻媒体驻攀记者站积极向省级主流媒体报送相关稿件，多角度宣传全市城乡环境综合治理工作进展情况。2010年，《四川日报》、四川广播电视台等省级主要媒体刊播反映攀枝花市城乡环境综合治理工作的相关报道37篇。四川新闻网、四川文明网、新华网四川频道、新浪网四川在线、中国文明网等也先后刊发反映攀枝花市城乡环境综合治理工作的相关报道140余篇。与此同时，市电视台还不定期地制作反映全市城乡环境综合治理先进典型的专题片，报省城乡环境综合治理工作领导小组安排在省电视台的相关栏目中播出。

【深入推进城乡环境综合治理宣传教育工作会议】 2010年3月3日，市委宣传部、市文明办在攀枝花市会展中心召开深入推进城乡环境综合治理宣传教育工作会议，市委常委，市委秘书长邵革军出席会议并讲话，市城乡环境综合治理指挥部办公室、市委宣传部、市文明办的相关负责人、各县（区）、大企业党委宣传部部长和分管城乡环境综合治理宣传教育工作的副部长、市城乡环境综合治理宣传报道专项指挥部各成员单位的主要负责人和分管领导，省级媒体驻攀记者站、各市级新闻媒体的主要负责人和分管领导，中国·攀枝花网、攀枝花公众信息网、四川新闻网攀枝花频道、四川经济日报驻攀记者站的负责人等参加会议。会议指出，2010年，市城乡环境综合治理宣传报道专项指挥部各成员单位要进一步坚定信心，克服厌倦、疲劳情绪，保持高昂的士气，按照“人民群众是主体，宣传发动是动力”的工作思路，突出重点，精心选择具有代表性、典型性的治理工作举措进行宣传推广，充分发挥先进典型的示范带动作用。要牢牢把握营造浓厚氛围、动员群众参与、培养良好习惯的根本任务，创新方式，加大舆论引导力度，抓好社会宣传工作，推进对外宣传工作，强化舆论监督工作。要加强领导，健全信息交流沟通制度，健全考核评价机制，总结推广好的做法和经验，及时发现问题和不足，不断增强宣传教育工作的针对性和实效性，着力构建上下联动、齐抓共管的工作格局。

（刘嘉华）

统　战

【参与灾后重建】 全市统一战线成员和统战干部发挥优

势，多渠道向上争取资金和物资，积极投身并参与重建救灾工作。2010年，市委统战部在市委分管领导带领下，及时向上专题汇报攀枝花市旱情，争取到省委统战部分配的中央统战部专项划拨抗旱救灾捐款700万元，用于解决受灾比较严重的仁和区、盐边县人畜饮水困难、农业生产用水、修建小微水利设施问题，切实帮助受灾群众改善生产生活条件。各民主党派通过各自渠道争取到救灾物资累计达100万元；广大非公有制企业和代表人士在“回报社会感恩行动”和“光彩事业”等活动中积极捐款50余万元，一些企业还采取送水下乡和修建小型水库、水窖等形式帮助受灾群众渡过难关。玉树地震发生后，统战部和各民主党派机关全体党员干部纷纷响应号召为玉树地震灾区捐款，累计捐款8万余元，充分体现了“一方有难、八方支援”的传统美德。

【统战工作机制建设】 作为市委履行统一战线工作职能的部门，市委统战部坚持把进一步落实、规范和完善统战工作相关机制建设作为推进党内外合作共事的重要内容抓实抓好，统战工作机制建设取得新进展。2010年，组织部门与统战部门建立并规范党外干部工作联席会议制度，即每年两次专题讨论、交流、研究党外干部工作，该制度的建立为进一步加强和推进党外干部的培养选拔搭建起联席会平台，形成党外干部工作各司其职、互通信息、协调配合的科学管理机制。进一步规范并落实多党合作的相关制度。经过反复酝酿和广泛协商，2010年6月，市委制定出台《中共攀枝花市委办公室关于进一步完善党派、工商联、无党派代表人士参政议政机制的通知》（攀委办发〔2010〕12号），从形式、内容和程序上对民主党派、工商联和无党派人士定期或不定期召开情况通报会、列席政府全体会议、年度专题调研成果汇报会三个方面进一步制度化、规范化，使民主党派、工商联参与政治协商的内容和形式更加丰富、参政议政的范围和渠道不断拓宽。在推进制度完善同时，市委统战部积极协助市委做好已有制度的督导落实工作，其中，市委常委联系党外县级干部和市政府相关部门对口联系民主党派全年不少于2次，以及市政府相关部门对口联系民主党派全年不少于4次的“联系制度”得到较好的落实并取得成效；市委统战部牵头指导的每一季度一次的统战工作协调机制领导小组例会暨宗教工作联席会制度发挥了较好的作用，联席会的召开对上级重要会议精神进行及时的传达通报，对民族宗教工作作出全面的安排部署。一系列制度的建立健全和贯彻落实，使全市上下基本形成党委统一领导、统战部门牵头协调、各有关部门和人民团体各负其责的良好工作体制，统战系统对台、侨务、民族宗教等职能分工明确，责任落实，统战工作的合力显著增强。

【民主党派政治引导】 市委统战部继续把做好对民主党派的思想政治引导和教育列为加强民主党派自身建设的重要工作。坚持不定期与民主党派主委谈心、召开每季度一次的秘书长联席会、组织每年一次的民主党派负责人暑期学习活动等方式，切实加强与民主党派领导班子成员的联系沟通，掌握思想动态。2010年，市委统战部组织各民主党派、工商联负责人和无党派代表人士到绵阳市北川县参观地震遗址及新县城建设，考察灾区群众生产生活情况，了解灾后恢复重建工作，使其进一步增强接受中国共产党领导的自觉性，更加坚定中国特色社会主义政治发展道路的信念。继续在民主党派和无党派人士中深化“政治交接”、树立和践行社会主义核心价值体系等学习教育活动，通过组织各党派班子成员对中共十七届五中全会精神及省、市贯彻意见精神开展学习讨论，振奋精神，统一认识；通过组织引导民主党派加强对中国特色社会主义理论、基本国情和形势政策、多党合作的学习，以及政党理论、民主党派党史、章程和优良传统等内容的学习，切实提高各民主党派成员的政治素质和多党合作意识。按照省委统战部专题调研安排，市委统战部于2010年组织开展对全市各民主党派思想政治工作情况作专题调研，并形成了调研报告上报省委统战部。

【民主党派参政议政】 继续完善和落实多党合作和政治协商制度，充分发挥民主党派政治协商和参政议政作用。按照政治协商的相关制度和程序，2010年协助党委、政府、政协组织各民主党派、工商联负责人和无党派人士参加的各种征求意见会、情况通报会、协商会、座谈会共6次，就政府工作报告、“十二五”规划等听取意见和建议。认真落实民主党派参政议政工作机制，大力支持和动员各民主党派围绕全市经济社会发展的重大问题和群众普遍关心的热点问题，深入开展考察调研，积极建言献策。在2010年3月召开的市政协七届三次全会上，各民主党派共提交大会发言9件，集体提案62件，个人提案57件，其中民革市委所作的《举全市之力集全民之智聚万众之心争创“国家森林城市”建设绿色美好家园》、民进市委所作的《创建国家森林城市，建设生态文明》等5件大会发言被评为优秀大会发言，得到市委、政府和与会者的充分肯定和重视。按照“党委出题、党派调研、政府采纳、部门落实”的调研模式，各民主党派结合自身优势和实际情况，分别根据市委、市政府年初所提出的调研课题，选择涉及加快服务业发展、区域性卫生中心城市、中小型企业人才建设、区域性交通枢纽的形成以及工业结构调整等多个方面的课题进行深入调研，形成一批高质量的调研成果，在2010年9月召开的全市统一战线调研成果汇报会上，各民主党派提出许多针对性和操作性强的意见和建议，得到市委、市政府主要领导和相关部门的一致好评。

【民主党派社会服务】 继续发挥各民主党派联系广泛、人才荟萃、智力密集的优势，整合各方资源，积极探索各民主党派服务全市经济社会发展的新模式。2010年，市委统战部首次集中组织各民主党派、工商联60余名专家到盐边县新九乡开展以送科技、送医药、送文化为主的“三下乡”服务活动，向当地群众提供法律咨询、现场会诊、健康体检、技术培训、药品赠送等服务，受到当地群众的欢迎和好评。各民主党派还根据自实际情况，纷纷开展智力支边、扶贫帮乡、服务“三农”等多种形式的社会服务活动，切实帮助农村改善生活条件、帮助农民致富增收、帮助困难群众解决实际问题。据统计，2010 年各民主党派捐资助学金额达 11 万余元，参与社会服务各项活动累计投入资金 18 万余元，较好地展示了参政党良好的社会形象。

【民族宗教工作】 2010 年，充分发挥统战部门的牵头协调作用，切实加强对民族宗教工作的联系和指导，确保民族宗教领域和谐稳定。

民族工作方面，以改善民族地区生产生活条件、增加农民收入为主线，以实施民生工程为重点，积极向上争取政策和资金，加大对民族地区的投入和扶持力度，全年共争取和安排两项资金1 654万元，在民族地区实施包括基础设施项目建设、农牧产业化推动工程、民族教育发展十年行动计划项目等在内的富民惠民工程项目 79 个。在民族地区组织实施包括水利及人饮、“村村通公路”、农村能源建设等七大民生工程，有力地促进了民族地区的经济社会发展。

宗教工作方面，2010 年通过召开宗教工作座谈会、联席会，深入开展实地调研，及时掌握动态，对全市民族宗教工作发展现状及存在的问题，互通情况，交流信息，商讨对策，形成了民族宗教工作的有效联动机制。同时，市委统战部针对全市基督教存在的无序发展问题和藏区工作情况，专题开展调研并形成调研报告，提出具体指导意见，报送有关部门落实。作为牵头部门，市委统战部密切与宗教工作联席会成员单位的联系和配合，继续深入开展“和谐寺观教堂”创建活动，坚持引导教育和依法管理并重，切实加强对宗教团体和宗教活动场所的指导和监督，积极帮助其规范和健全民主管理、财务、治安、消防、文物保护、卫生防疫等内部管理制度。坚持不定期开展对宗教工作不稳定因素的排查，及时研究并妥善处置民族宗教工作当中的各类矛盾纠纷。注重在重大节日时开展走访慰问活动，加强与民族宗教办代表人士的联系，宣传党的民族宗教方针政策，2010 年全市民族宗教界无重大涉稳事件发生。

【党外干部工作】 继续做好党外干部的培养、选拔和使用工作，进一步夯实党外干部工作基础，为 2010 年市县（区）换届提前做好准备。2010 年，市委统战部与组织部门联合开展党外干部摸底调研，并组成联合考察小组，对全市 158 名党外县级副职后备干部、科级干部、具有发展潜力的副科级干部进行全面的摸底调查，了解掌握党外干部工作基本情况和现实表现，健全了全市党外副科级以上干部数据库，为近期、中期、长期培养使用提供依据。2010 年 12 月，联合组织部门召开全市党外干部座谈会，为党外干部搭建交流学习平台，通过与党外干部面对面的交流沟通，听取工作意见建议，进一步了解掌握党外干部思想工作状况，为推荐选拔使用党外干部夯实了工作基础。进一步加强党外干部的培养选拔，将党外干部培训教育纳入全市干部培训总体规划、规范党外干部的培训程序，形成党外科级、县级、厅级干部调训的工作程序。充分发挥社会主义学院党外干部教育培训主阵地作用。采取多种形式，加大了党外干部的培训力度，全年完成共 19 期、30 名干部的上级送培任务。在全面掌握党外干部基本情况的基础上，市委统战部主动加强与组织部门联系和沟通，按照“一职三备”的原则，研究制定党外干部培养使用规划，对一部分党外干部的培养使用提出建议。全年共有 5 名党外干部参加全市“上挂下派”活动，13 名党外和少数民族干部到藏区支援建设，2 名党外干部得到重用，其中一名女干部已担任市政府部门正职，一名交流到县（区）政府任职，党外干部选拔工作取得实质的突破。

【非公有制经济代表人士工作】 积极做好非公有制企业及其代表人士的联系、引导和教育工作，助推非公有制企业发展壮大。

切实发挥好工商联的职能作用，努力加强工商联工作。2010 年，市委统战部组织全市各级部门和工商联组织认真学习传达贯彻《中共中央、国务院关于加强和改进新形势下工商联工作的意见》（中发〔2010〕16 号）文件精神，并在米易首次召开“全市加强工商联工作，促进非公有制经济发展”的现场交流会，总结交流工商联工作经验，初步形成关于加强和改进新形势下工商联工作的实施意见。为切实加强对全市工商联工作的领导，向市委建议配设市工商联党组书记，同时兼任市委统战部副部长并驻会主持工作，全面完成工商联班子的届中调整工作，工商联班子建设得到进一步加强。

坚持“团结、帮助、引导、教育”的方针，切实加强对非公经济代表人士的培养教育。积极搭建平台，促进非公企业与党委、政府及其职能部门交流和沟通，2010 年先后组织召开“民营企业迎春座谈会及商务酒会”、“攀枝花市‘十二五’期间民营经济发展座谈会”，举办“中挪企业安全生产与职业健康论坛”，组织开展“市场经济、企业管理、市场营销”等专题辅导培训。2010 年，受市委、市政府委托，市委统战部牵头在北京大学光华管理学院举办首期全市非公企业高管人员培训班，此次培训全部由政府出资，对全市 50 名重点非公企业高管人员进行培训，并组织到内蒙古包头和宁夏石嘴山市进行学习考察，加强对外交流合作。在正确的引导和动员下，全市非公有制企业积极参与社会公益事业和光彩事业，据不完全统计，全年共为光彩事业捐资 50 余万元。

【统战基础工作】 为进一步推动统战工作发展和创新，市委统战部着力研究和解决统战工作中存在的薄弱环节和问题。2010 年分别建立统战信息、宣传和理论研究工作目标任务考核激励机制，在统战系统内部形成创造佳绩、争当一流的工作氛围，统战信息、宣传和理论研究工作取得新的进展。切实加强与宣传部门、新闻媒体的联系，利用电视、报刊和广播等宣传渠道，大力宣传统战工作特色亮点，及时报道统战工作重要会议、重要活动和先进人物，营造良好的舆论氛围。切实扩大统战宣传的影响力和覆盖面，2010 年 9 月建成并开通市委统战部外网网站，至 2010 年底，网站已发布信息 100 余篇，网站已成为全市统战系统通达工作情况、交流工作经验、宣传工作成绩的重要平台，受到有关方面的一致好评。统战信息工作，年初出台对基层统战部门和机关各处室的信息工作目标考核办法，建立健全横向、纵向的统战信息报送网络，全年统战信息被省委统战信息和市委统战信息采用 20 余篇，较好地为上级领导和机关决策提供信息参考。统战理论研究按照《2010 年全省统一战线理论研究课题计划》的安排部署，市委统战部积极发动全市统战系统围绕重点课题和参考课题与统战理论研究工作，形成一大批统战理论调研报告成果，其中有 3 篇理论研究成果在全省获优秀成果奖表彰。2010 年 6 月，组织召开第 13 次攀枝花市统战理论研究研讨会，就统战理论研究工作经验展开交流，并对 2009 年评选出的 16 篇优秀统战理论成果和统战研究优秀组织单位进行表彰。

（郑秋蕾）

对台事务

【建设台湾农民创业园】 2009 年 10 月，农业部、国台办正式批复同意攀枝花市设立盐边台湾农民创业园。攀枝花市政府十分重视台湾农民创业园建设，年初市政府召开工作筹备会，创业园的建设工作由此拉开序幕。为推动台湾农民创业园建设，《攀枝花市人民政府关于加快建设台湾农民创业园的意见》和相关优惠政策在 2010 年正式出台，市台办、盐边县、市农牧局等相关市级部门和区县相继进入角色加快筹建工作，全面推动台湾农民创业园建设。

为尽快提高攀枝花市盐边台湾农民创业园在台湾省的知名度，2010 年 6 月，中共攀枝花市委副书记张剡率攀枝花市盐边台湾农民创业园成员单位就加强攀台农业合作，加快攀枝花盐边台湾农民创业园建设赴台学习考察推介。2010 年 6 月 7 日在台湾桃园县举办推介会，着重对攀枝花盐边台湾农民创业园建设情况和涉及农民创业园的招商项目及优惠政策等向台湾民众进行介绍，让台湾民众了解攀枝花盐边台湾农民创业园，为台商到攀枝花市创业奠定了基础。同时，为学习借鉴外地经验，由市政府副秘书长杨明勇带领市台办、市商务局、市农牧局、盐边县有关负责人到福建漳浦等地台湾农民创业园考察取经学习。

在积极筹备、时机逐渐成熟的基础上，攀枝花市委、市政府决定在攀枝花市“芒果节”之际，举行“四川攀枝花盐边台湾农民创业园”挂牌仪式，2010 年 8 月 20 日，四川攀枝花盐边台湾农民创业园挂牌仪式在盐边县益民乡举行。国家农业部、省台办、省农业厅及攀枝花市委、市政府领导，相关科研院所的领导及专家、台商代表和在攀枝花市投资台资企业代表等 100 余人参加挂牌仪式。“四川攀枝花盐边台湾农民创业园”的挂牌，搭起了川台攀台交流的新平台。

攀枝花盐边台湾农民创业园的建设得到全市各级领导和部门的关注支持。为促进台湾农民创业园建设及台资企业的发展，市政协副主席、市委统战部部长赵勇在 9 月带领部分政协委员对盐边台湾农民创业园及台资企业的发展现状和招商引资遇到的主要问题进行调研，对解决问题提出积极建议，并向市政府作专题报告。

【对台招商引资】 2010 年，推进仁和区和攀枝花学院与台资企业四川东泰投资有限公司及其子公司东泰现代农业股份公司的合作。促成东泰现代农业股份有限公司“黄金鸽”养殖项目落地。年底，东泰现代农业公司已在仁和区总发乡投资 50 万元新建占地 400 平方米的实验养殖区，引进的 2 700 只种鸽及各种设备已运抵攀枝花市，正在进行实验性养殖。试养成功后，拟在台湾农民创业园核心区内投资新建占地规范化、现代化大型饲养场，达到年产 100 万只黄金鸽的规模，推进四川东泰投资有限公司亚泰上城房地产开发项目，该项目开发土地面积 8.4 万平方米，建筑面积 20 万平方米。2010 年开工建设，预计 2012 年完工，将成为仁和宝灵片区的中、高档商住小区，带动仁和区的旧城改造。努力推动四川东泰投资有限公司与攀枝花学院合作真空电解制钛项目，双方在 2010 年西博会上已正式签约，东泰公司将投资3 000万元，将实验室科研成果转化为规模化生产。促成东泰现代农业股份有限公司在仁和区推广种植韩国辣椒，年底已租地试种 13.33 万平方米，且产出品质良好的韩国辣椒。推动攀枝花台湾特色水果母本示范园暨台湾风情园建设，在东区银江镇沙坝村四社建设 40 万平方米台湾优质特色水果母本示范园，开展台湾优质特色水果新品种引进、种苗繁育、成果推广示范、示范基地建设、培养基层水果专业人才等工作。同时在示范园内拟建设台湾风情园，通过台湾风情园向社会各界展示台湾特色水果以及台湾先进的农业技术和营销理念；在攀枝花台湾特色水果母本示范园引种台湾“莲雾”成功后，积极推动台湾“莲雾”在盐边县益民乡垭谷村扩大种植 13.33 万平方米。2011 年预计种植面积达到 53.33 万平方米；邀请台湾林朕古一行到攀枝花市考察“九品莲花”项目，先后到东区、盐边县、仁和区考察，并在攀枝花市进行有关休闲农业的专题讲座，参加讲座的有市、区农业、旅游业部门领导、农业龙头企业负责人、有关村社负责人。推动台湾采鑫能源科技股份有限公司与钢城企业公司洽谈太阳能合作开发事宜以及在攀枝花设 CIGS 路灯和太阳能屋示范项目，努力促进攀枝花低碳清洁能源产业发展；推动攀枝花干热河谷生物工程有限公司在攀枝花市盐边台湾农民创业园展开中国咖啡谷生态区项目；推动攀枝花市台资企业四川长矶公司在台湾的母公司台湾佶楠公司在“珠洽会”上与钒钛园区签订硅铝合金生产项目，按协议在 2011 年 11 月前，该公司将投资 1 亿元建成年产 4 万吨硅铝合金项目。

【服务台资企业】 2010 年，为帮助台资企业协调解决生产生活中的各种困难，为台资企业创造一个良好的投资环境，市台办先后为四川长矶金属工业公司扩产再投资提供服务;协调解决大友公司与同德镇村民合同纠纷,协调仁和区解决东泰农业公司在仁和区用水问题,协调永丰余公司反映高速公路建设占地问题等。市台办努力为台资企业创造良好的生产生活环境,赢得了台资企业的好评。

【对台交流交往】 2010年,攀枝花市组团赴台交流考察共计9批90人次:市委副书记张剡率攀枝花市盐边台湾农民创业园成员单位赴台推介攀枝花,应台湾威奈联合科技股份有限公司的邀请,市委常委、副市长赵辉率攀枝花市太阳能考察洽谈团一行8人赴台湾进行考察交流活动;市委常委、市纪委书记李群林率队赴台进行农业考察;市政府副秘书长杨星坪率攀枝花市体育交流团赴台,和台湾台北市双元国中、秀峰国中、淡水国中、仕林高中、重庆国中、阳明国中、强树高中开展棒垒球队的10场交流学习比赛;市政府副秘书长尹森一行3人赴台,为四川省"天府四川宝岛行"作前期准备工作;市旅游局副局长李福惠等4人随"天府四川宝岛行"赴台交流考察。

2010年4月,市人大副主任、市中心医院院长张汝林一行6人赴台参加两岸医院管理学术交流。10月,攀枝花苏铁国家级自然保护区管理局高级工程师余志祥应邀参加台湾师范大学召开的"海峡两岸苏铁类及兰科植物保育研讨会",在会上做了《浅议低强度火烧对攀枝花苏铁生长环境的影响》学术报告,报告引起与会专家学者广泛关注和热议。大会建议攀枝花苏铁国家级自然保护区与台东苏铁保留区建立姐妹保护区关系,此项工作进展顺利。

【对台宣传】 2010年,利用春节等传统节日,市台办制作《金色攀枝花》形象宣传画册赠送到攀枝花投资、考察、参访台胞。印制和谐攀枝花贺年卡寄往台湾,传递两岸血浓于水的乡情、亲情;利用攀枝花市各种考察交流团赴台机会,印制《这里得天独厚》、《魅力太阳城,创富金土地建设指南》、《攀枝花特色效益农业》等宣传资料在推介会和考察交流中赠送给台湾朋友,达到宣传攀枝花的目的;利用攀枝花日报和中国台湾网等媒体宣传攀枝花市情和对台工作等情况;借台湾八大电视台《世界第一等》栏目摄制组一行6人到攀枝花拍摄民族风情、特色美食、特色产品的机会,向台湾同胞及东南亚、美国华人介绍攀枝花市迤沙拉民族建筑、民族歌舞、民族服饰、民族饮食。特别介绍称之为"安宁沙参"的爬沙虫从捕捞到制作成特色美食的过程。攀枝花市具有块菌(松露)之乡美誉,所产块菌品种齐、产量大,具有广阔的市场前景。摄制组用镜头向世人介绍了野生块菌的搜寻采挖到储藏、块菌酒和块菌料理的制作。主持人对块菌料理的独特鲜香啧啧称奇赞不绝口。同时,摄制组还向人们介绍了盐边羊肉米线、米易曾凉粉,通过这些民族风情、特色美食、特色产品的宣传,希望台湾同胞、东南亚及美国观众能知道攀枝花、认识攀枝花、走进攀枝花、投资攀枝花。

【台胞捐赠】 随着2010年9月盐边县三滩小学竣工投入使用,台胞捐赠攀枝花市520万元"八三〇"地震灾害受灾学校维修重建项目全部完成。台湾中航伟联集团捐资15 000元资助攀枝花市50名贫困小学生的捐款已交付贫困学生。省台办转交攀枝花市的台胞捐赠扶助款5万元,全部分发到50名(户)贫困台属、贫困学生手中。台北曹仲植基金会捐赠攀枝花市价值45 000元的71辆残疾人轮椅已于"全国助残日"发放给受助残疾人。

(王　铎)

保　　密

【目标管理】 2010年,市委、市政府将保密工作纳入市委、市政府综合目标考评保证目标内容。根据《四川省县级以上党政机关各部门、各企事业单位保密工作目标管理暂行办法》和《攀枝花市国家保密局关于〈暂行办法〉的调整补充意见》的要求,从自查报告、年度工作安排和总结、涉密文件清退、保密宣传教育资料征订、依法定密、签订保密承诺书、计算机户籍管理系统建设与违规外联软件安装、保密知识竞赛、党政机关保密大检查等方面,对120个县级(含县级以上)单位2010年度保密工作目标管理情况进行考核,其中达省一标的有99个,占82.5%;省二标的有13个,占11%;省三标的有8个,占6.5%;没有不达标的单位。

【市党政机关保密检查】 按照四川省统一部署和市委保密委员会2010年工作要点的安排,以新《中华人民共和国保密法》的施行为契机,2010年1月1日至10月20日在全市开展党政机关保密大检查工作。市委保密委员会对检查工作高度重视,成立由市委常委、秘书长、保密委员会主任邵革军任组长的检查领导小组,制定下发《中共攀枝花市委保密委员会关于开展2010年度保密工作检查的通知》,对全市党政机关保密检查工作进行安排部署,检查工作分自查整改和抽查检查两个阶段。各级各部门按照全市统一部署,认真开展自查整改工作,67个市级部门、5个县(区)按时报送自查整改报告,全市共检查计算机4 320台,涉密计算机124台,移动存在介质3 160个。9~10月,保密检查组对市总工会、旅游局等12个市级部门的自查整改情况进行抽查,占全市党政机关单位的11%。并抽调县(区)保密局长和技术骨干与市保密工作检查小组组成联合检查组,对5县(区)进行交叉检查。此次抽查中,共检查16个要害部门、25个要害部位、237台计算机(其中涉密计算机35台、工作计算机78台),移动存储介质65个(其中涉密介质36个),有力推进全市保密工作的深入开展,取得良好的效果。

【涉密载体集中清理】 根据中央保密委员会的统一部署,2010年市保密局在攀枝共市组织开展涉密载体集中清理工作,清理的重点是干部职工个人持有的国家秘密载体,各单位在岗(在职、借调、聘用)人员、近3年内离岗(离退休、调离、辞职、辞退）人员全部纳入此次涉密载体统一清理范围。市保密局同时开展《保密工作台账》的清理核定工作，并对清理情况进行检查。通过这次集中清理，收回个人持有的国家秘密载体，促使各单位进一步完善管理制度，规范涉密载体各个环节的管理，重新明确各单位的保密要害部门（部位）、涉密人员、涉密计算机、涉密移动存储介质等，推动保密工作台账的建立和完善，使保密管理做到底数清楚、心中有数。

【清理取缔涉密文件资料非法交易】 2010年，市保密局牵头市公安局、工商局、科技局开展打击违法收购、交易国家秘密专项保密执法检查。检查组分两组分别对攀枝花市旧货市场、再生资源集散场所和互联网站交易涉密文件资料信息情况进行集中检查，并对相关经营者进行保密法制宣传教育。在检查中，没有发现涉密文件资料非法交易情况，对个别单位违规出售内部资料的行为进行严肃处理，责成文件资料流失单位立即收回出售的内部资料，统一销毁，并对内部资料的管理进行整改，提交整改情况报告。

【计算机户籍管理】 完善攀枝花市涉密计算机户籍管理系统和涉密计算机违规外联阻断系统，已有35个部门、5个县（区），共863台计算机已经纳入管理，有效防止了计算机违规接入互联网造成泄密事件的发生。

【保密技术防范三大平台建设】 2010年，保证目标中的保密技术防范三大平台即涉密移动存储介质管控系统平台、政府互联网门户网站保密检查平台和重要涉密单位互联网出口检查检测平台的经费已落实，并与施工单位签订合同，正在建设中。这3大平台的建成，将使攀枝花市保密技术防范水平和技术监管水平提升到一个新水平。

【计算机信息系统分级保护】 认真贯彻落实《信息系统和信息设备使用保密管理规定》，落实计算机信息系统“分类管理、分级保护”要求，开展计算机信息系统清理核查工作，有计划地开展涉密信息系统的分级保护工作，配备相应的防护设备。经过核查，全市共登记备案涉密单机300余台，没有经过测评和审批的涉密网络。

【学习宣传新《保密法》】 2010年10月，新《中华人民共和国保密法》正式施行，攀枝花市开展系列学习宣传活动。在攀枝花日报刊登《保密法》颁布施行专版，发表各级保密委领导署名文章6篇。举办保密法制知识竞赛，全市8 000余人参加。开展以新《保密法》的学习宣传为主题的有奖征文活动，评出5篇优秀文章，并报送省保密局。播放《保密技术专题演示》、《信息化条件下的主要技术窃密手段及其防范》专题片10场，1 000余人观看。全市各级各部门还按照市委保密委员会的统一安排，通过标语、专栏、学习讨论、挂图展示、手机短信等多种形式，深入学习宣传新《保密法》，增强了全市干部职工保密法制意识。

结合新《保密法》的施行，市保密局对已有制度进行重新梳理，完善涉密文件、计算机管理等方面一些针对性、操作性、实用性较强的《保密管理规定》，制发《关于加强文件制作保密管理的通知》，转发国家保密局关于印发《〈信息系统和信息设备使用保密管理规定的通知〉的通知》、《关于进一步做好防范手机窃密泄密工作的通知》。

【保密培训】 2010年，市保密局分别在市委党校中青班、县级干部培训班、攀钢、东区、市国税局等单位举办保密专题讲座8期，培训干部500多名。10月，与市人事和劳动保障局协作，在全市机关公务员范围内开展了一次以学习新《保密法》和保密技术防范知识为专题内容的大规模培训活动，对全市党政机关7 000多人进行培训和考试。通过培训，使干部职工进一步增强敌情观念，牢固树立“保密无小事”的意识，了解和掌握基本的保密知识和保密技能，市保密局5名保密干部均参加市政府的行政执法考试，取得保密行政执法资格，保证了保密执法主体的合法性。

【国家统一考试保密管理】 2010年，积极指导、协助和配合教育、招生、人事、司法、财政、卫生、统计等主管部门，切实做好全市国家统一考试保密管理工作。特别是把高考试卷的安全保密作为重中之重，市保密局与市教育局、市招办、市公安局组成联合检查组，对高考保密室的安全保密情况进行复查，还坚持高考期间对保密室值班情况和保密制度执行情况进行抽查。同时，市保密局统一协调其他几项国家考试的试卷存放问题，加强检查和指导，对司法考试的保密管理进行全程介入。全市各项国家考试未发生泄密事件。

（丁　利）

市直机关工委

【思想建设】 2010年，市直机关工委以学习实践科学发展观活动为主线，深入贯彻落实中共十七届五中全会精神，大力推进学习型机关创建活动，积极创新理论学习方法，始终把党员干部的理论学习和思想教育放在机关党建工作的首要位置抓紧抓好。组织市直机关党务干部参加学习中共十七届五中全会精神报告会，帮助机关党员干部学习领会十七届五中全会和省委九届八次全会精神，读“十二五”规划，增强加快经济发展方式转变的信心和决心。9月14日，组织市直机关70个单位1 100余名党员干部在攀枝花学院礼堂观看市艺术剧院演出的、描写攀枝花市建市45周年成就的大型文艺晚会《魅力花城》，进一步增强了党员干部的爱国爱攀意识。10月11日~18日，组织机关党组织书记56人，分别赴华东、福建等地开展实地学习考察活动，通过学习借鉴外地先进经验，促使他们进一步解放思想，转变观念，从而推动机关党的工作再上新台阶。

【组织建设】 2010年，市直机关工委以贯彻落实攀枝花市《关于进一步加强与改进新形势下机关党工作的意见》(〔2009〕10号文件)为契机，以“机关党建要走在党的基层组织建设的前头”为目标，努力加强和改进机关基层党组织建设，不断夯实机关党建工作基础，确保机关党建走在全市基层党支部组织建设的前头。

抓好机关党组织班子队伍建设和换届选举工作，成立全市机关党建工作指导委员会，建立科学的党建工作运行机制。解决直属机关党组织2011年党建工作专项经费。全年共指导58个机关组织进行换届。指导新成立直属机关党组织6个，积极配合市委组织部对4名机关党委(党总支)专职书记进行考察。全年新任机关党委书记6名，机关党委书记进党组2名。

抓好先进典型的示范带动作用，“七一”期间，向市委组织部推荐先进基层党组织3个，优秀共产党员4名。其中，市法院的肖建忠被市委组织部推荐至省委组织部作为典型宣传。在创先争优活动中，市委办公室机关党委开展创先争优工作的典型事迹材料被推荐到省创先争优办公室宣传。命名一批党员示范岗和示范窗口，市直各部门(单位)全年组建党员先锋队、突击队、服务队94个，命名示范党组织87个，党员示范岗363名党员，示范窗口155个。坚持“双向培养”，为党组织输送新鲜血液。全年在市直机关中新发展党员78名，预备党员转正96名。

抓好机关党建工作的目标考核管理，结合市委中心工作和阶段性重点工作，修订完善《市直机关党建目标管理考核细则》，指导机关党组织切实搞好“双目标”管理工作。召开首次市直机关专职党委(党总支)书记测评会。

全力承办好全省党建研究会组织的“提高机关党的建设科学化水平研讨会”，9月7日，四川省党建研究会“提高机关党的建设科学化水平”研讨会在攀枝花市召开。会上，部分省直机关单位和绵阳、内江、宜宾、凉山等市州的代表围绕机关党建工作的总体目标，就加强和改进机关党建工作、提高机关党建科学化水平、提升机关党组织服务发展能力、构建机关党建新格局等进行研讨。

加强党费收缴的管理和使用工作，积极配合市委组织部开展市直机关工委党费收缴使用管理的专项检查。坚持推行返还在建离退休党支部党员所交纳党费的50%作为支部活动经费工作，对市总工会、市纪委、市统计局、市粮食局等4个单位划拨党费共计10 190元。

加强入党积极分子和党务干部的培养教育工作，4月19日~23日，举办市直机关第29期入党积极分子培训班，来自市直机关、各金融系统、市委其他派出党委的186名入党积极分子参加培训。培训新增“参观金色攀枝花”内容，并举行向玉树地震灾区遇难同胞默哀等仪式，增强入党积极分子的宗旨意识、责任意识和爱心意识，受到学员的广泛欢迎。6月17日~18日，举办市直机关第六期党务干部培训班，对90余名党务干部进行宣传、组织、纪检、统战方面的业务知识培训，进一步提高党员干部的业务工作水平。

开展“创先争优”活动，成立市直机关创先争优活动领导小组及办公室，下发《关于在市直机关基层党组织和党员中深入开展创先争优活动的实施意见》。8月17日，组织两个机关党组织参加市委创先争优活动座谈会，并向市委创先争优办推荐上报单位的公开承诺相关资料。8月20日，组织召开市直机关创先争优活动推进会，总结前一阶段工作开展情况，并对第二阶段工作任务进行安排部署。12月16日，在市中级人民法院召开市直机关创先争优活动现场会，市委创先争优活动领导小组领导在会上对市直机关开展创先争优活动情况进行肯定，并对下一步工作开展提出具体要求。市委常委、市委秘书长、市直机关工委书记邵革军在会上作重要讲话。全年，市直机关创先争优工作被市级媒体报道311次，省级媒体报道58次，被中直机关工委、人民网、中国共产党新闻网承办的中直党建网采用12篇。

【廉政建设】 2010年，市直机关工委坚持把党风政风建设作为机关党建工作的重要内容，严格执行党风廉政建设责任制，坚持标本兼治、综合治理、惩防并举、注重预防的方针，推进惩治和预防腐败体系建设，切实解决党员干部党性党风党纪方面存在的突出问题，努力建设为民、务实、清廉机关。

健全反腐倡廉工作机制，以贯彻落实《党员领导干部廉洁从政若干准则》为重点，采取各种行之有效的措施，加强《廉政准则》的宣传教育，使广大党员干部深刻领会、全面掌握《廉政准则》的基本要求和主要内容。制定《关于认真学习贯彻〈中国共产党党员领导干部廉洁从政若干准则〉的实施意见》，从教育、监督、惩处等方面对党风廉政责任制作出明确规定，进一步充实完善市直机关惩防体系的内容，健全反腐倡廉工作机制，使党风廉政建设有机地融入到机关党建工作之中。

开展形式各样的廉政文化进机关活动，开展警示教育系列活动，为各单位组织警示教育片12部，制作光碟840张，通过以案示教、以案明纪，增强党员干部的党纪国法意识，从而筑牢拒腐防变防线。认真开展“崇尚廉洁促进和谐”廉政文化系列活动。组织开展市直机关“创建学习型机关打造创新型团队”演讲比赛，并组队参加全市的决赛。

开展《贯彻实施四项监督制度，进一步提高选人用人公信度》专题学习教育活动。组织工委机关全体党员干部集中学习《党政领导干部选拔任用工作责任追究办法(试行)》、《党政领导干部选拔任用有关事项报告办法(试行)》，观看全省贯彻实施四项监督制度，进一步提高选人用人公信度专题培训视频会议实况录像，并向县级领导干部发放《干部选任工作法规制度选编学习简明手册》，为进一步提高选人用人公信度打下良好基础。

抓好领导干部廉洁自律专项治理工作．认真执行党内监督各项制度，强化各级领导班子坚持民主集中制，积极开展批评与自我批评，增强党内生活的原则性。严格执行民主生活会、述职述廉、廉政谈话、诫勉谈话和党员领导干部报告个人有关事项制度。严禁领导干部违规收送现金、有价证券、支付凭证和收受干股，开展治理“小金库”专项工作等，认真执行中央和省、市委有关厉行节约、反对铺张浪费的规定，压缩行政示范公务接待，促进了领导干部廉洁从政。

做好廉政建设的督查考核工作，严格执行党风廉政建设责任制，合力推进惩防体系建设各项任务落实，抓好责任分解、责任考核和责任追究等关键环节，深化日常督查和重点工作的专项督查，加强工作的分类指导，做好年度工作的各类统计上报和情况反映，促进工作落实。参与全市惩治和预防腐败体系建设的检查，对市直机关10个单位进行抽查，开展推进惩治和预防腐败体系建设、落实党风廉政建设责任制33个非牵头单位的检查考核，促进了市直机关惩防体系建设任务的落实。

【精神文明建设】 2010年，围绕建设社会主义核心价值体系，大力加强机关和谐文化建设，深入开展系列群众性精神文明创建活动，推进机关精神文明建设新发展。

开展庆祝建市45周年系列活动，3月2日～4日，举办2010年市直机关庆祝建市45周年暨第九届元宵节登山活动，70个部门(单位)的3 000余名干部职工参与；组织代表队参加全市“阳光之声——金沙颂”诗歌朗诵会，由市中级人民法院、市国土资源局组成的市直机关代表队分获优秀奖；组织70个部门(单位)的80名领导干部，参加向攀枝花英雄纪念碑献花仪式。4月18日，组织60名机关干部参加全市第二十一个“爱国卫生月”宣传活动启动仪式。

举办“全民健身日”群众体育活动暨市直机关系列体育活动，8月8日～13日，举办市直机关系列体育活动。活动中的趣味体育及拔河比赛、羽毛球、“三人制”篮球、网球和乒乓球比赛等项目受到市直机关广大党员干部的广泛欢迎。

救助帮扶活动持续开展，在春节前夕，组织机关领导干部走访慰问对口帮扶职工生活困难户、市直机关特困职工和困难职工、有特殊困难的老党员、在职(退休)职工、死亡职工遗属、劳动模范等，共计52人(户)，慰问金总额为19 400元。组织市直机关工委副县级以上领导干部开展“‘七一’干群心连心走访日”结对帮扶慰问活动。积极组织市直机关广大党员干部开展为青海玉树地震灾区、甘肃舟曲及省泥石流灾区群众捐款献爱心活动，共捐献爱心款152万余元。9月20日，工委机关党支部组织部分干部职工到“挂包帮”活动帮扶村仁和区平地镇白拉姑村开展走访慰问活动。

【统战、工会、共青团、妇女工作】 2010年，加强统战工作理论宣传教育力度，引导、调动和组织各民主党派人士和党外知识分子充分发挥各自优势力量，为推进攀枝花市经济社会又好又快发展贡献力量。

市直机关工会工委组织市直机关46个部门(单位)460名干部职工参加全市第36届元旦健身跑活动；组织市直机关25个部门(单位)450余名干部职工参加东区首届东华山登山活动；组织40个单位680余人参加全国第二次国民体质监测；举办攀枝花市第九期市直机关二级社会体育指导员暨办公室保健操、健身气功培训班等活动，得到市直机关广大党员干部的积极参与和广泛好评。

市直机关团工委在“五四”青年节前夕召开市直机关团员青年联谊会，为市直机关广大团员青年提供互相交流、增进友谊的平台；组织志愿者参加“川滇黔十地市州市长峰会”和四川省第十三届少数民族体育运动会的志愿服务工作；开展“除陋习、树新风”志愿服务行动、社会力量助学助困活动和手机团委消费打折推介活动等服务中心工作、服务社会、服务青年的活动。

市直机关妇工委组织召开市直机关纪念“三八”国际劳动妇女节100周年暨妇女工作总结表彰会；组织开展深化城乡环境综合治理进家庭“低碳家庭·时尚生活”主题活动、“绿色洁美家庭”创评活动；继续抓好“三八红旗手”、“巾帼文明岗”、“巾帼建功标兵”等评选活动，进一步增强机关妇女立足岗位、争作贡献的观念；深入开展“巾帼文明岗”与“巾帼文明村”岗村联创活动，形成城乡互助共发展的格局。

【“领导挂点、部门包村、干部帮户”活动】 2010年5月，全市启动“领导挂点、部门包村、干部帮户”活动，活动领导小组办公室设在市直机关工委。

制定《攀枝花市开展“领导挂点、部门包村、干部帮户”活动三年规划及2010年工作安排》，在“四个明显”(扶贫解困明显推进，灾后重建明显加快，干部作风明显转变，基层组织明显加强)方面确定相应的帮扶规划，并对2010年的工作进行分阶段安排部署，确保各项工作有力、有序、有效推进。全市各县(区)、部门(单位)共制定三年帮扶规划及2010年帮扶工作方案463个，确定帮扶项目897个。帮扶工作在实现“三个全覆盖”[全市355个部门(单位)参与包村工作全覆盖、352个行政村被帮扶全覆盖和33名市级领导参与挂点全覆盖]的基础上，还向30个社区进行延伸。全市各级挂点领导带领干部职工走村入户、深入田间地头，开展调查研究，掌握村情、民需，找准发展经济、增加收入的关键所在，把本行业、本单位的优势与联系点的发展需求相结合，确定帮扶项目，制定帮扶规划。全年各级挂点领导深入村社调研1 763人次，部门参与1 253次，干部指导4 500多人次，召开座谈会223次，收集梳理群众意见1 256条，制定帮扶措施2 331条，全市提供帮扶资金86万余元，协调解决资金近1.5亿元。全市共有3 596名干部，采取“一帮一”、“几帮一”等形式，结对帮扶困难家庭560户。

注重改善基础设施，全年全市共投资3.9亿多元，用于改善农村基础设施建设。投入抗旱资金8 500多万元，解决17.48万人的临时饮水问题，浇灌果树、蔬菜9 666.67万平方米，确保了旱区的社会稳定，农民增收。投入改善人畜饮水资金1.08亿元，解决10.1万农村人口的饮水安全，帮助解决新农村示范片供排水和生产生活用水问题；建成防汛抗旱指挥系统，实现江河防汛重点部位、中型水库的远程监控和视频会商；建立山洪灾害预警机制，设立水库和江河洪水监测点6个，发放山洪灾害预警设备162台。投入农村交通资金2亿多元，新建通乡公路115千米，通村公路315千米。

注重智力帮扶，通过青年农民科技培训、农民实用技术培训、科技入户工程、专业培训机构代培委培等多种形式，推进先进适用的农业技术，扩大劳务输出规模。保证培训质量，重点是职业技能培训和农户种养业实用技术培训，以提高农民整体素质和脱贫致富技能。全年各单位共开展农民实用技术培训399次，参训人员近4.6万人，为帮扶村户送去书籍2.7万余册。

选派干部到基层，以“民主推荐关、资格审查关、实务培训关、年度考核关、业绩评判关”为标准，从市级各部门（单位）、国有大型企业中，选派111名优秀中青年干部到基层挂职锻炼。选派207名优秀干部到基层锻炼，发挥好桥梁纽带作用。

注重宣传，营造氛围。制定《攀枝花市“挂包帮”活动宣传工作方案》，召开“挂包帮”活动宣传信息工作会，对全市各县（区）、市级部门（单位）和国有大中企业的信息员、联络员进行宣传工作培训。建立“挂包帮”活动专题网页，在《攀枝花日报》设置专栏，通过广播、电视、报刊等媒体宣传报道190多次；编发工作简报143期，其中被省“挂包帮”活动专题网和四川新闻网采用74期次。

【城乡环境综合治理“进机关”活动】 2010年，充分发挥机关党员干部职工在城乡环境综合治理工作中的带头、服务和协调作用，以创建“双优环境”为抓手，着力建设文明、整洁、高效、和谐的新型机关，着力改善和美化攀枝花市的城乡环境面貌。

持续开展文明劝导活动，坚持在每周三集中组织机关干部职工上街开展文明劝导活动，在7月份为各参与文明劝导单位制作发放“集中治理四乱”宣传牌80余张，深入宣传集中3 000余人次，劝导不文明、不卫生行为40 000余人次。

深入开展城乡环境综合治理“除陋习、树新风”专项行动，4月~12月，在全市直属机关单位中集中开展城乡环境综合治理“除陋习、树新风”专项行动和“除陋习、树新风、心手传、文明行”主题宣传活动，通过在机关广泛开展“除陋习、树新风”大讨论，继续深化文明劝导活动，切实推动市城乡环境综合治理“进机关”工作。同时，进一步拓展城乡环境综合治理宣传形式和渠道，在9月同市水务集团、怡康公司联合开展“文明有‘怡’，健‘康’有礼”有奖宣传活动。

创新推进“五十百千示范工程”考核验收工作。要求全市参与“挂包帮”活动的部门和企事业单位中帮扶村为全省“千村”示范工程创建村的部门和企业，把“五十百千万工程”的攻坚工作列入重要议事日程，制定具体帮扶措施，深入村社，狠抓落实，切实帮助帮扶村做好“五十百千示范工程”的迎接考核工作。

（苗鹏亮）

市委党校

【概　况】 2010年，枝花市委党校、攀枝花行政学院、攀枝花社会主义学院（以下简称社院）有在职职工74人（含离岗待退4人），其中在职教师24人（教授2人，副教授10人、讲师8人、助教4人）。内设15个处室，即办公室、组织人事处、科研处、图书馆（信息技术部）、机关党委办公室（工会）、继续教育处、联络处、后勤管理处、教务处、公务员培训处、党建党史教研室、经济学教研室、行政学教研室、哲学文化教研室、科社法学教研室。

全年校院有四川省突出贡献优秀专家1人（吴宏放），四川省宣传文化系统“四个一批”人才1人（吴宏放），攀枝花市学术和技术带头人1人（赵文广），攀枝花市学术和技术带头人后备人选4人（罗润先、李卫民、陈宇波、王跃），市级优秀人才示范岗2人（吴宏放、罗莲）。

全年校院共完成主体班培训27个班次，共轮（培）训2 035人，校院教研人员共发表各级各类理论文章72篇。完成研究生三个年级共80人的教学管理及考试工作，全年被四川省委党校研究生部评为“目标综合管理先进单位”。信息化建设工作接受四川省委党校的信息化建设评估检查工作，并再度获得“全省党校系统信息化建设工作先进单位”称号。选派职工参加四川省委党校系统第二届乒乓球比赛活动，并取得男子团体冠军，男单第三名、第七名的好成绩，攀枝花市委党校获得“组织奖”。

2010年开展“献爱心·送温暖”活动，“七一”看望慰问十九冶贫困职工家庭，受到被捐助群众的赞扬。为对口帮扶村金江村“新农村阅览室”捐助农业科普书籍、农业技术实用手册、通俗读物340余本，受到村民好评。组织校院教职工为玉树、舟曲受灾群众捐款1万余元；为湖光社区组织的为玉树受灾群众捐款义卖活动捐赠图书70余册。

【干部短期轮（培）训】 攀枝花市委党校、市行政学院始终坚持正确的办学方向和求实创新的办学理念，围绕党委政府中心工作，搞好干部教育培训，充分发挥校（院）在干部培训教育中的主渠道、主阵地作用。2010年共完成主体班培训27个班次，共轮（培）训59人；完成全市新任县级领导干部培训班一期，培训31人；完成县级领导干部“学习贯彻十七届四中全会精神，提速增效、加快发展”轮训班8期，培训455人，完成2010年选调生岗前培训班1期，培训29人，完成选调生提升综合素质能力培训班1期，培训57人；举办公务员初任培训班1期，实际培训学员96人；举办公务员保密管理和信息安全知识轮训班14期，实际培训学员1 309人。较好地完成攀枝花市委下达的各项培训任务，为攀枝花经济社会发展培养了大批德才兼备的干部。校院教师上课能自觉遵守政治纪律，治学严谨、教风端正，做到“讲台有纪律，探讨无禁区”，注意维护党的形象、校院形象，主体班学员综合评价满意率达95%以上。

【举办“学习贯彻十七届四中全会精神”轮训班】 2010年，校（院）举办的8期县级领导“学习贯彻十七届四中全会精神、提速增效、加快发展”轮训班，在教学内容和教学方法上都体现了党校干部教育教学的针对性和实效性。教学内容的安排上把理论学习、能力建设、党性修养和研究解决实际问题结合起来，以十七届四中全会精神和中央经济工作会议精神为主要培训内容，安排9个专题课：《当前的新形势与领导干部的新任务》、《建设马克思主义学习型政党与领导干部的带头作用》、《解读全国、全省经济工作会议精神》、《学习贯彻中央经济工作会议精神与攀枝花发展实践》、《学习人民代表大会制度的理论与贯彻落实全国人大11届3次会议精神》、《学习政治协商制度的理论与贯彻落实全国政协11届3次会议精神》、《学习贯彻〈中国共产党党员领导干部廉洁从政若干准则〉》、《干部任免工作和从严管理干部相关要求》、《干部任免工作和从严管理干部相关要求》。

该轮训班结合攀枝花经济社会发展实际开设现场教学课。通过组织学员参观和与企业负责人座谈的形式，让学员直观地感受了解攀枝花市打造特色经济强市、推进攀枝花现代特色农业的发展的现状，现场交流中学员对县域经济建设、工业园区建设、加快新农村建设建言献策，这种互动的学习形式提升了学习效果，促进全市县级领导干部运用科学发展观干事创业、以新的理念和思路破解全市经济社会发展中的难题的水平。两次案例教学在实施过程注重发挥学生的主体作用，注重提高学员分析问题、解决问题的能力，尤其是通过讨论来激发学员思路，寻求多种途径解决问题。教学形式多样化受到了全体学员的一致好评，学员普遍认为：案例教学这种教学方式生动具体，贴近学员实际，教师与学员互动充分，研讨气氛热烈，相比单纯讲授式教学方法学员更有收获。

【举办第21期中青年干部理论培训班】 2010年10月11日至12月10日，攀枝花市委党校举办第21期中青年干部理论培训班，攀枝花市县级副职后备干部和优秀科级干部59人参加培训。在两个月的时间里学员集中学习十七届五中全会精神、中国特色社会主义社会建设、中国特色社会主义生态文明建设、当代国内社会思潮评析、攀枝花经济社会发展形势、攀枝花"十二五规划"情况介绍、反腐倡廉理论与实践、信访工作和群体性事件处理、国防建设、保密等专题知识。在教学中通过开设现场教学课、应对群体性事件及应对新闻媒体和网络舆情情景模拟教学、学员论坛，增强教学效果。

【开展攀枝花市公务员保密知识轮训】 2010年10月21日至11月12日，市委党校举办攀枝花市公务员保密管理和信息安全知识轮训班。该次轮训分为14个期次，计划轮训1 400人，实际参训学员1 309人。学员以市级行政机关公务员和参照公务员法管理单位中除工勤人员以外的工作人员为主。教学共设置《保密法讲座》和《信息安全知识》两个专题。

该次轮训得到市级有关部门的大力支持和分管领导的高度重视。从准备工作开始到轮训结束，攀枝花市人力资源和社会保障局、攀枝花市国家保密局和攀枝花行政学院通过加强组织管理，及时沟通协调，严格教学考勤等方式，确保培训取得实效。

通过轮训，学员普遍感到针对性和实用性较强。大家不仅了解了国家保密法的基本知识，熟悉了国家保密法的原则要求、任务和在工作中的应用特点，更重要的是增强了自身的保密意识和责任感。

【继续教育教学管理和招生】 2010年，在继续教育方面，完成东北财经大学网络学院攀枝花分院186人的教学管理和考试工作。完成研究生三个年级共80人的教学管理及考试工作，2010年被四川省委党校研究生部评为"目标综合管理先进单位"。

教学管理中完善学员考勤制度，搞好学员管理。组织学员开展社会实践调查。组织2008级研究生开展为旱情严重地区捐款活动。

加强研究生、东北财经大学网络学院的招生组织、协调、宣传工作，做好招生报名录取注册工作，全年录取研究生新生29人。东北财经大学网络学院招收录取新生62人。

【科研工作】 2010年，全校(院)教研人员共发表各级各类理论文章72篇，其中核心期刊5篇(《绿色交通体系与生态城市建设的逻辑与思考》、《人性化背景下的图书馆管理制度创新》、《论社会可持续发展的文化视野》、《民主的价值构成、价值量和评判标准》、《中国民主发展的阶段性特征与民主运行结构的调整》)，省级公开刊物25篇，市级刊物42篇；科研成果获得各级各类奖项14项，其中攀枝花2010年政务调研优秀成果一等奖1项(《攀枝花区域中心城市的战略定位与建设思路》)，二等奖2项(《倾力打造阳光生态休闲旅游度假区的调查与思考》、《倾力打造攀枝花现代农业基地》)。

在课题研究方面，全校(院)完成各级各类课题16项，包括2010年省党校重大调研课题7项：《发展低碳经济背景下加快攀枝花节能降耗的问题研究》、《攀枝花市社会组织发展的问题与对策研究》、《结构功能视域中的农村基层民主发展研究——以攀枝花市村级民主实践为例》、《民族杂居地区民族关系的调查与思考——以攀枝花为样本》、《优先发展城市公共交通实现城市的可持续发展》、《攀枝花市非物质文化遗产保护的现状、面临的问题及对策探讨》、《盐边县建设高素质农村基层党组织带头人的调查与思考》；市级重点课题3项：《倾力打造阳光生态休闲旅游度假区的调查与思考》、《倾力打造攀枝花现代特色农业基地》、《攀枝花区域性中心城市的战略定位与建设思路》；校级课题5项：《优化攀枝花资源利用结构的调查与思考》、《攀枝花湖光社区社会治安综合治理对策研究》、《提升攀枝花市政府机关行政执行力的对策研究》、《攀枝花巩固和发展民族和谐关系的调查与研究》、《市州党校文献信息资源开发与利用研究》。

图书馆建设突出党校重点学科藏书的采集，按照《攀枝花市委党校图书馆藏书建设规划》加强图书资料采购的针对性，努力为教学、科研提供所需图书，共采购图书832册、完成征订报纸25种、杂志362种。完成图书著录967册。全年接待读者2 659人次，书刊借阅1 762册。

信息化建设工作接受四川省委党校的信息化建设评估检查工作，并再度获得“全省党校系统信息化建设工作先进单位”称号。录制中央党校远程教学节目63个，并发布到学校内部网站，供教研人员适时观看。对图书信息综合大楼及全校的网络进行设计，并按方案进行设备的选型，总金额共计约141万元。职工更新27台电脑，改善了职工的办公条件。顺利完成2次（429人）拟任县处级领导干部政治理论水平远程考试，考试组织严密、措施得力，获得有关部门的好评。

【学习贯彻“两条例一纲要”】 2010年，校（院）委及时部署学习贯彻落实《中国共产党党校工作条例》、《行政学院工作条例》以及《2010—2020年干部教育培训改革纲要》（以下简称为“两条例一纲要”）的各项工作。通过理论中心组学习会、处室会和校园网等多种形式在全校（院）范围内迅速掀起学习讨论“两条例一纲要”的热潮，使全校（院）教职工进一步坚定信心，明确方向。通过深入开展党校、行政学校工作调研，进一步查找影响全市党校、行政学院系统发展的主要问题。通过组织有关人员外出考察，学习借鉴四川省部分党校、行政学院的先进经验和创新做法，将“两条例一纲要”的精神融入到党校各项工作中去，在具体工作中贯彻落实条例的精神和要求，进一步提高教学、科研、管理水平，促进校（院）事业科学发展。

【职工队伍建设】 2010年，校（院）注重加强职工队伍建设，始终坚持人才强校战略，注重以教师为龙头的职工队伍培训工作，加大对教师的培训力度，选派多名教师以及教学管理骨干到省委党校、浦东干部学院、井冈山干部学院进修学习。组织行政管理、后勤服务人员分2批，赴湖南韶山参加“理想信念教育”，更加坚定了共产主义的理想、信念和信心。

2010年校（院）以创建学习型单位、学习型支部活动为载体，在全体教职工中坚持开展年度阅读活动。学校购进《国情备忘录》、《毛泽东的读书生活》两本书发到每个处室，处室有计划地组织职工认真学习，力求活动扎实有效。

【设施建设】 2010年，攀枝花市委党校为专职教师和部分管理部门岗位更新27台电脑，改善职工的办公条件。攀枝花市委党校图书信息综合楼主体工程已完工，该工程采取代建制。12月代建方——攀枝花市国有资产投资公司正式将该楼移交攀枝花市委党校，该项目建筑面积2 800平方米，现阶段正在进行设备采购安装。12月对年久失修的校园路面、绿化带进行全面改造，预计改造工程将在2011年3月完工。

（周　玮）

机构编制

【概　况】 中共攀枝花市委机构编制委员会办公室（简称市委编办）既是市委的工作机构，又是市政府的工作机构。市委编办在中共攀枝花市委机构编制委员会（简称市委编委）的领导下，负责全市行政管理体制改革和机构编制管理的日常管理工作。2002年机构改革，市委编办为市委编委的常设办事机构，与原市人事局合署办公。2010年9月，市委编办独立运行，列入市委机构序列，同月，市委任命张云忠为市委组织部副部长、市委编办主任，任凯军、靳阳山、肖文兴为市委编办副主任。2010年底，市委编办共有12名行政编制，部门领导职数3名，内设4个职能处室（综合党群机构编制处、政府机构编制处、事业机构编制处、机构编制督查调研处），内设机构科级领导职数4名。

【行政管理体制改革】 根据市级部门履职情况和市、县（区）事权划分两大课题，2010年，市委编办深入各县（区）、市级有关部门开展调查研究，掌握政府部门在转变政府职能、理顺职责关系、明确和强化责任几方面存在问题及原因。

1月20日，成立攀枝花市政府机构改革领导小组（组长由市委副书记、市长刘晓华担任，副组长由市委副书记张剡，市委常委、常务副市长王川红，市委常委、组织部部长张祖芸担任）。经反复研究、讨论、修改和论证，市委编办拟订《攀枝花市人民政府机构改革方案》，先后经过市政府机构改革领导小组会议、市政府常务会议和市委常委会的集体审议，最终省委、省政府于7月29日行文批准实施并报中编办备案。此轮政府机构改革，市政府工作机构从原来的37个（含工作部门32个、议事协调机构的常设办事机构3个、部门管理机构1个）精简到33个，精简10.8%，市政府工作机构不再设议事协调机构的常设办事机构、部门管理机构和办事机构。新组建市经济和信息化委员会、市人力资源和社会保障局、市商务和粮食局、市扶贫和移民工作局4个部门，将四川省攀枝花食品药品监督管理局、市人民防空办公室、市国资委3个部门调整为市政府工作部门，调整市商务局、市政府办、市水务局、市农牧局等部门职责，市交通局更名为市交通运输局，市规划和建设局更名为市住房和城乡规划建设局，市科技局更名为市科学技术和知识产权局，市文化局更名为市文化和新闻出版局，市广播电视局更名为市广播电影电视局。

9月10日，召开全市政府机构改革动员大会，会上宣读《攀枝花市人民政府机构改革方案》及实施意见，并宣布市政府机构改革相关部门的主要负责人名单。市委书记、市人大常委会主任赵爱明作重要讲话，市委副书记、市长刘晓华动员部署。市委常委、市委副书记张剡主持会议，市领导高方芹、谢道全、王川红、赵辉、李群林、邵革军、郑学炳、殷旭东、赵勇出席会议。至2010年底，各县（区）均完成动员工作，全市政府机构改革进入研究制定部门“三定”阶段。同时，完成市、县（区）食品药品监督管理机构整体移交地方的接收工作。

主动服务经济社会发展，建立起新型水务管理体制。按照精简、统一、效能机构设置原则，将分散在政府相关部门的涉及城乡水源、供水、用水、节水、排水、污水处理及回用等行政管理职能调整为由一个部门实行集中管理，组建水资源和相关涉水事务统一管理的市、县（区）水务局。

【事业单位清理调整】 2010 年，对县（区）基层公共服务组织体系进行调研，完成乡镇卫生院及乡镇基层社会保障等行业的体系建设工作。重新梳理市属事业单位，完成文化市场综合执法工作前期的摸底调查和相关协调工作，对教育、卫生、农牧、水利等所属部门的 30 余家事业单位预算运行情况进行实地调研，并对市属事业单位进行初步分类。在中等职业院校（市经贸旅游学校、市建筑工程学校）实行编制动态调整的试点，探索在事业单位推行按行业制定编制动态方案的管理模式。

调整市属中小学校教职工编制，根据高中课程改革的要求，结合全市市属中小学校生源大量增加的实际，在实地调研和多方征求意见的基础上，对全市市属中小学校（包括市外国语学校、市二中、市三中、市四中、市七中、市实验学校、市九中、市十一中小）教职工编制进行调整，共增加 158 名事业编制。

加强部分公立医院编制。为缓解全市综合性医疗机构人员编制紧张的情况，经过反复调研和征求意见，结合全市的实际，参照相关行业标准，对全市的中心医院、妇幼保健院等事业机构的编制进行调整，共增加 80 名事业编制。

【机构编制监管】 加强《机构编制违纪行为适用〈中国共产党纪律处分条例〉若干问题的解释》的宣传贯彻工作，转发中央编办关于湖南省处理溆浦县机构编制违纪违规问题的情况通报，并在机构改革期间，冻结全市各级党政群机构编制审批和人员调动工作。

不断完善机构编制实名制管理，建立起由编制、组织、人事、财政参与组成的实名制管理工作联动机制，逐步落实编制证（卡）制度，从源头上杜绝超编进人现象发生。配合省委编办做好由攀枝花市研发的《机构编制管理软件》在全省的推广培训工作。及时更新攀枝花市《机构编制管理软件》的信息、数据，严格财政供养人员管理，并定期和财政部门互通财政供养人员数据信息。对县（区）行政编制、事业编制、政法编制、工勤编制和实有人数进行定期督查，准确掌握超编情况，并为全市县（区）公招考试工作提供数据支持。

建立饥构编制事项登记督察制度，完善“12310”举报电话受理制度，对市级部门执行“三定”等情况进行重点监督检查。强化县（区）机构编制报送制度，县（区）机构编制部门每季度要向市委编办上报机构编制情况，并及时督查相关问题的解决进展情况。修改完善《中共攀枝花市委机构编制委员会及其办公室工作规则》，将“县（区）副科级及其以上党政群机构和事业机构的设立、撤销、合并或者变更规格、名称”的审批权限上收到市委编委。

创办《机构编制工作信息》，随着党和国家行政管理体制改革的不断深入和机构编制方面一系列政策法规的出台，以及各级机构编制管理体制的调整，机构编制管理工作得到不断加强，许多新情况、新问题需要做大量的学习借鉴和调查研究。为此，市委编办编发《机构编制工作信息》，主要内容为宣传政策法规、反映工作动态、讨论热点问题和交流调研成果。

【事业单位登记管理】 2010 年，启动全市“网上办公和实时汇总事业单位登记管理系统”实施工作，认真做好全省事业单位网上登记及中文域名注册的前期准备工作。全市各级各类事业单位共1 100家，已登记为法人事业单位 975 家，登记率为 88.6%。市本级事业单位已登记 223 家，其中新登记 4 家。注销 1 家，年检合格 219 家。县（区）事业单位登记 752 家，其中新登记 21 家，年检合格 718 家。

（和江华）

攀枝花市人大常委会

【市八届人民代表大会第五次会议】 2010 年 3 月 20 日～23 日，攀枝花市第八届人民代表大会第五次会议在攀枝花会展中心召开。会议议程听取和审查攀枝花市人民政府工作报告；审查和批准攀枝花市 2009 年国民经济和社会发展计划执行情况的报告及 2010 年国民经济和社会发展计划（草案）；审查攀枝花市 2009 年财政预算执行情况的报告及 2010 年财政预算（草案），批准 2009 年攀枝花市本级财政预算执行情况的报告及 2010 年市本级财政预算；听取和审查攀枝花市人民代表大会常务委员会工作报告；听取和审查攀枝花市中级人民法院工作报告；听取和审查攀枝花市人民检察院工作报告；选举及其他事项。

会议作出关于市人民政府工作报告、攀枝花市 2009 年国民经济和社会发展计划执行情况的报告及 2010 年国民经济和社会发展计划、攀枝花市 2009 年财政预算执行情况的报告及2010年财政预算、攀枝花市人民代表大会常务委员会工作报告、攀枝花市中级人民法院工作报告、攀枝花市人民检察院工作报告等的决议。会议补选张国民为攀枝花市人民代表大会常务委员会副主任；补选邓冰蓉（女）、刘立（女）、李国家、李绍华、杨树钊、何先春、钟国元为攀枝花市第八届人民代表大会常务委员会委员；补选李国家为攀枝花市第八届人民代表大会法制委员会主任委员、邓冰蓉为攀枝花市第八届人民代表大会城乡建设环境资源保护委员会主任委员；补选张敏为攀枝花市人民政府副市长；补选卢旭东为攀枝花市人民检察院检察长（需报请四川省人民代表大会常务委员会批准）。会议期间，收到代表提出的议案（均转为建议）17件；批评、建议和意见99件，两项合计116件。

本次会议应到代表278人，实到代表269人。

【常委会议】 2010年，市八届人大常委会在攀枝花会展中心召开了第26～35次常委会议，先后听取和审议的议题有：传达省十一届人大三次会议精神；讨论和修改市人大常委会工作报告（草案）；审议通过关于2009年度攀枝花市人大常委会审议意见及市人民政府对审议意见的办理情况摘要的公告（草案）；听取攀枝花市第八届人民代表大会第五次会议筹备工作情况的报告；审议攀枝花市第八届人民代表大会第五次会议议程（草案）；审议攀枝花市第八届人民代表大会第五次会议主席团和秘书长建议名单；审议决定攀枝花市第八届人民代表大会第五次会议列席人员名单；审议通过攀枝花市第八届人民代表大会常务委员会代表资格审查委员会关于个别代表的代表资格的审查报告（草案）；审议通过市人民政府关于提请审议攀枝花市国有资产投资经营有限责任公司贷款用于基础设施项目建设的报告；讨论通过《攀枝花市人民代表大会常务委员会关于召开攀枝花市第八届人民代表大会第五次会议的决定》（草案）；讨论通过攀枝花市人大常委会2010年工作要点（草案）；听取和审议市人民政府关于文化产业现状的情况报告；审议通过《攀枝花市人大常委会工作评议暂行办法（草案）》；审议通过《攀枝花市人大常委会关于评选表彰优秀议案、建议、批评和意见及办理先进单位、先进个人的办法（草案）》；攀枝花第八届人民代表大会常务委员会主任会议关于许可对市八届人大代表侯宗发采取强制措施决定的情况报告；听取和审议市中级人民法院关于全市法院民商事审判工作情况的报告；听取和审议市人民检察院关于全市检察机关预防职务犯罪工作情况的报告；听取市人大财经委关于市本级政府债务情况的调研通报；听取和审议市人民政府关于贯彻执行《中华人民共和国农民专业合作社法》情况的报告；审议通过市人大常委会2010年上半年审议意见及办理情况公告；听取市人大常委会代表资格审查委员会关于终止攀枝花市第八届人民代表大会个别代表资格的报告；听取和审议市人民政府关于2009年度财政预算执行及其他财政收支审计工作情况的报告；听取和审议市人民政府关于2009年财政决算（草案）及2010年上半年财政预算执行情况的报告，审查和批准2009年度市本级财政决算；听取和审议市人民政府关于2010年上半年国民经济和社会发展计划执行情况的报告；审议通过《攀枝花市人民代表大会常务委员会规范性文件备案审查暂行办法》（草案）；听取和审议市人民政府关于贯彻执行《中华人民共和国环境影响评价法》情况的报告；听取和审议市人民政府关于集体林权制度改革情况的报告；审议通过市八届人大常委会代表资格审查委员会关于个别代表的代表资格的审查报告（草案）；听取和审议市人民政府关于代表在市八届人大五次会议上所提建议、批评和意见办理情况的报告；听取和审议市人民政府关于攀枝花市2010年财政预算调整情况的报告；听取和审议市人民政府关于全市公安队伍正规化建设的报告；对市住房和城乡规划建设局工作进行评议；对市人口和计划生育委员会工作进行评议；对市公安局工作进行评议；对市水务局工作进行评议；听取和审议市人民政府关于2010年实施民生工程情况的报告；审议通过关于召开市八届人大六次会议的决定（草案）；审议通过市八届人大常委会代表资格审查委员会关于个别代表的代表资格的审查报告（草案）；审议通过市人大常委会关于接受兰庭海辞职的决定（草案）；审议通过市人大常委会主任会议关于提名钟国元等四人为市八届人大常委会代表资格审查委员会委员的报告（草案）；听取和审议市人民政府关于贯彻落实“五五”普法决议工作情况的报告。

历次常委会议还分别进行了有关人事任免。

【主任会议】 2010年，市八届人大常委会召开了第46～66次主任会议，研究的事项和审议的议题分别有：讨论修改市人大常委会工作报告（草案）；听取市人大常委会研究室关于市人民政府对市人大常委会2009年审议意见办理情况的汇报；听取市人大常委会办公室关于市人大常委会第二十六次常委会召开时间和议题的汇报；听取市人大常委会代表资格审查委员会关于个别代表的代表资格审查的报告；听取市人大常委会人事代表工委有关人事事项的汇报；听取市人大常委会办公室关于市八届人大五次会议日程（草案）、市八届人大五次会议主席团和秘书长建议名单、市八届人大五次会议列席人员建议名单、攀枝花市人民政府关于落实市人大常委会《关于〈中华人民共和国科学技术进步法〉和〈四川省科学技术进步条例〉贯彻实施情况的审议意见的报告》的汇报；听取市人大法制委员会关于《攀枝花市人大常委会关于全市社会治安工作的审议意见》和《攀枝花市人大常委会关于全市民政福利事业发展情况的审议意见》的汇报；听取市人大常委会人事代表工委关于攀枝花市第八届人民代表大会个别代表的代表资格审查报告的汇报；听取市人大常委会人事代表工委有关人事事项的汇报；听取市人民政府提请审议攀枝花市国有资产投资经营有限责任公司贷款用于基础设施项目建设的报告；听取市人民检察院通报有关人事事项；听取市人大常委会人事代表工委通报有关人事事项；听取市人大常委会办公室关于第二十七次常委会议议题和召开时间的汇报；讨论市人大常委会2010年工作要点(讨论稿);听取市中级人民法院有关人事事项的汇报;听取市人大常委会人事代表工委关于《攀枝花市人大常委会工作评议暂行办法(草案)》的汇报;听取市人大常委会人事代表工委关于《攀枝花市人大常委会关于评选表彰优秀代表议案、建议、批评和意见及办理先进单位、先进个人的办法(草案)》的汇报;听取市人大财经委关于组织市人大常委会组成人员和部分市人大代表集中视察"十一五"期间重大项目和政府贷款项目情况初步方案的汇报;听取市人大常委会办公室关于第二十九次常委会议议题和召开时间的汇报;听取市人大常委会办公室关于市人民政府回复《市人大常委会有关主城区教育资源配置情况审议意见》情况的汇报;确定2010年进行工作评议的部门;关于市人大常委会规范性文件备案审查工作牵头部门的说明;听取市人民政府关于规划建设管理全面覆盖城乡情况的报告;听取市人大常委会教科文化工委关于《攀枝花市人大常委会〈关于攀枝花市文化产业发展情况的报告〉的审议意见》(草案)的汇报;听取市人大常委会人事代表工委通报有关人事事项;听取市人民政府关于调整国有企业改革贷款情况的汇报;听取市中级人民法院关于人事事项的汇报;听取市人大常委会人事代表工委关于人事事项的汇报;听取市人大常委会办公室关于市人大常委会2010年工作评议建议意见的汇报;听取市人大常委会办公室关于市人大常委会第三十次常委会召开时间和议题的汇报;听取市人大常委会办公室关于市人大常委会2010年学习交流方案的汇报;听取市人大常委会研究室关于市人大常委会2010年上半年审议意见及市人民政府办理回复情况的汇报;听取市人民政府关于人事事项的汇报;听取市人民检察院关于人事事项的汇报;听取市人大常委会2010年工作评议方案的汇报;听取市人大常委会办公室关于组织市人大常委会组成人员和部分市人大代表视察灾后恢复重建情况方案的汇报;听取市人大法工委关于《攀枝花市人大常委会关于全市法院民商事审判工作情况的审议意见》和《攀枝花市人大常委会关于全市检察机关预防职务犯罪工作情况的审议意见》的汇报;听取市人大常委会办公室关于干部职级待遇的有关政策的汇报;听取市人民政府关于上半年工作情况的汇报;听取市人大常委会办公室关于《攀枝花市人民代表大会常务委员会规范性文件备案审查暂行办法》(初稿)的汇报;听取市人大常委会办公室关于市人大常委会第三十一次常委会召开时间和议题的汇报;听取市中级人民法院关于上半年工作情况的汇报;听取市人民检察院关于上年工作情况的汇报;听取市人民检察院通报有关人大代表采取强制措施的相关情况;听取市人大财经委、城环资委、常委会农业民族工委关于市八届人大第31次常委会议题审议意见的汇报;听取市人大常委会办公室关于视察"巩固创模成果,推进国模创建"及城乡环境综合治理工作建议方案的汇报;听取市人大常委会工作评议小组关于评议工作进展情况的汇报;听取市人大常委会调研组关于贯彻落实市委人大工作会议精神的情况汇报;听取市人大常委会调研组关于区县经济和社会发展的情况汇报;听取市人大常委会调研组关于代表反映的几个问题的情况汇报;传达省人大办公厅关于当前人大工作中一些重要情况的通报;听取市人民政府有关人事事项的报告;听取市人民政府关于攀枝花市2010年财政预算调整情况的报告;听取市人大常委会办公室关于市八届人大常委会第三十三次会议召开时间及建议议题的汇报;听取市人大常委会人事代表工委关于人事事项的汇报;听取市人大各项专工委关于工作评议进展情况的汇报;听取市人大常委会办公室关于市八届人大常委会第三十四次会议召开时间及建议议题的汇报;听取市人大常委会办公室关于工作评议程序性工作情况的汇报;听取市人大各专工委关于工作评议情况的汇报;听取市人民政府关于贯彻落实《流动人口计划生育条例》情况的报告;听取法委关于市公安局工作评议调查报告;听取城环资委关于市住房和城乡规划建设局工作评议调查报告;听取教科文卫工委关于市人口和计划生育委员会工作评议调查报告;听取农业民族工委关于市水务局工作评议调查报告;听取法委关于市人大常委会第三十三次会议审议意见的情况报告;听取办公室关于第三十四次常委会议进行工作评议有关具体事项的汇报;听取市人民政府关于"十一五"规划执行和"十二五"规划编制情况的汇报;听取四个评议小组关于市八届人大34次常委会对四个部门的评议意见的情况汇报;听取常委会办公室关于民生工程实施情况视察方案的情况汇报;听取常委会办公室关于市八届人大35次常委会会议时间和议题的情况汇报;听取常委会办公室关于市八届人大六次会议筹备方案的情况汇报;听取常委会办公室关于对审议意见办理情况报告提请35次常委会进行表决的情况汇报;听取代表资格审查委员会关于补选代表资格审查的情况汇报;听取市人大常委会人事代表工委关于接受兰庭海辞职的报告;关于提名补充代表资格审查委员会委员的报告;听取第35号审议意见(市人民政府关于攀枝花大剧院建设有关情况的报告)办理情况的汇报;听取市人民检察院有关人事事项的汇报;讨论市人大常委会工作报告。

【调查视察】 2010年,市人大有关专门委员会及常务委员会有关工作委员会,围绕常委会议和主任会议审议"一府两院"工作情况的议题,先后就市政府关于攀枝花市文化产业发展情况、贯彻实施《中华人民共和国农民专业合作社法》情况、攀枝花市集体林权制度改革情况、贯彻执行《中华人民共和国环境影响评价法》情况、攀枝花市公安队伍正规化建设情况、攀枝花市住房和城乡规划建设局工作评议情况、攀枝花市规划建设管理城乡全覆盖工作情况、攀枝花市水务局工作评议情况、贯彻执行《流动人口计划生育工作条例》情况、攀枝花市人口和计划生育委员会工作评议情况、攀枝花市公安局工作评议情况、贯彻落实"五五"普法工作决议情况,以及全市法院民商事审判工作情况、全市检察机关预防职务犯罪工作情况等进行调查、调研,并形成调查报告或审查报告,指出存在的问题和不足,提出合理的建议,供常委会议或主任会议参考。

关于攀枝花市文化产业发展情况,调查报告认为存在的主要问题,企业规模普遍偏小,缺少龙头带动企业,缺乏重点产业和项目;公益性文化基础设施和促进文化产业发展的政策措施还不够完善;人才流失问题比较突出,吸引和留住人才的激励机制缺乏。调查报告建议:要充分认识文化产业是市场经济条件下繁荣发展社会主义文化的重要载体,是满足人民群众多样化、多层次、多方面精神文化需求的途径,也是推动攀枝花经济结构调整、扩大为需、增加就业的一个着力点,因此,应该通过制定政策、鼓励投资、引进项目、业务指导切实加强政府引导,不断强化文化产业发展的市场主体地位,进一步完善文化市场主体,努力扩大产业规模,不断提高产业效益;加强公共文化基础设施建设,加大重点产业和项目资金与政策扶持力度;建立吸引留住人才的激励机制,妥善解决改革遗留问题;研究建立文化产业统计指标体系和调查核算制度,为文化产业发展提供信息支撑。

关于贯彻实施《中华人民共和国农民专业合作社法》的情况,调查报告认为存在的主要问题,宣传不够广泛深入,部分民众入社积极性不高;农民专业合作社专业不专,发展不平衡;制度不健全,财务管理不规范;. 扶持政策和措施不到位。调查报告建议:继续加强《中华人民共和国农民专业合作社法》的宣传培训工作。加强对专业合作社的服务和指导。围绕特色产业发展专业合作社。加大对农民专业合作社的扶持力度。规范财务管理,完善利益分配机制。

关于集体林权产业制度改革的情况,调查报告认为存在的主要问题,林改工作艰巨复杂、任重道远;配套政策跟不上林业改革和发展的需要;科技和服务技术还不适应林业改革发展的需要。调查报告建议:要继续巩固集体全制度改革成果;要不断深化改革,建立长效机制;要建立和完善林业资产评估体系和融资平台;做到发展和监管并重,促进现代林业发展;重视抓好林业人才队伍建设,完善社会化服务体系。

关于贯彻执行《中华人民共和国环境影响评价法》的情况,调查报告认为存在的主要问题;由于战略环评与规划环评滞后于项目环评,招商引资和生产发展的压力致使规划难,有效地指导项目和园区建设,加之特殊的地形地理条件,涉污项目主要是重污染工业项目、分布分散,大多生产规模小,工艺水平低,产出的多是行业初段产品,没有形成产业链;虽然许多项目进行环评,也执行环保"三同时"(建设项目中污染防治措施必须与主体工程同时设计,同时投入使用),但由于投资额和运行成本的原因,仍有2%左右的项目存在污染物外排的情况,未批先建、批大建小、超期试生产等违规现象时有发生;环境影响评价在工业项目建设中执行较好,而非工业项目如房地产、餐饮娱乐等行业的环评和环保"三同时"制度落实情况相对较差;环保监管技术和执法水平有待进一步提高,存在建设项目全过程监管力度不够,"重审批、轻管理"的情况;四是环保工作公众参与不够,还没有真正调动起全民关注、参与、支持环保的积极性。调查报告建议:要拓宽公众参与渠道并充分发挥公众和各类媒体的监督作用,营造出"环境保护无小事,保护环境我先行"的良好社会氛围;提高环评工作效率,增强环评宏观调控和服务能力;加强环保队伍建设,提高环保执法水平;推动环保工作科学发展,坚持不懈抓好环保工作。

关于公安队伍正规化建设的情况,调查报告认为存在的主要问题和困难,少数民警业务素质不高,工作能力不强;少数民警在思想观念和纪律作风方面存在问题;从优待警工作需进一步加强;绩效考核制度有待进一步完善;个别派出所建设滞后。调查报告建议:要坚持政治建警;要深入推进"大学习、大培训、大练兵、大比"为主要内容的"四大"活动,强化民警政治、业务、技能和体能的锻炼,提升民警的综合素质和工作能力;要着力深化绩效考核工作;要尽力做好从优待警工作;要努力加强执法规范化建设。

关于对住房和城乡规划建设局工作的评议,调查报告认为住房和城乡规划建设局的工作存在的主要问题,虽然规划编制成果突出,但规划实施过程中规划的严肃性仍然受到挑战,尤其是某些招商引资项目不遵守法定建设程序,未批先建、边批边建的现象还存在,项目影响规划的现象还未得到彻底遏制;建设项目招投标管理体制存在多头管理、职责不清的缺陷;住建队伍自身建设、行政执法和服务能力有待进一步加强。调查报告建议:要进一步增强规划编制的科学性和规划实施的严肃性;要进一步理顺城乡规划建设管理体系;要进一步加强住建系统队伍建设。

关于规划建设管理城乡全覆盖工作的情况,调查报告认为存在的主要问题,《中华人民共和国城乡规划法》相关法规条文原则性太强,可操作性差,行政管理困难;规划编制和实施过程工作民众参与度差;建设项目与规划严肃性存在冲突,违法建设行为依然存在;乡(镇)规划及建设管理工作开展举步维艰。调查报告建议:要加大《中华人民共和国城乡规划法》的宣传教育力度,增强城乡居民"先规划,后建设"的法制意识;要健全城乡规划建设管理机构;要严格依法行政,确保城乡规划的严肃性和权威性;要认真做好乡(镇)规划和农民自建房的技术支持和规划执行的管理工作,突出特色,促进乡(镇)又快又好发展。

关于水务局工作评议,调查报告认为水务局的工作情况存在的主要问题,行政执法人员不足,执法装备差、行政执法被动;水利专业技术人才严重不足,影响了水利工程项目的勘察设计、规划项目的包装储备以及水利工程建设的监管质量;防大汛抗大旱的预警设施不足,应对大灾的对策和措施还需进一步完善;对二半山区农业节水技术的推广应用力度不够,河谷地区高新节水灌溉技术的推广面不宽;已建水利工程设施的管理维护体系和机制不完善,影响了水利工程设施的长期使用效益。调查报告建议:要加强水务法律法规宣传,增强民众的节水意识;要严格依法行政,依法管理;一要加强水务人才队伍建设;要加强水利工程项目建设的监管和维护;一要加强水资源保护,促进国民经济可持续发展。

关于贯彻执行《流动人口计划生育工作条例》的情况,调查报告认为存在的主要问题,人员配置和经费投入还不能完全适应进一步做好工作的要求；统筹解决流动人口问题的机制体制尚未根本形成；流动人口计划生育信息采集和管理的方法还不够成熟，服务和管理还存在真空地带。调查报告建议：市、县（区）应进一步健全流动人口工作机构，合理配备必要的工作人员；要进一步完善部门协调、综合管理工作常态机制，切实推动流动人口服务管理“一盘棋”制度更加健全和落实；要理顺大企业和地方政府职责的关系；要及时总结服务管理工作已经取得的经验，使流动人口计划生育管理工作更加成熟规范。

关于对人口和计划生育委员会工作的评议，调查报告认为人口和计划生育委员会的工作情况存在的主要问题，流动人口计划生育服务管理基层基础工作还较薄弱，统筹解决流动人口问题的机制体制尚未根本形成；随着依法治国的深入推进，计划生育工作出现了一些新情况、新问题，原有违法生育的处罚手段已不适用，激励和扶助政策也不能完全适应经济社会新变化，新的有效应对措施和手段还不够完善；“大人口”观念在基层还没有完全树立起来，基层计生管理和技术服务主要还停留在单纯的计划生育工作层面。调查报告建议：应及时总结管理服务工作已经取得的经验，将健全和规范机构和基层工作队伍建设、理顺大企业和地方政府职责的关系、完善部门综合协调管理体制和信息采集管理制度、健全经费保障机制作为着力点，推进管理服务工作机制和体系进一步完善；要深入探索人口和计划生育政策与有关公共政策的有机衔接，进一步提高计划生育家庭发展能力；要进一步加大“大人口”观与基层实际工作的结合力度，把提高人口素质作为计生工作的重要目标。

关于对公安局工作的评议，调查报告认为公安局工作存在的主要问题，刑事犯罪总量居高不下，过境毒品犯罪相当突出，社会治安形势依然严峻；少数民警业务素质不高、思想观念不正、纪律作风不严；入室盗窃、诈骗等侵财违法犯罪案件的破案率，与人民群众的期望还存在一些差距，队伍管理方面，绩效考核机制有待完善。调查报告建议：要从严治警，从优待警，着力打造一支忠诚、专业、服务、奉献的公安队伍；要继续坚持严打、严防、严管、严治的“四严”并举方针，全力维护社会稳定；要转变观念，增添措施，积极构建和谐的新型警民关系。

关于贯彻落实“五五”普法决议工作的情况，调查报告认为存在的主要问题，普法工作城乡发展不平衡；普法工作形式创新不足；普法工作考核力度有待加强。调查报告建议：要进一步深化思想认识、加强组织领导，确保普法工作的深入开展；要着力创新形式、优化内容，增强法制宣传教育的针对性、时效性；要继续坚持普治并举、以普促治，推进依法治理水平的不断提高。

关于法院民商事审判工作的情况，调查报告认为存在的主要问题，存在个别民商案件办案质量不高，办案效果不好的情况；民商事法官严重不足，案件多法官少的矛盾凸显；民商事法官队伍的整体素质不适应新形势的需要；在民商事审判工作中，个别基层法院存在没有邀请人民陪审员参与案件审理，个别民商事裁判文书质量不高等现象。调查报告建议：要进一步强化能动司法，努力为全市经济社会发展服务；要进一步加强队伍建设，切实提高民商事法官队伍素质；要进一步完善工作机制，着力提高民商事审判工作质量。

关于检察机关预防职务犯罪工作的情况，调查报告认为存在的主要问题和困难，思想认识不到位，缺乏主动预防的责任意识，存在“重惩治轻预防”的倾向；工作机构不健全，制约了预防职务犯罪工作向专业化、规范化和社会化方向发展；工作机制不完善，预防职务犯罪领导小组及办公室、成员单位作用发挥不够，预防单位尽责不够，工作协作配合不够；预防职务犯罪手段的技术含量较低，尤其是信息基础建设和网络平台建设滞后。调查报告建议：要加强宣传教育，营造预防职务犯罪的良好社会氛围；要加强队伍建设，夯实检察机关预防职务犯罪工作基础；健全工作机制，增强预防职务犯罪工作的合力。

【办理代表批评、建议和意见】 市八届人大五次会议期间，代表提出的议案转建议17件；建议、批评和意见99件，共计116件。其中，涉及法制方面的13件，占11.2%；涉及财政、经济、交通方面的43件，占37.1%；涉及城市规划、管理、国土资源、环保方面的32件，占27.6%；涉及教育科学文化、卫生方面的8件，占6.9%；涉及农业民族方面的11件，占9.5%；涉及社会劳动保障、人事方面的4件，占3.4%；其他的5件，占4.3%。116件代表建议交由市政府办理111件、由市人大常委会办理3件、市中级人民法院办理1件、市残联办理1件。截至2010年8月31日，市政府办理111件建议的情况是：已经解决或基本解决的有17件，占总数的15.3%；正在解决或列入规划逐步解决的有64件，总数的57.7%；因不具备条件难以解决或权限不在市里，需向代表说明情况的有25件，占总数的22.5%；作为今后工作参考的有5件，占总数的4.5%。

其他部门办理的情况，分别是：市人大常委会办理3件，已经解决1件，权限不在攀枝花市，向代表说明情况2件。市中级人民法院办理1件，权限不在攀枝花市，已向代表说明情况。市残联办理1件，正在逐步解决。

在各承办部门的努力下，116件建议已按要求全部答复代表。市人大常委会人事代表工委共收到代表对办理情况的反馈意见表155份。116件建议中，代表对办理情况有反馈意见的共79件，占68.1%；没有反馈意见的共37件，占31.9%。155份反馈的意见中，满意的117份，占75.5%；基本满意的26份，占16.9%；不满意的12份，占8%（这12份不满意的反馈意见中，有6份只有文字表述，没有明写满意或不满意。经研究，并请示常委会分管领导，确定有文字表述的反馈意见，不满意的意思明确清楚，应视为不满意。到2010年10月22日止，12份不满意件，经过重办，代表再次反馈意见有10件满意，2件基本满意）。

【信访工作】 2010年，市人大常委会办公室信访处共接待来信来访983件次。其中，来信220件，比2009年同比减少

7.95%，来访269件494人次。从这220件来信中所反映的内容看：涉法涉诉类信访95件，占信访总量的43.18%；反映人事劳动社保类信访32件，占信访总量的14.55%；反映征地补偿及相关类信访23件，占信访总量的10.45%；举报类信访23件，占信访总量的10.45%；反映房地产及建筑纠纷类信访21件，占信访总量的9.55%；反映拖欠农民工工资和工程款方面信访8件，占信访总量的3.64%；反映行政执法问题信访7件，占信访总量的3.18%；反映环境污染类信访2件，占信访总量的0.91%；反映安全隐患类信访1件，占信访总量的0.45%；反映医疗事故类信访1件，占信访总量的0.45%；反映消费纠纷类信访1件，占信访总量的0.45%；反映管理服务类信访1件，占信访总量的0.45%；其他类信访5件，占信访总量的2.27%。

【人事任免】 2010年，市八届人大常委会议任免"一府两院"及其他工作人员60人(次)2月8日，市八届人大常委会第二十六次会议，免去刘霄市人大常委会研究室主任职务；任命罗百鸣为市人大常委会农业民族工委副主任。3月16日，市八届人大常委会第二十七次会议，免去黄天友市人大法制委员会主任委员职务；任命李绍华为市人大常委会副秘书长；免去沈钧市人民政府副市长职务；任命卢旭东为市人民检察院代理检察长。4月27日，市八届人大常委会第二十八次会议，任命杨柳平为市中级人民法院审判委员会委员；免去杜新市中级人民法院审判委员会委员职务。6月29日，市八届人大常委会第三十次会议，免去徐明磊市八届人大常委会教科文卫工委副主任、汪建洪市人大常委会办公室副主任职务；任命徐明磊为市人大常委会副秘书长、办公室副主任；任命汪建洪为市八届人大常委会教科文卫工委副主任；任命赵琪为市城市管理局局长；任命文仁寿、李仕强、李涛、杨海宏、陈海峰、徐贝贝、曹宇、黄群、衡心为市中级人民法院审判员；免去姚宏市人民检察院检察委员会委员、检查员职务；免去杨素芳、程素军、宋力敏市人民检察院检查员职务；9月20日，市八届人大常委会第三十二次会议，任命李兴华为市科学技术和知识产权局局长、刘建明为市经济和信息化委员会主任、钱卫为市民政局局长、杨林为市住房和城乡规划建设局局长、雷雨为市交通局局长、马泽林为市水务局局长、陈远俊为市商务和粮食局局长、马晓凤为市文化和新闻出版局局长、张雷为市广播电影电视局局长、徐翠为市统计局局长、韦美辉为市扶贫和移民工作局局长、杜勇进为市人民防空办公室主任、何昌文为市食品药品监督管理局局长；免去刘建明市经济委员会主任、李兴华市科学技术局局长、王向阳市民政局局长、张敏市人事局局长、刘忠杰市劳动和社会保障局局长、杨林市规划和建设局局长、雷雨市交通局局长、马泽林市水利农机局局长、张玲市商务局局长、马晓凤市文化局局长、张雷市广播电视局局长、何昌文市统计局局长、徐翠市粮食局局长的职务。10月28日，市八届人大常委会第三十三次会议，任命钟国元为市人大常委会研究室主任、王世全为市人大常委会研究室副主任。12月28日，市八届人大常委会第三十五次会议，任命熊开培、唐秋平、谭顺林、陈壮飞为市人民检察院检查员；免去柴红梅、蔡霞市人民检察院检察员职务。

攀枝花市人民政府

综　　述

【国民经济】 2010年，全市地方生产总值突破500亿元大关，达到523.99亿元，比2009年(下同)增长15.1%，其中一、二、三产业增加值分别为21.49亿元、386.63亿元、115.87亿元，分别增长3.9%、17.5%、9%；人均地方生产总值达到44406元，在全省继续位居前列；全市地方财政收入完成56.49亿元，增长10.4%。工业强市战略深入实施，钒钛、钢铁、能源、化工四大支柱产业不断壮大，矿业和机械加工产业加快发展，新兴产业培育取得新进展，成功跻身国家首批62个新型工业化产业示范基地，工业经济平稳较快增长，实现工业增加值364.63亿元，增长18%，规模以上工业企业户数达407户，新增6户，规模以上工业企业实现增加值348.59亿元，增长20.5%。农村经济稳步发展，农林牧渔业实现总产值36.52亿元，增长4.5%，粮食、蔬菜、水果、肉类总产量分别增长0.2%、4.1%、9.8%、3.4%。第三产业加快发展，全年实现旅游总收入42.01亿元，增长20.8%，社会消费品零售总额达到140.17亿元，增长17.7%。财税金融平稳运行，实现全口径地方财政收入107.1亿元，同口径增长7.22%，其中国税系统组织收入44.87亿元，增长11.1%，地税系统组织收入37.66亿元，增长16.9%。支出结构继续优化，实现地方财政支出94.46亿元，同口径增长12.6%，充分发挥财政资金的引导作用，全力促发展、惠民生、保投资，产业发展投入力度加大，民生投入大幅增长，重点项目建设资金得到保障。县区和园区经济加快发展，东区、西区、仁和区、米易县、盐边县地区生产总值分别增长12%、18%、23.8%、18.7%、14.8%，地方财政收入分别增长16.2%、9.1%、15.6%、22.2%、30.4%。

钒钛产业园区、县(区)工业集中区承载能力不断增强,聚集效应进一步凸显,其中钒钛产业园区(本部)完成工业总产值82.38亿元,增长62.8%,新签入园协议项目24个。

【改革开放】 体制机制不断创新。市级政府机构改革有序推进,市政府部门由37个精简到33个,机构设置进一步优化。农村综合配套改革继续深化,村级公益事业建设"一事一议"财政奖补试点工作稳步开展。集体林权制度改革深入推进,林权流转市场进一步规范。医药卫生体制改革全面启动,基本药物制度顺利实施。科技、教育、文化等社会事业体制改革加快实施。对外开放取得突破。成功举办川滇黔十市地州合作与发展峰会,与凉山、丽江、楚雄等毗邻市州建立互访交流机制,对外合作领域不断拓宽。依托长江沿岸中心城市信息合作联盟,大力宣传攀枝花市投资优惠政策,广泛发布区域合作信息,主动融入长江沿岸中心城市和重庆经济协作区等区域经济圈。外经外资外贸工作成效显著,实现外贸出口1.83亿美元,增长116.9%,实际利用外资2.08亿美元,增长16%,对外承包工程和劳务合作营业额达到1 059万美元,增长201%。招商引资再创佳绩。加强项目包装,突出产业招商,认真组织小分队招商活动,第十一届西博会签约项目和投资总额创历史新高,全年新签约履约项目160个,实际到位资金301.39亿元,增长33.5%,其中国内省外到位资金198.62亿元。招商引资项目结构进一步优化,投资额超过5 000万元的落地重大项目达140个,协议资金在1亿元以上项目达141个。

【城乡建设】 城乡建设步伐加快,组织开展《城镇化发展"十二五"规划》、《城乡风貌塑造专项规划》等编制工作,城市总体规划确定的建设用地范围基本实现控制性详细规划全覆盖,规划引领作用进一步发挥。炳三区等城市新区及小城镇建设步伐加快,旧城改造稳步推进,城市空间不断拓展。"八三〇"地震灾后住房重建工作全面完成,建成永久性农房12 553户、城镇住房158户。对外大通道建设加强,成昆铁路新线攀枝花段等进展顺利,区域内路网进一步完善,炳二区主干道等加快推进。缅气入攀项目前期工作进展顺利,水厂、电网、煤气管网等公用基础设施不断完善,公共服务功能进一步增强。环保模范城市创建工作取得积极进展,被省政府命名为省级环保模范城市,米易县、盐边县被命名为省级环保模范县。生态市建设稳步推进,生态县(区)创建工作全面展开,米易县顺利通过生态县建设省级技术核查,全市建成生态乡(镇)3个、生态村13个、生态小区5个。森林城市创建有序推进:生态修复积极开展,完成义务植树231万株,造林面积2.23万公顷,综合治理水土流失134.5平方公里,森林覆盖率达58.97%。城市管理明显加强,城乡环境综合治理全面推进,"五十百千示范工程"深入实施,"双创"成果进一步巩固。全面启动市区主要街道、花园的生态景观打造,新增、改造绿化景观5.6万平方米,初步形成四季有花、花团锦簇的特色花城景观效果。数字化城管稳步推进,基本实现市容市貌实时监控。

【社会事业】 自主创新能力不断增强,钒钛磁铁矿直接还原新流程、机械加工制造、高钛型高炉渣综合利用等技术攻关取得重要进展,高新技术产品及技术性收入达105亿元。深入开展群众性精神文明创建活动,城乡居民文明素质进一步提高。教育"两基"迎国检工作全面启动,义务教育均衡发展有力推进,中小学办学条件有效改善;两类高中教育发展水平进一步提高,职普招生比例达到4.9:5.1;高等教育和成人教育健康发展,逐步成为学习型城市建设的重要平台。文化事业进一步繁荣,群众文化活动丰富多彩,重大文化基础设施建设的前期工作有序推进,第三次全国文物普查成效明显,非物质文化遗产保护体系不断健全。卫生事业健康发展,市中心医院第二住院大楼、市中西医结合医院改扩建等项目加快推进,建成社区卫生服务中心16个,启动村卫生室标准化建设,新型农村合作医疗参合率达93.8%;大力开展健康教育,健康城市创建前期工作进展顺利。体育事业蓬勃发展,成功举办四川省第十三届少数民族体育运动会,组团参加第十一届省运会并获得团体总分第七名,攀枝花市培养、输送的运动员在第十六届亚运会和第七届亚残运会上取得优异成绩。广播和电视综合人口覆盖率分别达到95.5%和96.4%,"村村通"用户达到3.1万户。统筹解决人口问题,低生育水平保持稳定。第六次全国人口普查和企业"一套表"网上直报改革工作顺利推进。国防建设扎实开展,荣膺"全国人民防空先进城市"称号,第五次被评为全省"双拥模范城",连续四十年实现无责任退兵。哲学社会科学进一步繁荣。全市第二轮修志工作全面完成。

【人民生活】 2010年,全市人民生活水平有新的提高,城镇居民人均可支配收入达16 882元,增长12.8%;农民人均纯收入达6 293元,增长14.9%。统筹安排资金22.4亿元,"十大民生工程"共85小项全面完成。就业规模不断扩大,国家级创业型试点城市建设加快推进,城镇新增就业1.45万人,新增创业675人。扶贫解困成效显著,实施城乡医疗救助4.2万人次,兑现计划生育奖励扶助资金376.34万元,扶持农村贫困人口改善生产生活条件5 625人,提供法律援助15 841人次。教育助学工作积极推进,免除义务教育阶段学杂费学生14.79万人,资助家庭经济困难学生2.15万人,新建和改造中小学校舍5 814平方米。社会保障体系不断完善,新型农村基本养老保险试点工作扎实推进,城镇劳动者医疗保险实现全覆盖,发放社保卡20.09万张,城乡最低生活保障受益面不断扩大,农村"五保"集中供养率达到55%。医疗卫生工程深入实施,15岁以下人群乙肝疫苗补种率达95.16%。群众住房困难问题逐步缓解,改造农村残疾人危房416户,建成廉租房1 288套,完成棚户区改造2 907户、采煤沉陷区治理1 089户,"阳光馨园"3 672套经济适用房如期竣工,首批958套公共租赁住房建设正式启动,攀枝花市被批准为全国首批利用住房公积金贷款支持保障性住房建设试点城市并已正式启动贷款工作。

重要举措

【实施投资拉动经济增长战略】 2010年，市政府在扩大内需战略和重大项目的强力推动下，深入实施投资拉动战略，充分发挥固定资产投资对经济增长的拉动作用，不断优化投资结构，投资拉动GDP增长9.1个百分点，对经济增长的贡献率达到60%，三次产业投资分别占投资总额的2.2%、55.1%、42.7%。投资保持较快增长，全社会固定资产投资完成330.7亿元，增长24.9%；积极争取到位国家和省基本建设项目资金5.59亿元，其中，重大民生和社会事业项目3.4亿元，占总额的60.8%；顺利完成6亿元地方企业债券的发行，争取到2.8亿元地方政府债券转贷资金。突出抓好总投资1 490亿元的100个重点项目，其中51个重大产业化项目完成投资74.79亿元；加快推进重大基础设施、民生工程及产业化项目，攀钢18万吨钛渣二期、钢城集团5 000吨海绵钛、攀煤100万吨焦炭等项目全面竣工，基本建成福川机械球墨铸件汽车后桥壳等项目，按计划推进白马铁矿二期、观音岩水电站等项目，开工建设桐子林水电站、云钛公司2万吨钛锭、省道310红格过境线、二滩水淹区连片扶贫开发、红格温泉度假酒店二期、金海五星级酒店等项目，富邦1 000万件刹车制动毂、润莹300万件汽车齿轮技术改造扩能等机械制造项目前期工作进展顺利。

【工业经济提速增效】 2010年，市政府深入实施工业强市战略，不断壮大钒钛、钢铁、能源、化工四大支柱产业，加快发展矿业和机械加工产业，培育壮大新兴产业，全市共完成工业增加值364.63亿元，增长18%，其中规模以上企业实现增加值348.59亿元，增长20.5%。制定资金扶持、要素保障等帮扶措施，全力帮助企业发展，企业效益明显提高，工业企业盈亏相抵后的利润总额38.26亿元，工业经济效益综合指数196%，同比上升34.1个百分点。着力推动国企民企竞相发展，引导国有企业积极应对复杂多变的市场形势，加大产品结构调整力度，强化供产运销衔接，各国有企业生产规模和经济效益等指标均迈上新台阶；大力促进中小企业和民营经济快速发展，钢城集团营业总收入突破130亿元并入选全省重点培育的100户大企业大集团，积极推进安宁铁钛等5户企业上市工作。切实加快园区建设步伐，建立全市产业园区建设发展联席会议制度，协调解决产业园区建设和发展中的重大问题，明确对各产业园区单独进行目标任务考核的机制，为产业园区自身发展提供更好的机会和广阔的舞台；全面加强园区基础设施和公共服务平台建设，攀西战略资源创新开发试验区已得到国家发改委批复，钒钛资源综合利用被纳入国家《"十二五"钒钛资源综合利用产业基地规划》，钒钛产业园区扩区规划也得到四川省发改委批复同意，全年共争取上级园区发展资金4 355万元，项目承载能力大大提高。全力做好要素保障，扎实推进节能减排，实施二氧化硫减排项目19个，预计新增削减量4万吨，实施化学需氧量减排项目10个，预计新增削减量1 500吨，为加快发展腾出了环境容量；土地整理工作有效开展，农用地征转报批368.66公顷，供应建设用地301公顷；不断增强自主创新能力，钒钛磁铁矿直接还原新流程、机械加工制造、高钛型高炉渣综合利用等技术攻关取得重要进展，高新技术产品及技术性收入达105亿元；煤、电、油、运等要素供应保持稳定。

【发展农业和农村经济】 2010年，市政府认真贯彻落实中央、省、市农村工作会议精神，积极应对低温、干旱等自然灾害对全市农业农村发展所带来的严峻挑战，扎实推进农牧业重大项目建设，调整优化农业结构，继续推进农业产业化经营，稳步推进种植、养殖业发展，倾力打造现代特色农业基地，务实推进新农村建设，保持农业农村经济平稳较快发展势头。扎实推进新农村建设，以现代农业发展、新村聚居点建设等为重点，强化米易、盐边两个省级新农村示范片建设工作，米易、盐边新农村示范片建设通过省级验收，正式启动东区、西区、仁和区市级新农村示范片建设，米易县被确定为首批省级现代农业产业基地强县。不断完善农业基础设施，新增节水灌面1 333.3公顷，整治病险水库17座，加快推进大竹河引水工程等水利建设，启动实施村级公益事业"一事一议"财政奖补试点工作。加快农业产业化进程，正式启动台湾农民创业园建设，新发展市级重点龙头企业9家、农民专合组织77个，全面落实支农惠农政策，积极推动"农超对接"，与沃尔玛等大型超市实现对接与直销。加大农村劳务开发力度，积极引导返乡农民工再就业，努力增加农民收入。

【加快发展第三产业】 2010年，市政府全面贯彻国务院《关于加快旅游业发展的意见》，紧紧围绕倾力打造中国阳光生态旅游度假区的奋斗目标，不断壮大以旅游业和现代物流业为重点的第三产业。大力发展旅游经济，成功举办"攀西第一灯"——米易·迷易灯会花会、2010格萨拉索玛花节、攀枝花欢乐阳光节等旅游节庆活动，积极推进冬季阳光旅游、乡村旅游，"阳光花城"旅游形象进一步提升；加快推进旅游项目建设，格萨拉生态旅游区、二滩森林公园4A级景区通过省级复核，全面推进金海开元名都五星级酒店建设。进一步繁荣活跃消费市场，充分发挥节庆、假日经济放大效应，实现社会消费品零售总额140.17亿元，增长17.7%，高于计划目标2.7个百分点；住房、汽车等大宗消费品市场表现活跃，商品房销售面积增长53.9%，汽车消费累计销售15 679辆，增长13%。加快发展农村消费市场，深入实施"万村千乡"市场工程、家电和汽车、摩托车下乡、家电以旧换新等扩大消费政策。确保金融稳健运行，全社会金融机构各项存款余额达570.72亿元，比年初增长10.4%；本外币各项贷款余额达383.63亿元，比年初增长16%；中小企业贷款余额达165.6亿元，增长25.56%，中小企业融资难问题进一步缓解；攀枝花商业银行成都分行顺利开业，农村商业银行正式获批组建。

【推动民生改善】 为了让人民群众充分享受改革发展成果,2010年全市整合资金22.4亿元,投向群众关注的“十大民生工程”,共组织实施了10个大项、85个小项民生工程建设,全部完成或超额完成省列45个、市列40个项目年度任务。大力实施就业促进工程,加强农民工就业培训,扩大就业规模,提高就业质量;大力实施扶贫解困工程,创新扶贫模式,解决困难群众的实际问题;大力实施社会保障工程,积极推进养老、失业、医疗、工伤和生育五项社会保险扩面,养老保险覆盖人数达41.47万人,失业、工伤和生育保险参保人数分别达19.97万人、20.99万人和20.43万人,不断提高城乡困难群众最低生活保障和医疗救助水平,城镇职工和居民基本医疗保险参保人数分别达到39.8万人和21.76万人;大力实施百姓安居工程,切实推进廉租住房和经济适用住房建设、城市和国有工矿棚户区改造及煤炭采空沉陷区治理,兑现廉租住房租赁补贴,正式启动公共租赁住房建设、300套农村危房改造工作,全面完成农房、城镇住房重建工作;大力实施道路畅通工程,改善农村交通,发展城市公交;大力实施环境治理工程,扎实推进天然林保护、退耕还林和污染治理;扎实推进教育助学、基础设施、文化体育等其他民生工程。

【加强城乡建设】 高水平编制规划,突出规划的引领作用,完成了攀枝花市城市总体规划环评的编制报批工作,加大了控制性详细规划编制力度,总体规划确定的建设用地范围基本实现全覆盖;开展《城市新区建设规划》、《十二五城镇化发展规划》等多个重大规划的编制工作,为城市长远发展奠定了基础。有力推进对外大通道建设,扎实推进成昆铁路新线攀枝花段、丽—攀—遵铁路、攀—宜沿江高速公路等项目前期工作,丽—攀高速公路攀枝花段13个工程标段已开工11个,攀—大(理)高速公路、绕城高速公路纳入《四川省高速公路网规划(2008~2030年)》;进一步完善区域内路网,开工建设炳二区主干道、龙密路,渡口桥南立交系统DEF匝道建成通车,扎实推进新密地大桥、沿江快速通道西区段、临江路立交系统等项目建设。不断加强城市综合承载力,配套完善市政设施,实施密地桥南广场地质灾害治理项目、地龙井加油站边坡治理、仁和路歇桥边坡治理等生态环境工程;更新完善垃圾处理场等环卫基础设施,完成米易县城市生活垃圾处理厂基础设施建设;进一步完善水厂、电网、煤气管网等公用基础设施。扎实推进城乡环境综合治理,开展了集中治理“五乱”、城乡风貌塑造、“阳光花城”打造以及“除陋习、树新风”等专项活动,精心组织“七进”活动和文明劝导活动,城乡环境综合治理工作成效显著,人居环境切实改善,城市品位不断提升。

【推进改革开放】 继续深化各项工作改革,积极推进统筹城乡综合配套改革,稳步开展农村产权制度改革试点;扎实推进集体林权制度改革,完成确权面积384.8万亩;加快推进财政体制改革,规范公务卡支付流程,建立转移支付预通知制度;有序推进医药卫生体制改革,积极实施国家基本药物制度改革试点,正式启动公立医院改革试点,新型农村合作医疗制度改革参合农民47.89万人,参合率93.8%;扎实推进市级政府机构改革,市政府部门由37个精简到33个,机构设置进一步优化;不断深化行政审批制度改革,“两集中、两到位”全年办理249万件审批事项,按时办结率100%,投资项目并联审批全年办理基本建设项目39个、技术改造投资项目47个;积极推进资源性产品价格和要素市场改革,稳妥推进事业单位各项改革。继续深化开放合作,密切与周边地区的协作,加强与各方的互访与交流,成功举办川滇黔十地市州合作与发展峰会,组织参加“第十一届西博会”等招商引资活动。积极推动外贸进出口稳步增长,海绵钛实现了金融危机以来的首次出口,全年实现外贸进出口总额2.49亿美元,增长66%。

【社会事业发展】 2010年,攀枝花市深入推进“科教兴攀”,实施产业化推进、统筹城乡发展、服务民生三大科技行动,钒钛磁铁矿冶炼新工艺、特色农产品品种选育、特色生物资源开发等关键技术攻关取得重大突破,自主创新能力不断增强;积极推进攀钢集团企业国家重点实验室建设,全面实施“攀枝花市院士后备人才培养计划”,编制全省首个技术路线图即《攀枝花钒钛资源综合开发利用产业技术路线图》;获省级科技进步奖19项,国家新材料成果转化及产业化基地新材料实现产值180亿元,专利申请量达811件,同比增长51.3%。大力发展教育事业,按计划推进中小学校舍安全工程,全年完成17.78万平方米,完成投资1.65亿元;均衡发展义务教育,顺利实施职教攻坚计划,扎实推进藏区“9+3”免费职业教育,基础能力建设明显加强;深入推进素质教育,教育质量稳步提高,4 882人被高校录取,录取率高于全省平均录取率3个百分点。稳步发展卫生事业,切实加强公共卫生服务体系、基层医疗卫生服务体系、医疗救治体系、新型农村合作医疗制度和卫生基础设施建设,认真实施基本公共卫生服务项目,促进基本公共卫生服务逐步均等化。加快发展文体事业,进一步加强公共文化服务体系建设,全面推进文化信息资源共享工程、农村书屋工程建设,启动全市重大公共文化基础设施项目建设;文化遗产保护得到加强,第三次全国文物普查登记不可移动文物点1 568处,申报“国家保护文物”24处;广泛开展全民健身运动,成功承办四川省第十三届民族运动会。继续加强人口和计划生育工作,人口自然增长率控制在4‰以内。扎实推进档案、防震减灾、人民防空、妇女儿童、民政福利、地方志和残疾人工作等各项社会事业。

重要会议

【全市科学技术奖励大会暨科技工作会】 2010年1月15日,市委、市政府在会展中心召开全市科学技术奖励大会暨科技工作会,市领导赵爱明、赵辉、栗素娟、庞向东出席会议,刘晓华主持会议。会议指出,2010年是完成“十一五”目标、奠基“十二五”发展的关键之年，全市科技工作要坚持“自主创新、重点跨越、支撑发展、引领未来”的方针，紧紧围绕“打造中国钒钛之都，建设特色经济强市”的战略目标和“四个倾力打造”的战略重点，突出抓好重点区域、重点产业、重点企业、重点产品，大力推进技术的原始创新、集成创新和引进消化吸收再创新，努力使攀枝花成为创新体系完善、创新人才荟萃、创新企业众多、高新技术产业发达的创新型城市，并尽快争取纳入国家创新型城市试点范围。会议要求，要切实把自主创新作为城市发展的战略核心，不断增强建设创新型城市的紧迫感和自觉性，充分依靠科技进步加快转变发展方式，优化产业结构、促进节能环保、保障改善民生。

【全市招商引资暨商务工作会】 2010年3月2日，全市招商引资暨商务工作会在会展中心召开。市领导刘晓华、张如英、严文洪出席会议，市委副书记张剡主持会议，副市长许健民在会上作全市招商引资和商务工作主题报告。会议指出，2010年全市招商引资和商务工作的主要目标是：实现招商引资实际到位资金考核目标260亿元，奋斗目标280亿元，争取突破300亿元。其中，国内省外资金168亿元，奋斗目标190亿元；外资实际到位1.6亿美元，奋斗目标1.8亿美元；外贸出口1.34亿美元，奋斗目标1.36亿美元。对外工程承包和劳务合作营业额500万美元，外派劳务700人次，全年实现社会消费品零售总额137.07亿元。会议强调全市上下要紧紧围绕“提速增效、加快发展”这一工作基调，牢牢把握“投资拉动、结构调整”这一着力点，在激烈的招商竞争中找准优势，独辟蹊径，开展富有针对性和实效性的招商引资工作。

【全市交通工作会】 2010年4月15日，全市交通工作会议在攀枝花会展中心召开，市领导刘晓华、高方芹、张如英出席会议。会上，副市长李章忠代表市政府与各县区签订了2010年交通工作目标责任书。会议指出，2009年攀枝花市交通工作取得了显著成绩，2010年，是实施交通运输“十一五”规划的最后一年，做好全年的交通工作，对于进一步巩固经济回升基础、保持全市经济健康发展，为“十二五”规划启动实施创造良好条件有着重要的意义。会议强调，对2010年全市交通工作，要以全力加快区域性交通枢纽建设为重点，以转变发展方式、加快现代交通运输业为主线，认真编制“十二五”交通发展规划目标。集中力量，加大资金筹措力度，在确保安全和质量的前提下，全力加快重点交通项目建设。同时，要继续加快推进农村公路建设，加强运输站场基础设施规划建设，发展现代物流业，促进多种运输方式有效衔接，推进城乡交通协调发展。

【攀枝花市创建国家级创业型城市工作推进会】 2010年9月14日，市委、市政府在会展中心召开创建国家级创业型城市工作推进会。市领导赵爱明、谢道全、王庆友、刘建明出席会议，刘晓华主持会议。会议指出，攀枝花市能够列入全国84个、全省3个创建国家级创业型城市之一，是全市努力争取的结果，同时充分体现国家和省对攀枝花创业促进工作的重视和支持，是推动攀枝花市经济社会发展的一大机遇。会议强调，当前，攀枝花市正处于推进四个倾力打造的关键时期，各级政府在创建工作中，要着重在提供创业指导、搭建创业载体、优化创业环境、落实创业政策上下工夫。会议要求，各级各部门要充分认识创建国家级创业型城市的重要意义，进一步增强创建国家级创业型城市工作的自觉性，切实加强领导，健全机制，为国家级创业型城市创建工作提供保证。

【全市“倾力打造现代特色农业基地，加快城乡统筹进程”研究专题会议】 为大力发展现代农业，进一步提高农民生活水平，全力推进农村经济社会全面协调发展，2010年10月12日，市政府在会展中心召开“十二五”期间“倾力打造现代特色农业基地，加快城乡统筹进程”研究情况汇报会，市领导刘晓华、李群林、郑学炳出席会议。会议指出，“十二五”期间，攀枝花市将通过加强农业基础设施建设、强化科技支撑、加大投入、壮大五大特色产业基地、提升产业化水平等措施，倾力打造现代特色农业基地，加快城乡统筹进程。拟到2015年，实现全市农业总产值50亿元，农民人均纯收入达到1.2万元等目标。会议要求，各级各部门要以农民持续增收和提高农民生活水平、质量为核心，以打造优质、特色、精品、高效、安全农业为重点，以倾力打造现代特色农业基地为载体，增加投入，加快城乡统筹进程，提高农民组织化程度，加快机制、体制创新，大力发展现代农业，全力推进农村经济社会全面协调发展。

【全市城乡环境综合治理“五十百千示范工程”攻坚会】 为认真贯彻落实全省城乡环境综合治理“五十百千示范工程”建设现场推进会会议精神，扎实推进攀枝花市城乡环境综合治理工作，2010年11月3日，市委、市政府在会展中心召开全市城乡环境综合治理“五十百千示范工程”攻坚会，市领导赵爱明、刘晓华、栗素娟、柳康健、庞向东出席会议，市委副书记张剡主持会议。各县区党委政府以及钒钛产业园区主要领导、分管领导和治理办负责人，有关企事业单位、街办、示范乡镇和示范村的主要负责人参加会议。会议指出，近年来，攀枝花市通过开展“双创”等工作，城市软环境建设走在全省前列，但与全省大多数市州相比，攀枝花还存在城市建设基础较薄弱等困难和问题。会议强调各部门要认清形势，找准差距，进一步增强做好“五十百千示范工程”工作的责任感和紧迫感，细化措施，强力推进，扎实工作，全力冲刺、攻坚，确保“五十百千示范工程”建设全面完成。

【全市人才工作会议】 为加快区域人才高地建设，实现攀枝花跨越式发展，2010年12月27日，市委、市政府在会展中心召开全市人才工作会议。市领导赵爱明、高方芹、谢道全、王川红、赵辉、张祖芸、张敏出席会议，刘晓华主持会议。会议指出，2003年全市首次人才工作会议以来，市委、市政府大力实施“人才强市”战略，坚持高端引领和整体推进相结合，形成了区域人才高地雏形。目前，全市人才总量由2003年初的11.27万人，增长到现在的20.8万人。全市人才资源总量占人力资源总量的26%，人才贡献率达到29.1%，同比分别高出全省14和13个百分点，为攀枝花快速发展提供了强有力的人才支撑。会议强调，人才资源是第一资源，未来一个时期，全市人才工作的主要任务是通过区域人才高地建设，努力将人才竞争优势转化为科学发展优势，把人才队伍建设成果转化为科学发展成果，抢占发展主动权，赢得竞争新优势，全力支撑攀枝花“十二五”发展，不断谱写攀枝花“十二五”发展人才工作的新篇章。

重要事件

【仁和区大竹河水库开工建设】 2010年1月6日，四川省年内新上的第一个中型水库——仁和区大竹河水库工程在仁和区总发乡板桥村隆重开工。省委副书记李崇禧、省人大常委会副主任郭永祥、省委农办主任张宁、省水利厅厅长冷刚，市领导赵爱明、高方芹、谢道全、李群林、邵革军、郑学炳出席开工典礼，市委副书记、市长刘晓华主持开工仪式。大竹河水库工程是国家拉动内需项目，也是全省重点水利工程项目，该工程位于仁和区大河干流，工程建设内容包括新建大竹河水库枢纽工程和灌区渠系配套工程，总投资28 401万元，水库总库容1 128.9万立方米。工程建成后，将新增灌溉面积0.54万平方米，改善灌溉面积0.30万平方米，解决灌区内3.55万农村人口的用水安全，提供城市应急用水量174.7万立方米，同时提高下游城镇河道防洪能力。

【攀枝花开发建设纪念园开园】 2010年3月4日，攀枝花开发建设纪念园揭园仪式暨向攀枝花英雄纪念碑献花仪式在攀枝花公园隆重举行，该纪念园是攀枝花市第一个以公共艺术方式展现全市开发建设历程的文化景观。市委书记、市人大常委会主任赵爱明，市老领导韩国宾为纪念园揭幕。市党政军领导高方芹、谢道全、张剡、赵辉、单荣、张祖芸、李群林、邵革军、程少华、沈钧、杨文富、栗素娟、张如英、柳康健、许健民、殷旭东、严文洪、张国民，市老领导孙本先出席仪式。为铭记攀枝花开发建设的峥嵘岁月，丰富攀枝花文化积淀，2008年，市委、市政府决定建设攀枝花开发建设纪念园。该项目由市委宣传部牵头，市文联具体实施，于2009年7月正式开工，2010年1月顺利完工。纪念园占地3万余平方米，以奇石碑林和雕塑为表现形式，以攀枝花精神为主题，以攀枝花开发建设史为线索，以“开拓、创业、移民”为文化内涵，共包括攀枝花大事记碑、“信箱”雕塑、奇石碑林、英雄纪念碑四大部分，两条观光线路，50余处公共艺术景观，生动形象地再现了攀枝花建设初期建设者们战天斗地的激情岁月和艰苦创业、无私奉献、开拓进取、团结协作、科学求实的精神。

【国内首家国家级钒钛质检中心在攀枝花开建】 2010年6月29日，国家钒钛制品质量监督检验中心奠基仪式在攀枝花市炳三区隆重举行，这标志着国家钒钛质检中心建设进入一个新的阶段。市委书记、市人大常委会主任赵爱明宣布国家钒钛制品质量监督检验中心正式奠基。省质量技术监督局局长刘云夏、副局长秦长海，市领导刘晓华、谢道全、赵辉、严文洪出席奠基仪式。2008年9月，国家质检总局正式批准在攀枝花市筹建国家钒钛制品质量监督检验中心，总投资6 000万元，建筑总面积18 981平方米。建成后的国家钒钛制品质量监督检验中心，是集检验、检定、检测技术、标准研究制定和科研开发、科技成果技术验证等于一体的钒钛产业发展所需的基础型、综合性、科技基础公共技术平台。既承担国家、省、市对钒钛制品的监督检验和技术法规、标准的制订任务，也担负着开展国际交流，服务地方企业、服务周边地区的重任，同时还代表着国家在钒钛领域的科技实力，将有利于攀枝花市把资源优势转化为产业优势，实现钒钛产业集约发展、精品发展。

【川滇黔十市地州合作与发展峰会在攀枝花市召开】 2010年7月31日，以“携手合作、共赢发展”为宗旨的川滇黔十市地州合作与发展峰会在攀枝花市举行。四川省副省长黄小祥，云南省委常委、昆明市委书记仇和出席峰会，大理白族自治州、六盘水市、毕节地区、丽江市、昆明市、宜宾市、昭通市、凉山州、楚雄州、攀枝花市的领导和相关部门负责人参加峰会，攀枝花市委书记、市人大常委会主任赵爱明主持峰会。峰会由攀枝花市、昆明市、毕节地区、凉山州等十市地州共同组成峰会成员方，采用联合主办、轮流承办的方式举行。主要目标是发挥各市地州在区位、资源、产业、文化等方面的优势和特色，不断提升区域经济、社会、文化的发展水平，以区域合作为纽带，开展全方位、宽领域、多层次的合作，共同构建错位发展、相互协调、优势互补、互利共赢的区域经济合作机制。会上，各市地州代表先后围绕“平等协商、真诚合作、携手发展、互惠共赢”的峰会主题发表了演讲。会议还讨论通过《川滇黔十市地州合作与发展峰会章程》，签署《川滇黔十市地州合作与发展峰会框架协议》。

【台湾农民创业园落户攀枝花市】 2010年8月20日，台湾农民创业园——四川攀枝花盐边台湾农民创业园落户盐边县益民乡，农业部和省台办为创业园授牌。该创业园是攀枝花市发展现代农业的又一平台，对攀枝花市农业现代化发展和农业对外开放具有里程碑意义。省农业厅副厅长胡相全，省台办副主任钟远超，国家农业部、省农业厅和相关科研院所的领导及专家，市领导刘晓华、张国民、郑学炳、赵勇出席仪式，副市长许健民主持挂牌仪式。创业园于2009年11月由农业部、国台办批准设立，规划建设面666.6公顷，核心区设在盐边县益民乡。该创业园是集研发、引进、创新、生产、加工、运销、服务、示范交流和辅导等多种功能为一体的农业合作试验与示范区，目标是建成一流的热带、南亚热带特色农业基地，成为四川西南部地区重要的农业示范带动核心区域。

【雅砻江桐子林水电站开工建设】 2010年10月20日，国家深入实施"西部大开发"标志性重大工程——雅砻江桐子林水电站开工建设，同日开工的还有官地水电站。省委书记、省人大常委会主任刘奇葆在成都主会场下达开工令，市领导刘晓华、高方芹、谢道全、李章忠在桐子林工地分会场参加典礼。雅砻江官地、桐子林水电站是国家深入实施"西部大开发"的标志性工程，其中，桐子林水电站位于攀枝花市盐边县境内，计划2015年6月首台机组发电，2016年6月工程竣工，总工期为81个月，工程总投资62.57亿元，预计电站装机容量为60万千瓦核电站，建好后将成为攀西乃至四川电网不可多得的优质资源，该电站的开工建设将标志着名列全国第三位的雅砻江流域，其下游梯级电站开发全面启动。

【四川省第十三届少数民族体育运动会在攀枝花市举办】 2010年11月5 ~16日，四川省第十三届少数民族体育运动会在攀枝花市举行，这是近十年来攀枝花市承办的规模最大、人数最多的一次省级活动。10日上午，在市体育场举行隆重的开幕式，省领导张作哈、陈文华、敬全林，市领导赵爱明、刘晓华、高方芹出席开幕式，四川省体育局局长朱玲主持开幕式。本届运动会经四川省人民政府批准，由四川省民委和四川省体育局主办，攀枝花市人民政府承办。在此次运动会上，来自全省10个州、市和2个院校代表团的454名运动员进行了射弩、蹴球、押加、陀螺、田径、珍珠球、民族式摔跤、高脚竞速、板鞋竞速9个大项、71个小项的比赛。比赛共产生71枚金牌、71枚银牌、67枚铜牌，共209枚奖牌，其中凉山州代表队获得金牌24枚，位居榜首。作为东道主，攀枝花市派出84名少数民族运动员，参加所有9个竞赛项目的比赛，金牌数与奖牌数都大大超越往届，取得历史最佳成绩。此外，本届省少数民族体育运动会共有凉山、阿坝、乐山、宜宾、攀枝花等11个代表队的33个民族体育表演项目参加了比赛。其中，有5个项目荣获三等奖，10个项目荣获二等奖，攀枝花市代表队的绷鼓乐、锄假与其他代表队的14个项目共同荣获民族体育表演项目比赛一等奖。16日，四川省第十三届少数民族体育运动会圆满谢幕，闭幕式在市体育馆举行。

表彰奖励

1月27日，市政府决定，对2009年度应急管理工作成绩突出、效果明显的市林业局等8个部门和东区人民政府等3个县(区)进行通报表彰。

2月2日，市政府决定，对东区人民政府等22个2009年度全市政务信息工作先进单位单位予以通报表彰。

2月4日，市政府决定，对在2007 ~2009年度全市森林防火工作中表现突出的米易县人民政府等46个先进单位和李茂根等82名先进个人予以表彰。

2月4日，市政府决定，对在2008 ~2009年内部审计工作中取得显著成绩的攀钢(集团)公司审计部等9家内部审计先进集体、王保军等19位内部审计先进个人予以通报表彰。

2月24日，市政府决定，对在2009年度全市招商引资工作中取得优异成绩的仁和区人民政府等17个先进单位和兰敏等29名先进个人予以表彰。

2月24日，市政府决定，对四川长矶金属工业有限公司等5家攀枝花市2009年度外贸出口先进企业予以表彰奖励。

3月3日，市政府决定，对完成2009年度安全生产目标任务的西区人民政府等26个安全生产优秀目标责任单位和东区安监局等54个安全生产先进单位以及聂诗成等191名安全生产先进个人予以通报表彰。

3月12日，市政府决定，对市政府办公室等20个2009年度全市政务信息化工作先进单位予以表彰。

3月16日，市政府决定，对在2009年度全市政务服务工作中表现突出的市国土资源局窗口等35个先进集体和姚永明等70名先进个人予以通报表彰。

3月22日，市政府决定，对东区人民政府等17个全市2009年度外经贸工作先进单位予以表彰。

3月24日，市政府决定，对在攀枝花市第二次全国经济普查工作中作出显著成绩的东区银江镇人民政府等26个先进集体和李红燕等244名先进个人予以通报表彰。

3月25日，市政府决定，对中国人民银行攀枝花市中心支行等22个2009年度全市金融工作先进单位予以通报表彰。

3月25日，市政府决定，对在2009年度工业经济发展工作中作出突出贡献的攀枝花钢城集团有限公司等27个先进单位进行表彰和奖励。

4月1日，市政府决定，对在2009年度旱季防火工作中表现突出的东区人民政府等12个先进单位、杨常青等103名先进个人予以通报表彰。

5月4日，市政府决定，对在2009年度全市"两资"(支援不发达地区发展资金和三州开发资金)管理工作中作出突出贡献的盐边县民宗局等8个先进单位予以通报表彰。

5月6日，市政府决定，对在2009年度行政执法责任制工作中取得明显成效的盐边县人民政府等17个先进集体和邱乾林等73名先进个人予以表彰。

5月10日，市政府决定，对《里泼民俗文化开发与民族小学校本课程建设研究》等31项攀枝花市第三届教学成果获奖项目进行表彰奖励。

6月1日，市政府决定，对在2009年度住房保障工作中表现突出市发改委等23个先进单位和马宁骜等65名先进个人予以表彰。

6月28日，市政府决定，对攀枝花市2008～2010年度获得国家地理标志保护产品的盐边县人民政府等28个品牌企业及组织进行表彰。

6月29日，市政府决定，对在2010年度全市春季森林防火工作中表现突出的米易县人民政府等43个森林防火工作先进单位和蒋志平等80名森林防火工作先进个人予以表彰。

9月15日，市政府决定，对在2010年度旱季防火工作中表现突出的东区人民政府等13个先进单位和耿志强等106名先进个人予以通报表彰。

11月25日，市政府决定，对攀枝花市代表团在四川省第十三届少数民族体育运动会上作出突出贡献的葛明刚等19名教练员和马明才等152名运动员进行表彰奖励。

12月15日，市政府决定，授予市体育代表团在省第十一届运动会上作出突出贡献的市体育局等6个单位"优秀组织奖"，胡波等20人"优秀教练员"、尤子菱等93人"优秀运动员"荣誉称号。

12月23日，市政府决定，对西区人民政府、市财政局等5个政务调研工作先进集体及《攀枝花组建市级农村商业银行可行性研究》、《攀枝花市林业产业发展问题研究》、《攀枝花区域性中心城市的战略定位与建设思路》等60篇优秀调研成果予以通报表彰。

12月29日，市政府决定，对获得2010年度农田水利基本建设"农建杯"竞赛项目一等奖和二等奖的县区予以表彰、奖励。

12月30日，市政府决定，授予岑虹志等4名同学第三届攀枝花市青少年科技创新市长奖。

政务工作

【无线电管理】 2010年，严格规范行政许可审批审核，努力科学配置无线电频率、合理设置无线电台站。全年为13个单位或个人新指配无线电频率28条，收回12个单位或个人在用无线电频率15条。

批准16个单位或个人新设置无线电台站566个，其中中国电信攀枝花分公司增加设置CDMA基站46个、CDMA 2 000基站82个，中国移动攀枝花分公司增加设置GSM基站26个、TD—SCDMA基站64个，中国联通攀枝花分公司增加设置GSM基站49个、WCDMA基站125个。同意13个单位或个人注销或报废在用无线电台站485个，其中中国电信攀枝花分公司注销PHS基站398个。全年年审在用电台3 617个，抽检发射设备369台（含新设台检测），无线电频率占用收费29万余元。

先后10余次开展对餐饮、物业、美发、娱乐场所和桐子林水电站、观音岩水电站的现场检查，排查50余家单位或个人，查出12家单位或个人违法设台60余台。开展频谱分析，全年共开展各频段无线电月度监测3 528小时，排查处理各类无线电干扰，全年受理无线电干扰投诉5次，查实并处理干扰2次。在各级"两会"、亚运会、省民运会等重大活动和特殊敏感时期的无线电安全监测保障工作，组织40余人次，监测320余小时，全力维护社会稳定。在高考、公务员招考、司法考试等考试保障期间协助有关部门开展专项监测工作，全年监测考点9个。为机场年度安全审计无线电通信部分进行较全面的频率台站调查和专项监测。

协调处理西区、仁和区、米易县用数字微波传输有线电视问题，调查和协调攀枝花保安营机场附近拟建10兆瓦太阳有光伏电站电磁环境和兼容问题，协调处理地龙箐公众通信基站布局信访问题，协调和处理业余无线电电台若干问题。协商和筹划划定攀枝花保安营机场电磁环境保护区。

为保障航空通信安全，在飞机航线布置无线电监测遥控站，新的业务办公用房已具备搬迁条件，无线电管理工作环境得到很大改善。

（肖玉林）

【目标管理和督查督办】 2010年，为进一步建立健全目标考核各项制度，针对省政府对各市州政府新的考核办法，强化调查研究，致力修订2011年市级部门、县区考核办法和考核体系，继续加大对市级部门、县区政府绩效评议比重，将分值由原来的10分提高到30分，评价结果更加科学、全面、公正。对2009年度市政府机关和纳入攀枝花市目标管理的中央、省驻攀机构共60个单位进行全面考核，并按照考核办法进行了奖励。根据省政府下达的2010年度目标任务，审定下达了60个市政府部门年度工作目标以及争取项目资金的目标任务。切实抓好省上交办及市级各项督办工作，认真做好市政府全体会、市政府常务会、市长办公会以及市政府召开的其他会议等重要会议要求督办事项以及市政府主要领导交办的督办工作。2010年，共完成各类督办事项100余项，印发各类督办通知42份、督查通报12份，并就督查中发现的问题进行沟通，协调，及时上报督办工作进展情况，较好地履行了政务督查工作职能，有力推动了各项领导决策和政策措施的落实。

【办理人大代表建议和政协委员提案】 2010年，精心组织开展办理人大代表建议和政协委员提案工作，及时组织召开全市办理工作会议，严格要求市级各相关部门认真落实主要领导负总责、分管领导直接抓、承办人员具体办的三级责任制；继续将各承办单位的办理工作纳入年度目标考核，实行倒扣计分制，确保了办理工作的顺利开展。进一步加大对办理工作的督促、检查和指导的力度，时常关注各承办单位的办理工作进度，督促各承办单位在规定时限内办结；将部分重要建议提案和承担较多办理任务的部门列为重点，及时对其办理工作进行跟踪督办，共商办理方案，解决实际问题。以市人大确定的重点建议，市政协主席、副主席重点督办提案和市政府领导重点阅批建议和提案为突破口，以办理重点督办建议提案带动其他建议提案的办理工作，坚持走访沟通，扎实推进办理工作规范化、标准化，全面提升办理水平。全年按时办结人大代表建议111件、政协委员提案263件，从反馈情况看，人大代表和政协委员对办理结果均表示满意或基本满意。

【政务公开】 2010年，市政府深入推进政府信息公开工作，成立专项工作领导小组，完成了政府信息公开网的建设工作，并对全市各县（区）政府和市政府各部门信息公开分管负责人及具体工作人员进了技术培训；目前全市所有政府部门及县（区）政府都已在市政府门户网站上建立了信息公开专栏，初步形成以信息公开部门为主的政府网站群。认真组织企事业办事公开各项工作，建立健全工作机制，在攀枝花公众信息网上建立了公共企事业单位公开窗口，继续坚持把与老百姓生活关系密切的部门和行业的事务向社会进行公开，既方便群众办事，又确保群众的切身利益。进一步深化基层政务公开工作，按照《攀枝花市村务公开目录编制实施方案》的要求，指导各县（区）结合实际，进一步统一和规范村务公开的内容、形式、时间、程序，不断完善规章制度，建立长效机制；规范村务公开栏，全市投入资金15万元，在市区通往仁和区仁和镇—中坝乡—总发乡—大田镇—平地镇等7条公路沿线上打造一批统一规模、统一样式、统一格式的村务公开栏，进一步规范村务公开栏建设。

【政务信息】 认真抓好各项政务信息基础工作，确保政务信息平稳、强力和优质报送。2010年，共收到各县（区）政府、市级部门和部分企事业单位报送的各类政务信息9 581条，向省政府报送政务信息1 809条，被省政府办公厅采用信息111条（专报信息2条、动态信息86条、图文信息23条），经省政府办公厅报送国务院办公厅信息26条（专报信息1条，动态信息25条），全面客观地反映攀枝花市经济社会以及各行各业的发展情况。按照“真实、可鉴、价值、依据”的原则，多渠道筛选极具资政存史价值的政务动态信息，高质量地完成《攀枝花市人民政府工作大事记》编辑工作。优化改编《攀政要情》，在内容上突出重点、热点、敏感点，在质量上反复比较筛选、推陈出新，努力提高信息参考价值。全面梳理政府信息公开目录，规范完善目录体系的相关工作，将政府信息公开工作向广度和深度推进，形成较完备的公开渠道体系和较完善的长效机制。受理市长信箱来信1 184件，公开回复264件。

【政务调研】 深入开展一系列富有成效的专题性、重点性的调查研究，完成《以科学发展观为指导破解攀枝花发展难题》、《关于我市中小企业融资难问题的调查》、《攀枝花推进钢铁（钒钛）国家新型工业化产业示范基地建设路径解析》、《对攀枝花“十二五”经济社会发展若干重大问题的思考》等重大课题的调研工作。组织开展全市政府系统2010年度政务调研成果评选活动，收到调研文章200余篇，评出获奖文章60篇和政务调研先进集体6个并予以表彰奖励，精选出85篇优秀文章汇编成《调查与研究》一书，有力地推动了全市各级政府、部门政务调研工作的全面开展，为领导决策提供了重要参考。

【紧急救援与应急保障】 2010年，市政府根据新形势、新要求，不断完善制度，健全工作机制，努力使应急工作规范化、制度化和科学化。灾害性天气预警机制进一步健全，拓展了重大气象预警信息发布渠道；沟通协同机制不断健全，与市军分区、武警消防支队建立了应急协同机制，应急合力不断增强；开展跨区域应急管理合作，与毗邻的凉山州、楚雄州、丽江市建立了常态化跨市区应急协作联动机制和信息互报互通机制；舆论引导机制初步建立，相继出台《攀枝花市突发事件新闻报道工作应急预案》、《攀枝花市涉外突发公共事件报道应急办法》，规范了突发事件信息发布和新闻报道工作；进一步完善突发事件评估制度，组织编制了《2009年度突发事件应对工作评估报告》和《2010年度突发事件趋势分析及主要对策》。加快推进应急基础建设，编制完成了《攀枝花市政府应急平台建设实施方案》，编制了《攀枝花市应急管理“十二五”规划》。继续开展应急预案编制修订工作，制定了《攀枝花市特种设备事故应急预案》，调整修订了《攀枝花市森林火灾应急预案》。组织开展应急演练，检验应急预案的可行性和可操作性，提高应急管理人员的危机意识和救援人员实战水平。

（范昌明等）

信　访

【概　况】 2010年，全市有专门信访机构11个。市、区县两级党政部门和有关企事业单位共配备专兼职信访干部485人，其中专职信访干部89人，兼职信访干部396人。

全市信访形势总体平稳向好，为全市改革发展营造了良好的氛围。市县两级党政机关信访部门受理群众信访总量为4 105件（批）次13 781件（人）次。其中：来信1 466件次，来访2 639批次12 315人次；集体访500批次7 859人次，重信重访595件（批）次2 585件（人）次，同比：信访总量件（批）次下降15.1%、件（人）次下降21.4%；来信件次下降1.5%；来访批次下降21.1%、人次下降29.6%；集体访批次下降24.2%、人次下降34.6%；重信重访件（批）次下降9.4%、件（人）次下降41.1%。

市委群工局受理群众信访总量为2 166件（批）次7 466件（人）次，占全市两级信访总量的49.2%。其中：来信949件次，来访1 217批次6 467人次；集体访217批次4 505人次，重信重访312件（批）次1 849件（人）次。同比：信访总量件（批）次下降12.1%、件（人）次下降25.4%；来信件次下降2.6%；来访批次下降18.3%、人次下降28.4%；集体访批次下降34.3%、人次下降37.6%；重信重访件（批）次下降17.7%、件（人）次下降47.6%。

群众到省上访113批194人次，同比批次下降27.1%，人次下降51.9%，其中集体上访4批43人次，同比批次下降60%，人次下降76.6%；进京非访22人次，同比下降67.5%，其中重复非访16人次，同比下降15.8%。

办理中联办，省联办，省委、省政府信访办交办的要结果的案件44件，办结率100%；自立信访案件44件，处理复查复核信访事项29件。

群众信访反映的问题按件（批）次计算，排前五位的是：城乡建设类724件（批）次，占16.8%，同比上升7.9%；劳动社保类711件（批）次，占16.5%，同比下降12.9%；涉法涉诉453，占10.5%，同比基本持平；纪检监察类222，占5.1%，同比上升7.3%；土地征用190，占4.4%，同比上升13.1%。群众信访量呈较大幅度下降趋势的问题有：环境保护类同比下降41%，复员退休军人类同比下降28.6%。

2010年，全市信访总量下降，集体上访、重信重访数量下降，到省进京上访数量下降，群体性事件发生数量下降，信访秩序明显好转。

存在的主要问题：客观上，全市信访总量仍在高位运行，信访积案还存在一定数量，新老矛盾重合叠加，化解难度大；热点敏感领域的不稳定的因素相对集中，房屋拆迁、城市建设、劳动保障、企业改制、医患纠纷、涉法涉诉等方面的问题多发高发；群众择机赴省进京上访的情况比较突出，信访老户无理缠访闹访时有发生，给社会造成一些负面效应。

【信访目标管理】 为了保证全年信访工作目标的完成，2010年2月11日，市委、市政府召开全市群众信访工作会议，对2010年度的信访工作进行安排部署，对2009年度成绩突出的28个先进单位和60名先进个人进行通报表彰。

按照攀枝花市委办公厅、攀枝花市人民政府办公厅《关于信访目标管理的考评办法》的要求，2010年4月，市委群工局协同市委目标办向各级各有关部门制定下达2010年度群众信访工作保证目标和业务目标。2010年12月，市委群工局代表市委、市政府对各级各有关部门和单位的目标执行情况进行检查考评，各级各有关部门共87个目标管理单位的保证目标均完成，业务目标合格率100%。

【矛盾纠纷排查化解】 2010年，市内各级各部门深入贯彻落实《关于把矛盾纠纷排查化解工作制度化的意见》，把矛盾纠纷排查化解工作作为信访工作的重中之重来抓，促使大量的矛盾和问题化解在初始和萌芽阶段。

全市信访系统采取经常性排查和集中排查相结合、一般排查和重点排查相结合、块块排查和条条排查相结合等形式，对劳动社保、房屋拆迁、征地安置、企业改制、涉法涉诉、环境保护、资源能源等突出领域的矛盾纠纷，尤其是对有可能发生大规模集体上访、越级非正常上访和群体性事件的苗头性、倾向性的不稳定因素进行全面排查。对排查出来的矛盾纠纷和突出问题逐一建立台账，落实责任单位，制订工作方案，明确化解时限，疑难复杂的实行领导包案，综合采取经济、法律、解释、教育等方法进行化解。全年在日常排查的基础上，先后开展集中排查4次，共排查出各类矛盾纠纷和突出问题1 593件次，化解1 346件次，化解率84.5%。

【领导包案】 2010年，各级各部门继续落实领导包案制度。按照“五定、五包”（定领导、定方案、定专人、定质量、定时限、包掌握情况、包解决问题、包教育转化、包稳控措施、包依法处理）原则，落实工作责任，按照“五个一次”（对所包案件的处理作出批示或指示一次，参加调查研究一次，同信访人或信访人代表见面交谈一次，对案件办理督查督办一次，对办结书面材料审查签批一次）底线，确保包案效果。市委、市政府领导以身作则，率先垂范，包案16件，办结率100%，息诉息访率94%，带动各级领导带头处理信访问题。2010年，全市有各级领导包案657件，包案率达80%以上，办结率100%，息访息诉率74.7%，推动了一大批以民生问题为重点的突出信访问题的解决。

【领导定期接访和机关干部下访】 2010年，市内各级各部门按照《关于领导定期接待群众来访的意见》和《关于机关干部下访的意见》要求，有序有效开展领导定期接访和机关干部下访活动。

按照公开透明、规范有序、方便群众、解决问题的原则，把握公示、接访、包案、落实四个环节，确保领导定期接访活动有序有效开展。赵爱明、刘晓华、高方芹等市委、市人大、市政府、市政协主要领导带头，各班子成员每季度安排1天时间到市群众工作中心接待来访群众。区县委、人大、政府、政协领导每月安排1天时间到区县群众工作中心接待来访群众。市、县级各部门主要负责人及班子成员每月安排2天时间接待来访群众。乡镇（街道）领导干部和企事业单位的负责人实行滚动接访制，随时接待群众来访。各级党代表、人大代表、政协委员都选择适当时间并保证一年内不少于2次接待来访群众。2010年，市领导共计26人次到市群众工作中心接待群众来访。市委组织部部长接待日入驻群众工作中心，形成常态化工作模式。全年全市有各级领导干部642批1 028人次接待群众来访528批2 837人次，协调处理信访问题479件。

把干部下访活动纳入重要议事日程，坚持“三个结合”（面上推动和重点推动相结合，解决问题和研究政策相结合，总结经验和查找问题相结合），融合“挂包帮”、“创先争优”、城乡互助工程、大调解“三联两进”[“三联”即行政调解员和法官联系区（县）、乡镇（街道），人民调解联络员和司法调解联络员联系部门，行政调解员联系法院；“两进”即人民调解进法院，人民调解进派出所]、“村（居）民说事日”、信访代理、送法进村等活动，综合采取督促检查、带案督办、座谈走访、调查研究等方式，深入到重信重访、到省进京上访较突出的重点区域，督导贯彻落实上级决策部署的情况，收集群众意见和建议，协调处理疑难信访问题。单荣、殷旭东等市委、市政府领导在丽攀高速公路建设拆迁、全国全省“两会”等重要工作时段，带着重大信访问题深入群众、深入一线下访、走访。市信访联席会议根据不同时段的工作重点组织相关部门开展集中下访4次。各级各部门确保至少组织干部下访一次。乡镇（街道）干部每月2次到村（社区）、村民小组或居民小区下访。全年全市各级各部门组织机关干部集中下访611批1 546人次，化解各类矛盾纠纷609件，走访慰问困难信访群众399户。

【信访积案清仓行动】 2010年，全市集中开展“信访积案清仓”行动。市信访联席会议办公室组织各级各部门对多年来数次进京到省上访和到市重信重访案件为主的信访积案再次进行全面核查，共确定涉及灾后重建、城市管理、民政救济、涉法涉诉、环境污染、医疗纠纷、历史遗留问题等方面的40件信访积案纳入清仓行动，逐一落实领导包案、主体单位、协助单位和责任人员，明确了化解时限。同时，充分发挥特殊疑难信访专项资金的作用，提供有力的经济支持推进信访积案化解。市信访联席会议办公室掌握核查的40件信访积案，化解率75%，息诉息访率45%。全市的清理涉法涉诉信访积案工作成效尤为突出，化解率达76.7%，提前完成2010年底化解50%以上。2011年全国“两会”前化解率达70%以上目标任务，在全省排名第一。

【建立特殊疑难信访问题专项资金】 为进一步推进重点、难点信访问题“事要解决”（诉求符合政策的按政策解决到位、诉求过高的教育疏导到位、生活困难的救助帮扶到位、行为违法的依法处理到位），攀枝花市以中央建立特殊疑难信访问题专项资金并下拨地方为契机，进一步建立健全特殊疑难信访问题专项资金使用管理机制。

组建以副市长、市信访联席会议召集人为组长，市纪委、市财政局、市审计局、市委群工局主要负责人为成员的攀枝花市解决特殊疑难信访问题专项资金管理领导小组，并下设领导小组办公室，由市政府副秘书长、市委群工局局长、市信访联席会议办公室主任兼任该办公室主任，办公室成员由领导小组成员单位相关人员组成，负责专项资金管理和使用的日常工作。

根据中央、省关于信访专项资金管理使用办法，结合实际，深入调研，市财政局、市委群工局联合出台《攀枝花市解决特殊疑难信访问题专项资金管理办法》明确专项资金使用的指导思想、使用原则、适用范围、资金配套、使用流程、监督检查等内容和职责，拟定资金申报使用流程表。

市、区县两级将解决特殊疑难信访问题资金列入各级财政年初预算，落实配套资金达500余万元，为信访积案清仓行动有效开展和特殊疑难信访问题的化解提供了坚强的财力保障。

由市财政局、市委群工局、信访责任单位主管部门对专项资金使用共同负监管责任，严格审批程序，领导小组会议讨论研究决定使用数额；纪检、监察和审计部门对专项资金使用情况进行定期或不定期检查，对项目的实施过程及完成结果进行追踪问效；专项资金管理领导小组办公室负责及时、准确将专项资金使用情况上报省财政厅和省信访办。

2010年，攀枝花市先后争取中央补助资金2批59万元，并通过民政救济、司法救助、部门筹集、社会募捐等方式广辟特殊疑难信访问题化解所需资金筹措渠道。按照“只用于解决信访个案，不能用于政策性配套的救助性资金”的核心要求，把握“特殊”、“疑难”的使用范围，使用专项资金300多万元，化解了罗某某、戚某某、张某某、胡某某等一大批特殊疑难信访问题，确保了不引起连锁反应，不主张不合理诉求，不引发新的矛盾，充分发挥了专项资金攻难点、破重点的政策效应。

【重大敏感时期信访维稳】 2010年，市委、市政府高度重视重大活动期间的社会稳定工作，以遏制越级访为重点，确保各项重大活动顺利举办。通过各区县和市级有关部门的共同努力，构建“三道防线”工作格局，攀枝花市实现全国“两会”、十七届五中全会非访“零进京”，上海世博会涉攀“零入沪”，广州亚运会、亚残会涉攀“零入穗”，全省“两会”、西博会集访“零赴蓉”的目标。

在重大活动前夕及期间开展矛盾大排查大化解活动，把可能引发集体上访、到省进京上访、信访恶性事件的不稳定因素全部纳入视线，按照“属地管理、分级负责”和“谁主管、谁负责”的原则，层层落实化解责任，稳控责任，形成一级抓一级、一级对一级负责的信访稳定工作体系，把问题解决在基层、矛盾化解在萌芽、人员吸附在当地。灵通信息，值班备勤。执行“日碰头、周研判、零报告、24小时值班”重大活动期间信访维稳“四项制度”，信访、维稳、公安及涉事部门形成多条线、一张网的信息情报互报互通平台和应急处置综合机制，确保一旦发生紧急情况，第一时间、第一地点妥善处理，掌握工作主动权，赢得后续应对先机。综合协调，强化督导。市信访联席会议在重要敏感时段深入区县、市级部门、大企业督查工作部署情况、问题化解情况、人员稳控情况，协调指导信访积案、“三跨三分离”信访案等重点、难点信访事项的处理，提出相关工作建议和整改要求，确保各项部署落到实处。市信访联席会议联系铁路、公路、民航等部门，重点涉事部门派专人值守各个出攀通道，与市内信息情报机构协调联动，确保一旦发现人员失控漏管，在途中实现劝返接回。通过该防线，防止赴省上访人员38人次，进京上访人员43人次，劝返十九冶轮换退休工、二滩移民等拟到省进京集体上访的群体。对凡劝返接回的非访人员，按照“先处理行为，再推迟一个工作周期处理诉求”的原则，进行法制办班教育，构成违法行为的，由公安机关收集固定证据，进行依法处理。全年办法制班89人次，依法训诫19人次，拘留7人次，树立起“非正常上访不但无助于解决问题，还会受到法律追究”的良好导向，维护依法有序上访的良好秩序。

根据中央、省信访联席会议的精神和省委省政府领导指示、批示精神，市委市政府在全国“两会”、上海世博会、广州亚运会、残运会，全省“两会”、西博会期间，从市、区县两级公安、信访等有关部门以及在攀大企业抽调人员与北京联络处、成都办事处组建驻京工作组、驻蓉工作组，参与驻沪工作组、驻穗工作组。工作组的人员服从安排、遵守纪律、团结协作、克服困难，做好巡查值守和接人劝返工作，最大限度把失控漏管人员控制在京、沪、穗、蓉外围，筑牢了信访维稳最后一道防线，为完成目标任务作出了积极贡献。

【网上信访】 2010年，攀枝花市在原有的书记、市长信箱、《效能热线》、《问政于民》、《百姓议事》、《网上听政》等网上信访栏目的基础上，启动人民网地方领导留言、省长信箱工作，并以此为契机出台一系列相关文件对网上信访工作予以规范，进一步提高网上信访工作效能，进一步形成多条线、多角度、广覆盖的网络民意表达机制。群众的信访渠道更加多样多元，诉求得到有效回应。2010年，受理网上信访749件，公开回复340件，个人回复341件；受理热线电话984件，办结966件；受理绿色邮政69件，办结58件，群众“以信代访”、“由访转信”的导向明显好转，攀枝花市的网上信访工作受到省信访联席会议办公室、省信访局通报表扬。

【全国信访信息系统推广应用】 2010年，按照国家、省关于推广应用全国信访信息系统工作的统一部署和要求，攀枝花市成立推广应用工作领导小组，明确“先抓重点、以点带面”建设思路，制定推广应用工作方案，采取分三步走[2010年1月至2011年1月在市、区县两级群工信访部门建设应用，2011年1月至12月在群众信访工作任务重的市级政府职能部门和有关企事业单位建设应用，2012年1～12月在县(区)群众信访工作任务重的政府职能部门和有关企事业单位、乡镇(街道)建设应用]稳步实现信访信息系统在全市的覆盖应用，打造有序规范、高效便捷的信访工作信息化平台，提高信访工作管理服务水平。第一批推广应用单位市、区县两级群工信访部门落实经费、明确人员、配备设施、完善网络、培训指导，在计划内全面开通应用，实现信访业务工作网上办理。攀枝花市初步实现国家、省、市、县四级信访系统连通、信息资源共享，第二批推广应用工作正有序推进。

【协调处理和打击私挖盗采煤炭资源犯罪行为信访事项】 2010年，根据攀枝花市预防和打击私挖盗采煤炭资源犯罪行为工作的任务分工，市委群工局作为司法工作成员单位，履行司法预防和打击工作职责。

成立局长任组长、副局长任副组长、各处室负责人为成员的预防和打击私挖盗采煤炭资源违法犯罪行为领导小组，下设办公室，由分管副局长兼任办公室主任，具体负责日常工作。制定《市委群工局关于预防和打击私挖盗采煤炭资源违法犯罪行为的实施方案》，明确各处室工作职责、措施和要求。把预防和打击私挖盗采煤炭资源违法犯罪行为工作纳入对各处室和领导干部的目标考核，分解下达责任目标。

认真排查化解有关私挖盗采煤炭资源违法犯罪行为矛盾纠纷，共排查化解有关矛盾纠纷11起，避免矛盾升级、问题恶化。协调处理因私挖盗采煤炭资源违法犯罪行为而引发的信访事项，接待疏导该方面的信访群众34批346人次，其中到市委市政府集访、非访12批286人次。特别是针对西区煤炭采空沉陷区摩梭河片区居民集体上访问题，市委群工局第一时间赶到市委市政府门疏导，协调相关部门到场解释答复，应信访群众的请求，报请市领导接访，市委常委、政法委书记单荣，副市长李章忠约访了该片区上访群众代表，避免了一场扬言在市委、市政府门口跪访，到省进京非访事件的发生，受理该方面来信39件，其中联名信3件，涉及人数600余人，对3件联名信进行立案交办，跟踪处理，对其余个信及时转交属地或属事部门办理，做到“件件有着落，事事有回音”。加强对群众相关法规政策的宣教引导。市委群工局以《信访条例》颁布实施5周年宣传教育活动为契机，结合普法、综治等宣传教育活动，利用接访窗口平台，加强市委、市政府关于该项工作的法规政策的解释和宣传，促使广大群众对该项工作有较为深入的认识，引导群众依法依规有序上访。加强相关信息的分析研判和报送通达。市委群工局预防和打击私挖盗采煤炭资源违法犯罪行为领导小组定期不定期梳理研究有关私挖盗采的重要信访问题，形成形势分析预测报告，为领导决策和部门指导提供有价值的参考。全年主动向牵头单位汇报工作2次、参与相关会议或出现场4次、帮助有关部门协调处理信访事项10余起。

市委群工局利用宣传栏和职工大会等，要求全局职工了解掌握政策、规定和要求，并采取一对一、面对面的方式与每位干部职工谈话，严明纪律要求，杜绝局领导干部职工出现此类情况。市委群工局领导干部职工未出现利用职权、职务影响参与办矿，介入非法利益格局谋私利的情况。

【信息报送】 市信访联席会议办公室、市委群众工作局加强对信访信息的深度分析和专题综合。结合作为预防和打击私挖盗采煤炭资源行为司法预防工作组成员单位实际，把涉及私挖盗采的信访事项进行专题分析；在全国“两会”、上海世博会、广运会等重大活动期间，把该期间的矛盾纠纷和突出问题排查化解情况作为专题综合；在元旦、春节等重大节假日期间，加强对特殊利益群体信访情况的摸排分析。全年共向领导专题报告和向有关部门通达信访情况及形势分析29次，信访简报83期，信访专报33期，信访动态16期，为各级领导和相关部门掌握情况、决策指导提供有效参考，推动了信访事项的解决。

（杨　茜）

人力资源综合管理

【概　况】 2010年9月,攀枝花撤销市人事局、市劳动和社会保障局,新组建市人力资源和社会保障局。将市人事局、市劳动和社会保障局的职责整合划入市人力资源和社会保障局。县区人事局、县区劳动和社会保障局也合并成立人力资源和社会保障局。机构改革后,全市有人力资源和社会保障局6个,其中市级局1个、县(区)局5个(盐边县人力资源和社会保障局由省人力资源和社会保障厅直管)。市人力资源和社会保障局下辖9个直属人力资源和社会保障经办机构,即市就业局、市社保局、市医保局、市专业军官培训中心、市人才服务中心、市人事局考试中心、市劳动保障监察支队、劳动争议仲裁院和市劳动保障信息管理中心。全市人力资源和社会保障系统共有人员253人,其中本科及以上学历的163人、大专学历的72人、高中及中专文化的18人,全系统中有高级职称的3人,中级职称的3人,初级职称的2人。

切实做好劳务开发和农民工工作,全市城镇新增就业14 478人,城镇登记失业率控制在3.5%以内,全市就业局势基本稳定。全市养老、失业、医疗、工伤、生育保险参保人数达到159.93人次;“五项社保”基金征缴额(含缓缴)达到28.03亿元。确保各项社会保险待遇按时足额兑现。扎实开展“新农保”试点。米易县、东区、西区认真落实了新农保试点实施方案,扎实做好了试点工作。

积极推进人事人才工作。稳步推进工资收入分配制度改革。做好义务教育学校实施绩效工资的检查指导工作;稳步推进公共卫生与基层医疗卫生事业单位实施绩效工资工作;做好其他事业单位绩效工资实施工作。进一步完善机关事业单位工资管理的各项工作制度,规范工作程序,改进审批方法;做好岗位设置后事业单位工作人员基本工资入轨工作;做好新审批参照公务员法管理的事业单位工作人员工资制度接轨和津贴补贴规范工作。完善企业工资支付保障机制,扎实推进工资分配工作。推进了人事制度改革。妥善解决参公人员职务确定、工资待遇和后期管理中的问题,完成了市级政府系统参照公务员管理单位非领导职务确定工作。进一步加强对职称评审工作的指导和监督,提高评审质量。及时兑现企业军转干部生活困难补助和个案补贴。加强了考试管理工作,严肃查处各类违纪违规行为。进一步加强人才队伍建设。稳慎组织了公务员考录和培训工作;加强了引进高层次、急需紧缺专业人才引进工作;扩大专家示范服务范围和领域。开展“专家服务农村示范月”活动,促进了本市各级专家与基层和农村的交流互动,加强了农村技术人才的培养和锻炼。进一步推进高技能人才和农村人才队伍建设。进一步加强海外引智工作。

全面实施劳动合同制度,开展“春暖行动”,强化执法检查,提高了规模以下企业和农民工的劳动合同签订率,进一步做好劳动关系协调。加强协调劳动关系三方机制建设,推动三方机制向工业园区、街道(社区)、乡镇延伸。深入开展劳动关系和谐园区(和谐街道、和谐乡镇)创建活动,进一步扩大活动覆盖面。加大劳动监察执法力度。努力抓好网格化、网络化“两网化”建设试点和监察机构标准化建设工作。加强劳动争议调解仲裁。进一步加强企业工资宏观指导。建立健全企业工资支付监控和工资保证金制度,完善国有企业工资内外收入监督检查制度。

抓好基础提高服务能力建设。“金保工程”建设取得阶段性成果,顺利通过国家示范城市验收,圆满完成发行20万张社会保障卡的目标任务,社会保障卡的医疗保险消费功能、基本养老金领取功能已成功实现。“12333”开通运行一年多,总话务量达到6.9万人次。

2010年,市人力资源和社会保障局被人力资源和社会保障部、公安部、工商总局表彰为“2010年清理整顿人力资源市场秩序专项行动先进集体”;被市政府办表彰为“2009年度政务服务工作先进集体”。

存在的主要问题:公共服务体系建设滞后,不能满足事业发展需要;养老保险基金出现巨大缺口,医疗保险的供养比持续恶化,面临巨大的支付压力;收入分配、劳动关系等群众反映强烈的一些突出问题还有待进一步解决;机关效能建设和全系统政风行风建设还需要不断加强,服务质量和办事效率有待进一步提高。

【就业工作】 2010年,市人力资源和社会保障局按照稳定和扩大就业的工作思路推进就业工作。积极落实优惠政策。充分发挥各类新闻媒体、公共就业服务平台的优势,加大投入力度,扩大就业和培训宣传深度和广度。建立高效的促进就业资金保障机制,按照市就业工作领导小组通过的经费预算方案,积极调整财政支出结构,加大就业专项资金投入,为就业工作的顺利开展提供有力保障。积极向用人单位和失业人员宣传各项优惠政策,使各项政策落实到位。全市全年共为4 066人拨付创业培训补贴88万元,共为2 080人拨付职介补贴20.82万元,共为76人拨付职业技能鉴定补贴2.03万元,共为5 306人拨付社保补贴1 591.13万元。积极帮扶就业困难群就业。加大对困难群体的帮扶力度。积极帮助大学生实现就业;加强灾区就业援助,基本实现灾区群众就业有门路、收入有来源、生活有保障;积极落实促进返乡农民工就业政策,千方百计帮助返乡农民工重新就业;组织开展就业援助进家入户活动,积极帮扶就业困难人员就业,在全市实现动态消除“零就业”家庭。与此同时,认真开展就业失业登记基础工作,每月由县(区)、街道、社区各级公共就业服务机构的劳动保障工作人员对所有就业困难人员实行入户调查,及时将收集的岗位信息、培训信息、就业政策送到困难人员手中,建立长效帮扶机制,实现推荐跟踪回访“一条龙”的优质服务,缓解就业困难人员的就业矛盾。截至12月底,全市城镇新增就业14 478人,完成全年目标任务的103.4%;下岗失业人员再就业7 895人,完成全年目标任务的112.8%；其中就业困难对象再就业1 683人，完成全年目标任务的140.3%；农民工在岗培训20 100人，完成全年目标任务的100.5%；城镇登记失业率控制在3.5%以内，全市就业局势基本稳定。

【创建国家级创业型城市试点工作】 2010年，市人力资源和社会保障局按照创建国家级创业型城市试点工作要求，全力推进创建工作。制定下发《关于开展创建国家级创业型城市工作的实施意见》，明确创建工作机制，基本形成政府统一领导，各职能部门切实履行职能，各人民团体、企事业单位广泛参与，社会各方面力量充分调动的工作局面。进一步完善扶持政策。出台《攀枝花市创建国家级创业型城市工作方案》，各有关部门也出台相关配套政策，形成创业促进就业政策体系。进一步加强创业培训。将有创业愿望和培训要求的城乡劳动者、大中专院校学生、已创业成功的小企业老板全部纳入创业培训范围，强化培训力量，创新培训模式，提高培训质量，增强劳动者自主创业意识和能力。加强创业孵化基地建设，全市已建立创业孵化基地16个，为创业者提供了实践和发展的平台。进一步强化创业服务。成立市、区（县）创业服务指导中心，建立创业指导服务专家团和创业项目资源库，积极为创业者提供指导帮助等服务。各相关部门开设“创业绿色通道”，为创业者提供准入登记、行政审批、缴纳税费、申办证照等便捷服务。着力营造全民创业氛围。以报刊、电视、电台、网络、户外广告等为主要载体多形式宣传创业优惠政策，增强群众自主创业的意识；举办创业大赛、开展“创业明星”评选表彰等活动，挖掘创业典型，树立创业标杆，增强群众参与创业的积极性。全力打造“创业攀枝花”特色。通过抓好“三个依托”，即依托得天独厚的自然资源开展创业，依托大企业发展带动创业，依托区域性中心城市建设大力发展第三产业，积极开展创建工作，初步形成了具有攀枝花特色的推动创业促进就业工作机制。全年开展创业意识培训4 323人，开展创业能力培训2 756人，发放小额担保贷款7 263万元，实现新增创业1 792人，带动就业1 792人，全民创业的氛围逐步形成，创业促就业的政策倍增效应正在体现。

【特别职业培训】 2010年，市人力资源和社会保障局牢固树立技能培训促就业的观念，以新成长劳动力技能储备培训、企业在岗职工培训和技能人才培养为重点，进一步建立完善覆盖城乡、面向全体劳动者的职业培训体系，围绕规范管理、提高质量，整合资源，创新方式，大力推广订单培训、定向培训，不断提高了培训的针对性和实效性，促进培训和再就业紧密结合，提高培训后的再就业率。发挥大企业作用搞好技能提升培训。攀钢集团公司、中国十九冶集团公司、攀枝花钢城集团公司积极探索，对新招用员工的岗前培训，采取公司统训、用人单位综合培训、岗前见习的培训考核办法，形成了比较成熟的培训模式，较好满足了企业的培训要求。加强部门协调配合拓宽培训领域。与市委组织部的“两新组织”配合，开展了非公有企业党员劳动技能短期培训；与市民政部门协调配合，开展现役、复转军人培训；与旅游部门配合，做好乡村旅游和餐饮服务培训工作；与市民宗委、市扶贫部门配合，开展农村扶贫电脑培训，有586名少数民族农民兄弟参加培训；为提高全市街道（乡镇）劳动保障所（站）工作人员的工作能力，积极开展劳动保障协理员培训。全年全市共有340人参加培训。积极打造攀西技能人才小高地。针对技能人才总量不足、质量不高、结构不合理、高技能人才比例偏低的问题，进一步加强高技能人才培养和考评。制定“十二五”高技能人才培养规划，重点培养能够解决关键技术和工艺难题、能够解决产业企业工艺改造、技术革新和重大项目实施的高技能人才。以鼓励创业、增加就业为导向，开展创业性人才培训。综合运用政府部门高等院校和职业院校的力量，开展专门培训，培养高技能人才。发挥大企业的主体作用，开展“企业职工技能提升”活动，结合生产实践实施多层次岗位培训，开展技术攻关、技能竞赛、岗位练兵等活动，促进高技能人才岗位成才。健全人才社会保障机制。引导和支持用人单位按规定落实和完善各类人才的基本养老、基本医疗、失业、工伤、生育保险及补充养老保险。加快福利制度改革，不断提高各类人才的福利待遇，为技能人才的成长创造良好的保障环境。全市高技能人才中高级工达12 561人、技师达1 357人，高级技师达129人。稳步推进职业技能鉴定工作。加强了对全市17家职技能鉴定机构的管理指导，稳步推进了高校毕业生和社会各类人员的培训和职业资格考试工作。严格执行培训大纲，严格考试纪律，进一步树立职业资格考试的权威性。加强计机职业资格在线考试和国家题库建设，使考试管理进一步向了科学化管理。全年全市有13 848余人参加了职业资格鉴定考试，其中12 418余人考试合格取得职业资格证书。强化培训机构管理。面向各类职业院校和职业培训机构，建立专家评审、纪检监察部门监督、就业联席会议相关成员单位共同参与的培训机构认定机制，加强对培训机构的管理；对申请承担培训任务的各类培训机构的设备设施、教学实训场地、师资配备和教材选用等情况进行重点检查；将承担培训任务的培训机构名称、培训专业（工种）及等级、培训期限、收费标准等情况统一向社会公布，强化培训全过程监管；建立开班申请、过程检查、结业审核三项制度，有效保障了培训质量。

【劳务开发】 2010年，市人力资源和社会保障局结合攀枝花实际，狠抓劳务开发、农民工工作。通过加强督促检查，扩大转移输出，开展劳务品牌、阳光工程、劳务扶贫等培训，鼓励农民工回乡创业，动员组织农民工参加医疗、工伤保险，搞好农民工维权，开展农民工“安全生产月”活动，开展“农民工关怀关爱行动”，开辟农民工司法救助、法律援助、解决农民工子女入学问题、做好群康科技人力资源招募等工作，圆满完成了各项工作任务。全年全市转移和输出农村劳动力98 544人，完成目标任务的103.6%，占全市农村劳动力资源总数的31.2%;实现劳务收入8.276亿元,完成目标任务的103.3%。劳务输出人员人均劳务收入达到8 395元,同比增加1 249元,为目标任务的100.4%。全市农民人均劳务收入达到1 591元,同比增加327元;农民人均劳务收入占农民人均纯收入的26.08%。全市开展农村劳动力转移职业技能培训33 696人,完成目标任务的106.14%。其中劳务品牌培训1 000人,为目标任务的100%;省内企业在岗培训20 100人,为目标任务的100.05%。劳务扶贫培训1 100人,为目标任务的100%;新型农民培训6 104人,为目标任务的122%;农村劳动力转移就业培训4 752人,为目标任务的118.5%;全总帮扶行动640人,为目标任务的100%。农民工参加工伤保险人数32 436人,为目标任务的121.7%;农民工参加医疗保险人数32 410人,为目标任务的135%;全市共吸纳19 014农民工子女就近入学,比2009年多122人。

【人才开发与流动】 2010年,市人力资源和社会保障局积极促进高校毕业生就业,重点面向全日制普通高校毕业生,开展事业单位公开考试招聘工作。市本级及各区(县)事业单位公招计划达650余名,绝大多数岗位面向应届毕业生和具有2年以上基层工作经历的毕业生,有效减轻高校毕业生就业压力。对21名已满服务期的"三支一扶"志愿者进行了考核续聘。收集、上载、更新全市2006年以来接收的"三支一扶"志愿者有关信息。配合组织部门认真做好2010年选聘39名高校毕业生到村任职,为农村基层补充新鲜血液。积极促进高校毕业生创业工作,有98名高校毕业生实现创业,超额完成全年目标任务。按照每人5 000元的标准,为129名在2009年实现创业的高校毕业生兑现创业补贴资金64.5元。创新人才政策,制定出台,制定《攀枝花市高层引进稳定暂行办法》、《攀枝花市企业引才专项事业编制管理办法》、《攀枝花市事业单位特设岗位设置管理试行办法》,对到攀枝花服务的高层次人才的安家补助、工作津贴等作出具有创新意义的规定。建立赴外引才长效工作机制,在2009年两次赴外引进高层次和急需紧缺人才的显著成果基础上,继续组团赴外引进高层次和急需紧缺人才,与112人达成意向协议。通过"绿色通道"引进10名优秀骨干教师向省上申报海外高层次人才引进需求计划12名,高层次人才合作项目4个。办理357名人员流动手续,30余名工勤岗位新补充人员聘用手续,促进人员合理流动。解决市房屋产权交易登记中心、市房产档案管理中心、市就业局失业预警制度监测点等32名编外用工问题。营造尊重基层农村人才、尊重知识、尊重创造的良好氛围。以提高农村实用人才发展生产能力和就业创业能力为核心,以完善农村实用人才培养、流动、使用机制为重点,扎实推进农村实用人才培训、农村实用人才服务体系建设、农民技术职称评定等工作。深入实施市委、市政府《关于加强农村人才开发工作的实施意见》,鼓励和引导各类人才服务新农村建设。开展2009年度机关、事业单位人才统计年报工作。

【专家管理】 2010年,市人力资源和社会保障局结合国家、省厅有关文件精神,修订《攀枝花市学术和技术带头人管理办法》、《攀枝花市有突出贡献专家管理办法》、《攀枝花市学术和技术带头人后备人选管理办法》和《攀枝花市人民政府顾问管理办法》,代市政府名义制定《攀枝花市人民政府特聘专家管理办法》。完成2010年享受政府特殊津贴人员和第九批省级专家的推荐申报工作,推荐享受政府特殊津贴人员4人、省有突出贡献的优秀专家14人、省学术和技术带头人5人、省学术和技术带头人后备人选9人。开展第三批各类别专家承担导师任务的结对工作,批准承担导师辅导任务的各类别专家和学术技术带头人100人,结对辅导对象158人。导师和辅导对象涵盖钢铁、钒钛、教育和卫生等重点行业和领域。深化专家示范基地建设,扩大专家示范服务范围和领域,在农业、林业、教育、卫生等领域巩固和深化了在建的7个家示范基地,新建4个专家示范基地,参与服务的专家共98人。执行2010年度引进国外技术、管理人才项目6项,引进国外技术、管理人才成果示范推广项目2项,争取资助经费52万元。开展"专家服务农村示范月"活动,促进了全市各级专家与基层和农村的交流互动,加强了农村人才的培养和锻炼。组织政府顾问和政府特聘专家的聘请工作,共8个市级部门拟聘政府顾问8人。

【引进国外智力】 2010年,攀枝花市人力资源和社会保障局通过与美国、以色列和德国等国专家组织洽谈,成功引进8名农业、医疗、钒钛等领域高水平外籍专家到攀枝花市为各类企事业单位开展技术指导,解决技术难题,培养本土人才。通过对全市农业、医疗卫生和钒钛等重点行业和领域开展人才、智力需求调研,组织申报13项2011年度引进国外技术、管理人才项目。

【国家公务员考录】 2010年,攀枝花市人力资源和社会保障局认真做好国家公务员考录工作。完成2009年下半年全市公安机关考录人民警察递补体检、公示、录用等后续工作,共录用人民警察171名。继续完成2009年公开考试录用公务员工作,其中,政府系统共录用公务员(参照公务员法管理工作人员)89名、面向优秀村干部和服务基层项目人员招录乡镇公务员6名。组织2010年政法干警招录培养体制改革试点班招录工作,拟录用53人。组织2010年全市公开考录公务员工作,录用公务员(参照公务员法管理工作人员)9名(取消4个职位),录用人民警察22名。

【公务员管理】 2010年,市人力资源和社会保障局平稳推进政府系统参照公务员法管理工作。积极研究解决参公人员职务确定、工资待遇和后期管理中的问题。确定非领导职务458人(主任科员161人、副主任科员190人、科员107人)。办理非领导职务晋升107人(晋升主任科员98人,晋升副主任科员9人)。汇同市委组织部研究制定了《关于完善干部职级待遇政策意见》,按照审批权限规定审批办理享受推荐评选第四届四川省“人民满意的公务员集体”1个，“记一等功公务员集体”2个；“人民满意的公务员”2名，“记一等功公务员”8名。向省级以上部门推荐先进集体13个，先进个人21人。开展2009年度公务员年度考核工作，确定优秀人员664人。开展公务员管理信息系统情况调查和2005年至2009年度公务员、机关工作人员录用情况统计工作。开展首次公务员记三等功表彰奖励工作，市级政府系统记三等功公务员93人。

【人事教育培训】 2010年，市人力资源和社会保障局把增强公务员行政意识和提高公务员行政能力作为培训的出发点和落脚点，不断创新培训方法，提高培训质量。开展公安干警晋升非领导职务任职培训，对市级6 900余名公务员进行《突发事件应对法》专门培训。认真开展公务员初任培训工作，共培训新录用公务员274人(公安系统176人、其他部门98人)。组织全市行政机关公务员《保密法与信息安全知识》培训，培训市本级公务员及参照公务员法管理人员3 200余名。选派100名优秀公务员和事业单位管理人员赴四川大学参加公务能力提升培训。安排2006年以来新录用无基层工作经历的公务员到县区、乡镇实践锻炼，增强市级部门公务员队伍的实践能力。完成全市13 000余名专业技术人员和管理人员全部《知识产权》的培训工作。开展城乡环境综合治理工作人员能力建设培训，共培训城乡环境综合治理管理人员、专业技术人员和行政执法人员60人。组织全市16 000余人/次专业技术人员继续教育登记管理制度。新登记培训科目6 700余人/次，验证登记1 300余人(次)。建立社会化选学制度，全面制定社会化选学目录和专业技术人员能力建设培训菜单。

【事业单位岗位设置管理】 2010年，攀枝花市人力资源和社会保障局出台《攀枝花市事业单位岗位设置管理实施工作问题解答意见》，下发《攀枝花市人事局关于做好事业单位岗位设置实施和认定工作有关事项的通知》，加强市县区事业单位岗位设置工作的专项业务培训，举办专题培训班7期，并对县区经办人员进行专门培训，提高具体经办人员的执行能力。下发《关于加快推进事业单位岗位聘用工作的通知》，要求市属事业单位以及各县区必须按时保质保量完成岗位设置管理实施工作。全年全市核准设置岗位24 664个，占应设岗位的98.8%。完成人员聘用岗位22 738个，比例为95%。组织开展事业单位工作人员年度考核工作。

【职称管理】 2010年，攀枝花市人力资源和社会保障局加强对评审工作的指导和监督，进一步提高评审质量。严格执行业绩和评审结果公示制度，全面开展中级职称集中申报、集中评审和集中审批工作。全年共审批高级职称387人，中级职称740余人；推荐晋升高级职称384人，推荐公安、法院、检察院系统专业技术人员晋升中、初级职称37人。组织20余类职业资格考试，共办理各类职称证书2 400余本。

【工资福利与退休管理】 2010年，市人力资源和社会保障局认真做好机关事业单位工资福利与退休管理工作。稳慎推进事业单位实施绩效奖励工资工作，会同教育、财政部门开展义务教育学校实施绩效工资的检查评估工作。依照“分类指导、分步实施、因地制宜、稳慎推进”的原则，组织开展其他事业单位绩效工资实施工作。组织实施全市公共卫生和基层医疗卫生事业单位津贴补贴清理核查工作，为下一步这些单位实施绩效工资打下了基础。开展市直机关公务员2009年度预留津贴补贴部分的发放工作，审批兑现市属事业单位2009年度年终单项奖励，开展市级机关公务员津贴补贴第二步规范的兑现工作，并对市属事业单位收入水平同步提高提出了意见并组织实施，较大程度地弥补机关事业单位职工之间的收入差距，稳定了职工队伍。提出同步提高市属义务教育学校绩效工资水平的意见并组织实施。提出贯彻执行信访岗位津贴的意见并组织实施。审核公务员(机关工勤人员)正常晋升工资档次3 860人，机关按套改表滚动晋升级别583人，事业单位工作人员正常增加薪级工资9 259人。开展新审批参照公务员法管理的事业单位工作人员工资制度接轨和津贴补贴规范工作。积极推进事业单位工作人员基本工资入轨工作。开展市级机关(参公单位)符合一定条件人员享受上一级非领导职务工资待遇的审核工作。兑现市级机关事业单位工作人员2009年度应休未休年休假酬金。加大机关事业单位工资福利与退休管理监督检查力度，确保新工资制度规范运行。审核市级机关事业单位调入(录、聘用)人员确定工资505人，因职务(含学历)变动工资待遇3 288人，审批执行民贴(完善津贴)412人；核批市级机关事业单位年终一次性奖金。开展2009年度工资统计年报工作。

【军转安置与企业军转干部解困维稳】 努力协调接收安置转业干部12名。及时兑现企业军转干部生活困难补助和个案补贴，有力地缓解部分困难军转干部的生活压力。认真办理企业军转干部来信来访，接待企业军转干部来访近800人次，每月定期向上报告企业军转干部动态，继续保持了“零进京、零到省、没有大规模到市委市政府上访”的良好局面。对失业军转干部提出的再就业要求，积极会同有关部门研究提出初步解决方案。

【人事考试】 2010年，市人力资源和社会保障局组织公务员招录、计算机等级、职称外语等24个专业的考试23次，参考人数达13 560人。制定和完善了考试管理责任、安全保密的5项工作制度，督促考务人员签订考风考纪责任书，对公务员招录、公安招警、事业单位招聘等规模较大的考试加强了考前纪律教育，邀请纪检部门派员进行重大考试的考务监督，严肃人事考风考纪，查处违纪违规人员13人。

【人才服务工作】 2010年,市人力资源和社会保障局以公共就业服务、人力资源市场化配置、人力资源社会化培训为重点,以建设省一流人力资源市场为目标,推动人才工作再上新台阶。公共就业服务职能得到进一步加强,全年全市124名高校毕业生实现创业,完成目标任务的155%。确定12家规模较大、信誉较好的用人单位为高校毕业生就业见习基地,全年共安排188名高校毕业生参加见习,见习人员正式录用率达70%以上。开展"2010年高校毕业生就业促进月活动"、"2010年攀枝花市高校毕业生春季公益性大型双选会"、"2010年民营企业招聘周"活动、"助飞梦想——2010年6月攀枝花市人才服务机构进校园"等大型公益性就业促进活动,取得良好社会效益。规范职业中介机构的中介活动和用人单位的招工行为,依法加强对职业中介的监管,改善人力资源市场秩序。换发人力资源服务许可证,稳步推进人才市场、劳动力市场的逐步整合。加强四川攀西人才市场设施建设,按四川省一流人才市场标准进行全面升级改造,设有固定展位123个,招聘信息发布全部采用led电子显示屏,并配套设置面试室、洽谈室。全年共举办现场招聘会88场,进场招聘单位5 252家次,提供职位69 127个,进场求职约60 000多人次,达成意向15 619人次;办理招聘会会员单位123家。完善更新攀西人才网功能模块,全年在网上发布招聘信息的企业达900家。继续开展高校毕业生档案管理及人事代理工作,全年共接收回攀报到高校毕业生1 051人,接收、录入档案2 879份,免费为100余名毕业两年之内高校毕业生办理人事代理。全年共录入档案5 064份,装订档案515份,转出档案1 089份,接收归档材料3 135份,为1 400余人提供档案查询、查阅、借阅、服务。新增人事代理单位15家,累计达246家,新增人事代理人员388人,累计达3 286人。共为62人办理职称评定,为100余人办理转正定级手续,为148人办理了工资核定,为244人办理事业单位工勤人员续聘合同等手续。为代理人员代缴社会保险总金额达2 159 666元。组织开展各类社会化培训,培训总人数达638人。

【劳动保障监察执法】 2010年,加强对难点问题的日常检查、热点问题的专项检查和法律实施的重点检查;重点抓好人力资源市场整顿、打击非法用工、开展农民工工资清欠等专项工作,严厉查处拖欠工资、非法使用童工等违法行为,着力开展劳动保障年度执法审验工作。同时努力抓好网格化、网络化"两网化"建设试点和监察机构标准化建设工作。全年劳动保障主动监察用人单位1 863户,完成全年1 440户目标任务的129%,涉及劳动者54 487人;审查用人单位报送书面材料2 284户,完成全年2 280人目标任务的100.18%,涉及劳动者241 622人;追发劳动者工资待遇3 463.29万元,涉及劳动者12 118人;督促用人单位为3 619名劳动者缴纳社会保险费149.19万元;督促用人单位为390名劳动者办理社会保险登记;清退童工5人;清退风险抵押金3.57万元,涉及劳动者54人。受理各类举报投诉案件375件,立案363件,结案357件,结案率达98%。

【劳动保障监察"两网化"管理】 2010年,市人力资源和社会保障局着力推进劳动保障监察"两网化"试点工作,全市实现管理无缝隙、监察无遗漏、维权无盲区的劳动保障监察"网格化管理,网络化监察"工作模式。全市划分为1个一级监察网格、6个二级县(区、钒钛产业园区)网格、32个三级街道(乡镇)网格,122个四级社区(村)网格,形成将劳动者、用人单位、劳动保障监察员定点到各级网格的"三定点"格局,实现劳动者就近举报投诉、咨询劳动法律法规政策及用人单位到所在辖区的网格办理劳动保障监察业务的"便民"服务;劳动保障监察信息系统(网络化)已建成并投入使用,实现网络上处理劳动保障监察业务工作。"两网化"的实施,标志着攀枝花市劳动保障监察工作将形成管理信息化、执法规范化、指挥便捷化、监管一体化的长效机制。攀枝花市劳动保障监察"两网化"管理工作已走在全省前列,先后有乐山、眉山、泸州、遂宁、雅安等市来观摩学习。2010年12月20日,在攀枝花市召开全省劳动保障监察两网化管理工作现场会,市人力资源和社会保障局在会上作经验交流发言。

【劳动争议调解仲裁】 2010年,市人力资源和社会保障局针对现阶段劳动争议凸现的特点,采取积极措施,依法仲裁、依法调解,发挥仲裁和谐社会发展作用。提出了"四个一"(一张笑脸相迎、一把椅子让座、一杯热茶暖心、一席话语宽怀)服务理念、"三心"(耐心、细心、爱心)接待意识、"三真"(真情、真心、真负责)解答思想。有效疏导当事人关系、理顺当事人情绪、化解争议双方矛盾,促使仲裁工作端口前移,大量劳动争议在案外达成调解,从而提高案件的处理质量。以"快立、快审、快调、快结"为指导思想,将"以调为主、调裁结合"和"自愿调解、择机裁决"相结合,恰如其分的实施案前、立案、庭前、庭中和庭后"五个环节"调解制度。切实强化仲裁止争息诉的职能作用,促进劳动关系的和谐发展,维护社会的安定与团结。开展"四进"(进企业、进社区、进校园、进乡镇)活动,有效预防和减少争议案件的发生。全年全市共接待来访群众9 149人次,处理劳动争议案件1 544件,涉及劳动者1 544人,涉及标的3 250万元。待来访群众4 229人次,处理劳动争议案件493件,涉及劳动者493人,涉及标的879.12万元。

【劳动工资分配调控指导】 2010年,进一步建立健全企业工资支付监控和工资保证金制度,完善国有企业工资内外收入监督检查制度。加强企业工资集体协商,指导企业建立职工工资协商调整的长效机制。完善企业工资支付保障机制,工资分配工作扎实推进,工资分配宏观指导继续加强。及时调整本市的最低工资标准,并指导各县(区)、各企业贯彻执行。按照相关规定,参考全省最低工资标准,结合本市就业者及其赡养人口的最低生活费用、城镇居民消费价格指数、职工个人缴纳的社会保险费和住房公积金、职工平均工资、经济发展水平、就业状况等因素,具体测算并及时发布本市的最低工资标准。本市行政区域内现行月最低工资标准调整为780元/月,非全日制用工小时最低工资标准调整为8.2元/小时。

【劳动关系协调】 2010年,认真贯彻落实《劳动合同法》和《劳动合同法实施条例》。全面实施劳动合同制度,开展“春暖行动”,强化执法检查,提高了规模以下企业和农民工的劳动合同签订率。加强劳动合同动态管理,推进劳动用工备案制度建设。继续实施集体合同制度“彩虹计划”,扩大集体合同制度覆盖范围,和总工会一起,通过组建大企业自己建工会,小企业建行业工会、片区工会等等多种方式共同来推动集体合同制、工资协商制。进一步做好劳动关系协调。加强协调劳动关系三方机制建设,推动三方机制向工业园区、街道(社区)、乡镇延伸。深入开展劳动关系和谐园区(和谐街道、和谐乡镇)创建活动,进一步扩大活动覆盖面。根据《就业服务与管理规定》和《四川省劳动力市场管理条例》规定,对辖区范围内的职业中介机构进行年检,并对通过年检的职业中介机构统一换发“人力资源服务许可证”,对限期整改的中介机构积极指导其按期整改。在对小企业劳动关系深入调研的基础上,开展小企业劳动合同制度实施专项行动,维护小企业劳动关系和谐稳定。积极指导各县(区)创建劳动关系和谐工业园区、和谐街道、社区工作。切实开展维护乙肝携带者权益政策落实情况专项检查,积极消除对乙肝表面抗原携带者的就业歧视,切实维护乙肝表面抗原携带者的合法权益。加强维稳信访。全系统站在讲政治的高度,深刻认识做好信访维稳工作的重要性和紧迫性,提高政治敏锐性,防止和避免在调整利益关系时因方法简单、工作粗糙而引发矛盾,坚持“大事不出、中事不出、小事可控”的工作底线。加强了信息研判,落实稳控责任,坚决防止进京赴省集访和非正常上访,维护好了社会的稳定。全年共受理群众来信292件次;来访2 111批次,涉及职工群众2 280余人次。

(肖礼荣　刘延东)

外　事

【因公出国】 2010年,全市(含攀钢)共派遣因公出国(境)83批294人次。其中市级各部门、区县及地方企事业单位因公出国(境)18批38人次,分别赴美国、加拿大、以色列、德国、越南、柬埔寨、泰国、德国、法国、南非、埃及等国家和地区执行医疗合作、考察访问、文化交流、学习培训、医疗援外及技术研修等任务。

【外宾接待】 2010年,全市累计接待外宾(含到攀旅游者)共约300人次。市外事办共接待到攀访问和考察的外宾3批28人次。到攀外宾主要从事友好访问,参加论坛,项目考察,学术交流,技术指导,旅游等活动。

【俄罗斯钛业—中航国际考察团莅攀考察】 2010年3月17日~19日,在中国航空技术国际控股有限公司处长王向山和主管业务经理刘湘徽、四川省人民政府驻深圳办事处王强处长的陪同下,俄钛集团贸易发展副经理波纳玛列夫(PonomarevA lexandr)率俄罗斯钛业一中航国际考察团一行7人莅攀考察。随团前来的另3位考察团成员是俄钛集团总冶金师普扎科夫(Puzakov Igor)、俄钛集团总经理助理库兹涅佐夫(Kuznet SOV Igor)和“俄罗斯技术”国有集团公司中国代表处总工程师康德拉坚科(Kondratenko Sergey)。

攀枝花市委、市政府在攀枝花会展中心举行攀枝花钛产业专场投资说明会。中航国际、“俄罗斯技术”国有集团公司和俄罗斯钛业公司代表分别就各自的企业情况、产业发展优势、发展成果进行了说明,并表达了与攀枝花开展钛产业经济合作的意愿。

18日,考察团在副市长许健民等市领导的陪同下,实地考察了攀枝花钒钛产业园区和高新技术产业园区中的攀钢钛业、钢城集团、恒为制钛、攀航钛等涉钛企业。俄方表示愿意与攀枝花企业开展原料采购、合资建厂、贴牌生产等多渠道合作。

19日,攀枝花市人民政府、中国航空技术国际控股有限公司、“俄罗斯技术”国有集团公司和俄罗斯钛业公司就协商达成的合作意向签署了四方《开展钛产业合作备忘录》。

此次中国航空技术国际控股有限公司、“俄罗斯技术”国有集团公司和俄罗斯钛业公司的成功考察对攀枝花市未来的发展具有重要的意义,标志着攀枝花市在钛产业发展中迈出了探索国际合作的步伐,开启了攀枝花市与世界钛产业主导企业合作发展的大门,也为攀枝花与中航国际、“俄罗斯技术”国有集团公司和俄罗斯钛业公司等国际知名企业在未来更大范围、更高层次、更深领域的交流合作奠定了良好基础。

【世界卫生组织驻华办裴雷博士莅攀参加研讨会】 2010年6月16日~18日,世界卫生组织驻华办健康社区与人口部门负责人裴雷·慕昆旦博士(Dr. Pi1lay Mukundan)一行10人莅攀参加“攀枝花市健康城市工作研讨会”,参加研讨会的世界卫生组织其他官员和专家是:世界卫生组织西太区伤害技术官员克里希那·拉加姆博士(Dr. Krishnan Rajam),环境卫生专家布伦特·包威斯博士(Dr. Brent Powis),世界卫生组织驻华办食品安全专家皮特·恩巴莱克博士(Dr. Peter Ben Embarek),项目官员何静、毛吉祥、吴琳琳、张平平及秘书勾爱民。

17日,攀枝花市健康城市工作研讨会召开,裴雷博士一行应邀参加与本市有关方面人士就健康城市相关领域工作进行专题交流探讨。卫生部、全国爱卫办、中国健康教育中心、复旦大学、省爱卫办有关领导及专家应邀出席会议。攀枝花市有关方面人士结合攀枝花实际在卫生应急反应、环保健康、伤害预防与控制、安全和绿色医院、食品卫生与健康市场和慢性病控制等6个方面与应邀出席的官员、领导和专家进行了热烈交流和专题探讨，共同查找和筛选出本市有关工作中存在的问题与挑战，并有针对性地拟定相关行动计划，为下一步定时定量地推进健康城市创建奠定了基础。

18日，裴雷博士一行专程前往攀枝花市第二人民医院了解创建“绿色安全医院”的情况，并实地考察了五十一、西海岸农贸市场的建设及运行情况。随后，攀枝花市健康城市工作研讨会闭幕。裴雷博士在闭幕式发言中指出，此次研讨会取得了丰硕成果，为健康城市建设奠定了坚实基础。裴雷博士表示，世界卫生组织将继续全力支持攀枝花市建设健康城市，并相信攀枝花能够成为世界知名的健康城市。

【挪威工商会项目主任魏籁森莅攀参加论坛会】 2010年9月15日～17日，挪威工商会项目主任魏籁森(Mr. Bjorn Willadssen)一行11人莅攀参加“中挪企业安全生产与职业健康论坛”，参加此次论坛的挪威专家还有：泰坦尼亚(Titania AS)公司安全生产与健康事务工程师罗伊·伊阿(Mr. Roy Arild Eia)，挪威AF集团负责健康、安全与环境事务主任帕尔·布莱克(Mr. Pal Brekke)，挪威Falck Nutec公司高级顾问斯特纳·依金斯(Mr. Stener Irgens)，陪同前来的还有全国工商联联络部部长赵宏、副处长徐宝文，四川省委统战部副部长、省工商联党组书记、常务副主席钟家霖及四川省工商联联络处的周小俐、张焰等人。

16日～17日，“中挪企业安全生产与职业健康论坛”在攀枝花会展中心举行。在为期两天的论坛会上，挪威工商会代表魏籁森对挪威概况、挪威工商会和论坛等作了生动详细的介绍。参会的挪威专家作了《职业安全与健康管理——文化、管理、员工参与在推进职业健康中的重要性》、《应对安全威胁、化学损害及事故预防，挪威企业的经验》、《健康、安全与环境管理之路》及《安全生产与健康管理及事故预防》等专题报告；攀枝花市安全生产监督局代表作了《发展安全生产与职业健康——中国企业面临的现状与挑战》专题报告，攀枝花钢城集团公司副总经理作了《落实责任抓管理　加强检查严考核》专题报告等。

此次论坛会有助于攀枝花市企业及有关部门更好地了解国外安全生产管理的先进经验及在职业健康方面的成功实践，提高攀枝花市安全生产管理水平，促进安全生产和职业健康。

【赴日研修生】 2010年，在四川省友协的大力支持和指导下，市友协继续努力做好各项基础性工作，保持与有关企业、政府部门和培训学校的良好关系，建立赴日研修生人才选拔库，深入基层进行考核把关，提前做好各项政策讲解和涉外纪律培训，提前进行基础日语培训，确保赴日研修生选派的质量。2010年攀枝花市共选派15名农业研修生赴日本国进行园艺研修。

（罗友凤）

侨　务

【概　况】 2010年，全市新增国内工作对象4人，国外工作对象5人。截至2010年底，全市国内、国外侨务工作对象分别达到3 714人和2 220人。

全年，市侨办、侨联把创先争优活动与本单位工作实际相结合，深入学习和贯彻落实科学发展观，用科学发展观统领侨务工作，围绕中心，服务大局，坚持以侨为本、为侨服务的宗旨，凝聚侨心、汇集侨智、发挥侨力、维护侨益，努力发挥侨的独特优势，在引资引智，维护侨益，扶贫捐赠，海外联谊，参政议政等方面，做了大量工作，为促进攀枝花市各项事业建设，构建和谐攀枝花作出新贡献。为抗击攀枝花市特大旱灾，争取到海外侨胞捐赠1台水罐车和价值100万元的矿泉水；组织攀枝花市东区招商局等8个单位和攀枝花市103个招商项目参加“第八届东盟华商投资西南项目推介会暨亚太华商论坛”和“2010海外华侨华人高新科技洽谈会暨四川世界华商大会”；香港3个基金捐资70余万元修建的5所侨心教学楼全部竣工并交付使用；走访慰问13户生活困难的归侨侨眷，2次看望慰问南侨机工遗孀，看望慰问侨心小学21名贫困学生，送去慰问金(助学金)共计人民币2万余元，为仁和区等3户贫困侨眷家庭送去帮扶资金6 000元，并看望慰问去世的归侨、侨眷及其亲属；做好3人(次)到攀投资考察、探亲访友的海外侨胞和香港同胞的接待工作；与市人大联合开展全市侨法执法检查暨侨务工作调研；先后组织了“归侨侨眷迎春茶话会”、“三胞三属中秋茶话会”等活动；侨联组织建设工作稳步推进，定期召开主席办公会，研究讨论如何进一步做好侨务工作；召开市侨联五届四次全会扩大会，对5个“攀枝花市侨务工作先进集体”和8名“攀枝花市侨务工作先进个人”进行表彰；市侨办、侨联响应有关部门的倡议，为玉树灾区及甘肃舟曲和四川省特大泥石流灾区捐款，包括侨心小学在内共捐款5 000余元，同时帮助支持市侨声合唱团、区县及大企业侨联基层组织开展工作，并取得良好效果，仁和区侨联小组进行了届中调整。市侨联积极参政议政，在省、市政协有关会议中，侨界政协委员提交《关注海归、延揽人才》等提案共11份、反映社情民意1份，本市1名侨界省政协委员还多次参加省市政协组织的学习和视察活动，为全市各项事业的发展建言献策；全年接待、处理归侨侨眷来信来访8件(次)。

2010年12月，攀枝花市侨办被四川省侨办评为“全省侨务信访工作一等奖”和“全省侨务经科工作一等奖”；《攀枝花年鉴》及《中共攀枝花执政实录》侨务部分的编撰工作先后被市委办、市政府办评为先进单位。

【侨务捐赠】 2010年，侨心工程建设圆满完成。由香港3

个基金从2009年开始共捐资70余万元帮助本市仁和区平地镇中心校等5所灾区小学修建的侨心教学楼2010年全部竣工并交付使用,5所学校建筑面积约2 600平方米,使800余名学生受益,不仅有力地支援了本市的灾后重建工作,也极大地改善了当地农村小学的办学条件。4月,捐方代表专程到攀参加了其中4幢侨心教学楼的竣工典礼。他们对教学楼的建设质量非常满意,并向学校的师生们赠送了教育光盘、书籍和体育器材。2010年,省侨办再次下发文件,对切实加强全省"侨爱工程"提出明确的要求。市侨办高度重视此项工作,立即制定本市"侨心小学"项目设施管理办法,建立起由基层统战部门、教育部门和相关学校共同负责的"侨心小学"项目设施管理三级责任制度,并逐级落实了相关责任人员。12月,市侨办、侨联对仁和区已建成的"侨心小学"的硬件设施和校名、碑记等铭牌的管理维护情况进行了实地检查,确保各有关责任单位和责任人员认真履行职责,切实管理好、维护好、使用好攀枝花市"侨心小学",使其在教书育人,服务地方经济建设等方面发挥更大的作用。2010年还争取到香港同胞继续资助攀枝花市21名贫困学生助学金1万余元,攀枝花市1名侨眷也再次向侨心小学优秀学生捐赠奖学金1 000元。

支援抗旱救灾工作成效显著。自攀枝花市旱灾发生后,市侨办迅速行动,组织开展抗旱救灾工作,发挥侨务部门在抗旱救灾、社会救助方面的独特作用。一方面主动与有关部门联系,详细了解攀枝花市旱情和急需支援的救灾物资,另一方面迅速将本市旱情向省侨办侨联报告,努力争取上级侨务部门的支持与帮助。在全市抗旱救灾工作正处于十分关键时刻,在国侨办、省侨办的大力支持下,旅澳大利亚侨胞董某向攀枝花市捐赠1台水罐车和价值100万元人民币的矿泉水,以帮助灾区群众解决饮水困难问题,有力支援了本市抗旱救灾工作。4月21日上午,攀枝花市政府在金江火车站举行捐赠仪式,攀枝花市副市长,市防汛抗旱指挥部指挥长郑学炳出席捐赠仪式并做重要讲话,高度赞扬海外侨胞"大爱无疆、无私奉献"的精神,衷心感谢海外侨胞对灾区人民的无私援助。

侨务扶贫工作取得新成效。2010年,市侨办、侨联走访看望帮扶的仁和区和米易县3户贫困侨眷家庭,送去帮扶资金6 000元,并实地查看生产和生活状况,详细了解3户贫困侨眷家庭需要继续帮扶致富的项目情况。根据实地查看和本人及村社干部的介绍,3户贫困侨眷自接受市侨办、侨联帮扶以来,结合各自特点,努力开展脱贫致富项目,充分利用帮扶资金,购买牛、羊等开展养殖,种植葡萄等经济作物,家庭经济收入和居住条件都有不同程度的改善。争取到省侨办的专项扶贫资金9 000元,为帮助贫困家庭下一步开展扶贫济困、发展生产工作打下基础。

【侨益维护】 2010年,是《中华人民共和国归侨侨眷权益保护法》颁布20周年,也是全国"五五"普法最后一年,为进一步加大侨法宣传工作力度,更好地营造全社会依法护侨的良好氛围,切实维护归侨侨眷合法权益,市侨办根据国侨办、省侨办要求制定《市侨办关于深入开展侨法宣传的工作方案》,大力加强侨法宣传。免费向市级各部门发放侨法宣传资料,增强他们对侨法的了解;向区县、大企业、大专院校的侨务部门免费发放侨法资料,提升他们依法护侨的能力;利用各种座谈会向归侨侨眷和侨资企业免费发放侨法资料,提高他们依法维权的意识;向社区免费发放侨法资料,扩大侨法的社会知晓度;在本单位党政网和互联网网页上登载侨法宣传资料,积极营造网络侨法宣传阵地。

9月,按照省人大常委会和省侨办的有关要求,为促进本市各级政府和有关部门深入贯彻实施侨法,市侨办联合市人大有关部门共同开展了侨法贯彻实施情况暨全市侨务工作调研,对各区(县)委统战部、市直机关和重点侨资企业听取汇报、实地察看、了解情况,形成调研报告。其中,9月15日,市人大常委会副主任张国民带领市人大农业民族工委及市侨办侨联赴米易检查了《中华人民共和国归侨侨眷权益保护法》的贯彻实施情况,并开展侨务调研工作。

全年,共接待、处理归侨侨眷来信、来访8件(次),涉及就业、住房、申请救济、土地纠纷、出国探亲等事宜,做到事事有落实,件件有结果,化解了矛盾,维护了侨益、维护了稳定。

【侨务招商引资】 2010年,市侨办充分发挥侨务资源优势,开展招商引资工作。6月、10月先后参加国侨办和云南省政府、四川省政府举办的"第八届东盟华商西南项目推介会暨亚太华商论坛"、"2010海外华侨华人高新科技洽谈会暨四川世界华商大会"等活动,组织东区招商局、攀枝花光华房地产公司等8个单位以及攀枝花市103个重点招商项目参会。会议期间,散发招商项目资料近百份,主动与来自印尼、马来西亚、泰国等多个国家和地区的10余名重点华商进行了洽谈,并就菊叶薯蓣开发、果蔬糕深加工、堇却石销售等多个项目达成进一步洽谈意向,同时新结交了一批有影响、有实力的海外华商,取得较好的效果。会后,市侨办加强与省侨办的联系,做好项目的对接落实工作,同时力争在上级侨办、侨联的支持下,能邀请一批在国内外有影响力的华商和专家学者到攀枝花市开展合作交流。

"侨爱工程——万侨助万村活动"扎实有效。"侨爱工程——万侨助万村活动"是国务院侨办和农业部在2008年联合启动的旨在专门为海外侨胞、港澳同胞、归侨侨眷关注和支持国内各项公益事业、扶危济困、回馈社会、奉献爱心搭建的服务平台,是侨务工作落实党的十七大关于统筹城乡发展,推进社会主义新农村建设战略部署的重要举措。本单位高度重视这项工作,全办上下积极行动,主动作为:加强协调,及时将有关文件转发攀枝花市农业部门和基层侨务部门,认真学习贯彻文件精神;迅速开展摸底调研,及时收集项目信息,为下一步开展工作奠定扎实基础;向上级侨务部门争取支持,已经向省侨办报送侨心工程项目6个,农业帮扶项目8个,农业招商项目36个,争取海内外侨胞参与攀枝花市新农村建设。

【侨务联谊】 市侨办、侨联广泛开展侨务联谊活动，涵养攀枝花市侨务资源。市侨办、市侨联利用参加“第八届东盟华商西南项目推介会暨亚太华商论坛”等大型侨务活动的机会，开展海外联谊工作，广交朋友，有重点结识东南亚和欧美国家和地区有实力、有专长的华商和海外专家学者。同时在春节、五一节、中秋节等中华民族传统节日向重点侨务工作对象发送电子贺卡近百份，沟通信息，增进友谊。

2月，召开50余名归侨侨眷代表参加的“攀枝花市归侨侨眷迎春茶话会”。9月，与市委统战部等单位共同召开“攀枝花市三胞三属中秋茶话会”，邀请市领导参加会议，向归侨侨眷代表宣传党的侨务方针、政策和涉侨法规，以及市委、市政府制定的宏伟目标，并希望通过归侨侨眷代表向海外亲友进行宣传，让海外侨胞了解祖国的发展，家乡的变化，鼓励他们把知识、技术、资金带回来，为攀枝花的发展出力。

参与海外华文教育工作是侨务工作，选派攀枝花市优秀教师赴海外华校任教。市侨办、侨联在2009年首次选派1名本市教师赴海外华校任教以后，2010年根据《四川省人民政府侨务办公室关于推荐教师建立外派教师储备库的通知》要求，与市教育局协调，组织开展推荐工作。通过各区县教育局和市直属学校推荐，经本单位与市教育局研究，推荐了7名教师作为国侨办外派教师储备库人选候选人。

为建立海内外华校及华裔青少年相互学习、交流的长效机制，四川省侨办在“第一届世界华文教育大会”上启动了四川“华文教育手拉手工程”，旨在通过此项工程为海外华校和四川省“侨爱（心）学校”及各类重点中小学校牵线搭桥，推动双方建立结对互助模式，以缔结友好学校的形式，进一步整合省内“侨爱（心）学校”及其他重点中小学校支援，促进优势互补，推动海内外学校的相互交流与合作，共同推动海外华文教育和四川省教育事业的发展。这也是促进攀枝花市“侨爱（心）学校”及其他重点中小学校与海内外华校及华裔青少年相互学习、交流的良好机遇。市侨办、侨联从全市上报的12所学校里优先推荐了本市东区攀枝花市第四小学和米易县第一初级中学两所学校参加“四川省华文教育手拉手工程”。

【侨务宣传】 2010年，市侨办、侨联在《四川侨报》、《四川侨联简讯》、《攀枝花日报》、《攀枝花晚报》、《攀政要情》及攀枝花电视台、广播电台等新闻媒体，宣传报道共30余篇（次）。攀枝花日报记者采访了本单位推荐的侨联委员刘正祥，并在中秋特别报道栏目中以《侨属思亲浓》为题进行报道。攀枝花早期建设者之一的侨眷汤文藻的一份家书入选中国历史传统珍贵文化遗产，《攀枝花日报》就此事对汤文藻进行专题采访报道。市侨办还积极通过互联网开展网络侨务工作，及时更新、完善市侨办侨联网页。通过宣传，使本市更多的部门与市民了解侨务工作。

（张穗蓉）

机关事务管理

【概　况】 攀枝花市机关事务管理局成立于2005年6月，至2010年底有工作人员21人，主要负责市本级党政机关、事业单位的房地产管理、公务车辆管理、公共机构节能管理和政府采购等工作。全年完成办公用房维修工程32项，投入资金864.60万元，筹备大型工程2项。共组织政府采购项目305次，实际采购金额18 770.96万元，比2009年增加5 477.60万元，同比增长41.21%；节约财政预算资金2 713.61万元，节约率12.63%。

【房地产管理】 2010年纳入管理办公用房518处，面积472 340.78平方米，办公地产138宗，面积1 051 925.48平方米。完成办公用房维修工程32项，投入资金864.60万元，筹备大型工程2项。其中，完成计划内年度维修工程5项，工程总投入389万元；完成计划外专项资金工程7项，工程总投入316.10万元；完成计划外单位自筹资金工程2项，工程总投入20.5万元；完成计划外应急零星工程16项，工程总投入63.60万元；完成驻外机构维修工程2项，工程总投入预计70万元，其中：无锡办事处投入约40万元，已完成改造并投入营运；上海联络处投入约30万元，至年底已基本完工。筹备市人才公寓和干部周转房、事业单位综合办公区建设工程2项。通过调查、测绘、申报等程序，办理市级机关办公用房房产证183本，土地使用证26本。

全年处置3宗房地产，共收回财政资金680.59万元，其中：支持东区政府和攀枝花福利彩票事业工作出让房地产2宗，收回财政资金346万元；代理攀枝花市粮食局公开评估、拍卖1宗房地产共10套住房，收回资金334.59万元，全额上缴市财政。启动位于成都市临江西路9号的房地产拍卖工作。

开展房地产委托管理工作，实行会展中心及原上海、深圳、无锡等市政府驻外机构共6处房地产的委托管理，正在办理原商业局办公楼和物资宾馆房地产的委托管理事宜。

【公务车辆管理】 2010年，纳入编制管理的公务车辆2 105台，其中工作用车1 909台，生产性专用车、特种车辆196台。全年新增公务车辆133台，与2009年同比增长29%；更新公务车辆82台，与2009年同比下降9%；处置（含报废、公开拍卖、调拨）公务车辆114台，与2009年同比下降32%。其中合理化调配车辆36台，与2009年同比下降8%。2010年公开评估、拍卖处置公务车辆24台，上缴财政资金24.36万元；报废公务车辆54台，上缴财政资金3.04万元。

2010年，进一步加强市级机关和事业单位公务车辆新增、更换、调拨规范化、制度化管理，严格执行公务车辆编制管理，坚持无空编不更新车辆；杜绝配置超标车辆和自行采购车辆；严格控制使用财政年度预算资金，坚持优先解决缺车、少车的基层单位用车。

【公共机构节能管理】 2010年,组织公共机构能耗统计培训、节能法律法规的学习及节能宣传周活动各1次。发放《公共机构能源资源消耗统计制度培训手册》500本、节能宣传画600张、《公共机构节能减排宣传手册》2 000册。向省里推荐节能征文38篇,获奖7篇,攀枝花市被授予优秀奖组织奖。

制定《攀枝花市2010年公共机构节能工作实施方案》,投资18万元,将市级公共机构6 000台空调进行限温改造。印发《关于加强公共场所空调温度控制及城市景观照明节能管理工作的通知》,协调有关部门开展城市景观照明节能管理工作。开展公共机构能耗统计和能耗分析,及时向省里上报能耗统计数据。

【政府采购】 2010年,攀枝花市机关事务管理局不断拓宽采购渠道,扩大政府采购范围和规模,政府采购工作取得明显的社会效益和经济效益。2010年政府采购立项审批率达100%,上网公告率达100%,共组织政府采购项目305次,与2009年同比增长36.77%。采购预算资金21 484.57万元,实际采购金额达18 770.96万元。实际采购金额比上年增加5 477.60万元,与2009年同比增长41.21%;节约财政预算资金2 713.61万元,节约率为12.63%。

加强政府采购方式的探索,首次试行市级机关办公用品协议供货制度。2010年起,攀枝花首次将市级政府采购清单中的电脑、打印机、复印机、空调、办公家具等15个品目的通用办公设备纳入协议供货。全年共试行协议供货46次(立项审批数达411次),实际采购金额850.37万元,节约财政资金55.76万元,节约率达6.15%。

(陈其祥)

扶贫与移民

【概 况】 2010年,根据中共攀枝花市委、攀枝花市人民政府关于印发《攀枝花市人民政府机构改革方案》和《关于〈攀枝花市人民政府机构改革方案〉的实施意见》的通知精神,组建攀枝花市扶贫和移民工作局,将市扶贫开发领导小组办公室、市移民工作领导小组办公室的职责整合划入市扶贫和移民工作局,不再保留市扶贫开发领导小组办公室、市移民工作领导小组办公室。在原市扶贫办和市原移民办合并后,攀枝花市扶贫和移民工作局党组按照市委、市政府的部署,提高认识,统一思想,加强领导,召开干部职工大会,强化机构改革期间的工作纪律、工作关系,及时编制和上报“三定”方案,进行资产清理、移交和工作衔接,机构改革取得三大成果:整合资源,进一步调动干部职工的积极性,有力推动扶贫和移民工作;团结和凝聚人心,形成工作合力,增强扶贫移民工作局战斗力,圆满完成全年目标任务;班子更加团结,改革的动力更强。

2010年,攀枝花市扶贫和移民工作局机构继续仍为6个。市及仁和区、西区、盐边县、米易县扶贫和移民工作局为独立机构,东区扶贫办未独立(设在农水局)。市县两级扶贫和移民工作局工作人员为105人,其中扶贫和移民专职人员86人。

2010年,围绕全市经济社会发展重点,结合扶贫移民工作实际,在扶贫解困、在建和拟建大中型水利水电工程移民工作、煤炭采空沉陷区居民安置、移民后期扶持、维护移民稳定等方面开展扎实有效的工作,促进贫困地区、移民地区经济社会发展和贫困群众、移民群众增收,全面完成市委、市政府、省扶贫和移民工作局下达的年度目标任务,取得较好成绩,被评为全省移民工作一等奖,扶贫工作二等奖。

2010年,扶贫和移民工作存在的主要不足:宣传力度不够,社会上对扶贫移民有关政策了解不深,发动社会力量参与扶贫和移民工作还不够,由于国家审定的二滩移民投资概算偏低等多种原因,造成二滩库区移民资金缺口达3.2亿元,二滩移民生产发展难度增大;后期扶持政策调整后,对农村移民实行直发直补,项目扶持缺乏力度;煤炭采空沉陷区由于政策问题,致使煤炭价格调节基金用于居民安置难予落实,安置工程建设和居民补偿缺乏资金。棚户区治理和采空沉陷居民安置政策差异较大,致使矛盾比较突出。

【扶贫工程建设】 2010年,根据《攀枝花市扶贫开发规划(2001年~2010年)》要求,攀枝花市扶贫开发工作围绕促进贫困乡村经济发展和增加贫困群众收入这个中心,以实施各大扶贫工程,狠抓扶贫项目落实。

产业化扶贫工程。省下达产业化扶贫资金200万元,在盐边县实施2个产业扶贫项目,引进种公羊435只、新建网箱渔业鱼码头1个。

劳务扶贫工程。省下达劳务扶贫资金132万元,按人均1 200元的补助标准,对1 100名贫困农民进行非农技能培训。

村道及人畜饮水扶贫工程。省下达村道及人畜饮水扶贫工程项目资金160万元,在仁和区、盐边县实施村道建设11.5千米、架设人畜饮水管道38.36千米、建储水池3个共517立方米、整治沟渠3.5千米。

残疾人扶贫工程。省下达残疾人扶贫项目资金33万元,在盐边县、米易县、仁和区实施农村贫困残疾人危房改造66户。

市级财政扶贫工程。投入市级财政扶贫资金280万元改善贫困地区各类基础设施建设,即:种植核桃333.5万平方米、枇杷66.7万平方米、中药材2 223.3万平方米,建设村道4.5千米,整治沟渠400米、建蓄水池3口共1 450立方米,场坪4 600平方米、架设排污管600米。

扶贫连片开发工程。省首次下达攀枝花市扶贫连片开发工程项目资金1 000万元,在米易县实施,完成新建芒果333.5万平方米、新建枇杷133.4万平方米、改造芒果333.5万平方米、新建道路26.5千米、改造农房300户。

新村扶贫工程建设任务已提前2年完成。

【二滩水淹区连片扶贫开发工程】 二滩水淹区扶贫开发项目是攀枝花市扶贫历史上的最大项目，也是全市农业农村工作单项投入最多的项目之一。该项目重点是解决二滩水库水淹集中安置区和后靠安置区群众“行路、就医、就学、用水、用电和增收”这“六难”问题，分3年实施。这一项目涉及盐边和米易两县14个乡镇的42个村、227个村民小组，农业人口12 823户、50 611人，面积850平方千米。2010年，省下达二滩水淹区连片扶贫开发项目资金1 000万元，省级12个部门支持下拨资金3 602.24万元。通过市级相关部门和盐边、米易两县的共同努力，完成基础设施、产业发展等45%的项目建设，取得预期成效。

【社会扶贫】 大力开展社会扶贫工作，动员全市社会各界力量加入到扶贫开发工作中来，整合壮大社会扶贫力量，开创依靠大企业、推动社会扶贫工作的新局面。在具体工作中，积极搞好协调，推动双向互动、建立长效机制，坚持形式多样、量力而行、倾尽全力这个方针。各帮扶单位把帮扶工作与本单位的实际工作紧密结合起来，做到有钱出钱、有力出力，深入村社、真帮实扶。2010年，市级以上定点帮扶单位下乡村开展帮扶工作达1 695人次，其中领导干部下乡743人次，帮扶项目159个，帮扶单位直接支援资金656万元，帮扶物资（以物折资）215万元，科技培训9 876人次，送科技资料12 450册，科技推广投入45万元。

【“雨露计划”】 2010年，全市共投入“雨露计划”专项经费142万元，完成贫困地区富余劳动力技能培训1 130人，培训合格率达100%。“雨露计划”培训工作实现培训方式创新，即开展3～4个月中高级技工培训，推广中短期培训送教下乡和进村入户；资金管理创新，即培训资金全部以培训券形式发放给学员，经验收合格后由各培训基地向财政部门报账；督查方式创新，即采取实地督查、电话抽查、上户复查的方式，提高培训质量。

同时，还向四川省扶贫和移民工作局争取到栋梁工程扶贫助学资金共4.2万元，资助攀枝花市农村贫困本科大学生10名。

【在建水利水电工程移民】 观音岩水电站。2010年完成金台子移民安置点对外7.8千米道路工程、场坪工程、供电工程、人畜饮水工程，白岩湾水库及渠系配套工程等专项工程全面完成，按程序进行验收并移交行业主管部门和乡级政府。完成69.43万平方米土地整理并部分分配到移民手中，生产区田间水系配套工程完成80%工程量，首期40.02万平方米移民优质芒果产业开始启动，为移民恢复生产打下基础。移民安置房已于7月初开工建设，并有7户完成建房任务

桐子林水电站。2010年长江造林局小得石林场整体搬迁按计划推进。完成米易安置点、生产区、办公区用地的征地拆迁工作，完成安置点房屋设计，已启动5万平方米职工住房建设，至年底进展顺利。即将启动小得石林场办公楼建设。协调处理交通部门、路政支队、联通公司、移动公司、桐子林电站管理局、盐边县、米易县、红坭矿务局等单位在专项工程迁建、施工场地提供、企业搬迁等方面的矛盾和工作关系，为桐子林水电站建设创造良好环境

金沙水电站及其他水电水利工程。2010年组织仁和、西区百人工作组完成金沙水电站库区实物指标摸底调查工作，掌握电站涉及搬迁的47家企业及农村部分基础数据，配合业主启动金沙水电站封库令申报工作。配合长江设计院进一步开展银江水电站对攀枝花市沿江构筑物淹没情况评估，配合完成乌东德电站预可研工作。

在水利工程方面。完成大竹河水库移民安置点选址和初步设计，与173名应搬迁移民签订搬迁安置协议，正按程序进行安置点场坪和移民土地开发项目招投标。完成安宁河楠木电站封库令的申请、实物指标调查细则的审查和工作人员培训，并进行实物指标调查工作。

【移民后期扶持】 2010年，继续实施后期扶持项目建设，完成盐边县、米易县部分乡村道路硬化、水渠复建、河堤、码头新建及移民产业发展等15个项目，完成红格泵站P4A站蓄水池建设和P1泵站取水口改造，投入移民后期扶持资金1 600多万元，满足移民生产生活及经济发展需要，为移民增加收入打下坚实基础。

以在攀枝花市召开的全省移民后期扶持会为契机，继续加大加快移民产业经济建设，巩固产业成果，发展好移民产业经济，帮助移民建立起增收长效机制。2010年，攀枝花市扶贫和移民工作局重点对移民进行技能培训，通过办班、印发《枇杷种植技术》、《芒果种植技术》等科普资料等形式培训移民和提高广大移民的科技知识。培训移民1万多人次，选派两批农村移民62人参加省级劳动就业技能培训。进行米易鱼种繁育场建设，已达到初期效果。库区水产、生猪养殖，枇杷、芒果、优质脐橙、莲雾种植等主要产业已初具规模。

按照四川省扶贫和移民工作局的批示和下达计划，市扶贫和移民工作局组织盐边、米易两县，采取强力措施，对2007—2008年二滩水库滑坡塌岸移民进行搬迁安置，保证库周影响的233名移民生命财产安全。完成投资计划756万元，通过省扶贫和移民工作局的验收。

及时、准确核减直补人口，足额兑现2.5万余名农村移民的直补资金，直补金额1 500余万元。

【移民产业发展】 市扶贫和移民工作局根据2010年下达的目标任务，抓好移民产业培训。针对目前移民产业发展的需要，联系产业龙头、农业专家对水果进行重点培训，全年培训芒果、枇杷等果树种植技术2 800人次。印发技术科学普及资料《枇杷种植技术》、《芒果种植技术》共2万册发放给移民学习。对库区生猪养殖进行重点扶持。帮助移民进行生猪种猪的技术设备支持，共投入资金5万元。帮助移民选择可行性产业项目。为了帮助移民准确、可靠、科学、快致富、少走弯路选择好产业项目。组织多次专家论证

工作。对咖啡、芒果等项目进行比较选择。支持益民乡台湾产业园区的移民发展项目,发展莲雾186 676平方米,长势良好。积极支持库区水产养殖,支持产业龙头在米易建设30亿万尾鱼苗早繁育基地建设,2009—2010年,四川跨越集团已经投入资金6 000万元,解决二滩库区鱼苗的需要,并且节约大量运输成本。

【煤炭采空沉陷区居民搬迁安置】 煤炭采空沉陷区群众困难多、工作难度大、矛盾尖锐。安置煤炭采空沉陷区居民1 000人是攀枝花市扶贫和移民工作局2010年民生工程目标。攀枝花市扶贫和移民工作局主要通过货币安置、分插安置方式,完成民生工程安置任务1 089人,比计划多89人、完成率108.9%。在安置区建设方面,积极推进河门口安置小区、格里坪安置小区一期工程、仁和区花山安置点建设,河门口安置小区已完成主体工程,正在进行内外装修及小区水电施工安装的准备,2011年初该安置小区可交付使用。格里坪安置小区一期工程、仁和区花山安置点建设进展顺利,在2011年内可完成建设任务。

【移民稳定工作】 按照省、市要求,攀枝花市扶贫和移民工作局年初即启动维稳"零报告"机制,在全国、省、市"两会"期间及时收集汇总移民信访突出问题及群体性信访事件情报信息,坚持做到有事报情况,无事报平安,重大紧急信息随时发现、随时保送。重点报告4月17日盐边县红格提灌站一级泵站设备严重损坏事故、5月5日盐边县红格提灌站四级泵站发生山体滑坡自然灾害、5月17日盐边县益民乡因缺乏生产生活用水100余人到市政府集聚上访等突发和重大信息,为省局和市领导决策及时提供依据。在省局的大力支持下,对红格提灌站发生的设备损坏事故和自然灾害采取有效措施,有力组织抢险,利用省局下拨的资金积极进行设备维修和对四泵站实施改造;坚持移民经常性矛盾排查工作,做好移民群众思想工作,保证广大移民的基本用水需要,在最困难的时期,组织多台消防车、洒水车为红格安置区送水累计时间达一月之久。保证在发生生产事故、自然灾害和2010年攀枝花市旱情特别严重的情况下移民正常的生产生活秩序,维护库区稳定。

【全省扶贫移民系统机关管理工作会在攀枝花市召开】 2010年10月16日,全省扶贫移民部门机关管理工作会在攀枝花召开。会议由省扶贫移民局综合处主持,省扶贫移民局纪检专员张克明到会对如何做好扶贫移民部门办公室工作、提高机关管理水平作重要讲话,成都市、乐山市、眉山市、宜宾市、攀枝花市扶贫移民局分别作交流发言。来自全省18个地、市、州扶贫移民局35名机关管理人员参加会议。

【全市扶贫和移民系统首届职工运动会在米易县举行】 2010年11月19日至21日,全市扶贫移民系统机关职工第一届职工运动会在米易举行,共有117人参加,比赛项目设篮球、乒乓球、拔河、象棋。运动会主题以"强体魄、展风采、促和谐"为主题,各县、区扶贫高度重视,认真做好各项准备工作,积极组织广大干部职工参加运动会各项比赛。经过激烈角逐,攀枝花市扶贫和移民工作局赵锌华获得乒乓球比赛第一名,仁和区扶贫和移民工作局获得拔河比赛第一名,盐边县扶贫和移民工作局获得篮球比赛第一名,米易县扶贫和移民工作局吴长虹获得象棋比赛第一名。通过职工运动会,赛出水平,赛出风格,营造生动活泼、宽松和谐、积极健康的机关氛围,充分展示全市扶贫移民系统干部职工良好的精神面貌。

(张细平)

安全生产监督管理

【概　况】 2010年,市安监局以"三突出、三加强"(突出预防为主、突出加强监管、突出落实责任,加强宣传教育和队伍建设、加强安全基础工作、加强协作联动)为主线,深入开展"安全生产年"活动,强化重点行业和领域专项整治,不断完善安全监管的长效机制,全面落实安全生产年的各项工作,较好地完成了全年安全生产目标任务和市委、市政府交办的其他各项工作,全市安全生产状况持续稳定好转,为攀枝花经济社会全面、健康、协调发展提供了强有力的安全保障。

2010年,全市发生各类伤亡事故437件,死亡101人,受伤589人,直接经济损失2 352.70万元。与2009年同期相比,事故件数减少81件,下降15.63%;死亡人数减少13人,下降11.40%;受伤人数减少15人,下降2.48%;直接经济损失增加96.8万元,上升4.29%。死亡人数占省政府下达控制指标121人的83.47%。

全市六项安全生产相对指标完成情况:亿元GDP死亡率为0.192,工矿商贸10万从业人员死亡率为9.40,道路交通万车死亡率为3.36,地方煤矿百万吨死亡率为3.74,全市煤矿百万吨死亡率为2.36,10万人火灾死亡率为0.17,特种设备万台死亡率为0.06,与2009年同期相比分别下降27.55%,下降12.96%,下降37.31%,下降16.33%,下降22.88%,六项安全生产相对指标全部控制在省下达控制考核指标内,地方煤矿死亡19人,首次降到20人以下,全市煤炭百万吨死亡率首次降到3.0以下,连续67个月没有发生重特大生产安全事故,工矿商贸领域连续40个月没有发生较大以上事故,实现了全市安全生产状况的明显好转。

2010年攀枝花市受到四川省人民政府表彰,被评为四川省安全产先进单位。

安全生产监督管理存在的主要问题是:制约安全生产的深层次问题没有得到根本解决,如安全投入机制、责任机制等还未完全落实。安全生产基层薄弱、基础脆弱的状况没有根本性改变。从业人员安全生产意识不强,违章指挥、违章作业、违反劳动纪律现象较为普遍。监管力量不能完全适应安全生产监管工作的需要。安全科技产品、先进施工方法、现代安全管理手段的推广运用缓慢,安全生产政策措施不配套，安全文化氛围不浓，安全生产支撑力量不能满足实际需要，安全预警能力不足等问题的存在，一定程度上阻碍了攀枝花安全生产事业的发展。

【安委会工作】 市安委会按照省政府下达的安全生产控制目标（死亡指标控制数121人），分解落实全市2010年度的安全生产目标任务，与各县（区）人民政府、市级有关部门、各大企业签订安全生产目标责任书，将安全生产责任层层落实到各级政府、各有关部门、各企业，进一步落实政府安全生产监管责任和企业安全生产主体责任，做到职责明确，责任落实。

2009年12月22日至2010年3月31日，市安委会用100天的时间，在全市范围内开展以“强化宣传、严格执法、深入治理、保障平安”为主题的“百日安全生产活动”，“百日安全生产活动”期间，围绕“两个重点”（重点行业、重点场所），抓住“三个关键”（关键部门、关键企业和关键岗位），开展以“三查”（企业全面自查、部门专业检查、政府综合督查）为主的隐患排查活动，全市各有关部门认真组织开展了拉网式安全检查722家次，查出隐患1 632处，下达《责令整改通知书》140余份；炸封私挖滥采井口298个，收缴原煤139吨，审查涉嫌私挖滥采违法人员21人；查处客运违法行为595起，行政拘留91人，刑事拘留6人，逮捕4人；查处烟花爆竹非法经营行为4起，收缴非法产品共计3 042件；开展各种形式的宣传教育900余场次，发放宣传资料22万余份，受教育群众达10万人次。

市安委会以乡镇安全生产监管规范化建设为目标，完善市、县（区）、乡三级安全监管体系。在煤矿、非煤矿山、建筑、危险化学品、烟花爆竹、运输等行业开展安全生产风险抵押金收取工作。实施工矿企业安全生产分类监管制度，推进安全生产标准化工作。加强安全生产保障能力建设，发挥“攀枝花市安全生产专家委员会”的作用。推进“科技兴安”，建成四川首个集煤矿瓦斯、产量、视频、音视频会议等多个监控系统功能于一体的安全生产远程监控中心，实时监测煤矿瓦斯情况，有效预防了煤矿安全生产事故的发生。加大举报案件的查处力度，及时查处安全生产违法违规行为举报，2010年共受理、核查举报15件，举报投诉案件核查率达100%。开展煤矿、非煤矿山、危险化学品、烟花爆竹、道路交通、乡镇船舶和渡口渡船、道路客运秩序、车辆超限超载和酒后驾驶、火灾隐患、学校安全、建筑施工等高危行业和事故多发行业（领域）的专项整治。2010年，市安委会公告的9项市级重大安全隐患整治项目，截至12月已全部完成整治。全年召开了5次安委会，对全市安全生产工作进行研究和部署。召开安全生产工作例会51次，安排部署各阶段的安全生产工作，全面完成省、市政府下达的安全生产各项目标任务，保持安全生产形势的稳定。

【安全教育培训】 2010年，安监局开展特种作业人员、生产经营单位主要负责人及安全生产管理人员（以下简称“三项岗位”人员）培训工作，全年共办理“特种作业操作证”9 936件，企业负责人和安全管理人员“安全资格证”2 137件（其中负责人739件，安全管理人员1 398件）。开展全市安监系统执法人员业务培训工作，组织全市安监系统执法人员和乡镇（街道）委托执法人员84人参加“安全生产监管执法证”的取证（换证）培训工作。组织全局30名行政执法人员参加《保密管理与信息安全知识》培训。完成全国注册安全工程师报考人员236人的资格初审工作。督促、指导、企业开展班组长安全生产培训工作，推进并完善全市安全生产培训考试分中心和考点建设工作，在全市范围内开展安全生产培训计算机考试工作。

【安全生产行政执法】 2010年，全市监督监察生产经营单位1 168个，监督监察2 852次，排查一般事故隐患4 269项，完成整改4 241项。查处生产安全事故51起，结案23起，实施行政处罚94次，责令停产停业整顿生产经营单位21个，罚款536.94万元，其中事故罚款392.15万元，监督监察罚款144.79万元。受理行政复议案件1起，举办听证会1次。

【安全生产法制宣传】 2010年，市安监局以第九个“全国安全生产月”为契机，开展了一系列有特色，效果显著的宣传活动。深入基层，开展“安全生产宣传咨询日”活动，共发放安全生产宣传资料3万余份（册），悬挂宣传标语100余条、挂图1 000余张，展出展板64块，现场接受咨询答疑1万余人；承办以“科技兴安，安全发展”为主题的四川省2010年“安全科技活动周”宣传咨询日活动，举办安全科技知识讲座；举办安全生产天府行文艺巡演攀枝花行活动；开展“安全杯”桥牌赛；在电视上播放安全生产公益广告、安全警示语宣传；向全市手机用户发送安全生产温馨提示短信2万条；开展安全文化“五进”（以东区为示范点，以点带面，开展安全文化“进机关、进企业、进学校、进村社、进家庭”）活动。通过主题鲜明、人民群众喜闻乐见的形式宣传安全生产法律法规，宣传“安全发展，预防为主”理念，普及安全生产生活常识，提高安全生产意识，在全市营造出“人人学安全，个个讲安全，事事要安全，处处保安全”的浓厚安全生产氛围，为企业的生产安全和人民群众的生活安全创造有利条件。

【安全文化建设】 为进一步落实企业安全生产主体责任，提升企业安全生产管理水平，2010年，市安监局对申报2009年市级安全文化建设示范企业的单位进行检查验收，并配合四川省安监局对申报2009年省级安全文化建设示范企业的单位进行检查验收。通过听取汇报、召开座谈会、深入厂矿实地检查等，确定7家符合市级安全文化建设示范企业条件的单位并下文授牌，同时继续开展2010年度安全文化建设示范企业的申报和创建工作。

【安全生产培训考试分中心】 为认真落实《四川省安全生产培训考试分中心和考试点建设规范及标准》（川安监〔2009〕71号）和《四川省安监局　四川煤监局关于进一步

加强和规范安全生产培训工作的意见》(川安监〔2009〕232号)文件精神,推动全市安全生产培训"教考分离"和规范培训考试工作,提高"三项岗位"(特种作业人员、生产经营单位主要负责人、安全生产管理人员)人员的安全生产培训质量,市安监局成立攀枝花市安全生产培训考试分中心,主要负责全市安全生产培训机构的培训、考试申请,转发准考证、考试成绩单,监考及考点的监督管理工作等。市安监局成立市直属考点1个,同时,督促有条件的3家培训机构成立计算机考点。2010年9月,考试分中心和各计算机考点正式建成并投入使用。截至2010年12月底,共开展计算机考试47次,参考人员2 212人次,考试及格率达73.5%。

【安全生产月活动】 2010年6月,市安监局、市委宣传部、市公安局、市广电局、市总工会、团市委、市妇联等部门联合组织了以"安全发展、预防为主"为活动主题的全市安全生产月活动。

5月22日上午9时,以"科技兴安,安全发展"为主题的"四川省2010年安全科技活动周"宣传咨询日活动在攀枝花市中心广场正式启动,四川省安全生产监督管理局副局长文卫平、四川省职业安全健康协会理事长钟兆基等相关领导出席启动仪式,攀枝花市委常委、副市长赵辉为活动致辞。启动仪式上,通过发放宣传资料、解答咨询、知识问答、观看展板等形式,向公众展示并且宣传了近年来四川省及攀枝花市安全科技取得的成就。活动期间,还专门邀请四川省职业安全健康协会理事长钟兆基、四川省恒盛路桥勘察设计有限公司副总经理王正国、四川矿山安全技术培训中心硕士蒋锐等3名专家分别做题为"安全科技形势和科技兴安"、"地质灾害防治"、"物联网在安全生产领域应用前景与展望"的安全科技知识讲座。攀枝花市部分重点企业领导、管理人员、安监系统干部职工等300余人参加活动。

6月5～6日,由市安监局、市体育局联合举办"易普力·众望安全杯"第六届桥牌赛,来自县区、市级部门和企业的18支队代表队参加了比赛。经过两天的激烈角逐,市电业局代表队,市农科所代表队、市安监局和质监局联队获团体赛前三名殷旭东、何川、庞德、马国伟分获双人赛前二名。

6月12日,市安监局参与并指导各县(区)安监局在全区两县范围内开展"全国安全生产月"宣传咨询日活动。通过在街道、社区、企业生产现场等地方设立宣传咨询台、开展现场签名、散发宣传资料、接受现场咨询等形式,宣传安全发展理念、安全生产基本要求、安全生产法律法规知识和安全科普常识。通过扎实有效的宣传活动,普及了安全生产自救、互救知识,增强了人民群众安全防范意识,提高了日常生产生活中的识险避险能力。宣传咨询日当天,全市共发放安全生产宣传资料3万余份(册),悬挂宣传标语100余条、挂图1 000余张,展出展板64块,现场接受咨询答疑1万余人。

6月25日,攀枝花市安监局在二滩安全培训中心组织开展全市安监系统正确履职暨廉政警示教育活动,市监察局副局长饶晓东、市检察院预防职务犯罪处处长唐秋平分别从纪检监察和法律的角度为安监系统工作人员讲授相关知识和廉洁自律注意事项,市安监局党组书记、局长庞德强调:要筑牢廉洁自律防线,正确履行职责;要有强烈的责任感,认真学习落实贯彻法律法规;要加强业务能力的培养和提高,增强行政执法能力;要增强为民服务意识,积极为企业排忧解难;要不断完善制度,形成正确履职和廉洁务实的政策措施体系。

6月30日晚8点,由市安委会主办,市安监局和四川舞乐风艺术团承办,市委宣传部、市公安局、市城管局、攀枝花电视台、攀钢集团、攀煤(集团)公司、中国十九冶、钢城集团有限公司协办的安全生产天府行文艺巡演攀枝花行活动在攀枝花市中心广场举行。市委常委、副市长、市安委会常务副主任赵辉,市人大副主任张如英,市安委会、副主任市安监局局长庞德、县(区)政府分管领导、市安委会成员、大企业领导、安监系统干部职工及市民1 000余人出席活动并观看了文艺演出,副市长赵辉为演出活动致辞。晚会节目取材于基层安全监管和安全生产一线,主题突出,贴近生活,以人民群众喜闻乐见的文艺表演形式寓教于乐,向广大市民宣传"安全发展,预防为主"理念,提高全民安全意识,营造出人人学安全,个个讲安全,事事要安全,处处保安全的浓厚全民安全生产氛围。

6月1～30日,利用媒体的宣传效应,通过电台、电视台、报纸等多种渠道,全方位进行安全生产宣传。通过攀枝花人民广播电台,每天分5个时段进行安全生产生活常识、安全生产公益宣传;在攀枝花电视台的电视节目中穿插安全生产公益广告、安全警示语宣传,扩大宣传范围;在《攀枝花日报》上开辟连续专题报道,从安监系统、工业园区、企业等几个层面,反映近年来安全生产工作方面的好经验、好做法;向广大手机用户发送安全生产宣传短信,为市民送去温馨提示和祝福,安全月活动期间共向市民发送了2万余条安全生产宣传短信;市安监局党组书记、局长庞德分别就安全月活动、贯彻落实国务院23号文及煤矿领导下井带班等接受市有线电视台3次专访。

"安全生产月活动"期间,以东区为示范点,以点带面,开展安全文化"五进"(进机关、进企业、进学校、进村社、进家庭)活动,通过发放宣传教育手册、挂图、悬挂宣传标语等多种形式,加强安全生产宣传教育,积极推动群众性安全文化建设的深入开展,广泛向企业从业人员和广大人民群众普及安全知识,为攀枝花市经济社会科学健康发展和建设和谐社会创造良好的安全环境。

"安全生产月活动"期间,市安监局将安全生产月活动与"安全生产年"各项工作、"三项行动"(安全生产执法行动、安全生产治理行动、安全生产宣传教育行动)、"三项建设"(法制体制机制建设、保障能力建设、安监队伍建设)紧密结合起来,以预防为主、加强监管、落实责任为重点,深入开展安全生产"三项行动",加强安全生产"三项建设",抓好"三个突出",做到"三个加强",认真贯彻落实中央、省、市关于安全生产的一系列方针政策和重要部署,加强安全生产全员、全过程、全方位管理，扎实推进“安全生产年”各项目标任务的落实。组织开展安全生产专项执法和隐患排查治理行动，与有关部门配合，重点对煤矿、非煤矿山、冶金、危化品、烟花爆竹、民爆器材、建筑施工、石油化工、交通运输、电力等行业开展安全生产督查专项行动和隐患排查治理行动，6月份市安监局共检查企业85家，排查隐患278条，督促整改250条；组织开展重大事故报活动，动员广大职工和人民群众参与对重大生产安全事故隐患的查找和举报，发挥群众对安全生产工作的监督作用，对特别典型的安全生产违法行为予以曝光，6月份市安委会向全社会公告了2010年度市级重大安全隐患9个，市安监局接受安全生产事故隐患举报3起，办理3起；督促相关单位、重点企业积极开展安全生产应急预案演练活动，动员全员参与，促使全体职工熟悉应急预案，掌握应急技能，完善机制，锻炼队伍，提高职工的应急技能和水平，加强安全生产保障能力建设，6月份全市开展各类安全生产应急预案演练活动百余次。

“安全生产月活动”期间，安全生产形势进一步好转，6月全市发生各类伤亡事故44件，死亡8人，受伤68人，直接经济损失231万元。与2009年同期相比，死亡人数减少5人，下降38.46%，直接经济损失减少46万元，下降16.56%。

【安全生产行政审批】 2010年，市安监局共受办结行政审批事项11 945件。其中：特种作业人员操作证核发9 936件，安全资格认定1 677件，（乙种）危险化学品经营许可证核发75件，第二类非药品类易制毒化学品生产、经营和第三类非药品类易制毒化学品生产备案14件；非煤矿山企业安全生产许可证核发8件，非煤矿山企业安全生产许可证延期6件，非煤矿山企业安全生产许可证变更3件；权限内的非高危新建、改建、扩建建设项目安全生产“三同时”（新建、改建、扩建项目的安全设施必须与主体工程同时设计、同时施工、同时投入使用，没有进行安全设施“三同时”审查和安全设施未经验收或验收不合格的建设项目不得投入生产使用，审批部门不得办理行政许可手续）审查备案75件，权限内的非煤矿山建设项目安全设施设计审查3件，权限内的煤矿改建项目立项核准及设计审批2件，权限内的危险化学品建设项目设立安全许可26件，权限内的危险化学品建设项目安全设施设计许可22件，权限内的危险化学品建设项目安全验收许可13件，权限内的危险化学品建设项目安全设施生产（使用）备案审查12件；危险化学品经营许可证（甲种）首次核发6件，危险化学品经营许可证（甲种）换证54件，危险化学品经营许可证（甲种）变更13件。全年整体承诺提速59.09%，实际办理提速75.73%，累计提速天数达7 892天，同时实现现场办结率100%，按时办结率100%，群众测评满意度100%。

【实行安全生产责任人风险保证金制度】 为进一步落实安全生产责任，探索建立安全生产激励约束机制，有效防范安全生产事故的发生，攀枝花市政府决定在全市实行安全生产责任人风险保证金制度。承担安全生产监管责任的市长、副市长、县（区）长及部门负责人，缴纳安全生产风险保证金，年终考核予以奖罚。根据市政府办公室《关于印发攀枝花市安全生产责任人风险保证金制度的通知》精神，2010年市财政拨专款91.64万元，用于奖励2009年度完成安全生产目标任务被评为优秀、合格的市级领导、部门主要负责人、分管安全工作责任人。

【煤矿安全监管】 2010年，市安监局坚持“安全第一、预防为主、综合治理”的方针，以整顿关闭、资源整合为主要内容，以提高门槛、淘汰落后、严格管理为主要手段，在煤矿企业开展“五大工程”（瓦斯治理工程、防治水工程、安全质量标准化建设工程、安全高效矿井建设工程、煤炭资源整合工程）建设，实施“五项转变”（从治标监管向治本监管转变，从外部监管推动抓安全向内部自律约束自主抓安全转变，从传统监管方式向现代监管方式的转变，从事后处罚型监管向事前服务性监管转变，从运动式专项整治向常态化综合防范转变），落实“五项制度”深化隐患排查整治责任追究制。按照“发现及时，责任明确，投入保障，整改到位”的要求，督促煤矿企业落实安全隐患排查整改标准化制度，完善隐患排查治理台账，确保隐患治理成效，特别是将隐患排查整治落实到了岗位、具体责任人，哪一个岗位、哪一个责任人发现隐患未及时整改到位，就追究谁的责任，切实保证了安全隐患的及时排查、及时整治。进一步落实签封管理制度。针对越界开采、多头多面的突出问题，督促县（区）煤矿安全监管部门加强对井下多余工作面、巷道等实施签封管理，有效防止煤矿越界开采、多头多面、层层转包等问题。切实落实企业主体责任制。督促煤矿企业落实煤矿安全生产主体责任，加大安全投入，切实加强现场管理。突出抓好煤矿领导干部入井带班制度落实，实行入井带班领导井口公示。在煤矿行业继续推行“安全生产重点监控”制度。对连续发生安全生产死亡责任事故的、发生较大以上安全生产责任事故的、发生瓦斯或水害事故的、存在重大安全隐患且暂时难以整治的小煤矿实行“戴帽”监管，以切实加强监管，提高煤矿安全管理整体水平。继续推行安全生产“三个谈话”（提醒谈话、预警谈话和诫勉谈话）制度。继续开展安全生产星级煤矿评选活动，对评选期内未发生安全生产死亡责任事故的煤矿进行“安全生产星级煤矿”评定，对实现安全生产6年以上的煤矿企业授予“安全生产星级煤矿”称号。做到监管与服务相结合、重点监管与全面监管相结合，提高煤矿安全生产基本条件和安全管理水平、预防和减少煤矿事故发生，形成常态化安全监管，逐步建设本质安全型矿井，进一步促进全市煤矿安全生产形势的持续稳定好转。2010年，全市共发生各类煤矿生产安全死亡事故17起，死亡19人，直接经济损失1 110万元。与2009年同期相比，事故件数减少5件，下降22.73%；死亡人数减少4人，下降17.4%；直接经济损失增加48万元，上升4.52%

【煤矿“六大系统”建设】 根据国务院《关于进一步加强企业安全生产工作的通知》、《关于建设完善煤矿井下安全避险“六大系统”的通知》精神，市安监局编制了“六大系统”建设规划，规划按照国家安监总局、四川省有关要求，对各系统建设完善工作进行具体安排，力争3年内完成安装监测监控系统、井下人员定位系统、紧急避险系统、压风自救系统、供水施救系统、通信联络系统等六大系统建设。2010年攀枝花市地方煤矿已有98处完成矿井监测监控系统、矿井压风自救系统、矿井供水施救系统、矿井通信联络系统等“四大系统”的建设工作，有3处煤矿完成井下人员定位系统的建设。

【煤矿瓦斯治理工程】 2010年，市安监局深入贯彻国家安全生产监管管理总局、国家煤矿安全监察局《关于继续深入开展煤矿瓦斯专项整治工作的通知》（安监总煤装〔2010〕70号）的精神，督促重点企业继续深化瓦斯治理，以通风系统改造、整治多系统、完善瓦斯监控系统等为重点，着力解决现场管理较差、技术管理较薄弱等问题，提高日常通风瓦斯现场管理的标准，使煤矿安全生产条件进一步提高，杜绝瓦斯事故的发生。在深化瓦斯治理过程中，重点开展瓦斯治理示范工程建设和安全改造，实行“一矿一策”的瓦斯治理示范工程建设和安全改造方案的评审并批复，截至12月底已完成23处矿井的“一矿一策”方案的评审和批复。

【煤矿防治水工程】 为认真贯彻落实国家安全生产监督管理总局《煤矿防治水规定》、《四川省煤矿防治水细则（暂行）》、四川省安监局、四川煤监局《关于切实加强煤矿防治水工作的通知》精神，市安监局结合攀枝花实际，成立攀枝花市煤矿防治水工作领导小组，坚持“预测预报、有疑必探、先探后掘、先治后采”的防治水工作原则，采取防、堵、疏、排、截的综合治理措施。切实抓好煤矿水患排查治理，强化水害监管，全面落实防治水主体责任，坚决遏制重特大水害事故发生。要求各煤矿必须达到防治水工作安全标准，通过防治水工作考评判定煤矿水患危险性级别。2010年完成了全市小煤矿水害普查和水害威胁等级分级工作，攀枝花市西区茶叶树煤矿成功排放井下老窖水3 000立方米，全市没有发生水害事故。

【煤矿安全高效矿井建设工程】 2010年，市安监局组织全市具备条件进行安全高效矿井建设的煤矿企业，学习《四川小煤矿安全高效矿井生产模式》（试行）、《四川小煤矿安全高效矿井建设考核评分办法》（试行），认真开展煤矿安全高效矿井建设，指导煤矿企业选择安全高效矿井的配置模式，引导煤矿企业增加投入，对落后的生产模式、管理方式、采掘技术和工艺及煤矿通风、运输、供电等安全生产系统进行全面改造，提高采掘面单产单进，减少采掘面数量，优化安全生产系统，强化现场管理，从根本上提升煤矿企业的办矿条件和管理水平，实现“多出煤，少出事故，少死人”的目的，按照攀枝花市关于安全高效矿井建设三年规划的要求，结合实际编制安全高效矿井建设实施方案，积极协调和帮助解决煤矿企业在实施安全高效规划建设矿井过程中遇到的各类难题，目前攀枝花市首批25处煤矿企业的安全高效示范矿井建设工作进展顺利。

【煤炭资源整合工程】 2010年，市安监局进一步加大资源整合工作的组织协调工作，积极协调解决整合过程中出现的各种问题，确保攀枝花市参与煤炭资源整合的煤矿如期开工建设。同时，加强资源整合期间煤矿安全监管工作，加大对整合工程建设质量的监管，防止出现违规建设、边生产边建设等现象，确保煤炭资源整合工作的顺利推进，促进煤矿安全生产形式持续稳定好转。及时审查并转报矿井设计方案，有序地推进煤炭资源整合工作。截至年底，全市参与整合的52处矿井中，有1处已通过竣工验收并投入正常生产；46处矿井已完成建设开工备案手续，正式进入建设程序；4处矿井的初步设计已上报四川省经济信息委员会（包含经省政府同意的将上马家田煤矿黄桷树井、垮土湾井由原来整合方案2套生产系统合并为1套生产系统，解除卷子坪煤矿整合民兴2井，将民兴2井直接淘汰关闭，将金民煤矿调整为独立扩能矿井）；有18家煤矿已经达到了省政府批复的扩建能力。

【职业健康监管】 根据《职业病防治法》、《安全生产法》、《作业场所职业健康监督管理暂行规定》（安监总局第23号令）等法律、法规和国务院有关职业健康监督检查职责调整的规定，2010年安监局认真开展职业健康工作，组织接触粉尘、毒物、噪声、射线等主要职业危害的从业人员进行职业健康体检，职业卫生岗前体检9 654人、岗中体检29 883人、离岗体检1 067人，查出职业禁忌症的277人被调整工作岗位；参与卫生行政主管部门组织开展的职业危害因素检测、职业危害控制效果评价工作；对存在职业危害隐患的111户企业进行整改复查，其中104户企业按要求完成整改，隐患整改率达85%，对未按要求整改的企业，作出经济处罚；组织开展粉尘与高毒物品危害治理专项行动。由市安监局牵头，市卫生局、市劳动和社会保障局、市总工会共同参与，分别对攀钢、钢城集团、攀煤集团（地面企业）3个大企业及东区、西区、仁和区、盐边县、米易县5个区县和攀枝花钒钛产业园区开展粉尘与高毒物品危害治理专项行动情况进行检查督查。通过听取汇报、查看资料、现场检查的方式，共督查了18个涉毒企业，涵盖了冶金、非煤矿山、危化、建材、煤炭洗选等行业；督促企业建立并落实职业危害防治责任制、职业危害防治规章制度、岗位操作规程，要求企业成立职业健康管理机构，建立职业健康监护档案并组织职工进行职业健康体检，督促企业如实申报职业危害状况。截至12月30日，全市职业危害申报242家，接害人数59 089人，参加职业危害培训人数34 509人。

【非煤矿山安全监管】 2010年，全市有非煤矿山、尾矿库175个、公司级管理单位4个、采掘施工企业2家、地质勘探单位1家。为加强对非煤矿山安全监督管理，市安监局制定《非煤矿山企业安全生产主体责任十六条》、《关于加强尾矿库安全基础工作的实施意见》。在全市非煤矿山、尾矿库企业开展“三个谈话”（提醒谈话、预警谈话、诫勉谈话）制度，实行非煤矿山（尾矿库）安全生产“戴帽”监管制度，重点安全隐患挂牌督办制度，深化“六力”（执法要有震慑力、制度要有约束力、作风要有亲和力、创新要有推动力、教育要有说服力、监管要有实效力）举措，逐步建立非煤矿山安全生产常态化监管体系（督促履责常态化机制、安全检查常态化机制、安全服务常态化机制、宣传教育培训常态化机制、安全监控常态化机制、安全隐患排查治理常态化机制、安全夯基常态化机制、安全生产推新常态化机制），全面推行非煤矿山安全标准化建设工作，狠抓重点行业、重点企业及重要时段的安全生产督查工作，强化落实企业安全生产主体责任，使全市非煤矿矿山领域安全生产条件进一步提高，安全基础进一步夯实，安全生产总体形势进一步好转。

2010 年全市非煤矿山发生事故 3 件，死亡 3 人，直接经济损失 157 万元。与 2009 年同期相比，事故件数减少 4 件，下降 57.14%；死亡人数减少 5 人，下降 62.50%；直接经济损失减少 88 万元，下降 35.9%。

【推行非煤矿山企业首席技术服务顾问制度】 2010 年，为促进全市非煤矿山安全生产形势进一步稳定好转，切实帮助非煤矿山企业解决生产过程中的一些技术难题，充分发挥市非煤矿山安全专家委员会专家的作用，市安监局推行非煤矿山企业首席技术服务顾问制度。非煤矿山企业首席技术服务顾问由市非煤矿山安全专家委员会专家担任，主要职责是：及时了解帮助企业解决生产中存在的安全、技术问题。市安监局逐步建立非煤矿山企业首席技术服务顾问工作考核奖惩机制，对作风不实，不认真解决企业反映问题的，市安监局将取消其专家资格，对服务到位，业绩突出的进行表彰。

年内来自专业机构和大企业的 17 位技术服务顾问专家分别与 42 家重点金属非金属矿山、尾矿库企业建立无偿服务机制，通过专业技术和企业需求的有效对接，及时解决企业在生产过程中存在问题或隐患，并一定程度改善企业的安全生产条件，广受企业的认可和欢迎，切实做到“在监管中服务，在服务中体现监管”。

【企业安全生产标准化建设】 2010 年，市安监局在煤矿、非煤矿山、危险化学品等企业开展安全生产标准化建设。在巩固已取得成果的基础之上，根据煤矿、非煤矿山、危险化学品企业实际情况，进一步完善煤矿、非煤矿山、危险化学品企业安全质量标准化建设工作长效机制，开展深化安全质量标准化建设工作。截至 12 月底，全市煤矿企业完成三级以上达标矿井煤矿企业 33 处（其中二级 23 处，三级 7 处）。全市非煤矿山企业安全标准化建设，达四级标准化企业有 5 家，达五级标准化企业 21 家。危险化学品生产企业达到二级标准并已取证有 7 家，已通过标准化二级考评有 11 家；烟花爆竹经营企业达到二级标准化 3 家。

【危险化学品安全监管】 按照《中华人民共和国安全生产法》、《危险化学品经营许可证管理办法》、《四川省危险化学品经营许可监督管理办法》的有关规定，市安监局加强危险化学品监督管理，督促具有液氨、液氯、液化石油气、汽油等易燃易爆品、剧毒溶剂、腐蚀品等充装介质的危险化学品生产企业安装金属万向管道充装系统，代替充装软管，确保了危险化学品充装环节的安全。在全市危险化学品生产企业中继续开展安全生产标准化工作，2010 年全市危险化学品生产企业取得二级安全标准化证书的企业有 11 家，已通过安全标准化二级考评的有 11 家。在危险化学品新、改、扩建设项目时严格执行安全设施“三同时”制度，采取清理整顿、限期执行、及时办理等措施，加大执法力度，确保安全设施“三同时”制度落到实处，2010 年市安监局组织专家对危险化学品建设项目设立安全审查 26 家，安全设施设计审查 22 家，试生产（使用）备案审查 14 家，安全设施竣工验收 14 家。严格按照行政许可规定的条件和程序，强化现场核查，认真履职，做好危险化学品经营许可审查工作，2010 年审查甲类危险化学品经营许可证 6 家，审查乙类危险化学品经营许可证 171 家。

【烟花爆竹安全监管】 2010 年，市安监局按照《烟花爆竹安全管理条例》、《烟花爆竹生产企业安全生产许可证实施办法》、《四川省烟花爆竹经营许可实施细则》的要求，开展烟花爆竹经营安全监管工作，督促各批发企业把好产品进货关，确保了采购合法企业生产的不含氯酸钾的合格产品，同时严把烟花爆竹布点关，形成了烟花爆竹零售点布局合理、安全规范、定点挂牌、亮证经营的良好经营秩序。严肃查处非法生产经营行为，建立了“政府统一领导，公安牵头负责，安监、工商、质监等部门紧密配合”的“打非”工作机制。春节期间，由市安监局牵头，联合市公安局、市工商局组成两个检查组，对东区、西区、仁和区辖区内烟花爆竹生产经营企业、各零售点的安全经营状况进行了全面检查。检查生产经营企业 1 家，零售点 389 家，查出安全隐患 210 起，督促当场整改 190 起，限期整改 20 起。全面开展烟花爆竹经营（批发）企业安全标准化建设，进一步提升企业安全管理水平，全市 3 家烟花爆竹经营（批发）企业取得了安全标准化二级证书。

【民爆行业安全监管】 2010 年，为贯彻实施《国务院关于进一步加强企业安全工作的通知》精神，市安监局召开了全市民爆生产、销售企业负责人参加的民爆行业安全监督管理工作会议，对全市民爆行业安全监督管理工作进行部署。督促全市民爆行业加强宣传教育完善修订各项安全管理制度。建立安全生产长效机制，落实“一岗双责”。加强事故应急救援体系建设，提高应对和处置突发事件的能力。坚持“科技兴安”，积极推进行业技术进步，切实提高企业本质安全。严格执行国家民爆行业各项规范和标准的要求，完善视频监控系统。建立健全市民爆行业安全监管工作机制，充分发挥各级民爆行业安全监管部门的作用，形成上下联动、齐抓共管的局面。市安监局坚持监管与服务并重，确保全市民爆行业安全、健康、持续发展。2010年市安监局被评为四川省民爆行业“十一五”期间先进单位。

【建设施工、劳务工生产安全监管】 市安委会针对建设施工领域和劳务工生产安全事故频发的态势，于2010年4月23日组织市属以上建设施工单位、市外到攀承揽建设项目的总承包单位、建设施工单位、劳务派遣企业、勘察设计单位、工程监理单位、房屋开发公司、其他建设业主单位共计190个企业（单位）召开了全市建设施工暨劳务工安全生产工作会。会议通报了2007年至2009年建设施工领域生产安全事故情况，对建设施工领域生产安全生产工作进行了安排部署。同时印发了《关于加强建设施工安全生产工作的通知》和《关于做好劳务工安全生产工作的通知》，针对目前严峻形势制定了具体措施。实行事故指标依责分担考核，改变过去由主要责任单位承担全部生产安全事故考核指标的做法，凡建设施工生产安全事故责任涉及两个或两个以上单位者，责任单位将根据调查组认定的事故共同承担事故统计考核指标。实行建设施工生产安全事故实行抄告制度。通过采取以上措施，力争通过两年左右的时间使建设施工领域生产安全死亡事故在2009年的基础上下降30%，并保持持续稳定好转的态势。

【市安全生产远程监控中心落成】 2010年1月，市政府投资130万元，由四川安平达煤矿安全科技网络有限公司承建，四川首个集煤矿瓦斯、产量、视频、音视频会议等多个监控系统功能于一体的攀枝花市安全生产远程监控中心（下称监控中心）在市安监局监察执法支队一楼大厅落成，监控中心平台装配了4台DELL高端服务器、5台DELL高端工作站、18台解码器、22台显示器与两台52寸大屏。新建成的市安全生产远程监控中心具有以下几大功能特点：以市为中心建成VPN内网，优秀的集成设计和外观设计。监控中心可通过VPN专用内网流畅提取县（区）监控平台存储的矿端一周7天的图像。增加了迅流视频会议系统，建立和余留了其他重大危险源的数据采集入口。具有对煤矿监测监控系统运行状况的监督功能、数据分析处理功能、预警功能、电子政务功能。监控中心内设监控部、综合部，实行24小时值班制度。

市安全生产远程监控中心以市监控平台为中心，由西区、仁和区、盐边县组成的煤矿远程监控专用内网（VPN），实现了企业、区（县）、市三级联网。2010年10月19日正式通过四川省安监局、四川省煤监局验收。监控范围现已覆盖仁和区、西区、盐边县3个区（县）共计99个煤矿（矿井）。基本实现实时监控。

2010年市监控中心共收到各类报警9 502次，其中三级报警766次，全市未发生瓦斯事故。对预防煤矿瓦斯事故的发生起到了积极作用。

市安全生产远程监控中心的建立，是攀枝花市落实国务院提出的“科技兴安”战略的重大举措，是长治久安的关键措施，是依靠高科技手段管理安全、提高安全管理装备水平、进一步细化安全管理的有力体现，为有效预防和遏制企业重特大安全事故提供了强有力的科技支撑。2010年12月，市安委会、安监局已启动尾矿库、危险化学品、烟花爆竹等企业安装全过程在线监控系统，并接入市、区（县）监控中心，实现高危地点的实时监控。

（肖黔俐）

旅　　游

【概　况】 2010年，全市旅游业认真学习贯彻国务院《关于加快旅游业发展的意见》，全面落实市委、市政府关于加快旅游业发展的政策、措施和办法，围绕倾力打造中国阳光生态旅游度假区中心工作，按照打造精品、提供支撑，拓展市场、增加客源，落实责任、齐抓共管，区域合作、共谋发展的总体要求，以项目推动为抓手、以招商引资为重点、以拓展市场为主线、以打造精品为核心，创新思路，抢抓机遇，多措并举。旅游产业规模逐步扩大，关联带动作用日益明显，“阳光花城”旅游形象显著提升，旅游经济持续稳定增长。2010年，全市接待国内外旅游者680万人次，旅游收入42.01亿元，同比增长20.8%。

在倾力打造中国阳光生态旅游度假区过程中，全市旅游业发展也存在一些问题和困难：共同推进旅游产业发展的认识不到位，合力不够足；旅游项目招商难、进展难、落地难；旅游基础设施较差，尤其是“进出难”问题始终没有有效解决；旅游企业“散、小、弱”问题比较突出；旅游专业人才不足、人员素质有待提高。

【全市旅游工作会议】 2010年2月26日，全市旅游工作会议在攀枝花会展中心国际厅召开。市人大党组书记、副主任谢道全，市委常委、副市长王川红，市政府副市长沈钧，市政协副主席伍维根出席会议。市旅游产业发展领导小组暨倾力打造中国阳光生态旅游度假区领导小组成员单位、各县（区）政府、市级相关部门、各县（区）旅游局、各旅游企事业单位和媒体记者近160人参加会议。会议由市政府副秘书长杨星坪主持。

会议传达贯彻全省旅游工作会议精神，全面总结2009年全市旅游工作，安排部署2010年旅游工作任务。并对旅游项目建设暨招商引资工作先进单位、旅游宣传营销工作先进单位进行表彰。王川红在讲话中充分肯定全市旅游业取得的成绩及存在的不足。旅游经济增长迅速，“阳光花城”旅游形象得到广泛认可，景区建设成效显著，行业管理规范有序。但是，全市旅游经济的整体实力偏弱，旅游发展缺乏产品支撑，旅游市场主体发育不够成熟，服务功能与游客的需求还有较大的差距。因此，推动攀枝花市旅游业要大力打造特色精品，推进区域旅游一体化合作，推进旅游产业多元化、集团化发展，提升服务质量，要强化领导，落实责任。沈钧在主题报告中要求全市旅游行业深入贯彻落实

《国务院关于加快发展旅游业的意见》，抓住机遇，加快发展。市旅游产业发展领导小组暨倾力打造中国阳光生态旅游度假区领导小组办公室主任、市旅游局局长唐明怡传达全省旅游工作会议精神，安排部署2010年旅游重点工作。

【全市推进“十二五”旅游产业大发展专题研究会】 2010年8月24日，市委、市政府召开全市推进“十二五”旅游产业大发展专题研究会。市委书记、市人大常委会主任赵爱明和市委副书记、市长刘晓华出席会议并作重要讲话，市委常委、市委宣传部部长沈钧主持会议，副市长许健民汇报加快“十二五”旅游产业发展的对策措施建议。

会议指出加快“十二五”旅游发展，要在认真总结“十一五”旅游发展成功经验、大力解决制约攀枝花市旅游发展的瓶颈问题的基础上，坚定“2015年将攀枝花市建成全国著名冬季阳光度假目的地、攀西阳光生态旅游区的增长极”的目标不动摇，要努力实现项目建设和宣传促销两大突破，要抓好招商引资、线路统筹、配套设施建设三项工作，要强化组织、制度、政策、资金四大保障。

大会强调各级要进一步统一思想，高度重视；明确目标，突出特色；要全面打造以红格温泉运动度假区为代表的“三个龙头景区(点)”，提供旅游产品支撑；解决突出问题、完善服务体系；要抓好重点旅游建设项目实施规划的编制，要研究出台大力推进旅游大发展的大措施，要把旅游发展作为“一把手”工程、民生工程，强化责任的落实。

大会要求各级既要树立信心，又要有危机感。要把新的政策、措施纳入“十二五”规划；要把“十二五”旅游发展的目标任务纳入对县(区)和部门的年度考核；对重大旅游建设项目，要实行市级领导联系制度，党委、政府领导要联系项目，人大、政协领导也要联系项目，旅游产业发展领导小组及其办公室要及时掌握项目进展情况、及时反馈信息，确保项目如期顺利推进。

【景区规划】 2010年，攀枝花市旅游局结合旅游业发展实际情况，完成全市重点旅游项目收集整理工作，共编制3个重点项目、8个特色项目、6个储备项目和6个旅游配套设施建设项目，均通过评审并印刷成册。聘请昆明传智旅游规划公司完成《攀枝花市“十二五”旅游规划》编制工作，为十二五时期全市旅游发展确定发展重点和目标。完成《二滩百里画廊旅游区专项规划(第一部分)》、《大黑山旅游区总体规划》、《大黑山旅游区重点地段风貌规划》、《啊喇诸葛营文化生态旅游区总体规划》、《大田红石榴乡村旅游区总体规划》的编制工作并通过评审，全市重点景区景点规划日趋完善，产业发展布局趋于科学合理。协助省、市、县(区)相关部门完成《四川省旅游局关于四川省旅游项目规划》、《旅游目的地体系建设规范》、《攀枝花市发改委关于建设美丽富饶文明和谐安宁河谷攀枝花市现代特色农业发展规划》、《攀枝花市交通局关于攀枝花市综合交通规划》、《攀枝花市规划和建设局关于攀枝花市城乡风貌塑造专项规划》和《攀枝花市城镇化发展“十二五”规划》、《攀枝花市农牧局关于攀枝花盐边台湾农民创业园规划方案》、《攀枝花市环保局关于攀枝花生态市建设实施方案》、《攀枝花市仁和区总发乡盛茗山庄总体规划》等各类专项规划工作。

【线路统筹】 2010年，根据《四川省旅游产业发展领导小组办公室关于开展四川省2010年旅游线路统筹市州试点工作的通知》精神，全市启动旅游线路统筹试点工作。先期启动具有优势条件的“百里生态长廊”和“米易乡村旅游”旅游线路，省旅游局已将其确定为先期开展的试点统筹线路之一。2010年10月起，聘请专家进行专项旅游线路统筹规划编制工作。

【项目建设】 2010年，全市继续加大景区景点等旅游项目开发建设力度，认真落实定期议事协调、目标管理、督办问责、绩效考评制度，确保重点旅游项目建设顺利进行。在建或建成的主要项目有米易县南部新城休闲度假核心区、仁和区莲花乡村旅游度假区和红格温泉旅游度假区省运动技术学院红格训练基地、绿色运动休闲中心、假日酒店二期项目、诚信达商务酒店、玉佛寺、西佛寺、蓝湖清香坪公园等，为全市旅游业快速发展提供强力产品支撑。

【旅游工作调研及指导】 2010年，为加快倾力打造阳光生态旅游度假区工作进程，各级领导高度重视旅游发展情况，组织调研，加强指导，积极协调，确保任务顺利推进。5月20日，市政府副市长许健民调研全市旅游发展情况，要求市旅游局科学制定“十二五”旅游规划，继续推进项目建设，为旅游发展提供强力的产品支撑，在大力发展第三产业的基础上加快发展旅游业，注重特色，体现优势，进一步推进旅游景区、星级饭店的提档升级工作，大力发展乡村旅游，实施标准化建设，进一步创新宣传方式，加大营销力度，认真办好旅游节庆活动，提升旅游城市形象。6月1日，市委副书记张剡、市政府副市长许健民到仁和区岩神山——莲花村乡村旅游度假区进行工作调研。许健民在调研中指出：岩神山——莲花村乡村旅游度假区项目的建设，不仅为市民和外地游客提供极具吸引力的大型休闲度假中心，而且为全市旅游业指明发展方向，能够带动全市旅游项目开发建设，起到良好的示范作用，推动全市旅游产业的强劲发展，并要求仁和区政府按规划、按进度认真完成项目建设。张剡在调研中强调：岩神山——莲花村乡村旅游度假区是攀枝花南大门的形象所在，是攀枝花打造区域性中心城市的重点建设项目，各级各部门要高度重视，齐心协力，作为样板工程倾力打造；各责任单位既要排出项目建设时间进度表，按照先易后难的原则，制定定期协调议事制度，督查建设进度，解决实际问题，攻坚克难、扎实推进，确保顺利建成。9月7日，市委副书记张剡对大黑山旅游区进行实地考察和调研工作。张剡在考察中指出：充分利用大黑山优势的地理位置、独特的气候条件和倾力打造阳光生态旅游区有利时机，把大黑山旅游区打造成为市民休闲度假、消夏纳凉的旅游目的地，建成攀枝花的城市后花园，推进全市旅游业又好又快发展。此外,市人大、市政协领导对相关旅游项目进行工作调研,提出具体指导意见。

【旅游招商引资】 2010年,攀枝花市旅游局不断调整、充实和优化旅游建设项目库,精心制作旅游招商手册和旅游项目推介光碟,采取会展推介、媒体网络推介、专题推介以及纳入省、市旅游局和商务局的公众网站进行网上招商等多种形式,开展旅游项目招商引资宣传。重点推介红格温泉旅游度假区、二滩国家森林公园以及格萨拉风景区等11个招商引资项目,取得显著成效。2010年,全市旅游招商引资签约和在建项目共26个,完成投资7.8亿元,其中,签约项目11个,签约资金6.21亿元。全面完成攀枝花市省定旅游投资和签约2.4亿元目标。

【旅游行业管理】 为全面提升旅游服务质量、树立攀枝花旅游良好形象,2010年市旅游局采取各种措施,切实加强行业管理工作。

在旅游质量提升方面,制发《关于组织开展"2010全国旅游服务质量提升年"活动的通知》,以"2010全国旅游服务质量提升年"为主题,在全市开展"2010全国旅游服务质量提升年"活动;在行业指导方面,制发《2010年星级酒店评定安排》、《关于在全市旅游星级饭店中进一步推进节能降耗工作的通知》、《关于开展2010年度旅游星级饭店年度复核工作的通知》等文件,完成学府酒店、金沙明珠大酒店、安宁明珠大酒店、格萨拉游客接待中心、渔门岛湖心度假酒店、攀百大酒店等拟评星酒店的指导、检查和推荐上报工作。在农家乐评星定级方面,组织全市农家乐业主学习贯彻《农家乐(乡村酒店)旅游服务质量等级划分与评定》(DB51T 976-2009)标准,启动农家乐(乡村酒店)旅游服务质量等级评定工作;在旅游安全工作方面,制发《2010年攀枝花市旅游行业安全生产工作实施方案》、《关于切实做好2010年春节、寒假旅游安全工作的通知》、《关于深入开展旅游行业森林防火宣传"四进"活动的紧急通知》、《关于继续深入开展"安全生产年"活动的通知》、《关于切实做好旅游行业汛期地质灾害防治及安全工作的紧急通知》、《关于开展旅游行业构筑消防安全防火墙工程工作的通知》等文件,并各县(区)旅游局签订《2010年度旅游安全生产责任书》,定期开展旅游安全工作检查;在行业综合治理方面,制发《2010年旅游行业市场秩序综合治理工作实施方案》、《攀枝花市旅游行业城乡环境综合治理五十百千环境优美示范工程工作实施方案》,继续开展城乡环境综合治理、旅游廉政文化进景区等活动。

【旅游执法】 2010年,加强行业检查,严格旅游执法。在春节、五一节、国庆节等节假日期间,市旅游局旅游执法支队联合公安、消防、工商、卫监、安监、质监、物价等多个部门,对全市星级宾馆饭店、景区景点、旅行社以及旅游车公司进行安全、质量、卫生、价格大检查,确保全市旅游安全、旅游业健康发展。继续开展旅游"绿盾行动",采取明察、暗访等方式,重点对旅行社及服务网点进行督察指导。

【旅游培训】 2010年,市旅游管理部门根据全省旅游实用人才培训工作部署,加大旅游从业人员培训力度,提高各项业务技能。年内,举办宾馆创星培训、景区创A培训、县乡民族地区服务人员技能培训、乡村旅游实用人才培训、乡村旅游创星培训、全国导游资格考试考前培训、导游(讲解员)技能培训以及旅游支教培训等各类培训班21期,培训旅游从业人员2 162人次,超额完成全年培训计划。

【旅游宣传】 2010年,攀枝花市以阳光度假、运动休闲、生态旅游为主题,开展形式多样、内容丰富系列宣传活动,全面提升"阳光花城"旅游形象。在攀枝花日报、攀枝花电台、攀枝花广播电视报、华西都市报、成都商报等媒体专版推介攀枝花特色旅游产品;借助在国家级4A景区——攀枝花市格萨拉生态旅游区拍摄的大型神话连续剧《传说》于8月8日在央视八套黄金档播出,提高攀枝花的知名度、提升攀枝花的影响力;编撰并印制《攀枝花市旅游指南》、《攀枝花自驾游手册》、《攀枝花市旅游交通地图》向客人发放;配合四川省旅游局完成"魅力四川·2010"、"四川好玩"等网络宣传活动,举办"迎中秋、庆国庆、游四川"、"关爱老人,和谐天府"敬老活动周等旅游宣传活动;与行游天下自驾游俱乐部合作,在成都组织130人的大型自驾游车队到攀枝花旅游、观光活动;在"中国·攀枝花"、GOGO攀枝花、攀枝花旅游信息网、四川旅游网等网站发布重要旅游信息;在成都、重庆、云南等主要旅游客源地开展旅游形象宣传。

市级领导大力宣传攀枝花旅游产品,全面提升攀枝花市"阳光花城"城市知名度和美誉度。12月17日晚,市委副书记、市长刘晓华,市委常委、市委宣传部长沈钧,攀枝花市人民政府副市长许健民参加了在北京丰台体育馆CCTV—6爱电影栏目组进行的攀枝花欢乐阳光节大型晚会节目的录制。刘晓华代表攀枝花市推介了攀枝花旅游资源和产品,沈钧介绍了攀枝花欢乐阳光节活动和攀枝花地方特色美食;许健民介绍了攀枝花特色旅游商品。该节目于2011年元旦在央视播出。

通过多形式、多媒介、多层次、多角度的旅游宣传活动,树立"阳光花城"城市旅游形象。

【旅游促销活动】 2010年,参加各种国内、国际旅游交易会及旅游推介会,播放光碟、发放资料,宣传旅游产品,提升旅游形象。组织参加天府四川宝岛行"乐行四川"旅游宣传促销活动、西安2010年"东西部合作与投资"贸易洽谈会、重庆2010中国国内旅游交易会、2010城际旅游交易会、义乌中国旅游商品博览会、四川省旅游局组织的"上海世博会·四川宣传周"系列活动、成都首届中国国际自驾游交易博览会等旅游促销活动。

【旅游节庆活动】 2010年,市旅游管理部门组织或协助开展2010中国·攀枝花欢乐阳光节开幕式暨CCTV—6大型明星演唱会,首届欢乐阳光节音乐邀请赛,第二届苴却石文化艺术节、花会、健康促进与养生保健专题讲座,2010 年攀枝花欢乐购物节暨金沙江美食节、迎新春佛事活动,第五届中国攀枝花长江漂流,第二届米易迷易龙舟节暨全国记者龙舟邀请赛,2010 中国盐边二滩至泸沽湖国际山地徒步邀请赛,阳光节精品剧目展演,最美笑脸征集活动以及各县(区)举办的"大田石榴节"、"迷易灯会"、"金芒果节"、"东区阳光休闲节"等各类旅游节庆活动 20 余次。

【乡村旅游发展】 2010 年,市旅游局受中共四川省委农办、省旅游局委托,开展对省级乡村旅游示范乡(镇)、村评定工作,全市成功创建首批"四川省乡村旅游示范乡(镇)"3 个、首批"四川省乡村旅游示范村"7 个。

【区域旅游合作】 年内,市旅游行业开展区域旅游联合,融入川、滇、黔旅游圈,实现携手发展、合作共赢目标。7 月 30 日至 8 月 1 日,在攀枝花会展中心举行川滇黔十市地州旅游交流活动。完成中国南方旅游城市协作体推介手册编撰工作。通过加强旅游合作,在建立互信机制、交流旅游发展经验、旅游优势互补、客源互送、推进联合促销、旅游人才交流培训等方面,取得显著成效。

(张志明)

政务服务

【概　况】 2010 年,攀枝花市人民政府政务服务中心(以下简称中心)按照按照省委、省政府关于进一步加强政务服务中心建设的指示精神和市委、市政府的工作部署,深入推进"两集中,两到位"改革,加强标准化建设,服务项目不断丰富,服务质量有效提升,获得了良好的社会效益,被四川省政府办公厅评选为 2010 年度全省政务服务标准化建设先进单位。

2010 年,中心共进驻行政审批管理部门、公共服务单位、公共资源交易部门、代理收费银行和监督管理部门共 66 个,进驻项目 610 项,进驻人员 450 人。中心全年共办理 295 万件,按时办结率 100%,现场办结率 95%,办理提速 89%,群众满意率 100%,实现零有效投诉。

惠民便民体系迅速向基层延伸,完成了 60 个乡镇街道便民服务中心建设,全市乡镇(街道)的 100%。400 个村(社区)设立便民代办点建设,占全市村(社区)的 84%。

公共资源交易中心进行建设工程招投标 337 个项目,概算总投资 29.59 亿元,节约资金 3.8 亿元,资金节约率 12.85%;政府采购项目 209 个,预算资金 1.71 亿元,节约资金 0.25 亿元,资金节约率 14.62%;国有土地拍卖 9 宗,国有资产拍卖 2 宗。

【标准化建设】 2010 年,按照全省政务服务中心标准化建设的要求,进一步重点推进行政审批和办事制度的标准化。对照省市公布保留的市级行政审批项目目录对进驻项目进行了全面清理,确保全省统一的 233 项行政审批项目实现应进必进,保证取消的 104 项审批项目各进驻部门不再办理。并根据政策法规的变化,加强对进驻行政审批项目的动态管理和调整,确保进驻部门实施行政审批于法有据。对行政审批服务项目实行分类管理,实施流程再造,制定并落实优化流程方案,规范审批程序。实施审批流程标准化后,简化 900 多个办理环节,项目从平均法定时限 21 个工作日压缩至承诺时限 11 个工作日,整体压缩办理时限4 312个工作日,项目平均实际办理时限为 2 个工作日。以"三项制度"为重点,进一步完善一次性告知、政务公开、办件服务、投诉处理、管理考核等配套制度,推进窗口服务和中心管理的制度化和规范化。督导区县推进政务服务中心标准化建设。积极协调帮助西区、盐边县政务服务中心实现搬迁,新址面积分别达到4 500平方米和4 000平方米,场地设施得到较大改善,指导东区对所有乡镇(街道)便民服务中心进行了包括服务项目、标示标牌、办公设施等方面的标准化建设。

通过努力,中心的硬件设施水平和软件服务功能跨入全省先进行列,受到全省的广泛关注。2010 年 7 月 9 日省委、省政府在攀枝花市召开全省政务服务中心标准化建设工作现场会,省委副书记李崇禧,省委常委、常务副省长魏宏与 21 个地市州主要领导参观中心,并给予高度评价。会后,省内 20 余个地市的政务服务中心先后到攀枝花市人民政府政务服务中心进行学习考察。

【创新审批工作机制】 2010 年,进一步完善建设项目和市场准入项目的并联审批。按照"统一受理、同步审查、信息共享、限时办结"的要求,将涉及建设项目和市场准入项目的所有部门和事项进行并联审批,采取牵头部门窗口统一受理,其他审批部门窗口提前介入、同步审查的机制,精简办事环节,优化部门之间办件流转程序,提高办事效率。建立并联审批部门月联席会议制度和项目审批服务跟踪负责制度,每月跟踪通报并联审批项目审批进展情况,保证各审批部门之间的信息沟通及时通畅,完善部门联动协调机制。对无行业前置审批的企业登记项目实现了 1 个工作日内领取工商、质监、税务等证照。全年,中心建设项目并联审批窗口共受理办理基本建设项目和企业技术改造投资项目各 39 和 47 个,其中备案项目 84 个、核准项目 2 个。

进一步完善招商引资和重大项目的审批"绿色通道"。继续创新审批机制,优化建设项目并联审批程序,梳理并优化工业建设、房地产开发、商贸服务业等类别建设项目的审批流程,编制项目审批流程图,实行一次性全流程完整告知。"绿色通道"通过联合咨询、联合受理、联合踏勘、联合会审的服务模式,进一步提高审批部门的联动协作效率,使项目的整体办理时限较正常并联审批程序又压缩了 50%

以上。

创新服务方式，以项目投资人的个性化服务需求为导向，开展延时办理、上门服务、预约服务等特殊服务，全年为投资项目提供特殊服务近百次，切实提高服务质量，受到项目投资人的广泛好评，改善了投资发展软环境。

【强化效能监督】 2010年，攀枝花市人民政府政务服务中心按全省统一要求多次对行政效能电子监察系统进行升级完善，并充分利用该系统，对政务服务的工作状态、审批服务效能等进行实时监控，有效遏制服务行为和办事程序不规范等现象的发生。

积极协调市财政局将“金财网”接入21个有行政事业性收费的部门窗口，解决专用配套设备，保证对财政资金的实时监控，进一步规范收费行为。

邀请市人大代表、市政协委员和企业经营者、群众担任行风监督员，对政务服务工作开展明察暗访和评议，主动接受社会监督。

【规范公共资源交易管理】 2010年，继续围绕建立集中统一的建设工程、土地矿权、政府采购、国有产权的综合交易平台的目标，加强公共资源交易平台软件建设，规范管理全市公共资源交易活动。

制定《攀枝花市人民政府政务服务中心交易工作程序》和交易市场各类交易机构和人员的工作纪律制度，编制建设工程、土地矿权、政府采购、国有产权等各项交易工作流程图，完善专家抽取、交易现场的监督制度，建立涉及现场服务质量标准、廉政建设、保密、资料查阅等14项内部管理制度，做到现场交易活动有章可循。

完善公共资源交易的现场服务。中心遵循“利益不介入、权力分割、监督制衡、动态管理、统一市场”的原则，为专家抽取、报名、开标、评标、定标、信息发布等活动提供“一条龙”配套服务，提高服务水平。

完善监督制约机制。中心协调发改、监察、招监办等有关监管部门整合监督力量，探索公共资源交易的分级分类监管方式，进一步明确各部门的监管职责和范围，提高监督实效。同时，拓宽社会监督渠道，开通网上投诉，由各监管部门和交易中心对投诉进行综合调查处理，形成跨部门的监督合力。

（周　娴）

住房公积金管理

【概　况】 攀枝花市住房公积金管理中心是直属于攀枝花市人民政府，不以营利为目的的正县级事业单位。其主要职能是按照国务院《住房公积金管理条例》及国家相关政策规定履行攀枝花市行政区域内的住房公积金管理职能。由于攀枝花市的特殊性，2010年市住房公积金管理中心还履行部分房改职能，包括住房补贴、房改房和集资建房出售审批、机关事业单位住房清理、已购公有住房上市审批等房改工作。

2010年攀枝花市住房公积金管理中心设政研部、资金部、信贷部、综合部、项目贷款部5个职能部门和仁和区办事处、盐边县办事处、米易县办事处、西区办事处、东区办事处5个派出机构，在职职工38人：其中正县级干部1名、副县级干部2名、正科级干部8名、副科级干部6名。

2010年，攀枝花市住房公积金管理中心在市委、市政府的领导下，认真落实管委会决策，强化对住房公积金的管理和服务，克服金融危机带来的不利影响和国家对房地产市场进行宏观调控对公积金信贷的影响，扎实抓好各项工作，圆满完成省住建厅和市政府下达的各项目标任务，被省住建厅评为完成目标任务优秀奖。

【住房公积金归集管理】 2010年，攀枝花市住房公积金管理中心新增缴存单位39个，共新增1 528人参与住房公积金制度。其中四川鸿翔一心堂的314人、沃尔玛224名职工、攀枝花运业有限公司207人、米易供电有限公司168人、明光劳务服务有限公司129人新增缴存了住房公积金。

2010年攀枝花市住房公积金归集持续增长。全年归集住房公积金111 309万元，比上年同期增长8.2%。截至2010年底，累计归集住房公积金572 510万元，归集余额407 003万元。至2010年底，全市缴存住房公积金职工16.50万人。2010年攀枝花市单位和职工个人住房公积金缴存比例为各5%～12%。

【住房公积金使用管理】 2010年，职工使用住房公积金达到89 878万元（不含项目贷款5 000万元），比2009年增加4 532万元。2010年国家密集出台多项抑制房价过快上涨的宏观调控政策，市住房公积金管理中心积极响应，从2010年4月开始禁止向第三套住房发放贷款，第二套住房首付比例提高到50%；2010年10月执行上调了的住房公积金贷款利息；2010年11月执行第二套房贷款利率上浮10%的规定。执行新的宏观调控政策仅控制第二套房贷款就在个人住房贷款初审环节刷下237户、6 000万元。但2010年仍然向3 524户职工家庭发放住房公积金贷款50 486万元，贷款余额143 798万元，全面超额完成市政府下达的年度目标任务。截至2010年底，累计向20 235户职工家庭发放住房公积金贷款208 249万元。全年职工因购房、还贷等原因共提取住房公积金39 392万元，比2009年同期增加11 937万元，增长43.5%。截至2010年底，职工累计提取住房公积金165 507万元。

2010年住房公积金个人购房贷款回笼情况良好，回笼资金18 286万元。同时住房公积金个人住房贷款风险得到进一步控制，2010年底个人住房公积金贷款的逾期额为9

万元，逾期率为0.01%。

【住房公积金运营效益】 2010年，住房公积金业务收入为9 327万元，其中住房公积金利息收入4 352万元、增值收益利息收入267万元、委托贷款利息收入4 708万元。业务支出为5 291万元，其中支付职工个人住房公积金利息5 136万元、归集手续费支出108万元、委托贷款手续费支出47万元。当年实现增值收益为4 036万元。2010年提取分配贷款风险准备金2 421万元，廉租住房补充资金1 243万元。截至2010年底贷款风险准备金余额达到11 371万元，累计提取廉租房补充资金4 454万元。住房公积金保障能力和抗风险能力进一步增强。

【便民措施】 为减轻职工申请个人住房贷款的费用，从2009年6月下旬市住房公积金管理中心开始自办抵押贷款。截至2010年底已经为73户职工办抵押贷款1 531万元，其中2010年为50户职工办抵押贷款1 071万元。

发放住房公积金对账单。攀枝花市住房公积金管理中心借鉴外地经验，与市邮政局合作，组织实施发放职工个人公积金对账单工作，2010年已发放职工对账单10多万份。

扩大住房公积金联名卡发放范围。在2009年与工行、建行、商行成功发行联名卡的基础上，2010年攀枝花市住房公积金管理中心与中行、农行协商，要求两行也按其他银行的做法发行住房公积金联名卡，相关准备工作已就绪。

【利用住房公积金贷款支持保障性住房建设试点】 攀枝花市人民政府对试点工作高度重视，成立专门工作机构，明确责任分工，加强监督检查，为全面推进试点工作奠定了组织保障。

针对建设项目申请公积金贷款工作，2010年，攀枝花市住房公积金管理中心组织受托银行和有关部门多次到西区、仁和区、米易县、盐边县进行保障性住房贷款项目实地调研并指导各借款人积极按国家有关规定做好申请住房公积金项目贷款的前期准备工作。攀枝花市住房公积金管理中心汇总整理各区(县)上报的试点项目，经市政府批准后，由市政府上报了省建设厅。

市编制委员会于2010年9月正式批准市住房公积金管理中心成立保障性住房项目贷款管理部并增加相应的人员编制。市住房公积金管理中心明确项目贷款的分管领导，确定项目贷款运行监管系统操作人员，明确系统管理员、业务管理员、业务审核员和业务登记员的职责权限。市住房公积金管理中心和受托银行积极参加住房和城乡建设部组织的试点工作培训。随后，市住房公积金管理中心也组织相关部门、借款人和业务操作人员的培训，明确公积金项目贷款的申报材料要求和办理程序，对各借款人申报资料进行面对面的指导。攀枝花市财政局安排资金采购项目贷款运行监管系统所需要的硬件设备，落实开展试点工作的日常经费开支渠道。

2010年4～9月住房和城乡建设部等七部委联合调查组、住房和城乡建设部副部长陈大卫、国家有关部委试点工作联合检查组、省住房和城乡建设厅副厅长于桂等分别对攀枝花市试点工作进行现场检查和指导。市政府副市长柳康健向国家有关部委和省住房和城乡建设厅的领导汇报了攀枝花市保障性住房建设情况，住房公积金管理情况和试点工作准备情况。通过现场调查和听取汇报，国家有关部委和省住房和城乡建设厅的领导对攀枝花市开展试点工作给予充分的肯定。

2010年7月，住房和城乡建设部等6部门联合下文批准了攀枝花市上报的第一批住房公积金支持保障性住房建设的7个项目，贷款额度71 195万元，支持建设保障性住房11 361套、94万平方米。攀枝花市正式成为全国28个也是全省唯一一个“利用住房公积金贷款支持保障性住房建设试点工作”的试点城市。

通过“项目调查、受托银行评价、公积金中心评审、财政局审核、管委会审议、市政府审批、住建部核准”七个环节后，2010年12月向米易县经济适用住房局发放住房公积金贷款5 000万元，支持建设保障性住房900套。

（张治文）

政协攀枝花市委员会

【政协第七届攀枝花市委员会第四次会议】 2010年3月18～22日，中国人民政治协商会议第七届攀枝花市委员会第四次会议在攀枝花会展中心举行。应到委员304人，实到255人。

出席开幕、闭幕大会并在主席台前排就座的有市政协主席及副主席。应邀出席会议并在主席台就座的有中共攀枝花市委、市人大常委会、市政府、市纪委、攀枝花军分区、市中级人民法院、市人民检察院的领导；原市领导、六届市政协主席及副主席；各民主党派、工商联的领导。各民主党派、工商联负责人；有关企业分管统战工作的领导；市人大、市政府秘书长；市委、市政府部门及有关单位负责人；大企业、攀枝花学院、市直机关工委统战部(科)负责人；市政协机关县级干部应邀列席会议。在攀第十届四川省政协委员应邀出席开幕、闭幕大会。

大会期间，有21名人代表市级民主党派、工商联、各人民团体、委员学习活动组及委员个人进行大会发言，还有1人以书面形式发言。发言围绕城乡统筹发展、第三产业发展、企业发展、教育事业发展、青少年事业发展、创建国家森林城市、饮食健康、领导干部家庭财产申报、钒产业基地打造、少数民族地区村级组织建设、“逍遥山庄”改建、宝鼎沉陷区及棚户区改造安置等方面积极建言献策。

与会委员列席市八届人大五次会议，听取并讨论政府工作报告、攀枝花市2009年国民经济和社会发展计划执行情况及2010年计划草案的报告、攀枝花市2009年财政预算执行情况和2010年财政预算草案的报告，攀枝花市中级人民法院工作报告、攀枝花市人民检察院工作报告，会议对以上报告表示赞同。

会议审议并通过市政协主席高方芹代表政协第七届攀枝花市委员会常务委员会所作的工作报告和市政协副主席吴文发代表政协第七届攀枝花市委员会常务委员会所作的关于七届三次会议以来提案工作情况的报告。

会议同意张国民辞去政协第七届攀枝花市委员会副主席职务；免去熊彬政协第七届攀枝花市委员会教科文卫体委员会副主任职务并撤销其政协第七届攀枝花市委员会委员资格。委员们以无记名投票方式，补选赵勇为政协第七届攀枝花市委员会副主席；补选王莉、杜润明、李莉、钟毅刚、彭新旗为政协第七届攀枝花市委员会常务委员。

会议通过《政协第七届攀枝花市委员会第四次会议决议》、《政协第七届攀枝花市委员会提案委员会关于七届四次会议提案审查情况的报告》。

【主席会议】 2010年，市政协共召开12次主席会议。会议学习传达中共十七届五中全会精神，中共四川省委九届七次、八次全会精神，省政协十届十次、十一次、十二次常委会议精神，中共攀枝花市八届七次、八次全委（扩大）会议精神，市委常委（扩大）会暨理论学习中心组学习会精神。

会议听取市政协七届四次会议各小组讨论常委会工作报告和提案工作报告情况汇报、市中级人民法院关于攀枝花市法院民商事审判工作情况的通报、市人民检察院关于攀枝花市检察机关预防职务犯罪工作情况的通报、市发改委关于攀枝花市国民经济和社会发展“十二五”规划基本思路编制情况的通报、市农牧局关于攀枝花市农业产业化发展有关情况的通报、市公安局工作情况的通报、市旅游局关于大黑山旅游区总体规划暨重点地段修建性详细规划编制情况的介绍、市司法局关于攀枝花市“五五”普法工作开展情况的通报、市林业局关于攀枝花市核桃产业发展情况的通报、市科协关于攀枝花市贯彻《全民科学素质行动计划纲要》工作情况的通报、市委台办关于全市台资企业和台湾农民创业园发展情况的通报、市政府目标督查办关于攀枝花市“民生工程”进展情况的通报、市委政研室关于编制《中共攀枝花市委关于制定国民经济和社会发展第十二个五年规划的建议（征求意见稿）》情况的说明、市政协参加川滇黔赣冀五省二十地市州政协第27次联系会议情况的汇报，市政协提案委员会、教科文卫体委员会、联谊民族宗教委员会外出学习考察情况的汇报，市政协各工作机构工作情况汇报。

审议通过政协第七届攀枝花市委员会第四次会议大会执行主席分组名单、小组临时召集人建议名单，市政协主席、副主席重点督办的提案，《政协第七届攀枝花市委员会2010年工作安排》、《关于政协第七届攀枝花市委员会主席会议成员分工的意见》、《关于政协第七届攀枝花市委员会增补委员参加专委会及委员学习活动组方案》、《关于表彰市政协七届四次会议优秀大会发言的决定》、《关于七届市政协社会和法制委员会聘请特邀副主任、特邀成员的报告》、《纪念政协攀枝花市委员会成立30周年活动方案》、《市政协七届五次全委会议筹备工作日程安排》、《政协第七届攀枝花市委员会第五次会议筹备工作机构各组负责人名单》、《2011年攀枝花市政协新年茶话会方案》。会议还审议通过市政协经济委员会、人口资源环境委员会、教科文卫体委员会、社会和法制委员会、联谊民族宗教委员会的相关调查报告。

会议通报市委、市政府领导对市政协2010年报送的调查报告、视察报告、重要提案摘报的批示情况，市政协各工作机构工作总结；审议“转变经济发展方式，建设特色经济强市”论坛方案，审议有关人事事项；专题协商编制攀枝花市国民经济和社会发展“十二五”规划基本思路、《中共攀枝花市委关于制定国民经济和社会发展第十二个五年规划的建议（征求意见稿）》。

【常委会议】 2010年，市政协共召开5次常委会议。会议学习传达中共十七届五中全会精神，全国政协第六次提案工作座谈会精神，中共四川省委九届七次、八次全会精神，省政协十届十次、十一次、十二次常委会议精神，中共攀枝花市八届七次、八次全委（扩大）会议精神。

会议听取市政协七届四次会议各小组讨论《政府工作报告》和《计划》、《预算》报告、“两院”工作报告、有关人事事项、选举事项、会议决议及提案审查报告情况汇报，市政府关于攀枝花市城乡环境综合治理工作情况的通报、现代服务业发展情况的通报、办理市政协七届四次会议委员提案情况的通报，市纪委（监察局）关于反腐倡廉工作情况的通报，市发改委关于攀枝花市国民经济和社会发展“十一五”规划执行情况和“十二五”规划编制情况的通报，市国土资源局关于攀枝花市土地资源储备情况的通报，市文化局关于文物保护工作情况的通报，市民宗委关于民族地区村级组织建设情况的通报，市经委关于工业园区发展情况的通报，市食品药品监督管理局关于特殊药品安全监管情况的通报，市政协常委会组成人员和驻攀省政协委员对攀枝花市城乡环境综合治理工作情况、现代服务业发展情况视察的汇报，市政协提案委员会关于市政协七届四次会议以来提案及提案办理工作情况的汇报，市政协各专门委员会年度工作总结的汇报。

会议审议通过《政协第七届攀枝花市委员会常务委员会工作报告》、《政协第七届攀枝花市委员会常务委员会关于七届三次会议以来提案工作情况的报告》、《政协第七届攀枝花市委员会常务委员会关于同意邓冰蓉等五位同志辞去常务委员职务的决议》、《政协第七届攀枝花市委员会常务委员会关于同意邓冰蓉等五位同志辞去委员职务的决议》、《政协第七届攀枝花市委员会常务委员会关于增补王莉等五位同志为政协第七届攀枝花市委员会委员的决议》、《关于召开中国人民政治协商会议第七届攀枝花市委员会第四次会议的决定》、《中国人民政治协商会议第七届攀枝花市委员会第四次会议日程》、《中国人民政治协商会议第七届攀枝花市委员会第四次会议列席人员范围》、《中国人民政治协商会议第七届攀枝花市委员会第四次会议分组原则》、《政协第七届攀枝花市委员会常务委员会关于授权主席会议审议七届十七次常委会议未尽事宜的决定》、《中国人民政治协商会议第七届攀枝花市委员会第四次会议议程（草案）》、《关于免去熊彬政协第七届攀枝花市委员会教科文卫体委员会副主任职务、撤销其政协第七届攀枝花市委员会委员资格的决定》，政协第七届攀枝花市委员会第四次会议选举办法（草案）和总监票人、监票人、总计票人、计票人建议名单，《关于免去游绍全同志政协第七届攀枝花市委员会社会和法制委员会副主任职务、同意其辞去政协第七届攀枝花市委员会常务委员职务的决定》、《关于免去施懿宏同志政协第七届攀枝花市委员会经济委员会副主任职务的决定》、《关于加大攀枝花市城市建设用地储备力度，拓展城市发展空间的调查报告》、《关于攀枝花市文物保护工作情况的调查报告》、《关于攀枝花市民族地区村级组织建设的调查报告》、《关于攀枝花市服务业发展情况的视察报告》、《关于攀枝花市工业园区发展建设情况的调查报告》、《关于攀枝花市特殊药品监管工作的调查报告》。

专题协商《攀枝花市国民经济和社会发展“十二五”规划纲要（征求意见稿）》。

【提案工作】 市政协七届四次会议以来，提案委员会共收到提案286件，立案279件，占提案总数的97.55%。在279件提案中，民主党派、工商联、人民团体、政协专委会、委员学习活动组和界别组，提出集体提案96件，占34.4%。按类别分：经济建设方面121件，占43.4%；教科文卫体方面48件，占17.2%；民主法制、劳动和社会保障、统战政协和民族宗教等方面110件，占39.4%。截至2010年9月底，立案提案均已办复，办复率达100%。提案所提问题已经解决或基本解决的52件，占18.6%；正在解决或列入规划逐步解决的159件，占57%；因条件所限，暂时难以解决的68件，占24.4%。从委员反馈的意见看，对提案办理结果表示满意的为73%，基本满意的为27%。

11月9日，市政协召开重要提案督办会。市政协主席高方芹，市委常委、常务副市长王川红，市政协副主席何群、秘书长唐云城；提出相关提案的市政协参加单位代表和市政协委员；负责办理相关提案的部门负责人、市政府目标督查办和市政协提案委员会负责人参加会议。在督办会上，市委常委、常务副市长王川红就市政府系统办理市政协重要提案及提案办理工作情况作通报；市交通运输局、市国土资源局和市林业局等相关部门分别就其承办的重要提案办理情况作通报。参加会议的市政协领导分别对领衔督办的《关于调整省道310线格福段与新建中的格观路的建议》、《关于对土地实施“净地拍卖”的建议》、《关于引导攀枝花市4S店健康发展的建议》、《关于倡议攀枝花创建国家森林城市的建议》、《关于尽快启动红果彝族乡5个村农网改造的提案》和《迫切希望解决西区干坝塘社区居民出行难、出行贵、出行不安全的提案》等6件重要提案进行督办；与会人员还就提案办理工作进行交流。

【视察、考察】 2010年4月2日，市政协委员学习活动组对仁和区休闲旅游发展情况进行视察。4月9日，市政协委员学习活动组组织部分农、林、水、气等领域的委员、专家，对攀枝花市农田水利基础设施建设、震损水库灾后重建和抗旱工作进行视察。5月18日，市政协常委会组成人员和驻攀省政协委员对攀枝花城乡环境综合治理工作进行视察，市政协主席高方芹，副主席庞向东、王庆友、伍维根、赵勇，秘书长唐云城参加视察，形成《关于攀枝花市城乡环境综合治理工作的视察报告》。市委书记赵爱明，市委副书记、市长刘晓华，市委副书记张剡，市委常委、市委宣传部部长沈钧，副市长柳康健分别对报告作出批示。7月16日，市政协委员学习活动组对攀枝花市台湾特色优质水果母本示范园建设发展情况进行视察。8月2日，市政协委员学习活动组对攀枝花市石墨产业发展情况进行视察。9月8日，市政协常委会组成人员和驻攀省政协委员对攀枝花市服务业发展情况进行视察，市政协副主席严文洪、庞向东、伍维根、吴文发、赵勇参加视察，形成《关于攀枝花市服务业发展情况的视察报告》。10月20日，市政协组织部分委员对攀枝花市广播影视产业发展情况进行视察，市政协副主席严文洪、何群参加视察。11月12日，市政协委员学习活动组对攀枝花干热河谷地带咖啡、辣木、黄檀等经济林木的种植、加工情况进行视察，市政协主席高方芹参加视察。11月16日，市政协组织部分委员对攀枝花市2010年民生工程实施情况进行视察，市政协主席高方芹，副主席严文洪、庞向东、伍维根、何群、赵勇，秘书长唐云城参加视察。

4月12～22日，市政协组织部分人员，赴江苏、浙江、安徽、上海等地就宗教旅游业发展、生态环境建设等方面进行学习考察。5月20日至6月4日，市政协组织部分人员在副主席王庆友带领下，赴山东、河南、山西、陕西等地就政协提案工作的先进经验和做法进行学习。8月16日至9月3日，市政协组织部分人员在市政协副主席庞向东带领下，赴河南、山东、江苏等地就履行政协职能、搞好“三化”建设、推进专委会工作等方面进行学习考察。10月17日~11月4日，市政协组织部分人员在副主席王庆友带领下，赴东北、内蒙古及京津等地就政协“三化”建设和旅游文物保护工作进行了考察。

【专题调查】 2010年3月8~10日，市政协组织部分委员，在副主席严文洪带领下对攀枝花市农业龙头企业带动农业产业化发展情况进行专题调查，形成《关于攀枝花市农业龙头企业带动农业产业化发展情况的调查报告》，副市长郑学炳对报告作出批示。4月22~23日，市政协组织部分委员，在副主席庞向东、伍维根带领下对攀枝花市文物保护工作情况进行专题调查，形成《加强文物保护工作，促进攀枝花市文化遗产事业持续发展》的调查报告，市委书记赵爱明对报告作出批示。4月28~29日，市政协组织部分委员，在副主席庞向东的带领下对攀枝花市土地储备情况进行专题调查，形成《关于加大攀枝花市城市建设用地储备力度，拓展城市发展空间的调查报告》，市委副书记、市长刘晓华，副市长柳康健分别对报告作出批示。5月31日至6月2日，市政协组织部分委员，在副主席吴文发、赵勇带领下对攀枝花市民族地区村级组织建设情况进行专题调查，形成《切实加强攀枝花市民族地区村级组织建设，为促进各民族共同繁荣稳定提供坚强的组织保证》的调查报告，副市长郑学炳对报告作出批示。7月1~2日，市政协组织部分委员，在副主席王庆友带领下对攀枝花市“五五”普法及依法治理工作情况进行专题调查，形成《关于攀枝花市“五五”普法及依法治理工作的调查报告》，市委常委、常务副市长王川红对报告作出批示。7月7~8日，市政协组织部分委员，在副主席庞向东、吴文发带领下对攀枝花市核桃产业发展情况进行专题调查，形成《大力发展核桃产业，促进山区农民增收致富和区域生态环境改善》的调查报告，市委副书记、市长刘晓华，副市长郑学炳分别对报告作出批示。7月14~15日，市政协组织部分委员，在市政协主席高方芹，副主席严文洪、刘建明带领下对攀枝花市工业园区发展建设情况进行专题调查，形成《加强工业园区建设，推进特色工业强市》的调查报告，市委常委、副市长赵辉对报告作出批示。7月14~15日，市政协组织部分委员，在副主席庞向东带领下对攀枝花市《全民科学素质行动计划纲要》贯彻实施情况进行专题调查，形成《提高全民科学素质，推进创新型攀枝花建设》的调查报告，市委副书记、市长刘晓华，市委常委、副市长赵辉分别对报告作出批示。8月10~11日，市政协组织部分委员，在副主席王庆友带领下对攀枝花市特殊药品监管工作情况进行专题调查，形成《关于攀枝花市特殊药品监管工作的调查报告》，副市长郑学炳、张敏分别对报告作出批示。9月3日，市政协组织部分委员，在副主席赵勇带领下对攀枝花市台湾农民创业园及台资企业发展现状进行专题调查，形成《提高认识，大力扶持，促进攀枝花市台资企业稳步健康发展》的调查报告，副市长许健民对报告作出批示。

【学习会和经济形势报告会】 2010年8月6日，市政协召开学习会，贯彻省、市委政协工作会议精神。市政协主席高方芹，副主席严文洪、王庆友、伍维根、何群，秘书长唐云城出席会议，各民主党派、工商联负责人，市政协机关县级干部参加会议。与会人员听取有关专家关于攀枝花城市服务业发展的专题辅导报告；学习省、市委政协工作会议精神，对贯彻落实《中共四川省委关于进一步加强人民政协工作的实施意见》、《中共攀枝花市委关于进一步加强人民政协工作的实施意见》进行讨论交流，并就加强和做好人民政协工作提出意见和建议。

7月28日，市政协办公室和市直机关工委联合召开攀枝花市经济形势报告会，分析当前攀枝花经济发展中面临的问题，探讨实现攀枝花经济快速增长的对策及措施。市政协主席高方芹出席会议，市委常委、常务副市长王川红作报告，市政协副主席严文洪、庞向东、伍维根、何群，秘书长唐云城出席会议。市政协副主席赵勇主持报告会。部分市政协委员和市级有关部门干部职工共300余人聆听报告。市委常委、常务副市长王川红结合国际国内的宏观经济发展态势，对攀枝花经济发展面临的复杂局面和存在的问题作通报。

【联系会议】 2010年5月21日，市、区(县)政协、各民主党派、工商联秘书长联系会议召开。会议交流做好会议服务工作的经验和体会。与会人员认为，会议是人民政协履行职能的重要形式和有效途径，做好会议服务工作是各级政协、各民主党派机关的一项重要工作职责，各级政协、各民主党派机关要牢固树立服务意识，积极探索提高会议服务水平的措施方法，确保会议质量和效果。市政协副主席严文洪出席会议并讲话。11月12日，市、区(县)政协、各民主党派、工商联秘书长联系会议召开。会议学习传达全省政协后勤工作座谈会和全省市(州)政协秘书长联系会议精神，强调后勤工作是机关工作的有机构成，必须深刻认识后勤工作的重要性和特殊性，深化思想认识，找准努力方向，加强自身建设，加大领导力度，为政协履职大局提供坚实的服务保障。市政协副主席严文洪出席会议讲话。

【协商座谈会】 2010年3月11日，市政协召开专题协商会议，就攀枝花市电子政务建设与发展工作进行协商讨论。在实地察看、听取相关情况介绍后，与会人员建议理顺体制机制、整合网络资源、升级改造电子政务网络机房，为市民提供优质便捷的服务。市政协副主席伍维根，市政协教科文卫体委员会负责人，部分市政协委员，市委办公室、市政府办公室、市财政局、市编办、市政务服务中心、市电子政务建设管理中心负责人参加会议。会后形成《关于攀枝花市电子政务建设与发展对口协商会议纪要》，市委常委、常务副市长王川红对纪要作出批示。

4月27日，市政协召开专题协商会议，就攀枝花市社会化养老服务工作进行协商讨论。在实地察看、听取相关情况介绍后，与会人员建议按照“政府主导、社会参与、市场运作”的原则，促进养老服务机构的健康发展；健全政策扶持机制，出台优惠政策；坚持规划先行，结合攀枝花实际情况，整合全市资源，做好养老服务规划；坚持以居家养老为基础，加强社区养老服务设施建设，兴办适合不同需求的各类养老服务机构；加大宣传力度，动员社会各方力量，广泛参与养老服务工作。市政协副主席王庆友、何群，市政协社会和法制委员会负责人，部分市政协委员，市民政局负责人参加会议。

5月14日，市政协召开专题协商会议，就攀枝花市机械加工制造业发展问题进行协商讨论。在实地察看、听取相关情况介绍后，与会人员建议制定完善规划，优化产业布局；依托骨干企业，突出发展重点；加强技术创新，实施品牌战略；发挥协会作用，抓好招商引资；整合要素配置，培育龙头企业；强化政策支持，加大财政投入；加强技术培训，夯实人才基础；提高服务水平，营造发展环境。市政协副主席刘建明，市经济委员会负责人，部分市政协委员，各区(县)政府、政协分管领导，市发改委、市经济委、市科技局、市地税局、市国税局、钒钛产业园区管委会、市人民银行、钢城企业总公司负责人参加会议。

5月21日，市政协召开专题协商会议，就《攀枝花市“十二五”旅游业发展规划(征求意见稿)》进行协商讨论。在听取相关情况介绍后，与会人员建议进一步统一认识，深刻、全面解读内涵；着力于旅游基础设施的建设；着力于生态环境的改善；着力于宣传营销的多样性。市政协副主席庞向东、吴文发，市政协人口资源环境委员会负责人，部分市政协委员，市旅游局负责人参加会议。

7月8日，市政协召开专题协商会议，就攀枝花市民族乡镇医疗卫生工作进行协商讨论。在听取相关情况介绍后，与会人员建议卫生系统要进一步关心关注民族地区医疗卫生事业；继续加大培训、培养村医的力度；充分利用村、支两委现成、空置的办公房，避免不必要的浪费；加大对口支援力度。市政协副主席吴文发，市政协联谊民族宗教委员会负责人，部分市政协委员，市卫生局负责人参加会议。

7月23日，市政协召开专题协商会议，就攀枝花市宗教活动场所安全问题进行协商讨论。在听取相关情况介绍后，与会人员建议相关部门对各宗教场所制定的规章制度执行情况进行定期和不定期的监督和检查，保证不折不扣地执行；对信教群众进行教育、引导，用科学、文明的方式来表达良好愿望；各宗教场所在适当的时候举行应急情况演练，让信教群众了解应急疏散程序和灭火知识。市政协联谊民族宗教委员会负责人，部分市政协委员，市民宗委负责人参加会议。

7月26日，市政协召开专题协商会议，就攀枝花市《人民防空工程平时开发利用暂行管理办法》进行协商讨论。在实地察看、听取相关情况介绍后，与会人员建议认清形势，统一思想，增强做好人防应急准备工作的责任感和紧迫感；不断缩小攀枝花市人防建设与战时需要之间的差距，切实提高攀枝花市人防整体防护和应急避难能力；严格把关，结合攀枝花实际，修改完善好《人民防空工程平时开发利用暂行管理办法》。市政协副主席庞向东，市政协人口资源环境委员会负责人，部分市政协委员，市人防办负责人参加会议。

8月18日，市政协召开专题协商会议，就攀枝花市农产品质量安全监管工作进行协商讨论。在实地察看、听取相关情况介绍后，与会人员建议加强领导，落实监管责任；加强配合，管好农业投入品；加强培训，指导农民安全使用投入品；加强监测，整合检验监测资源；加强宣传，营造全市齐抓共管的社会氛围。市政协副主席严文洪，市政协经济委员会负责人，部分市政协委员，各区县政府、政协分管领导，市政府办公室、市水务局、市农牧局、市林业局、市商务局、攀枝花市工商局、攀枝花质量技术监督局、攀枝花食品药品监督局负责人参加会议。

8月31日，市政协召开专题协商会议，就攀枝花市职业病防治工作进行协商讨论。在听取情况介绍后，与会人员建议提高思想认识，加强对职业病防治工作的领导；进一步完善职业危害监管机制建设；提高宣传实效，增强全社会职业病防治意识；建立健全职业病医疗保障机制。市政协副主席王庆友，市政协社会和法制委员会负责人，部分市政协委员，市安全监督管理局、市劳动和社会保障局、市卫生局、市总工会负责人，部分企业代表参加会议。会后形成《关于做好我市职业病防治工作的建议》，市委书记赵爱明，市委常委、常务副市长王川红，市委常委、副市长赵辉，副市长张敏分别对建议作出批示。

11月5日，市政协召开专题协商会议，就《攀枝花市防震减灾“十二五”规划(讨论稿)》进行协商讨论。在听取相关情况介绍后，与会人员建议加强防震减灾宣传教育，提高全民防灾意识；把好地震安全性评价关，理顺抗震抗灾体系；突出重点，提高设防标准；重视地震应急避难场所建设，提高应急防御能力；加快项目建设，提高地震监测、防御和救助水平；加强领导，完善地震灾害应急管理机制。市政协副主席庞向东，市政协教科文卫体委员会负责人，部分市政协委员，市防震减灾局负责人参加会议。

【委员无题座谈】 2010年5月11日，市政协召开委员无题座谈会，市政协提案委员会、社会和法制委员会部分委员参加会议，市政协秘书长唐云城出席会议。7月9日，市政协召开委员无题座谈会，市政协人口资源环境委员会、教科文卫体委员会部分委员参加会议，市政协副主席严文洪出席会议。10月22日，市政协召开委员无题座谈会，市政协经济委员会部分委员参加会议，市政协副主席严文洪出席会议。12月9日，市政协召开委员无题座谈会，市政协学习文史委员会、联谊民族宗教委员会部分委员参加会议，市政协副主席赵勇出席会议。会上，委员们就城乡环境综合治理，“民生工程”实施，水利基础设施建设，校园安全防范，慢性病防治，乡村旅游业发展，社会治安，交通安全，食品安全，稳定物价，基础设施维护，人口老龄化，投资环境改善，民营经济发展，抢抓新一轮西部大开发机遇等方面提出意见和建议。

【宣传工作】 2010年1月27日，市政协办公室、市委宣传部联合举办第十六届"宣传中国共产党领导的多党合作和政治协商制度好稿件"评选活动，市级新闻单位、各区(县)政协、各民主党派、工商联、大企业统战部(科)、市政协机关选送稿件50件，由市政协办公室、市委宣传部、各新闻媒体负责人及有关人士组成的评委团，经过认真评审，评出一等奖1件、二等奖3件、三等奖5件、优秀奖34件。7月16日，市政协召开宣传信息工作座谈会，市政协各专委会负责人，各区(县)政协秘书长、通联站站长，各民主党派、工商联秘书长及分管宣传工作的负责人参加会议。会议学习传达2010年度全省政协新闻宣传工作会议精神；安排部署政协新闻宣传工作，提出明确要求；座谈交流宣传通联工作的经验和做法。市政协副主席严文洪出席会议并讲话。全年在市内外报内外报刊杂志及各级新闻网上发表宣传政协工作的稿件650余篇(幅)。继续在《攀枝花日报》上举办"政协之窗"专版，办好市政协网站。市政协获2010年全省政协新闻宣传报道先进单位。

【文史工作】 2010年，完成四川省政协文史资料攀枝花部分的征集工作和"可爱的家乡"特辑送稿工作。攀枝花文史资料第14辑《攀枝花历史人物》于2010年5月被中国国家图书馆永久收藏。完成攀枝花文史资料第15辑——《我与政协》同省内外120个单位的交换工作。组织开展攀枝花文史资料第16辑——攀枝花工业特辑的征稿工作。市政协书画院组织书画家赴华坪县、会理县进行文化艺术交流。

【驻攀省政协委员考察、视察】 2010年6月22日至7月2日，市政协主席高方芹带领驻攀省政协委员赴青海、西藏就发挥驻市(州)省政协委员作用，协助党委政府做好民族宗教工作的经验和做法进行学习考察，市政协秘书长唐云城陪同考察。11月19日，市政协组织驻攀省政协委员对丽攀高速公路攀枝花段建设情况进行视察。市政协主席高方芹，副主席伍维根、何群参加视察。市政协副主席庞向东、赵勇，秘书长唐云城陪同视察。

【举办论坛】 2010年9月16日，九三学社四川省委员会和政协攀枝花市委员会联合举办"转变经济发展方式、建设特色经济强市"论坛。九三学社中央副主席、全国人大常委兼财经委员会副主任贺铿出席论坛并作题为《转变经济发展方式，发展优势特色产业》的主题报告，四川省政协副主席、九三学社四川省委主委黄润秋出席论坛；市委、市人大、市政府领导赵爱明、刘晓华、张剡、张祖芸、邵革军、程少华、唐建民、张汝林、张国民、张敏，市政协主席高方芹，副主席严文洪、庞向东、王庆友、伍维根、何群、刘建明、赵勇，秘书长唐云城出席论坛聆听专家报告。来自省内外的著名专家学者邓玲、徐玖平、贺盛瑜、赖贤友、范洪远、盛利、张祖光、孙朝晖等，深入探讨资源型城市转变经济发展方式的理念思路，共同谋划建设特色经济强市的实现途径。

【上下联动活动】 2010年5月16～21日，由致公党中央联合国家发改委、国家民委、科技部和四川省政协组成的调研组一行，在全国人大常委、华侨委副主任、致公党中央副主席杨邦杰带领下对攀西地区战略资源综合开发利用情况进行专题调研，市政协积极参与配合调研，并协助市委、市政府举办汇报会，向调研组汇报攀枝花市钒钛资源开发利用情况。市政协主席高方芹主持会议，市政协副主席何群、吴文发、刘建明出席汇报会。调研组形成的专题报告报送国务院，温家宝、李克强等中央领导作出重要批示。国家发改委在进一步调研后，批准设立"中国攀西战略资源创新开发试验区"，并将钒钛资源利用产业基地建设纳入国家"十二五"专项规划。5月18日，省政协副主席陈杰带领省政协社法委对攀枝花市开展平等协商签订集体合同和贯彻落实《四川省集体合同条例》情况进行调研，市政协配合调研组开展调研活动，并协助市政府举办汇报会，向调研组汇报攀枝花市相关情况，市政协副主席王庆友主持汇报会。8月3日，省政协党组成员、副主席解洪率省委检查组莅攀，对攀枝花市贯彻落实中央5号文件和省委18号文件情况进行检查，市政协配合检查组开展检查，并协助市委举办汇报会，市政协主席高方芹汇报相关情况，市政协副主席严文洪、赵勇出席会议。8月25～27日，省政协副主席曾清华率以港澳委员为主要成员的省政协视察团莅临攀枝花，对攀枝花市新型工业化、新型城镇化和战略资源开发情况进行视察，市政协配合视察组开展视察活动，并协助市委、市政府举办汇报会，向视察组汇报攀枝花市相关情况，市政协副主席严文洪主持汇报会，市政协副主席赵勇、秘书长唐云城参加汇报会并陪同视察。9月15日，省政协副主席、致公党四川省委主委陈杰率省政协考察团莅攀调研攀西地区战略资源综合开发利用情况，市政协配合考察团开展调研活动，并协助市委、市政府举办汇报会，向考察团汇报攀枝花市相关情况，市政协主席高方芹，副主席严文洪、何群出席汇报会。11月30日，市政协在会展中心承办四川省政协民族宗教工作研讨会。省政协常务副主席晏永和，省政协民族宗教委员会主任董玉梅，市政协主席高方芹、副主席吴文发、赵勇及全省21个市、州政协分管领导和相关负责人出席会议。12月15日，市政协经济委员会与仁和区政协经济委员会联合召开企业和金融单位负责人座谈会，就如何帮助企业破解融资难进行交流，为企业和金融部门合作牵线搭桥。

（章成侠）

民主党派·工商联

中国国民党革命委员会攀枝花市委员会

【组织状况】 2010年,民革攀枝花市委共发展党员5人,平均年龄42岁,分布在高校、市级司法、国土、林业、驻外机构等部门。在东区、西区、仁和区建立了基层组织。至年底,民革攀枝花市委会有基层组织5个,民革党员84人。有女党员31人,占总数37%;有与原国民党及台湾、海外有渊源关系的党员37人,占44%。按界别划分:科技界14人,占17%;教育界16人,占19%;医卫界12人,占14%;政府机关、群团组织机关24人,占28%;大企业9人,占11%;非公有制业主5人,占6%,其他4人,占5%。从学历职称看,具有大专以上学历的党员78人,占93%;具有高级职称的党员26人,占31%;具有中级职称的党员50人,占60%。从年龄结构看,党员平均年龄49岁,其中40.岁以下的32人,占40%;41~50岁的29人,占36%;51~60岁的10人,占13%;60岁以上的9人,占11%。离退休党员13人,占16%。

至年底,民革党员中担任人大、政府职务的有:主委郑学炳担任市政府副市长,副主委邓冰蓉担任市人大城环资委主任,副主委魏渠河担任盐边县副县长,民革党员魏功训担任市水利农机局总工程师。全市民革党员中,有省人大代表1人、省政协委员1人;有市人大常委1人、市人大代表2人、市政协常委2人、市政协委员5人;有东区人大代表1人、西区政协委员1人;有市特约检察员、社会治安监督员共6人。

【主要工作】 民革攀枝花市委主要领导积极地参加中共市委、市人大、市政府、市政协及有关部门召开的民主协商会、座谈会、情况通报会,参与本市"十二五"规划、人事任免的讨论协商20余次。在市政协七届四次会议上提交了题为《举全市之力 集全民之智 聚万众之心争创"国家森林城市" 建设绿色美好家园》的大会发言1件,与农工党市委联合提交题为《关注我市由小学校营养餐 切实保障中小学生身体健康》书面材料1件;提交题为《争创"国家森林城市"建设绿色美好家园》、《攀枝花城市园林绿化存在问题及对策建议》、《关于切实加大"限塑令"执行力度减少环境污染的建议》、《打造苴却文化一条街,丰富阳光生态旅游内涵的建议》、《加大对建设低碳城市的宣传引导工作的建议》、《关于在民族乡设置民族地区特色课程的建议》等集体提案共6件。其中《举全市之力、集全民之智、聚万众之心,争创"国家森林城市"建设绿色美好家园》以得票第一被评为市政协七届四次会议优秀大会材料。由此大会发言转化成的集体提案《争创"国家森林城市" 建设绿色美好家园》被列为主席重点督办提案。市政协先后2次召开重点督办会,市林业局在会上对创建工作作了具体安排部署,争取把此项工作纳入市"十二五"规划之中。其他集体提案也得到市级相关部门的答复和办理。民革市委在统战系统专题调研成果汇报会上,提交《加快攀枝花市服务业发展的调研报告》,受到市委书记和市长的肯定,被市委统战部评为优秀调研报告一等奖。同时,民革市委在市政协常委会组织召开"转变经济发展方式建设特色经济强市"论坛上,提交《阳光·温泉·攀枝花钢铁·峡谷·大通道》论文1篇。

全年共召开主委会6次、市委会(扩大)5次、支部主副委学习会4次,全体党员活动3次。在纪念"三八"国际妇女节100周年之日,召开全体女党员座谈会;4月,邀请民革省委副主委何一立为全体成员作科学发展观巡回辅导讲座。5月,组织市委委员、各支部主副委、骨干党员共16人赴重庆特园参观学习,并撰写《赴重庆特园参观学习小记》1篇。6月,组织开展学习和践行社会主义核心价值体系,撰写学习心得体会3篇。8月,选派4名支部主副委和骨干党员参加民革省委在省社会主义学院举办的中青年干部培训班;参加市委统战部第14次统战理论研讨会,提交统战论文8篇。9月,参加市委统战部组织的"灾区行"暑期学习活动,撰写心得体会1篇;市委会举办社会主义核心价值体系、民革党史、章程、统战理论等知识抢答赛。10月,利用重阳节之机,市委会领导看望慰问退休老党员。12月,组织召开基层支部负责人、新党员和积极分子培训会1次,共30人参加培训;召开年终总结表彰会,5各基层支部获民革市委先进集体荣誉称号,14位党员获先进个人荣誉称号。全年各基层支部按照市委会的要求,结合时政,围绕区委区政府中心工作,组织开展学习和践行社会主义核心价值体系、实施西部大开发战略和中共十七届五中全会等形式多样的学习活动各4次。

"民革中山合唱团"坚持每月训练2次。全年开展演出慰问活动2次,(慰问森林武警、慰问看守所官兵)。参加全市统战系统迎春文艺汇演1次,民革市委内部演出活动3次。

4月,民革市委在全省民革组织中率先组织民革党员及家属18人赴台湾学习交流考察,完成台湾游记2篇。6月,副主委魏渠河参加市政府组织的赴台湾招商引资活动;民革党员、市体育局竞训处处长周智华作为总教练,随攀枝花体育代表团一行赴台进行棒球友好交流比赛。9 月，利用国庆中秋节之机，召开“三胞三属”座谈会 1 次，邀请市台办领导为全体党员作台海形势报告会 1 次。

2 月，赴仁和区同德乡为群众开展送春联下乡活动，为群众书写春联共 150 余幅；4 月，邀请民革四川省委调研组一行，深入抗旱救灾一线仁和区大龙潭乡开展调研。调研组形成了《关于建立抗旱长效机制的建议》，作为参政议政信息上报省政协采用。主委郑学炳按照中共市委、市政府的工作安排，积极向中央和省有关部门汇报本市旱情，协助市级各部门向上争取抗旱资金。副主委魏渠河积极配合市委、市政府争取“藤桥河引水”工程程项目。民革党员罗阳勇为东区抗旱，捐款 5 万元；为青海玉树地震灾区捐款 11 730元；7 月民革市委推荐米易县二中 1 名女教师，参加四川中山学院、“光亚”学校举办的为期一年全免费英语培训班；10 月，为仁和区平地中心校白拉古教学点捐赠新书 300 余本，价值4 000多元，可利用旧书1 000余册，书架 3 个，阅览桌 4 张；到仁和区中坝敬老院看望慰问孤寡老人，捐款5 000元；11 月，为仁和总发乡引进“天泰物流有限责任公司”，项目总投资 670 万元；为仁和区啊喇乡 2 户农民争取“林业科技助农增收行动”项目资金，每户 1 万元，共计 2 万元；选派 4 名法律专家赴盐边县新九乡开展“三下乡”活动，为村民提供法律咨询，发放《禁毒法》和《农民工法律援助服务手册》等普法宣传资料5 000多份。全年市委会和党员还捐款 23 000元，继续资助 8 名贫困学生。

全年发《攀枝花民革》简报 9 期，向民革中央、省、市新闻媒体投稿 30 篇（次），采用 20 篇（次）。其中，《抗旱前线的民革党员郑学炳》在《中国脊梁》（2010）专栏中发表；《当好党外副市长的几点体会和思考》被四川省社院学报采用。年内为民革省委、市委统战部和市政协各报送信息 20 余件，其中被民革省委采用 10 件、被市委统战部采用 5 件、被市政协采用 6 件。《团结报》刊登 6 篇。《四川民革》也刊登了报送的消息 30 篇。《民革中央地方情况反映》采用了报送的信息 15 篇。

（陈　洪）

中国民主同盟攀枝花市委员会

【组织状况】 2010 年，民盟攀枝花市委有总支 2 个、支部 19 个、直属小组 2 个。年内新发展盟员 19 人，至年底有盟员 366 人，其中女盟员 117 人，占盟员总数 32%；具有中共党员和民盟盟员双重身份的有 26 人，占 7%。按界别划分，教育界 183 人，占 50%；医卫界 34 人，占 9%；科技界 84 人，占 23%；文艺界 31 人，占 9%；政府机关、群团组织机关等 28 人，占 8%。从学历职称看，具有大专以上文化程度的 306 人，占 84%；具有高级职称者 134 人，占 37%；具有中级职称者 220 人，占 60%；具有突出贡献享受市政府津贴的 2 人。从年龄结构看，全市盟员平均年龄 55 岁，其中 40 岁以下的 49 人，占 13%；40～50 岁的 126 人，占 35%；51～60 岁的 57 人，占 17%；60 岁以上的 134 人，占 37%。离退休盟员 160 人。

2010 年，全市盟员中有人大代表 4 人，其中常委 1 人；县人大代表 7 人，其中副主任 1 人、常委 1 人。有省政协委员 2 人；市政协委员 12 人，其中副主席 1 人、常委 2 人；县（区）政协委员 17 人，其中常委 4 人、副主席 1 人。担任省旅游服务质量监督员 1 人、市旅游服务质量监督员 1 人、市教育督导员 1 人、市特约审计员 1 人、市检察院特约检察员 1 人、市社会治安督察员 1 人、市公安局第三届特邀监督员 3 人。

【主要工作】 2010 年，在市政协七届四次大会上，民盟攀枝花市委的大会发言是《围绕攀枝花市产业发展、组建职业教育集团、多功能多层次地支撑“四个倾力打造”》，提交《关于落实公交优先政策、启动“两评两补”推进国有城市公交事业持续发展的建议》、《关于围绕攀枝花市产业发展、组建职业教育集团、多功能多层次地支撑“四个倾力打造”的建议》等集体提案 22 件。主委伍维根《关于规范职业学校招生秩序的几点建议》的提案被省政协表彰为优秀提案。

2010 年，民盟市委在深入社会调研的基础上撰写《攀枝花旅游发展战略思考》、《攀枝花及周边地区少数民族基础教育调研》、《盐边县推进扩权强县的思考》等 3 项调研报告，其中《推进扩权强县的思考》获二等奖。攀钢总支王联勋主研《国有大中型企业党外代表人士综合评价体系研究》获得 2009 年度中共四川省委统战部统战理论研究优秀成果一等奖。

学习中共十七届五中全会精神，以反映民盟创始人张澜光辉一生的电视剧《民主之澜》播出为契机，切实搞好政治交接学习教育活动，努力践行社会主义核心价值体系。

5 月，民盟攀枝花市委各基层支部换届工作相继开展并在年底前全部顺利完成，为 2011 年民盟市委换届打好基础。

民盟盐边支部、民盟仁和支部继续资助 2 名贫困生每人每年 600 元，帮助其完成学业。11 月，民盟仁和支部与在中兴药业公司的支持下，在大田镇开展了送医送药送科技下乡活动，发放卫生科普、疾病预防宣传资料2 000余份，免费发放药品价值10 000余元。民盟市委主办的攀枝花智力开发学校年底有在校生 850 人，教职工 67 人，教学班 26 个。2009 年新招生 265 人，毕业学生 420 人，全部实现自主就业安置。

（蒋冰韬）

中国民主促进会攀枝花市委员会

【组织状况】 2010 年，民进攀枝花市委共有总支部 3 个、基层支部 18 个，有会员 336 人，其中女会员 148 人。会员中具有大专以上学历的知识分子 303 人，占会员总数 90%，其中有博士 2 人、博士后 1 人。具有高级职称的会员 83 人，中级职称的会员 230 人。获特级教师称号 7 人。会员中教育界

287 人，其他界别 49 人。

会员中，有市人大常委 1 人，市人大代表 4 人；有县(区)人大常委 1 人，人大代表 3 人；有省政协委员 1 人，市政协常委 2 人，委员 10 人；有县(区)政协常委 6 人，委员 11 人；有省交警总队的特邀规范执法监察员 1 人、检察院特约检察员 1 人、市法院司法监督员 1 人、市新闻评论员 1 人、市公安局特邀监督员 3 人、市监察局特邀监察员 1 人、市教育局行风监察员 3 人。会员中有中共党员 22 人。全年发展会员 11 人，其中高等教育界 4 人、基础教育界 5 人、政府机关 2 人。

2010 年，民进攀枝花市委基层组织全面平稳换届。通过基层组织换届，注意了新老结合、年龄组合、界别混合，一批年富力强、能力突出、综合全面的新人将进入各基层领导班子，对全会今后的参政议政等工作将起到有力的推动作用。

【主要工作】 2010 年，民进攀枝花市委向政协大会提交大会发言《创建国家森林城市，建设生态文明》被政协评为“优秀大会发言”；提交集体提案 6 件：《关于大力发展攀枝花太阳能产业的提案》、《关于保护好攀枝花公园绿地的提案》、《关于积极推动残疾人就业的提案》、《关于开展节能降耗、短流程钛白生产工艺技术开发的建议》、《关于倡议攀枝花创建国家森林城市的提案》、《关于制定“攀枝花市国民经经和社会发展第十二个五年发展规划”的建议》；向市人大提交《彰显执政理念，推动残疾人就业的议案》等 8 件议案。集体提案《关于保护好攀枝花公园绿地的议案》被列为市人大重点督办案，《创建国家森林城市建设生态文明》的提案被列为主席督办案。

参加攀枝花市“两会”的会员向大会提交个人、联名提案、议案、建议案共 32 件；参加攀枝花市各区(县)“两会”的民进基层组织共提交支部集体提案、个人提议案和联名提议案共 35 件。

民进攀枝花市委领导积极参与攀枝花市大政方针及重大决策的讨论协商，参加市委、市政府举行的民主协商会、座谈会、情况通报会共 10 余次，参加市人大、市政府、市政协组织的文化建设、城市建设、体育建设等视察活动 30 余次，并围绕攀枝花市中心工作和重大问题建言献策。在市政协举办的“转变经济发展方式，建设特色经济强市”论坛活动中，民进市委共提交三篇论文《攀枝花钛业转型对策》、《攀枝花市钛产业的发展前景分析及建议》和《攀枝花机械制造业发展现状及对策》进行交流汇报，得到与会人员的一致好评。

全年共进行专题调研 13 次。其中，围绕全市中心工作和经济社会发展中的一些重点、难点问题，以及关系攀枝花长远发展、具有全局性和战略性的重大问题，民进攀枝花市委选择了《攀枝花主动融入成都、昆明大城市经济圈的对策与思考》课题进行调研，最终形成了高质量的调研成果，荣获 2010 年度攀枝花市统一战线调研成果一等奖。

2010 年，民进攀枝花市委参加民进中央组织的创建全国先进地方组织、基层组织活动，带领全会按照创建要求标准，认真组织实施并取得优异成绩。共有 11 个基层组织获得全国和四川省先进基层组织称号，其中仁和总支部获得民进全国先进基层组织称号。民进市委获得四川省先进地方组织称号并获得年度综合工作先进，同时还获得 5 个单项工作先进。

2010 年 1 月，民进攀枝花市委会组织市云海艺术团到市戒毒所进行演出，与市戒毒所的干部干警联欢，给正在与毒魔作斗争的戒毒学员送去社会关爱。3 月下旬，民进四川省书画院 8 位国内知名画家和省委会一行在民进攀枝花市委邀请前往攀枝花市就当地的特色文化、旅游资源进行为期 3 天的采风。通过摄影、创作等收集了大量关于攀枝花民风民俗、特色资源的文化资料，为对外宣传攀枝花的特色文化、旅游资源搭建了良好平台，对攀枝花市“倾力打造阳光休闲的度假基地”起到了积极的推动作用。青海玉树县发生强震后，攀枝花民进会员积极响应市委会发出的“一方有难，八方支援”的号召，踊跃捐款13 430元，并于当日通过攀枝花慈善总会将这笔满载爱心的善款送往玉树灾区，为灾区同胞重建家园献出一份力量。5 月，面对攀枝花地区遭受特大旱情，民进攀枝花市委积极向民进省委汇报、争取到民进中央抗旱资金 15 万元专款专用于支援攀枝花抗旱。其中 10 万元援助西区格里坪镇庄上村修建蓄水池，受益群众 300 人；另 5 万元援助仁和区大龙潭中心校修建蓄水池，受益学生 700 人。11 月，民进攀枝花市委参加中共市委统战部组织的“三下乡”活动，为盐边县新九乡中心校送去价值20 000余元的图书。

全年，民进攀枝花市委共捐助贫困学生 10 名，捐献课桌椅 120 余张，送教下乡 4 次，举办公益活动 2 次，通过各种渠道募集和捐资 20 万余元。

2010 年，民进攀枝花市委在开展学习贯彻十七届五中全会精神和《多党合作在四川》(民进卷)征稿工作，根据“亲历、亲闻、亲见”的征稿原则，在全会征文共 8 篇。同时以纪念民进建会 65 周年为契机，开展会史知识竞赛活动和庆祝纪念活动。

全年，民进市委机关编发简报 10 期，向民进省委、市政协、中共市委统战部发送消息、报道 80 余条，市政协采用理论性文章 4 篇，《四川民进》采用报道 25 条、文章 3 篇，中共市委统战部网站采用文章 3 篇，民进省委网站采用信息 51 条。机关干部 2 人都被民进四川省委评为“优秀通讯员”。

(张　玥)

中国农工民主党攀枝花市委员会

【组织状况】 2010 年，农工民主党攀枝花市委会(以下简称农工党市委会)将西区支部和攀煤支部合并成立西区总支委员会。年内，农工党攀枝花市委会共有总支 4 个、支部 13 个。截至 12 月底，全市共有农工党员 253 人。其中，男党员 132 人，占党员总数 52.2%；女党员 121 人，占党员总数47.8%；具有中共党员和农工党员双重身份的有14人。按界别划分，教育界10人，占4%；科技界4人，占1.6%；医药界216人，占85.4%；公有制经济1人，占0.4%；法律界2人，占0.8%；政府机关、党派机关、环保及其他等19人，占7.4%；其他界别1人，占0.4%。从学历职称看，具有大学以上文化程度的111人，占44%；具有高级职称的64人，25%；具有中级职称的179人，占71%。从年龄结构上看，全市农工党员平均年龄51岁。其中，40岁以下52人占总人数的20.6%；41～50岁的77人，30.4%51～60岁的49人，占19.4%；61～70岁的52人，占20.6%；71岁以上的23人，占9%。在职党员151人，占总人数的60%；离退休党员102人，占40%。

全市农工党员中有省人大代表1人，省政协委员2人，市人大副主任1人，市政协委员12人。其中，担任市政协常委2人，县、区人大代表1人，县、区政协委员9人，县、区政协常委4人，市特约检察员1人，特约监察员1人。

市委批准符合发展条件的12人为农工民主党党员，其中男6人、女6人，平均年龄34岁。新党员中，博士研究生2人，硕士研究生1人，大学本科学历8人、大专学历1人，中级职称9人、初级职称3人。

【主要工作】 2010年，农工党市委会在市政协七届四次全委会上准备2个大会发言，《吃出健康身体，建设健康城市》和《关注我市中小学校营养餐　切实保障中小学生身体健康》均作为大会的发言材料，其中《吃出健康身体，建设健康城市》获市政协优秀大会发言奖。提出集体提案9件，内容涉及推动公交事业发展、加强餐饮从业人员培训管理、医保患者慢性病申办、建立养老院和打击黑车运营等。除此之外，农工党员中的市政协委员共提出个人及个人联名提案14件。这些提案内容卫生监督、加强城乡综合治理、加快太阳能建设、环保、交通、食品卫生等。在2010年11月举行的攀枝花市重点提案督办会上，党员李新贤提出的《解决干巴塘社区居民出行难的意见和建议》一案被列为市政协主席督办案。上述提案无论是集体提案还是个人或个人联名提案，大多得到了提案承办单位满意或较满意的回复（即提案承办或办理结果情况），有的提案承办单位在办理提案过程中还主动与农工党市委会进行面对面意见交流。积极参加市有关部门和单位组织的各种活动和会议。

2010年是中国农工民主党成立80周年华诞，市委会根据农工党中央和农工党四川省委会相关要求，专门成立纪念活动领导小组，并制定出活动宣传提纲和整体方案。8月6日，农工党攀枝花市委会在攀枝花市会展中心召开纪念中国农工民主党建党80周年座谈会，中共市委、市人大、市政府、市政协、市委统战部、市级各民主党派、工商联、各区县统战部、各大企业统战部（科）、成员所在部门和单位的领导参加庆祝大会，市政协副主席、市委统战部部长赵勇代表中共攀枝花市委致词，九三学社市委会副主委代表市级各民主党派、工商联祝辞，向农工党攀枝花市委表示最热烈的祝贺，向全市农工党员表示崇高的敬意和诚挚的问候。市委会主委张汝林代表农工党攀枝花市委会作《努力把中国农工民主党建设成为高素质的参政党》的讲话，并在大会上表彰一批先进农工党基层组织和优秀农工党员。

动员并组织党员积极参加由农工党中央《前进论坛》杂志社举办的“八十风雨谱华章——纪念中国农工民主党成立80周年”征文活动。经过党员的认真回忆和撰写，市委会共收到纪念文章10余篇，并统一报送农工中央《前进论坛》杂志社和农工省委。认真组织全市农工党员积极参加农工党中央组织开展的纪念建党80周年知识竞赛活动，并获得农工党省委会知识竞赛组织奖。为农工党创始人之一邓演达纪念园捐款27 000元，充分表达农工党攀枝花市委会及全市农工党员对农工民主党创始人之一邓演达的缅怀之情。

在2010年9月召开的有中共市委书记、副书记、市长、副市长及政府相关部门主要负责人参加的全市统一战线建言献策座谈会上，市委会副主委李明作题为《构筑区域性医疗卫生服务中心，助推区域性中心城市建设》的调研成果专题发言，获调研成果一等奖。9月中旬，市政协与九三学社省委联合在攀枝花举办经济发展方式，建设特色经济强市论坛会议。在该论坛会上，应市政协和九三学社攀枝花市委会邀请就围绕如何充分利用攀枝花市得天独厚的太阳能资源开展调查研究，在会上作“抓住太阳能发展大好机遇，打造中国魅力阳光城”的书面发言。9月，农工党市委举办新党员暨后备干部培训班1期，参训人员30人。

全年市委会共出工作简报10期；向《统战信息》投稿6篇；向省委统战部投稿4篇；向农工省委投稿27篇，采用19篇；向《前进》杂志投稿9篇；向《攀枝花日报》投稿5篇，采用3篇。

（王沛然）

中国致公党攀枝花市委员会

【组织状况】 2010年，攀枝花致公党市委会（以下简称致公党市委会）发展新党员19名，至年底党员数达到143人。党员平均年龄51岁。其中女党员68名，占总数48%。党员中有侨海关系的70人，占60%。从事教育工作的占27%，科技工作的占11%，医疗、卫生工作的占15%，公有制经济的占12%，党政机关的占31%，其他占2%。党员担任四川省、攀枝花市各级人大代表、政协委员人数为：市人大代表2人、省政协委员2人、市政协副主席1人、市政协常委1人、市政协委员13人、县（区）政协常委5人、县（区）政协委员10人。有1人担任市侨联主席、侨办副主任。1人被市监察局聘为特约监察员，1人被市中级人民法院聘为特邀调解员，1人被聘为市劳动保障系统政风行风，1人被聘为市科技局项目监督员，1人被聘为市公安局警风警纪监察员、市环保局行风评议员评议员，1人被县审计局聘为特约审计员，1人被县法院聘为司法监督员，1人被区检察院聘为特约检察员。

8 月 18 日,攀枝花致公党西区支部成立,召开西区第一次党员大会,选举产生第一届西区支部委员会。至此,三区两县全部建立了基层组织。截至 2010 年底,致公党攀枝花市委会已有市直属、攀钢、十九冶、仁和区、东区、西区、米易县、盐边县、成都(临时)9 个支部。

【主要工作】 2010 年 2 月,致公党市委会在市政协第七届四次会议上将《打造现代宜居攀枝花、建设美好幸福家园》作为大会发言,提出《关于对土地实施“净地拍卖”的建议》、《关于对房地产虚假广告宣传从源头治理的建议》、《关于加大对入室盗窃犯罪打防力度的建议》、《关于发展我市冬春阳光旅游的建议》、《关于加强我市基层农技推广队伍建设的建议》5 个集体提案。其中,《打造现代宜居攀枝花、建设美好幸福家园》被评为市政协第七届四次全委会优秀大会发言,《关于对土地实施“净地拍卖”的建议》被列为市政协主席督办提案。“两会”期间,致公党员在省、市、县(区)各级大会上提出的个人提案、议案、建议共 38 件。

另外,在市政协组织的“转变经济发展方式、调整经济结构”论坛会上作《加快区域物流中心建设、全面提升攀枝花物流产业现代化水平》的发言。在党委、政府出题,党派调研的成果调研汇报会上作了题为《两高两铁建成面临的机遇与挑战》的汇报发言。

致公党市委会还针对攀枝花市经济社会长远发展需要和建设区域城市的战略目标,并通过对城市发展的对比考察,设立了“加快打造攀枝花宜居城市的发展研究”的课题进行,被市发改委列入市“十二五”规划重点研究子课题。该课题通过了市科技局鉴定,课题中的部分内容被引用在市“十二五”发展规划中。

按照致公党中央和省委提出的在“深入开展基层组织建设年活动”中贯彻实施《关于树立和践行社会主义核心价值体系,推进本党基层组织建设的通知》以及开展纪念中国致公党成立 85 周年宣传学习活动的通知要求,致公党市委会对深入开展基层组织建设年活动进行了动员和部署,把该项活动纳入基层组织建设、建言献策、社会服务等工作中,作为考核基层支部工作的一项指标。结合中国致公党成立 85 周年之际,在全党开展“树立和践行社会主义核心价值体系暨纪念中国致公党成立 85 周年征文”活动,动员党员撰文投稿;在一系列的活动中,收到建言献策、征文 21 篇,一名党员荣获致公党中央“树立和践行社会主义核心价值体系、推进基层组织建设活动先进个人称号”、15 名荣获致公党四川省先进个人称号。

市委会争取到致公党中央捐赠价值 4 万元的鼓号设备。4 月 9 日,市委会分别将 2 套鼓号器材及 130 套鼓号队服赠送给市第四小学和盐边县益民乡小学,为两校建立了“致公爱心鼓号队”。

针对攀枝花 2010 年上半年发生的旱灾,市委会及时向致公党省委汇报旱情,省委会充分利用本党自身联系广泛的优势,积极动员社会各界为攀枝花旱区捐款、捐物。致公党江苏省委常委、江苏黄埔再生资源利用有限公司董事长陈光标向大龙潭彝族乡捐赠 100 吨矿泉水;致公党省委通过天涯社区网站,在网站上发动网友献出爱心,共收到捐款 31.563 万元,其中,福建中烟集团捐款 30 万元。这些捐款分别用于市内村、社小水窖的修建和烟叶种植户的抗旱补贴。

继 2009 年爱德基金会的震灾捐建项目——米易县麻陇中心校教学大楼的建成竣工,香港同胞、中华基督教会香港区会学务总监许俊炎一行 6 人,于 6 月 7 日到攀,代表香港同胞,为捐建的米易县麻陇彝族乡中心校教学楼的建成举行了竣工剪彩仪式,并向学生们赠送了衣物、书包、糖果等礼品。香港来宾还参观了米易中学,考察了白马镇马宾榔小学,与部分中小学校长进行了座谈,交流办学理念和经验,就今后进一步加强交流合作达成初步意向。

应致公党西城区委再捐助 8 名女童的意愿,通过走访调查,市委会在盐边县鳡鱼乡又筛选了 8 名生活在贫困山区的女童,她们或因亲人重病、残疾,或父母离异,都面临辍学的困境。这是继 2009 致公党市委与北京西城区委开展长期友好合作的延续。

经多方努力,市委会从致公中央争取“致公爱心图书”2 144本,价值61 753.50元,捐赠给西区格里坪小学。

市政协副主席、致公党市委主委、攀研院冶金所副所长、高级工程师何群的科研项目《高铬型钒钛磁铁矿提取铬氧化物的方法》、《高炉炼铁原料及其制备方法》、《全钒钛铁精矿球团矿的制备方法》、《一种低硅高碱度烧结矿制备方法》均获国家授权专利。市艺术剧院国家二级作曲人员、致公党员王勇创作的声乐作品《喜伞》获四川省第六届少数民族艺术节文艺汇演创作二等奖;该奖是攀枝花市在此次民族艺术节上获得的唯一奖项(专业组)。攀枝花市农林科学院畜牧水产中心副研究党员、致公党党员杨应东,以第一合著人撰写的《多头带绦虫四川株的生物学特性》、《多头带绦虫 Tm 基因的克隆表达与免疫原性析》、《奶牛瘤胃酸中毒的防治体会》3 篇论文分别登于国家级期刊《中国兽医科学》9 期、6 期下,山羊《红眼病的治疗试验》、《山羊难产防治》2 篇被国家级期刊《黑龙江畜牧兽医》刊登;以第二合著人撰写的《动物脑多头蚴病研究进展》登于国家级期刊《动物医学进展》2 期;以第五合著人撰写的《中国西南地区山羊流行性鼻腺癌描述性研究》论文登于英国《越界传播与新现疾病》,作为为 SCI 工收录。市体育中学训练处处长、高级教练刘世文率领的摔跤队,于 2010 年 7 月在自贡举行的四川省第十一届运动会国际式摔跤比赛中取得了 2 枚金牌、5 枚银牌、3 枚铜牌,同时获得了本次大会体育道德风尚奖和精神文明队称号;在 11 月本市举办的省第十三届少数民族运动会上,取得了 5 枚金牌、2 枚银牌、2 枚铜牌,获得团体第 2 名的好成绩,攀枝花摔跤代表队还获得本届运动会优秀代表队称号;刘本人两次被市政府授予“优秀教练员”荣誉称号(省运会、民运会)。

(张尔粟)

九三学社攀枝花市委

【组织状况】 2010年,九三学社攀枝花市委(以下简称社市委)有基层委员会1个、基层支社15个。共有社员550人,其中女社员192人,占35%。按界别分:科技界223人,占41%;医卫界142人,占26%;教育界79人,占14%;公有制经济41人,占7%;政府机关42人,占8%;其他界别23人,占4%。其中高级技术职称175人,占32%;中级技术职称375人,占68%。社员平均年龄55岁,40岁以下53人,占10%;41~50岁205人,占37%;51~60岁84人,占15%;60岁以上208人,占38%。有离退休社员214人,社员中有中共党员37人,占7%。

至年底,市委有九三学社中央委员1人、省政协常委1人、省人大代表1人、市人大代表7人(其中常委1人、代表6人)、市政协委员20人(其中副主席1人、常委3人、委员16人)、县(区)人大代表8人(其中专职副主任1、常委1人、代表6人)、县(区)政协委员35人(其中专职副主席3人、常委9人、委员23人)、担任副县级以上领导职务22人,担任特约检察员1人,人民陪审员1人,市公安局警风警纪监督员1人,市地税局财经监督员1人。

2010年,共有10个支社发展了20名成员,发展成员的基层组织占基层组织总数的67%,平均年龄38岁,其中女性9名,男性11名。按照社章规定和实际工作期要,完成了攀钢四支社、攀煤支社、仁和支社换届工作,对攀钢三支社进行了中调。

【主要工作】 2010年,主委刘建明代表九三学社省委在省政协十届三次大会上作《在我省实施低碳系统工程的建议》的大会发言,向市政协七届四次全委会提交《关于促进我市就业再就业工作的建议》(被评为市政协优秀大会发言)、《攀枝花市城乡统筹发展的对策建议》的大会发言2篇;提交集体提案12篇、人大代表提交议案建议共12篇;被社省委采用反映社情民意信息10件。

开展转变经济方式调研,形成《转变经济发展方式,推进工业结构调整升级》论文,在9月15日召开的全市2010年统一战线专题调研成果汇报会上,该调研论文获得全市统一战线优秀调研成果一等奖。九三学社攀枝花市委被九三学社四川省委评为2010年参政议政工作先进集体。

2010年,社市委《打造攀枝花现代物流的对策建议》课题通过市科技局立项;社市委与成都信息工程学院的合作,正在深入调研之中。

6月,九三学社攀枝花市委副主委肖鹏举、秘书长吴雨参加了由中共攀枝花市委副书记张剡的攀枝花市赴台农业考察团,开展为期9天的恳谈推介和考察。

9月15日,九三学社市委与攀枝花市政协办公室共同承办以“转变经济发展方式　建设特色经济强市”为主题的专家论坛。市政协主席高方芹、九三学社四川省委副主委戴晓雁分别主持当天的论坛。四川省政协副主席、九三学社四川省委主委黄润秋和攀枝花市市长刘晓华分别为论坛致辞。九三学社中央副主席、全国人大常委会委员会副主任委员贺铿在论坛上作《转变经济发展方式,发展优势特色产业》的主题报告。论坛举行期间,九三学社四川省委主委黄润秋与攀枝花市政府市长刘晓华就“九攀资源综合利用科技合作”签订第二轮合作协议,双方围绕攀西钒钛磁铁矿、水能和亚热带气候三大资源的开发、地质灾害和地质环境治理等方面将进行广泛深入的合作,进一步推动“九攀合作”取得突破性进展。

9月15日,九三学社攀枝花市委成功承办“以加强机关建设”为主题的九三学社四川省委2010年社务工作会。九三学社攀枝花市委秘书长吴雨代表社市委作了《强化服务意识、注重能力培养、建设高素质机关队伍》的大会发言。

9月16日,九三学社中央副主席、全国大常委会委员兼财经委员会副主任委员贺铿,九三学社中央社会服务部副部长王金茹和张红喜,考察攀枝花市特色农业与钒钛产业项目。

积极参加并开展赴仁和、米易、盐边的“科普进学堂”、“国际科学与和平周”、“送医药、送科技、送文化”下乡等社会服务活动,扩大九三学社的社会影响力。青海玉树地震发生后,社市委及时号召全市社员行动起来,为灾区开展抗震救灾工作。2010年,全市社员通过各种途径共计捐款30 280元。面对攀枝花严重的旱情灾害,积极组织社员为受灾群众捐款,为盐边县新九乡柳树村送去10 000元救灾款,用于该村的输水管道建设。九三学社市委因社会服务工作成绩突出,获得九三学社中央“社会服务先进集体”的称号。

12月4日,在湖光剧场组织全体社员举行庆祝九三学社建社65周年暨迎新年联欢会。九三学社市委共组织基层支社表演了小合唱、乐器演奏等20余个精彩纷呈的节目。市委统战部相关领导出席联欢会并表演节目。

2010年,编发《九三学社攀枝花社讯》2期,编发了《九三简报》22期,向社内外报道主要社务活动和工作。组织完成九三学社四川组织的《多党合作在四川》征文7篇。

(韩　林)

中国民主建国会四川省委员会直属攀枝花支部

【组织状况】 2010年,民建攀枝花支部(以下简称民建支部)按照《中国民主建国会章程》的规定,注重会员发展质量,重点在经济和产业领域发展政治素质好、德才兼备的中青年人才,全年发展会员7人。支部现有会员42人,其中有女会员12人;会员平均年龄41岁,具有大学以上学历的34人,其研究生学历7人,有高级职称的6人;会员中有省政协常委1人,市人大代表1人,市政协委员1人;有区县人大代表1人,区县政协委员4人;有市公安局特邀监督员3人,市检察院特邀检察员1人,市法院特邀监督员1人;民建省委专门委员会委员 3 人。会员中经济界人士 28 人，占 72%，其中 16 人为非公有制经济人士和新的社会阶层代表人士，他们中有国有企业管理人员、钢铁钒钛产业业主及管理人员、流通领域业主等。

民建支部 42 名会员按单位、片区、行业分成 3 个小组开展活动，通过形式多样的组织活动，增强了民建的感召力、凝聚力和向心力，提高会员参与活动的积极性。每季度组织会员开展学习和联谊活动，另举办新会员和积极分子培训班各 1 次，走访会员企业 5 家。

【主要工作】 2010 年，民建支部向市政协七届四次会议提交集体提案《关于加快钛产业规划促进金属钛产业集群构建和发展的建议》，在区县“两会”上，民建会员个人提交提案、议案和建议 8 件。

在中共攀枝花市委、市政府召开全市统一战线专题调研成果汇报会上，民建支部主任李绍华做《关于支持具有竞争优势和辐射带动能力的产业做大做强的建议》的书面发言。市委书记、市人大常委会主任赵爱明和市委副书记、市长刘晓华在讲话中对专题调研成果给予充分肯定，认为数据翔实，分析透彻，对策建议好，对促进市委、市政府科学民主决策、助推我市经济社会发展都将发挥重要作用。

2010 年，民建会员在各级党报和公开发行刊物共发表文章 8 篇，其中 1 篇调研文章被民建省委《参政议政成果选编》采用。还积极配合区县政府和相关部门，向省政府和业务主管部门汇报、协调，为重大工业项目“特种合金货车制动鼓1 000万套”在攀枝花市立项做好基础工作，获得市领导肯定。

2010 年，以开展纪念《中共中央关于进一步加强中国共产党领导的多党合作和政治协商制度建设的意见》颁发 5 周年、中国民主建国会成立 65 周年、民建四川省委成立 30 周年等活动为契机，组织会员深入学习中共十七届五中全会精神，深化开展“坚持中国特色社会主义政党制度”主题学教活动，引导会员进一步提高对中国特色社会主义政治制度、政党制度优越性的认识，自觉接受中国共产党领导，维护多党合作的政治格局，坚定不移地走中国特色社会主义政治发展道路。

5 月，支部主任李绍华参加川西南片区“学教”活动经验交流会，并做书面发言。7 月，为将“弘扬民建优良传统、努力践行社会主义核心价值体系”活动引向深入，支部举行专题报告会，民建四川省委副主委王元勇应邀做辅导报告，市委统战部领导出席报告会，支部主任李绍华主持报告会。8 月，支部要求会员认真观看《黄炎培》，并将此项内容作为开展“弘扬民建优良传统，努力践行社会主义核心价值体系”活动和纪念民建成立 65 周年活动的重要内容之一，与深化政治交接学习教育活动，动员会员积极撰稿和投稿，支部会员邱波撰写的《真爱、真做、真说》观后感被《四川民讯》采用。10 月，支部 3 名会员代表组队参加民建省委组织的知识竞赛，获优秀奖。12 月，支部办公室主任于立光被民建省委评为优秀会员。

年内，支部主任李绍华参加由省委统战部、民建省委举办的清华大学党外干部培训班和复旦大学党外干部培训班；支部选派 1 名会员参加民建省委和省社会主义学院举办的第 7 期支部主任培训班。

全年，支部会员为仁和区大龙潭乡中心学校捐赠价值15 000元的书籍1 000余册，共为贫困学生捐款30 000余元；严格按照民建中央“扬帆计划”的条件，确定米易丙谷中学 10 名初中同学成为受助学生，于 7 月参加社会实践夏令营活动；积极协调中华思源工程“天使计划”，为攀枝花市仁和区人民医院争取到医疗受助项目 CRP 检测仪器 1 台，价值48 000元。

（于立光）

攀枝花市工商业联合会

【概　况】 2010 年，攀枝花市工商业联合会（商会）（以下简称市工商联）会员总数1 476人，其中团体会员 16 人，企业会员 339 人，个人会员1 121人。全市工商联成员担任县级以上人大、政府、政协职务的共 149 人，其中有全国人大代表 1 人，市人大常委 2 人，市人大代表 7 人，县人大代表 29 人，任县政府领导 1 人，有省政协委员 1 人，市政协常委 7 人，市政协委员 21 人，县政协主席 4 人，县政协常委 10 人，县政协委员 66 人。

年内组织召开 2 次执委会。2010 年 7 月 7 日召开四届 4 次执委会议，同意王壬、胡开斌、谢智涌辞去市工商联副主席职务；增补陈绍泉、陈盈西、胡建新为市工商联副主席；增补张玺、李文学两位非公有制经济代表人士担任市工商联副会长。2010 年 12 月 22 召开四届五次执委会同意毛明辞去市工商联副主席、执委职务，同意刘华英辞去市工商联执委职务；增补陈计全、杨华有为市工商联执委；增补陈计全为市工商联常务副主席。2010 年 9 月，市委为市工商联配备专职党组成员（市委统战部经济处处长谢宇），领导班子的新老更替圆满完成，组织建设得到加强。

在巩固老会员的基础上，发展攀枝花钢城集团有限公司等 9 名直属企业会员和吴强等 3 名个人会员；新成立攀枝花汽车流通商会、发展攀枝花富顺商会等两个基层组织。根据市政府授权工商联作为非公有制经济领域社团主管部门的精神和中央 16 号文件精神，启动已建和拟建商会的社团登记手续，制订行业商会管理办法，更好地规范行业商会的发展。

完善《市工商联机关制度》，四届五次执委会议通过《市工商联（商会）执委管理办法（草案）》、《市工商联（商会）会员会费收取及管理办法（草案）》和《市工商联（商会）班子成员轮值制度（草案）》，加强对机关干部和工商联班子的管理，强化党风廉政建设，狠抓机关效能和作风建设，推进各项工作的顺利开展。

按照科学发展观的要求，积极探索“两新”组织党建工作。以“创新方法、创新机制、创新载体”入手，对符合条件的190家非公有制企业全部组建了中共党组织,应建已建率达100%,中共党组织覆盖率达65.5%。“两新”组织中已建立中共党组织287个,其中党委6个,党总支8个,党支部273个;单建257个,联建30个。2010年,新建中共党组织40个,其中非公有制企业新建党组织16个,新社会组织新建党组织24个;建立领导干部企业联系点数179个,向企业选派党建工作指导员112人。

【参政议政】 2010年,攀枝花市工商业联合会(商会)紧紧市委、市政府的中心任务和经济政策,结合攀枝花市实际,深入企业、基层,对非公有制经济现状、影响制约问题、发展规划进行调查研究。

在市政协九届四次全会上,市工商联代表分别作《攀枝花市煤炭行业发展面临的问题及对策建议》和《发展现代物流,促进经济发展》的专题发言。会议期间,提交《关于适当调整攀枝花市市区出租汽车运价的建议》等7件集体提案,供有关方面参考落实。

2010年,组织30余户民营企业代表参加市委、市政府召开的“市级单位2009年度服务对象满意度测评会”,并完成省联交办的“陆资入台台资入陆”、“2010年省外民营企业在攀投资情况”调研和全国工商联布置的规模以上工业企业调查。

配合市委组织部、市纪委、市监察局对全市300余户规模以上民营企业进行走访,征求企业对全市行政执法部门的意见和建议。

为保证充足的智力资源,增强攀枝花市企业发展后劲,经过深入企业调研、座谈,市工商联《关于加强中小企业人才队伍建设的调研报告》在全市统战系统调研会上得到市委、市政府主要领导的充分肯定和高度赞誉。

【思想政治工作】 2010年,按照“团结、帮助、引导、教育”围绕加快攀枝花市非公有制经济健康发展和非公有制人士健康成长,努力增强思想政治工作的针对性和实效性,组织广大会员积极投身经济建设。按照“党员干部受教育、科学发展上水平、人民群众得实惠”、“两个加快见实效”的总要求,全面完成了全市非公有制经济组织深入学习实践科学发展观活动,做好了相关收尾工作。

根据市委的统一安排部署,协助中共攀枝花市委“两新”工委在党员业主中开展“争当时代先锋、争做优秀党员”活动,在所有非公有制企业业主中开展“走中国特色社会主义道路”主题活动和争做“优秀中国特色社会主义事业建设者”活动,引导广大业主“爱国、敬业、诚信、守法、贡献”。积极争取业主对创先争优活动和党建工作的支持,将业主支持参与活动情况作为政治安排、评优表彰的重要条件,形成党组织、党员和业主之间的良性互动,共同进步。2010年,攀枝花市吴强、邱显明、罗阳勇、冯辉阳等4位民营企业家被评为四川省第二届“优秀中国特色社会主义事业建设者”。

2010年9月《中共中央国务院关于加强和改进新形势下工商联工作的意见》发布后,10月18日和29日,市工商联党组分别召集机关干部职工和县区工商联负责人学习先后分别组织机关全体工作人员、各县(区)工商联主席、党组书记学习讨论《意见》的主要精神重大意义,计划在市、县(区)两级工商联主席(会长)会、执委会上安排学习内容,深入领会《意见》精神。随后,市工商联在“攀枝花商会网站”和《金沙商界》上安排学习版块,扩大学习范围和影响。

2010年,市工商联加强宣传教育,引导民营企业开展回馈社会活动,切实提升民企形象。

市工商联与市劳动和社会保障局、市人事局、市总工会一起成功举办“2010民营企业招聘周”活动,招聘周活动中仅四川攀西人才市场就有入场招聘单位211家,提供职位数2 258个,进场求职人数2 000余人,达成意向性协议人数444人;攀西人才网共发布招聘信息340条,提供职位800余个,近千名求职者参与网上登记,取得良好的社会效果。

市工商联主动与东区银江镇密地村开帮扶对接活动,采取县级领导“一帮一”、其他干部和工作人员“几帮一”的方式,结对帮扶贫困户3户,并于2010年10月底为密地村第二村民小组协调解决单、双杠、太空漫步机、仰卧起坐板、腰部按摩器等十余件套价值2万余元的健身器材。

全年,攀枝花市民营企业和工商联个人会员为抗震、抗旱、扶贫助学直接捐款668.494万元,捐物折合人民币235万元。其中,仅市工商联组织的10户民营企业、1个行业商会和1位民营企业家就为支持全市抗旱救灾,向市光彩事业促进会捐助52万元。旱情较严重的仁和区坪地镇、米易县麻陇乡、白坡乡以及盐边县和爱彝族乡,已用这笔捐款建设完善农业灌溉水利设施和人畜饮水工程。

在市工商联的倡导下,全市民营企业为第十三届四川省少数民族运动会提供支持经费300余万元,切实提升民营企业的形象。

【服务非公有制经济发展】 2010年,市工商联加强各类交流平台建设,为切实推动非公有制经济发展服务。

2010年承办市委、市政府召开的民营企业家新春座谈会。市四大班子主要领导,市委有关部委、市级有关部门和攀枝花市“6+2”产业(“6+2”产业,包括矿业、钢铁、钒钛、能源、化工、机械制造6大传统产业和太阳能、生物工程两大新兴产业)代表企业主要负责人共90多人出席座谈会。

与市委政法委举办“政法部门与民营企业恳谈会”,全市公、检、法、司、国安等部门负责人60余人和全市各县区民营企业家代表86人参加会议。政法系统领导面对面地倾听企业家们就生产经营中遇到的案件执行难、企业治安环境、司法部门办案效率等问题的反映,听取企业家们就进一步创造有利于企业发展良好司法环境的意见建议,更好地为攀枝花经济增速发展保驾护航。

认真做好地企合作的相关协调联络工作。2010年,攀钢与攀枝花市三区两县地方企业合作金额达58.97亿元,较2009年同期增加16.6亿元,增幅39%。

编辑出版攀枝花市商会会刊《金沙商界》,及时更新“攀枝花商会网”信息，积极宣传党和政府关于促进民营经济发展的方针政策和法律法规，适时报道工商联工作，宣传民营经济人士成功典型，宣传民营企业先进的管理经验，全新的经营理念、突出的社会贡献，充分展示民营企业的风采。

继续做好市级领导联系骨干民营企业的日常工作。根据全市民营企业发展情况，对市级领导联系帮扶民营企业进行了适当调整。

组织会员企业外出考察和参加西博会、厦门投资博览会等经济、商务活动，组织了企业家到东南亚等国家进行商贸考察活动。

扩充融资渠道，解决民营企业融资“瓶颈”。助推建立攀枝花市五家小额贷款公司（东区金联、西区实达亿、仁和区全成、米易钒钛园区，盐边县的小额贷款公司已组建完毕，正在报批过程中）。

全力做好招商引资工作。为仁和区啊喇乡卫生院争取到香港世茂集团援建资金 70 万元，2010 年底已到位 50 万元。

做好非公有制经济人士的培训工作。全年共举办各类大型培训班 4 次，培训非公经济人士1 500余人次，推动非公有制经济人士的思想解放。举办民企高管培训班。2010 年 5 月，邀请北京大学总裁班的专聘教授赵建华以及电子科技大学教授陈宏一行到攀枝花市，就“市场经济、企业管理、市场营销”等方面对全市民营企业高级管理人员进行了培训辅导。2010 年 9 月承办全国工商联与挪威工商会联合召开的企业安全生产论坛。2010 年 11 月，组织 50 位民营企业高层管理人员到北京大学光华管理学院进行为期 1 周的培训，并安排第二产业的企业家到内蒙古、宁夏等地考察。以庆祝“三八”国际妇女节 100 周年为契机，联合攀枝花市女企业家联谊会，组织攀枝花市部分女企业家开展了以“关注服务妇女民生，促进社会稳定和谐”为主题的“三八节”女企业家活动。

攀枝花商会大厦建设取得阶段性成果。市工商联积极协调多方关系，完成选址、调规和方案初设等工作。2010 年 10 月，该宗土地使用权以挂牌出让的方式，被攀枝花市最大的民营企业——攀枝花钢城集团有限公司取得。攀枝花民营企业总部经济计划正式启动，其中市政府回购2 000平方米作为工商联办公用房。 （陈忠荣）

群　众　团　体

攀枝花市总工会

【概　况】 2010 年，攀枝花市各级工会坚持以邓小平理论和“三个代表”重要思想为指导，深入学习贯彻落实科学发展观，紧紧围绕市委和省总决策部署，牢牢把握“提速增效、加快发展”的工作基调，认真履行组织、引导、服务和维护“四项职能”，大力推进建功立业、权益维护、扶贫帮困、凝心聚力和人才强会“五大工程”，团结带领广大职工在加快“四个攀枝花”（繁荣、富裕、文明、和谐）建设中主动作为，爬坡实干，各项工作取得新进展，为实现全市经济社会平稳较快发展作出积极贡献。全年共获市级以上表彰奖励 29 项，其中中华全国总工会表彰 5 项、省级表彰 10 项。

截至 2010 年底，全市已组建各类工会组织2 284个，会员 42.08 万人。其中：国有及国有控股企业 124 个，集体、乡镇企业 22 个，其他股份制公司 41 个，外资和港澳台资企业 4 个，事业单位 384 个，机关 255 个，其他形式的工会组织 1 454个。全市共有专职工会干部 734 名（不包括省属企事业单位的专职工会干部）。

市总工会机关设有办公室、组织部、宣教文体部、民主管理部、保障工作部、经济技术部、法律工作部、女职工部、财务部、资产监督管理部、经审办 11 个职能部（室）和教育工会、财贸工会 2 个产业工会，下设市工运史资料研究室、市工会信息中心、市总工会干部学校、市工人文化宫、市总工会职介所、市技术交流站 6 个事业单位。职工总数（含直属事业单位、离退休及聘用人员）为 142 人，其中。在职在编职工 61 人；离退休职工 67 人。聘用人员 14 人。

【建功立业活动】 2010 年，市总工会紧紧围绕“打造中国钒钛之都，建设特色经济强市”战略目标，以创建“工人先锋号”为主要载体，团结动员全市广大职工积极投身经济建设主战场，在各行各业普遍掀起“五比五赛”（比科学管理、赛工程质量；比技术水平、赛科技创新；比精打细算、赛成本控制；比爱岗敬业、赛工程进度；比遵章守纪、赛安全生产）劳动竞赛的热潮。广泛开展 1.5 万吨海绵钛建设工程、新密地大桥建设等全市重点工程竞赛；牵头组织全市普通高中 5 个学科教师教学技能竞赛；攀钢、攀煤、十九冶、钢城集团、电业局等单位也根据企业实际开展各种形式的技能大赛。全市各行各业广泛开展的劳动竞赛，充分调动职工群众的积极性、主动性、创造性，为保安全、促进度、稳质量、提效益等方面取得明显成效。全年参加各类竞赛的规模以上企业达到 92%，职工参赛率 90% 以上。市总工会连续五年被评为全省重点工程竞赛优秀组织单位。省委常委、省总工会主席李登菊专门作出批示："攀枝花市广泛开展职工技能大赛，有力促进了职工素质提升。"

【职工经济技术创新活动】 2010年，市总工会加大低碳经济宣传教育力度，广泛组织职工立足岗位开展"我为低碳经济建言、为节能减排献计"和"五小"（小革新、小发明、小设计、小创新、小窍门）活动，在创新生产工艺，降低生产成本，提升企业竞争力上发挥积极的促进作用。共收到合理化建议1.1万余条，实施技术革新、技术攻关1 467项，节创经济效益5.2亿余元，其中推荐全国表彰2项、省级28项，攀钢（集团）公司工会荣获全总提合理化建议先进单位称号。

【职工队伍素质培养】 2010年，市总工会依托文化宫、职工学校、农民工夜校等阵地，借助广播、电视、报刊等宣传媒体，通过组织开展报告会、座谈会、大讨论等形式，广泛深入开展形势任务教育，在全市职工中开展"我为构建和谐攀枝花作贡献"、职业道德创建及"双十佳"评选活动，努力把广大职工群众的智慧和力量凝聚到建设"四个攀枝花"中心任务、积极投身"四个倾力打造"主战场，为推动攀枝花经济社会平稳较快发展再立新功上来。坚持把"三十万职工大练兵"与"创建学习型组织、争做知识型技能型职工"活动相结合，依托职工技术学校、农民工夜校、职工书屋等平台定期举办岗位培训和技术比武等，不断提高职工的科学文化素质和技能水平。全年新建职工书屋61家，累计建成121家，超三年目标任务51家。加强工会新闻信息平台建设，运用主流媒体及互联网、手机短信等新兴媒体，加大对职工的宣传力度，扩大工会组织的影响力。

【城乡环境综合治理进企业】 2010年，市总工会通过建立机制、创新载体、狠抓督导深入推进城乡环境综合治理"进企业"工作。召开城乡环境综合治理"进企业"活动现场经验交流会，及时推进工作。广泛开展"三十万职工齐动手，共建共享美好家园"宣传教育系列活动，牵头组织"集中治五乱、整洁迎五一"攻坚月行动，"圆梦行动"受助学子治理"四乱"，"除陋习、树新风"优秀职工及优秀志愿者评选，宣传画、漫画征集评选、宣传等系列活动，不断提高职工的文明意识，引导全市广大职工主动关心、支持、参与城乡环境综合治理活动。

【评选与慰问】 2010年，市总工会组织推选出全国劳模3名、省部级劳模先进32名、先进集体5个，其中四川省灾后恢复重建先进个人7名。"五一"节前后，采用专版、专栏、专题等多种宣传方式，开展声势浩大的"劳模宣传月"活动，在全社会掀起宣传劳模、学习劳模、争当劳模的热潮，为全面实现"十一五"目标任务提供强大精神动力。各级财政投入资金54万余元，自筹资金10万元，走访慰问劳动模范，尤其是老劳模、生活困难劳模、受灾劳模和生病劳模，创下历年来慰问标准最高、规模最大、项目最多"三个第一"，在全社会营造了关爱劳模的良好社会氛围。

【推进企事业单位民主管理】 2010年，市总工会抓住集体合同、工资集体协商、职代会三个关键，深入推进基层厂务公开民主管理。发挥国有大企业在厂务公开、职代会等民主管理制度化规范化建设的示范效应，引导和带动非公企业民主管理工作有序开展。在全市开展厂务公开专项大检查，并实行信息报告、工作通报和目标考核制度，努力扩大民主管理在非公企业中的覆盖面，培育和选树一批厂务公开民主管理工作先进典型。截至2010年底，攀枝花市国有、集体及其控股企业、事业单位全部实行厂务公开制度，非公企业厂务公开率达到85%以上。攀枝花市总工会荣获"全国推动厂务公开先进单位"称号，攀枝花市水务集团推荐为"全国模范劳动关系和谐企业"。

【推进工资集体协商】 2010年，市总工会广泛开展职工工资收入情况调查，代表广大职工积极参与全市最低工资标准调整工作，促进最低工资标准平均上调31.2%推进工资集体协商工作，截至2010年底，全市签订工资集体协议的企业有1 568家，签订率达到85%以上，覆盖职工28万余人，其中非公企业15万人，超额完成省总下达的目标任务，受到省政协调研组的高度评价。米易县作为全省典型在省委、省政府召开的"四川省工资集体协商工作会"上作经验介绍。不断深化市、县（区）工会主席"约谈企业负责人"制度，四大企业职工工资收入普遍实现15%左右的增长。省委常委、省总工会主席李登菊对此批示："攀枝花工会在深入推进'约谈企业负责人'制度，反映职工合理诉求，协调劳动关系，维护职工合法权益等方面，为全市经济发展和社会稳定作出了积极贡献"，并要求在全省推广。

【职工维权】 市政府与市总工会联席会在创新中不断完善，2010年首次邀请建筑、餐饮以及出租车行业的进城务工人员作为职工代表参会并发言，听取他们所代表行业职工的诉求与困难，从源头上维护他们的权益。并在《人民日报》、《工人日报》等媒体进行专题报道。加大劳动合同签订的指导力度，已建会的非公企业签订率不断上升，为依法维护职工权益构筑起了第一道防线。坚持开好工会系统信访工作季度分析会和区（县）农民工维权季度联席会议，及时形成情况反映和工作信息，报送省总及市领导参阅，其中《产业调整中职工合法权益维护的几个突出问题应高度关注》等，得到省、市领导的高度重视，作出批示责成相关部门研究解决。向困难职工提供法律援助，为农民工讨回工伤赔偿、工资拖欠以及经济补偿等1 578.5万元。盐边县总工会鼎力相助农民工陈茂友打赢工伤赔偿官司案例被《工人日报》编发。市总工会、盐边县总工会荣获"全国工会'五五'普法先进单位"。广泛开展"安康杯"竞赛，市总工会荣获全国"安康杯"竞赛活动优秀组织单位。深入矿山、工业园区进行职工职业健康方面的调研，代表职工向政府提出建议和主张。积极建言，职工就业、技能培训、工资增长、劳动保护、工资集体协商等内容写入攀枝花"十二五"规划。

【工会组织维稳】 2010年,市总工会认真贯彻落实省高院、省人社厅出台的《关于建立劳动争议调解联动机制进一步加强劳动争议调解工作的指导意见》,工会劳动争议调解纳入全市社会"大调解"格局,实现工会与法院的"诉调对接",参与重大集体劳动争议案件调处5起。针对劳资矛盾、丽攀高速公路建设拆迁等引起的不稳定因素,坚持从强化职工思想政治教育、抓好不稳定因素排查、协助党政做好应急处置等着手,建立健全全市工会系统维稳预警机制,做到维稳信息"日收集"和"日上报",及时反映职工的意愿和诉求,有针对性地提出意见和建议,为领导决策提供参考。主动介入和处理西区鼎金焦化公司等企业职工集体上访等11件涉及职工队伍稳定的苗头或事件,依法参与226件安全、工伤事故的调查处理。全年接待职工来信来访2 448件(次),办结率97%。

【走访慰问】 2010年,广泛开展"春送岗位、夏送清凉、秋送助学、冬送温暖"的"四季送"和"干群心连心"走访慰问活动,牵头抓好领导干部对口联系困难职工制度的落实,2010年共走访慰问困难职工、下岗失业职工、农民工和离退休职工、工亡遗属等84 757户(人),送去慰问款物总价值达1 613.5万元;及时为新密地大桥施工现场、攀钢海绵钛工程建设工地、交巡警以及出租车司机等冒着高温奋战的职工"送清凉",共为4.2万名一线职工、农民工发放价值122万元的防暑降温物资。全市各级困难职工帮扶中心帮扶救助困难职工、农民工7 303人次,共计341.6万元。

【"寒窗助学"行动】 2010年,进一步打开助学思路、创新助学方式、拓宽资金筹集渠道,通过互联网、公交广告等多种宣传形式,扩大"寒窗助学"的社会影响,发动更多的爱心人士加入助学行列,全年共发放助学金301.2万元、资助贫困大学生1 109人。"三个一百万"助学活动,在全社会奏响和谐关爱的时代主旋律。开展"感恩你我他,爱心手拉手"爱心家教活动,组织曾经受到"寒窗助学"资助的64名贫困大学生与困难职工家庭子女结对帮学,传递爱心。在市三中和七中启动"爱心餐卡"资助困难职工、农民工子女试点活动,每月资助困难学生200元生活费,将一次性助学救助变成长期助学救助,延伸助学链条,丰富助学内容。

【促进就业创业】 2010年,组织实施"万人培训行动"、"农民工援助行动"以及困难职工家庭大中专毕业生"阳光就业行动"等,共培训21 901人(次),其中下岗职工、农民工6 118人(次)。举办"民营企业招聘周"、"春风送岗位行动"、"送岗位进社区"等专场招聘会,帮助1 973名下岗失业职工、农民工实现就业再就业。主动服务创建国家级创业型城市工作,积极实施创业培训、创业指导和创业援助"三位一体"的扶持创业模式,对有创业意愿和能力的下岗失业职工、农民工以及困难职工家庭大学生等群体,发放培训补贴27.2万元。选树和表彰首届"职工创业明星"努力在全社会营造职工自主创业的良好氛围。市总工会被全总评为"千万农民工援助行动先进单位"。

【实施工会特别关爱行动】 2010年,市总工会对棚户区、沉陷区200名困难职工发放专项救助金40万元;对103名重症、慢性病家庭承担医疗费较高或遭遇意外灾害造成家庭生活特别困难的党员、职工、农民工开展医疗、生活、特殊困难等救助,共发放救助金18.5万元;针对2009年物价上涨幅度较大,困难职工生活更加困难的实际,对全市1 993户困难职工给予51.82万元的专项生活救助;为160名未参加城镇居民基本医疗保险的困难职工及其直系亲属办理该项保险。市总工会首次承担的全市4项民生工程目标任务顺利通过检查验收,赢得人大代表、政协委员和市民代表的较高评价。

【工会组织建设】 2010年,按照"党建带工建,工建服务党建"和"党组织建立到哪里,工会组织就要跟建到哪里"的要求,扎实推进"广普查、深组建、全覆盖"集中行动,既理直气壮地依法推进建会工作,又稳妥细致地沟通协调,尽最大努力把职工组织到党领导下的工会中来,不断提高工会组建率,夯实党的执政基础。全面推动"双措并举、二次覆盖",努力使小型非公企业工会联合会、行业工会联合会的数量有大幅增长,全年新建工会组织301家。截至2010年底,全市已组建各类工会组织2 284个,会员近42.08万人。深入开展建设"职工之家"活动,市公交客运总公司工会、攀煤小宝鼎矿运输区工会分别获得"全国模范职工之家"和"全国模范职工小家"称号。市总工会荣获全总"五五"普法先进单位;市总女工委被全总评为"开展女职工权益保护专项集体合同工作"先进单位。

【实施"人才强会"工程】 2010年,市总工会主动争取各级党政对工会工作的重视和支持,着力加强县(区)总工会建设,东区总工会、仁和区委书记赵忠义、米易县总工会副主席胡莉在全省县(市、区)工会工作会上受到表彰。积极探索工会干部选任方式,西区总工会启动非公企业工会主席职业化社会化试点,仁和区总工会为所有乡镇(街道)选聘专、兼职工会联络员,推动基层工会工作的开展。花大力气加强工会干部业务能力培训,邀请上海工运职业技术学院教授和市发改委相关领导,为150余名工会干部作题为"社会转型期工会作为"和"攀枝花市未来发展战略"的专题讲座;市总工会上门为东区、钒钛产业园区等基层工会干部培训15场(次);全市组织各级各类培训班培训工会干部3 000余人(次),有效提升工会干部的业务知识、维权能力和综合素质。全面启动以创建"先进工会组织"、争当"优秀工会工作者"和"优秀职工"为主要内容的"创先争优"活动。切实落实党风廉政责任制,"四好班子"建设成效明显。举办攀枝花市首届工会干部运动会,充分展示新时期攀枝花工会干部昂扬向上的精神风貌,增强工会组织的凝聚力和向心力,扩大工会组织的社会影响。

共青团攀枝花市委

【概 况】 截至2010年底，全市共有共青团基层团委208个，团总支140个，团支部1 776个，其中直属团(工)委、总支29个。共有团员57 803人，占全市14～35周岁青年数(200 595)的28.8%，全年团员申请入党7 339人，推优数1 094人，入党1 340人。全市有专职团干部24人。团市委机关共有干部职工13名，其中书记1名，关工委专职秘书长兼团市委副书记1名，团市委副书记2名。团市委下辖市少年宫和金色攀枝花展览馆2个事业单位。市少年宫职工19人，金色攀枝花展览馆职工8人。

【青春育人行动】 找准载体，积极做好引导关爱青少年工作，大力开展社会主义核心价值体系学习教育活动，青少年思想道德建设取得新进展。

2010年1～6月，在全市中小学开展“继承和弘扬攀枝花精神，把攀枝花建设得更加美好”主题教育活动。活动期间，各学校普遍开展一次攀枝花开发建设史专题讲座，征集“可爱的家乡”主题征文300余篇，举办县(区)、市级“我爱攀枝花”知识竞赛7场。

在全市少先队员中以胡锦涛总书记对全国少先队员提出要争当:热爱祖国、理想远大的好少年;勤奋学习、追求上进的好少年;品德优良、团结友爱的好少年;体魄强健、活泼开朗的好少年为学习内容开展以书信征文比赛和明信片绘画大赛等为形式和载体的主题活动，引导少年儿童争做四好少年，为建设祖国、建设家乡打下坚实基础。

“五四”期间，各级团组织广泛开展了成人仪式教育、公民素质教育、迈入青春门教育等主题活动，引导广大中学生继承和弘扬五四运动“爱国、进步、民主、科学”的伟大精神，学习实践科学发展观，践行社会主义荣辱观，树立奋发学习、成才报国的远大志向。

举办攀枝花市少儿声乐大赛暨市少儿艺术团合唱队员选拔活动，全市125名少年儿童报名参加，27名选手进入决赛。市少儿艺术团大型歌舞剧《金沙童话》质量有较大提高。组织全市10所中学中职学校，1 500名中学中职学生参加全省绘画大赛，推荐优秀作品28幅。其中，市第七中学刘书含同学荣获二等奖。

通过组织青少年参观爱国主义教育基地等多种形式，弘扬攀枝花精神。发挥全国爱国主义教育基地——金色攀枝花展览馆的作用，做好青少年参观的组织和接待工作，积极传播攀枝花精神，全年共接待青少年2.8万人。进一步加强团属宣传阵地建设，努力扩大宣传面和覆盖面。完善和丰富“攀枝花共青团”网站建设，积极推动宣传工作网络化;在市经贸校、建工校试点建设实体团属宣传阵地;围绕团省委、市委市政府中心工作和团市委工作重点，认真做好宣传工作。编发《共青团工作动态》20期，《青年专报》7期;做好团市委网站信息更新维护，刊发团市委工作信息120多条，基层团组织信息460多条;积极联系市级新闻媒体，市级报刊共刊登团系统新闻230多篇，不完全统计市电视台、有线台专题报道4次，宣传30多次;省级以上新闻媒体刊载报道攀枝花市共青团6次;于10月超额完成向市委办报送信息并采用刊发任务。

【青春建功行动】 2010年，围绕中心，有效服务市委、市政府重点工作，努力为攀枝花经济社会又好又快发展贡献力量。

建设抗旱“共青水池”。动员团员青年抗旱救灾，协调争取团省委专项资金500万元，在攀枝花市4个区县建设“共青水池(窖)”1 061口。募集捐款34.85万余元、饮用水349.3吨、抽水机37台价值75 850元。组织青年志愿者服务队38支、青年志愿者780余名，开展抗旱救灾志愿服务60余次。实施“民生工程”项目。承担市政府“民生工程”项目中发放四川青年小额贷款、建设留守儿童之家、建设志愿服务站等3个小项的工作，采取措施提前超额完成任务。此外，争取中国青基会等援建的9所希望学校2011年全面竣工投入使用，覆盖学生3 257名。

服务省民族运动会。承担省民族运动会会务接待、赛事协助、礼仪引导及城市志愿服务4大类服务项目，选拔志愿者280人，设立城市志愿服务站22个，为社会各界提供志愿服务5.2万余人次，较好完成工作任务。服务其他庆典会议。选拔志愿者30名参与“川滇黔十市地州峰会”，发放资料2万余份、纪念品2 000余份、景点门票300余张，为1 000余名市民提供咨询。招募培训11名志愿者参加建市45周年纪念活动。服务2010年春运。选拔20名大学生志愿者于2月15日至3月6日在金江火车站最忙碌的20天里，为旅客提供春运志愿服务。

深化“双争双创”活动。深化“双争双创”、青年突击队、青年文明号、青安岗等活动，推进青年科技创新、管理创新。搞好农村青年科技特派员创业试点，深化“青春建功新农村”行动。继续抓好旅游系统青年文明号窗口建设。积极开展“青春献枢纽，争做筑路人”主题活动。全年推报省级青年安全生产示范岗2个。开展“节能减排，青工在行动”主题活动。企业团组织开展节能降耗专题讨论、知识竞赛、演讲比赛、设置橱窗板报等节能减排宣传教育活动171次，参与青年职工12 048人，受教育青年职工28 383人，开展以征集合理化建议、参与开发推广节能新技术新工艺新材料新设备等实践活动1 120人次，开展节能减排义务监督人3 648次，发现并报请整改问题218个，其中177个问题得到解决

开展“百场环保电影进社区”活动，深入村、社区放映环保影片110场，吸引群众20 000余人，其中青少年5 000余人。全面启动“车行天下、文明有我”个性车贴征集和申领活动，发放车贴1万多张，产生了良好的社会反响。组织2 600余名团员青年在广场、主干道、市场等人群密集处，开展治理“四乱”文明劝导、卫生清洁义务劳动、“除陋习、树新风”宣传等志愿服务活动，共散发宣传资料等3万余份，劝导“四不”、“四乱”行为1 000余人次，清理城乡环境卫生死角近

200个，清理环境卫生面积约2万平方米。

【青春创业行动】 2010年，努力整合社会资源，通过对广大青年进行观念引导、提供就业创业信息、发放小额贷款、开展培训、建立见习基地等措施，保障青年就业权利，服务青年就业创业迫切需求。

牵头举办由市政府主办的攀枝花市首届青年创业设计大赛，从全市征集76个创业团队和创业项目，历时5个月，通过初赛、复赛、决赛、集体培训、一对一指导，决出优胜项目和团队，圆满完成工作任务。广泛宣传创新创业理念和创业设计大赛过程，引导青年投身创业。

新增广发证券攀枝花营业部、恒力投资集团等2个共青团促进青年就业创业见习基地。截至年底，全市共青团组织共建立青年就业创业见习基地31个，提供岗位1 030个，全年共有684人参加见习，见习后聘用292人。

联合相关部门，依托送金融知识下乡、阳光培训、农村实用技术培训等活动，大力开展针对农村青年的就业创业培训。2010年开展农村青年订单式培训504人次，落实培训资金3.54万元，经过培训75人实现就业创业发展。

继续联合攀枝花市邮储银行共同实施四川青年小额贷款项目，做好宣传指导和贷款青年的主体资格证明工作。2010年，向35名符合条件的创业青年发放贷款246万元。向2009年四川青年小额贷款项目贷款青年兑现诚实守信奖励1.4万元。

联合得天独厚餐饮管理有限公司、龙蟒矿冶等企业举办“农村青年就业阳光行”活动，深入攀枝花市各乡镇举办招聘会7场，提供基业岗位264个，800余名农村青年到活动现场咨询，200余名青年现场填写求职登记表，与用工单位达成初步见习和就业意向。

【青春和谐行动】 2010年，开辟青年合理诉求渠道、强化青少年权益维护、组织团员青年关爱特殊青少年群体，有效维护青少年合法权益。

开展“共青团与人大代表，政协委员面对面”活动。收集青少年诉求，在2010年攀枝花市“两会”召开之前，与人大代表、政协委员面对面座谈交流，形成了《关于加强市少年宫建设的建议》、《关于实施务工青年留城计划的建议》等4个联名提案带至“两会”。市发改委已将相关内容纳入攀枝花市“十二五”规划。完善“团市委飞信接待室”，加强与团员青年沟通。利用网络在线接待团员青年来访，就青年关心的话题组织网络讨论44期，形成交流成果日志44份。依托QQ群、飞信群、书记信箱和专线电话等形式为大学生村官搭建交流平台，及时关心大学生村官工作生活情况，帮助他们解决遇到的困难。

深入开展青少年维权活动。聘请专业心理咨询师负责12 355青少年服务台的日常管理及心理咨询，开通QQ 248 412 355为12 355提供有益补充。开展未成年人维权行动月活动，进行法制宣传14场次，出板(墙)报100余期，发放资料10 000余份。联合市关工委、市司法局组建了青少年普法讲师团。认真履行未成年人保护“三项任务”。牵头组织“手机涉黄整顿、网吧综合治理、家庭暴力遏制”三项工作，积极参与学校及周边治安隐患整治工作。共出动文化市场行政执法人员1 150余人次，检查网吧2 491家次，处罚网吧6家次，罚款24 000元。出动文化市场行政执法人员210余人次，检查校园周边文化经营单位1 150余家次。开展三项任务宣传活动50余次，发放宣传资料8 000余份。

开展“重点青少年群体排查摸底专项行动”。对社会闲散、不良行为、残疾和流浪乞讨未成年人作摸底调查，建立含6 141人的重点青少年群体台账。在团市委网站公布首批100名极困少儿名单。元旦、春节期间开展暖冬行动，送物资、送文化、送健康，集中慰问弱势青少年。联合市邮政局开展了社会力量捐资助学助困“爱心贺卡”活动。关爱留守学生及农民工子女。引资10万元在西区格里坪镇、米易草场中学、盐边惠民中学新建留守学生之家3所，惠及留守学生300余人。整合社会力量开展“手拉手结对帮扶活动”、“乡村发现，感恩之旅”关爱农民工子女夏令营等关爱农民工子女主题活动。组织930余名志愿者、38个青年文明号，25个基层团组织与6 632名留守学生、农民工子女结成对子。

【团组织自身建设】 2010年，深入开展创先争优活动，进一步深化“在边缘地带寻找生机”的工作思考，多管齐下，务实推进创新型团组织建设，为团组织履行职责提供动力和保障。

把创先争优活动作为增强组织活力、推动事业发展的契机，自觉加以推进。进一步分析形势任务，明确努力方向，落实学习实践活动中明确的整改事项，评价整改效果，确定争创标准，作出新的承诺。经过努力，2010年团市委作出的联系凝聚团员青年、服务团员青年成长发展、服务“四个倾力打造”、倡导弘扬新风、加强能力建设等5个方面的公开承诺已全面完成。将“创先争优”的要求和科学发展的理念纳入团队干部培训，举办3期基层团干部培训班、1期少先队辅导员培训班，支持县(区)组织团干部培训，促进基层团队干部认清形势，明确任务，创先争优，求新求进。着眼于全局加强班子队伍建设和资源配置，推动基层创先争优、推进工作。面向全国、全市公开选拔团市委副书记和工作人员共3人，树立公开、竞争、择优的用人导向；派出3名机关干部到西区、盐边、米易团委驻点工作，2名机关干部到藏区“9+3”(9年普通教育加3年职业教育)学校挂职，1名机关干部到东区湖光社区协助工作，加强基层工作力量。以项目为载体加大对基层的资金支持力度。对基层团组织申报项目进行严格评审，14个项目获得最终立项，共提供项目资金支持15.75万元，促进基层团组织建设、工作创新和创先争优活动的开展。

依托“手机团委”组织团购活动2次，团购商品193万元，为青年节约生活成本160余万元，近4万名团员青年参与。5月4日，在13个联盟商户39个门店推出“手机团委”消费打折活动，有11 952名团员青年申请并取得了消费打折认证资格，打折消费2 683次，节约生活成本3.4万余元。攀煤集团团委开展“安全飞信伴我行”，提升共青团在企业安全生产工作中的作用。被团省委确定为全省唯一的手机建团试点，全国各地越来越多的团组织学习借鉴攀枝花的做法，着手开展手机建团。

扎实做好共青团基本信息采集相关工作。在全市各级团组织中以推广“共青团基本信息管理系统”软件的培训和使用工作为载体，做好全市共青团基本信息统计工作，在一定程度上掌握全市各级团组织、团干部、团员青年的基本情况，完成全市各级团组织5万余名团员青年的情况统计，为手机建团提供了庞大的“数据库”，也发现了基层团建的问题、促进了基层团组织的工作。开展“两新”组织团建。集中精力开展新经济组织团建，新建126家非公企业团组织，超额完成团省委指标任务。在攀枝花市外出务工青年相对集中的地方新建13个驻外团组织，其中在宁波、深圳等地建立省外团工委7个，在省内建立驻外团工委6个，团组织覆盖面进一步扩大。按照团中央工作部署，在3个乡镇、2个街道开展基层组织格局创新试点，增配编制外的团委副书记、委员27名。

举办攀枝花市第三期应急志愿者培训班，进行应急救护知识理论讲解、户外团队融合训练及管理培训。支持各县(区)建设志愿服务工作站5个，指导建成城区志愿服务站1个。认真做好西部计划志愿者的管理、联系和服务工作。坚持青联常委驻会制度，增进了委员之间的联系和交流。巩固和加强青少年校外活动阵地建设，启动了流动青少年宫、青少年空间建设。2010年，市少年宫培训青少年18 250余人次。

打造和谐高效团队。坚持民主集中制，开好民主生活会，加强交心谈心，搞好“传、帮、带”，保持了和谐工作氛围。完善协管考核、半年述职等工作制度，推进OA系统应用。注重工作实效，改进文风会风，对写短文、说短话、脱稿发言、工作量化、狠抓落实、务实创新提出具体要求。深化学习型组织建设。坚持机关每天中午学习半小时和年底考试制度。兑现考试奖励承诺，组织成绩优秀的干部赴外地学习考察。开设“团干讲堂”，定期不定期开展集体学习。培训基层团学工作骨干600多人。加强党风廉政建设。一把手负总责，层层签订党风廉政建设责任书。坚持和完善年度审计等制度，不断加强惩防体系建设。党组成员以身作则，廉洁自律。全面公示救灾捐款收支情况，对划拨区县和下属单位的工作经费进行专项审计，未发现违法乱纪行为。把好选人用人关。树立公开、竞争、择优的用人导向，提高选人用人公信度，面向全国、全市公开选聘团市委副书记和工作人员3人。严格按照组织规定和程序选拔副科级干部1人，坚持实施选人用人“一报告两评议”制度。

【关心下一代工作】 开展攀枝花精神教育。2010年在全市青少年中以“继承和弘扬攀枝花精神，把攀枝花建设得更加美好”为主题，广泛开展庆祝建市45周年教育活动。开展爱国主义和理想信念教育。在清明节、七一建党节、9·20公民道德宣传日等重大节日，以走访慰问、小记者采访、报告会和故事会等形式，开展“历史的选择”、“争当四好少年”主题教育活动。开展社会实践教育。各地关工委、团委动员组织老少积极参与“讲文明、在树新风”活动，并且继续发挥“双创”志愿服务队的作用，为城乡环境综合治理注入新的内容。

推广西区家庭教育和东区校外辅导教育试点经验。由市委办公室、市政府办公室联发《关于进一步加强未成年人家庭教育指导工作的意见》(攀委办发〔2010〕19号)、《转发市文明办等〈关于进一步加强中小学生校外辅导教育的意见〉的通知》(攀委办〔2010〕53号)。继续开展优秀“小公民”活动，评选表彰了24名优秀“小公民”。

市关工委与团市委、市教育局在全市范围内进行了困难青少年信息的统计工作，形成了由4 500余名困难青少年信息组成的《攀枝花市困难青少年数据库》，正努力寻求社会力量，建立全市关心下一代基金，逐步形成广泛而长效的帮扶机制。各基层关工委配合有关部门在关心留守学生、帮教问题青少年、扶助困难学生、关爱劳教服刑人员子女等方面做了大量工作。

继续开展网吧义务监督。近300名“五老”网吧义务监督员持证上岗，并建立了总结上报机制。开展法制教育活动。组织全市青少年参加“关爱明天，普法先行”网络征文活动，以法律知识竞赛、观看犯罪案例、普法知识讲座以及现场参观劳教所、看守所等形式，加强法制宣传，预防青少年违法犯罪。成立市青少年普法讲师团，重点对服刑人员子女，劳教、闲散、不良行为青少年等特殊群体进行普法教育和关爱行动。

9月7日，市委常委会进行专题研究，决定为市关工委增加工作人员和经费，将关心下一代工作纳入年度目标考核。9月15日，市委办、市政府办联发了《关于认真贯彻〈中共四川省委办公厅、四川省人民政府办公厅关于进一步加强和改进关心下一代工作的意见〉的通知》。9月17日，市委、市政府召开了全市关心下一代工作会议。2010年，东区关工委被授予全国关心下一代先进集体，李先荣、刁亚中等老同志被评为全国先进工作者。在全市第二次基层“六好”关工委的创建评选中，东区大渡口街道关工委等13个基层关工委创建成功并获得表彰。全市关工委组织共有677个，“五老”队伍有6 957人。市关工委和各区县关工委工作条件有很大改善。

(潘国娟)

攀枝花市妇联

【概　况】 至2010年底，攀枝花市妇女联合会(以下简称市妇联)内设机构为“三部一室一中心”，即：组织联络部、宣传教育部、维权部(市政府妇儿工委办)、办公室和攀枝花市妇女儿童服务中心，有正式职工15人，聘用人员2人。全市县(区)、乡镇(街道)、村(社区)及机关事业单位均建有妇联组织，各级工会女职工委员会为妇联组织的团体会员。

【"三八"国际劳动妇女节100周年纪念活动】 2010年,是"三八"国际劳动妇女节100周年。围绕妇女发展主题,攀枝花市举办了一系列纪念活动。3月8日,市委、市政府在攀枝花学院大会堂举行全市妇女发展暨"三八"国际劳动妇女节100周年庆祝表彰大会。市党政军领导赵爱明、高方芹、谢道全、张剡、王川红、张祖芸、李群林、程少华、邵革军、粟素娟、张如英、沈钧,市老领导韩国宾等出席大会。大会要求各级党政、各有关部门要深刻认识妇女工作的重要性及妇联组织的地位和作用,充分发挥妇联组织的职能作用,加强和改进对妇女工作的领导,为妇女事业创新发展创造条件。市委副书记张剡主持大会。市委常委、市委秘书长邵革军为大会作《凝心聚力,继往开来,谱写攀枝花妇女事业发展新篇章》主题报告,副市长沈钧宣读《中共攀枝花市委、攀枝花市人民政府关于表彰全市妇女工作先进集体和先进个人的通报》。市委、市政府授予敖进清等10人为攀枝花市第二届"十大女杰";授予尹世芬等92人为"攀枝花巾帼建功、双学双比标兵"荣誉称号;授予市总工会女职工委员会等40个妇女组织"攀枝花巾帼建功、双学双比先进集体"荣誉称号;授予市委组织部等38个部门(单位)"攀枝花市妇女儿童事业发展工作先进单位"荣誉称号;授予王海波等30人"攀枝花市优秀巾帼之友"荣誉称号。少先队员为大会献词,并为在攀枝花建设发展中作出突出贡献的"六金花"代表及市第二届"十大女杰"献花。会后,与会人员观看了攀枝花妇女儿童事业发展专题片《攀枝花开 巾帼吐艳》和全市庆祝"三八"国际劳动妇女节100周年精彩主题演出——《芬芳大地》。

市妇联通过媒体网络及下发通知等方式广泛宣传面向全社会公开征集百年"三八"庆祝活动主题歌曲,征集到《旗帜百年颂》、《最美女儿情》等作品200余件,通过评选、配音、刻碟,推广传唱,营造浓厚的节日氛围。以"和谐攀枝花·魅力新女性"为主题举办攀枝花市庆祝"三八"妇女节100周年歌咏大赛,通过层层选拔,来自县区、企业、教育、公安、电业、市直机关等1 100名妇女参加比赛,展示了攀枝花妇女的时代风采。市妇联、市纪委(监察局)按"五家"建设(即以德治家、以学兴家、以法护家、以俭持家、以洁美家)的总体要求,牵头编辑出版由省政协副主席曾清华主编、原全国人大常委会副委员长、现全国关工委主任顾秀莲题词的《家最温暖》和谐家庭建设读本,并向社会公开发行。此外,市妇联还组织开展"三八"普法维权周宣传活动,出版了反映攀枝花妇女儿童事业发展历程的画册——《花舞钢城》,联合主流媒体专题宣传百年"三八"等"八个一"系列活动。

各基层妇女组织围绕"和谐·关爱·发展"主题开展丰富多彩的庆祝活动。东区、西区表彰一批"三八"红旗集体、"三八"红旗手;仁和区开展"回顾百年,展望未来"征文竞赛等"六个一"系列活动;米易县举办"花舞米易·灯红安宁"百年盛典歌咏比赛等活动;钢城集团举办"亮丽三月魅力钢城"健身舞大赛;电业局、教育、卫生、文化以及攀钢、攀煤、中冶实久等单位都开展主题鲜明、内容丰富的纪念活动。

【妇联组织建设】 2010年,攀枝花市委办、市政府办联合转发市委组织部、市妇联《关于进一步加强党建带妇建工作的意见》,就各级党组织从思想建设、组织建设、队伍建设、作风建设、活动方式和阵地建设等方面加强对妇联组织的领导,明确要求和措施。各基层单位结合实际制定出台了相关文件。组织部门和妇联系统加大工作联系与协作,通过联合调研等逐步建立完善工作机制,推动问题的解决,使工作落实到基层。

各级妇联通过组织调训、选送培训、拓展培训、载体培训、现场交流、主题考察、自编教材等方式对妇联干部普及培训学习。2010年组织17名妇联干部参加省妇联在上海市妇女干部学校举办的全省妇联系统干部培训班,在市妇联机关组织开展干部选任工作法规制度及四项监督制度学习宣传活动,提高妇联干部综合素质。充分发挥妇联组织在培养选拔女干部工作中的作用,加强与党委组织部门的沟通联系,向组织部门推荐49名县级副职女后备干部建议人选。

为抓住村(社区)党组织换届契机,推动全市农村妇女参选参政工作全面开展,确保在村"两委"中至少有1名女性,力争村妇代会主任进村"两委"比例达100%目标实现,市妇联全面开展全市妇女进村"两委"情况调研,认真分析,形成报告,提出合理化建议。同时积极参与村级组织换届指导工作,加强与市委组织部、市民政局汇报、协调沟通力度,争取从源头上提供政策保障,使村两委换届选举实施意见充分体现妇女和妇代会主任进"两委"的要求。通过不懈努力,成功推动市、县(区)党委政府出台了相关政策。

2010年8月,市妇联召开全市妇联系统创先争优建设坚强阵地和温暖之家学习会及工作推进会,12月与市委组织部联合召开全市党建带妇建暨妇联系统创先争优工作推进会,总结全市妇联系统创先争优建设"坚强阵地"和"温暖之家"的成绩和经验,专题研讨存在的问题和下一步工作重点。认真开展基层组织建设"示范"创建活动,启动全市村(社区)"妇女之家"建设工作,推动妇联组织标准化、制度化、规范化建设。在创先争优活动中,东区炳草岗街办、仁和区总发乡被表彰为"全国妇联基层组织建设示范乡(镇、街道)",西区清香坪街道杨家坪社区等10个村(社区)被表彰为"全国妇联基层组织建设示范村(社区)"。

【"两纲"攻坚】 2010年,市妇联以攀枝花在全省"两纲"(2001—2010妇女、儿童发展纲要)终期评估工作中迈入先进行列为工作目标,市、区两级妇联和妇儿工委办切实履行"牵头抓总、组织协调、调研指导、跟踪落实"工作职能,采取有力措施推动"两纲"攻坚。在2010年妇儿工委全委会上,副市长、市妇儿工委主任张敏代表市政府分别与五个县(区)和市级相关成员部门负责人签订了责任书,推动重难点指标攻坚,确保重难点指标达标。2010年10月下旬,市政府目标督查办与市妇儿工委办成立由副市长张敏为组长"两纲"督导检查组,对5个县(区)政府"两纲"重难点指标推进情况进行督导检查。从督查情况看,各县(区)"两纲"

绝大部分指标已达标，个别指标取得突破性进展，如人大代表中女性比例指标，西区通过补选的方式实现达标，东区和盐边县的婚前医学检查工作通过攻坚，取得突出成绩，东区还成立了免费婚检一站式服务大厅。市政府实施“两纲”评估考核机制，在“两纲”终期评估后，依照“两纲”目标任务完成情况，对5个县（区）、市妇儿工委各成员部门按优秀、达标和未达标3个等级进行考核表彰，对优秀者予以表彰奖励，对未达标指标实行挂牌督办。

攀枝花市“两纲”可量化的76项指标中，除因法律规定和国家政策调整受影响的3项指标外，其余73项指标均已提前达标，并且优于全省平均水平。

【“双学双比”活动】 2010年8月，市妇联牵头组织在米易县召开攀枝花市农村妇女“双学双比”（“学文化、学技术，比成绩、比贡献”）工作会，总结交流“双学双比”活动的成绩和经验，安排下一步工作重点，为东区银江镇阿署达村等6个市级巾帼示范村授牌，同时启动第三批巾帼示范村创建，9个巾帼文明岗与9个拟创建巾帼示范村签订“岗村联动”结对协议。

按照培养“有文化、懂技术、会经营的新型女农民”的要求，联合相关部门积极开展农村妇女技能培训。米易县开展以蔬菜栽培、烤烟种植、枇杷控时成熟等为主的技术培训班19期，参训妇女达到3 670余人次；市农科院女科技人员针对烤烟、芒果、石榴、枇杷等田间管理与病虫害防治技术对农村妇女进行集中培训和田间现场技术指导；盐边县在渔门镇、永兴镇、惠民乡、共和乡等地开展种植、养殖业培训；东区组织银江镇科技女能手去米易枇杷种植科技示范基地进行参观考察。2010年，各级妇联配合相关部门培训农村妇女20 000余人次，提升妇女综合素质及生产生活能力。积极引导妇女调整优化产业结构，发展特色产业项目，支持农村妇女建立巾帼种植示范基地，发挥巾帼科技示范基地的辐射带动作用，促进妇女增收致富。

【巾帼建功活动】 2010年，攀枝花市各级妇女组织围绕市委、市政府“提速增效，加快发展”的总体要求，开展形势任务教育和创先争优活动，激发广大女职工工作热情。动员组织女职工“争创一流岗位，争创一流业绩”，参加业务培训、技能大赛、安全协管、技术革新、节能减排、提合理化建议等活动。继续开展“岗村联动”，发挥巾帼文明岗资源优势，与示范村探索建立技能培训、就业信息指导、科技文化下乡、扶贫帮困、项目牵手等共建机制，帮助农村妇女不断提高自主发展能力。全市有60个市级及以上巾帼文明岗参与“岗村联动”，帮扶市级巾帼示范村17个。在“岗村联动”中，仁和区将34个巾帼文明示范岗和“三八”红旗集体与34个农村先进妇女组织结对，开展共建帮扶活动，累计支持帮扶资金270万元，落实帮扶项目70个。为提高巾帼文明岗创建质量，市妇联组织对全市国家、省、市级86个巾帼文明岗进行考核验收，通过严格的申报评审，新命名40个市级巾帼文明岗。

【“巾帼创业就业促进行动”】 2010年，妇联向市政协提交提案，与市财政局、市人力资源和社会保障局、中行攀枝花中心支行等单位沟通协调，出台“关于完善小额担保贷款财政贴息政策，推动妇女创业就业的通知”。联合相关单位举办妇女小额担保贷款财政贴息专题培训，增强妇联干部对创业妇女申请小额担保贷款工作的指导能力。帮助125名妇女获得小额贷款扶持，贷款金额达1 086万元，财政贴息资金22.58万元。争取“玫琳凯母亲小额循环项目”培训资金4万元，培训妇女1 255名，超额完成目标任务。组织优秀女企业家走进校园举办“放飞梦想，快乐创业”创业理想与实践报告会，向女大学生传授创业经。以家政服务为重点，为下岗、失业女性和农村进城务工妇女排忧解难。全年全市为妇女提供就业指导服务3 201人次，职业介绍服务3 758人次，6 500名城镇妇女实现再就业，女性从业人员总数比例占到45%。

【妇女儿童维权工作】 2010年，市妇联联合市综治委、市法制局等单位汇编了《攀枝花市妇女儿童维权手册》，发放3 000余册。各级妇联以法律咨询、展览展示、悬挂横幅、文艺宣传等多种形式送法律进社区、进学校、进家庭、进农村，广泛开展了普法宣传活动。市妇联组织“巾帼法律服务志愿者队伍”送法律到乡镇、到企业、到社区，分别在仁和区大田镇、钢城集团、西区格里坪社区等地开展10场普法讲座，让百姓知法、懂法、用法。配合综治委开展“平安家庭”建设、“不让毒品进我家”禁毒宣传等活动。全年全市各级妇联展出有关男女平等基本国策、《妇女权益保障法》、《未成年人保护法》等内容的板（墙）报、宣传栏83期，开展妇女普法知识讲座和普法宣传活动242场次，发放法律法规宣传单23 000余份。

市妇联与市司法局联合印发《关于加强调解工作，切实维护妇女儿童合法权益的意见》，成立“攀枝花市妇女儿童权益纠纷调解工作指导小组”。开展刑释解教妇女的帮教工作，市妇联与司法局联合出台《关于加强社区矫正、服刑在教人员管教和刑释解教人员安置帮教工作的分工方案》，结合妇联职能职责积极参与帮教工作。根据《2010年未成年人保护“三项任务”实施方案》，市妇联制定未成年人保护“三项任务”家庭暴力遏制方案，就此项工作开展专题部署，推动未成年人保护工作。

2010年，市妇联成立“婚姻家庭心理热线指导中心”，设立咨询室，开展心理辅导52人次。协调电信在5县（区）开通12 338妇女公益维权热线。加强与社区居委会、村民委员会的沟通协调，指导基层工作人员正确调解、处理矛盾纠纷。各级妇联认真做好信访接待工作，为妇女释疑解惑，引导妇女通过合法途径表达利益诉求。全年市、县（区）、乡镇（街道）妇联共接待群众来信、来访、来电总数1 224件次，办结率为99%。在办理信访案件时，对存在隐患的案件，及时通报有关部门，消除影响社会稳定的不利因素；做好妇女的思想教育工作，鼓励妇女树立“四自”精神，积极化解家庭和社会矛盾，维护家庭和社会的稳定。

【城乡环境综合治理“进家庭”工作】 2010年，市妇联继续落实责任分工，按照城乡环境综合治理指挥部的统一安排和部署，深入推进城乡环境综合治理“进家庭”和“除陋习、树新风”专项行动。

市妇联在西区召开“美化环境、低碳生活，共建和谐家园”工作推进会，交流工作经验，现场参观西区城乡环境综合治理成果，向全市广大家庭发出《美化环境、低碳生活，共建和谐家园》倡议书，倡导“低碳生活十件事”，举行带头“除陋习、树新风、治四乱”、引领全市广大家庭积极投身城乡环境综合治理美化活动的集体承诺。以职业道德、社会公德、家庭美德、健康理念、卫生知识普及为重点，组织以会代训、借助媒体宣传造势、针对性编写学习读本、印发资料，邀请家教讲师团专家开展巡回讲座，组织医疗卫生专家进村入户讲解、义诊。举办各种宣传培训活动85期，培训工作骨干及妇女群众3万余人。动员组织广大妇女及家庭开展“洁美家庭”、“低碳家庭”、“绿色家庭”、“星级农户”创评示范和“巾帼治脏进万家”等特色工作，通过巾帼文艺宣传队、文明劝导队等开展宣传教育、文明劝导、家庭互评互检等活动，发挥以妇女的行动影响家庭、以家庭带动村居、以村居推动城乡环境综合治理的积极作用。

【未成年人思想道德建设】 2010年，市妇联以“科普宣传月”、“‘三八’维权周”等为契机，通过广播、电视、报刊和散发宣传资料、办板报、召开家长会、座谈会等形式，广泛宣传《公民道德建设实施纲要》、《未成年人保护法》、《儿童发展纲要》、“三优”知识、家庭道德建设对促进未成年人健康成长的重要意义及正确的家庭教育观念和科学的家庭教育方法，营造有利于未成年人思想道德建设的家庭氛围和社会环境，优化儿童的生存和发展环境。会同关工委4次到西区开展家庭教育试点工作调研，在全市推广西区试点经验。联合市文明办、市教育局、市关工委等开展“父母大讲堂——争做合格家长，培养合格人才”家庭教育巡回讲座，为期14天，全市5个县（区）24所中小学校11 600余名学生家长参加了讲座。继续开展“小公民”道德建设实践活动。2010年10月22日，在东区文化馆召开攀枝花市2010年度优秀“小公民”表彰大会，表彰全市优秀小公民24人。

【民生工程项目】 2010年初，攀枝花市委、市政府将市妇联“灾区母亲安居工程”和3个“儿童友好家园”纳入全市民生工程考核范围。至年底，市妇联全面完成了目标任务。

2009年，省妇联支持攀枝花市实施“灾区母亲安居工程”项目，帮助受灾贫困母亲重建家园，计划投资50万元建房补助款（“灾区母亲安居工程”50户，每户1万元，共50万元）。经征求基层组织意见，市妇联将“灾区母亲安居工程”项目主要放在受“七二七”暴雨、洪灾较重的米易县和受“八三0”地震影响的仁和区。米易县40户，其中攀莲镇17户、撒莲镇23户；仁和区大龙潭乡10户。项目建设纳入区县灾后重建标准统一管理。截至2010年11月底50万元补助款全部到位，50户灾区母亲安居工程全部建成并投入使用。

2008年攀枝花“八三0”地震后由市妇联、市妇儿工委办积极争取的联合国儿童基金会援助项目——“儿童友好家园”项目。截至2010年12月，3个家园累计入园儿童5 000余人、5万余人次，基本上覆盖了家园所在区域（仁和平地镇、大龙潭乡，盐边和爱乡）的学龄及学龄前儿童。自2008年年底开园以来，联合国儿基会向3个“儿童友好家园”投入物资、人员工资、运行经费、培训经费等共计100余万元，仅2010年，就向3个“儿童友好家园”提供人员工资、运行经费、督导经费等项目资金共计262 800元，并组织市、县（区）妇儿工委办工作人员和3个家园12名工作人员3次到成都参加业务培训。至年底3个“儿童友好家园”运行正常，市、县（区）两级妇儿工委办的日常管理、督导和协调到位。3个家园立足于发展成为当地儿童活动中心这一目标，整合资源，通过举办富有特色的主题活动，开展心理支持服务，开展多形式的游戏、娱乐活动，开展卫生、安全服务与家庭教育等综合性服务活动，不断拓展服务范围，发展势头良好，当地群众和儿童对家园的知晓度和认同度达90%。

“儿童友好家园”成为3地儿童活动的课外阵地，为推动儿童的身心健康发展发挥了较大作用。2010年8月，市政府下发《攀枝花市人民政府办公室关于印发省政府妇儿工委办关于儿童友好家园可持续发展实施意见的通知》，将家园纳入政府长期管理，为家园可持续发展提供政策保障。

【“巾帼惠民关爱行动”】 2010年，全市各级妇联组织积极参与抗旱救灾工作，做好受灾群众的思想稳定工作，引领旱区广大妇女投身抗旱，降低损失。市妇联向仁和、盐边、米易妇联下拨5万元资金帮助抗旱，向大龙潭中心校、和爱中心校等送水近7万瓶。针对低收入妇女、单亲贫困母亲、留守流动儿童、病残妇女儿童等群体的实际困难，争取各方支持，为特殊妇女儿童500余人送去慰问金10多万元，送学习、生活用品等价值20多万元。争取全省公共卫生重大项目资金支持，对仁和区平地镇、中坝乡2 000余名农村妇女进行了乳腺癌免费筛查，对筛查出来的重病患者，实施医疗救助。两辆“母亲健康快车”深入边远山村，为4 000余名妇女进行妇女生殖健康保健知识培训，发放宣传资料5 000余份，发放妇科药品价值2 000余元。举办“关爱女性，促进乳腺健康科普巡回大讲堂”，3 000余名妇女听取讲座。市妇联还联合市委宣传部、市广电局等单位举办大型公益相亲活动——山城啤酒全城热恋《小科帮忙》七夕相亲汇，为2 000余名单身男女搭建交友相亲平台。

（徐云芳）

军　事

地方武装

【概　况】 2010 年，攀枝花军分区辖东区、西区、仁和区、米易县、盐边县 5 个人武部和攀钢集团公司、攀煤(集团)公司、十九冶金建设公司 3 个大企业武装部。12 月，政治部主任杜润明调泸州军分区任职，张德勇任政治部主任。

2010 年，军分区在大事要事多、任务重的情况下坚决执行两级军区党委和市委的决策指示，紧贴使命任务，狠抓工作落实，部队和后备力量建设呈现整体推进、持续发展的良好形势。扎实抓好以军事斗争准备为龙头的各项工作落实，思想政治建设成效明显，战备水平有新提高，国防后备力量建设有新发展，综合保障取得新的成绩。军分区受到成都军区通令嘉奖、被省军区评为安全稳定工作先进单位，仁和区人武部被四总部(总参谋部、总政治部、总后勤部、总装备部)表彰为全军抗旱救灾先进单位，盐边县人武部被省军区表彰为全面建设先进人武部，市委书记、军分区党委第一书记赵爱明被中国人民解放军总政治部评为全国国防后备力量建设十佳新闻人物。

【思想政治建设】 2010 年，军分区围绕“三个确保”(确保中国人民解放军始终成为党绝对领导下的人民军队，确保国防和军队建设科学发展，确保有效履行新世纪新阶段中国人民解放军历史使命)时代课题，研究出台加强学习型党委、机关建设的制度措施，狠抓图书室、10 分钟讲坛和电子宣传栏等学习阵地建设，印制理论学习“口袋书”100 余册和各种学习辅导资料2 000余份，学习活动蓬勃开展。深入开展“艰苦奋斗，献身使命”主题教育和“弘扬战区五种精神[‘两不怕’(一不怕苦、二不怕死)精神，老西藏精神，老山精神，川藏线精神，抗震救灾精神]，忠诚履行历史使命”学习实践活动，党的创新理论更加深入人心。积极改进教育方法、搞活教育手段，将教育融入大项工作中，充分利用电视会议系统，采取各级培训、专题学习、讨论交流相结合的方法，邀请 4 名地方知名专家进行理论辅导，军分区党委常委每季度轮流为官兵、职工上政治课，官兵的军魂意识、宗旨意识和使命意识得到进一步强化。抓好学习实践活动整改落实后续工作，协调市委编办解决人武部武器仓库和训练基地机构编制问题。认真做好完成多样化军事任务中政治工作，结合抗旱救灾等重大任务，开展强有力的思想政治工作，抗旱救灾经验被省军区转发。2010 年，全区在市级以上报刊、杂志、电台、电视台、网络上稿 547 篇，其中中央级 82 篇、军区级 30 篇、省级 187 篇。政治部干事安洪志被省军区评为新闻报道先进个人。

【党委班子和干部队伍建设】 2010 年，军分区坚持每季度召开党委议训、议管、议教会议，研究解决部队思想政治工作、安全管理、民兵应急队伍建设等重难点问题，党委核心领导作用更加有力。加大蹲点帮带力度，深入调查研究，着力提高党委班子把关定向、贯彻落实科学发展观的能力，分区党委常委多次深入西区、仁和区、米易县人武部现场办公，协调解决西区人武部国防动员综合大楼建设和仁和区人武部营区重建遇到的难题。按照两级军区党委统一部署，在全区党委机关中扎实开展“增强党性、严守纪律”专题教育整顿和作风纪律教育整顿，狠抓收受钱物、违规驾车、酗酒滋事、打麻将赌博、涉足不健康娱乐场所等倾向性问题专项整治；扎实开展“三项清理”(清理超占干部、士兵，清理多占多购住房，清理违规购置使用车辆)整治，对超占干部、多占多购住房、违规购置使用车辆进行细致的清理清查。着力抓好党风廉政建设，加强工程建设、经费开支、干部使用、兵员征集等敏感问题的纪检监察工作。调整 2 个人武部党委班子，选送 6 名干部培训深造，圆满完成 3 名转业干部和 2 名退休老干部移交安置。积极开展干部岗位练兵，参加省军区政工干部比武取得较好成绩。全年走访慰问老干部及遗孀 70 余人(次)。做好计划生育经常性教育管理和服务工作，圆满完成年度 10 项工作指标。

【军事斗争准备】 2010 年，军分区狠抓战备工作落实，建成军分区、人武部应急指挥通信系统和野战指挥所平台，各单位“三室两库”(作战室、作战值班室、战备资料室、战备图库、战备器材库)达到规范化要求，军分区国防通信建设经验被省军区转发。修订完善军分区应急作战方案及配套案，指导各人武部开展预案修订工作。全面贯彻落实新大纲，狠抓首长机关和民兵应急队伍训练，组织“天府使命

2010"军分区带人武部野战指挥所演习,深入进行作战方案论证和作战理论研究。组织攀钢民兵高炮分队赴西昌接受成都军区实弹战术考核,取得首航首发命中、"空中开花"的优异成绩,民兵高炮分队实弹战术演习做法被省军区转发。加强民兵组织建设,积极调整规范应急维稳分队、应急救援分队和勤务保障分队建设秩序,完成9 125名基干民兵组织整顿工作和4 811名地方与军事专业对口人员、3 792名退伍军人服预备役的登记统计工作。认真开展国防潜力调查,完善全市国防动员指挥控制管理系统数据库。圆满完成新兵征集、5 名士官招收、3 名士官套改、3 名战士退役任务。狠抓司令机关全面建设,司令部接受省军区考核总评成绩优秀。

【按纲抓建】 2010 年,军分区贯彻两级军区《基层建设纲要》(简称纲要)集训精神,采取连队化管理、院校式教学、课题式研究、"无字"专题贯彻始终等多种形式,组织全区 124 名干部、战士、职工,开展两期学习贯彻《纲要》培训,坚持把系统的理论学习、针对性课题研究、作风纪律培养、基层生活体验融为一体,学习《纲要》与实践《纲要》有机统一,强化各级按纲抓建意识,理清按纲抓建思路,提高按纲抓建能力。紧紧扭住"四个基本"(抓好基本教育、建好基本队伍、落实基本制度、完善基本设施)和八项经常性(扎实做好动员准备,落实战备工作,加强军事训练,加强思想政治教育和文化、保卫工作,严格行政管理,密切内外关系,搞好后勤装备保障,加强以党委为重点的组织建设)工作不放松,制定出台《人武部开展"双争"活动的实施意见》(争创先进人武部、争当先进人武部主官)等制度,人武部建设步入按《纲要》建、按《大纲》训、按条令管、按制度办的良性轨道。坚持把"两课一讲评"(军区党委常委每季度为全区团以上党委机关上一次党课,军师级党委常委每季度为团以上党委机关上一次政治课,旅团单位主官每月对所属干部进行一次讲评)、"六项制度"(定期分析部队思想形势制度,定期讲评干部骨干制度,定期谈心谈话制度,定期安全检查制度,定期排查个别人制度,对要害部位人员进行政审制度)、"三互"(互学、互帮、互教)活动等制度作为加强"两个经常性工作"(经常性的思想工作、经常性的管理工作)的基本抓手,出台《落实"两个经常性工作"的实施办法》,全区官兵职工思想稳定,风气纯正,未发生违规、违纪和乱告状、乱上访的人和事。扎实开展创先争优活动,结合实际制定《开展创先争优的实施意见》,形成创先争优的浓厚氛围。

【征　兵】 2010 年,军分区开展冬季征兵工作,在四川省征兵工作会议结束后,市征兵领导小组迅速召开会议,传达学习省征兵会议精神,并对攀枝花市 2010 年冬季征兵形势进行客观细致的分析。10 月 15 日,召开全市征兵领导小组会议和征兵工作会议,对市征兵领导小组成员进行调整,部署2010 年冬季征兵工作,落实征兵工作经费,并抽调市公安局、市教育局、市民政局和市卫生局的具有丰富征兵工作经验的人员组成市征兵办公室。征兵工作展开后,相继下发《关于 2010 年冬季征兵工作的安排意见》、《关于严格执行〈征兵政治审查工作规定〉的意见》等文件,在主要新闻媒体上刊载兵员征集公告、廉洁征兵公开信,有效保障 2010 年冬季征兵工作正规有序。加强征兵宣传力度,使国防教育和"一人参军,全家光荣"的观念深入人心,广大适龄青年积极踊跃报名参军。2010 年冬季征兵共1 089名适龄青年报名,上站体检1 075人,体检合格 377 人,政审合格 345 人,共征集新兵 321 人(含 11 名女兵)。征集的新兵中高中(含中专、职高、技校)以上文化程度的有 202 人,占征集数的 62.9%,其中大专以上文化程度 48 人,占征集数的 15%。党员 4 人,团员 134 人,占征集数的 43%,新兵的整体素质高。

【安全稳定】 2010 年,军分区深入学习贯彻共同条令、《安全条例》,开展"条令学习月"、"安全检查教育周"活动。结合省军区防范重大安全事故集训精神,分析研究军分区安全管理形势,修订完善军分区、人武部防范重大安全问题预案。加强对各级人员的管控,狠抓人员八小时以外社会交往管理,制定出台《军分区干部、职工社会交往管理规定》等措施,建立单位、社会、家庭监管机制,干部、职工没有发生严重违纪和有社会影响的问题。发挥 GPS 监控系统对车辆的管理作用,车辆管理较为规范有序。组织对全区民兵武器仓库清查整治,及时发现处理存在的安全隐患和问题,3 大企业民兵武器弹药由军分区集中统一管理,圆满完成 9 个品种、433 发(枚)、400 千克报废弹药销毁任务,武器装备管理进一步规范。加强进出营区人员盘查询问和夜间巡逻制度,营区秩序进一步正规。开展保密工作专项整治,每季度坚持对各单位保密室和涉密存储载体进行安全检查,及时纠治存在的问题。加强警备纠察工作,开展打击"假军车、假军牌"活动,有效维护军队纪律和军车良好形象。

【综合保障】 2010 年,军分区严格财经纪律,落实党委领导下的"一支笔"签字审批制度,完善人武部双主官签字制度,坚持大项经费开支党委审议制度,强化资金和银行账户的管理,人武部家底经费均达标。扎实开展"打击假发票"和"整治小金库"活动,先后两次对全区经费使用情况进行审查。坚持做到纪委参与、审计前移,在转业干部确定前、人武部主官调整交流前、会计出纳调动前提前审计,确保经费运行安全。扎实开展业务培训,3 月初,组织全区 8 名财务干部进行为期 5 天的业务培训,集中编制年度预算,规范经费管理。参加省军区组织的财务业务评比,综合成绩"优秀"。5 月初,组织 7 名驾驶员进行为期 15 天的复训,进一步提高驾驶员的业务技能。全面开展灾后恢复重建工作,完成职工家属楼、危旧库房拆除和营区场地平整、干部周转房装修、招待所维修加固等工作，建成机关战士集体宿舍楼，圆满完成上级下达的11项灾后重建任务。完成军分区经济适用住房和首长公寓楼工程审计决算工作。西区人武部综合大楼建成使用，仁和区人武部综合大楼建设全面展开，米易县人武部启动搬迁工作。结合任务特点，组织人员开展现代后勤保障工作调查研究，先后在《后勤》、《军队财务》等刊物发表研究文章13篇。

【参建参治】 2010年，军分区继续巩固发展两届"全国双拥模范城"成果，开展形式多样、内容丰富的双拥共建活动。大力开展扶贫帮困活动，给扶贫联系点协调扶持资金10余万元，捐资助学3万元。继续开展军地联防联治共建平安活动，教育疏导和帮困解难相结合，做到让每名信访人员满意而归。进一步健全完善市、县(区)维权工作长效机制，推动维权工作逐步走上法制化、规范化轨道。围绕市委提出的"打造中国钒钛之都，建设特色经济强市"和"四个倾力打造"的战略目标，积极组织民兵预备役人员参建参治。2010年，全区共出动官兵1.9万人(次)，完成抗旱救灾、疫情控制、洪灾抢险、扑灭山火、打击煤炭私挖盗采、维护社会治安等任务，受到地方党委、政府和人民群众的好评。军分区积极组织民兵参加新农村建设、植树造林、扶贫帮困活动，为地方经济发展和社会稳定作出积极贡献。2010年，攀枝花市被评为"全省双拥模范城"。

(许正选)

武　　警

【思想政治教育】 2010年，武警攀枝花市支队把培育党和人民忠诚卫士作为思想政治建设的根本任务，注重用党的创新理论和军人核心价值观凝神聚气、引领成长。着眼筑牢警魂意识，实现"三个确保"(确保始终成为党绝对领导下的人民军队、确保国防和军队建设科学发展、确保有效履行新世纪新阶段历史使命)目标，强化课堂教育"主阵地"作用，活用"四句话教育法"(人人是教员、事事是教材、处处是课堂、时时受教育)，采取领导宣讲、专家辅导、板报宣传、体会交流、战友博客、典型激励、参观见学等形式，巧用网络信息、善借地方资源、统筹官兵力量、以战士现身说法取代干部唱独角戏，以图文并茂的多媒体教学取代黑板粉笔，以说唱谈写取代单纯抄笔记背理论，不断深化"践行当代革命军人核心价值观，永远做党和人民忠诚卫士"教育效果，确保官兵政治立场坚定，思想道德纯洁。拓展教育渠道，把培育军人核心价值观贯穿于急难险重任务和日常工作生活，广泛开展"读红色书籍、唱红色歌曲、看红色影视、讲红色故事"等配合活动。以每日小讲评、每周小周记、警营小板报、讨论小交流、读书小演讲、新闻小点评、文艺小表演、影视小评论等"八小"活动为依托搞活群众性自我教育，官兵求知欲望、成才愿望基本得到满足，整体素质普遍提高。"八一文艺汇演"、"话平安、颂老兵文艺汇演"受到省武警总队首长充分肯定。深入开展密切内部关系、警示性法制教育及"深知兵，真爱兵"普遍谈心活动。动态把握零散人员、性格孤僻人员、伤病残人员、考学提干落选等人员思想脉搏，深入细致做好一人一事思想工作，帮助解决实际困难，化解思想矛盾，进一步端正官兵价值追求，打牢爱岗敬业，履责奉献的思想根基。积极发动官兵为部队建设提谏言、写格言、叙感言，官兵主体地位、首创精神得到尊重和发挥。1个中队、3个班排荣立集体三等功，24名官兵荣立个人三等功；139名战士被支队评为"优秀士兵"，1名战士考入武警成都指挥学院，警通勤务汽车中队网络管理员潘鹏获武警总部士官优秀人才三等奖。

【组织建设】 2010年，武警攀枝花市支队始终坚持以先进性建设和能力建设为重点，狠抓"争创学习型党委机关、争做学习型领导干部"教育活动，运用学习成果指导部队建设，推动工作实践，不断提升部队全面建设质量和水平。深入研究支队发展历史，准确定位支队建设现状，引领各级正确处理做官与做事、眼前与长远、全面与重点、软件与硬件等关系，形成的"三个宁可"(宁可不申报先进，也不争夺虚名；宁可主动亮丑挨批评，也不藏忧护短；宁可默默无闻打基础，也不急躁冒进)、"三个力戒"(科学定位，力戒心浮气躁；整治"短板"，力戒急功近利；纯正风气，力戒弄虚作假)、"三个强化"(强化统筹协调功能，防止"好心办坏事"；强化按纲抓建意识，防止"心急办砸事"；强化培训激励机制，防止"外行乱办事")等共识深入人心。坚持统好"三股力量"(班子的力量、官兵的力量、社会的力量)，用好"四个机制"(统筹机制、帮建机制、考评机制、激励机制)，不断增强党委班子把握政治方向、统揽全局、面对面抓落实本领。采取以会代训、难题会诊、参观见学、经验交流和领导帮带等措施，基层党支部"三个能力"(领导部队全面建设的能力、解决自身问题的能力、带领官兵遂行作战任务的能力)明显增强，"一线战斗堡垒"更加坚固，"双创双争"(争创先进中队，争当优秀士兵；争创先进党组织，争当优秀共产党员)活动扎实，官兵比学赶帮超氛围浓厚。8个基层党支部整体发展平衡，没有明显的弱班子、散班子。第三中队党支部被省武警总队表彰为先进基层党支部，第一中队中队长杨进涛被省武警总队表彰为优秀党员、盐边县中队政治指导员樊江被省武警总队表彰为优秀党务工作者。盐边县中队被省武警总队表彰为"基层建设标兵中队"，第一、三中队被省武警总队表彰为"基层建设先进中队"。

【干部队伍建设】 2010年，武警攀枝花市支队以教育为前提,以培训为途径,以管理为手段,以服务为宗旨,坚持干部季度分职级排名和“双十佳”(十佳机关干部、十佳基层干部)评选表彰,狠抓干部队伍建设。针对干部素质能力发展不均衡的实际,贯穿全年开展“大练基本功”活动。先后召开基层正规化建设和后勤规范化现场会各1次;组织机关干部和基层大、中队军政主官巡回观摩见学1次;举办基层党委(支部)书记培训、《军队基层建设纲要》培训,副连职、排职干部、团支部书记集训各1期;选送5批干部参加武警总部、省武警总队组织的各级各类培训,受训干部思想观念得到更新,履职能力明显提高。借鉴省武警总队营以上干部考评办法,综合干部德能勤绩廉现实表现,按职级对支队干部分类排名,27名干部被支队评为“优秀干部”,没有不称职干部。针对干部队伍面临“提不了、走不了”的体制问题,先后开展“明辨是非荣辱,端正价值追求”教育、履职尽责教育、作风纪律教育整顿以及“四个正确对待”(正确对待利益得失、正确对待进退去留、正确对待组织、正确对待同志)教育,各级干部大局意识、奉献意识和事业心、责任感进一步增强。积极探索部队分散条件下抓干部管理的特点规律,坚持把远的拉近管、近的重点管、散的跟踪管,从严管控干部休假和已婚基层干部周末轮休,每天对机关干部实行上下班点名,8名机关单身干部集中住宿,不定时抽查“八小时”外活动情况。做好干部转业安置工作,2名转业干部愉快离队、按时报到,满意率达100%。充分发挥家属委员会管干部的作用,加强对干部的“三圈”(工作圈、生活圈、交往圈)的监督和管理,保证思想、行为不失控。主动帮助干部解决实际困难,积极协调随军家属就业创业,派出专人为干部子女入学、入托联系学校,有效解决干部的后顾之忧,进一步激发了干部爱岗敬业的内在动力。盐边县中队被省武警总队表彰为“深知兵、真爱兵”先进单位,中队长刘红兵被表彰为“深知兵、真爱兵”先进个人。

【军事训练】 2010年,武警攀枝花市支队围绕任务抓训练,着眼提高能力保中心,始终把军事训练作为战斗力生成提高的重要途径,坚持依法治训、按纲施训、科学组训,部队整体战斗力进一步增强。区分层次抓基础训练,依据《军事训练与考核大纲》,首长机关完成规定的训练科目和训练日,参训率达80%以上;基层警官在完成随队训练的基础上,完成规定的训练科目和训练日,机动分队完成规定的训练科目和训练日,参训率达85%以上;执勤分队完成规定的训练科目和训练日,参训率达70%以上;后勤分队(专业技术兵)完成规定的训练科目和训练日,参训率达70%以上。贴近任务抓专勤专训,强化体能、射击、“三员一兵一组”(作战勤务值班员、网络查勤员、领班员;执勤哨兵;三人应急小组)协同、哨兵紧急情况处置等科目的训练,为圆满完成经常性执勤任务奠定了坚实基础。提高质量抓拓展训练,先后举办执勤法规网上研讨、预提指挥士官集训、反恐骨干集训、警犬集训和3批勤训轮换,官兵遂行急难险重任务能力得到有效提高。做好反恐维稳准备,年初,将采购的新型特种作战装备器材装备部队,建成以快速反应班为基础、反恐特点分队为骨干的核心区域突击力量。整合资源抓综合演练,在抓好战术合成、协同训练的基础上,7次组织首长机关协同紧急出动演练和敏感时期针对性实兵实装综合演练。年终考核,所有基层单位军事训练成绩均在良好以上,部队遂行以执勤、处突、反恐、抢险救灾为中心的多样化任务能力明显增强。司令部警务装备股正连职参谋刘麟被省武警总队表彰为优秀参谋人员。第一中队副中队长唐光伟、第五中队中队长陈志谋、第二中队代理排长吴伟、警通勤务汽车中队代理排长杨洪波分别被省武警总队表彰为优秀教练员、优秀执勤能手、优秀训练能手、优秀技术能手。第一中队班长杨前在省武警总队军事大比武中名列前茅,荣立个人三等功一次。

【战备执勤】 2010年,武警攀枝花市支队始终坚持把执勤作为部队建设的重中之重紧抓不放,注重把上层推动的成果转化为部队建设的实际效果,强力推进执勤“四防一体化”(人防、物防、技防、联防)建设,全力排查整治执勤隐患,确保中心任务圆满完成。夯实人防基础,全面落实“三员一兵一组”(作战勤务值班员、网络查勤员、领班员;执勤哨兵;三人应急小组)组勤模式,坚持在严密勤务部署、严格勤务值班、科学执勤编组、加强勤务领班、周密拟制执勤方案、努力提高哨兵执勤能力上下工夫。采取网络覆盖全程管、不打招呼随时查、跟踪指导抓末端、及时通报促整改等方法,正规执勤值班秩序,形成常委编组查勤、网上跟踪录像、网上每日通报、周交班会通报、月交班会综合讲评等制度规范,执勤“常见病”、“多发病”得到较好解决。筑牢物防屏障,充分运用“双平安”(平安目标、平安营区)载体,以勤务检查鉴定活动为契机,以《正规化执勤等级评定实施办法》为依据,协调目标单位逐条逐项对执勤隐患进行排查整治。完成守护目标执勤设施改造和哨兵观察死角摄像机的安装调试,养好训好助勤犬,警犬助勤效益发挥明显。改善技防手段,在升级原有三级网的基础上,建成新机关作战指挥中心、网管中心,完成智能跟踪报警系统建设,所有哨位实现远程查勤到哨位、专网电话到哨位、语音对讲到哨位要求。提升联防合力,以“三共”(共建、共管、共保安全)、“三个一遍”(到目标单位走访一遍、对执勤设施检查一遍、将执勤情况分析研究一遍)为载体,密切与政法、公安及目标单位的联系。2009年12月和2010年4月、6月,组织联合工作组逐目标排查执勤隐患,落实风险评估,分片划区解决执勤相关保障。同时,各基层中队与目标单位签订“三共”活动协议书,与各级政府、公安、治保、街道等建立联合防控网络,增强警地联防,共创平安合力。在确保固定执勤目标绝对安全的基础上,圆满完成各类临时勤务36起,用兵5 433人次。第三中队于火车经过前1分钟成功排除大树横卧铁轨的突发险情,受到目标单位的肯定和表扬。支队被省武警总队表彰为2010年度正规化执勤一级支队机关。3月16日,支队举行处置大规模群体性事件紧急出动演练,为有效维护驻地和谐稳定打下基础。8月20日,支队出动250名兵力,圆满完成"攀枝花金芒果之夜"主题文艺晚会安保任务。9月15日,按照市政府、市公安局统一部署,支队出动55名兵力在攀枝花保安营机场参加由市公安局牵头组织的多部门、多警种机场应急救援综合演练。9月27日,支队出动100名兵力参加国庆集中清查行动,配合公安机关查处违章车辆8台、挡获犯罪嫌疑人2人、收缴管制刀具5把。10月17日,支队根据省武警总队和市公安局命令,连夜集结200名兵力进入一级战备,做好处置涉日突发事件准备。11月27日,支队出动200名兵力担负攀枝花欢乐阳光节开幕式暨《电影爱攀枝花》大型明星演唱会安保任务,参勤官兵克服时间长、现场难控制等困难,依法文明执勤,展示了武警官兵威武之师、文明之师的良好形象。

【后勤建设】 2010年,武警攀枝花市支队以规范化精细化管理为主线,突出保中心、保生活、保基层,狠抓后勤队伍、战备训演、经费物资管理,不断提高后勤综合保障水平。从培养后勤队伍"明白人"入手,在选送驾驶员、卫生员、汽车修理工参加上级培训的基础上,先后举办司务长、炊事员、军械员集训,卫生员、驾驶员复训,组织司务长巡回观摩见学和后勤规范化精细化管理现场会,进一步增强后勤队伍履责能力,提高专业保障水平。针对后勤人员大多管钱管物,容易被拉拢腐蚀的实际,狠抓廉洁自律教育,打好拒腐防变主动仗。同时,加强新机关建设等大项工程的审计监督、组织监督和群众监督,杜绝经济违纪问题发生。修订完善《资产经费管理实施细则》、《物资集中采购实施办法》等5个管理规定,分片区组织财务审计普查、基层伙食检查,狠抓预算控制,严防超进度、超范围开支和超权限审批。采取支队代发工资、支队和基层主官开通短信银行等手段,加强资金安全管理,有效规避资金安全风险。坚持落实主官联签双审制度,将机关业务性开支全部纳入集中采购,实行供、管、用三权分离,增强经费保障效益。坚持落实每月巡诊制度,抓好县(区)中队属地医疗保障,畅通偏远单位医疗"绿色通道"。把枪弹管理作为帽子工程来抓,严格落实枪弹管理制度,加大人防、物防、技防、制防力度,实现"一人取不出,外部盗不走,动用有感知,应急有保障"目标。完善抢险救灾、跨区增援等各类后勤应急保障预案,加强军需、油料、宿营、卫勤等应急保障物资的筹措和储备,组织战备车辆紧急启封与紧急出动、野战条件下炊事作业、战伤自救互救等科目的训练演练,进一步提高后勤应急综合保障能力。持续加大经费投入,努力改善官兵学习、工作、生活条件,所属单位均实现教学多媒体化、办公网络化、营具铁制化、厨房设施不锈钢化、室内公共场所空调化目标。支队被武警总部表彰为"卫生文明警营"达标单位,支队后勤处被省武警总队表彰为先进后勤机关,后勤处处长王宏被表彰为优秀后勤干部。

【警民共建】 2010年,武警攀枝花市支队支持驻地新农村建设,开展拥政爱民工作,与盐边县惠民乡德阳村结成扶贫和党员互助对子,开展送文化、医疗到村社等助民活动。主动参与驻地抗旱行动,4月2日,出动官兵150名,车辆10台,协助仁和区平地镇波西村开挖沟渠4 000多米,修缮水利设施10余处,清理塘坝9个,捐赠价值3万元的纯净饮用水和6万余元的抗旱机械,捐款2万余元,帮助6个村(屯)解决生产生活用水难题。与地方32个单位结成共建对子,大力开展警民共建活动。组织警民联欢、座谈等活动16次;参加义务巡诊、义务劳动日6个,军乐队义务演出46场(次);积极参与"让贫困学子圆大学梦"活动,资助10名贫困学生,长年义务照顾2名孤寡老人;深入市福利院、各县(区)敬老院、特殊学校进行走访慰问;配合驻地院校加强国防教育,为攀枝花学院、机电学院、市第三、十、十一、十五、十九中学、经贸旅游学校、十九冶技工学校等单位军训学生12 148人。

【文化宣传】 2010年,武警攀枝花市支队坚持以"强化警魂意识、培育战斗精神、陶冶官兵情操、促进安全发展"为主题,积极搭建育人平台,有力促进部队全面建设科学发展、安全发展、创新发展。紧贴官兵思想实际,加强警营政治文化环境建设,将灯箱文化、石艺文化、根雕文化、网络文化引进警营,打造出集传统、战斗、网络、廉政"四位一体"的警营文化新格局。积极发展网络文化,建立局域网教育资料库、电子图书馆和影视文化园地、开辟"新闻中心"、"资料集锦"、"精品文摘"、"网络警史馆"等栏目,使学习教育更加形象化、生动化、快捷化。支队网站改版3年来,访问量达50万余次,走在全省武警部队前列。以官兵喜闻乐见的形式开展"兵写兵、兵唱兵、兵演兵、兵赞兵"活动,先后举办2次大型文艺汇演,2次演讲比赛。大力开展"四有"(队列集会有歌声、周末假日有活动、重大节日有晚会、体育每月有比赛)活动,切实让板报办起来、喇叭响起来、标语挂起来、网络用起来、竞赛比起来。举办3期文体骨干培训,较好解决基层单位文艺骨干缺乏、文体器材作用发挥不好的问题。为满足官兵日益增长的精神文化需求,投入经费给基层官兵购买学习书籍,订阅报刊杂志,改善学习条件。开展警地两用人才培训,采取报销部分学费的方法,鼓励官兵参加函授学习和自学考试,改善官兵知识结构,增强部队建设发展后劲。开展舆论宣传工作。年内,在省级以上报刊(网站)发表新闻稿364篇,6篇经验(材料)被省武警总队原文转发,其中,运用信息网络手段加强部队安全管理的经验获省武警总队优秀论文奖。警通勤务汽车中队班长马飞的书法作品获省武警总队“第二届廉政书画展”二等奖。

（蔡常青）

人民防空

【概　况】 2010年，攀枝花人防民防工作，大胆创新，突出重点，参与城市建设，努力推进“两防一体化”（防空、防灾一体化建设），在人防发展中坚持做到战时应战、平时应急、融入发展、服务民生，坚持把高起点谋划、高标准定位、高质量推进贯彻每个环节，把握“重在建设”核心，加强统筹规划，加快推进人防建设的市场化转型，努力建设统一、快捷、高效的应急机制，实现由单一战时防空向防空防灾一体化的转变。2010年，市人防办由议事协调机构的常设办事机构调整为市政府工作部门，加挂“民防局”牌子；新增开展全市群众防空防灾公共安全和避灾知识宣传教育、普及公民防护基础知识和技能、避难场所规划建设与管理、承担政府赋予的应急救援任务等民防工作有关职责。2010年，在第六次全国人民防空会议上，攀枝花市荣膺国家国防动员委员会颁发的“全国人民防空先进城市”称号，攀枝花市人防办主任杜勇进被评为“全国人民防空先进个人”。

【人防工程管理】 2010年，市人防办坚持“以建为主，以收促建”的原则，执行《人民防空工程建设管理规定》等法规制度，加强人防行政许可事项审批和事后全过程监管，严格办事程序，推进“结合民用建筑修建防空地下室”（简称“结建”）建设工作，应建必建，应收必收。全年办理民用建筑审批项目86件，其中“结合民用建筑修建防空地下室”审批项目11个，新增人防“结建”面积33 360平方米，工程完好率达100%。严格执行每平方米20元收费标准，无违规减免，全年收取人防易地建设费820万元。

落实“以建为主、以收促建”的原则，建立完善政务公开制、服务承诺制、限时办结制、一次告知制等各项制度，建立服务企业发展联系点，承诺“资料齐全马上办、资料不全指导办、特殊项目跟踪办、紧急项目加班办”，全力为企业发展提供优质服务，发放人防工作“监督卡”500份，聘请监督员18人，接受社会各界监督，实现人防工作“零信访、零投诉、零缺陷、零失误”的目标。

【平战结合】 2010年，市人防办实现社会投入人防工程建设1.9亿余元，开发利用的人防工事3.2万平方米，创工事产值（营业额）1 400万元，平战结合净收入86万元，解决就业岗位960多个。发挥人防工程效益，实现分散化向集约化转变，将金海学府广场的项目工程归并到金海国际大酒店，修建1万多平方米的规模人防工程。

强化全市14 800平方米公共人防工程的维护管理，一把手亲自抓、负总责，分管领导具体抓，安全责任落实到人头，对于早期人防工程，坚持属地管理和单位工程由单位自行管理维护相结合的原则，加大对人防工程的改造和加固力度，加强监管力度，能利用的利用。对全市人防工程进行拉网式检查，重点检查安全制度和操作规程制度落实情况、爆破器材管理情况、安全用电情况及有无易燃易爆违禁物品等情况。针对存在的问题，下发整改通知书督促整改，彻底消除安全隐患。

【组织指挥】 2010年，针对攀枝花山地城市的特点，按照联合防空、区域防空的要求，建立军地联合、平战结合、统一高效的人民防空指挥体系，全市人民防空实行市、县（区、大企业）、街道三级指挥体制，明确机构人员；职责任务；建设完善符合新技战术技术要求的攀枝花市人防应急指挥中心，并列入政府重点建设项目，其建设经费、运行和维护管理经费列入财政年度预算；逐步完善攀枝花市人防应急指挥中心指挥信息系统工程及灵敏可靠的城市二级短波指挥通信网，实现市人防指挥所、三区两县、大企业、人防专业队之间的通信联络；依托军分区、人防和电信有线线路，建立省、市、县（区）三级人防有线指挥网；完善人防短波、超短波、无线指挥通信网络，实现市、县（区）、街道（乡镇）三级指挥通信网络畅通；完善三区两县的城市二级短波指挥通信系统，开通人防军网专线，实现军地互通互连；架设军地视频会议系统，实现军、地和指挥所（应急指挥中心）的互联互通。

按照“先试点，再总结、后推广”的工作模式，发挥好基层人防工作的支撑作用，在东区各街道（乡镇）率先成立人防办，在东区炳草岗街道办事处西海岸社区建立“社区民防工作站”。建立民防宣传阵地，广泛开展人防和公民应急避难知识宣传；组建民防志愿者队伍，适时参加应急救援任务；建立完善相关工作制度，规范建设标准，使人防经常性工作在基层得到较好的落实，做到有组织机构、有职责规定、有工作场所、有工作计划，基本形成“横向到边，纵向到底”的人防建设格局。

【通信警报】 2010年，紧扣防空、防灾相结合的“两防一体化”建设，针对山地城市的特点，市人防办建成以人防应急指挥中心为核心的人防指挥控制、实时监视、警报发放、空情接收等为一体的指挥自动化网络，建立人防无线短波电台二级通信网络，实现与军网对接，与全省系统内互联互通。依托军网建成人防综合信息专网和基于人防专网的视频会议系统，逐步实现全市人防无线通信联网。至年底，全市警报器达到100台（51台电声、22台电动、11台车载、16台手摇），形成无线、有线、固定、移动、手摇等通信警报手段和广播、电视系统等多手段、多样化的警报报知系统，保证了战时群众掩蔽和平时应急抢险的报警需要。

着眼于应战和应急需要，立足山地城市特点和灾害特点，组建100人的人防应急通信专业分队，一并编入攀枝花市人防无线短波机动通信分队。全年首次演练应急指挥所卫星、有线、短波、超短波通信的快速搭建、移动基站的快速架设以及模拟受灾地域短波通信的快速建联等科目。有平时突发灾害情况下人防参与防灾救灾的组织指挥演练，又有极端和应急情况下人防通信手段建设和队伍能力建设的成果展示，达到宣传人防工作、增强防空防灾意识、提高组织指挥水平、检验人防应急通信能力和锻炼人防应急通信专业队伍的目的。

【宣传教育】 落实《关于加强人防宣传教育工作的意见》，围绕庆祝人民防空成立60周年主题，制作人防宣传片，并在市区繁华地段广告栏滚动播出；在“国防教育日”、“防灾减灾日”普遍印发《民防知识手册》，宣传应急救援、防灾减灾，让人防走进百姓中间；组织举办系列人防民防技能培训班，在企业、社区制作人防民防专栏6个，初级中学受教育率达100%，全市受教育人数在4万人以上，人民防空的社会影响力不断提高，公众国防观念和人防意识不断增强。

严格执行《关于印发〈攀枝花市初级中学现代防空知识教育实施暂行办法〉的通知》，加强对全市初级中学学生的人民防空知识教育，全年受教育学生达10 000人。贯彻落实《关于在省级重点人民防空城市大中专院校、党校（行政学院）开设人民防空教育课的通知》，在全市、县（区）及各大企业开设人防教育课20期，受教育人数达6 000人。组织征订《人民防空知识读本》10 000册，并向各社区、居委会发放《城市居民防空应急知识手册》6 000册。

（徐　明）

消　　防

【概　况】 2010年，攀枝花市公安消防支队紧扣“强基础、重长效、谋发展、促和谐”的工作思路，以总书记胡锦涛“三句话”总要求（忠诚可靠、服务人民、竭诚奉献）为统领，以确保火灾形势和队伍建设“两个稳定”为目标，以推进构筑“防火墙”工程和打造“钢城消防”铁军为重点，以加强班子和队伍建设为保证，锐意进取，真抓实干，攻坚克难，不负使命，部队建设取得可喜成绩，火灾形势保持总体平稳，杜绝较大及以上火灾事故发生，为服务经济社会发展、维护政治社会稳定、保障人民安居乐业创造良好消防安全环境。支队被公安部消防局表彰为全国消防部队双百日安全竞赛活动先进支队、全国消防部队“三争优”［争创优秀警种、争创优秀警队、争当优秀警官（士兵）］活动先进单位，被市政府表彰为全市安全生产先进单位，被省消防总队表彰为优秀班子、执勤岗位练兵先进支队、天府消防铁军大比武先进支队、信息调研工作先进单位和财务报表工作先进单位，获得全省消防部队“三句话”文艺汇演优秀奖和全省消防部队“忠诚卫士杯”篮球联赛第三名，特勤中队被公安部消防局表彰为全国消防部队“三争优”活动先进基层单位，特勤中队士官康洋路被省消防总队记二等功。

【火灾情况】 2010年，攀枝花市共发生火灾44起，死2人，伤0人，受灾40户，烧毁建筑4 903平方米，直接财产损失1 555 875元。与2009年相比，起数下降18.52%，死亡人数下降33.33%，受伤人数下降100%，直接财产损失上升17.39%。火灾形势总体平稳，无较大及以上火灾发生。

2010年火灾情况从发生火灾区域看，东区10起，西区10起，仁和区17起，米易县3起，盐边县4起。从发生火灾的原因上看，电气火灾、生产作业类火灾、生活用火不慎是引起火灾的主要原因。电气使用引起火灾19起，占总数的43.18%；生产作业类引起火灾7起，占总数的15.91%；生活用火不慎引起火灾6起，占总数的13.64%。从起火场所上看，住宅、厂房、交通工具居多，住宅引起火灾22起，占总数的50%；厂房引起火灾5起，占总数的11.36%；交通工具引起火灾4起，占总数的9.09%。从行业类别上看，不明、第三产业、第二产业最多，不明引起火灾28起，占总数的63.64%；第三产业引起火灾10起，占总数的22.73%；第二产业引起火灾3起，占总数的6.82%。从火灾发生的时间看，16时~18时、18时~20时、10时~12时时间段发生火灾最多，16时~18时引起火灾8起，占总数的18.18%；18时~20时引起火灾6起，占总数的13.64%；10时~12时引起火灾5起，占总数的11.36%。

【构筑“防火墙”工程】 2010年，市消防支队围绕构筑社会消防安全“防火墙”工程这个中心，在落实消防工作责任中提升消防工作社会化水平和社会防控火灾能力。政府领导消防工作得以加强，充分发挥公安消防部门参谋助手职能，争取党政领导对消防工作和部队建设的重视支持。市委副书记、市长刘晓华，市人大常委会党组书记、常务副主任谢道全，市委常委、常务副市长王川红，市委常委、副市长赵辉，市委常委、政法委书记单荣，副市长殷旭东等党政领导批示肯定消防工作，批示或现场解决消防工作和部队建设中的实际困难，深入单位（场所）和基层消防部队调研指导，带队检查消防安全工作。2010年全市市县（区）党委政府召开消防工作会7次，专题研究消防工作23次，出台文件28个，特别是市政府专门下发《关于构筑社会消防安全“防火墙”工程实施意见》。规划全市构筑“防火墙”工程3年建设任务。社会单位消防主体责任得到强化，督促社会单位全面落实岗位防火责任制和逐级防火责任制，树立消防安全责任主体意识，建立健全“单位全面负责”的社会消防管理责任制。开展社会单位消防安全“四个能力”（检查消除火灾隐患能力、组织扑救初起火灾能力、组织人员疏散逃生能力、消防宣传教育培训能力)建设，制定出台《攀枝花市社会单位消防安全"四个能力"建设及验收标准》，组织召开"构筑社会消防安全'防火墙'工程暨进一步推进社会单位'四个能力'建设誓师大会"，全市120多家消防安全重点单位签订《攀枝花市社会单位"四个能力"建设承诺书》。大力开展社会单位"四个能力"建设培训，共举办培训班25期，培训人员2 000余人。推进"零火灾"示范工作，对全市上报的"零火灾"示范候选乡镇(社区、单位)的消防工作情况进行检查，评选出15个"零火灾"示范乡镇(社区、单位)的消防工作情况进行检查，评选出15个"零火灾"示范乡镇(社区、单位)，在全市范围内起到良好的示范作用。社会消防安全意识逐步提高，紧扣新《中华人民共和国消防法》贯彻实施这个重点，通过举办消防安全培训、悬挂标语、发放宣传资料、设置宣传栏和对外开放消防站等形式，抓好消防宣传"六进"(进社区、进家庭、进企业、进学校、进农村、进景区)工作，着力营造全市上下关注消防、重视消防、参与消防的社会氛围。全年举办消防知识培训班27期，培训各类人员2 500余人，深入工地义务培训农民工450余人，对外开放消防站130余次。依托各级新闻媒体，刊播消防常识、火灾信息、消防法律法规和消防时事新闻，跟踪报道灭火抢险救援和重大火险隐患整治，扩大消防工作的社会影响力。全年在国家、省市主流媒体刊播消防新闻信息560余条，与《攀枝花晚报》合办"平安119"专栏12期。

【火灾隐患整治】 2010年，市消防支队以消防安全专项治理活动为手段，有针对性地治理突出的火灾隐患，全市消防安全环境明显改善。全市检查单位(场所)3 175家，其中重点单位1 431家、非重点单位1 744家，发现火灾隐患1 846处，依法督促整改1 846处；办理消防行政案件268件，较2009年增加44件，增长19.6%，罚款64.64万元，较2009年增加30.71万元，增长90.6%，责令"三停"(停止施工、停止使用、停产停业)6家，行政拘留4人，警告15人次。扎实推进旱季防火专项治理工作，成立以副市长、市公安局局长殷旭东为组长，市安监、工商、教育、民政、文化等部门负责人为成员的组织机构，相继开展冬季防火百日宣传活动、"冬季行动"火灾隐患排查整治等工作，先后召开2次动员会、4次专题会、5次形势研判会，把工作任务分解落实到每个时段和各个岗位，形成决战攻坚、积极应对的工作态势。积极开展校园消防安全专项治理工作，制发《学校幼儿园消防安全专项整治工作方案》，排查中小学校268所(次)，校舍374栋，发现、整改各类火灾隐患169处，填发《责令改正通知书》20份，落实整改资金160余万元，净化了校园消防安全环境。大力实施火灾隐患排查整治专项工作，制发《关于印发火灾隐患排查整治专项工作方案的通知》，从9月16日至12月31日，共检查单位164个，发现隐患75处，整改隐患75处。认真组织建筑消防设施专项治理工作，联合市综治办、市安监局下发《攀枝花市建筑消防设施专项治理实施方案》，派出检查小组30余个，检查建筑452个，检查单位、场所533个，检查发现隐患380个，已整改380个，有效提升全市建筑火灾整体防控水平。深入开展消防安全"百日会战"火灾隐患整治工作，充分吸取上海市"一一·一五"特大火灾事故教训，制发《攀枝花市消防安全百日会战排查整治行动实施方案》，与市住房和城乡规划建设局联合下发《攀枝花市关于进一步加强建筑外墙保温材料和装饰材料消防监督工作的通知》，对全市高层建筑在建工程进行摸底排查，在全市持续开展拉网式检查，有效预防和杜绝较大以上火灾事故的发生。

【消防宣传】 2010年，市消防支队紧扣"全民消防、生命至上"主题，组织开展"您好，我是消防员"119消防日大型系列互动宣传活动，展示全市消防工作的显著成效和消防部队的良好形象，实现消防宣传规模和社会宣传效益的双突破。制定下发亮点突出、可操作性强的全市"119"消防日宣传活动实施方案，组织消防监督人员对党政机关、学校、企事业单位、社区等进行消防培训，在全市多个人员密集场所开展疏散逃生演练，在攀枝花市电视台《新闻天天看》栏目播放消防公益宣传片，在全市网吧设置开机消防安全提示，市政府副市长殷旭东在《攀枝花日报》发表署名文章强调加强当前消防工作。11月7日，在市中心广场举行2010年全市"119"现场集中消防宣传活动，市人大常委会党组书记、常务副主任谢道全、市政府副市长殷旭东到场。活动期间，全市共设立消防宣传咨询站点30余个，悬挂张贴宣传标语200余幅，出动各种宣传车辆50余台，展示宣传展板80余块，播发消防警示短语近百万条，发放宣传材料10万余份，开展灭火演习14场(次)，为普及消防安全知识，提升市民群众消防安全素质、增强社会火灾防控能力起到积极的推动作用。

【打造"钢城消防"铁军】 2010年，市消防支队以打造"钢城消防"铁军为抓手，在奋勇争先中提升部队灭火救援能力。坚持把打造"钢城消防"铁军作为年度中心工作来抓，纳入职能部门、基层单位以及各级官兵绩效考核重要内容，实行党委统揽、部门督导、基层主抓三级责任捆绑，采取专项督察、定期通报、跟踪问效等推进机制，强力推动工作落实。突出抓好灭火救援攻坚班组建设，制发《灭火救援攻坚班建设实施方案》，举办2期攻坚集训，任命8个灭火救援攻坚班、2个化学救助攻坚班和40名攻坚队员，为每名队员增发补贴300元/月。积极备战铁军比武，提出"比武夺金牌、铁军创一流"的工作目标，制定铁军比武集训方案，投入经费100余万元，先后开展40多个常规科目训练和20多个创新项目训练，在全省"天府消防铁军大比武"中勇夺公安队、专职队两个团体第一，实现攀枝花消防在全省比武竞赛的历史性突破。强化以考促训、以会代训工作,先后开展消防员等级达标、士官年度考评等考核,组织7次装备器材操作培训和5次战例研讨,有效提升官兵综合素质,进一步提高各级指挥员的灭火救援指挥能力。2010年接警出动1 661次,出动消防车2 804台次、官兵17 817人次,抢救被困人员292人,疏散人员952人,抢救财产价值384.8万元,成功处置"三二三"西区废旧品收购站火灾,出色完成"八二二"仁和区纳拉河村抗洪救灾任务,圆满完成全省第十三届少数民族运动会、10—85警卫任务等重大消防安全保卫任务。加强应急救援建设,在支队努力争取下,市政府依托市地震灾害紧急救援队组建成立以消防部队为主体的应急救援支队,并将1 500万元应急救援建设经费全额投入消防部队,全市县级综合应急救援队伍建设相继展开,其中米易县率先成立综合应急救援队。制定出台《攀枝花市公安消防支队跨区域地震救援预案》,组建2支重型搜救队和4支轻型搜救队,建立3级应急机制,圆满完成攀西地区地震救援拉动演练,受到省消防总队参谋长付立兵的高度肯定。强化战训基础工作,加强灭火救援预案的编制,共编制各类预案56份,开展演练56次。组织开展大跨度大空间建筑灭火救援准备工作专项行动,确定全市大跨度大空间建筑39栋,分别制作灭火救援预案,开展内攻近战、疏散救生等10个科目的战术测试。贯彻落实新修订的《公安消防部队作战训练安全要则》,不断完善作训安全工作制度,进一步建立作训安全工作长效机制。加强专职消防队伍建设,把专职队岗位练兵活动与公安队做到同布置、同检查、同考核。

【勇夺全省比武"双冠王"】 2010年7月19~23日,省消防总队在成都市举行天府消防铁军大比武竞赛活动,来自全省21个市(州)的公安现役消防队和专职消防队进行15个项目的角逐。在5天的比赛中,市消防支队参赛队员不负众望,囊括分量最重的两个团体冠军,打破13年来比武竞赛冠军被成都消防垄断的历史。公安现役队获得负重登高救人第一名、消防铁人第一名、初战快速出水操第一名、400米消防接力第三名、救助技术综合操第三名、攻坚组百米梯次进攻操第四名、400米疏散物资救人第六名,荣获全省公安现役队团体总分第一名。由攀钢消防大队、504电厂消防队组成的专职消防队,获得两人楼层垂直铺设水带第一名、初战快速出水控火第一名、带架水枪实地出水操第二名、两人五盘水带连接操第五名、两人攀登两节拉梯第五名,荣获全省专职队团体总分第一名。支队被省消防总队评为"天府消防铁军大比武先进支队",特勤中队政治指导员霍建鑫被评为优秀教练,下士康洋路获全省训练标兵和荣立个人二等功,受到省消防总队总队长王秋彧接见。

【米易县城北新区消防中队成立】 2010年12月1日,米易县消防大队城北新区中队举行挂牌成立仪式,省消防总队总队长王秋彧、参谋长付立兵,副市长殷旭东,省消防总队防火部副部长黄勇,米易县县长刘先伟,市消防支队支队长张步权、政委江云帆等领导出席成立仪式。参加仪式有米易县相关领导,县属相关部门负责人,市消防支队所属各部处领导、各消防大队、中队主要负责人和部分士兵代表,以及各相关单位和新闻界的朋友们等200余人。仪式由市政府副秘书长李安明主持。仪式上,省消防总队参谋长付立兵宣读中队组建命令,并为武警米易县消防大队城北新区中队授牌,米易县县长刘先伟为米易县公安消防大队城北新区中队授牌,市消防支队支队长张步权为中队授印章,米易县消防大队城北新区中队官兵进行宣誓,省消防总队总队长王秋彧、副市长殷旭东、市消防支队政委江云帆分别作重要讲话。仪式结束后,与会领导与米易县消防大队城北新区中队官兵合影,并参观中队新建营区。

【攀西地区地震救援拉动演练】 2010年12月1日,攀西地区地震救援拉动演练在凉山州德昌县国防动员训练基地举行。攀枝花市、凉山州两地消防部队和凉山州、德昌县相关部门300余人参加演练。省消防总队参谋长付立兵、凉山州人大副主任杨卉、州政府副州长仰协等领导观摩本次演练。演习假设四川省凉山州德昌县发生里氏X级地震(震中:四川省凉山州德昌县),造成大量建筑物倒塌,废墟下有大量幸存者被埋。攀枝花市消防支队接到上级增援命令后,迅速启动跨区域地震救援预案,集结队伍在支队长张步权带领下增援凉山州,到达现场后积极展开救援,成功救出被困者。当日,攀枝花市各主流媒体全程跟踪报道演练过程。

【全省第十三届少数民族体育运动会消防安保】 2010年,全省第十三届少数民族体育运动会于11月10~16日在攀枝花市举行,市消防支队高度重视,加强领导,提前介入,周密部署,高效防范,克服连续奋战带来的疲劳,发扬消防部队"特别能吃苦、特别能战斗"的优良传统,圆满完成运动会消防安全保卫任务。加强领导,周密部署。支队充分认识到做好此次运动会消防安全保卫任务的重要性,先后多次召开专题会议研究部署,成立以支队长张步权、政委江云帆为组长的领导小组,明确分工,落实责任,详细制定现场安保、防火检查、蹲守督导、灭火救援和勤务保卫等工作方案,建立责任包保、定点蹲守和督导检查等多项工作机制,确保全省第十三届少数民族体育运动会的消防安全工作落到实处。全警动员,勇担重任。支队结合实际,统筹兼顾、合理安排,确保安保工作与日常工作有机结合,组织全市消防监督人员,对涉会场所和全市重点单位开展消防安全大检查,本着严格执法、热情服务的原则,积极为单位出主意、想办法,依法消除疏散通道堵塞、灭火器失效等火灾隐患和消防违法行为。运动会前夕和举办过程中,支队监督人员每天深入现场检查指导,与相关部门、单位协调,及时解决存在的消防安全隐患问题，并派出专人到每个涉会场所熟悉情况、制定预案，明确执勤警力和车辆的数量、位置，从难假设出各种火情、灾情，组织官兵进行模拟演练，确保能够有效处置各类突发事件。全程监护，确保安全。运动会举办期间，全市消防部队全员上岗，全天候对每个涉会场所进行巡查，随时消除各类火灾隐患，全力确保运动会各个比赛项目消防安全万无一失。运动会举办期间，全市仅发生1起火灾，涉会场所无火灾发生。

【"三二三"西区废旧品收购站火灾】 2010年3月23日13时45分，市消防支队指挥中心接到报警称，位于西区河石坝春兰巷的一废品货场发生火灾，有人员被困，亟待救援。火情就是命令，指挥中心迅即调集辖区消防五中队4台消防车、28名官兵前往处置，并相继调出一中队、特勤中队、特勤二中队、三中队、四中队、六中队、攀钢504电厂消防队、攀煤救消大队16台消防车、120余名官兵赶赴增援。支队全勤指挥部紧急响应、遂行作战，原支队长王乐云、政委江云帆等领导相继到场指挥。西区区委书记赵中、区长陈力等党政领导也亲临现场指挥，并组织公安民警120余人、民兵预备役人员30余人、环卫局5台洒水车到场协助扑救火灾。13时53分，先期到场的五中队官兵通过侦察发现，该货场堆放大量的废弃枕木、废旧油桶和废旧塑料，火势正处于猛烈燃烧阶段，整个货场火光四射、浓烟翻滚，火借风势迅速向毗邻的居民住宅楼蔓延。由于火发突然，该货场4名职工被困火场，亟待救援。据此，五中队参战官兵立即展开战斗行动，一方面组织救援小组深入火场内部，在较短时间将4名被困人员安全救出；另一方面组织疏散小组安全疏散毗邻居民住宅楼群众数百名；再一方面设置3个水枪阵地，阻止火势向毗邻的居民住宅楼蔓延。14时30分，支队全勤指挥部及增援力量相继到达现场，会同西区到场的党政领导及时成立火场指挥部，在了解火场相关情况后，迅速制定灭火作战方案：组织救援小组立即对火场进行再次搜救，确保无人员被困火场；设置5个水枪阵地，依托带架水枪、移动水炮、车载水炮等装备，采用堵截包围、穿插分割、逐片消灭的战术方法，深入火场内部强攻，集中兵力围歼大火；在火场外围以及火势蔓延方向设置水枪阵地，掩护内攻人员，阻止火势蔓延；组织环卫局5台洒水车运水供水，确保火场供水不间断；组织到场的公安民警、民兵预备人员实施交通管制和火场警戒，协助维护火场秩序。由于该地段正在开发建设，周边消防水源缺乏，给火灾扑救带来极大困难，加之着火的废旧塑料产生有毒浓烟，货场内废旧油桶、液化罐、乙炔气瓶等在高温烘烤下不时发生物理爆炸，严重危及灭火救援安全，全体参战官兵面对高温辐射、浓烟熏烤和爆炸冲击的危险，临危不惧，英勇顽强，经过近13个小时的艰苦奋战，于当晚20时30分将明火成功扑灭，24日凌晨3时20分将余火彻底消除。

【仁和区"八二二"山洪灾害抢险救援】 2010年8月22日8时17分，市消防支队指挥中心接到报警称，仁和区前进乡纳拉河村发生洪灾，有大量人员被困。支队立即调出辖区六中队出动2台消防车、16名官兵赶往现场开展救援。8时30分，参战力量到达纳拉村，发现连接河对岸的栈桥被河面的洪水冲得摇摇欲坠，栈桥对面的一栋居民楼内有大量人员被困，情况十分危急，中队指挥员当即下令准备救援器材装备，抢救疏散被困人员，并立即向支队指挥中心请求支援。8时35分，支队指挥中心迅即调集全勤指挥部、特勤中队、一中队4台消防车36名官兵，由政委江云帆、参谋长代祖庆率队赶赴现场救援。8时45分，支队救援力量赶到现场后，立即展开现场指挥，组织抢险救援工作。由于水流急，水位高，参战官兵只能通过安全救生绳连接到河对岸的房屋上，身着安全防护装备，冒着被洪流冲击的危险沿着快要坍塌的栈桥前往河对岸的居民楼，先将老人和小孩逐个背离出来，然后将剩余被困群众系上安全装置逐个转移出来。9时23分，顺利将23名被困居民转移至安全地带。9时27分，当参战官兵准备归队时，得知纳拉河村上游采石场处有一名63岁的老人摔伤被困于河对岸的小山丘上，全勤指挥部立即派遣2名业务素质较好的消防员在中队指挥员的带领下，带着救援绳索等救援装备，再次越过奔流的河面，赶赴老人被困的地方，在得知被困人员脚部受伤不能行走的情况后，救援官兵用4米救援绳把老人固定在救援队员背上，背着老人下山，成功将老人救出。最终，经过消防队员的全力搜救和艰苦奋战，历时近2个小时，24名被困群众全部被安全转移。

【"三项"建设】 2010年，市消防支队以警务信息化、执法规范化、构建和谐警民关系这"三项"建设为载体，在创新发展中推动部队全面建设。消防信息化建设扎实推进，抓好应急通信建设，制定应急通信保障方案，通过细化人员分工、合理优化配置、加强培训演练，相关人员熟练综合运用短波、超短波、卫星电话、有(无)线等多种通信方式，达到在任何条件下建立通信链路的通信保障要求。推进科技强警，投入90余万元开展信息基础建设，完成新旧消防信息系统数据的正常转移和顺利切割。加强信息引导警务，坚持编发《每日消防信息》，编报每月警情分析、火灾情况，对重新调整的全市544个消防安全重点单位建档备案。执法规范化建设成效明显。结合新《中华人民共和国消防法》及配套规章，进一步健全5项执法机制、34项执法制度，调整完善警务公开内容，进一步公开执法办案程序、标准、结果，建立上级交办执法工作和社会关注案件的结案回访制度，主动接受群众和社会监督。严格执法过程监督，编发《集中法核通报》10期，集中法核行政处罚案件229件，提出整改措施344条，开展执法督察5次，提出督察整改意见59条，开展执法服务10次，提出执法服务意见201条，无执法过程和行政诉讼。全面提升火灾事故调查水平，组建成立全市首支火灾事故调查专家组，定期对火灾事故调查人员进行业务培训，投入1.5万元购买一台火灾现场勘验专业相机。狠抓执法业务大比武活动，举办2期集中培训班，开展3次分岗位强化培训，组织2次旁听行政诉讼案件庭审，定期开展全体防火干部理论测试。构建和谐警民关系，健全警民双向沟通机制，进一步开展"开门评警"和"六进六掌握"(组织官兵进基层、进社区、进校园、进企业、进机关、进家庭，掌握基层官兵实际困难、掌握群众意见建议、掌握企业安全需求、掌握辖区火灾隐患、掌握涉法诉求信息、掌握热点难点问题)活动，深入全市21个党政机关、59个企事业单位广泛听取意见和建议，受理群众举报投诉37件，按时办结市人大代表建议、市政协委员相关提案，来信来访和案件查处办结率达到100%。建立消防优质服务模式，组建成立消防技术服务队，深入192个企业单位组织开展"五送五帮"(组织广大官兵深入千家万户送法律、送信息、送安全、送关爱、送温暖，帮助群众了解消防法律知识，增强法制意识；帮助群众了解消防部队工作责任，增强人民群众对消防工作的理解和支持；帮助群众了解防火、救生基本知识，增强自我保护能力；组织官兵深入开展爱民实践活动，增强人民群众对消防部队的认同感，帮助群众解决生活中的实际困难，传递党和政府的温暖)活动，上门指导服务500余人次，指导整改火灾隐患137处，为企业单位节约整改资金数百万元。组织开展扶贫帮困活动，深入26个困难家庭开展慰问走访，帮助群众解决实际困难104件(次)，为贫困家庭捐赠慰问金1.67万元、物资311件(套)。认真抓好精神文明创建工作，组织开展警民共建活动67次，为民送水1 000余吨，植树造林400余棵，义务劳动60余次。

【后勤保障建设】 2010年，市消防支队以经费争取为切入点，在强化保障中提升部队整体建设水平。经费保障力度得到增强，支队紧紧扭住现行经费保障标准，合理利用机遇，主动向党委政府汇报协调，争取重视支持，确保消防保障经费足额到位、专项经费快速增长。支队基本预算经费较2009年增长14.2%，专项经费较2009年增长477.4%，为推动消防工作和部队建设发展提供强有力的保障。基层基础建设整体推进，支队干部住宅顺利交付，米易县消防站顺利竣工并新建公安队，支队炳三区训练保障基地完成2万平方米用地范围调整，五中队营房被省消防总队灾后重建验收小组评为优质工程并被省消防总队后勤部作为全省灾后重建项目验收范本。投入37万余元改造基层中队排水管网、围墙和购买铁床、货架等基础设施，投入7万余元改造基层中队电子阅览室地板及更换15台电脑和部分空调。车辆装备建设水平全面加强，投入1 892万余元添置特勤及常规器材3 913件(套)，其中包括1 310万元的应急救援队伍建设装备建设经费；投入360多万元购置2台A类泡沫车和2台五十铃抢险救援车；投入100余万元购买打铁器材576件(套)；协调市钒钛产业园区投入60万余元购买地震救援拉练器材784件(套)，有效提升部队灭火救援装备建设整体水平。后勤保障水平显著提高，围绕完成国庆安保、攀西地区地震救援拉动演练等重大勤务实际需要，制定完善灾害事故现场医疗急救、后勤物资等各类战勤保障方案11份，适时组织开展战勤保障实战演练4次，为部队遂行作战提供实时保障10次。做好资产管理与预算管理相结合工作，制发《攀枝花市消防支队资产管理与预算管理相结合工作实施方案》，召开资预工作动员会，举办1期资预工作培训会，出台4项资预工作规定，在特勤二中队组织召开现场会，并开展专项检查，有力地推动支队资预管理结合工作顺利进行，切实提高资产和经费的综合保障效益。加大后勤人员培训培养力度，选拔14名优秀士官参加省消防总队装备技师培训，组织2名车辆装备修理人员委托攀钢修理厂培训，选送12名战士参加省消防总队驾驶培训，对12名新驾驶员分批进行为期45天的消防车驾驶复训，为后勤建设培养贮备各种骨干人才。抓好车辆装备管理，坚持每月开展1次车辆车场日活动，每季度开展1次装备器材安全性能检测活动，与市交警支队协调完成60台行政业务用车和消防执勤车辆上线检测工作，完成10台车辆例行保养工作，联系厂家对支队登高车进行检查维护，确保车辆装备运行安全无事故。

【思想政治建设】 2010年，市消防支队全面强化和凸显政治工作生命线的作用，不断提升广大官兵的政治觉悟和履职能力，为在更高起点、更高层次、更高水平上推进消防工作提供强有力的思想和组织保证。加强政治教育，开展"学习宋文博，践行'三句话'打造四川消防新品牌"主题教育和学习辽宁消防总队、泰山消防中队先进事迹等教育活动，创新举办以理论考核、论文评比和实例评析为内容的"四会"(会搞思想调查和计划安排教育、会运用现代化教学手段备课讲课、会做思想工作、会进行心理教育疏导)政治教员大比武竞赛活动，成功组织16名基层政工干部和士官骨干组成的政治教育授课组开展交叉巡回授课活动。加强警营文化建设，成功举办欢庆春节"三句话"主题文艺汇演和第十五届"老兵杯"文体活动，圆满完成全省消防部队"忠诚卫士杯"篮球联赛预赛第四赛区承办工作并在成都市举行的决赛中取得第三名的好成绩。支队编排的情景剧《走向辉煌》在全省消防部队"三句话"文艺汇演中获得优秀奖，特勤中队下士张伟获最佳演员奖。为8个基层中队配发新书2 000余册，丰富官兵的业余文化生活。落实从优待警，投入近20万元组织官兵体检、购买意外伤害保险和防暑降温物品、安排11名干部和拟退伍优秀士官考取地方驾照，投入1万余元做好卫生工作。

【队伍建设】 2010年，市消防支队紧紧抓住领导班子和队伍建设这个根本，队伍整体素质不断提高，部队保持高度稳定。加强党委班子建设，组织开展班子建设达标创优活动，严格按照党委议事规则和程序规定，决定干部任免、兵员管理、重大经费开支、重大工程建设等部队建设重大问题，增强党委班子凝聚力、战斗力，全年支队党委组织中心组学习16次、开展践学实践活动2次，班子成员撰写理论文章12篇、深入基层100余次、帮助指导基层解决实际困难20余件。加强基层组织建设，大力推行“145”（成立一个流动党校，建立和完善基层党内任职、基层军政主官分工负责、基层党务公开、基层述职述廉等四项制度，开展一次高质量的集中教育日、一次高质量的民主生活会、一次高质量的集中组织生活、一次高质量的中心组扩大学习、一次高质量的见学实践等五项活动）工程，优化基层班子结构，按照选准配强的要求，对12个基层单位班子进行调整充实，分别举办1期基层党组织书记暨政工干部培训班、入党积极分子培训班和团支部书记培训班，自主编印《基层组织建设规范》200册下发各单位，4个基层党组织和18名党员受到各级表彰。加强党风廉政建设，认真开展“小金库”治理回头看、“两个”禁令（公安机关领导干部五个严禁、公安消防部队四个严禁）自纠自查等活动，逐级签订廉洁自律承诺书，定期召开党风廉政建设形势分析会，逐步形成“五个纳入”（把反腐倡廉教育纳入部队思想政治教育总体规划，纳入党委理论中心组学习计划，纳入党委民主生活会批评与自我批评内容，纳入文化建警总体要求，纳入班子和个人述职述廉的重要内容）廉政教育格局，建立健全领导干部廉政档案31份，对33名干部进行任前诫勉谈话，对8名干部进行经济责任审计，聘请党风廉政监督员22名。加强队伍正规化建设，全面贯彻落实省消防总队部队正规化建设现场会精神，先后下发《攀枝花市公安消防支队加强正规化建设实施方案》和《攀枝花市公安消防支队关于加快推进部队正规化建设工作的通知》，组织召开全市消防部队正规化建设推进会，投入12万余元统一规范正规化硬件设施，有效地提高部队正规化建设及管理水平。认真开展“条令学习”专项活动，通过网上条令知识考试、军事队列汇操考核、知识竞赛等方式全面推动新条令的贯彻落实。狠抓兵员管理，圆满完成2010年新兵第二阶段集训工作，考察任命90名班长骨干，严格实施士官量化考评和年度考核。加强部队管理，从抓教育整顿解决突出问题入手，严格队伍管理，规范部队秩序，先后开展规范执勤备战秩序专项行动、“三违三重”（违法、违纪、违规行为和重点单位、重点人员、重点问题）排查整治活动、作战训练安全专项教育培训活动等教育整顿。紧扣人员、车辆、作训、禁令、网管和内外关系“五个重点”，从严抓好部队条令条例和各项禁令规定的执行落实，坚持把人管好、把车管死、把作训安全管到位，确保队伍管理和安全防事故工作始终处于受控状态。组织对支队295台计算机和35个移动存储介质进行网络与保密安全工作专项检查，确保电子信息安全。抓好老兵复退工作，依法退出现役士兵47人，实现“退役保安全、全程保稳定”的工作目标。加大督察工作力度，突出对重点人员、重点时段、重点场所的检查督察，基本形成全方位、多角度、错时制的督察机制。2010年开展工作督察活动41次，编发《督察通报》11期，开展警务督察80余次，编发《警务督察通报》5期，始终保持治警从严的高压态势，有效地防范和减少违纪事故的发生。

（黄建智）

武警攀枝花市森林支队

【概　况】 武警攀枝花市森林支队（以下简称支队）辖攀枝花、盐边两个大队，实行武警四川省森林总队和攀枝花市政府“双重领导”，主要担负森林防火、灭火任务，根据攀枝花市政府的统一部署，保卫森林资源，并依法执行国家赋予的维护社会稳定、处置突发事件和抢险救灾任务。

2010年，支队围绕“强班子、抓基层、谋发展、保稳定”的总体工作思路，在经常性基础性工作上下工夫，抓落实，中心任务完成圆满，实现“两个确保”（确保部队高度稳定和集中统一，确保以防火灭火为中心的各项任务圆满完成）目标，部队建设保持健康协调发展的良好势头。按照“主动预防、积极消灭”的方针，狠抓森林火灾的预防。全年支队累计动用兵力2 375人次，先后遂行灭火作战任务25次；参加苏铁保护区计划烧除、攀枝花市、县（区）森林防火宣传月活动、重点时段重点地段防火巡护、防火戒严等防火勤务11次，均实现任务完成好、人员无伤亡的目标；培训地方森林消防专业半专业队员7次300余人；拓展职能任务，累计出兵592人次，为旱灾乡村送水6 000余吨，义务植树1 800余株；累计为受灾群众捐款19 545元，以实际行动践行全心全意为人民服务的宗旨，获得较好的社会反响。

【党委（支部）建设】 2010年，支队抓学习，注重打牢理论基础，始终把“两个武装”（正确的思想理论武装，现代科技特别是高科技知识武装）作为强素质、建班子的基础工程常抓不懈。以胡锦涛国防和军队建设思想为主要内容的理论学习得到有效落实，开展“创建学习型警营、争当知识型军人”活动，严格执行总队《理论学习十项制度》，连续5年把组织党委机关参加总队年度理论学习动员部署会议，作为新年度上班第一天的第一件大事。采取集中学习、专家辅导、观看录像、参观见学、笔记阅批、理论测试等方法，组织51次党委中心组带机关理论学习。抓团结，注重增强凝聚力，经常谈心增进感情。正副书记之间、书记与委员之间、委员与委员之间经常谈心交心。既谈工作，也谈生活；既有善意的批评提醒，又有坦诚的思想交流，彼此之间加深了解，增进感情。支队党委班子以自身良好的表率，引导和带动基层党委（支部）班子讲团结、顾大局，有力促进机关和部队的和谐融洽和集中统一，逐步形成上下合心合力合拍干事业的良好局面。抓谋划，注重理清工作思路，支队党委始终着眼部队建设大局抓谋划、抓统筹。对管根本、管方向和管长远的问题认真搞调研、理思路、拿对策。通过严格落实党委议训、议中心、教育准备会和双向讲评会议制度。对思想政治工作、人才队伍建设、完成中心任务能力、正规化建设、经常性基础性工作开展等重点难点问题认真加以分析研究，制定有效可行的措施办法，收效明显。抓制度，注重提高决策水平，贯彻新《政工条例》和武警部队党委《关于加强支队（团）以上党委民主集中制建设的若干规定》，强化班子成员明规矩、守规矩、用规矩的自觉性。严格执行领导干部廉洁从政的各项制度规定，注重和加强对权利的约束和监督，在研究部队设施建设、干部调整、经费使用等涉及官兵切身利益的重大问题时，坚持党委集体讨论，纪委全程监督。强化群众监督作用，支队党委常委开通的网上信箱，全年解决和答复官兵反映问题400条，使民主渠道进一步畅通，部队风气建设进一步纯正。全年，研究调整使用干部12名，8名官兵参加各类自学考试，2名官兵分别考取全日制研究生和警官指挥学院，3名战士考入士官学校，均实行阳光操作，做到公平公正、上下满意、群众信服。抓形象，注重改进领导作风，着力在改进领导班子作风上下工夫，严格按照总队党委提出的要求，加强班子建设。在部队执行灭火作战任务、开展大项工作等时机，班子成员深入一线去组织实施，为官兵做表率。

【正规化建设】 2010年，支队牢固确立安全发展、安全抓建的理念，坚持依法从严治警，在抓教育管理和设施完善上下工夫，确保部队高度稳定和集中统一。落实新条令和两个《规定》、《武警部队机关正规化管理规定》、《武警部队基层正规化管理规定》，印发《条令知识竞赛百题》。1月和9月，先后集中10天半时间，在部队开展风气建设教育整顿，开展条令条例学习月、条令知识竞赛、安全评比竞赛和“弘扬求真务实工作作风，讴歌廉洁勤政时代新风，鞭挞腐化堕落不正之风”等活动，制定和落实《群众纪律十不准》，强化官兵的纪律约束意识，部队正规化管理教育收效显著。加大正规化管理力度，进一步规范机关和基层管理秩序，开展“治三松、严纪律”（作风松散、纪律松懈、思想松弛）活动，严格落实“五位一体”（批准领导、车管单位、用车人员、驾驶人员、营门哨兵）的车辆联管责任制，突出抓好“五个重点问题”（人、车、枪弹、酒、内外关系）的治理，及时与驻地公安、社区建立联防机制，支队与各大队、各部门签订安全工作责任状，建立健全安全领导小组和安全工作骨干队伍，形成密集型安全工作网络，通过个人写保证、单位定措施、问题大会诊等形式，增强官兵的责任感和事业心，部队正规化管理成果得到巩固和提高。投入资金进一步规范营区宣传栏、标语、放物架等硬件设施的制作，基础设施正规化建设水平大幅提高。

【基层建设】 2010年，按照支队按纲建队规划和年度按纲指导基层计划，突出重点，盯住弱项，着力推动基层全面建设。年初以来，以抓《纲要》落实为重点，落实总队四级军政主官培训会议精神，指导部队科学制定按纲建队计划，强化各级按纲抓建、依法抓建的意识。引导和督促大（中）队党委（支部）成员学好用好《纲要》和总队《基层建设法规性文件选编》。着力在解决按纲抓建意识不强、职责任务不清、工作随意性大等问题上下工夫、求实效。1月，结合贯彻落实三级党委扩大会议精神，指导基层对年度工作进行谋划设计，制定按纲建队统筹图。4月，支队组织机关和基层广泛“学《纲要》、知《纲要》、用《纲要》”活动，并结合季度按纲建队考评和双向讲评会，帮助基层对按纲建队的思路进行重新梳理，机关按纲指导、基层按纲建队的能力得到大幅提高，有力推动基层建设全面建、整体上。下大力加强对基层党委、支部帮带力度，以“三治”（先进的治满、中间的治平、后进的治短）和“三个一遍”（全面调查一遍、综合评估一遍、逐个帮建一遍）为主要手段，突出抓好龙头工程，努力加强基层党组织建设，按照《支队（团）以上领导机关蹲点、调研、帮建工作规定》要求，坚持常委挂钩帮建和季度检查考评制度，注重在帮建中促发展，考评中求提高。前沿指挥所和一线战斗堡垒作用得到较好发挥。坚持把“三项经常性工作”（经常性执勤工作、经常性管理工作、经常性思想工作）当基本功练、当日子过。指导和督促各级尽落实之责、下落实之功、求落实之效，不断提高末端抓经常性工作落实的力度和质量。积极协调解决干部家属就业、子女入托入学、大龄青年婚恋等实际问题，有效解除干部的后顾之忧，各级干部爱岗敬业的思想基础不断牢固，涌现出一批按纲抓建的明白人和实干家，部队经常性基础性工作质量不断提升。

【中心工作】 2010年，针对防火灭火的严峻形势和抢险救灾的艰巨任务，按照“三个能力”（防火灭火的战斗能力、抢险救灾的突击能力、维稳处突的处置能力）建设要求，一手抓部队遂行任务能力的提高，一手抓重大任务的科学指挥，确保以防火灭火为中心的各项任务圆满完成。严格落实党委议中心、议训练制度，及时修订完善各类方案预案，狠抓战备工作落实，确保部队在火灾频发、汛情严重、国庆安保等任务十分繁重的情况下，随时拉得出、上得去、打得赢。以贯彻落实新大纲为主线，不断深化军事训练改革创新，坚持按纲施训、依法治训、科学组训，围绕“仗怎么打、兵怎么练”的指导思想，开展入山进林和野外驻训，从难从严从实战出发锻炼摔打部队，部队应对复杂环境遂行任务的能力明显增强。全年，累计出动兵力2 375人次，成功扑救森林火警火灾25起，担负防火执勤任务，执行防火宣传、林政执勤、禁毒宣传和国防教育等任务11次。特别是2010年春节前后，攀枝花地区持续高温少雨，森林火灾呈爆发态势，对作战指挥和官兵体能提出很大挑战，各级指挥员深入一线，靠前指挥，周密组织、科学部署，均实现“火扑灭、零伤亡”的目标；拓展职能任务，累计出兵592人次，为旱灾乡村送水6 000余吨，义务植树1 800余株；累计为受灾群众捐款190 545元，以实际行动践行全心全意为人民服务的宗旨，获得较好的社会反响。“七一”期间，市委书记赵爱明率慰问团亲临支队看望官兵，对部队的积极作用给予高度肯定和赞誉。

【思想政治建设】 2010年，支队围绕培养和造就党和人民的忠诚卫士这一根本目标，坚持用中国特色社会主义理论体系武装官兵头脑，善始善终地抓好第三批学习实践活动和落实常态化措施，在推动活动向尝试和广度上发展初见成效，培育当代革命军人核心价值观，确保官兵思想政治坚定和道德纯洁。开展主题教育活动，结合担负任务的特点和官兵思想实际，在灵活教育形式、丰富教育内容和深化教育效果上下工夫，结合支队实际制订《实施方案》，建立健全考勤补课、调查研究、学习交流、工作协调、检查讲评、请示报告等工作制度。通过召开政治教育准备会，集体研究和审定授课教案，并组织试教试讲。利用三级网络组织开展授课评比竞赛，实现教育资源共享。通过开展“讲英模故事、学英模事迹、走英模道路”活动，把部队参加抗旱救灾、灭火作战等经历和事迹作为生动教材，在文化长廊里悬挂部队执行急难险重任务时拍摄的图片，使广大官兵学有榜样、干有标准，增强教育的感染力和渗透力，官兵立足岗位践行核心价值观的自觉性不断提高。落实经常性基础性政治工作，完善营区政治环境建设。根据人员调整变动，及时建立健全党（团）组织和思想工作骨干队伍，对重要岗位人员进行政审。新兵下队后，组织新兵“第二适应期”思想政治教育，领导干部深入一线，与新兵谈心交心，及时掌握新战士的现实思想，提高经常性思想工作的主动性和针对性。认真贯彻落实指挥部经常性基础性政治工作座谈会精神，扎实开展“深知兵、真爱兵”、“五个过一遍”（部队安全形势过一遍、安全教育情况过一遍、政治考核情况过一遍、开展谈心情况过一遍、隐患排查情况过一遍）和心理咨询、法律服务及特色文化等活动，进一步打好基础，突出实效，密切关系。注重发挥新闻媒体和网络的宣传教育功能，宣传报道工作在2009年实现突破性发展的基础上，2010年又有大幅度提高，扩大部队在军内外的影响，推动政治工作的有效、创新发展。

【后勤建设】 2010年，支队落实党委当家理财制度，严格经费审批权限，全面落实资预改革和《资产管理操作规范》，对大项经费开支坚持党委集体研究决定，对经费使用审批从严控制，狠抓经费和生产创收管理，确保经费使用效益和收支综合平衡并略有节余，使有限的经费发挥最佳使用效益，有效推动后勤建设规范化运行，被总队推荐为指挥部“资产管理改革工作先进单位”表彰对象。坚持“保中心、保生活”，后勤战备建设明显增强，通过经常性地组织开展后勤专业人员集中培训和后勤应急保障综合演练等活动，提高后勤保障人员的专业技术技能和整体综合保障能力。落实“三分四定”（携行、运行、后留和定人、定物、定车、定位），丰富应急保障物资的储备种类，严格按标准为基层补充给养，购买、配发单兵野战药品、野营装备等战备物资，战备物资储备充足，火场卫勤和宿营保障能力得到提高，支队、大队两级应急综合保障体系基本形成。落实伙食管理制度，因地制宜发展种养殖业，想方设法改善官兵生活条件，不断加大“四项设施”（生活设施、训练设施、执勤设施、文体设施）建设力度，努力营造拴心留人的良好环境。支队盐边大队被列为总队“四项设施”建设试点单位后，在总队大力扶持和帮助下，通过支队上下共同努力，盐边大队官兵住用条件全面改善，部队训练、执勤、文体和生活设施进一步完善，成功筹办总队“四级军政主官”培训和森林部队后勤工作会议，盐边大队被指挥部表彰为“四项设施建设先进单位”。坚持“立足现有、自力更生”，开展农副业生产，共开辟农副业生产用地3.23万平方米，种植葡萄、咖啡、芒果等7个品种共计2 500余棵果树和30多个品种的蔬菜，并不断加大投入，发展养猪、养鸡和养鱼等养殖业，较好地改善基层伙食，丰富官兵的菜盘子。

【抗旱救灾】 2009年10月后，攀枝花市几乎未降水，2010年3月中旬，攀枝花市部分乡镇出现“守望大江无水用”的干旱情况，百姓正常生产生活受到严重影响，已经出现饮水困难、土地干裂、春农作物枯死、春耕无法播种等严重情况。支队根据这一情况，与驻地抗旱救灾指挥部联系，建立信息共享机制，“想灾区群众之所想，帮灾区群众之所需，解灾区群众之所难”，支队党委及时召开会议，对部队可能遂行的抗旱救灾任务进行分析安排。结合担负任务的实际，及时转换任务派出抗旱救灾小分队，前往灾区救灾。支队政委王保中带领抗旱队伍执行任务，支队长对参加抗旱救灾人员的选定、管理进行具体部署，副支队长、参谋长带领业务人员组织协调抗旱救灾工作。

遂行任务中，支队严格各项制度，加强行车安全教育，及时进行车辆装备的检修保养，确保行车。参加抗旱救灾人员每天出发前、归队后及时向支队值班室和主要领导汇报救灾情况和进程，坚持每日日报和归队后向总队报告抗旱救灾情况。教育遂行任务人员，牢固为民服务思想，树好森林卫士形象；做到与兄弟单位、驻地政府密切配合，不抢功、不邀功。负责救灾任务车辆的油料由支队直接供给，检修由支队统一组织，确保车辆始终处于最佳状态。

2010年，支队参加驻地抗旱救灾任务6次、累计111天，较好地完成仁和区平地镇、大龙潭乡中心校、务本乡中心小学、盐边县红格镇、益民乡等攀枝花市严重干旱地区的抗旱保苗、抗旱支教、保障居民生活用水等任务。

（肖玉霞）

政　法

综治管理

【维护社会稳定】 2010年，市内各政法部门坚持“由保稳定向创稳定转变”的主动维稳工作理念，全面落实维稳“一岗双责”责任制和责任追究制，确保维稳各项措施落到实处。加强维稳应急培训工作，全年共培训干部1 500余人，各级领导干部抓维稳工作的主动性和自主处置涉稳问题的能力进一步增强。全面开展社会稳定风险评估，实施重大事项稳定风险评估18起，预防和化解突出隐患163起，在丽攀高速公路建设、沉陷区治理、大竹河水库建设等重大项目上发挥出显著效果。深化不稳定因素排查调处，全年共排查出不稳定因素120件，化解98件，化解率81.7%，高于全省76%的平均水平，重点化解采空沉陷区部分居民上访、大地水泥厂破产、房地产开发、“涉日”事件等一批影响较大的全市涉稳突出问题。全面推进“大调解”体系建设，完善“三联两进”大调解机制，最大限度地把各类矛盾纠纷化解在基层、控制在萌芽状态，全市人民调解成功率达98%，法院系统民商事案件综合调撤率达76.7%，行政调解成功率达93.6%，检察机关运用刑事和解机制办理案件占刑事受案总数的6.25%。坚持“两手抓、两手硬”，一手抓事要解决，加大就地依法依规解决群众合理诉求力度；一手抓依法处理，加大违法上访处理力度，较好地维护正常的信访秩序和社会秩序。全年信访总量同比下降15.1%，群体性事件同比下降32.3%，全年未发生一件在全国、全省有影响的群体性事件。全国和全省“两会”、西博会期间保持“非访零进京、集访零赴蓉”，世博会、亚运会做到“零入沪”、“零入穗”，确保全省第十三届少数民族体育运动会和川滇黔十地市州合作与发展峰会在攀枝花市成功举办。严密防范和依法打击“法轮功”等邪教组织的违法犯罪活动，继续保持“零聚集、零赴蓉进京、零插播”工作目标的实现。在省委、省政府组织的年终检查中，攀枝花市维稳工作获得好评，进入全省优秀行列。

【社会治安综合治理】 以提高人民群众的安全感和满意度为目标，以深入开展新一轮平安建设为抓手，巩固“全国社会治安综合治理优秀市”创建成果。严厉打击各类违法犯罪活动，始终保持“严打”高压态势。在城区重点突出命案侦破、打击“两抢一盗”（抢劫、抢夺、盗窃），在农村突出抓好禁毒工作和“三电”（电力、电信、广播电视）整治，有效解决社会面、大企业周边、校园周边等重点地区的突出治安问题，不断提高人民群众的安全感和满意度。在宝鼎矿区，集中开展打击私挖盗采和超层越界开采煤炭资源综合整治，加大打击力度，规范矿业开发秩序，确保矿区安全稳定。对重点人群特别是吸毒人员，开展戒毒康复和矫正工作，控制新生，减少存量。强化对爆炸物品管理，实现“统一购买、统一储存、统一配送、统一爆破、统一管理”，在丽攀高速等重点工程建设和矿山开采的使用过程中成效明显。大力创新社会管理，加强流动人口管理服务，建立“以证管人、以房管人、以业管人”的新模式。全面落实铁路护路联防各项措施，实现零发案、零货盗、零破封、零险情的工作目标，荣获全省护路工作一等奖。构建党政、学校、公安“三防控”体系，确保学校、幼儿园及周边安全稳定。经省统计局与省综治办调查统计，2010年攀枝花市平安建设群众满意度达70.56%，高于全省平均69.54%的水平，位于全省前列。围绕全市工作大局，着力构建人民调解、行政调解、司法调解联动的矛盾纠纷“大调解”工作体系，结合攀枝花市实际，重点建立“三联两进”［行政调解员、法官联系县（区）及乡镇街道，人民调解联络员、司法调解联络员联系部门，行政调解员联系法院；人民调解进法院，人民调解进派出所］的工作机制，切实解决影响社会和谐稳定的源头性、根本性、基础性问题，把各类矛盾纠纷解决在基层、控制在萌芽状态。盐边县桐子林司法所等5个单位被省委、省政府命名为省“大调解”工作先进集体，西区人民法院立案庭庭长牟云波等16人被省委、省政府命名为省“大调解”工作先进个人。在省委、省政府组织的年终检查中，攀枝花市综治工作获得好评，进入全省优秀行列。

【领导责任制】 3月，市委维稳领导小组、市综治委向各县（区）和市级各成员单位下达综治维稳工作目标，分解落实“保一方稳定”和“保一方平安”的目标任务。市委维稳办、市综治办会同市委目标督查办、市政府目标督查办把综治维稳工作的进展情况和工作成效作为全局工作的重要考核指标，加强日常督促检查，对工作进展快、措施得力、成效显著的及时给予表彰奖励，对工作不力的，视情况给予通报批评，推动综合治理和维护稳定各项措施的落实。经年终考核，东区、西区、仁和区、盐边县、米易县和37个市级部门被市委、市政府评为维护社会稳定工作一等奖，12个市级部门被评为二等奖；东区、西区、仁和区、盐边县、米易县、钒钛产业园区和53个市级部门被市委、市政府评为社会治安综合治理工作一等奖，9个市级部门被评为二等奖。

【基层基础工作】 加强政法信息化建设，以最节省的资金投入、最合理的建设模式、最快的工作速度、最好的工程质量，在全省提前建成政法专网、语音和视频三大系统，得到省委政法委的通报表扬。全面完成“两所一庭”（派出所、司法所、法庭）和农村检察室建设，完善配套设施建设和装备建设，全部投入使用，实现“1乡（镇）1所、4个乡（镇）1室1庭”的工作目标，夯实政法工作根基。继续加强流动人口管理和服务、刑释解教人员安置帮教、预防青少年违法犯罪、铁路护路联防、校园周边治安整治、人民防线建设、军地预防犯罪共建平安工作，形成规范的工作机制。3月，市综治委组织开展综合治理集中宣传月活动。6月，结合“六二六”国际禁毒宣传日，市综治委、市禁毒委开展禁毒宣传周活动。全市共开展较大规模的综合治理集中宣传活动48次，在中央、省、市级新闻媒体刊登专题平安创建文章17篇，在攀枝花电视台播放综合治理专题片14部，发放各种类型的综合治理宣传资料60 000份，营造全社会齐抓共管综合治理的舆论氛围。

【铁路护路联防】 坚持把铁路护路联防作为“一把手”工程，实现党政齐抓、部门共管、保障有力、责任到位。采取专业护路和义务护路两种模式，强化基层保障铁路安全的第一道防线。突出重要区段整治、流动人口管理和废旧金属收购站点治理三个重点，维护铁路沿线治安秩序稳定。把握整体联动、纠纷联调、路地联控、企地联治四个关键，形成横向到边、纵向到底的工作网络。健全平安村社创建、基层基础、宣传教育、责任查究、边际协作五个长效机制，不断提高铁路护路工作的水平和质量，全年实现“零发案、零货盗、零破封、零险情”的工作目标，确保铁路大动脉的安全畅通。攀枝花市铁路护路联防工作被省社会治安综合治理委员会评为2010年度先进单位。

【政法队伍建设】 贯彻落实省委《关于进一步加强政法队伍建设的意见》，扎实推进教育培训、技能练兵、作风建设“三项制度”建设，推进执法公开，加强作风巡察，全市政法系统举办教育培训506场（次）、开展技能练兵947场（次），纠正作风问题300多个。

开展“集中清理涉法涉诉信访积案”和“案件评查”两项活动，涉法涉诉信访积案化解率排名全省第一。以“公开、公平、公正”为原则，严把选人关、笔试关、面试关、体验关，完成全市100名公安、司法干警和法院、检察院新录用人员的招录工作，做到考生满意、用人单位满意、党委政府满意、社会满意。加大政法委与政法部门之间、政法部门之间、政法部门与党政部门之间的干部交流使用力度，增强政法干部队伍的整体活力。

（刘云涛）

公　安

【概　况】 2010年，经市编制部门批准，成立攀枝花市公安局钒钛产业园区分局；仁和公安分局、米易县局、盐边县局新成立16个乡镇派出所。2月5日，原局党委委员、副局长张代华因达到任职年限不再担任领导职务。6月4日，中共攀枝花市委组织部任命原攀枝花市公安局刑侦支队支队长樊泽凤，仁和区人民政府副区长、原攀枝花市公安局仁和分局局长银宏为攀枝花市公安局党委委员。7月7日，攀枝花市人民政府任命樊泽凤、银宏为攀枝花市公安局副局长。10月29日，原攀枝花市公安局党委委员、副局长田军调四川省公安厅工作。12月20日，中共攀枝花市委组织部任命攀枝花市森林公安局局长刘建华为攀枝花市公安局党委委员、政治部主任。

2010年，全市各级公安机关围绕“保稳定、保增长、保民生”大局，保持严打高压态势，突出治安防控体系建设，强化社会管理创新，注重热点问题排查整治，服务经济发展和民生改善，加强队伍绩效机制建设和教育培训，全年共立刑事案件7 121起，破3 383起；抓获犯罪嫌疑人2 935名、网上逃犯507名；查处治安行政案件8 891起，治安处罚7 367人。2010年省综治委“平安建设”测评结果显示，4个县（区）群众满意率高于全省平均水平；在接受市人大常委会工作评议政府部门中，满意率86.67%；国家统计局攀枝花调查队调查结果显示，92.5%的群众感到安全，93.0%的人认为所在地的社会治安状况与2009年相比有好转。

【打击刑事犯罪】 2010年，全市各级公安机关组织开展“冬季行动”、“2010严打整治”等系列专项行动，始终保持“严打”高压态势，全年共立刑事案件7 121起，破3 383起，破案率为47.5%。抓获犯罪嫌疑人2 935名、网上逃犯507名，其中刑拘2 085人，起诉1 544人。按照机制、力量、责任“三个到位”要求，建立党委政府主导、公安机关主责、部门协同配合的“打黑除恶”工作机制；秉承“打早打小、除恶务尽”工作理念，全年全市共打掉涉恶势力团伙15个，破获案件63起，抓获犯罪嫌疑人78名，缴获仿“六四式”手枪4支。严格落实“一长双责、五长必到”的命案侦破机制，强化“命案必破”信念，全年全市共立、破现行命案31起，破案率

100%。始终保持对大要案件的“严打”高压态势,采取挂牌督办、限期破案等措施,狠抓大要疑难案件的侦破工作,全年共破获省公安厅挂牌的“三七”特大绑架人质案等案件4起、市公安局挂牌的“三一二”杀人案等案件23起。坚持把“两抢一盗”等侵财犯罪作为重点,侦破抢劫、抢夺和盗窃案件1 814起。

【治安管控】 2010年,全市公安机关深入推进街面、社区、校园“三张网”防控体系建设,不断增加见警率,提高管事率,挤压违法犯罪时空。新增专职街面巡防力量579人、校园安保力量428人,下沉69名巡警到城区分局一线,171名新民警全部充实基层部门。建立以巡警、交警、派出所民警和联防队员“三警一员”为主体的城区街面巡防机制,落实24小时巡防制度;建立以社区民警为龙头,以社区居委会为依托,“楼栋长”、物业保安、社区联防等群防群治力量为补充的社区防范勤务机制;继续巩固校园警务长效机制,警方校方内外配合,建成人防、物防、技防相结合的校园及周边防控网络。强化治安查处和安全监管,全市公安机关共查处治安案件8 891起,治安处罚7 367人。定期排查社会治安复杂地区和突出治安问题,对凤凰美食城、观音岩水电站等25个省、市挂牌整治重点地区以及殴打他人、私挖滥采煤炭资源等突出治安问题开展集中整治。在殴打他人专项治理中,年内共查处案件1 019起,打击处理586人。在打击私挖滥采煤炭资源集中整治中,查处非法采矿等案件22件,打击处理82人,有力维护了矿业秩序和安全稳定。开展治爆缉枪专项行动期间,全市公安机关共查处涉爆违法犯罪案件10起,涉枪案件113起,抓获涉爆涉枪违法犯罪人员102人,抓获在逃人员2人;查没收缴炸药145.81千克,雷管10 205枚。对废旧金属收购业的专项整治期间,检查废旧金属收购站点400余家(次),查处违法违规收购废旧金属案件31起,取缔无照经营收购站点5家,督促整改6家。开展“出租房屋”清理列管专项行动,全面掌握攀枝花市出租房屋、暂住人口等底数,夯实治安管控基础。按照“严之又严,细之又细,实之又实”的要求,圆满完成川滇黔十地市州峰会、全省第十三届少数民族运动会、欢乐阳光节开幕式大型演唱会、金芒果之夜主题文艺晚会等19起大型群众性活动、重大活动的安全保卫。

【禁毒缉毒】 2010年,攀枝花市公安局各级禁毒缉毒部门深化禁毒协作机制,完善查缉体系,强化堵源截流,严打过境贩毒品,整治零星贩毒市场,落实易制毒化学品监管措施,创新禁毒宣传,拓展无毒社会创建,全年全市共破获毒品案件344件,其中侦破公斤级以上大案12件;打击处理毒品犯罪嫌疑人342人,其中刑拘150人,逮捕71人,移送起诉63人,监视居住127人,取保候审5人,缴获各类毒品64 929克,其中海洛因60 876克、冰毒3 990克、麻古56克、氯胺酮7克。办理毒品行政案件1 174件,处理违法人员1 291人(次)。开展“大普查、大收戒、大帮教”专项行动,整治涉毒重点地区5个,强制隔离戒毒627人,自愿戒毒92人,开展美沙酮药物替代维持治疗962名;列管易制毒化学品企业363家。组织开展外出返乡人员禁毒集中宣传、万名党员干部讲禁毒、禁毒巡回宣传、全民禁毒集中宣传、新生入校集中宣传、娱乐场所新型毒品警示宣传。强化对易制毒化学品和非法种植问题的监管,确保易制毒化学品不流入“非法渠道”和非法种植“零产量”目标实现。

【打击经济犯罪】 2010年,市公安局经侦部门不断加大对各类经济犯罪的打击力度,坚持打击与服务并举,破案与控赃并重,开展打击假币犯罪、整治发票犯罪、打击银行卡犯罪“三项行动”。在打击假币犯罪专项行动中,排查假币案件线索6件,破案假币案件1件,收缴假币28.6万元。在打击假发票犯罪专项行动中,破获发票案件2件,捣毁制售假冒航空运输电子客票的窝点5个,收缴假发票1.6万份,检查开票企业42家,整治运输场所8次,移送线索7件。打击银行卡犯罪专项行动中,摸排线索18件,破案银行卡犯罪案件9件,收缴银行卡9张,案件涉案金额10余万元。全年受理各类经济犯罪案件173起,立案148起,破案142起;抓获经济犯罪嫌疑人128人。其中,刑拘103人,逮捕81人,移送起诉25人,抓获网上逃犯17人,挽回经济损失608.3万元。

【监所管理】 2010年,贯彻落实《关于进一步加强和改进公安监管工作的意见》,对监管领导体制、工作机制、必配警力、职级待遇、监所建设、经费保障、责任追究等作出具体规定。先后在全市监所开展“冬季行动”、“奋战六十天确保双平安”活动、集中整治执法过程中涉案人员非正常死亡问题专项活动,共发现安全隐患21件,整改21件。组织开展被监管人员的既往病史、体表外伤史、关押期间有无被殴打史专项调查和交叉大检查,保障被监管人员权益。在重要节庆前制定安保方案,组织人员与武警支队密切协作,深入监管场所检查督导开展应急处置方案的演练,为保障监所安全奠定基础。全市监所获取违法犯罪线索864条,协破刑事案件617起,抓获犯罪嫌疑人122人。监管场所基础设施建设有序推进,米易县监管中心建成并投入使用,戒毒康复所、市拘留所开工建设,市看守所迁建工程前期准备工作就绪。

【交通管理】 2010年,全市公安交警部门坚持以“路通畅,少伤亡,群众安,形象好”为目标,以勤务模式改革为抓手,深化道路交通事故预防、重点交通违法行为整治、城区道路秩序整治、重大活动交通安全保卫、交通安全宣传、车辆加驾驶员服务等工作,全力保障道路交通秩序畅通。改革警务机制，试点“警务区工作模式”，进一步强化责任区内道路交通安全宣传、事故预防、秩序管理、交通违法行为查处、车辆和驾驶人员管理等工作责任，提高路面见警率，扩大管控覆盖面，减少失控漏管的路段和时段。开展“文明交通行动计划”，建成交通安全示范学校16所，交通安全示范社区8个，交通安全示范村5个，交通安全示范单位18个。全年加大对重点违法行为的查处力度，共查处无证驾驶1 759起，酒后驾驶197起，超速行驶53 242起，客车超员144起。严格重点车型安全监管，1 405台出租车和795辆客运车辆安装GPS系统。强化道路交通秩序整治，全年全市共查处各类交通违法288 070起，行政拘留417人（次），扣留机动车6 900台（次），扣留驾驶证227个（次）；全年共发生道路交通事故342起，死亡50人，受伤586人，直接经济损失约168.8万元。开展“大调解”工作，建立法官定期到交通事故法庭审案的联系制度，2010年，全市各级交警部门共受理事故案件9 859起（其中简易程序9 288起、一般程序571起），行政调解9 620起，调解成功率98%；人民调解239起，调解成功率95%；交通事故法庭审理11起，受案率约48%，均全部审结。

【出租房屋及暂住人口管理】 2010年，市公安局为强化基层基础工作，在全市开展为期5个月的以出租房屋及暂住人口全面清理登记工作。按照市局暂住人口和出租房屋清理登记达到两个100%的工作要求，各分县局结合实际推出既便于公安机关依法管理又便于出租房主使用的《出租房屋登记手册》。派出所在各辖区居民聚集区、农贸市场等场所发放宣传单2 000余份。为确保暂住人口和出租房屋清理登记的不重不漏，各派出所对出租房屋和暂住人口聚集区和重点地区，整合警力集中清理。对零散出租房屋和暂住人口地区，采取拉网式的清理，责任区民警为方便群众，针对居民作息时间，携带数码相机、暂住证、出租房屋治安责任书等设备资料，采取“错时工作”、“预约工作”、“周末工作”等措施，主动上门，现场登记、拍照、办理暂住证及签订出租房屋治安责任书。共清理登记出租房屋4.3万间，暂住人口17.2万人。

【信息化建设】 2010年，全市公安机关以信息化建设为重点，相继完成办公自动化系统建设，实现公安内部无纸化办公；投资600余万元改造接处警系统，建立全省联网的接处警平台；建立350兆无线集群系统，全面提升无线通信的应急处突能力；建成四级视频会议系统，改造三级网络系统，做到可视化应用服务。完成公安二级网与政法二级网的线路割接工作，提升整个二级网带宽至622兆。深入基层所队开展信息化调研和技术服务工作。组织开展公安信息化业务骨干技术培训、民警信息化应用培训、基层所队领导信息化工作培训，共培训600余人。

【大走访活动】 2010年，市公安局组织开展以“党委班子成员下访、一线民警走访、执法办案活动回访”为主要内容的“大走访”活动，共走访群众58 750户，走访企事业单位1 631家，召开座谈会283次，发放调查问卷表11 321份，收集意见、建议1 215条，集中排查化解矛盾纠纷588起，各级领导干部与困难群众结成帮扶对子168个、协调帮助群众就业24人、为企业送法服务1 205次。

【服务发展】 2010年，全市公安机关围绕坚持围绕中心、服务大局，定期开展不稳定因素排查，及时了解、掌握社情民意，积极化解社会矛盾纠纷，对各类群体性事件做到早发现、早化解、早处置，维护了全市社会稳定。坚持服务民生改善，进一步细化和落实服务“四个倾力打造”39条措施，在推动“一站式”服务、下放审批权限、简化办事程序、缩短办事办证时间等方面创新社会管理。同时，交警部门出台创新社会管理25条措施和车驾管30条便民利民措施，在米易县、盐边县成立车管所，在仁和区、西区交警大队建立车管服务站，方便群众。开展“摩托车下乡”活动，全年为农民办理摩托车驾驶证1.87万个，上牌1.62万辆，为农民群众节省开支2 300余万元。

【“四大”活动】 2010年，全市公安机关组织开展以“知识大学习”、“业务大培训”、“岗位大练兵”、“技能大比武”为主要内容的“四大活动”，建立日学一时，周读一文，月听一课，季写一篇，年强一技“五项学习机制”，推动信息化应用、规范化执法、群体性工作、突发事件处置、基础工作“五大培训”，实施月考核、季会操、年竞赛“三项比武”，全年召开党委中心组理论学习（扩大）会议2次，培训中层干部280余人（次）；组织开展各类业务培训608场（次），培训民警14 119人（次）；开展岗位练兵448场（次），练兵竞赛54场（次），实战演练7次。

【绩效考核】 2010年，全市公安机关正式运行以定岗、定员、定责、定任务“四定”和考勤、考纪、考绩“三考”为主要内容的全员绩效考核制度，实施对各级领导干部和全体民警的周评周查、月考月通报。全年评定一级绩效民警457人，二级绩效民警1 496人，三级绩效民警178人，四级绩效民警11人，考核结果与干部选拔、晋职晋升、入党入团、目标奖金发放、津补贴兑现等政治经济待遇全部挂钩。

【队伍建设】 2010年，市公安局始终坚持把忠诚教育放在首位，深化思想讨论、岗位实践和创先争优，推动“忠诚、专业、服务、奉献”攀枝花公安核心价值观培育。建立领导干部每日工作动态公示、每月到基层当一天民警、季度工作报告和领导干部问责“四项制度”，强化干部跟踪问效；改革领导干部选拔方式，按照“公开、公平、公正”的原则，完成二级班子空缺科级领导干部选拔工作,选拔任用33名中层干部;加强干部调整交流工作,全年调整交流科级干部68人;公安编制得到增加,新增公安专项编制140名,消防现役编制40名;优化基层警力资源配置,新招录的171名新警已全部分配到基层单位;警察公共关系逐步拓展,共制作《攀枝花警界》栏目44期,电台公安专题《公安之声》44期,在媒体刊播新闻1 270篇(条)。全年全市公安机关共有53个集体受到省、部、市级表彰,195人受到省、部、市级表彰;其中1个集体获"全国公安机关爱民模范集体"荣誉称号,2个集体记集体二等功,51个集体受表彰,1人被追授"全国公安系统二级英雄模范",1人获攀枝花第二届"十大女杰"称号,2人记个人二等功,15人记个人三等功,177名个人受到表彰。

【典型案例】 2010年3月7日21时许,两名犯罪嫌疑人在东区龙江明珠小区附近绑架一男一女两名人质,抢走其私车,逃离现场。3月8日凌晨4时许,犯罪嫌疑人将男性人质丢在市第五人民医院门口,威胁其拿出10万元现金,于当天18时前赎取女性人质,后再次驾车逃离,不明去向。

3月8日凌晨6时28分左右,公安机关接到报警后,立即成立由副市长、市公安局局长殷旭东为指挥长的专案指挥部。同时,抽调刑侦支队和特巡警支队的精干警力组成专案组。为确保人质安全及尽早破案,专案指挥部决定:迅速确定被绑架人质的位置,实施解救;设法稳控犯罪嫌疑人,避免其铤而走险,伤害人质;特巡警队员做好抓捕准备,积极应对各种可能出现的意外情况。

3月8日17时许,专案组经过分析梳理、跟踪查找,在东区大渡口抓获犯罪嫌疑人之一张某某(男,33岁,住攀枝花市仁和区五十一公里,2005年刑满释放),并获取另一犯罪嫌疑人及人质可能在仁和区务本乡的重要线索。专案组一方面稳定犯罪嫌疑人情绪,确保人质安全,为抓捕行动赢取时间;另一方面要求现场抓捕人员临机应变,在确保人质安全的前提下,灵活快速地处置现场突发情况。

考虑到天黑视线差、野外开阔不易隐蔽、现场地形复杂等不利因素的影响,专案组机智勇敢地与犯罪嫌疑人展开周旋。21时许,现场抓捕人员在兰(尖)务(本)路往务本方向上行约2 000米处发现犯罪嫌疑人及人质,立即抓住时机,兵分两路,一路保护人质,一路抓捕犯罪嫌疑人。特巡警队员一举将犯罪嫌疑人肖某某(男,35岁,住攀枝花市东区良友附近,系吸毒人员)擒获。

(姜 鑫)

检 察

【概 况】 2010年,全市设市和县(区)两级检察院6个,共有在职检察官201名,其他工作人员127人。全市检察机关依法打击各类刑事犯罪,全力维护社会和谐稳定,共批准(决定)逮捕各类刑事犯罪案件819件1 278人;提起公诉1 039件1 729人。依法查办和预防职务犯罪,促进反腐倡廉建设,立案查办贪污贿赂、渎职等职务犯罪案件52件61人,其中大案49件,占立案总数的94.2%;查办县处级以上领导干部5人,占立案人数的8.2%;通过办案为国家挽回直接经济损失1 128.11万元。围绕着力化解社会矛盾,充分发挥法律监督职能。围绕促进公正廉洁执法,切实加强内外监督制约。围绕积极参与社会管理创新,不断延伸法律监督职能。围绕提升法律监督能力,全面加强检察队伍建设。两级检察院受到最高人民检察院、省级和市级以上表彰的先进集体25个(次)、先进个人43人(次)。

【刑事检察】 2010年,全市检察机关把维护稳定、促进经济社会发展作为检察机关的首要任务,严厉打击暴力、多发和破坏社会主义市场经济的犯罪,深入推进平安建设。全年共批准(决定)逮捕各类犯罪案件819件1 278人,同比下降7.8%和8.1%。提起公诉1 039件1 729人(含2009年积存和侦查机关未报捕直接移送起诉的案件),同比上升3.9%和8.7%,其中"两抢一盗"(抢劫、抢夺、盗窃)犯罪案件348件574人,毒品犯罪案件82件124人,故意杀人、故意伤害犯罪案件142件203人,交通肇事、诈骗、非法占用农用地、非法采矿等其他犯罪案件467件828人。在严厉打击犯罪的同时,贯彻宽严相济刑事政策,对涉嫌犯罪但无逮捕必要的,决定不批准逮捕73件144人;对犯罪情节轻微,依照刑法规定不需要判处刑罚或者免除刑罚的,决定不起诉22件33人。

【查办和预防职务犯罪】 2010年,全市检察机关牢牢把握市委"提速增效、加快发展"的工作基调,始终注重"三个效果"(政治效果、法律效果和社会效果)的统一,把服务中心工作、维护市场经济秩序和促进保障经济平稳较快发展贯穿于查办和预防职务犯罪工作的全过程。坚持标准,严把质量,职务犯罪立案准确率、起诉率和有罪判决率均列全省前列。全年共立案查办贪污贿赂、渎职侵权等职务犯罪案件52件61人,其中大案49件,占立案总件数的94.2%;要案5人,占立案总人数的8.2%,为国家挽回直接经济损失1 128.11万元。突出查办商业贿赂职务犯罪,着力维护和规范市场经济秩序,共立案查办商业贿赂职务犯罪案件38件41人,其中办理省纪委、省检察院交办的重大商业贿赂职务犯罪案件3件3人。突出查办涉农职务犯罪和涉及民生领域的职务犯罪,共立案查办涉农职务犯罪案件11件14人,查办危害民生职务犯罪案件22件26人,对维护民权民利、保障民生和深层次化解社会矛盾起到积极的作用。突出查办渎职侵权犯罪,贯彻落实市委、市政府对打击私挖盗采煤炭资源专项整治工作的部署,共立案查办矿产资源领域渎职犯罪案件6件7人，其中重大案件4件4人，促进煤炭资源的有序开采，保护人民群众生命财产安全。

在惩治腐败的同时，树立保护干部的意识，更加注重预防职务犯罪工作。针对各县（区）检察院无预防机构的现状，市检察院积极汇报和沟通，在市、县（区）党委、政府的关心支持下，各县（区）检察院均已获批成立职务犯罪预防局，为进一步做好预防工作提供组织保障。协助市委组织召开全市第三次预防职务犯罪工作会议，总结安排部署2010年的预防工作。就2008年以来全市预防职务犯罪工作情况向市人大常委会作了专题报告，并落实人大常委会对此项工作所作决议的各项要求。进一步巩固和完善与攀钢集团公司、攀煤（集团）公司等国有企业之间的检企共建预防职务犯罪工作，在帮促企业加强管理等方面不断深化预防工作；与市电业局、工商局、国土局、林业局、检验检疫局等单位建立联席会议制度，加强信息交流，拓展并健全预防工作网络。加强预防宣传教育，深入各行业、各部门举办预防专题讲座45次，开展警示教育21次，受教育面达6 000余人（次）。开展预防咨询58次，提出预防建议22件，指导、协助相关单位完善和落实预防措施159项。继续深化预防调研，开展预防调查33次，撰写预防调研报告21篇，其中《工程建设领域职务犯罪特点、成因和预防对策》一文得到市委和省检察院的充分肯定。扎实开展专项预防工作，对观音岩水电站、丽攀高速公路和煤炭采空区、沉陷区移民安置小区等重点建设项目进行预防跟踪服务，为实现“工程优良、干部优秀、资金安全、工程顺利”提供制度保证。

【诉讼监督】 2010年，全市检察机关认真贯彻落实最高人民检察院《关于进一步加强对诉讼活动法律监督工作的意见》和省人大常委会《关于加强人民检察院对诉讼活动的法律监督工作的决议》，始终把强化法律监督、维护公平正义作为根本任务，把人民群众的关注点作为司法监督的着力点，继续在加大监督力度、改进监督方式方法、提高监督水平、增强监督实效上下工夫，切实维护司法廉洁和公正。

履行侦查监督职能，维护和促进司法公正，全年共办理立案监督案件45件80人，其中监督侦查机关应当立案而不立案37件66人、不应当立案而立案7件10人、其他1件4人。依法纠正侦查活动中的违法情况21件（次），其中侦查取证违法14件（次）、办案程序违法6件（次）、其他1件（次）；督促侦查机关补查重报后批捕2件3人，纠正漏捕犯罪嫌疑人44件58人。

着力强化刑事审判监督，不断提升案件质量，完善侦查监督制约机制，确保不枉不纵。坚持重大案件介入侦查，共同引导侦查人员全面、及时收集固定证据，对收集证据的合法性进行监督。加大对错误移送审查起诉、漏罪漏诉和刑讯逼供、暴力取证等侦查违法行为的监督纠正力度，共追诉漏犯15人。加大刑事抗诉工作力度，贯彻《四川省人民检察院关于进一步加强刑事抗诉工作的意见》，始终将刑事抗诉作为刑事审判法律监督的标志性工作，抓紧抓好。共提出抗诉5件，比2009年上升67%，其中法院改判2件、发回重审1件、维持1件、1件尚在审理中。积极向审判机关发出检察建议和纠正违法通知书，共对21件案件提出检察建议，有效维护诉讼参与人的合法权益。深化专项检查活动成果，拓展监督领域，执行《四川省检察机关适用简易程序审理公诉案件刑事审判法律监督实施办法（试行）》，共对简易程序案件派员出庭89件，旁听庭审23件，提出量刑意见657件，法院采纳率达94%。稳步推进量刑建议工作，市检察院要求各县（区）检察院在提出量刑建议时要提出书面的确定性量刑建议，年终对量刑建议的提出率、量刑建议准确率以及法院采纳率进行考核。创新附条件不起诉试点工作，省检察院召开推进附条件不起诉工作片区会议以后，市检察院积极采取措施，推进该项工作迅速开展。及时制发《攀枝花市检察机关附条件不起诉指导意见》，对适用附条件不起诉的对象、条件、程序、帮教考察、处理决定等系列问题进行规范，奠定该项工作规范化开展的基础。确定仁和区检察院、米易县检察院为试点院，以点带面，稳步推进此项工作。

创新开展民事审判和行政诉讼监督工作，彰显公平正义，全年共受理各类民事行政申诉案件54件，提请抗诉6件，向法院发出个案再审检察建议28件；办理刑事附带民事诉讼案件8件，支持、督促起诉16件；办理民事行政执行监督案件10件，调解监督案件1件，民事和解5件，移送职务犯罪线索2件，其他犯罪线索2件。积极探索民事审判和行政诉讼监督的新方式，不断依法开拓民事行政检察的监督领域。建立检察机关与人民调解、司法调解和行政调解联动的工作机制，制定邀请监督、督促执行、先行调处、跟踪回访等制度，实现民事行政检察工作与人民调解、司法调解、行政调解的有机结合。市检察院在总结创新民事和解工作经验基础上撰写的《攀枝花市检察机关五种方式促成民事和解》一文，被高检院和省检察院转发，并在全省范围推广。

推进刑罚执行和监管活动监督，维护社会稳定，继续巩固和深化核查纠正监外执行罪犯脱管漏管专项行动成果，认真做好纠防超期羁押和纠正违法“减、假、保”专项工作。共检察监督看守所出所496人、入所853人；检察监督看守所呈报减刑7人，保外就医1人，假释1人；检察纠正刑罚执行和监管活动违法70件70人，其中纠正看守所监管活动违法22件22人、纠正监外执行违法48件48人。对监管场所开展安全联合大检查70余次，发现安全隐患并提出安全监管建议42件（次），均被监管单位采纳。

【控告申诉检察】 2010年，全市检察机关积极排查化解矛盾纠纷，促进社会和谐。充分发挥“检调对接”工作机制的作用,依托"大调解"体系,进一步做好检察环节的矛盾纠纷排查化解工作。深入贯彻落实《中央政法委关于进一步加强和改进涉法涉诉信访工作的意见》,形成内外联动、上下联动、内部各部门联动的涉法涉诉信访立体防控工作机制。制定全市检察机关开展集中清理化解涉检信访积案专项活动暨案件评查活动实施方案,及时处理涉检信访问题,全力化解涉检信访积案,实现涉检信访案件"零上访"。做好修改后的《中华人民共和国国家赔偿法》的实施准备工作和刑事被害人救助试点工作。深入开展全国"文明接待室"创建活动,共受理举报、控告线索279件(其中来信212件、来访67件),与2009年相比下降1.1%,无重复举报控告;妥善处理集体访1件,告急访1件,审查处理率达100%。

【社会管理创新】 2010年,全市检察机关以建设公正高效权威的社会主义司法制度为目标,以满足人民群众对检察工作的新要求新期待为根本出发点,加强社会建设、创新社会管理,进一步深化检察工作机制改革,推动检察工作科学发展。

建立健全社区矫正工作机制,进一步促进特殊人群帮教管理。把加强对刑释解教人员,被宣告适用缓刑和适用假释、暂予监外执行人员等在社会执行刑罚的服刑人员的监督管理和服务纳入社会管理的重点来抓。配合有关部门加强特殊人群帮教管理,帮助刑释解教人员妥善安置、融入社会。积极探索适用社区矫正特点的检察方式,加强对社区矫正各执法环节的法律监督,防止和纠正脱管、漏管等问题,促进社区矫正工作依法规范开展,全市共有监外执行罪犯742人(其中缓刑523人、管制28人、假释34人、暂予监外执行31人、剥夺政治权利126人),已全部纳入社区矫正。明确基层组织知情监督权,明确监外执行罪犯月报告,建立被监管人员考察档案、联合回访考察等制度。东区检察院协调相关部门,解决3名刑释解教人员的就业问题,落实帮教措施。仁和区检察院与区法院、区公安分局联合会签《监外执行罪犯监督管理规定》(试行),强化义务告知主体的告知责任,明确社区、村、组等基层组织的作用,建立群众监督改造考察小组,负责监外罪犯的管理和矫正工作。

参与"社会大调解"活动,进一步延伸"检察触角"。按照"前移检察窗口,掌握社情民意,服务基层群众,化解矛盾纠纷"的原则,在各县(区)的乡镇、街道以及社区建立检察信访联络站,聘请检察联络员,负责涉检信访信息报告、涉检信访案件的处置、反馈、回访及法律宣传、法律服务等,切实发挥化解社会矛盾的前沿阵地作用。年底全市检察机关共设立检察联络站32个,联络点51个,聘请检察联络员69名。积极主动与司法行政机关联系,规范刑事和解程序,建立衔接人民调解组织、共同化解基层矛盾的检调联动工作机制。对可以适用刑事和解的案件,在双方当事人自愿申请人民调解的前提下,委托人民调解组织依照人民调解的原则和程序,促使当事人自愿达成调解协议,增强刑事和解工作的规范性,提升刑事和解工作的影响力,全市检察机关运用刑事和解机制办理案件58件,和解成功率100%。

高度重视涉检网络舆情,进一步强化对网络虚拟社会的建设管理。在坚决依法打击利用网络实施犯罪的同时,重视检察门户网站建设和维护,发挥网络宣传阵地的正面引导作用,加强宣传报道,杜绝损害检察机关形象的公共事件发生。做好日常网络舆情检索与收集工作,注重分析研判,强化舆情引导,提高应对处置涉检网络舆情的能力。全市检察机关均制定涉检网络舆情处置预案,应对和引导涉检网络舆情。

充分运用检察建议,促进完善社会管理体系。针对办案中发现的相关部门的普遍性、倾向性问题,主动到发案单位座谈调研,查找发案原因。并及时提出检察建议,帮助相关部门进一步完善内部监督制约机制,加强预防宣传教育,消除隐患、强化管理、堵塞漏洞,促进发案单位依法行政。

【基础保障】 2010年,全市检察机关以检察业务工作为中心,紧贴实际,突出特色,推动检察理论调研工作创新发展,共撰写专题调研和理论调研文章163篇,被国家级刊物(含高检院)采用10篇,省级刊物(含省检察院)采用15篇;组织撰写15篇征文参加四川省法检公司第五届执法理论研讨会征文活动,其中1篇征文获得优秀奖。加强对各县(区)检察院检察委员会日常工作的业务指导,旁听5个县(区)检察院检察委员会案件讨论,旁听率达100%,执行上级检察院和本院检察委员会决定达100%,对检察委员会工作不规范的地方提出纠正意见。充分利用检校合作平台,优化整合调研资源,成功申报省检察院重点课题2个。

推进司法警察工作全面发展,发挥检警一体化机制的实战功能,参与查办职务犯罪、刑检办案和处置突发事件;落实保障办案安全具体措施,加强警务工作区规范化建设,全年无办案安全责任事故发生。大力加强司法警察技能大比武和岗位练兵活动,切实提高司法警察整体素质。

继续推进检察技术工作,加强检察信息化建设与运用,运用检察技术手段,准确、及时地提供专业技术支持和保障。全年检察技术部门共办理案件224件,其中检察鉴定和文证审查案件数量为151件、技术协助案件73件。按照高检院"讯问职务犯罪嫌疑人实行全程同步录音录像"的要求,开展全程同步录音录像工作,全年办理同步录音录像案件73件,共计录制约170小时。

进一步加强检察文稿信息工作,完成省检察院交办的信息、文件材料的报送工作,全年共撰写各种重要文稿276篇,共编发检察简报信息180篇302条,完成省检察院信息转发分值1 194分(目标任务分值800分,超额完成394分)。

加强检务保障工作,以经费保障为龙头、狠抓"两房"(人民检察院办案用房和专业技术用房)建设和科技装备建设，为检察工作提供有力的后勤保障。贯彻落实高检院、省检察院《2008—2010 科技装备发展规划》的精神，加强财务检查和管理，切实保障基层检察机关人均 2 万元的最低公用经费标准，预算经费在公用经费保障标准上均有所增长。以全省政法网络平台建设为契机，加大装备改善和投入，建成以市检察院为中心的视频会议室，提高办公办案效率。加强对车辆安全以及警车、警灯、警报器使用的管理，严格落实枪弹管理制度，全市检察机关连续 15 年无涉枪涉弹事件发生。

【人民监督】 2010 年，全市检察机关紧密结合"阳光检察"工程的实施，主动接受代表委员和社会各界的监督。邀请人大代表、政协委员视察全市检察机关渎职侵权检察工作，认真做好检察机关联系人大代表网络系统和"检察长专邮"的开通运行工作，主动征求代表、委员对检察工作的意见，定期向人大代表、政协委员寄送《代表委员联络专刊》，通达检察工作情况。对 3 件应当提交人民监督员监督的案件全部提交监督，主动邀请人大代表、政协委员、人民监督员、特约检察员、检察理论研究员参与案件讨论、列席检委会、职务犯罪案件庭审旁听、群众来访接待等检察业务工作，切实增强监督的刚性和社会公信力。开设检察举报、宣传窗口，公布12309举报电话，播出《阳光检察》电视栏目 36 期。建立"信息查询系统"，将检察机关非涉密的重要工作、重大事项等信息向社会公开，保障人民群众对检察工作的知情权、参与权、监督权。

（王　凯）

审　　判

【概　况】 2010 年，全市国家审判机关有市中级人民法院、东区人民法院、西区人民法院、仁和区人民法院、米易县人民法院、盐边县人民法院，共设 17 个人民法庭。全市法院系统共有政法专项编制 437 个，实际在编人员 411 人。其中：法官 213 人，占 51.8%；司法警察、书记员及其他工作人员 198 人，占 48.2%。

全年全市法院以"三个至上"（始终坚持党的事业至上、人民利益至上、宪法法律至上）为指导思想，坚持"能动司法，服务大局"工作主线，围绕推进社会矛盾化解、社会管理创新、公正廉洁执法三项重点工作，各项工作取得新进展。全市法院共受理各类案件14 099件，审结13 418件，结案率95%。其中，市法院受理 1 120 件，审结 1 075 件，结案率 96%。

2010 年，全市法院共有 36 项工作受到省级表彰、37 项受到市级表彰，执法办案、审判管理和大调解等工作，在全国、全省召开的会议上作经验交流；在省法院开展的五项重点审判工作评比中，有两项工作获得一等奖、一项工作获得二等奖、两项工作获得三等奖。

【民商事审判】 2010 年，全市法院共审结各类民商事案件9 278件，诉讼标的额 8.8 亿元。维护竞争有序的市场经济秩序，慎用查封、扣押、冻结等强制措施，依法公正审结各类商事合同纠纷案件2 909件。重视保护公民人身权和财产权，审结财产权属确认、人身损害等权属、侵权案件1 189件，诉讼标的额 1.7 亿元。强化保障民生，妥善处理农村土地承包、农民权益保障以及家电、汽车下乡等拉动内需政策落实中发生的纠纷，审结各类涉农案件 651 件，其中审结农村承包合同案件 238 件。妥善审理劳动争议案件，坚持保障劳动者权益与促进企业生存发展并重，规范审理劳动争议案件的裁判尺度，审结劳动争议案件3 653件。4 月，妥善调解市安装公司、通力公司、金沙水泥公司 3 国企改制案，维护了企业和职工的合法权益。

【刑事审判】 2010 年，全市法院共审结各类刑事案件1 093件，判处犯罪分子1 419人。依法严惩严重危害社会治安犯罪，全年共审结故意杀人、绑架、抢劫等严重暴力犯罪案件以及盗窃、抢劫、抢夺、诈骗等多发性侵财犯罪案件 734 件，判处罪犯 684 人。6 月，制定《预防和打击私挖盗采煤炭资源违法犯罪行为的实施意见》，开展预防和打击私挖盗采煤炭资源专项行动，依法惩处破坏资源、污染环境等犯罪案件 18 件。维护经济安全和市场秩序，加大对集资诈骗、信用卡诈骗、制售假币和假发票等经济犯罪案件的打击力度，净化市场环境，全年审结此类案件 18 件。参与反腐败斗争，依法审理职务犯罪，审结贪污、贿赂、渎职案件 53 件，判处罪犯 59 人。开展量刑规范化试点，11 月，召开量刑规范化培训会，对法官进行量刑规范化培训，确保量刑公开和均衡。

【行政审判】 2010 年，全市法院共依法审结行政案件 78 件（其中行政非诉审查 40 件）。年初开始，推行行政审判年度报告制度，监督和支持行政机关依法行政，有效化解社会矛盾。4 月开始，开展"化解行政纠纷"集中行动，化解征地、房屋拆迁、劳动保障等涉民生、易发群体纠纷的案件 26 件。推动行政案件协调化解，通过诉讼协调妥善化解行政争议 8 件。高度重视法律服务工作，全年共参与党委、政府出台重大政策、重大项目的研究论证 7 次。

【执行工作】 2010 年，继续开展执行风暴活动，全市法院共执结案件2 940件，执结标的 2.7 亿元。完善执行案件流程管理、内部监督、催办通报等制度，治理消极执行。完善外部协作机制，发挥执行工作联席会议协调解决重大疑难执行案件和执行信访案件的作用。年初，建立"执行指挥中心"，协调调动执行力量，发挥执行快速反应功效。加大督导力度，全年，市法院12次对县(区)法院执行案件质量进行检查，逐案点评，督促整改。

【能动司法】 年初，市法院制定《为打造中国钒钛之都提供司法服务和保障的若干意见》，开展涉“四个倾力打造”专项审判活动，妥善处理“四个一批”(竣工投产一批、加快建设一批、开工建设一批、加快前期一批)等重大项目、涉“6+2”产业(矿业、钢铁、钒钛、能源、化工、机械制造6大传统产业和太阳能、生物工程2大新兴产业)布局和规划的重大案件52件，主动服务企业和重点项目。支持县域经济发展，围绕市委培育壮大县域经济战略，制定《为县域经济发展提供司法服务和保障的工作意见》，推出26条工作措施，支持县域经济做大做强。制定服务和保障企业发展的指导意见，密切关注后金融危机的影响，适时调整工作重点，出台5个司法文件，指导全市法院切实为全市经济提速发展保驾护航。开展“专项司法建议”活动，紧扣市委、市政府重大决策部署，立足审判实践，总结发现企业融资、贷款、知识产权保护等方面存在的问题，向有关单位提出司法建议，16项获得采纳。建立行政案件通报制度，及时向行政机关通报行政执法存在的问题，提出具体、可行的改进意见和建议23条。参与社会治安综合治理，协助有关方面做好对43名未成年人、被判处缓刑、管制、免予刑事处罚人员和刑满释放人员的帮教矫正工作。

【“大调解”工作】 3月，市法院制定《关于进一步深入推进“大调解”工作的意见》，健全“大调解”工作机制，对推进“大调解”工作的目标任务、职责分工、协调配合等进行进一步细化和明确。加强诉前引导，通过诉前劝导引导，成功分流纠纷1 878件。强化对驻法院人民调解员的指导，尽可能把纠纷化解在诉讼程序之前。全市驻法院人民调解员调解成功案件253件。强化对人民调解、行政调解的指导。采取专题培训、以会代训、庭审观摩、以案说法等方式，开展业务指导和培训。8月，举办培训班，对全市78名调解员进行专题培训。7月，与司法局、法制局等行政机关制定《进一步加强司法调解与行政调解衔接配合的意见》，建立司法调解与人民调解、行政调解联席会议制度，从调解案件移送、交接、委托、结案等方面，明确三大调解的具体衔接办法。全年全市法院调解撤诉结案8 681件，一审民商事案件调撤率达76.6%。新收案件增幅明显放缓，婚姻家庭、行政、国家赔偿等案件同比出现下降。加强司法调解，制定《立案调解工作规程》，深化立案调解，立案审查调解成功541件。实行全程、全域、全员调解，将诉讼调解延伸到立案、审判、执行各环节，一审、二审、再审各阶段；将范围从民商事案件拓展到刑事自诉、行政、国家赔偿等案件类型；调解主体从案件承办人扩大到院庭长、合议庭其他成员，调解成为法官结案的首选方式和自觉行动。不断创新调解方式方法，根据城市、农村、民族地区、灾区等不同特点，婚姻家庭、人身损害等不同案件类型，有针对性地进行调解。年初，组建交通事故巡回法庭、妇女儿童维权庭等专门法庭，提倡进行类型化调解。

【涉诉信访】 年初开始，开展集中化解中央、省委交办涉诉信访案件专项活动，执行“四定一包”(定时间、定人员、定领导、定责任，包案处理)、“三级接访”(案件承办人、庭局负责人、院领导三级接访)、联合听证制度，完成中央交办案件的复查工作，交办涉诉信访案件20件，结案14件，息诉14件，结案率和息诉率均为70%。加强涉诉信访源头治理，狠抓办案质量，落实判后答疑、重大案件跟踪督办制度，从各个环节全程减访。1月，制定《关于法官参加信访接待的若干规定》，院领导带头定期接访、重点约访和带案下访，加强判后释法、教育疏导和稳控工作。全年领导干部接访群众363人，解决信访问题50件。在两会、世博会及亚运会期间，没有出现进京赴省上访和非正常上访。

【司法为民】 2010年，全市法院继续开展“人民法官为人民”主题实践活动，不断巩固、深化、拓展各项司法为民举措，进一步便民、利民、惠民。健全民意沟通表达机制。1月，制定《进一步加强民意沟通工作的实施方案》，开通院长信箱、服务热线，广泛听取社会各界对法院工作的意见建议。开展“法官六进”(进机关、进乡村、进社区、进学校、进企业、进单位)活动，组织百余名干警深入乡村、社区，了解基层群众现状。开展多层次、全方位的涉诉企业判后回访活动，全年召开座谈会8次，帮助企业剖析法律问题、提供法律咨询。完善便民诉讼机制，1月，制定《进一步加强司法便民工作的实施意见》，推出31条措施，落实预约立案、巡回审判等便民措施，方便群众诉讼。加强“立案信访窗口”建设，落实首问责任制，设置诉讼引导、立案调解、信访接待等基本功能，接待行为不断规范。改进便民诉讼措施，在乡村、社区建立25个诉讼服务站和便民收案点，选择典型案件到案发地巡回审判174次，进乡村、社区、校园开展法制宣传223场(次)。建立涉民生案件审判工作机制，开辟涉民生案件“绿色通道”，继续落实优先保全、优先立案、优先调解、优先审理、优先执行的“五优先”工作机制，审结涉及医疗、工伤、交通事故人身损害赔偿等案件678件，审结宅基地纠纷、相邻关系、财产权属确认等案件297件。4月，设立婚姻家庭纠纷审判合议庭，建立涉家庭暴力婚姻案件审理新机制，引入心理咨询辅导，审结婚姻家庭和追索赡养费、抚养费、抚育费等案件1 478件。密切关注社会弱势群体的司法需求，审结涉及农民工权益案件581件，为农民工追回赔偿款、工资500余万元。加大司法救助力度，对314起涉民生案件缓、减、免诉讼费130余万元。

【审判管理】 2010年，全市法院进一步推进工作机制改革，有针对性地加强审判监督管理，确保司法活动的公正高效。加强规范化管理，加快信息化建设，全市6个法院全部建成局域网，实现互联互通，所有人民法庭实现四级联网。推进网上办公办案，除涉密案件外，所有案件材料实现同步录入，案件全部上网运行，所有公文网上全程流传。全市已有5 139件案件上网，2 131份公文上网运行，实现实时监控。加强案件流程管理，对案件从立案到归档等各个环节，设置92个审限监控节点，计算机实时监控，防止案件超审限。探索建立案例指导制度，提升司法管理水平，发布典型案例15例，明确同一类型案件的裁判标准。针对法律适用中的共性问题，制定规范性文件8件。加强质量管理，完善庭审行为规范，对120件案件庭审情况进行巡查，确保程序公正和庭审质量完善上诉案件评析通报制度，对所有发、改案件和再审案件，实行一案一评析一通报，发出通报16期。全面开展案件质量评查，完善案件质量监督管理规定、检查程序和案件评查标准，建立全面评查、重点评查发、改案件和投诉案件及专项评查特定案件的多层次案件质量评查体系。全年全市法院在“百万案件评查活动”中，共评查案件250件，对瑕疵案件及存在案卷材料装订不规范等问题的2件案件进行整改。加强绩效管理，完善岗位目标责任制，出台综合考核办法，健全中层领导干部和法官、书记员、司法警察、司法行政人员分类考核制度，以办案质量高低、完成任务优劣、管理效果好坏等作为考核标准，年终进行量化考评。将中层领导干部个人工作绩效与所在部门业务建设、队伍建设挂钩，强化中层领导干部的管理职责。对审判执行业务部门和法官的工作绩效，通过计算机自动生成，实行每月报结案，每季度考核。同时，建立法官工作业绩档案，作为评先评优、晋职晋级的重要依据，切实发挥考核的激励和导向作用。

【队伍建设】 深化“人民法官为人民”主题实践活动，加强思想建设。开展“公正、廉洁、为民”核心价值观大讨论，增强政治意识、大局意识、服务意识，举行2次演讲比赛。3～5月，举办攀枝花市首届“我最喜爱的人民法官”评选活动，大力表彰刘起新等10名“我最喜爱的人民法官”。开展“创先争优”活动，12月16日，市直机关在市法院举行“创先争优”活动现场会，市法院在会上交流“创先争优”活动工作经验。

加强司法能力建设，选派干警到国家法官学院、省法官学院培训61人次。举办量刑规范化、书记员速录等自主培训88场次，受训人数1 292人次。搭建学习、调研、交流等多种平台，7次举办法官论坛，28名法官进行审判经验交流。开展岗位练兵活动，评选优秀庭审32个，优秀裁判文书48份。11月，全市法院司法警察进行比武演练。

加强作风建设，7月，制定《关于开展作风巡察的工作意见》，采取明察暗访、民主测评、案件抽查等方式开展作风巡察28次，切实加强对县(区)法院领导班子建设、业务建设和队伍建设的监督。大力加强审务效能督察，开展督察35次，发出通报63期，纠正司法作风问题8次。开展“千案回访”活动，随机抽取1 223件已审、执结的案件，邀请9名司法监督员一同走访当事人及代理人1 939人，收集到意见建议17条。

加强基层建设，选派1名法官挂职基层法院副院长，招录26名大学生到基层工作。推进“两庭”(审判庭和人民法庭)建设和物质装备建设，西区法院新审判大楼即将投入使用，东区法院审判大楼已开工建设，全市新建、改建的10个人民法庭，已全部完工。县(区)法院局域网全面建成，与市法院形成三级联网，实现公文、案件在线流转。

【廉政建设】 落实最高法院“五个严禁”(严禁接受案件当事人及相关人员的请客送礼；严禁违反规定与律师进行不正当交往；严禁插手过问他人办理的案件；严禁在委托评估、拍卖等活动中徇私舞弊；严禁泄露审判工作秘密)规定和省法院“两个规定”(四川省高级人民法院“七个严禁”及处理规定，四川省高级人民法院关于规范法官在诉讼活动中会见当事人及其诉讼代理人、辩护人、委托的人、涉案关系人的暂行规定)，年初，层层签订责任书，明确党风廉政建设责任，制定司法廉洁纪律，规范法官与当事人、律师关系。确定春节后第一个工作日为“反腐倡廉教育日”，坚持“每月一学习”、“每季一案例”，领导干部带头讲廉政课，组织全市法院党员集中学习《廉政准则》。建立法官廉政诫勉谈话制度，开展廉政谈话66次，抓早、抓小、抓苗头。完善廉政监察员制度，聘请48名廉政监察员，强化事前、事中监督，不断提高廉政监察员对审判执行活动进行日常监督的能力。受理信访举报23件，办结率100%。8月，举行廉洁司法考试，361名干警参考，优秀率为99.5%。

加强司法公开，自觉接受监督。年初，市法院党组先后两次召开专题会，全面梳理人大代表、政协委员提出的意见建议，落实整改措施，切实改进工作。5月，配合市人大常委会视察全市法院民商事审判工作，向市人大常委会专题报告民商事审判工作情况，落实审议意见。7月，向市人大汇报、市政协通报工作情况，并征求意见、建议。10月，向市人大常委会专题汇报全市法院执行工作整改情况。发挥人民陪审员监督作用，全市97位人民陪审员参与案件审理546件、参与案件执行106件。向社会公开重大工作部署、大要案件庭审，召开新闻发布会4次，播出“现在开庭”51期，刊登“每周一案”41篇，刊登“法庭聚焦”28篇，主动接受人民群众和舆论监督。加强代表、委员联络工作，对“两会”期间和党组走访征求到的30项建设性意见提出20条整改措施，逐件落实。完善“1+1”法官联络市人大代表和“一对一”联络省人大代表制度，市法院60名法官结对联系代表，登门走访130余次，征求代表意见建议。开展“邀请代表、委员走进法院”专项活动，共邀请代表、委员观摩庭审、监督执行、参与调解、视察、座谈、调研36次81人,邀请代表、委员明察暗访2次,案件回访1次。加强与代表、委员联系,全年通过短信平台向代表、委员发送开庭信息21 000余条,寄送《法院重大事项通报》11期6 600份。

(郑天君)

司法行政

【概 况】2010年,全市司法行政系统包括市司法局机关、市劳教(强制隔离戒毒)所、市法律援助中心、市司法鉴定中心、5个县(区)司法局、6个公证处、60个司法所、17个律师事务所、29个基层法律服务所。全市司法行政系统主要由公务员、劳教人民警察、法律服务人员三支队伍组成。

全市司法行政机关坚持以保障发展为第一要务,以维护稳定为第一责任,以促进和谐为第一目标,以服务民生为第一追求,全面贯彻落实全国、全省、全市政法工作会议和司法行政工作会议精神,紧紧围绕"社会矛盾化解、社会管理创新、公正廉洁执法"三项重点工作,大力开展"人民调解、队伍建设、信息化建设"三项重点建设,逐步完善"抓基层、抓改革、抓管理"三大机制,充分发挥法制宣传、法律服务、法律保障和法律援助职能作用,全面完成全年各项目标任务,为攀枝花市"四个倾力打造"、城乡环境综合治理、学习型城市建设营造了良好的法制环境。在全市民生问题相对集中的部门和团体建立法律援助工作站56个、法律援助联络点7个,完成省市法律援助民生工程。发挥劳教(强制隔离戒毒)职能作用,保持劳教场所的安全稳定。按照"五五"普法规划和2010年普法计划,整体推进普法依法治理,营造和谐的法治环境,攀枝花市顺利通过省级检查验收。坚持"抓基层,打基础"的工作思路,加强司法所建设,开展人民调解和农村春耕大忙期间民间纠纷专项治理及"春风化雨"专项活动,构建"大调解"工作体系,发挥人民调解在维护社会稳定中的第一道防线作用。围绕"帮教社会化、就业市场化、职责规范化"工作思路,对回归社会的刑释解教人员、社区矫正人员进行帮教和安置。拓展法律服务领域,规范法律服务市场,为社会各界提供优质高效的法律服务和法律监督。2010年市司法局普法工作获四川省法制建设领导小组表彰的先进集体,市劳教所获全国"四无劳教所"称号,攀枝花公证处及4家律师事务所获全省群众喜爱的法律服务机构;行政执法责任制、政务调研、综合治理、维稳、执政实录、信访、年鉴等工作获得市委、市政府表彰。

【劳教及强制隔离戒毒】市劳教及强制隔离戒毒所继续贯彻"教育、感化、挽救"方针,坚持依法、严格、科学、文明管理。狠抓场所安全隐患排查,狠抓安全风险评估,狠抓民警直接管理,狠抓协防联动机制建设,进一步堵塞漏洞,消除安全隐患,有效维护场所安全稳定。选派专业教师在所内对符合条件的劳教(强戒)人员开展职业技能培训。在管理方式上,逐步构建政治思想、道德素质、文化心理、技能培训等大教育格局,在机制建设上,相继完善险情排查、艾滋病预防、食品安全、传染病防治等应急预案。在强制隔离戒毒工作中,克服警力不足、任务艰巨的压力,开展生理戒毒与心理矫治相结合的强制隔离戒毒模式,取得良好的戒毒效果。全年收治强制隔离戒毒人员496人,所内戒断率达100%,所内案发率、脱逃率、重新违法犯罪率、责任事故率、毒品流入率、非正常死亡率均为零,劳教及强制隔离戒毒场所安全稳定。继续保持"省级文明劳教所"、"省级优秀劳动教养学校"、"省级文明单位"、"全国劳教系统卫生先进单位"称号。

【人民调解】2010年,全市共建立人民调解组织1 064个,比2009年初增长20%。有人民调解员9 970人,比2009年初增长15%。全市6个法院、13个基层法庭、51个公安派出所建立人民调解室,选派175名人民调解员进驻开展工作。首创人民调解工作"三联两进"("三联"指人民调解与行政调解、司法调解相结;"两进"指人民调解进人民法院、进公安派出所)机制,努力尝试刑事和解制,建立有效的"以奖代补"制度。切实做到一般性矛盾纠纷就地调解,突发性矛盾纠纷快速调解,疑难性矛盾纠纷稳妥调解。开展"化积案、消老案、攻难案"的"三案"攻坚活动,组织市司法局机关12个处室、5个县(区)局、60个司法所、1 000多个调委会,近8 000人投入"三案"攻坚活动中,共梳理"三案"件数189件244人。全市调解矛盾纠纷总数10 873件,调解成功数10 656件,调解成功率98%以上。防止民间纠纷引起自杀41件41人,制止群体性械斗435件1 351人,防止群体性上访385件4 360人,防止民转刑561件782人。9个道路交通事故损害赔偿纠纷调委会共调解矛盾纠纷363件,调解成功326件。进驻法院、派出所的人民调解员共调解矛盾纠纷477件,调解成功288件。

【司法所建设】2010年,攀枝花市有乡镇(街道)60个,应建司法所60个,60个司法所实现立户列编,60个所为县(区)司法局的派出机构,7个司法所规格为副科级,31个股级,有司法助理员政法专项编制77个,无地方编制,纳入县级财政预算的司法所46个。全市有司法助理员169人,其中专职司法助理员72名。全年全市司法所参与调解疑难复杂纠纷1 882件,进行法制宣传352场次53 820人,为基层政府提供司法建议91条,被采纳62条,制定规范性文件281件,协助基层政府处理社会矛盾纠纷677件,处理成功652件,加强对人民调解工作的指导,参与矛盾纠纷大排查1 421次,防止群体性上访233件,制止群体性械斗291件,参与"严打"整治及专项治理活动153人次。

【安置帮教】 2010年，成立"米易县刑释解教人员社会帮教自愿者协会"、"仁和区刑释解教人员社会帮教自愿者协会"，并在民政局登记注册；按照省司法厅要求，及时在劳教所选派5名劳教人民警察到5个县（区）参与安置帮教和社区矫正工作；开展元旦春节期间向服刑人员亲属寄送《服刑人员年度改造情况告知书》和向在教人员亲属寄送《在教人员年度教育矫治情况告知书》专项活动，解决服刑在教人员家庭困难107起。全年全市共接收刑释解教人员403人，帮教403人，安置344人，帮教率100%、安置率85%，重新犯罪5人，重新犯罪率1.2%。安置帮教工作获四川省综治委员会先进集体。

【社区矫正】 2010年，在46个乡镇、街道开展社区矫正试点工作，占全市乡镇、街道总数的76.7%，高于省上下达给攀枝花市70%的目标任务。将市劳教所、看守所确定为社区矫正警示教育基地，定期不定期地组织矫正对象入所接受警示教育，防止社区矫正对象重新违法犯罪。将11个敬老院确定为公益劳动基地，适时组织矫正对象参加义务劳动。全年共接收社区矫正对象483人，成功教育改造社区矫正对象221人，以无漏管、无脱管、无影响安全稳定事件的"三无"成绩初步实现社区矫正工作的规范化管理。社区矫正工作获四川省综治委员会先进集体。

【律师工作】 2010年，全市17家律师事务所开展律师参与"大调解"工作，律师在代理民事、经济、行政案件中配合法院做调解工作，并探索在法庭外和非诉讼活动中促使当事人和解的方法和途径，发挥疏导和解决社会矛盾的"调节器"、"减压阀"作用。推进律师参加新农村建设，代理涉及"三农"（农业、农村、农民）问题案件。鼓励律师投身社会公益事业，做好抗震救灾及灾后重建律师服务工作。全市律师事务所共担任政府、企事业单位和社会团体法律顾问479家，律师办理各类案件7 453件，解答法律咨询8 584人次，代写法律文书4 354件，提供法律援助295件，参加公益事业和社会活动1 294人次。全市有4家律师事务所获省司法厅表彰的群众喜爱的法律服务机构，1家律师事务所获省司法厅表彰的优秀律师事务所。

【司法考试】 2010年，攀枝花市共有405名考生报名参加国家司法考试，按要求准确地完成405名报名人员信息录入，未发生信息录入不准确的现象。根据现场审核考生综合分析，法律专科13人，本科毕业328人，本科在读57人，双学士2人，硕士研究生5人。在学历上和人数上较2009年都有大幅度的提高和增长。2010年的国家司法考试得到市保密局、市公安局、市大中专招生办公室、市无线电委员会、攀枝花市第三高级中学校的大力支持，圆满完成2010年的司法考试任务。

【公证工作】 2010年，全市6个公证处开展为灾后重建提供公证法律服务，为重点工程建设、招投标、土地使用权转让、房屋拆迁、城市改造基础设施建设、经济适用房发售的现场公证监督等提供公证法律服务，为建设社会主义新农村提供公证法律服务。共办理各类公证7 354件，其中民事类公证3 385件、经济类公证3 554件、涉外公证415件，办证合格率达到98%以上，无错证、假证、投诉现象发生，其中全年共办理公证法律援助160件。

【基层法律服务】 2010年，全市29个基层法律服务所发挥面向基层、面向社区、面向群众的优势，广泛提供公益性、便民性法律服务。全市基层法律服务担任法律顾问362家，代理诉讼事务478件，代理非诉讼事务770件，办理法律援助案件190件，解答法律咨询5 123件，为当事人挽回经济损失846万元，取得较好的社会效益和经济效益。60个司法所为基层政府提供司法建议91条，被采纳62条，制定规范性文件281件，协助基层政府处理社会矛盾纠纷677件，处理成功652件。

【法律援助】 2010年，全市6个法律援助中心按照"关注民生、服务民生、保障民生"的要求，以化解矛盾纠纷和维护社会稳定为主线，以维护困难群众合法权益为立足点，落实各项便民利民措施。承担省级法律援助民生工程——"提供法律援助11 500人次和新建2个县级以上规范化接待受理厅"，主动做好市级民生工程——"成立法律援助流动服务工作站"，共建立市级法律援助机构1个、县（区）级法律援助机构5个、乡镇（街镇）法律援助工作站12个、社区法律援助联络点10个。与市有线电视台联手开办《律师支招》新闻栏目，对邻里纠纷、家庭纠纷、劳动纠纷等涉法问题以案说法。全年共建立2个法律援助规范化接待受理厅，成立1个法律援助流动服务工作站，办理法律援助案件1 375件（1件法律援助案件按提供法律援助2人次计算），办理其他法律援助事项9 357人次，超额完成省、市下达的民生工程目标任务。

【司法鉴定】 2010年，司法鉴定机构在全市三区两县司法局设立基层咨询点，覆盖率达100%。在两县开展咨询点向司法所延伸的试点工作，基本实现纵向到底、横向到边的网络化建设。从规范鉴定程序入手，从限时办结着手，不断增强服务意识，转变工作作风，拓展业务范围，为群众提供优质的鉴定服务。进一步开展鉴定提速工作，在承诺期限内高质量地完成鉴定工作。进一步落实便民惠民举措、提供上门服务和减免缓收费。全年共接受司法鉴定委托1 255件。

【普法工作】 2010年，全市普法依法治理工作针对城镇房屋拆迁、农村土地征用、承包地流转等突出问题，有针对性地开展法制宣传教育30余次。认真落实领导干部、公务员、企业经营管理人员、青少年和农民工的学法用法。继续抓好民主法制创建活动，通过“民主法治村”、“民主法治社区”、“民主法治示范学校”、“民主法治示范单位”、“民主法治区县”等创建活动，全市有36个乡镇被命名为村民自治模范乡镇，4所学校被定为市级民主法治示范校，47个单位在依法治理工作中受到省上表彰。大力推进法律进机关、进乡村、进社区、进学校、进企业、进单位活动，做到机关学法制度化，乡村学法民生化，社区学法便民化，学校学法关爱化，企业学法诚信化，单位学法为民化。10月，攀枝花市顺利通过省检查组的检查验收，检查组认为“攀枝花的普法工作坚持以‘五五’普法为抓手，紧紧围绕省委、省政府‘五五’普法的决策部署，大力推进法制建设，为全市经济社会全面发展打下坚实的基础。攀枝花市‘五五’普法工作启动及时、准备充分、行动迅速、扎实有效。探索出了党委组织领导、政府具体实施、人大和政协监督、部门协同配合、社会共同参与、上下联动、纵横结合的立体式崭新模式”。

【信息化建设】 2010年，按照省、市委政法委和省司法厅的要求，市司法局加强网络建设，已建成政法网并实现语音系统、视频会议系统和网络系统的互通。已形成政法网、党政网、局域网、因特网并行模式。在加强硬件建设的同时，强化政务公开力度，突出网上信息公开，为广大群众提供优质高效的法律服务和便民服务。

政府法制

【审查、制定市政府规范性文件】 2010年，市政府法制办公室共收到攀枝花市政府各部门报送的拟以攀枝花市政府名义下发的规范性文件草案及其他涉法文件草案47件，其中已纳入市政府规范性文件年度制订计划的8件，审查完毕42件。向市政府提交审查报告37件，其中，向市政府提交规范性文件审查报告15件，建议不出台的4件，暂缓出台2件。经市政府常务会审议通过，市政府以市政府令第107号公布实施规范性文件1件，即《攀枝花市古树名木保护管理办法》。

【规范性文件清理】 2010年9～10月，根据省政府《关于做好规章清理工作有关问题的通知》安排，市政府法制办公室组织全市各级政府及部门开展规范性文件清理工作。此次清理涉及市政府及42个市级部门、5个县（区）政府及152个县级部门、50个乡（镇）政府，共清理规范性文件1 710件，经审查，确定保留（继续有效）1 598件，为清理总数的93.45%；宣布失效46件，废止39件，修改27件，共占清理总数的6.55%。2010年11月15日，市政府在《攀枝花日报》上向社会公布清理结果。

为做好党委和政府联合发布的规范性文件的清理工作，根据省委办公厅、省政府办公厅的统一安排，市政府法制办公室组织县（区）政府及市级各部门，对市委、市政府联合制发的部分规范性文件开展清理，共废止和宣布失效市委、市政府联合制发的规范性文件12件。

【规范性文件评估】 为总结和分析规范性文件实施中存在的问题，完善制度设计和应对措施，提高制度建设质量，2010年4～11月，市政府法制办公室组织市级各部门对正在实施的30件规范性文件进行评估。评估工作遵循科学、客观、公开、及时的原则，全面分析实施的总体情况、取得的社会效益和经济效益情况、行政执法人员及社会公众的反应情况和实施中存在的问题，及时了解规范性文件的实际运行状态。

【受理并审理行政复议案件】 2010年，市政府法制办公室收到行政管理相对人向市政府提交的行政复议申请17件，主要涉及工伤认定、劳动保障监察和招投标等方面，较2009年增长21.4%，均已全部办结。其中，维持7件；告知处理1件；2件因不属于受案范围，根据《中华人民共和国行政复议法》第六条和第十七条之规定，决定不予受理；1件因主要事实不清、证据不足，根据《中华人民共和国行政复议法》第二十八之规定，予以撤销；6件因案件审理期间当事人主动撤回行政复议申请，根据《中华人民共和国行政复议法》第二十五条之规定，案件终止。

【行政执法证件管理】 2010年，市政府法制办公室办理各类行政执法证件计1 038本，其中行政执法证412本、委托执法证280本、协助执法证287本、行政执法监督证59本。年审合格有效的行政执法证件计595本，其中行政执法证279本、委托执法证316本；未年审的共计197本，其中有效期已过需换证的159本、退休或遗失等需注销的38本。

【行政执法人员资格认证】 为提高全市行政调解及行政执法人员的执法水平和素质，市政府法制办公室结合全市“大调解”工作骨干培训任务，于2010年8月19～24日在市委党校举办“行政调解暨行政执法人员资格认证培训班”，培训市级行政执法部门的一线行政调解及行政执法人员380余人，本次培训由于领导重视，准备充分，组织严密，较好地完成培训考试工作任务。

为搞好此次培训，市政府法制办公室及时调整授课内容，编印《攀枝花市行政调解工作资料汇编》，将行政调解知识纳入培训内容，参加培训的行政执法人员通过系统的学习和考试，进一步提高了行政执法人员自身素质，并对严格行政执法人员资质、促进依法行政起到积极作用。

【行政执法案卷评查】 2010年10月,市政府法制办公室在攀枝花会展中心召开2010年度行政执法案卷评查工作会,市气象局、市卫生局等20个市级行政执法部门的法制机构人员和行政执法人员共50余人参会。

评查采取会前随机抽卷、分组互查和评议汇总的方式进行。市政府法制办公室从各执法部门报送的2010年内结案的行政执法案卷目录中,随机抽取行政处罚案卷20卷,行政许可案卷31卷作为评查案卷。随后,分组对案卷进行交叉评查,总结先进经验,查找存在的问题。最后,市政府法制办将评分情况和存在的问题梳理汇总,向参会人员及时反馈,评定出优秀卷13个、良好卷18个、合格卷20个。

【开展法治政府创建活动】 2010年4月,市政府印发《攀枝花市人民政府关于开展法治政府创建活动的意见》,正式在全市范围内全面开展法治政府创建活动。创建活动坚持全面规划、分步实施、整体推进、分类指导的原则,力争在2013年前基本实现国务院《全面推进依法行政实施纲要》确定的工作目标。为确保工作落实,《意见》明确7大任务,并分解细化40条具体的工作措施。

同月,市政府印发《关于开展深化部门行政执法责任制示范活动的实施意见》,确定市公安局、市劳动和社会保障局等8个部门为深化部门行政执法责任制活动示范单位,先行开展深化部门行政执法责任制示范活动。

【修改法规、规章草案】 2010年,市政府法制办共收到省政府法制办发来的《四川省政府制定价格成本监审办法》、《四川省价格监测规定》等地方性法规及省政府规章征求意见稿12件。市政府法制办及时向市政府各部门及县(区)政府征求意见,并将意见收集、汇总、研究后按省政府法制办的要求,书面返回省政府法制办,为立法工作提供相关建议。

【规范性文件备案审查】 2010年,市政府法制办公室收到县(区)政府和市政府各部门报送备案审查的规范性文件13件,均按要求审查完毕,并根据不同情况提出处理意见和建议,做到"有件必备,有备必审,有错必纠",确保行政机关抽象行政行为合法、有效。

【行政调解】 2010年,市政府法制办行政调解工作将重点放在抓培训、抓督导、抓落实上。通过强化学习培训,有效提升行政调解人员的调解能力。将行政调解知识纳入全市行政执法人员资格培训之中,编印《攀枝花市行政调解工作资料汇编》作为培训教材。组织市级调解工作人员21人参加省政府法制办公室举办的全省行政调解业务骨干培训班,提升综合业务能力。督导各县(区)政府和市级部门定期组织本区域行政调解人员的业务水平培训,切实提高工作人员的综合素质。

市政府法制办公室充分发挥牵头组织部门的作用,强化工作督导,对各县(区)和部分市级部门的行政调解工作进行专题调研,协调解决工作中存在的困难和问题。全年市级各部门共受理各类行政纠纷600件,调解成功564件,调解成功率达94%。市政府法制办公室获得市委、市政府颁发的2009年度全市维护社会稳定工作一等奖。

【主办全省市州行政执法责任制工作第一协作小组年会】 为推动各兄弟市州间法制监督工作的协作与交流,经省政府法制办同意,2010年12月,全省市州行政执法责任制工作第一协作小组年会在攀枝花市召开。来自第一协作小组成员单位的成都市、雅安市、德阳市、甘孜州、凉山州、攀枝花市政府法制办主任及行政执法监督科(处)负责人共14人参加会议,攀枝花市各县(区)政府法制办5位负责人列席会议。会上,各成员单位详细介绍2010年行政执法责任制工作开展情况,交流工作经验,分析存在的问题,谋划下一步工作目标。会议还就法治政府创建活动、行政复议、行政调解、政府法制宣传等工作进行深入探讨和研究。

【仲裁受理】 2010年,攀枝花仲裁委发挥仲裁裁决公正、便捷、高效的优势,抓仲裁办案质量。共受理仲裁案件54件,争议标的额2 820万元,已办结199件(含2009年度结转案件177件),其中裁决结案176件、调解结案23件。

【宣传培训】 2010年5月,市政府法制办公室在四川省委党校举办"全市政府法制系统领导干部工作能力提升专题培训班"。邀请省政府法制办副主任刘铁,省委党校副校长郭伟等领导及知名专家学者讲解依法行政及法治政府建设路径、政府管理创新等知识。市级各部门、各县(区)政府法制办及县(区)部门从事政府法制工作的领导及工作人员共104人参加培训。

2010年,市政府法制办公室编印《政府法制工作摘要》12期、《政府法制工作参阅》4期,为领导决策提供参考。

2010年,市政府法制办公室继续发挥政务内、外网的宣传平台作用,上传更新各类信息数据170余条。向省政府法制办报送信息41条,被国务院法制办采用21条,被攀枝花市政府公众信息网采用60条。组织征订2010年《中华人民共和国新法规汇编》244套,《四川省法规、规章汇编》(2009)260本。完成《攀枝花年鉴》(2010)"政府法制"及《中国共产党攀枝花执政实录(第三卷)》"政府法制"部分的撰稿工作,均获"先进单位"称号,受到市委、市政府通报表彰。

(何　鹏)

经济管理

宏观经济管理

【“十一五”规划执行情况】 “十一五”期间，攀枝花市国民经济快速增长，综合实力再跃新台阶。据统计，“十一五”末，地区生产总值突破500亿元大关，达到523.99亿元，比“十五”末翻了一番，年均增长13.8%，超规划目标0.3个百分点；2010年，地方财政收入达到56.49亿元，是“十五”末的2.75倍，年均增长22.5%。

经济结构逐步调整，产业发展迈出新步伐。工业方面，钢铁产业一枝独秀的局面逐步改变，全市初步形成以钢铁、钒钛、能源、化工、矿业、机械制造和生物、太阳能为主导的“6+2”产业格局，钒钛产业取得突破性发展，初步打通全流程钒、钛产业链；“十一五”期间全部工业年均增长达16.3%。农业方面，现代特色农业蓬勃发展，新农村建设取得成效，农业基础设施建设得到加强，综合生产能力不断提高；“十一五”期间农业年均增长4.8%。第三产业方面，旅游产业不断壮大，2010年实现旅游总收入42.01亿元，5年年均增长达26.1%；现代服务业和传统商贸流通业蓬勃发展，消费结构发生变化，住房、汽车、旅游等成为消费热点，房地产业健康发展，住房结构进一步优化；城乡市场消费旺盛：“十一五”末，实现社会消费品零售总额140.17亿元，是“十五”末的2.3倍，5年年均增长17.7%，第三产业5年年均增长9.9%。

“十一五”期间，多种经济竞相发展，由国有大企业、民营经济和地方经济、园区经济构架的国民经济多元支撑体系基本形成。民营经济增加值突破200亿元大关，达201.38亿元，占全市经济总量的比重从2005年的26.6%提高到40.1%，5年年平均增长21.5%，居全省第一，快于GDP年均增速7.7个百分点；县区属经济增加值从2005年的140.7亿元提高到2010年的340.7亿元，占全市经济总量比重从56.7%提高到65%。

投资规模创历史最高水平，重点建设取得新成就。“十一五”期间，全市固定资产投资保持快速增长，投资规模创历史新高，5年累计完成投资突破千亿，达1 055.79亿元，是“十五”投资总量的3.3倍，年均增长28.4%。重点建设项目全面推进。国家重点建设项目西攀高速、攀田高速公路竣工通车，结束了攀枝花市境内没有高速公路的历史；丽—攀高速公路、成昆铁路复线开工建设，丽—攀—昭铁路已纳入国家铁路网规划；二级路网建设稳步推进，国道108线迤沙拉至平地、省道310线李家沟至和爱段改造工程全面竣工，滨江大道上段工程、渡口桥南立交以及五摩路、陶花路建设完成，新密地大桥、炳仁路后段工程建设加快。攀钢18万吨高钛渣一期工程、攀钢百米重轨、钛海科技4万吨金红石钛白粉、钢企120万吨球团等一批产业化项目竣工投产。攀煤2×13.5万千瓦煤矸石发电、石峡电站3万千瓦等项目竣工投产，桐子林电站获国家批准开工建设，观音岩、米易城南电站、乌龟石电站、盐水河电站等能源项目建设稳步推进。灾后恢复重建项目全面完成，一批环保、社会事业等基础设施稳步推进，经济社会发展能力全面提升。

城乡建设步伐加快，生态环境建设取得新进展。深入开展城乡环境综合治理，城市基础设施建设得到加强，城市综合功能不断提升，城乡居民人居环境显著改善。建成区面积由“十五”末的41.9平方公里提高到60.7平方公里，城镇化率由“十五”时期的56.6%提高到61%。

生态建设和环境保护得到加强。加大工业污染源治理力度，实施省、市、县三级工业污染源限期治理，省政府下达的污染物总量减排任务全面完成；大力发展循环经济，不断强化工业节能工作：“十一五”期前4年，万元生产总值能耗已完成总目标的81.96%，“十一五”规划万元生产总值能耗5年降低22%的目标能够全面完成；加强环境管理和监测，地表水环境质量优良，环境空气质量优良率从2005年的53%提高到2010年的89%，交通干线和城市环境噪声不断下降，声环境质量提高，城市环境综合整治成效明显，城市生活污水处理率、城市垃圾无害化处理率大幅提高。生态建设全面开展，“十一五”期间，全市森林覆盖率达到60%。

改革开放深入推进，发展环境呈现新变化。统筹城乡综合配套改革，国企改革、财税改革、投融资体制改革、医药卫生体制改革、农村综合改革等关键领域和重点环节改革深入推进，逐步建立和完善了一批更加适应经济社会发展的新体制新机制，行政审批制度改革深入推进，发展软环境不断改善。对外开放水平进一步提高，坚持实施“走出去，请进来”的对外开放发展战略，密切与周边地区的协作，加强与各方的互访与交流；“十一五”期间，全市招商引资实际到位资金累计达989亿元。是“十五”末的6.3倍。

经济社会发展协调性增强，社会事业得到新发展。科技创新能力进一步增强，教育事业进一步发展，城乡医疗卫生条件得到改善，特别是城乡公共卫生体系建设进一步得到加强，文化广电事业健康发展，人口自然增长率控制在

4.5‰以内，防灾、档案、“五五”普法、人民防空、妇女儿童、民政福利、残疾人工作等其他各项社会事业扎实推进。

人民生活不断提高，和谐社会建设有了新进步。深入实施“民生工程”，“十一五”期间全市累计投入民生工程资金达66.35亿元，完成民生工程288项。就业和再就业工作成绩明显，就业规模不断扩大，2010年末，城镇登记失业率控制在4.5%内，全面完成就业目标任务；社会保障体系进一步完善，保障水平进一步提高；城乡居民收入保持较快增长，城镇居民可支配收入和农民人均纯收入分别达到1.69万元和0.63万元，年均增长13.1%和12.7%，年均增速比“十五”分别提高6.9和5.4个百分点；“十一五”期间，修建了一批经济适用房、廉租住房，全面启动了总投资22亿元的棚户区改造工作，城乡人均居住面积分别为25.02平方米和32.23平方米，群众居住条件显著改善；平安创建全面推进，攀枝花被命名为“全国社会治安综合治理优秀市”，人民群众安全感普遍增强，社会保持和谐稳定。

【“十二五”规划编制】 攀枝花市“十二五”规划编制总的指导思想是：以邓小平理论和“三个代表”重要思想为指导，认真贯彻党的十六大和十六届三中、四中、五中全会精神，按照“加快全面建设小康社会进程，在全省率先基本实现现代化”的总体目标，坚持以人为本，促进全面、协调、可持续发展，求真务实，开拓创新，搞好五个统筹，明确“十二五”期间全市发展目标、发展重点和重大举措，勾画出加快全面建设小康社会的宏伟蓝图。“十二五”规划编制分两个阶段进行：第一阶段，重点开展“十二五”规划前期工作，完成各项重大课题研究，形成基本思路。第二阶段，在形成基本思路的基础上，集中力量编制“十二五”规划纲要和各专项规划，广泛征求社会各界意见并做好规划之间的衔接工作，在此基础上形成“十二五”规划纲要草案，经市委、市政府审定后，提交2011年召开的市人代会审议通过。为加强对全市“十二五”规划工作的组织领导，市政府成立了攀枝花市“十二五”规划工作领导小组，全面负责攀枝花市“十二五”规划工作。领导小组由市政府市长刘晓华任组长，市政府副市长李章忠和市发改委主任覃发树任副组长，市级有关部门分管领导为成员。编制全市“十二五”规划的具体工作由市发展和改革委员会组织实施。

2010年7月30日召开攀枝花市“十二五”规划工作会议。根据攀枝花市经济社会发展情况，全市共确定22个重点研究课题。到2010年9月，所有的课题都按时完成并报送市发改委，为形成《攀枝花市“十二五”经济社会发展基本思路》提供丰富和翔实的基础资料。完成《攀枝花市争取纳入国家和四川省“十二五”规划基本思路的重点内容的报告》和《攀枝花市希望纳入国家和四川省“十二五”规划纲要相关内容的报告》。按照四川省发改委的要求，于2009年10月下旬起草完成《攀枝花市希望纳入全省“十二五”规划基本思路的建议》，经广泛征求各方面意见并经市政府领导审定后报送省发改委。2010年8月，根据四川省发改委转发《国家发展改革委办公厅关于请报送纳入国家“十二五”规划〈纲要〉相关内容材料的通知》要求，起草并提出请求同时纳入“国家和四川省‘十二五’规划《纲要》”的相关内容，包括建立国家级钒钛资源综合开发试验区、将攀枝花大三线工业纳入全国老工业基地调整改造专项规划、加快区域性综合交通枢纽建设、建设综合能源开发示范基地4项内容。收集、整理46个重点项目争取纳入国家“十二五”规划、152个项目争取纳入四川省规划等内容，省发改委对攀枝花市提出的申请纳入国家和省“十二五”规划纲要的内容给予充分肯定。起草完成《攀枝花市“十二五”经济社会发展基本思路》。按照“十二五”规划工作要求，2010年2月，起草完成《攀枝花市“十二五”经济社会发展基本思路》初稿，经过反复征求各区县、各部门、各行业的意见后，送市科技顾问团进行咨询。5月24日、6月16日，市政府第67次、第69次常务会讨论基本思路。10月11日，市委七届74次常委会审定通过《基本思路》。完成各专项规划（初稿）。根据国家和省里对编制专项规划的要求，结合攀枝花实际，全市共确定了攀枝花市“十一五”工业园区发展规划、攀枝花市“十一五”农业发展规划等11个专项规划。所有的专项规划都完成初稿，专项规划的主要成果已纳入总体规划初稿中。起草、修改《“十二五”规划纲要》（初稿）。10月11日，市委七届74次常委会审定《基本思路》后，正式开始《纲要》起草工作。经过资料收集整理、起草、集中修改等阶段，于9月中旬完成初稿，10月8日发改委办公会进行集体讨论。10月10日，市委、市政府领导召集经委、农牧、商贸、统计、财政、发改等部门专门对发展速度以及《纲要》初稿中存在的问题进行研究，并提出修改意见。10月11—17日，《纲要》起草小组赴楚雄、大理、丽江就“十二五”规划编制进行学习交流，互通情况，特别是在交通规划、资源共享、产业发展等方面相互交换意见，达成共识。10月19日，市政协经济委员会召开“十一五”规划协商座谈会及部分委员研讨会议，专门听取市发改委通报“十一五”规划纲要编制工作的相关情况，部分委员还对《纲要》初稿提出意见和建议。党的十七届五中全会召开后，10月21—23日，《纲要》起草小组在认真学习讨论全会精神的基础上，结合攀枝花实际，集中力量对初稿中指导思想、原则，发展目标，交通布局，循环经济等进行了较全面的修改和完善。

【国民经济运行情况】 2010年，攀枝花市完成地区生产总值523.99亿元，同比（下同）增长15.1%，高于计划1.6个百分点。其中，第一产业增加值21.49亿元，增长3.9%；第二产业增加值386.64亿元，增长17.5%；第三产业增加值115.86亿元，增长9%。完成地方财政收入56.49亿元，同口径增长16%，高于计划目标4个百分点，其中，一般预算收入38.8亿元，同口径增长19.4%。城镇居民人均可支配收入16882元，增长12.8%，高于计划目标2.8个百分点；农民人均纯收入6293元，增加818元，增长14.9%，比计划目标高3.9个百分点。民营经济实现增加值210.38亿元，增长19.6%；民营经济占GDP比重40.1%，比2009年提高3.1个百分点。居民消费价格总水平累计比2009年同期上涨3.3%。

【重大项目建设】 2010年全市纳入省政府考核的18个省重大项目完成投资51.68亿元,完成省下达计划任务的175.4%。列入市级重点建设和考核的"四个一批"重大项目共100个,完成投资154.67亿元,完成年计划的103.3%。其中,竣工投产项目、加快建设项目、争取开工项目分别完成34.19亿元、108.74亿元、10.32亿元。列入市级重大工业产业化项目51个,完成投资74.79亿元。攀钢18万吨/年钛渣二期工程、攀煤100万吨焦炭及煤气综合利用工程、烟叶仓储中心、迤资火车站改扩建和马店河铁路货场一期工程、渡口桥南立交系统、钢城集团5 000吨海绵钛等项目已竣工投入使用或开始试生产。丽—攀高速公路攀枝花段建设迅速推进,成昆铁路新线攀枝花段建设已获国家铁道部立项批复,丽—攀—遵铁路攀遵段完成预可研审查,攀—宜沿江高速公路正抓紧开展前期工作。大竹河水利工程、1.5万吨/年海绵钛生产线、白马铁矿二期工程等项目进展迅速。新密地大桥、粮食物流中心、观音岩水电站、桐子林水电站、棚户区改造工程等项目加快推进。高新技术产业园区综合服务带、新农村示范片建设、二滩水淹区连片扶贫开发、梅塞尔制氧生产线改扩建等项目已开工建设。

【统筹城乡综合配套改革】 2010年,攀枝花市积极推进统筹城乡综合配套改革,进一步加强米易县统筹城乡综合配套改革试点,委托四川大学宏观研究院编制《米易县统筹城乡综合配套改革"十二五"规划》。建立健全城乡一体的就业和社会保障体系。完善和落实更加积极的就业政策,着重强化就业服务和再就业帮扶。社会保险5大险种运行质量明显提高。最低生活保障制度覆盖城乡,城市低保标准不断提高。稳步开展农村产权制度改革试点。集体林权制度改革进展顺利,制定下发《关于进一步深化和完善集体林权制度改革的通知》,加大调处林权纠纷力度,加快确权发证工作。全面推进配套改革工作。在盐边县开展林木采伐管理改革试点工作,采用"一站式"服务,坚持林木采伐公示制度。坚持公开、公平、公正、透明地进行林地流转,确保林权流转的规模、方式和决策程序符合相关林改政策的规定。加强对林地流转的监管,实行村、乡(镇)、县(区)三级审查制度。到2010年,全市共263 066.66公顷集体林地纳入林改,已确定权256 533.3公顷,确权率97.5%,发证面积256 533.3公顷,发证宗地52 258宗,发证46 649本,已拿到林权证或股权证的农户86 000户。集中力量完成市、县(区)水务管理体制改革,整合涉水行政管理职能。供水、排水、污水处理与中水回用以及农田水利、水土保持乃至农村水电等涉水行政事务依法统一管理的改革目标基本实现。继续深化137个水利工程管理单位体制改革,日常维修养护资金到位率达100%,实现公益性水利工程有人管事、有钱办事。小型水利工程产权制度改革达40%。新增农民用水者协会管理灌溉面积4 733.3公顷。

【公共财政体制改革】 2010年,攀枝花市进一步完善政府预算体系。启动市级国有资本经营预算编制工作。试编社会保险基金预算。深化部门预算改革。深入推进财政支出绩效评价工作,提高财政资金使用效益。启动按预算外管理的资金纳入预算管理工作,彻底解决预算内外"两张皮"的问题。推进国库集中支付改革。积极推进财税库银税收收入电子缴库联网试点,实现收入数据共享。完善公务卡支付管理系统,规范公务卡支付流程,将市级预算部门全部纳入公务卡改革范围。完善转移支付制度。建立转移支付预通知制度,提高年初预算编制的完整性。规范转移支付分配制度,按因素法核定市对县区的财力性转移支付补助。

【医疗卫生体制改革】 2010年,攀枝花市基本医疗保障制度已覆盖城乡居民,惠及广大人民群众。截至2010年12月31日,全市基本医疗保险参保615 656人,其中:城镇职工基本医疗保险参保398 017人,参保率达98.7%;城镇居民基本医疗保险参保217 639人,参保率达95.8%;新农合参合47.89万人,参合率达93.79%。基本医疗保障水平明显提高。财政对新农合和城镇居民医保每人每年补助提高到120元。完善城镇职工医保市级统筹政策。加大城乡医疗救助力度。基本医疗保障管理服务得到拓展。攀枝花市在全省率先实现城镇职工、城镇居民基本医疗保险市级统筹,全市三区两县范围内可无障碍就医和费用实时结算,研究制定城镇职工基本医疗保险实施市级统筹后有关问题的处理意见和具体办法,同时选择性地与成都部分三级医院建立联系,开展跨市州异地结算的尝试。作为新医改的一项新制度国家基本药物制度试点有序推进,攀枝花市东区、盐边县和米易县相继纳入国家基本药物制度试点,完成2009年、2010年分别按照国家在30%、60%的政府办城市社区卫生服务机构和县实施基本药物制度的要求。市、县区两级先后出台实施意见和相关配套文件,共37个基层医疗卫生机构实行国家基本药物目录药品和省级增补的药物目录药品零差率销售。基本医疗卫生服务体系建设日趋完善,服务能力进一步提升。基本公共卫生服务逐步均等化,城乡居民普遍受益。稳步推动公立医院改革试点,已在13家二级以上医疗机构推行院务公开,在7家二甲以上综合医院和中西医结合医院推行医学影像、医学检验结果互认。

【行政审批制度改革】 2010年,攀枝花市按照标准化建设的要求,不断加强市政务服务中心制度建设,完善以"三项制度"为核心的运行监督管理制度,同时积极借助行政效能电子系统的作用,加强对窗口行政审批服务工作的监督检查。继续深入推进行政审批服务"两集中、两到位"改革。所有进驻市政务服务中心的43个市级部门行政审批部门的审批职能在中心窗口集中到位,进驻事项授权办理到位。按照全省投资项目并联审批系统的审批流程和工作要求进一步规范建设项目的并联审批。同时对工业建设、房地产开发、商贸服务业等类别的建设项目的审批流程进行全面梳理,进一步规范和优化并联审批程序,建立并联审批部门月联席会议制度和项目审批服务跟踪负责制度,完善并联审批的联系协调机制。全年,市政务服务中心建设项目并联审批窗口共受理办理基本建设项目和企业技术改造投资项目各39和47个。还协调市级有关部门将就业登记、社会保险卡信息采集和发放、房管档案信息查询等公共服务整体或部分进驻中心窗口，进一步完善劳动保障和房地产登记交易的窗口全流程集中办理。同时，协调有关部门将城市建设资金办进驻中心窗口，为建设项目提供“一站式收费”等配套服务。坚持以人为本，着眼于为群众提供更加高效便捷的服务，督促部分审批职能较多的部门将主要的支撑业务处室整体或部分进驻政务中心。已将社保、医保、房管、税务、公积金、水、电、气、邮政、公交等公共服务事项纳入政务中心集中办理。市总工会、民政等单位进驻中心集中开展19项惠民帮扶。银行、验资、测绘、评估、担保、中介服务等服务机构进驻中心开展配套服务。

【政府采购管理体制改革】 2010年，政府采购范围和规模扩大。服务类采购和一些公益性强、关系民生的采购项目成为政府采购的工作亮点。全年完成政府采购资金12 786.31万元，提前半年超额完成全年任务，节约财政预算资金2 345.25万元，节约率为15.5%。政府采购流程更加透明。在全省率先执行网上报名制、标前质疑制、标书下载制的采购管理机制。加强政府采购信息化建设，全面提高电子化采购水平。派出专人全面负责政府采购软件的设计和研发工作，力求构建管理功能完善、交易公开透明、操作规范统一和网络安全可靠的政府采购操作平台和管理平台，确保“十二五”政府采购工作达到“信息共享化、电子化操作、管理精细化”的目标。改革政府采购方式创新，试行协议供货制度。2010年起，政府采购将电脑、打印机、复印机、空调、办公家具等15个品目的通用办公设备纳入协议供货范围，全年共实施协议供货35次（立项审批数达328次），实际采购价金额598.20万元，节约财政资金73.82万元，节约率11%。

【节能减排】 2010年，攀枝花市围绕重点产业、重点耗能企业、重点节能技改项目，推广应用节能新技术、新材料、新工艺、新产品，加快淘汰落后产能，完成7户企业关停和落后设备淘汰工作。全年单位生产总值能耗下降4.8%，全面完成“十一五”节能目标。推进工程减排、结构减排、管理减排“三大减排”措施，实施攀钢新2号烧结机、钢企白马球团厂烟气脱硫等新建项目，强化攀钢6号烧结机、攀钢新1号烧结机、攀钢发电厂以及清香坪、大渡口污水处理厂等项目整改落实，淘汰关停攀钢5号烧结机等项目。全年实施二氧化硫减排项目19个，新增削减量4万吨；实施化学需氧量减排项目10个，新增削减量1 500吨。

【生态环境】 2010年，攀枝花市按照《攀枝花生态市建设规划》要求，强化农村环保工作，加大生态细胞建设，天然林保护、退耕还林等生态工程深入推进，努力建设长江上游生态屏障，森林城市创建工作有序推进。全年完成营造林17 100公顷，继续巩固退耕还林成果18 333.3公顷，治理水土流失面积134.5平方公里，森林覆盖率58.97%。野生动植物保护及自然保护区建设扎实开展。城市环境保护和治理进一步加强，城市生活污水处理率和生活垃圾无害化处理率分别达到75%和88.6%。地表水环境质量优良，各监测断面均达到或优于Ⅲ类水域水质标准，环境空气质量优良率达到89%。

【民生工程建设】 2010年，全市投入民生工程资金22.4亿元，共组织实施10个大项、85个小项民生工程建设。省列45个，市列40个项目全部完成或超额完成年度任务。保障性住房建设有力实施。新（改）建廉租住房1 288套；经济适用房4 500套全部完工；棚户区改造完成2 907户、采煤沉陷区治理1 089户；公共租赁住房建设、300套农村危房改造工作正式启动。全市农房、城镇住房重建工作全面完成。共完成12 553户永久性农房、158户城镇住房重建以及4 094户城镇住房和49 397户农房维修加固工作。

【西部大开发战略实施】 2010年，人力资源社会保障部、国家发展改革委决定对西部大开发实施10年以来作出突出贡献的集体和个人进行表彰，市发改委配合新闻媒体宣传攀枝花在西部大开发中所积累的宝贵经验，对过去10年攀枝花发展取得巨大发展进行总结，撰写《攀枝花市西部大开发战略成效显著》、《攀枝花市实施西部大开发战略十周年宣传材料》、《攀枝花西部大开发政策落实情况汇报》等材料，积极做好申报工作。攀枝花市西部办被国家授予“国家西部大开发突出贡献集体”荣誉称号。结合新一轮西部大开发政策，参与谋划攀枝花发展蓝图，参与做好攀枝花国民经济运行和社会发展计划。加强项目申报管理工作。为进一步做好2011年攀西资金项目申报工作，同时也是为加强项目储备，规范项目申报，市攀西办根据《四川省省级预算内投资补助管理暂行办法》的规定，结合国家西部大开发工作会议精神以及攀枝花市经济社会发展工作重点，对近期项目申报重点、选项原则以及如何规范申报材料等作出明确要求。特别强调在选项上必须遵循突出重点、注重示范、项目社会效益和经济效益显著三个原则。积极向上争取西部大开发优惠政策。研究提出“攀枝花市新增鼓励类产业目录建议”并上报省发改委。建议包括钒钛磁铁矿采选、深加工、综合利用，金沙江干热河谷地区生态治理工程，西南五省区干旱区水源工程建设等方面内容共20条，其中有18条被省发改委采纳拟上报国家发改委，为攀枝花市发展特色优势产业争取更多西部大开发优惠政策提供依据。做好2010年西部地区公共管理硕士研究生招生报名工作。根据国务院西部开发办和四川省发改委通知，2010年招生工作是国家进一步推进西部地区人才队伍建设，为西部大开发提供人才支撑的重大举措。经过严格审查后，攀枝花市共有10名公务员符合条件报考，并将相关材料上报四川省西部办。积极筹备与组织省攀西办领导到攀调研，抢抓机遇，全力推进攀西资源开发工作。2010年3月9—13日，省攀西办专职副主任吴应伟一行在结束对攀枝花市为期5天的调研后，就如何加快攀西地区发展、攀枝花市发展定位、加快攀枝花市区域性交通枢纽建设、优化产业结构、实现资源综合开发与利用等方面与攀枝花市相关部门、企业进行深入交流与探讨，力争把攀西资源开发工作推向新的阶段。加强项目研究和储备，积极争取攀西资金支持攀枝花市经济、社会发展。全年储备项目51个，从中筛选出重点项目18个上报省攀西办，全年争取攀西资金1 280万元，对攀枝花市的交通基础设施、工业集中区建设、钒钛资源综合利用、县域经济发展等方面建设起到积极的推动作用。

（向彩宏）

工业经济管理

【概　况】“十一五”期间，工业战线坚持以科学发展观统筹工业经济发展全局，大力实施“工业强市”战略，倾力打造高水平战略资源开发基地，立足优势、突出特色、积极调整优化产业结构，面对危机、主动作为，狠住机遇、加大支持力度，积极搭建发展平台，努力提升钒钛钢铁核心产业地位和影响力，实现工业经济平稳快速发展。“十一五”成为攀枝花市工业发展速度最快、效益最好的时期，工业对全市经济发展、财政收入增加等方面的支撑和带动作用进一步增强。全市规模以上工业企业从2005年的115户增加到2010年的388户；增加值从148.5亿元增加到348.59亿元，年均增长17.7%，比同期GDP年均增速高3.8个百分点；工业占GDP比重达到67%，比“十五”末提高3.1个百分点。“十一五”期间，规模以上工业企业主营业务收入从397亿元增加到969亿元，工业经济效益综合指数从167.44增加到189。钢铁产业占规模以上工业总产值的比重从2005年的61.08%下降到2010年的47.06%，钒钛、机械制造、矿业快速发展，比重逐年上升，从4大支柱产业向“6+2”特色产业结构调整加快，一钢独大的不利局面逐步改观；民营工业经济进一步壮大，第二产业中民营经济的比重从2005年的20.8%提升到2010年的37.9%。

2010年，全市工业加强经济运行宏观调控，加快产业结构优化升级，强化煤电油运等要素保障，加快园区及新型工业产业化示范基地建设，着力节能降耗、淘汰落后、重点产业发展规划编制及工业信息化系统建设，积极推动民营经济发展。全市全年完成规模以上工业总产值953.46亿元，同比增长31.3%（现价）；完成规模以上工业增加值348.59亿元，同比增长20.5%（可比价）；完成更新改造投资128.39亿元，同比增长11.4%；民营经济实现增加值200亿元，同比增长19.5%，占GDP比重突破40%，实现税金45亿元。

【重大产业化项目】 2010年，全市51个重大工业产业化项目累计完成投资747 851万元。

13个项目相继投产：攀钢轨梁厂100米钢轨扩能改造项目、攀钢提钒炼钢厂板坯精炼系统改造项目、攀钢高钛渣二期、攀钢钢钒公司能源中心利用余热余能发电二期工程、攀钢炼铁厂烧结系统技改二期工程、平大生物何首乌茶产业化技改项目、攀煤联合焦化副产品综合利用暨余热发电项目、兴辰钒钛镍钴分离车间技改扩能项目、钢城集团瑞地矿业低品位表外矿选矿项目、川投化工1.6亿标方/年黄磷尾气净化及综合利用项目、攀煤精煤技改补套工程、丰源矿业100万吨选厂扩能项目、尚亿科技7万吨/年富钛料及3万吨/年铁粉项目等13个项目建成投产。

12个项目顺利实现开工：云钛实业2万吨钛锭项目、攀钢新白马矿业公司白马铁矿精矿管道输送工程、东方钛业硫酸法金红石型钛白粉40改10万吨/年项目、攀昆800万吨/年钒钛磁铁矿选矿项目、泓兵镍铁2万吨/年二期技改项目、翰通焦化100万吨/年焦化及煤焦油深加工项目、中钛科技8万吨/年人造金红石及12万吨/年高钛渣项目、富邦1 000万件/年钒钛汽车制动鼓项目、福建平和鑫汇硅藻土开发项目、攀西阳光2 000吨/年葡萄酒生产线项目、润莹齿轮300万件/年齿轮生产线搬迁扩能项目、华铁钒钛脱硝催化剂载体二氧化钛二期项目。

15个项目推进顺利即将竣工投产或完成年度投资目标：攀钢1.5万吨/年海绵钛项目年累计完成投资130 497万元；开工累计完成投资212 947万元，正在进行氯化炉、电解槽砌筑施工和设备及仪器仪表安装等，预计2011年6月竣工试生产。安宁铁钛潘家田铁矿采选工程年累计完成投资33 887万元；开工累计完成投资52 175万元，正在进行矿山剥离，选矿生产线、尾矿库建设。金江钛业15万吨钛渣及不锈钢项目年累计完成投资14 601万元；开工累计完成投资25 351万元，渣铁车间、电炉车间、料仓、开关站、氮气站、净环水泵房等正在施工。攀钢白马铁矿二期年累计完成投资152 193万元；开工累计完成投资206 193万元，万年沟选矿系统、田家村500万吨/年自磨及管道输送系统、净化站工程、万年沟110千伏变电所等正在施工，磁选机、半自磨机、重型板式给矿机等主要设备到货。龙蟒矿冶系列项目年累计完成投资88 439万元；开工累计完成投资193 845万元，预分选厂、选厂技改进入生产阶段，高效选矿二期选厂进行场平，矿山继续剥离。大西南10万吨/年钒钛如墨铸铁汽车耐磨铸件项目开工累计完成投资16 237万元，正在进行厂房建设和设备安装。福川汽车球墨铸铁后桥壳项目开工累计完成投资3 200万元，一期工程（化铁及铸件部分）竣工投产，二期工程正在筹备中。攀钢兰尖铁矿露天转地下开采工程年累计完成投资22 783万元；开工累计完成投资23 983万元，正在进行巷道及地面设施和基建探矿施工。

11个项目进度滞后：其中企业放弃或暂停实施的5个项目为：江苏中德中心医院太阳能项目，无锡尚德太阳能电站，炜源科技利用钛白废酸浸取钢渣提取钒、镓、钪项目，攀钢煤焦油深加工，烟草公司60万担/年打叶复烤厂；前期手续办理滞后的6个项目为：一立公司240万吨球团、水钢红发公司120万吨球团、德胜100万吨球团、安宁河流域水电开发，攀钢2×30万千瓦煤矸石发电机组，华益3亿立方米焦炉煤气合成液化气及7万吨蒽油加氢制备柴油项目。

【争取资金支持技术改造与创新项目】 2010年，经过市经信委积极努力，共争取到省技改资金1 100万元、创新资金220万元，支持的重大项目为：支持富邦1 000万件载货汽车钒钛制动鼓、润莹齿轮300万件汽车齿轮及30万件飞轮总成技改扩能项目、泓兵钒镍2万吨/年镍铁扩能技改项目、东方钛业4改10万吨硫酸法金红石型钛白工程等项目建设；市级技改、钒钛专项以及机械加工专项资金重点支持的项目为：平大生物、泓兵钒镍、蓝天特钢、翰通焦化、华铁钒钛、尚亿科技等重大建设项目。

【循环经济】 2010年，攀枝花市大力开展节能工作。确保省政府下达攀枝花市的“十一五”GDP能耗下降22%，工业增加值能耗下降32%目标和2010年全市GDP能耗须下降4.5%，工业增加值能耗下降6.5%以上的节能目标完成，进一步强化工业节能的科学管理，完善节能工作目标考核体系，组织开展重点用能企业产品限额标准执行情况专项监督检查，加强重点用能行业、企业的节能监管，抓好节能示范项目。

狠抓淘汰落后工作。2010年全市淘汰7户企业落后生产能力工作目标已全面完成。3户企业争取到淘汰落后产能中央财政奖励资金和省淘汰落后产能转产升级资金共905万元。

全面开展资源综合利用工作。建成攀钢10万吨钒钛磁铁矿直接还原中试线项目和26千吨碳化渣低温氯化制1万吨四氯化钛项目，促进了全市资源综合利用水平上台阶。组织申报战略性新兴产业项目。完成利用工业固废发展建材产业的调研。为11家企业的24项产品办理资源综合利用认定。指导兴辰钒钛、安宁铁钛等7户企业编制清洁生产审核报告。正积极申报国家固体废弃物综合利用10大示范基地。

【要素保障】 2010年，市经信委积极做好各项要素保障工作。强化调度，全力保障煤炭供应。采取有效措施，督促各产煤县区和重点企业加强管理，加大组织生产力度。加强煤炭运销调控，严格控制煤炭外销。加强与周边友好市州的协调，推进以电换煤、以煤换煤，拓宽煤炭供应渠道。2010年11月30日前完成了省经信委对攀枝花市的电煤储备56万吨的任务。2009年12月到2010年4月，全市累计组织电煤137万吨、焦煤62万吨，确保枯水期全市电力正常供应及全市工业经济的正常运行。2010年全市生产原煤累计1 129.09万吨，同比增长15.99%；生产焦炭累计547.98万吨，同比增长1.05%；加工洗精煤累计1 406.14万吨，同比增长36.4%；重点耗煤企业消耗煤炭累计1920.82万吨，同比上升3.61%；累计外调煤炭1 131.31万吨，同比增长37.19%。

加强管理，确保电网安全及电力供应。制定攀枝花电网有序用电预案及枯水期计划电量分配、电力负荷方案和电网迎峰度夏等方案，确保电网安全稳定运行和可靠供电。积极争取落实特殊时段电价政策，对攀枝花市享受特殊时段用电扶持政策的3户企业用电量进行核查上报。为4户企业争取直购电电价优惠政策。加快民生工程东风片区电网改造，变电站主体工程基本完成。

统筹协调，努力保障成品油稳定供应。为应对11月12日发生的“柴油荒”，加强统筹协调，协助中石油、中石化公司组织油源，采取联合会商、集中安排、定点加油、小额配送、设立电煤保供专用加油站点等多种方式，确保重点单位、重点企业、重点工程项目、电煤保供等的用油。2010年全市累计购进成品油53.09万吨，同比增长41.36%，销售成品油54.61万吨，同比增长48.05%。

建立机制，确保铁路畅通运输。在2009年建立铁路运输快速协调工作机制的基础上，加强与铁路部门的联系，进一步抓好落实，全力保障铁路运输。2010年铁路客运量213.72万人次，同比下降2.3%；货运量2 844.2万吨，同比增长20.2%。

【支持企业发展】 2010年，围绕“打造中国钒钛之都、建设特色经济强市”战略目标，攀枝花市强力推进大企业大集团培育工作，攀钢（集团）公司、钢城集团有限公司、中冶实久建设有限公司、二滩水电开发有限责任公司入选四川省2010年度大企业大集团100户企业名单。帮助企业解决融资难问题，组织4户中小企业和2家中小企业信用担保机构参加省经信委召开的全省中小企业金融服务和“信贷工厂”模式推广会，拓宽企业的融资渠道。做好企业上市培育工作，推荐钢城集团有限公司、安宁铁钛股份有限公司等10户拟上市的重点上市培育企业。开展减轻企业负担专项治理工作，重点开展涉企收费检查，加强减负工作监督检查，调查米易中禾矿业有限公司等11家企业，开展民营工业企业涉费负担情况专题调研。做好工业招商和区域经济协作发展，2010年全市新签约履约工业招商引资项目94个，协议资金91.18亿元，到位资金209.12亿元，占全市总到位资金的89.29%。牵头组织参加第六届珠洽会和第七届中国国际中小企业博览会暨中澳中小企业博览会、第十一届西部制造业博览会以及第十一届中国西博会。工业（中小企业）信息化服务平台建设有序推进，加快全市工业信息化建设进程。确定工业（中小企业）信息化服务平台的硬件建设方案、软件配置开发、投资规模及方式、运营模式，完成项目的投资评审、立项、资金、招标采购等前期工作，完成系统硬件建设集成并通过验收。

【园区建设】 2010年，攀枝花市继续加强对园区工作的领导，进一步完善产业园区建设发展联席会议制度和产业园区目标任务考核机制。积极申报省产业园区资金，有6个项目获得2 705万元省园区产业发展资金支持。编制示范基地实施方案，完成钒钛相关延伸产品及装备产业化项目筛选。园区规模不断壮大，成为全市工业发展重要平台。全市共有工业园区6个，园区规划总面积约206平方公里（含盐边金河片区），其中列入省“1525”工程重点培育的园区2个（钒钛产业园区、米易白马工业园区）。2010年，全市园区完成规模以上工业总产值394.8亿元，占全市规模以上工业总产值的40.7%，比“十五”末提高34个百分点，超50亿园区5个，园区成为攀枝花市新增工业总量的重要承载平台。园区管理逐步规范，公共服务体系不断完善。园区设立基本走上正轨，园区管理机构设置逐步规范，园区公共服务体系不断完善。园区产业布局不断优化，产业集聚效应明显。全市5个工业园区形成以钒钛、钢铁、能源、机械、化工、建材和二次资源利用为主的特色产业集群，全年全市新增工业项目，除水电、煤矿、部分矿山开发等少数项目外，均进入工业园区，园区的产业集聚效应明显。园区政策支持力度不断加大，政策体系逐步完备。对钒钛产业园区实行“全收全留、滚动发展、定额补助”的财政管理体制，市财政留成部分全部归园区用于滚动发展。设立每年3 000万元的产业园区发展专项资金，用于钒钛产业园区及其他区县园区的基础设施及公共服务平台建设。园区内收取的城市基础设施配套费、土地使用权出让金（扣除国家规定用途后的余额）等全部用于园区基础设施建设。做出钒钛产业园区托管金江镇的决策，为“两化联动”（工业化和城镇化）加快城市建设和工业发展打下基础。

【太阳能产业发展】 2010年，攀枝花市制定出台《攀枝花市太阳能应用和产业发展规划》。抓好示范工程，发挥引导作用，全年新能源资金增加到200万元，用于支持鼓励太阳能应用。以项目为载体，组织招商引资工作。先后与大唐集团、尚德集团、天威新能源签订太阳能电站或产业化项目合作协议。

（欧阳平）

国有资产投资经营管理

【概　况】 2010年，市国有资产投资经营有限责任公司（简称“市国投公司”），资产总额86 580万元，净资产560 564万元，参、控股企业17家。2010年，市国投公司为市财政、市政府融资275 600万元，比2009年增加114 406万元，公司对外担保147 655万元，代收代付融资项目利息13 186万元；2010年，为2家全资子公司增资扩股1 900万元，清收欠款421万元；代建项目16个，总投资达40 524万元，总建筑面积达148 600平方米。

【筹融资】 2010年，市国投公司为市财政、市政府融资275 600万元，比2009年的163 004.15万元增加112 595.85万元，其中债券融资60 000万元，银行贷款融资215 600万元。截至2010年底，公司贷款余额216 760万元，其中长期贷款191 260万元，短期贷款25 500万元。

市国投公司先后与国家开发银行、市中行、市农行、市建行、市工行、市商行、市交行及市信用用合作社等金融机构建立了广泛合作关系，继续保持国家开发银行A、市商业银行AAA和市交通银行BBB级优良资信等级，市农行信用等级升至AAA，为完成筹融资工作奠定了坚实的信用基础。

【债券发行】 2010年，经国家发展和改革委员会批准市国有资产投资经营有限责任公司公开发行企业债券，发行总额6亿元，债券期限10年期，按现行利率计算每年为市政府节约融资成本595万元。

【产权管理】 2010年，市国投公司拥有17家参股、控股企业，其中，全资子公司3家，绝对控股公司2家，涵盖金融、保险、担保、房地产开发、电力、创投、生物制药等国家产业政策扶持的多个重点行业。市国投公司按照现代企业制度规范运作，强化出资人职责为核心，依法行使股东权利，公司作为出资人依法委派人员进入董事、监事席位。

【投　资】 2010年，市国投公司实现政府授权出资的投资项目资金收益3 039万元，清收各种外部欠款421万元，收回对红格温泉公司的投资300万元。对攀枝花市金鼎融资担保有限责任公司增资1 300万元，对攀枝花市金源创业投资有限公司增资600万元。参与市交行2010年度配股157.1万股，投资成本707万元。

【代建项目管理】 2010年，市国投公司代市政府建设投资项目共16个，总投资达40 524万元，总建筑面积达148 600平方米。公司从严管理，抓好工程投资、工期、质量、安全等的控制，截至12月31日，竣工验收代建项目7个，正在施工项目7个，准备招标项目1个，准备新开工项目1个。严格控制各项目预算，确保工程进度和工程质量，推动项目代建工作有序推进，实现“投资、质量、工期”三大控制目的。

【财务监管】 2010年，市国投公司配合会计师事务所完成公司财务决算报表的审计工作。加强对参控股企业财务监管，配合中介机构完成对控股企业的合并财务报表工作，及时满足国家开发银行等金融机构信用评级的需要，为筹融资工作夯实了基础。

（张小勇）

城市建设投资经营管理

【概　况】 2010年，市城投公司围绕全市推进“打造区域性中心城市”的战略目标，全面贯彻落实各项决策部署，整合资源，深化制度建设，改进管理办法，完善管理体制，强化项目现场管理，加大对外沟通协调力度，筹措落实建设资金，全力推进外资项目和全市重点督办民生工程的实施进度，各项工作有效开展，实现了年初预期目标，全年共组织实施新开工项目17项、续建项目21项、竣工项目25项、拟开工项目5项，完成投资27 569万元，完成年初目标计划的125%（全年计划完成投资22 015万元）。

【城市基础设施建设】 2010年，外资项目进入实施高峰期，一批全市重点督办民生工程、灾后重建工程开工建设或竣工完成。城投公司围绕“工期、质量、安全、投资”四大控制进行强化管理。创新项目管理办法，明确管理程序，根据项目特点制定并实施《工程项目监理管理及考核评价办法》和《工程项目管理办法》，通过对项目监理机构设置、监理基础工作、工程质量、安全、进度、投资控制、合同管理、资料整理等8个方面进行打分量化，按优良、合格、不合格3个等次评出监理服务工作的等级，并根据等级制定对监理单位的奖罚办法，规范项目监理人员的从业行为，推进监理工作走向制度化、规范化、标准化，为工程质量和安全提供有力保障。明确设计、招标代理、工程监理、承包商及业主之间的责任和权利，参建各单位密切配合，通力合作，做到各司其职，相互促进，防止缺、越位现象的发生。切实履行业主单位职责，由公司领导带队，经常深入施工现场，靠前指挥，实施管理力量向施工一线下沉，及时协调解决影响项目推进的困难和问题，并对施工、监理单位作严格要求，加快项目进度。加大与上级领导的沟通汇报及与市级相关部门的对外协调力度，及时将项目实施过程中的困难与问题，以简报等书面形式或口头汇报形式向上级领导请示汇报，争取理解和支持，由市领导或局领导召集市级相关部门召开协调会，共同研究，统一部署，落实决策，有效推动项目实施。

截至年底，(2009年)东区(一期和二期)廉租房、仁和区廉租房室外附属工程、市工人文化宫1号、2号楼、市九中教学楼、实验楼、市一中教学及行政办公楼、市直属学校2010年校安工程、五十一人行天桥、大渡口污水处理厂及厂外截污干管、小沙坝污水处理厂及厂外截污干管、密地桥南边坡治理工程、清香坪截污干管抢险工程、龙箐花园遗留配套设施等项目均已竣工。临江路连接滨江大道立交桥、护岸及沿江景观工程、清香坪截污干管工程PW5B等项目按计划开工建设，进展顺利。攀枝花大道南段仁和路歇桥等4处城市主干道地质灾害治理工程、(2009)仁和廉租房、市中西医结合医院住院大楼、省运动技术学院红格训练基地、炳仁路后段等项目正在积极推进。密地桥南至龙箐大桥主干路完成路基招标，正按计划推进。红格训练基地给排水、供电工程、攀枝花大剧院、市公安局指挥中心二期侦查技术用房、国防运动综合教育训练基地基础设施等项目正在开展前期工作，2011年将陆续开工建设。

2010年攀枝花市城市建设投资经营有限公司建设项目情况

表11

<table>
<tr><th>项目名称</th><th>建设规模</th><th>投资金额</th></tr>
<tr><td>独松树梁子隧道工程</td><td>全长1 117米</td><td rowspan="12">以上项目均为世行项目，世行项目总投资114 164万元，其中工程费用79 904万元，征地拆迁及其他费用34 260万元。在项目资金来源中，使用世行贷款6 908万美元，其余为攀枝花市自筹，项目业主为攀枝花市城投公司。</td></tr>
<tr><td>巴斯箐隧道工程</td><td>全长1 771米</td></tr>
<tr><td>炳仁路路基工程</td><td>总长2 093米</td></tr>
<tr><td>炳仁路冲沟大桥及仁和沟桥工程</td><td>全长2 020.58米</td></tr>
<tr><td>炳仁路49立交桥工程</td><td>全长2 101.498米</td></tr>
<tr><td>炳仁路路面及道路照明工程</td><td>路面段，9 096米道路照明及交通控制系统(含路灯、给水、强电、弱电、燃气、重要景区电气及照明、道路照明及交通管理系统)</td></tr>
<tr><td>滨江大道上段道路工程</td><td>全长2 205米</td></tr>
<tr><td>沿江护岸及沿江景观工程</td><td>新庄大桥——密地大桥14千米</td></tr>
<tr><td>沿江护岸及沿江景观工程</td><td>密地大桥——金江车站</td></tr>
<tr><td>沿江整治重点景点工程</td><td>渡口桥下两岸，大梯道下江边南岸，双江交汇处北岸，金江火车站南岸等景点。</td></tr>
<tr><td>清香坪截污干管工程(PW5B)</td><td>全长12.6千米，管径300—900毫米收集格里坪、河门口、河石坝、大水井、清香坪片区生活污水</td></tr>
<tr><td>五十四至炳草岗截污干管</td><td>全长7 687米，管径300—900毫米收集五十四至大渡口污水</td></tr>
<tr><td>大渡口污水处理工程</td><td>1.9万吨/日</td><td rowspan="3">以上项目均为日元贷款项目，日元贷款项目总投资14 559.84万元，其中工程费用12 117.77万元，工程其他费用2 442.06万元。该项目利用日元贷款12.6亿日元，其余为地方配套。项目业主为攀枝花市城投公司。</td></tr>
<tr><td>小沙坝污水处理厂工程</td><td>2.0万吨/日</td></tr>
<tr><td>小沙坝污水处理厂厂外截污工程</td><td>全长12.3千米</td></tr>
</table>

续表 11

项目名称	建设规模	投资金额
工人文化宫新建工程	总建筑面积30 000平方米	7 000万元
2009 年东区廉租住房工程(一期)	新建廉租房建筑面积为4 800平方米,1 栋 48 套	500 万元
2009 年东区廉租住房工程(二期)	新建廉租房建筑面积为4 800平方米,1 栋 48 套	500 万元
2009 年仁和区廉租住房主体工程	金江镇 96 套、大河中路 188 套	1 917万元
仁和廉租房室外及附属工程	场平、水、电、气、有线电视、道路、绿化工程等	821 万元
市中西医结合医院住院大楼工程	总建筑面积27 000平方米	7 500万元
省运动技术学院红格训练基地	总建筑面积34 578. 8平方米	19 960万元
红格训练基地配套给排水工程	生活用水、温泉水、雨水、污水管道铺设及相关的附属设施	241 万元
红格训练基地配套供电工程	变压器容量2 230千伏安,线路总长 1 千米,新建高压分支箱 2 个	237 万元
市九中教学楼工程	总建筑面积3 100平方米	581 万元
市九中实验楼工程	总建筑面积1 906平方米	477 万元
市一中教学及行政办公楼	总建筑面积5 160平方米	998 万元
市直属学校 2010 年校安工程	建筑面积45 143平方米,市外国语学校、市二中、四中、实验校共 4 所,17 栋建筑维修加固	2 349万元
密地桥南至龙箐大桥主干路	全线里程3 655米	34 580万元
临江路连接滨江大道立交桥工程	A、B、E、F 四条匝道共长1 160. 87米	2 176万元
东区五十一人行天桥建设项目	总面积 270 平方米	170. 4 万元
市公安二期智能交通控制系统	新建 18 套智能交通控制系统和 3 处人行天桥	2 227万元
攀枝花大道南段仁和路歇桥等四处城市主干道地质灾害治理工程	处理边坡13 000平方米	637. 3 万元
密地桥南边坡治理	边坡处理8 747平方米	564 万元
龙箐花园项目遗留配套设施		330 万元
国防动员综合教育训练基地基础设施项目	新建综合楼和食堂,大门及附属设施等	633. 9 万元
攀枝花市公安局指挥中心二期侦查技术用房	总建筑面积为6 300平方米	1 550万元
城市主干道无障碍设施改造项目	—	—
攀枝花大剧院	—	—
老干部活动中心	—	—

【拆迁安置】 2010 年,市城投公司面对建设项目拆迁安置工作的艰巨任务,增强大局意识,协助项目所在辖区的相关单位和部门协调炳仁路后段项目的农民阻工、通讯线路迁改等问题,做好龙密路、临江路立交桥、沿江整治等项目涉及的现场踏勘、实物量调查、征地拆迁补偿等前期准备工作,使拆迁安置工作基本满足工程建设的需要。

【筹融资】 2010 年,针对政府工程资金短缺的困难,市城投公司领导不断主动请示、汇报,加大资金筹措协调力度,得到有关部门的理解和支持。全年累计筹集各类建设资金39 962万元,其中:旧城改造贴息资金4 478万元、旧城改造清欠资金4 773万元、代建项目建设资金13 911万元、世行项目建设资金(含国内配套和世行贷款)12 884万元、日元项目建设资金(含国内配套和日元贷款)3 916万元。为推动工程顺利实施提供了有力保障。

【清欠工作】 2010 年市城投公司围绕市委、市政府提出的“以人为本、改善民生”的执政理念,主动为政府工程排忧解难，做好清欠工作，维护社会稳定。公司领导积极向市政府请示、汇报，与有关部门协调沟通，千方百计筹集资金支付工程历史欠款，通过大量的协调工作和不懈努力，得到市政府及有关部门的理解和支持。全年共完成清欠任务4 773万元。

（蔡茵　李建莉）

交通投资开发经营建设和管理

【概　况】 2010 年，攀枝花市交通投资开发有限公司（以下简称“交投公司”）围绕市委、市政府提出的大力实施投资拉动战略，推进“四个倾力打造”的目标，建立健全上级部门监管、公司领导主管、业主代表负责的三级管理体制，强化精细化管理理念，落实精细化管理措施。同时，严格监督和参与工程图纸交底、施工组织设计交底、设计变更交底、分项工程技术交底、安全措施交底各项工作，积极配合有关部门对监理、施工单位工程管理体系运行情况进行跟踪检查，努力提高工程品质。全年共完成招投标重点项目 5 个，中标金额1 284.54万元；完成工程竣工决算 2 个，批复结算金额3 316.31万元；招商引资筹集到位资金11 557万元，办理先还后贷业务44 100万元；代建重点路桥建设大项目 4 个，完成总投资8 557万元，圆满完成了全年工作目标任务。

【招投标】 2010 年，交投公司按照各建设项目的具体时间安排，提前做好项目招投标准备工作，为各项目按期开工建设创造有利条件。在合同管理方面，严格按照合同管理制度，对各类合同进行分类管理，做到合同签订前认真审定，执行过程中随时检查。加大合同管理力度，认真督促施工、监理、监控等参建单位严格履行合同义务和各自职责，对施工和监理单位进场主要人员不符合合同及投标文件要求的严格按照合同有关条款进行处理，保证强有力的项目管理班子及时就位。按照有关规定监督项目主要管理人员出勤以保证项目建设需要，使在建各项目的施工和监理单位主要管理人员出勤率均达到合同约定要求。2010 年共完成招投标大项目 5 个，中标金额共计1 284.54万元。

2010 年攀枝花市交通投资建设招投标项目情况

表 12

序号	项目名称	开标时间（年·月）	中标单位	中标金额（万元）	招标方式
1	国道 108 线平地至挖断路工程（路面标）	2 010.10	攀枝花公路建设有限公司	821.03	公招
2	国道 108 线平地至挖断路工程（安保标）	2 010.10	攀枝花攀路交通工程有限公司	108.51	公招
3	纳拉河桥、巴关河桥、荷花池大桥维修加固、省道 210 小河桥、310 线灰老沟桥新建等项目	2 010.10	招标代理机构：远通造价咨询有限公司		比选
			勘察设计：中交公路规划设计院有限公司	354	公招
4	机场路地质灾害治理	2 010.8	招标代理机构：安徽省河川工程咨询有限公司		比选
5	S310 线格福段道路改造及路面大修工程	2 010.11	招标代理机构：四川建兴工程造价咨询有限公司		比选

【竣工决算】 2010 年完成工程竣工决算 2 个，批复结算金额共计3 316.31万元。其中保密路 B 合同段改建因工程量增加，竣工决算金额增加 83.93 万元。

2010 年攀枝花市交通建设竣工决算情况

表 13

工　程　项　目	施　工　单　位	合同金额（万元）	变更金额（万元）	批复结算（万元）
保密路（小攀枝花—观景台—兰尖铁矿区门口）公路 B 合同段改建工程	核工业西南建设工程总公司	438.52	+83.93	522.45
省道 310 线李（家沟）雅（江桥）段路面工程	攀枝花公路建设有限公司	3 086	-292.14	2 793.86

【招商引资】 2010年交投公司注重搞好项目包装，配合各大银行对建设项目的评估工作，先后同中国银行、农业银行、信用联社、商业银行进行成功合作，筹集大量资金，通过各种渠道融资到位资金11 557万元。其中：财政投入6 481万元（贴息资金631万元，归还银行借款本金4 350万元，矿区道路建设资金100万元，108国道总发至平地改建工程800万元，还有600万元是归还银行贷款），交通投入1 276万元，车辆通行费拨款800万元，用于支付项目工程款和借款本息。办理先还后贷业务，共计44 100万元。确保了各项工程建设任务的顺利完成。

【重点路桥建设项目】 2010年，交投公司对工程成品严把源头、过程和成品等三道关口，继续加强对监理单位人员职责履行情况的监督和对施工单位人员到位情况及其质量管理体系运行情况的跟踪检查，提高施工和监理单位管理和技术人员的质量意识和规范操作意识。督促施工和监理单位加大技术力量配备，提高施工操作实施方案的合理性和可行性。各项目工程质量合格率达100%，圆满完成目标任务，全年组织实施的主要在建大项目4个：新密地大桥工程，渡口桥南立交D、E、F匝道工程，国道108线平地至挖断路段改建工程和沿江快速通道西区段工程第Ⅰ标段工程。累计完成总投资8 557万元。

新密地大桥工程：项目全长296米，桥面宽30米，4车道双向独立通行，批复金额为9 729.6万元。在2009年完成交界墩基础工程的基础上，2010年完成引桥基础工程和全桥下部结构施工。拱圈悬臂现浇施工系统的三大主要结构（锚碇、索塔、挂篮）系统在2010年3月完成施工及安装并投入使用，随后开始上游幅桥主拱圈施工，6月完成南、北两岸1号～12号拱圈节段施工，占单幅桥的74%，8月启动小箱梁预制施工，完成12片27.5米梁预制工作，部分小箱梁已吊装就位。上游幅桥在12月完成主拱圈合拢施工，为2011年上半年建成通车打下坚实基础。年内累计完成产值2 069万元，完成总投资4 859万元。

渡口桥南立交D、E、F匝道工程：项目道路总长1.45千米，属城市次干路Ⅱ级公路，设计车速均为每小时30千米，其中：D线全长0.292千米，路基宽度7.25米；E线全长0.607千米，路基宽度8.5～9.5米；F线全长0.551千米，路基宽度8.5～9.5米，投资估算9 809.7万元，工程于2009年2月正式开工建设，2010年9月26日建成通车，比原计划提前143天。2010年度主要完成E匝道隧道出口段施工、D匝道和E匝道两座框架桥施工、D匝道边坡锚杆挡墙施工、E匝道和F匝道连续梁桥上部箱梁和桥面系施工、F匝道路基路面施工、项目附属绿化、交安等工程施工。该项目建设采取超常规建设模式，通过紧密跟进各项审批工作，科学制定总体目标，深入建设一线，靠前指挥、协调、服务，发挥主观能动性，优化和改进施工技术，施工单位开展24小时轮班作业，成为2010年交通建设的一个亮点。2010年项目累计完成施工产值3 247万元，完成总投资7 529万元。

国道108线平地至挖断路改建工程：项目全长10.04千米，道路起止点桩号为K 3 058＋800～K 3 068＋844.26，道路等级为三级公路，路基宽度9.0米，路面宽度8.5米，沥青混凝土路面，设计行车速度每小时30千米，经市发改委批准建设，投资总概算4 080万元。设计单位为四川恒盛路桥勘察设计有限公司，监理单位为青海省交通工程监理处，施工单位为攀枝花市公路建设有限公司、攀枝花攀甬路桥建设有限公司和攀枝花攀路交通工程有限公司。该项目于2010年4月正式开工建设，2010年12月22日建成通车，完成投资1 917万元。该工程比预计工期提前三个月完工，投资概算节约2 000余万元。

沿江快速通道西区段第Ⅰ标段工程：该项目全长2.68千米，起点位于攀枝花西区格里坪储木场金沙滩路，与格庄公路相接，线路沿金沙江北岸布线，途经金沙滩漂流基地、红运选煤厂、格里坪铁路货场。起止桩号是K0＋000～K2＋680，路基宽度22米，公路等级为一级公路，设计行车速度为每小时60千米，投资总概算4 048万元，合同总工期为24个月。项目于2010年4月正式开工建设，设计单位为中煤国际工程集团重庆设计研究院，监理单位为青海省交通工程监理处，施工单位为重庆中环建设有限公司。由于工程征地拆迁工作严重滞后（该项目工作由攀枝花市西区政府负责），建设用地不能及时提供用于开展施工作业，致使项目未能全面开展建设工作，项目建设进度严重滞后。K1＋240至K2＋680段已全面开展施工作业K0＋600至K1＋240段已于11月正式进场开始施工作业，K0＋000至K0＋600段尚未完成拆迁工作。面对施工用地困难的局面，项目部见缝插针地开展施工作业，加大人员、设施投入力度，开工以来完成土石方开挖89 000立方米、路基填筑49 400立方米、挡土墙13 000立方米，软基处置17 800立方米。累计完成施工产值832万元，完成总投资1 299万元，

另外，在收尾工程上，完成巴斯箐公交中心站工程各分项验收工作，即将开展竣工验收工作；完成省道216线河石坝至高坪段改建工程和飞机场道路新建工程（除攀峰路桥仍未达成一致意见外）的施工单位审计定案工作；积极推动省道310线李雅段改建工程对施工单位的审计工作，初步定案意见已完成。

在项目前期工程上，按照实施项目时间安排，加快项目前期工作推进，积极做好项目开工准备有关工作。2010年完成省道214线（总发—平地）工程、机场路地质灾害治理工程的勘察设计工作，完成纳拉河桥、灰老沟桥、小河桥、荷花池大桥、巴关河大桥和小河桥等项目的勘察设计招标工作。

（周勇　程晓勤）

国有资产监督管理

【国有资产管理】 2010年市国资委监管企业实现主营业务收入5.2亿元，同比增长26.08%；实现净利润3 467万元，同比增长55.68%，高于省重点国有企业、省国资委监管企业

以及全省市州企业利润平均增长水平；上缴税收3 188万元，同比增长42.19%；国有资产保值增值率103.66%，较2009年增加1.25个百分点。其中水务集团实现营业收入2.1亿元，同比增长15%，实现净利润1 264.56万元，同比增长69.76%；市金泰房地产公司实现营业收入2.5亿元，同比增长27.2%，实现净利润2 023万元，同比增长127.3%；产投公司实现营业收入4 474万元，同比增长13.33%，实现净利润140万元，同比增长268.42%；攀枝花宾馆营业收入突破3 000万元，净利润40万元，实现了宾馆企业化管理以来的首次盈利；攀建工挂牌后在较短的时间内，承揽工程项目8个，合同金额1.5亿元，实现产值1 980万元。代建项目17个，总投资3.2亿元，完成投资量9 000余万元。

"十一五"期间，市国资委监管企业累计实现净利润8 780万元，年均递增173.36%，2009年和2010年连续突破2 000万元、3 000万元关口；累计上缴税金10 337万元，年均递增13%。2010年资产总额达21亿元，较2005年增长106.59%，所有者权益8.7亿元，较2005年增长366.69%，资产质量重大变化；职工人均年收入44 625元，较2005年增长125%。建立完善企业重大事项报告备案、国有产权代表管理、产权管理、考核评价、重大投资、企业发展战略规划中介机构选聘管理、企业负责人选拔任用、企业负责人经济责任审计、企业后备干部培养等49个国资监管制度办法，为依法履责奠定了坚实基础。

围绕企业中长期发展战略规划和核心竞争力的培育打造，2010年9月，市国资委在成都举办企业发展论坛，11户企业进行交流发言，副市长赵辉、川大博士李珊联袂对企业案例进行精彩点评。并邀请省科技顾问团工业发展组组长、西南财大教授赵国良等4名高层次企业管理、资本运作专家和企业家作企业如何做大做强的讲座。

【市属国有企业改制】 2010年，市国资委多渠道筹集资金妥善解决企业改制遗留问题，国家开发银行5 700万贷款已到位。争取到省国资委改制企业困难资金补助500万元，同时加大改制企业剩余低效资产处置力度，通过多种渠道，共计筹集资金1.1亿元，妥善解决原市建机化公司职工安置房等一系列改制遗留问题。继续加大民生工程力度，组织修建1 052套安置房。组织对滨江公司多年积债进行彻底清理，各方面债务基本清偿完毕，对滨江大道资产及债务及时进行剥离，稳妥处理滨江公司职工安置问题。

改制重组企业发展势头良好。钢城集团公司2010年销售收入突破135亿元。市路桥有限公司改制后企业产值持续增长，2010年达16亿元规模。市运业有限公司改制后盈利持续递增，累计实现利润1 000余万元。市建机化施工有限公司改制后完成工程量突飞猛进，2010年达3.52亿元。规划建筑设计研究院2010年实现净利润600万元，恒盛路桥公司2010年实现净利润160万元，改制重组企业保持了较好的发展势头。

【监管企业发展】 2010年，水务集团公司通过实施金江水厂取水缆车改扩建工程、河门口水厂扩容及自动化升级改造工程等技改项目建设，进一步扩大市场供给能力。争取污水处理价格的合理调整，扭转长期政策性亏损局面。成功中标德昌水厂管道加工工程、会东县城网改造工程等50多个项目。

市金泰房地产开发有限公司在炳三区黄金地段连续竞拍取得两宗大的土地，共计11.07万平方米，开发面积28万平方米。公司房地产开发能力从原来的每个开发周期4万~6万平方米提高到18万平方米，企业实力得到质的提升，成为攀枝花市房地产开发三甲企业。组建金泰物业管理公司，延伸产业链；组建永兴泰商贸公司，降低企业材料成本，保障项目用料的质量。金泰公司还获得住建部房地产开发一级资质。

攀枝花建设工程有限责任公司顺利通过省、市的审核及住建部的审批，获得房屋建筑、机电安装总承包一级等多个资质，成为攀枝花市唯一一家国有地方一级总承包建安企业。公司还取得四川省建设工程项目管理一等资格，成为攀西地区唯一一家建设工程项目管理一等资格企业，取得省建设厅安全生产许可，质量管理、环境管理和职业健康安全管理"三标一体"国际管理体系认证、省建设工程比选资格等。

攀枝花市产业投资经营有限责任公司下属子公司阳光影业公司实现净利润119万元，同比增长614%。攀枝花市产业投资经营有限责任公司发挥交通宾馆土地出让金收益的效用，用其对攀宾康体资产进行收购，解除康体中心所欠市交通银行14年的本息，成功化解康体资产被成都铁路法院拍卖，从而可能导致国有资产流失的危机，并将康体中心资产继续委托攀宾经营，保障攀宾的整体服务功能。

【国有资本经营预算】 2010年，市国资委监管企业国有资本经营预算收入337万元，已全部缴入攀枝花市金库，其中，市水务（集团）有限公司上缴国有控股应获股利252万元，市金泰房地产开发有限公司上缴国有独资企业利润收入85万元。按照市人代会批准的国有资本经营预算支出方案，2010年度攀枝花市国有资本经营预算支出337万元目标已全部完成，其中用于支持市政府民生工程建设的预算支出93万元（占27.6%），用于支持产业布局和结构调整的预算支出36万元（占10.7%），用于支持市政府重点工作和重大项目的预算支出208万元（占61.7%），实现国有资本经营预算当年收支平衡。

【监管企业安全和稳定】 2010年，市国资委加强对路桥公司退休人员统筹外养老金问题，原市汽车运输总公司、四川广厦建材公司部分职工反映企业联合修建职工安置房问题、昆明攀昆大厦职工周文荣反映其公务员身份问题等重大维稳信访问题的处理，全年没有出现进京到省非正常上访情况；加强上海世博会、广州亚运会等重大活动期间的信访维稳工作，制定工作预案，落实工作责任，确保企业在重大活动期间的稳定。

“十一五”期间，市国资委修建改制企业职工安置房4 027套，完成16户改制企业12 004户职工家庭用电户表、22户改制企业4 676户职工生活用水户表改造，解决改制企业职工实际困难和问题。将党组织关系、房屋维修、物业管理、水电费收取等企业承担的社会职能全部移交辖区政府及相关单位，使改制企业职工的生活得到保障，并与辖区政府共同开展“归属工程”和“融入行动”。与企业和辖区政府共同行动，调动各方面资源，做好上访群众工作，5年共接待处理群众来信5 200余件次，来访15 000余人次，其中大规模群体性上访70余次。

做好市国资委系统安全和应急管理服务工作。重点组织对攀枝花宾馆、市阳光影业公司等公共场所安全工作进行检查，与相关部门协调沟通，帮助解决企业在安全生产中的困难和问题。督促企业加强应急管理，建立和完善应急管理责任网络体系，加强应急物资储备的管理。

【国有企业党建】 2010年，市国资委系统开展创先争优活动，确定创先争优主题22个，设计活动载体50个。各级党组织有设岗定责党员135人，建立责任区30个，设立党员先锋岗10个，设立党员示范窗口8个，设立党员示范岗8个。

牵头成功组织开展攀枝花市首届“攀枝花市人才奖·有突出贡献企业家奖”的评选活动，市水务集团公司荆建华、钢城集团公司吴强等5人获“攀枝花市首届有突出贡献企业家”称号。

【国有企业党风廉政建设】 2010年市国资委与下属企业全面签订党风廉政建设责任书，把党风廉政建设各项责任落到实处。

组织党风廉政教育专题培训会，对6家监管企业及子公司领导人员、7家管班子的企业和监管企业的重要部门、重要岗位负责人进行2次党风廉政教育培训，邀请东区检察院检察长龚建元做预防职务犯罪专题讲座，增强企业负责人在经营过程中的职务风险防范意识。

选聘中介机构完成全市35户市属国有及国有控股企业“小金库”专项治理的检查，完成全市80余户国有及国有控股企业“小金库”专项治理的统计汇总上报工作，加强出资企业“小金库”治理长效机制建设。

加强产权交易过程中隐匿、侵占、转移国有资产案件的查处，参与省纪委、市纪委查办案件2起。

（杨　惠）

统　　计

【概　况】 2010年，市统计局抓好各项年报、定期统计报表的收集、整理、上报以及“一套表”改革（即企业、乡镇、部门的所有报表都在同一网络平台上进行联网直报）的运行工作，做好科技资源清查、执法大检查、园区统计监测，搞好第六次全国人口普查的宣传、培训、入户登记、数据录入、汇总、审核工作，加强统计队伍和统计网站的建设，改版编发多种统计资料和书刊，加强基层统计建设，为全市经济社会发展提供优质服务。

【统计报表】 2010年，市统计局严格按照国家统计年报及定期报表制度，及时、准确地完成2010年各专业年报及定期统计报表任务。完成攀枝花市地区生产总值（GDP）、民营经济增加值测算、灾后恢复重建统计监测工作。全面监测乡镇社会经济发展情况，开展乡镇年报统计工作。组织开展工业生产及经济效益统计、能源统计工作。开展大企业及园区统计。完成服务业统计、商品贸易统计、劳动工资统计、社会科技统计任务。开展固定资产投资及建筑业统计。完成农村经济统计和农民人均纯收入调查任务。开展城镇住户调查和城镇居民人均可支配收入统计。开展消费品价格、商品零售价格、工业产品价格、固定资产投资价格、房地产价格调查及指数编制等工作。准确、及时地汇总上报各项统计资料，严格按统计数据质量控制制度对各项主要统计数据进行认真、全面评估，多项专业的统计工作在省局考评中获奖，综合考评获全省三等奖。

【第六次人口普查】 2010年，按照市政府《关于做好第六次全国人口普查工作的通知》，各级政府迅速成立第六次全国人口普查领导小组及其办公室，全市60个乡镇（街道）、352个村、131个社区组建普查机构，并落实办公场所和工作人员。以政府名义发文，在全市借调和招聘普查指导员和普查员7 000余名参加人口普查工作，市政府本着“由中央和地方共同负担，以地方为主”的原则，及时审批和落实市、县、乡（街道）各级人口普查经费近1 000万元。各级政府层层签订人口普查目标责任书，并将人口普查工作纳入各县（区）政府、乡（镇）各部门的目标管理进行督察督办。全市各级普查办公室采取各种方式对普查人员进行业务培训，参加培训的普查人员7 000多人。顺利开展户口整顿、清查摸底与入户登记工作。广泛开展形式多样的人口普查宣传活动，人口普查知晓率全省第七。攀枝花市人口普查前期工作准备充分，组织得当，各部门通力协作，得到以省统计局副局长陈智为组长的省人口普查督察第六小组的肯定。11月1日，第六次全国人口普查正式登记的第一天，市委书记、市人大常委会主任赵爱明，市委副书记、市长刘晓华作为普查对象，率先垂范，认真、如实地向普查员申报人口普查登记表中的项目。1～10日，各区县登记全部结束，12月1日，进入数据录入处理阶段，人口普查工作顺利推进。

【科技资源清查】 2010年，全国第二次科技R&D资源清查工作全面铺开，市统计局成立专门机构，并向县区下发《关于开展攀枝花市第二次全国R&D资源清查工作的通知》。按照省统计局总体要求和部署，制定详细的摸底调查方案，并进行统计人员数据处理程序培训和调查单位调查表填报工作集中培训。经过数据审查、汇总、评估，此次清查全市共有R&D资源的单位402户，有科技活动的企业28户，科技活动人员10 210人,科技活动经费内部支出92 529万元,开发科技项目919 项。

【实施"一套表"改革】 2010 年是"一套表"改革的关键年。针对"一套表"改革工作,市统计局各专业积极参加业务培训,并对各县(区)统计局、各起报单位和系统管理员采取现场办公、开座谈会、实地调研、搜集"一套表"运作情况和意见、进行网上直报和网报程序培训、通报网报率等方式,提高对"一套表"改革的认识。2010 年 1 月能源"一套表"实现与定期报表的切换,"三上企业"和固定资产投资均正式执行企业"一套表"制度,乡镇信息也都实现网上直报,全市405 户规模以上工业全部实现网报,上报率达 100%。攀枝花市被评为"全省统计一套表改革先进单位"。

【产业园区监测】 随着攀枝花园区经济的不断发展壮大,在全市经济中的影响越来越深,园区统计工作尤显重要。2010 年各级统计机构加强对园区统计工作的指导,清理科技园区和工业园区编码和名录库建设。市统计局还增设"大企业和园区统计处",增加科级职数 1 名,充实统计力量,提高统计数据质量,全面准确反映园区发展水平。

【统计资料】 2010 年市统计局及时、准确地完成统计数据、资料的编发,不断提升统计服务水平。坚持"用数据说话,为决策服务"的宗旨,准确把握经济形势、敏锐捕捉运行情况,关注社会热点问题,深入探索解决问题的对策,及时撰写经济运行分析,为领导和部门科学决策提供参考。通过召开 2010 年全市国民经济和社会发展新闻发布会,发布《2009 年攀枝花市国民经济和社会发展统计公报》,编发《攀枝花统计月报》(月刊)、《攀枝花统计——两会专刊》、《攀枝花统计》(季刊)、《2010 攀枝花乡镇年鉴》和《攀枝花统计资料提要》,利用网络、媒体等多种形式对外发布经济运行情况,更好地满足外界对统计数据的需求和保密的要求,保障社会各界和人民群众的知情权。加强系统内课题调研活动,编辑出版《2009 年攀枝花统计专题研究与调研报告选编》,书中部分专题调研报告引起市委、市政府的高度重视,得到主要领导的重要批示。积极参与《四川当代县域经济(攀枝花卷)》的资料收集、整理、审核与修正工作。

【《攀枝花统计年鉴(2010)》出版】 2010 年,市统计局编辑出版《攀枝花统计年鉴(2010)》一书,该书是一部综合统计资料年刊,全书由特辑、统计资料、附录三大部分组成,图文并茂,收录攀枝花市 2009 年国民经济和社会发展统计公报、攀枝花市和县、区 2009 年经济和社会发展各方面的统计数据和统计分析资料,选录全省 21 个市州、西部城市的主要指标数据及排位情况,能满足各界人士对统计数据的需求。

【《攀枝花统计》编辑出版】 2010 年,市统计局继续编辑出版《攀枝花统计》。《攀枝花统计》为季刊,包括经济运行、县域经济、课题研究、统计知识四大板块,全面反映各个季度攀枝花市农业、工业、投资、商贸、财政、税收、金融、物价、居民收支等各方面的经济运行情况。

【统计执法】 2010 年,为进一步提高统计数据质量,市统计局等 5 部门联合成立"攀枝花市统计法和统计违法违纪行为处分规定贯彻执行情况大检查领导小组",并制定大检查的具体实施方案,成立三个督察组。除充分利用电视、报纸等媒体报道和宣传大检查工作和统计法律法规外,还张贴统计法律法规宣传标语 249 条,送发宣传资料 878 份,悬挂横幅 4 幅,各级大检查领导小组分别向社会公布领导小组及办公室举报电话和电子邮箱,接受举报和监督。通过现场检查、专项检查和综合检查等方式,全市 60 个乡(镇、街办)、23 个市级部门、1 246家企业进行自查,检查组对两个县(区)政府、182 家"三上"企业、19 个部门及乡(镇)进行抽查。

通过检查,全市责令整改的企业 67 个,责令整改的乡(镇)5 个。立案查处统计违法案件 4 个。其中市级对统计数据失真的 2 个企业进行立案查处;对统计基础工作薄弱、统计数据存在一定问题的 14 个企业责令改正;对管理不善、基础资料缺失的攀枝花南方炼油厂进行通报批评,并责令退出规模以上企业;仁和区统计局对提供不真实统计数据的两家单位进行立案查处,对轻视统计工作、基础数据不扎实的福田镇进行通报批评。

【统计网站建设】 2010 年,市统计局在统计信息内网增加人口普查专栏。完成国产正版杀毒软件金山毒霸的升级及VRV 网络安全客户端的安装和调试。保障网站正常运行并适时更新。完成区县统计信息网络环境测试,对乡镇(街道)统计专网建设情况进行调查,协助个别乡镇解决联网的技术问题。加强对月度统计数据加载,并公布到统计公众信息网上。

【基层统计建设】 2010 年,各县(区)政府贯彻落实《攀枝花市人民政府关于加强基层统计工作的意见》文件精神,制定实施意见。东区、西区挂牌成立乡镇(街道)统计站,其中,东区、西区统计局成立"区经济社会调查队",东区增加事业编制 3 人,西区增加事业编制 11 人,西区统计局所有乡镇(街道)统计人员全部到位,其他区县将在机构改革过程中加以完善。市政府《关于加强基层统计工作的意见》,将基层统计建设工作纳入目标督查,有效改善了基层统计环境。

【统计队伍建设】 2010 年,为提升干部队伍整体素质,统计局采取措施,规范各项制度,通过制定完善统计岗位责任制、绩效考评办法等一系列规章制度,使内部管理有章可循、考核奖惩有据可依。根据工作需要,针对事业单位空编的情况,市城调队招录两名参公管理的公务员,计算站招录一名技术人员。从提高统计队伍专业能力出发,抓好以"一套表"、人口普查培训为重点的各项专业培训,全市约1 500

人参加市统计局组织的各种形式的业务培训。加大与市级部门、行业协会的合作，组织全市基层统计人员参加统计从业资格、统计继续教育、统计职称考试培训，2010 年全市统计从业资格考试人数为 693 人，创历史新高。

（胡　滔）

审　　计

【概　况】 2010 年，全市审计机关坚持“依法审计、服务大局、围绕中心、突出重点、求真务实”的工作方针，牢固树立科学审计理念，履行审计监督职责，发挥审计保障国家经济社会健康运行的“免疫系统”功能。2010 年全市共完成审计项目及调查 202 个，查出违规金额2 354万元，管理不规范金额64 512万元，审计处理后应上缴财政1 192万元，应归还原渠道资金7 511万元，应调账处理金额1 485万元，出报告核减投资额8 687万元，未出报告核减投资额9 398万元。向相关上级主管部门移送违纪违法案件线索 1 件。完成审计信息 101 篇。

【预算执行情况审计】 2010 年，全市审计机关把预算执行审计作为业务工作的重头戏，不断扩大审计监督覆盖面，充实审计监督内容，进一步拓展预算执行情况审计的广度和深度。按照为期 3 年的“锁定重点，滚动跟踪”的审计模式，市审计局对市财政局、市地税局、市检察院、市法院、市国资委、市科技局、市民政局等 15 个部门开展预算执行情况审计，同时还对扩权试点县盐边县 2009 年度财政决算进行审计。对财政预算执行管理及其他部门预算执行和财务收支管理方面存在的问题，进行深入分析研究，寻找解决问题的办法和途径，从体制、机制和制度层面提出完善宏观调控，加强预算管理的意见，发挥审计监督为公共财政建设服务的作用。在审计内容上重点关注国家宏观调控政策和攀枝花市加快经济发展相关政策执行情况，审计监督各部门具体政策的执行情况与实施效果，促进中央、四川省和市委、市政府的决策措施办法得到有力、有效的贯彻落实。在项目安排上加大对使用财政资金量较大、管理较为薄弱、长期未经审计或有群众举报部门的审计及对下属二、三级预算单位的延伸审计。查找部门内部控制薄弱环节，促进相关部门进一步加强资金管理，保障财政资金安全。突出对部门预算中有科研经费单位的审计监督，促进科研经费有效使用。

【灾后重建等项目资金审计】 2010 年，全市审计机关进一步整合审计资源，采取“先期介入、全程跟踪，即时监督、动态纠偏，立足服务、着眼预防”的审计模式，继续对抗震救灾款物、灾后重建及扩大内需重点建设项目开展跟踪审计。对开展的跟踪审计项目，在审计过程中坚持边审计，边整改，边规范，边提高，及时发现预防和抵御各种问题，切实保证灾后恢复重建资金及扩大内需重点建设项目资金的安全和效益。为灾后恢复重建、扩大内需项目早建成、早发挥效益提供保证，按照省审计厅的部署，全市审计机关开展青海玉树地震捐赠资金事中审计。重点审计调查财政、民政部门及红十字会、慈善会等救灾资金筹集管理部门，审计过程中力求严谨细致，先后向省审计厅报送了三次全市青海玉树地震捐赠资金使用管理情况综合报告。及时对攀枝花市 2010 年中央和省山洪泥石流灾害等自然灾害补助资金进行全面有效地跟踪监督，促进资金的有效使用及救灾政策的及时落实。

【领导干部任期经济责任审计】 2010 年，全市审计机关继续按照党的十七大关于“完善制约和监督机制，保证人民赋予的权利始终用来为人民谋利益”的要求，不断开阔审计思路、创新审计方式方法、加大审计成果运用，促进党风廉政建设，促进领导干部尽职履责和依法行政。

拓展审计重点。在审计内容方面，突出对“人”的审计，按领导干部不同类别、不同级次，突出对政策执行、责任事项、决策程序、管理成效和廉政情况的审计。以米易县审计局为试点，支持鼓励县区审计机关开展对村（社区）干部经济责任审计工作，对规范村级财务，确保国家强农惠农政策的贯彻落实起到积极作用。

创新经济责任审计方式方法。2010 年加大实行预算执行审计与经济责任审计结合的模式。在攀枝花市盐边县首次推行领导干部经济责任告知承诺试点工作。这项制度的推行，让新任职的领导干部知道自己应履行哪些经济责任，应负什么责任，应接受那些部门的监督，起到警示性的预防教育作用。

加大审计成果运用，重视审计成果转化。坚持审计鉴证和评价的客观公正、实事求是，坚持评价的范围和程度与审计的内容和深度保持一致，全面提升审计结果的应用水平。积极探索结果公告制度，切实发挥社会舆论监督对推动审计整改、促进规范提高的积极作用。2010 年全市完成经济责任审计项目 73 个，查处违规金额主管责任1 164万元，管理不规范金额主管责任19 359万元。

【专项资金审计（调查）】 2010 年，全市审计机关坚持审计为民、为民审计的基本原则，不断加强对民生资金、民生项目的重点审计，促进党和国家的惠民政策真正落到实处。

按照审计署和省审计厅要求，以推行环境保护，促进攀枝花市经济可持续发展为重点，开展对本级和全市各县区（含盐边县）2006—2009 年退耕还林资金和工程建设情况及巩固退耕还林成果项目建设情况专项审计调查。通过全面调查、深入分析，提出有针对性的审计建议 13 条。县区审计机关还结合本级党委政府的工作安排，开展农综开发项目、新型农村合作医疗资金等涉农资金的审计。

2010 年，全市审计机关紧紧围绕市委、市政府实施的“十大民生工程”，进一步加强对民生资金、民生项目的重点审计。以促进攀枝花市城乡居民社会保障体系建设为重点，开展对 2009 年度东区城市居民最低生活保障资金审计调查、对攀枝花市2007—2009年城镇居民基本医疗保险基金的审计调查。在审计实施过程中,注重对取得的资料、数据做调查分析,发现隐蔽性问题。促进建立健全城市居民最低生活保障制度,切实维护城市低保人员利益,提高社会救助资金的管理水平和社会效益。针对社会关注的教育、医疗问题,开展市第九中学校暨全市民族地区"十年行动计划"专项资金审计、西区企业移交学校发展现状、医疗收费(市妇幼保健院)等相关审计(调查),审计(调查)结果受到有关方面的高度重视,西区政府以此向省、市作了专题报告。开展市体育局2009年度体育彩票公益金管理使用情况审计调查、攀枝花市钒钛产业园区移民安置资金使用情况的专项审计调查、对全市乡村债务进行审计检查(复核)等党委、政府、社会关注的热点资金审计工作,取得较好的效果。

【企业审计】 2010年,全市审计机关以促进改善企业管理、提高经济效益为目标,立足于"建设性"和"服务性"并重。开展对攀昆大厦有限公司、攀枝花阳光影业有限责任公司、攀枝花市鸿森园林有限公司的2009年资产、负债、损益及效益情况的审计。开展对攀枝花市产业投资经营有限责任公司企业改制资金来源及使用情况审计调查和对攀枝花市2009年石油价格财政补贴资金拨付使用情况审计调查、对攀枝花市红格开发有限公司债权债务的专项审计调查。通过调查,找准企业存在的诸多问题和困难,为上级部门及企业改革体制、健全机制、完善制度、强化管理、防范风险提供服务。

【外资审计】 2010年,全市审计机关以促进积极合理有效利用外资,防范政府偿债风险为目标,通过开展对世行贷款城市环境治理项目跟踪审计、对世行贷款项目炳仁路后段征地拆迁安置资金管理使用情况的审计、对日元贷款项目攀枝花供水管网施工工程结算审计,加强对攀枝花市利用外资项目的日常监督,提早将问题消灭在萌芽状态,促进外资的有效利用和政府偿债风险的有效防范。

【金融审计】 2010年,全市审计机关继续把加强对地方金融机构的监督作为审计机关服务地方经济发展、防范金融风险、维护社会稳定的重要途径,开展盐边县农村信用合作联社2009年资产负债损益审计。在审计中,针对金融机构的行业特点,对其贷款单位和担保机构进行适当延伸,推动信用联社的产权明晰工作,促进金融机构有效执行基本制度,重视信贷资产质量,建立健全风险防控机制。

【投资建设项目审计】 2010年,全市审计机关积极探索创新投资审计方法,完善、规范投资审计程序,营造良好外部审计环境,推动投资审计工作纵深发展。整合审计资源,加大跟踪审计力度,全力以赴做好扩大内需、灾后恢复重建工程项目审计。一方面采取"先期介入、全程跟踪,即时监督、动态纠偏,立足服务、着眼预防"的审计模式,市审计局重点跟踪审计医院、学校以及炳二区、炳三区土地开发和大竹河水库等项目。另一方面,指导仁和区审计局对大龙潭乡卫生院、大田中学教学楼、平地水库3个灾后恢复重建项目进行全程跟踪审计。盐边县审计局对和爱乡中心校新建教学楼、和爱乡卫生院、桐子林镇中心村村道3个灾后恢复重建项目进行全程跟踪审计,切实保证灾后恢复重建资金的安全和效益。继续加大对交通、能源、城市基础设施建设工程的竣工决算审计规模,如工人文化宫、龙箐苑等30余个工程项目审计。审计建设项目资金总额达27 000多万元。简化审计程序,提高审计工作效率。2010年制定《固定资产投资竣工决算项目简易审定办法》下发各有关部门,当年就有19个金额较小的投资项目,按照该办法简化程序,以审定报告的形式确定项目投资额,从而大大提高审计工作效率。2010年,全市固定资产投资项目出报告核减投资额8 687万元,未出报告核减投资额9 398万元。

【审计自身建设】 2010年,全市审计机关以造就一支政治坚定、纪律严明、作风优良、业务精湛的审计队伍为目标,以加大干部培训力度为抓手,以建立相应制度为保障,不断加强教育培训,优化队伍结构,为审计事业的发展提供人才及智力支持。坚持正确的用人导向,推进干部选拔任用工作科学化、民主化、制度化的进程,不断增进审计队伍实战能力。

加强法制建设,发挥审计法制工作服务保障作用。进一步深化审计普法依法治理工作。结合审计署的相关规定,因地制宜开展多种形式审计普法教育,增强审计人员的法律意识。落实审计机关行政执法责任制,并制定实施,全面推进依法行政。积极推进公共服务规范化。

不断推进审计信息化建设。全市审计机关以金审工程二期建设为依托,不断加快审计信息化建设步伐,逐步把数字化技术应用到机关行政管理和审计质量控制的诸多环节。2010年,市局运用《审计现场实施系统》及"AO"软件开展审计项目10个,进一步提高审计工作的质量和效率。

(陈　黎)

工商行政管理

【企业登记管理】 2010年,全市工商系统实行登记注册工作"四化两提高"(基础工作标准化、登记行为规范化、主体管理制度化、服务手段信息化和提高工作效率、提高服务社会公众水平),全面推行"一审一核制"(将企业注册登记程序由原来的受理、审查、核准等环节,简化为审查员受理审查、核准员依法予以核准或驳回后即发生法律效力的登记程序),开展延时服务、预约服务、上门服务、追踪回访服务和急事急办服务,简化程序、降低门槛,建立高效快捷的4个绿色通道,通过绿色通道办理政府重大投资项目16户,注册资本15.43亿元。

2010年,新登记企业1 238户,同比增长20.78%;新登记外商投资企业13户，同比增长225%。

全面启动网上年检工作，全市网上年检6 791户，网上年检率76.26%，首次参加网上年检率比全省其他地、市、州首次网上年检率超出12个百分点。

积极开展动产抵押、股权出质、股权出资登记，帮助企业解决融资难题。办理动产抵押登记175件，融资24.6亿元；股权出质登记152户，股权出质金额270.3亿元，帮助企业融资234.85亿元；办理股权出资登记1户，出资金额7 000万元。对全市担保公司进行规范清理，有效分离出融资性担保公司16家，非融资性担保公司10家，注销1家。

【个体私营经济监督管理】 2010年，全市工商系统围绕市委、市政府提出的创建国家级创业型城市的工作目标，进一步完善支持自主创业、自谋职业的相关措施和优惠政策，引导和扶持下岗失业人员、大学毕业生、退役军人和残疾人创办个体工商户和私营企业。2010年扶持下岗失业人员、高校毕业生等933人创办经济实体，吸纳下岗失业人员、高校毕业生就业858人，免收工商行政管理规费3.5万元。

2010年全市新登记个体工商户8 111户，注册资金2.58亿元，新增从业人员17 697人；新登记私营企业1 291户，注册资金20.42亿元，新增从业人员10 954人；全市民营经济实现增加值205亿元，增长21%，增速列全省21个市州第3位。民营经济占GDP比重达41%，民营经济税收贡献率超过50%。

2010年，全市各级工商部门在当地政府的支持和相关部门的配合下，不断加大对无证无照经营的打击力度，检查各类市场主体23 561户次，查处取缔无证无照经营877户，省政府联合检查组对此项工作给予高度评价。

【市场监督管理】 2010年，全市工商系统围绕“抓创新、求拓展、建机制、促深化”的要求，继续深化城乡集贸市场和户外广告及店招店牌整治，集中治理“三乱”（乱吐、乱扔、乱倒）。全年共检查各类市场2 756个次，规范摊点5 934个，检查各类户外广告15 298条，规范户外广告店招店牌696个。

按照“政府主导、工商推动、市场运作”的思路，打造省级示范市场5个，全市108个集贸市场全部升级改造完毕并验收合格。

积极扶持农村市场主体，培育农村经纪人，大力促进农民专业合作社多模式发展。2010年全市新增农民专业合作社105户，新增成员2 221人，同比增长10.06%；出资总额1.79亿元，同比增长18.96%。2010年全市有农民专业合作社314户，成员5 320个，出资总额7.85亿元；涉农企业462户，签约农户47 980户，签约金额37.6亿元。

以深入开展“红盾护农”行动作为抗旱保春耕的有力措施，严厉打击制售假冒伪劣农资等坑农害农违法行为。加强对涉农合同履约的行政监督，检查涉农合同2.8万份。查处农村市场制售假冒伪劣商品案件511件。检查各类农资生产经营户1 387户，查处农资违法案件12件。查获涉嫌侵犯“功夫”、“敌杀死”等知名农药企业注册商标专用权的农药49个品种共计3 729袋（瓶）。

【商标广告管理】 2010年，全市工商系统推进攀枝花市的商标工作，围绕做大产业、做强企业、做优产品的目标积极培育、扶持、推荐驰名、著名、知名商标。全市新申请商标注册66件，同比增加15%，收到商标注册证59件（含2009年前申请注册的），同比增加30%；18件知名商标和2件著名商标已经通过初审认定，6件著名商标已通过复审认定，攀枝花钢铁集团公司使用在钢轨上的“PG”商标申请中国驰名商标认定的资料准备就绪，正在通过省局向国家商标局申报认定。同时，加大商标保护力度，严厉打击商标侵权假冒行为，查处商标违法案件26件，有效地保护商标所有权人的合法权益，维护公平竞争的市场秩序。

在红盾百日执法行动中，全市工商系统把开展知识产权试点城市工作、保护知名企业和知名品牌专项行动和节假日市场专项整治工作紧密结合、统筹安排，强化部门联动、深挖案源，查处大案要案。仁和区工商局扣押封存涉嫌销售侵犯“茅台”注册商标专用权白酒72瓶，案值8万余元。东区工商局扣押封存4家公司涉嫌销售侵犯“茅台”注册商标专用权白酒2 765瓶，案值200余万元，因案值数额大、情节严重，两案已移交公安部门调查处理。

2010年，全市工商系统充分发挥职能作用，深入开展虚假违法广告治理工作，对医疗、药品、保健食品、化妆品、房地产、汽车等关乎人民群众切身利益和涉性、低俗不良等严重危害未成年人身心健康的虚假违法广告，实施重点监测，进行严厉打击。全系统查处虚假违法广告案件39件，罚没款20.48万元。

【保护消费者合法权益】 2010年，全市工商系统全面夯实消费维权基础。7月9日，市工商局12315网络申诉举报中心正式开通运行，实现消费投诉、申诉、举报的网上登记、流转、信息反馈等功能的一体化运行。全市“一会三站”（消费者委员会分会、消费者投诉站、12315联络站、行政调解站）建设新增站点40个，其中农村14个，学校10个，社区6个，企业10个。2010年，全市12315消费者申诉举报服务网络共受理消费者投诉923件，解决923件，办结率100%，为消费者挽回经济损失83.17万元。

为切实维护消费者合法权益，全市工商系统加强流通领域商品质量监测工作，全面建立商品质量准入制度，进一步完善企业自律制度。深入开展“家电下乡”等市场专项整治，严厉打击假借“家电下乡”等名义销售不合格和假冒伪劣商品的违法行为，严厉查处利用“家电下乡”等名义虚假表示、虚假宣传、不正当有奖销售、强行搭售、假冒注册商标等违法行为。组织商品质量监测，加大抽检后续处理力度，共监测商品164个批次，查处52个批次的不合格商品；查处侵犯消费者合法权益的案件72件，没收假冒伪劣商品15 187千克。

继续抓好食品安全整顿，开展彻查销毁问题乳粉、整治“地沟油”、打击违法添加非食用物质和滥用食品添加剂、农村食品市场检查等专项行动,检查食品经营户2.8万户次,查获各类过期变质、假冒伪劣食品158千克。加强食品市场主体准入登记管理,累计核准食品流通许可申请1 262件。大力推进食品安全示范店创建工作,全市共有“食品安全示范店”198户。加大食品抽样检验及快速检测力度,食品抽样检验88个批次,合格率71.8%,依法对不合格商品作出处理。

【公平交易执法】 2010年,全市工商系统查处各类经济违法违章案件737件,没收假冒侵权商品5 681件,有力打击扰乱市场经济秩序的违法违章行为,营造公平公正、竞争有序的市场环境。

全市各级工商部门按照市委、市政府的安排部署,严厉打击扰乱煤炭生产经营秩序的违法行为。开展集中行动6次,清查涉煤企业174户,对有线索来源和被举报的48家企业进行重点检查,立案45件,结案43件;有效维护了全市煤炭经营秩序,市委书记赵爱明和政法委书记单荣分别批示予以表扬。

健全区域执法协作机制,加强协作打假扶优,与烟草部门联合开展“金叶维权”专项整治,查获涉烟案件149件。市局公平交易科被评为全省“金叶维权”烟草市场专项整治成绩突出集体,李明等4人被评为“金叶维权”烟草市场专项整治行动成绩突出个人,受到省烟草专卖局和省工商局的联合表彰和奖励。

市工商局运用《中华人民共和国反不正当竞争法》等法律法规,在全省率先集中查处一批建筑、房地产领域串通招投标案件,对建筑施工企业出租资质证和营业执照、个体包工头违法挂靠并施工的行为进行重点打击和治理,查处企业土地整理项目建设工程串通招投标案件11件。

(吴　琨)

质量技术监督

【质量监督抽查】 2010年,根据四川省质量技术监督局的安排和部署,攀枝花质量技术监督局制定下达《攀枝花市2010年产品质量定期监督检验计划》,对攀枝花市生产的食品、建材、冶金、化工、煤炭、轻工、电器、林产品等2 294个批次的产品进行抽检,合格2 072个批次,产品抽查质量合格率为90.32%,抽检平均合格率较2009年上升1.47个百分点。

【质量管理】 继续深入开展TQM(新一轮质量管理培训)的普教工作。全市900个企业质量管理小组积极开展活动,参加全面质量管理培训10 000人次。

QC小组活动　2010年全市各企业踊跃投入QC小组活动中,共注册QC小组25 734个,参加人数达334 745人,共取得QC(全面质量控制)成果28 812项,取得社会效益4 456项,创造可计算的经济效益达2亿多元。

质量兴县(区)工作　2010年,“质量兴县(区)”工作在全市全面推开,全市5个县(区)100%全部开展“质量兴县(区)”工作,各县(区)政府全部成立“质量兴县(区)”工作领导小组,制定“质量兴县(区)”工作方案。

检测工作整顿　2010年5月,攀枝花质量技术监督局成立检测工作整顿领导小组,下设整顿工作办公室,制订方案,开展大学习、大讨论、大培训、大比武活动,新增加检验设备49台(套),投入检验检测设备经费153万余元,投入资金50余万元全面实施实验室布局改造。

三个中心建设　2010年5月9日,四川城市能源计量中心(攀枝花)在攀枝花质量技术监督局挂牌。2010年6月29日,国家钒钛制品质量监督检验中心举行奠基仪式,正式破土动工。2010年7月16日,四川省质量监督局批准在攀枝花米易县筹建四川省石材产品质量监督检验中心,并进入建设阶段。

【质量档案】 按照国家、省质监局的工作部署,结合攀枝花企业的实际情况,攀枝花质量技术监督局在2009年建立质量档案的基础上,继续补充完善质量档案和加强质量档案的更新工作。截至2010年12月31日,已完善1 000余个企业的质量档案,全面落实产品质量分类监管制度,针对调查发现的质量问题,及时加强监管和跟踪服务,为政府宏观决策提供科学依据。

【质量安全准入】 2010年,攀枝花质量技术监督局对涉及人身财产安全的产品开展了市场准入检验工作。全年累计对100家食品生产企业生产许可证发证检验100个批次。对1 052个批次的电线、电缆、排水管、插头、插座等产品进行检验,检出不合格59个批次。对95个批次的桶装饮用水、597个批次的乳制品、251个样次的成品油、352个批次的煤炭进行抽查。继续对全市储备粮实施市场准入检验把关,全年累计对200个样次储备粮实施市场准入检验,检出不合格样次29个。

【食品安全监管】 2010年,攀枝花市有食品生产小作坊177家,食品生产企业110家,100%建立质量档案,实现了“科学分类、准确定位,实时动态,详细准确”的目标。对全市食品加工企业巡查、回访815家(次),对食品加工小作坊巡查、回访883家(次),巡查走访覆盖率为100%。2010年共安排食品生产领域监督抽查1 519批次,合格1 475批次,平均合格率为97.10%。其中:市级定期监督抽查417个批次,截至2010年底,完成抽样检验390个批次,平均批次合格率为93.52%,与2009年相比平均合格率下降0.52个百分点。省级监督、省级专项及市级专项共抽查1 129批次,合格1 105批次,平均合格率为97.87%,所有抽查的乳制品均未检出三聚氰胺。

【品牌战略实施】 2010年,攀枝花质量技术监督局按照《十一五攀枝花市名优产品培育计划》,结合市委、市政府“四个倾力打造”战略部署,以“6+2”产业集群为重点,开展品牌打造工作。截至2010年底，攀枝花市共拥有中国名牌产品1个、四川省名牌产品24个，AAA级企业7家、AA级企业15家、A级企业25家。

【生产许可证管理】 2010年，攀枝花质量技术监督局加强生产许可证的换发证及发证后的监管工作。截至12月底，工业产品生产企业获得生产许可证的91家，取证104项。全年突出对危险化学品及其包装容器储罐生产企业的监督。

【质量专项监督检查】 2010年，在省质量技术监督局、市委、市政府的领导下，围绕保障广大人民群众生命健康安全，攀枝花质量技术监督局加强对重点食品的执法打假，共出动执法人员100余人(次)、车辆30余台(次)，主要开展建材、问题乳粉、生产许可证、危险化学品、特种设备、农资打假专项检查等。查获不符合国家标准的大米324袋、虚假标注生产日期的乳制品2 350袋(杯)。

建材专项整治　“清新居室百日行动”专项执法检查。在2009年对攀枝花市装饰装修材料生产加工企业进行调查摸底的基础上，攀枝花质量技术监督局联合企业所在辖区的县、区质监局对全市11家室内装饰装修材料生产加工企业逐一进行检查。此次专项执法检查行动共出动执法人员40余人(次)、车辆11台(次)，没有发现无证生产、以假充真、以次充好、以不合格品冒充合格品等违法行为。

问题乳粉专项整治　2010年，攀枝花质量技术监督系统共出动执法人员210人(次)，对全市所有使用乳粉作为原辅料进行食品生产加工的食品生产加工企业(含小作坊)的使用情况进行全面清理，检查食品生产加工企业(含小作坊)212家，确保彻查销毁2008年问题奶粉；对可能使用乳粉的食品生产单位131家辖区内乳制品生产企业3家、含乳食品生产企业12家(有一家已停产关闭)、66家含乳食品生产小作坊67个批次进行检测，均未发现有使用、储存2008年问题乳粉和2008年9月14日之前生产的未经检验三聚氰胺的乳粉，所有抽样样品的检测均未检出三聚氰胺。

生产许可证产品重点整治　开展混凝土和钢筋混凝土排水管专项检查。共检查仁和区、西区、米易县的生产企业7家，均未取得生产许可证，责令企业整改；开展宾馆、酒店等在经营活动中大量使用获证产品行业的专项检查，共对7家大型宾馆、酒店进行检查，涉及的产品有电视机、饮水机、电脑、电吹风、洗涤用品、茶叶、调味品等，对企业使用的茶叶、调味品、竹笋存在无保质期或已过期、无生产许可证或者标识不规范等问题当即责令企业整改。

危险化学品专项检查　2010年，攀枝花质量技术监督局共检查4家硫酸生产企业和1家磷酸、黄磷生产企业，5家企业均未取得危险化学品生产许可证。根据案件和企业的实际情况，分局对其中1家企业处以30余万元的罚款，敦促其余4家企业要求在年底前取得生产许可证。

特种设备安全重点整治　2010年，攀枝花质量技术监督局联合特种设备监督检验所、特种设备监督处对气瓶等压力容器、电动葫芦等起重机械进行多次检查。查处1家企业充装非自有产权气瓶，3家企业销售的瓶装气体未粘贴警示标签和充装标签，1家企业制造的特种设备未经国务院特种设备安全监督管理部门核准的检验检测机构进行监督检验出厂销售，1家企业使用未取得生产许可的单位生产的特种设备。

涉农产品重点整治　2010年，攀枝花质量技术监督局按照《四川省质量技术监督局办公室关于深入开展农资执法打假和“家电(汽车、摩托车)下乡”产品执法打假活动的通知》的有关要求和部署，进一步加大农资监管力度。

“打假保名”工作　为防止非法生产“地条钢”和用“地条钢”轧制钢材等违法行为反弹，促进国家淘汰落后产能工作，2010年攀枝花质量技术监督局多次对全市轧钢、炼钢企业进行日查夜巡，尤其是对有过违法记录的钢材生产企业进行重点检查，查获2家企业利用“地条钢”轧制钢材，没收“地条钢”坯12.1吨、利用“地条钢”坯轧制的热轧带肋钢筋10.04吨。

农资执法专项检查　2010年攀枝花质量技术监督局以化肥和农机为重点产品，以2009年执法检查不合格企业、生产条件较差的小企业、消费者投诉与媒体曝光较多的企业为重点，严厉查处无生产许可证生产复混肥和磷肥、生产有效含量不足的化肥、违反GB 18 382《肥料标识内容和要求》及掺杂掺假、以次充好、以假充真、以不合格品冒充合格品和虚假标识标注等违法行为。共检查化肥生产企业2家、农机生产企业2家、农资经销企业10家，出动执法人员20余人(次)、车辆10台(次)。经检查，未发现假冒伪劣农资。

【消费者质量投诉】 2010年，攀枝花质量技术监督局共受理各类信访投诉22件，接待来人来电咨询服务600余人次，涉及的主要产(商)品有钢材、砖、建筑外窗、乳制品、桶装饮用水等，其中：轻工、建材类投诉2件，占9.1%；食品类投诉6件，占27.3%；能源产品类投诉2件，占9.1%；汽配、机械类投诉9件，占40.9%；计量及其他类投诉3件，占13.6%，总涉及金额25万余元。已处理22件，结案率达100%，其中退换货1件，为企业和消费者挽回直接经济损失0.1万余元。

【标准化工作】 2010年，攀枝花质量技术监督局开展全市生产企业的产品标准的收集、制(修)订和对本辖区内产品生产企业的执行标准清理、审查。截至2010年12月31日，共备案企业标准162个，累计备案2 000个企业标准。2010年全市企业产品标准清理登记100%、标准复审100%、产品标准覆盖100%。

农业标准化　按照发展“高产、优质、高效、生态、安全”农业和“走精细化、集约化、产业化的道路”的要求，启动无公害国胜茶省级农业标准化示范项目，制(修)订涉及生产用种管理、茶园布局规划、主要种植品种、新技术育苗、田间管理、病虫害防治、加工场地建设、优质茶叶量要求对茶农的技术指导服务等生产过程的各个环节16个标准。修订攀枝花市无公害农产品生产操作技术标准 88 个。

服务标准化工作　攀枝花质量技术监督局推进服务标准化试点，攀枝花市得天独厚餐饮管理有限责任公司渔当家湘粤菜酒楼经批准成为四川省服务标准化试点单位。攀枝花质量技术监督局培训该企业起草标准人员 50 人(次)，服务标准化技术、管理、工作 60 余个标准体系基本形成。

工业标准化　2010 年攀枝花质量技术监督局在全省率先建立和完善《锐钛型二氧化钛颜料标准体系》。《锐钛型二氧化钛颜料标准体系》涉及原料进厂到产品出厂的全部生产过程的标准 79 个，其中原料标准 5 个、标准溶液标准 9 个、试样方法 62 个、包装标签标准 1 个、产品标准 1 个、法律法规 1 个。

“双采”工作　2010 年，攀枝花市有 7 家企业的 15 个产品采用国际标准或国外先进标准。截至 2010 年 12 月 31 日，全市 59 个单位 123 个产品采用国际标准或国外先进标准，涉及冶金、建材、轻工、电器、食品等行业。

【市场计量专项整治】　2010 年，攀枝花质量技术监督局以“四进”(诚信计量进市场、健康计量进医院、光明计量进镜店、服务计量进社区)活动为载体，开展民生计量活动。截至 12 月 31 日，“四进”各项目标全面完成，开展定量包装检查，对全市 938 个批次定量包装商品进行检查，批次合格率为 94.9% 以上。加强对各类计量器具的管理，检查各类计量器具3 600余台件，检测各类计量器具45 454台件，其中加油机和出租汽车计价器受检率在 100% 以上。派出检测人员 200 多人次，出动车辆 60 余车次，对东区、西区、仁和区 44 家集贸市场的在用计量器具进行全面检定，共计检定各类在用计量器具5 560台件，经检定不合格计量器具共计 482 台件，合格率为 91%。

【认证工作】　2010 年，攀枝花质量技术监督局开展 4 次定期检查和 2 次专项检查，涉及电线电缆、电动工具、汽车配件、儿童玩具等 3G 产品，获 3G 认证生产企业 9 家，检查“3G”产(商)品1 600余批次，检查合格率达 95% 以上，较 2009 年有较大提高，累计检查生产企业、经销商 260 家，通过质量管理体系认证企业 46 家，获得省级资质认定实验室 26 间，通过测量管理体系确认企业 1 家。

【计量检定与计量测试】　2010 年计量检定与测试工作以对强制计量器具的强制检定为重点。全年测试和强制计量器具检定44 983台件。其中出租车计价器强检率达 100%，燃油加油机税控装置、流量计强检率达 100%，商用贸易结算计量器具强检率达 90%。组织对各医疗机构的专项计量监督检查，县级以上医院在用强检计量器具受检率在 95% 以上，乡镇医疗单位用强检计量器具受检率在 95% 以上。

【特种设备安全监察】　2010 年，攀枝花质量技术监督局严格按照《特种设备作业人员考核管理办法》规定做好全市特种设备作业人员考核发证工作，共安装锅炉安装维修告知 37 份，压力容器安装维修告知 394 份，压力管道安装维修告知 139 份，电梯安装维修告知 60 份，起重机械安装维修告知 348 份，游乐设施安装告知 1 份，特种设备作业人员操作证 6 856份。制定《四川省攀枝花质监系统市、县(区)级特种设备安全监察工作规范(试行)》。出动执法人员 251 人(次)，出动车辆 132 余台(次)，组织涉及游乐设施、压力容器、压力管道、电梯等特种设备的 6 次特种设备安全专项大检查，督促特种设备生产单位、安装单位、使用单位落实对特种设备安全责任，其中万台设备事故率为0.001 2%，万台设备死亡率为0.006 2%。全年完成锅炉(制造、安装、维修)检验 781 台，容器(制造、安装、维修)检验4 055台，管道 2 125条，游乐设施 156 台(套)，起重机械6 360台，电梯1 086台，厂内机动车辆检验 244 台，气瓶29 930只。累计对全市 16 家工业及民用气瓶充装单位办理“气瓶使用登记证” 2 656份，涉及各类气瓶145 423只(其中氧气瓶16 894只、氮气瓶1 487只、氩气瓶1 350只、空气瓶 168 只、二氧化碳气瓶 1 498只、溶解乙炔气瓶9 683只、液氯气瓶 300 只、民用液化石油气瓶144 043只)。

【法人代码、商品条码工作】　2010 年，全市共更新代码数据 13 451家，超额完成四川省质量技术监督省局下达任务[市质量技术监督局全年共更新代码数据5 475家，完成省质量技术监督局下达任务的 79.2%，县(区)质量技术监督局全年共更新代码数据5 316家，完成省质量技术监督局下达任务的 77.1%]，问题数据率为零，代码过期数据沉淀达 3.28%。录入编制代码电子档案16 101份，占扫描总量 100%。全年申办商品条码 15 家(占完成率的 115%)，复审商品条码 23 家(占完成率 115%)。

【质监行政执法建设】　贯彻落实行政执法责任制和错案追究制及《中华人民共和国行政许可法》，规范执法行为，提高行政执法队伍执法水平，狠抓行政执法的监督检查。2010 年，攀枝花质量技术监督系统行政执法案件 140 件，涉案金额2 000万元，行政执法结案率达 100%；对行政案件按 15% 回访抽查的情况看，办案准确率达 100%，2010 年无行政诉讼案件和行政复议案件。

(李　建)

物价管理

【价格调控】　2010 年，市物价部门按照“保增长、保民生、保稳定”的工作主线，贯彻落实国家、省、市各项价格调控政策措施，促进社会稳定和经济发展。加强价格监测体系建设和价格监测预警预报工作，高度关注市场价格动态变化。全面完成日常价格监测和应急价格监测任务，在全市组织开展旱灾期间主副食品价格、蔬菜价格、主要农副产品价格等应急监测日报，及时准确把握重要商品价格变动情况。定期开展物价走势分析，适时开展价格异动情况专题分析，认真研究分析监测商品价格涨跌走势及对市场供应和社会相关方面的影响,为政府宏观调控提供快速、及时、准确、深入的决策依据和参考。按照分级管理的原则,继续落实省、市对建筑用砖、砂、钢材、水泥等实行临时价格干预措施的政策,加强灾后重建建材最高限价政策落实情况的巡查,及时查处建材生产经营中的价格违法行为,保持重建建材价格的基本稳定。继续加强重要商品价格市场巡查,先后3次在新闻媒体上发布公告,采取提醒、告诫、倡议等方式引导经营者诚信经营、价格自律,规范市场价格行为。加强与新闻媒体的沟通和联系,适时在媒体上进行重大价格政策、主要价格动态、价格信息的发布和宣传解释,积极引导市场价格行为和社会心理预期,维护市场价格的稳定。据统计,全年全市居民消费价格总水平累计上涨3.2%。

【价格改革】 2010年,市物价部门落实国家、省节能减排及污水处理收费政策,经成本认证、成本监审、集体审价、价格听证等法定程序,报市政府常务会议审议通过,分居民、非居民、特种行业3个类别,提高市区污水处理费收费标准,并对低收入家庭和服务业实行优惠政策。同时,加强对两县污水处理、城镇垃圾处理等收费政策的督促、指导,以保证全市"十一五"期间节能减排相关目标任务的完成。按照"一次作价、分步实施、5年到位"的办法,继续执行市区自来水价格调整政策,2010年1月1日上调居民用水价格,6月1日再次上调其他类别用水价格。贯彻国家、省电价政策,调整水力发电行业水资源费征收标准,落实四川省丰枯、峰谷电价政策,取消目录电价表内高耗能企业优惠电价,加大差别电价政策实施力度,以促进节能降耗和综合利用。同时,核定米易城南水电站上网电价,规范调整米易县地方电网用电销售价格,实行商业与非居民照明用电同价,缩小商业与非普工业电价的价差,进一步推进电价改革。先后3次贯彻落实国家、省调整成品油价格政策,并做好理顺成品油价格的相关工作,参与城区客运秩序综合整治,完善价格管理措施。同时,按照油运价格联动机制,调整道路旅客运输价格。继续落实省政府加快恢复振兴旅游业的意见,参与发展的相关价格管理工作,配合旅游主管部门加强对旅游景区配套设施、服务质量的监督管理。适时制定和调整市内部分公交线路价格,核定两县新开长途线路客运票价,批复客运汽车票代理收费标准。参与调整攀枝花市水土保持设施补偿费征收方式的相关工作,以促进矿山特别是采空区和沉陷区的综合治理。

【关注民生价格】 2010年,市物价部门配合医药卫生体制改革,贯彻落实国家、省一系列医疗服务和药品价格政策,集体审议修订攀枝花市部分医疗服务项目价格。参加市深化医药卫生体制改革会议,按时向领导小组报送医药卫生体制改革工作分解目标实施进展情况,做好推进医药卫生体制改革的相关价格管理工作。继续落实全面免除城市义务教育阶段学生学杂费政策,严格审批学校住宿收费标准,强化民办教育和各类短期培训收费的管理,落实严禁向学生收取安全管理费,规范中小学服务性收费和代收费标准及"家校通"类业务经营活动。高度关注出租车运价调整问题,密切跟踪出租车业有关价格方面的动态情况,开展出租车运价情况调查和是否调整出租车运价问卷调查,完成出租车运价调整成本测算和运价调整初步方案起草工作。开展清理规范涉及房地产开发建设和交易环节收费工作,对部分物业公司物业管理收费项目及标准进行备案,参与修订《廉租住房共有产权试行意见》、《攀枝花市住宅室内装饰装修管理实施细则》,参加土地拍卖底价、对丽攀高速公路建设征地后居民及农民安置房用地拍卖底价等工作的部门会审。继续开展清费治乱减负工作,贯彻落实国家、省取消和停止的行政事业性收费,按照规定的时限和要求及时注销相关单位涉及的收费项目和标准。会同市减负办开展企业减负工作的检查,开展全市经营服务性和社会团体涉企收费、中介服务收费清理规范工作,重点整治社会反映强烈的医疗、教育、房地产、停车服务、短期培训收费以及少数学会、协会存在的无依据收费、强制代理、强制服务、强行收费等行为,进一步优化企业发展环境,减轻企业和群众的负担。在巩固价格服务进农户、进工业园区、进社区、进校园、进医院、进商场、进景区的基础上,继续以价格检查、价格监测、价格成本调查、价格认证等为载体,广泛深入地推进"价格服务进万家"活动,努力服务大众。

【涉农价格】 2010年,市物价部门落实国家提高2010年稻谷最低收购价格、烟叶收购价格政策和《四川省2010年中籼稻最低收购价执行预案》,严格执行粮食质价政策和临时存储粮油收购政策,加大对种粮、种烟农民的支持力度,促进农民增收。明确和制定2010年蚕种价格、蚕茧收购价格,并加强与毗邻地区间收购价格的衔接,维护蚕农的利益。开展小麦、中籼稻、生猪、蔬菜、烤烟等农产品成本常规调查、直报调查及各项专项调查,开展农户种植意向、农户购买农资、农户存售粮情况专项调查,并主动帮助农调户解决在农业生产和生活中遇到的各种困难和问题,积极引导农调户调整生产结构,促进增产增收。结合攀枝花市实际,印发《四川省2010年涉农收费和价格公示表》,并在米易、盐边两县开展涉农价格和收费公示实地调查,落实村一级特别是民族地区村级组织收费公示情况,增强价格政策的透明度。

【价格执法检查】 2010年,市物价部门采取专项检查和联合检查等方式,先后组织开展涉农价格与收费政策落实情况,农机服务、涉企、行业协会、机动车停车场、教育、金融系统、质量监督检验检疫系统收费,药品和医疗服务价格、电力价格、柴油价格、粮食最低收购价格执行情况等重点检查,开展大型超市、农产品批发市场、农贸市场农产品交易行为的专项整治,开展元旦、春节、"五一"、"十一"节日及"两会"期间市场明码标价执行情况、公路和铁路客运票价及服务收费、旅游景点门票价格、游乐设施收费及公示的市场价格监督检查,开展旱情期间攀枝花市主要大中型超市主副食品及生产、生活资料市场价格的检查,开展稳定市场物价期间对集贸市场、大中型超市主要农产品价格的检查,参与旅游市场、拍卖市场联合专项整治和冻猪肉储备情况检查、"百城万店无假货"评查复查,认真查处各类价格违法行为。在案件处理上,坚持"事实清楚、证据确凿、定性准确、处理恰当、手续完备、程序合法"的24字办案方针,正确行使行政处罚自由裁量权,努力做到依法办案、规范办案、宽严适度。据统计,1 ~12月,全市共查处各类价格(收费)违法案件26件,实施经济制裁158.84万元。其中退还消费者2.73万元,没收违法所得153.47万元,罚款2.64万元。充分发挥"12358"价格举报电话和网上投诉通道的作用,积极为诉求人排忧解难,及时解决群众投诉举报的价格问题,同时迅速处理媒体报道价格违法事件,切实维护人民群众利益。全年全市共受理群众违法价格举报133件,已调查处理完结并给举报人答复的133件,办结率100%。因投诉举报进行立案查处,退还消费者2.97万元,罚款1.25万元。通过电话或网上接受价格(收费)咨询1 600余次。

【物价形势】 2010年,受中国大部分地区持续干旱、国际市场原油和大宗农产品价格波动的综合影响,攀枝花市价格总指数呈逐季度上升态势。据统计数据显示,全年全市居民消费价格总指数为103.3,同比上涨3.3%,较2009年上升2.6个百分点。分类别看,八大类居民消费价格呈"六升二降"的态势。即:食品上涨7.2%,烟酒及用品上涨2.6%,衣着上涨2.1%,医疗保健和个人用品上涨1.2%,娱乐教育文化用品及服务上涨0.8%,居住上涨2.5%,家庭设备用品及维修服务下降0.2%,交通和通信下降0.3%。2010年食品上涨7.2%,仍然是推动居民消费价格总水平上涨的重要因素。

2010年攀枝花市集贸市场主副食品零售价格情况

表14 单位:元/千克

品 种	规格等级	1月	2月	3月	4月	5月	6月	7月	8月	9月	10月	11月	12月
大 米	标一米	3.81	3.80	3.82	4.30	4.37	4.45	4.40	4.45	4.77	4.80	4.84	4.90
面 粉	特粉	3.34	3.37	3.32	3.32	3.43	3.48	3.51	3.60	3.63	3.63	3.74	3.77
挂 面	特粉	3.80	3.80	3.91	4.29	4.26	4.26	4.29	4.47	4.40	4.46	4.49	4.47
豆 腐	中等	2.72	2.72	2.69	2.83	2.69	2.73	2.84	2.77	2.68	3.07	4.49	4.47
菜 油	中等	13.33	12.93	12.79	12.47	12.57	12.57	12.50	13.00	13.00	13.29	13.72	13.71
白砂糖	一等	5.99	6.13	6.33	6.63	6.74	6.73	6.80	7.45	7.80	7.87	7.94	7.94
猪 肉	去骨一级	20.00	18.50	16.79	15.64	16.62	16.26	16.29	19.65	20.15	21.50	22.65	24.07
鸡	公鸡	14.50	14.36	14.00	14.07	14.29	14.22	14.00	14.22	14.46	15.43	16.29	17.00
鸡 蛋	中等	8.64	8.63	8.27	8.54	8.09	8.32	8.35	9.17	9.92	9.86	10.3	10.29
草 鱼	中等	12.29	13.07	13.57	13.93	14.00	14.43	14.65	14.64	14.43	14.71	15.00	14.86
鲫 鱼	中等	12.50	14.00	14.22	15.29	15.57	15.86	15.93	15.86	16.07	15.79	16.00	16.22
鲤 鱼	中等	12.07	12.64	13.22	13.64	13.86	14.43	14.43	14.57	14.79	14.86	15.07	14.86
鲢 鱼	中等	9.79	9.93	9.97	10.22	9.86	10.00	10.15	10.57	10.72	10.86	10.93	11.36
莲 白	中等	2.03	1.86	2.07	2.13	1.99	2.08	2.27	2.19	2.36	2.34	2.43	2.12
大白菜	中等	1.86	1.69	1.97	2.48	2.29	2.26	2.36	2.43	2.79	2.64	2.50	2.33
白萝卜	中等	1.75	1.60	1.64	1.85	1.86	1.71	1.90	2.12	2.19	2.20	2.14	1.79
四季豆	中等	4.08	4.50	4.57	4.37	3.97	3.64	3.50	3.71	3.86	4.36	4.65	4.00
茄 子	中等	3.14	3.62	3.87	4.20	3.83	3.36	3.14	3.15	3.07	3.22	3.72	3.50
土 豆	中等	2.43	2.54	3.34	3.36	3.42	3.33	3.30	3.40	3.34	3.47	3.79	3.83
青 椒	中等	2.44	4.36	4.57	4.70	4.86	4.72	4.36	4.36	4.50	4.14	4.50	4.43
西红柿	中等	2.98	2.79	2.68	2.95	3.00	2.86	3.07	3.22	3.22	3.45	3.77	3.57
黄 瓜	中等	3.67	3.79	4.02	3.99	3.57	3.25	3.29	3.36	3.43	3.71	3.72	3.27
韭 菜	中等	3.80	4.36	4.37	3.86	3.48	3.32	3.35	3.35	3.51	3.94	3.95	4.43

注:表中均为炳草岗、瓜子坪、华山、西区、仁和区、盐边县、米易县共7个集贸市场的平均价格。

2010年攀枝花市及毗邻地区主副食品零售价格情况

表15 单位:元/千克

品 名	攀枝花市	凉山州	楚雄州	丽江市	会理县	会东县	元谋县	永仁县	华坪县	永胜县
大 米	4.77	3.68	4.26	4.40	4.13	4.33	4.23	4.03	3.95	4.23
猪 肉	19.00	20.08	22.42	21.33	20.17	22.33	17.83	19.17	19.42	21.05
鸡	15.08	15.13	15.30	16.21	15.17	23.05	15.25	20.42	20.17	18.33
鸡 蛋	8.98	8.80	8.72	11.97	11.33	10.75	8.77	9.90	10.75	11.67
鲤 鱼	14.83	14.42	13.38	13.17	14.50	15.17	13.00	14.67	14.33	13.92
菜 油	13.17	11.20	10.54	13.38	12.58	14.17	9.13	15.83	15.50	14.17
白萝卜	2.08	1.51	1.79	2.82	1.90	1.63	1.71	1.22	2.13	2.50
大白菜	2.38	2.43	1.96	3.06	2.10	2.58	2.00	1.50	2.13	2.92
土 豆	3.42	2.85	3.58	3.83	3.03	2.13	3.00	2.85	2.77	3.08

注:表中价格为1~12月的平均价格。 (向彩宏)

国土资源管理

【国土资源】 攀枝花市辖区面积7 440.398平方千米。全市土地面积7 440.398平方千米,其中:农用地约66.62万公顷(耕地保有量4.98万公顷,基本农田保有量4.31万公顷),建设用地约3.03万公顷,未利用地约4.59万公顷。

全市发现矿产76种,探明储量39种,得到开发利用的矿种45种。全市发现矿产地490余处(含矿点、矿化点),其中,大型、特大型矿床46个,中型矿床30个。

全市优势矿种保有资源储量情况为:煤36 947.26万吨、钒钛磁铁矿669 374.1万吨、伴生钒矿1 037.59万吨、伴生钛矿42 457.93万吨、熔剂石灰岩29 493.1万吨、冶金用白云岩36 347万吨、晶质石墨1 539.8万吨、硅藻土1 355.6万吨、苴却砚石2 098万吨、饰面用花岗岩8 375万立方米。

【耕地和基本农田保护】 2010年,市政府与各县(区)政府签订耕地保护暨国土资源管理目标责任书,严格实行耕地保护目标一票否决制度,促进耕地保护各项工作的深入落实,确保耕地保护"红线"不突破。

坚持管控结合,抓好基本农田保护,落实耕地保护责任,促进耕地保护各项工作深入落实。2010年,全市基本农田面积43 253.23公顷,实有耕地75 580.6公顷,在用地需求量剧增的形势下坚守耕地保有量"红线"。

【保障经济社会发展用地】 2010年,全市国土资源管理系统围绕市委、市政府"四个倾力打造"战略,提前介入,全程参与,主动服务,做好重点工程建设、重大产业化项目用地服务,优先保证能源、交通、水利等重要基础设施用地。全年共报批土地利用总体规划局部调整面积328.662 7公顷,上报农用地征(转)用面积403.158 4公顷,获批准面积368.720 4公顷;供应国有建设用地356宗,面积300.999 5公顷,土地出让价款实际征收入市财政非税专户19.770 3亿元。

【矿产资源管理】 2010年,继续推进矿业权市场建设,全年出让探矿权3宗、采矿权3宗,征收采矿权价款3 582万元,征收入库矿产资源补偿费2 100万元。

有序推进矿产资源开发整合工作。全年上报1个探矿权整合方案已获省国土资源厅批准。不断推动矿山企业提高资源利用水平,矿山开发布局更加合理,矿产资源开发利用水平明显提高。

做好采矿权抵押备案和知悉证明,完成矿山企业年检和"三率"(采矿回采率、采矿贫化率、选矿回收率)指标考核工作。继续办理建设项目压覆矿产资源调查,共受理18项建设项目压覆矿产资源初审,对39个矿山延续、变更等储量核实报告组织审查,进行占用储量登记,对全市矿业权实地核查工作进行验收。

【地质灾害防治】 2010年,攀枝花市国土资源局实行分级管理、分级负责制度,抓好防灾预案编制,完善群测群防体系,落实各项防灾措施,严格执行24小时值班制度,抓好宣传培训,加强工程治理。完成法(拉大桥)陶(家渡)公路轿顶山北坡崩滑地质灾害工程治理项目和机场路陈家垭口2号隧道滑坡工程治理,完成攀枝花市西区清香坪尖子山泥石流地质灾害治理工程可行性研究工作。完成237户受地质灾害威胁的农户避险搬迁,对喻家坪滑坡15户村民和盐边县国胜乡花果山淘水村滑坡46户村民实施应急避险,确保群众生命财产安全。全年地质灾害防治实现零伤亡目标。

【执法监察】 2010年,全市国土资源管理系统共开展动态巡查983次,一、二级巡查区域巡查覆盖率100%,其他区域动态巡查覆盖率85%以上。发现违法行为330件,制止330件,制止率100%。共立案62件,已办结76件(含2009年未结案14件),罚没款667.87万元。

【行政审批制度改革】 2010年，全市国土资源管理系统围绕服务社会、服务人民、提高办事效率，继续推进行政审批制度改革。严格落实首问责任制、限时办结制和责任追究制，所有行政审批和服务事项全部纳入政务服务中心集中办理。全年办理行政审批和服务事项23 279件，现场办结率100%，窗口工作群众评议满意率100%。

【基层国土资源所建设】 2010年，继续完善国土资源管理体制，稳步推进执法监察队伍和基层国土资源所机构改革工作。市政府出台《关于加强基层国土资源所建设的实施意见》，由市、县财政分级负责建设经费。全市国土资源执法监察机构和队伍改革全部到位，全市基层国土资源所设立、人员、编制、经费全部到位。

【国土资源基础能力建设】 2010年，完成新一轮土地利用总体规划、规划大纲文本及说明、图件编制，完成新一轮矿产资源规划文本及图件和与省级规划的数据对接。完成地籍信息系统数据建库工作，已能保证卫星影像与地图数据的重叠比对，提高卫片执法的科学性、公正性。加强信息化建设，建立互联互通的网络通道，实现省、市、县(区)三级网络覆盖，办公效率得到显著提高。完成城区基准地价修订、土地市场价格动态监测项目，修订全市征地统一年产值。

【攀西钒钛磁铁矿整装勘查】 为实现攀西地区钒钛磁铁矿地质找矿重大突破，提高铁和钒钛对国民经济发展的保障能力，从2008年起，按照省委、省政府和国土资源部的统一部署，省国土资源厅组织开展攀枝花钒钛磁铁矿潜力评价，潜力评价结果获得全国优秀示范成果。在此基础上，按照"省委省政府和国土资源部统一领导、省国土资源厅统一组织、地方政府积极配合、地勘单位主管局牵头、地勘单位具体实施的原则"，省委、省政府作出实施攀西地区钒钛磁铁矿整装勘查的重大决策，拟于2010年—2015年期间，在攀枝花、红格、白马和太和4个重点矿区深部及外围开展勘查，主攻攀枝花式钒钛磁铁矿，同时加强成矿地质研究和综合评价，旨在较短的时间内，集中人力、物力、财力，通过开展整装勘查实现找矿重大突破。

2009年12月，攀西地区钒钛磁铁矿整装勘查项目第一钻在攀枝花市新九乡白沙坡开钻，勘探第一孔见矿厚度达到153米，第二孔见矿厚度80米，第三孔钻探深度已达515米。2010年攀枝花市共开工11个项目(其中国家投资项目10个，投资26 850万元，预获资源量20亿吨；另有攀钢矿业公司投资勘查攀枝花矿区，预计投资6 000万元，预获资源量6亿吨)，三年内完成，预获资源量26亿吨。

【民生工程项目实施】 2010年度攀枝花市国土资源局承担的民生工程项目主要有两项。实施重大地质灾害治理工程2处；新开工土地开发项目1个，新增耕地面积48.14公顷。

2010年，完成法(拉大桥)陶(家渡)公路轿顶山北坡崩滑地质灾害工程治理项目和机场路陈家垭口2号隧道滑坡工程治理，完成攀枝花市西区清香坪尖子山泥石流地质灾害治理工程可行性研究工作。完成237户受地质灾害威胁的农户避险搬迁，对喻家坪滑坡15户村民和盐边县国胜乡花果山淘水村滑坡46户村民实施应急避险，确保群众生命财产安全。

2010年，新开工土地开发项目1个，面积110.69公顷，新增耕地面积48.14公顷。加紧实施攀枝花市第一个"金土地"项目——省投资米易县丙谷镇土地整理项目，总投资2 255.09万元，整理面积806.89公顷，预计新增耕地面积147.85公顷。

【打击私挖盗采煤炭资源违法行为】 2010年，为进一步加强全市煤炭资源管理，有效预防和打击私挖盗采煤炭资源违法犯罪行为，攀枝花市建立行政打击与司法打击相结合、大规模集中整治和小范围专项整治相结合的预防和打击非法采矿行为的长效机制。

2010年4月，成立以市国土资源局为牵头单位，市工商局、市监察局、市安监局等为成员单位的行政预防和打击工作组；以市综治办为牵头单位，市公安局、市检察院、市司法局等为成员的司法预防和打击工作组。下发《关于建立预防和打击私挖盗采煤炭资源违法行为联动机制的通知》。制定出台《攀枝花市预防和打击私挖盗采煤炭资源违法犯罪行为目标管理考核办法》，将打击私挖盗采煤炭资源违法犯罪行为列入对西区人民政府、仁和区人民政府、盐边县人民政府、攀煤(集团)公司的目标考核。使预防和打击私挖盗采煤炭资源违法行为工作逐步走上常态化、规范化、制度化轨道。

【廉政风险防范管理试点】 2010年7月，市国土资源局被市纪委确定为廉政风险防范管理试点单位。2010年9月至2011年2月，市国土资源局在机关、直属事业单位、三区分局全体干部职工中开展廉政风险防范管理试点工作，全面查找业务范围和工作岗位存在的廉政风险点176个，制定防控措施168条。建立"岗位履职有标准、运行程序有规范、防范管理有措施、实施问责有依据"的国土资源廉政风险防控体系。

【国土资源系统改革创新】 2010年，为推进土地开发整理市场化建设创新工作思路和方法，结合新农村建设，在促进农村地区经济发展的同时保障耕地资源不减少，鼓励社会力量参与土地整理开发，成功实施自然人(公司)投资农业土地开发(整理)项目——仁和区大龙潭乡拉鲊土地开发整理权拍卖工作。

2010年，攀枝花市为积极探索矿业城市土地利用新模式，严格控制建设用地总量，切实盘活建设用地存量，解决战略资源开发和矿业城市发展用地瓶颈问题，开展创新矿业城市建设用地管理机制改革试点工作。攀枝花市受"先生产、后生活"的建设方针影响，同时受山区特殊地形地貌限制，城市组团式分布、带状发展，沿金沙江两岸形成炳草岗、格里坪、弄弄坪、陶家渡、金江等8个城市工矿混合发展的片区。各片区规模小，功能区分不清，重复建设情况突出，土地利用效率低。攀枝花市计划将废弃闲置且不再按照建设用地使用的城镇工矿用地进行整理、复垦，经立项、实施、验收后，按照农用地进行管理和使用。节约出的建设用地指标用于符合城乡总体规划、土地利用总体规划确定的有条件建设区域，建新区域依法进行农用地征收，按原地类进行补偿安置。最终实现辖区内建设用地面积不增加、耕地面积不减少的目的，促进各类用地高效利用和矿产资源开发利用、城乡统筹协调发展。该具体实施方案已报国土资源部，待审核通过后即可实施。

（陈　锐）

食品药品监督管理

【概　况】 2010 年，攀枝花市辖区内共有药品生产企业 3 户（有 2 户停产），药品批发企业 12 户，药品零售连锁企业 11 户（异地连锁 5 家），药品零售门店 469 个。有医疗器械生产企业 1 户，医疗器械经营法人企业 35 户，分支机构 111 个。全市餐饮业 3 558 户、从业人员 21 229 人。其中餐馆 1 683 户、小吃店 1 454 户、学校食堂 143 户、快餐店 90 户，职工食堂等其他餐饮服务店 188 户。

市食品药品监管局（市食品安全协调委员会办公室）履行全市食品安全综合监督、组织协调的职能作用，扎实做好《中华人民共和国食品安全法》实施过渡时期食品安全监管，全市食品安全水平得到很大的提升，未发生 5 人以上的食品安全事故，确保了全市食品药品安全。

市食品药品监管局加强监管，深入整治药品、医疗器械市场，搞好药械市场专项整治，强化药品生产规范，深入推进药品经营质量规范，加强医疗器械监管，做好药械广告监测，加强用药用械安全监管，积极开展药械市场监督抽验，全市无药害事件发生，全市药械市场秩序规范安全。

市食品药品监管局不断强化领导班子和干部队伍建设，认真落实班子和干部队伍建设各项措施，强化教育培训，提升队伍整体素质，队伍建设、班子建设都得到很大的提升。建立健全各种制度，坚持在全系统推进依法行政，连续几年无行政复议和行政诉讼案件发生。被市委、市政府评为承办四川省第十三届民运会先进集体单位，被评为市级政务服务先进集体、市级人口和计划生育工作先进集体。

【食品安全综合监督】 2010 年市食品药品监管局做好过渡时期食品安全监管。开展组织协调，针对食品安全隐患问题及时召开专题会议，组织召开全市食品安全工作会议 2 次，联络员会议 12 次，全市健康城市食品安全与健康市场研讨会 1 次。

开展专项整治。组织开展春夏季、乳制品、食用油、食品添加剂、学校食堂等 9 项专项整治工作。经过整治，有力地规范全市食品市场，2010 年全市粮油、糕点、餐饮用具、饮用水、肉制品主要品种监测指标良好，全市无一起食品安全事故发生。开展春节、干旱地区、石榴节、民运会等重要时段、重点地区的食品安全联合执法检查，确保重要时段、重点地区的食品安全。做好重大活动保障工作，被评为四川省第十三届民运会先进集体二等奖单位。

加强食品安全宣传。在市中心广场组织《中华人民共和国食品安全法》颁布实施 1 周年纪念宣传活动，采取与企业签订承诺书，现场万人签名，展示从不法商贩处查扣的假冒伪劣食品等形式，向广大市民宣讲食品安全法律法规知识。

【整顿规范药械市场】 2010 年，市食品药品监管局开展非药品冒充药品、药械购进渠道、中药配方颗粒等 8 次专项整治行动，开展紧急清查 29 次。全系统共立案查处案件 101 件，其中当场行政处罚 22 件，结案 101 件，涉案金额 28.7 万元，没收物品货值 13.1 万元，收缴罚没款 64.3 万元。制定《重大案件报送备案制度》和《行政处罚办案时限规定》，加强对行政执法案件的监督，全年无行政复议和行政诉讼案件发生。

深入规范药械市场。强化生产规范，受省食品药品监管局委托，市食品药品监管局依法对医用氧申报生产许可证和药品生产质量管理规范进行检查，梅塞尔气体公司取得生产许可，通过生产质量管理规范认证。加强医疗机构制剂监管，开展制剂换证，全市 10 家医疗机构中有 5 家放弃换发制剂许可证，其余的经检查，4 家符合换证要求，1 家不符合换证条件，规范了制剂配制行为。深入推进流通规范。抽调全市药品经营质量管理规范认证检查员 132 人次，对全市 63 家零售药店进行认证检查，对全市 10 家药品批发企业和 9 家连锁企业总部进行追踪检查，对检查中发现的问题督促企业进行整改，对整改情况进行再追踪，对整改不力的处以行政警告处罚。2009—2010 年，共对全市 349 家药品零售药店进行换证检查，对 78 家新办企业进行药品经营质量管理规范认证检查。由于市场变化，两年间共有 45 家零售药店被注销“药品经营许可证”。

加强医疗器械监管。市食品药品监管局对市内牙科医疗器械生产企业进行日常监督检查，对全市 23 家Ⅲ类医疗器械经营企业开展监督检查，对存在的问题提出整改。全年核发、换发、变更“医疗器械经营企业许可证”96 件。

做好药械广告监测。市食品药品监管局全年共移送违法违规药品、保健食品、医疗器械广告 26 件。

加强用药用械安全监管。市食品药品监管局全年开展特殊药品日常检查 12 次；与攀枝花市禁毒支队联合开展特殊药品、易制毒药品、含麻黄碱复方制剂的专项检查；配合市政协对市级美沙酮维持治疗点、特殊药品经营企业及市县级医疗机构和个体诊所进行调研检查；开展蛋白同化制剂及肽类激素专项检查，防止特殊药品流入非法途径。全市特药监管实现管理规范化，措施制度化，工作目标化，监管数据化。

【药品检验】 2010 年，市食品药品检验所充分发挥药品监督的技术支撑作用，完成监督抽验检验 530 批，其中不合格药品 9 批，不合格率 1.7%。药品快检车完成药品快检 420 批次，阳性检出率 2.86%。做好医疗器械的抽样工作，全年医疗器械抽样送检 52 批次。年初市食品药品检验所按有关部门的要求，销毁历年积存的毒性试药试剂，彻底消除重大安全隐患。

2010 年，市食药检所配置仪器设备 30 台，其中包括高效液相色谱仪、气相色谱仪等大型精密设备，全所万元以上仪器设备 43 台，价值达 440 余万元，资产总值 550 万元。经实验室资质认证复评审，可检测 2 万个药品 6 个项 102 个参数，新增药品检验参数 34 个，新增环境监测类参数 9 个，全面提升药品全检能力，填补医院制剂室外环境监测空白。

【市县食品药品机构改革】 2010 年是市县食品药品机构改革稳定过渡期间，市食品药品监管局切实抓好稳定工作，确保思想不乱、工作不断、队伍不散，履职到位。认真做好机构改革准备工作，根据市委、市政府和省食品药品监管局的统一安排，及时对系统各单位编制、在册人员和离退休人员进行登记造册，形成移交名册上报省局审核通过。进一步对局机关的资产进行全面清理、登记造册，明确资产管理责任人。主动与编办、人事、财政等相关部门联系，测算编制 2011 年的部门预算，做好机构下划人员、经费、资产管理对接工作。做好人员移交、方案制定等工作。

市政府成立食品药品监管体制改革工作领导小组，并下设办公室，办公室设在市食品药品监管局。市机构编制、人事、财政、卫生、食品药品监管和市直机关事务管理等部门加强对此项工作的指导、协调和督促检查，及时掌握和分析体制改革过程中出现的新情况、新问题并切实加以解决。领导小组办公室多方征求意见，起草实施意见和“三定”方案。9 月 10 日，市委、市政府下发《中共攀枝花市委攀枝花市人民政府关于印发〈攀枝花市人民政府机构改革方案〉和〈关于攀枝花市人民政府机构改革方案的实施意见〉的通知》。11 月 12 日，市政府办公室下发《攀枝花市人民政府办公室关于食品药品监管体制改革工作的实施意见》，进一步步明确市食品药品监督局职能职责、机构编制、人员管理、经费预算等问题。

按省、市有关政府机构改革精神，取消市、县食品药品监管机构省级垂直管理体制，将四川省攀枝花食品药品监督管理局及其所属事业单位四川省攀枝花食品药品检验所整体移交给攀枝花市人民政府管理，各县（区）食品药品监督管理局整体移交给县（区）人民政府管理。食品药品监管部门承担餐饮服务许可，监管餐饮业、食堂等消费环节的食品安全，监管保健食品、化妆品及药品的研制、生产、流通、使用和药品安全等职责。市、县（区）食品药品监管机构作为同级政府的工作部门。

全市食品药品监管系统的在编人员、离退休人员名册以省食品药品监管局按相关政策规定核实提供为依据，市、县（区）两级有关部门配合做好人员及档案的接收工作。市、县（区）两级人事、食品药品监管部门妥善解决好干部的工作安排问题。

食品药品监管机构及其所属事业单位人员移交到市、县（区）政府后，其财政隶属关系从 2010 年 1 月 1 日起划转市、县（区）管理，市对县（区）核定划转基本支出和项目支出基数。职工的各类社会保险、工资津补贴及各种福利待遇均按照当地的相关规定办理，与当地同类人员享受同等待遇，涉及需由单位（承担）补缴的费用、工资津补贴及各种福利待遇，由同级政府解决。

10 月 19 日，省食品药品监管局在攀枝花市召开四川省攀枝花食品药品监管系统机构改革下划移交工作会议，市政府副市长郑学炳、副秘书长尹森和市级有关部门出席会议。市局机关和攀枝花食药检所全体干部职工整体移交给市政府管理，各县（区）食品药品监督管理局也于 11 月底整体移交给各县（区）政府管理。

【药品不良反应监测】 2010 年攀枝花食品药品监管局继续加强药品不良反应监测（ADR），全市已建立药品不良反应监测中心和中药、西药 2 个分中心，有监测网点1 193个，做到“点、线、面”有机结合，已覆盖全市大部分乡（镇）、村，实现 AOR 最大程度覆盖，率先在全省进行“百万公众培训”，药品不良反应监测技术得到提高。完善全市药品不良反应监测报告体系和服务体系，2010 年报告 ADR 监测病例 520 例、医疗器械不良事件报告数 5 例，百万人口报告数按世界卫生组织标准已达到先进国家水平，名列全省前列。

2010 年，攀枝花食品药品监管局组织开展“合理用药，关爱健康”月活动，在中心广场的大型活动中，采取“政府主办，食品药品监管部门承办，涉药单位搭台，文艺唱戏”的方式，共发放各种宣传资料50 000多份，进行义诊4 000多人次，药事咨询1 000多人次，参加合理用药及药品不良反应知识猜谜活动2 000多人次，市级各药品经营企业在活动现场向市民派送小礼品1 000多份，价值约 2.5 万元；继中心广场举行的大型宣传活动之后，在红星街社区市干休所活动中心举办了“合理用药进社区”活动。通过系列活动的开展，进一步提高全社会合理用药及药品安全监测水平，确保全市人民群众用药用械安全。

【落实国家基本药物制度】 根据市政府的统一部署，攀枝花市食品药品监管局抓好盐边县、东区、西区的基本药物制度推进工作。其中，盐边县所有乡镇卫生院已实行国家基本药物制度，基本药物全部实行网上采购，所有行政村全部实现药品直接配送到村，既降低经营成本，又保证农村药品质量。攀枝花市食品药品监管局积极落实辖区内基本药物配送、使用环节监管工作的实施方案，在开展药品安全专项整治的基础上，加大对基本药物配送企业、医疗机构和零售药店的监管力度，对实行基本药物配送企业，落实监管措施，增加监督检查频次，全年开展监督检查 4 次。按照 GSP 的要求，切实加强配送企业基本药物购进、验收、储存、养护、销售等环节的监管，积极规范基本药物配送企业冷链运输和养护，对医疗机构和零售药店监督其建立基本药物管理制度，加强对基本药物供货单位的审核，索取相关合法票据，做到账、票、货相符，切实解决药品经营中“挂靠经营”、“过票”等违法违规行为。把基本药物作为抽验工作重点，加大抽验经费的投入，确保完成对基本药物的覆盖性抽验，市食品药品检验所全年抽验基本药物 257 批次。其中，在西区抽检基本药物 42 批次，占西区所有抽检批次的 70%。

【消费者食品药品权益维护】 攀枝花市食品药品监管局细化责任，在落实“三项制度”（首办责任制、限时办结制、责任追究制）的基础上进一步推进政务公开和承诺制度。完善行政许可受理工作的制度和程序，组织编印《行政许可项目受理须知》，全年依法办理药械生产、经营、使用单位申请行政许可事项410件次，委托办理餐饮业申请行政许可事项463件次，做到服务态度零投诉，服务手段零距离，服务程序零积压，服务质量零差错，群众评价满意率达100%。全年在网站公开信息271条，公开办事项目、办事程序、监督电话，认真落实企业、行政相对人和公众的知情权、参与权，接受社会监督。

切实解决好食品药品热点难点问题，维护公众的健康权利。全面落实信访工作各项管理目标，加大对食品药品投诉举报的查处力度，做到投诉举报件件有回音，事事有查处，强化矛盾纠纷排查化解，全年全系统受理群众药械质量投诉举报件109件，处理率100%；受理群众食品投诉举报5件，向相关监管部门移交食品安全投诉举报5件，牵头组织查处联盟超市内宣传保健品、“地沟油”和“潲水油”现象的投诉，切实维护群众的利益。

【食品医药经济】 巩固药品供应网成果。攀枝花市食品药品监管局从政策上对在乡村设立药店给予进一步支持，适当放宽准入条件，在要求的药学技术人员和营业场所面积上适度放宽，引导村卫生室申办零售药品，鼓励药品经营企业向农村发展，方便农民购药，全市353个行政村建立356个药品供应点，覆盖率达100%，解决了农村买药难的问题。

推动医药产业重组。积极引导药械生产、经营企业的引进、兼并、重组，发展现代物流，推进医药产业技术进步，引进易尔康药业，兼并重组市内药品批发零售企业；引进德国梅塞尔气体公司，兼并重组攀钢氧气厂；东区食品药品监管局积极引进外部资金，在东区发展药品生产企业；积极支持相关企业在市内发展中药材种植和中药材加工。2010年，新发放“药品生产许可证”1张，通过“药品生产质量管理规范”认证1张，批准核发新办“药品经营许可证”49个。医药经济持续发展，全市医药销售营业收入达到4.5亿元。

促进餐饮业的发展。按照《中华人民共和国食品安全法》的规定，做好“餐饮服务许可证”的发放工作，全市年内发放“餐饮服务许可证”463份，到2010年，全市共发放“餐饮服务许可证”1 079份。

积极协调相关部门，商定过渡时期新办保健食品流通准入许可办法，确保过渡时期新办保健食品流通准入渠道畅通。

（郑　涛）

民营经济

【概　况】 2010年，全市民营经济保持平稳较快增长，民营经济在拉动投资增长、增加财政收入、促进科技创新、稳定就业和繁荣城乡市场等方面发挥了重要作用，成为攀枝花市经济增长的重要力量、地方税收的重要来源和吸纳就业的重要渠道。全市民营经济增加值达210.38亿元，比2009年同期净增53.31亿元，增长19.6%，占GDP比重达40.1%，同比提升3.1个百分点，完成“十一五”规划的占GDP比重达到40%的目标。分产业看，民营经济一、二、三产业增加值依次为7.2亿元、144.79亿元和58.39亿元，一、二、三产业占GDP比重分别为33.5%、37.4%、50.4%，分别比2009年同期提高0.1、4.3、1.3个百分点。2010年，全市民营经济继续保持较快发展势头。全年民营经济增长19.6%，增速位列全省第6位，比2009年同期高0.1个百分点。分产业看，第一产业增长6.6%，第二产业增长23.2%，第三产业增长12.8%，分别比GDP中一、二、三产业高2.7、5.7、3.8个百分点。从经济类型看，民营经济中个体私营经济仍占绝对优势。2010年，全市个体私营经济增加值208.28亿元，占民营经济增加值的99%，增长21.0%；外商及港澳台投资经济增加值仅为2.10亿元，占1%。个体私营经济对全市经济增长的贡献率达47.5%。从产业构成看，民营经济中第二产业占主导地位。2010年，全市民营经济中三次产业的构成为3.4:68.8:27.8，与全市GDP“二、三、一”的产业布局一致。经济拉动方面：2010年在全市GDP增长15.1%中，民营经济贡献了45.3%，拉动全市经济增长6.8个百分点。特别是民营第二产业增加值对全市经济的贡献率达到36.0%，拉动全市经济增长5.4个百分点。2010年全市民营经济实现税金51.82亿元，增长31.9%，占全市税收收入的66.4%，成为攀枝花市财政增收的重要组成部分。全市个体私营企业实有从业人员19.59万人，增长5.3%。2010年，全市个体私营企业实现消费品零售额为98.97亿元，比2009年增长18.7%，占全社会消费品零售总额的70.6%，比2009年同期提高0.6个百分点。2010年，全市民间投资完成170.03亿元，增长45.8%，增速比2009年高6.4个百分点；占全社会固定资产投资总额的比重为51.4%，比2009年同期提高7.3个百分点。

【民营工业】 2010年，民营工业快速发展，成为推动全市工业经济发展的重要力量。民营工业实现增加值131.63亿元，占全市民营经济的62.6%，民营工业增长23.9%，增速比全市民营经济高4.3个百分点。民营工业增加值对全市经济的贡献率为33.5%，拉动经济增长5.1个百分点。

【民营经济队伍】 2010年，全市民营企业注册资金大幅提高，企业竞争实力得到不断增强。全市工商登记个体户44 438户，注册资金8.61亿元，增长23.7%；私营企业8 569户，注册资金155.87亿元，增长122.4%；外商企业63户，注册资金20.06亿元，增长11.5%；港澳台企业20户，注册资金1.36亿元，增长39.4%。

（邓　勇）

2010 年 12 月 3 日,2010 首届中国·金沙江汽车展览会在市中心广场举行。　　(寇华春　摄)

工　业

冶　金

钢铁生产

【生产经营】 2010年，攀钢集团有限公司（简称攀钢）完成工业总产值482.47亿元，比2009年同比增长16.83%。实现主营业务收入464.85亿元，比2009年同比增长12.16%。实现利润5.03亿元。2010年主要产品产量全面增长，铁精矿、钒制品同比分别增长12.17%和6.51%，均创历史最好水平。铁、钢、材同比分别增长1.92%、2.89%和4.73%；钛精矿、钛白粉、高钛渣同比分别增长46.59%、5.94%和24.32%。坚持以市场为导向，强化产品结构调整，完成重轨产量110.38万吨，再创历史新高；冷轧板116.26万吨、建材152.4万吨、热轧专项68.53万吨，同比分别增长16.67%、10.6%和40.44%；钛材、R－298钛白粉实现稳定批量生产。

狠抓降本增效，成本控制力进一步增强。建立成本倒逼机制和目标成本责任制，开展全员、全方位、全过程降本增效。狠抓低成本保供，强化工序成本控制，把降低生铁成本作为重中之重，积极优化炉料结构，扩大钒钛铁精矿用量，比较优势做到历史最好水平。深入开展对标挖潜，综合焦比、吨钢综合能耗等技术经济指标持续优化。强化过"紧日子"思想，从严从紧控制各项费用，管理费用支出进一步下降。

强化产品营销，区域市场优势进一步巩固：全年综合产销率为99.52%。加强与战略客户的合作，重轨、无缝钢管、板材的直供比例不断提高。调整市场结构，优化销售半径，板材产品在西南地区的销售比例优化到合理水平。抓好国际市场开拓，累计实现出口销售收入4.98亿美元，特别是重轨出口达到13.5万吨。

【工程建设】 2010年，攀钢扎实推进"一四五"战略，二次创业迈出坚实步伐。全年完成固定资产投资141.29亿元。西昌钒钛资源综合利用项目有序推进。主体工序陆续进入设备安装阶段，2011年内将建成投产。确立项目建成后的管控模式和组织机构。技术开发、人力资源配置和职工培训等生产准备工作进展顺利。

钛业公司钛渣二期竣工投产，海绵钛项目即将建成，氯化法钛白进入实施阶段，攀长特钛材一期、矿业公司选钛扩能达产达效攻关取得突破性进展。攀长特灾后重建规划获得国家批准，大型工模具钢锻材生产线、新建电渣炉等项目开工建设。攀钢钒炼钢精炼系统改造、100米钢轨扩能改造，攀成钢铁水脱硫、棒材扩能等工程建成投产。

攀成钢旺苍焦化项目、矿业公司及及坪半自磨及管道输送系统竣工投产。白马二期、尖山露天转地下开采、及及坪采场矿石破碎及胶带运输工程等项目有序推进。凉山普矿资源控制及风险勘探工作加快实施。与重庆能源投资公司合作开发的云南富源煤矿建设取得突破性进展。在云贵煤炭产区开展经营性布点工作。

【科技工作】 2010年，攀钢通过科技成果鉴定173项，其中四川省科技厅鉴定科技成果34项，攀枝花市鉴定科技成果57项。获省部级以上科技奖励20项，其中获得国家科技进步二等奖1项，获得中钢协"冶金科学技术奖"三等奖4项。全年申请专利392项，其中发明专利227项。获得专利授权307项，其中发明专利103项。全年共安排重大科技项目43个大项，加快推进重点科研项目。高配比钒钛矿高强度冶炼技术研究取得较好成效。大卷重钛板卷连轧、无缝钢管高效轧制及热处理、高纯氧化钒生产等工艺技术研究进展顺利。重大创新平台建设实现历史性突破，氧化钒清洁生产、高炉渣提钛、富钛料制取、钒钛磁铁矿综合利用新工艺等中试线建成投入试验。攀钢院士工作站正式运行，国家钒钛重点实验室获批并开始建设，牵头组建钒钛磁铁矿资源综合利用产业技术创新联盟。全年攀钢共进行35个新品种试验，完成新产品产量259.68万吨，其中新试产品50.09万吨。成功开发出时速380公里高速钢轨、钢绞线、钢帘线等新产品。钛材、第二代核岛用核电管等产品实现批量生产。攀钢钒通过对时速380公里高速钢轨的技术攻关,形成批量生产能力,提升攀钢钢轨的国际市场竞争力。加强改善钛带(板)表面质量科技攻关,使热连轧钛板表面质量持续改进。大力开展方圆坯铸机铸坯内部和表面质量攻关,铸坯内部和表面质量合格率分别超计划 3.6% 和 1.2%。攀成钢不断优化转炉提钒炼钢系统工艺技术,进行提钒工艺研究和提钒尾渣造球返炼钢使用实验,提高产品质量,促进降本增效工作。加强高线及棒材产品成材率攻关,使成材率分别达到97.53%、96.74%。攀长特抓住市场机遇,新试及效益产量达15.88万吨。钛业公司全年新产品推广量达5 869吨,创历史新高。

【管理创新】 2010年,坚持把干部人事制度改革作为深化改革的突破口和切入点,明确干部职级序列,规范干部职数,完善干部"退出"机制,精干干部队伍,激发干部队伍活力。攀钢将管理干部划分为12个职级,进一步理顺干部职级关系。重新核定集团公司、股份公司直管和各子公司(单位)自管九级及以上领导干部的职数,领导干部职数核减约30%。深化用工制度改革,出台紧缺人才引进办法,开展劳务派遣人员择优录用试点。抓好分配制度改革,通过签订"军令状"等方式,实行领导干部薪酬、任免与经营业绩挂钩。完善工效挂钩考核办法,探索机关员工季度考核排序机制。坚持分配向骨干倾斜,较好地调动了干部职工的积极性和创造性。

为提升集团管控水平,2010年攀钢调整优化产权结构,清算处置部分低效资产,管理层级逐步压缩。以采购、销售系统整合为契机,加快优化生产经营业务流程,初步形成供产运销管理新模式。加快内部资源整合。6月24日,攀钢钒维检中心成建制划入攀信公司。6月25日,原生活公司和原房产公司整合后,新的生活公司正式成立。8月30日,攀钢党校成建制并入机电学院,机构、业务、人员及教学资源实现一体化管理。攀钢还将机关服务中心的图书资源分类整合进入攀研院、机电学院等单位所属专业图书馆。委托退管中心管理温江疗养院。成立成都供应分公司、西昌供应分公司等6个供应分公司,统一委托股份公司供应分公司管理。转换北海特种铁合金、北海钢管两公司的经营机制,探索内部单位承包经营。创新攀钢职工总医院体制机制,增强运营活力和提高医疗服务质量。在面临确保全年生产经营目标和为西昌钒钛资源综合利用项目配置及培训人员两大任务的巨大压力下,攀钢钒实施以职能总监制为核心的大部制改革,推行以作业长制为中心的"五制配套"基层管理模式,在二级单位撤销车间,设立作业区,实行工厂直管作业区。缩短汇报及决策链条,减少管理层次,提高公司现代化生产线驾驭能力。

为稳步推进基础制度建设,制定发布50项核心管理制度和流程,明晰母子公司权责,规范经营管理,强化管理控制。狠抓财务管理和资金集中统管,严格控制应收、预付账款,资金集中度达到97%。加快信息化建设,编制公司信息化总体规划,完成财务系统升级改造,综合视频会议系统建成投用,代码管理系统投入试运行,采购、销售、西昌钒钛资源综合利用项目等板块的管理信息系统建设进展顺利。抓好风险管理,建立健全预警机制,有效防范各类风险。强化安全管理,全面落实安全生产主体责任,安全形势总体受控。

【鞍攀联合重组】 根据2010年5月国务院国有资产监督管理委员会《关于鞍山钢铁集团公司与攀钢集团有限公司重组的通知》,国务院国有资产监督管理委员会同意鞍山钢铁集团公司与攀钢集团有限公司实行联合重组。重组后,新设立鞍钢集团公司作为鞍山钢铁集团公司、攀钢集团有限公司的母公司,由国务院国有资产监督管理委员会代表国务院对鞍钢集团公司履行出资人职责,鞍山钢铁集团公司、攀钢集团有限公司均作为鞍钢集团公司的全资子企业。

7月28日,鞍钢与攀钢重组大会在北京京西宾馆召开。国务院国资委主任、党委书记李荣融出席会议并作重要讲话。大会由国务院国资委副主任邵宁主持。国务院派驻攀钢监事会主席吕黄生、国务院国资委企业改革局局长白英姿、企干一局局长刘强、企干二局局长姜志刚、办公厅副主任王选文、规划发展局副局长刘玉岐等领导出席大会。鞍山钢铁集团公司党委书记、总经理张晓刚,攀钢集团公司董事长、总经理,股份公司董事长樊政炜在主席台就座。鞍钢领导闻宝满、唐复平、杨华、于万源、姚林、尹利、陈平、白静瀑、苏文生,攀钢领导余自甦、刘新会、张治杰、陈勇、周一平、张大德、尚洪德出席会议。会上,白英姿宣布国务院国资委《关于鞍山钢铁集团公司与攀钢集团有限公司重组的通知》。张晓刚和樊政炜先后讲话。李荣融代表国务院国资委对本次大会的召开表示祝贺。

8月5日,鞍钢与攀钢重组整合推进大会在鞍钢会展中心举行。大会除设立鞍钢主会场外,还在攀钢南山宾馆、成都攀钢金贸大厦、攀成钢和攀长特设立了4个分会场。鞍钢领导张晓刚、闻宝满、唐复平、杨华、于万源、姚林、尹利、陈平、白静瀑、苏文生,攀钢领导樊政炜、余自甦在主会场出席大会。攀钢领导刘新会、张治杰、张大德、尚洪德在分会场出席会议。国有重点大型企业监事会第八办事处副主任崔亚宣应邀出席大会。大会由鞍钢党委副书记闻宝满主持。会上,攀钢党委书记余自甦传达了7月28日国务院国资委在北京组织召开的鞍钢与攀钢重组大会精神和国务院国资委主任、党委书记李荣融的讲话精神。鞍钢副总经理白静瀑,鞍钢副总经理、总会计师于万源先后宣布鞍钢与攀钢重组整合实施方案要点和鞍钢与攀钢重组整合推进工作安排意见。崔亚宣代表国有重点大型企业监事会讲话。樊政炜代表攀钢讲话。张晓刚代表新鞍钢集团公司对全面推进鞍攀重组整合工作提出要求。大会提出重组整合要遵循系统策划、整体最优,战略导向、扎实推进,突出重点、提升价值,明确责任、严格执行,以人为本、平稳过渡的五项原则。为加快重组整合,成立鞍钢与攀钢重组整合推进工作领导委员会。委员会主任为鞍钢党委书记、总经理张晓刚,副主任为攀钢董事长、总经理樊政炜。委员由两公司领导成员构成。大会还成立了重组整合推进工作办公室和9个专业组,明确了推进步骤、推进机制。

10月25日,《鞍钢与攀钢重组整合工作计划》和《鞍钢集团公司母子公司运行规则》宣传贯彻大会召开。大会在鞍钢会展中心、攀钢南山宾馆和成都攀钢金贸大厦设立视频会场。鞍钢领导唐复平、杨华、于万源、姚林、尹利、陈平、白静瀑,总经理助理罗士敏、林大庆在鞍钢会场出席会议。攀钢领导樊政炜、余自延、刘新会、陈勇、尚洪德,攀钢集团公司、股份公司总经理助理邓民新、于伟、曾显斌、杨槐在攀钢会场出席会议。会议由鞍山钢铁集团公司副总经理、总会计师于万源主持。会上,鞍山钢铁集团公司管理创新部部长刘杰介绍《鞍钢与攀钢重组整合工作计划》和《鞍钢集团公司母子公司运行规则》重点内容。鞍山钢铁集团公司副总经理白静瀑,攀钢党委书记、股份公司党委书记、总经理余自甦,攀钢集团公司董事长、总经理、股份公司董事长樊政炜先后讲话。会议强调,“两个文件”是鞍钢和攀钢重组整合的纲领性文件,对推动鞍钢和攀钢的实质性重组有重要意义,要认真学习贯彻“两个文件”精神,统一思想、统一行动、统一步调,不折不扣执行鞍钢集团公司的各项工作部署,齐心协力推进重组整合工作。

【节能减排】 2010 年,攀钢二氧化硫排放量为45 559.13吨,较 2009 年减少19 875.87吨;污染物综合排放合格率为97.6%,较 2009 年提高 0.4 个百分点;工业烟粉尘排放量为10 253吨,较 2009 年同期减少1 346.5吨;工业水复用率为94.34%,较 2009 年提高 0.34 个百分点;工业外排废水量为4 516.23万吨,较 2009 年减少 133.25 万吨。

坚持不懈地推动公司重点污染治理项目的实施,同时加强已竣工减排项目的调试工作,按期完成国家下达的污染物减排任务和省、市政府限期治理目标。加强攀钢钒炼铁厂烧结系统技术改造(二期)、江 5、6 号排放口综合整治、攀宏钒制品厂原料破碎系统除尘改造、能动中心 5、6 号锅炉除尘系统改造、55 兆瓦燃气发电机噪声治理等重点污染治理及减排项目的实施进度。加强已竣工投运的攀钢钒炼铁厂 6 号烧结机烟气脱硫工程、烧结一期技术改造(配套建设脱硫装置)、发电厂三台锅炉烟气脱硫工程、成都钢钒炼铁厂 105 平方米烧结机烟气脱硫等重点减排项目的整改完善工作。根据上级部门下达的限期治理和二氧化硫总量减排目标要求,积极协调攀钢钒炼铁厂 5 号老烧结机于 6 月30 日实施关停,并在攀钢钒炼铁厂新 2 号 360 平方米烧结机于 2010 年 12 月 20 日投产后,于 2010 年 12 月 31 日对 3、4 号老烧结机实施关停。大力发展循环经济,抓好冶金渣、尾矿、粉煤灰和煤气等二次资源的综合利用。

【攀钢钒 5 台老烧结机全部关停】 2010 年 12 月 31 日 23时,随着一声令下,攀钢钒炼铁厂 3 号、4 号烧结机缓缓停止运行,结束 40 余年的工作使命,5 台老烧结机因节能减排需要全部退出历史舞台。炼铁厂 5 台老烧结机始建于 20 世纪60 年代。有效烧结面积分别为:1、2 号为 145 平方米,3、4、5号为 130 平方米,其烧结面积小,烧结矿产能和质量已经无法满足冶炼需要。环保设施不完善,当时只在 5 台老烧结的机头设置了烟气净化除尘装置,无脱硫设施,二氧化硫和粉尘排放超标,资源能耗浪费较大,不能满足国家环保政策要求。为解决烧结系统的环境现状、消除老厂房的安全隐患、满足攀钢本部高炉 600 万吨以上生铁产能,攀钢于 2006年决定分三步实施,对炼铁厂烧结系统进行全面技术改造。第一步,易地建设一台 360 平方米烧结机。这台烧结机已于2009 年 6 月投入生产,利用系数和烧结矿强度、粒度及烧结矿成分大幅改善,二氧化硫和粉尘排放、资源能耗等节能环保指标明显优化。第二步,拆除 1、2 号烧结机,原地建设一台 360 平方米烧结机。这台烧结机已于 2010 年 12 月 20 日点火投产,2010 年底前正开展达产达效攻关。第三步,拆除现有的 3、4、5 号烧结机,原地建设一台 260 平方米烧结机。5 号烧结机已于 2010 年 6 月 30 日提前关停。关停 3、4 号烧结机后,攀钢钒技术改造的 5 台烧结机全部关停。40 年来,炼铁厂 5 台老烧结机累计生产烧结矿达 1.94 亿吨,为攀钢的发展作出了重要贡献。关停这 5 台烧结机后,攀钢每年减少二氧化硫排放 5 万余吨。

【钢轨集成技术获国家科技进步奖二等奖】 在 2011 年 1月 14 日中共中央、国务院召开的全国科学技术奖励大会上,由攀钢完成的“100 米长尺钢轨在线热处理生产线工艺及装备集成技术开发”课题项目,获得 2010 年度国家科技进步奖二等奖。

攀钢是目前国内唯一拥有钢轨在线热处理技术的厂家,同时也是世界上钢轨在线热处理技术最先进的、实物质量最好的企业。钢轨热处理是提高其性能的有效方法,分为初期阶段的离线热处理和现在的在线热处理。钢轨轧后直接热处理即在线热处理,具有产品性能好,节约能源,生产成本低,生产周期短等优点,是钢轨热处理技术发展的方向。全国铁路六次大提速和高速、重载铁路建设大规模铺开后,对热处理钢轨需求十分迫切。攀钢开发的 100 米长尺钢轨在线热处理生产线工艺及装备集成技术,突破了高温钢轨在快速运行中进行矫直、精确导向和约束、在输送辊道上翻钢、在中部为步进冷床上料等国内外没有解决的技术难题,并运用自主研究开发的2 500吨非标设备及其控制系统,建成连续式喷风冷却 100 米长尺钢轨在线热处理生产线。该生产线能够按快于轧机的生产节奏,将万能轧机所轧制的 43 千克/米至 75 千克/米各种规格、多种材质的 100米长尺钢轨全部进行在线热处理,并具有操作、维护简便的特点,生产过程实现程序全自动控制,产品质量保障能力强,所生产的热处理钢轨质量稳定可靠,具有较高的耐接触疲劳能力,综合性能优于国外同类产品。该项技术已获得 5项中国发明专利,获得 7 项中国实用新型专利,其中 1 项获得美国、欧盟、日本发明专利受理,并有 1 项获得欧盟专利授权,所开发的技术具有完全自主知识产权。

【钒钛资源综合利用国家重点实验室建设】 2010 年 2 月 8日,科技部办公厅下发《关于组织制定第二批企业国家重点实验室建设计划的通知》,确定攀钢申报的“钒钛资源综合利用国家重点实验室”,成功入选新一批国家重点实验室名录。成为国内首个获准建设的钒钛资源综合利用国家重点实验室。

钒钛资源综合利用国家重点实验室获得国家科技部的批准后，攀钢及时启动钒钛国家重点实验室建设计划：以攀西钒钛资源为基础，以世界其他重要钒钛资源为对象，建设具有中国钒钛资源特色的专门研发机构；逐步建成国际一流的钒钛资源综合利用实验室，使之成为中国乃至全球独具特色的钒钛研发中心。2010 年 8 月 1 日，攀钢作为依托单位的钒钛资源综合利用国家重点实验室建设计划可行性论证会在成都攀钢大厦酒店举行。以中科院院士刘宝珺为组长的论证专家组 9 名专家，科技部基础司基地处处长周文能，四川省科技厅厅长彭宇行，集团公司党委常委、股份公司副总经理周一平，攀枝花市副市长赵辉等出席会议。论证专家组在听取攀钢的有关汇报、实地考察、认真讨论后认为，该实验室建设目标明确、计划合理可行、措施得当，一致同意通过该建设计划。

【攀钢投产 40 周年纪念大会】 2010 年 6 月 28 日，攀钢投产 40 周年纪念大会在南山宾馆举行。出席会议的领导和嘉宾有：四川省委常委王少雄，原冶金部副部长、中国钢铁工业协会名誉会长吴溪淳，原冶金部副部长、中国钢铁工业协会顾问吴建常，国务院国资委规划发展局局长王晓齐，鞍山钢铁集团公司党委书记、总经理张晓刚，攀枝花市委书记、市人大常委会主任赵爱明，攀枝花市委副书记、市长刘晓华等。集团公司领导、攀钢老领导、集团公司外部董事马金泉、郭建堂、陈方正以及老一辈建设者代表出席会议。集团公司机关各部室委负责人、各子分公司（单位）党政工负责人、攀钢各界人士代表参加了会议。会议在成都攀钢金贸大厦、攀成钢、攀长特设立了分会场。

大会由集团公司党委书记，股份公司党委书记、总经理余自甦主持。集团公司董事长、总经理，股份公司董事长樊政炜致辞。会上，王晓齐宣读国务院国资委的贺信并讲话。王少雄代表四川省委、省政府，对攀钢投产 40 年来取得的巨大成就表示热烈祝贺。大会回顾了攀钢投产 40 年来的奋斗历程，展望美好发展前景，号召进一步振奋精神、坚定信心，解放思想、开拓创新，艰苦奋斗、永攀高峰，牢记使命，坚持高起点、新突破，在新的历史起点上奋力推进二次创业，把攀钢的改革发展不断推向前进，为把攀钢建设成为具有国际竞争力的现代化大型钢铁钒钛企业集团而努力奋斗。

【创先争优活动】 自 2010 年 5 月起，根据国资委、攀枝花市委的统一安排，按照中组部、中宣部《关于在党的基层组织和党员中深入开展创先争优活动的意见》精神，攀钢结合扭亏为盈、二次创业、联合重组、深化改革的实际，在全公司各级党组织和党员中深入开展创建先进基层党组织、争当优秀共产党员的活动，坚持改革创新、突出实践特点、统筹推进党的建设，扎实做好广泛发动、学习讨论、制定标准、公开承诺、双向述职、领导点评各阶段重点工作，经过精心组织，周密安排、创新载体、扎实推进，取得较好成效，实现了促进扭亏为盈、推动二次创业、服务人民群众、加强基层组织的总体目标，增强了攀钢党组织活力和企业竞争力。

攀钢成立公司创先争优活动领导小组及办公室，建立定期研究、总结、点评、考核评比等相应的工作制度与机制，为活动的顺利推进，提供了组织保证。领导先后到各分子公司、厂矿单位进行调研，广泛听取意见和建议，多次召开专题会议，研讨活动主题，制定下发实施意见，对开展创先争优活动的指导思想、目的意义、方法步骤、主要工作做出明确部署，号召全体党员在公司加快发展的关键时期发挥关键作用，以最佳的精神状态、最佳的工作方法、最佳的工作业绩确保目标实现。各基层单位成立活动领导小组和办公室 128 个，制定分类指导活动方案 137 个。6 月 18 日，攀钢召开启动大会。各级党组织采取动员会、上党课、组织生活会等方式，层层动员，深入发动。公司启动党员集中轮训和党支部书记、组工干部培训工作，先后举行"现代企业制度与职工民主管理知识"中心组学习会、"国内外经济形势"专题辅导报告讲座、"郭明义先进事迹报告会"、"贯彻国资委创先争优经验交流会"以及"2010 年创先争优活动工作交流暨党建理论研讨会"，促进活动各个段性重点工作的实行。不完全统计，全公司召开各级动员会 364 次，建立领导干部联系点个数 901 个，召开学习讨论会和专题民主生活会 1 023次，参加学习党员47 179 人次。建立委员联系点制度，领导按季度到联系点支部了解情况、指导工作、听取意见、辅导党课等。8 月底 9 月初，由党委书记刘新会带队，先后到攀钢的外埠单位、在攀单位 10 余家进行专门调研。活动办公室坚持定期不定期调研走访、工作汇报等方式，对各单位进行工作具体指导和督促检查。部分单位还制定活动考核评比办法，量化项目打分，把考核结果作为工作评价的重要依据，明确责任，层层抓落实，确保活动高标准、高质量、扎实有序地向前推进。

【举行郭明义先进事迹报告会】 2010 年 11 月 25 日，郭明义先进事迹报告会在攀钢俱乐部举行，670 余名攀钢人参加了会议。报告会上，郭明义以《做一个有益于人民的人》为题，讲述自己的心路历程和成长过程，体现一个共产党员坚持全心全意为人民服务的优秀品质。报告团成员聂振勇的《当之无愧的时代先锋》、孙海荣的《爱岗敬业，超常奉献的铁山楷模》、刁莹的《用奉献播撒人间真情》、许平鑫的《闪光的人格力量》，从不同侧面讲述了郭明义助人为乐、传承雷锋精神，爱岗敬业、忘我奉献的先进事迹。集团公司党委书记，股份公司党委书记、总经理余自甦，集团公司董事长、总经理，股份公司董事长樊政炜先后在报告会上讲话。集团公司党委中心组成员，各子、分公司（单位）党委（总支）中心组成员，攀钢钒、矿业公司、攀冶公司、钛业公司、攀信公司所属各二级单位党委（总支）中心组成员，集团公司机关各部委室处长及以上领导，以及攀钢先进劳模标兵、基层党支部书记、优秀共产党员、离退休干部职工、统战成员和优秀青年等代表参会。报告会在成都攀钢金贸大厦、攀成钢公司、攀长特公司设立视频分会场。

（黄长银）

【钢城集团 HRB500 带肋钢筋研制成功】 2010 年 9 月 27 日，钢城集团 HRB500 带肋钢筋研制试验取得成功，生产出首批37吨HRB500带肋钢筋，填补了攀枝花市HRB500带肋钢筋的产品空白。HRB500带肋钢筋具有较高的强度，良好的抗震、焊接、低温等性能。它的强度比HRB400带肋钢筋高出25%，用在建筑中可节约15%的材料。HRB500带肋钢筋在国外已得到广泛应用，在国内还处于开发推广阶段。2010年初，钢城集团在攀枝花市率先研制HRB500带肋钢筋，8月底，钢城集团电冶厂生产出坯料，9月底轧钢厂轧制出成品。经检验，产品各项性能指标均达到标准要求。

【钢城集团电工钢项目开工建设】 2010年8月30日，钢城集团电工钢项目在成都市金堂县工业园区（西区）开工建设。该项目由专业从事带钢连续处理技术和设备综合性高新技术的黄石山力科技发展有限公司总承包，采用先进可靠的电工钢脱碳退火生产工艺，建设一条产能20万吨的冷轧无取向硅钢卷生产线，年产2.2%以下的中硅、低硅和无硅的电工钢冷轧卷20万吨。生产所需原料主要由攀钢钒成都板材有限公司提供。项目由黄石山力科技发展有限公司设计、建设，计划投资1.304亿元，计划2011年5月建成投产。

【钢城集团全连轧生产线改造成功】 2010年1月7日，钢城集团轧钢厂全连轧生产线改造正式动工。改造主要消除影响轧制节奏的不利因素，满足大规格原料坯的生产需要，增设大规格初轧机组，将轨道运输原料改为辊道运输，提高倒运速度，改造循环冷却系统沉池，改变成品收集工艺等。在实施升级改造的同时，加紧员工培训，外派生产、技术骨干到同行先进企业进行全方位实地考察学习，厂内对工艺生产变化的岗位进行系统培训。及时修订完善相关操作规程，并对生产线不涉及改造的部位进行系统大修，为改造后的投产做好充分准备。2月15日，改造后的全连轧生产线热负荷试车成功。4月，全连轧生产线日产突破2 000吨大关7次、班产突破700吨大关27次，各项指标均在控制范围内，当月轧钢53 117吨，成功实现月达产。

（莫基秀）

矿业生产

【基本情况】 攀钢集团矿业有限公司（以下简称公司）是攀钢集团钢铁钒股份有限公司的全资子公司。2010年，公司资产30.48亿元，已形成年产钒钛磁铁矿石2 000万吨，钒钛磁铁精矿855万吨、钛精矿48万吨、石灰石成品矿130万吨、高镁石灰10万吨、硫铁矿20万吨、硫酸8万吨的生产能力，是攀钢高炉冶炼的主要原料供应基地。矿业有限公司大力实施资源战略，着力提升资源控制总量和资源利用率，通过实施攀枝花本部矿山扩能改造、选矿选钛扩能改造、尚难利用钒钛磁铁铁矿高效化利用等数十项持改工程，加快推进白马铁矿等新矿山建设，发展步入了快车道。2010年，公司生产钒钛铁精矿788万吨、钛精矿37.33万吨，实现销收入31.12亿元。先后荣获全国思想政治工作优秀企业、全国企业文化建设先进单位、首批全国重合同守信用企业、首届全国矿产资源合理开发利用先进矿山企业、第二届全国冶金矿山“十佳厂矿”等荣誉称号。

【生产经营】 2010年，矿业公司落实以加快发展、构建和谐矿业为目标、坚决贯彻集团公司放量生产要求，着力本部矿山挖潜和铁精矿产能的释放。通过优化兰尖、朱矿采剥计划和岩石运输线路、强化重点部位推进和配矿工作，保证原矿的质和量，通过加强密地选矿厂生产组织，优化工艺操作，狠抓提升产能和质量控制，密地选矿厂铁精矿生产再创历史最好水平，加大以白马铁矿采场剥离量和均衡稳定矿石输出为重点，调整工拓方式，稳定原矿品位，提高矿石输出能力。通过优化白马选矿厂工序间的衔接和配合，合理平衡三段破碎负荷，优化磨选分级作业，强化达产达效攻关和设备改造，着力提升铁精矿产能，为达产达效奠定了基础。强化选钛生产管理，新工艺流程逐步稳定，优势逐步发挥，钛精矿产量稳定提高，品位47.33%生产实现月达产。抓好辅料矿生产组织，克服原材料涨价等诸多外部因素影响，辅料矿满足了集团公司生产需要。全年完成铁矿山采剥总量5 764万吨，为计划的102.82%；输出钒钛铁矿石2 090万吨，为计划的100.97%；生产钒钛铁矿788万吨，为计划的105.04%；生产钛精矿37.33万吨，为计划的98.24%；生产石灰石成品矿55万吨，生石灰粉56.6万吨，高镁灰7.5万吨，确保了集团公司需求。

【财务管理】 2010年，公司以全面预算管理为中心，制定实施降本增效措施，实行专项费用归口管理制度，将修理费、维简费等专项费用分解到各管理部门管理。严格控制维简、技改、检修工程预算和非生产性费用支出，压缩变动费用。全年铁精矿质量创效11 835万元；密地选矿厂铁精矿单位成本157.66元/吨，较2009年降低5.41元/吨；钛精原矿单位成本，10矿513.62元/吨。较2009年降低25.26元/吨，20矿432.12元/吨，较2009年降低62.72元/吨。合理调度用电负荷，科学控制工序能耗，全年“移峰填谷”降成本490.37万元，电力单耗9.9度/吨，较2009年降低0.15度/吨，新水单耗1.46立方米/吨，较2009年降低1.01立方米/吨，铁精矿综合能耗21.78千克标准煤/吨，较2009年降低3.7千克标准煤/吨。全年公司实现考核利润26 594万元。

【物资设备管理】 2010年，公司推进“阳光采购”，加强物资、设备招标管理，探索和实践“化零为整”招标方式，严格招标与非招标项目审查，规范招标工作和流程。公司全年招标采购8 900万元，节约1 210.47万元；比价采购11 720.84万元，节约1 529.73万元。工程项目比选比价6.24亿元，节约8 809万元。设备管理以提高设备作业率和设备效率为重点，深化点检定修工作，加大设备维护保养力度，全年主要生产设备完好率、可开动率和故障概率分别为98.64%、95.99%、0.69%，全年没有重、特大设备事故发生。

【资源调查与控制】 2010年，矿业公司完成烂坝石灰石矿地质详查工作，已开展勘探设计。积极开展红格南矿区采矿区采矿权的争取工作，完成红格南矿区年产原矿1 500万吨可行性研究初审。完成在凉山州地区通过控股、参股或自主开发辅料矿山的前期考查工作。推进川南硫铁矿开发项目，已完成初步设计工作。

【朱矿与兰尖铁矿业务整合】 2010年，公司完成兰尖、朱矿露天采场业务整合，优化机构设置，加强工序优化及业务整合，由朱矿负责露天采场的生产建设，兰尖铁矿负责地下开采，减少8个科室、4个车间。成建制划转兰尖1 100名职工到朱矿。全面优化兰尖、朱矿劳动定员编制，减少人员配置近600人，配置到白马二期200人、尖山地采270人。

【优化劳动组织方式】 2010年，矿业公司创新劳动组织方式，加大业务外协力度，先后对兰尖、朱矿露天采场岩石铲装运输及铁路维护等业务进行外协(外包)，减少人员配置300人。推进白马田家村采场劳动组织新模式，合理利用社会劳动力资源，缓解公司人力资源不足的矛盾。完善绩效考评体系和内部分配制度，加大经营指标与领导干部薪酬挂钩考核力度。

【湾丘基地社会管理职能整体移交】 2009年矿业公司与米易县政府共同成立移交领导小组，通过一年多工作，于2010年8月正式完成土地、地面资产、住户管理、职工及家属安置等移交，顺利完成湾丘基地管辖权整体移交米易县工作，妥善解决了历史遗留问题。

【尖山转地下开采工程建设】 该工程于2009年完成前期准备工作。2010年，矿业公司确定攀冶公司为尖山转地下开采工程的总承包(EPC)单位，攀冶公司完成总承包合同和技术附件的谈判，完成挂帮矿体工程的全部施工图设计和尖山转地下工程的征租地及相关协调工作，挂帮矿体工程已完成巷道掘进近8 000米，总体实施进度比原网络计划提前，预计挂帮矿体工程能提前到2011年6月建成投产(包括主回风竖井)，转地下工程的无轨斜坡道、胶带斜井、辅助竖井、破碎回风竖井等主要硐口在2010年形成全面施工局面。1 000立方米水池、消防水池等已完工，部分生产设备已开始采购。

【白马二期工程建设】 白马二期工程于2009年开工。2010年，白马二期工程形成全面施工局面，松林坪排土场于2010年3月建成投入使用，及及坪200万吨/年半自磨系统于2010年7月正式投产运行，及及坪主干道和田家村主干道以及田家村采场基建剥离等工程也于2010年按期建成投用。万年沟选矿系统在2010年完成土建工程的施工，已全面进入设备安装阶段，主要生产设备已到货，110千伏变电站扩建工程也已全面开始施工，主要供水系统基本建成，万年沟选矿系统工程的总体进度比计划提前。田家村500万吨/年半自磨系统也已基本完成土建工程施工，并开始进行设备安装。2010年第4季度正式启动1号土场的建设，中冶长天公司加紧进行施工图设计，白马铁矿已开始进行道路的施工。推进及及坪采场矿石破碎及胶带运输系统建设，隧道工程已完成掘进1 600多米，联络道路和地面破碎站于2010年11月全面开始施工。

【白马精矿输送管道工程建设】 2010年，白马铁矿精矿输送管道工程二标段(管道工程)已正式开工，主要进行施线、测量、现场确认等工作，进行部分设备、材料的采购。完成一、三标段(首、尾站)总承包合同和技术附件的签订工作。

【朱兰开拓运输系统改造工程建设】 2010年完成工程的初设审查，施工图设计已委托中冶北方公司开展。完成1 360水平以上扩帮工程的合同谈判，攀冶公司于10月底开始施工，12月岩石破碎运输排土系统开工建设。

(黄长银)

【钢城集团表外矿初选线建成投产】 2010年3月28日，钢城集团瑞矿工业公司表外矿初选线项目建成投产。该生产线2009年11月27日开工建设，经过整改设计、施工、设备、工艺等方面的缺陷问题，2010年3月15日，初选线首次带负荷试车成功。3月28日已具备满负荷生产的能力。项目建成后，生产线原矿处理能力为400万吨/年，生产全铁品位20.5%～23%的规格矿产品100万吨～160万吨/年。

(莫基秀)

冶金建设

【“中冶实久”更名】 根据《关于中国第十九冶金建设有限公司与中冶实久建设有限公司整合方案的批复》(中冶发规〔2009〕72号)，中国第十九冶金建设有限公司(简称：中国十九冶)吸收合并中冶实久建设有限公司(简称：中冶实久)。合并完成后，十九冶存续，名称变更为“中国十九冶集团有限公司”(简称：十九冶集团公司)，中冶实久注销。十九冶集团公司注册地址为四川攀枝花市东区人民街，注册资本金为123 060万元(最终注册资本金为161 947万元)，中国冶金科工股份有限公司持有100%股权。2010年1月25日，十九冶集团公司在成都隆重举行揭牌成立仪式，中冶集团副董事长、党委书记、中冶股份总裁沈鹤庭和攀枝花市委副书记、市长刘晓华为集团公司成立揭牌。

【经营情况】 2010年，中国十九冶集团有限公司突出创新提升和发展转型工作，坚定信心，狠抓市场。规范科学管理，落实责任目标，较好地完成各项经济技术指标，实现了“两年追赶式”的发展计划。集团公司全年完成新签合同额93亿元，同比增长33.4%；实现营业收入62.06亿元，同比增长32%；实现利润1.25亿元，同比增长78.5%。

新签合同额中，钢铁EPC合同为43亿元，同比增长63.3%，占新签合同46.2%；非钢EPC合同为36.7亿元，同比增长20.9%，占新签合同39.5%；非EPC合同为13.35亿元，同比增长7.1%，占新签合同比重14.36%。公司在西部市场合同签约达到64.73%亿元,同比增长91.11%。重庆、武汉、深圳、南京、昆明等5家分公司合同签约超过5亿元。武汉、深圳、南京等3家分公司营业收入超过5亿元。

【"北上东进"战略全面完成】 2010年8月,经过6年的艰苦努力,以攀枝花专业单位入驻郫县研发大楼为标志,中国十九冶"北上东进"战略全面完成。该战略主要内容为十九冶经营指挥中心北上成都,以成都为中心辐射西南西北,逐步形成"西部市场核心";加强"一江八点"布局的实力建设,服务大钢厂,进一步巩固和拓展东部及北方市场。集中有限的财力,抓住西部大开发机遇,投资建设市场前景看好的产业实体,以建筑施工为主业,前伸后延、拓宽全产业链的经营范围,做强做大,持续发展。

6年间,在充分盘活企业资源的基础上,十九冶有计划分三步进行战略实施,累计投资约9亿元,在成都、武汉、南京、宁波、昆明、防城港等地建成并投入运营经济实体22个,建筑面积达52万平方米,用地86公顷,形成年产25万吨钢结构和200万立方米商砼的生产能力。

通过"北上东进"战略的实施,十九冶经营格局发生重大改变,生产规模有了长足发展,结构调整初现成效,产业布局更趋合理,信息来源更加广泛,西部市场核心地位得到巩固和加强,总部的决策能力和管控能力进一步提高,已跻身于西部大开发的前沿阵地,为下一步的"西部市场核心"战略实施搭建了更大更高的平台,对十九冶集团公司的发展具有意义深远的影响。

【灾后重建工程】 2008年,十九冶集团公司先后遭遇"五一二"汶川地震和"八三〇"攀枝花地震,造成直接经济损失5 419万元。震后第一时间,十九冶在组织员工抗灾自救,恢复生产的同时,积极参加灾后重建工作。两年多来,十九冶承担灾后重建项目11个,合同金额超过13亿元,到2010年底先后完工并投入使用。十九冶承担的灾后重建项目主要包括:东汽汉旺生产基地静子大件加工厂房工程、东汽汉旺铸钢、铸铁厂工程、崇州、彭州安置房项目、都江堰崇义立交桥工程、天府大道延伸工程、成灌快铁都江堰站和聚源站钢结构工程、彭州新彭白路工程。在建设过程中,集团公司牢记温家宝总理"泰山压顶不弯腰"的嘱托,按照省委、省政"三年任务两年完"的重建要求,发扬"西部铁军"精神,重信誉,讲质量,求进度,保安全,树立讲诚信、负责任的央企形象,多次受到省委、省政府和社会各界的高度评价,董事长田野被评为四川省灾后恢复重建先进个人。

【科技创新】 2010年,十九冶深入贯彻落实"中冶集团创新型企业"各项指标,围绕省级技术中心建设和省级高新技术企业申报,扎实推进科技工作。

全年公司专利受理61项,其中实用新型专利45项、发明专利16项。新授权专利78项,其中实用型专利75项,发明专利3项。10项科技成果通过四川省科技厅组织的成果鉴定,5项成果达到国内领先水平,5项处于国内先进水平。22项工法被评为省部级工法。4项科技成果获中冶集团科技进步奖。8项科技成果获攀枝花市科学技术进步奖。一项工程被指定为"中冶集团新技术应用示范工程"。《冶金行业设备基础后置螺栓技术规范》、《35千伏及以下高压电缆头制作工艺标准》两项行业标准获工信部批准由十九冶主编。公司还积极推进与科研院所建立战略合作关系,与攀枝花大学、中冶赛迪、中科院成都分院签订战略合作协议。2010年3月,公司成功入选"四川省自主知识产权优势培育企业"。10月,通过四川省级技术中心认定。公司还被中国施工企业管理协会评为2009年度"技术创新先进企业"。

【创先争优活动】 2010年,十九冶按照中央、省、市委和中冶集团党委创先争优活动的安排部署,及时召开党委会,集中学习主要领导讲话精神,对创先争优活动的开展进行专题研究,并制定具有十九冶特色、主题鲜明、载体丰富的活动实施方案,成立领导机构,在公司范围内全面启动创先争优活动。

通过广泛发动,周密部署,强化措施,真抓落实,十九冶两级公司建立领导班子成员联系点126个,确定活动主题为"炼铁军之魂、筑坚强堡垒、树先锋形象、促科学发展",并重点开展四项活动:(一)炼铸"铁军"之魂,创建"四好"班子。25家二级单位"一把手"工作业绩、措施和目标在《十九冶报》上"集体亮相",326名副总以上干部述职述廉,接受群众考评,18名干部受到不同程度处分。结合科学发展观学习活动发现问题的整改和落实,公司党委对二级单位生产经营状况逐一点评,做到创先争优与改革发展两不误、两促进。(二)实施以党性教育和能力培育为重点的"双育工程",提升员工队伍整体素质。通过举办入党积极分子培训班、老党员重温入党誓词等活动,进行党性教育。围绕党建、企业发展战略等主题,召开公司第二届政研会。(三)组织技术练兵、劳动竞赛为载体的岗位奉献活动。各单位纷纷开展"管理精细化,我来献一计"活动,广大员工积极献计献策。举办业务技术练兵比赛活动8场,参加员工达280多人次。结合施工生产形势和重点工程建设开展劳动竞赛活动,参加员工达492人次。立足岗位开展科技创新、管理创新活动,完成多项技术创新项目和工法。(四)开展党员身份亮牌活动,两级机关1 054名党员干部办公桌上摆放"党员示范标志牌",1 681名施工生产一线和离退休党员佩戴党徽,明确党员身份,强化党员意识。二级单位成立党员先锋队、突击队12个,规划党员责任区6个。报纸和网站上推出"每周一星"和创先争优专栏,宣传优秀党员先进事迹和创先争优的好经验、好方法。集团公司创先争优活动按照阶段工作安排,紧紧围绕活动主题,有序、有力、有效地扎实推进。

【西部铁军特色班组建设】 2010年,十九冶在全公司范围内开展"西部铁军特色班组"的创建、比赛、评选活动,着重加强班组的基础建设、组织建设、创新建设、技能建设、思想建设、民主建设、文化建设、团队建设、健康安全环保建设、班组长队伍建设等10方面工作。公司充分发挥职工主人翁作用，通过班组职工民主生活会、班务公开等基层民主管理工作的开展，切实落实职工群众的知情权、参与权、管理权。在用人、分配、评先和称职等班组大事上，推行阳光管理，充分听取职工群众意见，促进劳动关系的和谐。建立"五清楚、六必访、七必谈"工作制度，及时了解和掌握职工的思想动态，关心职工疾苦，为职工解除后顾之忧。通过"特色班组"创建活动，培育出一批学习技能型班组，管理效益型班组、科技创新型班组、最佳服务型班组和攻坚克难型班组，50个表现突出的班组和班组长受到十九冶集团公司的表彰，2个班组被四川省机电冶煤系统评为"红旗班组"和"优秀班组"，工安分公司吴仁强铆焊班被国资委评为"中央企业红旗班组"。在四川省第五届企业文化年会上，《建设"特色班组"文化　提升"西部铁军"品牌》获得班组文化建设组一等奖。

【企业文化建设】 2010年，十九冶集团有限公司结合"北上东进"战略的实施，组织实施企业文化建设系列工程，企业文化在原有基础上通过深度挖掘得到进一步提升。

集团公司编撰出版《解码西部铁军》一书，全书以大三线建设功勋企业为对象，从严谨的学术和理论体系出发，引入大量珍贵的历史资料照片，全方位展现中国十九冶的发展历程、战略实施等内容，诠释了"西部铁军"文化和品牌。中冶集团副董事长、总经理王为民为本书作序中写到："解码西部铁军，激发我们深入探寻这样一家三线企业的发展足迹和制胜秘籍"，"激发我们对这样一批企业的敬意"。该书在集团公司内部、中冶集团、各兄弟单位、合作伙伴中交流，引起较大反响。

筹建并对外开放"西部铁军"展示厅。该展示厅位于郫县研发大楼，占地面积1 000余平方米，汇集历史实物数十件、照片数百张，充分运用灯光、视频、实景再现等现代化手段，全方位展示公司四十多年的发展历程和"西部铁军"的精神风貌，是十九冶集团有限公司表现企业光荣历史、展现独特精神气质的文化阵地，受到参观者好评。

十九冶集团有限公司还与四川大学合作，完成适应现代企业发展的理念识别系统的提炼工作。新的企业核心理念包括企业愿景、企业使命、企业宗旨、企业核心价值观、企业精神等，丰富了企业文化的内涵，为公司下一步企业文化建设工作指明了方向。

（陈昭华）

钒钛工业

【概　况】 2010年，由于外部市场形势较好，攀枝花钒钛产业实现快速发展，全年规模以上钒钛企业实业产值66.544亿元，同比增长46.7%。2010年全市钒钛企业产销两旺，规模以上钒钛企业全年生产钒渣25.39万吨，同比增长6.1%；五氧化二钒9 533吨，同比增长56.3%；三氧化二钒14 405吨，同比增长7.5%；高钒铁3.16万吨，同比增长30%；钛精矿116.7万吨，同比增长41.6%；钛白粉22.65万吨，同比增长26.5%；高钛渣19万吨，同比增长53%。2010年全市钛白、钛渣生产企业纷纷进行技改扩能，如大互通钛业、卓越钛业、钛海科技、攀钢钛业等，产能快速放大，2010年底达到钛白粉35万吨、钛渣34万吨的产能。

钒钛新产品研发取得突破性进展，运达钛业的四氯化钛水解晶种、源丰钛业的高纯二氧化钛、华铁钒钛的脱硝催化剂载体二氧化钛、金勇工贸公司的90钛铁、攀钢钛业的金红石钛白粉R298等，增强了攀枝花市钒钛业的竞争力。

钒钛领域的科技进步成果突出，攀钢投产了采用高温碳化—低温氯化工艺利用高炉渣生产四氯化钛中试线，攀钢的全钒液流电池在盐边红格中学太阳能光伏发电装置上得到应用，龙蟒矿冶的"钒钛磁铁矿转底炉煤基直接还原—电炉深还原、熔分新工艺"工业化试验研究成果于7月3日通过鉴定，金沙纳米科技有限公司利用钛白副产的硫酸亚铁生产出微米级铁粉，攀化科技有限公司采用低温除杂技术改造原废酸浓缩生产装置取得成功，中钛科技公司采用盐酸法利用高钙镁钛精矿生产人造金红石，攀枝花学院的直接还原—熔分新工艺及深还原渣制取钛白粉的研究成果通过鉴定验收，攀研院与龙坤电冶有限公司联合进行不同入炉原料配比冶炼更符合钛白生产需求钛渣产品的试验，为攀枝花市钒钛产业下一步高水平发展奠定了基础。

2010年全市钒钛企业合作发展取得新进展。钢城集团公司控股柱宇钒钛和卓越钒业；攀钢钛业公司与河北天赫海绵钛厂联合重组工作基本就绪；攀钢钛业公司与江苏镇江钛白集团联合重组取得突破性进展，各项重组工作基本完成；攀钢钛业公司与攀枝花市安宁铁钛公司联合建设东方钛业有限公司运行良好。10月，由市政府主办，市经信委、市钛产业协会承办的全市九家钛白厂联合参加广州第十五届国际涂料展取得很好的效果，扩大了攀枝花市作为"中国钒钛之都"的影响。俄罗斯钛业集团公司与攀枝花市进行了意向性接洽，拟在攀枝花投资钛材加工项目。昆钢集团与攀枝花的合作取得实质性进展，2010年底开工2万吨/年钛锭生产项目，一期为2×4 000吨。2010年10月，全国非高炉炼铁研讨会在攀枝花召开，共180余名代表参会，对攀枝花市发展钒钛磁铁矿直接还原工艺起到推动作。

钛金属产能进一步扩大。钢城集团5 000吨/年海绵钛项目顺利投产，生产过程中实现镁—氯联合循环。攀钢1.5万吨海绵钛项目建设进展顺利，预计2 011上半年投产。加上原有的恒为制钛7 500吨海绵钛生产线，攀枝花市海绵钛产能进一步扩大，为下一步发展钛材加工产业提供了原料保障。

2010年攀枝花钒钛产业的发展得到上级政府和领导的高度重视。省委书记刘奇葆、省委常委王少雄、副省长李成云等多次到攀调研钒钛产业发展情况，解决产业发展中的问题。11月，国土资源部部长徐绍史到攀，视察攀枝花钒钛磁铁矿整装勘查情况，并同意攀枝花开展矿业用地改革试点。国家发改委已原则同意设立攀西国家战略资源创新开发试验区，正在编制方案。

【钒产业】 2010年全市有钒产业企业8家，从业人员约

4 000人，攀枝花钒产业形成从钒渣到五氧化二钒、三氧化二钒、钒氮合金、中钒铁（FeV－50）、高钒铁（FeV－80）等全系列的冶金用钒制品产业链。近年来，随着攀枝花钢铁产能增加、直接还原新工艺的应用、废渣提钒工艺进步等，钒产业的原料供应量稳步提升，全市包括炼钢提钒、低品位含钒弃渣利用和进口石油工业废催化剂在内，钒资源供应量达到30万吨（折合$V_2O_5$10%标准钒渣）。2010年全市钒渣、钒氧化物、钒铁产量分别为25.4万吨、23 938吨、31 603吨，巩固了国内第一、世界第二的钒制品生产基地地位，形成以攀钢为主体、国有和民营多种经济成分共同开发的钒产业集群。

攀枝花钒产业技术也处于国内领先、国际先进水平。如低品位含钒废弃物提钒、焦炉煤气还原三氧化二钒、电铝热法冶炼高钒铁、TBY窑常压连续生产钒氮合金、氧化钒清洁生产技术等。2010年5月由攀枝花钢铁研究院和无锡尚德太阳能电力有限公司共同建设了红格中学的2套2千瓦“钒电池储能—光伏发电”示范工程投入使用。

钒产业企业的实力得到提高。钢城集团公司控股柱宇钒钛和卓越钒业，使得攀宏公司、钢城集团、兴辰钒钛成为攀枝花市主要钒制品生产企业。

【钛产业】 攀枝花钛产业已形成钛精矿、高钛渣、多品种钛白粉、四氯化钛、高纯二氧化钛、脱硝催化剂载体二氧化钛、海绵钛、钛铁、钛锭等系列产品。

拥有矿山资源的攀钢、安宁、立宇、龙蟒等少数大型选矿企业是攀枝花市钛精矿生产的主力，小型选矿企业主要开发小矿点、低品位矿及为大型选矿厂配套。全市从事钒钛磁铁选矿的企业约40户，2010年全市规模以上企业钛精矿产量达到116.7万吨。攀钢开发应用的“微细粒级钛精矿选矿工艺”使得选矿回收粒径从0.074毫米以上扩展到0.019毫米以上，极大提高了钛资源回收率。龙蟒、安宁铁钛、谷田科技等企业通过应用高效选矿技术及设备，将矿的入选品位降到18%～20%。

2010年，全市已建成和在建的高钛渣生产企业有10家，共生产高钛渣19万吨。攀钢钛业高钛渣厂二期工程顺利完成，形成18万吨/年生产能力，产品质量稳定，能耗比国内中小规模钛渣炉大幅度降低；金江钛业有限公司一期工程3.5万千伏安密封矩形电炉钛渣生产线建设接近尾声，可在2011年4月份左右投入生产，将形成7.5万吨/年产能。

2010年，全市钛白粉企业共有13户，已建成的钛白粉产能近30万吨，钛白粉产量约占全国五分之一，是国内最大的钛白粉生产基地。除常规的颜料级钛白外，还开发了化纤钛白、脱销催化剂载体二氧化钛、电子粉体二氧化钛等特种钛白产品。此外，硫酸法钛白粉清洁生产体系日益成熟，钛白废酸浓缩复用技术取得突破，攀化科技、卓越钛业、东方钛业、兴中钛业等企业均利用该技术建设废酸浓缩生产线。金沙纳米科技公司利用钛白废弃的硫酸亚铁生产高附加值的纳米铁粉，成功建成工业化生产线。

高炉渣提钛利用技术进入产业化前期，攀钢的“高炉渣高温碳化—低温氯化”生产1万吨/年四氯化钛中试线投入试运行，钢城集团正在联合科研单位开发利用高炉渣生产硅—钛—铁合金以及利用高炉渣生产钛精矿。

在钛金属生产方面，钢城集团5 000吨/年海绵钛项目顺利投产，2010年生产800吨，销售760吨；恒为制钛全年生产500吨，销售300吨。2010年海绵钛出口26吨，实现零的突破。2010年海绵钛市场较疲软，价格在6万元/吨左右。攀钢1.5万吨/年海绵钛项目建设进展顺利，计划在2011年上半年投产。昆钢集团的攀枝花云钛实业公司于2010年底开工2万吨/年钛锭项目，一期产能2×4 000吨。

（蔡越成）

【钢城集团铝粉除钒精制四氯化钛试生产成功】 2010年8月17日，钢城集团钛业分公司铝粉除钒精制四氯化钛试生产成功。铝粉随钒精制四氯化钛属于国际领先的制钛技术，其生产过程中低价钛制备属于化学反应，反应快速剧烈，控制不好将发生爆炸事故，蒸馏除钒精馏工艺复杂，需要每个工序精细化操作，精密计算物料、能量、压力、温度平衡，同时生产过程中伴有铝粉、氯气、四氯化钛等高危化品，国内许多厂家及钛专家进行了工艺实验、生产实验，均没有形成规模生产。钛业分公司2009年4月动工建设精制车间以来，克服工期紧、任务重、工艺复杂、国内设计变更错误多、试生产危险等不利条件，消化吸收国外近3 000份工艺图纸，在设备安装中进行模拟操作并写出技术安全操作规程；强化施工设备安装管理，整改国内设计变更错误68项，对施工进度进行每项落实检查，发现并进行整改486项施工问题；强化试生产确认工作，在进行试生产前，对工艺参数、设备、电气、仪表、管道、安全等2 000多个项目落实了检查人、确认人。2010年7月，在没有国外专家的现场指导、国内又没有此类专家的情况下，完全靠自己的力量，仅用40余天完成试生产。生产出的精四氯化钛产品品级达到99.99%，远高于国内产品质量标准，试生产调试时间比国外专家设计的试生产时间提前10天。钢城集团钛业分公司精制车间可年产精四氯化钛2.5万吨，可生产海绵钛5 000余吨。

（莫基秀）

煤 炭

【概 况】 2010年，攀枝花煤业（集团）有限责任公司（以下简称“攀煤公司”）围绕构建百亿川煤发展目标，按照“保持发展速度，提高发展质量，关注民生，实现百亿川煤”的工作总体要求，深入贯彻落实科学发展观，奋力拼搏，迎难而上，各项工作取得较好成绩。全年完成矿井产量423万吨，同比增加33万吨；产销精煤180.8万吨，同比增加10.7万吨；掘进进尺74 747米，同比增加6 543米，原煤和精煤产量创历史最高纪录。全年生产焦炭69.09万吨、焦油2.2万吨、粗苯4.39万吨；发电18.12亿度，同比增加3亿度；生产水泥21.70万吨，同比增加6.7万吨；生产工业硅9 105吨（其中整合960吨），同比增加4 277吨；生产火药1万吨，同比增加1 941吨。除焦炭和水泥是新建项目外，其他均创造历史最高水平。全年实现销售收入39.09亿元,同比增加14亿元;全年实现利润9 460万元,同比增加3 126万元;杜绝较大及以上事故,原煤生产百万吨死亡率控制在0.71,取得攀煤建矿以来最好安全效果。全年在岗职工人均年收入3.68万元,同比增长11.6%。

【煤炭生产】 2010年,攀煤公司坚持以发展机械化为先导,深入开展“核心采掘队、安全高效工作面”建设活动,制订实施《煤炭质量考核管理办法》,提高矿井生产水平。机采和机装程度分别达到73.71%和97.83%,矿井产量、精煤产量创历史最好成绩。其中,大宝顶矿圆满完成生产任务,6月综采放顶煤试验取得成功,当月单面产量达到10.04万吨,创西南片区综采放顶煤技术新水平;小宝鼎矿生产保持稳定增长态势,10月单月掘进达508米,创川煤同类工作面月单进最高纪录;花山矿产量再创历史新高,7月成立极薄煤层综采队,月产稳定在2万吨以上,318型综掘机进入下半年特别是第四季度以后趋于正常,掘进单进水平有较大提升;太平矿全年保持均衡生产,产量超计划4万吨,11月急倾斜薄煤层刨运综采实验取得阶段性成果;精煤公司产率攻关取得较好成绩,精煤产量创近几年最高水平。

【煤质管理】 针对近年煤炭产品质量不断不滑的趋势,2010年,攀煤公司成立质量管理办公室,制定煤质管理办法和煤技考核办法,健全煤质管理体系。各单位根据公司要求,从煤炭生产、运输、精煤生产、销售等环节积极采取措施,加强管理,煤质管理工作取得较好成绩。2010年,公司原煤灰分、精煤产率同比分别下降4.83个百分点,同比上升2.50个百分点,扭转多年煤炭产品质量下降趋势。

【产业发展】 2010年,攀煤公司制定实施《地面生产单位安全生产考核办法》,强化经济运行监管与督促,相关产业保持稳定增长态势。矸石发电公司全年发电量和供电量均取得建成投产以来最好水平,11号机组连续运行252天,创川内同类型机组最高纪录;电冶公司扭转投产以来生产经营被动局面,工业硅产销同比增加4 277吨,取得投产以来产量和质量的最好成绩;九鼎建材公司坚持一手抓市场开拓,一手抓成本控制,除水泥产销外,矸石砖、蒸压砖及水泥制品销量较2009年有所增加;恒威公司1.2万吨乳化炸药生产线建成投产,产品首次出口缅甸,同时成立恒威爆破工程公司,在承揽爆破工程、爆破服务、产品配送等方面取得较好的成绩;供销公司在完成保供任务的同时,开展销售服务,全年实现销售收入8 000万元。

【项目建设】 100万吨焦化工程　该项目为四川省重大建设项目、省钢铁工业“十一五”重点扶持项目,总投资132 981万元,采用国内先进的6米顶装焦炉工艺,配套建设环保节能的干熄焦装置,同时对煤气副产品进行综合利用,年产焦炭100万吨、甲醇10万吨、粗苯1万吨、焦油4万吨,建成后可实现销售收入20亿元左右。该项目于2008年1月动工,已完成投资近13亿元,两台焦炉分别于2009年11月、2010年2月建成投产,粗苯、硫铵化产回收系统于2010年第三季度投入使用,甲醇系统年底基本完工,2010年生产焦炭69.09万吨、焦油2.2万吨、粗苯4.39万吨,实现销售收入10.02亿元,已经成为攀煤公司重要支柱产业。

2×60万吨水泥粉磨站　该项目总投资约9 000万元,分二期建设,全部建成投产后形成120万吨水泥生产能力,实现销售收入达2亿元以上,利用粉煤灰、炉渣等工业废弃物80万吨左右。该项目一期60万吨水泥粉磨站概算总投资4 805万元,2008年11月动工,截至2010年底,项目标累计完成投资6 750万元,一期工程基本完工。2010年生产水泥22万吨。

花山240万吨扩能项目　工程概算总投资约2.59亿元,通过改造原有生产工艺和配套系统,大力发展采掘机械化,使矿井年生产能力由2007年的155万吨提升到2011年的240万吨,“十二五”末力争达到300万吨,将花山煤矿打造为四川省乃至川渝地区产量最高、规模最大的现代化矿井。该工程2007年10月16日开工建设,截至2010年底累计完成投资1.6亿元,完成巷道工程5 017米,扩帮断面改造6 594米、铺轨3 690米,机电安装工程正在抓紧组织施工,预计2011年基本完工。

洗煤技改补套工程　原为2002年国债项目,前期投资5 500万元,2004年7月开建设,2005年重介系统改造,后根据矿区煤质变化情况,进行补套技改,该补套工程概算总投资5 332万元,于2008年7月动工,建成后精煤公司年原煤入洗能力由180万吨提升到400万吨,提高精煤产率2—3个百分点,截至2010年末,工程已累计投资5 952万元,设备安装、土建工程基本完工,年底进入调试阶段。

100万吨捣固焦川滇合作项目　2010年9月26日,100万吨捣固焦川滇合作项目在云南省丽江市正式签约。该项目位于云南省丽江市华坪县石龙坝工业园区,占地面积30万平方米,预计总投资10亿—12亿元,由攀煤公司控股子公司攀能化股份有限责任公司与云南省铭杰投资控股有限公司合作建设,其中攀能化公司控股51%,项目建成后,生产能力将达焦炭100万吨/年、甲醇10万吨/年、煤焦油5万吨/年、粗苯1.2万吨/年、硫铵1.3万吨/年、硫黄2 300吨/年,项目计划2012年完工。

【实施走出去发展战略】 按照川煤集团的要求,攀煤公司按照“资源可靠、规模适度、积极寻找、稳妥推进”的原则,加快实施走出去发展战略,重点抓好云贵及攀西周边主焦煤资源的整合工作,采取收购、控股合作等多种形式获取煤炭资源,力争“十二五”期间异地资源整合300万吨。2010年,攀煤公司多次组织人员深入云贵及攀枝花周边地区反复考察论证,确定云南富源、贵州盘县、普安等重点整合目标矿区,并与几家中小煤矿签订初步合作开发意向协议。

【安全管理】 2010年,攀煤公司贯彻落实国家、省、市和川煤集团矿级领导入井带班制度,开展安全生产履职建设,狠抓干部作风转变和岗位责任制落实,强化重点环节、重点部位、重点时段的安全包保管理,同时,在强化安全督导等职能的基础上，成立安全执法小分队，加大作风督查和“三违”（违章指挥、违章操作、违反劳动纪律）惩治力度，全年公司、矿查处各类事故责任和严重违章人员112人，安全、质量和“三违”等到方面罚款796万元，其中各单位罚款509万元，通过强化安全责任落实，有效促进安全生产。

2010年，攀煤公司不断强化安全“双基”（基层、基础）建设，坚持开展矿井及地面单位“双基”建设季度检查和年度考核，推进创建安全文化建设示范企业活动，认真推广“白国周班组管理法”，突出加强班组基层建设，强化安全教育培训，推进职工安全自我评价体系试点，全年安全培训8 281人次，超过计划51.7%，其中特殊工种培训3 992人次，超计划62.4%，特殊工种持证上岗率达100%。3个基层队达到公司基层队基础管理标准，20个区队、50个班组达到公司六好区队、五好班组标准，小宝鼎矿采煤二队一班班长严清被全国总工会授予“优秀班组长”称号，基层单位的战斗力、执行力进一步增强。

2010年，攀煤公司始终把安全管理的重心放在生产一线，作业现场，深入开展安全质量标准化建设和安全隐患排查整治，组织实施瓦斯专项治理和矿井防治水、瓦斯治超、运输治乱的“三治”专项行动。切实加强地面生产、爆炸物品、道路交通、消防安全管理，小宝鼎矿、花山煤矿、大宝顶煤矿年度安全质量标准化达一级，瓦斯超限次数同比下降48%，三级报警同比下降60%，全年隐患排查7 021条，全部得到落实整改。

2010年，攀煤公司全年累计使用安全费用8 467万元，2007—2009年煤矿安全改造项目累计完成投资1.9亿元，基本建成矿井防治水、机电、运输一体化监控系统和信息化调度指挥系统，矿井安全保障能力、公司安全生产协调查指挥能力进一步增强。

【内部市场化管理】 2010年，攀煤公司把内部市场化作为推进精细管理的重要内容，成立专门的领导小组和办公室，建立以矿、科、区队及班组为主体，价格为纽带，全面预算管理为主要内容的内部市场化运行体系，各单位、车间、区队产量进度、材料使用、设备租赁维修、小电消耗全部有计划、有审批、有预算、有考核，并直接与工资收入挂钩，从而划小核算单位，理顺管理体制，提高基层单位抓管理、控成本的积极性和创造性。

【炼焦粗煤重点用户座谈会】 2010年12月3日，攀煤公司举行炼焦精煤重点用户座谈会，来自攀钢钒、云南昆钢、广钢、湘钢、柳钢、武钢等全国各地14家攀煤公司炼焦精煤重点用户参加会议，共同座谈商讨进一步巩固发展长期战略合作关系，共谋互利双赢发展大计。

【人力资源管理】 2010年，攀煤公司在职工队伍建设上，继续推行企业优秀（优良）员工、核心（骨干）员工选评机制，全年清理各类非在岗人员649人，培训职工5 398人（不含安全培训），举办21期基层班组长培训班；专业技术人才队伍建设上，加大人才引进培养力度，继续推行“首席技师”、“首席工程师”和杰出创新人才、技术拔尖人才推选制度，全年招收引进大中专毕业生87人，送培采煤、安全、计算机等专业学历教育104人；在管理团队建设上，突出领导干部思想、能力、作风建设，开展以提升履职创新能力为重点的读书活动，完成处级干部和优秀科级干部轮训工作，共轮训处级干部86人，科级干部102人。

【科技管理】 2010年，攀煤公司制定实施科技管理及创新考核办法，增设信息技术、煤化工两个研究所，初步形成以技术中心为平台，以项目单位为主体的科技创新运行机制。开展科技攻关与创新项目，综采放顶煤技术，极薄煤层、急倾斜煤层综合机械化开采，矿井综合自动化系统建设等年初安排的26项科技项目稳步推进，部分项目提前完成，全年获得省级科技进步奖1项、市级科技进步奖4项、川煤科技进步奖11项。推进环保及节能减排工作，公司未发生重大环保事故，顺利完成“十一五”节能减排目标。

【资本运营】 2010年，攀煤公司按照全面准备、择机而为的指导思想，加大控股子公司攀枝花攀能化股份有限公司的资本运营、股改上市工作力度，全年完成信达公司股权回购，运销分公司已先期纳入攀能化范围，四矿地质储量报告已报省国土资源厅。

【生活后勤和物流体制改革】 2010年，攀煤公司继续深化生活后勤和物流体制改革，初步建立生活后勤经营市场化、管理专业化运行机制。加快矿区水电改造，完成小宝鼎农村和太平606线路水电改造，解决多年遗留问题。完成物资供应体制配套改革工作，建成EAS物资供应管理信息网络系统，井口超市建设在太平矿率先启动，“第三方物流”取得突破进展，与多家企业建立长期供货协议，全年创收8 000万元。

【沉陷区治理】 攀煤沉陷区治理工程于2007年开工建设，治理内容包括新建动力站、河门口安置小区、货币化补偿受灾农村居民、择址建设学校和攀煤总医院、维修加固受损房屋、道路、供水设施、供民线路和通信线路等，截至2010年底，攀煤公司宝鼎矿区采煤沉陷区治理工程已完成投资28 906万元，安置沉陷区住户2 553户，治理工程基本结束。

【棚户区改造】 攀煤棚户改造于2008年第四季度全面实施，计划利用3年时间，共新建18处住宅小区（组团）安置居民12 641户，其中，住宅建筑面积84.8万平方米，配套公建面积5.49万平方米。工程概算总投资153 292万元，其中，新建住宅小区房屋单体投资117 066万元，由居民个人出资；小区内外配套基础设施建设投资33 226万元，分别由国家、地方政府和企业出资。截至2010年底，棚户区改造完成投资70 108万元，开工建设7 263套，竣工安置住户3 108套，工程建设有序推进，预计2011年底基本完工。

（唐和平　王宁）

电　力

四川华电攀枝花分公司

【概　况】 2010年，四川华电攀枝花公司按照年初提出的“抓安全、争电量、强基础、谋持续、图发展、稳队伍”工作思路，深入扎实地做好星级火力发电企业创建、集团公司文明单位创建、争发电量、扭亏增盈等重点工作，转变观念、创新管理、外争政策、内强基础，努力做好公司的生产经营和员工队伍稳定工作，使公司继续实现盈利，并完全弥补了历史亏损。

四川华电攀枝花公司含华电四川发电有限公司攀枝花分公司（以上简称老厂）与攀枝花三维发电有限公司（以上简称新厂），实行“两块牌子，一套人马”。截至2010年底，公司总装机容量30万千瓦，为2台15万千瓦循环流化床中间再热火力发电机组。2010年总值5.2亿元，实现利润5 602万元（老厂已关停，以上为新厂数据）。

公司共有职工1 385人，较2009年减少94人，其中全民在岗职工1 005人，平均年龄41.06岁，大专及以上文化程度516人，占职工总人数的37.3%，管理和专业技术人员223人。全民内退（含协议离岗）职工380人。离退休人员1 446人。公司机构设置为：主业16部3办；多经公司1家，为攀枝花三维实业集团公司。公司获得“中国华电集团公司文明单位”、“中国华电集团公司安全生产先进单位”称号，保持“中国华电集团公司二星级火力发电企业”、“中国华电集团公司四川公司文明单位”、“四川省文明单位”、“四川省卫生单位”、“安全文明标准化管理达标企业”等荣誉称号。

公司基础管理依然薄弱，设备隐患仍然较多，盈利能力还很脆弱，生产经营形势依旧非常严峻；员工队伍数量和结构不合理，存在“又多又少”、“又忙又闲”的现象；公司发展工作没有取得实质性的突破。

2010年，老厂因已关停，已无主营业务。新厂主要指标：发电量17.937亿千瓦时，完成年度计划的110.73%，机组平均利用小时数6 644小时，同比上升1 152小时。综合厂用电率10.66%，比年度计划低0.04%。综合供电煤耗：395.32克/千瓦时，比年度计划低1.66克/千瓦时，同比下降4.17克/千瓦时。入厂煤量：157.38万吨，平均热值：11.957兆焦耳/千克。入厂标煤单价443.41元/吨，比2009年上升37.72元/吨。入炉煤量：161.87万吨。平均热值：11.445兆焦耳/千克，入炉煤折标煤单价468.15元/吨，比2009年上升37.24元/吨，主要是燃料价格上涨所致。入厂入炉煤热值差：0.512兆焦耳/千克。发生一类障碍6次（其中非停1次）。二氧化硫排放绩效2.248克/千瓦时。耗油量420吨，同比上升32.79吨，油耗23.41吨/亿千瓦时。

截至2010年12月31日，实现安全生产1 751天。盈利5 602元，同比增加1 341元。公司全员劳动生产率17.22万元/人·年。

【安全管理】 2010年。为贯彻落实《国务院关于进一步加强企业安全生产工作的通知》、《四川省生产经营单位安全生产责任规定》精神，四川华电攀枝花公司着力开展构建完善管理体系工作，认真落实各级人员安全生产责任，明确各部门、各岗位的安全生产目标，做到“人人身上有指标，安全重担人人挑”。根据集团公司、四川公司的管理标准和制度，结合实际，修订完善公司各项管理标准和规章制度，初步建立较为规范、科学的制度体系和长效激励约束机制。落实安全生产常态化和过程管理，强化生产现场监管力度，做到安全生产规章制度落实、执行到位。开展安全文明生产标准化、安全性评价工作，开展重大节日、春秋季以及消防、交通等专项安全检查工作，坚持把反违章工作放在重要位置，使违章行为得到有效控制，夯实安全生产基础。全年对发生208项不安全情况的221人次责任人进行考核和违章积分扣减，同时对784人次负管理责任的人员进行联责考核和违章积分扣减。

开展安全知识和应急预防知识的宣传和培训，重视预案制定工作。全年完成1个安全生产综合预案、24个专项预案和25个现场处置预案的修编工作。进一步规范、完善临时工管理，加强对临时用工人员的安全教育，技术交底工作，确保作业安全。全年累计进行安全技术交底198次。

2010年公司安全生产稳定，荣获集团公司、四川公司“安全生产先进单位”称号。

【经营管理】 为实现扭亏增盈目标，公司不断强化经营管理，做好降本增效，取得明显成效。

重视抓电量工作，采取各种形式向职工灌输抢抓电量意识，加强与电网的协调与沟通，争取有利的运行负荷曲线。充分利用综合利用电厂发电排序靠前的优势，根据四川电网季节性供电特性，通过分季制定争发电量、入炉煤掺配掺烧奖励考核办法等措施，提高机组运行负荷率和利用率，优化电量结构。加强燃煤掺配掺烧的精细化管理，实现燃料掺烧的低热值极限掺配（入炉煤热值11.0兆焦耳/千克左右），最大限度降低燃料料成本。强化运行和检修维护管理。以“降能耗”为着力点，正确处理好“大指标”与“小指标”的关系，大力开展全员、全过程降低能耗指标活动，既抓“大”也不放“小”，着力指标改善，提高对标管理实效。

争取有利于公司的财税政策。实现资源综合利用电厂增值税减免1 760万元。老厂土地使用税免税申请材料已上报市地税局等待批复。实现1 328万元的资产处置收益，完成老厂2×50兆瓦关停小火电机组资产处置招、评标工作。克服宏观经济形势影响带来的困难，确保融资，为公司持续经营筹集资金，最大限度降低融资成本。

做好经济利润分析，制定日经济利润分析方案，结合机组负荷、厂用电率、煤耗等小指标，对影响日经济利润的电量、煤价、峰谷电价、煤炭掺配掺烧等指标重点分析，找准影响日经济利润变化的关键因素，及时调整生产经营策略，努力提高经营绩效。

【燃料管理】 2010年，公司把燃煤成本作为成本控制的中心，切实抓好电煤管理，确保最佳燃煤结构，确保最低燃煤成本，实现设备消耗、电量结构最优化。

落实“保量、提质、控价”的电煤采购原则，加强对电力市场、煤炭市场的预测研判，研究煤炭采购战略、策略，科学制定采购和存储计划。

根据公司CFB机组燃烧煤矸石的特点，按照结构性控价的思路，把握电煤市场动态，落实电煤资源，优化供煤结构，全面控制电煤价格，千方百计降低燃料成本。全年采购电煤157.4万吨，其中煤矸石102.1万吨，占65.35%。累计完成入炉煤折标煤单价468.15元/吨，比四川公司下达的指标低11.85元/吨，且低于本地区同类电厂标煤单价和四川公司平均标煤单价。

按照燃料规范化和标准化管理的要求，开展燃料管理“达标、创优、建示范”活动，着力规范入厂煤数量质量验收，做好储煤管理和入炉煤掺配管理，强化采制化和计量过程监督，有效堵塞管理漏洞，不断提高燃料管理水平。

【“星级火力发电企业”创建活动】 2010年，攀枝花公司以创建“星级火力发电企业”为契机，各项管理工作得到全面提升。

按照国家、行业和集团公司标准化管理的相关规定，组织修订安全生产、综合管理等9类347个管理标准和34类517个岗位工作标准，修订完善工资分配与长效激励约束机制方案等，初步形成较为完善的企业管理体系。

继续开展“我先上台阶”等晋级、竞赛活动，加强员工培训，提高员工素质和生产技能。全年共年开展综合类培训1 360人次，技术技能培训154人次，安全类培训484人次，处出培训225人次。共培训职工2 223人次，全员培训率96.3%。

按照公司“五型”（效益型、节约型、和谐型、创新型）班组建设活动实施方案，开展“五型”研组建设活动。通过加强指导，严格考评，班组建设工作有较大进步。经评审，全公司56个班组中有52个达到“五型”达标班组，其中27个班组达到“五型”优秀班组，10个班组达到“五型”标杆班组。

加大对设备的维护管理，积极探索设备运行规律，实行24小时消缺，确保设备健康稳定运行。设立年度设备改造、技术攻关基金并制定相应奖励办法，全年完成11号炉A/C冷渣器改造、12号炉一次风机出口门换型等52项技术改造攻关项目，特别是冷渣器的改造，基本解决底渣系统的安全稳定运行和漏灰严重等问题。利用机组扩大性小修机会，深入开展设备治理，顺利完成两台机组共计686项标准检修项目，提高设备的健康水平。

坚持不懈、持续深入地开展对标管理工作，努力提升生产、经营管理水平。加强对影响生产、经营的8项指标的重点关注和分析研究，全面优化运行方式、经济调度和日常管理，公司主要指标如发量、煤耗等明显改善。

组织开展机组带150兆瓦高负荷运行安全性、经济性试验，排烟温度、给水温度负荷曲线试验，12号炉风压调整试验，煤矸石超量掺烧试验，降低入炉煤热值试验等优化机组、辅机运行方式的试验，指导机组经济运行和优化调整。

有针对性实施节能技术改造，提高设备健康水平和运行经济性。通过技术改造，2010年公司综合供电煤耗与2009年相比有所下降。投入80万元对11号、12号电除尘器极线进行换型改造，提高除尘效率。投入80万元对污水处理系统管网进行改造，工业废水实现回收利用。投入20万元专项资金购买烟气在线监控设施备品配件，确保烟气在线监控系统的正常稳定运行，并于2010年11月通过省环保厅的验收。

制定《入炉煤掺烧管理制度》，严格控制入炉煤的硫分，加强环保设施运行维护管理，脱硫设施投运率、电除尘器设运率、烟气在线监控设施投运率均达到100%，实现污染物全部稳定达标排放。

大力开展信息化建设，对公司信息网络进行改造，提高内部网络运行质量和可靠性。顺利完成OA（办公自动化）系统两次升级和缺陷管理信息系统、档案系统、营销日报管理系统的迁移工作。进一步完善对标管理信息平台。配合国电南自工程人员完成公司燃料厂内管理系统项目的施工，保证燃料数据的顺利上传集团公司。完成集团公司信息化等级评定，达到集团公司信息化水平B级企业。

2010年，继续保持集团公司“二星级火力发电企业”称号。

（李 冰）

二滩水力发电厂

【概 况】 二滩水力发电厂（以下简称二滩电厂）系二滩水电厂开发有限责任公司下属单位，负责二滩水电站的运维管理。二滩水电站位于四川省西南部的雅砻江下游，是流域开发的第一个水电站，水电站最大坝高240米，水库正常蓄水位1 200米，总库容58亿立方米主，调节库容33.7亿立方米，装机容量330万千瓦，多年平均发电量170亿千瓦时。是中国在20世纪建成投产的最大水电站。

2010年是二滩电厂发展的“攻坚年”、“关键年”。二滩电厂在公司的正确领导下，圆满完成公司下达的各项指标，实现全年无特大、重大事故，创造了累计安全生产连续1 191天长周期安全纪录。全年累计完成发电量157.9亿千瓦时，超额完成年度发电量目标。通过NOSA管理体系五星认证。顺利安置51名2010年入职员工，2009年入职员工全部上岗，2004—2008年入职员工成长为电力生产骨干。为公司后续电站输送大批电力生产管理人员。全面实现成本预算与库存控制目标等，并保持良好的电力安全生产态势。

【主要指标完成情况】 2010年，二滩电厂全年累计完成发电量157.9亿千瓦时，枯水期累计电量60.5亿千瓦时，10月发电量达到23.28亿千瓦时，创历史最高纪录。水库水位在年底保持在1 192.69米高程。全年平均耗水率2.29立方米/千瓦时，是二滩水电站投产以来的最好水平。发电设备强迫停运0.17次/(台·年)，优于公司核定指标0.5次/(台·年)。全年内连续实现三个“百日安全无事故”内控指标。截至2010年12月31日，连续长周期安全生产1 191天。水工建筑物完好率100%，达到公司核定指标。机组等效可用系数95.33%，优于公司核定指标1.63个百分点。主设备完好率100%，达到公司核定指标。自动开停机成功率99.89%，优于公司核定指标1.89个百分点。

（雷 勇）

攀枝花电业局

【概 况】 四川省电力公司攀枝花电业局(以下简称“攀枝花电业局”)为国有特大一型供电企业，下设职能部门14个、二级专业管理中心8个、设备运行检修中心4个、县级供电企业3个；省公司授权管理控股公司1个(米易供电公司)，代管公司1个(盐边县电力公司)。年末在册职工1 417人，其中全民职工1 167人，劳务工72人，农电工178人；离退休职工777人。

2010年，攀枝花电业局拥有固定资产原值21.6亿元，净值11.34亿元；变电站(开关站)43座，变电总容量394.21万千伏安，其中，220千伏变电站7座，110千伏变电站15座，35千伏变电站17座，10千伏开关站4座；35千伏及以上输电线路1 029千米，10千伏配网线路1 703千米，初步形成以500千伏为支撑、220千伏为骨干、各级电网协调发展的输配电网络。

2010年，攀枝花电业局累计完成售电量100.9亿千瓦时，同比增长17.72%，继续保持省公司第三位；线损率1.58%，比年计划低1.15个百分点；电费回收率和电费解交率100%；城网综合供电电压合格率99.715%，城网供电可靠率99.942 1%；农网供电电压合格率98.316%，农网供电可靠率99.836 2%。

2010年，攀枝花电业局售电量突破100亿大关，圆满实现“百亿攀电”目标，是继成都电业局、乐山电业局之后，四川省电力公司下属的第三家售电量突破100亿千瓦时的地市级供电企业。

【人力资源】 2010年，攀枝花电业局按照四川省电力公司批准的本部机构设置方案进行机构调整，调整后全局设置管理岗位48个，专业技术岗位89个；对全局部分中层干部岗位进行交流调整，调整中层干部41人，交流33人，中层干部副职提正4人，新提拔中层干部副职7人，完成人员调动、岗位调整501人次。

2010年7月，四川省电力公司对局领导班子进行调整，副局长杨斌和副局长李建文异地交流至攀枝花，张琼在本局提任代理工会主席，原副局长文光辉提任映电总厂党委书记，领导班子扩充至8人。

全面实施人力资源普查，对所管辖人员的基础信息进行核对和登记，新增和修改数据达11 802条次，为生产一线结构性缺员分析提供数据支撑。

新建红格农电营销培训基地，推进优秀人才选拔工作，全年新增省公司级优秀技能人才11名，4名农电员工被推荐为国家电网公司农电优秀人才候选人。至12月末，攀枝花电业局拥有国家电网公司专家人才1人、省公司优秀人才44人，人才当量密度为0.777 4，位居省公司系统第一位。

大力推进全员培训、职业技能鉴定、员工学历教育，选派12名优秀员工对口支援甘孜电力公司发展建设，有效盘活人力资源存量。

【电网建设与发展】 2010年，攀枝花电业局坚持电网建设适度超前原则，组织编制“十二五”电网发展规划，实现与“十一五”规划的无缝衔接。

2010年，完成电网投资1.89亿元，220千伏新钒新建输变电工程、220千伏桐子林2号主变扩建工程、米易110千伏顺和新建工程建成投运，新增变电容量73万千伏安。

重点工程建设有序推进。220千伏一枝山、110千伏东风输变电工程预计于2011年上半年建成投运；米易500千伏变电站220千伏配套、220千伏枣子坪和安宁、110千伏上板桥等5个项目已开展可研设计；攀枝花500千伏Ⅱ站220千伏配套等10个工程已完成项目核准。

顺利完成电网安控装置联调，二石双回线路从四川主网下载的最大电力由60万千瓦提高到80万千瓦。

2010年，“户户通电”工程累计完成投资4 255万元，彻底解决盐边县红宝苗族彝族乡等无电地区用电问题。

【经营管理】 2010年，攀枝花电业局进一步规范经营管理，推行月度现金流量预算管理，实现业务预算与现金流量的紧密衔接。全面开展固定资产清理，设备资产对应率提高到91.57%。

加强电费回收管理，稳妥应对钒钛产业园区直购电指标不足对企业造成的影响，重点跟踪园区重要企业的生产状况和新增客户的业扩过程，开设西博会和重点项目用电业务绿色通道，确保企业电费及时足额回收。

强化基础管理，推进标准化建设工作，成立标准化管理委员会，组建标准化管理员网络，开通标准化管理员群组。开展反窃电专项治理，完成城网 CDM 配变改造和城网三相不平衡配变整治，线损率创历史最低。

持续深化班组建设，坚持领导干部挂点联系制度，自主开发“班组建设管理信息系统”，班组信息化水平有效提升。共建成五星级班组 4 个，四星级班组 17 个。

加强企业依法治企工作，着力防止“三指定”（指定设计单位、施工单位、设备材料供货单位）违法违纪行为，进一步规范电力市场。推进检企共建，成立由市检察院、各区（县）检察院和攀枝花电业局组成的预防职务犯罪工作领导小组，成功借助检察机关力量规范从业行为。

【安全生产】 2010 年，攀枝花电业局全面落实各级安全生产责任制，领导干部和管理人员认真执行到岗到位各项要求。开展安全大检查、“三个不发生”百日安全活动，隐患的闭环管理和动态监控常态机制逐步完善。开展“平安电力，从我做起”电力设施保护宣传活动，盗窃破坏电力设施案件明显降低。认真汲取公司系统发生人身伤亡事故教训，全面开展老旧开关柜隐患排查治理，企业全年未发生人身伤亡事件。加强信息安全管理，未发生信息泄密事件。

状态检修顺利通过省公司实用化验收，完成 110 千伏及以上所有线路、设备的状态评价，为全面推广奠定基础。

成立安全巡查大队，全年发现不安全情况 127 项，整改 120 项，制订合理化建议 7 项。成立应急分中心，坚持 24 小时应急值班，应急管理体系逐步完善。

【科技与信息化】 2010 年，攀枝花电业局完成 220 千伏青龙山变电站 220 千伏录波屏更换和马店河变电站 110 千伏故障录波屏更换工作，完成 35 千伏同德、炳草岗、宋家坪变电站综合自动化改造等基建改造工作。

完成 220 千伏岔河集控中心光传输、调度交换机、高频开关电源等设备的安装调试和 110 千伏顺和变电站、35 千伏炳草岗站、斯力沟变电站光纤通信设备安装调试。

完成 95598 供电服务系统双通道建设和中心机房至通信机房光缆架设工作。

完成二级骨干节点调度数据网的升级改造和四川智能电网自动化系统 D5000 信息接入等工作。

【市场服务】 2010 年，攀枝花电业局扎实开展供电服务提升工程，对拉动内需、抗旱保电等重点项目开辟“用电绿色通道”。完善大客户经理制，为西博会签约项目等重要客户提供个性化服务。开展“供电服务之星”评比、服务窗口“满意百分百”活动，促进供电服务质量提升。圆满完成四川省第十三届少数民族运动会、欢乐阳光节等重大活动保电任务。

大力宣传短信平台、智能电表、电费征信等新型服务模式。重新修订《营业厅客流拥堵应急预案》，单户交费等候时间被控制在 15 分钟之内，有效缓解高峰时段缴费难问题。

参与效能直播热线活动，现场解答听众提出的供电服务热点难点问题并落实整改。

加强行业作风建设，树立企业良好形象，在 2010 年度全市民主评议行风中取得行业单位排名第二的好成绩。

【抗旱保电】 2010 年上半年，攀枝花市遭受了数十年不遇的旱情，全市 2 万多公顷农作物受灾。

面对灾情，攀枝花电业局全力以赴投身至保电工作中。短短 3 多月时间里，共投入资金1 300余万元，新架 10 千伏线路 25 千米、低压配电线路 110 千米，新装配电变压器 55 台，确保水源在哪里，线路就延伸到哪里，及时有效解决重灾区老百姓饮水和灌溉用电问题。

2010 年，攀枝花电业局被评为“四川省电力公司抗灾救灾功勋单位”。

（郭健　刘雅利）

化 工 工 业

【概　况】 2010 年，全市规模以上化工企业 35 户，主要产品有：钛白粉、脱硝催化剂载体二氧化钛、黄磷、硫酸、烧碱、煤焦油、炭黑、油漆、电石、磷酸、盐酸、炸药、磁粉、润滑油、石油压裂支撑剂、液化气等。已形成黄磷 12 万吨、磷酸 10 万吨、烧碱 15 万吨、炭黑 4 万吨、油漆 2 万吨、钛白粉 30 万吨的生产能力。

据行业统计，35 户规模以上企业，完成工业总产值612 547万元，同比增长 64.68%；完成工业增加值223 592万元，同比增长 78.49%；实现销售收入567 523万元，同比增长 76.49%。主要产品产量：钛白粉233 305吨、黄磷89 332吨、硫酸356 124吨、炭黑16 252吨、油漆3 764吨。销售收入上亿元企业 18 户，其中 5 亿元以上 3 户，1 亿元 ~5 亿元 15 户。

（李晋云）

【重点化工企业】 四川华铁钒钛科技股份有限公司位于米易白马工业园区钒钛工业区，2008 年在攀枝花市注册成立，注册资本金6 000万元。公司是科技部支持的“中国烟气脱硝产业技术创新战略联盟”的成员企业，是中国环境保护产业协会会员单位，是工业和信息化部认定的“十二五重大环保装备生产企业”、环保部认定的“先进污染防治技术企业”，四川省钒钛产业重点企业。公司主要开发和生产载体 TiO_2 系列产品，即脱硝催化剂原料。公司主要生产纯 TiO_2 粉体、Ti－Ba 复合粉体、Ti－W 复合粉体、Ti－W－Si 复合粉体 4 大类载体 TiO_2 产品，根据不同用户对产品的化学成分、物理指标等不同要求，为不同脱硝催化剂厂家提供相对应的产品。公司发展依托技术创新，通过自主技术创新形成企业核心竞争力，成立了技术研发中心，开展特种 TiO_2 产品的制备技术开发，研发和生产市场适销对路的特种 TiO_2 产品。2010 年末，公司总资产为21 942万元，净资产5 515万元，年生产能力 2 万吨，全年主营业务收入1 694万元，预计 2011 年产值将达到 1.5 亿元。

（戚长江）

四川金光化工股份有限公司位于四川攀枝花钒钛产业园区，公司隶属于四川金光实业集团，2008 年 5 月成立，注册资金3 000万元，占地 13.3 公顷。公司一期工程于 2008 年 8 月动工，固定资产投资7 754万元，形成产品规模：12 万吨/年食品级磷酸及配套 2 万吨/年（2×25 000千伏安/110 千伏）装置生产线投入生产阶段，5 万吨/年食品级三聚磷酸钠投入生产阶段，1 万吨/年食品级六偏磷酸钠、17 万吨/年工业级磷铵在建设阶段。二期工程于 2010 年 3 月动工，固定资产投资5 510万元，形成产品规模：11 万吨/年精细磷酸盐技改装置项目中 3 万吨/年（2×30 000千伏安/110 千伏）黄磷装置于 2010 年 2 月开工建设，2011 年 3 月中下旬投入试生产。一、二期工程全部建成投产后，可实现年销售收入 15 亿元以上，出口创汇5 500万美元，新增就业1 200余人。2010 年累计生产黄磷19 000余吨，五钠10 000余吨；实现不含税销售收入28 667.34万元，利润 596 万元。

（唐仕华）

地 方 工 业

【概　况】 2010 年，攀枝花加强经济运行宏观调控，加快产业结构优化升级，强化煤电油运要素保障，着力节能降耗、淘汰落后，发展循环经济，推动新型产业化示范基地建设，地方工业经济总体保持平衡较快发展，工业经济效益明显好转，主要工业产品产销较好。据市统计局统计，规模以上地方工业 387 户，完成工业总产值6 347 435万元，同比增长 53.51%，占全市工业总产值的 66.59%，较 2009 年增加 10.5 个百分点；实现主营业务收入6 478 047万元，同比增长 77.44%，占全市规模以上工业企业主营业务收入的 61.09%，较 2009 年提高 10.34 个百分点。规模以上地方工业企业主营业务收入上亿元的企业达到 121 户，较 2009 年增加 43 户，其中，100 亿元以上 1 户，20 亿元～50 亿元 2 户，10 亿元～20 亿元 3 户，5 亿元～10 亿元 17 户（增加 11 户），1 亿元～5 亿元 98 户（增加 32 户）。

攀枝花泓兵钒镍有限责任公司年产 12 万吨镍铁二期工程、四川富邦钒钛制动鼓有限公司年产1 000万件载货汽车钒钛制动鼓、攀枝花市攀阳钒钛工贸有限公司 10 万吨/年煤基直接还原等 11 个项目列入省政府钒钛相关延伸产品及装备产业化重点项目。

【冶金行业】 2010 年，国家各项宏观经济政策继续保持连续性，冶金行业经济运行继续保持良好态势，市场价格总体趋好，企业经济效益好于 2009 年同期。据行业统计，列入行业统计的重点地方冶金生产企业 110 户，完成工业总产值 2 469 092万元，同比增长 43.28%；完成工业增加值879 922万元，同比增长 44.28%；实现销售收入2 376 167万元，同比增长 50.27%；利润142 505万元，同比增长 11.74%。

攀枝花钢城集团有限公司5 000吨/年海绵钛项目于 2010 年 3 月建成投产，攀枝花市地方企业海绵钛生产能力达到 1.25 万吨/年。四川德胜集团攀枝花煤化工有限公司 100 万吨/年氧化球团生产线、攀枝花市翰通焦化有限责任公司 100 万吨/年焦化及焦油深加工、四川安宁铁钛股份有限公司潘家田铁矿采选改扩建工程、攀枝花攀昆矿业有限公司 800 万吨/年钒钛磁铁矿选厂、攀枝花云钛实业有限公司 2 万吨/年钛锭、盐边县攀西红格矿业有限责任公司 800 万吨/年红格钒钛磁铁矿矿山开采技改工程、攀枝花泓兵钒镍有限责任公司 12 万吨/年镍铁二期技改、攀枝花金江钛业有限公司 15 万吨/年钛渣及不锈钢等一批重大产业化项目相继开工建设，这些项目的建成投产将成为冶金行业发展的新的经济增长点。

攀枝花市攀阳钒钛工贸有限公司 10 万吨/年煤基直接还原项目列入省政府钒钛相关延伸产品及装备产业化重点项目。

【轻工行业】 2010 年，攀枝花市轻工行业继续呈增长态势，但增幅有所下降。据行业统计，列入行业统计的轻工企业有 14 户，完成工业总产值68 507万元，同比增长 26.58%，比 2009 年同期下降 17.18 个百分点；完成工业增加值21 540万元，同比增长 22.5%，比 2009 年同期下降 12.41 个百分点；实现销售收入81 798万元，同比增长 46.29%，比 2009 年同期上升 17.56 个百分点。

【机械行业】 2010年，在市委、市政府加快发展机械制造业一系列相关政策和《攀枝花市人民政府办公室关于印发攀枝花市加快发展机械制造业暂行意见的通知》的引导和支持下，全行业呈现出快速发展的势头，工业总产值、销售收入双双突破50亿元，取得历史性的突破。据行业统计，列入行业统计的机械加工企业有43户，完成工业总产值508 013万元，同比增长75.5%；完成工业增加值211 938万元，同比增长81.4%；实现销售收入503 854万元，同比增长78.47%；实现利润12 319万元，同比增长69.66%。销售收入上亿元的企业11户，其中：5亿元以上3户，1亿元～5亿元8户。

攀枝花泓兵钒镍有限责任公司年产12万吨/年镍铁二期工程及装备制造、四川富邦钒钛制动鼓有限公司年产1 000万件载货汽车钒钛制动鼓、攀枝花市润莹齿轮有限公司年产300万件汽车发动机齿轮、30万套飞轮生产线等项目列入省政府钒钛相关延伸产品及装备产业化重点项目。

四川富邦钒钛制动鼓有限公司是攀枝花市机械制造业的重点企业，2010年实现工业总产值9.31亿元，主营业务收入8.85亿元。年产1 000万件钒钛制动鼓项目获得省发改委批复，环保、安全等审批手续全部完成，一期100万件生产线改造工程已于2010年5月建成投产，100万件静压铸造生产线建设已于2010年8月开工建设，预计于2011年2月建成投产。二期800万件钒钛制动鼓项目前期土建工程已开工建设，主体工程将于2011年开工建设，2013年将形成年产1 000万件钒钛制动鼓的生产能力，届时将成为国内最大的制动鼓生产企业。

攀枝花市润莹齿轮有限公司根据市场需求和企业发展规划，实施整体搬迁扩能改造，2010年8月在南山循环经济开发区开工建设年产300万件汽车发动机齿轮、30万套飞轮生产线，提高与云内动力、成都一汽等企业的配套能力。

攀枝花市恒达汽车板簧有限公司在开拓国内市场的同时，积极开拓东盟市场，在经过市场调查和实地考察后，2010年出口老挝汽车板簧120吨，创汇12.1万美元，成为攀枝花市地方企业第一家成功进入东盟市场的机械制造加工企业，也为攀枝花市机械制造业进军东盟市场提供了有益的经验。

（李晋云）

主要工业企业

【攀枝花钢城集团有限公司】 攀枝花钢城集团有限公司（简称钢城集团）。截至2010年底，公司下设15个分公司、27个全资子公司和7个控股子公司；机关设职能部室19个。年末在岗员工16 721人；拥有各类生产设备3 499台（套）（含38条生产线）；固定资产原值28.21亿元、净值20.25亿元，总资产89.51亿元，流动资产58.78亿元，流动负债62.15亿元，资产负债率73.89%，所有者权益23.37亿元。

2010年，钢城集团抓住省、市重点培育大企业大集团的机遇，精心组织产供运销，加大市场开发和产品销售力度，确保生产经营平稳运行。抓好各产业链之间的产供运销衔接，及时解决原料供应、产品运输中出现的问题。强化服务攀钢意识，做好球团，冶金原辅料及化工原料等保供产品的组织、生产和运输，抓好协力服务和托管运营，确保攀钢生产需要。精心呵护攀钢市场，努力为攀钢分忧，继续保持公司在攀钢市场的战略供应商地位，开拓攀钢以外市场取得明显效果。水泥产品在满足攀枝花本地市场需求外，成功辐射到西昌、成都地区，并在川滇地区水电站工程中打开市场。全年累计销售水泥产品129.27万吨，实现销售收入3.14亿元；螺纹钢产品在维护巩固老市场的同时，拓展成都、昆明及重庆等市场，先后进入丽攀高速公路、雅西高速公路、丽江阿海水电站、木里河水电站等重点工程。其中，丽攀高速公路攀枝花段已开标的11个标段的螺纹钢全部由钢城集团轧钢厂供应。全年共销售螺纹钢43.53万吨。球团产品在做好保攀钢本部供应的同时，拓展攀成钢等新市场。全年共销售球团产品400余万吨。

重大骨干项目建设及达产达效工作顺利推进。一批直接面向外部市场的重大骨干项目建成。国内第一家全流程、技术达到国内先进水平的年产5 000吨的海绵钛项目实现生产工艺全流程贯通；地兴公司50万吨铁精矿生产线和瑞远冷弯型钢厂搬迁项目完工投产；金堂综合大楼竣工，瑞地矿业公司年产50万吨铁精矿项目完工；宜宾瑞兴公司5 000吨新型干法水泥生产线建成投产；轧钢厂全连扎技改配套项目和矿业公司排土场初选线建成；阳城·龙庭房地产项目按计划顺利推进；冶金渣综合利用、钢渣在线处理等攀钢西昌基地配套项目和电工钢项目建设按网络计划稳步推进；开工建设了瑞丰水泥公司4.5兆瓦水泥余热发电项目。7项围绕达产达效、节能降耗的科技攻关取得较好成绩。四级螺纹钢研制试验取得成功；高钛型高炉渣熔融还原提钛工程化技术及产物应用研究项目已完成200吨原料规模工业试验的准备工作；通过攻关，瑞达水泥公司2 500吨/日干法水泥生产线建成投产。

持续深化改革，创新体制机制，稳步推进产业结构调整。完善绩效考核体系，将经营管理者和职工薪酬与本单位利润、收入挂钩,激发全体经营管理者和广大职工增加收入和利润的积极性。建立经营管理者退出机制和中层管理人员动态管理机制。完善重要管理制度,增强制度执行力,提高集团化管控能力。积极推进产业结构调整,完成协力分公司、钢协分公司、铁协分公司三家单位以及冷轧协力分公司部分协力业务的合并整合。

2010年,面对异常严峻的生产经营形势,钢城集团通过强化预算控制、集中采购、压缩可控费用和挖潜增收节支等措施,强化企业管理。加强招投标管理。全年,钢城集团总部集中招标中标价较投标均价降低采购成本2 615万元。加强财务管理,努力降低成本费用。继续强化全面预算管理,严格控制支出,努力降低生产成本,压缩非生产性费用。强化库存管理,保持库存低位运行,提高存货周转效率。规范资金结算,加大对应收账款占用的考核力度,提高资金运转效率。加大应收账款催收、欠款回收和预付款支付控制力度,降低资金风险。扩大与银行的信贷业务。与各类银行建立贷款授信关系,改善融资方式和结构,确保生产经营和重大骨干项目建设所需资金,确保了生产经营稳步发展、重大骨干项目建设顺利推进、企业大局和谐稳定。全年实现经营总收入137.82亿元、工业总产值91.25亿元、利税总额5.99亿元,分别比2009年增长28.55%、27.43%和21.20%,2010年钢城集团在岗员工人均年收入34 677元,比2009年31 061元增加3 616元。2010年钢城集团位列中国制造业500强第290位,比2009年上升50位;位列中国四川100强企业第18位,比2009年上升3位;入围四川工业企业最佳效益200强、四川工业企业最大规模20强、四川大中型工业企业500强;位列攀枝花50强企业第2位;被评为四川省资源综合利用型企业,荣获攀枝花市城乡环境综合治理工作先进集体、群众(信访)工作先进集体等荣誉。2010年2月22日,钢城集团合金分公司生产的“贺宣牌还原用铁粉”,西磁分公司生产的“贺宣牌永磁铁氧体料粉”获第九届四川名牌产品称号。汉风物流公司获“第九届四川名牌企业”称号,成为全市唯一获此殊荣的物流企业。2010年4月28日,钢城集团的“攀起”商标在“四川省大力推进商标战略暨驰名商标、著名商标奖励授牌大会”上,被授予“四川省著名商标”。2010年10月29日,钢城集团在四川低碳发展战略与生态省建设论坛上,被授予“资源综合利用型示范企业”称号,成为攀枝花市唯一一家获此殊荣的企业。2010年11月3日,钢城集团申报的《送技术下基层,送文化到班组,努力实践员工与企业一起成长价值观》,在四川省第五届企业文化年会上被评为优秀文化案例二等奖,公司党委书记、常务副总经理王继光获“四川省企业文化突出贡献人物”奖。2010年12月28日,钢城集团申报的《国有企业厂办大集体整体改制》创新成果荣获“第十七届全国企业管理现代化创新成果”一等奖,四川省仅有两家企业获此殊荣。

(莫基秀)

【四川安宁铁钛股份有限公司】 该公司前身为原米易县安宁铁钛有限责任公司,位于攀枝花市米易县垭口镇,属钒钛资源深加工的综合利用企业。现有员工2 000余人,其中有大中专学历的各类专业技术人员600余人。

公司成立于1993年,持续投入7亿余元资金进行钒钛磁铁矿循环经济的创新研发,已形成多项具有自主知识产权的核心采选技术,具备300万吨/年钒钛磁铁矿、100万吨/年铁精矿、20万吨/年钛精矿、10万吨/年高品位活性石灰、4万吨/年高档金红石型钛白粉的生产能力,部分钛白粉产品已远销亚太、欧美等国家。

公司立足于“走新型工业化道路”,以创建环保型企业为目标,相继投入巨额资金,建成“低品位钒钛磁铁矿节能超细碎系统”、“无外力作用粗颗粒原矿浆自流输送系统”、“工业废水循环利用系统”和“废酸浓缩回用系统”,“节能减排”成效显著,实现了经济效益和社会效益的有机统一。

公司自2004年连续多年进入“攀枝花市企业50强”及“攀枝花市民营企业销售收入与纳税额双10强”,已获得“攀枝花市环境保护先进单位”、“四川省成长型中小企业”、“四川省小巨人企业”、“四川省五一劳动奖状”、“四川省最佳诚信企业”及“四川省第三批建设创新型培育企业”等荣誉。2010年,公司实现产值10亿元、利税3亿元。

(罗阳勇)

【四川德胜集团攀枝花煤化工有限公司】 公司为德胜集团下属企业,成立于2003年7月,注册资金3 000万元,占地近33.3公顷,有员工800余人。近年来,公司加大资金投入,深化内部管理,以炼焦为主导产业,努力开拓循环经济产业链,不断扩大经济规模,取得显著效果,已成为攀枝花市重点循环经济企业之一、攀枝花市西区重点龙头企业、四川省“小巨人”企业。企业多年位列“攀枝花企业50强(综合)”、“工业企业50强”、“非公企业50强”排名前列。同时,荣获攀枝花市西区2007年、2008年、2009年安全生产先进单位、安全标准化二级企业、焦化行业准入企业、攀枝花市安全生产现场评估及分类监管A类企业称号、“2009年四川省质量管理先进企业”、首届“攀枝花市人才开发奖”、2010年度“先进私营企业”等。

公司生产规模为年产冶金焦60万吨、氧化球团40万吨、粗苯8 000吨、硫铵7 000吨、焦油2.5万吨、年发电4 000万千瓦时,年可实现产值19亿元,利税2亿元。

公司积极参与攀枝花市的资源开发,规划在攀西地区投资50亿元以上,进入煤矿、钒钛资源综合利用等领域,整合矿山,筹建钒钛高附加值冶炼项目,打造百亿产业企业。攀煤化公司二期60万吨球团正在建设中,投产后将带来较大经济效益。

2010年公司全年生产焦炭45.64万吨、球团40.71万吨、粗苯4 303.17吨、硫铵3 527.3吨;发电2 939万千瓦时。实现销售收入10.53亿元、上缴税金7 286万元、利润4 332万元。

(孙玉鸿)

农 业

种 植 业

【粮食生产】 2010年,全市粮食生产克服严重旱灾,认真开展高产创建活动,狠抓农技培训,着力调整粮食结构,大力推广节水抗旱、作物新品种等技术。全年生产粮食23万吨。

春季旱情发生后,市农牧局成立3个抗旱工作小组分别派往米易县、盐边县、仁和区的受灾严重的乡镇,深入村社驻点,走村串户,统计受灾农作物的种类、面积、人畜饮水困难、经济损失等情况,市农牧局及时与水利、气象、财政等部门协调配合,召集各县(区)农技人员和粮食生产专家30多人,对全市旱情进行了全面的分析,提出关键时期的应对措施,拟定切实有效的"抗旱技术方案",深入小春生产一线贯彻落实。

5月中旬,市农技站派出3个工作组对仁和区、米易县和盐边县种植水稻和玉米等主要农作物的重点乡镇进行了栽播指导和走访调查工作,认真指导农户调整种植结构,科学用水,节约用水。2010年大春移栽种植较2009年略有推迟,但总体态势良好,由于前期缺水和部分地区新农村示范建设需要进行田型调整,水稻种植面积比2009年减少25万平方米,总面积14 323万平方米;全市烤烟种植面积减少,玉米种植面积2009年增加1 394万平方米,总面积达到10 570万平方米。

革新大春种植模式和配套技术,设主水稻高产示范片2个,共2 000.1万平方米,其中核心示范片1 360.07万平方米,平均亩产达到720公斤,超大面积单产210公斤。设主玉米高产示范片1个、2 000.1万平方米,核心示范片800.04万平方米,平均亩产达到581.7公斤,比预期420公斤的单产高161.7公斤。高产示范辐射带动大面积生产,为完成全年粮食产量起到了积极作用。

全年粮食产量23.19万吨,较2010年增产0.05万吨。其中,小春粮食产量4.23万吨,比上年减少0.33万吨。大春粮食产量18.96万吨,比上年增产0.37万吨。

【蔬菜生产】 2010年,全市蔬菜种植面积11 343万平方米,产量54.61万吨,同比增加2.16万吨,增长4.1%,其中早春蔬菜7 333.7万平方米,产量33.5万吨,同比增加0.85万吨,增长2.6%,设置大棚1 466.74万平方米。"十一五"期间,攀枝花市在稳定蔬菜种植面积的基础上,着力推广新品种、新技术,发展高效设施栽培,设施蔬菜发展势头良好,实现了90%以上的保护地栽培,蔬菜增产增收显著,产量和产值得到大幅提高,分别比"十五"末增加了12.2万吨和3.7亿元,增长29.2%和121%,其中设施大棚面积比"十五"末增加733.37万平方米,增长了100%。

"十一五"期间攀枝花市加快发展高效设施蔬菜,把重点放在提高蔬菜品质和增加经济效益上。通过进行设施栽培试验示范推广工作,农民掌握大棚栽培技术日趋成熟,在设施农业的发展有了新的认识,积极加大设施投入,截至2010年底,全市蔬菜面积11 343万平方米,其中,大棚栽培面积1 466.74万平方米,保护地栽培达到90%以上。大棚蔬菜年产值2亿元,大棚平均亩产值达1.2万元,最高产值可达4万元,平均亩产值比常规种植收益高40%以上,经济效益显著。

自2006年开始,攀枝花市在盐边县北部建立蔬菜基地,为鼓励广大农户调整种植结构,发展蔬菜生产,攀枝花市出台设施大棚蔬菜建设补助政策,建设钢架大棚每亩由市级补助500元,县级补助3 500元,极大地促进了该地区设施大棚的建设。盐边县惠民乡、永兴镇、国胜乡等地已发展设施大棚蔬菜千余亩,取得良好的经济效益。米易县就设施大棚蔬菜种植出台补助政策,每亩钢架大棚补助2 000元。米易县大棚蔬菜发展迅速,至2010年底已有设施大棚1 466.74万平方米,占蔬菜种植的47.2%。

确保农产品质量安全,"十一五"期间攀枝花市加大无公害生产技术的推广力度,将绿色食品生产和无公害生产作为经济作物生产的重点来抓。通过建立无公害标准化栽培示范园,实施无公害生产标准,无公害标准化栽培技术在全市得到普及,多数农民树立起无公害农产品生产意识。"十一五"期间,全市共发展无公害经济作物26 680万平方米,其中无公害水果基地面积13 340万平方米,无公害蔬菜基地面积6 667多万平方米,绿色食品茶叶面积1 333.4平方米,无公害生产达90%以上,2010年全市蔬菜、水果质量安全合格率分别达到94.7%,100%。

蔬菜种植经济效益高,种植品种、基地面积扩大。扩大米易县湾丘—垭口新农村示范片和盐边县北部地区早春蔬菜设施栽培面积,增加标准化大棚和中棚比重,提高单产和品质；在米易安宁河流域二半山区发展山药，打造万亩山药种植基地，已种植山药433.36万平方米，其中垭口、丙谷两镇新增加山药种植面积253.34万平方米，亩产量3～4吨，产值最高达到3万元，平均产值1.2万元，经济效益显著。

为加快优新品种的推广，提高良种率和良种更新换代，加快基地良种化进程，保障优质、高产种苗供应，攀枝花市继南亚热带水果良繁基地建成后，2010年在米易县丙谷镇建设2万平方米集约化育苗中心1个，采用以营养泥炭块育苗和穴盘育苗为代表的集约化育苗技术，实现蔬菜规模化、专业化、商品化育苗，为米易县蔬菜基地提供优质、高产的良种蔬菜种苗。

【水果生产】 2010年，全市水果种植面积22 700万平方米，产量14.5万吨。其中，芒果面积10 520万平方米，产量4.3万吨；枇杷面积3 733.52万平方米，产量0.48万吨；石榴面积1 600万平方米，产量2.65万吨；柑橘面积710万平方米，产量0.62万吨。全市水果保持良好的发展势头，通过产业结构调整，优化品种结构，提高产量和品质，水果种植经济效益显著。2010年，全市水果种植面积、产量大幅度提高，分别比“十五”末增加了4 000.2万平方米和8.3万吨，增长了25%和133%，其中以特色水果芒果和枇杷的发展最为迅速，芒果种植面积和产量分别比“十五”末增加了3 333.5万平方米和3.5万吨，增长55%和458%，枇杷种植面积和产量分别比“十五”末增加866.71万平方米和0.3万吨，增长30%和166%。

全市大力推广果实套袋技术，通过建立示范片，技术培训，物资补助等，在全市推广果实套袋技术，极大地改善了果实外观，提高了果实品质，减少农药使用量，使果实商品率大大提高。2010年全市水果套袋面积10 000万平方米，套袋率达到50%，其中芒果投产园套袋率达到90%。

“十一五”期间攀枝花市通过产业结构调整，优化种植结构，大力发展优质高效特色经济作物，尤其是发展优质南亚热带水果和设施蔬菜，特色水果、设施蔬菜得到快速的发展，成为全市特色农业的重要支柱和农民收入的重要来源。2010年金市水果产值3.85亿元，占农牧产值的10.6%，人均增收110元，增收贡献17.4%，其中芒果2.58亿元，占农牧产值的7.1%，枇杷0.525亿元，占农牧产值的1.44%。蔬菜产值7.02亿元，占农牧产值的19.36%，人均增收250元，增收贡献39.68%。

2010年新建容量2 000吨的果蔬气调保鲜库1座，有效调控了全市芒果、枇杷、石榴、蔬菜的市场销售量，缓解了大批水果集中上市带来的压力，降低了市场风险。

【蚕桑生产】 2010年全市蚕桑种植面积6 166.98万平方米，发蚕种74 150盒，比2009年增发510盒，增长0.69%；行业统计生产蚕茧2 685吨，比2009年增长3.1%；养蚕平均单产36.2公斤/盒，比2009年增加0.9公斤/盒。全市蚕桑产业综合产值1.33亿元，其中，全年蚕农售茧收入8 835万元，比2009年增加2 898万元，增长48.8%。养蚕户户平养蚕收入2 826元。加大省力化养蚕、纸板方格簇、塑料折簇等优良簇具推广力度，贯彻《四川省蚕种管理条例》、《农业部蚕种管理办法》有关法律法规，加强蚕种行政执法力度，强化蚕种质量监管和检验检疫工作。蚕茧产量和产值分别比“十五”末增加742吨和0.83亿元，增长30%和166%。

蚕业新技术、新品种的引进、试验、示范，主要推广小蚕共育技术、蚕病统防统消技术、大蚕省力化饲养技术、纸板方格簇等新技术，全年小蚕共育面达到95%以上、蚕病统防统消面达到82%、推广大蚕省力化蚕台2 000套、纸板方格簇、塑料折簇等优良簇具3.5万片，全市优良簇具占87%。

年内，市农牧局积极会同市物价局、市商务局、市工商局搞好蚕茧收购价格审定，加强与攀枝花市周边蚕茧收购市场管理和协调，全年组织召开蚕茧收购以及价格协调会3次，全年没有出现蚕茧收购“打白条”的现象。

【植物检疫】 2010年，全市共检出植物检疫性有害生物7种，比2009年增加2种。其中，全国检疫性有害生物5种，分别是一柑橘溃疡病、柑橘黄龙病、红火蚁、扶桑绵粉蚧和水稻细菌性条斑病，发生总面积46.67万平方米，造成经济损失32.3万元；四川省补充检疫性有害生物2种，分别是柑橘小实蝇和水稻白叶枯，发生总面积53.34万平方米，造成经济损失1.4万元。全国性农业植物检疫性有害生物种类、发生面积和经济损失比2009年有所增加。

柑橘溃疡病主要发生在盐边县，危害作物是柑橘，发生面积13.33万平方米，经济损失20万元。柑橘黄龙病主要发生在仁和区、盐边县，危害作物是柑橘，发生面积21万平方米，经济损失4.5万元。水稻细菌性条斑病主要发生在盐边县，主要危害水稻作物，水稻分蘖盛期至孕穗期为流行高峰期，发生面积133.33万平方米，经济损失3.8万元，发生面积比2009年有所减少。“红火蚁”疫病主要发生在盐边县，主要危害蔬菜、果树作物，发生面积8 000.4平方米，经济损失0.35万元，药剂防治12.2万平方米。“扶桑绵粉蚧”疫病主要发生在东区、西区、仁和区、米易县和盐边县，主要危害玉米、芒果、红薯农作物，发生面积7 733.72平方米，经济损失2.26万元，药剂防治46 268.98平方米。

加强疫情调查监测与防控，采取全面普查与重点抽查。全年共开展各类检疫性有害生物调查8 267.08万平方米，目前分布有柑橘溃疡病、柑橘黄龙病、红火蚁、扶桑绵粉蚧和水稻细菌性条斑病5种全国检疫性有害生物，柑橘小实蝇和水稻白叶枯病2种省补充检疫性有害生物。加强农作物疫病监测，利用现有的3个病虫监测站和18个群众测报点进行适时监测。

开展有害生物防控，全年主要针对新发现的红火蚁、扶桑绵粉蚧进行了专项防控，得到有效控制。7、8月份在红格镇开展扶桑绵粉蚧田间药效筛选试验，筛选出高效、低毒、安全的特效药剂。对红火蚁的防控主要采用投饵、灌巢和喷雾处理。

全年实施产地检疫4批次，主要是芒果苗木63.34万株；调运检疫3 360批次，其中调运检疫种子4 649公斤、苗木26.37万株、植物产品5 182.6万公斤。

市农牧局强化日常检疫监督管理，全年深入到种子市场、花卉市场、苗木市场及水果蔬菜市场开展种子、苗木、花卉及植物产品检疫52次，抽检各类种子、植物产品18.4万公斤，检疫苗木、花卉2.3万株。加强检疫执法监管工作，年初，市农牧局制订《攀枝花市2010年春季植物检疫市场监督检查实施方案》，3、4月份，对全市种子、苗木市场进行全面检查，重点查验是否建立台账、经营纪录、有无植物检疫证书、种子标签上的检疫证明编号等，共检查经销商91家，查验水稻品种172个，玉米品种219个。

认真开展检疫人员学习培训，主要开展扶桑绵粉蚧、红火蚁、黄瓜绿斑驳花叶病、稻水象甲等检疫性有害生物的专项培训。全年共举办培训班27期（次），培训人员达2 147人次，宣传8次，发放各类技术资料1 620份，发放有害生物挂图1 800份。

【病虫害防治】 2010年，全市农作物病虫总体呈中等发生，全年病虫累计发生47 563.8万平方米（次），比2009年增加3 433.5万平方米（次）。防治面积88 164万平方米（次）。其中，水稻病虫中等偏轻发生，虫害重于病害，水稻病虫共发生9 173.8万平方米（次），比2009年略有减少，防治19 800万平方米（次），挽回损失2 545.69吨；小麦病虫害中等发生，发生面积6 213.6万平方米（次），比2009年减53.34万平方米（次），防治7 900.40万平方米（次），挽回损失882.2吨；玉米病虫害中偏轻发生，发生面积5 473.61万平方米（次），防治面积500.27万平方米（次），挽回损失748.99吨；蔬菜病虫中等发生，发生面积13 700万平方米（次），比2009年增加1 073.34万平方米（次），防治面积26 700万平方米（次），挽回损失18 726.13吨；果树病虫中等发生，发生面积7 167.03万平方米（次），防治面积12 900万平方米（次），挽回损失7 011.2吨；其他经济作物病虫发生1 820.09万平方米（次），防治7 933.73万平方米（次）；农田草害中偏轻发生，累计发生面积30 000万平方米（次），防治28 200万平方米（次）；农田鼠害中偏轻发生，累计发生面积10 600万平方米（次），防治9 473.81万平方米（次）。

小麦条锈病中偏重发生，主要发生在仁和区的平地、啊喇和盐边的永兴、惠民等乡（镇）。小麦条锈病始见期早，病点多；发病品种多，主栽品种均发病，穗期流行较快。麦蚜虫中偏轻发生，入冬气温回暖期始发重，2～3月气温偏高，麦蚜虫发展快，危害重。水稻稻瘟病轻发生，始见期早，比2009年提前3天。发病轻，病株呈零星点状分布，发病范围较广。主要以叶瘟为主，穗颈瘟极轻。发病品种以合系、楚粳、滇杂等品系为主，部分籼型杂交稻也有一定程度发生。中高山区重于河谷地区。水稻稻曲病中等发生，主要由于水稻穗期攀枝花气温偏低、多雨，加之前茬一般为蔬菜田，施用氮肥过多，土壤肥力过旺，利于该病流行发生。水稻螟虫中等发生，虫口越冬基数较高，发生时间比上年提前，螟种以三化螟为主，二化螟次之。三化螟以二、三代发生为害为主，二化螟主要发生在的中高山粳稻区，以第三代为害为主。玉米矮花叶病中等发生，主要原因品种抗性差；暖冬蚜虫、飞虱基数高；2010年干旱致玉米生长发育受影响，抗病力下降。

蔬菜病虫中等发生，虫害以斑潜蝇、菜蚜、菜青虫、小菜蛾、螨类发生为主，病害以霜霉病、病毒病、炭疽病、灰霉病、疫病为主。

果树病虫中等发生，芒果病虫以白粉病、炭疽病、细菌性角斑病、蚜虫、蓟马、蚧壳虫、叶瘿蚊、横纹尾夜蛾为主；石榴病虫以以干腐病、麻皮病、蓟马、一代棉铃虫、二代桃蛀螟及石榴绒蚧为主；茶叶病虫以茶小绿叶蝉、茶附线螨、炭疽病为主。

市农牧局全年组织召开病虫趋势会商会2次，发布大、小春病虫趋势预报2期，全市全年发布病虫预报25期，其中电视预报13期，预报准确率达95%以上。

2010年建立水稻、小麦、蔬菜、烤烟等重大病虫控制示范片799.2万平方米，市植保站召开病虫防治现场会2次，成立临时性督导工作组6个，督导人员24人。举办植保技术培训班164期（次），受训人数达13 580人（次），利用媒体宣传8次，印发宣传资料2.72万份。

开展绿色防控技术推广，利用生物多样性控制病虫害，在芒果、石榴园推广“果园＋大豆”套种，面积33.4万平方米。在早春蔬菜和特色水果上推广太阳能杀虫灯10台、色板6 000张、性诱剂1 000套，面积约340万平方米。2009年新建立5个植保专业化防治队，开展植保专业化防治队培训7次，受训人数430人（次）。粮食作物病虫专业化防治覆盖率22%，菜、果、烟等经济作物病虫专业化防治覆盖率34.9%。全市已成立各种植保专业化组织38个，拥有机动喷雾器220台。

【无公害农产品监测】 2010年，市农牧局认真开展农产品质量安全监测。全年完成省农业厅安排的蔬菜、食用菌、水果例行监测4次，2010年元旦、春节专项监测和外销蔬菜专项监测各1次，共计抽检样品605个，其中蔬菜505个、食用菌60个、水果40个，检测参数13 625个。完成省农业厅安排的水稻、稻米、土壤、灌溉水的专项监测1次，共抽检样品33个，其中稻米20个、土壤10个、灌溉水3个，检测参数254个。攀西无公害农产品监测中心被四川省农产品质量安全中心评为“2010年度全省农产品质量安全检验监测先进集体”称号。完成省畜牧食品局兽药监察所下达的兽药监控任务两次。4月，完成牛奶中氯霉素抽检1次，样品80个。8月，完成猪尿中安定抽检一次，样品80个。完成省畜牧食品局饲料监察所下达的"瘦肉精"、莱克多巴胺和沙丁胺醇等违禁药品专项监测任务4次,检测样品2 690份。

开展市级农产品质量安全例行监测工作常规化。全年开展市级蔬菜质量安全例行监测4次,样品387个,检测参数9 675个。全年抽检平均合格率为94.58%,比2009年平均合格率高0.08%,比省级抽检攀枝花市平均合格率低3.22%,比全省例行监测抽检平均合格率低2.42%。开展猪肉质量安全例行监测4次,样品180个,检测项目为土霉素、金霉素、四环素和磺胺类。抽检合格率为100%,与2009年保持不降。开展水产品质量安全例行检测3次,样品88个,检测项目为氯霉素、无色孔雀石绿、硝基呋喃唑酮。合格率为100%。

开展农产品质量安全专项抽检。遇见突发事件或热点事件时,保障农产品质量安全监管的科学性,市农牧局监测中心随即开展专项抽检。2010年,开展食用菌专项抽检3次,样品31个。开展牛奶、饲料中三聚氰胺监测5次,样品82个。为确保攀枝花市奶源安全,面对2010年7月再次出现"三聚氰胺奶粉"事件,对攀枝花市奶牛养殖场和蛋白生产企业进行全覆盖专项抽检,以加强对源头的监管。完成水果专项抽检1次,样品35个。结合攀枝花市倾力打造特色农业基地的要求,2010年对全市特色水果进行抽样监测,品种包括葡萄、芒果、石榴,监测25项农药残留指标,抽检合格率为100%,比2009年平均合格率提高4.2%,与省级抽检合格率一致。对米易县农业生产土壤环境专项调查抽检,共抽检土壤、水、植株样品39个。全年共接受委托检测17次,出具检验报告36份。

养　殖　业

【畜牧生产】 2010年,市农牧局认真开展畜牧技术培训,市农牧局畜牧站积极开展种草养畜、人工授精、饲料加工等技术培训,全年开展培训5期,培训农民400人次。依照"行政授权委托书",积极开展依法行政工作,大力宣传畜禽生产、经营等畜牧法律法规,并按照法律法规加强草原、种畜禽生产监管工作。

开展全市种畜禽场进行了专项检查,对已经颁发"种畜禽生产经营许可证"的养殖场进行监督检查12次,重点查处生产经营资质不符合要求、违法广告宣传、销售假劣种畜禽等违法行为。积极抓好畜产品质量安全,在生产投入品、生产环节上把好生产质量关。

开展"米易鸡"、"米易中蜂"繁育保种工作。为了保护地方品种资源,市农牧局会同米易县农牧局对"米易鸡"、"米易中蜂"的分布、生产性能等进行了详细调查摸底,并在省畜牧食品局和攀枝花市财政局的支持下,在米易县建立"米易鸡"和"米易中蜂"保种场。通过严格选种、制定选配方案、品种鉴定、提纯选优、生产性能测定、性状观测和测定等一系列技术措施,进一步扩大了全市"米易鸡"及"米易中蜂"种群数量,

完成2010年野生牧草种质资源收集工作任务。为了避免因生态环境变化、人类活动影响,造成基因多样性的流失,为将来育种服务,按照省草原总站的要求,2010年,市农牧局开展牧草种质资源收集工作,超额完成省畜牧食品局下达的工作任务。

为了加强全市畜牧业技术支撑体系能力建设,提高体系现代化信息管理水平,按照省畜禽繁育改良总站的要求,市农牧局2010年开展了畜牧业公共服务信息平台建设工作,对县区信息管理开展了技术培训,并按要求完成了畜牧业技术支撑机构建设情况、规模养殖情况合作组织情况、技能人才情况的填写报送工作。

2010年,全市肉类总产量7.18万吨(部门统计数据,下同),增长6.1%。其中:猪肉产量4.81万吨,增长2.8%;牛肉产量0.49万吨,没有增长;羊肉产量0.74万吨,增长2.8%;禽肉产量0.95万吨,增长13.1%;禽蛋产量1.2万吨,增长44.6%;牛奶产量7 246吨,增长395%。

【动物防疫】 2010年,市农牧局认真贯彻执行《中华人民共和国动物防疫法》、《中华人民共和国畜牧法》、《重大动物疫情应急条例》和《攀枝花市动物重大疫病防治工作责任制及责任追究制实施办法》,加快依法治农步伐,确保农业法律法规顺利实施,依法保障农业和农村经济持续、快速、健康发展,切实做好重大动物疫病防治工作。严格按照《攀枝花市动物重大疫病防治工作责任制及责任追究制实施办法》指导各县(区)重大动物疫病免费强制免疫工作。为保证全市农村散养户免费强制免疫政策的落实,严格按照《攀枝花市动物重大疫病防治工作责任制及责任追究制实施意见》指导重大动物疫病免费强制免疫工作,使动物防疫责任从县、乡(镇)到村、社层层落实。

加强监督检查和考核,市重大动物疫病防治指挥部办公室代表市人民政府对各县(区)人民政府及市级相关部门动物防疫工作实施半年考核。分别于2010年4月和11月对各县(区)春、秋防工作进行了随机抽样监督检查,使"预防为主"的防疫方针及"政府保密度、部门保质量"的防疫责任制度得到很好贯彻执行,有力地促进了重大动物疫病免费强制免疫工作的顺利开展。

认真开展全市春、秋防疫情况抽查,共随机抽查18个乡镇,36个村,36个社,540户。其中,猪瘟应免2 597头、实免2 594头,免疫密度99.88%;口蹄疫(猪、牛、羊)应免4 102头,实免4 095头,免疫密度99.83%;高致病性猪蓝耳病应免2 597头、实免2 595头,免疫密度99.92%;高致病性禽流感应免13 215羽,实免13 170羽,免疫密度99.66%;鸡新城疫应免11 861羽,实免11 837羽,免疫密度99.80%;山羊痘应免945只,实免940只,免疫密度99.47%。

强化免疫质量监测。全市春防工作检查采取现场抽取

血清，血清样品由市动物疫病诊断实验室统一检测，以血清合格率确定免疫合格率，切实保证免疫畜禽达到有效抗体保护力，以促进免疫质量的提高，建立真正有效的防疫屏障。

开展春、秋防市级抗体监测，全市共抽样检测猪、牛、羊、禽血样1 747份，其中：口蹄疫监测 892 份，合格 771 份，合格率 86.43%；高致病性禽流感监测 855 份，合格 690 份，合格率 80.70%；高致病性猪蓝耳病监测 360 份，合格 322 份，合格率 89.44%；猪瘟监测 362 份，合格 335 份，合格率 92.54%；鸡新城疫监测 708 份，合格 621 份，合格率 87.71%。抗体合格率全部达到部、省规定的 70% 以上的标准。

在全省重大动物疫病防控春、秋防交叉检查中，攀枝花市被抽检血清监测抗体合格率全部达到部、省规定的 70% 以上的标准。

全年完成常规血清学监测，高致病性禽流感 720 份，耕牛血吸虫病 600 份，全部为阴性。奶牛结核、布病各监测 275 头，全部为阴性。全年东区西海岸市场和仁和区第一农贸市场的禽流感抗原监测 720 头份，全部为阴性。

开展重大动物疫病流行病学调查，根据省动物疫病预防控制中心要求，市动物疫控中心对全市各区县大型养殖场进行有目的，有计划的流行病学调查，每个区县调查两个养殖场，采血样 150 份进行猪瘟、口蹄疫、蓝耳三项指标的监测，并据监测结果和调查的原始资料信息对各调查养殖场逐一进行分析并提出疫情预警和技术建议。

积极准备防疫物资，全年共组织猪瘟脾淋苗 154 万头份，高致病性猪蓝耳病 204 万毫升，病猪口蹄疫 195 万毫升，羊口蹄疫 152.5 万毫升，高至病性禽流感 H5N1 疫苗 386 万毫升、H5 一 H9 疫苗 245 万毫升，高致病性禽流感一鸡新城疫二联苗 132 万羽份，猪三联苗 5.64 万头份，仔猪副伤寒 5.64 万头份，羊三联苗 1.3 万头份，炭疽苗 0.7 万头份，耳标7.304 4万套。储备使用消毒药品 8 吨，防护服 915 套等防疫物资，切实保障了动物防疫工作的需要。

全市动物疫病防控和检疫及检疫监督工作成效显著，根据各县（区）数据统计，全年全市高致病性禽流感、鸡新城疫、猪瘟、高致病性猪蓝耳病、牲畜口蹄疫及山羊痘的免疫密度均达到了规定的标准。通过高密度、高质量的免疫，检疫和检疫监督、检疫防堵疫病、防检结合、以检促防及消毒灭源等综合性防控措施的落实，全市重大动物疫病防控取得了良好的成效。在继续做好高致病性禽流感、口蹄疫、猪瘟、山羊痘、鸡新城疫、高致病性猪蓝耳病等重大动物疫病免疫防控的同时，加强了狂犬病、链球菌病、猪副伤寒、炭疽、丹毒、巴氏分枝杆菌病、气肿疽等疫病的防控。

金市春秋防免疫：猪瘟应免 102 万头、实免 102 万头、免疫率 100%，口蹄疫（猪、牛、羊）应免 196.6 万头、实免 196.6 万头、免疫率 100%，高致病性禽流感应免 604.2 万羽、实免 604.2 万羽、免疫率 100%，鸡新城疫应免 508.4 万羽、实免 508.4 万羽、免疫率 100%，高致病性猪蓝耳病应免 102.8 万头、实免 101.8 万头、实免 101.8 万头、免疫率 99.8%，山羊痘应免 55.2 万只，实免 55.2 万只，免疫密度 100%。

【畜产品检疫】 2010 年，市农牧局加强产地检疫、屠宰检疫、公路动物防疫监督检查站的检疫监督、引种申报审批及全程监督管理，有效地防止外疫的传入。在严格产地检疫的同时加强了屠宰场检疫，各屠场严把入场检疫关，凭“检疫证明、耳标标识、检疫证明上附的标识号码与所佩戴的标识相符、临床检查合格、不属新佩戴的标识”这五大条件入场，同时进入生猪屠宰场的生猪不能再批发活猪出场。屠宰检疫工作达到“六个 100%”，即：屠宰检疫率、动物产品持证率、病害动物及其产品无害化处理率、回收动物标识率、屠宰检疫证明和记录填写规范率、证章标志规范率 100%。

做好动物及动物产品市场检查，对重点活禽市场实行每周采样检测，有效防止疫情发生。加大肉品市场的监督检查，杜绝病害肉上市，确保畜产品安全。

全年实施产地检疫：42.56 万头、牛 1.42 万头、羊 11.11 万头、禽类 215.89 万羽。屠宰检疫：猪 35.32 万头、牛羊 1.82 万头、禽类 6.96 万羽，检疫率均达 100%；运载工具消毒 2.48 万辆；无害化处理动物 32 头（只）。

农业产业化

【农业产生化“龙头”企业发展】 2010 年，全市共有省级重点龙头企业 8 家，市级重点龙头企业 55 家。根据《攀枝花市农业产业化经营龙头企业管理暂行办法》的规定，对市级农业产业化龙头企业实行动态管理。2010 年年初完成了两年一次的市级龙头企业评定工作，增补 9 家企业，淘汰 1 家企业。积极落实贷款贴息等政策，2010 年锐华农业公司等 15 家省、市农业产业化企业共获得贴息 280 万元，米易平大生物制品公司获得 40 万元技术创新奖励。上半年，配合市政协完成了龙头企业带动作用的调研工作。

抓特色产业基地建设。按照市委提出的倾力打造攀枝花市特色农业基地的要求，农民专业合作经济组织结合自身优势，积极有效地推动特色农业基地建设。攀枝花市已初步形成优质果蔬、畜牧生产、林业生物等特色农业产业，建成 40 多个特色农业基地，22 个无公害农产品生产基地，面积达18 666.67万平方米，在优质农产品生产、鲜果冷藏保鲜、农产品加工方面取得初步成效。

加大农产品品牌建设力度，着力培养本土品牌，打造攀枝花特色农业品牌，开展“三品”认证，品牌建设成效显著，“攀枝花”牌芒果、枇杷等获绿色食品认证 5 个，“攀枝花芒果”、“攀枝花枇杷”、“红格脐橙”、“国胜茶”获得国家农产品地理标志登记保护 4 个，国胜绿茶、何首乌获得有机食品认证。组织锐华农业公司将“攀枝花”牌商标向世界知识产权组织国际商标注册局申请国际注册，成为攀枝花市首件国际注册商标，攀枝花品牌走向国际市场，攀枝花特色农产品由商品经营逐步转为品牌经营。2010 年上半年兑现给锐华农业公司、田远农业公司等 3 家农业龙头企业和 4 个专业合作社芒果销售奖励资金 74 万元。

2010 年，攀枝花晚熟芒果、早春枇杷、红格脐橙获得农业部授予的地理标志登记保护产品。盐边国胜茶和攀枝花芒果分别得到市财政兑现的地理标志品牌奖励资金 50 万元，华森糖业的一枝山白糖、春绿牌枇杷、攀枝花牌芒果、攀枝花牌枇杷、仁和牌芒果等分别获得省著名商标、绿色食品、知名商标等奖励共计 60 万元。

继续推行"农超对接"，巩固由专业合作社向超市、菜市场和便民店直供农产品的新型农产品流通方式。攀枝花市邀请家乐福西南片区生鲜采购部经理到米易县进行蔬菜、水果种植考察，并与米易县绿怡果蔬种植专业合作社签订了长期合作协议，2010 年 6 月开始，米易县每年有4 000吨蔬菜和1 000吨水果直接销往家乐福超市的成都、重庆各分店。7 月下旬，成功举办沃尔玛公司和攀枝花市"农超对接项目"沟通会，市委常委、市纪委书记李群林和市政府副市长郑学炳出席沟通会，并在盐边金河芒果基地举办了沃尔玛农超对接直采基地插牌仪式。2010 年，攀枝花市特色农产品首次进入成都双流机场 VIP 候机室水果专柜进行展示展销，共销售精品芒果 270 件。攀枝花特色农产品 2010 年已进入全国北京、上海、广州、长春、杭州、南京、成都等主要大中城市的各大超市，经济、社会效益显著提升。

围绕省农业厅"建设现代农业产业基地"的工作方针，攀枝花市加大"现代特色农业产业基地"建设力度，加快发展优势水果、早春蔬菜、优质蚕茧等优势特色农业产业，建设标准化、规模化产业基地，打造"万亩亿元工程"。

建成一批示范强，带动辐射大的特色农业产业基地。2009 年米易县、盐边县被列为四川省现代农业基地培育县，2010 年米易县获得首批四川省现代农业产业基地强县，获得 200 万元资金奖励，米易县绿怡蔬菜专业合作社还获得农业部"园艺标准示范园"，锐华农业公司、德益果品公司、大祥果品公司等农业龙头公司已向农业部"芒果标准化示范基地"。

南亚热带水果产业蓬勃发展，新兴产业不断涌现。狠抓晚熟芒果基地建设和早春枇杷基地建设，"十一五"期间建成万亩晚熟芒果基地 4 个，形成了 10 大芒果产区，万亩枇杷生产基地 2 个，晚熟芒果、早春枇杷基地形成规模；不断引进莲雾、藩荔枝、番木瓜、火龙果等南亚热带优稀名果进行示范推广，莲雾和番木瓜已发展上千亩，取得了良好的经济效益，成为经作产业的新亮点。

【农民专合组织】 2010 年，全市有各类农民专业合作经济组织 320 家，比 2009 年底增加 115 家，工商登记注册农民专业合作社 262 家，比 2009 年底增加 101 家。专合组织成员总数21 915户，带动农户83 951户。全市规范发展专合组织 52 个，市级确定示范专合组织称号 10 个，县区确定示范专合组织称号 31 个。按行业划分：种植业 149 家，养殖业 95 家，农产品销售类 1 家，农业技术信息类 14 家其他 62 家。全市农村主要产业都有数量不等的农民专业合作经济组织，一些跨地域、跨行业的农民专业合作经济组织开始出现。2010 年全市专合组织销售总收入达到32 930万元，销售收入 500 万以上的专合组织 16 家，专合组织成员户均纯收入达到 2.6 万元。

开展宣传培训，把《农民专业合作社法》、《农民专业合作社登记管理条例》、《农民专业合作社财务管理制度（试行）》和《财政部　国家税务总局关于农民专业合作社有关税收优惠政策的通知》印成小册子发放给基层干部和农民学习。举办农业技术培训班。通过农民田间学校和农广校合作，举办与农民切身相关的枇杷栽培、芒果嫁接、科学饲养、动植物疫病防治等农业科技知识和专业合作社知识培训，提高了农民的科技文化素质和合作意识。

搞好抓试点示，建立健全内部规章制度，提高成员民主管理水平，不断增强农民专业合作经济组织可持续发展的内在活力。引导、鼓励和支持农民专业合作经济组织为成员经营提供服务，提高农产品质量安全水平，不断增强农民专业合作经济组织可持续发展的技术支撑能力。加强品牌化建设，引导、鼓励和支持农民专业合作经济组织拥有自主注册商标，开展无公害产品、绿色食品、有机食品生产基地和地理标志产品等相关认证。2010 年，攀枝花市确定示范专合组织 10 个，县区确定示范专合组织 31 个。

开展贯彻执行《农民专业合作社法》情况调研，起草了贯彻执行《农民专业合作社法》情况的报告，并顺利通过市人大第三十次常委会的审议。开展《农民专业合作社法》宣传日宣传活动，选取国胜乡为宣传点进行重点宣传。宣传贯彻《四川省〈农民专业合作社法〉实施办法》，并将宣传贯彻情况总结报农业厅。

农　业　服　务

【农民负担监管】 2010 年，市农民负担监管办严格执行农业部和省委、省政府有关当前减负工作的各项政策，市、县两级农民负担监管部门加大监督检查力度，确保攀枝花市全年没有发生因农民负担引发的恶性事件和群体性事件。全年没有人员因为涉及农民负担的违纪违规行为受到法纪追究。

2010 年，全市共受理、审验、备案涉农收费项目 50 项，涉及法院、公安、民政、工商、交通、林业、水电和农牧等 8 个部门。严格执行完善涉农价格和收费"公示制"。将 2010 年涉农收费和价格公示表下发到全市各乡镇和村，并在乡镇及村公示栏中张贴公示，公示到乡到村率达到 100%。坚持和完善"农民权益义务监督卡"制度。2010 年，市农负办共印发农民权益义务监督卡 13.6 份，并全部下发到全市农户手中。农民权益义务监督卡是农民了解党和国家支农惠农政策,依法维护自身合法权益的重要依据,对推动农民负担监督管理工作规范化、法制化建设具有十分重要的意义。

规范党报党刊发行范围,坚持农村公费订阅党报党刊“限额制”。党报党刊发行范围一定要按照省、市委有关要求进行规范管理,严禁行业报刊搭车摊派发行。限额标准按(川办发〔2006〕31号)文件规定的限额。2010年全市各乡镇、村组和农村中小学报刊限额制落实较好,基本控制在限额内。

规范“一事一议”制度,推进财政奖补试点。广泛宣传村民“一事一议”活动对村级公益事业建设的重要意义,在开展“一事一议”活动中严格遵守“村民自愿、直接受益、量力而行、民主决策、合理限额”的原则,不得把一事一议变成固定收费,增加农民负担。建立健全筹资筹劳管理制度,积极引导农民出资出劳建设村级公益事业,切实防止“一事一议”成为增加农民新的负担,根据《国务院办公厅关于转发农业部村民一事一议筹资筹劳管理办法的通知》(国办发〔2007〕4号)和《中共四川省委办公厅四川省人民政府办公厅关于印发〈四川省农村一事一议筹资筹劳实施意见(试行)〉》(川委办〔2006〕21号)精神及有关法律、法规的规定,结合攀枝花市实际,制定出台了《攀枝花市村民一事一议筹资筹劳管理试行办法》(攀办发〔2010〕42号)。严格审核一事一议筹资范围、程序和限额标准,各级农负监管部门重点加强了议事程序是否民主,对超出议事适用范围、违反民主议事程序、超过限额标准的议事项目,不得审批。加强一事一议筹资的财务管理和审计。为保证一事一议项目筹集资金使用安全,各级农民负担监督管理部门把筹资筹劳纳入村级财务公开内容,并对所筹集资金和劳务的使用情况进行监督审计。加强监督检查,结合一事一议财政奖补试点工作的开展,严格防止将一事一议财政奖补项目变成上级立项、农民配套的钓鱼工程,防止将一事一议财政奖补项目变成劳民伤财的形象工程,防止平调、挪用筹集的资金、劳务及财政奖补资金的违规行为。

深入开展农民负担专项检查,各级农牧执法部门采取积极措施,深入开展农资打假行动,制定工作任务,落实行动方案,明确执法责任,以重点市场和品种为突破口,进一步加大执法力度,行动取得较好成效。全年全市共出动农业执法人员644人次,发放明白纸等宣传材料1.75万份,查处制售假冒伪劣农药、化肥、种子坑农害农行为9起,查获假冒伪劣农资产品147.2公斤,涉及案值0.825万元,挽回经济损失6.84万元。

积极受理涉农信访。2010年,全市各级农负办共接到群众来信来访事件10起,主要是农村土地承包经营纠纷,经调查调解,及时化解了矛盾,保护了农民的基本权益,维护了农村社会的稳定。

【农资市场监管】 2010年,攀枝花市农牧局制订《攀枝花市农药经营管理制度》和《2010年攀枝花市农药市场监管年实施方案》。全年举办全市农药执法人员培训38人;举办农药经营人员知识培训8期,培训400人;以农民田间学校、农业广播学校等为载体,开展农民安全用药知识培训40余期,培训农民7 000人(次)。发放各类资料2.5万份。

2010年开展农药抽样送检行动3次,共计抽取24个样品送省药检所检测。对全市农药运输行业进行集中检查专项检查1次,检查涉及农药运输的托运部(公司)20个。10月,市植保站组织开展一次全市农药市场交叉执法检查,共出动执法人员420人(次),检查农药门市500个。

2010年全市农药市场运行良好,没有发现禁用农药流入市场,农产品安全程度得到提高。

【落实惠农政策】 2010年,强化监督检查,确保强农惠农政策落实。开展强农惠农资金专项清理检查。为保障强农惠农政策落实到位,解决强农惠农资金使用管理中存在的问题,建立健全规范、有效的资金使用管理机制,更好地推进社会主义新农村建设,攀枝花市按照省财政厅、省监察厅、省纠风办、省审计厅《关于印发〈四川省关于开展强农惠农资金专项清理检查工作的实施意见〉的通知》(川财农〔2010〕149号)的文件要求和统一部署,紧密结合自身实际,扎实有效地开展好强农惠农资金专项清理检查的自查自纠工作。全市共清理2007年至2009年强农惠农资金278 668万元,其中省级以上资金146 587.98万元,市级34 866.49万元,县(区)级97 213.53万元。通过专项清查,摸清了各级财政“三农”投入规模,促进强农惠农政策的落实提高强农惠农资金科学化、精细化管理水平。

及时兑付2010年各项强农惠农政策。2010年,全市兑现粮食直接补贴资金380万元、农资综合直补资金2 693万元、良种补贴资金596.5万元。全市摩托车、汽车下乡补助1 256万元;兑现春季学期两免一补资金616.4万元;退耕还林补贴待验收合格后将及时核兑给农户。

【农技推广】 2010年,市农牧局举办两期基层农技人员知识更新培训班。3月,邀请省农业厅农质中心人员到攀枝花市举办了全市基层农技人员知识更新培训班,来自全市33个乡镇的51名农技人员参加了以农产品质量安全知识为主的知识培训。

开展民生工程培训,年初对县区的2009年农民培训工作情况进行了全面检查,重点检查了培训台账、转移就业台账和培训资金的使用和管理工作。并形成攀枝花市农民培训工作自查报告上报省农业厅。全面完成了省下的民生工程的目标任务,完成新型农民培训6 512人、实用技术培训39.5万人次,超额完成省下达目标的131%、130.4%。

2010年,市农牧局严格按照四川省《阳光工程管理办法》有关要求开展攀枝花市的阳光工程培训,完成全市阳光工程培训任务4 380人。

继续组织广大农牧业科技工作者开展农牧业技术推广集团承包,组织市县(区)两级350名农牧业科技工作者下乡开展科技承包,年底全面完成年初制定的各项目标任务。

搞好科技入户工程,省级科技入户项目在盐边县4个乡16个村328户农户中实施特色水果,兼顾林下种养畜,全年共举办技术指导员培训班5期,受训人员61人次,科技示范户培训班36期,受训人员4 175人次,发放技术资料11 300份,建立300户科技示范户,示范面积216.1万平方米,辐射带动0.8万户水果种植户。科技示范户芒果平均亩产1 567.3千克,辐射户平均亩产1 260千克,科技示范户比普通农户亩增产482.5千克,增幅48.7%。

认真抓好农业技术常规培训,着重开展了米易县水稻高产片和盐边县玉米现代农业项目培训。2010年,开展农业技术常规培训46期,培训农民3.5万人,发放技术资料5.6万份。

【农广校招生与培训】 2010年,做好农业中等职业教育招生宣传动员、组织工作,落实四川省农广校实施"十万中专生培训计划"和《2010年全省农广校农民科技教育培训目标任务》,结合农民田间学校培训、劳动力技能培训、农民的计算机操作能力培训和中专学历培训,全年在全市招收农艺专业53人、畜牧专业学生27人、农村经济管理31人、家政与社区服务2人。全年共招生113人,超省下达中专任务的13%。

大力开展田间学校农村实用技术培训。2010年,攀枝花市农广校围绕农村实用技术培训30万人目标任务,在各乡镇大力举办田间学校培训班。全市共举办田间学校培训21个班,共4 800人,涉及攀枝花市农业各大特色产业,在辅导方式上运用启发式、参与式、互动式,培养农民的动脑、动手和动口能力。

拓宽办学思路联办本专科班。继续与西昌学院、四川农业大学联办本专科班,动员吸收有识之士参加学习。按教学大纲和教学计划,组织了学生的教学面授辅导和学员的期中、期末考试;宣传动员愿意就读的新生入学,全年有60人参加2010年的成人高考,32人被录取。

认真做好在校学员的教学辅导管理工作。农广校2010年有2008级、2009级农业中等职业在校学生298人,按照省的教学计划聘请专兼职教师按时进行辅导,在整个教学活动中注重理论联系实际,提高学员的实际操作能力和运用能力,辅导整个实习过程,取得明显效果。与西昌学院联办的本专科班,按照教学大纲和教学计划,聘请能够胜任而且具有一定教学经验的老师授课,认真传授知识,并组织了期中和期末考试。要求学员认真写作业,专心听课,面授学员都能准时参加学习,以掌握所学的专业理论知识。

做好校内的日常事务管理和毕业学员的各项资料上报工作。农广校2010年有中专毕业生144人,全面完成了学员的毕业资料上报和毕业工作,毕业生率达100%。

市农广校7月被市委授予"人才培训基地"、分别被中央农业广播电视学校和省农业广播电视学校评为"2010年度先进集体"。

【种子管理】 2010年,全市种子管理部门加强种子执法检查,组织到各县(区)开展日常种子市场检查35次,出动执法人员150人次。积极参加农产品质量安全工作,参加全市农资市场种子执法检查6次。

开展玉米品种调查,9月26~27日,市农牧局农技站组织各县区农技、种子站的相关负责人及专家开展全市玉米品种病害抗性联合调查。调查人员实地调查了仁和区的布德镇玉米种植面积200.01万平方米,发病率20%以上,专家预测减产15%~30%;调查盐边县益民乡玉米种植面积666.7万余平方米,发病率15%左右,预计减产10%左右;调查米易县湾丘彝族乡玉米种植面积800.04平方米,发病率5%~10%,部分减产10%左右。发生相似病害且危害较重的品种39个,在不同的地方发病的品种各不相同。全市已知的发病品种:田丰8号、掖单13、成单24、科玉3号、绵单12、永丰16、登海11、盛玉6号、隆单9号、正甜1号、盛玉9号、乐单508、登海3731、海禾1号、东单88、川单29、东单80、荣玉2008、正红311、濮单6号、正兴1号、中农2号、超玉6号、长单48号、丰源1128、茂源618、比玉77号、川玉2号、吨玉、掖单13、17单交、众望玉18、正玉203、豫玉23、隆玉68、禾玉9566、超丰68、东单4243、齐单1号。

病害的主要症状:玉米一般在三叶期左右发病,最迟在抽天花时发病。据走访了解,玉米整个生育期均可感染。幼苗染病心叶基部细胞间出现椭圆形褪绿小点,断续排列成条点花叶状,或发展成黄绿相间的条纹症状,后期病叶叶尖的叶缘变红紫而干枯。发病重的叶片发黄,变脆,易折。病叶鞘、病果穗的苞叶也能现花叶状。发病早的,病株矮化明显。该病发生面积广,为害重。四川省农业科学院植保所的玉米专家判断该病疑似玉米矮花叶病毒病和条纹矮缩病毒病。专家提出了切实可行的防治措施。

开展种子质量监督检验工作,市县农牧局种子站抽检杂交水稻种子和杂交玉米种子420批次,品种检验覆盖率达100%,检验蔬菜品种种子189批次,检验率31%。检验出玉米不合格品种5个、水稻品种4个。按规定,检验结束后,市农牧局种子站及时将检验数据通知经营户,同时通知分管县区的种子执法部门,依法对不合格的种子进行处理。

加强种子法宣传,全年培训种子经营户4次,培训人员361人次。结合种子市场检查和"科技下乡"活动向种子经营户和农民群众宣传种子法120余次。主要培训和宣传与种子相关的法律法规和规章。

抓好"种子执法年"活动。2月下旬,全市2010年种子执法年活动启动仪式在市农牧局大会全面启动。检查种子市场65场(次);处理种子纠纷案件2起,一起是盐边县益民乡的西红柿种子案件,一起是西区格里坪镇庄上村水稻种子案件。有效化解了因种子引起的矛盾。10月初,对市场抽检的小麦种子的净度、水分、发芽率进行了测定。

积极筹备救灾备荒种子工作。2010年,市财政局预算了5万元的备荒种子储藏经费,市农牧局通过报纸公告,救灾备荒种子进行了招投标工作,对投标单位进行了严格把关审核,实地察看了储备种子库存情况,检查了相关记录凭证,听取了承储单位汇报,并与承储单位交换了意见,确定了中标单位。

【农田基本建设】 2010年，攀枝花市实施国家级土地治理项目3个（米易县攀莲镇和仁和区大田镇、大龙潭乡），改造中低产田土1 433.41万平方米，投资2 534.4万元；涉及国家级产业化经营项目6个（其中，国家贴息项目2个），部门级产业化项目1个，投资3 285.51万元；2010年农业综合开发国家级项目总投资3 754万元。其中，中央财政资金2 154.6万元，省级财政资金812.6万元，市级财政配套资金588.9万元，县级财政配套资金197.9万元。2010年批复启动实施农业综合开发地方土地治理项目5个，总投资722.02万元，其中财政投资620万元，群众自筹资金102.02万元。

通过中低田土改造，改良土壤1 280.06万平方米，新增灌溉面积320.02万平方米，改善灌溉面积680.03万平方米，新增节水面积886.71万平方米，新增节水量309.05万立方米，新增机耕面积80万平方米；新增农田防护林面积43.34万平方米，减少水土流失面积4.1平方公里；通过以上措施扩大了良种种植面积，新增粮食生产能力333.6万公斤（其中优质粮食110万公斤），新增蔬菜生产能力283万公斤，新增种植业总产值1 641.6万元，预计项目区新增农民纯收入400元。

组织申报土地治理项目3个，涉及仁和区平地镇、中坝乡，米易县白马镇。2010年11月24日《仁和区中坝乡2011年度农业综合开发土地治理项目规划》、《仁和区中坝乡2011年度农业综合开发土地治理项目规划》和《米易县白马镇2011年度农业综合开发土地治理项目规划》通过攀枝花市有关方面专家评审后上报省级农发办，并已通过审查。

大力开展测土配方施肥工作，全市推广测土配方施肥技术面积2.32亿平方米，其中施用配方肥面积1.13亿平方米，免费为10.09万农户提供测土配方施肥指导服务，发放技术培训和宣传资料9 500册，发放施肥建议卡9.5万张，项目区配方施肥建议卡和施肥技术指导入户率达到90%以上；完成采集土样2 000个，植物样品15个，布置3 414实验、运筹实验及矫正实验共33个，测土配方施肥示范区亩均节本增效30元以上。

2010年全市新建农村户用沼气4 000口，其中仁和区500口，米易县2 300口，盐边县1 200口；米易县两处大型沼气工程已完成主体工程建设。目前，全市正常使用的农村户用沼气达到8.43万口，占全市适宜建池农户数的83.4%。全市2010年农村沼气建设总投资1 971.58万元，其中：中央投资654.5万元，省级投资75万元，地方投资56.08万元，农户自筹资金1 000万元，企业自有资金186万元。

【抗灾救灾】 2010年，全市先后遭受了低温冻害、干旱、暴雨洪涝等自然灾害的袭击，灾害造成5个县（区）、44个乡镇46.05万人受灾，灾害造成3人死亡，损坏房屋918间，倒塌房屋71间，农作物受灾面积3.79亿平方米，成灾2.08亿平方米，灾害造成直接经济损失34 543万元，农业直接经济损失30 127万元。

低温冻害：2009年12月下旬～2010年3月上旬，攀枝花市盐边县、仁和区和米易县不同程度遭受低温冻害袭击，主要造成盐边北部枇杷基地受灾，经济损失达到3 000多万元。灾害涉及3个县区13个乡（镇）5.39万人，农作物受灾2 600.13万平方米，成灾1 933.43万平方米，灾害造成直接经济损失4 980万元。

干旱灾害：2009年10月下旬～2010年5月下旬，因降雨偏少，蓄水不足，气温偏高，全市遭受了有气象资料记载以来最严重的干旱袭击。干旱造成河沟基本断流，山泉水基本干枯，1 184口山坪塘已经或基本枯竭，重旱区水利工程蓄水只有2008年同期的34%左右，全市小春大面积绝收，1.33亿平方米水果受旱严重，2亿平方米田地因无雨无水而无法适时耕种。至6月1日，全市5个县（区）44个乡（镇）32.5万人受灾，农作物受灾面积3亿万平方米，成灾1.6亿平方米。造成22.05万人和40.22万头牲畜出现不同程度的饮水困难。灾害造成全市直接经济损失2.58亿元，农业经济损失2.24亿元。

暴雨洪涝灾害：全年全市5个县区，44个乡镇，7.56万人受灾，死亡1人，损坏房屋909间，倒塌房屋70间，农作物受灾3 200.16万平方米，成灾2 106.77万平方米，农作物绝收4.6万平方米，直接经济损失3 016万元，农业直接经济损失2 000万元。

2010年，攀枝花市遭遇较严重干旱灾害，市防汛抗旱指挥部启动了三级应急响应，3月5日，抗旱应急响应级别由三级提升至二级，并发布Ⅰ级抗旱预警。至6月1日，这场200多天的大旱才因雨季到来宣告结束，市政府防汛抗旱指挥部发布解除抗旱应急响应的通知。在这场抗旱工作中，全市各级各部门积极行动起来，组织、动员一切力量参与抗旱工作。民政部、国家防总、省政府多次派领导到攀枝花市指导抗旱工作。

面对严重旱情，市农牧局3月15日牵头承担了全市农口（涉农）部门抗旱工作组的领导、协调工作。及时在3月16日将全部工作人员组织进驻到重点旱灾区域开展抗旱指挥工作，并在每周星期五组织抗旱工作组反馈问题，会商旱情，安排部署下一步工作。市农牧局于3月15日成立了3个共30人抗旱救灾暨春耕生产工作组，农技、畜牧方面的技术人员及专家深入各干旱灾区掌握各地灾情，制定抗灾方案、指导春耕生产，落实动物疫病防控措施开展农村环境治理工作，对农户发放农作物抗旱手册。通过多项措施，加强小春的管理和大春的备耕工作，确保了人畜饮水安全，有效地指导基层和农户抗旱减灾，增强了农民生产自救信心，维护了灾区社会稳定。

【农机发展与管理】 2010年，全市农机部门认真落实农机购置补贴政策，因地制宜推广农机新机具，多渠道筹集农机化发展资金，加大农机投入，加快农机化的发展步伐。积极组织农业机械化作业，促进农业增效和农民增收，重点做好春耕、备耕、抗旱和秋收秋播等农机化作业服务，充分发挥农业机械在农业生产、抗灾减灾和农民增收中的积极作用。以农机购置补贴为重点，积极争取财政专项补助、农业综合开发,水土保持综合治理等项目,不断调动群众投入农机化的积极性,多渠道筹集农机化发展资金,积极发展农业机械,提高农机装备水平。

2010 年继续加大新机具的推广力度,攀枝花市结合购机补贴、农业产业化发展项目的实施,大力推广节水灌溉新技术、农业耕作新机具。推广节水灌溉技术 3 处,推广联合收割机 5 台。

加快乡村道路建设步伐,努力改善农村基础设施,将乡村道路建设列入民生工程项目,利用农业综合开发、以工代赈、扶贫开发等项目加快乡村道路建设速度,不断改善农村基础设施,创造农业机械下田作业基础条件。

狠抓拖拉机规范管理,农机继续实现安全生产,结合"农机安全百日督查"、"农机安全隐患排查"、"农机安全生产宣传活动月"、"拖拉机违法载人专项整治"、"平安农机创建"和"五查五看"等专项活动,狠抓农机安全生产。全年发放"农机安全生产告知书"、农机安全知识读本等相关宣传资料3 600份;制作安全宣传横幅 12 幅;上路检查共计 146 人次,出动检查车辆 51 台次,纠正和劝阻交通违法行为 90 人次;创建平安农机示范乡镇 5 个,平安农机示范村 5 个。年内无统计范围内的农机安全事故。

2010 年,全市共投入农机发展的资金10 473.4万元,其主要来源:各级财政资金6 267万元,社会资金1 074.4万元,企业帮扶投入 724.4 万元,农民投入3 132万元。兑现中央财政农机购置补贴专项资金 570.57 万元,新增各类农机具2 894台套。其中,新增收割机 5 台,拖拉机 196 台,微型整耕机2 507台,提灌机 12 台,植保机 27 台,水产养殖机 95 台,其他 52 台。2 838户农民直接受益。新建机耕道 25.5 公里,完成目标任务 127%,硬化机耕道 34.5 公里,完成目标任务 113%;新增节水灌溉工程 3 处,新增节水灌溉面积 162.08 万平方米。完成提灌机具修复改造 252 台/3 723千瓦,新增机井 15 口,田间地头农户自发打井2 275口,投入抗旱设备8 682台(套),新增动力 1.9 千瓦。

(青致刚)

水　务

【概　况】 2010 年,全市共有水务行政管理机构 6 个,分别为市水务局、东区农业水务局、西区农业水务局、仁和区水务农机局、米易县水务电力农机局、盐边县水务农机局。当年底,根据全市机构改革的决定,市水务局农机职能职责划至市农牧局,大中型水库移民后期扶持工作职能职责划至市移民扶贫局。

2010 年,全市水务系统紧紧围绕市委、市政府"四个倾力打造"的战略重点和水务工作主题,按照"谋划远期、抓好近期、做实当前治水"的原则,坚持以规划为龙头、以骨干项目为支撑、以大力发展民生水利为落脚点、以创新水务发展体制机制为动力,努力实现水资源可持续利用以保障社会经济的可持续发展的水务发展思路,坚持依法治水谋发展,统筹城乡惠民生。全市累计投入水务建设资金 6.14 亿元,较上年增长 924 万元,其中争取中央和省级资金 1.91 亿元,较上年增长 535 万元。当年新增和恢复蓄引提能力1 150万立方米,新增有效灌面2 000万平方米,发展节水灌面1 533.33万平方米;水利工程蓄水 1.4 亿立方米;完成水产品产量 2.5 万吨,实现产值 2.6 亿元,水产业为全市农民人均增收 50 元以上。农田水利基本建设获得了四川省政府水利"李冰杯"三等奖表彰。

【水利民生工程】 2010 年,市水务局承担了多项水利民生工程,年初分解下达目标任务,在实施中加强督查督导,针对存在的问题及时整改,确保圆满完成市政府下达的各项民生工程目标任务。全年共解决了 4.7 万人的饮水不安全问题,占目标任务的 156.7% 投资2 848.62万元整治病险水库 15 座,占目标任务的 107%;完成了 33 座震损水库及 2007 年以来 14 座病险水库整治国债项目、中央预算内项目的市级验收和省级验收。多渠道投入资金 2.36 亿元,综合治理水土流失面积 134.5 平方公里,占目标任务 120 平方公里的 112%。市民代表提出的仁和区同德镇新民村大堰沟整治项目,协调投入资金 70 万元,整体工程已于当年 12 月底全部完工。

【抗旱工作】 自 2009 年 10 月上旬至 2010 年 5 月下旬,全市遭受了有气象资料记载以来最严重的干旱袭击,5 个县(区)44 个乡(镇)不同程度遭受干旱袭击,此次干旱呈现的特点是时间来得早,并且秋冬春旱连夏旱时间延续长。干旱造成 700 口山坪塘和 26 座小型水库干枯,30 653.33万平方米小春作物受旱(其中16 313.33万平方米成灾,7 386.67 万平方米绝收),水产养殖减产 600 吨,18 044万平方米林木和66 666.67万平方米草场严重受旱,18.38 万人、36.59 万头牲畜出现不同程度的饮水困难。据估算,全市因旱直接经济损失达 2.56 亿元以上。

旱区主要分布于金沙江流域的东区、西区、仁和区、盐边县和米易县南部等 23 个乡镇,农村人口和耕地面积约占全市的一半左右。造成全市干旱主要原因,主要为 2009 年汛期降水偏少且断雨时间早,已成的水利设施蓄水严重不足;严重缺少骨干水源工程;渠系配套较差;由于前几年资金投入少和水源问题,已建成的人饮工程标准低、质量差,多属分散供水,集中式供水较少,保障率低;"八三〇"地震后局部水源点枯竭和小型微水利设施受损严重。

作为四川省重旱区,攀枝花的严重旱情得到了国家、省等有关部门的高度关切,国家和省级部门多次派出工作组,亲临攀枝花慰问并指导抗旱工作,给抗旱工作给予了大力支持。攀枝花市委、市政府高度重视旱情,把抗旱工作作为最大的和首要的民生工程来抓。市委书记、市人大常委会主任赵爱明、市委副书记、市长刘晓华亲临抗旱一线,慰问旱区群众,指导抗旱救灾工作。

全市投入抗旱资金4 771.159万元(其中争取省级以上投入资金3 100万元),市、县(区)投入 425 万元。截至 2010

年5月下旬,全市已有13.84万人投入抗旱,新建提水站51座、安装输水管287.39千米、建成蓄水池547口、整治沟渠277.52千米,投入抗旱设备8 632台(套),运水车辆120台,水利工程提供抗旱用水3 100万立方米,抗旱浇灌面积13.374万亩,临时解决13.502 8万人和15.61万头牲畜饮水困难,及时启动抗旱水源建设项目和加快在建项目建设进度,完善灌区配套设施。打井近1 000口,基本缓解了4 000多群众饮水困难。对干旱缺水地区人畜饮水采取车辆送水。对新水源进行消毒处理,确保人畜饮水供给和水质安全。调水保抗旱,胜利水库向大龙潭乡、总发乡、仁和镇紧急调水200多万立方米,缓解了1万多群众的饮水困难、解决了2 000万平方米经济作物的灌溉;制定和实施了11项措施,确保烤烟移栽任务全面完成。在省政府公众信息网上开辟了攀枝花抗旱专栏,及时报道攀枝花旱情和抗旱工作,积极争取上级支持。

【水利规划】 2010年全市水利项目规划创新高,为推动水利大发展奠定了基础。全年共完成《县级农田水利综合规划》、《再造一个都江堰攀枝花水利专项规划》、《建设美丽富饶文明和谐安宁河谷攀枝花水利专项规划》等14个规划的编制工作,共计约45个项目,总投资40多亿元。其中规划总投资26亿元的《攀枝花市旱区水资源建设规划》已进入国家《西南五省(市区)重点水源工程建设近期规划》,规划资金占四川省的11.23%。由于应对有效、行动迅速、措施得力、政策机遇抢抓及时,这些规划得到中央和四川省的肯定和支持。2010年度通过规划确定的中央和四川省项目资金3.03亿元,加大了全市水利投入。

【防汛工作】 2010年,全市立足"防大汛、抢大险、抗大灾",建成了防汛抗旱指挥系统,实现了对江河防汛重点部位、中型水库的远程监控和视频会商。完成了县级山洪灾害防治非工程措施方案编制,争取到山洪灾害预警系统建设资金3 000万元。建立了山洪灾害预警机制,设立了水库和江河洪水监测点6个,发放山洪灾害预警设备162台、《山洪灾害预防常识》3万册。规划了60个气象自动测站,已建成并投入使用38个。

【渔业水产】 2010年务局认真贯彻市委、市政府"四个倾力打造"重要部署,倾力打造现代特色水产基地,实现了渔业产值及产量的快速增长。全市名优特养殖鱼类品种已达到20多个,渔业龙头企业已达到5个、渔业专业合作社4个、水产协会5个。2010年,全市水产品总产量达到2.65万吨,较上年增长13.1%,渔业产值2.6亿元,较上年增长20.1%,为全市农民人均增收50元以上,超额完成了当年省、市下达的目标任务及农民增收的目标。

2010年,渔业发展成效显著,并取得了良好的效益。抓基地建设,结合实际优化二滩库区网箱养殖带、发展河谷地区热带鱼养殖带、盐边县溪河流水名贵鱼类养殖带、郊区休闲渔业养殖区和米易县早苗生产基地;抓养殖品种结构调整,不断引进优良品种,提高良种覆盖率,养殖品种从传统的青、草、鲢、鳙四大家鱼,发展到鲟鱼、裂腹鱼、鲈鱼、鮰鱼等在内的30余个养殖品种,名特优新养殖品种占生产量的50%以上,高出全省近20%;抓水产品质量安全,从品质和特色上下工夫,推广健康养殖模式,生产安全放心水产品,积极申报无公害、绿色水产品生产基地及产品;抓技术指导和培训,在各县区组织专家进行技术培训,讲解新技术,新政策,并发放安全生产记录册、操作手册等相关资料2 500余份,培训人员700余人次,抓惠渔政策落实,及时足额落实财政以奖代补资金,鼓励养殖企业及养殖户申请引进新品种和改善养殖环境。

【水土保持】 2010年,全市水务系统围绕贯彻落实《中华人民共和国水土保持法》,市、县水务系统加强水土流失预防监督检查,多渠道投入和引导社会投入开展水土流失综合治理。水土流失治理方面,全年投入各类资金2.36亿元,综合治理水土流失面积134.5平方公里,超额完成省\市下达的水土流失治理目标任务。注重将水土保持"民生工程"的建设理念灌输到社会力量投入的综合治理工作中去。在仁和区国土整治、东区沿江整治、米易矿山整治等工作中,水保部门积极参与,加强指导,切实达到了治理水土流失效果。攀枝花市农业大户攀农集团公司盐边县渔门和新坪枇杷基地的经果林栽种,米易莫佬河流域的经果林及荒山改造等,大量的民间资金投入到水土流失综合治理工作中,在发展农业特色经济发挥经济效益的同时,也带来了良好的生态、社会效益。水土流失预防监督方面,切实加强开发建设项目水土保持审批项目事后监督,有效遏制因开发建设项目造成的人工水土流失,重点对开发建设项目实施水土保持方案情况进行了督促检查,先后对16个典型项目建设进行了现场检查,并做到了有检查通知、有检查意见、有整改要求的书面记录,规范了监督检查行为,对开发建设企业进一步提高和熟知水土保持起到积极推动作用。水土保持监测方面,加强开发建设项目水土流失监测力度,完善公益监测体系,攀枝花水土保持监测点(土建工程)在四川省43个监测点中率先通过省级自查验收。

【重点水利工程建设】 截至2010年底,大竹河水库新建工程已到位资金约1亿元,枢纽工程的放水洞、导流洞、坝基等已基本完工,正进行大坝填筑,工程按计划推进。总投资1 659万元的小纸坊水库整治扩建项目年底前全面完成。完成病险水库整治17座,全市第一轮安全鉴定的病险水库全面整治完成。大河城区河段防洪治理一期项目已开工建设。引进了通威集团、跨越公司,建成了二滩库区鲟鱼网箱养殖基地、米易县水产良种基地、15万吨饲料厂和鱼子酱加工项目。

【大竹河水库开工建设】 2010年1月6日,仁和区大竹河水库工程在仁和区总发乡板桥箐村正式开工建设,该水库是2010年全省开工建设的第一座中型水库。省委副书记李崇禧、省人大常委会副主任郭永祥率省发改委、水利厅、农办、扶贫和移民局负责人出席开工庆典仪式并讲话，李崇禧宣布工程开工。省水利厅党组书记、厅长冷刚对工程建设提出了具体要求。市领导赵爱明、刘晓华、李群林、谢道全、高方芹等陪同出席开工仪式。大竹河水库工程是国家扩大内需项目，也是全省重点水利工程项目，更是一项民生工程。工程总投资2.8亿元，设计总库容1 128.9万立方米。建成后，将解决8 333.33万平方米灌面、3.6万农村人口和10.9万头牲畜用水，提供城市应急用水174.7万立方米，同时提高下游城镇河道防洪能力。李崇禧考察了大竹河水库坝址施工现场，要求各级有关干部要加大力度、加快进度，科学组织施工，保质保量按期完成任务。要深入细致做好重大水利工程的移民安置工作，切实解决库区群众生产生活问题，努力建设和谐工程，确保库区移民移得出、稳得住、能致富。

【联合开展春季禁渔检查】 长期以来，因二滩库区涉及多个县市，水面相连，给攀枝花市、凉山州禁渔执法工作造成困难，为有力地打击违法捕捞行为，2010年3月29日至31日，攀枝花市会同凉山州组成春季禁渔执法队，联合开展禁渔执法检查，检查的主要内容是打击禁渔期违法捕捞和取缔非法渔具。此次联合禁渔检查参加人员有攀枝花市米易、盐边和凉山州德昌、盐源等县渔政执法人员，库区周边派出所民警、所在乡镇分管乡镇长，乡镇船管站站长等人员共计50余人。在为期3天的联合执法期间，执法队对二滩跨界水域进行了全面的检查，对违法捕捞行为的进行严厉打击，对禁用渔具坚决取缔，在二滩水库攀枝花市境内查获违法捕捞网具32张，禁用渔具89张。

【水利部副部长鄂竟平到攀指导抗旱】 2010年4月7日，国家防总副总指挥、水利部副部长鄂竟平到攀枝花视察并指导抗旱工作。水利部农水司司长王晓东、省水利厅厅长冷刚、国家防总抗旱办副主任李坤刚等领导随同视察。市委副书记、市长刘晓华，市委副书记张剡，市委常委、市纪委书记李群林，副市长郑学炳等陪同视察。鄂竟平一行深入盐边县红格镇旱灾区，实地察看灾情、走访农户、慰问群众，与当地干部群众共商抗旱救灾之策，并听取了市委副书记、市长刘晓华代表市委、市政府旱情及抗旱工作的汇报。副部长鄂竟平关切攀枝花旱情，对全市有力、有序、有效开展抗旱工作给予充分肯定。并强调要不惜一切代价地确保农民群众生活用水、竭尽全力减少生产损失、保持社会稳定。要求攀枝花市一手抓抗旱，一手抓发展，痛定思痛，抢抓机遇、谋划长远，掀起农田水利建设新高潮，全力建设与现实需求相适应的水利基础设施。鄂竟平同时表示国家防总和水利部将尽最大努力，支持四川及攀枝花的抗旱救灾工作。

（景志飞）

农业综合开发

【概　况】 攀枝花市农业综合开发领导小组办公室（以下简称农发办）是攀枝花市农业综合开发项目的管理机构。农发办分设2级，共6个部门，其中市级1个、县（区）级5个。截至2010年年末，各级管理人员共计17人（市级4人，县、区级13人）。

2010年，全市总计投入农业综合开发项目建设资金7 981.53万元。其中，争取中央资金2 581.6万元、省级资金1 504.7万元，市级安排资金638.9万元，县（区）配套资金340.3万元，企业和群众自筹2 916.03万元。

【土地治理】 2010年，攀枝花市在米易县攀莲镇、盐边县桐子林镇、仁和区大田镇和大龙潭乡开展了土地治理项目，改造中低产田1 873.33万平方米、新建拦河坝1座、新建小型蓄排工程31座、新建机耕路14.56公里、衬砌渠道54.69公里，技术培训12 500人次，购置农业机械120台（套）。

通过项目的实施，解决了长期以来制约当地农业发展的瓶颈，促进了当地农业增效、农民增收、农村发展，新增灌溉面积386.67万平方米、改善灌溉面积1 053.33万平方米，年节约用水量389.05万立方米、新增粮食296万公斤、蔬菜585万公斤，项目区农民增收总额达到1 231万元。

【产业化经营】 2010年，攀枝花市共获得上级产业化经营项目8个，其中，贷款贴息项目2个、财政补助项目4个、部门项目1个、新农村示范项目1个。项目投资3 885.51万元，其中财政资金1 400.06、自筹资金2 485.45万元。

贷款贴息项目为仁和区3万头生猪养殖专用基地新建固定资产贷款贴息项目和盐边县666.67万平方米咖啡生产基地新建项目。

财政补助项目为米易县53.33万平方米何首乌茶原料种植基地新建项目、仁和区200万平方米晚熟芒果基地改扩建项目、仁和区20万只蛋鸡养殖基地新建项目和盐边县两千吨核桃油加工新建项目。

部门项目为仁和区秸秆养畜示范项目。

新农村示范项目为米易县农业综合开发新农村示范片产业化发展项目。

通过实施产业化经营项目扶持了当地龙头企业、合作组织，促进优势农产品的生产销售。通过推广“龙头企业+合作组织+农户”组织形式，提高企业市场开拓能力，加快农业结构调整速度，推动农村经济发展，带动农民致富增收。

（杨东　雷林）

交 通

公 路

【概 况】 2010年9月10日，市交通局更名为市交通运输局，主要职能是：负责制订并实施全市公路、水路交通基础设施发展规划，负责管理和养护国、省道及部分县乡道，负责全市交通建设市场和工程质量监管，负责全市公路、水路客货运输行业管理，负责全市水上交通安全监督和公路运输源头安全监管和应急管理。

交通局机关行政编制42名，工勤人员编制6名。实有公务员40人，年底有在职人员共46人。局领导职数8名，在职7名，局机关内设科室16个，科级干部职数23名，在职科级干部17名。下辖市交通运输管理处、市公路养护管理总段、市地方海事局、市公交公司等9个单位，全市交通系统共有职工5 780人，其中在职职工3 583人、退休职工2 189人，离休职工8人。

2010年底，全市公路总里程4 582公里，其中一、二级公路278.188公里。所有乡镇均通公路，通公路的村221个，占村63%。全市有码头39个，年客运吞吐量31万人次，年货运吞吐量16万吨，全市拥有航道里程368.4公里。

全市公路主骨架由两纵一横组成。2条南北纵向干道为省道214线、省道216线，1条东西横向干道为省道310线。214线由德昌甸沙关到米易，经市区至云南永仁县。216线由凉山州盐源县经格萨拉、渔门至西区河石坝。310线由凉山会理县经红格、东区、西区至云南华坪县。西攀、攀田高速公路已全线通车。全市有出租车1 477辆。有公交车538辆，运营线路27条，年客运量约1.18亿人次，公交线路长度380.1千米，拥有公交站点499个。全市共有客运企业24户，有客车2 463辆，客运线路91条；货运业户16 534户，货车21 905辆，总计吨位8.85万吨，同比增长67.55%；维修业户1 005户，其中一类维修企业21户；驾校11所，教练车353辆。

2010年，丽攀高速建设高效推进，全年累计完成总投资69 342万元，13个工程标段已开工11个，5个控制性工程正加快推进。地方交通基础建设按计划推进，全年共计完成投资44 096.9万元。渡口桥南立交D、E、F匝道工程已建成通车。新密地大桥加快推进。沿江快速通道西区段工程已完成投资1 299万元。国道108线平地至挖断路段改建工程已完工。S214线总发至平地工程已完成投资25万元。农村路建设稳步推进，完成通乡公路120公里、通村通畅公路320公里

年内全面开展运输市场专项整治行动，全年，共计出动了执法人员1.5万人次，检查车辆1.3万台次，查获违章车辆0.17万台次，查处非法营运车辆507台。加大车辆更新，调整优化公交线路。更新公交车辆21台，新增公交线路2条，调整公交线路4条。完成683辆出租汽车报废更新任务，自2009年以来累计报废更新出租汽1 345台。开展了攀枝花综合客运中心项目建设的招商引资工作。组织相关部门配合上海同济城市规划设计院按计划开展攀枝花市城市公共交通规划设计工作。

全市投入资金1.16亿元对排查的45处各类安全隐患进行整治，整治安全隐患路段35.7公里。

加强公路桥梁养护管理。列入“迎部检”项目的S214线甸沙关至密地大桥南路段、渡金线和路桥收费站公路路面等的大、中修改造工程已全部完工。对全市国、省干线和县(区)交通局管养的20余座特大桥及大桥进行定期检查，同时组织桥梁专家对全市危病桥进行重点排查，并对区县交通局的桥梁养护工作进行指导。加大危病桥整治力度，对处于国省干线上的新庄大桥进行了维修加固，年底已累计完成产值500万元。强化超限运输治理。2010年，共投入治超人员27 340人次，检测载货车辆71.5万台次，其中超限2.31万台次，责令卸货1.78万台次，卸载货物18 070吨，超限率为3.23%。

2010年，市交通运输局被省交通运输厅评为“执法监督检查优秀单位”。清理审批项目，落实“两集中，两到位”。除海事(航务)的审批项目外，其余项目按“两集中，两到位”的要求已统一进驻政务中心。全年市交通运输局窗口共受理行政许可和非行政许可项目共计8 135件，群众评议率为95.91%，现场办结率100%，满意度为100%，无投诉事件发生。

城乡环境卫生综合治理深入推进，“创先争优”活动扎实开展，党风廉政建设有力推进，行业文明建设切实加强，信访维稳工作取得实效。

【丽攀高速公路建设】 2010年，攀枝花市全市动员，艰苦工作，克服了征地拆迁点多面广、情况复杂等诸多困难，创造了攀枝花市高速公路建设史上最短时间交地、最短时间进驻和最短时间全面施工的纪录，使丽攀高速公路攀枝花段建设有条不紊高效推进。全年累计完成总投资69 342万元，

占年度投资计划6亿元的115.6%。13个工程标段已开工11个,5个控制性工程正加快推进。

在该公路的征地拆迁中,交地清表完成了98%,土地补偿协议签订完成了100%,房屋拆迁面积完成了82.5%,房屋拆迁协议签订完成99.7%,电力铁塔拆迁完成了12%,新建电力铁塔完成25.9%,电杆拆迁完成了64.4%,管线拆迁完成了56.3%。市财政累计拨付各类补偿资金23 425.46万元,各区已累计支付22 579.58万元。到年底为止,工作中没有发生一起群体性上访或赴市、省、赴京上访事件,整个征地拆迁没有发生一起重大安全事故。

【交通基础设施建设】 2010年,共计完成投资44 096.9万元。其中,重点工程建设完成投资8 557万元,农村公路建设完成投资24 282.9万元,农村客运站点、码头建设完成投资257万元,公路养护整治完成投资1.1亿元。

2010年,组织实施的地方交通重点项目共完成投资8 557万元。其中渡口桥南立交D、E、F匝道工程于2010年9月26日提前半年建成通车,完成投资7 528万元,较计划节约近千万元。新密地大桥工程完成投资2 069万元,整个工程项目正加快推进。沿江快速通道西区段工程已完成投资1 299万元。国道108线平地至挖断路段改建工程已完工,完成投资1 917万元。S214线总发至平地工程已完成投资25万元。此外,攀宜沿江高速公路项目正积极配合省厅加快前期工作;公路运输协调信息服务中心项目正加快项目前期工作;综合客运中心项目工程和初步设计方案已经通过省级评审,并开展招商引资工作。

2010年,完成通乡公路120公里,为年度目标40公里的300%,完成通村通畅公路320公里,为年度目标300公里的107%。

资金筹措力度进一步加大,进一步加强银行的沟通联系,多渠道、多方式扩大运用各类金融机构的信贷资金。2010年先还后贷44 100万元,同时争取市财政支持。全年争取市级财政资金7 181万元,其中财贴息631万元,财政还本4 950万元。年内加强路桥通行费征收,全年征收2 369万元。

2010年,道路运输全年完成客运量5 471万人次、客运周转量95 938万人公里,货运量8 983万吨、货物周转量438 760万吨公里;水路运输全年完成客运30万人次,货运量15万吨;城市公交客运完成客运量约1.21亿人次。运输保障能力进一步加强,优质安全地完成了春运和清明、五一、端午、民运会等特殊时段的交通运输任务。2010年,共计出动了执法人员1.5万人次,检查车辆1.3万台次,查获违章车辆0.17万台次,查处非法营运车辆507台。全年更新公交车辆21台,新增公交线路2条,调整公交线路4条。圆满完成683辆应报废出租汽车的报废更新任务,自2009年以来累计报废更新出租汽车1 345台。同时,加强了出租汽车行业管理,有效提升了运营服务水平。

【收费路管理】 2010年,路桥车辆通行费征收计划为2 200万元,实际完成2 369万元。路桥车辆通行费年费2005年至2008年委托市交通稽查征费处代征,2009年实施燃油税改革后,改由委托中国银行股份有限公司代征。为积极应对燃油税改革后对路桥车辆通行费征收工作的影响,加大征收力度,2010年12月15日,市政府下发《关于加强攀枝花市路桥车辆通行费年费征收有关事项的通告》。将从2011年1月1日起启动在车管所设年费征收窗口征收年费工作。

强化内部管理,要求收费人员着装整齐、持证上岗、热情服务、文明收费,做到科学管理、一流服务、按章收费。加强监督,各收费站已安装和使用远程监控和微机打印票据收费系统,组织专人采取不定时地内部稽查,特别是加强了远程监控的监督工作。2010年上半年,通过远程监控发现并查处一起收费人员贪污票款行为,多次发现并纠正收费员的不规范行为。同时也为公安部门多次提供机动车盗、抢案件及治安案件的重要监控资料;另外对办公楼进行监控。进一步规范年费退费程序,实行微机管理。规范财务及票据管理。

【路政管理】 2010年,市路政支队精心组织,全力做好迎部检工作。健全路政档案管理制度,制订路政案件办理流程及评查标准,投入近4万元,制作了各大队、超限检测站办公场所公示牌。按《公路监督检查专用车辆管理办法》统一式样和管理使用要求规范支队所有执法车辆。通过了厅行政执法检查,扎实开展执法队伍整顿,开展创先争优活动,确定三堆子超限检测站李建超班组为共产党员示范行动岗、机场路为示范路段。全面落实三项制度,提升执法服务意识。对中层干部进行轮岗,完成工资调整,调整公积金基数,补缴医疗保险费。加强廉政建设。2010年,未发现吃、拿、卡、要,以权谋私等违规违纪行为,平均上路巡查率为85.3%,查处公路损毁和公路占用案件225件,案件发现率为97.4%,查处率、结案率为98.2%;全市路政管理机构共收回路产补偿费2 738万元;实施行政处罚590次,罚款134万元;办理行政许可1 174件。全年没有发生行政复议和行政诉讼案件,没有一起因路政执法行为不规范而引发不稳定事件或被媒体曝光案件。大力抓好安全管理工作,完善治理超限运输长效机制。2010年,共投入执法人员27 340人,检查货车71.5万台次,其中超限2.31万台次,责令卸货1.78万台次,卸载货物1 807万吨,超限率下降到3.23%。2010年,被四川省交通运输厅公路局评为2009年公路路政管理先进单位,被市政府评为安全生产优秀目标责任单位,被东区长寿路街办评为"城市管理"先进集体,队员李建超被评为省级劳模。

【运政管理】 2010年,投入安全经费50余万元,多措并举加强道路运输源头安全管理。开展道路客运经营秩序专项整治行动,共出动检查人员1 031人次,检查营运客车547台,查获站外揽客客车3台,途中超速客车1台,不按核定线路运行客车3台,屏蔽GPS信号客车1台,收缴小板凳42张;检查农村客运车辆137台,查获途中超速超载行为12起;检查出租汽车430台,查获关闭1ED显示屏的车辆2

台;检查危险品运输车辆100台,查获无安全卡和运单的违章车辆9台,押运员无上岗证车辆2台;检查普货运输车辆652台,查获违章车辆60台。全年未发生一起重大源头安全事故。注重服务,做好依法行政工作。强化基础管理,为依法行政服务。认真受理"96 515",对1 300余个咨询、投诉、举报电话耐心细致地接听,来电办结和回复率达100%。建立联络制度,为运输企业服务。30名运管人员与51家道路运输企业进行对口联系,为道路运输企业主动上门服务。开展"创先争优"活动,推选出党员示范窗口1个,党员示范岗3个。规范运输市场秩序,新增县际客运线路4条,投入客车21台;新增省际旅游客车10台,县际包车20台;新增省际客运班线1条,市际客运班线3条。积极指导公交公司增开和调整公交线路各4条。米易顺达运业公司还投入450万元,投放18台公交车,开辟3条公交线路,解决了县城区和城乡结合部6万余人出行需求。新开辟农村客运线路3条,投入农村客运车辆52台,全市6家农村客运公司均实现了公司化经营和管理。开展质量信誉考核,对23家危险品运输企业、11家客运企业、11所驾校、114户维修企业进行了质量信誉考核。加强GPS监控,处罚违反GPS监控管理的客货车辆14台,共计2万余元。全市建成三级工作平台24个,安装GPS的客、货车辆达654辆,完成运政数据库与370台危险品车辆GPS相关数据的修正、补录。从4月1日起开展了为期8个月的主城区客运秩序整治工作,在交通、公安、工商、城管等部门的配合下,共出动执法人员9 660人次,执法车辆2 003台次,查扣非法客运"黑车"500余台,纠正乱停乱放等机动车违法行为1 192起。储备应急客车28车、货车32辆、吊车4辆。重大货运源头调查工作全面完成,确定了东区高梁坪工业园区为源头"治超"示范点。建成2个农村客运站,全年投资261.7万元,完成仁和区太平、福田,西区格里坪庄上村,盐边县江西、强胜5个农村客运等级站以及9个港湾式车站、12招呼站的建设任务,超额完成建站任务。4月至7月深入开展维修市场专项整治,共出动检查人员900余人次,清理取缔无证经营110户,查处占道维修、越类维修57户,查处在汽配店门口变相非法修车19户,暂扣维修设备、工具190余台,限期整改12户,降级9户,罚款3.2万余元,全年依法调解维修纠纷8次。共进行综合性能检测2万余台运输车辆,二级维护竣工检测6万余次。提升维修人员整体素质,下发3 200份资料,举办"现代维修技术讲座",培训维修技术人员260名。自2009年以来,完成出租汽车驾驶员岗前培训2 000余人,报废更新出租汽车1 345辆。及时将2 751.52万元出租汽车燃油补贴划拨到市区10家出租汽车公司。驾驶培训能力进一步提高。2010年,全市拥有教练车352台,教练场26.67万平方米,持证教练员639人,持考核员证57人,11所驾校招收培训学员1.6万人。完成11所驾校经营资质和教练场地的重新核定工作,并重新核发了驾校"道路运输经营许可证"副本,对达不到部颁标准的1所二级驾校作出了降级处理。依法新审批和许可了2所道路运输从业人员培训机构,分别由建工、吉祥驾校承担客货运、危货从业人员培训,完成3 800余人的从业资格培训和无纸化考试工作。向47个审查合格的驾校招生点授予了统一制作带有编号的驾校招生点标牌,并在门户网站予以公示。

【公路行业管理】 2010年,市公路管理部门进一步完善了干线公路和农村公路养护管理制度,加大督促检查力度,督促县区健全农村公路养护管理机制。加强日常养护管理,督促养护单位以路面完好为中心,做好日常小修保养工作;狠抓水泥路面专项养护;积极开展沥青路面车撤处理新技术;督促管养单位完成国省干线公路的公里桩、百米桩、公示牌、标牌的缺损调查统计工作,并进行了预制安装工作。强化大中修工程管理。2010年,实施S214线K0—K45+750段路面大修整治工程及S214线倮密段及渡金线路面养护工程,完成投资9 000余万元,工程合格率达到100%。制定预案,做好公路防汛和突发事件处置工作。抓好安全管理,进一步推进安保工程建设,整治公路隐患,完善公路交通安全设施。2010年,共完成公路安保工程150公里,其中市级完成56公里,县区完成安保工程82公里。共完成投资893万元(其中部省补助资金624万元)。S214线K0~K46段在对路面进行升级改造的同时,投资150余万元对该段安全防护设施进行全面恢复。督促各县区交通局完成了S216线、G108线、总龙路、柏观路等道路的安保工程建设,对危险路段设置防护栏,增设标志标牌,施划标线等,共实施安保工程82公里。完成省道310线新庄大桥北银河汽车修理厂段以及把关河桥头两处隐患整治。强化监管,桥梁管养制度化和规范化。督促总段桥梁检测中心(桥梁养护队)每年对交通所管养的特大桥、大桥统一进行两次定期检查,对全市国、省干线和县(区)交通局管养的特大桥及大桥20余座进行定期检查,加大危病桥整治力度。2010年,对新庄大桥进行维修加固,预计2011年3月底前完工。县区交通局完成危病桥整治3座(仁和区布德桥、福田镇獭水塘桥、总发乡小白坡桥)。继续做好"城乡环境综合整治"工作,提高公路管养科技含量。2010年,在迎部检的两个项目上均采用了新工艺、新技术、新材料,S214线K0—K45+750段路面大修整治工程采取对旧路面进行针对性整治后,加铺橡胶沥青混凝土和沥青混凝土路面;S214线倮密段及渡金线路面养护工程采用对原旧路面进行铣刨,加铺结构组织合理、抗车辙性能优良的SMA沥青混合料路面,这些工艺和技术在攀枝花市都是第一次实施。加强公路桥梁数据库管理和公路信息网站信息报送工作。

为迎接交通部检查,年内,备检路线路面整治工程累计完成投资9 000余万元。其中,S214线倮密段及渡金线路面养护工程于7月初开工,10月底完工,已投入使用;S214线K0+000—K45+750段路面大修整治工程6月开工,11月25日路面铺筑完工,12月底全部完工;S214线K45+750—K97+400段路面大修整治工程预备开工。收费站路面整治工程,开工较晚,共完成投资约180万,预计12月中旬完工。2010年加大了干线公路路面病害的整治力度,累计完成沥青路面修补31 980平方米,水泥混凝土路面修补8 600平方米,水泥砼路面灌缝补85 000米。除垭口养护中心外,小街、柳溪河、丙谷、干田堡、牛坪子公路养护管理站的维修工作已完成。充实完善了市级(包括总段、路政)、县(包括各养路段)、班三级内业资料的整理归档工作。

【港航管理】 2010年,攀枝花市建立健全船主自治、船员自律的乡镇船舶安全管理体系,县乡政府负责的乡镇船舶安全管理责任体系,相关主管部门对乡镇船舶的责任体系,乡镇船舶的安全监督责任体系四个水上交通安全责任体系。严厉打击船舶超载、非客运船舶非法载客、未经许可擅自进行水上水下施工作业等行为,坚决取缔"三无船舶",对米易县得石镇2艘自用船非法载客违法行为进行严肃处理。有针对性开展渡口渡船安全管理、客船、客渡船安全管理、非客渡船非法载客、采砂船等专项整治行动。认真开展第八个'全国安全生产月"活动,及时将200余套宣传挂图发放到各县(区)海事处。开展对客船、客渡船驾驶员的特殊培训和知识更新培训,加强企业安全管理人员、操作人员、乡镇船舶管理人员的安全管理知识培训。督促21个有船乡镇加强乡镇船舶安全管理规范化建设。进一步深化开展救生衣行动,使辖区涉渡乡村群众、学校师生、客渡船船员的受教育面达100%。加大海事巡查力度,确保船舶适航船员适任,继续深入开展渡口渡船安全专项整治工作。全面开展水路城乡环境综合治理工作,完成二滩宋家坨码头站房、公厕及交通趸船的综合治理,完成渔门码头安全隐患整治,在宋家坨码头修建垃圾处理池,总投入经费20余万元。认真开展春运、"百日安全生产活动"和清明、五一等节日安全工作,确保旅客走得了、走得及时、走得安全。精心安排部署汛期水上交通安全工作,努力确保水上交通安全有序。严格要求客渡船按照"200%"标准配备救生设施,督促船员和乘客100%穿戴救生衣方可发航。各县区海事部门加强日常巡查,严格执行"六不发航"制度,强管理、促规范,水路运输能力不断提高。

【交通安全监管】 2010年,全市交通系统安全工作形势持续稳定。水上交通道路运输、公路管理、交通建设等行业未发生安全生产责任事故,城市公交安全管理取得长足进步,市级督办重大安全隐患治理工作全面完成,各项指标均在省厅(水上)和市政府下达的控制指标以内。投入资金1.16亿元对排查的45处各类安全隐患进行了整治,整治安全隐患路段35.7公里。制度建设不断完善,印发了《攀枝花市交通局安全生产管理体系》。基本形成了一级抓一级层层抓落实、人人抓落实的好格局。全年开展集体宣传教育活动23次,共发放安全宣传资料65 000余份,悬挂安全宣传横幅248幅,安全宣传小标语(含车身标语)3 600余条,出安全板报12期,制作展板78块,播放安全电教光碟400余分钟,在互联网上挂安全信息20余篇;全年组织道路运输、公路管理、水上交通、工程建设等行业的安全从业人员参加培训10期,共120余人次。全年各客运站安全例检2 766台次,检查旅客行包573 161件,查缴管制刀具14把,丁烷气体6瓶,油漆3公斤,易燃物品5公斤;全年各驻站运管所抽查客运车辆10 950台次。出动执法人员14 945人次,上路检查车辆12 929台次(其中检查客车辆1 200台次,出租车4 434台,危化品运输车辆720台,教练车1 100台,机动车维修店960户,普货车辆4 515台次),查处违法行为1 667起。

全年共出动人员347人次,排查安全隐患45处,投入资金1.16亿元对各类安全隐患进行了整治。其中:投入4 984万,对S214线甸沙关至米易段进行了路面大修;投入4 844万元,对渡金线车撤隐患进行了彻底治理;投入1 430万元,对新庄大桥进行大修加固;投入244万元,对S216线渔门至格萨拉段增设了波形防护栏;投入60余万元,完成了S310线"2·5"事故路段等4项市级督办的安全隐患整治任务。修复波形护栏1 560米,完善标志标牌51块,填补坑凼8 260平方米,修复桥栏30米,恢复人行道盖板460平方米。

全年累计出动海事执法人员650余人次,安全检查船舶3 100余艘次,查处违法行为2起,抽查重点涉水乡镇4个。

在建工程监管到位。交通质监部门制定了详细的安全质量管理方案,实行了包人、包项目的管理模式。各项目业主、设计、施工、监理等参建单位认真履行了安全管理职责。2010年,制定出台了《交通系统应急处置总体预案》。各单位分别开展了公路防洪抢险、船舶火灾、乘客紧急撤离、工程抢险、反恐等应急演练。加强应急职守,每逢重大节假日和汛期等特殊时段,各单位均严格落实了24小时值班制度和领导带班制度。

【交通科研】 2010年,市交通运输局坚持"科技兴交"的发展方向:注重科技投入,落实科研经费,为科研工作顺利开展提供了保障。专项单列科技开发经费20万元,积极组织科研立项,2010年,确立了2个科研项目,即《S214线保密段及渡金线路面车辙治理》和《基于塌低评标价法的招标良性互动环境构建研究》,其中一项通过厅科技信息资源共享平台上报备案。按计划完成科研计划任务。在局科技工作办公室的协调和推动下,项目承担单位如期完成研究任务。目前,《基于最低评标价法的招标良性互动环境构建研究》完成研究任务,已组织结题验收;《S214线保密段及渡金线路面车辙治理》研究工作已完成了渡金线路面车辙治理任务,后期研究工作正在开展,力争2011年8月按计划结题。上年结转厅立科研项目《农村公路弹石路面技术推广应用》课题通过了省厅专家组验收并结题。全年报送科技工作信息6篇,征集交流论文4篇(其中1篇已发表)。较好地完成了省厅科技信息管理工作。

【行政执法管理】 2010年,市交通运输局通过抓典型、查问题、重教育、重学习、促整改等方式开展执法队伍整顿,全面提高执法人员总体素质,进一步端正执法人员的执法思想和执法动机。通过整顿规范执法行为,健全管理制度,完善执法监督机制,提高交通执法水平,全面树立交通执法队伍依法行政,努力构建全方位交通文明执法。2010年,攀枝花市交通运输局被省交通运输厅评为"执法监督检查优秀单位”。清理审批项目，落实“两集中，两到位”。除海事（航务）的审批项目外，其余项目按“两集中，两到位”的要求已统一进驻政务中心。全年市交通运输局窗口共受理行政许可和非行政许可项目共计8 135件，群众评议率为95.91%，现场办结率100%，满意度为100%，无投诉事件发生。

【城乡交通沿线环境卫生综合治理】 2010年，市交通运输局继续深入推进了城乡交通沿线环境卫生综合治理工作，对城乡环境综合治理“攻坚月”活动、花城打造工作进行了具体部署，大力推进了攀枝花市“除陋习、树新风”、集中治理“四乱”行动。全年交通部门清理公路周边乱占乱堆建筑材料1 145处，清理占道加水车辆239台次；清扫船舶331艘，清扫港口码头192次，清理河道、淤泥5.4公里吨；清理水面漂浮物833吨；清洁收费亭、收费大棚2 439处，清扫整治边沟、水沟899 754米，清除卫生死角496处，清除“牛皮癣”8 658条。

【省交通运输厅检查组到攀枝花市检查】 2010年1月30日~2月2日，以自贡市交通局纪委书记黄贵明为组长的省交通运输厅工程建设领域突出问题专项治理工作交叉检查组，对开展工程建设领域突出问题专项治理排查工作进行了检查。检查组主要从工程项目决策和履行基本建设程序、环境影响评价、招标投标活动、工程建设实施和质量管理、物资采购和资金安排使用、工程监管等环节进行了检查，查看了西攀高速公路盐边县出口至310连接线、新密地大桥等工程，查阅了相关文件资料，听取了汇报。检查组一行给予了充分的肯定和高度评价，认为攀枝花市交通系统专项治理工作已经有了一个良好的开端。

2010年3月18日~19日，以省交通运输厅公路局副局长罗玉宏为组长的“迎部检”督导组一行6人，对攀枝花市国省干线公路养护与管理“迎部检”工作进行了督导检查。检查组深入S214、S216、S310沿线“迎部检”路段进行了督导检查，并听取了攀枝花市交通运输局关于国省干线公路养护与管理“迎部检”工作情况汇报。

罗玉宏对攀枝花市交通运输局“迎部检”所做的工作给予了充分肯定，并提出具体要求：要突出重点，在全面梳理的基础上查找存在的问题；要打破常规，确保改造及大修工程按时完成；要多方筹集资金，确保改造及大修工程顺利推进；要突出地方特色，充分展示攀枝花形象。

【刘奇葆视察新密地大桥建设】 2010年3月22日上午，四川省委书记、省人大常委会主任刘奇葆一行在省交通运输厅厅长高烽以及市领导、市交通运输局领导的陪同下，视察了新密地大桥建设情况。刘奇葆听取了项目进展情况汇报，察看了大桥施工情况，了解了施工期、投资进度情况，对交通部门所做的努力给予了充分肯定，并就程质量掌控、安全保障措施落实及党风廉政建设等方面提出了要求，他要求要按照打开南向通道的要求，推动已进入国家规划的交通建项目尽早开工、加快建设，不断创造发展新优势。同时，他要求交部门要科学组织、精心施工、强化质量意识，始终把质量摆在工程建设的首位，确保工程经得起历史的检验。施工单位要切实采取有效措施，加强安全管理，层层落实安全责任。要加强工程监管，把每一分钱都用在工程建设上，建设阳光工程、廉洁工程。

【攀枝花国家公路运输枢纽总体规划通过评审】 2010年4月初，攀枝花国家公路运输枢纽总体规划过交通运输部专家组评审。根据规划，攀枝花国家公路运输枢纽总体将实施“五客六货”规划模式，将新建客运站5个、货运站6个，并将建设枢纽信息服务中心，把攀枝花打造为川滇区域性中心公路枢纽。

总体规划包括客运和货运两大部分，到2020年，攀枝花国家公路运输枢纽体系将由11个枢纽站场组成，其中客运站5个、货运站6个。攀枝花国家公路客运枢纽规划布局如下：在临江路与金沙江大道交叉口附近新建攀枝花综合客运中心（一级站）；在火车站附近（江东侧）新建攀枝花客运东站（一级站）；在迤沙拉大道与攀枝花大道交叉口附近新建攀枝花客运南站（一级站）；在西区席草坪，即S216线、S310线与清乌复线交汇处附近新建攀枝花客运西站（二级站）；在西攀高速公路米易县草场克郎村出口处附近新建攀枝花客运北站（二级站）。5个客运站总占地面积约17.8万平方米，规划能力为日均发送旅客4.8万人次，规划建设时间为2010年至2020年。

通过实地踏勘并广泛征求相关部门和专家意见，攀枝花市最终确定了“一个物流园区、四个物流中心、一个货运枢纽站”的国家公路货运枢纽布局方案。根据规划，攀枝花市将在西区西攀高速公路右侧、金江出口处附近和东区大面山工业园区新建金江物流园区；仁和区总发乡新建总发物流园区；西区格里坪镇以西新建格里坪物流中心；东区新建密地物流中心；西攀高速公路米易县草场克朗村新建米易公路货运站。6个货运站总占地面积约98万平方米，设计生产能力640万吨/年，规划建设时间为2010年至2020年。规划拟在炳三区建设市公路运输协调信息服务中心，预计占地面积16 952.81平方米，投资5 600万元，建设期为2011年-2012年。服务中心建成后能将公路运输站场体系有机联系起来，建立高效、统一的指挥系统和应急机制，协调公路运输系统，同时协调与港口、铁路、航空运输等。

【2010年全市交通工作会及交通系统工作会召开】 2010年4月15日上午，2010年全市交通工作会在攀枝花会展中心召开。市交通局全体职工、各县（区）政府、市级相关部门负责人参加了会议，市委副书记、市长刘晓华、市人大副主任张如英、市政府副市长李章忠、市政协主席高方芦出席了会议。攀枝花市交通局党委书记、局长雷雨作了2010年交通工作报告，仁和区政府、盐边县政府和市发改委作了发言，副市长李章忠代表市政府与各县（区）政府签订了2010年县（区）交通工作目标责任书，市委副书记、市长刘晓华作了重要讲话。

下午,全市交通系统工作会议召开。局党委副书记荀顶才主持会议,局领导、县区交通局、局属单位领导班子成员、局机关职工等参加了会议。会上,副局长朱斌作了安全工作报告,副局长、纪委书记王勇作了党风廉政建设工作报告,副局长朱斌宣读了《关于表彰2009年度交通安全生产先进单位和达标单位的通报》,工会主席强兴林宣读了《关于表彰2009年度目标管理先进单位的通报》。同时,党委副书记荀顶才、工会主席强兴林分别就分管工作进行了安排部署。雷雨对2010年交通重点工作提出了"六个全"的具体工作要求,即:全行业的科学规划,全系统的和谐稳定,全过程的质量控制,全天候的责任养护,全覆盖的规范管理,全方位的文明执法。会上,雷雨与局班子成员签订了2010年党风廉政建设目标责任书,市局与县区交通局、局属单位代表分别签订了2010年度交通工作目标责任书、安全工作目标责任书、党建工作目标责任书、行风建设目标责任书、党风廉政建设目标责任书。

【省总工会慰问重点工程一线职工】 2010年7月7日,省总工会副主席唐科伟、巡视员曾品金带领省总工会慰问组一行在市总工会党组书记、常务副主席张云忠,市交通局党委委员、纪委书记、工会主席强兴林,副调研员蔡丽萍及交投公司和路桥公司领导的陪同下,对新密地大桥参加建功立业工程竞赛开展情况进行调研,并慰问了建设工人。

唐科伟带领慰问组对施工现场进行了实地走访,对参建单位进行了慰问,并把价值11 000元的慰问品发放到了一线工人手上。他对活动的开展给予了高度评价,认为新密地大桥项目通过建功立业活动取得了重大成果、成绩斐然,并指出要加强安全意识,注重以人为本,加大宣传力度,充分调动参与建功立业活动广大职工的积极性,健全制度化建设。

【高烽调研丽攀高速攀枝花段建设】 2010年7月27日,省交通厅厅长高烽一行莅攀,对丽攀高速公路攀枝花段建设情况进行了调研。市委副书记、市长刘晓华,副市长李章忠陪同调研。当天,高烽一行分别深入到丽攀高速公路攀枝花段C4、C6合同段,实地了解工程建设征地拆迁等情况,并现场协调解决工程建设中存在的问题和困难,要求按照"三年攻坚、奉献丽攀、优质高效、安全管理"的总体要求,以确保高速公路在2012年底建成通车为目标,倒排工期,强力推进工程建设,尽快实现从多点施工到全线施工。

7月28日,高烽一行实地察看了解了道路桥梁等工程建设情况当天,高烽一行来到新密地大桥施工现场,详细了解了工程建设进情况。他指出,攀枝花要抓住机遇,乘势而为,抢建交通枢纽,抢发展优势。他要求,交通项目建设一定要加快进度,确保项目如期完工;施工方要从工程的最基层抓起,确保工程质量。要加强统筹,对工程实施做好精细管理、精确控制、有效组织,按期、保质、保量、安全完成工程建设;地方政府要积极配合,确保项目施工安全畅通。当天,高烽一行还来到攀田高速公路田房收费站,看望慰问了坚守岗位的工作人员。

【启动第四届城市公共交通周及无车日活动】 2010年9月16日,攀枝花市第四届城市公共交通周及无车日活动正式启动,旨在向市民倡导"低碳生活、绿色出行"理念,推动落实攀枝花市优先发展城市公共交通战略。市领导赵爱明、刘晓华、王川红、单荣、严文洪出席启动仪式。市委副书记、市长刘晓华宣布攀枝花市第四届公共交通周及无车日活动正式启动。

2007年以来,攀枝花市公交事业得到长足发展,相继建成使用路歇桥、陶家渡、巴斯箐等一批公交首末站,并在偏远矿区和交通不便的社区开通公交社区巴士线路,方便了市民出行。同时,不断投入更新公交车,使空调型公交车保有量达到274台,占公交车总数的51%。2010年底,攀枝花市拥有公交线路27条,运营车辆538台,年运客量1.18亿人次。

【市人大代表视察交通建设】 2010年9月28日,市人大代表区代表团对交通建设情况进行视察并听取汇报。视察表明,攀枝花交通建设进展顺利,各个项目均按计划稳步推进。市委常委、市委组织部部长张祖芸,市人大常委会副主任唐建民参加视察并听取了汇报。

当日,代表们先后深入新密地大桥、渡金线、丽攀高速倮果金沙江特大桥、渡口桥南立交DEF匝道等地,对位于该地的工程项目建设情况进行查看。视察中,代表们给予了充分肯定。在听完汇报后,代表们建议,相关部门应在加快对外大通道建设的同时,加紧研制出缓解市内交通拥堵的方案;在推进新建地方交通项目的同时,做好老路的维护,多措并举,全力推进全市交通基础设施建设。

【渡口桥南立交DEF匝道工程建成通车】 2010年9月26日,渡口桥南立交DEF匝道工程举行通车典礼。该工程的建成通车,实现了渡口大桥、江南三路、滨江大道、大河北路等多条城市交通动脉间的全互通,使过往车辆能分流分道通行,有效缓解市区交通拥塞的"瓶颈"问题,进一步完善了城市路网功能。市委副书记张剡宣布工程正式通车。市人大常委会副主任邓可兴、副市长李章忠、市政协副主席庞向东出席通车典礼。

渡口桥南立交DEF匝道工程是渡口桥南立交系统中的一部分,工程匝道、隧道总长1.45公里,D、E、F线均为城市次干路II级,设计车速均为每小时30公里,投资估算9 809.7万元。其中:D线全长0.292公里,宽7.5米,单车道通行,为下穿道路,起点位于渡口桥南广场东南侧,终点与江边街平交;E线全长0.607公里,起点位于渡口桥南广场东南侧,终点与滨江大道连接;F线全长0.551公里,与滨江大道相连。李章忠在讲话中说,渡口桥南立交DEF匝道工程是攀枝花市"打造区域性中心城市,构建区域性交通枢纽"的重要组成部分,工程的建成通车,缓解了日益拥堵的交通现状,为加快社会经济发展,提升城市形象,拓展城市空间,推进"四个倾力打造"战略创造了重要条件。希望相关部门以此为契机,继续推进新密地大桥、丽攀高速公路攀枝花段等交通基础设施的建设,不断完善城市道路路网结构。

【丽攀高速公路首座隧道贯通】 2010年10月17日,丽攀高速公C5合同段沿江隧道左线隧洞实现贯通,成为丽攀高速公路攀枝花段贯通的首座隧道。此次贯通的沿江隧道是丽攀高速C5合同段重点组项目之一,项目总投资2 300万元,由河北北方公路工程建设集团限公司承建。沿江隧道由左、右两线隧洞组成,其中左线长189米,右线长239米。5月1日,沿江隧道施工全面启动,7月初正式开始隧洞掘进工程,平均日掘进进度在2－3米。经过3个多月的努力,沿江隧道左线隧洞10本月初安全贯通,成为丽攀高速公路建设中首个贯通的隧道。至年底,施工方正在进行洞口衬砌施工,右线隧洞已掘80多米,预计2011年11月底可贯通。整个沿江隧道主体工程将于2010年12月31日前完成。丽攀高速公路C5合同段全长3.015公里,含特大桥梁2座,隧道1座、2010年4月28日,C5合同段大水井金沙江特大桥第一根钻孔灌注桩顺利开钻,标志着丽攀高速公路攀枝花段正式进入实体工程施工阶段。截至9月底,丽攀高速攀枝花段已开工建设合同段工程用地全部交付施工方。至年底,已开工的11个合段建设正有序推进。

【交通建设突出问题督查治理】 2010年10月17日至18日,以省厅公路局罗玉宏副局长为组长,厅建管处、厅质监站、川高公司等部门组成的督查组,对交通建设工程领域突出问题治理工作进行了专项督导检查。局党委书记、局长雷雨,副局长朱良清,纪委书记、工会主席强兴林,总工程师刘应贵陪同了检查。各县(区)交通局主要负责人参加了督导会议。

督查组一行在听取了工作汇报、实地查看新密地大桥、西攀高速公路盐边县出口至S310连接线施工现场,并审查了施工、监理、业主单位相关内业资料后,对交通建设领域突出问题治理工作取得的成效给予了充分肯定,并对存在问题提出了整改要求。

督导组指出,攀枝花市交通工程建设项目实施在立项批复、设计审批、招投标管理、合同签订、施工许可等前期工作的审批办理程序管理规范,资料完整齐备,希望保持并更上一层楼。同时,针对检查中发现的一些问题,要求要及时进行严肃查处和纠正整改,要继续强化建设程序规范化、施工现场精细化管理。

【仁和区162辆农村客运车辆统一标志】 截至2010年11月14日,仁和区162辆农村客运车辆车身标志统一工作已全部完成。近年来农村客运车辆逐步增多,为有效规范农村客运市场,引导乘客选择合法营运车辆出行,从10月初起,仁和运管所协调相关部门,对辖区12条农村客运线路的162台农村客运车辆统一车身颜色和标志一车身为银灰色,腰带为天蓝色,标记"农村客运"字样。同时,喷印营运公司名称和"96 515"投诉电话,便于乘客区分合法和非法营运车辆。

【三个重点工程通车】 2010年12月24日,国道108线平地至挖断路改造工程和省道214线甸沙关至丙谷路段路面大修整治工程、倮密段及渡金线路面养护工程全线建成通车。市人大常委会副主任邓可兴、副市长李章忠、市政协副主席严文洪出席通车仪式。在通车典礼上,党委书记、局长雷雨和施工单位代表分别作了发言,副市长李章忠代表市委、市政府作了重要讲话。

G108平地至挖断路改造工程等项目的顺利通车,标志着攀枝花市交通基础设施建设又跃上了一个新的台阶,是全市人民的一件喜事,是交通发展史上的一件大事。工程的顺利通车,对于进一步完善公路路网布局,充分发挥攀西、攀田高速与地方经济干线连接后形成的整体功能和经济效益,改善交通条件的发展环境,促进国土资源开发和经济发展具有重要作用,是一项重大的惠民、利民工程。

国道108线平地至挖断路段作为国道108线的重要组成部分,是连接攀枝花与云南的重要通道,项目估算总投资4 080万元,改造工程于2010年4月开工建设,12月22日完工,比预计工期提前4个月完成,节约投资2 000多万元。

省道214线甸沙关至丙谷路段路面大修整治工程、倮密段及渡金线路面养护工程是迎接2010年全国干线公路养护管理检查的重要路段。项目总长61.05公里,估算总投资为1.12亿元。

【省道310线红格过境线新建公路开建】 2010年12月28日,省道310线红格过境线新建公路工程正式开工建设。该工程的建设将促进"三纵四横"市域干线主骨架公路网络构建,进一步推动红格温泉旅游度假区开发。市委副书记、市长刘晓华出席开工典礼并发布开工令,市委副书记张剡,市委常委、副市长赵辉,副市长许健民,市政协副主席严文洪、刘建明出席开工典礼并为工程开工剪彩。

省道310线是攀枝花市连接云南和凉山的一条快递通道,是"三纵四横"公路规划网络的重要组成部分。省道310线红格过境线新建公路起点位于红格镇棉花地,接省道310线,终点在益民乡新庙子包包附近接省道310线,全长11.25公里,计划总投资1.99亿元,工程预计2013年完工。该工程建设完工后,将极大改善红格集镇的交通状况,对推动新农村建设,方便人民群众生活,改善沿线农民生产生活条件,帮助农民脱贫致富具有非常重要的意义。对加快红格温泉旅游度假区和钒钛磁铁矿的综合开发利用,完善公路主骨架网,促进地方工业和旅游业的发展,推动盐边县经济社会又好又快发展具有重要的作用。

【首个农民拆迁安置点开建】 2010年12月30日,西区新庄村梨树苑农民集中安置点在新庄村开工建设。这是丽攀高速公路攀枝花段第一个农民拆迁集中安置点,规划建筑用地面积约17 032平方米，拟建7栋商住楼，371套住房。项目计划总投资5 035万元，3年内完工。截至12月30日，全市因丽攀高速建设涉及农村房屋拆迁为389户。农村拆迁户以集中安置和分散安置相结合。其中，西区、东区分别修建1个、2个农村集中安置点。目前，东区农村拆迁集中安置马路箐、大湾秋已完成选址和规划，正在进行开工前期准备工作。

（胡晓莉）

铁　　路

【概　况】 境内铁路由西昌车务段管辖。西昌车务段地处凉山彝族自治州首府西昌市，位于成昆线中南段，毗邻昆明铁路局。管辖北起南尔岗，南至攀枝花（局间交界口），西到格里坪共56个车站，2010年有一等站1个、二等站3个、三等站10个、四等站14个、五等站28个，已建成战略装车点11个。运营里程467.735公里，其中成昆正线425.806公里、渡口支线41.929公里，承担了成昆线中南段凉山州境内5县1市及攀枝花市境内2县1市80%～90%的旅客、货物运输工作及大量的军、专、特运任务。全段设8个职能科室、16个车间（增设永郎车间），固定资产总值12 930.16万元。有在岗全民职工2 101人，全年停时完成15.2小时，中时完成7.4小时，日均卸车815车，夜卸率达到87.1%。充分发挥11个战略装车点能力优势（其中经久战略装车点10月中旬停止发送），战略装车点全年发送货物1 658.9万吨，占全段货物发送量的54.2%。全年完成运输收入36.15亿元；旅客发送完成574.73万人，货物发送完成3 062万吨。以主业运输业务为核心支持多集经企业的多角经营，2010年集经完成补主收入270万元，多元完成补主收入5 170万元。

【境内运输经营】 攀枝花境内共有17个车站，其中一等站1个、二等站1个、三等站5个、四等站7个、五等站3个、战略装车点8个。运营里程181.6公里。2010年全年实现旅客发送完成213.72万人次，下降2.3%；货物发送完成2 540.3万吨，增长5.2%。

航　　空

【概　况】 2010年攀枝花保安营机场加入四川省机场集团有限公司。2010年11月，按照集团公司的总体部署和安排，攀枝花机场进行了机构调整，由原来的9个部门调整为7个，重新划定部门职责，选聘中层干部，定岗定员，进一步理顺工作关系。年内，攀枝花机场仅开通攀枝花—成都航线，与川航、国航的合作得到加强。全年实现总收入1 181万元。

【基础建设】 2010年，攀枝花机场先后添置了挖掘机、割草机、压路机、救护车、多功能驱鸟车等设备，及时开展升降带碾压平整、土面区杂草清除、12号滑坡抢险加固等工作。机场增加了2条机坪车辆联络道建设，购置了消防车载电台、30部对讲机，完成对急救室改造，共投入资金500余万元。同时机场安全整治项目逐步完善，安检设备、救援拖车等设备布置到位。攀枝花机场保障安全运行的硬件设施条件达到新的高度。

【安　全】 2010年9月25日至30日，民航西南管理局对攀枝花机场进行航空安全审计，审计分综合安全管理、飞行区安全、目视助航设施、机坪安全、消防安全、应急救援、旅客运输管理、货物运输管理、危险品运输管理和机场空管10个审计组，从组织管理、规章制度、运行管理、资源配置、信息管理、应急处置和人员培训等方面，对机场的航空安全现状进行全面、系统的安全检查。审计项目共计1 671项，其中不适用248项，符合1 367项，不符合56项，符合率为96.06%。攀枝花机场以优异的成绩顺利通过航空安全审计。

9月15日，攀枝花机场组织开展了机场应急救援综合演练。演练共出动人员346人，车辆33台，机场全体员工和驻场单位及市公安局、武警、消防、医疗等成员单位积极参与。通过开展演练，攀枝花机场与市内各救援力量的联动合作得到加强，应急救援预案进一步完善。

机场12号滑坡及其后缘填筑体高边坡综合治理工程对机场安全工作影响重大。攀枝花机场专门成立12号滑坡治理工作领导小组办公室，抽调专人负责沟通协调，并进一步加大监测、值班和现场巡查力度，在机场全力保障的基础上，11月25日12号滑坡及其后缘填筑体高边坡综合治理工程正式开工建设，影响机场安全正常运营的重大安全隐患治理工程进入紧张施工阶段。

2010年攀枝花机场共检查旅客20 379人次，检查行李42 758件，开包率达到30%，检获违禁物品24件，其中管制刀具13把、子弹6枚、手铐1副、警棍1把、电击器2把、赌具1袋。飞行区内击毙鸟类约1 400多只、野狗5条、兔子1只。全年空防安全合格率100%，航空地面事故为零，事故征候为零，航班正常保障率100%，旅客满意度98%，旅客投诉率低于0.1‰，确保了空防安全和广大旅客的生命财产安全。

【营运服务】 由于12#滑坡的影响和机场盲降系统无法使用的不利条件，民航西南管理局对机场实施限制运行，致使2010年攀枝花机场航班返航25架次，延误218架次，取消113架次。2010年机场共保障航班1 704架次（其中专机保障2架次），同比下降8.29%；运送旅客163 571人次，同比下降8.15%；完成货邮吞吐量2 844.284吨，同比增长20.17%。

（罗　莉）

信息产业

邮　政

【概　况】 2010年，攀枝花市邮政局完成业务总收入6 600.51万元，超四川省公司计划目标8.56个百分点，高于全省平均进度5.09个百分点，排全省第12位；增幅11.08%，排全省第20位。其中，邮务类、代理金融类两大项业务增幅超过全省平均水平；代理保险、分销两项业务实现规模升位；函件、报刊、集邮、电子商务、储蓄、代理保险、分销等7项业务保持了两位数以上的增幅。“十一五”期间，全市邮政业务总收入达到1.37亿元(含邮储银行、速递物流公司)，是“十五”末的2.85倍，年均增速达到22%。

2010年，市邮政局根据中国邮政集团公司和四川省邮政公司的相关要求，本着优化组织架构，精简机构，合理配置管理人员编制和领导职数的原则进行了机构编制调整。调整后设函件集邮局、报刊投递局、电子商务局共3个专业局，单设机要通信分局和直属单位邮区中心局。调整后，专业局(公司)设置数量减少19%，管理人员职数占比压缩至11.6%，中层职数占比下降1.57个百分点。攀枝花市邮政局获得“全国模范职工之家”“省级最佳文明单位”等称号。

【邮务与邮储】 2010年，市邮政局邮务类业务顺利完成四川省邮政公司计划目标，同比增幅上升3位，收入占比高于全省邮政平均占比10个百分点。代理金融类业务完成进度、增幅均实现升位，代理速递物流类业务进度比全省平均水平高3.9个百分点。

2010年，邮储余额全年累计净增4.14亿元，其中邮政企业新增2.48亿，邮储银行新增1.66亿。企业累计完成代理金融收入同比增长24.62%，进度排全省第3位，增幅排全省第8位，对企业新增收入贡献率达100.88%；实现代理保费1.17亿，同比上年同期增长5 054万，增幅75.78%。代理保险业务收入完成四川省邮政公司计划进度148.18%，排全省第2位，同比增幅达到134.77%，排全省第一位。

【流程优化】 2010年，市邮政局作为全省生产作业流程优化的两个试点单位之一，分步落实普通包裹邮件散件外走和普通给据邮件封发无纸化改革，实施大宗函件邮编预处理及分拣前置处理模式。

流程优化后，全区共设进口分拣格口120个，全局共新增投递点68个；普邮部分的邮件(含普包详情单)全部分拣前置到了支局、所和投递段道，简化了生产作业流程，缩短邮件内部处理时间，增加投递人员的外部投递时间，提高内部管理水平，实现了集中处理、分拣前置的全局覆盖；缩短了内部处理时间，节约了人工成本，达到了“优化生产作业流程、降本增效”的目的。

【县域邮政】 2010年，6个区县局完成业务收入总和为5 011.47万元，为计划的101.92%。在收入占比上，区县局总体收入占全局总收入比重达到75.93%，比2005年区县局总体收入占比有较大幅度提高。在新增收入贡献上，区县局新增收入总和为1 157.48万元。在业务收入增幅上，6个区县邮政局中，有5个区县局收入增幅高于全局平均水平。增幅超过30%的区县局有3个，其中东区、西区作为全市收入额度最大的局，增幅超过30%。

【《天下四川·依然美丽(攀枝花)》邮册发行】 2010年，《天下四川·依然美丽(攀枝花)》大型邮册在市中心广场首发。邮册内含6版特殊版式个性化邮票，集中展示了攀枝花市及各县区城市建设、自然风光、民俗风情等，表现了市委、市政府带领全市人民在打造区域性中心城市的过程中，在攀枝花旅游资源开发、城市建设、人居环境改善等方面取得的巨大成就。为提高该邮册的纪念和收藏价值，该套专题册中收录了二滩、苏铁、钢产量突破一亿吨等极具攀枝花特色的主题票。还收录了国庆六十周年、上海世博会等极具珍藏价值的热点题材邮票，是攀枝花建市以来最为全面展示攀枝花风貌的邮品。

(黄毅　寇建梅)

中国电信攀枝花分公司

【概　况】 攀枝花分公司主要经营国内固定电话网络与设施(含本地无线环路)业务，基于固定电信网络的语音、数据、图像及多媒体通信与信息服务；按国家规定进行国际电信业务的对外结算，开拓国际通信市场；经营与通信及信息业务相关的系统集成及技术开发、技术服务、信息咨询、设备生产等业务,以及国家批准经营的其他电信业务。拥有市内规模最大、覆盖最广、具有一流技术水平的通信网络,通信能力处于领先地位。是目前攀枝花市唯一承担普遍电信服务业务、党政专用通信、应急通信等重要任务的公众通信企业,是推动地方经济持续、快速、健康发展的一支强有力的生力军。中国电信攀枝花分公司以客户为中心,以服务为根本,以创新为灵魂,充分调动各方面积极性,形成了以电话网为主,各种数据网络和增值业务网络并存的大容量、高速率的传输网络,支撑网也正在向高速度、宽带化发展。同时,网管中心、动力集中监控系统、数字数据网、智能业务网、宽带综合业务网、信息网、光纤接入网、光纤中继网和光纤物理网共同构建了攀枝花市多层次、高速率、全方位通信服务体系。

攀枝花分公司所属营销、支撑、管控共 19 个部门(含 5 个区域客户部),辖 2 个县分公司。共有员工 564 名,其中在册员工 408 人,招聘员工 156 人。本科学历 160 人,大专学历 246 人,中专学历 95 人。

【通信保障】 11 月 8 日至 11 月 16 日,四川省第 13 届少数民族运动会在攀枝花市成功举办。此次民族运动会参加人员最高达22 000人,主要集中地点有体育馆、体育场、民运馆、网球场等;攀枝花宾馆、学府酒店、川惠酒店、金沙明珠大酒店等 9 个宾馆负责接待,为满足以上重点区域的通信需求和保障,攀枝花分公司高度重视,精心部署,从 10 月底就开始做好通信保障准备工作,保证指挥顺畅,反应快速、通信不间断,确保本届运动会的圆满成功。

成立以公司分管总经理为总指挥的应急组织机构,制订切实可行的通信保障方案,以详细的保障计划表做好职责分工和时间安排,从话务疏通和覆盖资源优化、增补两方面进行,共计重点保障小区 46 个。安排值班人员 24 小时对设备运行情况进行监控,掌握现网设备运行情况,对出现的问题及时解决,无法解决及时上报,谨慎警觉,预防设备运行出现故障。

同时,得到四川省机动局大力支持,特别安排两辆 C 网应急保障车抵达攀枝花市民运会现场做好支撑,确保民运会期间通信正常,无故障发生。

加强维护队伍建设,通过多种培训方式不断提高维护队伍技能。还圆满完成全市重大节假日、防洪防汛防泥石流、攀枝花欢乐阳光节等应急通信保障,充分彰显企业责任,发挥电信企业技术优势和服务优势。

【服务水平】 攀枝花分公司全面建立服务标准与规范体系,加强全服务过程的监督和管控,完善监控体系、评价考核机制,有效保障品质管理体系的运行。全面提升客户感知,以服务促进经营发展,初见成效。

2010 年“诚信服务,明白消费”活动,深入挖掘制约服务提升的根本性问题,关键性短板,直面企业内部存在的缺陷,切实解决影响客户满意度的最现实、最迫切、最根本的问题。通过投诉专项整治后,投诉量逐月下降,投诉及时率和满意度逐步提升。

夯实服务基础,加强日常管控,对服务工作按日通报、按周展示、按月排名、按季考核,同时为加强管控力度,实施服务质量问题双考办法。创新服务支撑模式,变被动接受反馈问题为主动收集服务质量问题,确定每阶段需落实解决的质量问题,并按周持续跟进落实解决。提高了工作效率,信息传递更加及时。

【网络建设】 攀枝花分公司全力满足市场发展和客户需求,将不同网络、不同建设方式有机结合起来,系统考虑、统筹处理、勇于创新,构建适应未来宽带移动互联网发展的网络,提供有力、快速的网络能力支撑。

天翼网络覆盖及效果得到了进一步加强。通过 EVDO 升级替换、基站搬迁、3G 基站扩容等措施,稳步提升移动网络质量,各项指标有效提升。快速推进光进铜退,形成覆盖 86 个小区的网络能力。城区 12M 带宽覆盖率上升至 81.39%,乡镇宽带 4M 覆盖率已达到 91.57%,保障了农村宽带市场的推进、发展。

2010 年,攀枝花分公司负责政法三级网集成系统建设。攀枝花分公司高度重视,举全公司之力,以高度的政治责任感和使命感,全力以赴、攻坚克难,经过 2 个多月的艰辛,在市委政法委要求的时间内提前完成建设任务。市委常委、市政法委书记单荣对于攀枝花分公司提前完成建设任务给予了高度评价和充分肯定,他指出,中国电信攀枝花分公司不分昼夜加班加点,做了大量工作,发挥了优势,整合了资源,确保了整个政法三级网项目的全面推进,感谢中国电信攀枝花分公司付出的艰辛和努力。单荣还现场提取了 10 个区县级法院、检察院的视频系统,被测试单位均表示画面清晰、语音流畅,顺利通过现场测试。

同时,积极配合盐边县政府完成政务中心搬迁。

【队伍建设】 攀枝花分公司着力打造人才队伍,适应新形势新要求。着力打造一支专业领先、经验丰富、满怀激情、不断创新、求真务实,能够支撑企业战略,引领专业线条发展,具有良好素质和业绩的优秀中层干部队伍;面向未来,培养一批综合素养、思维意识、管理能力等全面发展的经营管理后备人才;培养一支专业领域专业水准较高、专业影响力较强,具有创新意识和科学精神的专家后备人才队伍;培养全面掌握技术知识、技术水平较高、解决技术问题能力突出的资深技术人才队伍;培养一批追求卓越服务;业务熟练、服务能力强、服务业绩突出的服务技能人才队伍。

加强员工培训,加强员工岗位认证,做好综合营业员、装移维工程师等队伍建设工作。健全内训师管理机制,实行人才培养效益评估,成熟人才引进。

【安全管理】 2010年,攀枝花分公司聚焦工作重点,坚持"安全第一、预防为主、综合治理"的方针,围绕"安全生产年"活动,着力深化"三项行动"和"三项建设",扎实开展了"百日安全生产活动"、"安全生产月"和"安康杯"竞赛等活动,使安全工作始终贯穿于公司的生产经营全过程之中,在"重要节日"、"重要活动"、"重要会议"期间确保了通信畅通和安全生产,较好地完成了全年安全工作目标任务,为维护企业稳定作出了重要贡献。

加强电缆线路被盗严重区域的看护和破案力度,电缆被盗损失同比2009年下降50%,为维护社会稳定、确保市民正常通信尽到了责任,贡献了力量。协助公安机关破获盗窃通信线路"三电"案件,有力地震慑了盗窃通信线路(设施)的犯罪分子,遏制了通信设施被破坏案件的高发势头。

(吴　艳)

中国移动攀枝花分公司

【概　况】 中国移动通信集团四川有限公司攀枝花分公司(以下简称攀枝花分公司)是攀枝花地区最大的移动通信主导运营商,主要经营移动话音、数据、IP电话和多媒体业务,具有计算机互联网国际联网经营权。攀枝花分公司设有综合部、企业发展部、市场部、网络部、服务质量监督检查部、财务部、人力资源部、党群监察室、工会,在攀枝花市三区两县分别设有炳草岗分公司、大渡口分公司、密地分公司、西区分公司、仁和分公司、米易分公司、盐边分公司。攀枝花移动共有员工318人,平均年龄35岁,大专以上文化程度占总人数的90%。业务与服务双领先是中国移动长期性发展战略,攀枝花分公司在推进业务发展的同时,始终不忘客户服务满意度提升。2010年,攀枝花分公司求真务实谋发展,勇担责任树形象,整合资源创效益,网络覆盖不断完善。攀枝花分公司全力推进城市经济和信息化建设,积极投身社会公益、慈善事业,在2010年的发展进步中取得了经济效益和社会效益双收的良好成绩,全年缴纳地方税1 782余万元。

【网络运营】 攀枝花公司落实国家战略部署,为增强TD网络覆盖能力,攀枝花分公司TD四期工程已经启动,共将建设基站80个,工程完工后,全市累计TD基站将超过200个,网络覆盖水平得到进一步加强,全市中国移动客户将能受到高质量的3G业务带来的更为精彩、丰富的生活。

攀枝花分公司以"服务三农"为根本,继续实施村通工程建设,2010年,累计新建村通基站325个,实现攀枝花所有行政村100%和自然村94.8%的网络覆盖,有效提升农村移动通信网络的信息化承载能力,为全市新农村建设和农村经济发展起到了积极推动作用。攀枝花分公司在2010年启动"卓越128"网络跨越建设工程,新建2G基站99个、新增载频1 583块、替换载频533块,新增1 008个EDGE软件。工程完工后,通信通信网络质量和容量以及基站信号覆盖广度和深度将得到进一步提升,为全市人民提供更高质量的通信业务服务打下坚实的基础。

通过基础网络建设和优化,经测试,攀枝花分公司各项网络指标均达到省公司优秀标准,接通率100%,掉话率为0,覆盖率99.48%。

【通信保障】 攀枝花分公司重视通信保障工作,利用各种时间段,强化应急演练,除省公司统一组织的应急演练外,每月坚持进行本地红橙黄蓝演练,积累丰富的防范经验,为重大事件迅速应对和通信保障做好了准备,截至2010年底,顺利完成建市四十五周年庆、民运会开幕式、阳光节开幕式等18次节假日及重大活动的通信保障工作,攀枝花分公司累计启用应急通信车7次,人力投入300余人次,圆满地完成各项通信保障任务。

【业务发展】 攀枝花分公司在三大业务品牌基础上围绕攀枝花本地市场客户需求,致力于本地化业务的研发与运营,2010年推出神州行轻松卡上网版新资费产品,对满足客户需求、推动行业发展起到了积极作用

年内,攀枝花分公司配合当地政府开展城乡环境综合整治宣传,支持四川省第十三届少数民族运动会志愿者服务和宣传,配合攀枝花阳光旅游节宣传等活动,累计投入物料、短信、彩信等宣传资源数百万元,取得良好的宣传效果;为了更好的净化社会文化环境,配合开展打击互联网、手机网络不良信息整治和查处取缔"黑网吧"工作,通过技术、人工手段对网络、网站内容进行监控,清理网站备案情况,使接入网站备案率达到100%,网站内容月监控审查率达到100%,为优化网络文化环境作出积极贡献。为维护消费者的利益,更好地为客户服务,攀枝花分公司全面组织开展增值业务质量提升大会战活动,优化业务流程,提升业务质量,规范业务发展,先后对多项业务相关使用方式、办理流程等进行调整,得到客户认可,增值业务客户满意度提升11%。

【十项服务承诺】 2010年,围绕客户满意度提升这一服务核心,以"十项服务承诺"为规范,服务于客户、服务于社会。在"十项服务"推广实践中,攀枝花分公司提出多项措施保障执行效果。年内创建投诉专家团队,定期召开常态化投诉专项沟通会议,建立投诉典型案例分享和投诉预防机制,有效降低客户投诉量;实施业务推广"服务一票否决"制;落实部门间投诉协同保障机制,全面推进"首问责任制"考核工作;加大电子渠道业务宣传推广,提升客户多渠道服务感知,多维度提升电子渠道客户知晓率和使用率。

【信息化建设】 2010年攀枝花分公司积极配合中共攀枝花市委完成本地党建平台工程建设并投入试运行。5月13日,由市委书记赵爱明书记主持平台开通仪式,向全市1 000

余户基层党组织干部发送慰问短信。基层党建平台除传达日常党建工作信息和政策传递内容外,后续攀枝花分公司还将配合攀枝花市委组织部,通过党建平台普及党建知识、开展优秀大学生村官评选、新党员思想汇报、党支部工作经验交流等多项活动,不断创新基层平台工作方式,增强基层党组织服务大局、推进科学发展、维护社会和谐稳定的能力。

攀枝花分公司以与攀钢战略合作为契机,全面落实与攀钢的各项通信合作,2010 年 5 月 14 日,攀钢集团信息工程技术有限公司与中国移动通信集团四川攀枝花分公司达成"攀钢专属 V 网"项目合作协议。2010 年 6 月全面启动攀钢专属 V 网推广,进一步为大型集团服务。

2010 年,攀枝花分公司为进一步推进"手机建团"相关工作,与攀枝花团市委共同搭建"10 639 123"团市委短信服务平台,建设飞信团委,促进"手机建团"稳步开展。

2010 年,攀枝花分公司为协助推进企业内部安全、管理提升工作,建立攀煤飞信"安全宣传"群,免费帮助企业发布安全信息,支持企业安全生产和建设工作。

同时,攀枝花分公司不断加大信息化工作推进力度,已开展与经委 IDC 项目合作、攀钢集团跨省视频会议系统、机电学院 W1AN 工程建设等,后续还将扩宽 M2M 范围,将攀钢远程电力抄表、高危环境数据监控系统成功案例向多行业复制推广,实现信息化行业应用纵深拓展;加强行业合作共建,推进全市信息化重点项目的实施;加强 TD 优化工作力度和投入,创新 TD 业务应用,开发基于 TD 无线宽带优势的特色业务;推出适合农业生产应用的信息化解决方案,服务广大农民。

(李志德)

中国联通攀枝花市分公司

【概　况】 中国联合网络通信有限公司攀枝花市分公司内设综合、财务、人力、信化、计划物资、网络建设、运行维护、市场经营、集团客户、电子渠道、客户服务、工会 12 个部门,下设 7 个区县分公司,共有员工 348 人,平均年龄 30 岁,大专以上学历占 80%,党团员人数占 86%。2010 年,攀枝花联通分公司围绕全面开展市场优化、网络优化、管理优化的发展战略,使各项业务健康发展、基础管理不断规范、建设维护齐头并进、客户服务日益完善,公司整体工作稳步推进,综合实力得到进一步增强,被攀枝花市东区保护消费者权益委员会评为"消费者满意品牌"、被攀枝花市工商行政管理局评为"消费与发展先进单位",并荣获"攀枝花市 2010 年社会治安综合治理工作二等奖"、"攀枝花市统计局 2010 年统计工作综合评比优秀奖"称号。

【网络建设】 2010 年,攀枝花联通以满足客户需求、促进客户感知为目标,充分结合用户需求,合理规划、不断完善网络结构,提升网络支撑能力。全年继续加大投资力度,完成 WCDMA 三期工程、室内分布工程;完成 WCDMA 百余个站点的配套传输工程建设和室内分布站点配套传输建设;新增 GSM 网基站 80 个,网络覆盖能力进一步增强;IP 城域网扩容工程完成新增 10G 出口容量,宽带出口容量居运营商第二位;持续推进客户宽带接入工程,当年接入工程新增语音5 000余线,新增数据 2 万端口;坚持普及农村信息化建设,至 12 月底已完成市辖三区两县 20 余个行政乡村宽带接入覆盖,为农村信息化普及、建设作出了一定贡献。公司通过新增站点、现网扩容、网络优化和室内分布系统等多种形式,不断扩大网络覆盖面积,能够满足全市城乡用户通信需要,通信服务能力达到行业先进水平。

【客户服务】 2010 年,攀枝花联通继续坚持以"真心、周到、方便、可靠"为服务使命,以"通信畅通、收费准确、快速响应、客户满意"为服务承诺,抓好服务质量管理、双满意工程、客服热线及投诉管理、积分俱乐部活动、管理人员贴近一线活动、服务自评自愈活动等工作,切实改善客户感知,全力提升服务质量和客户满意度。全年共组织开展了 33 项服务自评自愈活动,召开了 12 次服务联席会举办了"高考专业选择与就业趋势指导"为主题的客户俱乐部活动,开展了两次"WO 的下午茶"活动;全面完成年度公司特约商家建设任务;完成年度公司积分应用率 KP1 指标;持续强化服务监督管理,聘请社会监督员对营业厅前台服务进行暗访检查,强化责任人员追究,为加强服务过程控制提供了有效手段;持续开展内部支撑承诺,将支撑践诺情况与业绩考核相挂钩,确保了部门横向协同及各流程环节的顺畅对接;全年用户投诉处理及时率达到 100%,投诉回复率 100%,全年服务质量和客户满意度逐步提升。

【基础管理】 攀枝花联通自融合重组以来,紧密围绕公司"一个中心,两个坚持,三个用心和七有"的工作要求,全面落实科学发展观,以市场为导向,以客户为中心,坚持诚信经营、艰苦奋斗的工作作风,充分发挥融合优势,努力建设精品网络,全力提升网络质量和服务水平,为公司实现快速发展奠定了坚实基础:按照省公司的统一要求和部署,深入开展创先争优活动,建立"创先争优、双向沟通"制度,以"融合创造新优势、3G 实现新发展"为基础,组织实施以"创建先进党组织、争当发展排头兵"为载体的创先争优工程,促进公司实现持续健康发展;坚持抓好党风廉政建设,组织党员干部学法用法,认真贯彻"警钟长鸣、预防为主"的综合治理工作要求,提高党员干部防腐拒变能力,全年党员干部无任何违法乱纪行为;全面开展内部控制建设工作,公司对生产经营活动中涉及的资金及资产管理、收入、成本费用、财务及信息披露等全过程进行自查,梳理现有各项业务流程,寻找风险点,认真做好内控自我测评,提出符合公司实际的内部控制规范,采取边完善、边落实、边整改的方式,全面建立公司的风险控制能力,健全风险预警、风险识别、风险评估、风险分析和风险控制责任体,进一步提高公司的经营效率与效果和财务信息的可靠性,强化经营管理及风险控制,提升公司整体管理水平。

(文　玉)

信息化和电子政务

【信息化管理】 2010 年 12 月,市电子政务建设管理中心承办召开市信息化工作领导小组第二次会议。会议审核通过《关于统筹推进攀枝花市电子政务建设与资源整合的意见》,同意建立全市电子政务审核机制,建设市电子政务标准化公共机房和协同办公平台,启动市民卡项目前期工作。

2010 年 6 月,全省首个地市级信息安全评测中心—四川省信息安全评测中心攀枝花分中心成立,中心设在市电子政务建设管理中心,承担政务信息网络、重要信息系统的安全测试与风险评估等信息安全服务。

2010 年,亚太地区城市信息化合作办公室与中国计算机用户协会按照信息基础设施、信息资源开发利用、信息化环境、信息化应用水平和综合评价等 5 个方面 27 项指标,开展 2010 年度中国城市信息化峰会暨 AMD 杯第二届中国城市信息化评选活动,攀枝花市获“2010 中国城市信息化创新奖”。

【电子政务基础建设】 2010 年,市电子政务建设管理中心投资 191.3 万元,开展电子政务基础建设。完成市电子政务中心机房和政府大楼分中心机房改造,完成网络安全体系建设,部署防火墙、入侵检测、内网门户网站数据容灾备份系统等安全设备,建成攀枝花市电子政务内网安全防护保障平台。完成市政府公文无纸化传输系统升级工作。

【电子政务应用】 2010 年,市电子政务建设管理中心做好公文网上交换传输保障工作,全市 637 个安全电子公文交换用户单位,全年共发送文件 14.23 万份,接收文件 160.98 万份。推广本地资料交换平台应用,共交换资料6 905份。推进网上政务信息公开,入驻市政府政务服务中心行政审批项目和非行政审批项目 100% 在网上发布,发布政务信息 2.16 万条。

【电子政务内网门户网站】 2010 年,市电子政务建设管理中心对电子政务内网门户网站实施第 11 次改版工作,网站重点突出领导决策支持服务和机关办公服务功能,加强市委、市政府工作网上宣传报道。网站栏目数达 988 个,年度累计访问量达 187.96 万人次,年度访问量比 2009 年增加 10% 。

【市政府门户网站】 2010 年,市电子政务建设管理中心开展市政府门户网站(市公众信息网)2010 年度改版建设。网站有攀枝花概况、信息公开、网上办事、互动参与 4 个公开频道和旅游、投资、企业、市民 4 个对象频道。栏目数达 10 927个,信息内容总量达 18 万多条。2010 年,市政府门户网站市长信箱形成正式处理签信件共 785 件,办结 785 件,网上公开回复 277 件。网站年度累计访问量达到1 533万人次,比 2009 年增加 41% 。在 2010 年“中国政府网站绩效评估”活动中,列西部地区地级市政府网站绩效排名第 3 位,连续五年列西部地区地级市前 3 位。在第五届中国特色政府网站评选活动中,市政府门户网站获“中国特色政府网站”称号,连续五年获该荣誉。

【专题网站】 2010 年,市电子政务建设管理中心围绕党委、政府工作中的大事、要事策划设计专题网站。先后设计有 2010 年攀枝花市“两会”专题、攀枝花市领导干部轮训专题、2010 年民生工程意见征集专题、第二届“十大女杰”网络评选、“众志成城抗旱救灾”专题等 7 个专题网站,其中“众志成城抗旱救灾”专题网站由省人民政府网站和市人民政府门户网站共建,并在省人民政府网站发布。

【政务信息资源】 2010 年,市电子政务建设管理中心继续推进基础信息数据库建设。完善和丰富“市情及县(区)情数据库”、党委政府“文件数据库”、部门“基本情况数据库”、“统计年鉴库”、“攀枝花大事记”、“攀枝花组织史资料”和“攀枝花之最”等数据库系统。加强政务信息更新与发布,基本做到动态信息及时更新,一般信息定期更新。每天审核加载信息 80 条以上,全年共发布各类信息21 645条。向省电子政务内网门户网站报送信息3 973条,向省人民政府门户网站报送信息3 817条,向省电子政务外网门户网报送信息1 053条。

【安全保密】 2010 年,市电子政务建设管理中心加强电子政务防护体系建设。与市委保密委、市委机要局、市计算机安监委等单位定期对市级各部门、各区(县)网络和信息安全工作开展检查,对存在的问题及时提出整改意见;对重要的数据资源进行多点备份,保证有故障时能及时恢复数据。按照“谁上网、谁审查、谁负责”的原则,严格信息发布、信息报送的审核管理,建立健全安全保密和上网信息审查监管制度、安全保密责任事件报告制度;对市电子政务网中心机房继续实施 7×24 小时专人值班制度,全年没有发生网络安全责任事故。

(余自彬)

2010 年 8 月 20 日，四川攀枝花盐边台湾农民创业园落户盐边县益民乡。　　（攀枝花日报社提供）

口 岸

攀枝花海关

【概　况】 2010年,攀枝花海关围绕西部强关工程建设与综合治税中心工作,认真落实各项工作措施,着力加强基础建设、业务建设、队伍建设和党风廉政建设,坚持“大小齐抓、量质并举”的税收指导理念,坚持“三贴近”,(贴近市委、市政府思路,贴近重点企业,贴近重点工程),服务地方经济,求真务实,锐意进取,促进各项工作上新台阶。加大综合治税力度,全年监管进出口货运量42.45万吨,货物总值6 896万美元。为地方办理减免税25批次,减免税货物总值1 004万美元,减免税总额373万元,完成税收任务7 662万元,创建关以来年税收历史新高。强化基础设施建设,实施完成民生工程5项。深化文明单位创建,顺利通过省级文明单位验收。全面开展创先争优和“挂包帮”活动,开展“双项承诺”、领导点评等各项活动,服务职工,为职工办理多年未解决的职工住房产权证。同时,深化反腐倡廉工作,树立了攀枝花海关整体良好形象。

【海关监管】 2010年,攀枝花海关以“大小齐抓,量质并举”为税收工作指导思想,在税收形势严峻的情况下,认真贯彻落实海关总署和成都总关综合治税工作会议精神,从机制、岗位、监督入手,坚持抓管理、促规范、优服务,着力推进综合治税。全年监管进出口货运量42.45万吨,同比增长23.4%;货物总值6 896万美元,同比增长50.4%;为地方办理减免税25批次,减免税货物总值1 004万美元,减免税总额373万元。

【税收征管】 2010年,攀枝花海关以“特色企业、特色服务,重点企业、重点服务,一般企业,享受服务”思想为指导,定期走访攀钢(集团)国贸攀枝花有限公司、四川川投化工有限公司和四川长矾金属工业有限公司等重点进出口企业,不断加大对重点企业的国家政策、海关通关程序、减免税管理等政策、法规的宣传,并实行跟踪服务。有关领导先后16次深入重点企业、重点工程开展调研分析,了解企业外贸进出口情况,宣讲海关政策法规,提供服务与便利化措施,主动帮助企业分析解决在进出口环节遇到的新问题;加大《企业分类管理办法》和“属地申报、口岸验收”新型通关模式的宣传,协调中国银行为四川长矾金属工业有限公司首次在攀西地区开通了网上税费支付业务,鼓励更多的企业积极开展“网上支付”业务,有效营造了海关税收征管的良好执法环境,同时进一步方便了企业的快捷通关。2010年,完成国家税收任务7 662万元,完成全年计划的153.24%,与上年同期相比增长38%,创建关以来年税收历史新高。

【基础设施建设】 2010年,攀枝花海关严格按照“保质量、保程序,保廉政,保节约”的基建工作要求,于4月份开工实施食堂,办公楼维修,运动场维修改造,地下室管网改造,电梯采购、安装,机房综合布线等5个项目,进一步完善基础设施建设。为确保基建项目规范、有序、高效、廉洁地运作,有效预防腐败,攀枝花海关党组加强领导,规范流程,严格管理,强化监督,先后制定《攀枝花海关基建小组工作制度》、《攀枝花海关基建工作廉政管理规定》、《攀枝花海关基建工程招投标管理办法》等制度,做到制度先行,规范流程,细化职责,严格管理,确保基建工程成为廉政工程、放心工程、阳光工程。12月份顺利完成上述5项工程审计、验收工作。

(刘代英)

出入境检验检疫

【概　况】 攀枝花出入境检验检疫局(以下简称攀枝花检验检疫局)是四川出入境检验检疫局(以下简称四川检验检疫局)在攀枝花设置的出入境检验检疫行政执法分支机构,承担着攀枝花市、凉山州的进出口商品检验、动植物检疫及其相关工作。内设7科室1中心。

2010年攀枝花检验检疫局共检验进出口商品1 637批,与2009年同比增加123.33%,货值28 995.00万美元,与2009年同比增加7.41%。其中,检验出口商品1 337批,与2009年同比增加150.37%,货值27 815.00万美元,与2009年同比增加7.41%。检验进口商品30批,与2009年同比增加 100%，货值1 180.00万美元，与 2009 年同比增加 22.72%。包装性能检验和使用鉴定270 批，与2009 年同比增加46.74%、检出不合格出境商品4 批，与2009 年同比增加33.33%。不合格货值 25 万美元，与 2009 年同比增加 169.40%。签发检验检疫证单1 774份，一般原产地证 172 份，优惠原产地证书164 份，使辖区企业享受进口国家关税优惠88 万美元。2010 年共对攀钢28 批1.17 亿美元出口重轨实施免验，免收检验费 110 万元，出口农产品减免检验检疫收费 8.90 万元。

全年进行出口煤炭产地检验监管 13 批，货值 965 万美元。

【检验检疫】 2010 年，攀枝花检验检疫局共检验出口化工产品776 批，与2009 年同比增加466%；货值5 045万美元，与2009 年同比增加826%。产品均一次检验合格。检验出口金属及其制品421 批，与2009 年同比增加43%；货值20 734万美元，与2009 年同比减少16%。均为一次检验合格。

检验检疫出口植物产品 15 批，与 2009 年同比减少 64%；货值79 万美元，与2009 年同比减少61%。产品均一次检验检疫合格。

检验出口食品 112 批，与 2009 年同比增加 90%；货值 991 万美元，与2009 年同比增加101%。产品均一次检验检疫合格。

检验监管进口机电产品 26 批，与 2009 年同比增加 100%，货值1 159万美元，与2009 年同比增加24%。均为一次检验合格。

检验进口食品1 批，货值3 万美元。产品为来自美国的葡萄酒，一次检验检疫合格。检验进口金属及其制品3 批，与2009 年同比增加50%；货值16 万美元，与2009 年同比减少33%。产品均一次检验合格。

出口货物运输包装鉴定270 批，与去年同比增加47%。其中：出口黄磷桶性能检验 12 批；出口黄磷桶危险包装使用鉴定26 批，均一次检验鉴定合格。

【认证及监管】 2010 年，攀枝花新增攀枝花东方钛业、钛海科技2 家“1 +1 +X”分类管理企业，分类管理企业已有5 家，涉及钒钛及铁合金等地方特色产品。年内新增2 家芒果、草莓水果备案种植基地，辖区基地备案达到7 家；新增1 家对美国 FDA 注册企业，辖区共有对美国注册企业3 家。

年内，攀枝花检验检疫局联合两地商务、行业协会等部门，联合培训4 次共300 人次，联合调研5 次，并对辖区23 个县区中有进出口业绩的16 县区进行走访调研。攀枝花检验检疫局帮助攀枝花市兴加环保技术公司取得饲料添加剂环保产品一水硫酸亚铁出口资质，每年可消耗攀枝花市钛白粉行业副产品亚铁原料13 万吨，消除亚铁所带来的环保隐患；帮助民营企业攀枝花乙源化工有限责任公司利用黄磷废弃物泥磷生产的磷酸一铵产品出口27 500袋、220 吨；帮扶攀枝花钛白粉行业的重点企业攀枝花东方钛业有限公司扩大高端金红石钛白粉出口。

（王春香）

水路穿行二滩库区 （攀枝花日报社提供）

开发区建设

四川攀枝花钒钛产业园区

【概　况】 四川攀枝花钒钛产业园区位于攀枝花市仁和区金江镇,辖区面积99.43平方公里,开发建设控制性规划面积55.03平方公里,其中工业区规划控制面积43.14平方公里,分为团山、马店河、立柯、光伏四大片区,城区规划面积11.89平方公里,分为金江、青龙山两大组团,生态农业区面积44.4平方公里。

园区依托攀枝花丰富的矿产和能源资源,大力招商引资。至2010年12月,入园工业企业98户,协议总投资186亿元,全部建成后预计年工业产值可达394.2亿元。其中已投产企业63户,在建企业19户,待建企业16户。

2010年完成产值134.38亿元(含安宁、新九工业园区工业产值52亿元)。其中,园区本部工业总产值82.38亿元,同比增长62.76%;工业增加值完成26.36亿元,同比增长30.21%;销售收入完成72.14亿元,同比增长65.65%;固定资产投资完成45亿元,同比增长43.3%;招商引资到位资金完成44.37亿元,同比增长22.66%;出口创汇7 266万美元;实现地方一般预算收入1.55亿元。

【基础设施建设】 至2010年年底,园区累计完成固定资产投资130.46亿元,已开发的11.5平方公里实现了水、电、路、通讯"四通",建成配套完善的水、电、路、通讯、服务体系。已建成吞吐量300万吨的特大铁路专用货场1个;10万吨水厂1个;500千伏变电站1座、220千伏变电站4座、110千伏变电站7座、35千伏变电站17座;10万吨(一期2.5万吨)工业酸性污水处理厂1个;4 000万立方米工业综合渣场1个;道路39公里;固定电话1万门;移动通信基站10座;有线电视网络,加油站等。此外,园区政务服务、警务服务、消防安全服务等配套齐全。

迤资站改扩建工程及铁路专用货场是攀枝花钒钛产业园区重要的基础设施建设项目,该工程于2006年3月取得了铁道部行政许可,2007年完成设计及工程招标,并于年底开工建设。2010年3月30日迤资站改扩建工程成功实现岔改,铁路专用货场具备了开通条件。整个项目于2010年6月12日通过昆明铁路局验收合格,2010年7月1日正式开通。马店河铁路货场暨迤资站改扩建工程项目建成投运后,将打通攀枝花市铁路货运的南下通道,对缓解攀枝花铁路运力紧张局面,建设钒钛新材料基地,促进地方经济发展具有重要战略意义。

【编制扩区和"十二五"规划】 2009年6月,省发改委正式批复同意盐边安宁工业园区并入钒钛园区统一规划发展后,2010年,园区编制了《四川攀枝花钒钛产业园区扩区发展规划》和《园区"十二五"规划纲要及产业规划》(钒钛、电冶合金、化工、机械制造、仓储物流、新兴产业),明确"十二五"发展思路及措施。园区提出了到2015年工业产值实现320亿元,固定资产投资累计实现200亿元以上,打造"国家级特色产业园区",将园区建设成为产业聚集优势突出、基础设施完善、公共服务体系健全、生态环境优美、经济社会和谐发展的特色产业园区,成为全国知名,全省一流,全市领先的产业示范区,成为世界著名的钒钛产业基地,努力打造实力、活力、生态、和谐园区的总目标。

【园区知识产权申报】 通过清理和积极推进,至2010年10月,园区企业累计申报专利36件,其中发明专利19件,其中职务发明19件。园区成立了知识产权保护和专利试点园区领导小组,制定下发了《攀枝花钒钛产业园区专利促进资金管理办法》,开展了知识保护产权有关法律法规的宣传工作,与攀枝花市科技局,成都虹桥专利事务所联合举办专利申报知识培训班3班次,培训300人次。开展了知识产权专利行活动,走访了40余(个次)企业。选定知识产权试点企业,以点带面全面推动园区知识产权工作上台阶。加强与中介机构的合作,邀请成都虹桥专利事务所攀枝花办事处为园区企业服务,指导企业申报专利、专利保护、专利运用,专利申报工作取得了突破。

【招商引资】 2010年成功引进了四川柯世达集团有限公司300万/年套汽车零部件、攀枝花德蓝重工有限公司20万吨锻件项目、攀枝花钛伦化工有限公司10万吨金红石钛白粉项目、攀枝花晟天钛业有限公司2万吨改性钛白项目、攀枝花市清洪源环保科技有限公司利用70万吨钛白废酸提取3 000吨阴极铜、1万吨锌锭、攀枝花圣地元科技有限责任公司11万吨/年硫酸和12万吨/年铁红等一批重大项目。全年新签3 000万以上入园项目协议18个,协议总投资金额47.72亿元,新项目全部竣工投产后,可新增工业总产值142亿元以上。

【环境保护】 园区管委会将2010年—2012年确定为"园区环保工作推进年",印发了《关于进一步做好企业大气污染整治工作的通知》、《关于进一步做好钛白行业废水集中治理的通知》、《关于进一步做好渣场整治工作的通知》、《关于企业厂容厂貌专项治理行动工作方案》和《关于落实环境保护工作政策措施的通知》等文件。全年共投入环保治理专项资金380余万元。

园区从深化企业的污染治理水平入手,着重在提高污染物处理能力、确保环保设施正常运行方面督促企业提高污染物达标排放的水平。2010年,园区分别对14家企业提出了大气污染整治的要求,对10家企业提出了渣场整治的要求,对5家钛白粉企业提出了完善废水处理设施的要求,明确了整治内容和整治时限，全部实现了达标排放。

【社会事务】 自2009年12月1日园区托管金江镇以来，园区的各项社会事务工作有力、有序、有效开展，民政、劳动保障、计生、教育、卫生、文体、民宗工作呈现出积推进的良好态势。通过托管后一年来的运行，在社会事务工作管理方面，尽管存在人员力量不足、机构设置不全，审批执法受限等一些因素的影响，园区从实际出发，坚持体制和机制创新，整合各方力量，开创了园区社会事务工作新局面。

【征地拆迁安置】 土地是园区大发展的命脉。按照钒钛园区调整后的规划，2010年完成园区范围内征地1 376.11公顷，完成了丽攀高速公路金江段的征地拆迁35.67万平方米。阿基鲁安置区修建安置房30栋，建筑面积120 698平方米，安置687户2 216人，共分配住房660套，安置终结732人。

（余 斌）

红格温泉旅游度假开发区

【概 况】 2010年，攀枝花市红格温泉旅游度假开发区管理委员会（以下简称红格管委会）内设机构有办公室（加挂党工委办公室牌子）、规划和建设处、招商和政策法规处，行政编制6名，下属事业单位攀枝花市红格温泉公园，市财政全额拨款事业编制20名，年底红格管委会共有正式职工22人。直属管理企业4家：攀枝花市红格温泉开发建设有限公司（下属单位红格温泉宾馆）、攀枝花市红格投资开发有限公司（下属单位红格假日酒店）、攀枝花市红格绿化景观工程有限公司、攀枝花市欧方营地酒店有限责任公司（下属单位欧方营地酒店）。招商引资入住单位3家：攀枝花宏义投资有限公司（绿色运动中心项目）、四川省运动技术学院（红格竞训基地项目）、云南昆钢酒店旅游有限公司（红格假日酒店项目和攀枝花红格温泉会展中心暨原红格温泉宾馆项目）。

全年续建重大招商项目2个，新引进旅游招商项目2个，签约资金39 446.57万元。招商引资到位资金3.503 3亿元，超额完成目标任务175.2%。

【园区规划】 红格开发区总体规划于2010年2月24日通过市规委会初步评审，并按市规委会评审会议要求完善相关资料。

根据总体规划，开发区规划占地面积约26平方公里，其中核心区（含镇区）用地面积约为9平方公里，规划区容纳人口35 000人~50 000人。

开发区定位为中国攀枝花·红格温泉生态新城——中国南亚热带度假经济示范区。开发区总体形象定位为阳光温泉、运动休闲。开发区总体发展目标设定为在5~10年，将开发区建设成为以休闲度假与康体养生为主，生态旅游、健康运动与旅游地产相结合，具有浓郁南亚热带风情的温泉旅游新城。开发区总体发展思路是以政府主导、市场运作、滚动发展的模式，围绕“南亚风情·温泉生态旅游度假新城”的目标进行开发建设。开发区的总体布局整体划分为“温泉湖”、“健康园”、“幸福城”、“锦绣村”、“阳光谷”5个功能分区。

【基础设施建设】 2010年8月25日，副市长许健民在红格召开现场办公会，专题研究攀枝花绿色运动休闲中心项目建设及配套基础设施有关问题。市长刘晓华、市委副书记张剡、市委宣传部部长沈钧、常务副市长王川红、副市长李章忠等市委、市政府领导也多次到开发区调研并现场办公解决相关问题。完成开发区二号线2.66公里道路一期工程建设，主要完成了部分涵洞和路基工程建设等。2010年12月28日在红格现场举行S310线红格过境线新建公路工程开工仪式，该公路全长11.25公里，计划总投资1.99亿元，工程预计2013年完工。2010年7月13日市政府第77次常务会确定进行地热水资源勘探项目，已完成项目建议书并基本通过评审，11月份完成立项工作，年底启动勘探。LNG液化气储配站建设项目已完成项目可行性研究报告和安全评价。

【招商引资】 2010年，红格管委会加大招商引资力度，取得明显成效。2010年6月17日，在红格温泉度假酒店与昆明钢铁集团公司正式签订“攀枝花红格投资开发有限责任公司100%股权及红格温泉宾馆51%产权捆绑转让协议”，并在2010年11月前完成了相关交接工作，正式将红格温泉度假酒店和红格温泉宾馆移交给昆钢集团进行开发、建设、管理和经营。2010年10月22日，在第11届成都西博会上与云南昆钢酒店旅游有限公司签订红格开发区核心区域建设项目一期工程合作协议。至年底，开发区招商引资签约资金为399 446.57万元，其中攀枝花红格投资开发有限责任公司100%股权及红格温泉宾馆51%产权转让9 446.57万元；红格开发区核心区域建设项目3亿元。

红格开发区的招商引资工作实现了大的突破，截至2010年12月底，引进项目资金31.404亿元，其中到位5.97亿元，攀枝花绿色运动休闲中心到位4亿元；欧方营地酒店转让款0.38亿元已全部到账；四川省运动技术学院红格训练基地项目到位0.82亿元（其中0.05亿元为攀枝花红格棒垒球基地转让费）；液化天然气储配工程项目到位0.04亿元；红格温泉度假酒店100%股权暨红格温泉宾馆51%产权捆绑转让到位0.73亿元。

【园区重大项目建设】 2010年4月28日，开发区重大招商项目攀枝花绿色运动休闲中心项目全面复工。至年底四川宏义集团攀枝花宏义投资有限公司已投入资金4亿余元，完成项目大门、会所、样板房内装、成一组团景观工程、项目内6.9公里主干道大土方施工、户外运动练习场发球廊内装、景观工程、户外运动练习场围网、灯光、绿化工程等。2010年11月27日，在红格开发区项目地举行了攀枝花绿色运动休闲中心“红山国际社区”揭幕仪式，具备了初步旅游接待能力。

2010年，四川省运动技术学院红格训练基地项目完成了Ⅰ标段两2片足球训练场、1片标准田径训练场、4片沙滩排球场的结构层施工。后因建设内容、规模调整等影响，重新进行了规划设计调整，新增了一片曲棍球场、一个高台跳水池。该项目已在四川省发改委完成了所有立项工作。

2010年12月28日，总投资2.26亿元、总建筑面积29 378平方米的攀枝花红格温泉度假酒店二期项目正式破土动工。该项目包括酒店北楼、温泉洗浴中心、高档VIP客房区和会议区建设。会议区拟建大小会议室12间，能同时满足1 300人的会议需求。客房区拟建120间，温泉洗浴中心建筑面积7 114平方米，包括会所、水上娱乐等设施。该项目预计2012年5月竣工。

（董世强 曹洪英）

林业·环保

林　　业

【概　况】 2010年,攀枝花市有林业行政管理机构6个、森工企业2个、国有林场总场一个(下辖5个国有林场)、国家级苏铁自然保护区管理处1个、森林病虫防治检疫站1个,林业调查设计院1个、林业执法稽查队1个、天保工程示范苗圃1个。建市三十多年来,攀枝花市林业已从单一的森林工业发展到包含森工、营造林、资源林政、护林防火、森业公安、森林病虫防治及检疫、林业科研、林产化工等综合性林业产业。

至年底,攀枝花市共有林业用地552 046万平方米,占幅员总面积74.26%,森林覆盖率58.97%。林业用地中,有林地354 478万平方米、疏林地5 230万平方米、灌木林地83 222万平方米、未成林造林地32 839万平方米、苗圃107万平方米、无林地76 169万平方米(其中宜林荒山30 890万平方米)。森林活立木总蓄积量29 423 956立方米,其中用材林3 989 097立方米、防护林23 161 375立方米、特种用途林629 580立方米、薪炭林1 423 790立方米。攀枝花市有野生(包括人工全年野外放养)脊椎动物540种(包括亚种),珍稀动物有,国家Ⅰ级重点保护动物5种、国家Ⅱ级重点保护动物30种,占四川省重点保护的59种珍稀野生动物的50.84%。攀枝花市植物(包括引进)共有2 300余种,其中木本植物约1 500余种、草本植物700余种、藤本植物70余种。

年内攀枝花市470 000万平方米天然林得到有效管护,全年完成营造林17 098万平方米,其中天保公益林建设人工造林2 400万平方米,封山育林8 773.33万平方米,退耕还林荒山造林666.67万平方米,生物能源林建设4 000万平方米。农业综合开发造林40万平方米,社会造林666.67万平方米。通过加强管理,造林质量得到提高。完成义务植树231万株,依法规范收取义务植树以资代劳费28.6万元,实现林业总产值10.44亿元,农民人均从林业获得收入658元,全面完成了市政府和省林业厅下达的各项目标任务。

【天然林资源保护】 2010年,市林业局按照“严管林、慎用钱、质为先”的方针,认真执行天然林保护工程的各项制度,与8个工程实施单位继续签订了年度目标责任书。各工程实施单位安排了807名专兼职森林管护人员,对攀枝花市470 000万平方米天然林进行有效管护,管护合同签订率达100%。

【退耕还林工程】 2010年,攀枝花市累计实施退耕还林36 800万平方米,其中退耕还林18 333.33万平方米、配套荒山造林18 133.33万平方米、配套封山育林333.33万平方米。继续巩固历年退耕地还林成果18 333.33万平方米。2010年争取到巩固退耕还林专项建设资金189.6万元,发展特色经果林、短周期工业原料林34.87万平方米,补植补造928.93万平方米。新增巩固退耕还林成果专项建设工程,争取资金771.4万元。退耕地还林2009年到期部分通过了省级、国家级阶段验收。

【森林资源管理】 2010年,全市非商品材采伐限额18.52万方米,木材生产计划3.264 8万立方米。在本年中林业“十二五”规划中确定“十二五”期间年度森林采伐限额建议指标总数为25.710 5万立方米。年内还制定《森林资源二类调查工作方案和技术方案》,并做好相关准备。全年依法审核审批上报占用征用林地(含临时用地及盐边县辖区)85宗,面积867.216 3公顷,收取森林植被恢复费4 137余万元。

【林业行政执法】 2010年,攀枝花市各级森林公安机关共/受理各类涉林案件482起,其中刑事案件55起,破获40起,破案率72.7%;行政案件427起,破获427起,破案率100%;收缴乱砍烂伐木材632.063 8立方米,收缴滥捕野生动物104只(头),罚款156.780 5万元。

2010年,攀枝花市各级林业行政执法部门受理林业行政案件332起,查处332起,查处率100%,行政处罚335人次,没收违法所得0.7万元,赔偿损失3.5万元,罚款122.08万元。

【野生动植物保护及自然保护区体系建设】 2010年,攀枝花市开展集中打击破坏野生动物资源违法活动等专项行动,成功救助野生动物27只。攀枝花苏铁国家级自然保护区二期工程建设全面完成并通过验收，三期工程正申报实施。攀枝花苏铁国家级自然保护区建设国家AAA级景区招商引资书、简单规划书和生态旅游专项规划通过省级评审。

【森林病虫害防治】 2010年，攀枝花市各级森林病虫害防治部门认真贯彻“预防为主，科学防控，依法治理，促进健康”工作方针，加强目标责任制管理，强化测报体系建设，加强工程防治力度，创新防治机制，加大执法力度，加强政策法规和林业植物检疫知识宣传，狠抓种苗产地检疫工作，加强野生动物疫源疫病监测等措施，切实防止了松材线虫病的发生，有效遏制了外来有害生物的入侵和危险性有害生物的传播。全年林业有害生物发生面积测报准确率达99.55%，共完成林业有害生物有效防治面积3 233.33万平方米，无公害防治率达100%，林业有害生物无公害率100%，成灾率为0，种苗产地检疫率为100%。

【森林防火】 2010年，攀枝花市受到有气象记录以来最严重干旱影响，森林防火形势异常严峻。全年完成云南松林区计划烧除面积50 000万平方米，烧铲防火隔离带400公里，组建森林消防专业队16支357人，半专业消防队42支468人，落实10座瞭望台工作人员26人，设专职巡山护林人员632名。在市气象局发布森林火险红色预警后，新增巡山护林人员2 043名。全年攀枝花市共发生森林火灾94次，火场总面积892.95万平方米，受害森林面积109.46万平方米，无扑火人员重伤、死亡，火灾损失率0.3%。当日扑灭率98%，森林火案查处率70%，基本实现“大旱之年无大火”的目标。

【林业产业】 全年确定“林业科技助农增收行动”项目54个，涉及13个乡镇25个村54个点，投资金额61.6万元。年内成功培育块菌菌根苗0.2万株，并精心维护块菌林（园）159.33万平方米。落实了与意大利合作的项目《四川西南山区林业发展、水土保持和居民生活改善》的选址、资金的使用等工作。社会资金投资块菌产业不断增多，从事块菌深加工企业达6家。2010年新增核桃种植面积3 533.33万平方米，全市核桃总种植面积达13 706.67万平方米，核桃产业年总产值达9 432.75万元。板栗、茶叶、青椒等经济林果也有不同程度的增加。年内组团参加第十一届西博会，为发展攀枝花林业产业寻找平台。与中航南方机械化海南工程局重庆分局签订了《二滩风景名胜区马鹿寨旅游区开发意向协议》，合作将二滩风景名胜区马鹿寨旅游区打造为攀枝花清凉休闲的生态旅游度假区。2010年，全市有林业专合组织23家。年内启动国有林棚户区棚户和国有林场危旧房改造工程，到位中央资金624.5万元，职工自筹资金601万元，并按照上级批复的2010年实施计划457户的棚户区改造建设任务积极筹备开工建设。

【林业宣传】 2010年，攀枝花市林业系统结合工作实际，利用各类媒体和渠道，采取多种形式，广泛宣传林业工作、生态建设、森林保护、森林防火、野生动植物保护等方面的知识和内容，强化全社会保护生态环境、爱护森林资源，广泛参与生态建设，共建生态文明的共识。认真组织开展“湿地日”、“爱鸟周”、“环保世纪行”、森林防火等主题宣传活动，宣传森林城市创建、退耕还林、森林病虫害防治等知识，为林业改革发展营造了良好氛围。

【森工企业改革改制】 2010年，国有林场总场着力加强三产业发展，全年实现经营产值2 083.4万元。普威林业局成立了“林产品公司”，实现年利润20万元。市森林公安局加快了“三基”工程建设进度，全年调配、新建和改建森林公安办公用房面积480平方米，装备建设办公设施及车辆实际完成投资41.236 8万元。

（李思谊）

环境保护

【环境质量】 2010年，全市地表水质量，饮用水源长水质，环境空气质量，声环境质量等4个环境质量主要指标中，地表水质量，饮用水源地水质，声环境质量达国家标准，环境空气质量各项指标中，二氧化硫、酸雨降生指标有小幅超标。

地表水质量 2010年，攀枝花市地表水监测工作实施按月监测，监测断面为龙洞、倮果、二滩、雅砻江口、金江5个，监测项目共计28项。5个地表水监测断面参与评价的监测项目全部均达到《地表水环境质量标准》（GB3838－2002）III类水域水质标准。其中挥发酚、石油类、砷、镉、硒、汞、六价铬、氰化物、硫化物等项指标全年在所有断面均未检出。

饮用水源地水质 2010年，攀枝花市在金沙江上的饮用水水源地水质监测点位为徐家渡断面、水文站断面、金江断面3个，监测结果显示，饮用水源地水质参与评价的项目中，所有指标均达到国家《地表水环境质量标准》（GB3838－2002）中Ⅲ类水域水质标准。其中挥发酚、石油类、汞、砷、硒、六价铬、氰化物、阴离子表面活性剂、硫化物等项指标全年在三个饮用水监测断面均未检出。

环境空气质量 2010年，全市有弄弄坪、河门口、炳草岗、仁和4个环境空气质量监测点位。监测结果显示：全市二氧化硫（SO_2）年平均浓度值0.077毫克/标立方米，二氧化氮(NO_2)年平均浓度值0.038毫克/标立方米，可吸入颗粒物(PM_{10})年平均浓度值0.097毫克/标立方米，与2009年相比，二氧化硫升高0.002毫克/标立方米，二氧化氮降低0.005毫克/标立方米，可吸入颗粒物(PM_{10})降低0.004毫克/标立方米。用国家《环境空气质量标准》(GB3095－1996)二级标准评价，全市二氧化氮(NO_2)、可吸入颗粒物(PM_{10})未超标，二氧化硫(SO_2)超标0.3倍。根据空气污染指数分级情况统计，2010年全市空气优良(好于二级)率分别为：全市89.0%、东区73.2%(炳草岗测点)、西区73.2%(河门口测点)、仁和区94.8%(仁和测点)米易98.1%、盐边99.2%；无中度及重度污染(劣于四级)的天数出现。

2010年全市共设3个降水监测点位，分别是十九冶医院测点、矿务局测点和桐子林测点。按照2009年11月国家酸雨监测网点要求，将原来近郊区的炳草岗测点改迁至攀枝花市盐边县桐子林镇(盐边县中学内)。2010年，除1、2、3月无降水外，其余月份均有降水。监测结果显示：2010年3个测点均出现酸性降水，全市年降水pH均值为4.63，较2009年(4.68)下降0.05；酸雨pH均值为4.52，较2009年(4.5)上升0.02；全年酸雨频率为72.8%，较2009年(54.3%)上升18.5个百分点；全年降水电导率平均值为3.65毫西门子/米，较2009年上升0.25毫西门子/米。

全市降尘量2010年均值为14.4吨/(平方千米·月)，较2009年(18.6吨/平方千米·月)下降4.2吨/(平方千米·月)。

全市硫酸盐化速率2010年均值为0.76毫克·SO_3/(100平方厘米·碱片·日)，超标2.04倍，较2009年(0.87毫克·SO_3/100平方厘米·碱片·日)下降0.11毫克·SO_3/(100平方厘米·碱片·日)。

声环境质量　2010年，攀枝花市城市区域环境噪声平均声级上半年为51.3分贝，下半年为51.5分贝，全年平均为51.4分贝，与2009年(51.3分贝)基本持平，达到城市环境综合整治定量考核中城市区域环境噪声小于60分贝的规定。

全市道路交通干线噪声平均等效声级值6s8.5分贝，较2009年(67.6分贝)上升0.9分贝，未超过国家推荐的交通噪声控制值(70分贝)。全市道路干线噪声平均等效声级值超过70分贝的干线长度为40.1千米，较2009年(48.3千米)缩短了8.2千米。

【建设项目环境管理】　2010年，全市通过环评审批建设项目514个，涉及总投资426.26亿元，环保投资18.88亿元。其中，工业类项目161个，占总项目数的31%；农业类项目26个，占总项目数的5%；房地产、三产等社会事业类项目327个，占总项目数的64%。至年底全市确定的51个重大工业产业化项目中，环评文件已通过审批的33个，正在报批的项目2个，正在送审的项目3个，正在编制环评文件的项目7个，正在开展前期工作的项目1个，已暂停、暂缓实施项目5个。其中，攀钢300千千瓦小时自备矸石发电厂项目已通过环境保护部部务会，并公示在环境保护部网站上。

【工业污染源治理】　2010年5月17日，市政府在攀枝花宾馆会展中心203会议室主持召开总量减排暨限期治理项目督办会议，就贯彻落实近期国家相关总量减排的会议精神，进一步加强总量减排和工业污染源限期整治工作进行了具体安排部署。按照会议精神和要求，攀枝花市环境保护局加大限期治理项目执法监管，督促企业加大整改力度，加快治理进度。截至12月31日，四川省政府下达的攀钢。集团公司5、6号排污口整治，攀枝花钢钒有限公司能动中心热电区域冷却塔噪声治理，攀枝花钢城集团有限公司冶金辅料分公司炉料厂粉尘治理，攀枝花恒鼎焦化有限公司洗煤废水综合治理和攀枝花兴中钛业有限公司锅炉烟尘治理5个限期治理项目进展顺利。5个治理项目共投入治理资金9 400余万元，均按照限期治理时限和要求完成了治理任务，在烟粉尘削减、噪声控制、削减、厂区环境整治等方面效果显著。

【主要污染物总量减排】　2010年，攀枝花市环境保护局积极推进工程减排、结构减排、管理减排“三大”减排措施，不断完善总量减排监测、统计和考核“三大”体系。制定下发了《关于对2010年总量减排工程项目监督管理实施工作责任制的通知》、《关于实行领导包抓驻点推动重点减排项目的通知》等文件，实施了项目包抓驻点推动的工作机制，环保、建设等承担总量减排主要目标任务的责任部门，实行领导包项目、工作人员驻点抓落实的工作方式，确保总量减排责任落实到部门、落实到人。2010年10月攀枝花市环境保护局组织召开了全市总量减排攻坚会议，将全市20余项总量减排任务分解落实到责任单位和企业，进一步加强了总量减排项目建设、管理和考核，形成了总量减排预警、督办、落实推进机制，推动总量减排工作。2010年共出《总量减排工作专报》6期、《环保要情专报》6期，市委、市政府目标督查办下发总量减排督办通知2份，攀枝花市环境保护局下达督办函和督察通知17份，推动总量减排。

截至2010年12月31日，全市先后实施了攀钢新2号烧结机、钢企白马球团厂烟气脱硫项目等新建项目，强化了攀钢6号烧结机、攀钢新1号烧结机、攀钢发电厂、清香坪、大渡口污水处理厂等项目整改落实，淘汰关停了攀钢3、4、5号烧结机等项目，安装了国控、省控重点污染源在线监测设施并实现数据实时传输，强化了减排项目监察、监测，保证了监察、监测频次，促进减排项目环保设施正常稳定达标运行，确保发挥减排效益。全市全年实施完成二氧化硫减排项目19个，上报新增削减量50 616吨(不含新增量)，实施完成减排项目10个，上报新增削减量1 525吨(不含新增量)，能够按期完成“十一五”总量减排目标任务。

【污染源普查】　2010年3月，下发了《关于开展污染源普查数据动态更新调查工作通知》(攀污普办〔2010〕1号)，安排部署了2010年攀枝花市污染源普查数据动态更新调查工作。按照普查工作要求和部署，由攀枝花市环境保护局牵头，市统计局、市财政局、工商行政管理局、市农牧局、市水利农机局、市城市管理局等单位配合，先后成立了工业污染源、医疗卫生污染源、农业污染源、生活污染源、机动车污染源和集中式污染治理设施普查检查组。各普查检查组均对全市2010年的工业、农业、生活污染源及所有集中式污染治理设施采取现场监测、物料衡算和产排污系数计算相结合的方法进行了调查。

【生态环境建设】 2010年，根据《攀枝花生态市建设实施方案》，市环保局编制完成了《攀枝花生态市建设基本条件及指标分解方案》、《攀枝花生态市建设专项工作组职责与任务》、《攀枝花生态市建设重点项目责任分工表》、《攀枝花生态市建设2010年目标任务分解表》和《攀枝花生态市建设2010年重点项目一览表》，将生态市建设目标、任务分解到各县(区)政府和市级相关部门，以全面推进生态市建设。各县(区)生态县(区)规划、实施方案已相继完成并组织实施。其中米易县生态县建设工作已于2010年9月经省专家组技术核查，正在强化整改完善。

市环保局还下发《关于加强生态市建设积极推进生态细胞工程创建的通知》，加大生态乡镇、生态村、生态家园、生态小区等生态细胞工程建设力度。2010年共投入200余万元扶持生态细胞建设，共完成13个生态村、3个生态乡镇、5个生态小区和330户生态家园的建设任务。同时，加大对四川攀枝花苏铁国家级自然保护区、四川二滩鸟类省级自然保护区和四川白坡山省级自然保护区周边企业专项环保执法力度，对涉及自然保护区的建设项目进行了清理，以切实推动自然保护区生态环境保护工作。

【农村环保工作】 2010年，攀枝花市启动农村村庄饮用水调查与评估工作，至年底村庄饮用水调查已完成现场基础信息调查，水质监测，基础调查数据汇总及审核，并上报了水质监测结果及基础信息汇总表和图文资料。为切实加强饮用水水源地污染防治工作，攀枝花市环境保护局指导县区编制了乡镇饮用水调查超标水源地污染防治方案，并按照四川省环境保护厅要求，筛选上报了具有代表性的超标水源地污染防治方案。编制了攀枝花市城乡生活垃圾无害化处理场布点方案，经市政府和相关部门讨论后，以政府文件上报了四川省环境保护厅。

此外，全市开展了农家乐污染整治工作。市环保局完成了农村环境污染综合整治"以奖促治"实施意见政府代拟稿的编写及征求意见工作，2010年共整治了5家农家乐污染。年内结合全市农村环境综合整治工作实际，指导县区申报了2010年农村环保项目，全市有3个农村环保项目报送国家，积极争取上级项目资金。

【城市环境综合整治】 2010年，全市污水处理厂整改工作进展顺利。至年底，新建的米易、盐边两个污水处理厂已投入试运行，全市新增污水处理能力1.5万吨/日，做到了每个县(区)均有污水处理厂。米易垃圾处理场已按期建成。为加强工业二氧化硫污染治理，攀枝花市环境保护局定期召开污染整治督办会，现场督查减排项目进展情况，截至2010年底，各项二氧化硫减排项目进展顺利。为确保考生有一个安静的学习和考试环境，2010年攀枝花市环境保护局继续开展中高考"禁噪"管理工作，重点加强建筑施工噪声、工业生产噪声、娱乐行业噪声扰民行为的执法查处力度。在禁噪工作中，攀枝花市环境保护局加强昼夜巡查，公布和畅通投诉电话进行24小时值守，做到群众投诉不过夜，并对典型案件做到及时曝光，从重、从快处理。全年累计出动监察人员527人次，检查餐饮娱乐和建筑施工场所30多处，限期整改2家，行政处罚2家。此外，按规定开展了黄标车认证工作。以路检、巡查和上门抽检相结合的方式，对车辆进行了严格检测，对尾气超标的车辆要求限期治理并实施控制，同时指导有车大户开展机动车尾气检测和治理工作。全年完成机动车尾气抽检车辆14 089辆，限期整改尾气超标车辆780辆，处罚违规车700多辆，罚款14万多元。2009年攀枝花市城市环境综合整治定量考核工作得分96.58分，在全省城市环境综合整治定量考核中排名第三。

【环保执法】 2010年，攀枝花市环境保护局以环保执法"科技化监管、制度化管理、社会化监督"为突破口，开展了以保障群众环境权益为主题的贴近民生、饮用水保护、限期治理项目检查、重大环境违法行为整治后督察、在线监控系统检查、环保基础设施运行监管等专项行动，重点对攀枝花市的涉氯、涉酸、涉重等重点行业，工业园区(集中区)、攀钢弄弄坪、西区等重点片区，饮用水、核与辐射、尾矿库等重点领域的企业污染源开展排查和整治工作。为加强污染源自动监控能力，对全市国控、省控、减排企业等101家重点污染企业安装了在线监测设施210套。至年底，重点污染源监控中心建设基本完成。为进一步推进四川省攀枝花市、云南省丽江市两市交界区域环境保护合作关系，攀枝花市环境保护局牵头制定了《2010年攀、丽联合环境监察工作方案》。2010年8月25日，攀枝花市环境保护局、仁和区环境保护局、西区环境保护局会同丽江市环境保护局、丽江市环境监察执法支队和华坪县环保局组成联合检查组，对观音岩水电站"三通一平"项目建设的工程进展，大气及噪声、生活污水及生产废水、环保设施落实情况进行现场检查，确保执法监管不留空白。

2010年全市累计出动监察人员5 000余人次、检查企业近4 000家次，其中查处典型环境违法案件32件，共处罚金130.8万元。

【饮用水源保护】 2010年，攀枝花市调整完善了攀枝花市地表水饮用水水源保护区，建立健全了影响饮用水水源的风险源名录和危险品的运输管理制度，切实提高了饮用水源保护制度化管理水平。年内按照"排查到位、不留死角，整治到位、不留隐患"的工作原则，共出动人员527人次，执法车辆139台次，对攀枝花市沿江沿河化工石化企业污染隐患进行了排查整治，对存在的问题进行了整改和后督察，涉及的59家企业中有6家已关闭或自然关停，有3家企业未批先建项目，有4家企业存在污染物超标排放，已责令进行了整改，目前已完成整改，全面确保了饮用水源水质达标率100%。

【危险废物管理】 2010年，市环保局开展了2009年度危险废物登记及2010年危险废物申报工作。县(区)环保局、钒钛产业园区环保分局各大企业和市级各医院填写登记表和申请表。年内全市危险废物登记的企事业单位共计121家,其中东区68家、西区10家、仁和区17家、米易县13家、盐边县13家,涉及卫生、服务、石油加工及炼焦、水利、环境和公共设施管理、黑色金属冶炼及延压加工、化学原料及化学制品制造等17类行业,共登记危险废物18种。全市纳入医疗危废登记范畴的各类卫生机构74家,共产生临床医疗废物约283.41吨。至年底,三区两县产生的临床医疗废物除个别远离市区的乡镇卫生机构暂时采用原有自制焚烧炉进行处理外,其余临床医疗废物已全部纳入二滩垃圾处理中心进行集中焚烧处理。

截至2010年12月31日,全市转移危险废物4个批次,全部实现安全转移。为增强全市危险废物处置能力,攀枝花市环境保护局大力推进危险废物处理设施建设工作。攀西危险废物处置中心已完成前期审批事项,到位资金7 429万元,全面进入项目建设阶段,预计在2011年底完成主体工程建设。

【核与辐射管理】 2010年,市环保局通过企业申报和现场核查两种方式,查清全市现有核技术应用单位94家,其中辐射企业33家、医院49家、探伤企业8家、安检等其他单位4家,已全部发放“辐射安全许可证”。全市现有放射源279枚,其中I类源1枚,II类源0枚,III类源9枚,IV类源153枚,V类源116枚。全市现有198台射线装置,其中I类射线装置1台,II类射线装置47台,III类射线装置150台。全市现有非密封性放射源工作场所5个,其中乙级场所2个,丙级场所3个。攀枝花市环境保护局采取建立一厂一档管理台账、建立应急管理机制等措施加强核与辐射的监管力度,同时强化业务培训,加大从事放射源和射线装置生产、销售和使用单位的管理人员及技术操作人员培训力度,确保全市核与辐射安全。

【环保宣传教育】 2010年,攀枝花市环境保护局采用内外兼并的宣传方式加强了机关党建工作、精神文明建设、环保队伍建设、总量控制、污染减排、生态市建设、城乡环境综合治理、农村环保、民生工程等9个重点方面的宣传工作。在《中国环境报》上发表和刊载的反映攀枝花环保工作亮点新闻类、专题报道类文章19篇,在省级新闻媒体上刊载和播发稿件97篇,在市级新闻媒体上刊载和播发稿件117篇(条)。其中,以“保护环境、呵护家园”为主题的公众环保知识竞赛和环保世纪行新闻采访活动,吸引了广大市民的热情参与,起到了提高环保意识、增强环保法制观念、激励群众参与、维护群众环境权益的实际宣传效果。全市动员社会力量,不定期地开展环保宣传工作,特别是利用“4·22”世界地球日、“6·5”世界环境日、“12·4”法制宣传日等机会,在中心广场开展了形式多样、内容丰富、声势浩大社会性宣传活动,既向广大市民展示了环保成绩和工作动态,又调动了群众参与环保的积极性,收到了切实的宣传效果。此外,深入开展绿色创建活动,2010年创建了5个绿色社区、10所绿色学校、100个绿色家庭,促进了环保知识、法律法规的普及和渗透教育,提升了学校、社区基础设施建设和环境绿化美化水平,推动了生态文明和环境友好型社会建设。为全面加强对攀枝花市环境保护工作的宣传力度,创办了《攀枝花环境保护》双月刊期刊,并加强了《攀枝花环保工作信息》的宣传工作,进一步提升了环保宣传教育水平和能力。

【环境法制】 2010年,攀枝花市在调查研究的基础上,进一步建立和完善了《环保行政处罚程序规范》、《环保行政复议程序规定》、《重大行政处罚听证程序规定》、《重大环保行政决策听证制度》、《重大环保行政许可听证制度》、《环保行政执法回避制度》、《环保行政执法责任制考评制度》、《行政处罚案卷评查制度》、《行政许可案卷评查制度》和《行政许可投诉检举处理制度》。此外,制定了《攀枝花市环保矛盾纠纷行政调解工作制度》和《攀枝花市环境污染矛盾纠纷调解工作联席会议制度》,进一步促进了全市环保部门及时、有效化解环境污染矛盾纠纷,促进社会和谐稳定。

【环境监测】 2010年,市环保局内分别对空气、降雨、地表水水质、噪声4项省控环境质量项目和重点污染源、城市集中式生活饮用水源地水质2项监督性监测项目进行了监测,同时加强专项调查监测和企业服务监测。截至2010年12月31日,完成现场监测任务并出具报告1 531份,其中水质监测报告713份、大气监测报告516份、噪声监测报告252份、其他监测报告50份。年内还完成竣工验收监测报告和竣工验收监测表62份。

【环保科研】 2010年,攀枝花市环境保护局紧紧围绕领导重视、市民关注的热点和重点问题开展环保科研工作。由攀枝花市环境保护科学研究所与南开大学环境科学与工程学院共同研究完成的《攀枝花市 PM_{10} 来源解析及污染防治对策研究》获四川省科技进步三等奖。

【环保信访】 2010年,攀枝花市环境保护局把信访工作目标分解到职能部门并安排分管领导负责,制订信访处理制度、程序,从各个环节严格要求、狠抓落实。截至2010年12月31日,攀枝花市环境保护局共受理投诉、信访185件,较2009年的146件增加39件,上升26.2%。其中电话投诉117件、群众来信48件、群众来访20件,处理率均为100%。在群众来信中,省环保局以上部门转来35件,全部及时进行了调查处理。同时,办理了人大代表的1件建议和政协委员所提的6件提案。

【排污费征收】 2010年,攀枝花市环境保护局进一步加大对钢铁冶炼、焦化、电冶化工、建材、火电等重点排污企业的排污费征收力度,及时足额征缴排污费,并在全面排查,不断拓展排污费的征收面的同时,加强了对县(区)排污费的稽查工作,确保排污费征收工作的顺利进行。全年全市共征收排污费9 580万元,其中市级征收7 590万元,各县(区)征收1 990万元,分别较2009年增加4 415万元、3 807万元、608万元。

(夏　勇)

矿　山　　（寇华春　摄）

城乡规划建设与城市管理

城乡规划建设

【城乡规划】 2010年，市住房和城乡规划建设局（以下简称住建局）按照服务攀枝花市经济社会发展，优化完善空间布局，合理配置空间资源，提高城市综合竞争力，以创造宜业宜居的城市环境为目标，加强规划研究编制力度，加大规划公示、公布、论证力度，扩大规划编制公众参与面，进一步提高规划编制管理的水平。

2010年，完成《攀枝花市城市总体规划》环评的编制报批工作，加大控制性详细规划的编制力度，总体规划确定的建设用地范围基本实现全覆盖；组织开展《城市公共服务设施规划》、《城市绿地系统防灾避险规划》和《城市新区开发建设基本思路及规划建议》等规划编制和《十二五城镇化发展规划》等多个重大规划的研究工作，为城市的长远发展奠定了基础；市委、市政府批准同意组建攀枝花市规划编制研究中心，为进一步加强规划研究和编制力度、提高规划管理水平提供了技术支持；强化对区县规划业务的指导，结合“五十百千”工程示范建设，制定城镇风貌设计和新农村建设工作指导方案，组织完成新农村规划设计方案的评选，编制的《城乡风貌塑造专项规划》通过四川省住房和城乡建设厅评审；完成对口支援色达牧民定居点建设66个牧民定居点的规划编制工作，组织监理公司对开工建设的牧民定居点进行安全质量监督，建设完成27个牧民定居点。

紧紧围绕市委、市政府确定的重点建设工程项目，建立跟踪服务和督办责任制，在民生工程、经济适用房、廉租房、丽攀高速、“四个一批”等重大项目的审批中，按照“靠前、提前、超前”的原则办理项目的审批服务，到各区县、工业园区上门服务。全年，办理“建设工程项目规划选址意见书”和拟选址文件68项；核发建设项目“建设用地规划许可证”44项；核发建设项目“建设工程规划许可证”73项；办理方案审查63项，对方案总平面图进行公布、公示74项；办理建设项目验线审查54项；办理规划条件核实50项；为市场供地提供规划条件55项。

【基础设施建设】 2010年，攀枝花市城市基础设施建设项目全年完成投资约4.3亿元。小沙坝污水处理厂厂外截污管线工程开工建设；五十一人行天桥交工投入使用炳仁线后段工程、临江路与滨江大道连接立交系统项目进展顺利，预计2011年竣工通车；密地桥南至龙箐大桥主干路开工前协调服务工作顺利开展；积极推进金沙江沿江整治工程和沿江护岸及沿江景观工程的实施。

城市道路拟建项目前期研究工作顺利开展。组织编制完成桃源街至滨江大道连接线、机场路口至炳二区主干道、弄弄坪片区规划分流道路（弄弄坪北路城市主干道、含螺丝嘴立交工程）、炳四区主干道二期（炳仁线独松树梁子隧道—炳四区主干道一期）、南山沟口道路改造、弄弄坪中路东风段改造、路内停车场改造（花城中街、榕树街、湖光小区蜀峰酒店至市民政局路段、临亚小区宋艳华餐厅至川惠酒店路段等）建设项目前期可行性研究报告。

【住房保障】 2010年，市住建局按照省、市住房保障的要求和安排，切实履行牵头部门的职责，积极发挥指导和协调作用，通过建、购、转等多种形式，实现保障性住房的大幅度增长和住房困难家庭“应保尽保”。

2010年，全市通过建设廉租住房、经济适用住房、棚户区安置房、公共租赁住房等方式落实解决低收入家庭住房困难房源5 074套，交付使用3 529套，在建1 545套；通过政府主导集中修建和鼓励企业集资建房等方式完成新建经济适用住房2 500套，并全部交付使用；廉租住房租赁补贴保障标准从原来的家庭人均住房建筑面积13平方米提高到15平方米,4 949户符合廉租住房租赁补贴申请条件的家庭纳入保障;启动棚户区改造15 010户,安置房竣工3 634套,在建11 376套;完成300套农村危房改造工作,同时进行农村危房改造网上建档工作;启动公共租赁住房建设,首批公共租赁住房958套,总建筑面积约5.8万平方米,总投资约1.3亿元;完成"攀枝花市住房保障信息平台"建立,满足低收入居民家庭信息化、动态化管理,并通过互联网让居民了解住房保障工作进展、政策法规、办理程序等信息。2010年9月19日,国务院副总理李克强在全国住房保障工作会上对攀枝花市的住房保障工作给予了充分肯定。

【城乡环境综合治理】 年内,市住建局编制完成了《攀枝花市城乡风貌塑造专项规划》,确定城市风貌定位,并通过省住房和城乡建设厅评审,市政府正式批复实施;同时指导区县编制《东区城乡风貌规划》、《仁和城区风貌整治及景观打造方案设计》、《攀枝花市仁和区滨河景观设计》、《米易县城乡风貌规划》、《盐边县城乡风貌总体规划》等风貌塑造方案,为进一步凸显攀枝花市独有的自然地理风貌奠定了基础;以"五十百千示范工程"为契机,全面推进56个示范点风貌塑造,加快实施示范村村居建设,不断提高村民文明素质,逐步形成文明乡风;稳步推进畅通城市交通建设工程项目;顺利推进环境综合治理示范点打造,东区花城打造、西区苏铁中路示范点打造、仁和滨河景观打造、盐边云归农贸市场风貌塑造、米易垭口镇、白马镇风貌塑造等项目有序推进,部分示范点初具雏形,城市面貌得到有效改善;继续组织开展"城乡风貌整治和塑造"专题培训。

依照《攀枝花市城乡环境综合治理建筑工地综合治理标准》要求,深入建筑施工现场一线开展环境综合治理监督巡查工作,实行动态检查、全程监控、严格管理的督查机制,集中力量治理工地乱象,针对监督检查中发现的问题及时督促整改;在全市范围开展全市城乡环境综合治理建筑工地专项整治及暗访督查活动,分别对东区、西区、仁和区在建工程环境卫生情况进行全面检查。2010年,全市共检查建筑工地4 067个(次),清理施工现场卫生死角垃圾2 301.3吨,治理建筑工地扬尘、噪音、废水污染442个,实施文明施工监督管理2 096个(起),治理抛洒建筑垃圾车辆457次,投入资金601.07万元。

【新农村建设】 年内市住建局按照省、市相关要求,2010年制定了新农村建设工作方案和工作计划;会同市编办、市人事局组织各区县的城乡规划建设行政主管部门对全市乡村规划建设的管理机构设置、人员配备进行了讨论;组织市、区(县)级相关部门学习中共四川省委办公厅、四川省人民政府办公厅《关于在新农村建设成片推进中突出抓好新村建设的意见》;组织区(县)规划建设管理部门对省住建厅《四川省县域新村建设总体规划编制办法(暂行)》、《四川省新村建设规划编制办法(暂行)》征求意见稿进行学习讨论,并向省住建设提出书面修改意见;会同市委组织部,组织区(县)政府分管领导、区(县)城乡规划建设管理部门领导、示范乡镇、示范村庄负责人赴同济大学进行为期一周的新农村建设及城乡综合治理专题培训。

【房地产业】 2010年,攀枝花市认真贯彻落实国家、省、市房地产市场调控政策,进一步加强房地产市场监管,严格商品房预售许可和预售资金管理,房地产业平稳健康发展。2010年,全市房地产开发完成投资34.20亿元,同比增长53.7%;房屋施工面积471.39万平方米,同比增长6.9%;房屋竣工面积81.55平方米,部门统计数据,下同比下降3.3%;商品房预(销)售成交面积115.1万平方米,同比下降25%;商品房成交套数5 377套,同比下降19%;存量房成交面积59.66万平方米,同比增长17%;存量房成交套数7 514套,同比增长13%。

2010年,市住建局组织开展对房地产违规销售行为的专项检查,对违规企业责令整改并予以通报;强化房地产市场监测,进一步健全了房地产市场信息系统和统计分析制度。认真开展房地产市场调查研究,形成《攀枝花市2010年市场需求分析报告》;加强了房地产业管理制度建设,拟定攀枝花房地产业管理规范性文件13个;推行房地产行业管理方式的转变,把房地产管理职能向属地政府延伸;加强物业管理行业的监管,开展全市物业管理示范项目考评、物业管理现场量化检查、住宅装修专项检查等工作,推行新旧物业小区规范化管理试点工作;积极稳妥地处理了13个房地产开发项目的历史遗留问题,维护了社会稳定。对国家房地产调控新政进行研讨,积极贯彻落实好国家和四川省的各项房产政策。

【建筑业管理】 2010年,市住建局按照"规范、创新、一流"的总体要求,进一步改革完善工程质量监管模式,加大对在建项目各责任方的监督检查和巡查力度,强化对施工质量通病的整治,定期开展工程质量大检查,认真处理工程质量投诉,积极开展形式多样的质量宣传活动,有效地控制建设工程质量违规行为,确保工程质量。建立建筑施工现场监控、动态管理督查机制。造价管理、质量监督检测等工作进行有益的探索。严格执行市场准入清除制度,建筑市场诚信管理体系不断完善,覆盖面不断扩大。

全年完成建筑业产值125.35亿元,同比增长30.4%。协助完成48家建筑业企业资质的增项和升级、设立初审上报和审核工作;完成4家企业重点监督复查工作及攀枝花建设工程有限责任公司资质承继工作。

【建材业管理】 2010年,全市加强商品混凝土、散装水泥推广、应用、管理工作。至2010年11月,攀枝花市水泥生产总量172.49万吨,其中散装水泥67.01万吨,散装率38.97%,商品混凝土生产87.46万立方米。

【测绘业管理】 年内,市住建局加强测绘行业管理,组织对测绘单位机构设置、人员配置、质量管理制度、质量保证体系运行状态、测绘成果及资料档案管理制度等方面进行实地检查与监管。严格进行测绘资质初审,完成测绘项目备案工作。完成省测绘局安排的对乙级测绘单位初检工作。

不断加大基础测绘投入,完成1:500大比例尺基础地理信息数据平台近6平方公里数据采集、入库工作。完成近30平方公里大比例尺基础地理信息数据的修测工作,为城市规划、建设、管理提供最新地理信息资料服务。

【勘察设计业管理】 年内,市住建局加强行业管理力度,开展勘察设计市场专项整治工作,对违规企业、从业人员依法给予了处罚。规范行业秩序,营造公平、有序的市场竞争环境,提高勘察设计质量水平。全年完成重大产业化、灾后重建、保障性住房等项目的初步设计审查17项,建筑面积198 685平方米;完成建设项目勘察设计招投标文件(技术标)的审查共计49项;完成11家勘察设计单位和1家审图机构的2009年度网上和纸质统计报表工作。配合省勘察设计注册工程师管理委员会等相关部门开展的继续教育培训工作。

【建筑节能管理】 2010年,攀枝花市全面贯彻建筑节能法律法规,严格执行建筑节能标准规范,进一步加强建筑节能过程监管,大力推动建筑可再生能源应用,进一步加强新型节能建材的推广使用,积极探索太阳能光热建筑一体化技术。2010年,全市新型墙体材料占建筑应用量比例70%以上,新型墙材产能占墙材总产能的75%。新建民用建筑项目建筑节能备案率达100%,民用建筑节能备案项目检查率100%。

【质量安全监管】 2010年,市住建局加大对建筑房屋责任主体不良行为的监督力度,对监督检查中发现的各方责任主体的违规行为严格按《四川省建设责任主体不良行为记录管理暂行办法》进行扣分;加大对涉及及房屋使用功能工程的质量监督力度,减少了用户在涉及房屋使用工能方面的质量投诉;全面推行住宅工程质量分户验收工作,进一步完善和细化住宅工程质量分户验收,编制了《攀枝花市住宅工程质量分户验收指南》,修订了"住宅工程质量分户验收监督核查项目记录表",细化了分户验收的检查数量和内容;进一步完善和规范监督检测工作,加大对工程所用原料及试件的质量监控,使建设工程结构安全得到保证。

截至2010年11月30日,全市房屋施工面积488.35万平方米;竣工工程合格率达100%,竣工工程备案率达60%。

【效能建设】 2010年,市住建局行政审批效率进一步提高,全面清理、精简行政审批事项,组建行政审批处,110余人全部进驻市政务服务中心,实现行政审批事项"两集中、两到位"。认真落实首问责任制、限时办结制等制度,全面提升窗口服务水平。全年,办结各类审批服务事项6 740件、办理服务事项4万余件,发放"一书两证"352件、"施工许可证"158件。承诺提速66.67%,实际提速86.86%,为办事群众节约时间37 700余天,按时办结率100%、现场办结率100%,评议率100%,群众满意率100%,有效投诉为0。在服务质量、办事效率、服务态度、廉洁自律等方面受到项目业主的高度评价,为全市的经济和社会发展起到了促进作用。进驻市政务服务中心的市住建局窗口在所有进驻窗口的年度评比中荣获第一名,被授予四川省"政务服务示范窗口"称号。

【行政执法】 2010年攀枝花出台《攀枝花市规划和建设局规划管理业务审批技术论证(咨询)会议规则(试行)》、《攀枝花市规划和建设局规划管理业务审批办公会议规则(试行)》、《攀枝花市规划和建设局行政复议工作规程》等规范性文件,起草了《攀枝花市商品房预售管理办法》等规范性制度和文件。同时,大力开展法规宣传工作,举办《城乡规划法》专题宣传活动,严肃查处了违法建设案件27件,拆除违章建筑13 650平方米。通过完善政策法规体系和加强法规宣传,有力地促进了依法行政,"五五"普法工作以优异成绩通过验收。

【灾后重建】 2010年,全市灾后各项重建工作顺利推进,全市农房、城镇住房重建工作全面完成。全市完成12 553户永久性农房重建、158户城镇住房重建、49 397户农房维修加固、4 130户城镇住房维修加固。

【信访维稳】 2010年,市住建局建立和形成"一岗双责"、信访综合协调等机制,实施大接访、包案责任制,把业务工作与信访维稳紧密结合起来,局办公会议经常对信访的热点、难点和趋势进行分析,对全市15家开发企业的20个房地产开发项目所涉及的历史遗留问题研究制定相应解决方案,采取相应的措施,及时化解群众矛盾。通过上述努力,除4个开发项目存在问题仍在积极协调解决外,其余项目均已基本解决或按照方案正在解决,信访维稳工作取得了良好成效。两年来,收到群众来信共计230件,办结207件;接待来访154批次、5 314人次。2010年信访接待量比2009年同期减少42%。

【党风廉政建设】 2010年,市住建局认真吸取2008年5月局内多人发生的违纪违法腐败案件的深刻教训,以建立惩防体系为重点,坚持不懈抓好党风廉政建设,强化对规划变更、容积率调整、土地用途改变、行政执法自由裁量权、基础设施和民生工程建设资金等重点内容、重点环节的监管。建成行政审批电子监察系统,建立全覆盖的年度财务内审机制,严格实施城市基础设施项目招投标制、"双合同制"、"双交底制"(即在签订工程合同时签订廉政合同,在工程质量交底时进行廉政交底)和"廉政保证金制",坚持"三重一大"监管机制,开展工程建设领域为期两年的专项清理、"小金库"清理、涉企收费清理,积极预防职务犯罪,开展了廉政风险防控机制建设试点工作,强化对服务人员与服务对象(建筑施工、工程监理、规划设计企业和中介组织等)的"双向"教育和管理。加强《廉政准则》的贯彻落实,牢固树立"秉公用权,廉洁从政"的价值观,深入开展民主评议政风行风活动,采取"请进来找刺,走出去纳谏,开门搞评议,关门抓整改"的方法,深入查找在思想观念、工作作风、工作机制等方面存在的问题,切实抓好整改。认真落实《关于加强廉政文化建设的意见》,积极组织全系统干部职工参与全市性的"崇尚廉洁,促进和谐"等廉政文化系列活动,形成有利于反腐倡廉的良好机关氛围,推进全系统"建设学习型机关,打造创新型团队"工作的开展。通过从机制、体制、重点部位、要害环节、重要权力的监督和防控,反腐倡廉收到了明显成效。

(王文静)

城市管理

【概　况】 2010年,攀枝花市城市管理局(以下简称市城管局)内设办公室、政策法规处、计划财务处、市政设施管理处、公用事业管理处(安全处)、城市绿化管理处、城市容貌管理处、劳动人事处、纪检监察室、城管工会工作委员会以及行政审批处等11个职能处室,有市市政工程管理处、市园林绿化处、市城建管理监察支队、市煤气总公司等4个下属单位。2010年,在市委、市政府的正确领导下,在市人大、市政协的监督指导下,以创先争优活动为契机,以城乡环境综合治理工作为载体,全面推进城市管理业务工作的同时,加强自身建设和党建工作,强化城市管理工作保障。通过局系统和各区县城管部门的共同努力,圆满完成城市管理各项年度目标任务。

【城乡环境综合治理工作】 年内,市城管局牵头负责市城乡环境综合治理指挥部办公室日常工作,具体负责市城乡生活垃圾清运处理、城乡建(构)筑物立面及附着物治理、园林绿化和市政设施专项行动及城乡环境综合治理联合执法等工作。协调落实指挥部办公室人员抽调、设备购置、解决办公场所等相关事宜,牵头制定完善城乡环境综合治理实施方案和工作规划,分解细化工作任务,修改完善工作方案和标准。共制发文件18份,出动检查指导80余次,发现并处理问题170余处。协调指导各区县和专项指挥部先后开展集中治理"五乱"、城乡风貌塑造、"阳光花城"打造以及"除陋习、树新风"等专项活动,精心组织"七进"活动和文明劝导活动。督促协调各级责任主体,全力推进"五十百千示范工程"(即在全省选择5个城市、10个县城、100个镇乡、1 000个村庄作为城乡环境综合治理示范点,开展"五市十县百镇千村环境优美示范工程",简称"五十百千示范工程")建设,加快环卫设施"五个一"建设步伐,全面落实清扫保洁制度,消除城乡"垃圾乱扔"的现象;制定《五十百千环境优美示范工程工作实施方案》和《2010年攀枝花市城乡风貌治理月专项行动城乡建(构)筑物立面及附着物治理实施方案》。落实保洁人员4 432人,组织群众性清洁大扫除36万余人/次,清理卫生死角垃圾4.2万吨,清理公路、铁路沿线垃圾1 787.71吨,打捞水上漂浮物、清理河道淤泥361.12吨;新建、改建污水处理厂3个,新建、改建垃圾填埋场17座,新建、改建垃圾处理设施263处,新增垃圾箱、果皮箱3 979个,新增环卫专用车辆51台;围绕"阳光花城"的城市定位,整改重要地段园林景观4.9万平方米,完成"拆墙透绿"39.9千米,建绿118万平方米,"屋顶透绿"和"见缝插绿"4.2万平方米,新增补植公共绿地63.6万平方米,新植各种规格的三角梅2 600余株,月季、天竺葵等4 874株,摆放、栽植各种草花7.3万盆,栽种各类乔灌木、花卉82.7万株;集中治理城乡街道350条,清理建筑立面53.2万平方米,粉刷临街建(构)筑物立面、墙体2.95万平方米;拆迁裙房卡口234处,违章搭建建(构)筑物232处6 970平方米,危房改造2 440处,完成城乡风貌塑造项目163个。从城管、公安、环保、规建、交通等部门抽调精干力量组成市城乡环境综合治理联合执法队伍,集中对"五乱"现象进行整治。2010年,市区两级联动开展了6次执法行动,共出动人员2 365人次,取缔乱摆摊设点5 526处,清理规范店招和户外广告2 842块,拆除横幅256幅,查处违规停放车辆784辆。各级各部门共组织督导(暗访)队伍108支,开展督导(暗访)活动289次,劝导坐商不归店1 500余次,清理和规范流动商贩、越门占道经营2.3万处;拆迁非法户外广告3 693个,规范店招、店牌2 994块,清除"牛皮癣"8.9万处;查处抛洒建筑垃圾车辆359辆,治理车辆运输超限、超载1 217台次;查处违规停放车辆行为2万起,处理交通违法行为8万人次。

【市容环卫】 年内,市城管局督促协调加快垃圾处理场等环卫基础设施的更新完善,全面落实清扫保洁制度,规范户外广告和商家展示活动,加强公共空间管理,搞好城市管理检查考核,确保市容市貌规范有序,环境卫生整洁干净。完成米易县城市生活垃圾处理厂基础设施建设。全市新建、改建垃圾填埋场17座,垃圾收集处理设施263处,增设垃圾箱、果皮箱3 979个,添置环卫作业车辆51辆。全年清运生活垃圾29.18万吨,无害化处理25.84万吨,无害化处理率达88.55%。制作大型户外公益广告58幅,发布城市管理检查考核周报54期,月报12期,季报4期,下发整改通知书23期。

【市政设施】 2010年,攀枝花市实施了密地桥南广场地质灾害治理项目、地龙井加油站边坡治理、仁和路歇桥边坡治理、木棉路路口边坡治理、仁和公园边坡治理等生态环境工程,完成西区乌龟井至清乌复线连接线路路灯安装工程。修复人行道约12 684平方米、护栏约491米、道路隔离栏约8 803米,全年市政设施完好率达98%以上。管辖路灯和光彩灯饰电缆线路36 000米、路灯及景观灯24 000盏、光彩灯饰100余公里,检修路灯4 844盏/次,恢复线路7 226米,处理故障246次,亮灯率和路灯设施完好率均达99%以上。安装雨、污水管道971米,更换雨、污水井盖280套,调整路沿石3 881米;新建、改造主截洪沟1 590米,清理维护主截洪沟14 153米,排水沟53 879米,新建挡墙、护坡1 064立方米,新建沉沙池5座。清洗、维护隔离栏52 856米。清理雨、污水井9 935座次,明暗沟44 924米,疏通雨、污水管道9 727米。共进行防洪抢险54次,出动人员993人/次,确保城市安全洪汛。

【城市绿化】 2010年,全市完善园林绿化基础设施,积极驯化繁殖乡土植物,推进园林绿化科研,强化日常管护,搞好园林绿化升级等达标工作圆满完成,园林绿化本土特色日益突显。栽种乔灌木、花卉82.7万株、地被植物1 830.05平方米、草坪275平方米,处理损伤行道树96株,完成主城区2 407株行道树修枝整形及病虫害防治工作,完成草花生产18.7万盆,培育菊花1.11万余盆,繁殖花木4.6万袋,出圃花木1.56万袋,管理库存花木5万盆,管理留床苗木0.4万株。完成攀枝花公园西广场篮球场加长及铺装砂石板工程、攀枝花公园大门口垃圾房修建工程、狮虎馆室内装修工程、相思亭至东大门高压电缆抢修工程、攀枝花公园园区路面修补和竹园巷3号楼防洪沟开挖等工程。

【供水供气】 年内,市内完成炳草岗储配站和四十九储配站监控系统安装前期工作及部分加压机大修,完成煤气过江吊桥主缆更换工程和501电厂至水文站段的架空煤气管道波纹补偿器更换新增煤气用户4 610户,供气总量为3 185.39万立方米,新增"煤改气"公福用户40户,城市气化率达97%;共进行事故维修6 338次,换表2 107只,处理煤气管道泄漏事故702次,户内设施维修和灰堵等各类故障3 529次。煤气故障维修及时率和事故抢险一次处结率达100%,未发生全市责任性停气事故,事故月负伤率为零。

【城管执法】 2010年,市城管局按照构建"亲民城管、和谐城管、法制城管"的要求,印发《关于进一步转变执法观念树立良好执法形象的通知》,搞好城市管理相关法律法规及政策的宣传教育,进一步规范城管执法行为,按照疏堵结合的原则强化城市管理执法,执法实效性不断增强。开展大型宣传活动8次,累计发放宣传资料万余份;清理主城区范围内各种小广告约8 500条,拆除户外违章广告牌、店招1.1万平方米,拆除大型喷绘广告1 370平方米;纠正流动商贩占道经营5 580余起,坐商不归店行为1 030余起,机动车占压人行道906起,"四乱"行为1 300余起。

【制度建设】 2010年,市城管局先后制定出台《攀枝花市城市管理局工作规则》、《攀枝花市城市管理局会议制度》和《攀枝花市机关党委会议制度》等规章制度,明确了城市管理事项的议事程序和决策程序。建立了重大决策集体决定制度,建立了法律顾问制度和专家咨询制度,做到重大决策事项和把握不准的专业性事项向顾问和专家咨询。全年受理的行政审批许可事项按时办结率达100%,群众满意率达100%。

【数字化城管系统】 年内,市内数字化城管系统前端硬件设施配备基本到位,基本实现市容市貌实时监控,拓宽市民参与城市管理的渠道,推进"12319"城管服务热线投诉受理及联动处置。全年共受理市民咨询、投诉1 888余件,办结1 880余件,办结率99.5%,市民满意率达100%。

(姜雪娇)

花是一座城，城是一朵花　　　（寇华春　摄）

商 贸

商贸流通

【对外贸易】 2010年,攀枝花市外贸出口呈现大幅增长的良好态势。据统计,全年市外贸进出口总额2.49亿美元,同比增长66%。其中外贸出口总额1.876亿美元,同比增长95.7%. 完成省政府下达的1.342亿美元考核目标任务的139.79%;完成省政府下达的1.409亿美元奋斗目标任务的133.14%。出口额增幅位居全省第一。进口总额为6 629万美元,同比增长0.4%。市外资企业、民营企业出口9 453万美元,占全市出口总额的50.29%,实现历史性突破。

全市备案外贸企业已达107家,新增获权企业21家,有外贸进出口实绩企业21家,其中出口实绩企业15家,新增出口实绩企业7家,已累计出口创汇1 219万美元。新增进口实绩企业5家,进口额为571万美元。

组织外贸企业有选择地参加外贸洽谈会、博览会,积极参与区域经济合作,及时将重要会展信息传递到企业。根据全市企业的实际情况,组织参加了“美国精细化工展”、“中东涂料展”、第18届昆交会、第7届东盟博览会以及107届中国进出口商品交易会学习考察。努力帮助企业寻找商机和市场。另外,由市领导带队,组织中冶实久建设有限公司、钢城集团公司,攀钢冶建公司、金光化工公司等7家企业进行开拓东盟市场活动,对越南、缅甸、柬埔寨三国进行考察,深化对东盟市场的认识和了解,加强与东盟国家的沟通和联系,收到较好的效果。

积极帮助企业争取“中小企业国际市场开拓资金”等国家和省外贸扶持政策的支持,积极帮助企业申报跨境贸易人民币结算试点。与财政等部门紧密配合,及时落实、兑现省市有关促进外贸发展的政策措施。为市8家企业争取的中小企业国际市场开拓资金已全部划拨到企业。

进一步完善服务机制,与海关、出入境检验检疫局、外汇管理局、税务等部门建立了联席会议制度,完善服务机制、简化办事程序,主动服务企业,切实为企业解决出口过程中遇到的各种困难和难题,较好地保障了外贸企业产品的出口。与相关涉外部门先后对东方钛业、鑫磊石材、锐华农业、米易跨越水产养殖、金光化工、钛海科技等公司和白云铸造、长矾,卓越,红杉公司等外贸重点企业和潜力企业进行调研,了解企业年内出口计划和目前生产经营情况,积极帮助协调相关问题。东方钛业2010年出口2 285万美元,成为市地方出口的龙头企业。

【利用外资】 2010年,全市新批外商投资企业2户,累计合同外资额14 364.19万美元,完成省商务厅下达10 000万美元考核目标的144%,实际利用外资额20 834美元,完成省政府下达20 000万美元考核目标的104%,同比增长16%,位居全省第二。

攀枝花市商务和粮食局走访全市的外贸企业,了解企业的经营情况,解决企业关心的问题,努力为企业出谋划策,保障了梅塞尔西昌项目的顺利增资和项目的顺利开工推进,预计2011年6月可以投产。协助解决攀枝花亚太控股钢铁有限公司企业经营范围变更问题。参与港晟项目审批前会商会,帮助解决企业设立的有关问题。

积极推介企业参加企业上市培育活动,组织攀枝花谷田科技有限公司参加在九八厦门投洽会上市企业专场对接会,企业收获很大。牵头做好外资企业联合年检,2010年牵头对全市30家外商投资企业进行年检,其中24家企业合格通过。加强外资统计工作,做好外资统计工作,保证上报的数字真实准确,做好到攀投资考察的外商接待工作,接待了上海申沃客车公司等客商。充分利用各类展会,体现特色,重点推介攀枝花6大产业,拓展外资来源,以厦门投洽会为平台,推动外资项目引进。年内以市人大常委会副主任张如英为团长的代表团参加了第十四届中国国际投资贸易洽谈会,宣传攀枝花市项目主动寻找商机,取得一定效果。

【对外经济技术合作】 全市外派劳务805人(次),完成省商务厅下达700人次考核目标115%。对外承包工程及劳务收入达1 059万美元,完成省政府下达500万美元考核目标的211.7%。

2010年,市商务和粮食局认真研究、学习、宣传《境外投资管理办法》、《对外承包工程资格管理办法》、《四川省省级外派劳务基地建设评审办法》等政策法规,并按照境外投资工作指南的要求,指导攀枝花光华集团房地产开发有限公司成功获得境外投资资格证书。组织市级有关部门和外经企业学习《四川外派劳务管理办法》,并就该办法立法后评估问卷进行了现场答题。调查掌握攀枝花市外经企业和县区外经工作基本情况,与市委农办等部门加强联系和信息沟通。并根据攀枝花技术工人多、特别是焊、铆、电、钳工的优势,从2008年年底开始指导中冶实久建设有限公司、职教中心申报四川省外派劳务机电类(焊、铆、电、钳)专业培训基地,2010年又按照省商务厅对劳务基地建设的新要求重新开展申报工作,等待省外派劳务基地评审组检查验收。

2009年中冶实久建设有限公司签订塔吉克斯坦隧道工

程项目、埃塞俄比亚水泥厂25万吨/年粉磨站和1 500吨/天新型干法水泥生产线项目、阿富汗艾娜克铜矿项目3个涉外项目合同，共计合同金额10 182万美元。为了随时掌握这些项目进展情况，经常与中冶实久建设有限公司国际工程部保持联系，关心项目进展情况和帮助协调解决企业有关问题。

【商贸流通】 全市为应对国际金融危机冲击，保持经济平稳较快发展，搞活流通扩大消费和家电汽车以旧换新等各项工作进展顺利，成效显著。2010年，全市社会消费品零售总额为140.17亿元，完成省政府下达135.05亿元考核目标的103.79%，同比增长17.7%。

累计销售家电下乡产品85 391台（件），销售金额1.51亿元；已补贴80 028台（件），补贴金额0.18亿元。其中：销售家电下乡产品40 578（台）件，销售金额0.83亿元；已补贴39 459台（件），补贴金额994.2万元。家电下乡产品销售额完成省商务厅下达5 000万元的167.6%。平均每个网点销售数和百户农民购买量排全省前列。报废汽车2 403辆，市财政局对符合汽车以旧换新补贴条件的310辆车按规定进行了补贴，补贴资金372.1万元，回收电视机、电冰箱（含冰柜）、洗衣机、空调、电脑合计6 534台，回收金额152 305元；销售6 639台，销售金额25 129 029元。

商务部2005年启动社区商业"双进"（便利消费进社区，便民服务进家庭）工程以来，积极按照商务部和省商务厅的工作要求，按照《攀枝花社区商业"双进"工程实施方案》，在2007年成功创建市级商业"示范社区"三个，省级商业"示范社区"两个及2008年创建市级商业"示范社区"三个的基础上，2009年创建市级商业"示范社区"14个。2010年进一步完善和提升了社区商业服务网点功能，方便了社区群众。

年内全市"万村千乡市场工程"纳入市目标任务考核的农资农家店建店总数260个，农资农家店配送中心3个（均为日用品配送中心）。年内已全部建成，完成全年目标100%。至年底，全市"万村千乡市场工程"已建设和改造建标准化农资农家店445个，其中：乡级店44个，覆盖率100%，村级店401个，覆盖率95%（全市44个乡镇，352个行政村）。解决农村近1 000人就业。已全面完成省政府下达的"万村千乡市场工程"建店目标任务。

2010年，市商务和粮食局家政服务网络中心建设纳入市目标任务考核1个。按照省商务厅、省财政厅文件精神，已完成家政服务网络中心建设任务，完成全年目标任务的100%，并经省商务厅、财政厅组织专家验收合格（经验合格公示后该项目可获中央财政资金补助200万元）。

结合社区"双进"工作，2010年市商务旅游局积极指导有条件的农贸市场和农产品批发企业开展社区放心菜网点建设，鼓励农超对接，满足社区群众需求，在便民利民方面进行有益探索。年内攀枝花市申报的5个主城区菜市场改造项目，通过省商务厅、财政厅审查。每个菜市场改造项目获省财政资金支持30万元。

加快农产品交易市场设施、物流配送、冷链体系、检验检测、环保安全等设施设备升级改造；引导大型连锁超市直接与鲜活农产品产地的农民专业合作社对接，建立新型鲜活农产品流通渠道，促进农商对接，减少农产品流通环节，降低农产品流通成本，保障城乡居民消费安全，增加农民收入。为供销搭建销售平台，全力促进全市特色农产品市场拓展，沃尔玛（中国）投资有限公司在攀枝花市选定了两个特色农产品全国直采基地，7月29日和30日上午，"沃尔玛米易蔬菜农超对接基地"、"沃尔玛攀枝花芒果农超对接基地"分别在米易县攀莲镇、盐边县桐子林镇举行了揭牌仪式。沃尔玛在全国十四个省建有农超对接基地，此次在攀枝花揭牌的两个农超对接基地是沃尔玛在四川省的首个蔬菜、芒果农超对接基地。今后，攀枝花市的优质绿色蔬菜和芒果将直供沃尔玛在全国的各大超市。两个基地分别占地2 000亩和1 500亩。预计将直接和间接带动8 000名菜农和7 000名果农受益。

为促进全市餐饮业整体技术水平的不断提高，市商务和粮食局积极调动市烹饪协会的积极性，由市烹饪协会牵头筹备的"攀枝花市烹饪技术大赛暨评定攀枝花市10大龙头餐饮企业、10大名宴、10大特色菜、10大招牌菜活动"。

在保供应、保安全的指导原则下，认真贯彻落实国务院《生猪定点屠宰管理条例》、《四川省生猪屠宰管理办法》和实施办法、《屠宰执法监督检查人员管理办法》和省、市、县出台的相关配套文件、规定，规范生猪定点屠宰管理工作，全面贯彻落实"定点屠宰、集中检疫、统一纳税、分散经营"的十六字方针，有效地遏制了私屠滥宰的不法行为，保障了市场肉品的供给质量。

2010年，市商务和粮食局定期组织全市屠宰场主认真学习贯彻国务院《生猪定点屠宰管理条例》，组织县区商务部门对《四川省生猪管理办法》进行认真学习。对全市生猪屠宰的基本情况进行了调查，摸清了攀枝花市生猪屠宰场的分布情况调查了乡镇屠宰点的设置规划，为下一步开展生猪定点屠宰点设置工作做好准备。针对米易昔街生猪定点屠宰点违反国务院《生猪定点屠宰管理条例》一案，对该生猪定点屠宰点处以2万元罚款，此为攀枝花市对生猪定点屠宰违规第一次行政处罚，该行政处罚案件对全市屠场合法经营起到积极推动作用。

严格贯彻《酒类流通管理办法》和《四川省酒类流通管理条例》和实施细则，加强城区办证力度和酒类随附单管理。大力推进"放心酒经营店"示范工程，评选出15家"放心酒经营店"。评选的程序严格按照省商务厅的有关规定进行并在新闻媒体上公示，积极推进诚信经营、文明服务的经营方式。在全省率先采用由行业协会来推进"放心酒经营店"示范工程，充分发挥行业协会的作用，这种方式受到省商务厅领导的肯定。同时，加大监管力度，对"放心酒经营店"进行专项检查。加大节日期间酒类流通市场的监管力度，打击销售假冒伪劣酒的不法行为，抓典型、有重点地打击销售假冒酒行为，遏制了假冒酒销售势头。全年出动车辆175次，出动人员140人次，处理销售假冒酒一般程序案件14件，行政罚款12.5万元，没收假冒酒576瓶。处理一些有社会影响，销售假冒酒案件如"东区金昕酒业经营部""皓越商贸公司""仁春超市""正好超市"等单位销售假冒酒的行为，年内销售假冒酒的案件做到发现一起处理一起。攀枝花市商务行政执法成为省商务厅向其地市、州推荐学习的对象,绵阳等地到攀枝花市向市商务和粮食局学习了行政执法经验。

【城乡环境综合治理】 2010年市商务和粮食局按照城乡环境综合治理指挥部的安排,结合城乡环境综合治理,对本局牵头的7个旅游休闲示范点继续进行打造。市商务和粮食局结合开展机关效能建设,通过创新机制,纵深推进城乡环境综合治理工作,切实加强打造城乡环境综合治理旅游休闲示范点工作的领导,按照属地化原则,细化方案,狠抓落实,按照倒排工期的原则,按时间进度推进工作,形成扎实有效的工作体系,并初见成效。

粮油购销

【稳定粮油市场供应】 2010年,由于受国际国内各种因素影响,市内粮油价格出现不同程度上涨,特别是食用油价格涨幅较大,引起社会各方面关注。攀枝花市采取有力措施,粮食流通统计及社会供需平衡调查工作依法稳步推进,粮食统计分析为社会粮食管理提供了可靠依据。落实新建市级储备粮和各县区储备粮计划的同时,争取市财政支持对部分仓库进行维修改造,积极推广现代储粮新技术,完善小包装成品粮油储备,夯实调控基础。重点围绕夯实调控粮源、强化粮情分析预测、加强市场监管,确保全市粮油供需总量的基本平衡,粮食流通秩序良好,运行平稳。

【粮油购销】 2010年市粮食管理部门全面完成省粮食局、市政府下达的粮油购销目标任务,全年收购粮食3.6万吨,完成目标任务1.9万吨的189.5%;粮食销售9.8万吨,完成目标任务4.9万吨的200%;市外粮食调入6.7万吨,完成年度目标5.5万吨任务的121.8%,确保了市场粮食供求平衡和政策性粮食的有效供应;实现多种经营税利390万元,完成目标任务240万元的162.5%。

【储备粮管理】 2010年,市粮食管理部门继续开展"粮食仓储规范化管理建设年"活动。强化仓储规范化建设的基础工作,进一步统一、完善了粮油储藏标示标牌、登记账簿和仓储管理制度,细化了粮食仓储管理工作考核办法,粮情检查逐步规范,仓储规范化管理基础工作得到全面提升。进一步加强储备粮油实物管理和质量监管。年内,全市各级储备粮油数量真实、质量完好、账实相符,全市"四无粮油"合格率95%以上。加强仓储设施建设和维修改造。投资57万余元对金江粮库进行了改造,现代储粮技术得到进一步运用,机械通风、仓外环流熏蒸、粮情电子检测技术的运用达到了有效仓容的70%以上,仓储性能得到有效提升。进一步推广农户科学储粮工程。

【现代粮食物流中心项目】 现代粮食物流项目是四川省7个二级粮食物流节点之一,是攀枝花市投资拉动内需的重点项目。在项目建设中,市商务和粮食局积极主动加强与实际相关部门、项目设计和建设等单位的沟通协调,有效推动了项目的顺利进行。至2010年12月底,项目完成总投资3 500万元。粮库还建主体工程(一期项目)已经完工,并于12月21日顺利通过了省粮食局工程设计院、市质监站、项目代建等单位组织的联合验收,预计2011年3月即可投入使用;粮食铁路专用线延长(二期项目)建设工作已经开始,预计2011年3月底前建成,6月底完成中央投资补助资金450万元建设任务;市场建设(三期项目)将于2011年采用市场化运作方式进行,至年底正在抓紧做好前期准备工作。

【粮食行政执法】 年内,市粮食管理部门按照行政审批"两集中、两到位"的要求,规范"粮食收购许可证"的审核、发放,及时开展粮食流通监督检查和收购活动专项执法,查处违规行为,按有关制度及时进行处理,维护粮食流通正常秩序,市场监管成效明显。市粮食局行政执法处认真落实《粮食流通管理条例》实施办法的贯彻意见,制定行政执法考核评议办法和行政复议规程,本着"工作不缺位、检查不越位、处罚不错位"的原则,积极主动地开展大、小春收购与行政执法专项检查。利用"世界粮食日"和"一二·四"全国法制宣传日全面宣传粮食工作、粮食执法、粮食有关法规和政策。

【粮食市场预警和应急机制】 2010年,全市建立了粮情调查点7个,市场粮油价格监测点4个,采取专人收集、定期报告、定期综合分析全市粮食流通趋势等办法,有效开展市场供求分析和价格走势预测,掌握社会粮食供需状况。年内全市粮食市场价格有所波动,但仍在调控范围之内,总体供求较为平稳,粮食安全形势较为稳定,宏观调控作用显现。

(张亚梅)

供销合作商业

【概 况】 2011年攀枝花市供销系统在职职工343人(其中市级单位85人、县区124人、基层社134人),较2010年增加8人(其中市级减少14人、县区减少82人、基层社增加104人)。社有企业295人,其中市级企业65人,县区基层社230人。管理机关—联社机关在职人员48人,(其中市级20人,两县一区联社机关28人),比2010年同期增加1人。离退休人员73人(市级19人、县区联社50人、基层社4人)。离退休人员中有离休干部6人(市级1人、县区1人、基层社4人)。市社机关的老干部管理由市联社管理,米易县市机关1人仍由县联社机关管理,市县级公司老干部9名由市县老干局管理。

全系统总资产25 336万元,其中市级15 235万元、县区10 101万元。总负债19 130万元,其中市级10 960万元、县区8 170万元。所有者权益6 206万元。全年实现商品销售2 500万元,完成市政府下达的目标任务的130%,汇总盈利46万元。

【社员股金】 市供销社为了兑付社员股金,于2000年申请中央专项再贷款 240 万元，用社有资产担保贷款偿还其再贷款本息，由于供销社从 1999 年开始改革，2001 年至 2009 年期间，市供销社自行筹资偿还了 38 万元。由于供销社在 2003 年改制完毕，无任何偿还能力，市财政于 2010 年开始将剩余 202 万元贷款纳入财政预算，2010 年开始代为偿还，2010 年代为偿还本息 42.65 万元。

【农资经营】 全年供应农民农资实物量43 920吨，全系统农资供应量占到全市的 70% 以上。全系统认真执行国家化肥等农资价格政策，保证价格稳定。继续抓好市级化肥储备制度的落实，市财政继续实行化肥储备贴息资金 25 万元，农资储备补贴 3 万元，积极实施淡储旺供有效保障供给和平抑物价，确保了农业、农民灾后生产和重建。在化肥价格波动较大情况下，市兴社农资公司采取滚动方式完成储备化肥6 000吨，继续开展了“放心化肥、放心农药”的“两放心”活动，全系统采取增设网点，送货上门等形式在保证质量的前提下方便农民购买。全市设农资网点 293 个，其中市兴社农资公司有 41 个，米易禾丰农资公司有 32 个网点，盐边益农农资有限公司、鑫贸农资公司共有网点 220 个。全市农资系统配合市农牧、工商、物价、质检等部门，对全市农资市场和农产品质量进行物价和质量安全专项大检查，规范了市场环境，维护了农民利益。

【新农民合作经济组织】 根据《中华人民共和国农民专业合作社法》，2010 年 7 月 29 日市供销社与米易供销社共同举办全系统的“农民专业合作社业务培训暨经验交流会”。2010 年新发展盐边柏林种养殖合作社、米易富民芒果专业合作社、仁和苹果蔬专业合作社，全部在工商行政部门登记注册。至年底，全系统共引领发展了 30 个专业合作社，入社成员数量4 000个，带动农户数量2 026户，专业合作社实现（农副产品）销售总额1 528万元，实施“千社千品”富农工程，推动专业合作社开展标准化生产和品牌化经营。同时，引导、支持、鼓励各级供销社和社有企业多种形式投资参股专业合作社，实现产权连接、优势互补。帮助农民专业合作社拓展销售渠道，搭建信息平台，实现产销对接。市供销系统组织单位，参加全国总社举办在“国际合作联盟”亚太地区大会期间特色农产品参展会，组织并报送全市 7 个企业、8 类特色农产品，经过总社筛选最终确定了市田远农业开发公司芒果、石榴、系列葡萄酒和生态香米为攀枝花市参展产品。

【现代特色农业基地】 2010 年，对 2009 年已启动和获准立项的项目抓好进一步的政策资金落实工作。盐边县农资配送中心体系建设纳入了省社新网工程以奖代补项目，截至 2010 年底市供销社和县（区）联社共同扶持建起 8 个特色农业基地，其中 2010 年新增两个。米易县是“特色农产品加工保鲜储运体系建设项目”，年初落实项目扶持资金 30 万元。围绕本市优势特色农业，搞好产业化项目的论证和包装，筛选好项目，充实完善项目储备库，积极发展新项目。由市供销社和盐边县供销社共同引进资阳安岳龙腾四海公司建设“万头生猪养殖基地”项目，2010 年新增投入 400 万元，实现总投资达4 071多万元，项目基地“能繁母猪养殖场”土建工程已结束，已修建猪舍22 000多平方米，引进外种血缘母猪 770 头、二扎母猪2 000头，实现育肥猪销售 400 多万元。

【新网工程】 2010 年市供销社按照总社和省社的统一部署，围绕建设新农村这一大局，运用连锁、配送等现代流通经营方式，加快了对传统经营网络的改造、整合、优化和升级。重点巩固县社农资公司，科农公司，益农农资公司等农资连锁经营企业和烟花爆竹连锁经营企业市烟花爆竹公司，盐边烟花瑞春爆竹有限公司以及 4 个连锁配送中心，使连锁网店数量发展到 113 个。加快推进连锁配送中心建设。按照标准化管理、规范化服务的要求，通过加大投入、招商引资、内引外联的方式，积极扩建一批区域配送中心，努力培育农村消费热点，增强了连锁经营的区域配送和辐射能力。继续做好统一标识的使用和推广工作，2010 年乡镇一级推广增长 10% 以上，村社一级发展增长 6% 左右，至年底，覆盖面已达 90% 的乡镇和 70% 的行政村。

【废旧物资经营】 市联社所属的市欣盛物资再生资源公司，是市供销社的控股企业，供销占股份 40%。位于仁和区银江镇小沙坝村三社，占地面积 50 亩。入户商户达 27 户，分别来自云南、四川、福建、浙江、江西等省份，交易市场年交易额达 1.1 亿元。报废汽车市场位于仁和区前进乡江边村，面积6 000平方米，工作人员 13 人，负责报废汽车的拆解，回笼，主要经营的品种有废旧生铁，有色金属和旧纸张、废塑料、废橡胶、废旧电视、电脑、冰箱、洗衣机的回收利用。

（叶宗翠）

石油营销

【概　况】 中国石油四川攀枝花销售分公司（以下简称公司）中国石油天然气股份有限公司在攀枝花全资分公司。截至 2010 年末，公司在职员工 709 人，公司下 10 个管理部门和金江油库，设 6 个片区和 1 个非油经营部。12 月份公司所属丽江片区整体划转中国石油云南销售公司管辖。

2010 年，攀枝花市成品油消费总量达 41 万吨，比 2009 年增加 3 万吨。攀枝花市工农业生产和生活所有消费成品油八成以上来自新疆、兰州、乌鲁木齐、茂名等大型炼油企业。由于金融危机影响，加上国家对成品油实行最高限价政策，成品油市场进入市场份额争夺“白热化”、销售形势“复杂化”、替代能源发展“产业化”时期，众多非标油、地炼油通过各种非法渠道以低于市场价 600～900 元/吨的价格冲击攀枝花市场，严重扰乱了攀枝花市成品油经营秩序。面对上半年促销上量和四季度限量保供急剧变化的市场环境，公司坚持以市场为导向，以营销为中心，落实全员攻坚目标责任，完善大客户经理机制，逐月兑现考核业绩；采取精细化、差异化营销策略，深度开发云南、“两会”市场；发挥小额配送物流优势，极力拓展县域市场和工程建设用油市场，市场掌控能力明显提升，经营业绩显著增长。截至 2010

年末,公司控股加油站61座,担负着攀枝花市三区两县和凉山州会理、会东县,云南丽江、永胜、华坪、元谋等部分市场的成品油供应任务。全年销售汽柴油26万吨,零售汽柴油20.96万吨。

按照上级公司"油非并重、油非互动、一体发展"的工作方针,公司以加快非油网点建设和信息化建设为契机,延伸服务范围,打造特色非油,非油业务实现快速发展。截至12月底,公司加油站非油业务覆盖率为80%;拥有便利店40座,3 000吨级加油站非油业务覆盖率100%,便利店信息系统建设全面完成。

按照突出项目抓发展的原则,公司强化战略规划,积极参与市政府"十二五"成品油分销体系编制,紧盯政府投资动态,掌握项目建设主动权。加强政府工作对接,全面签订区县战略合作协议,利用资源换取发展空间。支持配合丽攀高速公路占用拆迁,取得了政府对公司开发经营丽攀高速沿线网点项目的支持。积极抢占终端市场,签订了米易白马工业园区网点建设意向书。灾后重建和维修加固项目基本完成,太阳能项目试点建设顺利推进。按照集团公司总体规划和要求,公司所属丽江片区全面划转到中国石油云南销售公司管辖。公司共有油库2座。经安全隐患整改后的金江油库库容达7.86平方米,油库安防系统、液位移系统及油气回收装置等自动化设备,增强了油库的安全性能,全面实现自动化管理。新油库的建成,彻底的解决了攀枝花金江油库安全隐患及库容库貌老化问题,仓储能力及自动化水平达到省内先进水平,解决了攀枝花地区因运输问题导致成品油资源紧张的"瓶颈"制约,为攀枝花及周边地区成品油供应提供了能源保障。认真开展管理创新工作,公司创建的《员工价值评价体系在企业人力资源管理中的运用》等管理成果和《成品油市场差异化竞争》等论文获得中国石油四川销售公司、四川省企业联合会及攀枝花市企业联合会等部门表彰,公司荣获中国石油四川销售公司管理创新工作先进单位称号,积极申报省级最佳文明单位,公司荣获四川省最佳文明单位称号。

【油价调整】 2010年按照国家发改委通知,成品油价格调动频繁。2010年4月14日,90号汽油批发价每吨上调320元,零售价每吨上调320元;93号汽油批发价每吨上调339元,零售价每吨上调339元;97号汽油批发价每吨上调359元,零售价每吨上调358元;0号柴油批发价每吨上调320元,零售价每吨上调320元。2010年6月1日,90号汽油批发价每吨下调230元,零售价每吨下调230元;93号汽油批发价每吨下调244元,零售价每吨下调244元;97号汽油批发价每吨下调257元,零售价每吨下调257元;0号柴油批发价每吨下调220元,零售价每吨下调220元。2010年10月26日,90号汽油批发价每吨上调230元,零售价每吨上调230元;93号汽油批发价每吨上调244元,零售价每吨上调Z44元;97号汽油批发价每吨上调257元,零售价每吨上调257元;0号柴油批发价每吨上调220元,零售价每吨上调220元。2010年12月21日,90号汽油批发价每吨上调310元,零售价每吨上调310元;93号汽油批发价每吨上调328元,零售价每吨上调328元;97号汽油批发价每吨上调348元,零售价每吨上调348元;0号柴油批发价每吨上调300元,零售价每吨上调300元。

2010年攀枝花成品油调价情况

表16　　　　单位:元/吨

时间＼型号	90号汽油	93号汽油	97号汽油	0号柴油
2010－4－14	8 925	8 410	8 894	7 200
	8 245	8 749	9 252	7 520
2010－6－01	8 245	8 749	9 252	7 520
	8 015	8 505	8 992	7 300
2010－10－26	8 015	8 505	8 995	7 300
	8 245	8 749	9 252	7 520
2010－12－21	8 245	849	9 252	7 520
	8 555	8 077	9 600	7 820

【综合管理】 2010年公司始终把安全环保工作放在各项工作的首位,面对资源冰火两重天局面,坚持以保安全、保稳定工作大局,以防生产安全责任事故、防重大影响恶性事件、防次生灾害事故、防特殊时期不安全行为、防施工安全责任事故、防非生产区域和交通责任伤亡事故等"六防"为重点目标。认真开展"服务、质量、作风"主题活动、"反服务违章"活动,加大"三违"和隐患查究力度,服务违章同比下降20%。开展各类检查981次,查摆隐患问题3 915项,整改3 837项,整改率98%。认真开展"百日安全生产活动"和"安全生产月"活动,共张挂横幅15幅,张贴标语60篇,举办各类安全宣传15期,举办各种安全知识培训160余次,深入开展"安全环保先进班组及先进加油站"创建评选活动。加强银企、邮企合作,实现上门收款时间、范围"双100%"覆盖,在有效降低经营风险的同时,差旅费同比下降14万元。积极开展员工安全操作技能岗位练兵活动,组织开展安全消防应急预案演练。全面清理员工安全生产合同、施工安全生产合同、承包服务安全生产合同。积极推行施工建设项目管理"两表一卡"制度,全力推行"工程质量回访"制,有力地防止施工安全事故的发生。全年投入安全隐患整改资金3 500万元,对存在于库站、公务车辆、小额配送车和家属区、办公区等环节的安全环保隐患问题进行有力的整改。通过扎实开展的安全生产管理,全年未发生火灾事故、人身伤亡事故、交通责任事故、质量责任事故、环境污染事故和其他生产安全事故,实现企业安全发展、清洁发展、和谐发展,公司荣获攀枝花市安全生产先进单位称号。

(李泽民　缪君)

烟草营销

【概　况】 2010年,全市烟草行业实现了经济的平稳发展。全年生产收购烟叶15 500吨,烤烟产业基础得到进一步巩固。全市销售卷烟45 583.97箱,同比增长3.41%。专卖管理始终坚持高压严打,不断破获大案要案。年内破获的3起重大案件,涉案金额累计超过1 600万元,有效规范了市场秩序。2010年,全市行业实现税利2.7亿元,企业资产总额达到9.06亿元,同比增长6 578万元,国有资产保值增值率122.69%。

【专卖管理】 年内,市烟草专卖局开展"今冬明春"、"金叶维权"、"国庆中秋"等系列专项整治活动,持续开展日常市场整治行动,有效维护了市场秩序。在为期60天的"金叶,维权"行动中,全市烟草部门共出动1 313人、工商部门出动401人次进行联合执法,查获涉烟案件149起,案值56.42万元。

年内,全市系统共查获各类违法案件568起,同比增长12%,两烟总案值340.33万元,同比增加4%。年内查扣非法卷烟4.64万条,案值335.99万元;查获非法烟叶514.7担,案值10.36万元;端掉囤积窝点4个,刑拘20人,批捕11人,网上追逃1人;罚没款67.73万元,案件查处率100%。

2010年破获3起大型网络案件,开创了"打假破网"的新局面。在破获"四一五"跨区销售假冒卷烟网络案中,攀枝花市烟草专卖局与乐山市烟草专卖局联合办案,共捣毁窝点9个、分销点14个,查获假冒卷烟228.41万支,总案值205.5万元。"六八"销售假冒卷烟网络案中捣毁存储窝点2个、分销点10余个,涉案假冒卷烟共286.72余万支,总案值121.38万元。"七二二"非法经营卷烟案,破获了建市以来涉案金额最大的真烟网络案,涉案金额已达1 300余万元,批捕8人,刑拘11人,网上追逃1人。

全面深化内部管理监督工作,深入稳定行业发展内部环境。市烟草专卖局始终坚持制度化、规范化、精细化的工作要求,通过健全组织机构,完善内部监管长效机制;通过深化监督管理,规范企业生产经营行为;通过加强教育培训,提高全员内部监管意识。

【卷烟营销】 2010年,全市销售卷烟45 583.97箱,同比增长3.41%。其中省内卷烟销售12 635.95箱,同比增长13.29%;省外卷烟销售32 948.02箱,同比增长0.06%。2010年,全市"娇子"卷烟品牌培育工作将对"娇子"卷烟品牌"量"的重视转变为对"质"和"量"的"双把控"。全年"娇子"卷烟品牌销售517 529箱,完成年目标5 000箱的103.51%,同比增长49.45%;15元以上价位段"娇子"卷烟品牌销售202箱,同比增长25.84%。"娇子"卷烟品牌单箱金额达到20 580.46元,品牌培育能力显著增强。

2010年,全市实现卷烟销售收入93 854.35万元(含税),同比增长15.79%;单箱销售金额20 589.33元,同比增长11.97%;实现毛利25 220.55万元,同比增长19.02%。其中,一二类卷烟增幅明显,五类卷烟下降近30%,百牌号卷烟销售45 254.46箱,占总销的99.28%,同比增长0.25个百分点;重点骨干品牌销售29 898箱、同比增长12.98%。

2010年,全市卷烟网建工作围绕"电子商务、监控体系、基层创优、队伍建设、终端建设"5大工作重点,采取拓宽电子结算金融合作渠道的方式,提高电子结算客户数;采取终端前移的方式,完善市场监督体系;采取完善配套措施的方式,推进优秀营销部的创建活动;采取加强营销队伍建设的方式,提升队伍素质。2010年,零售客户分析维护面达99.19%,八卷烟入网销售率达100%,电话订货率100%,电话订货成功率98%,全市电子结算金额占总额比重达85%,同比提高了20个百分点,电子结算成功率达98.01%,各项网建指标顺利完成。

【烟叶生产】 2010年,全市3个县(区)、32个,乡(镇)、221个村、1 018个社、13 470户烟农,共移栽烤烟11.43万亩。规模化种植进一步提高,基地单元建设工作进一步有效展开,现代烟草农业特色进一步彰显。50亩以上连片面积达到5.5万亩,占总移栽面积的53.24%。其中1 000亩以上连片的3处,500亩以上连片的13处,100亩以上连片的101处,形成了适度规模种植的势头。集约化育苗程度得到进一步提高,全市育苗点由2009年的582个降到207个,其中3 000亩以上的集中育苗工场2个,1 000~3 000亩育苗点22个。开展了育苗、机耕、移栽、植保、分级、运输等6个方面的专业化服务。

全市收购烤烟31万担。其中,上等烟比例为33.07%,中等烟比例38.55%,下低等烟比例24.6%,级外烟比例3.81%。年内虽遭遇百年不遇的特大干旱,全市行业做到早计划,早应对,早落实,在集中育苗、蓄水摸底、抗旱移栽、资金保证等方面认真组织、严格落实,实现了大灾之年烟叶产量不减,质量合格率有所提升的目标。

年内,全市烟草行业开展优秀烟叶收购站创建工作。年内推进米易横山烟站试点创建工作,确定为烟站创优试点单位,该烟站后被报批为当年全国优秀烟叶收购站创建单位之一。

【烟草技术推广】 全年共开展烟叶生产技术研究与应用项目23项,其中包括国家烟草专卖局立项"攀西优质烟叶生产科技示范基地"项目1个;四川省烟草专卖局(公司)立项的"攀枝花烟叶标准化体系建设及地方标准制定"、"烟草安全轻减植保技术体系研究"、"四川省烤烟品种筛选及其优化布局研究"、"攀枝花优质香料烟研究与开发"等12个;攀枝花市政府科技部门立项的"攀枝花市优质烟叶生产技术集成示范与推广"项目1个;攀枝花市烟草公司自立"烤烟'3S'精准化施肥研究与应用"、"烤烟湿润育苗技术研究与应用"、"攀枝花生态烤烟技术研究及应用"等9个。

【烟叶基础设施建设】 2010年度烟叶生产基础设施建设在强化领导、规范建设的基础上,重点落实对制度保障、资金管理、档案要求的管理。全年完成新建密集型烤房1 304座、蓄水池79口、主干渠4条、支渠Ⅰ型40条、排洪渠6条,配套管网77条,统一加工制作育苗中棚3 047座,发动烟农采购了800多台农机具。米易烟叶仓储中心于2010年9月2日通过验收,并投入使用,使攀枝花烟叶产业发展仓储配套迈上了新的台阶,现阶段烟叶存储和调运的迫切需求得到有效保障。

【企业管理】 2010年，全市烟草行业企业管理工作坚持“提位增效”、发展思路，将目标管理工作贯穿始终，实现目标考核和绩效管理的内涵式跟进，提升质量和职业健康安全管理体系运行水平，推动经济运行分析和管理水平。2010年，攀枝花烟草管理坚持“安全第一、预防为主、综合治理”的方针，开展“安全生产责任制落实年”和“一岗双责”，加强“两烟仓储”安全、出租房、机动车辆、消防、综合治理管理，抓住“百日安全生产”活动、“安全生产月”活动等关键环节，开展了“人人讲安全、人人要安全、人人会安全”系列安全文化建设活动。2010年，攀枝花市烟草专卖局（公司）获得了市政府授予的“安全先进单位”称号。

继续巩固人力资源改革的成果，全年共修订完善8个干部管理制度，开展了县（区）局（营销部）领导班子后备干部选拔工作。进一步加强人才队伍建设，在人才引进、教育培训、考评激励等工作上持续推进，加快形成规模适度、结构合理、精诚协作、执行有力的企业人才队伍建设步伐。进一步规范劳动关系和社会保险管理，不断深化劳动用工制度改革；认真落实老同志政治、生活“两项待遇”，努力让全体干部职工在行业战线上“愉快工作，幸福生活”。

全年共计发出各类法制宣传资料7 000余份、宣传手册330份；举办专题法制讲座7次；普法500余人次；接受法律咨询300余人次；审核各类案件483件，审核率达100%；全市无行政复议和行政诉讼案件。

2010年，全市烟草行业共捐赠156万元用于支持城乡综合治理、少数民族运动会及“金秋助学”等项公益性活动。

2010年，攀枝花市烟草公司顺利通过了质量和职业健康安全体系内审及行审，档案工作进一步规范，各级公司（营销部）均继续保持一标标准，保密工作达省级二级标准，环境卫生、计划生育等工作均达标。

2010年，攀枝花烟草新物流中心已通过主体验收，进入装饰装修及设备安装阶段，计划2011年5月投入使用。

（刘思源）

盐业营销

【概　况】 2010年，四川省盐业总公司攀枝花分公司（攀枝花市盐政市场稽查处）设4科1室，下辖渡口、米易、盐边、渔门4个支公司（稽查所）。全年商品盐调入20 380吨，商品盐销售19 729吨，实现销售收入2 217万元，实现利润62万元。分公司继续保持了市级“文明单位”、“物价、计量信得过”单位，三级计量单位，“四好”仓库单位、“社会治安综合治理”先进集体、“计划生育”先进单位、“职业道德建设”先进单位、“模范职工之家”、卫生达标单位、园林式机关等称号，全年无重大安全事故和责任性食盐批发脱销事件发生。

【营销网络建设】 2010年，攀枝花盐业分公司充分利用营销网络，以县、区支公司为主体，以访销点为基础，以直销店为支撑，将连锁专柜扩大到城区的中、小型超市，延伸到乡镇小型超市和零售点，逐步占领销售市场终端，进一步提高川盐品牌的影响力，促进公司多元化发展。全年制作“川盐连锁”销售专柜59个，代理销售非盐类商品10个品牌，非盐类商品销售收入320万元。

【盐政管理】 2010年，攀枝花市盐政市场稽查处（分公司）努力整顿规范盐业市场秩序，保障合格碘盐供应。严厉打击盐业违法行为，加强制盐企业的驻厂监控。完善对一般工业用盐、两碱工业用盐、多品种盐的放运监督管理。规范食盐批发、零售市场和食品加工用盐以及一般工业用盐供应的市场秩序，加强与云南省和凉山州毗邻地区的盐政管理协调与衔接，经常与毗邻地区的盐政部门沟通，开展互查互访、互通有无，保证毗邻地区盐业市场的稳定。加强与云南接壤的平地、拉扎、中坝、福田、惠民等乡（镇）的食盐市场管理，对社会反映较强烈的地区的盐业市场进行不定期的突击检查，发现异常及时处理。省际的盐业市场得到了净化，切实保证了全市人民群众吃上放心、合格的加碘食盐。全年，受理盐业违法案件1件，结案1件，查处各类盐产品10吨。

【盐政宣传】 2010年5月15日，攀枝花盐业分公司（市盐政市场稽查处）会同市教育、疾控、工商、计划生育、广电等部门在全市联合开展以“坚持科学补碘，食用合格碘盐”为主题的碘缺乏病宣传活动。此次活动紧紧围绕“坚持食用合格碘盐”这一主题，加深广大的消费者对“科学补碘，保护儿童智力发育”、“关心孩子从碘盐开始”、“食用碘盐，提高人口素质”重要性的认识。利用专业人员现场咨询、实物展出、散发宣传资料、拉挂宣传横幅等，开展了形式多样的碘缺乏病相关知识宣传活动，并在活动当天组织执法人员对全市学校食堂及学校周围餐饮店使用的碘盐进行了现场检测。在全年的“三一五”、“五一五”活动期间，盐业公司共出动人员160余人次，车辆28台次，拉挂宣传横幅25条，现场咨询800余人次，散发宣传资料2 000多份，出墙报16期。

【合格碘盐供应】 2010年，攀枝花盐业分公司把食盐安全卫生管理与强化“碘盐合格率、合格碘盐食用率、碘盐覆盖率”工作结合起来，将食盐供应“三率”作为考核专营工作是否落到实处的重要指标，把食盐是否安全卫生作为消费者满意程度的标尺。在采购环节，严格按照国家指令性计划从指定生产厂家购进，并进行批次送检；在销售环节，以提高合格碘盐市场占有率，普供小袋碘盐为主；在储存环节，严格执行食用盐与工业盐储存管理规定，确保各类盐使用安全。据四川省卫生部门和疾病控制中心2010年碘盐监测报告显示，截至2010年11月，全市碘盐覆盖率为99.65%，碘盐合格率为96.18%，合格碘盐食用率为96.18%，碘盐监测各项指标均达到国家要求标准，市居民食用盐市场已达到碘盐全覆盖。

（杨世堂）

2010 年 12 月 2 日，沃尔玛开业。　　　　（寇华春　摄）

金　　融

银　　行

【概　况】 2010 年，全市银行机构面对复杂多变的宏观经济金融形势，贯彻执行适度宽松的货币政策，推进金融改革与发展，不断提升金融服务水平，促进了全市经济金融的协调发展。

2010 年末，攀枝花市共有银行机构 220 个（含分支机构及营业网点）。其中，人民银行分支机构 2 个，银行业监管机构 1 个，银行业金融机构 217 个。年末，全市银行机构从业人员为3 142人。

2010 年，全市银行机构本外币各项存款余额为 571.69 亿元，较年初增长 15.94%，各项贷款余额为 387.76 亿元，增长 16.04%。累计现金净投放 32.5 亿元，同比多投放 5.9 亿元，增长 22.23%。实现跨境外汇收支 2.11 亿美元，跨境外汇资金流入 1.26 亿美元，流出8 500万美元。全市银行业金融机构实现利润 9 亿元，同比增长 1.28%。信贷资产质量进一步提升，不良贷款继续下降。年末，全市银行机构不良贷款余额为 3.5 亿元，较 2009 年减少4 937万元，下降 12.36%，不良贷款占比为 0.99%，较 2009 年下降 0.34 个百分点。

2010 年，全市银行机构各项存款平稳增长，但增速有所放缓。其中，企业存款波动明显，储蓄存款稳定增长，其他存款增速大幅回落。年末，本外币各项存款余额 571.69 亿元，较年初增加 78.73 亿元，增长 15.97%，同比下降 9.22 个百分点。其中，人民币存款余额为 570.72 亿元，较年初增长 16.08%。从月度来看，年末增速有所加快，12 月全市本外币存款新增 20.1 亿元，增长 3.65%，成为全年增长最快的一个月。

企业存款月度波动明显，后期增速持续加快。年末，全市金融机构本外币企业存款余额 142.43 亿元，比年初增加 23.14 亿元，增长 19.39%，同比多增 8.42 亿元，企业定期存款快速增长是拉动企业存款增长的主要因素。年末，全市企业定期存款 20.22 亿元，比年初增加 6.56 亿元，增长 49.63%，同比上升 74.93 个百分点。企业存款增长快主要是 2010 年以来全市工业经济实现了快速回升企业，效益好转，资金相对宽裕，以及下半年企业投资意愿有所降低，投资支出减少从而带动了企业存款的增长。

2010 年攀枝花市银行机构各项存款增长情况

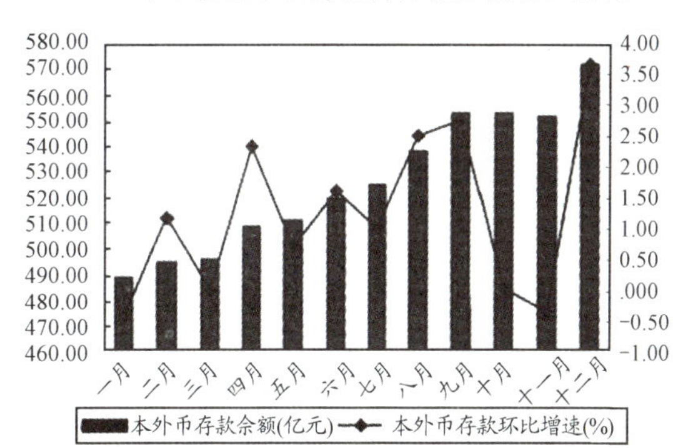

储蓄存款保持较快增长。受城乡居民收入持续增长，央行连续两次上调基准存款利率、物价高位趋稳等因素影响，居民储蓄意愿有所增强，储蓄存款增长有所加快。年末，全市银行业金融机构本外币储蓄存款余额 281.97 亿元，比年初增加 37.07 亿元，增长 15.14%，增速同比加快 2.98 个百分点。活期储蓄存款和定期储蓄存款较年初分别增加 22.17 亿元和 14.91 亿元，增长 23.62% 和 9.94%，股市对储蓄的分流和居民通胀预期等因素加大月际间储蓄存款的波动。受上述诸多因素影响，10 月，全市人民币居民储蓄存款不升反降，较 9 月减少 21.34 亿元，下降 7.69%，同比下降 6.85 个百分点。

其他存款明显回落。年末，攀枝花市银行业金融机构本外币其他存款余额 94.91 亿元，较年初增加 7.72 亿元，同比少增长 42.51 亿元。其中，全市保证金存款余额为 66.3 亿元，比年初仅增加 3.95 亿元，增长 6.34%，同比少增 43.3 亿元。2010 年攀枝花本地银行承兑汇票业务同比明显放缓，导致保证金存款增长缓慢，进而带动其他存款增速回落。

2010 年，金融机构信贷增长回归常态，投放节奏更趋合理。中长期贷款仍然是信贷投放的主导,短期贷款增长放缓,票据融资大幅下降,票据融资金大幅下降,个人住房贷款增长逐渐趋缓。2010 年,央行连续 6 次提高存款准备金率,流动性收缩力度明显加大,商业银行信贷规模控制也更趋严格。受此影响,攀枝花市信贷增速逐步回归常态,而攀钢集团公司被兼并后集中归还未到期贷款,也一定程度上影响了全市信贷增长。年末,攀枝花市本外币各项贷款余额为 387.76 亿元,较年初增长 53.59 亿元,增长 16.04%,增速同比下降 8.06 个百分点。其中,人民币各项贷款余额 383.63 亿元,比年初增长 52.55 亿元,增长 15.87%,与 2009 年同期相比增速下降 8.39 个百分点。

短期贷款同比增速回落,票据融资大幅减少。2010 年,攀枝花市短期贷款增长滞缓。12 月末,全市金融机构本外币短期贷款余额为 152.12 亿元,比年初增加 8.88 亿元,增长 6.2%,同比回落 13.1 个百分点。在商业银行信贷规模控制趋紧的情况下,银行机构出于收益性的考虑,主动压缩收益相对较低的票据融资,导致票据融资余额减幅明显。2010 年,全市金融机构票据融资余额为 24.12 亿元,比年初减少 12.7 亿元,下降 34.54%。分机构看,攀枝花市商业银行降幅最大,全年减少 7.59 亿元,占全市票据减少量的 59.76%。

中长期贷款成为信贷投放的主要渠道。12 月末,攀枝花市金融机构本外币中长期贷款余额为 207.4 亿元,比年初增长 56.4 亿元,增长 37.35%,同比上升 14.2 个百分点。中长期贷款余额占全部贷款的占比为 53.49%,较年初上升 9.73 个百分点。中长期贷款加快增长主要是因为固定资产投资的持续快速增长。1 ~ 12 月,全市完成固定资产投资 330.7 亿元,同比增长 24.9%。其中,前 11 个月全市全社会固定资产达到 304.8 亿,首次突破 300 亿元,提前一个月完成省、市目标任务。从新增贷款来看,中长期贷款占据绝对主导地位,中长期贷款新增额占全部新增贷的占比达 85.04%(不含票据融资)。此外,因政府融资平台贷款解包还原,部分短期贷款期限结构调整,也在一定程度上推动了中长期贷款的增长。

2010 年攀枝花市银行机构本外币贷款增长情况

2010 年攀枝花市银行机构中长期贷款月度增长情况

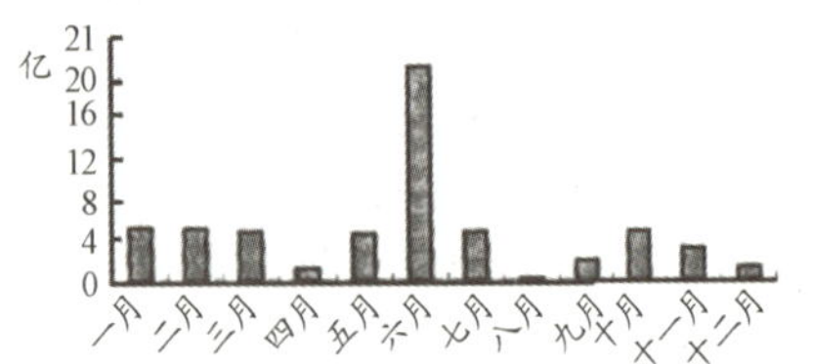

个人住房贷款增长趋缓。2010 年,为抑制房价的过快上涨国家出台了多项调控措施,银行个人住房贷款门槛也有所提高,全市个人住房贷款增长明显放缓。12 月末,个人住房贷款余额为 15.72 亿元,比年初增加 2.53 亿元,增长 19.17%,同比下降 13.31 个百分点。

中国人民银行攀枝花市中心支行

【概　况】 2010 年末,中国人民银行攀枝花市中心支行(以下简称中心支行)内设处室 16 个,辖县支行 1 个,职工 156 人。其中:中心支行机关 137 人(在职 110 人、退休 27 人),县支行 19 人(在职人 14、退休人 5)。89 人取得各类专业技术资格,其中高级 1 人、中级 48 人、初级 40 人。研究生学历 5 人,大专以上 114 人(本科 97 人)。

2010 年,中心支行围绕"规范管理、严控风险、强化履职、外树形象"的工作目标要求,贯彻执行适度宽松的货币政策,提升综合履职效果,加强班子队伍建设和管理,有效开创中心支行各项工作新局面。中心支行获市政府 2009 年度"攀枝花市金融工作先进单位",中心支行机关第四党支部获人行成都分行"先进基层党组织"荣誉称号,中心支库获人行成都分行"四川省税库银横向联网建设集体"拓展奖。在中国人民银行"创新金融服务支持经济发展"业务竞赛活动中,米易县支行被评为人总行先进集体,尹歆桐被评为人总行先进个人;中心支行国库处被评为成都分行先进集体,张蓓被评为人行成都分行先进个人。陈渝、李孝明分别获人行成都分行"优秀共产党员"、"优秀党务工作者"称号,林琳、曾忠国被评为人行成都分行 2009 年货币信贷工作先进个人,郑宣强获人行成都分行工会 2007—2009 年度"文明家庭"称号,郜一帆获四川省税库银横向联网建设先进个人,宋峻被市政府办评为攀枝花市 2009 年度安全生产先进个人。

【贯彻适度宽松货币政策】 2010 年,为加强政策引导,中心支行结合实际制定《攀枝花市 2010 年货币信贷重点工作》、《2010 年金融机构执行货币信贷政策指引》,引导各金融机构加大对地方经济的支持力度。按月召开银行信贷部门负责人会议、按季召开有银行机构、经委、发改委、银监局等部门参加的金融运行分析会议,及时通达交流情况、传导政策,并做好货币政策执行效应的反馈。3 月,召开全市银行机构负责人会议和全市金融工作会议,对金融机构如何正确解读适度宽松货币政策意图,切实贯彻落实好货币政策提出要求。及时转发中国人民银行、中国银监会《关于鼓励县域法人金融机构将新增存款一定比例用于当地贷款的考核办法(试行)》,引导农村信用社等县域金融机构加大对当地的信贷支持。

【灵活运用货币政策工具】 按照相关规定,2010 年中心支行对攀枝花市商业银行存款准备金率进行 6 次调整,法定存款准备金由13.5%上调至16.5%;对农村信用社存款准备金率进行2次调整,调幅为11%～12.5%。地方性法人金融机构都按规定足额缴存,无漏缴、欠缴的情况。

2010年,中心支行重新修订再贴现操作规程,开办再贴现业务。2010年5月,为满足“三农”(农业、农村、农民)和中小企业融资需求,向人行成都分行申请再贴现限额指标4亿元,中心支行再贴现额度增加至6亿元。2010年3月,在时隔5年之后,中心支行办理了第一笔金额为900万元的再贴现。全年共办理回购式再贴现117笔,金额44 868万元。2010年末,中心支行再贴现余额为15 016万元。通过为攀枝花市商业银行和农村信用社办理再贴现,缓解其资金压力,有效增加对地方经济的信贷投入。

为贯彻执行2010年10月19日、12月26日中国人民银行2次调整存、贷款基准利率,境内督促各银行机构严格执行新的利率标准,引导银行机构在新的利率水平上进行市场定价,中心支行对各银行业金融机构利率执行情况按季进行监测和分析。对攀枝花市商业银行利率政策执行情况、利率定价机制建设情况进行现场和非现场评估,并定期向有关部门报送利率情况统计表。

【金融机构监测分析】 按月收集报送攀枝花市商业银行等中小法人金融机构流动性风险、信贷集中度等各类监测指标,按季完成中小金融机构风险监测分析报告和国有商业银行股份制改革情况的报告。定期对东区金联小额贷款公司等5家小额贷款公司的监测,分析小额贷款公司运营中存在的问题及风险。为全面反映全市经济金融运行情况,分析可能存在的系统性金融风险,确保地区经济金融稳健运行,完成攀枝花市首份年度金融稳定报告的撰写。

【支持中小企业融资】 配合市经委、市财政局完成2009年非公(中小)企业及农业产业化龙头企业贷款贴息的审核工作,为15户农业产业化龙头企业、8户发明专利企业、6户高新技术企业、1户担保类企业和1户纳税大户(企业)奖励兑现贷款贴息963.32万元;配合市经委研究制定《关于加快中小企业发展的实施意见》。推动符合条件、有积极性的企业利用银行间债券市场开辟新融资渠道。为培育一批成长性好、发展潜力大的企业,利用银行间债券市场通过发行企业“短期融资券、中期票据、集合票据”等方式实现直接融资,代政府起草《攀枝花市企业债券融资辅导管理办法》,11月5日,中心支行联合市经信委组织召开全市中小企业直接融资培训会议。全市各金融机构主要负责人和信贷部门负责人、各县(区)经济商务局相关人员以及全市60余家重点中小企业负责人和财务负责人共计150余人参加会议。

【创建“金融生态环境示范县”】 2010年,中心支行建立持续动态的监测制度,督促米易县农村信用联社切实采取有效措施,努力化解不良贷款,2010年米易县农村信用联社不良贷款率为5.16%,较2008年下降9.95个百分点。9月,经米易县人民政府申请,中心支行对米易县金融生态环境指标进行测评,其金融人文发展、金融运行环境建设、金融生态修复能力建设等指标均达到相关要求。在此基础上,中心支行向人行成都分行上报《关于米易县申报金融生态示范县的初审报告》。12月,经人行成都分行金融生态环境建设考评领导小组现场检查验收合格,由人行成都分行和市政府联合下文授予米易县省级“金融生态环境示范县”称号,米易县成为全市首个“金融生态环境示范县”。

【支持抗旱救灾】 2010年,针对攀枝花遭受的严重干旱,中心支行及时制定并下发《关于做好抗旱救灾和春耕生产金融服务工作的通知》,要求辖内银行业金融机构积极投入抗旱救灾工作,加强与地方政府的沟通协调,做好春耕生产和紧急救灾资金的安排,统筹好信贷资金及时投放抗旱及春耕农贷。及时为农村信用社办理再贴现,缓解其资金压力,确保抗旱救灾信贷资金及时投放。三家农村农信用联社先后派出150人次深入农户了解春耕旱情和生产资金需求情况,并发放农业贷款4 660万元,投放春耕资金1 861万元。其中:支持农户购买种子200万元、化肥169万元、农药67万元、农膜6万元、农机具145万元,其他1 274万元。中心支行为旱灾灾区捐款6 000元,矿泉水50件。

【进出口网上核销】 按照国家外管局全面推进进口付汇核销改革的要求,在各项前期措施均已落实到位的基础上,中心支行要求相关涉外企业签署《货物贸易进口付汇业务办理确认书》,并对企业使用网上核销系统办理核销业务开展辅导。全年累计办理出口收汇网上核销2.27亿美元,进口付汇核销3 558万美元。

【规范外资外债登记与管理】 2010年,为加强外商投资企业资本金验资询证工作,中心支行要求企业、会计师事务所、外汇指定银行明确职责,规范验资操作规程,确保外方股东投入资金的真实性。全年共办理外商投资企业资本金询证到位资金1.76亿美元。为加强对外债结汇及外债还本付息的管理,中心支行在做好日常监测统计的基础上,要求世行攀枝花环境综合治理项目外汇资金与项目进度应配套一致。全年累计办理外债(转)贷款提款登记金额1 403.47万美元,同比下降26.21%,还本付息345.83万美元,同比下降3.75%。

【外汇投资便利化】 2010年,继续简化境外投资有关审批手续,改善境外直接投资外汇管理,办理地方民营企业攀枝花光华集团房地产开发有限公司境外投资在缅甸设立缅甸康亚综合有限公司登记。完成全省首例外方股权方式出资登记5.81亿美元,境内企业境外实物投资登记4 200万美元。

【外商投资企业年检】 2010年,为提高年审效率,根据商务部《关于开展2010年外商投资企业联合年检工作的通知》要求,中心支行首次通过直接投资系统办理外商投资企业联合年检。由会计师事务所代为申报企业年检工作。2010年,辖内四川川投电冶有限公司等26家外商投资企业年检合格,参检率及合格率均达到100%。

【银行业外汇业务监管】 2010年9月,为规范外汇指定银行经营行为,中心支行对建行攀枝花分行和交行攀枝花分行两家外汇指定银行外汇业务合规性进行现场检查。对银行国际收支申报单交易附言填报错误、未及时办理贸易信贷预付汇登记、银行结售汇机构信息变更未及时到外汇局办理变更登记等差错进行及时纠正。开展非现场核查,按季通报个人结售汇业务非现场核查情况,有效提高银行执行外汇管理规定的自觉性。

【开展综合行政执法检查】 2010年5月,按照人行成都分行统一安排,中心支行首次在辖内实施综合执法检查,对市农行及所属营业部、炳草岗支行、盐边县支行的金融统计、支付结算、反洗钱、人民币管理、国库管理、征信管理6个方面的内容实施现场检查。并就检查中发现的账户管理不规范、越权查询个人信用信息基础数据库、违反假币收缴程序等问题实施5.9万元的行政罚款,并要求其限期整改。2010年,中心支行累计对辖内16家机构实施20次现场检查,发出处罚决定书3份,累计实施行政处罚7.9万元。

【支付结算管理】 为打击银行卡犯罪,营造良好的支付环境,2010年3月,中心支行和市公安局联合召开由市公安局相关部门负责人,各县(区)公安局分管领导以及各银行机构分管领导共计38人参加的全市银行卡安全工作会议,对预防和打击银行卡犯罪专项活动进行安排部署。要求各银行机构加强与公安机关等相关部门的沟通协调,畅通情报信息渠道;落实账户实名制和客户身份识别制度,加强对持卡人的风险提示和教育。发卡机构要建立有效的信息安全防护制度,确保持卡人信息安全。为推进攀枝花市银行卡产业的发展,深化银行卡受理市场建设,9月,中心支行经过摸底调查将攀枝花市东区"炳草岗大街东段"和米易县"锦宏步行街"作为"攀枝花市银行卡刷卡无障碍示范区"活动的创建区域。9月下旬,组织各银行机构对"特约商户普及率"等多项指标进行测评。在各项指标均达到要求的基础上报经成都分行初审,获得通过。10月,经四川省银行卡业协会的现场评审,认为上述创建区在特约商户推广、合规管理、机构满意度、风险控制等方面达到市级刷卡无障碍示范区创建条件,批准其成为市级首批"银行卡刷卡无障碍示范区"。为提高相关人员的业务技能,2010年9月,中心支行组织全市9家银行业金融机构共107人参加了支付结算业务知识考试,及格率达80%。

2010年,攀枝花市银行卡交易笔数和金额分别为13.21万笔,金额4.07亿元,与2009年相比翻了一番。2010年末,攀枝花市银行卡发卡量达237.79万张,较2009年增长7%,并首次发行20万张具有社保功能的银行卡。2010年,中心支行共办理核准类单位人民币账户的开户、销户、变更共计5 983户,比2009年增长7.3%。办理账号批量变更651户,是2009年全年的5倍。办理账户批量迁移217户,是2009年全年的1.09倍。2010年,中心支行大、小额支付系统全年共处理业务300余笔,清算资金近600亿元,创历年支付系统业务量新高。

【反洗钱工作】 为加大反洗钱现场检查力度,2010年5月、7月,中心支行分别对农行攀枝花分行和中国人民财产保险股份有限公司攀枝花市分公司反洗钱工作开展现场专项检查。针对现场检查中发现的反洗钱内部控制制度不健全、未按规定保存客户身份资料等问题,责令2家被查单位限期整改。由于部分保险机构未按要求报送相关报表,影响反洗钱工作的开展,中心支行对华安财产保险股份有限公司攀枝花中心支公司、阳光财产保险股份有限公司攀枝花中心支公司、太平洋保险股份有限公司攀枝花中心支公司、中国人民财产保险股份有限公司攀枝花市分公司4家保险公司高管开展非现场监管约见谈话。8月26日,召开全市25家金融机构负责人参加的反洗钱工作座谈会,进一步加强对金融机构反洗钱工作的监管和指导。对25家金融机构分管领导和部门负责人共计52人开展反洗钱风险识别和非现场监管信息系统的上线培训。全年共开展反洗钱检查2次,出动人员70人次,检查机构2个。编发《攀枝花反洗钱动态》2期。

【财税库银横向联网取得突破】 为推动财税库银横向联网工作的开展,4月,中心支行主持召开由市财政局、市国税局、市地税局等机构分管领导参加的工作协调会,下发《关于开展财税库银横向联网推广工作的通知》,就相关工作进行安排部署。8月,攀枝花市8家银行业金融机构与市各级国税机构实现税库银横向联网电子扣税,横向联网覆盖面得到有效拓展。截至年末,全市签约企业2 691户,网上扣税13 219笔,扣税金额6.52亿元。

【直接兑付国债业务试点】 为维护国债的社会公信力,拓宽国债兑付渠道,解决指定银行兑付网点积极性不高、群众兑付难的问题,2010年4月,中心支行在人行国库部门首次办理了直接兑付个人持有的无记名国债业务。全年共办理直接兑付无记名国债业务23笔,金额1 415元。

【代理国库、银行和国库经收监督管理】 为进一步提高国库核算业务质量,中心支行对国家金库东区支库、西区支库、仁和区支库、盐边县支库和米易县支库的会计核算和统计业务开展了现场检查。要求相关机构对检查发现的内控管理存在薄弱环节、国库核算不规范等问题进行整改。中心支行对国家金库东区支库等5个代理支库的代理资格进行审核和认定,5个代理支库均通过年度审核。对攀枝花市商业银行代理市级国库集中收付业务资格进行认定,并对该行有关业务和管理人员共计23人开展技能测试,合格率为78%,达到75%的要求。对农行攀枝花市分行3个国库经收处实施现场检查，要求其对检查中发现的向缴款单位违规收取手续费等问题进行整改。对中国银行攀枝花分行营业部屡次税款延迟入库情况进行了通报，并对其分管领导进行了约见谈话，要求中国银行攀枝花分行采取措施确保税款资金的及时、足额上解。

【货币发行管理】 为确保全市现金供应，满足经济发展对现金的合理需求，中心支行在总结历年货币市场投放情况的基础上，结合全市经济运行情况和特点，科学预测市场对现金的需求量，编制全市现金需求计划，根据市场需求组织调运发行基金。2010 年，中心支行累计调运发行基金 14 次，金额 42.86 亿元（调入 35.49 亿元，调出 7.37 亿元）。投放发行基金 104.34 亿元，回笼 71.3 亿元。对工行攀枝市分行、农行攀枝花市分行、建行攀枝花市分行、交行攀枝花市分行、盐边农村信用联社开展了现金流通管理检查。为提高商业银行出纳人员业务素质，先后对攀枝花市商业银行、仁和农村信用联社临柜人员开展了反假人民币等业务培训和考试，合格率分别为 100%、95.2%。全年共举办人民币反假知识培训 4 期，参训人员 281 人次。

【金融统计与调查】 按照《中国人民银行关于开展全国金融统计执法检查的通知》要求，2010 年 8 月，中心支行对攀枝花市商业银行、工行攀枝花市分行、邮政储蓄银行攀枝花市分行、米易农村信用联社金融统计制度执行情况进行了检查。对检查发现的涉农贷款专项统计、大中小企业贷款统计数据不准确等问题进行了通报，并要求限期整改。为提高统计数据质量，先后开展对中行攀枝花市分行统计数据采集方式、米易县农村信用联社再贴现业务统计数据准确性的核查。

为有效开展各项制度性调查和重点监测，提高监测分析的针对性，2010 年中心支行对工业景气新旧系统的数据进行了 4 次核对，确保新旧系统数据的衔接。为动态分析企业对人民币汇率变动的承受力，了解外向型企业生产经营情况，按照人总行调查统计司有关要求建立外向型中小企业生产经营情况调查制度，按季开展监测分析。围绕价格变动建立了钢铁、钒钛主要工业品价格监测制度，对全市煤炭、铁矿石、钛精矿、钢材、钛白粉、五氧化二钒、黄磷等 48 个主要工业规格品价格进行监测，并定期向上级行报送监测报告。

【金融知识宣传】 2010 年，中心支行采取多形式、多载体、多层次地开展金融知识宣传活动。通过日常宣传、集中宣传、宣传月、宣传周等多种形式，提高宣传质量和效果，并形成金融宣传的长效机制。利用各种宣传载体，开展征信知识、反洗钱知识、人民币反假知识、外汇知识等宣传活动，向学校、社区、农村等地区扩展，拓展金融知识宣传的广度和深度。先后在市中心广场、米易县丙谷镇、东区紫荆山社区开展了金融知识宣传，并在攀枝花学院、攀枝花机电学院开展了形式多样的“百讲千传”活动（人行成都分行、省教育厅在全省普通高校教师和学生中分别聘任 100 名宣讲员和 1 000名宣讲员，在校园开展长效征信宣传教育活动）、征信征文竞赛活动。活动期间共收到征文 40 篇。其中 1 人在四川省“大学生与征信”征文活动中获优秀奖。全年累计开展各类宣传 52 次，普及了货币政策、征信、反洗钱、人民币业务、外汇业务及金融法制等相关知识，全面提升社会各界的金融素质和信用意识。

【调研及信息反馈】 为及时反映经济金融运行情况，2010 年中心支行采取抽样调查、专项调查、问卷调查等多种形式在全市范围内开展了省级重大投资项目融资情况调查、中小企业及自然人贷款情况调查、小型工业企业融资情况调查、当前粮食生产及价格走势调查、产能过剩行业情况等调查、农村信用社改革情况调查、农村合作组织调查等 30 多个调查。对攀西重大旱情、攀枝花钢铁集团有限公司大量还贷对银行业金融机构影响、房地产调控政策实施效果等开展重点调查，形成《对近期攀枝花粮食价格上涨的调查分析》、《水火电上网差异定价值得关注》等调研报告。完成宏观调控政策效应叠加对地方固定投资的影响；攀枝花钒钛产业可持续发展研究、差别化存款准备金在基层央行运行可行性分析、攀枝花市准金融机构可行性发展研究、资源型城市节能减排现状及难点分析等多个重点课题。全年累计向上级行和地方党政报送各类信息 189 条，刊发攀枝花金融简报 10 篇，形成调研报告 26 篇。被上级行采用信息 16 条，被地方党政采用信息 30 条，被《金融时报》和《金融参考》各采用信息 1 条。《攀枝花组建市级农村商业银行可行性研究》在攀枝花市 2010 年度政务调研成果评选中荣获一等奖。

【提升征信入库数据质量】 为提升征信系统入库数据质量，中心支行按期对攀枝花市商业银行征信系统数据余额一致率、上报及时性与通过率进行监测，对企业征信系统入库数据质量进行按季核查。4 季度，攀枝花市商行企业征信系统数据两端核对总余额一致率达 97.72%，较上季有所上升；个人征信系统数据量化考评得分为 99.99 分。对攀枝花市商业银行个人征信系统数据进行专项整治和全面核查，督促其制定并完善相关制度，确保入库数据保持较高的完整性和准确性。6 月，完成征信系统上海数据中心接入测试，并成功切换至人民银行征信中心上海数据中心运行，从而进一步提升征信系统运行效率。

【贷款卡年审】 2010 年，为完善贷款卡办理推进贷款卡年审工作，中心支行采取在银行业金融机构营业网点张贴公告、政府网站通知等形式公开相关政策和内容，并在年审工作中推行财务报表电子化，要求各年审企业报送电子版财务报表，提高了年审效率。全年参加年审的企业1 612户，年审率为 43.12%，为 347 户企业核发了贷款卡。

【信用报告拓展及异议处理】 为进一步拓展信用报告使用

范围，中心支行在政府评优、评先工作中首次引入信用报告。2010年，为攀枝花市工商业联合会提供了“攀枝花市有突出贡献企业家”拟推荐的人选所在两户企业的信用报告，收到了较好社会效果。在查询个人信用报告基础上，为攀枝花市东区金联小额贷款公司（筹备）股东出具个人信用状况评价。认真处理异议申请，做好相应的政策解释和信用报告解读。2010年，接受并处理异议申请7人次，分别为企业和个人查询信用报告205份和778份。

【强化内部管理】 为加强内部管理，合理规范内部工作机制及财务费用支出，解决一系列制约中心支行长远发展的矛盾和风险隐患，中心支行先后修订完善《财务管理办法》、《目标管理考核办法》、《职工休假和考勤管理办法》等一系列内部规章制度。为切实加强内部审计与事后监督，中心支行内审部门全年共开展了8个审计项目，其中：2项履职审计（中心支行调查统计处处长履职审计、米易县支行行长履职审计）、2项专项审计（固定资产管理专项审计、征信业务运行及管理专项审计）、3项后续审计（依法行政专项审计整改情况后续审计、货币金银业务运行状况风险评估整改情况后续审计、分行离任审计整改情况后续审计）、1项审计调查（融资中心及自办经济实体清理收尾工作的调查）。查出各类问题31个，提出整改建议及意见28项，累计发出事后监督通知书14份，提出整改建议16条。其中：向会计核算部门发出事后监督通知书2份，向国库部门发出事后监督通知书12份；向会计核算部门提出整改建议2条，向国库部门提出整改建议14条。

【党风廉政建设】 制定中心支行《2010年党风廉政建设责任制分工表》，对党风廉政建设责任制工作进行任务分解，明确班子成员和各部门的责任。执行目标责任书一任一签制度。中支纪检监察部门坚持每季度向中支党委汇报党风廉政建设和反腐倡廉工作。完善纪检监察、组织人事、内审、事后监督部门参加的联席会议制度，组织党风廉政综合检查组开展党风廉政建设责任制，量化考评及党风廉政建设责任制落实情况监督检查工作，加大对要害部门、岗位和重点环节以及人为盲区、盲点的监督检查力度。完成对中心支行货币金银处执行规章制度情况的执法监察，对发现的3个问题，提出整改建议3条。注重反腐倡廉宣传教育，组织全行职工观看《被金钱毁灭的人生》、《蜕变与悔悟》等警示教育片，听廉政讲座，开展廉政知识测试活动，提高职工廉洁从政、依法行政的意识。2010年，共开展各种类型宣传教育活动27场次，参加人员1 037人次。

（谢　娟）

攀枝花银监分局

【概　况】 2010年末，攀枝花银监分局（以下简称分局）内设8个处室，职工42人（在职37人，离退休5人）。在职职工中全日制研究生学历3人，大专以上学历36人（本科学历29人），其中具有专业技术职务21人。

2010年分局按照银监会、四川银监局的工作部署和安排，以“促进科学发展，严守风险底线，提高监管工作有效性”为工作主线，切实加强监管效能建设，引领辖内银行业机构加大对地方经济发展的支持和服务力度，努力防范和化解风险，确保全市经济金融持续健康发展。截至12月末，全市银行业各项存款余额639.81亿元，较年初增长31.19%；各项贷款余额399.13亿元，较年初增长19.44%；不良贷款余额3.95亿元，不良贷款率0.99%，分别较年初减少0.49亿元和下降0.34个百分点，不良贷款率继续保持全省最低；实现账面净利润9.02亿元，同比增加1.28亿元。

2010年，分局荣获2008—2009年度四川银监局系统“文明单位”称号和2009年度四川银监局系统“目标考核先进单位”称号，荣获四川银监局“建设防风险信息体系　促进银行业稳健发展”竞赛活动先进集体三等奖，被四川银监局工会评为庆祝新中国成立60周年“歌唱祖国”歌咏比赛二等奖；分局被攀枝花市人民政府授予2009年度“市金融工作先进单位”称号，被中共攀枝花市委办公室通报表彰为《中国共产党攀枝花执政实录》编纂工作先进单位，市委、市政府表彰的《攀枝花年鉴》编撰优秀单位，保密工作被攀枝花市委保密委员会综合考核评定为“省级二标单位”，社会治安综合治理工作经攀枝花市社会治安综合治理委员会考核达标；分局财务处在四川银监局2009年度财务决算评比中荣获三等奖，监管三处荣获2008—2009年度银监会系统“青年文明号”称号，并在四川银监局2009年度农村中小金融机构监管工作评比中荣获“先进单位”称号；分局李易恒荣获“四川银监局2009年度中小企业金融服务先进个人”称号，廖泽俊获得“四川银监局系统优秀工会干部”荣誉称号，吴边、廖泽俊被四川银监局党委评为“2009年度四川银监局系统监管标兵”，杨诗宇被四川银监局党委评为“2009年度四川银监局系统知识型职工标兵”，罗斐荣获“2008—2009年度四川银监局系统优秀团员”称号。

【监管创新】 2010年，分局继续引领银行业深化改革，紧扣市委市政府打造区域性中心城市的奋斗目标，按照“深化、延伸、改制”的工作思路，推进银行业机构巩固和深化改革成效，努力提升可持续发展能力。4月28日，市商业银行成都分行顺利开业并实现稳健运营，截至12月末，该分行存款余额75.78亿元（不包括同业存款），各项贷款余额14.69亿元。指导市商业银行做好跨省设立分支机构筹划和准备。支持农村信用社改革取得突破性进展，7月4日，攀枝花农村信用社合并改制组建攀枝花农村商业银行获得国务院批准同意，截至12月31日，筹备工作领导小组及筹备工作组已成立，筹备工作稳步推进。争取新闻宣传主管部门和新闻媒体的支持，正面宣传分局和银行业机构在社会经济生活中发挥的作用和功能。全年向攀枝花电视台、《攀枝花日报》等主流媒体提供监管工作情况、新闻素材、银行业相关知识等10余篇。

【市场准入】 2010年，分局遵循“宽标准、严监管、多支持、管得住、快发展”的原则，以夯实基础和促进创新为着力点，努力发挥市场准入对监管工作的撬动作用，按照流程规范办理各项行政审批事项，切实把好准入关，正确处理好程序完备与工作创新的关系、履职与免责的关系、严格准入与适度监管的关系，实现行政许可过程与提高监管效能的有机结合，全年共完成行政许可58项，其中机构设立4项、变更13项、终止2项，高管39项；换发金融许可证31份。

【现场检查】 2010年分局把握好“计划、实施、检查和改进”四个阶段，通过采取查前调查与机构自查有机结合增强针对性，强化现场查前学习培训和查中交流提高实效性，完善操作流程和文书格式增强规范性，加强巡查督导和总结评估明确方向性，重视提高监管整改意见针对性、可操作性和持续跟踪督促确保实效性。截至12月末，开展现场检查27项，发出检查意见书59份，提出监管意见185条，督促被检查机构整改落实172条，整改率97%，并责成违规机构实施内部问责处罚945人次、罚款19.41万元。下发风险通报和警示7份，对出现风险苗头或执行监管要求滞后的机构高管约谈告诫18人次。

【非现场监管】 2010年，分局针对2010年宏观经济形势复杂多变的情况，围绕“风险为本”的监管理念，密切跟踪经济金融形势的发展变化，进一步提高监测分析水平，充分挖掘统计数据附加值。严格执行“四单制度”（提示单、警告单、现场检查单和处罚单），督促指导各机构正确填报，减少错报、漏报，并定期对银行机构报送情况进行通报。为抓好月度监测分析，利用风险预警系统、月度快报等手段，坚持按月对辖内机构运营情况进行监测，及时分析引起统计数据异常变化的原因，加强监管部门间互动沟通，为监管决策提供信息支持。为加强监管的综合分析。按照“把握宏观，着眼风险”的分析准则，按季对全市经济金融运行及风险状况进行分析，指出重要风险和主要问题，及时提出对策和建议，引导银行业加强形势变化的研究和风险防控；完善监测功能，服务工作大局；建立定期对大额贷款和不良贷款迁徙变化、银行业房地产贷款、信贷项目储备等情况的监测和分析制度，分季度、半年和年度等不同频度，对辖内重点行业、贷款投向、不良贷款等开展监测分析，深度挖掘数据变动蕴藏的风险和问题，进一步增强和发挥分析报告的实用性和行业分析的风险提示作用，增强银行业监管的前瞻性。全年完成辖内银行业1 000万元以上大额贷款和200万元以上不良贷款监测台账8期，钢铁钒钛行业监测、信贷项目储备、银行业运营风险控制措施、项目对接和信贷资金落实、帮扶困难企业等情况统计或报告15份。同时分局为密切关注宏观经济形势，开展地方特色产业和地方优势产业发展情况的专题调研，为银行业监管和机构更好地支持地方经济发展提供新视角、新建议和新思路，如对特色产业钒钛钢铁行业专题调研报告《四川银行业机构推广绿色信贷评价——以四川省钒钛钢铁行业为例》、《钒钛钢铁行业发展及信贷支持情况调查》被四川银监局《调查与分析》全文采用。

【案件防范】 2010年分局继续保持案件防范高压态势，力推案防长效机制建设，督促银行业机构扎实做好案防工作，实现全年零案件和重大责任事故的工作目标，并成功堵截案件7起、涉及金额9万元，有效化解顶名贷款风险1起、涉及金额72.79万元。采取加强组织领导、强化案防督导、做实案防检查、提示案件隐患、严格责任追究、落实准入挂钩等监管手段，督促银行业机构着力解决监管要求不落实、经营理念偏差、问题屡查屡犯、宣传教育不到位等问题；开展重点部位业务和人员的风险排查，提高案防措施的针对性。2010年，分局召开案防督导会6次，列席机构案防分析会13次，派出案防督导工作组29次，开展案防现场检查3次，与市公安部门联合开展安全评估及检查1次，发现隐患和问题95个，提出监管意见39条。同时，督促各机构梳理汇总内控制度502项，修改完善106项，对违规违章人员处理916人次，其中经济处罚913人，罚款18.18万元，纪律处分3人。

【队伍建设】 2010年，分局以“制度执行年”、“创先争优”、“讲党性、重品行、做表率”等活动为契机，继续全力推进“学习型、问责制、民主阳光、团结和谐”分局建设。开展“制度执行年”活动，对84项内部管理制度和规范性文件进行全面清理，修订完善制度54项、废止制度15项，开展“学规矩、知规矩、守规矩”活动，引导干部职工增强制度执行力；及时对工作周报、局领导日程安排、办文办会、图文信息等工作进行规范；加强信息调研，编发《攀枝花银监分局监管工作信息》、《攀枝花银监分局简报》、《攀枝花银监分局调查与分析》等信息调研97余期，其中被国务院办公厅采用1篇，被四川银监局采用28篇，被市委、市政府采用30篇。另上挂四川银监局内网信息资料208篇。

【“三个办法、一个指引推动”工作】 2010年，分局把贯彻落实“三个办法、一个指引”（个人贷款管理暂行办法、固定资产贷款管理暂行办法、流动资金贷款管理暂行办法，项目融资业务指引）作为全年监管工作的重中之重，采取统一思想认识、落实组织保障、制订实施方案、强化培训宣传、抓好动态监测、开展走访了解、召开协调会议、严格现场检查、加大考核问责等有效措施，指导督促银行业机构努力做到“思想到位、宣传到位、措施到位”，确保“齐步走”和“真落实”，从执行之初的被动应对逐步转变为现在的主动有效落实，新规推进实施工作取得较为明显的阶段性效果。截至12月末，分局邀请银监会专家现场授课一次，全市银行各级高管和主要业务骨干600余人参加；督促银行业机构先后举办专题培训67次，其中自主培训52次，参训员工5 500余人次，培训面直达基层信贷人员；组织银行业机构采取制作横幅板报、发放宣传资料、开展现场咨询、网站及媒体宣传等形式，深入企事业单位、社区、乡镇广泛宣传，增强社会公众对贷款新规的认识。分局工作组先后走访银行业机构32

次，了解掌握新规推进和落实情况，督促其及时调整信贷管理办法与流程，并主动做好新规执行中的新情况、新问题进行汇总、研究和反映；组织开展银行业贯彻执行贷款新规情况现场检查2次，检查机构8个，共抽查贷款客户58户，贷款58笔，金额4.53亿元，提出整改意见30条；截至12月31日全辖固定资产贷款、流动资金贷款和个人贷款受托支付比例分别达到86.10%、71.26%、65.91%。

【清理规范融资平台】 按照"把风险搞清楚、把保全措施做到位"总体要求和银监会、四川银监局关于融资平台清理规范的要求和部署，指导督促银行业机构制定融资平台清理规范实施方案，认真清理自查，完善保全手续，落实还款来源，严控贷款新增，稳步推进地方融资平台贷款"解包还原"工作。分局及时向市委、市政府就融资平台清理规范工作作专题汇报，在分局推动下，分管副市长专程带队到四川银监局，沟通攀枝花支持银行还原、规范平台管理、防控贷款风险的工作安排和措施。同时，分局也主动加强与市财政局、市发改委等部门的沟通和磋商，帮助相关银行协调落实风险化解措施。通过清理规范，全市银行业机构规范融资平台借款主体26家、贷款37笔，增加有效抵质押物21.05亿元，融资平台贷款余额较年初减少2.6亿元。

【中小企业融资】 2010年，为持续推进中小企业融资工作，分局采取召开中小企业金融服务工作会、研究制定并下发《攀枝花银监分局2010年深入推进中小企业金融服务工作意见》，继续巩固和推进小企业信贷专营机构和专营部门建设，有针对性的组织开展专题调研，督促各机构总结经验、查摆问题，努力构建和完善适合机构自身情况的小企业信贷服务专营机构、专营部门和专业系统，确保专营机构建设要求落到实处、做出实效。截至12月31日，辖内银行业机构成立10个独立或相对独立的中小企业金融服务专营机构；主动就推进中小企业金融服务工作向市政府及相关部门汇报和沟通，协同相关部门，组织银行业机构开展银企对接、送政策进企业、中小企业金融知识培训等多种形式的活动，进一步推进"政银企"信息交流平台建设。2010年3月和9月，协同相关部门在攀枝花成功筹办两次银企对接会，在会上11家银行业机构向企业共发放金融产品宣传资料630余份，提供60余次现场咨询，初步意向项目38个，意向金额31.9亿元；主动向地方党政汇报2009年银行业支持地方经济社会成效，促成兑现中小企业扶持政策，3户企业得到省中小企业农业产业化贷款贴息资金50万元，1 500万元用于中小工业企业应对危机扶持期内项目投资和流动资金的贷款贴息；建言献策，分局多项工作得到攀枝花市政府的充分肯定，主管金融副市长在分局推进中小企业金融服务工作专项报告上批示："银监分局对我市中小企业金融服务工作的调研和建议细致而又有建设性"，并召集10余部门专题研究扶持政策，着手研究《中小企业贷款风险补偿办法》和《中小企业贷款考核奖励办法》等扶持政策；在金融联系会、政银企对接、中小企业金融宣传等重大活动中，充分利用电视、报刊等主流新闻媒体，多角度、多层面的宣传中小企业金融服务工作，营造有利于中小企业金融服务的良好舆论氛围。截至2010年末，中小企业授信1 441户，表内外授信余额352.22亿元，较年初增长86.91%。各项贷款余额(不含贴现)154.86亿元，较年初增长22.78%，占全市贷款总额的38.8%。其中小型企业贷款余额92.64亿元，较年初增加28.09亿元，增长43.51%，高于全市平均贷款增速24.07个百分点，同比多增23.89亿元，达到"两个不低于"(小型企业贷款增量不低于2009年，增速不低于各项贷款平均增速)目标。

【"银行业公众教育服务日"活动】 为强化银行业公众教育服务理念，逐步推进公众教育服务工作常规化、规范化以及建立长效机制打下坚实的基础，2010年分局开展银行业公众教育服务日宣传活动，围绕社会公众金融知识普及的宣教重点，根据全面覆盖、全员参与，突出主题，形成亮点的原则，确定全市重点内容统一宣教和自选主题特色宣教的统筹模式。结合攀枝花市银行业实际情况和公众需求自选"送金融知识进中小企业"和"银行业知识竞赛"两个特色主题。通过举办银行业知识竞赛，通俗明了地宣传《中华人民共和国银行业监督管理法》、《中华人民共和国商业银行法》、"商业银行主要业务"、"三个办法一个指引"、"四川银行业从业人员五十个严禁"、"银行业从业人员职业操守指引"等银行业知识；在地方法人机构网站开展"门户网站宣传"，配合全国公众教育服务日宣传活动营造氛围；在《攀枝花日报》上刊发"公众教育日专版"，对公众教育服务日主题、银行支持地方经济社会发展情况及风险提示等内容进行宣传；通过电视台、有线台、广播电台、报纸等多家媒体综合报道银行业公众教育服务集中宣传活动，通过对分局主要负责人、银行业宣传人员和普通市民进行多角度的采访报道，烘托了集中宣传的效果，扩大了宣传活动的社会影响；市内主要媒体在黄金时段播放公众教育服务日活动的公益广告，为深化公众教育服务活动营造强有力的宣传声势。通过以上方式，形成报纸、电视、网站等多方面、多渠道的宣传声势。辖内9家银行业机构共17个宣教点、218个网点全部参与了此次宣教活动。据初步统计，全年共发放资料189 869份，宣传受众人数122.25万人，全市主流媒体刊登文章5篇、报道相关活动10余次。

(唐　云)

中国工商银行攀枝花分行

【概　况】 2010年，中国工商银行股份有限公司攀枝花分行(以下简称市分行)共设置12个内设机构，21个网点。全行从业人员455人，较2009年增加17人。固定资产原值10 246万元，较2009年增加410.29万元；净值6 591万元，较2009年减少219.23万元。

2010年，市分行执行国家的各项经济金融方针政策，以地方经济繁荣发展为依托，强化市场营销、深化内控案防、锐意改革创新，扎实抓好金融服务，继续保持良好的工作态势，实现各项业务平稳较快发展。截至2010年末，全行各项存款693 400万元，较2009年增加122 000万元，增长21.4%；各项贷款52 400万元，较2009年增加113 600万元，增长27.7%；中间业务收入4 339万元，较2009年增加949万元，增长27.9%；实现经营利润13 260万元，较2009年增加3 894万元，增长41.5%；上缴营业税及附加1 706万元，较2009年增加302万元，增长21.48%；全年累计办理票据贴现75 400万元，与2009年持平；不良贷款225万元，不良贷款率下降0.04%。

【改革创新】 2010年，市分行结合自身实际，以“精细管理、规范操作”为基本要求，以服务支持地方社会经济发展为己任，着力探索适应区域经济发展和同业竞争的经营管理模式，经营管理能力和竞争发展能力的明显增强。为优化员工队伍特别是客户经理队伍结构，进一步激发广大员工爱岗敬业意识，深化岗位竞聘工作机制，加强干部队伍和营销队伍建设，实行末位和空岗竞聘，对市分行部门负责人岗位、客户经理、大堂经理等岗位实行公开竞聘的工作方式确定相应岗位责任人。为充分调动全员工作积极性，继续强化绩效考核对业务发展的引导作用，市分行按照业绩考核导向原则，加大费用资源向核心业务、新业务、短板业务的倾斜力度，建立科学、合理的绩效考核机制，使绩效考核对促进业务发展；按照精细化管理的要求，从切实提高全行办公效率、增强执行力的现实需要出发，结合岗位竞聘工作的推进，对全行业务流程、办公流程进行梳理，提出更加明确和具体的执行要求；为推进经营管理创新，5月成立工行攀枝花网点工作办公室，建立网点工作办公室工作规则，规定网点工作办公室在全行网点服务、网点业务营销、网点运行管理、渠道建设等方面的工作职责，进一步理顺网点日常管理工作机制；推进后勤保障机制创新，以服务全行、服务业务营销为基本要求，建立健全后勤保障的各项制度办法，相继对《攀枝花分行后勤保障实施细则》、《攀枝花分行营业网点办公用品配送流程》等制度办法进行修订，为业务发展提供强有力的后勤支撑；全面加强扁平化改革后对营业网点的管理，建立行领导分片包干负责制和部门对营业网点开展帮扶工作的机制；继续实施人员结构调整，实现人员合理流动，工作稳步推进。

【存款业务】 坚持把存款业务作为市分行生存与发展的基础，贯彻落实“行长抓、全行抓”的经营思想，举全行之力拓展存款业务。紧密结合区域经济发展形势，针对市场的需求，不断调整营销策略，建立储蓄存款、对公存款以及各类理财产品专项营销工作小组，制定各项业务考核管理办法，构建以法人客户营销中心、个人客户营销中心、结算与电子银行部为业务营销牵头部门、以信息科技部、综合管理部、人力资源部、运行管理部、资金财务部为后台配合保障、以各营业网点为前台业务营销主战场的业务营销架构，形成全行上下联动、配合有力、反应及时、行动迅速的市场营销工作机制。在充分发挥全行的整体营销功能的同时，发挥客户经理在市场营销中主生力军作用，通过强化管理和考核进一步调动客户经理的工作积极性以及参与市场营销的主动性，相继制定《攀枝花分行客户经理动态管理考核办法》、《攀枝花分行部门及网点考核管理办法》等措施，为促进全行存款业务发展奠定了坚实的基础。特别是在2010年第一季度旺季营销中，广泛调动全行力量投入到市场营销工作中，加大业务营销宣传力度，先后18次在地方主流媒体刊登市分行产品及服务广告，宣传工行的业务优势、产品优势、网络优势与服务优势；促进了全行各项存款的稳步增长。2010年，市分行所辖21个营业网点存款均达亿元以上，全行各项存款总额达693 400万元，较2009年增加122 000万元。

【贷款业务】 坚持以地方经济繁荣发展为依托，执行国家的信贷产业政策，以服务于区域经济发展为主线，加大信贷投放的力度。结合区域经济发展的实际，密切关注市场，抓住攀枝花钢钒有限公司、攀枝花煤业集团公司等重点客户，按照“早安排、早布置、早投放、早见效”的原则，通过建立营销专班、完善工作机制、落实奖惩，对重大优质项目和重点客户开展多层次的走访营销和多形式的联谊活动，沟通感情，建立互信，赢得市场营销的主动，为确保贷款顺利投放创造了有利条件。支持中小企业信贷资金需求，加大对区域内发展潜力大、产品有市场、有前景的符合国家产业政策和市分行信贷政策的中小企业扶持力度，为满足广大居民的消费需求，在分析攀枝花消费市场和居民消费需求的基础上，重点发展个人住房按揭贷款、个人汽车按揭贷款、个人综合消费贷款业务，全年新增各项贷款113 600万元，其中仅投放中小企业贷款26 400万元，新增个人贷款增长15 500万元；进一步加快信贷结构调整的步伐，严格按照市场准入的标准优化信贷客户结构，强化非信贷资产经营，发展票据贴现业务，促进信贷资源的合理配置。

【中间业务】 为调动全行拓展中间业务的积极性，按照上级行的工作部署并结合自身实际，推进中间业务突破工程。充实调整中间业务管理委员会，制定中间业务年度和未来三年发展规划，进一步完善中间业务考核办法，为拓宽中间业务增收渠道，结合工商银行电子化进程的不断推进，充分发挥工商银行的产品优势、结算优势、网上银行优势，通过开办各项代理业务、外汇业务、银行卡业务，实现中间业务发展质量的明显提高，中间业务收入对效益的贡献度大幅提升。为大力发展电子银行业务，制定《攀枝花分行电子银行业务发展规划》，明确责任目标，推动电子银行业务的快速发展，全年完成中间业务收入4 339万元，较2009年增加949万元；累计发展企业网上银行客户235户，较2009年增加108户，个人网上银行客户15 532户，较2009年增加2 142户。

【队伍建设】 2010年，市分行开展形势任务教育和各类业务知识、业务技能培训，全年共开展业务知识和岗位技能培训126次，参加人员2 865人次。继续推行岗位资格认证，全年共有26人取得信贷审批等资格证；建立健全人尽其才的选人用人机制和面向市场的人才补充机制，结合人力资源提升项目改革，不断深化人力资源综合开发利用，继续推进全员竞聘，完善空岗及末位再竞聘的各项制度、办法和措施，着力创建“纵向可进退、横向可交流”管理体系和公平竞争的人才流动平台；为加强客户经理管理，以提升主要产品存中高端客户中的渗透率为主要内容强化对客户经理的考核，明确客户经理的工作职责，落实具体的营销任务，通过强化考核督促客户经理履行好市场营销的职责，提升客户经理的实战能力和市场冲击力；大力抓好企业文化建发，坚持“以人为本”，把“为了人、依靠人、尊重人、理解人、关心人”贯穿于企业文化建设的全过程，充分发挥工会、共青团、女工委等组织的作用，全年组织开展各类文娱活动56次，参加人数4 800人次。组织开展节日送温暖活动3次，对每一个生病住院的员工都及时进行慰问。进一步完善职代会和行务公开制度，维护好广大员工的根本利益，根据人员变化情况，对职工代表进行补充选举，召开2次职工代表大会，审议市分行《业务营销考核奖惩办法》和市分行《关于在全行开展服务大提升活动实施意见》。通过加快发展不断提高全行广大员工的工资福利待遇、改善员工的生活水平，努力为广大员工办实事、办好事，增强全行的凝聚力和向心力。

【内控建设】 2010年在经营管理工作中，坚持内控优先原则，全面深化各项风险防范工作，切实防范风险。市分行按照“内控上等级达标年”的主题要求，全面加快和完善内控管理体系建设，制定《攀枝花分行2008年内控建设工作规划》、《攀枝花分行内控建设实施细则》等一系列制度办法，围绕“保二争一”（内控综合评价等级确保达到二级，力争实现一级）的奋斗目标，开展内控建设综合评价工作；全面推广违规积分管理办法，推进《业务操作指南》的推广应用，不断强化常规审计与合规性检查，按照《攀枝花分行内审外查责任追究暂行规定》、《攀枝花分行内控管理“一票否决”实施办法》，加大对违规违制责任人的问责力度，强化内控制度的约束力，有效推动全行内控案防管理水平提升，实现案件事故“0”目标。

【维护稳定】 2010年以构建和谐银行为目标，不断加强政策宣传和正面教育工作，扎实做好信访维稳工作，努力为全行的改革和发展营造和谐稳定的内部环境。针对不同时期的形势需要，不断加强信访管理和重大突发事件应急管理，制定《攀枝花分行重大事件应急预案》《攀枝花分行群体性事件专项应急预案》等一系列办法和措施，对全行信访维稳工作组织机构进行重新充实调整，进一步明确各个管理层级的工作职责；结合全行改革的不断推进，开展经常性的员工思想状况调查活动，针对员工的思想状况，抓好思想工作的落实，主动为全行广大员工解决日常工作、生活中的实际困难，增强凝聚力和向心力；做好对自谋职业人员的政策宣传工作，耐心细致地做好正面解释，加强教育，严格把握政策，有效维护全行正常的经营秩序。

（李　广）

中国农业银行攀枝花分行

【概　况】 2010年，中国农业银行攀枝花分行（以下简称市分行）资产总额为775 397万元，同比增长8.13%，固定资产原值为16 275万元，同比增长11.66%，固定资产净值为12 875万元，同比增长4.23%，辖属27个分支机构，其中二级分行1个、4个县（区）支行、2个单点支行、2个二级支行、18个营业所（分理处）；市分行机关内设16个部室。在职工507人，其中本科及以上学历199人、大专242人、中专27人，平均年龄40.49岁。

2010年是农业银行股份制改革后成功IPO的第一年，为贯彻落实全国金融工作会议和全国、全省农行工作会议精神，市分行以“调结构、升质量、抓发展”为主线，围绕农业、农村、农民（简称“三农”）金融服务，加快发展城市业务。牢固树立份额意识、发展意识、合规意识，强化基础管理，加强监督检查，防范经营风险，健全激励措施，践行企业文化核心理念，提高整体内控水平，增强市场竞争能力，有效推进全行各项工作健康快速发展。2010年末，各项存款余额745 950万元，较年初净增86 194万元、完成年度计划的54%，其中：人民币储蓄存款余额505 465万元、较年初净增71 665万元、完成年度计划的82.3%；人民币对公存款余额224 593万元、较年初净增2 174万元、完成年度计划的3.10%；同业存款余额15 892万元、较年初净增11 356万元、完成年度计划的70.98%；各项贷款余额527 416万元、较年初净增98 300万元，完成年度计划的113.64%；全行不良贷款余额272万元，离省分行下达年末控制指标超额完成2 228万元，不良贷款占比0.05%、占比下降0.55个百分点，到期贷款收回率100%；全年，实现委托资产现金收回621万元、完成年度计划的103.43%；清收自营不良贷款余额2 328万元、完成年度计划的970%；实现中间业务收入3 633万元，完成年度计划的96.75%；经济资本限额余额46 978万元、完成年度限额计划的104.34%。全年实现拨备前利润13 951万元、完成年度计划的107.32%，实现拨备后利润11 778万元、完成年度计划的147.23%。

全年没有发生重大经济、刑事案件或责任事故。全行员工为米易县麻陇乡照壁村、盐边县永兴镇尖山村捐款18 895元，缓解了村民、数千牲畜、数百亩农田的用水问题；为玉树地震灾区捐款34 680.50元，真情支援灾区人民重建家园。

【存款业务】 针对攀枝花市总体经济规模小、金融机构多、市场竞争激烈，“金保工程”存款严重下滑，导致对公存款从年初一直未走出低谷,2010 年上半年更是大幅下降的情况,市分行多次召开专题分析会,确定各县支行一把手亲自抓对公存款工作,落实客户经理部主任和专职人员专门负责,进一步抓好“金保工程”的营销维护工作,拓展攀钢集团有限公司(以下简称攀钢)、市胜利供水公司、市路桥公司、攀枝花学院等集团性客户,组织同业存款,至年底较年初净增加2 173万元,完成全年计划的 3. 10%,截至 2010 年 12 月末,全市对公存款(含同业存款)本币余额239 485万元,较年初增加13 529万元。储蓄存款稳步增长,截至 2010 年 12 月末,全行人民币储蓄存款余额达505 465万元,占各项存款总额(745 950万元)的 68%,比年初净增71 700万元,同比增加27000 万元,占各项存款净增额的 97%,完成省分行计划 8. 7 亿元的 82%。全市 4 大行市场增量占比 38. 03%,增量市场份额占比排名居 4 大行第一位。

【信贷业务】 在攀钢得到鞍钢集团 60 亿注资,偿还市分行存量贷款 5. 19 亿元的情形下,市分行把有生命力的双优客户作为信贷支持的重点,以总行、省分行明确的战略合作客户为重点,突出产行业和资源优势,开展重点营销方式,着力扩大重大项目、优势产行业市场份额,提升综合竞争力。继续做好攀钢、二滩水电开发有限责任公司(以下简称二滩)等存量重点客户维护、营销工作,巩固合作关系,扩大合作成效。向攀钢集团攀枝花钢铁研究院有限公司投放中试线项目贷款25 000万元、攀钢投放流动资金贷款10 000万元,攀钢在市分行的信用余额达到649 093万元(其中:贷款余额271 100万元、较年初增加13 400万元;累计办理银行承兑汇票147 158万元,承兑余额127 993万元;可转债担保250 000万元)。向二滩新增贷款15 000万元。加快中小企业业务发展,对四川华铁钒钛科技股份有限公司发放项目贷款2 000万元,配套流动资金贷款2 000万元;对攀枝花市经质矿产有限责任公司发放流动资金贷款2 000万元,对攀枝花秦氏咖啡产业有限公司发放小企业简式贷款 500 万元,对四川金光化工股份有限公司开办福费廷业务,对攀枝花骏丰矿业有限公司、四川省攀化科技有限公司等众多中小企业办理票据贴现。

全面推进“三农”服务,突出重点有效拓展“三农”业务,结合县域资源丰富的特点,围绕当地县委县政府国民经济和社会发展规划和“工业强县”战略,从县域工农二元经济实际出发,以惠农卡为载体,解决农户贷款难,一手抓好矿产业、水电行业资源开发金融服务,一手抓好县域特色农业、新农村示范片建设和城镇建设金融服务,支持省、市级龙头企业及农户,全力推动县域经济发展。截至年末,市分行县域支行累计发放贷款147 257万元,县域贷款余额达到261 275万元,较年初增加80 991万元,贷款余额占全行贷款总额的 49. 53%,新增贷款占全行新增贷款的 82%。

2010 年市分行累计发放贷款(不含贴现)29. 08 亿元,累计办理贴现 3. 46 亿元,累计办理银行承兑汇票 20. 19 亿元。截至 12 月末,市分行各项贷款余额527 416万元(含贴现),较年初增加 9. 83 亿元,增长 22. 9%;银行承兑汇票余额 14. 28 亿元,较年初增加 7. 09 亿元;保函余额 25 亿元,较年初减少 393 万元;信用证余额为 0 元,较年初减少 46. 84 万元;有条件贷款承诺函 3. 69 亿元,较年初增加6 900万元。按五级分类,正常类贷款526 955万元,关注类贷款 189 万元(比计划少 238 万元),次级类贷款 1 万元,可疑类贷款 260 万元,损失类贷款 11 万元。不良贷款合计 272 万元,占比为 0. 05%,不良贷款余额较年初减少2 310万元,占比下降 0. 55 个百分点。全年累计收回贷款204 041万元,累计收回贴现23 059万元,到期贷款收回率达 100%;信用证到期付款 46. 84 万元,银行承兑汇票到期承兑130 932万元,无垫款发生。全年累计发放农户贷款3 497万元,年末余额2 834万元,不良贷款率为 0。全年,市分行全额退出盐边县鑫龙包装印刷有限责任公司贷款 140 万元,清收不良贷款2 313万元,其中:清收四川鑫欣达房地产开发公司不良贷款2 310万元,清收自然人不良贷款 3 万元。

【委托资产管理】 针对可清收资源日益枯竭,清收难度日益加大的情况,市分行利用减免息政策,2010 年初锁定 17 户企业及个人清收目标并及时签订还款计划,按照还款计划加大每月进行催款和监督力度,通过这种方式,全年共实现现金清收 620. 58 万元,其中:清收委托不良贷款本金 594. 96 万元,表外利息 25. 62 万元,完成省分行下达全年清收计划的 103. 43%;累计清收自营不良贷款本金2 328. 25万元、利息 0. 15 万元,本息合计2 328. 4万元,完成省分行清收计划的 970. 1%;自营不良贷款账面余额为3 572万元,省分行控制计划数为2 500万元,控制实现数为2 165万元,余额控制已超额完成省分行下达的控制目标。至 2010 年末,市分行管辖(国家财政部委托代管)企业及个人客户共16 807户,60 056. 31万元。

【中间业务】 2010 年,面对中间业务任务重,加大中间业务代理保险、电子银行、银行卡、销售基金和理财产品、国际业务等中间业务产品拓展,实现目标任务,2010 年完成中间业务收入3 633万元。其中市分行实现结算业务收入1 090万元。全年保险代理新单保费实现15 613万元,实现手续费收入 592 万元。全年新增信用卡客户数4 829户,新增惠农卡发卡12 901张,惠农卡发卡总量26 719张,完成全年计划20 000张的 64. 51%,实现新增银行卡业务收入 558 万元。全年新增有效特约商户 112 户,新安装 POS 机 219 台,新增转账电话支付通 616 台,自助机具的迁移率达到 72%,实现自助机具收入 474 万元。电子银行业务快速发展,新增个人电子银行注册客户91 315户,达到123 634户,新增企业电子银行 229 户,电子商务新增 4 户。电子渠道金融性交易分流率达 42. 86%,实现电子渠道业务收入 135 万元。基金、理财销售稳步发展,销售本外币理财产品49 680万元,实现个人理财业务收入 18 万元,代理销售基金3 897万元,实现基金业务手续费收入 56 万元。基金定投结存户数达7 203户,较年初增加3 982户。国际业务实现国际结算1 805万美元,结售汇1 295万美元,2010 年市分行新开办福费廷业务,全年累计办理432万美元，并100%全部收回，实现同际结算业务收入26万元。在做好常年财务顾问的基础上，抓好中期票据、短期融资券、人民币理财、财务顾问及信托融资等多项产品的营销，稳步推进投行业务，实现投资银行业务收入563万元。全年实现代收代付业务收入78万元，代理金融机构收入22万元，委托托管业务收入17万元，债券业务收入4万元。

【网点建设】 为加快网点建设步伐，2010年，市分行共投入426万元。按照《中国农业银行VIS营业网点建设标准》，投入371万元对城关、江边、大河、桥东、平江等5个网点进行改造，圆满完成了市分行2010年网点建设项目，完工率达到100%。同时做好改造网点的门头标识、门楣1ED、室内标志标牌、柜员办公桌椅等设施的配置管理工作，更换了公园分理处、密地分理处、河西分理处、城北自助银行、湖光自助银行等5个网点的门头标志，为提升农行的综合竞争力，投入39万元增加网银体验机14台、智能排号机13台。投入16万元新增自助存取款机2台，使市分行自助银行设备总数达71台，居全市同业第一。对28台自助终端进行改造，新安装POS机219台，新增转账电话支付通616台。顺利完成自助终端总行版的升级工作。

【优质服务】 为进一步加快网点文明标准服务的普及，树立农行服务品牌，确保2010年网点文明标准服务导入活动的有效推进，市分行制定《中国农业银行攀枝花分行2010年网点文明标准服务导入活动方案》，组织文明标准服务导入小组，对2009年未进行文明标准服务导入的安宁分理处等15个网点进行文明标准服务导入。各支行依照《中国农业银行网点文明标准服务管理办法》、《中国农业银行营业网点各岗位人员管理办法》和《中国农业银行营业网点物品摆放管理办法》，从细节入手，将现场清洁卫生、设备维护、规范执行、客户关系、安全内控等管理责任分解落实到每一个具体岗位责任人，实现对文明标准服务的精细化管理，注重网点纠偏力度和网点现场管理，服务水平得到提高。

【营销宣传】 为经营持续发展、实现效益目标、加快改革和科学发展，市分行于2010年1月~3月组织开展"大行德广伴您成长金钥匙春天行动"（以下简称"春天行动"）综合营销活动。为有效推进"春天行动"综合营销活动，抓好存款业务，夯实全年各项目标任务的完成基础，做到早安排、早部署，开展个人业务综合营销活动。2010年1月10日，召开2010年"春天行动"启动会，安排部署了2010年"春天行动"零售业务综合营销活动整体目标措施，提出突出统一营销、突出分层营销、突出正确的理财观念的导入、突出品牌营销、突出联动营销、突出全员营销的营销措施。1月成立以行长为组长的"春天行动"营销领导小组。及时下发《中国农业银行攀枝花分行2010年"大行德广伴您成长金钥匙春天行动"零售业务综合营销方案》和《中国农业银行攀枝花分行2010年"大行德广伴您成长金钥匙春天行动"综合考核方案》（以下简称《考核方案》），《考核方案》明确开展"春天行动"综合营销活动以切块专项费用50万元，用于"春天行动"期间存款、个贷、电子银行、理财业务、信用卡等的7大业务指标挂钩奖励资金，对业绩突出的网点、员工及部门进行表彰奖励的奖励政策。为确保"春天行动"的顺利进行，并对理财产品销售起到良好的促进作用，利用"春天行动"契机，向分行机关员工发出"我为'春天行动'添光彩倡议书"，在分行机关员工中开展不计报酬的"信用卡、个人存款、个人贷款、理财产品、电子银行"等产品营销活动，

为提高市农行认知度，让农行品牌形象进一步深入民心，市分行先后在中心广场、攀枝花学院组织"大行德广伴你成长"宣传活动及"金e顺"体验活动。活动期间，开展送"福"到万家活动，各支行、各营业网点在做好柜台赠送的同时，利用"新春"等传统节日，采用上门拜访、电话拜年、贺卡拜岁等方式，分层次逐户走访，加强与客户的沟通和联系，了解客户需求，稳定大客户，拓展新客户。同时在开展"激情仲夏"等各种专项宣传活动，努力打造优秀大型上市银行。通过开展各项营销宣传活动，各项存款较年初净增86 194万元，各项贷款较年初净增98 300万元。

【内部基础管理】 为加强会计监控系统非现场监管力度，运营管理部后台作业中心按月对全辖会计监控系统运行情况进行通报，2010年全辖月共产生预警信息262 563笔，核销及时率达到99.95%，监管员一、二级预警信息现场核销率达99.9%，三、四级预警信息现场核销率达95.88%。

为确保金库和ATM机安全、合规运行、强化金库风险管控力度，市分行充分发挥"飞行查库"（市分行组织对辖内ATM机钞箱和金库进行突击检查的队伍）作用，查库"飞行队"由市分行行领导带队先后2次对辖属4个金库进行全面检查，同时抽查柜员现金箱及ATM机钞箱，及时对检查情况进行通报。

为实现无纸化办公，提高公文流转效率，全面启用了县（区）支行SOI综合办公系统。

【安全防范】 为加强安全防范基础建设，2010年，市分行投资99万元购置和完善安全设施288台（个），其中自助设备购置40个振动探测器和2套110报警通信主机；在全市网点安装了39个双鉴报警探测器、38个防震撬报警探测器；购买安装150个ATM专用硬盘，增加录像资料保存时间；购置更换7扇防盗安全门和6套防尾随联动门，确保自助设备加钞间安全；更换4台ATM监控4套、为2个营业网点（新华街、红格）更新了电视监控2套；根据省分行统一安排，截至12月31日完成并验收投入使用ATM监控29台，还有2台监控也即将安装使用。配合省分行完成了金库及枪弹专项检查、2010年案件风险排查工作，2010年安全保卫部自律监管交叉检查，组织、督查全市网点开展了3次"五防"（防火灾、防盗劫、防抢劫、防暴力、防自然灾害）应急演练。市分行安全保卫部和分管行领导跟车押运3次。对支行和中心金库检查面100%，营业网点检查面100%，夜间电话查岗

12次，在岗率100%。对全行的持(管)枪人员和金融护卫队进行考核和政审，完成各科目的训练和防暴力应急演练。坚持“一枪一档”的管理，均能账实相符，领用交接规范有记录。

【廉政建设】 为加强党风廉政建设，切实防范道德风险，防控案件，保障安全，2010年市分行党委与各县(区)支行党组织签订《党风廉政建设、案件防范、安全保卫及合规经营操作责任书》共497份。推进惩治和预防腐败体系建设，开展形式多样的反腐倡廉教育，落实领导干部廉政档案、收入申报、个人重大事项报告、礼品(金)登记、廉政谈话“五项制度”，推行《行、处级干部工作日志》、纪委电话查岗两项监督机制及纪委书记同下级单位主要负责人廉政谈话、领导干部任前谈话、诫勉谈话、廉政述职等制度，使领导干部廉洁自律工作进一步落实。全行共建立领导干部廉政档案84个，个人重大事项报告80人次，发出廉政提示函26份，收回廉政提示承诺及复函26份，公示廉政承诺19份，签订《中国农业银行攀枝花分行领导干部廉洁自律承诺书》53份，市分行纪委电话查岗94人次，市分行纪委书记开展日常廉政谈话94人次，开展廉政谈话32人次，建立领导干部工作日志56人次，各级行班子成员领导干部述职述廉16人次。各级监察部门严格查处违规问题，共处理相关责任人98人次(警告1人、记大过2人、通报批评15人、其他处理3人、经济处罚77人4.5万元，其中处理科级6人、股级24人、一般员工68人)。全辖共受到违规积分115人次，累计总积分269分。全年辖内无经济案件、无刑事案件、无重大违规，实现了零案件的目标任务。

【培 训】 2010年组织各类培训49项(56期)，参训员工达2 307人次，全行人均参加培训达4.5次。截至2010年底各级各类资格证书(含从业资格、职称资格)持证人员达751人次，2010年度取得各类资格人员33人，其中：经济师资格1人、秘书资格9人、理财资格9人、基金资格13人、个贷资格1人。

2010年度全行新增本科生19人、新取得本科学历4人，全行累计本科学历达199人，占比达39%；新取得大专学历2人，累计大专学历达242人、占比达47%，进步改善和提升了员工学历结构层次。

(马昌贵)

中国银行攀枝花分行

【概 况】 截至2010年末，中国银行股份有限公司攀枝花分行(以下简称分行)内设9个部门，有营业机构16个，其中1个营业部、8个经营性支行、7个分理处，在岗员工233人，员工平均年龄约30岁，大专以上学历225人，占员工总数的96.56%。分行资产总额58.29亿元，负债总额57.06亿元，所有者权益为1.23亿元，分别较2009年增加2.21亿元、增长3.94%，增加2.44亿元、增长4.46%，减少0.23亿元、下降15.53%。固定资产原值达4 854万元，累计折旧1 941万元，固定资产净值2 913万元，无形资产83万元，分别较2009年增加281万元、增长6.14%；增加221万元，增长12.85%；增加60万元，增长2.10%；减少6.06万元，下降6.80%。

2010年，为贯彻落实总行“调结构、扩规模、防风险、上水平”工作方针，围绕省分行下达的各项经营计划和5年发展战略规划，分行按照“业务发展健康快速、内控合规严密有力、内部运行规范有序、员工队伍朝气蓬勃”的工作思路，强管理，促发展，重创新，强力推动业务转型，加强网点渠道建设，提高内控和优质文明服务水平，大力拓展优质客户群，业务持续增长，经营运行平稳有序，各项基础工作得到夯实，整体情况良好，实现较好的经营绩效。

截至12月31日，人民币各项存款余额达365 331万元，较年初减少166 774万元，下降31.34%，完成全年目标任务的-81.62%。其中：人民币储蓄存款余额为195 271万元，较年初增加14 535万元，增长8.04%，市场份额达6.94%，较2009年末下降0.46%；人民币企业存款42 092万元，较年初减少26 587万元，下降38.71%，完成全年任务的-33.12%；行政事业单位存款余额为11 731万元，较年初减少364万元，下降3.01%，完成全年任务的-1.55%；人民币金融机构存款余额为114 019万元，较年初减少156 575万元，下降57.86%，完成全年目标任务的-399.43%；中小企业存款余额为2 218万元，完成全年任务的164.26%。外币存款余额为812万美元，较年初减少66万美元，下降7.52%，完成全年任务的11.28%。其中：外币储蓄存款余额为718万美元，较年初减少33万美元，完成全年目标任务的-30.62%，市场占有率为87.56%；外币公司存款余额为63万美元；外币金融机构存款为31万美元。

本外币贷款总额达563 375万元，较年初增加69 650万元，增长14.11%。其中：人民币公司贷款余额为522 668万元，较年初增加69 153万元，增长15.25%。人民币公司贷款余额在全省地市州分行中排名第一位，在全市4大国有银行中排名第一，市场占有率为15.96%；票据融资由于规模等因素的限制，余额仅为19 503万元，较年初减少6 267万元；零售贷款余额为15 631万元，较年初增加4 998万元，增长47.00%，完成全年任务的199.94%。外币贷款余额为5 573万美元，较年初增加1 767万美元，增长46.43%，市场份额为89.38%，在全市4大国有银行中位居首位，在全市占领先地位。

2010年全行实现账面利润5 220万元，较2009年同期减少2 257万元，下降30.19%；实现考核利润(包含内部调整项目)8 932万元，较2009年同期增加1 164万元，增长14.98%；RAROC(风险调整资本回报率)为20.22%；EVA(经济价值增加值)为3 634万元。

信贷不良资产余额为4 921万元，与年初无变化，不良率为0.83%，较年初下降0.12个百分点。其中：公司贷款不良额为4 265万元，零售不良额为656万元。全行B(含)类以上38户，占总评级客户95%。全行授信资产五级分类为：正常类贷款589 719.61万元，占比为99.16%；关注类贷款70.39万元，占比为0.01%；次级类贷款0万元；可疑类贷款4 265万元，占比为0.72%；损失类贷款656万元，占比为0.11%。2010年，分行清收德铭集团高风险贷款2 790万元，压缩贷款本金800万元，实现减值准备回拨1 187万元。

分行在省分行的大力支持下，全年捐赠资金和物资共计328 243元。

【负债业务】 为加快分行个人负债业务的持续增长，2010年，分行早计划、早安排个人负债“开门红”工作，及时召开“开门红”动员大会、分解任务目标。行领导带头营销储蓄存款，开展“爱行揽储”等活动，动员全行员工积极揽储。为促进个金业务的全面发展，加强对营业网点的管理和指导，7月，分行制定《攀枝花分行柜员创利提成考核办法》，按考核方案定期进行通报，按月兑现奖励；新招20名大堂经理，负责引导、分流及营销客户，为网点解决实际问题；加强渠道建设，提高网点的硬件设施条件，从而使网点进一步转型，从单一办理存取款业务到办理综合业务，迈进了一大步。

为推进公司负债业务的迅速发展，分行注重对重点业务进行营销，以工商验资E线通业务为抓手，从源头上拓展客户，增加对公账户数量；与世界500强之一的零售巨头沃尔玛签订全面合作协议；成功营销市中心医院、攀枝花昆钢矿业有限公司等优质客户；实现中国人民武装警察部队攀枝花市消防支队、中国人民武装警察部队攀枝花市支队在分行开立账户，吸收存款1 000万元，并与其开展全面合作，如代发工资、公务卡等，营销攀枝花森林武警和攀枝花军分区，取得较好进展；成功营销市国土局转入分行440万元土地出让金。进一步深化同业合作，扩大合作领域，分行在加强同攀枝花市商业银行、盐边县农村信用合作社同业授信的基础上，叙作米易县农村信用合作社和仁和区农村信用合作社的授信业务，同业合作空间进一步加大，与邮储银行和米易县信用联社代签承兑授信1.5亿元，实现金融机构同业存款日均160 000万元。

截至2010年末，分行本外币存款余额为366 142万元，较年初较少166 840万元，下降31.30%（由于2010年贷款规模紧张，贴现困难，代签金融机构承兑汇票大幅下降和攀枝花市商业银行月末存款存入人民银行计入存款准备金等原因，造成分行存款余额下降）。其中：人民币存款余额为365 330万元，较年初减少166 744万元，下降31.34%；外币存款余额为812万美元，较年初减少66万美元，下降7.52%。

【资产业务】 2010年，分行按照省分行工作会议精神，加大信贷投放力度，以支持地方经济建设为己任，分行的资产业务实现跨越式发展。

为调整、优化信贷结构，分行加大对重点行业、客户的信贷支持，将有限的规模资源投向综合收益高的客户，如：攀钢集团有限公司（以下简称攀钢）、中国十九冶集团有限公司等，将矿产资源、水能、电能、水泥等行业所占比例由2009年的22.38%提升至2010年的26.99%，增长4.61%。

为加快中小企业业务发展步伐，解决攀枝花市中小企业融资难题，分行成立中小企业团队，结合实际情况，制定和完善中小企业业务发展规划，明确中小企业业务发展目标和措施；受市政府经贸委和市人民银行攀枝花市中心支行委托，代表全市金融系统对参会企业代表就中小企业直接融资及集合票据业务进行为期半天的培训；推进中小企业业务发展新模式的发展，以攀枝花钢城企业集团有限公司及下游链为营销对象，取得重大突破，先后为攀枝花钢城集团瑞矿工业有限公司、攀枝花钢城集团瑞通制冷设备有限公司、攀枝花市柱宇钒钛有限公司发放贷款1 000万元、800万元、1 000万元，从而实现中小企业贷款零的突破。

为支持企业生产对资金的需求，在风险可控的前提下，分行继续加大对攀钢集团有限公司、中国十九冶集团有限公司、攀枝花煤业（集团）有限责任公司、市路桥建设开发有限责任公司、中铝国际工程有限责任公司等优质客户的挖掘力度。强力营销钒钛整装勘探项目，重点做好观音岩水电站（300万千瓦）、金江银滩发电站（30万千瓦）、沿江高速公路建设和西博会框架协议等项目营销工作。获得攀煤100万吨捣固焦项目贷款主办行资格，取得攀钢二基地项目银团贷款参与行资格。截至2010年末，分行公司贷款余额为522 668万元，新增69 153万元，余额在全市4大国有银行中排名第一。

为加强零售类贷款营销力度和发展速度，分行以一手房按揭贷款为主，二手房和汽车贷款为辅，大力发展消贷业务。跟进“红山国际社区”（攀枝花宏义投资有限公司）、“金泰境界”（攀枝花金泰房地产开发有限公司）等项目。截至2010年末，零售贷款余额为15 630万元，较年初增加4 998万元，增长47.00%。其中：住房贷款13 687万元，较年初增加5 119万元；汽车贷款1 041万元，较年初减少316万元；个人质押贷款131万元，较年初增加84万元；个人投资经营贷款59万元，较年初增加56万元；个人循环贷款712万元，较年初增加121万元。

【中间业务】 为加快中间业务发展，提高中间业务收入占总收入比重，实现收益最大化，分行通过举行VIP客户联谊会、理财沙龙等多种形式吸引VIP客户，加强与公司业务、结算业务、外汇业务等部门之间的联动，对中高端客户进行有效维护，扩大中高端客户在分行的“钱包份额”。截至2010年末，新增20万元的VIP客户237名，50万元以上VIP客户138名，200万元以上VIP客户13户。销售理财产品7.7亿元，销售题材金303万元，万两金4 400克。全年销售保险2 756万元，代销基金1 181万元。为促进银行卡业务发展，扩大市场占有率，分行开展贷记卡“开门红”发卡竞赛活动，行领导带头营销，全行员工积极响应，发卡量迅速增加；组建银行卡直销团队，使分行信用卡业务跨入飞速发展阶段；参与全市公务卡营销活动中，成功营销攀枝花市电视台等13家财政预算单位。全年持续推进“喜刷中银卡,好礼月月送”促销活动,共计发放客户礼品12 000户,提高分行的银行卡影响面。分行全年新发贷记卡5 073张,完成年度目标任务的61.15%;贷记卡消费额12 905.1万元,完成目标任务的89.33%;实现银行卡中间业务收益326.77万元,完成目标任务的94.6%;贷记卡动户率50.16%;银行卡资产质量,两卡(贷记卡、准贷记卡)不良率合计为4.3%,达到7%以内的要求。为促进国际结算业务的长足发展,打破外汇资本金业务发展瓶颈,做好老客户的维系和新客户的挖掘工作。分行针对国贸攀枝花公司的业务特点和分行人民币贸易融资业务的发展状况,为国贸攀枝花公司办理进口押汇5笔4 830万美元,协议付款1笔1 141万美元。分行办理出口单证业务达到119笔,金额912万美元,较好地满足攀枝花东方钛业有限公司、攀枝花市钛海科技有限公司两家民营的结算需求,成为全市同业唯一能自主审单的外汇指定银行。积极营销四川恒鼎投资有限公司、及时跟进并协调外汇局解决振轩商贸有限公司3 000万美元注册资本金业务,取得结汇收入人民币23万元。2010年分行国际结算量11 214万美元,完成全年任务的111%;国际结算中间业务净收入人民币231万元(含分润数据),完成全年任务的157%;人民币表内贸易融资余额803万元,完成全年任务的148%;外币表内贸易融资余额折美元3 034万美元,完成全年任务的643%。分行全年办理1笔国内商业发票贴现1 000万元,国内信用证议付5笔2 557万元,出口融信达2笔50万美元,报关即时通业务10笔205万元,实现贸易融资利息收入451万元。

2010年,分行中间业务收入创历史新高,全年实现中间业务收入2 465万元,同比增加444万元,增长21.94%,完成年度计划的83.62%。其中:实现国际结算中间业务收入254万元,比2009年同期增加96万元;国内支付结算中间业务收入247万元,比2009年同期增加104万元;金融机构中间业务收入280万元,比2009年同期减少72万元;资金中间业务收入800万元,比2009年同期增加261万元;公司中间业务收入189万年,比2009年同期减少84万元;个人金融中间业务收入368万元,比2009年同期增加19万元;银行卡中间业务收入327万元,比2009年同期增加119万元。

【内控管理】 为加强内控制度建设,2010年分行开展“以制度为中心”的合规文化教育活动,建立、健全内控管理体系和机制。坚持每季度定期召开全行案防工作会和内控工作会议,将二道防线的监督与评估、反洗钱工作的指导与监督、ICCS系统的运用纳入常态化基础管理,强化对重要部位和岗位的控制;开展学习银行业内控和案防制度执行年等活动;先后2次对员工实行8小时以外排查。针对案件防控工作特点和2009年省分行稽核部对分行现场检查发现存在的高、中、低风险问题,在全行开展“遵纪守法,合规操作”活动,提高全员防范意识和内控合规操作意识。

为从源头防范操作风险,杜绝业务操作中的随意性,进一步落实安全保卫工作责任制,分行制定《2010年案件防控工作措施》,分行与行内各级负责人签订了案防工作责任书;为加强员工的警示教育,先后分3批组织全行员工共计213人到“攀枝花市看守所”参观,邀请攀枝花市检察院职务犯罪预防处法官对分行业务经理和分理处主任以上负责人共计43人进行“贪污”和“受贿”犯罪案例的宣讲,组织全行员工观看省分行下发的《莫让爱好变陷阱》和《老实做人,安静做事》等警示教育片,同时将省分行下发的“银行业反腐倡廉”DVD警示教育光盘刻录64张,发至各部室和全辖网点。

为加强内部管理,分行进一步加大重要岗位人员轮岗力度,严格按照四川省分行《重要岗位轮岗管理办法》要求执行。2010年完成轮岗35人,完成计划的100%,计划外轮岗80人;强制休假35人,完成计划的100%,计划外强制休假92人;代职管理计划9人,已代职9人。完成计划的100%。

分行在2010年内审和外审工作中,多次被攀枝花银监分局、四川省分行表扬,实现全年无案件发生。

【人力资源管理】 为合理配置人力资源,提高管理效能,建立强有力的营销队伍,2010年分行在人员紧张的情况下,压缩1名信科人员,增加3名客户经理、5名理财经理、20名大堂经理。

为加强人才队伍建设,进一步提高员工素质,分行针对不同层面的员工分类进行基础教育、管理能力培训和专业技术培训。2010年分行组织各种培训97期,参加培训人员3 892人次;组织中层干部参加著名学者、教授余世维授课和为期12天的攀枝花学院公开课学习;新增业务经理任职资格员工11人,使分行具备业务经理任职资格人数达到29人,业务经理人员储备由2009年1.1:1提高到2010年1.81:1,接近合理搭配比例;新增检查辅导任职资格人数达6人,使得分行具备检查辅导任职资格人数达9人。

为进一步加强机构建设,分行把个人金融部分为个人金融部、个人消费信贷中心、银行卡部。个人金融部成立银行卡直销团队,公司业务部成立营销中心,机构设置日趋合理。为充分调动员工工作积极性,在实施省分行《柜员创利提成考核办法》的基础上,分行结合实际情况,不断完善分配激励机制,制定了《攀枝花分行柜员创利提成考核办法》。

为坚持“人才兴行,以人为本”的思想,不断地充实员工队伍,针对人才匮乏的现状,分行一方面由行领导带队到各大专院校招聘人才,另一方面筹措资金,通过筹建大学生公寓等措施吸引优秀大学生到分行工作,全行在岗员工从年初207人增加233人。其中招收大学生、劳务派遣员工、劳务外包人员分别为11人、16人、17人。

【计算机安全管理】 为做好信息科技服务保障工作,提高安全生产水平,确保计算机安全生产,保障全行业务的健康发展,2010年分行实行计算机协管员制度,16名部门、网点计算机协管员,配合分行信息科技部及时发现网络故障、硬件设备故障等问题，解决问题；在本地设立防病毒服务器，把全辖的计算机全部纳入管理，有力地保障了安全生产；配合总行完成IT蓝图投产的网络建设与保障工作。10月，分行在省分行计算机安全生产大检查中获得省分行"安全运营先进单位"的称号。分行信息科技部获得省分行"IT蓝图先进集体"称号。2010年，实现全年计算机安全生产。

【产品创新】 2010年分行以对公现金汇集通、电子商业汇票、单位客户集中支付、工商验资E线通、报关即时通、融信达、对公短信平台等创新产品为依托，结合攀枝花实际，推动创新产品，为客户提供优质、贴身服务。开办两个攀枝花第一的项目，实现三个零的突破。即第一个项目是与海关和电子口岸数据中心签订《网上支付税费服务协议书》，为四川长矶金属工业有限公司办理报关即时通业务，成为全市第一家为企业提供网上支付海关税费的银行；第二个项目是为攀枝花东方钛业有限公司办理出口融信达业务，成为全市金融业第一笔短期出口信用保险项下贸易融资业务（企业在中国出口信用保险公司投保出口信用险并已出口货物的情况下，分行为企业提供融资服务）。通过工商验资E线通为46家企业办理验资业务，取得工商验资E线通新业务的零突破；与攀枝花市住房公积金管理中心建立合作关系，公积金业务取得零的突破；与海关就"中央财政授权集中支付"业务进入实质性合作阶段。

【员工素质与服务】 为提高员工的服务意识，以优质服务带动业务发展，2010年分行把文明优质服务百日竞赛与建功立业活动相结合，切实抓好"生命工程"。分行组织员工学习总行《中国银行营业网点服务规范（试行）（2009年版）》等文件，要求员工切实掌握和运用。分行刻录16张《营业网点服务规范》DV碟片下发各营业网点，组织员工认真学习，并对照总行《2010年文明优质服务检查内容和评分标准》开展自查，发现问题及时整改。同时，分行以抓网点"亮窗工程"为基础，着力强调员工"软性"服务，切实落实"五个3"（客户在3米内有员工点头示意，坚持三度微笑，做到三位站姿，有三声问候服务，客户进入大厅30秒内有员工迎候）服务要求，抓好大堂主动服务、开门迎宾和"亮牌服务"等。分行各部门分别对营业网点的服务工作、业务指导管理做出服务承诺，下发《对营业网点服务承诺事项》，由网点对部门承诺进行监督、考评。为提高全行整体业务水平，加强员工技能测评工作，分行下发《2010年业务技能测评工作方案》，明确业务技能工作总体目标和奖惩办法，加强组织领导，明确业务技能练兵计划。经过测评，分行业务能手为118人次，能手率达到74.38%，高出省分行能手标准4.38个百分点。

（倪明君）

中国建设银行攀枝花分行

【概　况】 2010年，中国建设银行股份有限公司攀枝花分行（以下简称建行攀枝花分行）有机构总数26个，其中建行攀枝花分行1个、营业部1个、县级支行9个、分理处1个、储蓄所14个，职工总数423人，平均年龄41岁。全行固定资产原值11 554.62万元，较2009年末增加1 229.53万元，固定资产净值6 879.67万元，较2009年增加415.72万元。

2010年，建行攀枝花分行以市场为导向，围绕"资产业务、负债业务、中间业务"三大主体开展营销工作，因地制宜采取措施、激励员工锐意进取、争创佳绩，经过努力，多项主要经营指标保持两位数的增长，截至2010年12月31日，全口径存款余额74.09亿元，增加8.10亿元，增长12.28%，其中企业存款21.25亿元，增加3.65亿元，增长20.72%，储蓄存款52.84亿元，增加4.96亿元，增长10.36%；各项贷款余额43.44亿元，增加3.20亿元，增长8%，其中中小企业贷款3.63亿元，增加1.77亿元，增长95.16%，个人贷款4.10亿元，增加0.44亿元，增长12.03%；实现中间业务收入4 622万元，同比增加869万元，增长23.15%；实现利润1.26亿元，同比增加2 360万元，增长23.13%；资产质量优良，重大责任事故、案件、不良贷款率继续保持为零。

【资产业务】 建行攀枝花分行依照上级行信贷倾斜政策导向，把优质客户、战略性客户和资产质量较好、综合收益较高的中型客户纳入公司类大中型客户信贷支持重点，做好项目筛选调查储备、上报审批和贷款投放工作。针对2010年6月攀钢集团有限公司（以下简称攀钢）与鞍钢重组后，攀钢提前归还建行攀枝花分行未到期贷款4亿余元，引起建行攀枝花分行信贷规模急速萎缩和受宏观调控、信贷规模偏紧因素的影响，贴现规模逐月萎缩的形势，建行攀枝花分行进一步加大新项目和优势企业的信贷营销力度，先后新增对攀钢、新白马矿业公司、四川龙蟒矿业公司、丽攀高速等重点企业和市谷田科技公司、中汇特钢等优质中小企业贷款6.3亿元，不仅弥补攀钢提前还贷所造成的信贷缺口，而且还部分缓解因贴现余额大量减少给信贷规模带来的冲击。在信贷规模受限的形势下，建行攀枝花分行还积极调整经营策略，大力宣传、营销保理、保函、信托理财、供应链融资等信贷替代产品，满足客户的融资需求，全年共办理国内保理业务14笔，金额0.54亿元；销售信托理财4笔，2.5亿元，保函余额为4.8亿元。

为加大对中小企业的信贷支持力度，建行攀枝花分行与市政府、市经委、市银监分局共同举办银企融资对接会、中小企业融资产品推荐会、"送金融知识进中小企业"等活动，向广大中小、民营企业宣传面向中小企业的"速贷通"［建设银行为满足小企业客户快捷、便利的融资需求，对借款人不进行信用评级和一般额度授信，在分析、预测企业第一还款来源的基础上主要依据足额有效的抵（质）押担保而办理的信贷业务］和"成长之路"（建设银行对于信息较充分、信用记录较好、持续发展能力较强的成长型小企业，在评级授信后办理的信贷业务。）等产品；深入攀枝花钒钛产业园区、高新技术产业园区、南山工业园区等中小企业密集区，调查了解中小企业生产经营状况和融资需求，对目标客户开展营销工作；与米易县、盐边县、仁和区农村信用联社在资产业务、代理业务、资金业务等方面开展“银银”合作，增强中小企业业务竞争力，努力实现互利共赢；贯彻落实贷后管理的各项要求，加强贷后检查，定期召开客户跟踪预警分析例会，落实风险防范措施；按照信贷工厂模式规范运作，健全小企业风险防控机制。经过努力，2010 年中小企业贷款余额由 2009 年末 1.86 亿元猛增到 3.63 亿元，新增95.16%。

2010 年建行攀枝花分行为支持保障性购房需求，一方面加强个贷项目储备，另一方面做好存量和新增楼盘个贷投放工作。采取分析市场，完善营销机制，提高营销效能；为存量楼盘提供优质快捷的信贷服务；以市场为导向，努力提高贷款的定价水平；配合攀枝花市住房公积金管理中心启动住房公积金支持建设保障性住房项目贷款前期准备工作；根据客户需求，优化和改进建行攀枝花分行个贷业务流程；严格操作流程，落实权证办理，开展专项检查，规范基础管理工作等措施，为个人信贷业务的发展打下了良好的基础，成功营销了“峻岭天下”、“金泰悦城”、“百花庭院”、“篮湖国际二期”等新楼盘项目，发放存量楼盘贷款6 300余万元，在推进住房公积金支持保障性住房贷款等工作中，建行攀枝花分行深化与攀枝花市住房公积金管理中心的合作并成为全市唯一一家承办公积金支持保障性住房建设项目的贷款银行。

建行攀枝花分行在 2010 年信贷规模偏紧的形势下，拓宽贴现渠道，满足客户需求，主动与建行西藏分行开展贴现业务合作，开辟系统内跨行贴现融资新渠道，取得了年累计贴现业务量 9 亿元(其中通过西藏建行办理贴现 4.7 亿元)的业绩，不仅缓解了客户资金需求，而且最大限度地稳定了客户，减少了客户流失。

2010 年，建行攀枝花分行继续把严格执行信贷操作流程，严把贷款质量关作为一项重要工作纳入议事日程，多次组织信贷人员深入贷款企业调查了解生产经营情况，搞好风险评估，严格按照“三查制度”要求做好贷款项目的贷前调查、贷中审查、贷后检查工作；定期对信贷工作各关键风险点进行全面排查；定期召开信贷风险管理工作例会，对各类贷款进行风险等级认定，及时处置风险隐患，确保了信贷质量，全年不良贷款率继续保持为零。

【负债业务】 2010 年建行攀枝花分行针对公司客户群体规模少、公司类客户负债业务及其他衍生业务增长乏力的实际情况，提出加强客户基础、以账户营销带动公司类负债业务和其他衍生业务发展的经营方针，要求各营业网点和公司业务各经营团队着力做好新增对公账户，尤其是结算重大、资金进出频繁的重点客户以及供应链企业账户的营销工作，同时鼓励全行员工参与账户营销并配套相应的奖励措施。按照建行攀枝花分行的要求，各营业网点开辟了对公账户开户绿色通道，并安排专人进行开户指导，为消除客户服务盲区，建行攀枝花分行还确定将 50 万元以下小额无贷账户由公司客户经理维护改为由对公网点维护，并要求柜面人员积极主动地做好非正常转移资金和销户客户挽留工作，尽量避免企业存款的非正常流失。按照业务分工，公司客户经理深入目标单位进行营销，会计柜台柜面人员结合业务转型，在做好传统结算工作的同时，加大对存量客户的日常维护和新账户及其他对公产品的营销力度，打开工作局面，公司客户经理相继成功营销丽攀高速、市旅游公司等一批标客户，其中仅丽攀高速及其下游企业就新开账户15 户，存款2 000余万元，20 家旅游公司在建行攀枝花分行开立保证金账户，存款1 000余万元，柜面人员营销的小额无贷户存款增加4 000多万元。全年由新增账户带来的企业存款新增共计8 600万元，占全年企业存款增加额36 500万元的 23.56%

2010 年，建行攀枝花分行为促进个人类负债业务的增长，主要采取全行动员、公私联动，抓好代发工资业务，从源头上确保存款的稳定增长；大力发展 VIP 客户，加强客户经理与 VIP 客户的联系，挖掘 VIP 客户业务增长潜力，提升存量客户的稳定性和忠诚度；通过账户梳理、开展目标客户专项营销活动，抓好个人存款客户的拓展工作，推动个人账户数量的提升；借助“财富通”和 CTS 签约，抓好股市资金回流；加强自助设备管理，扩大自助设备覆盖范围；加强员工培训，提升服务技能，坚持服务标准，规范服务行为，以良好的服务赢得客户的支持；开展“春聚暖、福添翼”旺季营销和“夯实客户基础、拓展市场份额”主题营销等措施，以吸收个人存款为重点，加大营销力度，促进个人存款业务稳步增长。经过努力，2010 年全行负债业务营销工作成效显著，一般存款年余额 74.09 亿元，储蓄存款余额 52.84 亿元，双双位居全市 4 大国有商业银行首位，“四行”占比分别为29.71%和32.07%。

【中间业务】 2010 年，建行攀枝花分行对中间业务产品营销继续实行“买单制”(按照产品对经济增加值的贡献大小和营销的难易程度，分别确定买单价格，按照营销业绩对员工进行奖励)，引导员工在全面营销各项业务和产品的同时，重点营销附加值高，贡献度大的产品；为加快中间业务发展，建行攀枝花分行成立中间业务推进委员会，按季分析中间业务收入情况及 22 项重点产品发展情况，组织召开全行中间业务分析会，全面推进中间业务发展；建立重点中间业务产品牵头人制度，产品牵头人负责牵头产品的培训、营销指导、产品推广等工作，并对首批牵头的 14 项产品的发展情况进行定期通报。要求各业务部门和营业网点对每一公司客户和个人 VIP 客户分别进行分析，产品归口管理部门和产品牵头人对日常营销中遇到的困难和问题进行有针对性的指导，挖掘客户潜力，拟定营销策略、制定服务方案，有的放矢地开展组合营销和精准营销，同时鼓励全行员工积极参与产品的销售，对重点中间业务产品下达任务指标，实行重奖重罚。

各储蓄所、储蓄专柜依照建行攀枝花分行的工作部署，结合旺季营销和增效降耗等活动，因地制宜开展工作，通过公私联动、内外联动等方式，重点抓好以代理基金、保险、借记卡为龙头的重点产品营销工作。个人业务主管部门每日通报产品销售情况,适时召开客户经理例会和储蓄所长会,分析解决工作中存在的困难和问题,调整工作思路,改进工作措施。公司业务部门和对公网点着力拓展新业务、新产品,每周召开一次工作例会,总结产品营销和中间业务收入实现情况,剖析产品销售中存在的问题并采取相应的应对措施,促进产品营销工作,税库银业务、信保保理、工程保理、电子商票、国际信用证、单位远期结售汇、现金管理系统账务性交易、国内信用证等8项业务实现了零的突破。截至2010年12月31日,全行共销售保险16 743万元,基金13 376万元,销售理财产品15.83亿元,实现中间业务收入4 622万元,市场占比31.1%,位居全市4大国有商业银行首位。

【电子银行业务】 为加快网上银行、手机银行、短信银行等电子银行业务的发展步伐,2010年2月,建行攀枝花分行成立电子银行业务工作组。4月,分别召开公司、个人电子银行业务工作会,对电子银行业务进行全面部署:抓好柜面代收代付向网银代收代付的迁移;推进电子银行在财政、社保、教育行业中的应用;营销大企业电子银行资金结算网络,并向上下游企业延伸;向原有存量客户和当年新增客户推荐使用电子银行业务,提升电子银行业务在全部账户中的应用比例;将电子银行产品整合到企业客户组合签约中,提高企业客户使用电子银行产品的覆盖率;利用"e动终端"移动签约工具,加大对专业批发市场电子银行业务的营销力度。至年末,公司类高版网银客户新增125户,单位短信银行客户新增322户,网银代发代扣新增105户;个人电话银行活动客户新增38 680户,其中:网银客户新增14 694户、手机银行客户新增2 273户、短信银行客户新增21 713户。通过电子银行渠道办理业务3 128 472笔,电子银行交易量与柜面交易量较2009年增长42.71%。

【信用卡业务】 2010年2月,信用卡预审批系统在建行攀枝花分行各营业网点上线运行,由于该系统可对复合板卡条件的客户进行筛选,因而提高信用卡营销的针对性,为提高营销的质量、降低营销成本创造了有利条件。为调动全行员工参与龙卡信用卡、汽车卡等重点产品的营销积极性,建行攀枝花分行制定并实施全员营销奖惩办法,同时加强与免费洗车点、优惠合作商户、中石油攀枝花分公司的合作,推出汽车卡用户免费洗车、道路救援、加油优惠、积分换油、购买保险等5大优惠措施,加大了媒体广告投放力度,扩大产品知名度,让更多的人了解龙卡汽车卡、信用卡,吸引众多客户的办卡兴趣。为促进刷卡消费,建行攀枝花分行还与苏宁电器等商户合作,推出了"刷卡有礼"、"刷卡有奖"等鼓励措施,促进和提高收单业务的市场份额及收单收入。此外,建行攀枝花分行还在全行统一组织开展"我营销,我快乐"信用卡营销专项活动,在全行内部形成"全员参与,全行营销"的良好氛围,为信用卡业务的快速发展增添了强大动力。截至2010年12月31日,个人信用卡总张数达到3.86万张,全年新增11 587张,增长29%,发卡量在全省市州分行中名列前茅。

【内控管理】 2010年,建行攀枝花分行为贯彻省分行内部控制、风险管理和案件防范工作要求,结合建行攀枝花分行实际,2010年2月召开全行纪检监察工作会对全年工作进行全面部署;年内相继组织开展中层干部参观凉山监狱、预防职务犯罪、"诚信敬业、廉洁合规"主题教育活动和《四川银行业从业人员案防工作五十个严禁》学习活动;组织员工签订案件防控工作责任状、反腐倡廉建设责任书、学习规章制度承诺书,开展"案防制度执行年"和员工行为排查活动,分解落实《案件防控要点100条》;按月召开案件防控和风险管理例会,按月检查落实案防和风险管理工作;运用积分手段,处罚违规操作行为,规避操作风险;开展经常性的合规检查,发现问题及时整改;加强贷款风险精细化管理,深化贷前、贷中、贷后平行作业,密切风险管理部门与经营部门的合作,控制信贷风险。通过上述措施,员工风险防范意识、合规操作意识和责任意识普遍增强,实现了年初提出的全年无案件、无重大违法违纪事件、无重大责任事故的"三无"目标。

【企业文化】 建行攀枝花分行为促进企业文化和精神文明建设,2010年突出行业特点,在全辖范围内,广泛、深入、持久地开展"个人银行业务优质服务竞赛"等活动,促进各营业窗口综合服务水平的进一步提高,上级行服务规范化检查年平均得分92.58分,高于全省建行系统平均水平;岁末年初组织排练《我是建行好职员》文艺节目并选送攀枝花银监分局参加全市金融系统迎春文艺会演;按照中国银监会和攀枝花银监分局的统一部署,在全行各营业网点开展了为期一个月,以"多一份金融了解,多一份财富保障"为主题的公众教育服务活动;继续实施以"建设未来——建设银行资助贫困高中生成长计划"为主要内容的捐资助学活动,全年捐助30名品学兼优的贫困生4.5万元;攀枝花特大旱情发生后,建行攀枝花分行及时为本行定点帮扶对象——大田镇银鹿村送去抗旱救灾急需的水管等救灾物资,之后又与仁和区有关部门取得联系,深入旱区了解灾情并积极向上级行反映,推荐兴建提灌站、引水工程等项目,得到上级行的大力支持,无偿捐助70万元,为仁和区抗旱夺丰收作出贡献;为提升员工服务技能和业务素质,建行攀枝花分行在全行员工中开展全员培训工作,培训面达95%以上;为丰富员工的业余文化,建行攀枝花工会等部门组织开展登山比赛、合规知识竞赛、读书、征文、演讲、谈心、对公业务条线产品设计、营销大赛等活动;针对员工队伍年龄偏大,员工普遍感到工作任务重、心理压力大的具体情况,建行攀枝花分行通过聘请专家举办心理调节讲座、组织40岁以上一线员工外出培训等方式,释放员工的工作和心理压力,为提升员工健康水平,以良好的状态投入到工作中去,促进各项业务的发展打下了良好基础。

(邹瑜琦)

交通银行攀枝花分行

【概 况】 2010年,交通银行股份有限公司攀枝花分行(以下简称分行)内设6个部室,下辖10个营业网点(9个支行,1个营业部)。现有从业人员154人。固定资产原值5 290万元,比2009年增加134万元,净值2 524万元,比2009年减少173万元,2010年资产总额325 489万元,比2009年增加64 643万元。

2010年,分行以"一年一大步,三年上台阶,四年翻一番"为目标,以机构改革为动力,以质量和效益为核心,以作风整顿为保障,以"案防和内控执行年"为契机,出台"自断退路、实现倍增"的工作措施,加快转型,调整结构,夯实基础,各项业务经营管理持续、健康、协调发展。截至12月末,本外币资产总额达325 489万元,比年初增加64 643万元,增长24.78%;本外币资产平均总额261 262万元,比年初增加29 729万元,增长11.38%;人民币存款余额304 960万元,比年初增加61 662万元,增长25.34%;人民币存款平均余额257 624万元,比年初增加64 604万元,增长33.47%;对公存款余额193 097万元,比年初增加50 025万元,增长34.96%;储蓄存款余额111 863万元,比年初增加11 637万元,增长11.61%;人民币贷款余额205 404万元,比年初增加13 907万元,增长7.26%;其中人民币对公实质性贷款余额131 870万元,比年初增加2 419万元,增长1.87%,完成全年计划15.12%;个人贷款余额24 454万元,比年初减少3 996万元,下降14.05%;小企业信贷余额23 610万元,比年初增加19 110万元,增长424.67%,完成全年计划318.5%;票据贴现余额25 470万元,比年初减少3 626万元,下降12.46%。人民币贷款日均余额195 911万元,比年初增加1 174万元,增长0.6%。按五级分类,全行不良贷款余额1 793万元,比年初减少1 323万元,占比0.87%,下降0.75个百分点。实现账面利润5 687万元。日均存贷款稳步增长,结构调整初见成效,新增贷款质量保持优良,资产质量优良,内控基础全面巩固,合规意识不断增强,重大责任事故、案件继续保持为零。分行营业部荣获交通银行总行颁发的交行系统第四届"文明单位"荣誉称号,分行继续荣获四川省分行先进集体荣誉称号,分行第三党支部被四川省分行党委授予优秀党支部。

【资产业务】 2010年,在国家宏观调控力度大、授信政策变化快、信贷规模控制严的形势下,分行围绕攀枝花市"打造中国钒钛之都,建设特色经济强市"的战略目标,以攀枝花市钒钛、钢铁、能源、化工4大支柱产业为授信客户发展主线,重点支持经济发展战略转型的钒钛产业链条和攀钢集团有限公司、攀枝花煤业集团限责任公司、攀枝花钢城集团有限公司3大企业,逐步拓展与攀钢紧密度较高的配套及上下游企业,从中寻找优势明显、环保达标、综合回报高的企业和项目。为攀钢集团有限公司新增30 000万元实质性贷款授信额度,为攀枝花煤业集团有限责任公司新增流动资金贷款14 000万元,为攀枝花煤业集团有限责任公司棚户区改造项目授信19 000万元,为攀枝花钢城集团有限公司新增33 100万元实质性贷款额度,为攀枝花市钛海科技有限责任公司新增流动资金贷款2 000万元,为攀枝花三维发电有限责任公司新增流动资金贷款1 000万元。截至12月末,对公贷款余额131 870万元。较年初增加2 419万元,增长1.87%。

对私资产业务方面,分行按照国家产业政策、政府监管部门要求和客户准入标准,结合攀枝花产业特点,通过召开小企业客户座谈会、走访客户等形式抓信息,找企业,筛选客户,突出质量,精细定价,开展小企业贷款业务,不断提高小企业的综合贡献度,实现银企双赢的共生格局;分行针对房地产宏观调控的影响下个贷业务低迷的现状,抓住市内高档社区项目陆续启动的机会,锁定目标,营销金瓯广场3期商铺、驰宇公司一号楼、龙江明珠花园洋房等项目,发展个人贷款业务。截至12月末,小企业信贷余额23 610万元,比年初增加19 110万元,增长424.67%,完成全年计划318.5%;个人贷款余额24 454万元,比年初减少3 996万元,下降14.05%;票据贴现余额25 470万元,比年初减少3 626万元,下降12.46%。

2010年,根据国家信贷政策和上级行授信业务指导意见,分行不断加大资产结构调整力度,优势行业贷款占比不断提高,减退行业贷款占比不断下降,发展支持类行业,压缩调控类行业,有效降低业务风险。资产平均余额为290 990万元,比年初增加29 729万元,增长11.38%。其中:盈利资产285 014万元,比年初增加28 049万元,增长10.92%,占比97.95%;非盈利资产5 976万元,比年初增加1 678万元,增长39.05%,占比2.05%。在盈利资产中,高盈利资产的各项贷款平均余额191 353万元,比年初减少1 868万元,下降0.97%,占比65.76%,比年初下降9.43个百分点,主要原因是个人贷款较年初减少了3 129万元,占比13.43%,下降1.69个百分点,票据贴现较年初减少17 718万元,占比15.23%,下降9.19个百分点;单位短期、中长期贷款较年初增加19 764万元,占比53.6%,增加9.82个百分点。低盈利资产的存放同业及联行款占资产总额的比例为33.2%,较年初增加12.75个百分点。在非盈利资产中,应收账款日均额较年初增加41万元;固定资产及在建工程项目增加53万元;其他非盈利资产增加42万元。

2010年,分行在大力发展资产业务、做大做强信贷规模的同时,重视对资产质量的监控和管理,推进提升授信基础管理质量,开展存量授信客户风险排查,持续举办授信人员业务培训,建立贷后管理定期报告制度,不断完善信息传递机制,切实推进信贷文化建设,全力实施授信审查前置,严格执行授信基础质量考评,组织新增授信业务风险排查两次,推行重大贷款事前尽职调查制度,将达标活动与授信工作、风险排查相结合,落实风险过滤及现场检查各环节的管理。针对风险管理中存在的薄弱环节,制定《按月下发风险过滤现场检查客户清单》发送客户经理,为分行按进度完成整体现场检查夯实基础。全年清收处置对公不良贷款1 328万元，完成清收计划179.19%。2010年末，分行不良贷款余额为1 793万元，较年初减少1 323万元，占比0.87%，下降0.75个百分点，其中对公不良贷款余额1 633万元，较年初减少1 328万元；对私不良贷款为160万元，较年初增加5万元。

【负债业务】 2010年，分行主要依托公司业务和个人金融业务两个板块，推进对公和个人负债业务的发展。

在对公负债业务发展方面，出台《2010年对公业务及产品奖励办法》、《2010年对公大客户统一营销管理办法》、《对公存款竞赛》等办法，在全行开展“一季度旺季营销活动”、“二季度步步高竞赛活动”、“2010年公司条线客户价值提升业务竞赛”等活动方案，促进全行负债业务稳步发展。成功营销攀枝花市国有资产投资经营有限责任公司发行6亿元企业债券项目，成为该债券发行资金唯一监管银行，截至12月末，该专户日均存款达13 986万元，余额14 279万元；加大对市级和区县行政类、财政类等纯存款资金及交通、城市基础建设、土地出让金等项目资金的营销力度，市、县(区)财政“丽攀高速公路”项目专用账户开设在分行，营销市财政非税土地出让金24 325万元；运用分行为攀枝花煤业集团有限责任公司棚户区改造项目发放项目贷款的契机，将该项目的资金专用账户开设在分行，获得该项目的15 113万元的中央财政拨款划入分行；通过延伸服务为攀枝花煤业集团有限责任公司代收职工购房款17 214万元。人民币对公存款余额193 097万元，比年初增加50 025万元，增长34.96%；对公存款平均余额154 402万元，比年初增加57 875万元，增长59.96%。

在个人负债业务方面，以“打造最佳财富管理银行”为目标，大力组织储蓄存款，狠抓个金产品销售和中高端客户，细化目标管理，出台《2010年攀枝花分行个金业务工作思路及措施》、《2010年大堂(客户)经理考核办法》、《2010年营业机构综合目标考核办法》、《中高端客户分层考核管理办法》、《沃德财富中心考核管理办法》，将业务发展和考核激励具体细化到每个岗位和员工；推出2010年金融知识有奖问签暨迎新春个金储蓄营销活动；与中国人寿攀枝花分公司开展“开门红业务推动活动”、与平安人寿攀枝花支公司合作开展“2010年度旺季营销活动”；组织“尽享交行保险服务，喜获世博精致好礼”主题营销活动、“奋战100天业务竞赛活动”以及“手机银行爱上交行”等专项营销活动；分行个人金融业务部对各营业机构实施每日业绩通报点评，在全行形成“争先进位”的良好氛围。截至12月末，人民币储蓄存款余额111 863万元，比年初增加11 637万元，增长11.61%；储蓄存款日均余额103 222万元，比年初增加6 731万元，增长6.98%。

2010年，各项负债平均余额为288 029万元，比年初增加29 296万元，增长11.32%。其中各项存款平均余额258 924万元，比年初增加65 264万元，增长33.7%。

【中间业务】 2010年，分行进一步加大了中间业务发展力度，在行内营造出“人人参与，个个争先”的竞争环境，在行外营造成“品牌形象，尽在交行”的良好氛围，将销售重心由以高收益高风险产品为主调整为以低风险、固定收益型理财产品为主，以吸引客户的购买热情，调动员工的销售激情，坚持多元并举，继续强化营销保险、代理销售、第三方存管、网上银行等中间业务，实现代理保险销售3 026.49万元，代理保险手续费收入101.86万元，得利宝理财产品销售6.15万元，销售金银章币267万元，重点托管基金——工银双利累计销售2 252万元。公司条线中间业务收入171万元，较年初增加47万元；个金条线实现中间业务收入526万元，较年初增加85万元；国际条线实现中间业务收入100万元，较年初增加52万元；全年实现中间业务收入797万元，比年初增加184万元。

【内控管理】 2010年，分行以“案防和内控执行年”为契机，加强全体员工对《四川银行业从业人员案防工作五十个严禁》和分行《规章制度汇编手册》的学习，让规章制度外化于制，内化于心；为确保新系统、新业务的推广上线工作，组织会计条线人员参加财税库行、客户身份影像系统业务培训；定期召开由会计主管参加的内控、制度、风险分析等工作例会，交流经验，互通信息，对全行重要风险点、风险环节进行全面检查，对全行重要岗位人员进行全面自查，开展员工与客户违规交易行为、票据业务等专项排查；春节、元旦、“五一”等重大节日，行领导亲自带领相关部门和人员深入营业网点进行检查，严格执行“节前查库”、“节后查人”的内控管理要求；严格实行责任制，分行第一负责人与各部门，支行第一责任人，各部门、支行第一责任人与员工层层签订党风廉政建设、风险案件防范、消防防范、社会治安综合治理责任防范等目标责任书，层层落实责任，逐级控制风险。内控基础全面巩固，合规意识不断增强，全年运行安全，未发生责任事故和经济、刑事案件。

【营运模式】 2010年2月，按照上级行会计营运改造方案的要求，分行将部分会计业务(后督中心相关业务、账务中心支付系统、系统内汇划及卡清算等业务)移交上级行会计部集中处理；同时，将交换提回、现金、重要空白凭证等业务集中到分行营业部处理，进一步清晰了流程，提高了效率，防控了风险。在经营模式上，坚持以客户为中心，对公业务实行分行集中营销，加强分行对全行业务的组织推动，强化不同板块之间、分支行之间的联动机制，运行协调更加顺畅。

【业务创新】 2010年，分行加大对新产品、新业务的创新力度，根据攀枝花钢城集团有限公司经营需求及经营特点，为其量身定做极具创新和推广价值的“以票易票”业务，并于2010年9月29日首批为该公司成功签发银行承兑汇票10 780万元，该项业务在四川省交行系统开创先河，截至12月末，已累计签票36 820万元。通过网上银行电子商业汇票系统办理了从签发、接受、背书转让、贴现全流程电子汇票交易业务，开创了四川省交行系统首例电子汇票全流程交易记录，实现电子票据交银量3 800万元。2010 年 9 月 25 日全国银行间市场贷款转让交易系统上线，分行于上线当日成功与攀枝花市商业银行完成一笔2 000万元的信贷资产转让，开创全国首笔非信用贷款转让交易记录。实现的两个四川省交行系统第一、一个全国非信用贷款转让交易记录第一，受到上级行通报表扬。

（刘昆山）

中国农业发展银行攀枝花市分行

【概 况】 中国农业发展银行攀枝花市分行（以下简称市分行）是攀枝花市唯一一家农业政策性银行，辖内无分支机构。截至 2010 年 12 月末，全行共有职工 41 人，其中在职职工 32 人、内退 2 人、退休职工 7 人。在职职工均为大专以上学历；有中级以上职称的 14 人，占 43.75%；职工平均年龄 37 岁。有固定资产原值 831 万元、净值 533 万元，分别较 2009 年下降 0.84% 和 7.7%，资产总额102 991万元，较 2009 年增长 29.15%。

2010 年，按照省分行年初、年中行长会议精神，市分行始终坚持做好信贷支农，抓改革、求发展、强管理、促和谐，切实防控经营风险，全面加强队伍建设，各项工作取得了新成效。至 2010 年末，各项贷款余额达101 686万元，比年初增加23 532万元，增长 30.11%，人均贷款3 177.69万元；各项存款余额达 17 243 万元，比年初增加 51 万元，增长 0.3%，人均日均存款 525.09 万元；不良贷款 650 万元，占比 0.64%，全行账面盈利2 092万元，同比增加 382 万元，增长 22.34%；人均创利 65 万元，同比增加 13 万元，增长 25%。全年未发生任何经济案件和责任事故，保持了中国农业发展银行四川分行授予的“省分行级青年文明号”和“省分行级优质服务示范窗口”称号、四川省精神文明建设委员会授予的“文明行业活动示范系统（单位）”称号、攀枝花市精神文明建设委员会授予的“市级文明行业”和“市级卫生红旗单位”称号，完成由四川省精神文明建设委员会复查“省级精神文明单位”登记工作，获得《省级文明单位重新登记合格证》。全年未发生任何经济案件和责任事故，实现业务发展与经营效益的双丰收。

【信贷业务】 市分行坚持以服务“三农”（农业、农村、农民）为己任，以客户营销为中心，以风险防控为重点，以规范管理为保障，在做好传统粮、棉、油收购资金供应与管理的同时，结合攀枝花地区实际，围绕市委、市政府统筹城乡发展战略，找准支农切入点，审慎拓展新业务，努力开创信贷工作新局面，信贷业务持续稳步发展。至 2010 年末，共有贷款企业 39 户，各项贷款余额101 686万元，比年初增加23 532万元，增长 30.11%。其中，政策性（含准政策性、新农村建设贷款）贷款余额79 236万元；商业性贷款余额22 450万元。全年累计发放贷款32 225万元，累计收回贷款8 693万元。贷款投放的主要增长点是商业性短期贷款10 500万元，投放的范围主要包括农业小企业、产业化龙头及加工企业、粮油流转、商业性储备贷款等。

在贷款质量方面，截至 12 月末，不良贷款余额 650 万元（其中：小企业贷款 250 万元，粮食收购贷款 400 万元），占比 0.64%，与年初持平。至 2010 年 12 月 31 日 650 万元不良贷款法院正在资产处置执行中。

为执行粮食宏观调控政策、维持粮油市场稳定、发挥好农业政策性银行作用，市分行坚持以执行政策为前提，坚定不移做好粮油政策性信贷业务。一方面严格执行粮油信贷政策，争取5 046万元贷款，保证中央、地方储备粮油增储、轮换计划的资金需要，保障国家粮食储备计划的顺利实施，严格落实国家粮食最低收购价政策。另一方面为做好准政策性收购信贷工作，继续坚持“保收购、保优质企业、不保劣质企业”的原则，择优支持资信好、风险承受能力强的粮食企业理性入市收购，防止出现区域性卖粮难问题；严格落实收购企业的贷款条件和贷款方式，严格规范收购贷款品种使用范围，密切关注市场变化，合理确定贷款期限，督促企业加快销售，及时收贷收息。在开展业务的过程中，始终坚持严格执行粮油贷款管理相关规定，强化管理，确保库贷一致；督促市、县级粮油储备（轮换）利、费用补贴纳入地方财政预算，着力加强库存监管，坚持定期核查，防止挤占挪用，千方百计确保粮油信贷资金的安全。全年共审批发放粮油政策性贷款 6 笔、1 753万元，既保证粮油信贷资金的及时足额供应，又做到无空库、短库等挤占挪用问题的出现。

为拓展业务，2010 年，市分行结合攀枝花地区实际，围绕市委、市政府统筹城乡发展战略，找准支农切入点，审慎拓展新业务，着力维护老客户，努力开创信贷工作新局面。为加强对猪肉储备的信贷支持，促进肉类市场供应的稳定，配合省、市政府应急储备机制的建立和完善，投放省级猪肉储备贷款 979 万元、市级猪肉储备贷款 3000 万元；为促进农业科技产业发展，加强与科技部门的协作，择优支持农业科技成果的推广应用，投放农业科技贷款2 800万元；为大力拓展新业务，以支持农村基础设施建设、省市产业化龙头企业、县域城镇建设为重点，准确把握政策界限，重点支持发展米易石峡电站、大笮风特色农业、立新养殖等 4 个新客户，共计新增贷款6 300万元；为促进地方农村经济的快速发展、支持老客户做大做强，加强对一批省、市级产业化龙头企业老客户的维护，共计新增贷款6 000万元。

【信贷基础管理与风险防控】 为增强信贷政策执行力，提高信贷管理人员对信贷政策的把握，以落实制度办法和管理措施为重点，抓好 16 项信贷制度、《信贷业务操作手册》和“三个办法一个指引”（流动资金贷款管理办法、固定资产贷款管理办法、个人贷款管理办法、项目融资业务指引）等信贷制度政策的学习、贯彻和落实，并组织全行职工进行集中学习和考试；为严格信贷准入条件、确保贷款运营的合规性，推进评级授信和贷款审查工作，集中评定企业信用等级

39户、授信金额105 174万元,审议贷款项目19个、审批贷款10 493万元;为强化对贷款流程的管理,促进信贷工作更加规范,做好CM2006信贷管理系统数据、信息的录入、日常维护及管理;加强信贷监管,严格落实贷款"三查"(贷前调查与分析评价、贷时审查、贷后管理过程的检查)制度。在信贷风险防控方面,市分行一方面强化基础管理,始终坚持"双优"(对优质行业、优质客户进行择优扶持)战略,按照"有保有压,择优扶持"的原则,严把贷款准入关,择优支持老客户,审慎发展新客户,稳步提高信贷资产质量;严格实施信贷管理预警预报制度,按季开展风险排查,层层把关堵口,及时化解和处置可能出现的信贷风险,努力提高信贷资产质量。另一方面强化对不良贷款的清收,多次与东区法院协商解决650万元不良贷款进入执行程序遇到的问题,并向市政府、东区政府和相关部门做了详细的汇报工作,请求协调督促法院加快执行进度、拍卖抵押物,确保收回贷款本息,努力防控信贷风险。通过对信贷管理各项基础工作的重视和强化,确保信贷资金安全,全年未出现新的不良贷款,信贷制度得到较好落实,实现信贷管理工作水平的有效提升。

【资金运营管理】 2010年在加大信贷投放力度,增加贷款规模,扩大利润来源的基础上,加强资金运营管理,争取最大限度地实现利润,从年初开始,计划信贷部每季度对资金运营状况的分析,及时研究解决出现的问题;为优化头寸运用效率,提高经营效益,营业室认真做好计划性资金调度,每天营业终了及时与工商银行和人民银行进行对账,保证资金头寸不超出省分行规定的同时,又合理调度资金,在保证客户资金正常运转的前提下,将市分行向总行借款降到最低,以减少利息支出;客户部采取资金小额勤调和严格按照银监会"三个办法一个指引"(流动资金贷款管理办法、固定资产贷款管理办法、个人贷款管理办法、项目融资业务指引)的要求支付贷款,以降低占用央行资金的成本。在各部门的共同努力下,2010年市分行经营利润情况良好。全年实现各项收入5 208万元(其中贷款利息收入5 080万元,同比增加1 459万元;金融机构往来利息收入115万元,其他营业收入10万元,营业外收入3万元),各项支出3 116万元(其中各项存款利息支出68万元,同比减少878方元,金融机构往来利息支出2 392万元,业务管理费520万元,其他营业支出132万元,营业外支出4万元)。收支相抵,实现账面盈利2 092万元,同比增加382万元,增长22.34%;人均创利65万元,同比增加13万元,增长25%。12月末综合利息收回率99.37%,与2009年持平。

【内部综合管理】 为加强和完善财会管理,市分行重点加强收息管理、费用管理和财产管理,做好财务预测和分析,提高财务资源的利用效率,各项指标都控制在上级行下达的计划内;为健全反洗钱内控机制,开展反洗钱宣传和培训4次,并对2009年反洗钱工作进行了自查和整改;充分发挥内审监督管理职能,配合上级行和银监局开展信贷制度执行情况审计、不良贷款审计、中长期贷款检查、序时审计等审计检查工作,同时通过现场检查的形式,开展中长期贷款业务等内部检查,加大督促整改和处罚力度,促进全行干部职工执行各项规章制度的自觉性和严谨性;为健全完善内控管理体制,强化制度建设,整合、补充完善13个方面的制度办法,确保每笔业务、每个环节和每个岗位都处于制度约束之下。同时,按照现代银行要求,以职工队伍建设、精神文明建设和开展创先争优活动为突破口,全面推进内部综合改革。为促进全员综合素质和业务水平的不断提高,举办各种形式的专题教育、业务培训26(期)次,组织职工参加上级行的各种讲座、培训29次,对通过银行业从业资格考试的4名职工进行表彰并给予物质奖励4 800元。

【合规管理与案件防范】 为保持案件事故零纪录,加强合规管理、提高案件防范水平,2010年市分行继续开展"四无"(无经济案件、无刑事案件、无重大责任事故、无严重违规违纪问题)创建活动,采取层层签订保证书,交纳保证金的形式,将党风廉政建设,安全生产责任制的各项要求落实到人、细化到岗,形成全员参与、共担风险的风险防控机制;为加强职工制度教育和案防思想引导,开展廉政制度教育、思想政治教育、案件警示教育14次,并针对各项制度、安全知识、行为准则、法规知识等组织相关职工进行集中学习和考试,组队参加市银监分局举办的银行业监管法规知识竞赛并获集体三等奖,制作思想教育和制度教育专刊、板报14期,做到逢会必讲合规问题和案防工作,不断提高职工防范和自律意识;为做好防范自然灾害的准备工作,针对2010年地质灾害活动频繁的情况,开展防汛、防震知识讲座1次,投入2万余元为职工配备简单必备的应急防范用品;为促进各项内控和案防制度落到实处,加大监督检查力度。全年开展各类检查30余次,坚持做到以查筑防;为做好信贷领域的道德风险防控,加强银企廉政共建,与28户贷款企业签订《银企廉政共建协议书》,签订面达100%,召开银企座谈会2次、行风监督员座谈会1次,建立健全沟通协调机制,形成全方位的监督管理网络,防止利用职权到企业"吃、拿、卡、要、报、借"的问题发生;为提高职工执行制度的自觉性和主动性,建立健全违规问责机制,针对省分行审计检查中发现的问题,对9名相关责任人进行经济处罚共计3 600元;为及时发现和杜绝案件风险隐患,坚持以预防为主,按季召开案防风险分析会,对重要岗位、重点环节、重要部门和员工8小时内外动态进行仔细分析,交流轮换重要敏感岗位人员10人,强制休假18人次;为促进全行合规管理和案件防范工作再上新台阶,根据上级有关部门关于"开展银行业内控和案防制度执行年"活动的各项要求,深化认识、强化落实,从思想意识、制度漏洞、制度执行等多方面入手,强化自查自纠,落实整改,探索提升制度执行力和强化合规管理的新途径;为解决业务发展与人员不足的矛盾、防止现金业务在寄库和押运方面可能出现的安全隐患,年末将现金业务交由工商银行全面代理。全年未发生任何案件和责任事故,保障了全行各项经营管理的健康稳步推进。

(何 雯)

攀枝花市商业银行

【概　况】 截至2010年末,攀枝花市商业银行(以下简称市商行)机关设8个部门,下辖1家异地分行、1个营业部、18家支行和2家自助银行,从业人员383人,其中硕士研究生22人,大学本科生118人,大学本科及以上学历人数占全行员工总数的36.55%。全行资产总额为312.54亿元,较年初增加144.96亿元,增长86.51%。

2010年,市商行为贯彻市委、市政府确立的"打造中国钒钛之都,建设特色经济强市"经济社会发展目标,围绕"跨区域、调结构、防风险、创利润、促发展"主线,大力实施"基本客户群战略"、"支持区县域经济发展战略"和"跨区域发展战略",团结拼搏,真抓实干,各项业务继续保持持续、快速、稳健发展的良好势头,主要经营指标再创历史新高,业务领先优势得到进一步巩固和扩大。截至2010年12月末,全行资产总额312.54亿元,较年初增加144.96亿元,增长86.51%;各项存款余额289.08亿元,较年初增加132.31亿元,增长84.40%;各项贷款余额(含贴现15.87亿元)121.25亿元,较年初增加24.98亿元,增长25.96%;签发银行承兑汇票164.37亿元;全年实现税前利润4.97亿元,比2009年增加1.88亿元,增长61.09%;不良贷款绝对额1 673万元,较年初减少166万元,不良贷款占比0.14%,较年初下降0.05个百分点,实现年初确定的不良贷款清收目标。

2010年,在中国《银行家》杂志社发布的全国城市商业银行综合竞争力排名中,市商行在全国63家小型城市商业银行(资产规模在300亿元以下)中排第6位,在西部同级别城市商业银行中居第一位。在由商务时报社等6家单位主办的全国银行品牌与服务公益评选活动中,市商行被评为"中国最具投资能力商业银行"。

【跨区域发展】 为抓住发展机遇,做大做强各项业务,市商行贯彻落实2009年第二届六次董事会决议,推进跨区域发展战略。在攀枝花市委、市政府的推动和四川银监局、攀枝花银监分局的帮助支持下,2009年11月27日成都分行获准筹建。经过5个月的紧张筹备,2010年4月28日,成都分行在成都市金牛区蜀汉路528号附1号开业,开启市商行第二次创业的新篇章。截至2010年12月末,成都分行资产总额87.76亿元;各项存款余额85.49亿元;各项贷款余额(含贴现)14.70亿元;签发银行承兑汇票82.19亿元;年末实现税前利润4 034万元,实现2010年开业2010年盈利的目标。

为打造一家"立足攀枝花,辐射西部,放眼全国"的区域性股份制商业银行,市商行按照董事会批准的《攀枝花市商业银行发展战略规划纲要(2010—2014)》,2010年11月启动昆明分行前期筹建工作,力争2011年挂牌开业,并在2011年4季度启动重庆分行筹建工作。

【存款业务】 针对复杂的经济金融环境和严峻的存款增长形势,市商行按照市委、市政府"增速提效,加快发展"的工作要求,结合自身业务发展实际,充分发挥自身经营优势,深度挖掘客户资源,在全力支持地方经济平稳较快发展的同时,促进自身存款业务增长。截至2010年12月末,各项存款余额289.08亿元,较年初增加132.31亿元,增长84.40%,其中一般性存款余额269.17亿元;同业存款余额19.88亿元;财政存款余额258万元。

异地机构成为全行存款业务新的增长点。成都分行自2010年4月28日开业以来,分行领导班子带领员工不断深化"跨区域发展,追求卓越"的经营方针,充分发挥"决策高效,经营灵活,服务优良,激励有方"的机制优势,从成都金融市场实际出发,强化经营工作的组织领导,构建有效内部激励机制,完善客户经营管理机制,开展"开业大吉"存款组织竞赛,强化业务创新,细分客户市场,资产负债业务组合营销,实现成都分行存款业务较快增长。为调动行内外一切资源,推动成都分行业务发展,市商行出台《攀枝花市商业银行推动成都分行做大做强各项业务的意见》,在人、财、物等各方面给予全方位扶持,有力推动成都分行业务发展。至12月末,成都分行各项存款余额达到85.49亿元,从而打开发展局面。

攀枝花本部存款业务保持持续稳健增长的势头。根据全市经济情况,市商行与支行行长一起分析形势,明确目标,广泛调动全行力量拓展存款业务,共同推动支行存款业务增长,取得较好效果。截至12月末,攀枝花本部存款余额达203.58亿元,较年初增加46.81亿元,增长29.86%。

【贯彻贷款新政】 2010年市商行按照监管部门的要求,坚持把贯彻"三个办法一个指引"(《固定资产贷款管理暂行办法》、《流动资金贷款管理暂行办法》、《个人贷款管理暂行办法》和《项目融资业务指引》)作为重点工作加以推进。为加强对全行贯彻落实"三个办法一个指引"的组织领导,市商行于2010年3月成立领导小组,并制定《关于贯彻落实"三个办法一个指引"的实施方案》。根据"三个办法一个指引"相关规定市商行及时制定、修订《攀枝花市商业银行公司贷款业务管理办法》、《攀枝花市商业银行固定资产贷款实施细则》、《攀枝花市商业银行推行还贷准备金制度的暂行办法》、《攀枝花市商业银行流动资金贷款管理实施细则》、《攀枝花市商业银行个人贷款管理办法》以及贷款合同。同时调整相关工作流程,实现"营销、审查、发放、支付"相分离。

市商行按照监管部门的要求,全面抓好地方融资平台贷款解包还原工作,围绕"逐户清理、风险评估、分类排队、制定分类控制方案、落实分类控制措施"5个重点环节开展工作,取得良好成效。2010年10月11日,四川银监局在《监管工作信息》第145期(总第615期)中,以《攀枝花市商业银行多措并举清理规范政府融资平台贷款成效明显》为题,对市商行开展政府融资平台贷款清理规范工作中的做法和成绩予以肯定。

与此同时,市商行贯彻落实市委、市政府提出的"提速增效,加快发展”的工作基调,围绕“投资拉动、结构调整、产业攻坚、产能释放、和谐惠民”工作重点,坚持支持地方经济发展的原则不变、力度不减。在严格防范风险和贯彻信贷新规的前提下,科学调控新增贷款额度、节奏和结构,加大业务创新力度,利用承兑、贴现等多种金融工具和手段支持地方经济加快发展。同时,根据监管要求合理把握信贷投放总量和节奏,做好资金计划安排,合理调剂使用信贷规模,实现既支持地方经济发展,又全面贯彻监管政策。截至2010年末,各项贷款余额(含贴现)121.25亿元,较年初增加24.98亿元。全年累计为地方政府和中小企业办理各类授信超过300亿元。

【风险和案件防范】 为全面强化信贷风险管理,市商行随时关注、研究经济金融政策信息,及时了解授信客户的生产、经营情况,全面分析、评估市场行情变化对授信企业的影响。信贷部门及时调整授信业务品种利率水平,并按贷款新政要求增强对授信企业的信贷资金使用管理,开展贷后检查,全面掌握授信企业的经营状况,严防信贷风险。

为加强内部稽核审计,强化合规风险管理,有效防范相关风险,2010年市商行加大对支行各类登记簿、账户资料、储蓄挂失、支行对外签订协议、主管会计履职、对账情况、久悬未取存款的检查,对检查中发现的问题及时督促相关支行进行整改;并在节假日前采取突击检查方式对辖内19个网点、2个自助银行、27台ATM机的库存现金、重要空白凭证、抵质押物、贴现票据等进行检查;进一步强化派驻支行稽核员的责任考核,坚持“内控先行”原则,确保内控制度对各项业务的全面覆盖。

为强化案件专项治理工作,市商行对风险源点进行分析、排查,完善事前防范和过程控制措施,有效防范各类案件的发生。特别是绵阳商行“八二三”案件发生后,市商行召开专题会议,对全行案防工作进行安排部署,要求各分支机构和机关各部门进行对照自查,切实强化案件防范工作,至12月底全行未出现任何经济案件和责任事故,为该行实施跨省筹建昆明分行创造有利条件。

【发行定期次级债券】 为进一步优化资本结构,壮大附属资本规模,确保在推进跨区域发展战略过程中资本充足率达标,2009年12月经四川银监局报中国银监会和中国人民银行批准,市商行于2010年3月10日成功发行1.6亿元人民币定期次级债券,债券期限为10年,在第5年末附发行人赎回选择权,筹集到的资金全部用于补充附属资本。截至2010年12月末,资本充足率达到13.27%,核心资本充足率达10.60%。

【人才引进和培养】 为进一步加强人才储备培养工作,2010年市商行攀枝花本部引进高校毕业生共17人,其中具有海外教育背景的硕士研究生2人;西南财经大学硕士研究生6人、本科生7人;中国科技大学计算机硕士研究生1人;成都电子科技大学计算机硕士研究生1人。与此同时,市商行加大员工培训力度,启动信贷人员业务技能培训,形成长效学习培训机制,有效提升全行信贷人员的综合业务知识和技能。市商行采取集体报名、统一订购考试资料的方式,组织市行机关和各分支机构的员工参加银行从业资格考试。据统计,2010年共有311人次参加考试,共通过科目255科次。其中,2010年5月共有142人次参加考试,占员工总人数的38.17%,通过科目76科次;2010年10月共有169人次参加考试,占员工总人数的44.13%,通过科目179科次。

【科技平台建设】 为适应跨区域经营、业务拓展和服务创新的要求,确保成都分行顺利开业,2010年市商行针对成都地区与攀枝花同城交换的差异,以及成都分行业务的独特性,在成都分行筹建期间,加快系统功能开发,对综合业务系统程序功能进行调整,形成总—分—支业务支撑平台。

为拓展业务品种,丰富服务渠道,市商行借助全国城商行清算平台,对网银系统进行升级改造。新网银系统新增个人网银,支持对私客户网上转账、个人基础理财以及交易明细查询等功能。市商行大力推进短信银行平台的建设,经过与移动、联通、电信运营商多次协调沟通,对程序功能多次调整之后,2010年4月,市商行短信平台成功投入运行,为客户提供方便快捷的服务手段。12月底超级网银功能进入模拟运行阶段。

为降低票据风险和成本,便利中小企业融资,不断完善利率生成机制,市商行加强与人民银行总行及大连新中连软件工程有限公司合作,推进电票系统接口开发建设,参与人民银行电子商业汇票系统的测试、模拟运行工作。于2010年11月19日首张标准化电子商业汇票成功签发,成为全国城商行清算中心51个成员中第二家成功签发电子商业汇票的机构。同时市商行顺利完成电子商业汇票系统贴现、到期支付以及票款收回等功能的开发,这标志着电子商业汇票系统在市商行实现成功运行,是市商行票据业务信息化、电子化进程中的重要里程碑。

为不断提升应对地震、台风等自然灾害的灾备能力,为数据和业务的连续性提供保障,增强信息系统抗风险能力,有效化解数据集中带来的风险,促进业务经营和服务水平的全面提高,市商行2010年6月在成都新建异地灾备中心,为验证灾备中心的可用性,市商行进行灾备演练和安全评估。

为加强网络宣传力度,不断完善网上银行服务系统,市商行于2010年7月19日完成门户网站的初步建设进入试运行阶段,在试运行期间,经过反复的修改、调试,2010年7月26日正式上线运行。

为改变传统信贷管理模式,提高信贷业务的信息化管理水平,逐步减少纸制申报材料,提高工作效率,市商行推进信贷管理系统建设,该系统主要涉及客户信息管理、客户分析管理、信贷业务申请、信贷业务审批、信贷业务发放、贷后综合管理、不良资产管理、综合信息查询、综合信息管理等9大功能模块。信贷管理系统经过全行测试、全行历史数据补录后,2010 年 6 月开始试运行,8 月实现与核心业务的联机交易。

【优质服务】 为打造区域性股份制商业银行良好社会形象和品牌,不断提升优质服务水平,以一流的金融服务赢得客户、赢得市场,2010 年市商行以先进银行为标杆,加强优质服务工作组织领导,3 月成立优质服务领导小组办公室,负责制定全行各项优质服务管理制度和办法;监督、检查全行优质服务贯彻落实情况;组织优质服务培训等工作。同时制定并下发《攀枝花市商业银行优质服务工作管理办法(试行)》,明确优质服务管理规范及监督考核的形式与内容,并建立考核评分制,从激励机制上引导员工牢固树立“客户至上”的服务理念和“客户中心”的服务意识。为推动一线员工服务向规范化、标准化方向发展,实现银行与广大客户的双赢,市商行还聘请 1 个专业机构对各营业网点优质服务工作进行暗访,从营业环境、仪容仪表规范、标准化服务规范等方面进行打分,强化员工服务纪律。

为构建统一服务形象、统一服务标准、统一服务规范的专业化、标准化优质服务体系,建设一支高素质、专业化的员工队伍,市商行借助外部资源,与专业培训机构合作,对营业部主任及大堂经理进行规范化服务礼仪及服务技能培训,全年举行培训一期,培训人次 30 人。

按照“网点分类、客户分层、业务分流、功能分区”原则,在优化原有优质服务项目的同时,市商行借鉴市内、国内银行先进经验和好的做法,投资 47.21 万元分别对瓜子坪支行和新华街支行的营业厅进行改造装修,为客户营造出良好的服务氛围和服务环境。

【社会责任】 为推进社会责任建设,2010 年市商行已发放爱心助学金 100 万元,资助贫困学生超过 350 人。截至 2010 年末,市商行已经累计发放爱心助学金 400 万元,资助贫困学生超过1 400人。该爱心助学金已成为攀枝花市企业出资规模最大的助学金。

为做好扶贫帮困工作,市分行深入到种植烟叶的鳡鱼乡新建村,走村串户,充分了解村民发展愿望,广泛征求群众发展意见,重点围绕农业基础设施建设、改善农村生产条件和村民生产生活情况进行实地考察,帮助鳡鱼乡新建村村民购买经济牧农、文教卫生、农村法律和党员学习资料等方面紧缺的书籍材料,折合人民币共计 863 元;为解决长期缺水一直制约该村主导的烟叶种植产业发展的困难,市商行出资10 563元购买引水管、沙石水泥等设施和材料,帮助该村完成生产饮水工程建设;为解决村民看不起病的困难,市商行出资12 150元为 405 个村民(每人 30 元)缴纳农村新型合作医疗互助金。

(黄春霞)

攀枝花农村信用社

【概　况】 2010 年,攀枝花农村信用社(以下简称信用社)有机构 64 个,其中管理机构 2 个、行业机构 62 个。有员工 683 人,其中在编在岗 483 人、内退 78 人、退休 122 人。固定资产原值11 833万元,净值5 797万元。

2010 年,信用社以“努力开创团结奋进的新局面,奋力推进战略转型的新阶段”为指引,以股份制改革为契机,结合创先争优活动和省联社成立 5 周年系列活动的开展,通过紧抓改革、严密内控、深谋发展,有力地促进全辖信用社健康快速发展,成功地为攀枝花农村商业银行筹建谋篇布局,在确保稳定的基础上,实现了改革、发展双丰收。至 2010 年末,全市信用社各项存款余额527 020万元,较年初增加109 053万元,增长 26.09%,同比增加18 006万元。各项贷款余额 348 741 万元,较年初增加 60 703 万元,增长 21.07%。不良贷款(五级分类)余额16 243万元,占比为 4.66%,较年初减少4 606万元,下降 2.58 个百分点。贷款损失准备余额17 662万元,覆盖率 108.74%,比年初增长 51.41 个百分点,充足率 155.05%,比年初增长 63.67 个百分点。资本充足率 8.27%,较年初增长 1.56 个百分点。各项收入32 910万元,同比增加7 143万元;实现拨备前利润 14 487万元。全年中间业务收入 830 万元,占比 2.5%。

年内完成《攀枝花信合志》的编撰工作。

【股份制改革】 为进一步增强服务“三农”(农业、农村、农民),支持中小企业,服务县域经济,推进城乡一体化能力,2010 年 2 月,信用社向市政府提出以地市为单位合并组建攀枝花农村商业银行的申请,市政府于 2 月批准通过了申请,并于 4 月正式向省政府提出筹建申请。省政府随即向国务院进行转报。7 月 4 日,筹建申请获得国务院批准,省政府要求攀枝花农商行要力争在 2011 年 7 月 1 日前实现挂牌开业。10 月 28 日,市政府成立攀枝花农村商业银行筹建工作领导小组;11 月 15 日,省联社成立攀枝花农村商业银行筹建工作小组;11 月 16 日,市政府由副市长许健民主持召开筹建工作领导小组第一次会议,共计 43 人参加会议,宣布正式启动筹建工作,筹建工作由筹建工作小组具体组织实施。至 12 月 31 日,信用社房产“确权”问题和农商行办公场所问题得到落实;单户贷款超资本约束的问题通过借款主体提前归还、市政府协调和市财政局、市金鼎担保公司等部门的支持,得到圆满解决。清产核资工作稳步推进。县级联社社员代表大会顺利召开,通过合并组建攀枝花农商行等 6 项工作议案。

【服务“三农”】 为继续发挥支农主力军作用,2010 年,信用社按照“农民增收、农村发展、农业增效”要求,开展各项支农工作,支持现代特色农业发展。优质水果、早春蔬菜、优质烤烟、畜牧水产、林业生物业已成为攀枝花 5 大现代特色支柱农业,成为农民群众致富增收的重要渠道。信用社出台的信贷办法,突出对现代特色农业的支持,促使信贷投放向其倾斜,同时给予利率优惠。支持特色项目——盐边县红格、米易垭口省级社会主义新农村建设示范片工程和盐边益民乡垭谷村的“攀枝花台湾农民创业园”建设。主要通过派出个贷客户经理，上门收集、补充、完善信贷数据库中的红格、垭口和垭谷村农户资料，做好建档工作，提早预备的方法，在农户有信贷需求提出时，通过“绿色通道”快速办理，及时解决资金短缺。至年末，涉农贷款余额224 975万元，净增66 459万元，同比增加26 904万元；涉农贷款占83.57%，比2009年增加5.46个百分点；涉农贷款增长29.54%，比各项贷款平均增幅高出8.47个百分点。

【支持中小企业】 2010年，为继续增强服务中小企业功能，提高服务中小企业专业化水平。将来自信用社各部门的7名年轻化、知识化员工，经过考试、选拔、省级培训环节，充实到县(区)农村信用合作联社客户经理队伍。通过客户经理团队建设，增强对县域中小企业信贷支持，突出主动性、积极性、针对性和有效性。结合四川省农村信用社搭建的信贷管理系统和集中征信系统数据平台，发挥信用社点多面广、经营灵活的优势，延伸触角，扩大覆盖面，广泛收集域内企业信息，录入数据系统，提前做好企业客户信贷需求的分析、预测和筛选工作。同时与贷款中介机构(担保公司、评估公司等)展开合作，建立项目推介机制，扩充项目来源；通过召开银企座谈会和专题研讨分析会，了解中小民营企业发展状况和资金需求，确定支持重点和资金投放范围。至年末，小企业贷款增量48 157万元，同比增加20 600万元，增长48.52%，比各项贷款平均增幅高出27.45个百分点，占信用社贷款总量的37.89%，比2009年增加4.41个百分点。

【内部管理】 2010年，根据《新会计准则》及《四川省农村信用社联合社系统财务管理办法》，攀枝花农村信用社办事处通过抽调县(区)联社人员组成3个专项稽核工作组，以交叉检查的方式，开展固定资产构建、会计档案管理、大小额支付、网内汇兑等多项专项检查，检查未发现重大问题；开展《农村合作金融机构新企业会计准则实施手册》、财务会计管理、支付结算、SC 6 000门柜管理、税库银汇划、反洗钱、反假币等多项培训学习，累计150余人次参加培训。自银监会“三个办法一个指引”(《流动资金贷款管理暂行办法》、《个人贷款管理暂行办法》、《固定资产贷款管理暂行办法》和《项目融资业务指引》)贷款新规和省联社“三个办法一个指引”(《流动资金贷款管理暂行办法》、《个人贷款管理暂行办法》、《固定资产贷款管理暂行办法》和《项目融资业务指引》)管理暂行办法出台后，全市信用社从完善组织架构、规范业务流程、科学设置岗位、明确职责边界、健全风险管理机制、制度体系建设和考核奖励机制建设等方面入手，召开专题会议，编发会议纪要，县(区)联社转发省联社《四川省农村信用社联合社关于转发银监会“三个办法一个指引”的通知》，全面推进新规执行力度，重新构造信贷流程，重新修订借款合同，指导县(区)联社增设放款岗位和支付审核岗位，全面、科学把控信贷风险。攀枝花农村商业银行筹建工作启动后，全市信用社重新明确人员分工和人事、信贷、财经等3大工作纪律，制订财务、信贷、人事、劳资、费用等过渡时期管理办法。

【安防内控】 为进一步提高内控和案防制度执行力，有效防控案件风险，促进信用社安全稳健经营、又好又快发展。2010年，信用社结合实际，开展以“合规光荣、执行我能”为主题的内控和案防制度执行年活动，组织全辖干部员工围绕合规文化、制度执行等方面展开学习、交流和讨论，并抒写个人心得体会；组织《四川银行业从业人员案防工作五十个严禁》和《四川省农村信用社十条禁令》的学习与落实；扎实抓好各项案件防控工作。全年，信用社开展稽核工作督导102社次，涉及9个大项；召开案件防控工作会48次；交流、轮岗105人，实行履职回避1人；完成3个未达标网点的安防设施改造，使网点安全达标率达到91.94%以上；开展实弹演练、消防预案、视频监控系统设备日常操作和管理培训演练14次；对安全保卫规章制度的执行情况进行常规检查745人次，未发现安全隐患和线索，确保信用社连续5年“零案件、零重大责任事故”目标任务。

【反腐倡廉】 为抓好党风廉政建设及反腐败工作，2010年3月，信用社下发《四川省农村信用社联合社攀枝花办事处〈关于印发2010年党风廉政建设和反腐败工作要点的通知〉》和工作分工表，将工作逐级落实；以“创先争优”活动为契机，围绕树立正确的权力观、地位观、名利观，加强党员干部的党风、党纪和廉洁教育，增强领导干部的拒腐能力；全年进行诫勉谈话2次，干部任前廉政谈话5次；坚持算账教育。经常性的通过典型案例警示教育来警醒全市的干部，人人都要算好“政治、经济、自由、家庭、亲情、朋友、名誉”7笔账，响亮地喊出珍惜自己的工作机会，珍惜自己的工作岗位；开展正反两面教育。全年开展各种形式反腐倡廉警示教育活动11次，636人次接受教育；通过坚持社务公开、畅通信访渠道，规范信访处理、深入开展专项治理、强化灾后重建资金使用情况监督等方式强化制度监督。全年全市未发生违法违纪的人和事。

【电子化建设】 为确保生产系统稳定运行，2010年，全市信用社开展了SC 6 000综合业务系统安全生产、银行卡发行合规性及自助银行设备安全专项检查3次，网点检查面100%。在四川省农村信用社联合社计算机中心每月对信用社综合业务系统生产运行考核中，均获满分。为促进业务发展，全市信用社开展ATM的推广应用及日常维护工作。全年，全市信用社投入144万元，新增ATM机9台，实现ATM机交易962 193笔，日均交易笔数2 636笔；拓展超市、酒家等特约商户27家，实现POS机交易6 703笔，交易金额为12 422.04万元；全年新增发行蜀信卡45 839张，活卡率为97.64%，实现手续费收入81.7万元。

(严文勇　杨昌洲)

证 券

华西证券攀枝花营业部

【概 况】 华西证券攀枝花营业部由攀枝花新华街营业部和攀枝花大河北路营业部组成，主要经营股票、债券、基金、权证、理财产品等证券经纪业务。营业场所面积4 000余平方米，拥有注册分析师、注册会计师、会计师、分析师、经济师、助理工程师、律师专业人士共计49人。

2010年，营业部秉承“助你成功，共享成果”的核心价值观，相信勤奋，张扬担当，在内部管理上强调“系统思考、优先选择、执行到位、有预见性”，遵循“一切都是为了赢得客户”的理念。营业部重视客户的个性化需求，在恰当的时间，以恰当的方式，将恰当的产品和服务提供给恰当的客户，力争通过专业的服务，实现“以财智助推财富，共享人生之华彩”的美好愿景。2010年，营业部已拥有存量客户11万余人，全年实现总交易量495.11亿元

【管 控】 为完善营业部管理制度，加强营业部合规管理，2010年全年累计修订、新增各类制度、细则和办法160余项，共组织员工进行合规培训47次，平均每月不低于3次，并建立培训人员签字制度。其中，在5月中国证监局下发《关于加强证券经纪业务管理的规定》（以下简称《规定》）后，营业部于5月~8月，先后8次通过全体员工大会和部门例会的方式组织营业部员工对《规定》进行学习。同时，营业部还建立定期合规检查机制，全年共进行2次合规检查。在营业部严格的内部合规管控下，营业部全年未发生一起违法违规案件，切实保护了投资者权益。2010年，攀枝花营业部经攀枝花市国家税务局、攀枝花市地方税务局纳税信用等级联合评审委员会审核，获评为攀枝花市2008—2009年度“纳税信用A级纳税人”。

【服 务】 营业部不断深入完善客户服务工作，着力推行营业部标准化服务流程，通过电话回访、客户一对一服务、季度投资策略报告会、片区投资策略报告会、股民学校、短信服务、电台直播、平面媒体宣传等系统化、专业化的方式向攀枝花地区投资者传递华西证券“专业、贴心”的投资帮助、客情维护和理财服务，用专业的服务辅助客户投资决策。营业部已与市建行、市交行、市工行、市中行、市农行等金融机构联手，在覆盖攀枝花市三区两县83%的银行网点为攀枝花投资者进行驻点服务，同时加强与客户间的沟通，及时了解并解决客户诉求，赢得客户对营业部服务工作的信任和认同。2010年，营业部客户资产再次超越大盘11.22个百分点，很好的帮助客户规避市场风险，实现了客户资产的保值增值。

为加强与攀枝花市级各有关部门和企业的合作，为攀枝花市企业在股份制改造、发行上市、资金支持等方面提供全方位的专业服务。4月23日，华西证券有限责任公司总裁杨炯洋代表华西证券与攀枝花市政府签订《攀枝花市发展资本市场专业顾问服务协议》。协议签订后，公司将作为攀枝花市发展资本市场专业顾问。作为华西证券在攀枝花的窗口，为各大企业提供股票、债券等融资、上市辅导培训和咨询服务。

【投资者教育】 为向客户详解证券投资基础知识、解读热点行业状况和阐述近期投资策略，为客户提供投资帮助和树立理性投资理念，2010年营业部股民学校始终秉承“遵循市场规律，引导理性投资”的办学宗旨，每周二晚7点风雨无阻准时开课，由营业部首席证券分析师主讲，讲座涵盖证券基础知识、宏观经济分析、行业分析、上市公司基本面分析、技术分析、财务分析、创业板基础知识等诸多内容。2010年，营业部股民学校累计开课49场，共有6 020人次客户参加。

为加强与客户之间的沟通和交流，力求用营业部企业的专业助推财富，攀枝花营业部还采取定期和不定期相结合的方式召开证券投资策略报告会，与投资者进行面对面的互动交流，向攀枝花地区广大投资者提供专业、细致的投资帮助。2010年，营业部累积召开大型季度投资策略报告会8场，区域性投资报告会14场，股市沙龙3场，共有23 578人次参加。

【反洗钱工作】 为强化反洗钱日常工作开展力度，2010年营业部成立了以总经理为组长，各部门负责人及关键岗位人员为成员的反洗钱工作领导小组开展反洗钱工作。营业部加强客户身份识别、大额交易和可疑交易报告、客户洗钱风险等级划分、客户身份资料及交易记录保存等相关工作。营业部反洗钱工作小组专门制作了可疑交易甄别记录档案，对反洗钱可疑交易进行登记，并根据公司总部统一要求，对营业部客户洗钱风险等级进行划分。

为加强反洗钱宣传培训，营业部根据年初制定的《攀枝花营业部反洗钱培训及学习计划》，定期开展一次反洗钱学习培训，全年累计组织反洗钱学习8次、考试1次；开展反洗钱宣传2次，受众2 000余人次，发放宣传资料13 200余份，较好地履行了金融机构反洗钱宣传义务。

【安全工作】 为加强营业部信息系统的安全管理，2010年

定期进行设备检查和维护,定期开展通讯系统和动力系统应急测试,做好病毒防治及机房防雷、防火安全工作;为加强营业部现场管理,增派两名保安负责对营业部进出人员的管理和登记工作。为保证安保设备的正常使用,对现场消防安全系统、报警系统、监控系统组织有关人员定期进行检查;同时提高员工对火灾、地震、抢劫、偷盗、斗殴等突发事件的防范意识,定期开展营业部突发事件应急演练,狠抓各项基础管理工作。营业部加强在重大节日期间的现场交易安保工作,确保了营业部日常及重大节日期间的安全、平稳运行。2010 年,营业部无重大安全事故及群体事件发生。

(赵　鑫)

保　　险

中国人民财产保险攀枝花市分公司

【概　况】 2010 年,中国人民财产保险股份有限公司攀枝花市分公司(以下简称分公司)下设 9 个支公司,劳动合同员工 78 人,劳务派遣员工 144 人,保险代理人 187 人。固定资产原值为2 578.29万元,净值1 352.07万元。主要开办有机动车辆险、意外险、工程险、企业财产险、货物运输险、责任险、种(养)殖险等 12 类险种。

为贯彻落实"促发展、增效益、防风险"的经营方针,2010 年,通过全体员工的艰苦努力,扎实工作,克服重重困难,分公司业务发展继续保持了良好势头。全年实现保费收入32 246万元,完成年计划31 000万元的 104.02%,增加4 057.86万元,增长 14.4%,占攀枝花财产保险市场份额63%;直接赔款11 700.33万元,简单赔付率为 36.28%,同比下降 3.96 个百分点,继续保持低位运行,综合成本率88.54%;实现利润总额3 417.74万元,完成年计划2 029万元的 168.44%;未决赔款准备金净额余额9 326.05万元,较2009 年同期6 794.47万元增长 37.26%。

【业务发展】 2010 年,同业保险公司自 2009 年下半年先后打出交叉销售、电话营销和宽松的费用扩张政策,一度造成分公司业务发展被动,分公司为引领市场,迎接挑战,在牢牢掌控攀枝花钢铁集团有限公司、攀枝花煤业集团公司、铁路货物运输保险和攀枝花市级财政统保等核心业务的基础上,分公司要求各支公司和每名员工做到守土有责,同时采取加大考核力度,坚持以业绩论英雄,定期召开保险经营形势分析会,提前做好续保工作,组建营销团队,增加营销人员 32 人,并加大与车商、运输公司和联运队的联系,确保兼业代理业务快速发展,兑现"客户节"承诺,缩短理赔周期,不断增强核心竞争力。

2010 年,分公司实现车险业务保费收入24 505万元,完成年计划23 341万元的 105%,同比净增4 611万元,同比增长 23.48%。直接赔款 8 932.55 万元,简单赔付率为36.44%,同比下降 4.19 个百分点。

2010 年,分公司实现非车险保费收入7 070.43万元,完成年计划7 659万元的 92.32%,同比下降 7.85%。直接赔款1 709.53万元,简单赔付率为 24.18%,同比下降 2.82 个百分点。

2010 年,分公司实现农险保费收入 670.34 万元,完成年计划 694 万元的 96.59%,支付赔款 409.33 万元,简单赔付率为 61.06%。

【信息技术】 为充分发挥信息技术优势,不断提升公司管控水平,以及为配合业务、财务部门搞好手续费跟单工作,提高工作效率,缩短理赔周期,2010 年分公司投入 10 余万元购买电子设备,并对全系统员工代码进行清理。与攀枝花电信公司合作,建成 VPDN 网络环线,将移动办公的理念引入分公司,为 46 名查勘定损员、理算人员和部分支公司外勤展业人员配备了无线上网卡和 3G 上网卡,开发出《车险理赔流程时效实时监控表》和车载打印功能系统,实现现场查勘、定损、报价、核损一体化。

【财务管理】 为加强财务管理,2010 年分公司加强对计划执行情况进行跟踪与考核,开展会计基础工作达标升级活动。根据省保监会的通知要求,分公司开展财务业务数据真实性自查自纠工作,对自查中发现的问题及时进行了整改,对省公司组织的业务财务交叉检查中提出的问题,也及时地进行整改和完善。7 月 1 日,分公司按照省公司要求正式实行了财务集中支付,并做好手续费跟单工作。

【理赔管理】 针对车险理赔流程脱节,理赔人员工作拖沓,理赔周期过长的问题,为提高车险理赔队伍技能,兑现年初"客户节"的服务承诺,提升核心竞争力,2010 年分公司以抓细节、夯基础、提速度,挤干车险理赔水分为抓手,加大业务培训,采取培训与考评相结合的方法,并定期进行考评测试,梳理各关键岗位的流程,严格制订各岗位工作时效,加大考核力度,每季度各项理赔指标均达到省公司要求,分公司的多项理赔指标均名列全省前茅。

为完善相关管理办法,2010 年分公司印发《2010 版理赔管理规定》,坚持用制度管理人、约束人和激励人,从细节入手,提高95518派遣的权威性,做到合理调度,改变查勘定损苦乐不均的状况,每名员工随时都能了解自己处理案件的时效;分公司为提高客户的满意度,提高查勘人员的机动性,缩短赶赴现场时间,把东城组分成炳密组和渡仁组;为改变理赔资料收集均提交到一名员工代码下,导致该代码下积压大量的赔案无人管和理赔周期过长,新增一名员工和资料收集代码,把能进行提前理算和理算前置案件都提到该代码下,由专人负责清理该代码下的案件,做到日清日结,大大缩短结案周期。2010年下半年省公司公布的提前理算和理算前置案件的理赔周期,分公司均为全省第一名。

2010年分公司狠抓赔案质量,严把定责定损、医疗审核和核损报价关。全年分公司共查出车险骗赔案10余件,挽回经济损失50余万元,用法律途径追赔10余万元;车险报案数量39 781件、同比增长33.01%;有效报案30 296件,同比增长18.93%;2010年内立案32 645件、同比增长28.84%;2010年报立案30 292件、同比增长20%;核赔通过26 142件、同比增长24.21%;赔款支付8 932.55万元、简单赔付率36.44%;未核赔5 476件、同比增长20%;未核赔案件估损金额5 387.92万元、同比下降4.19%;理赔周期为20.33天件、同比缩短11天、案件处理率为101.59%;件数结案率为85.22%、金额结案率为59.08%。

2010年,由于攀枝花市受特殊异常气候的影响,上半年持续干旱,烟株生长普遍晚于常年,烟叶的旺长与成熟期相应延后,加之攀枝花市8、9月强对流天气重合时间更多,遭受到灾害事故的频率和程度也较往年更多;部分烟苗移栽时水分不足,造成烟草长势不均,增加了查勘定损难度。烟草查勘人员发扬"踏遍千山万水、走近千家万户、道尽千言万语、吃尽千辛万苦"的"四千"精神,坚持现场查勘、现场定损、实事求是、合理赔付,有效控制道德风险。共支付赔款183万元,简单赔付率为69%,连续4年实现了盈利。

2010年,分公司非车险有效报案4 565件,第一现场查勘到位率82%,2010年立案4 499件,注销立案660件,理算核赔3 942件,案件处理率100.81%;未决赔案1 390件,估损金额达1 285.76万元,其中未决滞案率不足一年的913件,占69.52%,超过一年的有385件,占25.18%,超过两年及以上的81件,占5.30%。共查处诈骗和不属于赔偿案件11起,拒赔金额达35万元,剔除人伤案件不合理费用5万余元,破获一起保险骗赔案,追回赔款18万元。

【重大赔案】 2010年1月23日,分公司承保的川D/17315号红岩CQ5263CLXYTMG429仓栅式运输车,由驾驶员唐某某在迤纳厂驶往武定高速公路上,因驾驶不慎,撞到停放中的三者车川D23376号货车,造成本车及三者车受损,三者车驾驶员死亡的事故,经现场查勘,认定属保险责任,12月3日分公司支付赔款20.72万元。

2010年3月19日,分公司承保的川D/26622号福田、BJ5313VPCJJ一7仓栅式运输车,由驾驶员黄某某驶往昆明至攀枝花高速路上因操作不当发生侧翻,导致高速公路护栏及路面严重受损,造成本车1人死亡,2人受伤,本车严重受损,经现场查勘,认定属保险责任,11月26日分公司支付赔款40.37万元。

2010年4月5日,分公司承保的攀枝花新钢钒股份有限公司两台沃尔沃凿岩机在辽宁鞍钢隧洞作业时被埋,95518接到报案后,分公司派遣非车险部黄继、大渡口支公司副经理刘雄辉赶赴辽宁鞍钢进行了现场查勘,认定确属财产综合险保险责任,7月23日分公司支付赔款44.24万元。

(陈　宏)

中国人寿保险攀枝花市分公司

【概　况】 2010年,中国人寿保险股份有限公司攀枝花市分公司(以下简称分公司)下设8个支公司,合同制员工145人,保险营销员924人。分公司开办各种人身保险险种192个,管理有效险种243个,代中国人寿保险集团公司管理有效险种51个。分公司固定资产原值3 552万元,净值2 338万元,总资产147 369万元;代中国人寿投资有限公司管理固定资产原值581万元,净值144万元。

2010年,为贯彻全省系统保险工作会议精神,分公司根据年初市级工作会议的安排部署,围绕"适度增长,优化结构,提升效益,防范风险"总体要求,以"合规、稳定、达标、争先"为指导思想,以分公司持续、健康、快速发展,员工实现创富为工作目标,在上级财务政策调整以及外部激烈竞争的双重影响下,全体从业人员共同推动分公司继续在较高平台上前行。分公司全年共实现总保费收入52 668万元(含集团),股份公司总保费收入51 029万元。其中:个人渠道首年期缴保费收入(不含专项推动)3 996万元,预算完成率为103.5%,完成率排名全省系统第4,同比增长26.9%,增幅排名全省系统第9。其中5~9年首年期缴保费收入3 960万元,预算完成率为115.4%,完成率排名全省系统第4,同比增长21%,增幅排名全省系统第10;10年及其以上首年期缴保费收入2 482万元,预算完成率为101.3%,完成率排名全省系统第8,同比增长6.5%,增幅排名全省系统第8。长险首年标准保费收入1 893万元,预算完成率为106.3%,完成率排名全省系统第6;同比增长20.9%,增幅排名全省系统第6;个险短期险保费(含一年定期寿险)收入1 465万元,预算完成率为92.8%,个险短期意外险保费(含一年定期寿险)收入653万元,预算完成率为84.8%;团险渠道短期险保费(含一年定期寿险)收入1 604万元,预算完成率为115.4%,完成率排名全省系统第10,同比增长50.5%,增幅排名全省系统第6;短期意外险保费收入1 009万元,预算完成率为124.6%,完成率排名全省系统第11,同比增长78.3%,增幅排名全省系统第3;银邮代理渠道长险首年标准保费收入539万元,预算完成率为168.5%,完成率排名全省系统第4,同比增长105.1%,增幅排名全省系统第3;长险首年保费收入25 686万元,预算完成率为123%,完成率排名全省系统第5,同比增长54.3%,增幅排名全省系统第4;银保首年期缴保费收入2 067万元,预算完成率为

155.4%,完成率排名全省系统第7,同比增长40.1%。在攀枝花寿险市场上,分公司全部业务市场份额为47.46%,继续保持攀枝花寿险市场主导地位。同时,分公司注重发挥保险保障功能及服务地方经济建设,全年赔款和给付保险金6 132万元,较2009年增长10%;短险综合赔付率为48.6%,较2009年下降16个百分点;结案率为99.83%。另外,分公司继续重视品牌塑造,通过积极参与地震捐款、惠民帮扶、行风建设、反洗钱、"三一五"宣传等社会公益活动,分公司"国"字品牌深入人心,社会影响力持续扩大。

【业务发展】 2010年,针对市场不确定因素、同业激烈竞争,年初个险首年期缴保费收入、个险10年及以上首年期缴保费收入不尽如人意且营销团队人力不升反降以及信心受挫等难题,分公司围绕省公司"适度增长,优化结构,提升效益,防范风险"经营管理总体要求,统一"解放思想是破解一切发展难题金钥匙"的认识,提出"以变应变",在全市系统倡导开展"读好书,谈心得"及"请进来、走出去"等活动,引领各层级领导干部解放思想、开阔视野;同时,分公司党委、总经理室成员立足市情和分公司实情,制定并完善《2010年目标考核责任书》,进一步强化"速度意识、效益意识、目标责任意识",使"追赶跨越、敢于担当"成为各级经营管理者的自觉追求。同时,分公司将"抓培训、促增长"作为改变落后面貌,推进发展的关键,以"请进来"的方式,加强观念引导、信心激励,辅之以企划推动,以此促进业绩改观。全年,分公司通过加强全员思想观念改变、组建高绩效团队、强化"百强精英突击队"工程建设、推进城区专业化经营战略,抓专项推动等工作,在促进业务发展的同时,有效积累经营中、高端客户的经验,尤其是开展的"突出重围,冲刺4月"业务竞赛活动,成为确保全年业务目标圆满完成的关键。使分公司在前3个月业务目标落后全省系统的情况下,一跃跨入全省系统仅有的几个完成开门红目标任务的市(州)公司行列,当月个险新单期缴达到1 166万元,分公司也因此成为了全省系统当月个险新单期缴的第一名,同时也成为了全省系统第一家率先完成"福禄"新产品目标任务的市(州)公司。截至2010年12月31日,分公司共实现总保费收入52 668万元(含集团),较2009年增长31.4%;其中股份公司总保费收入51 029万元,较2009年增长35.8%。

【队伍建设】 2010年,为有效提升3支销售队伍规模和销售能力,分公司将队伍建设放在与业务同等重要的位置来抓。一方面,以队伍量的发展为基础,注重增员工作,如个险销售部探索队伍的优化,做到增员日常化,同时加强团队管理及考核促进全年持证人数达到924人,净增人员206人;团险销售部在充分把握现有人才的基础上注重发现引进高素质人才,走"精兵"之路,队伍人数已达到24人,净增8人;银行保险部根据各基层单位代理渠道的实际,按照一对一,一对多的原则,面向社会公开招聘理财专业人员,打造高质、高效、专业的客户经理队伍,银邮客户经理队伍已发展到64人,净增36人,网点经营人力配比也从当初的1:4提升为1:2。另一方面以队伍质的提升为基础,注重培训、培育工作。个险渠道实行送训制,充实壮大讲师组训队伍,以主管分级教育为重点,以新人岗前培训为基础,以新产品宣导为动力,狠抓代理人资格考试培训和衔接教育培训,全面提升队伍整体素质;银行保险渠道采取"请进来、送出去、传帮带"的方法对客户经理加大培训力度,具体抓好系统培训、新人培训、网点培训,重点抓好一批兼职理财讲师的培训,有效提升综合素质,解决中介讲师严重短缺的问题。与此同时,分公司加强教育培训,全年共安排开办各类培训班20个,参训学员500人次,系统培训员工、主管、精英等层级人员,通过"学习心态"、"新保险法"、"行业行为准则"、相关"法律事务知识"等内容的培训,进一步提升参训人员的专业知识和专业技能。

【管理与服务】 为不断健全完善科学的管理制度,强化精细化管理和优质服务,2010年,分公司无论是在"开门红"、各项业务竞赛期间,还是团队建设、增员阶段,后勤保障工作均为业务一线提供了强有力的支持和保障。搭建市级集中成本控制平台,缩短资金流转链条;推行零现金收付费工作,分公司(新单转账、续期转账)收费率、续期转账授权率以及寿险给付转账率四项指标在省分公司2010年度非现金收付费执行率考核中综合得分排名第四,优化部分保全流程,开展送培训进职场,针对客户服务实际问题,深入各单位实地调研,推行小额案件立等可取特色服务,扩大立等可取案件的范围;实践"经营客户"理念,为加强交流与沟通,改进和完善服务水平,举办有40名客户参加的"我与客户面对面交流"座谈会,开展"关爱鹤卡客户感恩回馈"以及"高端客户健康体检"等特色服务,以服务促销售,树品牌;加强信息编发,行业分析,数据查询等工作,为分公司管理层决策提供依据。

【重大赔案】 2009年12月23日,被保险人李某在合江县人民医院进行剖腹产取死婴后,并发妊高症和子痫于2009年12月30日经医院抢救无效死亡。因李某生前在中国人寿保险股份有限公司攀枝花市瓜子坪支公司投保了重大疾病终身保险(97版),经调查属保险责任,按相关保险条款规定,分公司于2010年3月25日支付保险金30万元。

2010年2月22日至3月22日,被保险人徐某在攀枝花市中心医院住院,诊断为原发性肝癌、肝硬化等疾病。因徐某在中国人寿保险股份有限公司攀枝花市营销本部、大渡口支公司、西区支公司分别投保了重大疾病终身保险(97版)、康宁终身保险,经调查属保险责任,按相关保险条款规定,分公司于2010年4月27日支付保险金32万元。

2009年4月15日,被保险人刘某被他人故意伤害致死。因刘某生前在中国人寿保险股份有限公司攀枝花市大渡口支公司投保了国寿鸿丰两全保险(分红型),经调查属保险责任,按相关保险条款规定,分公司于2010年6月13日支付保险金15.95万元。

2010年6月29日,被保险人冯某因暴雨突发大水将其冲走。因冯某生前在中国人寿保险股份有限公司攀枝花市仁和区支公司投保了国寿鸿富两全保险(分红型),经调查属保险责任，按相关保险条款规定，分公司于2010年7月30日支付保险金48.42万元。

2010年9月2日，被保险人尹某在煤矿井下作业时被煤石砸伤头部致死。因尹某生前在中国人寿保险股份有限公司攀枝花市仁和区支公司投保了国寿绿洲团体意外伤害保险（B型），经调查属保险责任，按相关保险条款规定，分公司于2010年11月9日支付保险金20万元。

（王国蓉）

中国平安财险攀枝花中心支公司

【概 况】 中国平安财产保险股份有限公司攀枝花中心支公司（以下简称支公司）2010年共有员工74人，下设直销业务一科、直销业务二科、直销业务三科、车险代理业务分部、综拓业务分部、新渠道业务分部5大销售渠道和业管部、客户服务部、人事行政部、财务部4个职能部门及西区营销服务部、仁和营销服务部、盐边营销服务部和米易营销服务部等4个下属四级机构。固定资产原值276万元，净值197万元。分别较2009年增加82万元和37万元。

2010年，支公司科学规划、强化执行、深化渠道改革与发展，大力提升支公司经营效益。同时强力推动各项工作的全面发展，充分调动前线销售人员的销售激情，通过前、中、后台的紧密协作，确保了全年挑战目标及各项指标的顺利达成，实现了规模品质双丰收。支公司员工张显梁在总公司医疗核损竞赛中获奖。3月30日，在攀枝花市人民政府召开的全市金融工作会议上，支公司被市人民政府授予“2009年度全市金融工作先进单位”称号。

截至12月底，支公司累计完成保费收入7 730万元，完成年度计划的100.54%，较2009年同期增长50.75%；市场份额15.05%，稳居市场第二。全年车险接报案9 651件，报案注销1 726件，结案7 950件，结案金额1 961万元。处理赔款案件9 794件，较2009年同期增加2 541件；赔款支出2 669.07万元，较2009年同期增长28.93%；赔付率33.86%，较2009年同期增长13.57%；综合成本控制在85.5%以内，较2009年同期下降25.67%；个车优质目标续保率67.2%，较2009年同期增长31.48%；车险保单成本率90.6%，较2009年同期下降25.6%；三大险种5大渠道全面盈利，全年实现利润792万元，较2009年同期增长57.03%；但支公司车险占比过高，非车险占比较小。车行、综拓、电销等渠道销售收入在整体保费中占比较低。

【业务发展】 2010年，支公司初步形成直销、综合开拓、电销、重点客户渠道、车行及车商合作渠道5大渠道百花齐放的局面，其中车行、综拓、电销已成为业务增长的主引擎。

2010年，为彻底改变高赔付经营状况，有效改善业务品质。在全市范围内与8家高品质的汽车合资、进口厂商开展项目合作，在行业内处于领先地位。同时通过推行车行分类管理制度和四挂钩政策，撤销清理严重亏损车行网点。

2010年，支公司加大电销渠道业务的广告宣传力度，电销广告进入攀枝花市各大主要居民生活小区、大型停车场，启动“职团开拓、车电连呼、服务附加值增值”等多种营销方式。2010年电销业务保费收入达到700万元，保费同比增长56.78%，占据支公司车险保费收入的15%，成为支公司未来超越市场、抢占市场、创造利润的最优渠道之一。

在非车险市场上，支公司大力推动传统直销渠道升级转型、重点客户渠道改革优化，促进销售团队向专业化、精英化的方向发展。2010年，支公司直销、重客渠道一改2009年“单兵作战”的零散局面，以“专业化团队”的面貌和实力在非车险市场上取得长足发展。成功续保攀枝花钢城集团公司企业财产综合及附加机器损坏综合险，新承保攀枝花市华阳煤业有限公司、锦联工贸公司、攀枝花市正金工贸有限公司雇主责任险，攀枝花富盛工贸有限公司国内贸易信用保险项目。其中攀枝花富盛工贸有限公司国内贸易信用保险项目是支公司的第一笔信用险保单，成为四川分公司三级机构的第一单信用保险单。

2010年支公司累计完成财产险保费收入704.39万元，较2009年同期增长110.65%

【员工培训】 为加强对员工的培训，采取“走出去、请进来”等多种方式，着重在掌握行业政策法规、专业技能、职业道德品质、营销策略、团队沟通、协作、配合和公关技能等方面，重点对员工实践能力和创新能力的培养，进一步提高员工的专业技能与服务意识。2010年支公司组织实施120个学时、800余人次的培训。

【召开四川产险“企业贸易风险规避与融资”研讨会】 2010年5月7日，支公司受四川分公司委托，在攀枝花学府酒店召开四川产险“企业贸易风险规避与融资”研讨会，本次研讨会有攀枝花当地的各大商业银行和10余家客户代表单位共计50余人参加。会议由支公司总经理唐华主持，围绕“中小企业融资难和如何降低银行金融企业的风险”进行研讨。会议首先由四川分公司财产险部徐鸿介绍《如何规避贸易信用风险》，就企业面临的贸易信用风险和规避方式做详尽的阐述，建行攀枝花分行代表也与大家一起共同分享信用险签单的成功经验，随后进行现场讨论和答疑。通过此次研讨会的召开，使中小型企业和金融企业对企业贸易风险规避与融资有更多、更深的了解，为促成一批合作项目的签约打下良好的基础。

【召开中国平安产险重点三级机构第三期现场观摩交流会】 2010年10月31日至11月1日，由总公司西区事业部牵头，委托支公司在攀枝花学府酒店召开中国平安产险重点三级机构第三期现场观摩交流会，会议有全国东、西、南、北区事业部经营督导部领导及各重点三级机构负责人共计70余人参加。此次会议由总公司西区事业部经营督导部副总经理黄俊斌主持，四川分公司副总经理钟凯开训，并由西区的重点三级机构攀枝花中心支公司、内江中心支公司、乐山中心支公司、永川中心支公司围绕经营管理、预算规划、渠道建设、续保管理进行经验交流和分享。总公司营销中心团体综合金融部经理张衡就团体渠道综合金融给大家进行了宣导。随后各参会代表围绕如何做好三级机构预算规划、渠道建设、续保管理以及开展金融等问题进行了分组讨论。总公司董事长办公室副总经理韩宪君作总结发言。

【客户服务】 为贯彻执行平安产险总公司从率行业之先的"三天赔付"提升至"一天赔付"的承诺升级服务要求,2010年2月2日支公司客户服务部组织全体查勘、医核、收单等相关岗位人员对总、分公司下发的"承诺服务升级"要求,规范和宣导材料进行学习和培训。通过学习,大家进一步提高对"服务承诺升级"重要性的认识,表示"承诺服务升级"对客户服务工作提出了更高的要求,要以此为契机,严格规范作业、认真履约,不断提升服务品质。会上,相关岗位责任人签订服务承诺责任实状。承诺推出后,支公司车险万元类理赔案件,平均结案时间分别为由0.85天缩短为0.52天(约12小时)和由0.50天缩短为0.38天(约9小时)。截至12月31日,支公司的服务承诺达成率已达99.98%,提升车险理赔服务时效和质量。

为建立差异化服务优势,赢得市场先机,支公司在2010年完善车险理赔快速通道,建立快速质提升品质监控体系。在客户信息管理环节,通过制定销售、理赔、客户回访等环节的管理标准,提升客户信息准确率;为客观了解车险客户对服务的需求,支公司在特色服务上进行大胆尝试,推出如"多渠道车牌批改"、"网上理赔查询"、"违章年审免费代办"、"个人车险客户结案短信提醒"、"我为客户送上一杯水"、"代步车服务"等更加全面、创新的服务举措。并依赖平安集团公司先进的IT平台和产险打造的运营平台,不仅促进保险行业的服务升级,也引领行业的服务标准,促进客户续保,提升客户满意度。

加强对诉讼案件的管理,支公司授权客户服务部员工代理案件50余起,为支公司减损近100万元。通过代理案件,加强与公安、交警、法院等相关单位部门的沟通交流,为以后其他案件的处理争取了好的空间,得到分公司法律义务室的肯定。为加强对大案要案的管理,设立兼职大案管理岗,加强对大案的调查力度。通过加强大案件管理,提升查勘技能,全年拒赔51起驾驶员掉包、编造虚假事故现场、酒后驾驶等大案,为支公司挽回经济损失187万元。

2010年支公司车险商业险保单期赔付率为64.97%,交强险保单满期赔付率为47.91%,分别较2009年同期下降12.78%和17.96%,车险10 000元以下案件均达到1天结案的服务承诺,第一现场查看率76.99%。

【重大赔案】 2010年5月21日,支公司承保的川DX9992轿车(新车无牌照奥迪),行驶在凉山彝族自治州会理县凌华路,由于驾驶员胥某某在弯道强行超车,与相对行使的大客车川D18068号车相撞,造成两车严重受损,三者车上共计28人受伤、本车2人受伤的重大交通事故。经支公司现场查勘,认定属保险责任,按照相关保险条款,支公司于7月6日支付赔款39.8万元。

2010年12月28日,支公司承保的川D93777凯宴CAYENNE3.21越野车,由驾驶员漆某驾驶从宁蒗方向驶往荣将方向,当车辆行驶至云南省丽江市华坪县丽华线K273+56.9米处,所驾车辆驶离路面,翻于公路右侧坎下,造成本车严重受损,乘车人曾某当场死亡、车上人员4人受伤的重大交通事故。经支公司现场查勘,认定属保险责任,按照相关保险条款,支公司于7月19日支付赔款66.8万元。

(钟　勇)

中国太平洋财险
攀枝花中心支公司

【概　况】 2010年,中国太平洋财产保险股份有限公司攀枝花中心支公司(以下简称中心支公司)内部设7部,即行政人事部、计划财务部、业务管理部、客户服务部、公司业务部、渠道管理部、业务拓展部,下设东区、西区、仁和、米易、盐边5个营销服务部,劳动合同员工56人,较2009年增加11人,全部具有大专以上学历,平均年龄33岁。中心支公司已开办企业财产险类、机动车车辆保险、运输工具险类、货物运输险类、工程险类、责任险类、信用保证险类、综合险类、人身意外险类等10类100多个险种的保险业务,较2009年增加2个险种。固定资产原值181万元,固定资产净值72万元．分别较2009年增长3%和1%。

2010年,中心支公司坚持"抓合规、促发展、保效益"的经营指导思想,坚持"诚信天下、稳健一生、追求卓越"即诚信为本,稳健为体,卓越为魂的企业文化核心价值观。狠抓业务拓展,克服市场竞争加剧、内部业务结构调整等不利因素。全年实现保费收入5 382万元,比2009年增长32%,综合成本率78.63%,比2009年下降15.9%,应收保费率0,实现利润804万元,是2009年的4.7倍,利润率14.9%,比2009年上升10.8个百分点,上缴税金261万元,比2009年增长0.01%,赔款总支出1 613万元,比2009年增长25%,简单赔付率29.96%,综合赔付率38.98%,结案率91.05%,分别比2009年下降1.68个百分点和13.28个百分点。

2010年,中心支公司保持"市级文明单位"称号,被攀枝花市人民政府评为"市先进金融单位"称号,被中国太平洋财产保险股份有限公司四川分公司授予"经营管理先进单位"和"合规达标单位"称号,业务管理部保持"省级青年文明号"称号。

【管理创新】 为践行"诚信天下、稳健一生、追求卓越"的企业文化核心价值观,为中心支公司的稳健发展夯实基础,建设一支有敏锐的市场洞察力和富有市场开拓精神的标准化销售团队,2010年中心支公司把稳员工队伍,着力打造"标准化销售团队"和"规范化管理团队"作为全年队伍建设的重点。增加分配的透明度,从根本上体现多劳多得、不劳动者不得食的原则,严格执行四川分公司颁发的《标准化销售团队建设实施方案》。根据2009年全年目标计划,结合中心支公司人均产能和当地行业平均增幅来分配职务级别与保费团队成员业务拓展能力的强弱、市场反应能力的高低以及对产品的熟练程度、资源状况分别按业务员、中级业务员、高级业务员、业务主管、中级业务主管、高级业务主管、业务经理、中级业务经理、高级业务经理、资深业务经理10个职级进行分层次考核，明确规定每个职级的保费规模、业务结构、损失率、应收保费率等内容，按不同业务职级确定与职级相匹配的收入分配标准，把中心支公司的整体利益与员工个人利益紧密结合起来，形成利益共同体，员工个人可根据自已实现的保费收入、赔付率及考核结果计算个人当月的全部收入。改变以前单一的业务规模考核的办法，在年终考核中严格按照《标准化销售团队管理建设方案》规定的计划达成率，业务结构、赔付率、应收保费率、部门综合管理5项标准计分，分项考核，2010年年终按5项指标综合考核7个销售团队，有3个全面完成全年目标计划，渠道业务部同比增长90%，业务拓展部同比下降64%，中东区营销服务部同比增长15%，中心支公司业务部、米易营销服务、盐边营销服务部、仁和营销部同比完成年度保费计划，中心支公司按《标准化销售团队管理建设方案》兑现奖励近5万元，24名业务员经全年考核有19人超额完成个人全年业务计划目标，其中有10人业务超100万以上，对5人未达到中心支公司考核要求的予以降低职级，在年度考核中4人由高级业务经理职位晋升为资深业务经理职位，6人获高级业务经理奖励，从而进一步激发销售队伍的展业积极性，促进了中心支公司业务较快发展。

在建设“标准化内控管理团队”过程中，中心支公司根据内控管理21个岗位不同工作性质及具体要求，制订岗位工作标准及流程，对各岗位每项具体业务承办时间，协办工作交接时间进行量化，使各岗位不但要按操作流程完成本岗位的具体工作任务，更要与本部门其他岗位员工团结协作，完成部门及中心支公司领导交办任务，对标准化内控管理团队的考核采用100分制量化交叉考核，考核采取内勤部门各岗位员工互评，外勤部门员工对内勤各岗位考评，按不同的考评权重评分后，部门负责人按员工个人工作总结及考评表自我评分进行加减分，最后再由主管领导考评，考核结果与员工本人见面，对扣项部分必须得到员工认同，双方签字后考核生效，对考核倒数第3名的由行政人事部负责人分别进行诫勉谈话，提出改进意见，限期改正不足。对各部室负责人采取同样季度交叉考核，由部室负责人写出书面总结，各部门集体按岗位工作技能、团结协作、服务质量、政策水准、沟通交流等内容进行考核评分后，总经理室主管领导与部门负责人面对面的考核评分，经考核，4个内管部门负责人中有1人综合考评分在90分以上，2人85分以上，1人80分以上，并将考核结果在中心支公司公布栏上公示直接与部门绩效挂钩，经考核22名内勤员工5人综合考评分在90分以上，15人在80分以上，2人在80分以下，根据考核办法进行综合评定，分别给予2人降级处分，同时与绩效挂钩。

【合规经营】 2010年中心支公司把“抓合规、强内控、促发展、保效益”作为全年工作的重点。2月成立以总经理为组长，各部门负责人为成员的合规经营领导小组。为提高全员的合规意识，年初中心支公司为员工印发《中国太平洋财产保险公司合规手册》，做到人手一册，明确各岗位合规管理与内控要求，中心支公司与每位员工签订《合规承诺书》，3月中心支公司组织54名员工参加四川分公司统一组织的合规知识、保险从业人员行为准则考试，52人合格，有2人补考，均合格。

为强化合规管理，中心支公司按照“财务控制、预算控制、财务处理系统、发票管理、机构管理、控制环境、核赔控制、核保管理、单证管理、单证核查、销售管理、业务系统权限、信息技术控制”13个内控环节制订合规经营目标计划，完善重要部门和岗位工作标准及流程，按照合规经营管理要求，设立专职单证管理员、保费专管员、信息技术专管员、人伤医疗核损员、核损专管员，在内控管理中重点抓好财务控制、预算控制、发票管理、单证管理、承保管理、销售管理、理赔管理、业务系统权限8个方面。在财务控制中，中心支公司坚持全面预算管理和一支笔费用报销审批制，对潜在风险较大的单证由中心支公司集中管理、发放、回收，销号由专人负责，对全年领回、发出、回收、销号的各类保险单证做到日清月结账物相符，对已使用未核销的单证进行业务、财务核实销号，对已领出未使用的单证进行实物核实后收回，把潜在风险控制在源头和未发生前，在清理中全年未发现单证遗失现象。业务承保按中华人民共和国保险监督管理委员会批准的险种和费率办理承保业务，除不参与市场上的价格战以外，堵死内部在机动车辆承保中的私车公挂、改变使用性质、变相降低保费的违规行为，坚持按车辆行驶证载明的使用性质承保；为把风险控制在可控之中，在企业财产险承保中坚持现场风险评估，根据保险标的风险可控程度拟订承保建议书。在应收保费管理中，为从源头控制应收保费比例高和已过责任期应收保费的产生，中心支公司坚持车辆交强险交款出单，其他险种承保零散客户见费出单，属团体客户需分期付款的必须签订分期付款协议后出单。在理赔管理中，为挤干赔付中的水分，有效避免人为的道德风险的发生，坚持双人查勘，现场查勘到位率不低于85%；为加强核赔控制，中心支公司坚持现场查勘和核赔逐级授权授信，即实行1 000元以下由客户服务部核赔员审核，1 000元~5 000元由中心支公司客户服务部经理审核，5 000元以上由中心支公司主管总经理审核，重大赔款由中心支公司核赔小组集体讨论的四级赔款审核制度。为增强客户的满意度，中心支公司制订了市区、郊县及周边地区查勘人员到达出险现场的时间及现场查勘施救的具体工作流程，为避免查勘施救人员工作做不到位，方便客户投诉及咨询，中心支公司还对外公布0 812－3 332 137为投诉电话。2010年由于中心支公司加强应收保费管理和内控管理，至2010年12月末中心支公司应收保费率为0，法律纠纷案件10件，在进行合规内控自查自评工作和中华人民共和国保险监督管理委员会开展的财务业务数据真实性自查自纠及分公司组织的两次合规经营稽核中，中心支公司无一例违规承保和财务套费行为，也未发现中心支公司在核赔控制中编造假赔案，搭车套费等违规行为。

【员工培训】 2010年为建设具有较强专业技能的销售团队和政策水平高、服务意识强、综合管控能力强的内控管理团队，中心支公司除加大对各项规章制度的执行力来规范员工行为外，也把培训作为提高员工综合素质的重要手段。全年中心支公司组织3次共32人先后在南充、广安、眉山辖属地市机构交流学习，同时对中心支公司领导班子成员、中层管理干部、业务骨干共58人次到成都管理培训学校进行管理知识、专业理论、法律法规培训。为提升管理干部的综合管理理论知识，6月，中心支公司总经理按照中国太平洋财产保险股份有限公司要求，到上海参加为期半个月的学习。为鼓励员工参加学历教育，中心支公司制订奖励政策：员工通过自学、远程教育获得学历后公司给予一次性奖励的政策，2010年中心支公司对4人完成远程教育的法律、行政管理学习，并获得本科学历的员工共给予一次性1万元奖励。为提高员工的基本专业技能，中心支公司编制了全年培训计划，规定每周四下午由行政人事部负责组织业务、理赔、法律法规专业人员为员工讲授保险原理和各种销售语术、客户拜访技巧以及市场分析专业知识；为提高员工的专业技能，将中国太平洋财产保险股份有限公司制定的《合规手册》发给全体员工，并组织全体员工由分公司合规老师进行专题讲授。为检查学习效果，中心支公司组织54人参加中国太平洋财产保险股份有限公司四川分公司统一组织的《中华人民共和国保险法》合规知识及保险从业人员行为准则考试；组织部门负责人、业务经理共13人赴中国太平洋财产保险股份有限公司上海中心支公司参观、学习、考察，吸取兄弟公司在内控管理、业务拓展、售后服务等方面的先进经验。

全年中心支公司本部组织各类培训、讲座25次，359人次参加，参加中国太平洋财产保险股份有限公司举办的理赔、核赔、理算高级专修培训班5次21人接受培训教育，在中国太平洋财产保险股份有限公司四川分公司组织的理赔、核损、核保知识考试中，中心支公司5人参加考试，考试成绩全部达到良好以上。

【服务创新】 为树立太平洋产险品牌和中心支公司良好的社会形象，2010年中心支公司着力强化全员服务意识，坚持二线员工为一线员工服务、全员为客户服务的原则，把提升售后服务作为增强中心支公司核心竞争力的重要举措。提倡专业化、人性化服务，在强化客户服务队伍的综合素质和业务技能培训的基础上，坚持“主动、快捷、准确、合理”的查勘定损原则，既严格执行中心支公司理赔纪律又针对不同情况处理具体理赔事宜，把客户的满意度作为提升中心支公司优质服务活动的具体内容。2月中心支公司推行“首问制”服务（即：客户来信、来电、来访或领导交办工作时，所接触到的第一位工作人员，都负有接待、答询、处理、解决、办理或协助办理的责任制度），同时中心支公司还推行“三六零”特色服务（三指三心：主动心、可靠心、细致心；六指六项核心服务：索赔手续简化服务、夜间现场查勘服务、现场快捷赔付服务、“流动快赔直通车”服务、车辆远程定损服务、全国通赔关爱服务；零指零距离服务），为满足各类不同客户的需求，中支公司与10家具有二级以上维修资质的汽车修理厂建立救急救助协作关系，建立中心支公司客户服务网络体系，做到“365天天天营业”“24小时时时服务”，让客户时时感到太平洋保险服务就在身边。

为给客户提供专业，周到的保险服务，2010年中心支公司制定对总损失在5 000元以内的事故，经中心支公司理赔人员现场查勘认定属保险责任的，客户提供必要的手续后可在出险当日赔付。为出险标的进行及时、准确的查勘定损服务，要求在市区内不论任何时候只要有客户出险，中心支公司接到报案后必须立即赶到现场施救和查勘，对发生较小的出险事故经理赔查勘人员现场认定属于保险责任的，客户可在2小时内领取赔款。为提高理赔时效，缩短客户等待时间，中支公司投入10万余元配备1辆专用查勘和5台车载笔记本电脑，出险后查勘人员现场估损，打印报告单。并与已选定的10家信誉好的修理厂签订委托查勘和定损协议，实行远程定损系统。同时中心支公司受理报案后，要求客户服务部安排专人全程跟踪赔案落实情况，对接案速度、现场到位速度、定损质量、赔款支付时效等及时做出回访。为及时抢救受伤客户，中心支公司与市中心医院等6家县级以上医院签订合作协议，为受伤客户提供一定的医疗费用担保，并对人员伤亡赔案，提供医疗咨询、费用审查、索赔指导等附加服务，协做客户处理善后事宜。与客户的需求保持“零距离”，主动与客户提供承保、理赔、风险评估、业务咨询等与之相应的服务。如2010年中心支公司承保的米易湾滩水电站遭遇洪水灾害，中心支公司聘请水电专家实地查勘定损后为水电站提供专业的风险防范建议。全年中心支公司为32家重大客户提供风险防范建议书，每季度组织专人到客户单位进行回访。

【重大业务承保】 2010年中心支公司抓合规的同时，也抓常规业务发展并提高续保率，注重提高已承保重大项目的服务和新项目的拓展。全年重大业务承保6次，获保费收入612万元，其中承保的攀枝花市龙蟒矿业有限责任公司的团体意外险，获保费15万元、续保的华电集团攀枝花三维发电公司财产一切险和附加机损险，保费收入117万元，同比增长2.6%、续保的公交公司客运车辆第三者责任险，获保费收入100万元、承保的四川省烟草公司攀枝花市公司的财产一切险、车辆保险，获保费收入20万元、承保的东区、西区共49所中小学校学生平安保险，保费收入260万元，同比增长30%、承保的四川省川投化学工业集团有限公司攀枝花分公司的财产一切险和机损险、公众责任险，获保费收入100万元。

【重大赔案】 2010年3月19日，中心支公司承保的深圳市城投爆破工程有限公司团体人身意外伤害保险，其职工李某某在作业时从楼上跌下经抢救无效死亡。经中心支公司现场查勘，认定属保险责任，于8月26日，按相关保险条款规定支付赔款10万元。

2010年4月30日，中心支公司承保的中冶实久建设有限公司工业安装分公司建筑工程施工人员团体人身意外伤害保险,其张某某在施工现场中不小心随主梁一起坠落地面,头部受伤,经医院抢救无效死亡。经中心支公司现场查勘,认定属保险责任,于8月3日,按相关保险条款规定支付赔款20万元。

2010年2月2日,中心支公司承保的川D18361私人轿车,由米易向攀枝花市区行驶,当车行驶到攀枝花市湾滩水电站路段时,因避让不及时与对面行驶摩托川WL8930相撞,造成两车相受损,摩托车驾驶人员撞成重伤,经中心支公司现场查勘,认定属保险责任,于12月30日按相关保险条款规定支付赔款12.13万元。

2010年3月4日,中心支公司承保的川D 20 811私人货车,在倮果加油站倒车过程中,因路基松软致使车辆则翻将指挥人员压死。经中心支公司现场查勘认定,属保险责任,于5月24日按相关保险条款规定支付赔款136 965.85元。

(尤奇伟)

中国太平洋寿险攀枝花中心支公司

【概　况】 2010年中国太平洋人寿保险股份有限公司攀枝花中心支公司(以下简称中心支公司),设行政人事部、计划财务部、个人业务部、团体业务部、银行保险部、保费部、营运部等7部,下设东区、西区、仁和区、盐边县、米易县5个营销服务部。与农业银行攀枝花市分行、建设银行攀枝花市分行、中国银行攀枝花市分行、工商银行攀枝花市分行、交通银行攀枝花市分行、攀枝花市邮政局、攀枝花市农信社等建立合作关系。中心支公司保险从业421人,其中内勤员工65人,平均年龄32岁,均具有大专以上文化程度。开办险种近4类200余个品种。覆盖人寿保险、年金保险、健康保险、意外伤害保险等多个领域。固定资产原值120万元,净值34万元,较2009年增加12%和50%。

遵循寿险规律,发展保障型和长期储蓄型产品,重点拓展个人传统型保险、分红型产品的期缴业务和短期意外险业务。在提升市场的同时,拓展潜力市场,围绕提升价值增长的能力,2010年,中心支公司加大基础管理和改革创新力度,强化销售渠道建设,加强基础管理和培训支持,推广以客户为中心的产品组合销售模式,实现营销队伍的持续增长和产能提升;完善后援支持和集中运营平台,进一步提升集约化经营水平。并以"做一家负责任的保险公司"为使命,以"诚信天下,稳健一生,追求卓越"为企业核心价值观,以"推动和实现可持续的价值增长"为经营理念,以"一流的服务质量、一流的工作效率、一流的公司信誉"为宗旨,立足于永续经营、可持续发展的战略规划,永无止境地致力于把真诚的保险保障和理财服务送到千家万户。

2010年全年完成保费8 904万元,较2009年增长13.5%;全年接到理赔案件1 844件,实际赔付1 828件,结案率99.13%,较2009年增长0.68%;全年理赔、给付金额2 713.46万元;简单赔付率为30.4%,较2009年下降2.4%;投诉率0.29‰,较2009年下降0.21‰。

【制度建设】 2010年,中心支公司把统一发展思路,增强发展意愿,培养干部员工的适应力,树立干部员工的自信心、责任感,激发干部员工的工作激情作为重点工作抓,把"健康、幸福"作为公司的愿景文化,在坚持"一手抓业务,一手抓管理,两手抓,两手都要硬"的原则,结合实际情况,提升管理的专业化、集约化、规范化水平,全面加强和改善各项内部管理工作,制订《中国太平洋人寿保险股份有限公司攀枝花中心支公司员工争先创优管理办法》、《中国太平洋人寿保险股份有限公司攀枝花中心支公司员工岗位轮换管理办法》等制度,坚持向管理要效益,通过管理促发展。在财务管控方面,为做到节约费用,中心支公司一方面抓业务发展,另一方面抓费用管控,制订《中国太平洋人寿保险股份有限公司攀枝花中心支公司日常费用管理办法》、《中国太平洋人寿保险股份有限公司攀枝花中心支公司日常费用管理办法》等制度,使财务费用得到合理的管控,实现财务费用收支平衡。通过一系列的措施,促进团队的稳定和管理工作的加强,内控机制得到了强化,风险得到有效的控制,全年没有发生一起安全生产事故,减少了浪费,降低了成本,实现了收支的平衡。

【客户服务】 为深入贯彻中国太平洋人寿保险股份有限公司四川分公司倡导的"管理向上集中、服务向下延伸"的营运理念,全面提升营运作业时效的同时更好的控制业务风险,2010年3月中心支公司开展"柜面标准化"建设和"四级机构作业全覆盖"活动。在2010年底,与四川分公司同步升级核心业务系统(P10系统)。通过P10系统上线和一体化运行,以及业务、财务标准化操作流程(SOP)实施,实现承保、两核、保全、财务、统计、管理等流程的整合、固化和优化,全面支持中心支公司专业化和集约化管理,有效防范业务流程局部失效产生的风险,提升整体风险防范能力。通过承保流程的优化,将新单回访工作提前到客户缴费之前,更好地让客户了解自己所购买险种的优势,真正做到"一切以客户感受良好"为服务的标准,也更加符合保监会要求的合法合规经营。在5个县级营销服务部的营运服务中,实现包括个人保险业务承保、保全、理赔受理、单证管理、营销员管理等5项服务功能覆盖,使县级营销服务部的服务能力和服务时效得到了提高,使"服务向下延伸"的管理举措得到进一步落实。

【产品开发】 2010年,中心支公司在实行业务集中管理的基础上,以新型分红险产品为重点,不断推出新产品。针对不同服务对象,个人业务推出《鸿鑫人生两全保险(分红型)》、《鸿鑫人生两全保险(分红型)B款》、《金玉人生两全保险(分红型)》、《宝宝安康两全保险》、《金瑞人生终身寿险(分红型)A\B\C》等;团体业务推出《信恒D团体年金保险(分红型)》,并继续推广新团体人身意外伤害保险、补充工伤保险等;银邮业务推出红利丰两全保险(分红型)、红福来两全保险(分红型)等。

【重大赔案】 被保险人肖某某,2008 年 8 月 27 日购买中心支公司《长泰安康 B》、《附加保险 168》,2009 年 11 月 24 日,因交通事故当场死亡。在接到受益人提交的理赔申请资料后,按相关保险条款,中心支公司于 2010 年 1 月 15 日支付赔款 11 万元。

被保险人李某某,1998 年 6 月 18 日购买中心支公司《老来福(98)终身寿险》,2009 年 12 月 30 日,李某某因病在合江县人民医院治疗无效死亡,在接到受益人提交的理赔申请资料后,按相关保险条款,中心支公司于 2010 年 3 月 12 日支付赔款 10 万元。

被保险人李某某,2007 年 2 月 7 日投保中心支公司《金诚利两全保险》分红型,2009 年 11 月 3 日,李某某因尿毒症在医院治疗无效身故。在接到受益人提交的理赔申请资料后,按相关保险条款,中心支公司于 2010 年 3 月 25 日支付赔款139 257. 76元。

被保险人陆某某,2008 年 4 月 1 日投保中心支公司《综合保障 368》保险,2008 年 12 月 5 日,陆某某在攀西高速公路上被他人殴打致残。在接到受益人提交的理赔申请资料后,按相关保险条款,中心支公司于 2010 年 4 月 1 日支付赔款84 629. 98元。

被保险人韩某某,1997 年 1 月 28 日投保中心支公司《老来福终身寿险》,1998 年 2 月 25 日投保《步步高(97)增额保险》,2010 年 2 月 12 日,韩某某因坠楼送医院抢救无效身故。在接到受益人提交的理赔申请资料后,按相关保险条款,中心支公司于 2010 年 5 月 25 日支付赔款 13 万元。

被保险人惠某某,1998 年 9 月 12 日投保中心支公司《小福星(98)终身寿险》,2010 年 5 月 6 日,惠某某因交通事故当场死亡。在接到受益人提交的理赔申请资料后,按相关保险条款,中心支公司于 2010 年 5 月 26 日支付赔款 6 万元。

被保险人李某某,1999 年 6 月 11 日投保中心支公司《福禄寿返本还利》C 款,2010 年 10 月 17 日,李某某因胰腺癌治疗无效身故。在接到受益人提交的理赔申请资料后,按相关保险条款,中心支公司于 2010 年 10 月 27 日支付赔款54 228元。

被保险人赵某某,2009 年 12 月 28 日投保中心支公司《保得利两全保险》,2010 年 12 月 10 日,赵某某因病治疗无效身故。在接到受益人提交的理赔申请资料后,按相关保险条款,中心支公司于 2010 年 12 月 10 日支付赔款 75 920元。

(袁孟康)

中华联合财险攀枝花中心支公司

【概 况】 2010 年,中华联合财产保险股份有限公司攀枝花中心支公司(以下简称中支公司)内设综合管理部、财务会计部、业务管理部、客户服务部 4 个职能管理部门,下辖 6 个营销服务部及 1 个直属业务部门。共有员工 36 人,较 2009 年减少 21 人,营销人员 24 人,较 2009 年增加 5 人。固定资产原值为 99 万元,与 2009 年持平,净值为 19. 6 万元,较 2009 年减少 3. 4 万元。主要有机动车辆保险、企业财产损失保险、家庭财产损失保险、建筑工程保险、安装工程公司、货物运输保险、能源保险、一般责任保险、飞机保险、航天保险、核电站保险、一般责任保险、短期健康保险和意外保险等 117 个险种,较 2009 年增加 1 个。

2010 年,遵循“转变发展方式,提高服务水平,强化合规经营,坚决扭亏为盈”的经营方针,中支公司坚持科学发展观,努力实现保稳定、防风险、促发展、增效益的统一,推动中支公司的全面发展。全年实现保费收入2 621万元,比 2009 年同期增加 98 万元;赔款总支出1 268万元,比 2009 年同期减少 246 万元;简单赔付率 48%,比 2009 年同期下降 12%,综合赔付率为 47%,比 2009 年同期下降 11%;全年盈利 450 万元,比 2009 年同期增加 229 万元;全年缴纳各种税金 135 万元,比 2009 年同期增加 5 万元;2010 年 3 月,中支公司被市政府评为“2009 年度全市金融工作先进单位”。

【风险排查】 为全面提升内控合规管理水平,2010 年 9 月 1 日,中支公司启动风险综合排查项目。排查期间,由各部门抽调业务精英组成工作组深入各县(区)营销部,对财务合规管理、“小金库”清理、“理赔质量年”活动开展、人力资源“定编、定岗、定责、定薪”执行落实情况和档案集中管理等重点领域经营风险进行集中检查,就队伍建设进行深度调研,帮助基层发现问题 12 起,整改纠正 12 起,建章立制 8 条,责任追究 2 人,建立健全了风险防范长效机制。

【大客户理赔管理】 为有效降低保险理赔纠纷,2010 年 1 月 26 日,中支公司召集上海大众攀枝花汽车服务有限公司、保华汽车修理厂等大客户的保险业务代表 32 人,通过举办保险知识培训、座谈交流等形式,就车损、人伤赔付流程及标准,影响理赔时效和核损报价差异等主要因素进行交流讲解,达成建立定期联系互访机制、加强防灾防损安全培训和坚决依法合规,按合同条款办事三项共识。理培纠纷较 2009 年下降 65%。

【“理赔优质服务百日活动”】 为响应总公司“二次创业”号召,推动“理赔质量年”活动实施方案向纵深发展,提升理赔服务质量,加强中支公司可持续竞争力,于 2010 年 9 月 20 日至 12 月 31 日开展“理赔优质服务百日活动”。

中支公司于 9 月底在攀枝花电视台、广播电台等新闻媒体作广泛报道;组织专人负责编写理赔服务事迹、打假防骗典型案例等 3 篇宣传稿件在四川省保险行业协会主办的《保险行业动态》上发表;在营业场所张贴宣传标语 5 幅,悬挂宣传挂图 6 幅、摆放宣传手册2 000份,张贴客户服务承诺书 7 份及所有理赔人员基本信息一览表 6 幅。

为开展快速理赔活动,制定出符合攀枝花实际情况的车险小额案件处理办法,简化手续,加快处理速度;开展小额人伤案件处理办法的推广工作;开通案件处理绿色通道,实行赔款金额在3 000元以内的案件,只要资料齐全,当天转账支付赔款;在财务部门开通商务通短信处理平台,对支付的每一笔赔款,通过短信平台发送短信及时告知客户;规定总损失金额在2 000元以下的赔案,被保险人自己亲自上门领取赔款,在1时内支付赔款,提高结案速度,树立公司良好形象。

为全面掌握客户回访活动的开展情况,中支公司指定专人确定各险种、各费率、各层面客户群,从中选择有代表性的客户(或者随机抽取名单)通过电话回访、短信回复、上门座谈等方式对中支公司员工的服务态度、理赔时效、理赔纠纷等进行调查,收集调查信息资料、统计结果、分析原因、提出相关改进措施。对500多名不同类型的客户进行回访,收集反馈信息1 100余份,提出合理化意见和建议100余条,为中支公司下一步改进客户服务工作提供了重要依据。该活动共出动人员1 000余人次,支出经费30 000余元,先后收到客户短信感谢100余条,赠送表示感谢的锦旗3面。

【重大赔案】 2010年10月4日中支公司承保的由罗某驾驶的川DB 0 537号摩托车,在攀枝花市米易县草场乡克朗村与彭某驾驶的川DA 6 715号摩托车相撞。致彭某当场死亡。经中支公司现场查勘,认定为保险责任,按照相关保险条款规定,中心支行公司于2010年12月20日支付赔款共计11万元。

2010年10月13日,中支公司于2010年10月13日中支公司承保的由向某驾驶的川D 14 972号东风货车,在四川省凉山彝族自治州会理县果元乡东升村与戈某驾驶的摩托车相撞,造成戈某当场死亡的交通事故。经现场查勘,认定为保险责任,并按照相关保险条款规定,中支公司于2010年12月23日支付赔款共计131 892.20元。

(皮宗兴)

天安保险攀枝花中心支公司

【概 况】 2010年天安保险股份有限公司攀枝花中心支公司(以下简称中心支公司)共有员工22人,下设业务一部、业务二部、业务三部、综合监督服务部、业务监督服务部、财务部两个部门和1个营销服务部。固定资产原值40.14万元,固定资产净值15.65万元。中心支公司开办机动车保险、企事业财产损失保险,家庭财产损失保险,工程保险、信用保证保险、进出口货物运输保险、短期人身意外伤害保险、人身健康保险、责任保险等主险近3类200种。

2010年,遵循总公司"风险第一、效益第一"的经营理念和"诚信理财、服务社会"的经营宗旨。中心支公司2010年全年实现保费收入1 269万元,比2009年同期减少9万元;赔款总支出694万元,比2009年同期增加77万元;简单赔付率为54%,比2009年同期增长6%,综合赔付率47%,比2009年同期下降16%;全年盈利116万元,比2009年同期增加2万元;全年缴纳各种税金80万元,比2009年同期增加6万元;较好地完成了分公司下达的各项项任务指标。

【重大赔案】 2010年9月13同16时50分许,中支公司承保的川D13780号红岩仓栅式运输汽车,行驶在米易垭口路段转弯时,因估计不足后轮掉下路坎后车辆翻下100多米山崖,造成本车驾驶员及安宁铁钛输送管道受损及管道内的铁粉损失的重大交通事故。经现场查勘,认定属于保险责任,于11月17日支付赔款103 939.04元。

2010年4月18日6时47时许,中支公司承保的川D 23 600号豪运自卸汽车,行驶在石棉回隆路段,因驾驶员操作不当翻于公路下的水渠内,经现场查勘,认定属于保险责任,于9月10日支付赔款177 134.56元。

(代 磊)

阳光财险攀枝花中心支公司

【概 况】 2010年阳光财产保险股份有限公司攀枝花中心支公司(以下简称中心支公司)内设4个职能部门,即总经理室、综合管理部、业务管理部和客户服务部,有员工16人,较2009年减少3人,固定资产原值56万元,较2009年减少8万元。主要经营企业财产保险、机动车保险、家庭财产保险、工程保险、货物运输保险、责任保险、意外险和健康险等10类100多个险种的保险业务。

中心支公司秉承"集众家之长,取自我之道;聚业内人才,纳业外贤士;高起点组建,远战略发展;风雨中做事,阳光下做人;走精英之路,创阳光品牌"的阳光箴言,努力做好各项工作。在业务发展思路方面,创新发展思路,强化队伍建设,注重销售策划;在目标市场管理方面,坚决砍掉红线,确保真实砍红,体现价值导向;在业务费用控制方面,切忌费用包干,重在过程管理,严格执行预算;在挤压理赔水分方面,考核案均赔款,提高素质技术,严惩违纪行为;在死抓应收管理方面,建立"黑"名单,实行见费出单;在渠道专属管理方面,掌握渠道信息,选择合作目标,专人专属管理;在重视客户方面,崇尚诚信关爱,注重便捷及时,重在规范准确;在人力成本控制方面,严格执行编制,坚持效能量化,坚决消除"黑"人(即编外人员);在员工队伍建设方面,精心选聘人才,中心支公司坚持"强力猎取(引进人才)、关爱培养(成就人才)、成长激励(开发人才)、竞争淘汰(优化队伍)"的人才战略思想,以中心支公司文化为指引,以发展战略为前提,以品格、能力、潜质为标准,形成有利于人才培养及优秀人才脱颖而出的人才机制;在勤俭办理企业方面,严管车、房、吃,严控差旅标准,厉行日常节约;在明确利益导向方面,确立价值标准,好坏定要区分,奖罚必须分明;在执行措施方法方面,弄清楚搞透彻,定措施死死抓,不奏效动班子。员工是中心支公司最宝贵的财富,解决员工关心的问题是中心支公司的责任。为充分体现对员工及家人的关爱,中心支公司为工作满3年且父母在60周岁及以上的员工父母每月发放200元的父母赡养津贴。确保企业盈利、确保可持续发展、确保员工价值成长是公司的三大任务。截至2010年12月底,全年完成保费收入936万元,较2009年下降24.5%;上缴税金51.8万元,较2009年下降24.29%。

2010年共处理赔款案件1 972件，较2009年同期增长95.63%；累计支出赔款583元，较2009年增长66.57%；综合成本率控制在94.89%，较2009年同期下降4.47%；实现利润157 419.26元，较2009年同期增长2.35倍。

【客户服务】 中心支公司始终把培育卓越的客户服务能力作为重要的战略追求之一，不断探索以客户为中心的服务模式，探索差异化的服务方式，持续提高服务品质。中心支公司已建立由电话中心、先进的IT平台，专业的员工队伍组成的完善、领先的客户服务体系，高效、专业的客户服务赢得广大客户的高度认同。2010年中心支公司共处理各类理赔案件1 972件，结案率80.72%，赔付率60.13%，累计支出赔款583万元。

【重大赔案】 2010年3月19日15时左右，中心支公司承保的阳光建筑工程团体意外伤害保险发生事故。深圳城投爆破工程有限公司员工李某在对大冲旧厂房21栋进行拆除施工中，从5楼至4楼楼梯拐角平台处坠落至地面。现场工作人员将其送往附近的医院进行救治，当日经医院抢救无效死亡。经现场勘查属建筑工程意外险保险责任，按相关保险条款规定，中心支公司于2010年11月支付赔款201 378.01元。

2010年7月31日6时10分许，中心支公司承保的川D55238小型普通客车由滨川沿祥宁线驶往攀枝花方向，当该车行驶至祥宁线K111+700米处时，与由西往东横过公路的行人郃某相撞，车辆驶出公路东侧路外，造成行人郃某受伤，经送医院抢救无效死亡，川D55238客车受损的事故。经现场勘查，认定属保险责任，按相关保险条款规定，2010年11月中支公司支付赔款205 687.48元。

2010年8月1日14时30分左右，中心支公司承保的阳光建筑工程团体意外伤害保险再次发生事故。投保单位东华建筑工程有限责任公司工人李某在安装楼顶采光玻璃时，因安全绳长度不够，在调整安全绳时不慎踩空，从楼顶7.8米处坠落至地面。现场人员通知120救护车将其送往攀枝花中西医结合医院进行抢救治疗，经医院抢救无效死亡。经中心支公司现场勘查属建筑工程意外险保险责任，按相关保险条款规定，2010年11月中心支公司支付赔款200 315.74元。

（赖庆秀）

华安财险攀枝花中心支公司

【概　况】 2010年华安财产保险股份有限公司攀枝花中心支公司（以下简称中心支公司）内设人事行政部、计划财务部、业务部，共有员工9人，98%的员工取得《保险代理从业人员资格证书》，平均年龄33岁。开办学贷险、理财险、企业财产险类、运输工具险类、货物运输险类、工程险类、责任险类、信用保证险类、综合险类、人身意外险及医疗险类等10类100多个险种的保险业务。

中心支公司坚持“利润生存、服务至上、规范经营、创新发展”的经营指导思想，坚持“责任、专业、奋进”的企业理念，紧扣市场脉搏，狠抓业务发展，努力克服市场竞争加剧，不断创新。2010年中心支公司固定资产原值38.43万元，净值14.1万元，分别较2009年同期下降5.4%、下降33.49%，2010年全年实现保费收入227.08万元，上缴税金12.58万元。满期赔付率为60%，较2009年下降21%。赔款总支出126.38万元，较2009年同期下降13.43%。盈利99.08万元，较2009年增长100%。

【员工培训】 为提高员工综合素质，2010年中心支公司组织安排4个学时，对全体员工采取网络培训的方式。培训内容包括《车险产品条款》、《保险行从业人员行为准则》、《礼仪》、《保险法2009年修订案解读》、《沟通技巧》、《弟子规》等25门课程。同时针对中心支公司领导班子成员、中层管理干部、业务人员、财务人员及后台人员做相对应的课程培训及季度培训考核，合格率达100%。全年共培训4期，培训人员共36人次。

【客户服务】 为树立中心支公司产险品牌和良好的社会形象，中心支公司着力强化全员服务意识，在原来“快速、准确、合理”的查勘定损的基础上，融入华安财产保险股份有限公司（以下简称总公司）提出的“比出险客户的亲人早到三分钟”的全新服务理念。把客户的满意度作为提升公司优质服务的具体内容。每周由中心支公司负责人直接与查勘定损人员交流，及时解决存在的问题，并积极回访，获得客户反馈，尽量做到让客户满意。2010年，中心支公司继续按照总公司的决策调整连锁式营销服务部战略，保留与小区附近客户的联系方式，到小区内讲解保险知识，实现与客户面对面的服务。2010年对于8 000多名理财险客户相继到期，中心支公司派专人进行电话服务与客户进行相关信息核对，及时为到期客户转账；同时，实行24小时全国“95556”报案专线，与4S汽车修理厂建立救助协作关系，并向客户发放车险案件理赔时效承诺卡。2010年共处理各类赔款案件290件，结案率为100%，累计支出赔款126.38万元。发放车险案件理赔时效承诺卡1 000张。

【重大赔案】 2010年3月，中心支公司承保的由客户任某驾驶的四通ST150T运输型拖拉机，停靠在市密地桥北路一洗车场附近，被三者驾驶一辆型号为豪爵HJ150－2车型摩托车撞致车尾部，造成三者1人受重伤，（送往医院后因抢救无效死亡）标的车无损的安全事故。经中心支公司查勘人员现场查勘，认定属保险责任，按相关保险条款规定，2010年4月中心支公司支付施救费及死亡赔偿费用共计50 000元。

（曾　平）

财政·税务

财　　政

【概　况】 2010年，攀枝花市财政系统有干部职工513人，其中市财政局有干部职工119人，5个县（区）有干部职工260人，45个乡镇财政所有干部职工134人。

2010年，全市地方财政收入实际完成564 889万元，占预算的100.3%，同口径增长16%。2010年，全市地方财政支出实际执行941 427万元，占预算的99.1%，同口径增长12.6%。

全年市财政系统共撰写科研论文及调查报告近50篇，在全市政务调研评比中，1个财政科研课题获市政务调研一等奖，2个财政科研课题获市政务调研二等奖，1个财政科研课题获市政务调研三等奖，办理人大代表建议和政协委员提案13件，上报财政信息300余条，年鉴编写、计划生育、政务信息、安全生产、保密工作等各项工作在省、市各级评比中多次获得先进单位、优秀集体，共计获得省、市级各类奖励54项。

【全市财政预算执行情况】 2010年，全市全口径财政收入实现1 071 039万元，其中按照现行财政体制规定属于中央、省级收入506 150万元。

全市地方财政收入实际完成564 889万元，占预算的100.3%，同口径增长16%。其中：一般预算收入完成387 841万元，占预算的100.8%，同口径增长19.4%。按财政部规定口径计算，全市财政经常性收入增长15.9%。

2010年，全市地方财政支出实际执行941 427万元，占预算99.1%，同口径增长12.6%。其中：一般预算支出750 766万元，占预算的99.5%，同口径增长13.7%。

2010年，全市财政收支试算平衡情况是：地方财政收入564 889万元，加预算外调入资金和上级补助收入376 201万元和2009年结余收入15 321万元，收入总计956 411万元。收入总计减去当年财政支出941 427万元、上解上级支出2 813万元后，年终滚存结余8 993万元，实现收支滚动平衡的目标。

【市级财政预算执行情况】 2010年，市本级地方财政收入实际完成293 405万元，占预算的100.1%，同口径增长11.1%。其中：一般预算收入完成181.050万元，占预算的100.2%，同口径增长15.2%。按财政部规定口径计算，市本级财政经常性收入增长12.1%。

2010年，市本级地方财政支出实际执行413 219万元，占预算的99.5%，同口径增长9.9%。其中：一般预算支出311 832万元，占预算的99.6%，同口径增长11.8%。

2010年市本级财政支出中，人员支出115 474万元，占27.94%；日常公用支出8 876万元，占2.15%；项目支出288 869万元，占69.91%。

2010年市本级财政收支试算平衡情况是：地方财政收入293 405万元，加上级补助和下级上解收入381 778万元及2009年结余收入4 667万元，总计679 850万元。收入总计减去2010年财政支出413 219万元、补助下级支出261 771万元和上解上级支出2 813万元后，年终滚存结余2 047万元，实现滚动平衡目标。

【资金筹集】 按市委、市政府要求，抓住国家继续实施积极财政政策的机遇，争取上级资金和政策支持，全年共获得各种专项补助243 428万元，同口径增长23.5%，同时，完成6亿元企业债券的发行工作。

【农林水事务投入】 按市委、市政府推进新农村示范片的战略部署，全年安排农林水事务支出58 041万元，同口径增长23.9%，高于财政经常性收入增幅8个百分点，重点用于农村示范片建设、农业基础设施建设、农业产业化经营、扶贫开发、启动抗旱应急保障机制等；兑现粮食直补、农资综合直补、农机购置补贴、退耕还林补贴、家电和汽车摩托车下乡补贴、以旧换新等补贴资金13 897万元。

【工业经济投入】 按照市委、市政府大力发展工业经济的要求，整合各类工业发展资金116 400万元，用于园区建设、产业发展、污染防治等；发挥中小企业支撑平台如金鼎担保公司和金源创投公司的作用，为96小企业担保融资142 353万元；及时兑现工业经济上台阶、非公有制企业奖励、资源综合利用等各项财税优惠政策；安排石油价格补贴资金7 615万元，对公交、农村客运、出租车等运输行业进行补贴。

【现代服务业投入】 按照市委、市政府发展现代服务业的安排部署，全年安排第三产业发展资金5 860万元，用于旅游业和服务业发展，支持景点建设、"阳光花城"宣传、"欢乐阳光节"举办，实施粮食物流中心等项目的建设，通过服务业资金的引导，带动服务业投资6亿多元。

【民生工程投入】 全市共筹集10大民生工程资金224 257万元，比2009年增加109 893万元，同口径增长96.1%，主要投向群众关注的就业促进、扶贫解困、百姓安居工程等方面。以财政投入和争取银行贷款、利用住房公积金贷款支持保障性住房建设等多种方式，投入群众住房困难和中小学学生校舍安全的资金98 603万元，占10大民生工程资金总量的44%。

【社会保障投入】 全市用于社会保障和就业支出122 273万元，用于落实就业促进政策、设立创业促进就业专项资金，完善公共就业服务体系、落实"五缓四降三补贴"（经劳动部门认定的困难企业继续执行缓缴基本养老保险、基本医疗保险、失业保险、工伤保险、生育保险费，降低城镇职工基本医疗保险单位缴费率、失业保险单位缴费率、生育保险单位缴费率、工伤保险费率，社会保险补贴、岗位补贴、在岗培训补贴）政策、开展新型农村养老保险试点工作、建立国家基本药物补偿制度等。

【教育事业投入】 按照《中华人民共和国义务教育法》和市委、市政府发展教育事业的要求，2010年用于教育支出116 530万元，同口径增长21.6%，高于财政经常性增幅5.7个百分点，用于落实城乡义务教育阶段学校学生"两免一补"（免学费、免杂费、补助生活费）政策、推进中小学"校安工程"和"安保工程"建设、藏区"9+3"（藏区学生在完成9年义务教育后，如果未升学、未就业，可以到经济发达地区接受3年免费职业教育）免费职业教育、中等职业学校学生免学费等工作。

【科技事业投入】 按市委、市政府科技强市的安排部署，2010年实现科技支出7 585万元，同口径增长19.6%，高于财政经常性增幅3.7个百分点，用于支持优势产业关键环节的技术攻关等。

【城乡环境综合治理投入】 各级财政投入资金21 827万元，推进城乡交通、环卫设施、绿化亮化等重点建设，支持"五个一"工程（每个乡镇建设一支保洁队伍、配备一辆以上生活垃圾清运专用车辆、建设一处生活垃圾处理设施、修建一座以上公厕和每个村民集中区至少修建一座垃圾收集房），整治城乡集贸市场，实施城乡风貌打造等。

【文体广电事业投入】 按照市委、市政府发展文体广电事业的政策要求，2010年共安排文化体育与传媒支出9 811万元，重点用于加快广播电视"村村通"、公共文化体系和计划生育服务体系建设，推动第六次全国人口普查工作的开展，支持四川省第十三届少数民族运动会的召开等方面。

【预算管理改革】 试编国有资本经营预算和社保基金预算，将全市除教育收费外的所有预算外收入全部纳入预算管理，建立转移支付预告制度、支出进度定期通报制度，清理攀枝花市国有资产投资经营有限责任公司等政府融资平台公司的债务，强化财政绩效考评。

【国库管理改革】 加强对实有资金账户的监管，逐步将预算单位所有资金账户纳入国库单一账户体系管理；启动预算执行动态监控系统，对财政资金支付实施在线实时监控；全面推进公务卡制度改革，完善市级公务卡支付管理系统，开展部分县区的改革试点工作；强化政府采购监管，全年政府采购节约资金8 266万元，节约率为14%。

【农村综合改革】 全面启动5个县（区）的村级公益事业"一事一议"财政奖补试点工作，筹集财政奖补资金1 516万元，引导社会投入3 315万元，实施奖补项目106个；开展乡村公益性债务的审计锁定工作，为化解乡村公益性债务、解决基层财政困难打下基础。

【财政监督】 开展社会团体和国有及国有控股企业"小金库"专项治理工作；对全市扩大内需和灾后恢复重建的专项资金进行重点检查，累计检查资金1.8亿元，检查项目26个，发现个别县（区）和项目存在配套资金不到位、项目进展缓慢、专项资金未实现专项核算、基础资料管理欠规范等问题；按检查面不低于50%的比例对5个县（区）的社保、公积金、救灾救济等专项基金进行重点检查，累计检查资金108.5亿元，发现存在个别县（区）有挪用现象、住房公积金汇缴"限高保低"难度较大以及部门项目资金拨付和报账不及时等问题；为推动"阳光财政"建设，通过政府信息平台、新闻媒体等形式，对涉及民生的农业、教育、科技、卫生等支出事项进行公示，公开财政资金103 313万元。

【投资评审】 按照市委、市人大和市政府关于财政投资评审的要求和安排，强化政府投资评审，2010年评审各类项目448个，审减资金45 218万元，审减率16.6%。

（袁　柳）

税　　务

国家税务

【概　况】 2010年，攀枝花市国家税务局（以下简称市国税局）辖东区、西区、仁和区、钒钛产业园区、米易县、盐边县6个县（区）国家税务局，4个直属单位（市局稽查局、市局直属税务分局、市局第一稽查局、市局车辆购置税征收管理分局），市局机关内设15个处室、3个事业单位。截至2010年底，市国税局在职职工568人，大专以上学历547人，占在职职工总人数的96.30%，其中本科学历421人、研究生35人，分别占在职职工总人数的74.12%和6.16%。

2010年，市国税局围绕"服务科学发展，共建和谐税收"工作主题，以"强征管促收入，稳队伍提素质，优服务建和谐"为主线，从保增长、保稳定、保民生的大局出发，求真务实、努力工作，税收收入稳定增长，征管质效稳步提升，税政管理卓有成效，税收法治建设、干部队伍建设、国税文化建设全面提高，为助推攀枝花经济建设，服务和改善民生提供有效的政策支持和可靠的财力保证，全市国税系统共完成各项税收收入455 845万元，同比增长12.6%，增收51 109万元。2010年全年综合征管面达到47.72%，比2009年的44.37%提高3.35个百分点。工商税务信息交换系统中新办工商登记的企业办理税务登记的比例达到93.13%，新办工商登记的个体工商户办理税务登记的比例达到58.22%。数据质量明显提高，异常数据为7%，低于全省异常数据28%的平均水平。增值税一般纳税人行业税负得以提高，全市汽车零部件及配件制造行业税负提高到2.42%。增值税小规模企业（不含享受免税资格的小规模企业）连续3个月零申报比例下降到4.14%。符合卷式发票推行条件的增值税一般纳税人卷式发票推行到位。完成了重点行业税收管理办法制定及行业评估建模工作，医药制造行业纳税评估面达到100%，配合省国税局工作组完成了对年纳税500万元以上企业征管服务综合质量绩效评估工作。所得税应申报户的应申报率99.51%，2010年应纳所得税额零申报面由2009年的69.57%下降到58.19%，下降11.33%，对3年连续亏损企业开展约谈、评估及日常检查的户数达到35.5%。完成1户避税嫌疑企业筛选。落实好税收执法责任制和过错追究制，执法检查面50%，完成重点检查项目任务。全年稽查查补入库总额占税收收入完成总额的比例达1.596%。推行"一窗通办"办税服务模式，在程序合法的前提下，简化和缩短审批者与前台受理间的"距离"，截至2010年底，推行面达到41.18%。

2010年，攀枝花国税工作得到各级、各部门充分肯定，共获得各类荣誉称号7个。被攀枝花市政府评为"攀枝花市第二次经济普查先进集体"、"2010年度政务调研先进集体"、"攀枝花市外经贸工作先进单位"；被中共攀枝花市纪律检查委员会评定为"2009年度纪检监察信息工作先进单位"；被四川省国税局授予"2006年至2009年度全省国税系统教育工作先进单位"、"2010年税收宣传月优秀项目"、"2008—2009年度优秀税收科研成果一等奖"荣誉称号。

【税收收入】 2010年，面对复杂多变的经济税收形势，全市国税系统抓住国家经济处于企稳回升，全市税源形势日趋好转的有利时机，通过加强税收分析预测、强化行业税收管理，不断加大组织税收收入工作力度，挖掘税收增长潜力，向管理要收入，向评估要收入，向稽查要收入，确保国税收入持续稳定增长。全年，全市国税系统共完成各项税收收入455 845万元，同比增长12.6%，增收51 109万元。完成四川省国税局考核目标432 000万元的104.45%；完成全年奋斗目标455 000万元（计划口径）的101.40%。完成市本级收入46 141万元，占市政府下达年度收入目标45 850万元的100.63%，创历史新高。其中，完成增值税390 326万元，同比增长10.9%，增收38 238万元；完成消费税6 320万元，同比增长159.5%，增收3 885万元；完成企业所得税39 055万元，同比增长11.6%，增收4 044万元；完成储蓄存款个人利息所得税489万元，同比下降69.4%，减收1 107万元；完成车辆购置税15 018万元，同比增长41.8%，增收4 427万元；完成海关代征进口税收4 637万元，同比增长53.8%，增收1 622万元。全年办理出口退增值税7 411万元（其中退税6 646万元，调库765万元），同比增长558.8%，增加6 286万元。

2010年，从各税种来看，"两税"（增值税、消费税）收入仍是税收收入的主要来源。全年完成"两税"收入396 646万元，占全年税收收入的87%。同时，"两税"收入同比增收42 123万元，占全年税收收入增收总额的82.4%，成为影响全年税收收入增收的主要因素。企业所得税（含个人利息所得税）增收2 937万元，增收贡献率为5.7%；车辆购置税增收4 427万元，增收贡献率为8.7%；海关代征进口税收增收1 662万元，增收贡献率为3.3%。采矿业税收收入增幅大，2010年采矿业实现税收收入124 288万元、同比增长29.5%，增收28 321万元，其中：增值税113 784万元，同比增长23.8%，增收22 843万元；企业所得税10 057万元，同比增长119.6%，增收5 478万元。

2010年税收的增长属于恢复性增长。增值税方面，2010年入库钢材、钢坯增值税112 938万元，同比下降0.3%，减收393万元，由于钢材价格涨幅低于原材料价格的涨幅，加之增值税转型政策实行和跨年进项抵扣等因素，造成钢铁行业整体实现税金有减无增；入库电力增值税54 002万元，同比增长3.2%，增收1 670万元，电力增值税的增加，主要是来自二滩水电开发有限责任公司，该公司2010年累计在攀申报电力销售收入增值税35 496万元，同比增加1 484万元；入库煤炭增值税61 810万元，同比增长21.8%，增收11 046万元，主要是由于2010年煤炭（含原煤、精煤）价格平均增长在20%~25%左右，加之2009年煤炭行业受金融危机及煤炭价格下降的影响，2009年煤炭增值税入库基数较低，使煤炭税收同比大幅增长；入库金属矿产品增值税58 010万元，同比增长39.2%，增收16 336万元，增收的主要原因是价格因素，受资源性产品价格上涨影响，辖区内铁精矿、钛精矿、球团价格大幅上涨，使该行业税收收入大幅增加，另一方面，由于受金融危机影响，部分金属矿采选业企业停产、减产，2009年实现税收减少，基数较低，导致该行业2010年税收收入大幅增加；入库化工产品增值税11 502万元，同比增长21.7%，增收2 050万元，增收的主要原因是黄磷产品价格的上扬，影响全年实现税收同比增加1 002万元，而在2009年，受金融危机和能源供应紧张的影响，化工产品价格下降，产量减少，该项税收收入大幅下滑，造成2009年入库基数较低，也是2010年税收同比增长幅度较大的重要因素；入库商业增值税54 091万元，同比增长21.4%，增收9 517万元，增收主要得益于经济大环境持续回暖的有利条件，商业企业逐步摆脱金融危机的影响，企业的经营步入正轨，商品销售收入增加，带动商业增值税税收收入的增长，另一方面，消费品价格的增长也促进商业增值税的增加，全年，消费品价格指数为104.2，同比增长4.2个百分点。

消费税方面，由于卷烟批发环节加征5%消费税政策调整影响，2010年，消费税入库6 320万元，增长159.5%，增收3 885万元。

企业所得税方面，全年入库企业所得税39 055万元，增长11.6%，增收4 044万元。由于2010年以来全市经济运行企稳回升，经济效益有所提高，全市规模以上工业企业亏损面同比下降3.5个百分点，企业亏损额同比下降13.9%，利润总额同比增长58.3%，全市除工业、电信企业实现企业所得税减少外，其他行业企业所得税均实现增收，又由于市国税局在全市实施企业所得税分类管理，将46户纳税人确定为企业所得税重点税源企业，实行按月预缴企业所得税，提高了预征率和征税面，企业所得税明显增加，同时通过强化稽查、评估，堵塞征管漏洞，全年入库稽查查补税款2 114万元，占入库企业所得税的5.4%。

车辆购置税方面，全年入库车辆购置税15 018万元，同比增长41.8%，增加4 427万元。受政策影响，1.6升及以下排量乘用车车辆购置税按7.5%征收，税率同比提高2.5个百分点，增收税款1 202万元；受地方政策和经济向好的影响，全市出租车更新700余台，实现税收收入350万元；小汽车、越野车、自卸汽车及专用汽车销售数量增加，实现税收同比增加2 800万元。

【税收征管】 为推进税源专业化管理，2010年市国税局通过研究税源专业化管理分类方法、工作措施，加强工作统筹，建立上下一体、横向互联的工作体系，实现任务下达、项目实施、过程监控、跟踪考核的有机融合和良性互动，以市局为中心的统筹税收业务、统筹数据管理、统筹征管资源、整体联动的业务、政务一体化运行机制初步建立。

为加强信息管税，市国税局进一步深化数据分析应用，以“数据提取、报告撰写、例会分析、整改执行、信息反馈、市局监控、重点核查”为主要内容的数据分析应用工作机制全面实施，用数字说话、用数据指导的格局基本形成。开展征管质量竞赛活动，组织召开征管质量讲评会，全市国税系统征管质量不断提高，征管质量综合指数年底达到93.64，较1月的81.31增加12.33个百分点。金税工程系统高质量运行，专用发票远程认证率达90%，增值税专用发票采集率达到100%。

为加强纳税评估工作，建立横向联动与纵向联动相结合的纳税评估模式，市国税局开发的税收通用纳税评估软件，得到四川省国家税务局好评，并在全省国税系统推广。全年共确定纳税评估对象319户，调减以前年度弥补亏损额8 878.24万元，补缴企业所得税2 014.33万元，补缴增值税1 049.41万元，加收罚款、滞纳金193.52万元。

为进一步夯实征管基础，加强税务登记户籍管理，推行工商税务信息交换系统，市国税局启用全省机打卷式发票电子信息采集系统，编写完成《税收管理员手册》，网络申报有序推进，完成财税库银横向联网系统推行任务，加强延期缴纳税款的管理工作，延期缴纳税款到期入库率达到100%，欠税得到有效控管。

为进一步加强大企业及国际税收管理，市国税局与国家外汇管理局攀枝花市中心支局建立服务贸易对外支付信息定期交换制度；重点落实企业征管综合绩效评估工作，全年共评估重点企业26户，评估面达100%，绩效评估补交增值税1 644万元，所得税1 140万元。

全年，市国税局落实执法责任制，进一步规范执法行为，加大整顿和规范税收秩序力度。截至2010年底，全市国税系统税收执法管理信息系统申辩调整后的执法正确率99.96%，执法过错数为151条，累计扣分340分，74人/次受到经济惩戒，共计1 700元。全年累计查补收入7 276万元，其中，立案查处61户，有问题户57户，稽查查补入库税款441万元，滞纳金87万元，罚款30万元，稽查机构组织184户企业自查补税6 718万元，严厉打击涉税违法犯罪行为。

【税政管理】 为贯彻落实各项税收优惠政策，2010年市国税局拓展税政调研面，对资源综合利用项目、国有粮食企业、固定资产抵扣政策及煤炭行业巷道开采的固定资产分类、附属设施划分以及跨区域水电企业二滩水电公司享受增值税即征即退执行情况开展全面调查，根据区域实际提出划分意见和建议，上报并参与四川省国税局的专题研讨，为上级部门和领导建言献策，为企业解决难题。

为进一步强化货劳税管理，市国税局加强增值税转型政策的宣传、落实和检查，做好政策调整对税收收入影响的测算；加强增值税一般纳税人认定管理，及时对超标准的小规模纳税人进行清理；加强农产品抵扣增值税管理，严厉打击利用农产品收购发票和销售发票偷骗税违法犯罪活动；加强对固定资产抵扣的监控管理，全市共申报抵扣固定资产进项税额56 737万元，实际抵扣48 409万元，没有发现固定资产进项税额虚抵、违规抵扣等情况。及时审核办理退（免）税，2010年全市出口企业申报办理退（免）税8户，累计审核办理出口货物退（免）税7 410万元，其中：办理免抵调库764万元，办理退税6 646万元。加强车辆购置税管理，全年共组织车购税收入15 018万元，同比增长41.8%，办理退税69辆63万元、免税119辆835万元，办理车购税二次业务3 468台次。

2010年，市国税局以所得税分类管理为着力点，探索实施特色鲜明、富有成效的分类管理模式，开展企业所得税低征税面、低申报、低税负"三低"专项整治活动，有效堵塞税源管理漏洞，全市企业所得税征管水平明显提升。2010年度企业所得税申报亏损面由2009年度的50.48%下降26.68%，实现历史性的突破；2010年所得税征税面由2009年度的49.57%提高71.93%，对整体税收的贡献率大大提高；所得税收入保持急定增长势头，全年共组织所得税收入4.96亿元，比2009年增长35.45%，创历史新高，"双主体"（增值税、所得税）收入格局初步形成。

【纳税服务】 2010年，市国税局通过整合制度，进一步规范纳税服务工作，相继完善《攀枝花市国家税务局税收业务服务标准（试行）》、《攀枝花市国家税务局市局局领导定点联系纳税人工作制度》和《攀枝花市国家税务局办税服务厅制度规范》等制度办法。市局领导与21户大企业建立定点联系工作制度，县（区）局领导与37户重点企业建立领导管户制度。推行"一窗通办"服务模式，推进办税服务厅标准化建设；参加全市国家级创业型城市的创建，确保创建创业型城市的顺利推进。

2010年，市国税局突出纳税服务特色，全面拓展服务内容，实行大型企业贴近式服务，先后举办增值税转型、企业所得税、进出口业务核算申报等专题培训班12期，共培训财务人员240人次。联合市地税局举办大学生创业税收知识培训班，对自主创业的大学生进行系统的税收知识培训。建立税企互动平台，开通"博客"、QQ群等向纳税人及时传递最新税收政策、表证单书、通知公告，给纳税人提供了一条更便捷的税收服务通道。在"税收宣传月"活动中，开展"一把手上焦点对话"、"纳税人权利与义务公告"电视访谈录等大型活动。全年接受纳税人和社会咨询1 200次。其中解答总局门户网站咨询147户次，市局门户网站接受咨询21户次，12366纳税服务热线接受纳税人咨询418次，接受电话直接咨询614次。

为深化"真情服务，共克时艰"纳税服务主题活动，对服务质效、服务技能、政务公开、责任追究等方面提出进一步的要求。开展防伪税控等技术服务单位服务质量调查和新办增值税一般纳税人电话回访。10月28日，市国税局在攀枝花会展中心组织召开了促进民营经济发展座谈会，全市年纳税500万以上的44户56名民营企业代表参加会议，会议为进一步服务民营经济发展、更好地服务攀枝花经济社会发展大局指明了方向。

【队伍建设】 为加强人才队伍建设，2010年市国税局协助省局考察组完成了市局领导班子副职后备干部的考察工作，完成副科级后备干部、县（区）局长后备干部的推荐选拔及4个正科级领导干部的选拔任用工作；在省局评选表彰百名标兵和优秀县（市、区）局长活动中，市国税局有1名县（区）局长被评为全省国税系统优秀县（区）局长，4名干部荣获全省国税系统标兵称号，5名干部荣获省级征管稽查能手称号；有5个县（区）局完成全员开放竞争上岗工作。

为进一步激发队伍活力，落实省局大规模培训干部"361行动计划"（即用三年的时间，每年培训6 000人，每一个干部职工至少参加一次为期20天的培训），2010年，市国税局共送培总局处级职务人员业务培训2人，送培总局业务培训1人，送培省局基层一线人员业务培训150人。为在广大干部职工中营造出学习道德模范、关爱道德模范、崇尚道德模范、争当道德模范的浓厚氛围，市国税局在全局范围内继续开展"我推荐、我评议身边好人"、"我们的节日"、"清明节开展缅怀祭奠革命先烈"等一系列活动。

为深入推进党风廉政建设，市国税局严格落实党风廉政建设责任制，坚持党组统一领导，党政齐抓共管，主要领导负总责，分管领导分工负责，相关部门各负其责的领导体制和工作机制，强化责任分解、责任考核和责任追究；推进内控机制建设，全面梳理权力事项，细化操作标准，形成权力事项运行流程图，如期完成清权任务；加强政风行风建设，在组织开展自主评议、外部评议的基础上，接受市纠风办组织的测评，测评满意度为86.7%；通过强化对税收执法权和行政管理权的监督制约，在全市国税系统深化风险管理，进一步有效地防范了廉政风险。

2010年，全市国税系统坚持创新与税收工作实践相结合，开展全员参与的"创先争优、创新创业"活动，产生一大批创新成果，其中西区国家税务局的"企业所得税年度申报审核手册"、米易县国家税务局的"税源预测模板"、盐边县国家税务局的"税收工作监控系统"等3个创新项目被市国税局授予"全市国税系统第四届优秀创新项目奖"。为保障政务管理工作有序运行，市国税局全面建立以目标控制和过程管理为核心的绩效考评模式，以《绩效管理责任书》为考核依据，一对一下达个性化任务指标，逐步建立公正客观的绩效管理考评体系，通过考评，仁和区国家税务局、盐边县国家税务局、直属税务分局被评为"2010年度绩效管理先进单位"，东区国家税务局、米易县国家税务局、车购税分局、西区国家税务局、钒钛产业园区国家税务局、市稽查局、第一稽查局为2010年度绩效管理达标单位。

为加强对外宣传工作，提升公众形象，全年，在各类新闻媒体上发表新闻信息360余篇，编发《攀枝花国税调研》24期，多篇调研文章被省市级刊物采用，其中1篇被省局评为好信息好调研，2篇获得省局优秀科研调研一等奖，2篇获得三等奖，被攀枝花市人民政府评为"攀枝花市2010年度政务调研先进集体"。

为充分发挥党群组织作用，市国税局以"共建和谐税收·万名党员联系服务纳税人"为主题，机关党委在全市国税系统开展创先争优活动，教育和引导全体党员干部"学赶先进、干事创业、争当先锋”,将争创成效转化为推进国税事业健康协调发展的不懈动力。全年,全系统4人荣获省妇联和省国税局联合授予的“省级三八红旗手”称号。

(唐　斌)

地方税务

【概　况】 2010年,攀枝花市地方税务局辖东区、西区、仁和区、米易县和盐边县5个县(区)地方税务局和3个直属单位(市局第一直属分局、市局第二直属分局、市局稽查局),市局机关内设11个处室和1个事业单位。由于成品油税费改革,6月全市交通稽征系统16名职工划到地税系统,其中公务员10名,事业编制人员6名。全系统在职职工568人,大专以上学历职工535人,占在职职工人数的94.19%。

2010年,全市各级地税机关围绕市委确定的“提速增效,加快发展”的工作基调,坚持“落实税收优惠、优化纳税服务、依法强化征管”三项并举工作思路,以组织收入为中心,实施科学化、精细化、专业化管理,对重点税源和重大建设项目落实管理责任制,科学分解落实收入任务;分析影响收入增减变化原因,采取措施确保收入及时足额入库,促进税收收入平稳增长。推进税收法制建设,依法治税。与各县区局及直属单位签订执法责任书,落实税收执法责任制,规范税收规范性文件制定与管理,建立税收规范性文件评估制度,深化税务行政审批制度改革,推进政务信息公开,加强税务行政复议工作,开展税务行政处罚案卷评查和税收执法检查与监察。大力宣传税收法律法规,全面改版攀枝花市地方税务局公众信息网,充实12366纳税服务热线内容,优化纳税服务。深化机关行政效能建设,继续开展民主评议政风行风活动。领导班子建设不断加强,队伍素质明显提高,党风廉政建设深入推进,创先争优活动有声有色,精神文明建设不断深化。政务管理逐步规范,政务信息采编数量增加,质量显著提高,办公自动化运用程度提高;公文差错率降低,向省局和市委、市政府报送的公文,没有因差错而被退回或通报。完成《攀枝花市地方税务局志》编纂工作。签订维护稳定目标责任书,排查矛盾纠纷,化解信访积案。加强档案管理,提高档案利用率。增强安全保密意识,开展保密检查,落实保密责任。开展“领导挂点、部门包村、干部帮户”活动。

【税收收入】 2010年,全市地税系统组织各项收入376 573万元,比2009年增长16.92%,增收54 504万元,其中:地方税收收入324 484万元,比2009年增长17.53%,增收48 396万元;基金附加收入52 089万元,比2009年增长13.28%,增收6 108万元。

税收收入中,中央级税收47 758万元,比2009年增长15.73%;省级税收57 787万元,比2009年增长15.59%;市级税收93 400万元,比2009年增长10.21%;县区级税收125 539万元,比2009年增长25.43%。来源于第一产业的地方税收5 402万元,比2009年增长22.58%;来源于第二产业的地方税收194 389万元,比2009年增长17.44%;来源于第三产业的地方税收124 693万元,比2009年增长17.46%。全年来源于一、二、三产业的地方税收占比分别为1.66:59.91:38.43。

分行业看,来源于采矿业的税收73 435万元,占地方税收总量的比重比2009年上升1.72个百分点,增长22.63%,超越制造业,首次成为贡献地方税收最多的行业。来源于制造业的税收65 147万元,比2009年增长8.96%,占地方税收总量的20.08%。来源于房地产业的税收40 828万元,比2009年增长21.89%,占地方税收总量的12.58%。来源于电力生产供应业的税收13 556万元,比2009年增长28.70%,占地方税收总量的4.18%。来源于建筑业的税收41 633万元,比2009年增长16.06%,占地方税收总量的12.83%。来源于金融业的税收23 092万元,比2009年增长25.81%,占地方税收总量的7.12%。来源于交通运输业的税收14 399万元,比2009年增长12.06%,占地方税收总量的4.44%。来源于批发零售业的税收11 116万元,比2009年增长18.41%,占地方税收总量的3.43%。来源于租赁和商务服务业的税收10 885万元,比2009年下降8.6%,占地方税收总量的3.35%。来源于住宿餐饮业的税收5 913万元,比2009年增长13.84%,占地方税收总量的1.82%。来源于其他服务业的税收18 460万元,比2009年增长23.34%,占地方税收总量的5.69%。从增量贡献看,采矿业和房地产业是主要增长动力,与2009年相比两行业共增加税收收入23 049万元,对税收增量贡献率为47.62%。

分税种看,2010年地方税收中营业税、企业所得税和个人所得税3个主体税种合计入库174 070万元,占入库税收总量的53.65%,比2009年增长17.1%,对税收增量贡献率为52.5%。其中:营业税94 477万元,比2009年增长18.2%,增收14 546万元,对税收增量贡献达30.1%,比2009年增加5.5个百分点。营业税增长主要因素是全市固定资产投资稳定增长,比2009年增长24.9%;重点建设项目稳步推进,51个重大产业化项目完成投资61.23亿元;金融机构贷款平稳增加,人民币各项贷款余额比年初增长15.9%;房地产市场交易活跃,商品房销售面积达115万平方米,比2009年增长53.9%。上述因素为营业税增长提供了充足的税源,全市金融保险营业税14 577万元,比2009年增长17.45%;建筑业营业税26 327万元,比2009年增长10.44%;房地产业营业税16 956万元,比2009年增长22.43%。

企业所得税入库34 443万元,比2009年增长7.98%,增收2 545万元,对税收增量贡献率5.26%。企业所得税收入增幅同比减缓,主要原因是受金融危机的影响,2009年度大部分企业效益不佳,导致汇算清缴入库数同比大幅减少,其中制造业下降明显,全年入库企业所得税2 711万元,比2009年下降34.02%;采矿业入库企业所得税15 406万元,比2009年增长0.79%;建筑业入库企业所得税6 492万元,比2009年增长3.49%;房地产行业入库企业所得税1 847万元,比2009年增长78.28%。

由于盐边县一立矿业公司股东转让股权缴纳个人所得

税3 600万元(这是2009年度没有的一次性税源),以及利息、股息、红利所得个人所得税入库7 178万元,比2009年增长110.25%,增加3 764万元,所以致使2010年个人所得税入库45 150万元,比2009年增长22.44%,增收8 275万元,对税收增量贡献率为17.1%。

资源税入库33 369万元,比2009年增长24.33%,增收6 531万元,对税收增量贡献率为13.5%。12个月全市铁矿石(原矿)产量3 846.46万吨,比2009年增长21.8%,原煤生产量1 129.09万吨,比2009年增长19.6%。矿产品产量的增加带动了资源税增长,铁矿石资源税入库25 985万元,比2009年增长30.89%;煤炭资源税入库5 504万元,比2009年增长42.04%。

由于2009年征管数据省级集中上线前,加大了对欠税及结算税款清收入库力度,垫高了2009年城市维护建设税的入库基数,导致城市维护建设税比2009年下降3.23%,入库30 871万元,减少1 031万元。

由于攀钢整体上市缴纳契税6 776万元,致使契税入库数比2009年增加9 046万元,达到20 927万元,增长76.14%;由于对耕地占用税新的税额标准执行情况开展执法检查,并对以往年度耕地占用税欠税情况开展专项清理,致使耕地占用税入库数比2009年增加2 689万元,增长76.59%,达到6 200万元。2010年契税和耕地占用税共增收11 735万元,对地方税收增量贡献率为24.3%。

除上述税种外,其他小税种也有不同程度增长。如房产税14 455万元,比2009年增长28.25%,增加3 184万元;印花税6 077万元,比2009年增长13.65%,增加730万元;土地增值税4 062万元,比2009年增长67.3%,增加1 634万元;车船税2 647万元,比2009年增长26.89%,增加561万元;烟叶税4 981万元,比2009年增长21.9%,增加895万元。

2010年地方税收增长,一方面由于在市委确定的"提速增效,加快发展"的工作基调指导下,全市经济逐步摆脱金融危机影响,逐渐回暖,走上健康发展轨道,为地方税收增长提供了充裕的税源。全年,全市规模以上企业工业增加值完成348.6亿元,增长20.5%;四大支柱产业产值大幅度增长,钢铁业增长23.1%、钒钛业增长46.7%、能源业增长32.5%、化工业增长64.7%;企业产销率明显提升;社会消费品零售总额为141亿元,比2009年增长17.7%;全社会固定资产投资完成330.7亿元,比2009年增长24.9%。另一方面各级地税机关坚持"落实税收优惠、优化纳税服务、依法强化征管"三项并举工作思路,抓好一次性税收征管,2010年因攀钢整体上市一次性征收入库契税6 776万元,盐边县宏缘矿业公司与会理县财通公司整合,缴纳地方税收8 000万元。加强重大建设项目和重点税源管理,全年上报省局的13个重大投资项目入库地方税收1.36亿元,比2009年增加4 869万元;上报省局的36户重点税源企业入库地方税收11.04亿元(含代扣代缴的个人所得税),比2009年增加2.15亿元。

【征收管理】 2010年市地税局落实税收管理员制度,加强税务登记管理,摸清税源,清理非正常户198户,注销税务登记户数1 526户。开展纳税评估,300余人次参加纳税评估培训,提高评估技能和评估质量;落实发票内部管理制度,对发票领、用、存、开具各环节,加强稽核检查,重点对2008年至2010年6月广告业发票开具中的弄虚作假、头大尾小行为以及领购手续等开展检查。被查的60户纳税人中,32户存在问题,其中有10户采取头大尾小方式开具发票;加强货物运输业发票管理,严格对货物运输业发票自开票纳税人资格认定审查,按其运力条件审核其开票限额和发票发售量,要求其按月报送发票清单和运输清单,对货物运输发票开具信息进行比对分析;为加强对建筑业和房地产业自开票纳税人的认定管理,对申请自开票的建筑企业和房地产企业严格资格审查。通过资格审定的自开票企业安装四川省自开票客户端软件,与企业报送税务机关的房源、合同、发票等信息进行比对,确保基层税务机关征管信息系统及时得到更新,并与企业客户端软件中的信息一致;继续在服务行业推行即开型有奖发票,全年销售即开型有奖发票1 493万份,票面金额90 652万元,实现营业税5 057万元;按照《全国普通发票简并票种统一式样工作实施方案》,开展调研,为简并普通发票票种做准备;全市服务行业推行计算机定税,完成计算机定税的418户纳税人中涉及交通运输、文化体育、餐饮娱乐、旅店、美容美发等行业;做好大企业税收信息采集工作,探索建立大企业税收风险管理长效机制;完善资源税代扣代缴办法,开展资源税政策调研,加强资源税征管;清算2010年度土地增值税,明确土地增值税征管问题,对保障性住房暂不预征土地增值税,普通住房预征率调整为1%,非普通住房预征率调整为1.5%,商用房预征率调整为2.5%,土地增值税核定征收率执行5%;开展税收资料调查,启动运用GPS技术核查城镇土地使用税税源工作;对外资企业进行一年一度的网上联合年检,开展反避税工作,做好非居民税收管理检查工作,强化涉外税收征管,涉外税收收入4 688万元。其中营业税2 352万元,比2009年增收865万元,增长58.17%;个人所得税464万元,比2009年增收181万元,增长63.96%;房产税150万元,比2009年增收40万元,增长36.36%;城镇土地使用税463万元,比2009年减少137万元,下降22.83%;其他各税入库1 259万元,比2009年增收201万元,增长19%;继续推行房地产税收一体化管理和"先税后证"管理措施,对2006~2010年已经办理房屋预售许可证和已经交纳城市基础设施配套费的房地产企业进行清查,强化契税征管;加强与烟草收购部门联系,掌握烟草收购价格数量,确保烟叶税及时入库;收集耕地、林地征占用的基本信息,建立耕地占用税税源动态台账,加强耕地占用税征管;做好2009年度企业所得税汇算清缴工作,汇算1 313户。被缴企业所得税4 691万元。2 544名年所得12万元以上的高收入者自行申报个人所得税9 500万元,准确打印和邮寄高收入者个人所得税完税凭证;4 167户单位通过全员全额代扣代缴软件代扣个人所得税12 483万元。根据国家税务总局安排,对本市某公司老总缴纳个人所得税情况开展专案检查;对攀枝花市房地产开发、建筑安装、交通运输、铁矿开采业等4个行业中的81户企业开展专项检查。打击发票领域违法犯罪行为;复查2009年结案的稽查案件;2010 年全市地税稽查部门出动检查人员 100 余人次,对 231 户企业开展纳税检查,共查补入库税款7 406万元,加收滞纳金 84 万元,罚款 174 万元,比 2009 年增加3 506万元,增长 84%。

【税收法制】 2010 年市地税局分解落实税收执法责任,与区县局签订税收执法责任书。按照《攀枝花市行政处罚案卷评查试行标准》,制定《攀枝花市地方税务系统税务行政处罚案卷评查标准》,成立评查工作小组,对 2010 年度已结案的税务行政处罚案卷进行全面的评查。加强对税收规范性文件管理,根据国家税务总局制定的《税收规范性文件制定管理办法》,建立听证制度、专家评审制度、税收政策执行情况反馈制度、定期清理制度和评估制度。对 2 件已适用 5 年以上的规范性文件进行评估。按照"谁制定,谁清理"的原则,对 1993 年税制改革至 2010 年 6 月,市局和县(区)局及直属单位发布或与其他部门联合发布的,在本辖区内对征纳双方具有普遍约束力的税收规范性文件,从制定的主体、依据、内容和法律责任等方面进行全面清理。通过清理,确定继续有效的税收规范性文件 22 件,废止的税收规范性文件 64 件。深化税务行政审批制度改革,加大政府信息公开力度,制定"攀枝花市地方税务局行政审批事项七公开"制度,完善行政审批和行政许可监管机制,将 20 项行政审批事项,3 项行政许可事项全部纳入政务服务中心集中受理和办理。加强行政执法制度建设,完善行政执法程序,规范行政执法文书,细化执法标准,规范行政执法自由裁量权。对减免税审批、重大案件审理、政府采购、人事任免等都坚持重大决策集体研究审定制度。以交叉检查方式开展税收执法检查。为贯彻落实修订后的《税务行政复议规则》,设立税务行政复议办公室,加强税务行政复议工作。推进"五五"普法依法治理工作,在验收评比中,该项工作得到省、市法建办领导高度评价。

【队伍建设】 2010 年开展"四好"(学习好、团结好、勤政好、廉洁好)班子创建活动,完善创建工作的各项基础资料。召开以"贯彻落实《党员领导干部廉洁从政若干准则》,切实加强领导干部作风建设,严格遵守财经纪律"为主题的领导干部民主生活会,开展批评与自我批评。每月坚持党组中心组学习制度,不断创新学习形式,丰富学习内容。市地税局被市委宣传部授予全市党组中心组理论学习组织工作先进单位。贯彻落实"四项监督制度"[《党政领导干部选拔任用工作责任追究办法(试行)》、《党政领导干部选拔任用工作有关事项报告办法(试行)》、《地方党委常委会向全委会报告干部选拔任用工作并接受民主评议办法(试行)》和《市县党委书记履行干部选拔任用工作职责离任检查办法(试行)》],市局、县(区)局两级领导班子分别开展"四项监督制度"的专题学习讨论,并对学习效果进行检测。加强干部教育培训,开展纳税评估和土地增值税清缴业务培训,组织参加省地税局在福建税务干部学院举办的税收法制业务培训和在扬州税务进修学院举办的税务系统2009 年企业所得税汇算清缴政策盘点及风险防范、税务稽查与司法协调研修及基层纪检监察业务培训。与省局直属分局、达州市地税局联合在上海财经大学举办领导干部业务知识综合技能培训。对近 3 年在西南财经大学新进人员进行为期 54 天的税收与基础财务知识培训。全年 680 人次参与培训。贯彻落实《党政领导干部选拔任用工作条例》,加大干部选拔任用及交流力度,实行"两推一述"(即在干部选拔任用中,落实群众提名权,在民主推荐中首轮推荐不能产生票数过半的人选时,需要进行个人陈述和第二轮推荐的程序)办法及"三票制"(即领导的票占总票数的 35%,机关中层干部的票占总票数的 35%,群众的票占总票数的 30%)选拔领导干部和推荐后备领导干部,扩大群众对干部选拔任用的知情权、参与权、选择权和监督权。完成东区地税局稽查局局长职位和市局党办主任职位选拔工作。对 3 个区局局长和 2 个直属单位的局长进行交流轮岗。2 名税务所所长跨局交流任职。

扎实推进党风廉政建设工作。贯彻落实中央、省、市纪委全会精神和全国税务系统、全省地税系统党风廉政建设工作会议精神。细化分解 2010 年党风廉政建设目标任务,层层签订目标责任书,将目标任务落实到每位领导干部和责任部门。开展《中国共产党党员领导干部廉洁从政若干准则》宣传教育。在元旦、春节期间,市局纪检组向全系统职工及家属发送《廉政贺信》,提出元旦、春节期间的廉政要求,告诫每一位地税职工要正确对待权力,正确对待利益,正确对待监督,正确对待社交,正确对待生活。对新提拔、交流轮岗的 10 名科级干部进行任职前廉政谈话,落实领导干部任前廉政承诺制度。开展廉政文化建设,观看《远山的红叶》,参加市纪委组织的以"崇尚廉洁,促进和谐"为主题的歌咏比赛、廉政文化建设征文、廉政知识竞赛等系列活动。组织开展廉政文化进机关系列警示教育活动,将每月第三周的星期五作为警示教育日,观看《蜕变的权力》、《秉公用权廉洁从政警示录》等反面典型警示教育片。在市局党政网开设廉政专栏,选载警示案例、廉政规定等供职工学习。开展财经法律法规的学习教育,抓好"小金库"专项治理后续工作。对大宗物品采购、税收执法、减免税政策执行、普通发票管理、重大税务案件审理、已结案的税务稽查案件等 71 个项目开展执法监察,提出整改建议 60 条,被采纳 60 条,协助建章立制 3 项。对交流轮岗的县区局局长、税务所长进行任期经济责任审计,对米易县地税局攀莲税务所税收执法管理情况实施专项审计。开展廉政风险防控机制建设试点工作。印发《攀枝花市地税系统廉政风险防控机制建设试点工作实施方案》,明确指导思想、工作目标、工作原则、试点范围、组织领导、主要内容、工作步骤、工作要求。各单位围绕行政管理权、税收执法权,对每个岗位的权利、责任、权力运行和工作流程进行优化配置;各岗位职工从思想道德风险、制度机制风险、岗位职责风险等方面查找廉政风险点,针对查找出的廉政风险点,提出具体的防控措施。

开展学习型机关创建活动,丰富精神文明创建内容。制定《攀枝花市地方税务局创建学习型机关活动实施方案》,明确活动的指导思想、工作目标、学习内容、创建载体和创建措施。将创建活动与"创先争优"活动、"除陋习讲文明树新风”等活动有机结合，开展“创建文明机关、做好纳税服务”主题实践活动。建立职工图书室，开展“推荐一本好书”和“读一本好书”的读书交流活动。根据《中央组织部中央宣传部关于在党的基层组织和党员中深入开展创先争优活动的意见》，在机关5个支部中开展创先争优活动，围绕“五好四强”（“五好”指领导班子好、党员队伍好、工作机制好、工作业绩好、群众反映好；“四强”指推动发展强、服务群众强、凝聚人心强、促进和谐强）、“五争五带”（即带头学习提高，争当勤学标兵；带头创造佳绩，争当敬业模范；带头服务群众，争当为民先锋；带头遵纪守珐，争当自律表率；带头弘扬正气，争当和谐卫士），开展星级党组织和党员评定工作。参加全市元旦越野跑、元宵登山比赛、“攀枝花市第二届阳光休闲节暨欢乐购物节”东区东华山首届登山活动以及建市45周年系列庆祝活动等；坚持元旦、春节期间对军警单位、贫困户、残疾人、帮扶对象等进行慰问，组织参加中华经典学习竞赛，观看《袁隆平》、《绽放》、《鏖兵天府》等优秀教育影片进行爱国主义教育。扎实搞好“领导挂点、部门包村、干部帮户”活动，制定3年帮助扶规划，细化帮扶措施，开展实用型养殖技术培训，建设沼气池。落实“亿元村”联系制度，到联系的“亿元村”东区银江镇倮果村调查了解，分析制约该村发展的“瓶颈”，掌握基本情况，为其发展提建议。发扬“一方有难，八方支援”的传统美德，组织干部职工向青海玉树地震灾区、甘肃舟曲特大山洪泥石流灾区捐款近3万元。

【纳税服务】 2010年市地税局坚持首问负责制、限时办结制、服务承诺制等制度，深化机关行政效能建设，强化效能监察，促进服务型地税机关建设。印发《攀枝花市地方税务局贯彻纳税服务工作实施意见》，制定纳税服务岗位责任制、纳税服务人员保证制等8项制度。完善以提升纳税人满意度为核心的纳税服务考核指标体系。推进税库银横向联网。不断完善服务平台，增添纳税服务设施。各单位在办税服务厅安装银联POS机、服务评价系统、信息公告系统、自助办税系统、排队叫号系统。在12 366纳税服务热线中增加涉税举报、投诉及非工作时间录音功能。改版升级攀枝花市地税局门户网站，增加公众参与（局长信箱、涉税举报、行风投诉）、纳税咨询、依申请公开信息等互动栏目。东区地税局按照总局确定的办税服务厅标准对办税服务厅改造升级并投入使用。对个体工商户减免税、税额核定等事项进行简并整合，业务流程前置、服务关口前移，简化审批程序、缩减审批时间。推行POS机划卡缴税、预约服务、延时服务、提醒服务、AB岗工作制、“一窗式”服务、“多点”接件等服务模式，降低纳税人办税成本。建立QQ群，与纳税人开展涉税答疑、纳税辅导、税收政策咨询等在线互动。编制《纳税服务手册》，制作涵盖商品房、存量房（二手房）等9种交易类型买卖双方办理税务事项应提交的涉税资料、二手房权属转移过户办税流程图等内容的宣传卡片。做好纳税信用等级评定工作，与市国税局联合评定出45户A级信用等级纳税人。多形式多举措开展税收宣传，围绕“税收·发展·发生”宣传月活动主题，扎实搞好税收宣传月各项活动。落实优惠政策不打折，继续落实好西部大开发、再就业、支持高新技术产业和中小企业发展、支持国有企业改制等税收优惠政策，共批准减免税10 745万元，其中仅落实下岗再就业优惠政策减免税收1 261.36万元，落实西部大开发优惠政策减负税收4 020万元。

【政风行风评议】 按照省地税局和市纠风办关于开展2009—2010年民主评议政风行风工作的要求，市地税局自2009年8月起接受社会各界对“履职、服务、效能、公开、廉政”5个方面的评议。市局及各县区局成立了“一把手”任组长，纪检组长和其他党组成员为副组长，相关部门负责人为成员的民主评议政风行风工作领导小组，建立相应的工作机构和内外协调的运行机制。制定下发《攀枝花市地方税务局2009—2010年民主评议政风行风活动方案》，明确评议对象为全市地税系统，从“履职、服务、效能、公开、廉政”5个方面进行评议，整个评议活动时间从2009年8月开始至2010年11月底结束，分评议动员部署、自主评议、整改落实、总结提高四个阶段，每个阶段都制订有工作进度表。2009年9月25日，市地税局机关及直属单位全体职工和县区局班子成员参加省局召开的民主评议政风行风视频动员会。视频会后，市局党组书记、局长潘元昌就贯彻落实省局会议精神，全市各级地税机关开展民主评议政风行风工作进行安排部署，要求以政风行风建设为核心，以公平评议促进有效整改为手段，以社会各界广泛参与为基础，以解决损害群众利益的突出问题为重点，以预防不正之风为目标，以纳税人满意为标准，积极为纳税人办实事，办好事；从解决具体问题入手，促进全市地税系统转变观念、转变职能、转变作风，提升工作效率和质量。市局及各县区地税局向外公布举报监督电话，利用报纸、网站等媒介宣传地税系统政风行风建设，让纳税人广泛参与政风行风评议。在职工自主评议中，以无记名形式发放评议表520份，收到7条意见和建议。外界评议代表通过座谈、明察暗访、问卷调查等方式多角度全方位了解地税部门政风行风建设状况，收集到5条意见。针对收集到的意见，2010年6月3日，市地税局召开政风行风整改工作布置会议，要求各级地税机关和广大干部职工正确认识存在的问题，端正态度，从主观上查找原因、找差距。要大兴密切联系群众、求真务实、艰苦奋斗的良好作风；要广泛听取纳税人对地税工作的意见，及时反馈处理纳税人的意见和建议，把纳税人的愿望和要求作为决策的依据；要确保诉求渠道畅通，切实维护纳税人的权益；要规范执法，优化纳税服务，落实岗位责任制、首问负责制、限时办结制、一次性告知制度、责任追究制度，加强执法监督和行政效能监察，着力纠正不作为、慢作为、乱作为；坚决纠正损害纳税人利益的各种不正之风，切实减轻纳税人负担。在整改落实阶段，各单位本着“有则改之，无则加勉”的态度着力从税务行政审批、办事效率、依法行政、纳税服务和廉洁自律等方面加以整改。经过评议，各级地税机关及广大职工对政风行风建设的重要性有了深刻认识，机关工作作风进一步改进，依法行政能力进一步提高，纳税服务意识显著增强，有力地推动了各项工作。

（余鹏远）

2010 年 7 月 9 日，四川抗旱救灾共青水池项目建设启动仪式在攀枝花市仁和区举行，攀枝花市获赠 500 万元抗旱救灾共青水池建设专项资金。（共青团攀枝花市委提供）

科 学

自然科学

科技工作

【概　况】 2010年,攀枝花市科技工作围绕"打造中国钒钛之都,建设特色经济强市"的战略目标和"四个倾力打造"的战略重点,钒钛资源综合利用取得重大突破,特色生物资源开发取得新成效,国家知识产权试点城市工作有序开展,自主创新能力进一步提升,支撑引领全市经济社会发展,为建设创新型攀枝花打下坚实基础。

全市7所国有独立科研院所共有职工1 070人,从事科研工作的科技人员有854人,占职工总数的79.8%;有专业技术职称的科技人员为668人,其中高级职称198人、中级职称270人、初级职称200人。攀枝花钢铁研究院从事科技工作的人员占64%,市属科研院所占36%。

【科技计划安排及执行情况】 2010年,安排市级科技计划项目共计115项。其中:重点科技项目(10万元以上)61项,经费1 530万元;一般科技项目54项(含软科学12项),经费220万元。投入科技三项经费1 750万元,比2009年增加200万元。

全市安排科研与技术开发项目1 456项,其中2010年新上852项。投入资金86 254.05万元,完成科技项目705项,新增经济效益190 143.11万元。其中省属以上国有大中型企业安排科研与技术开发项目870项,投入资金63 868.16万元,完成科技项目471项,新增科技效益77 896.64万元。

【产业化科技推进行动】 2010年,直接还原新流程取得重大进展,四川龙蟒矿冶有限责任公司的钒钛磁铁矿直接还原研究取得重大突破,钒钛磁铁矿转底炉煤基直接还原—电炉深还原、熔分新工艺打通直接还原和电炉熔分流程,已连续运行达8个多月,中试研究成果通过省级科技成果鉴定,技术水平达到国际先进。攀钢集团有限公司开展直接还原工业性试验,建成10万吨/年铁精矿转底炉直接还原中试线,打通整个工艺流程,实验室成功制备出达到高档颜料钛白PTA121以上水平的钛白样品。攀枝花市攀阳钒钛工贸有限公司建成年处理5万吨铁精矿的煤基直接还原隧道窑中试线,生产出钒钛冶金粉末。攀枝花市创盛冶金粉末有限责任公司的2万吨/年竖炉直接还原中试线建成。攀枝花尚亿科技有限公司的隧道窑直接还原钛精矿制取7万吨/年富钛料及3万吨/年铁粉中试线即将完成。举办中国金属学会2010年非高炉炼铁学术年会暨钒钛磁铁矿综合利用技术研讨会,国内外300余名专家和企业代表参加本次会议,会议坚定了攀枝花市抓好直接还原新流程科技攻关的信心,明确了攀枝花市钒钛资源综合利用的方向。

高钛型高炉渣综合利用取得新进展,攀钢集团有限公司利用高钛型高炉渣年产1万吨四氯化钛中试生产线,高温碳化流程碳化率最高达到93.8%,超过85%的设计指标,低温选择性氯化设备安装完成。昆明理工大学有效改善浮选的选择性,钛精矿品位达到38.04%,二氧化钛回收率达到37.86%。武汉科技大学完成吨级试验和试生产,得到含钛43%以上硅钛铁合金产物,二氧化钛回收率达到90%以上,产品试用效果良好。8月举办攀枝花高钛型高炉渣综合利用学术研讨会,5所市外高校、研究机构和市内相关单位共60余名专家出席会议,会议总结2006年启动的全市高钛型高炉渣产业化利用攻关成绩,提出下一步研究开发方向,启动新一轮高钛型高炉渣综合利用的科技攻关项目。

钒钛产业链进一步延伸,攀钢集团有限公司的钒铝合金扩大试验研究,获得合格钒铝合金,掌握A1V80冶炼特性;其年产5 000吨高品质富钛料中试研究,开展12轮次的热态试验,最长运行时间达到9.5天,得到最高品位75%的人造金红石产品,系统收率大于85%。攀钢集团有限公司热轧钛板卷表面质量控制关键技术取得突破,热轧TA1纯钛卷形成批量生产能力,掌握Ti6A14V等中间合金熔炼、锻造、板棒轧制工艺。攀枝花学院在实验室制取出低成本钒基贮氢合金基础合金。四川华铁钒钛科技股份有限公司改进5 000吨/年SCR脱硝催化剂载体二氧化钛示范生产线工

2010 年攀枝花市科技计划项目安排及执行情况

表 17

单位：个、万元

类别	项目	编号	当年安排项目数	其中当年新上项目数	当年安排经费数	国家级项目数	国家级经费数	省部级项目数	省部级经费数	市（省厅）级项目数	市（省厅）级经费数	本机构项目数	本机构经费数	计划当年完成项目数	实际完成项目数	按进度进行项目数	未按进度进行项目	停止撤销项目数
			计划安排情况											当年执行情况				
		编号	1	2	3	4	5	6	7	8	9	10	11	12	13	14	15	16
合计		a	1 456	852	86 254. 05	22	6 437	110	14 477	204	7 845. 8	1 120	57 494. 36	786	705	648	76	27
按课题类别分	基础研究项目	b	94	54	1 569. 30	4	57	17	33	32	133. 3	41	1 346	43	36	51	7	
	应用研究项目	c	321	208	25 911. 39	8	853. . 8	31	5 286. 2	51	579. 5	231	19 189. 8	160	158	129	28	6
	试验发展项目	d	238	124	174 299. 50	5	2 933	12	504	27	3 141	194	10 851. 5	157	128	77	18	15
	R&D 成果应用项目	e	443	230	25 006. 26	4	1 895	5	135	32	508	402	22 485. 26	236	197	224	20	2
	推广示范与科技服务	f	261	162	9 263. 60	1	698	40	7 594. 9	44	385	176	568. 7	122	117	143		1
	生产性活动项目	g	99	74	7 074. 00			5	924	18	3 099	76	3 053. 1	68	69	24	3	3
按技术含量分	高新技术项目	h	193	101	19 867. 50	11	3 704	36	5 800	43	3 309	103	7 054. 5	109	87	88	12	6
	常规技术项目	i	1 263	753	66 386. 55	11	2 733	74	8 677. 1	161	4 536. 8	1 017	50 439. 86	677	618	560	64	21
按产业类别分	工业科技项目	j	1 015	622	70 838. 06	15	5 599	38	5 830	59	3 513. 3	903	55 895. 76	608	553	375	62	25
	农业科技项目	k	171	86	11 466. 80	3	828	37	8 614. 9	75	1 426	56	597. 9	79	72	99		
	交通建筑科技项目	l	3	3	143. 00							3	143	2	2	1		
	医药环保科技项目	m	39	29	453. 49	4	9. 79	1	0. 5	19	179. 5	15	263. 7	20	20	14	3	2
	其他类科技项目	n	228	112	3 352. 70			34	31. 7	51	2 727	143	594	77	58	159	11	

2010年攀枝花市新增科技经济效益情况

表18

单位：万元

			总效益	其中				
				新增产值	新增利税	节约资金	新增成本	创汇（万美元）
		编号	1	2	3	4	5	6
合计		a	190 143.11	342 515.5	34 745.04	35 468.28	187 840.67	37 911.3
按课题类别分	R&D项目	b	79 851.77	87 968.93	25 430.88	6 594.84	14 712	
	R&D成果应用项目	c	54 757.17	181 914.8	-3 189.91	19 972.7	147 130.33	2 732.3
	推广示范与科技服务	d	28 001.92	31 246.68	2 681.44	2 358.99	5 603.75	
	生产性活动项目	e	27 532.25	41 385.09	9 822.63	6 541.75	20 394.59	10 584
按技术含量分	高新技术项目	f	86 972.24	96 756	26 181.35	9 900.84	19 684.6	37 859
	常规技术项目	g	103 170.87	245 759.5	8 563.69	25 567.44	168 156.07	52.3
按产业类别分	工业科技项目	h	157 317.75	305 654.57	32 605.95	30 699.14	179 035.96	37 859
	农业科技项目	i	27 803.74	31 291.83	1 660.11	2 478.74	5 966.83	
	交通建筑科技项目	j	120			120		
	医药环保科技项目	k	270.2	290.6	31.68		20.4	
	其他类科技项目	l	4 631.42	5 278.5	467.3	2 170.4	2 817.48	52.3

艺和流程，打通了工艺生产脱硝载体二氧化钛原料的全部工艺，用一条生产线生产出三个载体二氧化钛品种，产品稳定性进一步提高。运达钛业建成年产3 000吨水解晶种生产线。

二次资源综合利用取得新成效，四川金沙纳米技术有限公司建成年产100吨纳米铁粉、2 000吨超细铁粉、5 000吨分析纯级硫酸亚铁、5 000吨电池级草酸亚铁和副产2 700吨硫酸铵的硫酸亚铁综合利用项目一期生产线。攀枝花东源锌业有限责任公司利用废酸浸取高炉瓦斯灰（泥）提取锌、铟、锗等元素，打通工艺全流程，生产出纯度为99.99%的电解锌。攀枝花火凤凰再生资源回收利用有限公司在国内率先建成利用炼铁烧结烟灰的试验生产线，生产出国内紧缺的高纯度氯化钾产品，并实现伴生氯化铝、海绵铜等的回收利用。

机械制造加工起步良好，攀枝花泓兵钒镍有限责任公司改进低品位红土镍矿生产镍铁合金装备，合金中镍的品位由8%提高到11%，形成成熟的冶炼工艺和成套装备，与国内多家单位达成转让意向。攀枝花市白云铸造有限责任公司开发的出口型斗衬板及相关配件，产品质量获得澳大利亚CQMS公司认可。攀枝花大西南实业有限公司在国内首创使用钒钛蠕墨铸铁生产制动毂，产品综合性能达到国内先进水平。攀枝花全速汽车桥箱厂生产出性能指标优异的汽车平衡增力制动器，产品通过过关率极低的淋水防滑实验。

培育太阳能和生物产业取得新进展，攀枝花银江金勇工贸有限责任公司开展太阳能产品示范生产线建设，开发太阳能路灯、庭院灯、杀虫灯等8个系列30多类产品，成功申报56千瓦国家级金太阳示范工程。攀枝花鼎好太阳能科技开发工程有限公司30兆瓦太阳能电池组件建设项目建设进展顺利。攀枝花钒钛研究院自主研发2×2千瓦的钒电池，在红格中学成功示范。昆明理工大学研发出年产10万升生物柴油成套化生产设备，进行试生产，以麻疯树籽为原料的产品指标达到国内零号柴油标准。

【统筹城乡发展科技行动】 2010年，统筹城乡发展科技行动成效明显，农业科技创新与转化推广管理工作进一步加强。成立攀枝花农业科技创新与转化推广工作领导小组，建立全市农业科技创新与转化推广联系会议制度。出台《攀枝花市统筹城乡发展科技行动实施方案（2010—2015）》，明确今后5年城乡统筹农业科技的发展方向。

省级农业科技园区和新农村建设示范片建设工作起步良好，新增龙腾四海为省级农业科技园区（试点），全市省级园区（试点）达到5个。6.67万平方米优质晚熟芒果、6.67万平方米优质早春枇杷、3.33万平方米优质早春蔬菜和占地21.33万平方米的生猪养殖基地等核心科技示范基地初步建成，园区的辐射带动作用逐步体现。仁和区混沙拉村的优质晚熟芒果农业科技园区芒果产量达3 500吨，较2009年增长40%，销售额达2 100万元，人均收入1.5万元，户均收入6万元。米易县新农村建设示范片内的优质早春蔬菜科技园区，带动全县蔬菜种植面积4 866.67万平方米，产值43 475万元，蔬菜产业助农人均增收110元以上。

农业科技创新与示范取得新进展，市农林科学院建设的芒果种质圃，收集保存芒果种质资源100余份，通过国家农业部检查验收；凯特芒果和攀杂丝瓜1号入选省农业厅主导品种，攀杂苦瓜3号通过省级品种审定；制定全市优质烤烟地方标准45个，形成的标准体系达到全省烟叶生产地方标准的先进水平，经应用示范区内中上等烟叶比例达86.67%，较非示范区提高11.66%，建立480万平方米的病虫害综合防治和统防统治体系。培育核桃产业，开展核桃产业发展关键技术研究，引进核桃优良品种17个，收集本地优良品种14个，建成0.73万平方米良种采穗圃、0.27万平方米优良品种收集园和4万平方米标准化栽培科技示范园。建设2个山羊品种改良及标准化养殖示范村，应用本地山羊品种改良和标准化养殖技术，与传统养殖相比，山羊繁殖率从73%提高到109%，出栏率从37%提高到87%，屠宰率从38%提高到46%，饲养周期由18～24个月缩短到10～12个月，山羊养殖规模达到5.86万只，获经济效益692万元。米易县摩挲村兴农养殖专业合作社等开展的优质肉牛生态养殖示范村建设，带动发展养殖户216户，养殖规模达2 600头，年出栏400头，产值达280万元，养殖户户均增收8 000元，人均增收2 000元。米易跨越水产成功引进梭鲈鱼等鱼种，建成40万平方米的水产苗种早繁育基地。

【科技服务民生专项行动】 2010年完成农业科技“110”民生工程，新建15个村级信息服务站，为8个服务站免费建立网站。通过农业科技110网站发布农产品供求信息7 521条，接听“8887110”声讯服务热线765次，提供专家服务1 600余次，其中现场服务1 100余次。

民生科技示范进展顺利，完成平地镇迤沙拉村秸秆气化站科技示范，集中为300余户村民提供燃气。万民生态农业生猪产业化示范基地年培育父母代母猪3 500头，出栏商品猪1.1万头，配套建设1 200立方米的沼气池和40千瓦的发电机，种植芒果20余万平方米，沼气发电解决基地部分用电，利用沼渣沼液给果树施肥，“果、沼、畜、能”模式初步建立。启动国家重点保护野生植物名录已宣布灭绝的云南梧桐培育研究。实施环境整治工程，支持纳尔美科技与市园林绿化处合作开展对竹湖园水质污染治理工作。

林下生物资源开发取得新成绩，开展金银花、重楼、天南星、杜仲等道地中药材品种的适应性研究。探索林下种养殖模式，捷茂公司在米易县、盐边县、仁和区等地新种植大和当归46.67万平方米，山岛柴胡506.67万平方米；四川平大生物公司何首乌GAP种植新增面积约133.33万平方米；攀枝花干热河谷生态公司在东区枣子坪开展生态植被恢复试验，建成基地80万平方米，种植咖啡、黄檀、迷迭香等特色植物。探索种养殖业与餐饮业结合模式，四川平大生物公司建设3 333.33万平方米林下种植何首乌基地和养殖何首乌鸡的示范园，新开发何首乌鸡、茶、烤酒等系列产品，成立民望餐饮公司，在全市发展连锁特色餐饮店4家；攀枝花阿莫莫公司发展杜仲种植3.33万平方米，建成占地8万平方米特色养殖基地，养殖杜仲鸡规模20 000只，野猪存栏580头，建立1个特色天然野菜种植基地，全市发展连锁餐饮店5家。

【创新体系建设】 2010年8月，全国首个钒钛国家重点实验室——攀钢集团有限公司企业国家重点实验室建设计划通过科技部组织的专家论证，实验室中试工程平台的5个中试单元陆续建成并投入使用。实验室规划建成基础实验室、中试工程和分析检验3个试验平台，围绕以攀西钒钛资源为基础，以世界其他重要钒钛资源为对象，建成中国乃至全球独具特色的钒钛研发中心。推动钒钛磁铁矿资源综合利用产业技术创新战略联盟升级为国家级产业技术创新战略联盟，工作取得重大进展。10月，依托攀枝花学院医学院和攀枝花市中西结合医院，组建攀枝花市医学技术中心。依托攀西阳光酒业组建攀西葡萄酒工程技术中心。11月，科技部、省科技厅领导就攀枝花市钒钛磁铁矿资源综合利用技术创新联盟建设工作进行专题调研，表示将全力支持联盟升级为国家级技术创新联盟。新增四川龙蟒矿业有限责任公司、攀枝花市白云铸造有限责任公司为国家级高新技术企业。新建四川省文献共享平台攀枝花分中心。推进大型科学仪器共享平台工程，实行共享仪器补贴制度，开展对外协作服务3 763次。

【科技创新环境建设】 2010年，为推进科技交流合作，组织近100家企业参加成都西博会、深圳高交会、杨凌农博会、第八届中国·海峡项目成果交易会、第十届中国专利高新技术产品博览会、重庆军博会、2010年中国国际专利技术与产品交易会等活动。4月，召开2010年攀枝花市与昆明理工大学产学研对接会，组织市内20余家企事业单位代表与昆明理工大学座谈交流，发布技术需求信息17条，达成意向性协议5项。10月11日，组织召开川滇毗邻地区科技工作联系会，建立起由攀枝花市、大理白族自治州、昆明市等9市地州组成的川滇黔毗邻地区科技工作联盟。12月1～2日，召开攀枝花市2010年产学研信息发布暨项目对接会，与西华大学签订市校合作协议，组织市内30余家企业与四川大学、昆明理工大学等7所高校进行科技需求对接，发布需求信息22项，发布成果近180项，初步达成意向性协议17项。

加强科技人才队伍建设，院士后备人才培养计划全面实施，制定《攀枝花市院士后备人才培养专项资金管理办法》，设立专项资金50万元，召开工作会议，签订培养协议，培养工作全面展开。科技人才团队建设进一步加强，新增钢铁延伸加工及机械制造产业、芒果两个创新团队培养项目。推进优势产业后备人才培养工作，市环业冶金渣公司的敖进清和攀枝花学院的杜正聪获省青年基金支持。

科技金融工作取得新成效，组织金源创投等32家企业参加2010年中国（西部）高新技术产业与风险资本对接推进会，4家企业参与项目融资路演和投融资展览，5家企业获百家成长型科技中小企业推介。2010年四川华铁获风投资金2 000万元，四川平大生物获农业科技贷款2 800万元。组织企业申报风险投资项目，泓兵钒镍获风投资金3 800万元。组织全市16家企业申报四川省科技型中小企业创业投资补助资金，金源创业投资有限公司等5家企业获风险补助、投资保障、贷款担保133万元。

科技管理工作再上新台阶，召开全市科学技术奖励大会暨科技工作会，表彰2009年度攀枝花市科学技术进步奖获得者，奖励66项科技成果。修订《攀枝花市科技计划项目管理流转程序》，促进科技项目管理规范化、科学化。建立攀枝花市科技成果数据库，收集全市1977年以来取得的科技成果780项。19项科技成果获2009年度四川省科学技术进步奖，获奖层次和数量继续位居全省前列。2010年组织申报省级、国家级科技计划、专利专项资金项目110项，获得国家级科技计划立项15项，省级科技计划立项28项，省级专利专项资金立项4项，总计获得科技经费达4 087万元，较2009年增长53.1%。完成技术合同登记186项，技术交易额6 560万元。加大对企业研发费150%加计扣除等科技政策的宣传和执行力度，组织攀钢集团、钢城集团等14家企业申报技术开发费认定，认定抵扣所得税额达4 000万元。

推进专家咨询建议工作，完成市委《关于制定国民经济和社会发展第十二个五年规划的建议》等重大报告和规划咨询10余次，撰写《关于做好当前抗旱工作的建议》等重大报告3篇，组织专项调研5次，刊发专家建议14期。

2010年组织开展“科技之春”科普活动月、“科技活动周”、“冬季送科技下乡”等活动，发放科普资料32 400份，咨询人员3 000余人次；举办农业科技等培训40期，培训人员7 000余名，赠送各类科普书刊29 400册，开展义诊11 200人次。在攀枝花电视台开辟《科技在线》专栏，全年播出20期。开展科普示范社区（村）、示范学校、示范基地的创建工作，新增5个示范社区（村）、3所示范学校，攀枝花苏铁自然保护区被批准为四川省科普基地。

全年开展攀枝花市通信业基本情况调研工作，完成《2010年通信业调查报告》，制定《关于我市加快发展通信业的意见》（攀办发〔2010〕75号）。组织第三方机构对信息化项目进行测评和评估，完成“市金保工程第三方机构测评”工作。开展攀枝花市信息化发展战略研究，制定市政府和四川电信战略合作框架协议。建设企业供需信息服务系统，推动攀枝花市钒钛企业信息化应用系统开发示范。完成防汛抗旱、攀枝花欢乐阳光节等多项大型活动通讯保障任务。

【国家知识产权试点城市工作】 2010年国家知识产权试点城市工作有序开展，按照创建国家知识产权试点城市实施方案的要求，将知识产权试点城市工作纳入市政府目标管理。召开2次国家知识产权试点城市工作领导小组会，制定《攀枝花市知识产权试点企业管理办法》、《攀枝花市专利工作奖励办法》，完善《攀枝花市专利资助资金管理办法》。加强知识产权培训宣传，将相关知识纳入公务员培训和专业技术人员继续教育内容,通过发表署名文章等形式,营造开展国家知识产权试点城市工作的舆论氛围。全年对全市17个知识产权试点示范企业进行分类管理,新增国家级试点企业1家、省级试点企业6家。攀枝花市首家专利权人以知识产权形式入股的企业——攀枝花市东林汽车制动有限公司成立。对64项职务发明和36项非职务发明给予11.85万元的资金资助。专利工作继续体现"发明专利比例高、企业专利申请比例高、专利实施比例高"的特点。2010年全市专利申请达811件,较2009年增长51.3%。专利授权545件,较2009年增长153.5%。新增国外专利申请3件,欧盟授权专利1件。全市新增专利实施技术项目145项,新增产值19.36亿元,新增利税8.3亿元。开展10次知识产权专项执法行动。攀枝花锐华农业公司申请的"攀枝花"水果商标获准马德里国际注册,成为攀枝花市第一件获国际注册的商标,金河晚熟芒果基地通过GAP认证,与沃尔玛超市实施"农超对接"。"国胜茶"获国家地理标志保护产品。攀枝花芒果、攀枝花枇杷、红格脐橙获农产品地理标志登记保护产品,新增省著名商标2件、市知名商标11件。举办知识产权专题培训讲座210期,参训人员达3万余人次。

(李盛国)

科学技术协会

【贯彻落实《纲要》】 2010年,市纲要办按照市政府下发的《攀枝花市人民政府关于贯彻全民科学素质行动计划纲要的实施意见》(以下简称《纲要》)要求,联合市级相关单位,制定出台《攀枝花市实施全民科学素质行动计划纲要工作方案》,修订完善《攀枝花市实施全民科学素质行动计划纲要工作目标管理考核办法》等文件。市委、市政府对全民科学素质工作继续纳入目标管理,并将目标分值由2009年的1分提高到2分,在省内率先从保障、投入机制上作出明确规定。2010年,市政府发文,对全市《纲要》工作领导小组组成单位和人员进行调整,各成员单位相应明确《纲要》工作联络员。各县(区)、各成员单位及时调整充实领导机构,完善工作制度,确保《纲要》工作领导落实、经费落实、人员落实。1月12~14日,市纲要办在各县(区)自查基础上,会同市政府目标督查办对各县(区)逐个进行实地检查、考核。检查总体情况是:市级大多数成员单位高度重视全民科学素质工作,将其纳入年度工作计划和业绩考核;各县(区)政府都把全民科学素质工作纳入本地区国民经济和社会发展总体规划和政府目标管理体系。政府主导、各方共同推进的工作格局初步形成,呈现出各具特色、各有亮点的工作成效。2月14日,市科协在米易县召开全市县(区)科协主席座谈会,通报2009年度市《纲要》办和市政府目标办对县(区)实施《纲要》工作目标考核情况,安排部署迎检工作。省政府3月22日《纲要》领导小组联席会后,市"纲要"办及时召开领导小组成员单位和县(区)科协负责人会议,传达会议精神,明确目标任务,督促县(区)和成员单位认真自查,做好迎接国务院、省政府督查的各项准备。6月29~30日,省政府《纲要》工作督查组对攀枝花市"十一五"期间的工作情况进行检查考核,认为攀枝花市《纲要》工作领导重视、机构健全、考核到位、措施有力、工作扎实,"四大人群"(未成年人、农民、城镇劳动人口、领导干部和公务员)重点工作特色鲜明,"三下乡、全国科普日、科技之春、环境日、科技周"等主题活动亮点突出,科技助推地方经济社会发展作用明显,给出基本分94分、特色加分8分、综合评分102分的总体评价分,名列全省前茅。督查组希望攀枝花市进一步巩固和完善全民科学素质建设长效机制,狠抓工作落实,把全市的《纲要》工作整体提高到一个新水平,为全省乃至全国树立典范、提供借鉴。7月14~15日,市政协委员一行19人,在副主席庞向东的带领下,实地调查《纲要》工作实施情况。调查组深入米易县草场乡枇杷协会、普威果树协会、仁和混撒拉芒果协会等国家级科普示范基地,实地察看特色农业生产基地规模化种植、产业化经营、助农致富增收情况;察看米易县草场乡龙华村、仁和区仁和镇科普宣传栏,调查科普宣传站、栏、员建设情况;视察米易县图书馆、市科技馆科教展厅、市青少年科技活动中心,调研青少年科技创新活动开展和科普设施建设、运行情况;参观东区枣子坪街道团结社区科普活动中心,了解社区科普活动室效能发挥情况。在座谈汇报会上,参与调查活动的市政协委员广泛交流参与调查活动的感受及对《纲要》工作的认识,充分肯定全民科学素质工作所取得的成绩,对今后的工作提出中肯的意见和建议。随后,市政协形成专题调研报告呈报市委、市政府,大力呼吁和积极促成《纲要》工作存在困难和问题的解决。

【群众性科普活动】 2010年,全市科协系统共举办各类科普宣传155次,宣传活动到达42个乡(镇)、90个社区,发放科普宣传资料28.3万份,受益群众23.5万人次;开展现代特色农业技术培训367次,培训5.5万人次。仁和区、米易县、盐边县列入中国科协2011~2015年度全国科普示范县(市、区)创建单位。米易县科协总结实施的"农民教农民"实用技术培训推广模式,受到中国科协和省科协重视。深入计划生育"三结合"(生产、生活、生育)和"领导挂点、部门包村、干部帮户"工作,分别向盐边县渔门镇岩朗村、米易县麻陇乡红岩村投入6 000元和5 000元帮扶资金,开展科技培训和实用技术推广,扶持农村科技致富带头人和重点产业发展,帮助当地群众改善生产生活条件,提高当地群众科学生产、文明生活意识。市科协会同市财政局培育、筛选、推荐的仁和区平地葡萄协会、米易县草场枇杷协会、米易县油桃协会、盐边县惠民瓜果协会、仁和区前进镇普达现代农业示范基地被中国科协、财政部评为"科普惠农兴村计划"先进单位,盐边县大笮风流水养鱼基地和东区银江镇阿署达村鲍和平分别被省科协、省财政厅评为"科普惠农兴村计划"先进单位和农村科普带头人。筹备成立攀枝花市反邪教协会,1月,召开第一次会员大会,选举产生第一届理事会。成立大会上,北京交通大学人文社会科学学院博士生导师教授陈树文作“弘扬科学精神,促进社会和谐”的反邪教专题报告。

【青少年科技教育】 2010 年组织参加全国第二十五届青少年科技创新大赛,全市 50 所学校的 3 万名学生参加,评出市级科技创新作品一等奖 6 项、二等奖 9 项、三等奖 11 项,优秀科技实践活动一等奖 1 项、二等奖 2 项、三等奖 2 项,少儿科幻绘画一等奖 20 幅、二等奖 40 幅、三等奖 60 幅。推荐参加第二十五届省青少年科技创新大赛评比的作品 2 项获科技创新项目二等奖、6 项获三等奖,2 项获优秀科技实践活动三等奖,3 幅获少儿科学幻想绘画一等奖、8 幅获二等奖、6 幅获三等奖。2 幅少儿科学幻想绘画被省大赛组委会推荐参加全国竞赛。东区教育局等 3 部门被省大赛组委会授予优秀组织奖。8 月,组团参加全国青少年科技创新大赛现场观摩学习。5 月和 10 月,组织 100 名学生参加四川省第八届青少年机器人科技创新实践活动,2 支代表队获“提高组”一等奖、8 支代表队获二等奖、2 支代表队获三等奖;23 名学生获“虚拟机器人”竞赛一等奖、35 名学生获二等奖、24 名学生获三等奖;1 名学生获“普及组”一等奖、1 名获二等奖、2 名获三等奖。大河中学代表队入选四川省代表队参加 7 月在北京举办的全国青少年电脑机器人竞赛。攀枝花市大河中学岑虹志、旷培辉,仁和区民族中学肖顺棚、周鑫 4 名学生获第三届攀枝花市青少年科技创新市长奖。攀枝花市青少年科技活动中心,开展青少年科技创新、电脑机器人培训和竞赛,面向社会展示和推广攀枝花市高新技术成果。市科技馆科教展厅利用现有科普展教设施,向社会开放 30 次,4 000名青少年和中小学生前往参观。开展移动科技馆进校园 16 次,2.2 万师生受教益。11 月,举办为期 2 天 230 人参加的全市青少年科技创新辅导教师和组织工作者培训。12 月,组织青少年科技教育组织工作者和辅导员参加第十一期四川省青少年科技创新大赛科技辅导员及组织工作者培训班、第九届四川省青少年机器人创新实践活动教练员和组织工作者培训班培训学习。

【院士专家服务中心和工作站成立】 2010 年 7 月 30 日,市政府按照“政府支持、市场运作、按需服务、实现共赢”的原则,成立四川省首家由政府授牌的院士专家工作站和第一个由政府批准成立的院士专家服务中心——攀枝花市攀钢院士专家工作站、攀枝花市院士专家服务中心,成功引进刘宝珺、陈景、张懿、李洪钟、张锡祥 5 位院士和齐涛、朱庆山、曹宏斌等 7 位专家,与攀枝花市进行学术交流、重大项目研发、高层次人才培养合作。攀钢集团有限公司与中科院院士张懿、李洪钟的专家团队签订 3 个核心技术联合攻关合作协议。市委书记赵爱明、市长刘晓华到会授牌并发表讲话,充分肯定市科协和有关部门开展院士专家服务中心和工作站创建所取得的成绩,要求相关部门高度重视高端人才和高层次智力资源的引进,强化院士专家服务中心和工作站建设保障机制,充分调动和发挥院士专家、建站单位和党委政府三方面积极性,努力为到攀枝花市工作的院士专家发挥作用创造良好条件。

【学术交流】 2010 年,全市科协系统组织学术交流1 156次,交流论文2 046篇,69 753人参加;举办学术报告会 97 次,5 865人听取报告。7 篇论文入选四川省博士专家论坛,1 篇获大会二等奖。向 2010 年中国科协海峡两岸青年科学家学术活动“汶川大地震后绿色重建及发展低碳经济学术研讨会”推荐学术论文 4 篇。向“攀枝花人才论坛”推荐论文 11 篇,其中 5 篇论文获奖,2 人作大会交流发言。市农林科学研究院科协举办的“2010 年川滇两省六市州林业学术研讨会”、市老科协举办的“攀枝花发展钛材加工业国内外背景、机遇及挑战”等学术活动为提升全市学术交流层次、创新活动方式、丰富活动内涵、增强团体的凝聚力和科技工作者的使命感做出了积极努力。市标准计量学会、市农林科学研究院、市烟草公司联合完成的“攀枝花烟叶标准化体系建设及地方标准制定”获市 2010 年科技进步三等奖。市气象学会开展抗灾救灾气象服务,及时发布抗灾救灾专题预报。市建筑学会、市统计学会、市煤炭学会编辑出版《攀枝花建筑》、《攀枝花统计》、《宝鼎科技》等科技期刊,为科技人员构筑学术交流的平台。

【金桥工程】 2010 年,立项“金桥工程”项目 36 项,完成 30 项,完成投资 9 亿元,新增产值 24.9 亿元,新增效益 5.7 亿元,新增利税 3.8 亿元,节约资金 0.45 亿元。立项“讲、比”活动项目 800 项,0.8 万人参加,申报技术专利 190 项,实现经济效益 3.97 亿元。攀钢集团有限公司科协组织实施的“白马铁矿选矿工业技术完善”项目,利用预处理和实时分析技术,为企业节约资金 0.5 亿元,年增利税 0.48 亿元。仁和区科协组织实施的“重型汽车制动毂产品开发”项目,为企业节约资金 0.25 亿元,年增利税 0.15 亿元。攀煤集团公司科协组织实施的“高温深孔爆破在煤层燃烧治理工程中的应用”项目,能有效保证煤层燃烧治理有害气体的稳定达标排放,为企业节约能耗成本 660 万元,年增利税 0.21 亿元。市职业安全健康协会与攀钢梅塞尔气体产品有限公司开展厂会协作,推动企业加快安全管理标准化建设进程。市农林科学研究院科协、米易县科协、市农学会组织科技人员深入农村,大力推广“烤烟关键技术”、“优质枇杷控时成熟技术”、“中山地区大棚(设施)蔬菜示范”等高附加值、高科技含量的农业科技项目,帮助农民增收致富。

【科技工作者之家建设】 2010 年,市科协借助《攀枝花日报》、攀枝花电视台等新闻媒体,宣传优秀学会、企事业科协 10 家和优秀科技工作者 10 名。推荐 6 名和 3 名科技工作者分别参加第十届四川省青年科技奖和攀枝花市创新人才奖评选。向市安监局推荐 4 名专家帮助工作。组织市金属学会、市园林学会的 20 名科技人员赴上海等地学习考察。举办以参观新农村建设成就、科协活动图片展和趣味运动会为主要内容的首届科协会员日活动,130 名科技人员参加。攀钢集团攀枝花钢铁研究院有限公司钒研究所孙朝晖、攀枝花干热河谷生物工程有限公司解培惠被中国科协译为全国优秀工作者称号。攀钢集团有限公司被中国科协评为全国"讲、比"工作先进集体。

【对外交流】 2010 年,省科协党组书记、副主席吴凯,副主席黄竞跃、刘进先后到攀枝花市调研指导工作。原中国科协党组成员、机关党委书记,中国农村专业技术协会副理事长、中国科协促进农村和少数民族地区发展专委会副主任苑郑民,中国科协科普部副部长高勘,华硕(集团)副总裁郑威及云南省大理白族自治州、保山市、文山州、丽江市科协主要领导相继率队到攀枝花市考察;市科协主要领导也率队分别前往成都市、绵阳市、德阳市、凉山州、雅安市及云南省昆明市、文山州、红河州、玉溪市等地科协学习。利用组织网络优势,10 月,市科协邀请出席第十一届中国西部国际博览会的 4 家川资企业、6 家台资企业,参加市政府在成都名人酒店举办的机械制造业投资说明会,协助有关部门完成招商引资任务。

防震减灾

【概　况】 2010 年,攀枝花市防震减灾局内设机构三处一室(科监处、震防处、应急处、办公室),在职职工 27 人。全年攀枝花市防震减灾局围绕地震监测预报、地震灾害预防、地震应急救援和科技创新工作体系,坚持防震减灾服务于经济社会发展,各项工作取得重大进展,圆满完成全年目标任务。在中国地震局举行的 2009 年全国市县防震减灾综合评比中被中国地震局授予防震减灾综合优秀奖、防震减灾社会动员单项奖;2010 年全省市(州)防震减灾综合评比被四川省地震局授予防震减灾综合三等奖、地震应急救援工作先进集体、政务工作评比一等奖;圆满完成《攀枝花市 2011 年度地震趋势研究报告》,2010 年地震日常分析预报获全省评比优秀奖;电磁波、测震、水氡、倾斜等地震监测手段获全省评比优秀奖,数据传输获三等奖;继续保持省级卫生单位和市级精神文明标兵单位;档案、初保、计划生育、安全、园林绿化、信访、统计、廉政建设、党建工作、保密、年鉴、执政实录、社会治安综合治理等达标获奖。

【防震减灾宣传】 2010 年,市防震减灾局利用"科技之春"科普宣传活动月、新修订的《中华人民共和国防震减灾法》颁布实施 1 周年纪念日、防灾减灾日、科技活动周等时段,开展防震减灾科普宣传活动。通过设立宣传站、发放资料、组织中小学生参观教育基地、开办讲座等方式开展防震减灾宣传,与攀枝花市电视台携手录制以"防震减灾"为主题的访谈节目,在攀枝花公共频道黄金时间《对话》栏目播出,并与社区等联合开展"防灾减灾日"科普宣传活动。全年市防震减灾局共发放各类宣传资料 12 万余册(份),制作展板 37 块,悬挂横幅 18 幅,40 余万人(次)直接或间接受到教育。

【地震监测预报】 2010 年继续加强台站管理,确保观测质量,对各地震监测台进行全面的排查,对仪器、设备进行检查检修,一期投入 10 万元对马兰山地震台进台公路进行改造。对相关观测技术人员进行专业培训,对观测数据进行认真分析研究,并及时、准确上报四川省地震局。全年共编发《震情分析》12 期,编制完成《2011 年年度地震趋势研究报告》。坚持"内紧外松"的原则,各级领导高度重视短临跟踪工作,年初印发《攀枝花市防震减灾局 2010 年度地震短临跟踪工作方案》,对各方面工作进行部署和安排。继续与攀枝花市周边地震监测机构建立协作关系,与邻区各市(州)、县地震局开展工作经验交流,及时交换资料和研究成果,携手合作,联手监测攀枝花市和周边地区的地震动态,提高短临跟踪能力。及时跟踪核实异常,快速处理有感地震。2010 年,攀枝花市境内无 3 级以上有感地震发生,监测到 3 级以下地震 41 次,多数为"八三 0"地震原震区余震。对影响攀枝花市的有感地震,市防震减灾局都进行快速及时的处理并上报攀枝花市政府和四川省地震局。

【地震安全性评价】 2010 年,在市防震减灾局的积极监督和协调下,完成《攀枝花市西区梅子箐水库扩建工程场地地震安全性评价》工作,确保工程项目在遭遇未来地震时的安全可靠。同时,市防震减灾局全面参与攀枝花市重大工程、生命线工程拟建项目的论证,并提出很好的意见和建议。深入推进农村民居地震保安工作,利用 2010 年冬季送科技下乡活动之机,市防震减灾局与仁和区、米易县、盐边县防震减灾局专业人员一道深入到部分重灾乡镇,开展灾后农房重建技术指导,采取分类讲解和逐户发放农村房屋抗震知识宣传手册等形式,向全市农村发放农村民居抗震设防科普宣传资料48 000份,农村民居地震保安工作进一步推进。

【举办地震业务培训会】 2010 年 10 月 9 ~ 10 日,市防震减灾局组织全市防震减灾系统领导干部和职工举办为期 2 天的地震业务培训会,各县(区)防震减灾局、企业地(抗)震办领导及业务人员参加会议,毗邻地区凉山州防震减灾局、永仁县地震局、华坪县地震局以及四川省地震局攀枝花基准台应邀参加会议,培训会共 100 余人。四川省地震局震害防御处副处长周玮、应急救援处调研员何茂富、市政府副秘书长肖光辉出席会议并讲话,市防震减灾局局长卢开南主持会议。原四川省地震局局长、研究员韩渭宾、原成都市防震减灾局副局长、研究员洪时中以及四川省地震局应急处调研员何茂富分别以《地震与地震灾害》、《汶川地震与地方地震工作》、《地震应急工作对策及构想》为题就地震监测、科普宣传、应急救援、地方地震工作管理等知识作讲解。

【加入滇西地震联动小组】 2010 年为做好滇西联动区地震应急救援工作,建立联动区信息交换保障系统和应急救援设施互助体系,根据云南省地震局《关于印发云南省 2010 年度地震应急准备工作方案的通知》文件精神,滇西地震应急救援联动区由云南省丽江市、大理白族自治州、保山市、怒江州、德宏州、迪庆藏族自治州、滇西地震预报实验场及四川省攀枝花市的防震减灾部门组成。攀枝花市防震减灾局局长卢开南任滇西地震应急救援联动区工作领导小组副组长。

【地震应急演练】 2010年1月27日,市防震减灾局组织全市防震减灾系统在仁和区大龙潭乡开展为期1天的地震应急演练。来自各县(区)防震减灾局、市直地震台站、防震减灾示范学校、示范社区及四川省地震局攀枝花基准台等单位有关人员共90余人参加地震应急演练。此次地震应急演练的目的主要是让地震应急工作人员学习野外帐篷的搭建,熟练掌握GPS、对讲机、流动照明系统、流动电台等应急工具的使用,快速开展灾害调查、灾情初评估并及时上报。

【修改地震应急预案】 根据《攀枝花市人民政府办公室关于报送地震应急预案的通知》,2010年市防震减灾局再次对《攀枝花市防震减灾系统地震应急预案》进行修改完善,使其具有科学性和可操作性。至年底,各县(区)人民政府、市级各部门、各企事业单位的应急预案已全部修订完成。

【地震台网通过验收和科技成果鉴定】 2010年4月6~7日,市政府和四川省地震局共同组织有关专家对攀枝花市数字遥测地震台网项目建设工程进行验收和科技成果鉴定。在验收会议上,专家组听取项目组作的工程建设报告、技术报告和考核运行报告,听取测试组的测试报告,经质疑和讨论,认为攀枝花市防震减灾局承建的"攀枝花市数字遥测地震台网项目建设工程"建设任务按计划全面完成,且施工质量好,仪器设备选型合理、架设规范,台站运行正常;台网的建成明显提高了攀枝花市地震监控和速报能力,对全市达到ML2.0级,部分地区达到ML1.5级;项目建设经费使用合理,验收资料文档齐全。专家组一致同意通过验收。在科技成果鉴定会议上,专家组听取项目组所作的相关报告并查阅科技查新报告,对有关情况进行询问与质疑,查看野外地震台站和台网中心的相关记录,审阅相关的技术资料,经讨论后形成鉴定意见。专家组一致认为,攀枝花市数字遥测地震台网具有技术先进成熟、实用性强等特点,在总体技术上达到国家地方同类地震台网的先进水平,其组网集成技术在其他台网建设中有推广应用价值,同意通过科技成果鉴定。

【完成《攀枝花市防灾减灾体系建设及对策研究》课题】 2010年6月18日,市防震减灾局组织专家组对《攀枝花市防灾减灾体系建设及对策研究》项目进行评审。与会专家认真审阅资料、听取介绍并质询答疑,经讨论,专家组认为该项目选题准确,研究方法可行,研究内容全面,数据较翔实,项目成果针对性强,并具较强的操作性和实用性,对于攀枝花市的地震灾害、地质灾害、气象灾害、环境灾害、生物灾害、洪旱灾害的防灾减灾工作具有重要的指导意义,一致同意通过评审。该项目由攀枝花市发改委于2009年3月下达,由攀枝花市防震减灾局牵头,市农牧局、市水务局、市林业局、市环保局、市国土资源局、市气象局等单位密切配合,由攀枝花市防震减灾局主编完成。

(王 斌)

气 象

【概 况】 2010年底,全市气象系统职工129人,其中在职职工78人、离退休职工51人。攀枝花市气象局下辖盐边县、米易县和仁和区气象局,属国家一般气象站;设办公室(人事教育科)、业务科技科(法规科)和计划财务科(监察审计室)3个管理科室;设攀枝花市气象台、攀枝花市气象科技服务中心、攀枝花国家基本气象站和攀枝花市气象局后勤服务中心4个直属事业单位;管理攀枝花市人工影响天气办公室(含攀枝花市农业气象中心)、攀枝花市防雷中心两个地方气象事业单位。

2010年,地面气象测报质量为0.02‰,农气观测、日辐射观测、酸雨气象观测消灭错情。在2010年的地面气象测报劳动竞赛中,攀枝花市气象部门验收合格1人次达到地面测报连续250班无错情,地面(农气)15人次达到气象测报连续100班无错情。2010年,全市新建21个四要素区域站;完成盐边县和仁和区土壤湿度自动站安装和全市自动站的仪器检定;完成全市综合气象观测系统运行监控平台(ASOM)的培训和基础数据录入工作。

2010年,攀枝花市气象局准确预报"3月23~26"区域性寒潮和"六二九"强降雨、"七一〇"首场暴雨、"八二二"区域性暴雨天气过程等。从2009年10月到2010年6月长达250多天的"秋冬春夏"特大干旱气象服务工作中,响应干旱Ⅲ级应急响应状态,适时发布干旱预警信息,及时开展人工增雨作业。其中,发布《干旱监测报告》13期、《灾情直报》16期、《雨情通报》11期、《农业气象旬月报》27期、《灾情月报表》9期、《灾情报告》24期、撰写《农业气象专题分析》4期、《干旱影响评估报告》2篇、《特大干旱》技术报告1篇,发表《特大干旱成因分析》论文1篇;接受攀枝花电视台、《攀枝花晚报》等新闻媒体采访5次,取得抗击特大干旱气象服务的全面胜利;发布干旱橙色预警信号12期,森林火险黄色、橙色预警信号19期,红色预警信号1期,高温橙色预警信号8期。攀枝花市气象局被攀枝花市人民政府办公室评为2007~2009年森林防火先进集体和2010年春季森林防火工作先进集体。

2010年,市气象局加强气象情报资料收集整理、极端气候事件和气候异常的监测诊断分析,开展农业气候资源动态监测和农业病虫害监测预报工作,及时编发《重大气象信息专报》、《灾情报告》、《农业气象旬(月)报》、《农经网讯》等,做好气象情报服务工作;做好攀枝花市主要粮食作物小麦和水稻、经济作物农业气象产量预报工作;加强农经网信息服务工作;开展人工增雨和防雹作业;做好攀枝花市森林火险等级预报；开展节假日和中高考期间的专题气象保障服务工作。及时通过电视、电台、12121、气象网、农经网、手机短信等方式把久旱转雨、暴雨天气和地质灾害预警等消息传送到攀枝花市委、攀枝花市人民政府和县（区）政府、市级有关部门，加强预防，采取避让措施，确保人民群众生命财产安全。

2010年，攀枝花市气象局被四川省气象局评为2010年重大气象服务先进集体，被四川省气象局评为2010年目标管理优秀达标单位，被四川省农经信息中心评为四川农村信息网工作成绩突出单位，被四川省气象局评为2010年人工影响天气工作目标管理先进集体，被中共攀枝花市委办公室、市政府办公室评为编纂《攀枝花年鉴（2010）》优秀单位、《中国共产党攀枝花执政实录》编纂先进单位，被攀枝花市人民政府评为2009年度全市政务信息化工作先进单位，被攀枝花市人民政府办公室评为攀枝花市2010年度行政执法责任制工作先进集体，被攀枝花市人民政府办公室评为2010年度全市森林防火先进单位，被四川省妇联命名为省级"巾帼文明岗"；攀枝花市气象部门1人被评为攀枝花市2010年度行政执法责任制工作先进个人，1人被评为攀枝花市2010年度全市森林防火工作先进个人，1人被评为攀枝花市2010年度全市安全生产工作先进个人。市气象局继续保持全市十佳文明行业、市级文明标兵单位、市级文明窗口行业和先进党支部称号；市气象局国家基本气象站继续保持市级"巾帼文明示范岗"称号。

【气候综述】 2010年全市气温显著偏高，降水量略偏少，日照时数基本正常，年平均相对湿度显著偏小。雨季开始期米易县正常（6月4日），其余地区偏晚（6周15日至7月6日）；雨季结束期正常到偏晚（10月15～28日）。

年内干雨季分明，1～5月降水极少，气温回升快，5月为平均气温最高月份；1月气温低，部分地方出现霜冻天气，特色水果和设施农业冷冻成灾，经济损失较大。随着气温迅速回升，降水持续较少，攀枝花出现自2009年秋至2010年夏持续250天左右的历史罕见"秋冬春夏"四连旱，遭遇有连续气象记录以来最严重的特大干旱，致使工农业生产损失巨大，人民群众生产生活影响严重。雨季6～10月，气温平稳下降，日照变少，降水天气增多，但降水时间分布不均匀，全市出现7次暴雨过程，部分地区遭遇洪涝、冰雹、雷击等自然灾害。其中：7月22日、28日米易县先后遭受严重风雹灾害和暴雨洪涝灾害；8月21～22日、9月25日仁和区遭受暴雨灾害和风雹灾害；7月29日至8月17日部分地方出现长达20天的晴热少雨伏旱天气，玉米、烤烟等旱地作物遭受干旱影响。11～12月气温低，降水较少，12月仅有微量降水，但秋旱冬干不明显。

2010年光温条件较好，灾害性天气偏重。年初的霜冻天气造成严重冻害；雨季前的"秋冬春夏"四连旱异常偏重；伏旱一般，秋旱不明显；暴雨、洪涝灾害次数多；冰雹灾害一般。雨季开始期大部分地区偏晚、结束期正常到偏晚。综合分析，2010年农业气象条件属于偏差年景。

【气　温】 2010年，平均气温20.7℃～21.5℃，较多年平均值显著偏高0.6℃～1℃；年极端最高气温39.8℃（炳草岗6月19日，仁和区5月6日），年极端最低气温1.9℃（仁和区12月22日）。

气温时间分布：1、4、10、11、12月气温正常略偏低，其他时段偏高，5月各地显著偏高2.3℃～3.2℃；月平均气温最高出现在5月（27.9℃～28.8℃），月平均气温最低除米易县出现在1月（11.9℃）外，其他地区出现在12月（11.5℃～12.6℃）；年内旬平均气温变化幅度大，其中，2月上下旬、3月上旬、4月上中旬、5月上中旬、6月中旬、7月上旬、9月下旬明显偏高，4月下旬、11月上旬、12月下旬明显偏低，其余时间正常偏高。

气温空间分布：南部高于北部，如炳草岗与仁和区年平均气温高于米易县和盐边县，年平均气温炳草岗最高，为21.5℃。

【降　水】 2010年，总降水量为725.7毫米～1 019.9毫米，较常年略偏少65.2毫米～95.0毫米，偏少幅度8%～12%。

年内分布极不均，6～10月降水较多，1～3月几乎没有降水，4～5月、11～12月仅有少量的降水；除9、10月降水较常年偏多外，其他时段为正常偏少；年内干雨季分明，雨季6～10月总降水685.4毫米～958.6毫米，占全年降水的94%～97%，炳草岗7月、其他地区9月为一年降水最多月，降雨量呈现出由北向南逐渐减少的分布特征，仁和区中南部、盐边县红格片区降雨量少；全市出现7次暴雨过程（包括3次区域性暴雨），年内部分乡镇遭受冰雹袭击。

【日照时数】 2010年，日照时数为2 302.5小时～2 730.8小时，较多年平均基本正常。年内分布除10、11月偏少外，其他月份正常偏多，2、9月偏多最为明显（2月炳草岗日照时数272.7小时，突破历史最多值），炳草岗9月偏多幅度达28.5%。月日照时数5月最多（为269.1小时～307.3小时，米易县为3月和5月），平均每天日照时数达8.7小时～9.9小时；10月最少（121.9小时～141.4小时）。总体上雨季日照少，干季多。空间分布上南部地区多于北部。

【相对湿度】 2010年，平均相对湿度53%～60%，较多年平均明显偏小4%～9%。

年内分布为1～9月正常偏小，其中5～7月显著偏小，仁和区6月偏小15%；10～12月正常略偏大。10月（盐边县9、10月）为最大月，相对湿度为75%～81%，2月为最小月，相对湿度仅25%～34%。

【气象灾害】 2010年，攀枝花市气象灾害发生较多，低温霜冻、干旱、大风、冰雹、暴雨、洪涝、雷击灾害都有发生。其中"秋冬春夏"四连旱异常严重；大风、冰雹发生一般；暴雨、洪涝偏重发生。

霜　冻　2009年12月24日至2010年1月6日，攀枝花市盐边县和爱、新九、国胜、渔门等乡（镇）遭受较为严重的霜冻灾害，造成29个村39 994人受灾。农作物受灾966.07万平方米，枇杷受灾426.67万平方米，共造成经济损失4 589.8万元。

2010年1月，攀枝花市持续遭受霜冻灾害。造成米易县湾丘、白马等5个乡镇27个村14 010人受灾，农作物受灾641.53万平方米，成灾140.67万平方米，绝收25.6万平方米。仁和区仁和、中坝等乡镇的早春蔬菜受冻435.33万平方米，粮食作物受冻135.53万平方米，芒果等252.07万平方米。共造成直接经济损失1 505.6万元。

干 旱 2009年10月开始，攀枝花市降雨持续偏少，蓄水不足，气温偏高，遭受有气象资料记载以来最严重的"秋冬春夏"四连旱灾害。截至2010年5月31日，已种植的作物受灾30 650万平方米。成灾16 311.13万平方米，绝收7 388.8万平方米。有22.05万人和40.22万头牲畜出现不同程度的饮水困难。有13 333.33万平方米果树严重受旱，18 044万平方米林木受灾。草场严重受旱66 666.67万平方米。水产养殖因旱减产600吨。估算经济损失达2.58亿元。

大风冰雹 6月25日晚8时许，盐边县共和乡发生风雹灾害，造成12个社2 013人受灾；烤烟受灾113.33万平方米，玉米受灾13.33万平方米，干果受灾40万平方米。灾害造成经济损失共316万元。

9月25日下午，仁和区平地镇、大龙潭乡遭受冰雹、大风袭击成灾，农作物受损严重。大龙潭乡7 801人受灾，水稻、玉米受灾1 169万平方米，成灾282万平方米，绝收7万平方米，烤烟受灾75.2万平方米。平地镇烤烟受灾61万平方米，水稻绝收2万平方米。共造成经济损失492.7万元。

暴雨洪涝 6月26日，米易县白坡、普威等4个乡（镇），遭受大雨袭击，致使农作物受损，造成6 014人受灾，房屋损坏27间，倒塌1间，死亡1人；毁坏公路2.3千米，沟堰2千米，桥涵1座；农作物受灾440.27万平方米，成灾187万平方米，绝收4.27万平方米。灾害造成直接经济损失308万元。

8月21日晚，仁和区普降暴雨，造成大田、啊喇等11个乡（镇）1万余人受灾，农作物受灾244.4万平方米，成灾141.33万平方米，绝收30.27万平方米，毁坏房屋450间，倒塌房屋44间，损毁公路10.9千米、桥涵13座、沟渠34.2千米。灾害造成直接经济损失1 137万元。

8月21～22日，盐边县共和、温泉等9个乡镇遭受暴雨袭击，造成农作物不同程度受灾。造成85个村39 850人受灾。农作物受灾1 666.67万平方米，成灾1 466.67万平方米。灾害共造成经济损失470万元。

10月19日，米易县普降大雨，致使一块山石滚落打塌一间住房和损坏一间住房，造成2个乡镇2户13人受灾，房屋损坏1间，倒塌1间，死亡3人，灾害造成直接经济损失0.7万元。

雷 击 6月17日18时30分，仁和区布德镇辖区发生雷雨天气，造成4人遭受雷击灾害，2人当场死亡，2人受伤。

【气象科技创新】 2010年，市气象局开展科研开发活动，继续加大对气象科技创新工作经费的投入，鼓励科技人员申报科研业务项目。《气象预报在打造攀枝花特色农业中的作用》发表于《攀枝花科技与信息》；《GRAPES数值产品与攀西6月日降水的相关分析》发表于《云南大学学报》（2009年增刊S2《云南大学学报自然科学版》）；《攀枝花自然降水资源变化特征分析》发表于《安徽农业科学》；《攀枝花一次特重旱灾发生特点及成因分析》、《攀枝花气候条件对芒果生长的影响》发表于《高原山地气象研究》；《二滩水电站水库对局地气候影响分析》、《攀枝花市烤烟降水资源分析》发表于《攀枝花科技与信息》第35卷。

（陶洪福　杜成勋）

农林科研

【概　况】 攀枝花市农林科学研究院（简称市农林院）是由攀枝花市人民政府直管的社会公益型科研事业单位，于2006年由原攀枝花市农业科学研究所、攀枝花市林业科学研究所、攀枝花市农机与节水技术推广站和攀枝花市良种场4个单位整合而成。主要职责是围绕攀枝花市地方经济发展，承担农业、林业、水利等方面科学技术研究及技术推广应用工作；主要从事蔬菜、热带亚热带果树、作物、烟草、畜牧、水产、生物质产业、生态恢复与保护、农业机械、农业节水技术研究及成果示范推广工作。内设办公室、科研与基地管理部、作物烟草研究所、园艺研究所、畜牧水产研究所、生物能源与生态研究所、农机与节水技术研究所、成果转化示范中心。

市编办下达市农林院计划编制128人，2010年有在职职工117人，离退休职工95人。在职职工中，有专业技术人员69人，其中高级职称18人、中级职称27人；有省人大代表1人，市政协委员1人，仁和区政协委员4人；有享受国务院政府津贴专家2人，市有突出贡献专家5人，市学术和技术带头人3人，市学术和技术带头人后备人选6人；有市创新人才奖获得者2人，市创新人才提名奖获得者1人，市创业人才奖获得者1人，第四届攀枝花市科学技术杰出贡献奖获得者1人，第七届"攀枝花市十大杰出青年"奖获得者1人，"全国巾帼建功标兵"奖获得者1人。

2010年市农林院面积70.20万平方米，有标准的试验中试示范基地53.34万平方米，拥有固定资产1 300余万元，有科研仪器200余台件，各类藏书4万余册，有标准的育苗连栋塑料大棚3 197平方米、植物组织培养室330平方米、冷库60平方米，建筑面积达1.78万平方米。

全年市农林院围绕纵深推进倾力打造现代特特色农业基地的早市蔬菜、南亚热带特色水果、烤烟、畜牧、林业生物产业等5大农业支柱产业共开展研发项目76项，其中2009年结转55项、新上21项，各项目按计划进展顺利；现场验收4项，成果鉴定3项，省、市成果登记5项，获市科技进步奖2项，获金桥工程项目奖4项；1个蔬菜品种通过省级品种审定,7个麻疯树良种通过省级良种认定,2个农作物品种被省农业厅推荐为2010年全省农作物主推品种;获国家实用新型专利1项;撰写科普文章49篇,编印实用技术手册和图册7种7.27万册,科技人员在国内外正式刊物上发表文章35篇,由院科技人员主编和主审的《四川农民培训教材(烤烟)》已正式出版;累计派出科技人员144人次到市外进行学习、考察与学术交流,撰写调研报告7篇;成功举办"四川省攀西特色水果创新团队培训会"、"川滇两省六市州林业学术研讨会"和"芒果专题研讨会";培训农村实用人才6 094人次,农业科技成果累计推广面积23 425.73万平方米,创社会经济效益2.52亿元;获各种集体荣誉奖26项,获首届"攀枝花市人才奖·人才开发奖";118人次科技人员获得各种个人荣誉奖,2人分别获得攀枝花市创新人才奖和提名奖,1人被评为攀枝花市"三八红旗手"和"十大女杰"。

存在的不足:经费投入不足,难以适应倾力打造现代特色农业基地的要求。研发平台建设专项投入缺乏、科研仪器设备陈旧老化,无更新专项经费;成果熟化、转化和示范推广资金缺乏;职工的后续教育及新型农民培训等经费缺乏;科研课题经费没有稳定的来源。

【蔬菜研究】 豇豆育种:先后引进豇豆种质资源31份,选育出7个紫红豇豆单株,其中一个单株综合性状优良;豇豆杂种后代单株选择到第七代,有3个单株在丰产性和商品性上表现突出,下一年将在生产上进行试种。豇豆太空育种选择到第六代,选育出4个优良单株,其中有2个单株已经在生产上试种;攀豇一号、攀豇二号已在省内外大多数适种区域示范推广。苦瓜育种:创新特异育种材料2份,自育的攀杂苦瓜3号通过省级品种审定,攀杂苦瓜7号、8号正在参加全省区试;采用苦瓜强雌系与苦瓜野生种杂交,进行的抗性(抗白粉病)育种,有4个单株表现稳定,2个单株丰产、耐贮运、商品外观好,1个单株强雌株率达到80.0%。丝瓜育种:攀杂丝瓜1号被省农业厅推荐为2010年全省农作物主推品种;选育出性状稳定、园艺性状好的丝瓜新材料10个。菜豆育种:先后引进、收集菜豆种质资源50份,并进行性状综合评价;初步选育出8个优良株系,其中有3个进行生产繁种。设施蔬菜研究:先后引进番茄、黄瓜和辣椒设施栽培专用品种35个,筛选出适合盐边北部设施蔬菜丰产栽培的番茄品种1个,黄瓜和辣椒品种各2个,并在生产上进行示范。

【特色水果研究】 芒果研究:农业部四川芒果种质圃已收集保存芒果种质资源110份,并以此为平台开展8个芒果品种杂交育种试验、12个芒果品种诱变育种试验,凯特芒果被省农业厅推荐为2010年全省农作物主推品种。采用人工抹花、生长调节剂推迟花期、人工促花、保花保果的方法,成功研究出晚熟芒果控时成熟技术,既有效克服了晚熟芒果大小年结果的问题,又将晚熟芒果成熟期由9月中旬推迟到10月中下旬,使芒果单价由原来的4元/公斤~6元/公斤提高到8元/公斤~10元/公斤,亩增效益显著。开展攀西芒果病虫害调查,共调查出病虫害种类63种,撰写10种芒果病虫害综合防治措施,重点启动芒果畸形病防治技术研究;开展的芒果测土配方施肥研究项目,已经研究出N、P、K施肥用量与芒果产量的相关性;开展攀枝花市芒果低温冻害发生的特点和规律调查,为开展芒果防冻技术研究做好了前期准备工作。石榴研究:重点开展石榴新品种选育工作,进行3个品种的区域性试验,探索4个品种的杂交育种和3个品种的诱变育种。其他特色水果研究:重点开展梨的施肥、修剪、低产园改造和病虫害综合防控技术研究。

【烟草研究】 2010年,开展烤烟品种引进筛选试验,建立品种配套体系。建立烟区土壤区划系统,通过对土壤进行普查、分析、研究和评价,将攀枝花土壤养分分为3个区、5个等级并制定相应的分级指标,建立土壤分区数据库;在平地、晃桥村建立两个测土施肥技术示范点;同时对仁和区示范片进行统一机耕和土壤改良。建立病虫害综合防治和统防统治体系,建立起完整的病虫害测报网络,在示范片引进频振式杀虫灯,在仁和区示范片发放了机动喷射器和烟草统防统治药剂。在院烟草科技人员的指导下,2010年攀枝花市烟草病虫害损失大幅度下降,仅在米易草场乡晃桥村就为农民挽回30多万元的损失。制定出攀枝花市优质烤烟地方标准45个,建立烤烟地方标准体系。成功研制出碳氢有机质热裂解炉供热系统,同时研究出与之配套的烤房自动控制系统。

【畜牧研究】 2010年,以院草食家畜科研示范基地为载体,继续深入开展山羊舍饲饲养技术研究,优化完善圈养山羊系统配套技术。院基地全年羔羊出生率、成活率和向社会提供成羊种羊率较2009年分别提高2.3%、4.1%、133%。"山羊品种改良及标准化养殖"项目经省、市专家鉴定,其成果达到国内同类研究的先进水平,获攀枝花市科技进步二等奖。菌糠养羊研究成功,有效解决了枯草期饲草不足的难题及食用菌生产废弃物污染环境的问题。全面调查攀枝花本地黑山羊资源,首次提出从分子水平分析本地黑山羊与周边黑山羊之间的差异性,为本地黑山羊的保护与开发奠定了基础。建立果草立体种植模式,筛选出适宜攀枝花市种植的牧草品种9个,示范推广优质牧草20多万平方米。协助阿莫莫公司开发研制能明显提高鸡的免疫力,改善鸡的肉质和风味的杜仲鸡功能饲料。

【林业研究】 2010年,市农林院和省林科院联合选育的7个攀西地区野生麻疯树优良种源通过省级良种认证。"麻疯树无性系种子园的营建技术研究"项目,在院科研基地建成了国内首个麻疯树无性系种子园6.67万平方米,并通过省级成果鉴定,其研究成果整体达到国内领先水平。以项目为载体,建成优树收集区6.67万平方米、优树子代测定林5.33万平方米、麻疯树采种母树林基地13.33万平方米、麻疯树良种采穗圃1.33万平方米、种质资源收集圃1.67万平方米,科研试验林2.67万平方米。弄清了攀枝花市优良麻疯树种源的分布地域，弄清了麻疯树不同海拔区域表型性状、物候表现等。研究出麻疯树拉枝促萌和优树嫁接技术。引进核桃优良品种17个，收集本地优良品种14个，营建良种采穗圃0.73万平方米，优良品种收集园0.27万平方米，栽培技术示范园4万平方米，低效林综合改造与管理示范园3.33万平方米，优质核桃种植科研试验园3.33万平方米；研究出核桃林地间种套作模式，核桃低产林改造技术在生产上的应用效果已初步显现，最高增产达10%左右。建立6.67万平方米天然块菌保护性采集试验基地，块菌人工种植园中的菌根苗和菌根生长率良好。启动川牛膝和何首乌等道地中药材的林下种植技术研究，分别在米易白马、仁和啊喇和平地建立了种植试验示范点。

【节水研究】 2010年，初步研究出凯特芒果滴灌的最佳灌水量、周期、灌水次数和深度。研究表明葡萄滴灌节水、省工效果十分显著，还能改善土壤理化特性，但增产效果不明显。研究表明微喷对于预防荔枝裂果作用不明显。研制出低成本节水灌溉产品——大流道滴灌带和薄壁管带，经生产试验，效果明显，年底已在攀枝花市大面积推广。

【成果转化与推广】 2010年，在继续完善院内的芒果生产示范园、葡萄生产示范园、草食家畜科研示范基地、红龙果引种示范园等的基础上，又先后在攀枝花市的三区两县及周边地区建立蔬菜、水果、畜牧、生态林业、节水、烤烟等方面的试验，示范点(片)156个，极大地带动了示范点(片)周边农户主动应用先进的农业生产技术的积极性，有效地促进了科技成果的示范转化与推广。

【合作交流】 2010年，继续完善和巩固与中国热带作物科学院热带作物品种资源研究所、云南省农科院热区生态农业研究所、四川省农科院、四川省林科院、福建省农科院、四川农业大学、西南民族大学、攀枝花市涉农企业等几十家科研院所、企业、协会的科技合作。与仁和区同德镇达成共同建立珍稀食用菌研发基地协议；与盐边县人民政府合作共建盐边县市蔬菜二基地已初见成效；与西南民族大学共同开展本地黑山羊基因鉴别试验，与四川省林科院联合承担的麻疯树国家科技支撑项目已经取得阶段性成果；与中国热科院品种资源研究所联合承担的国家芒果行业科技项目顺利地进入"十二五"项目计划；与云南省农科院热区生态农业研究所联合申报的科技部"十二五"科技支撑项目——"西南干热河谷受损山地生态系统综合整治技术集成与示范"已经通过公示；与四川农业大学已经初步达成新品种、新技术引进示范协议。

成功承办"四川攀西特色水果创新团队培训会"；组织召开"2010年攀西特色水果创新团队工作会议"；成功举办"芒果专题研讨会"、"川滇两省六市州林业学术研讨会"和院第四届年度科技交流会。邀请中国热科院、广东省农科院、郑州果树研究所和泰国芒果专家、以色列蔬菜专家为市农林院科技人员进行蔬菜、果树、花卉的新品种、新技术的培训和学术交流；全年共选派科技人员144人次外出参加学术交流、考察与学习。

2010年1月8日，市农林院与盐边县益民乡人民政府签订农业科技合作协议。双方协议在益民乡建立蔬菜和果树农业专家示范基地；以项目为载体，在益民乡建立项目试验、示范点(片)，全力推进益民乡新农村建设进程。同月11日，市农林院与攀枝花市鸿鹄农业发展有限责任公司达成合作协议。3月3日，云南省农业科学院生物技术与种质资源研究所所长张仲凯研究员应邀到市农林院进行合作交流洽谈，双方就农作物种子种苗及农产品安全生产技术、烟草苗期病毒病监测与防控、大田期主要病毒病原的鉴定等方面达成初步的技术合作意向。3月30日至4月1日"盐边县优质肉羊养殖关键技术集成及产业化示范"项目组与格萨拉乡韭菜坪村、永兴镇子房村、温泉乡三村3个养殖示范小区的30户示范户签订了项目合作协议，同时，项目组还对示范户进行山羊养殖、疾病防控等技术的现场指导。7月16~17日，"2010年中国—东盟自由贸易区芒果产业发展高端论坛"在广西百色市举行，中国、越南、菲律宾等国的芒果专家和专业技术研发人员出席此次论坛，市农林院芒果专家李贵利、芒果植保专家李桂珍率院果树科研人员参加此次论坛，李贵利代表四川芒果产区在本次论坛中作了芒果产业发展的相关专题报告。8月21日，中国热带农业科学院副院长邱小强率热科院科技处副处长明建鸿、南亚热带作物研究所副所长詹儒林、环境与植物保护研究所副所长蒲金基以及高爱平博士、张德生博士等一行人到市农林院进行考察交流。9月16~22日，市农林院依托省外国专家局立项的"芒果标准化生产技术引进"引智项目，邀请2名泰国芒果专家Kanjana博士和Chady1博士到市农林院进行学术交流和技术指导。同月30日，新西兰皇家植物和食品研究所资深研究员王云博士到市农林院进行共生食用菌的专题讲座和交流。10月22日，市农林院举办"芒果专题研讨会"。市科学技术和知识产权局、市农牧局经作站、米易县农牧局、仁和区农牧局、凉山州热作所、华坪县农业局、锐华果品公司等相关人员及院果树科技人员参加此次研讨会。同月25~30日，市农林院承担的省外国专家局"蔬菜设施栽培技术研究与示范"引智项目通过以色列MATAT专家组织邀请到以色列蔬菜专家斯特思·尤里教授到市农林院进行为期一周的学术交流和技术指导。11月9日，由市农林院承办的第十二届"川滇两省六市州林业学术研讨会"在攀枝花会展中心召开，来自四川省林科院、凉山州林科所、攀枝花市农林院、云南省红河州林科所、楚雄州林科所、丽江市林科所和保山市林业推广站的60余名专家、学者代表参加本次研讨会，大会围绕研讨会主题"提升研发创新能力，支撑林业产业发展"进行深入交流。12月2日，市农林院与四川省畜牧科学研究院签订"科技合作协议"。协议双方将互派科技人员开展科技交流；根据自身优势和地方特色，有针对性地联合申报科研项目，开展重大项目联合攻关，双方共同推动科技成果的共享与流动进程；充分利用两地资源，围绕新品种、新技术研究及产业化开发等方面开展全方位、多层次的合作；在此基础上，根据双方意愿和建设条件，联合共建四川省畜牧科学研究院区域研究中心，从而在更广阔的领域和更高层次上支持和促进攀枝花市现代畜牧业的发展。

【技术培训】 2010年，市农林院将农村实用人才的培养作为重点工作来抓，通过室内集中培训提高农民对先进的农业科学技术的认知率，通过田间现场技术培训、田间技术指导与跟踪服务提高对农业科学技术的掌握度。选派3名科技人员分赴米易县、盐边县、仁和区抗旱救灾一线参加抗旱救灾工作，配合指导乡镇制订减灾方案，及时组织科技人员撰写印发《农业生产实用抗旱技术》手册，并深入农业生产抗旱现场开展抗旱培训与技术指导。全年市农林院编印蔬菜、水果、烤烟、畜牧、抗旱节水等实用技术资料和图册7.27万余册(份)，共派出科技人员973人次举办培训班和技术指导及跟踪服务，共举办培训班126期，培训人员6 094人次，发放实用技术资料6.12万余份(册)。

2010年3月12～13日，由四川省农业厅牵头，市农林院具体承办的攀西特色水果创新团队培训会召开，此次培训会邀请农业部芒果"948"项目和行业科技专项首席专家、中国热带农业科学院科技处处长陈业渊研究员，国家荔枝产业技术体系育种研究室主任、"种质资源利用"岗位专家、广东省农科院果树研究所荔枝研究室主任欧良喜研究员，以及河南省开封市农林科学研究院副院长、石榴专家冯玉增研究员到攀枝花市授课，分别就国内外芒果产业发展现状及趋势、荔枝高产优质实用新技术和中国石榴生产科研现状、分布与可持续发展建议等方面的内容进行讲授。8月11日，市农林院水果专家深入帮扶村红格镇昔格达村，开展农业科技培训及服务活动。市农林院与米易县水务农机局合作，于8月4～5日在米易县普威镇开展一期拖拉机驾驶员的理论知识培训，使65名农机驾驶员提高了安全驾驶意识和安全操作技能。

(吕金燕)

社会科学

社　科　联

【市社科联第六次代表大会暨市第九次社科优秀成果颁奖大会】 2010年10月27日，市社科联在会展中心召开第六次代表大会暨第九次社科优秀成果颁奖大会。市委书记、市人大常委会主任赵爱明出席会议并作重要讲话。大会审议通过市社科联第五届理事会工作报告和修订后的《攀枝花市社会科学界联合会章程》，提出今后5年工作的总体要求和主要任务，选举产生市社科联第六届理事会理事、常务理事、主席、副主席和秘书长，沈钧当选为主席(兼)，杜非当选为常务副主席，王玖斌、田川、吴宏放、李燕、李尚志、项建国、谢玉先当选为兼职副主席，刘之丁当选为秘书长。本次大会还对攀枝花市第九次哲学社科成果共70项成果的获奖作者进行表彰，其中一等奖8项、二等奖20项、三等奖42项。

【学术研讨及交流】 2010年，市社科联围绕市委、市政府的中心工作，开展学术研讨活动。3月5日，与市委宣传部联合召开"攀枝花市建市四十五周年"理论座谈会。来自全市各级各部门和社会各界的代表共30余人参加会议并进行交流发言。原市委书记韩国宾和原市政协副主席刘庆华代表市级老领导分别作了发言。会议全面回顾45年来攀枝花市开发建设的奋斗历程和光辉成就，深刻总结45年的发展经验，对进一步推动科学发展观在攀枝花市的实践、以改革创新精神推动理论研究工作提出明确要求。6月4日，与市委宣传部联合召开"纵深推进'四个倾力打造'重点课题理论研讨会"，全市主要社科研究机构的专家学者约40余人参加会议，与会的13名专家学者进行学术交流和成果发布。市委书记赵爱明在听取每一位课题组负责人的发言后作了重要讲话，《攀枝花日报》理论版对这次专题研究的13项重点课题进行连续刊载。

【社科立项课题研究】 2010年，市社科联积极进行哲学社会科学重点课题、一般课题的设置和组织研究工作。下达《建设"实力、魅力、活力、和谐攀枝花"的实践与思考》和《以科学发展观引领资源型城市开发打造钒钛之都竞争新优势》等13项重点社科研究课题；《攀枝花市文化软实力建设问题与对策研究》和《攀枝花市国有企业受贿案件高发的原因分析》等7项一般社科研究课题；《关于我市民族地区村级组织建设的调查报告》和《优化攀枝花资源利用结构的调查与思考》等9项滚动研究课题。13项重点研究课题已全部评审结项，7项一般课题和9项滚动课题正在组织结项评审工作。

【宣传贯彻市委八届七次全委会精神】 市社科联协调市有线电视台，为《金沙江播报》栏目的《焦点对话》节目推荐攀枝花市社科领域数位知名专家学者作为特邀嘉宾，对市八届七次全委会精神进行深度解读，对2010年各项工作以及老百姓普遍关心的一些热点、难点问题进行评析与交流，对市委"提速增效、加快发展"的战略意图为市民进行传达。此举旨在服务于市委、市政府中心工作,并在老百姓中广泛开展社会科学知识普及教育。

【社科普及咨询】 2010年,市社科联积极组织社科学会和社科工作者参加全市的3月"科技之春"科普宣传月活动和5月"科技活动周"活动。据统计,共制作科普展板160块,悬挂横幅14幅,上街布点26处,送科技下乡12次,发送社科科普资料30 000余册,举行社区活动6次,提供社科咨询730人(次),举办社科知识讲座7次,800余人(次)参加讲座,提供社科咨询3 700件(次),累计受教育面达到50 000余人(次)。

【对学会的指导、协调和管理】 2010年,市社科联进一步与民政局联系,做好对社科学会的成立、变更、注销登记和年检工作。同时,调动高校、党校、党政研究部门及各学术性团体的积极性,正常开展学会活动,参加社科普及,组织社科学会(协会、研究会)开展课题研究,出了大批质量高、有创新、有较强实践应用价值的优秀成果。不少学会坚持开展经常性理论研究和学术交流,活动质量有所提高。2010年,市图书馆学会、市财政学会等社科学会召开会员代表大会进行换届选举,及时调整补充人员,健全学会领导班子。2010年,新成立攀枝花市观赏石研究会和攀枝花市城市文化研究会2家社科学会。

【《攀枝花社会科学》编辑出版】 《攀枝花社会科学》已和全国各省市300多家单位建立刊物交换关系。2010年刊物出刊发行2期,第3、4期合刊正在编辑中。同时还积极向省社科联报送攀枝花市社科界信息,全年共报送信息10余条。

(刘之丁)

地方志·年鉴事业

【概　况】 2010年,继续宣传贯彻《国务院地方志工作条例》、《四川省地方志工作条例》,重点学习《省地方志工作条例实施办法》。依法推进地方志工作,提高对地方志工作的认识。落实好"一纳入"、"五到位"工作。市志办及各县(区)志办的办公条件、人员、经费等均得到落实。完成县(区)志办参照公务员管理工作。为加大执法力度,市地方志办公室加强基层调研,不定期到县(区)地方志办了解和掌握修志工作进度,同县(区)委、县(区)政府及人事、编制和财政等有关部门交换意见,帮助解决县(区)修志工作中存在的问题。学习贯彻《四川省人民政府办公厅关于加强全省综合年鉴工作的通知》。继续指导审查各县(区)编写综合年鉴。对《东区年鉴(2010)》、《西区年鉴(2010)》、《米易年鉴(2010)》进行审查。《西区年鉴(2010)》、《东区年鉴(2010)》、《盐边年鉴(2010)》、《米易年鉴(2010)》、《仁和区年鉴(2010)》均于年底前公开出版发行;《攀钢年鉴(2010)》、《攀枝花市统计年鉴(2010)》、《钢城企业总公司年鉴(2010)》已于年底前内部出版发行。

2010年,《攀枝花市志》(1986—2005)、《西区志》(1973—2005)、《仁和区志》(1993—2005)、《盐边县志》(1993—2005)、《米易县志》(1991—2005)均于年内出版发行。继续指导市属部门志、专业志的编修,《攀枝花市人防志》、《攀钢志》、《攀枝花市劳动保障志》、《攀枝花市财政志》、《攀枝花钢城企业总公司志》、《攀枝花市民盟志》、《攀枝花盐业志》等已印刷出版发行;为《四川省志·攀枝花概况》提供资料,经五易其稿,最终形成6万余字稿上报省志编委;参加攀枝花博物馆建设论证会,就攀枝花市博物馆定名和馆藏收集物品鉴赏性、包容性等方面作了发言;两次参加四川省第五次非物质文化遗产攀枝花市项目评审。为网上中国2010年上海世博会四川展馆攀枝花馆提供资料;为丽—攀—昭铁路建设立项提供背景资料;《攀枝花年鉴》(2009)获第四届全国年鉴编纂出版质量评比综合二等奖、框架设计一等奖、条目编写一等奖;《攀枝花年鉴》(2009)获四川省第十四次地方志优秀成果评比二等奖;《盐边年鉴》(2009)获优秀奖;《东区年鉴》(2009)、《西区年鉴》(2009)获三等奖;《攀枝花人防志》、《攀枝花财政志》、《仁和区仁和镇志》获四川省第十四次地方志优秀成果评比优秀奖;《攀枝花民盟志》、《攀枝花劳动保障志》、《盐边军事志》获三等奖。

【全市第二轮修志】 2010年,《攀枝花市志》续修工作完成。3月,将《攀枝花市志》(1986—2005)文稿分送市级有关部门进行审读。4月,在攀枝花宾馆召开《攀枝花市志》(1986—2005)审读座谈会,市级老领导韩国宾、孙本先、赵世华及全市40余个主要部门的有关人员参加会议。5月,省志编委副主任罗亚夫及市县志工作处处长何瑞明到攀枝花市对《攀枝花市志》(1986—2005)的基础审查进行意见交换。6月通过市级评审。8月,省志编委地市州志验收审查小组对《攀枝花市志》(1986—2005)进行审查验收,并最后一致同意《攀枝花市志》通过省级审查验收。《攀枝花市志》(1986—2005)于8月送出版社,经市地方志办组织人力进行集中修改校对后,于11月底公开出版发行。

加强对县(区)志编纂的指导验收工作。5月前4部县(区)志书均通过市级评审。《西区志》(1973—2005)、《仁和区志》(1993—2005)、《盐边县志》(1993—2005)、《米易县志(1991—2005)》均于11月底前公开出版发行。

继续指导市属部门志、专业志的编修。《攀枝花市人防志》、《攀钢志》、《攀枝花市劳动保障志》、《攀枝花市财政志》、《攀枝花钢城企业总公司志》、《攀枝花市民盟志》、《攀枝花盐业志》等已印刷出版发行;《攀枝花供电志》、《攀枝花市教育志》、《攀枝花市地税志》、《攀枝花市国税志》、《攀枝花公安志》、《攀枝花林业志》已通过市级评审待出版;《攀枝花农牧志》、《攀枝花交通志》、《攀枝花市科技志》、《攀枝花市建设志》、《攀枝花文化志》、《攀枝花粮食志》、《攀枝花广电志》、《攀枝花少数民族志》、《攀枝花金融志》、《攀枝花学院志》等30余部市属部门志、专业志正在编纂之中，其中一部分已经过市级一审。

加强县(区)属部门志、专业志、乡镇志的审查验收工作。《东区银江镇志》、《米易城关一小志》、《米易县中学校志》、《米易县党史志》、《米易县文化教育志》已出版发行；《盐边县移民志》、《仁和区文教志》已通过市级终审；《米易县国税局志》、《米易县卫生志》、《米易县广播电视志》、《米易县科协志》、《盐边县新久乡志》、《盐边县桐子林镇志》、《仁和区卫生志》、《仁和区国土地矿志》、《西区城建志》、《西区教育志》、《西区检察院志》、《西区卫生志》、《西区格里坪镇志》、《东区财政志》、《东区卫生志》、《东区工商志》等30余部县(区)属部门志、专业志正在编纂之中。

【《攀枝花年鉴(2010)》编辑出版】 2010年2月，《攀枝花年鉴(2010)》完成全市142个单位的年鉴组稿及初稿撰写工作；3月底各编辑人员经多次修改，完成各分管部类文稿的编辑工作，4月底副主编完成分纂；5月底主编审定后，各编辑按照审定意见再进行修改；6月由市编委会审查定稿，7月经补充修改后送印刷厂照排；9月由方志出版社公开出版发行。

《攀枝花年鉴(2010)》由市人民政府主办，全市142个单位参与撰稿工作，市地方志办公室负责编辑。该年鉴共设特载、大事记、概貌、党政群团、军事、政法、经济管理、工业、农业、交通、信息产业、文化、社会、专文、附录等25个部类，全面反映攀枝花市2009年度政治、经济、文化和社会发展情况。全书100余万字，图文并茂，大16开硬封精装，国内外公开发行。

【县(区)年鉴编辑出版】 《盐边年鉴(2010)》于2010年10月公开出版发行。全书设特载、专文专论、大事记、概况、军事、群团组织、政法、农业、林业、社会事业、乡镇简介、附录等32个部类，约60万字。该年鉴全面、详实地记录2009年盐边县政治、经济、文化、社会发展和精神文明建设等方面的历史与现状，是了解、研究盐边县情的综合性资料性工具书。

《米易年鉴(2010)》于2010年10月公开出版发行。全书设特载、大事记、概貌、中共米易县委、县人大常委会、县人民政府、县政协、群众团体、经济管理、城乡建设与环保、交通·邮电、财税、金融、社会事业、乡镇、附录等24个部类，约36万字。该书全面反映米易县各行各业在2009年度内三个文明建设中的新成就、新经验，为了解、研究、发展米易县提供丰富翔实的信息资料。

《东区年鉴(2010)》于2010年10月公开出版发行。全书设特载、大事记、政务辑要、概貌、党政群团、军事、政法、经济管理、社会、附录等19个类目，约80万字。该年鉴全面系统地反映了2009年东区的主要措施、成就、经验和问题。

《西区年鉴(2010)》于2010年11月公开出版发行。全书设特载、专文专论、大事记、重大政务、总情、党政群团、军事·政法、劳动·人事、经济管理等23个类目、71个分目、75个副分目、1 305个条目，约70万字。该年鉴系统地记载了2009年西区政治、经济、社会、自然等方面的基本面貌和发展情况。

《仁和年鉴(2010)》于2010年11月公开出版发行。全书设特载、大事记、概况、政治、军事、法制、经济综合管理、农业、交通·邮电、生态·环境、城乡规划与建设等20个部类，约80万字。该年鉴全面系统地反映了仁和区2009年政治、经济、文化和社会各项事业发展的新情况、新成就和新经验，是掌握该区区情、科学决策的重要参考资料，也是社会各界人士了解仁和、传递信息的载体。

【企业、单位年鉴编辑出版】 2010年，攀枝花市地方志办公室继续指导企业年鉴编辑出版。全年共出版《攀钢年鉴(2010)》、《钢城企业总公司年鉴(2010)》2部企业年鉴和《攀枝花市统计年鉴(2010)》。

【《攀枝花史志》编发】 2010年，编发《攀枝花史志》杂志4期，刊发文章80余篇，图片60余幅，约计50余万字，向全国各省、地市州交换、赠阅400余册，向全市各单位赠阅1 500余册。

【攀枝花市地方志协会工作】 2010年12月，由东区地方志办公室承办召开攀枝花市地方志协会2010年会。会上各县(区)、企业协会会员交流修志工作的新经验、新举措，年底协会开展地方志协会优秀成果评奖及先进会员、先进会员单位评比工作，推动攀枝花市地方志事业的发展。

(王　锋)

党史研究

【概　况】 2010年，继续按照《攀枝花市2007—2011年党史工作规划》，督促各县(区)委规范攀枝花市县级党史研究机构。全市党史研究系统现有6个专设工作机构，2县3区均设置党史研究室，其中市委党史研究室、米易县委党史研究室单独设立；盐边县委党史研究室、东区区委党史研究室、西区区委党史研究室、仁和区委党史研究室均与县(区)地方志办公室合署办公。全市有专职党史工作人员27人，其中，市委党史研究室9人、县(区)委党史研究室18人，市级各部门党组(党委)分别明确1位办公室主任兼职负责党史研究工作。

2010年，全市党史系统贯彻落实《中共中央关于加强和改进新形势下党史工作的意见》和全国党史工作会议精神，根据攀枝花市党史工作实际，精心安排工作计划，围绕中心，服务大局，求真务实，开拓创新，通过抓征研、出成果，重资政、求作为，强宣传、扩影响，千方百计多出成果、多出精品力作，完成2010年各项目标任务。年内，完成市委、县(区)委大事记，《中国共产党攀枝花执政实录》(第三卷)的征集、编纂、出版工作；完成由市委主办、市委党史研究室承办的市委机关刊物《攀枝花纪事》年内的出版任务；完成《在希望的田野上》出版；完成《关心下一代》一书的编辑出版；完成《中国共产党攀枝花市东区组织史》的编纂、出版工作；开展“挂、包、帮”、争先创优、创建学习型机关、城乡环境综合治理等活动；以承办市委机关刊物《攀枝花纪事》为平台，采取约稿或研讨等方式，与有关单位开展专题协作，进行大量专题研究，内容涉及经济和社会发展战略、重大活动经验教训总结、党的建设等方面，全年在杂志上发表专题性研究文章20篇；完成《共和国记忆——大三线·攀枝花工业文化溯源》等7个电视专题片脚本撰写；主持完成《关于在攀枝花建设中国三线建设博物馆的可行性论证报告》。

2010年，党史工作在资料征编、宣传、专题研究方面均取得新成绩，得到省委党史研究室表彰，被省委党史研究室评为2010年度“党史工作先进单位（二等奖）”，《中国共产党攀枝花执政实录》获四川省党史系统哲学社会科学优秀成果二等奖；《攀枝花年鉴》（2010）“党史研究”部分获市委、市政府优秀奖；《中共攀枝花执政实录》（第三卷）被市委、市政府表彰为先进单位。

【《中国共产党攀枝花执政实录》（第三卷）出版】 作为本室常规性、连续性工作，由市委主办，市委党史研究室承办，每年编纂出版1卷《中国共产党攀枝花执政实录》（以下简称《执政实录》），并成立由市级相关领导和各相关部门领导组成的编委会。编纂过程中立足于为市委中心工作服务，立足于为现实服务，立足于为提高市委执政能力建设服务。在第二卷的基础上，多次征询市委常委、编委会成员和相关部门关于体例、内容和篇目设置意见，经过1年多的资料收集和编纂，《执政实录（第三卷）》于2010年11月由中共党史出版社出版发行。该卷在编纂过程中得到市委的高度重视，市委常委、编委会成员和115个党史资料征集机构的大力支持，各责任单位执笔人的配合，确保该卷编辑出版工作能够按时按质完成任务；该卷改进前2卷的不足，在篇目结构、编写质量、阅读品位上与时俱进，提高该书的可读性、针对性、实用性，编写质量得到进一步提高。

《执政实录（第三卷）》全书202万字，大16开。该卷分为政务活动、执政方略、执政实践、群团建设、统一战线、党管武装、地方纵横、特稿视窗、人事任免、组织史资料、大事记、附录等11篇，收录的内容包括党和国家领导人（含市委常委）到攀枝花市活动情况、市委常委政务活动、市委的重要文件、会议及决策、各单位工作情况、组织史资料等各个方面，是对攀枝花市详尽、全面的工作实录，通过对客观史实进行翔实地记载，展示2009年攀枝花市各级党组织结合攀枝花实际开拓进取所取得的成就，旨在通过不断探索和总结执政规律、社会主义经济社会发展规律，强化党史工作存史、资政、育人的功能，实现用攀枝花改革开放的伟大成就激励人、用攀枝花精神教育人、用攀枝花开发建设的成功经验启迪人、用攀枝花开发建设的历史教训警示人。

【《攀枝花纪事》编辑出版】 《攀枝花纪事》是本室承办的市委机关刊物，是四川省级内刊，大16开本、双月刊。在办刊过程中，坚持做到在继承中努力创新，无论在选题内容的取舍上，还是在表现手法的运用上，都开拓创新，锐意求索，以新的理念、新的视角、新的手段总结新的经验、宣传新的典型、提炼新的思路，深刻反映攀枝花市在新时代的新创造、新发展、新形象；努力做到立足服务市委中心工作，把握时代主旋律，注重综合性，增强可读性，把“办出特色，办出品味，办成高质量、高水平的期刊”作为追求的目标。该刊全年出版6期，每期15万字，6期约100万字，发放范围从党政机关到中小学校、街道社区，不仅增加人民群众对政府的了解，增强政府和人民群众的沟通，而且丰富人民群众的精神生活。

2010年，本室在杂志定位、选题、组织文章、审阅稿件等方面围绕市委中心工作，及时刊登市委重要决策和工作思路、攀枝花市经济建设的成果、攀枝花市开发建设的历史，总结加快发展的典型经验，研讨对攀枝花市经济建设和社会发展的探索、研究改革和发展中的现时问题等，展示攀枝花市情和改革发展成效，回顾攀枝花市历史，宣传建设攀枝花市的风流人物。2010年主要对学习实践科学发展观活动、党的建设、学习中共十七届四中、五中全会精神、创建学习型机关、争先创优活动、“挂包帮”活动、城乡环境综合治理、加快建设“四个攀枝花”（“实力、魅力、活力、和谐”攀枝花）、纵深推进“四个倾力打造”（倾力打造高水平战略资源开发基地；倾力打造现代特色农业基地；倾力打造阳光生态旅游度假区；倾力打造区域性中心城市）等工作进行图文并茂的宣传。该刊常设栏目有：卷首语、世纪记载、前沿传真、裂谷奏鸣曲、特别报道、本刊特稿、绿原撷英、西部热浪、时代论坛、新世纪之光、西窗夜话、人事任免、信息视窗、金沙警苑、大观园、大事记等20多个栏目。

【编修《中国共产党攀枝花历史大事记》】 2010年，遵循“求实、完整、及时、简明”的基本原则，广泛收集资料加以核实取舍，完成市委、县（区）委2010年大事记的编修工作，并且保证在市委机关刊物《攀枝花纪事》杂志连载和在攀枝花党政网和公众信息网上连载，并在此基础上不断地补充完善，基本做到“大事不漏，要事不丢，新事不放，小事不录”。2010年编写市委大事记9.5万字，县（区）委大事记13万字。大事记内容涉及政治、经济（工业、农业、经贸）、军事、文化、教育、科技、卫生、体育、外交等各个领域，全方位、多层次地再现和展示攀枝花市的发展轨迹和取得的成就。

【《关心下一代》出版】 2010年10月，市关心下一代工作委员会和市委党史研究室合作，编辑出版《关心下一代》一书，全书4万余字，将多年积累的资料分专题进行搜集、整理并结集内部出版。本书分5个专题，从机制建立、社会教育、校外辅导、家庭教育、榜样激励等5个方面客观、真实地再现自2002 ~2010年市关工委在学校、社会各有关单位的密切配合下，在不断实践、不断探索中所做的工作，旨在加深社会各界对关工委组织的了解和下一代工作的关心，指导关心下一代工作继往开来、科学发展。

【《中国共产党攀枝花市东区组织史资料》出版】 由中共攀枝花市东区区委党史研究室编纂、市委党史研究室指导、审校的《中国共产党攀枝花市东区组织史资料》(1994.1—2009.12)于2010年11月由中共党史出版社公开出版。该书坚持尊重历史、求实存真的原则和严格按照中央"广征、标准、精编、严审"的编纂工作方针,采用纪实的方法,如实、系统、全面、准确地反映攀枝花市东区党委、政权、统战、群团、军事5个系统组织机构内部子系统的建立、变更及发展过程。

【《在希望的田野上》出版】 米易立体农业专辑《在希望的田野上》全书80万字,2010年2月由米易县委党史研究室编纂内部出版。该书以纪实文体形式,分章记述米易立体农业的产生和发展过程,由争取试点、组建机构、规划与实施、成果与经验、附录5个部分组成。详细记载1984 ~2009年,米易立体农业从开发试点到综合开发、深化发展艰苦而辉煌的历程。

【贯彻落实《意见》及全国党史工作会议精神】 2010年,本室精心部署,利用学习、调研等形式,贯彻和落实6月中共中央下发的《中共中央关于加强和改进新形势下党史工作的意见》和7月全国党史工作会议精神。8月成立学习贯彻《意见》和全国党史工作会议精神领导小组,结合攀枝花市实际,对学习贯彻全国党史工作会议、《意见》进行安排部署,制定《关于学习贯彻〈中共中央关于加强和改进新形势下党史工作的意见〉和全国党史工作会议精神的通知》,要求全体党史工作者把学习好、领会好、贯彻好《意见》以及全国党史工作会议精神作为当前党史工作的一项重要任务,要把学习《意见》和会议精神同学习十七届四中、五中全会精神、学习党史、开展"创先争优"活动结合起来,同各项工作结合起来,不断开创党史工作新局面。《意见》下发后,市委分管领导学习文件精神,并召集市领导交换意见,对下一步贯彻执行作出安排,了解党史工作现存的问题,本室还就加强党史机构建设和更正市委党史研究室规格等问题向市委作书面请示。本室召开主任办公会,专题学习《意见》。会议对贯彻《意见》作出要求:要采取集中学习、专题培训等多种方式,深入领会,认真贯彻《意见》精神,尽快拟定学习贯彻方案;搞好调研,梳理问题,为省委的实施意见提出建议,待省委实施意见出台后,搞好市委实施意见的起草工作。要求全体干部深入学,在室中层以上干部中以传阅、集中学习、观看视频、座谈会等形式,对中央10号文进行认真学习,就贯彻执行提出建议,并把学习的结果作为年终个人考核的重要内容。同时,召开全市党史研究室主任会议,会议传达《意见》和全国党史工作会议精神,要求全市党史部门要统一思想,学习《意见》和会议精神,结合工作实际,制定学习贯彻方案;要对照中央要求,调研、收集和梳理制约县(区)党史发展、机构队伍建设等方面的突出问题,为省委、市委的实施意见提出建议;要把学习贯彻工作和建党90周年活动、党史专题研究等工作联系起来,多出成果,出好成果。从2010年8月起,攀枝花市室务会成员和县(区)党史部门领导多次深入各县(区)调研、交流党史工作。在调研中,向各县(区)分管领导传达中央和省委文件和会议精神,交流意见,提出建议,引起各县(区)委高度重视,至年底,各县(区)对党史工作经费保障、办公条件改善等做出安排,下一步市委将对党史工作机构、队伍建设、经费保障等作出安排部署。全国党史工作会召开后,市委党史研究室已经3次向分管领导汇报工作,书面呈报关于学习、贯彻、实施的建议5份。本室依据中央、省委的文件和会议精神,结合调研情况,草拟《关于全国、全省党史工作会议情况汇报》以及《中共攀枝花市委关于进一步加强新形势下党史工作的实施意见》报送市委,由市委常委会研究审定后下发文件及召开全市党史工作会。

【宣传教育】 2010年,本室以承办市委机关刊物《攀枝花纪事》为平台,采取约稿或研讨等方式,与有关单位开展专题协作,进行大量专题研究,内容涉及经济和社会发展战略、重大活动经验教训总结、党的建设等方面,全年在杂志上发表专题性研究文章20篇。通过《攀枝花纪事》这个平台,把党史和服务市委中心工作、服务现时有机地结合起来,拓展党史研究范围,充实党史研究内容,充分发挥党史资政育人的作用。《攀枝花纪事》中部分文章还获得市委、市政府奖励。米易县委党史研究室编辑出版《米易县党史干部习著选编》。

完成大型电视文献片《共和国记忆——大三线·攀枝花工业文化溯源》脚本撰写。该片共7集,已经摄制完成,由四川数字出版传媒有限公司出版,公开发行。并在多家电视台播放,为攀枝花部分单位和县(区)作为干部党史党建教育教材。主持完成《关于在攀枝花建设中国三线建设博物馆的可行性论证报告》。该项目现经攀枝花市委、市政府同意,并由国家文物局批准,拟在"十二五"规划期间,投资1.2亿元,在攀枝花市建设"中国三线建设博物馆"。

参与攀枝花市的对外宣传。撰写攀枝花市形象宣传电视专题片《诗意攀枝花》的脚本;撰写攀枝花市西博会招商宣传电视专题片《阳光攀枝花》的脚本;撰写攀枝花市米易县形象宣传电视专题片《米易经纬》的脚本;为中央电视台电视专题片《奇迹攀枝花》和《苴却寻宝》提供素材、撰写部分脚本并直接出镜讲述;为香港凤凰卫视大型电视文献片《三线随想》中涉及攀枝花市内容提供素材并撰写部分脚本。

主动为解决有关党史方面的问题提供资料、援助和咨询。为攀枝花市纪念国际"三八"劳动妇女节电视专题片《攀枝花开别样红》撰写脚本和参与摄制;在攀枝花开发建设纪念馆,分别为攀枝花市市长刘晓华和常务副市长王川红作关于攀枝花开发建设史的现场专题讲解;对四川省第十三届少数民族运动会志愿者进行攀枝花开发建设史专题培训;完成"廉政文化进景区"活动中攀枝花市两个4A级景区中历史文化内容的规划设计。

(牟来斌)

文 化

艺术创作

【音乐创作】 2010年，攀枝花市文化系统创作歌曲有《红红火火过新年》、《温暖》、《铁骨柔情》、《山谷的回声》、《九九归一又一年》、《金沙江畔我的家》、《情满攀枝花》、《等着你到攀枝花》、《生命之歌》、《爱上一朵花》、《请到这里来》、《欢聚》、《水之灵·竹之魅》、《换郎歌》、《情聚金沙》、《花是一座城，城是一朵花》、《市二中校歌》、《我亲爱的祖国》、《魅力攀枝花》、《信仰》、《喊太阳》、《跳月亮》、《芒果飘香》、《羊皮鼓舞——阿鸪蔗》、《美丽的仁和，可爱的家》等，另外还专门为四川省第十三届少数民族运动会的排练工作创作录制9首音乐作品，总时长63分钟。

【舞蹈创作】 2010年，攀枝花市文化系统创作舞蹈有《跨越》、《山歌的回声》、《诸葛点兵》、《苴却情》、《欢乐的赛装节》、《欢天喜地》、《青青的山·蓝蓝的水》、《潮涌攀西》、《炼红》、《金宴》、《祥和》、《魅力花城》、《旌旗飞扬》、《花开云间》、《舞动金沙》、《情聚金沙》、《绿·耕》、《祥·腾》、《锄俶》、《山高水长》、《如火青春》、《爱莲说》、《萨亮娣》、《战鼓行》、《色彩空间》、《吉祥如意》、《茶馆》、《茉莉情怀》、《走山梁》、《阿瑟瑟·依瑟瑟》、《绿色军营》、《新·阿里郎》等。

【戏剧创作】 2010年，攀枝花市艺术剧院新排演川剧大幕戏《拉郎配》、《御河桥》、《绣襦记》、《皇亲梦》、《柳荫记》、《借亲配》、《恩仇记》、《颠鸾倒凤》、《生死牌》、《香罗帕》、《五子争父》、《荷珠配》、《哑女告状》13部。新创作上演京剧大幕戏《玉珠串》、《狮子楼》2部。学演京剧、川剧折戏《马房放奎》、《连升店》、《三击掌》、《背鞭闯关》、《杀奢》、《装盒盘官》、《归舟》、《劝夫》、《石怀玉惊梦》、《铡侄》、《重别台》、《扫松》、《望江亭》、《活捉三郎》、《夜奔》、《白水滩》、《三岔口》、《望江亭》、《苏三起解》、《夜奔》、《天女散花》、《打严嵩》、《挡马》、《空城计》、《捧印》、《野猪林》、《定计化缘》、《乌盆记》、《谢瑶·公堂》、《李逵探母》、《霸王别姬》、《双背凳》、《白蛇传·合钵》、《天霸拜山》、《挡马》、《捧印》、《野猪林》、《三岔口》、《打焦赞》、《柴桑关》、《卖水》、《打渔杀家》、《赤桑镇》、《贵妃醉酒》44个。排演戏曲歌舞《金沙花韵》、《攀枝花人防铸辉煌》、《中华大拜年》、《咏梅》、《桃花瑶》、《虞姬泪》、《和谐欢歌》8个；学演执排《美丽的二滩》。完成大型剧本创作《常隆庆》及《追寻我的太阳》修改稿。

艺术表演

【概　况】 2010年，市文化和新闻出版局围绕打造“魅力花城”专题文艺演出和“省第十三届少数民族运动会开、闭幕式演出”两条主线，新创作、执排、改编复排戏剧、舞蹈、歌曲、歌伴舞、器乐表演奏、小品、编配器乐演奏曲等节目共计228个。全年策划各类重大演出方案11项，承办重大演出19项，演出158场，其中下乡、下基层和重大活动指令演出等公益性演出95场，占总场次任务的60%，实现演出收入230万元，实现艺术培训收入16.1万元。

【庆祝建市45周年专题文艺演出】 2010年3月3日，市文化和新闻出版局在攀枝花学院剧场举办庆祝攀枝花建市45周年专题文艺展演《魅力花城》，整台演出以恢宏大气、绚烂多彩的文艺表演形式，营造盛大、热烈、欢快、和谐的氛围。演出分为序（情景歌舞）《山谷的回声》、第一篇《燃情岁月》、第二篇《金沙奔涌》、第三篇《魅力花城》、尾声《心中的花》5个部分，将攀枝花市的工业、矿产、移民、气候、多民族等要素都涵盖在每一篇章的节目中，以歌舞、戏剧、器乐等形式展现了攀枝花市从三线建设开始到改革开放和科学发展等不同历史阶段各族儿女的精神风貌。热情讴歌攀枝花儿女拼搏向上的精神，以及各民族兄弟姐妹在党的阳光沐浴下，亲密团结、和谐奋进，共同创造、追求美好的幸福生活。文艺演出在攀枝花学院剧场共展演7场，观众达到10 000余人次；在三（区）两县及昆明钢铁厂等地进行巡演12场，观众达25 000余人次。

【专业队伍培训】 2010年，全市进一步加强基练和排练管理，除制定相关制度外，京剧团、川剧团、舞蹈团、乐团均安排有专人负责日常基练和排练，还安排有专项经费用于基练教师和排练指导教师，保证基练、排练的正常化、常规化，从而使演员队伍的业务素质得到有效提高。全面落实专业技能考核制度，加强职工专业技术继续教育，5月8～18日，艺术剧院9名业务骨干参加在广州举办的第九届中国艺术节观摩;6月4~8日,川剧团2名业务骨干参加第二届川剧新人演出及观摩学习;7月底至8月上旬,选送1人参加北京音响培训;8月及11月,3名财务人员参加统计知识培训及财务人员后续教育培训。10月20~27日,选送1人参加广州珠江灯光培训;省舞蹈学校攀枝花分校完成2006年级舞蹈班的所有教学任务,完成毕业分配工作。

【攀枝花大剧院建设前期准备】 2010年,市文化和新闻出版局按照市政府第64次常务会议和市委、市政府关于推进攀枝花大剧院项目建设的工作要求,成立攀枝花市重大文化设施建设领导小组办公室(简称重建办)。为切实推进大剧院建设前期各项工作,编制大剧院建设前期工作进度计划网络图,落实领导小组各成员单位的工作职责、责任领导和责任人。按建设程序,完成攀枝花大剧院前期工作的立项申请,确定市文化局为大剧院建设项目业主,市城投公司为代建公司。6月,经市重大文化设施建设领导小组会议议定,报市政府批准,确定攀枝花大剧院位于炳三区编号为E07-C/2009规划用地,占地2万平方米,总建筑面积34 000平方米,建设投资约2亿元。主要包括大剧院功能用房、附属用房、市艺术剧院行政办公楼、文化广场及绿地四个部分。其中:大剧院功能用房主要有演艺厅(1 000~1 200座)、音乐厅、小型多功能剧场、练功房、舞美制作室、化妆、服装、道具间、休息室、贵宾间等15 000平方米;附属用房文化艺术品展览和演艺展览3 000平方米;艺术培训中心2 000平方米;音乐厅、咖啡厅1 000平方米;市艺术剧院行政办公楼2 000平方米;文化广场及绿地(含停车场)11 000平方米。

8月6~20日,市文化和新闻出版局在"中国采购与招标网"、"四川建设网"、《攀枝花日报》上发布公告,在全球范围内,开展攀枝花大剧院外观形象设计方案征集活动。来自全国13家设计单位报名,通过资格预审,推荐出5家设计单位参加方案评审。11月6日,市重大文化设施建设领导小组邀请全市建设、设计、规划、造价等方面的10位专家组成专家评审组对征集方案进行评审。中国航空规划建设发展有限公司设计的3号作品获得一等奖,上海联创建筑设计有限公司·美国UDG(联合体)设计的1号作品获得二等奖,澳大利亚DCM设计事务所·上海云竞建筑工程设计有限公司(联合体)设计的2号作品获得三等奖,北京金柏城建筑景观设计有限公司设计的4号作品获得鼓励奖。按照工作计划,分别于8月23日、11月4日通过比选,确定水土保持方案和可行性研究报告的编制单位。年底,攀枝花市干沟水利水保综合试验场和中国航空规划建设发展有限公司正在开展水土保持方案报告和可行性研究报告的编制工作,并办理大剧院建设的预选址批复。初步明确大剧院建成后移交攀枝花市艺术剧院管理、运营和使用。

【获　奖】 2010年,攀枝花市文化系统共获28项奖项。

个人获奖26个,其中戏曲10个、声乐2个、舞蹈1个、书法1个、摄影11个、其他奖项1个。戏曲:由于映时创作的小戏曲《歪酒》获首届全国戏剧文化奖(第七届中国戏剧文学奖)小型剧本二等奖;由黄文和、曹兴才创作的话剧小品《闪光》获首届全国戏剧文化奖(第七届中国戏剧文学奖)小型剧本二等奖;小品《输屋、书屋》(谢天寿)在四川省文化厅主办的汇演中获优秀奖;小品《信用一条龙》(谢天寿)在四川省信用总社主办的省汇演中获优秀奖;庆祝新中国成立60周年暨四川省第五届戏曲小品比赛评奖揭晓,由市文艺创评室选送的《父爱如山》获二等奖、《灯,为你点亮》获三等奖、《老骗子与小骗子》、《分类》、《双喜临门》、《梦中朱丽叶》分获入围奖。声乐:由市艺术剧院选送的声乐《喜伞》获得四川省第六届少数民族艺术节创作二等奖;由市艺术剧院选送的青年演员陈镜羽获得四川省第六届少数民族艺术节非职业组优秀演员奖。舞蹈:由马莎编导的舞蹈作品《锄傲》获"四川省第十三届少数民族运动会"民族体育表演项目一等奖。书法:书法工作者李晓华作品获"四川省第六届少数民族艺术节美术书法摄影展"二等奖。摄影:邓国庆《山里的孩子》入选四川省第六届少数民族艺术节美术书法摄影展,获三等奖;陈辉《鸥之恋》入选纪念张爱萍将军百年诞辰"中国移动杯"全国摄影大展,获优秀奖;陈辉《朋友来一曲》入选2010年中国西藏珠穆朗玛摄影大展;李庚《蝶舞》入选2010年度中国国际旅游摄影大赛,获铜奖;王东《彩色》入选《摄影视觉》杂志社举办的"年度全球摄影师大赛",获优秀奖;王东《考场内外》入选《大众摄影》杂志社举办的"网络月赛",获入围奖;吕学军《沸腾》、李学智《春韵》、刘志林《可爱的小精灵》、陈茂森《快乐的星期天》、李庚《盛11会》5件作品参加2010年第二届大理国际影会"西南六省区市摄影作品联展"并获优秀奖;陈斌被省委、省政府批准为第九批四川省有突出贡献的优秀专家。

单位获奖2个,其中文化局1个、创评室1个。攀枝花市文化和新闻出版局获得四川省第六届少数民族艺术节组织奖;庆祝新中国成立60周年暨四川省第五届戏曲小品比赛评奖揭晓,创评室获"优秀组织奖"。

美术·书法·摄影·展览

【美　术】 2010年,王文革创作油画《钢城新貌》、《肖像》、《风景》;刘佳创作油画《厂区一隅》、《乡村小景》;刘颖慧创作国画《繁云》;曹彦峰创作油画《春天的歌》、《旅途》、《芳心向春尽》;刘颖慧创作装饰画《绮夏》。

四川康昭阳的国画作品《凉山印象》入选四川省第六届少数民族艺术节美术书法摄影展,获二等奖;杨绍刚的油画作品《纳西阿奶》入选四川省第六届少数民族艺术节美术书法摄影展,获三等奖。

【书　法】 2010年,李晓华创作行书条幅2件、草书条幅2件、隶书条幅、草书六条屏、行书四条屏、行书八条屏、小楷斗方《兰亭集序》、《岳阳楼记》、小开横幅《前赤壁赋》。

李晓华《草书条幅》入选四川省第六届少数民族艺术节美术书法摄影展，获二等奖；刘自坤《隶书条幅》入选四川省第六届少数民族艺术节美术书法摄影展，获三等奖；刘自坤书法作品入选四川省首届青年书法展，获三等奖。

【摄　影】 2010 年，罗侃创作摄影作品《欢乐人生》、《傈僳人家》、《傈僳老人》、《鸟巢》、《国家大剧院》。

【展　览】 2010 年 2 月 12～19 日，由市重大节日办主办，市文化和新闻出版局、市文联承办，市文化馆协办的“攀枝花市 2010 年迎春书画展”在市文化馆举办，本次共征集作品 200 余幅，展出作品 96 幅，接待市民参观 350 余人次。3 月，组织美术作品 1 件、书法作品 1 件、摄影作品 3 件参加第十五届全国“群星奖”美术、摄影、书法作品展。3 月 5～7 日，该馆参与组织、策划，由市文联主办的“攀枝花市建市 45 周年美术、书法作品展”在市文化馆展厅展出，本馆业务人员有 2 幅作品参加展览。5 月 30 日，由市文化和新闻出版局、市城建局、市文化馆、市园林绿化处承办的“庆六一美术书法作品展”在中心广场举行，展示作品 300 余幅，接待市民参观5 000余人次。2010 年 8 月 1 日，组织摄影作品参加“西南六省区市摄影联展”，本地区有 5 件作品入选。由市文联主办，市文化馆等 3 家单位承办的“攀枝花·自贡美术作品展”于 2010 年 9 月 16～17 日在市文化馆艺术展厅展出，共组织作品 60 余幅，该馆有 3 幅作品参展。9 月 25～29 日，组织书法作品 14 件、美术作品 8 件、摄影作品 14 件参加四川省第六届少数民族艺术节美术、书法、摄影作品展。

群众文化

【四川省第十三届少数民族运动会开幕式大型文艺演出《阳光攀枝花》】 2010 年 11 月 10 日上午 9 时 30 分，由四川省民委、四川省体育局主办，攀枝花市人民政府承办的四川省第十三届少数民族运动会开幕式“阳光攀枝花”大型文艺表演在攀枝花市体育场举行。该演出由序《潮涌攀西》、上篇《光之足迹》、中篇《太阳部落》、下篇《追赶太阳》及尾声《魅力花城》5 个板块组成，来自市内 18 个单位的14 280名演出人员参加表演，演出《潮涌攀西》、《炼·红》、《筑·歌》、《绿·耕》、《金·宴》、《银·酒》、《祥·腾》、《和·家》、《魅力花城》等 9 个节目。整台表演以其演员阵容庞大、主题思想突出、恢宏大气、欢快流畅、色彩斑斓为特点。演员队伍主要由市区各大中专学校组成，其中还有 8 所小学的小学生参加翻版表演，参演人员年龄跨度大，有上至 70 多岁的退休老者，有下至 10 岁的小学生，演员们共同展示了攀枝花人健康向上、团结奋进、构建和谐、喜迎各方嘉宾的主人翁精神，为四川省第十三届少数民族运动会的召开奉献一道丰盛的文化大餐。

【非物质文化遗产保护与申报】 2010 年，攀枝花市文化和新闻出版局完成第二批“市级非物质文化遗产名录”县（区）申报材料的收集工作，组织、召开第二批市级非物质文化遗产名录项目专家评审会，做好了市政府予以公布第二批市级非物质文化遗产名录的前期工作，9 月 13 日，市政府以《攀枝花市人民政府办公室关于公布第二批市级非物质文化遗产保护名录的通知》（攀办函〔2010〕190 号）公布 14 项非物质文化遗产名录为：《羊皮鼓舞》、《苗族绷鼓仪式》、《苗族斗釜歌》、《傈僳族婚礼》、《仡佬族送年节》、《笮山锅庄》、《傈僳族音乐舞蹈》、《傈僳族舞蹈斑鸠吃水》、《傈僳族刺绣》、《海塔山歌》、《傈僳族葫芦笙》、《傈僳族织布技艺》、《柳立秀剪纸技艺》、《傈僳族拜神树仪式》。在做好第二批市级非物质文化遗产名录公布等准备工作基础上，攀枝花市遴选《羊皮鼓舞》、《苗族绷鼓仪式》、《苗族斗釜歌》、《傈僳族婚礼》、《仡佬族送年节》、《笮山锅庄》、《傈僳族舞蹈斑鸠吃水》、《傈僳族刺绣》、《海塔山歌》、《傈僳族织布技艺》10 个项目，申报第三批省级非物质文化遗产名录。

【公共图书馆】 2010 年 5 月，市文化和新闻出版局、市图书馆选送的“大地书香新农村家园工程”参加由中华人民共和国文化部主办的全国第十五届群星奖项目类评奖中获群星奖，市图书馆馆长谭发祥被授予“群文之星”称号；在第四次全国公共图书馆评估定级中，市图书馆被评为“国家一级馆”；7 月获得中国图书馆学会颁发的全国“全民阅读基地”。攀枝花市图书馆按照攀枝花市“四个倾力打造”和“文化强市”发展战略，将“攀枝花讲坛”、“全民读书节”和“多功能学习卡”3 个文化品牌，作为全市公共文化服务体系的重要组成部分，不断创新、彰显特色、服务大众，进一步推进攀枝花市公共文化服务。

7 月 2 日至 10 月中旬，攀枝花市启动首届全民读书节系列活动，共举办 12 个系列读书活动，43 场学术讲座，156 场电影放映，182 场巡回展览，156 场演讲比赛，推荐图书1 100种，送书到基层6 000册，受到市领导的高度重视及广大人民群众的普遍欢迎。

【公共文化服务体系建设】 2010 年，市文化和新闻出版局对 2009 年下半年全市农村及社区公共文化服务站点运行管理工作进行考核，召开 2009 年下半年基层公共文化服务运行管理考核情况工作会。4 月 24～26 日检查、考核各县（区）公共文化服务运行管理工作。6 月中旬完成攀枝花市 20 个村党员远程教育和文化信息共享工程示范站点设备购置招标工作及设备安装前期准备工作。

市文化和新闻出版局还组织开展国家公共文化服务体系制度设计研究课题的一级课题——“公共文化服务经费保障机制研究”前期申报准备工作，并以“对公共文化服务保障经费的投入思考”为题参加国家公共文化服务体系课题研讨会。

【农家书屋】 至2010年8月，全市352个行政村全部建成农家书屋，覆盖率达到100%，总藏书量达到60余万册，建设任务全面完成。在实现农家书屋的建设目标后，及时把工作重心由建设向管理、使用的方向转移，积极探索、完善农家书屋建、管、用长效机制。

编制完成《攀枝花市农家书屋管理员工作手册》，并于9月正式印刷出版。11月，举办一期全市农家书屋管理员培训班，参加人员达80人。12月27～28日，在攀枝花会展中心举办全省农家书屋工程建设工作现场会，省、市领导及其他市（州）、部分县（区）新闻出版局代表共110余人参加会议。

文　　物

【概　况】 2010年，市文化和新闻出版局承担全市的“全国第三次文物普查”（简称“三普”）工作，多次深入县（区）现场指导文物普查工作，及时发现“三普”工作中存在的问题，并现场进行修改，对工作中不能处理的问题，及时向省级部门反映，争取省级部门的帮助。深入猛粮坝古村落进行文物普查、探勘、鉴定和《中华人民共和国文物保护法》宣讲。陪同市委宣传部、市政协及市文化局领导对三区两县文物保护工作进行调研，调研过程中，发现仁和区区级文物保护单位西祝寺和万寿宫存在很大的安全隐患，面临倒塌的危险，及时向上级有关部门做详细汇报，并督促县（区）文物管理部门及时加强对文物保护单位的保护工作。至年底，全市共有省级文物保护单位3处、市级文物保护单位3处、国家三级文物30件。

【攀枝花开发建设纪念馆】 2010年，攀枝花开发建设纪念馆沿袭实行免费开放的管理办法，在重大节假日，机关、厂矿、学校都会组织人员前来参观，该馆共接待参观者16 000万人，其中接待未成年人6 000人、接待大学生300余人。

该馆始建于1964年，建筑主体为老式砖木混合结构，屋顶瓦片较易破碎，造成漏雨，二楼展厅内有一处木质主梁已腐朽断裂，固定在其上的顶棚已整体下坠，随时都有垮塌的危险。对于存在的安全隐患，该馆已开始着手准备大渡口十三栋维修加固工程的质量鉴定、维修方案制定等前期准备工作，争取2011年能全面完成维修加固和布展工作。

【大田会议纪念馆】 1964年9月，中央10部委的领导参加在原拉姑林业局办公楼宿舍召开的“十部联席会议”，正式研究确定攀枝花开发建设的规划，拉开攀枝花开发建设的序幕，史称“大田会议”。2002年2月，大田会议纪念馆被市人民政府公布为本市第一批市级文物保护单位。2008年大田会议纪念馆遭受“八三〇”地震影响，受损严重。经多方交流、协调，争取财政经费150余万元于2010年6月正式启动大田会议纪念馆灾后修复工程，工程经竣工验收，于2010年12月24日重新开馆，接待参观者。新的大田会议纪念馆丰富了布展设计，新设立中国古钱币、陶俑、红色记忆及“史迪威公路”陈列室等展厅。重新开馆以来，已接待国家文物专家组及市机关、厂矿等参观者500余人。

印刷·出版·发行

【印　刷】 至2010年底，全市共有印刷复制企业（含打字复印店）229家，其中出版物印刷企业3家、内部资料性出版物印刷企业6家、包装装潢企业2家、其他印刷企业30家、打字复印店约188家，从业人员1 100余人。

全年共实现销售收入15 488.52万元，比2009年增长14.22%；利润总额573.13万元，比2009年增长10.27%。其中，4家印刷企业年销售产值达到1 000万元以上。

在“迎亚运、庆国庆”文化市场联合执法行动中，查获并取缔1个无证经营的大型地下印刷窝点。

【出　版】 至2010年底，全市共出版报纸5种（其中校报1种），总印数2 086.27万份，比2009年增长29%；总印张3 580.27万份，比2009年增长37%；实现销售收入2 630万元，比2009年增长6.75%；利润总额－58万元；其中广告收入1 720万元，比2009年增长4.37%。报社从业人员约372人。

全市共出版期刊2种，总印数1.2万册，实现销售收入10.53万元，利润总额4.5万元，其中广告收入5万元，刊社从业人员约10人。全市共有报刊型内部资料32家，省内报刊社驻攀记者站6家。

2010年，继续开展报刊审读工作，为引导舆论提供管理服务。建立报刊审读情况半年通报例会制度，并将报刊审读工作贯穿落实到行政管理服务工作中。根据审读意见和建议，及时发现影响和制约报刊业科学发展的深层次矛盾和问题，研讨对策，加强政策引导和扶持，促进全市报刊坚持正确导向，健康有序发展。

【发　行】 2010年，全市共有发行单位206家，个体零售店153家，邮政系统报刊亭43家，出版物连锁经营企业直营店10个（新华文轩9个、昆明新知1个），从业人员280余人。全市共有农家书屋352个。全年发行业共实现销售收入540.11万元，比2009年增长12.17%；利润总额177.89万元，比2009年增长5.24%。

文化市场

【概　况】 2010年，攀枝花市共有文化·新闻出版物经营单位1 176家，其中娱乐场所248家、音像店241家、网吧72家、演出场所1家、演出经纪公司1家、电影院1家、出版物零售经营单位 217 家、复印打印单位 215 家、印刷企业 41 家、报刊型内部资料 32 家、公开发行报刊 7 家，从业人员 15 000余人。

【法制宣传】 2010 年，市文化和新闻出版局围绕城乡环境综合治理的开展和净化社会文化环境等专项工作，加强对《娱乐场所管理条例》、《中华人民共和国治安管理处罚法》、《中华人民共和国消防法》、《中华人民共和国禁毒法》、《中华人民共和国环境噪声污染防治法》、《中华人民共和国著作权法》、《公共场所卫生管理条例》等法律法规的宣传，并发放宣传资料1 000余份，从而在全市营造依法经营、文明消费的舆论氛围。

6 月 15 日，在市中心广场新华文轩书店门口开展禁毒巡回宣传活动，并利用节假日期间市中心广场人流量大的特点，将禁毒宣传栏摆放在繁华路段，让广大人民群众能够进一步受到警示教育，提高拒毒意识，掀起又一轮禁毒宣传高潮，为下一步禁毒工作打下良好基础。

【法规培训】 为提高文化市场经营与管理者的法规意识，全市先后组织召开网吧、音像、娱乐场所等多个项目的政策法规培训 22 期，受训人数达1 500余人次。5 月 21 日，文化市场经营管理协会组织召开 2009 年文化市场先进经营户表彰暨市文化市场经营管理协会第二届第一次会员代表大会，会议对 2009 年文化市场先进经营户进行表彰，并进行法规培训，选举产生新一届协会的理事会。9 月 15 日，召开攀枝花市文化市场经营管理协会和攀枝花市印刷协会中秋联谊会，会议邀请省文化厅副巡视员盛宗毅，市文化局局长马晓凤、市文化局相关业务处室、各县（区）文化局分管领导及市场科科长、攀枝花市文化市场经营管理协会第一届和第二届理事会成员、攀枝花市印刷协会理事会成员等 40 余人参加此次联谊会。参会人员学习文化市场管理的法律法规，并对以后的文化市场发展提出意见和建议。

【文化市场行政执法】 2010 年，攀枝花市文化和新闻出版局在文化市场行政执法中，重点抓好专项整治工作，把规范行政执法和促进市场发展有机结合起来，促进文化市场的健康有序发展，以日常巡查监管、继续打击网吧非法接待未成年人、规范出版物市场和文化市场安全工作为重点，其中包含整顿规范文化市场经济秩序、校园周边整治、“扫黄打非”、“禁毒防艾”、“保考禁噪”、网吧综合治理、互联网和手机媒体低俗信息整治、城乡环境综合治理、净化社会文化环境、艺术品、文物拍卖市场联合专项整治、游艺娱乐场所等专项整治任务。全市共组织出动执法人员4 800余人次，检查文化市场经营单位17 700余家次，处理各种违规行为 200 余家次，其中收缴物品和罚款处罚 120 余起，收缴各类非法音像制品20 000余盘（盒），非法书刊6 000余册，累计罚款约 30 万元，取缔无证经营场所 32 家。

【扫黄打非】 2009 年 12 月至 2010 年 5 月，市文化和新闻出版局在全市范围开展“严厉打击手机网站制作、传播淫秽色情信息”专项行动。在专项行动中，查获并审结一起网络传播淫秽图片案，被告人屈某在互联网上发布传播图片共计3 407张，其中2 853张图片系淫秽图片，被判处有期徒刑一年。此案的审结是攀枝花市开展打击手机网站传播淫秽色情信息专项行动取得的重要成果。

【版权保护】 2010 年 4 月 23 日，市文化和新闻出版局与市知识产权局联合开展“保护知识产权迎‘书博会’”联合执法检查，从检查情况看，全市出版物市场经营规范，未发现兜售盗版影像制品及各类非法出版物的游商地摊。4 月 26 日，举办保护知识产权法律法规宣传活动，活动采取发放宣传资料，接受正、盗版鉴别咨询，受众人数1 000余人。

【网吧专项治理】 2010 年，文化市场行政执法人员以查处网吧接纳未成年人等违法经营为重点，加强网吧市场监督检查次数，加大对网吧接纳未成年人的行政处罚力度，重点针对全市上网人数多、网站集中、举报线索多的网吧进行重点整治，并对全市的网吧进行分工监管，杜绝淫秽色情的视听节目、图片、小说、博客、网络动漫等在网上传播。对网上传播六合彩、销售违禁品、扰乱社会秩序的谣言和侮辱、诽谤等有害信息的现象进行全面检查。6～9 月，全市开展网吧专项综合治理工作，针对网吧接纳未成年人等违法经营行为，坚持“有报必查，有查必果”的管理机制，采取常规巡查与突击检查相结合，群众举报与联合行动相结合的方式，多次联合工商、公安等部门进行联合执法，共出动文化市场行政执法人员1 080余人次，检查网吧1 850余家次，查处违规网吧 12 家次，罚款29 500元。

市文化和新闻出版局组织网吧业主进行培训，学习《互联网上网服务营业场所管理条例》等相关法律法规，重点强调网吧不得接纳未成年人，一旦违规将依法从重处罚；传达国家、省、市关于加强网吧管理的文件精神；要求网吧业主加强网络内容及上网信息的巡查，并要求网吧要落实上网人员有效身份证件登记核对制度和场内巡查制度，真正把实名制上网落到实处。建立健全网吧经营行为档案和“黑名单”制度，并每个季度进行一次信用等级评定。市文化和新闻出版局积极加强与市关工委的协调、联系，充分发挥“五老”（老干部、老专家、老战士、老教师、老模范）等义务监督员的作用。至年底，全市“五老”网吧义务监督员发展到 400 余人，设立文化市场举报电话 12318，并设立举报奖励，对举报有功人员进行奖励。对发现或接到的“黑网吧”举报信息都会及时书面告知工商部门，由工商部门或工商部门会同公安部门依法予以取缔。

加强对全市校园周边文化市场的管理，加大日常监管力度，全市文化部门把依法规范校园周边文化市场经营秩序作为一项重要工作来做，进行日常管理和专项治理，并对社会公布实名举报奖励制度，对严重违规经营者予以坚决打击。6～9月，全市开展网吧综合治理工作期间，检查校园周边文化经营单位3 200余家次，取缔无证游艺娱乐场所3家次，没收违法所得2 610元，没收违法财物5件。严格按照《四川省文化系统行政处罚自由裁量实施标准》和《四川省文化市场巡查制度暂行规定》中关于处罚和检查频率的规定，加强对全市网吧市场的检查次数。

【非法影像制品统一销毁行动】 2010年4月13日，在仁和区垃圾处理场开展全市违法音像制品统一销毁活动，集中销毁各种盗版侵权及非法出版物64 700余碟（盒），赌博游戏机36台，赌博电脑板76块。全市新闻媒体单位集中进行报道，营造良好宣传氛围。

（吴 俊）

文联工作

【文艺中心建设准备】 2010年，集文艺创作、展览、展示、培训、群众文艺活动等为一体的攀枝花文艺中心进入立项阶段，可望2011年开工建设。文艺中心的建设将从根本上改善多年来攀枝花市文艺基础设施薄弱的瓶颈问题，是市委、市政府高度重视文化工作，从根本上加强攀枝花市文艺基础设施建设的又一重大举措，将为加快攀枝花市文艺事业的科学发展奠定坚实的基础。

【文艺创作】 作家钟少曦撰写的反映攀枝花市开发建设历程的红色三部曲《拓荒志》，第一部已经完稿并通过初审，即将于2011年出版。围绕打造“中国钒钛之都，建设特色经济强市”，促进攀枝花市钒钛产业的发展，提升钒钛之都的文化软实力，扩大攀枝花市的影响力，市文联组织重点作者集中创作报告文学集《钒钛之光》，采访、素材收集工作已经完成。为庆祝攀枝花市建市45周年，弘扬在攀枝花开发建设进程中形成的艰苦创业、无私奉献、开拓进取、团结协作、科学求实的攀枝花精神，市文联组织骨干书画家深入基层、厂矿车间采风创作160余件书画作品，从中精选出油画、国画、书法作品100件，举办以“丹青绘盛事，彩墨歌华章”为主题的“攀枝花建市45周年美术作品展”。以书画的形式反映建市以来在工业发展、城市建设和社会主义新农村建设等方面取得的巨大成就。

全市文联以《攀枝花文学》为主要阵地，组织文艺创作，全市文艺创作呈现良好的发展态势。《攀枝花文学》杂志全年编辑出版6期，90余万字，发现和培养一批文学新人，推出一批优秀的文学作品。全市广大文艺工作者在市级、省级、国家级刊物和出版社发表文艺作品4 200余篇（部、首），其中出版文艺专著20部，有11件美术作品入选省级和国家级大展。与2009年同期相比较，无论数量与质量都有较大提高。

【《芬芳大地》文艺演出晚会】 2010年3月8日上午，市文联艺术团创作演出的以“纪念三八国际劳动妇女节100周年”为主题的文艺晚会《芬芳大地》在攀枝花学院大会堂演出并获得圆满成功。本台文艺演出由市妇女儿童工作委员会主办、市妇联承办、市文联协办。市委、市政府主要领导及出席攀枝花市妇女发展大会的全体代表观看了演出。

该文艺晚会以中国妇女发展的百年历史进程为背景，突出建市以来特别是改革开放以来攀枝花市妇女事业的进步与发展，充分展现了在党的领导下攀枝花市妇女事业发展的辉煌成就。10时，演出在辉煌壮观的歌舞《旗帜百年颂》中拉开序幕，民乐・人声与舞蹈《永恒的记忆》、男女双人舞《凄凄长亭》、歌舞联唱《飘过岁月的歌声》、舞蹈《花雨浓情》、配乐诗朗诵《她们》、女声独唱《最美女儿情》等节目引起观众的强烈共鸣，演出在歌舞《芬芳大地》欢畅的音乐旋律中落下帷幕。整台晚会通过表现不同历史时期的优秀妇女形象，深情回顾妇女运动坎坷曲折而充满光辉的世纪之旅，集中再现妇女地位发生的翻天覆地的变化，展现时代巾帼风采、讴歌女性光荣使命，感恩母亲、赞美妻子、致谢辛勤工作在各条战线上的广大妇女同胞，营造出大气恢弘温暖感人的热烈演出氛围。

【文艺交流】 2010年9月上旬，市文联组织举办“立足本土，辐射周边”的2010年“阳光花城”主题诗会，全市及省内外近40余名诗人参加活动。四川省作家协会副主席、《星星诗刊》主编梁平，《星星诗刊》副主编李自国等著名诗人就如何推动攀枝花市诗歌的进一步繁荣，如何以诗歌的形式彰显攀枝花市独特的文化魅力，深度挖掘攀枝花的文化内涵等方面提出意见。同时在《星星诗刊》开设攀枝花诗歌专辑，集中刊发展示攀枝花市“阳光花城”形象的诗歌作品，将对宣传攀枝花，唱响攀枝花，增强文化影响力具有积极的推动作用。

2010年9月16～18日，市文联与自贡市文联举办2010“阳光花城”自贡—攀枝花美术创作交流活动。活动有美术作品展、画家笔会和两地美术创作交流座谈。活动得到两地艺术家们的积极响应，展出两地精选的美术作品60余件。

2010年，市文联与北京市西城区文联缔结友好文联。两地文联本着“相互尊重、相互学习，优势互补、平等互利，加强交流、共同发展”的原则，在资源共享、人才培养等方面达成交流合作意向。市文联先后与自贡市文联开展美术联展，与昆明市文联开展文学作品交流。全年，组织文艺工作者开展综合性文艺采风800余人次，组织文艺培训600余人次，举办展览、研讨、演出、赛事、参展、竞赛50余次。各县（区）、企业文联之间，各县（区）、企业文联与周边地市文联之间互动交流也相当活跃。

【文艺活动】 2010年11月，市音乐家协会、市舞蹈家协会等积极组织会员参与四川省第十三届少数民族运动会的开幕式和闭幕式文艺演出节目的创作、编排和全程音乐的制作,市音乐家协会和市舞蹈家协会负责人还分别担任艺术总监和导演。围绕攀枝花市第六次人口普查“宣传日”活动,协同市普查办、市统计局、开展“攀枝花市第六次人口普查宣传日活动”文艺演出,市文联艺术团的艺术家们,利用业余时间,认真准备,精心排练,为人口普查工作量身创作,以歌舞、声乐、器乐、小品为主的一台综合文艺节目。市文联一直坚持科学发展和“三贴近(贴近实际、贴近生活、贴近群众)”原则,服务地方,服务群众,服务社会,结合城乡党组织互助工程、“挂、包、帮”扶贫工作和文艺进校园、进社区,积极开展文艺采风、送文化下乡和惠民行动,到盐边县新九乡、仁和区平地镇迤沙拉村、米易县湾丘乡、东区阿署达村、西区新庄村等地以送春联、书籍、慰问演出、专题演出等形式送文化送欢乐下乡490余人次,群众参与、观看上万人。此外,“未来之星”文学艺术进校园活动为面向大众,服务社会、服务群众的路径,组织作家、编辑深入校园举办讲座、辅导文学创作,刊发学生优秀作品70余件,为推动素质教育,加强未成年人思想道德建设,发现培养文学新生力量拓宽路子,受到全市各级各类学校的欢迎。

【文艺机制建设】 为进一步出精品、出人才,繁荣攀枝花文艺创作,市文联在攀枝花书画院、攀枝花文学院深化和推行院聘画家制和签约作家制,先后聘请21名驻院画家和5名签约作家。同时,在攀枝花书画院、攀枝花文学院(攀枝花杂志社)推行院长任期目标责任制,加强对事业单位考核管理,明确目标,分解任务,完善措施,落实责任,以此为抓手,以签约作家、艺术家为主要力量,组织重点文艺创作。围绕提升攀枝花市文化软实力、加强文化强市建设和重大活动,组织签约作家、艺术家重点策划、创作、重大题材文艺作品,重点扶持创作一批反映本土的文艺作品。先后召开专题工作会,早安排早部署。不断拓宽人才培养引进渠道,建立健全人才储备、使用、激励机制和长效管理机制。先后从武汉大学、湖南大学引进2名文学创作理论研究方面的硕士研究生到攀枝花文学院,同时,从专业院团调入专业人才充实市文联文艺管理队伍。在各文艺单位进一步明确目标,分解任务,制定措施,狠抓落实。市文联确定每年分批输送文学、艺术方面的人才到高等文艺院校进修、培训制度。以此优化专业人员知识结构,提高文艺创作水平和文艺人才的综合素养。至今已先后输送3名画家到中国美术学院和中央美术学院进修,时间为一年。

(马亚伟)

广 播 影 视

【概 况】 2010年,广播影视已形成以微波、中波、调频、光纤等无线广播电视和有线电视网络为载体的多功能、多层次广播电视传输服务体系。有市级广播电台1座,市级电视台1座,县级有线广播电视台3座,企业有线电视站2座,城乡共有广播电视发射台和转播台96座,调频发射台和转播台75座,电视发射台和转播台74座,有线电视网络中心7个。初步形成市级有线电视网、米易、盐边、仁和有线网和攀钢、攀煤有线网等6个相对独立的有线电视网络。市广电局有直属事业单位4个:市人民广播电台、市电视台、市有线电视信息中心、市广电节目广告中心。全市有县(区)广播电视管理部门3个:米易县广电局、盐边县文体广电局、仁和区广电局。全市广播电影电视行业现有从业人员615人,编制内的高级职称有6人、中级职称有59人、初级职称有91人。编制外中级职称有2人、初级职称有22人。

2010年,市广电局按照市委、市政府“四个倾力打造”战略和提升攀枝花市文化“软实力”的要求,贯彻落实科学发展观,按照举旗帜、抓班子、带队伍、促发展的要求,把握“导向正确、发展提速,攻坚克难、爬坡上行”的工作基调,推进创优节目(栏目)、优质工程、优质服务、优良作风“四个创优工程”,突出新闻宣传、推进改革、事业建设、行业管理、安全播出、经营创收、编制规划等七大重点工作,采取强化党的建设、强化队伍建设、抓好行政能力和执行力建设、深化创优工程四大措施,强力推进全年工作,全市广播影视工作布局更加科学,系统意识更加强化,体制机制更加健全,保障措施更加到位。市广电局获得全省目标考核一等奖。

【新闻宣传】 2010年,按照市委、市政府打造文化“软实力”,建设区域性有影响力的攀枝花广电媒体的要求,市广电局坚持“走出去、请进来”,加强横向和纵向的联系,建立多渠道、多形式的合作模式,强化与川、渝、滇、黔等周边省、市的新闻及节目交流。进一步推动经济社会又好又快发展,牢固树立政治意识、大局意识、责任意识、阵地意识,唱响主旋律,打好主动仗,认真抓好重大宣传、主题宣传和典型宣传。先后开设“打造中国钒钛之都,建设特色经济强市”、“深入开展城乡环境综合治理工作(曝光台)”、“转变攀枝花经济发展方式,推进国家新型工业化示范基地建设”、“抗旱先锋谱”、“十年西部大开发攀枝花专题报道”、“贯彻落实十七届五中全会精神”、“回眸十一五,展望十二五”等系列专题报道。市电台先后加入中国广播城市联盟——“飞越城市协作体”和中国广播联盟。开设大型旅游互动直播节目《飞越城市》,与全国30多家电台进行城际连线互动直播和171家电台进行新闻等节目交流。继续开办好凉山、丽江、楚雄、攀枝花广播“四地新闻联播”。市电台主持人参与在贵州黔西南州举行的黔、滇、桂、川、浙“广播名嘴话金州”大型旅游推介直播活动。市电视台开播《川滇渝新闻》,通过与宜宾、自贡、德阳、渝北、涪陵、凉山、楚雄等近30家电视台联手合作,相互播出反映30地市社会发展、科教、民生、风土人情和奇闻轶事的新闻。与昆明、昭通、曲靖、六盘水、毕节、泸州等川滇黔11市州广电部门达成合作框架协议。

2010年,恰逢建市45周年、成昆铁路通车和攀钢出铁

40周年等节庆纪念日及省第十三届少数民族体育运动会在攀枝花市举行，同时又遭遇到50年一遇的特大旱灾等困难和青海舟曲地震等重大事件。全市广电媒体把握正确的舆论导向，精心组织，进行全面深入、客观公正的报道。充分发挥举办大型活动的经验和优势，成功举办攀西地区第一个户外大型主题相亲活动——"七夕"相亲汇，吸引近2 000名单身男女参加。市电视台与东区政府共同承办由市政府主办的"2010攀枝花首届婚庆产业博览会暨集体婚典"活动。举办"我秀我快乐"暨"我的社区我的家"大型电视活动颁奖晚会。组织抗旱救灾饮用水现场捐赠活动、爱心送考公益活动、庆祝建市45周年"阳光之声——金沙颂"诗歌朗诵会、就业创业明星评选等大型活动。

2010年，市电视台制作的新闻被中央电视台采用4条，被四川电视台采用190条。市电台新闻稿件被中央人民广播电台采用17条，被四川人民广播电台新闻及经济频率采用新闻稿件615条；米易县广播电视台制作的新闻被中央电视台采用2条、被在四川台采用2条。

【节目栏目创优】 2010年，市广电局围绕攀枝花市推进"四个倾力打造"目标，全面推进节目(栏目)创优工程建设。

市电视台推出民生新闻栏目《新闻天天看》，时长为30分钟的日播节目，在2009年的6月1号和观众正式见面，吸收借鉴电视传媒新形式的同时，《新闻天天看》确定了"民生情怀、百姓视角"的节目宗旨，在整体新闻构成上，既有为百姓排忧解难走进社区、走进家庭的动态报道，也有通过记者调查反映问题、解决问题、化解矛盾的深度报道；更有关注百姓内心世界的温情讲述。动态新闻、天天关注、天天读报、天天心里话、天天资讯等板块，从开播以来，《新闻天天看》受到市民的广泛关注，本着"民生情怀，百姓视角"的宗旨，栏目得到广大群众的认可。市有线电视信息中心2008年打造的第一档以帮忙和服务为主题的民生新闻栏目《小科帮忙》与观众见面。在2010年，《小科帮忙》的节目继续推陈出新，根据收视人群需求，细分市场，以帮忙为切入点，打好服务牌，在节目中开设《淘相因》、《你问我答》、《律师支招》、《求职无忧》、《小科帮忙爱心帮忙团》、《全城热恋》、《生活百事通》等板块。

围绕提升节目质量，市级广电媒体充分发挥好党委、政府和人民的"喉舌"功能，正确引导舆论，引领社会风尚。市电台将阳光调频全新改版为汽车电台，成为四川省第一家地市级汽车电台。《攀枝花万众一心抗旱救灾》录音报道，在中央人民广播电台中国之声《全国新闻联播》节目中播出，在吉林人民广播电台播出《攀枝花抗旱救灾专题节目》。市电视台新闻综合频道围绕中心和民生热点，通过增加新闻量，展开深度报道，做强做精《攀枝花新闻联播》、《新闻天天看》，品牌效应逐步显现。《现在开庭》栏目组制作的节目《致命婚外情》在央视12频道《庭审现场》栏目播出，在四川电视台《黄金30分》节目播出。《金色攀枝花》强化编排，新开办栏目《科技在线》，月均收视率提升0.103个百分点，整个频道收视率稳步提高。公共频道《金沙江播报》通过进一步的改版，在保持原有特色的基础上进一步强化节目互动性和评论性，使新闻更显广度和深度，电视手段也得到充分的运用。成为群众的知心朋友，培养了一大批忠实的观众。影视文艺频道与北京光线传媒在电视剧、娱乐节目等内容产业上进行合作，节目的娱乐性明显增强，收视率稳步提高。

做好外媒到攀枝花市采访的支持配合工作。中央电视台《走遍中国》栏目到攀枝花市采访制作播出《苴却寻宝》和《揭秘钒钛之花》两期节目。凤凰卫视《凤凰大视野》栏目到攀枝花采访后，制作播出《三线往事》10集节目。市电视台的密切配合，帮助寻找采访对象，提供技术、设备支持，还提供大量珍贵的三线建设历史资料。在旱灾发生期间、城乡环境综合治理、建设国家级钢铁钒钛产业发展示范基地等题材的宣传中，市电台、市电视台密切配合中央、省级广电媒体，帮助完成采访、提供音像资料或现场连线报道，有效扩大攀枝花的知名度。

开展第十四届攀枝花广播电视节目奖评奖工作，从全市选送的65件参评作品中，评选出优秀奖16件，提名奖27件，并从中推选出15件作品参加2009年度四川广播电视节目奖(省级政府奖)评选，取得3件优秀奖、6件提名奖的好成绩，优秀奖在全省市州排名上升7位。在节目(栏目)创新创优工作中，对《新闻天天看》、《小科帮忙》等6个优秀节目(栏目)，《唱响攀枝花》、《阳光之声》系列等6个优秀广播电视活动，7集系列电视文献片《共和国记忆》等外宣作品，优秀组织策划，以及获得2009年度四川广播电视节目奖的9件作品进行表彰。组织市、县两级播出机构参加第二届全省绿色频率频道创建活动，提高节目质量，净化荧屏声频，为未成年人健康成长营造良好的环境。

市电视台围绕市委、市政府的中心工作，抓好专题片制作，全年制作完成专题片25部，完成现场节目录制10场。其中，为川滇黔十市州峰会和第二届中国西部博览会制作宣传攀枝花市的形象片，为省民运会制作电视音乐片等，受到各界好评。

【人才队伍建设】 2010年，市广电局推进广电事业科学发展上水平，进一步加强人才队伍建设，不断提高广电人才的综合素质和业务能力，提出广电学术带头人及后备人选，建立4个方面的学术带头人及后备人选培养机制，即工程技术类，记者编辑类，播音主持类，摄像、灯光、音效类。市广电局党委开展首批学术学科带头人及后备人选选拔工作，并落实各项待遇。按照《攀枝花市2009—2010年大规模培训干部工作实施意见》要求，通过师傅带徒弟、到浙江传媒学院培训、聘请省广电局专家、领导讲课等多种形式，加大广电新知识、新技术、新科技、新业务的培训。举办中共十七届四中、五中全会精神，省委九届七次全会精神，市委八届七次全会精神，新闻采编、三网融合、财务会计、地面数字技术、地面卫星接收设备、干部人事档案、入党积极分子等各类培训班25期，培训人员462人，人均培训次数达2次以上，解决人才“短板”问题，建立人才队伍培养良性机制。

突出抓好干部队伍建设，在全系统进一步树立正确的用人导向和良好的工作风气。按照领导干部选拔任用《四项监督制度》的要求，对局机关、市人民广播电台、市电视台等的4名中层干部进行选拔任用。按照《关于广电学术学科带头人及后备人选选拔培养的意见（试行）》，历时两个多月，7人被推选为市广电局第一批广电学术学科带头人，6人为第一批广电学术学科带头人后备人选。

【产业发展】 2010年，攀枝花市广电系统推进电台、电视台数字化建设，加快有线电视网络化和双向化改造，发展数字电视、楼宇电视、车载电视、电视购物等新业务，广电广告收入、有线电视网络收入持续增长。全系统实现产业经营收入7 260万元，其中，市级媒体广告收入1 452万元、网络经营收入2 883万元、城市院线电影经营收入925万元，县（区）、企业广告网络经营收入2 000万元。市级3个电视频道和2个广播频率广告收入首次突破1 100万元和290万元大关。市有线电视新增用户3万户，新增数字电视用户3 000户。

【机构改革】 2010年，根据《中共攀枝花市委攀枝花市人民政府关于印发〈攀枝花市人民政府机构改革方案〉和关于〈攀枝花市人民政府机构改革方案的实施意见〉的通知》，10月28日，攀枝花市广播电视局更名为攀枝花市广播电影电视局，完成电影管理职能划转工作，广播影视行政管理职能不断强化；全市有线广播电视网络整合工作顺利推进，市、县（区）两级分公司挂牌成立，初步实现“统一规划、统一建设、统一经营、统一管理”的有线广播电视网络管理新格局；推行“县乡共管、以县为主”的农村广电公共服务管理体制，农村广播影视公共服务水平得到较大改善。

【事业建设】 继续推进扩大市、县（区）级广播电视自办节目覆盖工程项目建设。市广电局与市财政局2010年共下拨市县自办节目覆盖经费100万元支持扩大农村广播电视覆盖建设。

邀请中国广播电视规划设计院四川分院和省广电网络公司对攀枝花市农村广播电视无线覆盖工程、城市应急广播体系，精心编制攀枝花市广播影视“十二五”规划。

加强与中广传媒四川分公司的合作，大黑山615台作为总局批复的CMMB数字1千瓦大功率规划站点，于2009年底建成，2010年年初投入使用，已经实现攀枝花市主要城区CMMB（手机电视）的信号覆盖。各县（区）无线数字微波广播电视覆盖工程建设，西区数字微波1 400户和观音岩电站信号开通运行；米易县新发展数字微波用户1 260户；仁和区投入资金100万元，对无线微波网络进行全面升级改造，实现了11个乡镇数字电视信号覆盖，新增用户1 000户。全市数字微波电视用户达到1.6万户。有线电视用户平稳增长。1～12月，全市新增有线电视用户7 900户，全市数字电视用户达到4 068户，全市有线电视用户达到24.45万户。完成烀草岗及西区片区的光网改造工程。全市广播电视混合人口覆盖率分别达95.5%和96.4%。市、县（区）级自办广播电视节目入户率达到71.5%。市电台、市电视台还分别建设网络广播、网络电视网站，实现节目在更大范围的传播，为IPTV等新业务的开展奠定了基础。

【村村通工程】 2010年，市广电局着力抓好村村通覆盖工程。完成2010年广播电视“村村通”建设任务。建成57个20户以上自然村“村村通”广播电视工程，完成7 000套直播卫星地面接收设备的发放和安装。对已建成“村村通”广播电视工程进行有效管理和维护，将“村村通”工程配套维护资金落实到位。

全市开展防范打击盗卖广播电视“村村通”直播卫星接收设备违法犯罪专项行动，汇编整理设备申领、发放、安装、使用等管理规定，通过强化过程监控，全市没有一起流失盗卖案件发生。

【电影放映】 2010年，市广播电视局将盐边县的农村公益电影放映由凉山州会理县电影公司承担调整为攀枝花程翔农村数字电影院线组织放映。全年放映电影4 332场，观众100万人次以上。开展庆祝建市45周年优秀影片展映、“送红色经典电影到社区”、“优秀电影进校园活动”等系列活动。

【广播电视安全播出】 2010年，加大广播电视安全播出的基础设施建设，对广电中心大楼存在的消防安全等隐患进行整改，年底，广电中心大楼整体消防及空调配电改造工程已经进入全面施工阶段，确保“两会”、庆祝新中国成立61周年、建市45周年、亚运会和省民运会等重点时期、重大活动、重要节日的广播电视安全播出，实现“零插播”的目标。

为了防止发生类似2010年4月26日，山西省平顺县老马岭广播电视发射台，发生倒塔重大技术安全事故，市广电局按照广电总局的要求，组织攀枝花市电视台对大黑山发射塔进行安全检查，针对检查出的问题和不足，进行整改，同时对仁和区广播电视发射塔（桅）设施进行检查，确认没有安全隐患；米易宁官山发射台联系有关部门对铁塔进行安全检测并完成整改；年底盐边县广播电视台发射台整改完成。

【广播影视行政管理】 2010年，市广电局继续加强制度建设，用科学的制度促进科学决策、科学管理，组织各直属台站学习《国家广播电影电视总局令》和《广电总局关于加强电视购物短片广告和居家购物节目管理的通知》、《广播电视广告播出管理办法》文件。先后制定《广播电视广告监管暂行办法》、《广播电视设施设备采购和基本建设管理暂行办法》等制度。

市广电局严格按照国家法律法规规定，履行广播电视管理职能，依法加强对无线频率使用和境外卫星电视节目的接收管理，严厉打击无证安装地面卫星接收设施和私拉乱接有线电视的违法行为，对互联网传播视听节目、有线电视视频点播等进行规范。加强市、县（区）广播电视播出机构和企事业有线广播电视站的管理，完成播出机构换证和年检工作，核查上报广播电视无线台（站）技术参数，按季度组织传输秩序检查，严格按照行政规章设立台（站）、调频频率、频道和变更台名、台标。会同市工商局、公安局、国安局、无管委等相关职能部门及与各市、县（区）广电行政管理部门之间的工作联动和协作机制，共同组织开展“三电”（电力、电信、广电）整治、地面卫星接收设施、境外卫星节目传输、互联网视听节目传播和有线网络运行管理、广告播放管理、电影放映行业管理等重点专项整治。全年查处私拉乱接户 78 户，拆除非法安装使用的卫星地面接收设施2 600余套；处理光电缆意外损坏案件 12 起，查处光电缆盗割案件 3 件。强化互联网音视频信息的审查监督，把信息网络传播视听节目的管理工作作为经常性工作来抓，与市公安局网监处协调配合，在全市范围内开展依法打击信息网络传播低级淫秽视听节目的专项整治工作，对违规网站进行及时处理，净化互联网络环境。加强无线广播电视发射设备销售、安装和使用管理，要求各台站严格按照无线广播电视发射台、转播台设置的审批制度。落实广播电视行政执法责任制，提高行政执法水平，规范行政执法行为，依法办理行政许可行政审批事项，全年无任何违法或不当行政行为发生，未发生行政复议案件和行政诉讼案件。

（后　斌）

地方报业

【概　况】 2010 年，攀枝花日报社编辑出版发行《攀枝花日报》、《攀枝花晚报》、《攀枝花广播电视报》3 种报纸。至年底，攀枝花日报社在编人数 148 人（编辑部 62 人、印刷厂 86 人），其中专业技术人员 64 人（高级职称 7 人、中级职称 20 人、初级职称 37 人）；大专及以上学历 94 人。招聘人员 63 人，其中中级职称 3 人、初级职称 9 人，大专及以上学历 59 人。资产总额1 892万元，净资产总额1 258万元。

2010 年，攀枝花日报社按照高举旗帜、围绕大局、服务人民、改革创新的总要求，更加注重加强舆论引导，更好地宣传党的主张、弘扬社会正气、通达社情民意、引导社会热点、疏导公众情绪、搞好舆论监督，不断发展壮大积极健康向上的主流舆论。围绕市委、市政府的工作大局，抓好庆祝建市 45 周年、贯彻市委八届七次全会精神、“四个倾力打造”、“两会”、四川省第十三届少数民族体育运动会、深入开展创先争优活动、城乡环境综合治理、抗旱、抗震救灾等宣传报道工作，为全市经济社会加快发展、又好又快发展、科学发展提供了强大的精神动力和舆论支持。

2010 年，攀枝花日报社继续保持省级文明单位、省级园林式单位、市级卫生红旗单位、社会治安综合治理模范单位称号，计划生育、初级卫生保健、档案、保密、信访、国家安全等工作均达标。全社共有 119 件新闻作品获奖。其中，45 件作品获省级及以上新闻奖，获赵超构新闻奖 3 件（一、二、三等奖各 1 件），获四川省新闻奖 9 件（一等奖 1 件、二等奖 3 件、三等奖 5 件），获省报纸副刊好作品奖 10 件（二等奖 4 件、三等奖 6 件），获全国城市广播电视报优秀作品奖 6 件（一等奖 1 件、二等奖 1 件、三等奖 4 件），获中国地市报新闻奖 14 件（一等奖 2 件、二等奖 6 件、三等奖 6 件），获四川省新闻摄影奖三等奖 1 件，获“全国百家党报总编辑绵阳灾区行”优秀作品获 2 件（一等奖 1 件、二等奖 1 件）；74 件作品获攀枝花新闻奖（特别奖 1 件、一等奖 12 件、其他 61 件）。另有 33 篇本社记者所采编的稿件被省级以上报刊采用。其中，《四川日报》刊登稿件、摄影照片 32 篇（幅），在一版刊登稿件 4 篇，摄影照片 1 幅；在《四川农村日报》一版刊登稿件 1 篇。全年广告收入1 800万元，并坚持广告的优势品牌战略，拒绝刊登虚假广告。

【庆祝建市 45 周年宣传】 庆祝建市 45 周年宣传中，《攀枝花日报》从 2 月初开始着手策划，并陆续在第一版推出攀枝花建市以来各行各业取得的成就，在庆祝建设 45 周年当天配发社论。同时，以“奋进！攀枝花人民庆祝攀枝花建市 45 周年特别报道”为刊头，分别在二、三、五、六版推出 10 个专刊。专刊采用综述、访谈、热评、图说、现状、链接、延伸阅读等形式，使整个宣传报道主题突出，气势磅礴，受到市领导的表扬和读者的赞誉。同时，组织纪念建市 45 周年庆祝版面、公益广告等，如庆祝成昆铁路通车 40 周年、庆祝攀钢炼铁厂投产 40 周年。此外，还开设专版摘登“纪念攀枝花建市 45 周年”理论座谈会发言

《攀枝花晚报》从春节前开始策划和采访，通过对老一代开发建设者、市老领导、专家学者的采访，诠释攀枝花精神；通过寻找与攀枝花建市同生日的市民、当年的 7 户人家，反映 45 年来老百姓生活的变化；通过收集整理 45 年来攀枝花市创造的 45 项全国第一，反映攀枝花市经济建设取得的巨大成就；通过展示“四个倾力打造”的成绩，展示攀枝花市更加美好的明天。3 月 4 日当天，晚报用八个版面推出建市 45 周年特刊。

《攀枝花广播电视报》围绕各种庆祝活动动态消息，选取 45 位各行各业、各个年龄阶段的市民畅谈城市发展、社会经济指标数值的变化等，围绕攀枝花精神，进行宣传。

【贯彻市委八届七次全会精神宣传】 市委八届七次全会召开后，《攀枝花日报》围绕“提速增效、加快发展”这一全市工作的基调，迅速组织 6 篇评论员文章，分别从投资拉动、结

构调整、产业攻坚、产能释放、和谐惠民5个方面阐述全年市委工作的重点。随后,开设“提速增效加快发展——贯彻落实市委八届七次全会精神”专栏,并结合攀枝花市的发展战略重点,又开设“提速增效加快发展——强力推进‘四个倾力打造’”专栏,派记者进园区、到工地、下村社,宣传坚持科学发展、加快发展的典型,推出《突围“后金融危机”》、《打造结构调整新引擎》、《夯实发展之基(追踪十大民生工程系列)》等一批稿件。

《攀枝花晚报》于全委会闭幕的次日就专题研究宣传贯彻工作。元旦结束后第一个工作日,在重要版面开设“‘提速增效·加快发展　贯彻市委八届七次全委会精神’晚报特别报道”栏目,推出《一季度攀钢生产企稳向好》、《今年民营经济目标直指200亿元》、《75天我市开工22个重大项目》、《银企面对面破解融资难题》等系列重点、深度报道,全面反映提速增效重要举措和攀枝花市经济社会发展的良好势头。

【“四个倾力打造”宣传】 《攀枝花日报》围绕强力推进“四个倾力打造”战略重点,开设“加快重大项目建设——强力推进‘四个倾力打造’”栏目,组织记者采写一批有深度的通讯,并推出系列评论员文章。攀枝花市被命名为国家新型工业化产业示范基地后,在一版开设“转变经济发展方式——推进国家新型工业化产业示范基地建设”栏目,组织记者采写《打造结构调整新引擎》、《“百亿”钢城集团助攀枝花“示范基地”起飞》等稿件。通过专访等形式对国家新型工业化产业示范基地建设进行解读。年初,在一版开设“应对国际金融危机推进‘四个倾力打造’回眸2009”栏目,对攀枝花市2009年积极应对金融危机,加快发展所取得的成就进行全面报道,坚定全市上下做好2010年各项工作的信心和决心。10月中旬,又在一版开设“回眸十一五——2006—2010”栏目,充分展示攀枝花市“十一五”期间经济社会各项事业取得的成就,报道各行各业抓发展的好经验、好做法,为“十二五”起好步、开好局树立信心。

《攀枝花晚报》于2月8日推出“纵深推进‘四个倾力打造’晚报特别报道”,推出《首批62个国家新型工业化产业示范基地授牌——攀枝花钢铁钒钛榜上有名》、《攀西地区潜在铁矿资源储量达194亿吨》等报道,为“四个倾力打造”营造良好的舆论氛围。

【“两会”宣传】 攀枝花市八届人大五次会议和攀枝花市政协七届四次会议期间,《攀枝花日报》围绕“提速增效、加快发展”,以“新闻会客厅”的形式,邀请专业人士对攀枝花市全年工作基调进行分析与研判;以“代表委员对话录”的形式,让代表委员在交流中探讨提速增效、加快发展的途径;以“百姓关注”的形式,实现会内与会外的互动,让群众更积极主动地参与到攀枝花市的发展中来,进一步坚定了全市干部群众加快发展的信心和决心。

《攀枝花晚报》推出“两会专题报道”专栏,开设“两会现场”、“两会直通车”、“代表委员议政录”、“市民连线”等富有晚报特色的栏目,特别是报道中更加关注民生,更增强了“两会”与老百姓息息相关的宣传效果。

【四川省第十三届少数民族体育运动会宣传】 运动会开幕前,推出“四川省第十三届少数民族体育运动会倒计时”题花;随着开幕临近,逐步加大运动会各项筹备工作的报道力度。开幕当天,刊发题为《同享盛宴共谋发展》的社论,在头条刊发《民族之花绚丽绽放——“十一五”我市少数民族地区发展综述》。在少数民族运动会期间推出9个“四川省第十三届少数民族体育运动会”特刊,以民族团结、民族文化为挖掘重点,做到会内会外相结合,竞赛与娱乐相结合,新闻与时尚相结合;在其他版面组织专刊详细介绍攀枝花市各县(区)的发展情况,以及攀枝花市旅游业发展情况,宣传攀枝花市对外开放的新形象,提升攀枝花市的知名度。

《攀枝花晚报》于8月20日开设“走近省第13届少数民族运动会晚报特别报道”专栏,对第13届少数民族体育运动会场馆建设、志愿者招募、开闭幕式筹备、运动员训练等工作进行全面报道。10月,晚报对第13届少数民族体育运动会宣传升温。刊登开幕式排练、专访开幕式总导演、运动项目介绍等。还推出各地连线,与参赛队伍联系,采访报道其备战阵容、对运动会的期待等。

《攀枝花广播电视报》策划《全力当好东道主,喜迎民运会,我们准备好了》上下两期,对运动项目、筹备、教练运动员组队、场馆建设布局等全方位进行报道。开赛后,就赛事和开闭幕式、到攀枝花市运动员对攀枝花市的良好印象进行重点报道。

【开展创先争优活动宣传】 5月,自中共攀枝花市委召开创先争优活动动员大会后,《攀枝花日报》在第一版配发《以高度的政治责任感扎扎实实抓好创先争优活动》评论员文章,开设“深入开展创先争优活动”栏目,并根据活动不同阶段的重点设置栏目副题。组织记者深入基层,对创先争优活动中的好典型、好经验、好做法,进行深入挖掘和典型报道。第二版在重要位置及时刊登攀枝花市农村、厂矿、社区等基层党组织和党员,在深入开展创先争优活动中的动态性报道、好的做法及取得的阶段性成果。自开展创先争优活动以来,《攀枝花日报》基本天天有报道,有时甚至多达3篇以上。同时,抓好“挂包帮”活动的宣传报道,在一、二版开设“领导挂点部门包村干部帮户专题报道”栏目,深入挖掘“挂包帮”活动为群众解决问题和实际困难,帮助发展的典型。抓好学习贯彻十七届五中全会精神、深入开展学习实践科学发展观活动、建设学习型城市、创建国家级创业型城市等重点工作的宣传报道。开设“学习贯彻五中全会精神”栏目,对各行各业学习贯彻全会精神进行动态报道,并在“理论”版组织刊发理论文章。《攀枝花市建设学习型城市的意见》颁发后，立即刊发《建设学习型城市是攀枝花新一轮发展的必然选择》、《建设学习型城市重在“火车头”》、《建设学习型城市关键在结合实际》等系列评论员文章，及时报道建设学习型城市的动态性新闻，并在“理论”版连续两期版刊登专家的理论文章，为在全市迅速掀起建设学习型城市的高潮起到舆论引导作用。

【城乡环境综合治理宣传】 2010年是城乡环境综合治理深入开展的一年，《攀枝花日报》开设“坚持综合治理城乡环境建设清洁整齐优美家园”、“城乡环境综合治理再掀高潮——摒弃‘四乱’陋习树立文明新风”、“除陋习树新风——建言献策‘四乱’治理有奖征文”、“除陋习树新风——‘四乱’有关处罚标准解读”等栏目，及时报道攀枝花市城乡环境治理、除“四乱”（乱穿公路、乱倒垃圾、随地吐痰、乱扔果皮纸屑）的动态性新闻，以解读、征文的方式引导市民遵守城市管理规章制度，为治理“四乱”行为出谋划策。同时，实行一、二、五、七版互动，点面结合，创新宣传方式，使宣传报道更具知识性、贴近性、可读性。

《攀枝花晚报》开设“推进城乡环境综合治理努力实现‘四个倾力打造’”、“城乡环境综合治理再掀高潮·治理‘四乱’晚报特别报道”、“城乡环境脏乱差曝光台”、“治理‘四乱’曝光台”、“摒弃‘四乱’陋习树立文明新风”专栏，刊登《市直机关工委倡议干部市民共同治理“四乱”》、《7月21日起严管重罚“四乱”行为》、《治“四乱”第一天开罚单32张》、《过街设施形同虚设行人随意乱穿公路》等稿件，强化舆论引导、监督作用，推进城乡环境综合治理取得良好的社会效果。

《攀枝花广播电视报》年初承办的“2009快乐宝贝秀”——和谐宝贝颁奖典礼，以“小手牵大手、做文明市民、建和谐家园”为主题，吸引近千家长和孩子，助力城乡环境综合治理。专门策划数期治理“四乱”主题宣传，刊发《重拳出击，治理“四乱不文明行为”》、《重拳频出，向“四乱”行为说“N0”》、《公厕，“方便”我们的生活》，宣传“除陋习，树新风”。在副刊版开设文化沙龙，刊载治理“四乱”的故事，每期半个版面，共刊发10个版面。

【抗旱、抗震救灾宣传】 《攀枝花日报》在抗旱和“五一二”汶川地震、攀枝花“八三〇”地震2周年等重要新闻宣传中，坚持贴近性原则，及时开展高密度宣传。在抗击60年一遇的特大旱灾中，记者深入受灾地区，以现场特写、消息、图片等形式，反映人民群众抗旱夺丰收的决心，反映各级党委政府组织受灾群众积极抗灾自救、恢复生产生活的动人场景，有力支持灾区。在“五一二”汶川地震、攀枝花“八三〇”地震2周年宣传报道中，记者重访灾区，集中采写一组图文并茂的稿件，反映攀枝花市灾后恢复重建取得的重大成果以及攀枝花市无私援助汶川灾区的大爱情怀。

《攀枝花晚报》派记者多次深入抗旱一线，挖掘抗旱中的典型人物和事件进行报道，确保每周、每天都有抗旱新闻见报。《“爱心水”汇入攀枝花旱区》、《菜农减产不减收旱市蔬菜卖得火》等稿件及时反映抗旱救灾动态，引起市民广泛关注。对抗旱救灾中涌现出的先进个人和集体进行集中采访，开设“抗旱先锋谱”专栏，刊发《风餐露宿只为清泉润农家》等稿件。在“五一二”地震2周年报道中，晚报于5月12、13日推出“汶川地震两周年晚报特别报道”，用两个整版刊发《攀枝花盛开在大巴山下》、《本报记者见证重建奇迹》，2篇本报记者采写的稿件，全面反映攀枝花市对口援建的广元市五权镇的进展，及地震重灾区重建新貌。“八三〇”地震2周年报道中，在采访报道教育、农房、卫生院等重建进展的同时，于8月29日推出视觉新闻，直观反映灾区重建以来各方面发生的巨大变化；30日推出和爱乡2年涅槃重生，以点带面，反映灾区重建中百姓的新生活。

《攀枝花广播电视报》4月上旬，策划推出《天干物燥，我们如何应对》。4月下旬，展开科学抗旱宣传阶段，策划推出《百年一遇严重旱灾给我们的启示——惜水、爱水、节水，从一点一滴做起》，宣传循环用水节水增效的经验、有效节水的方法。

【舆论监督】 《攀枝花日报》改版后的五版，在继续关注民生新闻的同时，充分发挥舆论监督作用，着力提升“调查深度”品版栏目的核心竞争力和影响力，反映民生诉求，促进民生问题的解决和部门工作的改进。全年，“民生·社会”、“百姓关注”的报道涵盖政治、经济、社会发展、文化、教育等多个领域，覆盖住房、医疗保障、幼儿安全、百姓出行、案件、环保、人物、黑网吧等多个方面。重点推出的《马家田片区小工厂——滚滚烟尘“围攻”校园》、《盐边县永兴镇可花钱买低保》、《干旱肆虐的村庄》、《攀枝花公厕，别让民众憋得慌》、《沙坝村的“黑网吧”为什么屡禁不止?》、《米易县攀莲镇双沟村“黑幼儿园无人监管”》等现象调查报道，均引起社会强烈反响，并督促相关部门查找工作中的不足并快速进行整改。重点策划“攀枝花我的春节我的家”、“新年愿景”、“关注低碳保护家园”、“走进旱区”、我的“十一五”、“学习人生”、“推行计划生育三十年特别报道”、攀枝花市第三次全国文物普查“发现之旅”、攀枝花宝物——我们一起来发现、教师节、端午节、中秋节、护士节、母亲节等系列报道。4月1日，六版再次改版，推出“热点·时评”版，突出时评的特色，加大重点热点报道的分量，不仅告诉读者发生了什么，还告诉读者发生的事件对他们意味着什么，突出平面媒体深度报道的优势。改版以来，获得来自各方的肯定与好评，提升了报纸品质。同一时间，八版完成改版，推出“体育·文娱”版，在选取新华社图文的同时，浏览互联网及各大较有影响的报纸文体新闻，及时把当天的热点新闻呈现给读者，大胆改进版面设计，提高新闻的时效性，受到读者的普遍好评。

《攀枝花晚报》针对市民反映强烈的问题，进行密切关注，刊发《1千米长新宏路，三个问题待解决》、《买茶叶猜谜里面有啥玄机》、《自来水变色、居民很担心》、《经济适用房违规调查》、《医保卡套现到底有啥名堂?》等监督稿件，引起市民强烈反响和有关管理部门关注，暴露的问题大都得以及时查处。6月28日，晚报与市总工会再次启动“圆梦行动”，至7月13日，2010年“圆梦行动”告一段落，期间共募集捐款119.70万元，134名贫困学生受到援助。在“圆梦行动”报道中，开设“牵手寒门学子播撒慈善爱心”专栏，记者深入贫困学子家庭及捐助者之间采访，饱含深情地表现贫困学子自强不息、社会各界竞献爱心的感人事迹，使“圆梦行动”这一独具晚报特色的公益活动品牌影响力进一步扩大，让贫困学子真切地感受到党和政府的温暖、社会各界的爱心。

（毛哲先）

档案事业

【概　况】 2010年，攀枝花市、县(区)两级档案行政管理部门6个，档案馆9个，其中国家综合档案馆6个(市级1个、县级5个)、专门档案馆2个(城建档案馆、房地产档案馆)、部门档案馆1个(攀大档案馆)。因“八三〇”地震使盐边县档案馆、米易县档案馆遭到损坏，部分馆库已无法使用，使全市6个综合档案馆库房面积减少4 569平方米，至12月底，在用档案库房为10 605平方米。

全市档案行政管理部门定编61人，部门档案馆、专门档案馆人员51人，至2010年底，全市行政管理部门专职人员56人，女性28人，占50%，档案馆专职人员57人，女性43人，占75%，档案专职人员总数比2009年有所增加，男少女多的格局未得到改变，全市档案工作人员年龄集中在35～49岁之间，共80人，35岁以下仅22人。在档案行政管理人员和档案馆人员中，档案专业大学本科仅9人、大专4人、中专7人，在职培训57人，档案队伍的专业程度以在职培训为主，学校专业教育程度不高。

2010年，全市档案系统工作重点转向农业农村，强力推进“社会主义新农村建设档案工作示范县”和“社会主义新农村建设档案工作示范乡镇”创建活动，村级组织档案工作得到加强。拓展档案资料收集渠道，接收攀枝花市老一辈建设者杨文仲35 149件，反映攀枝花市早期建设情况的档案资料。开展重点建设项目和重大活动档案管理，对攀枝花市范围内在建的31个省、市级重点建设项目档案管理进行监督指导。接收“创模办”档案资料、指导“四川省第十三届少数民族运动会筹委会办公室”重大活动档案工作。

2010年，全市档案工作的薄弱环节在于综合档案馆库房面积不能满足档案资料日益增长的要求，干部队伍趋于老化，档案专业人才不足，年龄结构及档案专业人员尚需改进。

【档案资料收集】 2010年，市档案馆除按接收计划开展主渠道接收档案外，还开展集中清理接收市级各立档单位的照片、音像、实物档案的工作，全年接收51个全宗共96 310卷(件)。全市共接收进馆不同种类和载体形式的档案达153 351卷(件)，馆藏档案结构改善，内容得到丰富。

征集重要档案、珍贵、特色档案共35 018件进馆，其中纸质档案34 851件、照片档案157张(国家重点档案5张)、光盘10盘。收集书籍资料共343册进馆。整理档案768件(张、盘)，其中文书档案233件、照片档案512张、声像档案18盘、实物档案5件。著录文书档案、照片档案等目录2 684条。

全年全市档案系统共收集可公开利用的现行文件399份，其中市档案馆在局域网挂接现行文件全文330件，实现计算机全文检索查阅现行文件。向省档案局现行文件在线管理系统上传现行文件155件，超额完成省档案局下达目标任务的29%。

【重点建设项目和重大活动档案管理】 2010年，市档案局按照《重大建设项目档案管理办法》，对16项省级重点建设项目和15项市级重点建设项目的档案工作进行重点监督和指导，并完成重点建设项目档案登记上报工作;对5项重点建设工程项目开展专项执法检查，组织2个市级重点建设项目档案的专项验收。

按照《四川省重大活动档案管理办法》，指导“城乡综合整治办”进一步规范档案资料的管理;接收“创模办”档案1 779件;指导“四川省第十三届少数民族运动会筹委会办公室”启动重大活动档案工作，年底已完成档案的收集和整理工作。

【社会保障体系档案管理】 2010年推进社区档案工作的规范化管理，至年底，盐边县新增3个规范化管理社区，东区新增12个规范化管理社区，仁和区新增2个规范化管理社区，全市128个社区已100%实现规范化管理。米易县出台“新农保”档案管理办法。

【农业农村档案】 2010年，全市各级档案行政管理部门以开展村级组织档案工作规范化管理为重点，强力推进“社会主义新农村建设档案工作示范县”和“社会主义新农村建设档案工作示范乡镇”创建活动。3月24～26日，市档案局承办全省新农村建设档案工作现场会，全省各地、市、州档案馆共120人次参加。工作会期间参会人员参观米易县、仁和区2个镇和2个村的档案管理，得到与会者好评，标志着攀枝花市新农村建设档案工作走在全省前列。

至2010年底，全市新增85个村实现规范化管理，在全市352个村中，已有228个达到规范化管理要求，比例达到65%;新农村档案工作示范乡镇创建活动中，米易县新增9个示范乡镇、仁和区新增5个示范乡镇、盐边县创建5个示范乡镇、东区创建1个示范乡镇、西区1个示范乡镇,全市已有23个乡镇创建成为“四川省新农村建设档案工作示范乡镇”,比例达到51%。

2010年继续巩固和深化乡镇卫生院、农村中小学的档案规范化管理工作。盐边县新增16个规范化管理乡镇卫生院,其他县(区)28个卫生院保持原有的规范化管理等级。至年底,全市44个乡镇卫生院100%实现规范化管理,全市87个农村中小学校,100%保持档案工作规范化管理等级。

参与集体林权制度改革工作,监督、指导全市各县(区)基本完成集体林改档案工作,开展集体林改档案验收工作。

【企业档案管理】 2010年,继续进行改制企业档案处置的工作。对市建一公司、交通运输公司、广厦建材、路桥公司等较大型改制企业,加强监督和指导,加快档案的清理整理进度;接收原市建一公司、市建二公司、市广厦建材公司的档案。

继续开展民营企业档案工作,全年市档案局与县(区)档案局共同对元亨公司等7个民营企业开展建档指导和咨询工作。

【档案规范化管理】 2010年,在市属单位档案工作规范化管理基本实现的基础上,全年以“清理死角、巩固成果”为重点,坚持实施和推进《四川省档案工作规范化管理办法》。首次实现档案工作规范化管理1个单位,复查已实现规范化管理的市属机关69个,其中5个限期整改,晋升规范化管理等级2个单位。

复查规范化管理省一级档案馆两个(西区、米易县),晋升规范化管理等级1个(东区档案馆),创建为规范化管理省一级单位。全市6个国家档案馆中建成省一级规范化管理档案馆5个。

【档案行政执法】 2010年,根据《攀枝花市档案系统“五五”普法检查验收工作的通知》,市档案局对全市档案系统进行检查验收,对县(区)档案局的全面推进依法行政落实行政执法责任制工作进行监督检查和行政执法案卷评查活动。深化档案行政执法责任制工作,将档案行政执法项目、流程、档案行政执法人员对外公开信息在互联网、部门网站、公众信息网上进行公开,接受社会监督,全年全市无档案违法案件发生。

继续贯彻落实《四川省档案规范化管理暂行办法》、《国家档案局8号令》、《四川省重大建设项目档案管理办法》、《四川省重大活动档案管理办法》等档案工作规章、制度、办法,2010年开展3次专项执法检查,查检14个机关企事业单位、5个县(区)档案馆和5个重点建设项目。

【档案培训与宣传】 市档案局制定《2010年档案继续教育培训计划》,并将档案专业继续教育工作纳入档案事业发展规划、年度计划、目标管理。按照计划全市档案部门举办28期档案工作人员继续教育培训班,培训学员1 214人次。组织16名档案工作人员参加省档案局组织的继续教育、业务指导人员培训等培训班。

继续开展档案普法宣传,按照《攀枝花市档案局档案法制宣传教育工作年度计划》,在市、县(区)档案工作人员继续教育培训班、全市新录用公务员初任培训班、档案工作调研、档案行政执法检查、档案网站、接待利用查阅档案等多种场合,进行档案工作、档案法制宣传,社会受众达1 324人次;全市发放各类档案宣传书籍及资料4 155份(册)。在省、市级新闻媒体上发表档案工作宣传稿件共28篇,其中一报两刊(《中国档案报》、《四川档案》、《中国档案》)发表文章10篇;在《攀枝花日报》刊发全省新农村建设档案工作现场会专版文章,扩大了档案工作的社会影响力。组织全市档案工作者参加全国百家网站“五五”普法法律知识竞赛活动。开展“一二·四”法制宣传日活动,接待咨询200人次,发放宣传资料200份(册)。

【档案资源开发利用】 2010年,市档案馆新查阅利用大厅正式投入使用,档案利用环境得到改善。全市各综合档案馆共接待查阅利用档案5 690人次,提供利用档案卷12 544(件)次。市档案馆、米易县档案馆发挥爱国主义教育基地作用,接待参观3 300人次。

编辑《杨超在攀西》一书,约15万字;撰写专题概要11个,约5.89万字。审查鉴定开放档案79个全宗、2 243卷,其中内控403卷、开放1 840卷。

【数字化档案馆】 2010年,市档案局对局机关文件、档案管理系统、馆藏档案管理系统、开放档案管理系统、现行文件管理系统、图书资料管理系统、全文管理系统进行整合建设,新建市档案局局域网网站、改进外网网站和党政网网站的设计。开发更新现行文件管理系统,完善文档管理系统网络版软件。至年底,局馆信息管理建立档案室文件系统、档案室档案系统、馆藏档案系统、馆藏图书资料系统、现行文件系统、开放档案系统、局域网内网网站、外网网站和党政内网网站,各系统均可进行文件级目录检索,同时也可对系统内现有电子全文内的字符进行检索。年底可供检索的内容有:现行文件330条(330份全文)、开放档案247 421条、馆藏图书资料13 711条、档案室文件10 393条(14 537份全文)、档案室档案2 219条(4 177份全文)、馆藏档案1 194 397条(5 678份全文)。

完成全市档案系统全文数字化加工操作规程,对纸质档案全文数字化加工设备进行高调试,规范纸质档案数字化加工全过程的操作,全文数字化的技术要求,已启动馆藏纸质档案全文数字化加工工作。

(曾珊珊)

教　育

【概　况】 2010年攀枝花教育工作以"提速增效、加快发展"为工作基调，围绕科学发展、恢复重建、打造川滇交界区域教育中心主线，坚持以素质教育为主题，以办人民满意教育为宗旨，推进教育改革创新、促进义务教育均衡发展、提高教育教学质量、改善学校办学条件、提升教师队伍素质和确保教育系统安全稳定等6项重点目标任务的完成，促进教育事业科学发展、又好又快发展。全年全市教育系统以《国家中长期教育改革和发展规划纲要(2010—2020年)》为依据，总结"十一五"期间攀枝花市教育事业改革发展取得的成就和经验，研究分析"十二五"期间教育面临的新形势与新任务，制定《攀枝花市"十二五"教育发展规划》(初稿)。市教育局开展灾后重建和校舍安全工程、教育民生工程等重点工作专项督导检查，对民办中等职业学校办学水平进行督导评估。指导西区、米易县政府迎接省政府教育督导检查，并顺利通过检查验收。全面启动"两基"(基本普及九年制义务教育、基本扫除青壮年文盲)迎国检工作。加快推进中小学校灾后恢复重建和校舍安全工程，切实推进重大项目建设，办学条件得到改善。全市中小学校校舍恢复重建新建项目195个，开工191个，完工189个，完工建筑面积244 129平方米，完工项目总投资42 240万元。维修加固立项79个，建筑面积124 335平方米，总投资5 754.7万元，全部完工。设备设施采购项目15个，完成总投资1 573.84万元。全市校安工程规划改造142所学校校舍共390个项目。开工106个项目，完工70个项目，完成投资16 892.3万元。2010年中央、省专项投资校安工程项目总投资4 697万元，涉及15所学校35个单体项目，建设面积80 589平方米，开工33个，完工项目29个，完成建设面积72 883平方米，完成投资3 118万元。全年投入经费2 982.67万元，用于提高学校现代化教育技术装备水平，按新标准装备中小学校34所，装备微机800台，建成网络教室9间。全面贯彻教育方针，全面实施素质教育，教育质量有新提高。学前教育加快发展，学前一年幼儿入园率99%，比"十一五"目标高出14个百分点；学前三年幼儿毛入园率为92.2%，比"十一五"末提高18.23个百分点，比"十一五"目标高出17.2个百分点。义务教育均衡发展有力推进，继续实施RSR评价制度，面向全体学生，促进学生全面发展，基本消除中小学校学生60人以上的大班额。两类高中和特殊教育发展水平有新的提高。2010年，全市初中毕业生升入高中阶段教育的比例达95.1%，比"十五"末提高了10.3个百分点，高出"十一五"目标15.1个百分点。2010年普通高考本科上线人数创历史新高，重点本科参考上线率大幅度增长，普通高考取得新的佳绩。实施职教攻坚，全面完成中职招生任务，中等职业学校毕业生一次性就业率达到97%以上。深入贯彻落实《中共攀枝花市委攀枝花市人民政府关于进一步加强中小学教师队伍建设的意见》文件精神，落实了教师待遇。

2010年，攀枝花学院招生4 327人，在校生达14 525人，毕业生数2 866人；四川机电职业技术学院招生1 914人，在校生达6 002人，毕业生数1 881人。

2010年攀枝花市教育事业发展情况

表19

学校类别	学校数(所)	毕业生数(人)	招生数(人)	在校生数(人)	教职工数(人)	
					合计	其中:专任教师
一、基础教育						
1. 普通中学	60	20 074	24 255	69 574	5 527	4 679
高中	10	6 002	7 151	19 756		1 320
其中:民办						
初中	50	14 072	17 104	49 818		3 359
其中:民办	2	34	15	85	33	23
2. 小学	270(含小学教学点205个)	17 091	14 404	94 574	5 440	5 177

续表 19

学校类别	学校数（所）	毕业生数（人）	招生数（人）	在校生数（人）	教职工数(人)	
					合计	其中:专任教师
23	1	27	8	109	43	
1 134	186	12 016	16 132	31 915	2 189	
	1	95	86	742		
二、中等职业教育						
1. 职业高中						
2. 普通中等职业学校	10	3 230	6 774	16 375	962	665
其中:民办	5	1 056	3 179	6 232	352	229
3. 成人中等专业教育	3	236	129	612	35	15
三、高等教育						
1. 普通高校	1	2 866	4 327	14 525	1 021	799
2. 高等职业技术学校	1	1 881	1 914	6 002	589	377
3. 成人高校(电大)	1	835	1 326	4 161	43	34

基础教育

【幼儿教育】 至2010年末，全市有幼儿园186所，比2009年的173所增加13所，其中农村县（区）乡（镇）中心幼儿园新增5所（仁和区2所、米易县1所、盐边县2所），全市乡（镇）中心幼儿园共达37所，覆盖率达84%，比2009年增加6.7个百分点。学前1年幼儿入园率达99%以上，学前3年幼儿毛入园率为92.2%。组织110名幼儿园园长参加培训。开展第三届幼儿自制教具评选工作，共有28件作品获奖。“两纲”［《攀枝花市妇女发展纲要(2 001—2010年)》和《攀枝花市儿童发展纲要(2 001—2010年)》］实施工作被市政府妇女儿童工作委员会评为一等奖。

【义务教育】 认真贯彻落实《中华人民共和国义务教育法》，严格实施义务教育阶段适龄儿童少年依法“就近入学”，做好适龄儿童少年“控辍保学”工作，提高了全市义务教育发展水平。2010年全市小学入学率为100%，辍学率为0.07%，毕业率为99.99%，完成率为99.67%；初中入学率为99.51%，辍学率为0.29%，毕业率为99.93%，完成率为98.41%，全市初中毕业生升学率为95.1%。各项指标都保持或优于2009年，全面达到省政府规定标准。全市城乡青壮年非文盲率保持在99%以上。2010年全市义务教育阶段学校共有进城务工人员随迁子女在校学生19 014人（小学13 041人，初中5 973人），比2009年增加122人。加强教学用书的审定，做好免费教科书的核定，全年共发放免费教科书691 708册，有89 112名学生使用国家免费教科书。继续开展创市级示范学校工作。新命名盐边县渔门中学校、盐边县永兴镇中心校、攀枝花市第五小学校（东区）、攀枝花市第二十中小学校（东区）、攀枝花市第十八小学校（西区）、攀枝花市仁和区中坝中心校、攀枝花市外国语学校（市直）等7所市级示范小学和示范初中。认真贯彻落实《攀枝花市“十一五”中小学布局规划》，坚持统筹兼顾，推动县域内义务教育在办学条件、师资队伍、教育教学质量等方面均衡发展。联合市级相关部门对全市中小学布局规划执行情况进行调研和检查，推动主城区新建2所九年一贯制学校和1所小学。各县（区）将中小学布局调整和地震灾后恢复重建与校舍安全工程相结合，全市中小学布局调整工作取得新进展，收缩办学和集中办学成效明显。各县（区）贯彻落实《中共攀枝花市委办公室攀枝花市人民政府办公室关于进一步推进城乡义务教育均衡发展的意见》，以调整中小学布局和地震灾后恢复重建为抓手，不断加强学校的办学条件和教师队伍建设，特别是乡（镇）中心校建设和城区薄弱学校改善办学条件取得新成效，县域内义务教育均衡发展取得新进展。

【普通高中教育】 至2010年末，全市共有普通高中学校10

所。年内招收新生7 151人,在校学生总人数达19 756人,比2009年增加1 219人,其中5所国家和省级示范性普通高中在校生人数占所有普通高中学校学生人数的66.8%。全市初中毕业生升入高中阶段教育的比例达95.1%,比"十五"末提高10.3个百分点,高出"十一五"目标15.1个百分点。全市普通高中高考本科上线人数达到2 148人,高考上线人数创历史之最。全面启动全市普通高中新课程改革,制定《关于普通高中课程改革的实施意见》,开展对全市高中教师进行全员培训。全年共资助普通高中家庭经济特别困难学生645人。

【特殊教育】 2010年全市随班就读学生和适龄残疾儿童在校生742人。适龄残疾儿童入学率达94.7%,比2009年提高0.3个百分点,高出"十一五"目标15.1个百分点。重庆师范大学特殊教育学院实习基地在市特殊教育学校挂牌成立。召开全市特殊教育工作研讨会。举办首届特殊教育论文大赛。组织参加2010年四川省第二届特殊教育优秀教育教学成果评选活动,获一等奖1项、二等奖6项、三等奖10项。

【职业教育】 2010年,全市共有中等职业学校10所。按照扩大规模、调整结构、加强管理、提高质量的要求,年内招生6 774人,在校学生人数达到16 375人,招生职普比达到4.9:5.1。在校学生职普比达到4.5:5.5,基本实现中职教育和普通高中教育招生数、在校生人数大体相当的目标。落实《攀枝花市中等职业学校教学管理试行办法》、《攀枝花市教育局关于进一步加强中等职业学校德育工作的意见》、《攀枝花市中职学生行为规范》等规定,加大对中职学校的检查指导管理。建立学生职业技能大赛制度,开展全市中职学生技能大赛,组队参加全省中职学生技能大赛,获得较好成绩。组织参加全国中等职业学校"创新杯"教师说课比赛,荣获全国一等奖1名、二等奖5名、三等奖4名。2010年资助中等职业学校(含技工学校)1~2年级所有农村学生和城市家庭经济困难学生8 841人,对城镇低保、农村特困、库区移民等"六类"中职学生免除学费1 760人,对涉农专业和农村家庭困难的中职学生执行免除学费政策,免除学费共计7 458人。

【藏区学生"9+3"教育】 2010年,攀枝花市加强藏区"9+3"学生免费教育工作的领导,制定《攀枝花市教育局关于加强藏区"9+3"免费教育学生教育管理工作的指导意见》,成立藏区免费中等职业教育计划领导小组,明确各成员单位的工作职责,将"9+3"工作纳入常态化管理。通过成员单位的共同努力,完成省、市党委政府提出的教育和管理目标。

【民办教育】 年内开展民办学校督导评估和年度审查工作。全市共有教育行政部门审批的民办学校(含教育培训机构、幼儿园)188所,其中民办幼儿园151所、民办普通中小学校3所、民办中等职业教育学校2所、民办非学历教育机构32所。加大对民办学校的指导管理,制发《攀枝花市教育局关于调整民办教育管理机构及管理职能的意见》。召开全市民办学校安全工作会,联合有关部门对全市民办学校开展安全清理大排查。审批成立市华森职业学校,停办四川省舞蹈学校攀枝花分校、攀枝花市立智计算机学校、攀枝花市文化馆培训学校。西区通力幼儿园和仁和晓音幼稚园被评为全国民办教育先进集体。

【成人教育】 积极发展成人教育,充分发挥攀枝花电大在成人教育和培训中的重要作用,推进学习型城市建设,构建终身教育平台。2010年成人高校共招生3 976人,成人高校在校生达9 764人。组织4次高等教育自学考试,共有8 644人次报名,报考16 384科次。组织国家英语等级考试等非学历考试19 069人次。完成各类初、高级职业培训43 000人,配合完成农村劳动力转移、再就业等各类培训110 000人次。

【电教技装】 2010年全市共投入技装经费2 982.67万元,按新标准装备中小学校34所,装备微机800台,建成网络教室9间,创建省级实验教学示范学校1所,市级实验教学示范学校2所。成功举办第八届全国高中信息技术与课程整合优质课大赛,现代教育技术教学教研工作取得新进展。

【教育科研】 年内举办攀枝花市"教育之旅"课堂教学方法改革、艺体教学改革、教研机制与方法变革展示活动。2010年度四川省普教科研资助金项目获准立项3项,四川省普教科研资助金高中课程改革专项课题获准立项3项,四川省普教科研资助金"9+3"藏区免费中等职业教育研究专项课题获准立项1项。2010年,全市共有科研课题139项,其中国家级课题2项、子课题10项、省级课题37项、市级课题90项。其中《里泼彝族民俗文化开发与校本课程建设的双向促进研究》获国家级二等奖。组织参加四川省"震后灾区学校制度重建研究"评选活动,推荐上报6项成果,获二等奖2项、三等奖4项。组织参加四川省教育厅第十四次优秀教育科研成果评奖活动,推荐上报5项成果,获二等奖1项、三等奖4项。

【勤工俭学】 2010年筹措资金20万元,抓好农村寄宿制学校学生生活基地建设。继续抓好以学校食堂、学生宿舍为重点的后勤管理建设,投入城乡环境综合治理专项经费24万元,开展"绿色生态校园"和"节约型校园"的创建活动,校园绿化、美化、亮化、净化得到提升,完成"十一五"节能减排目标任务。推行学校后勤大宗物资统一集中招投标采购管理以及农村学校劳动实践场所建设的试点工作。新增省级示范性食堂2所、市级示范性宿舍(公寓)10所。全市校方责任保险投保率达到100%,城镇居民基本医疗保险投保率达到95%以上。

【语言文字工作】 开展《中华人民共和国通用语言文字法》颁布10周年纪念活动和第十三届"推普周"活动。开展对东区部分城区2010年度社会用字规范化执法检查。新命名攀枝花市十九小学校、攀枝花市三十二中小学校和攀枝花市大河中学校申报创建为"国家级规范汉字书写教育特色学校"。攀枝花市第一小学校、攀枝花市第十四小学校、攀枝花市大河中学校、盐边县城第一小学校、盐边县民族中学校、盐边中学校、攀枝花市外国语学校7所中小学校为"攀枝花市语言文字示范学校"。全年普通话培训检测1 744人。

【教师队伍建设】 2010年,全市教育系统巩固"2009师德师风建设年"取得的成效,大力弘扬高尚师德,力行师德规范,强化师德教育。健全师德管理长效机制,加大对违反师德师风人员的查处力度,全年共查处3名严重违反师德规定、影响恶劣的教师。继续落实《中共攀枝花市委、攀枝花市人民政府关于进一步加强中小学校教师队伍建设的意见》,依法落实教师各项待遇,兑现高中教育质量奖、义务教育质量奖和教育督导评估奖。认真做好骨干教师培养、管理和使用工作,建立骨干教师津贴制度。进一步畅通吸引稳定优秀教师"绿色通道",完善直接到高校公开招聘和面向社会公开招聘相结合的进人机制,2010年全市教育系统共引进高层次紧缺人才41名,招聘大学生388名。认真落实免费师范生招聘工作,全市招聘免试师范生99人。加强中小学职称评定工作,评审通过市直属学校初级职称70人。加强农村教师队伍建设,认真解决服务期满"特岗教师"的就业和待遇问题。推进城市教师支援农村学校工作,共选派119名教师对口支援农村学校。加大教师培训力度,组织300余名教师分别参加国家、省、市的各级各类培训。实施教师学历提升计划,全市小学、初中、高中教师学历达标率分别为99.88%、99.43%、97.80%,比"十五"末分别提高1.22、1.09、6.67个百分点。小学、初中教师学历层次提高率分别为82.94%、78.83%,比"十五"末分别提高了14.75、24.37个百分点。加大评优选模力度,共推荐评选"四川省特级教师"9名、"攀枝花优秀教师"16名、"攀枝花模范校长"4名、"攀枝花市教育系统优秀教师"151名、"攀枝花市教育系统优秀教育工作者"30名、"攀枝花市师德标兵"30名、"攀枝花市优秀中小学班主任"40名、"攀枝花市中小学最具风采班主任"63名。召开教师节庆祝大会,对20名攀枝花模范校长和优秀教师每人给予1万元奖励。

【中小学德育】 加强和改进德育工作,进一步提高学校德育工作的针对性和实效性。继续加强中小学校风、教风、学风和校园文化建设,评选校风示范学校4所。全市中小学校结合各种节庆日、重大纪念日和各民族传统节日、校园艺术节和体育节等有特殊意义的重要日子和时段,广泛开展思想道德主题宣传教育活动。组织开展全市中小学校"文轩杯·我爱攀枝花"知识竞赛等多项德育活动。评选表彰1 485名省、市级三好学生和优秀学生干部,199个市级先进班集体;评选表彰25个攀枝花市德育工作先进单位、135名攀枝花市优秀德育工作者、优秀班主任(辅导员)和优秀思想政治(思想品德)课教师。组织开展世界环境日和全市禁毒日宣传活动。

【教学质量】 2010年,贯彻落实《攀枝花市中小学教学常规管理指导意见(试行)》,坚持以教学为中心,加强学校教学常规管理,规范学校办学行为,全面提高学校管理水平和教育教学质量。加强教育科学研究工作,深化基础教育课程改革和教法学法改革,加强对RSR评价中各项数据的研究和运用。加强对农村中小学教育教学工作的指导,促进农村学校教育教学质量的提高,缩小了城乡教育差距。全力推进普通高中课程改革,全面加强高三工作,普通高中教学质量明显提高,全市普通高考取得历史性突破。2010年全市普通类本科上线2 148人,比2009年增加356人,增长19.87个百分点,上线率达33.02%,比2009年增加3.43个百分点;普通类本科中重本上线440人,比2009年增加66人,增加17.6个百分点;艺体类本科上线216人,比2009年增加43人。认真做好中等职业学校学生推荐就业工作和高职高考工作,中等职业学校毕业生一次性就业率达到97%以上,高职高考上线率达61.8%,比2009年增长7.39个百分点。

【体育卫生艺术教育】 2010年,深入实施《国家学生体质健康标准》,年内乡(镇)中心校以上学校施行面达98%,达标率达到93.7%,全市有88所乡中心校以上学校测试数据直接上报国家教育部,上报率达到70.4%。在全市中小学生中深入开展"两操评比活动"和"阳光体育运动"。改进中考体考办法,加大分值比例,全年全市高中阶段教育学校招生体育考试平均成绩34.01分,及格率96.3%,优良率56.8%。组织开展市级篮球、足球、游泳、武术、排球、乒乓球等各项学校体育竞赛。组织学生参加各项大型体育赛事,448名学生运动员参加第十一届省运会,获得35金31银27铜;组织6名运动员参加第十三届省民运会,获得2金1银1铜;组织16名残运健儿参加省第七届残运会,获7金10银7铜;市三中残疾人运动员商俊峰代表中国参加广州2010亚残运会比赛,获得1金2银,学生体育竞技水平跨入全省先进行列。组织开展全市第三十一届中小学生暨中专学生田径运动会,14人次刷新13项大会纪录。贯彻落实《学校卫生工作条例》,组织开展学校卫生安全专项执法检查,制定传染病高发季节防范措施。开展"食品卫生安全"、"预防艾滋病健康教育"、全国"爱眼日"等健康教育专题讲座及宣传活动,全年无重大传染病流行现象发生。年内创建4所市级艺术特色教育学校,新增2所农村艺术教育扶持学校。组织开展四川省第六届中小学生优秀艺术人才大赛攀枝花赛区决赛。5月28日成功举办攀枝花市"钢城放歌"首届中小学生合唱节暨艺术教育成果展活动。组织开展艺体教育展示活动暨《里泼民俗文化开发与民族小学校本课程建设研究》课题成果推广活动,促进艺体教育教学质量逐步提高。

【科技创新教育和环境教育】 2010年,攀枝花市为实施《全民科学素质行动计划纲要》,制定《攀枝花市科学教育与培训基础工程实施方案》和《攀枝花市未成年人科学素质行动实施方案》。在全市中小学组织开展"科技之春"科普活动宣传教育活动。组织参加四川省第八届青少年机器人创新大赛,第一次选送5所学校12个代表队参赛,获一等奖2名、二等奖8名、三等奖2名;第二次虚拟机器人攀枝花分赛场竞赛,86人参加,获一等奖23名、二等奖35名、三等奖24名;第三次机器人灭火项目竞赛,获一等奖1名、二等奖1名、三等奖2名。组织中小学生参加"第二十五届四川省青少年科技创新大赛",有100多个项目获市级科技创新大赛奖,有20多个项目分别获省级一、二、三等奖。10月,与市科协共同举办攀枝花市青少年科技创新大赛科技辅导员和组织工作者培训。推荐攀枝花市第二十五中小学校和攀枝花市第一小学校申报市知识产权示范学校。重视环境教育,在全市中小学广泛开展创建"绿色学校"等环保教育活动,与市环保局等部门联合开展"六五"世界环境日宣传教育活动。

【改善办学条件】 2010年全市食堂改造达C级以上标准的学校17所,饮水改造学校32所。实施"留守儿童寄宿制学校建设工程"项目学校2所,投入资金430万元。继续实施民族地区"十年行动计划",建设完成2010年度省民族十年行动计划项目3个,落实"民族地区教育发展十年行动计划"补助资金480万元。

【农村义务教育经费保障机制改革】 年内,继续深化农村义务教育经费保障机制改革,落实"两免一补"(免除义务教育阶段学生学杂费、书本费,补助寄宿制学生生活费)政策,全年争取中央、省、市、县下达的"两免一补"补助资金共计8 978万元。2010年农村义务教育阶段补助公用经费92 492人,免费提供教科书92 492人,补助贫困寄宿生生活费21 462人;城市义务教育阶段低保家庭学生享受"两免"1 611人,"一补"211人;城市义务教育阶段免学杂费55 388人(含低保1 611人)。市、县(区)两级财政安排专项资金432.03万元,为受助范围内的农村义务教育阶段家庭经济困难寄宿学生提供每周两次、每次2.5元的免费肉食品。

【人事制度改革】 2010年,全市开始实施义务教育学校收入分配制度改革。制定义务教育学校教师绩效考核评价方法、奖励性绩效工资分配指导意见。全市各学校根据实际情况制订绩效考核办法和奖励性绩效工资分配办法,形成一套比较完善的制度体系,春节前兑现2009年度义务教育学校教师奖励性绩效工资。完成岗位设置聘用工作。根据《攀枝花市人民政府办公室关于印发攀枝花市事业单位岗位设置管理实施细则的通知》要求,全面推进事业单位岗位设置工作。全市各学校岗位比例按最高限设定。

【依法行政】 年内建立法律顾问制度,聘请1名常年法律顾问。开展深化行政执法责任制示范活动,推进依法行政基础工作。做好规范性文件的备案审查工作,全年共收到县(区)教育局报送备案审查的规范性文件6件,做到"有件必备,有备必审,有错必纠"。组织市教育局机关各处(室)和直属事业单位对现行有效的规范性文件进行认真清理,共清理出规范性文件62件,其中继续有效的60件、拟修改的1件、建议失效的1件。制发《攀枝花市教育局关于公布第二批废止、失效的规范性文件的决定》,并在教育网上进行公布。

【教育法制宣传】 年内攀枝花市继续实施教育系统"五五"普法规划,深入开展"法律进机关、进学校、进单位"活动。坚持中心组学法,抓好市教育局机关公务员学法和青少年学生学法,青少年法制教育做到计划、课时、教材、师资"四落实"。开展对直属学校和事业单位的"五五"普法检查验收工作,市教育局"五五"普法工作通过市法制建设领导小组检查验收。在全市教育系统开展以"弘扬法治精神,促进社会和谐"为主题的"一二·四"法制宣传日活动,增强广大师生的法治意识,提高法律素质。深入推进依法治校工作,创建省级依法治校示范学校4所,市级依法治校示范学校16所,复查验收第二批市级依法治校示范学校14所。

【规范教育收费】 2010年,攀枝花市贯彻落实省、市各项教育收费政策,制定县(区)政府与市政府签订的《攀枝花市治理教育乱收费目标责任书》,落实市教育局领导班子成员及中层干部在治理教育乱收费工作中的包片包校责任制,组织开展城市中小学服务性收费、代收费收取情况专项检查。2010年盐边县和米易县成功创建"四川省规范教育收费示范县"。全年接到收费方面的举报25件,按照分级办学分级处理的原则进行妥善处理,清理米易县违规收费1件,清退违规收费金额39 560元。

【教育督导】 2010年,市政府调整教育督导团成员,完成第三届市政府督学的换届聘任工作,新组建攀枝花市人民政府教育督导团教育督导评估专业委员会。完善督导评估体系和办法,完成《攀枝花市中小学发展性教育督导研究方案》的制定,指导盐边县3所学校开展发展性教育督导试点工作。对县(区)政府和市直属学校进行督导评估,专项督查了落实教师待遇、"三个优先"(经济社会发展规划要优先安排教育发展、财政资金要优先保障教育投入、公共资源要优先满足教育和人力资源开发需要)、"三个增长"(各级政府教育财政拨款的增长应高于财政经常性收入的增长、在校学生人数平均的教育费用逐步增长,教师工资和学生平均公用经费逐步增长)、规范办学行为、贯彻落实《中共攀枝花市委攀枝花市人民政府关于进一步加强中小学教师队伍建设的意见》(攀委〔2008〕9 号)、灾后重建和校舍安全工程、教育民生工程等重点工作。对民办中等职业学校办学水平进行督导评估。西区、米易县政府迎接省政府教育督导检查,并顺利通过检查验收。加强对仁和区、盐边县 2011 年迎接省政府教育工作督导评估的迎检指导和培训工作。全面启动"两基"迎国检工作。全市 5 个县(区)政府完成了《攀枝花市 2009 年县(区)教育工作目标责任书》任务,分别获得"攀枝花市人民政府 2009 年度教育工作督导评估一等奖";市教育局直属学校督导评估中市外国语学校、市三中、市七中、市实验学校、市十一中小学、攀枝花电大、市经贸旅游学校、市建筑工程学校、市特殊教育学校和市实验幼儿园 10 个单位为优秀,市二中、市四中、市九中 3 个单位为良好,市教育局全面完成《市教育局直属系统 2009 年教育工作目标责任书》任务,获得"攀枝花市人民政府 2009 年教育工作督导评估一等奖"。

【招生考试】 2010 年,全市6 802人报名参加高考,其中文科2 458人,理科4 051人,高职 293 人。共录取4 882人,录取率为 72%,高出全省平均 3 个百分点。高中阶段教育考试参加人数14 357人,其中普高录取6 200人,中职录取5 429人,共录取11 629人。组织实施了 10 次各类自学考试。全市参加应用型自考的考生有2 582人次,5 541科次,分别比 2009 年增加 712 人,1 706科次,分别增长 38.1% 和 44%;参加全国大学生英语四级考试9 630人,六级考试2 364人,比 2009 年增加 994 人次。考风考纪良好,没有发生安全保密责任事故。

【教育国际合作与交流】 完成 2010 年度美国"关键语言教师项目"、"中学英语教师出国研修"、"孔子学院/课堂、国家公派教师"等推荐、上报工作。协助市侨办推荐 18 名国侨办外派教师储备库人选。完善出国留学、进修教师的基础性工作。配合相关部门做好外籍教师的管理工作。

【中小学学籍管理】 贯彻落实《四川省教育厅关于在全省实施中小学学生学籍信息化管理的通知》和《四川省普通高中学生学籍管理办法(试行)》,加强对全市中小学学生学籍信息化管理系统的使用和管理。对学生信息采集、转学、休学、复学、留级、退学、普通高中会考等问题做出明确规定并严格执行。完成 2010 级小学、初中新生学籍上传工作;启用四川省普通高中新课程管理平台,完成高一新生学籍注册工作。全年办理市直属学校学生异动手续 892 人次。核发 2010 级普通高中毕业证书5 412本。

【教育宣传】 2010 年 6 月 18 日在学府酒店会议室召开 2009—2010 学年度全市教育宣传工作会议,表彰 7 个先进集体和 16 名先进个人。市教育局调整宣传工作领导小组成员,进一步明确领导小组成员的职责,建立联络员制度和教育网络信息报送工作制度,并举办全市教育系统教育宣传联络员培训班。全年攀枝花电视台播出《攀枝花教育》栏目 51 期,与攀枝花市日报社联合开辟并刊登《攀枝花日报·教育专版》16 期,攀枝花市政府公众信息网发布教育动态 417 条,省教育厅网站发布本市教育动态 81 条。全年向市委、市政府和省教育厅报送政务信息1 850条,编印下发《攀枝花教育》18 期。2010 年政务信息工作被市委、市政府评为先进单位。

【行政审批】 年内市教育局完成 2010 年年审合格民办学校的办学许可证的换证工作;完成米易华森职业学校的设立审批;依据民办学校申请,停办四川省舞蹈学校攀枝花分校、攀枝花市立智计算机学校、攀枝花市群星艺术培训学校;受理 2 所民办学校的变更事项。认定高中教师资格 147 人。

【中小学校舍恢复重建】 2010 年,按照全市地震灾后中小学校恢复重建总体实施规划和年度实施计划,组织、指导、协调中小学校地震受损校舍灾后恢复重建工作,积极争取国家和省上支持,多渠道筹措资金,加强已开工在建项目管理,加快未开工项目立项、设计、招投标等前期工作,强化项目建设的督促检查。确保按期完成校舍灾后恢复重建目标任务。全市中小学校校舍恢复重建 210 个(含 15 个设备采购项目)新建项目已立项 194 个项目(其中 14 个设备采购项目不需立项),开工 206 个项目,完工 204 个项目,完工建筑面积244 129平方米,完工项目总投资43 813.8万元。维修加固 79 个项目全部完工,完工建筑面积124 335平方米,完工项目总投资5 754.7万元。

【校舍安全工程】 2010 年,全市中小学校舍安全工程工作领导小组办公室全面组织、指导、协调中小学校舍安全工程工作的开展,强力推进校舍安全工程工作。全年组织召开 5 次中小学校舍安全工程工作会议,完成对全市中小学校舍安全工程总体规划和分年计划调整。2010 年全市校舍安全工程规划改造 142 所学校校舍,共 390 个项目,建设规模 548 302平方米,规划投资51 911.7万元。截至 2010 年 12 月 31 日,已立项 161 个项目,开工 106 个项目,完工 70 个项目,完成建设面积206 431.1平方米,完成投资16 892.3万元。2010 年安排下达攀枝花市农村义务教育学校校舍安全工程项目中央、省专项资金4 666万元。

【创先争优】 深入扎实开展创先争优活动。根据市委和省教育工委的要求，在全市教育系统143个党组织、5 230名党员中开展创建先进基层党组织、争当优秀共产党员的“创先争优”活动。活动紧紧围绕“深入学习实践科学发展观、推动教育又好又快发展”的主题，以“创建先进基层党组织、争当优秀共产党员”作为活动主要内容，以开展“五好四强”（即领导班子好、党员队伍好、工作机制好、工作业绩好、群众反映好；推动发展强、服务师生强、凝聚人心强、促进和谐强）基层党组织和“党员示范行动”为创建先进基层党组织的总抓手，以“推动教育科学发展有新进展、促进社会和谐有新气象、服务师生有新成效、基层组织建设有新加强”为目标，通过召开动员大会、制订工作方案、成立领导小组、树立先进典型、开展学习讨论、制定标准、公开承诺和领导点评，将创先争优活动不断引向深入。局机关及直属系统共有57个基层党组织制订了党组织和党员星级标准；70名领导干部共建立99个联系点，深入联系点116次；领导点评党组织16次、点评党员230人；党组织公开承诺83项，已兑现公开承诺40项，投入资金320万元，做好事实事120件，惠及群众8 300人；党员公开承诺600人，公开承诺内容820项。启动实施党群共建创先争优工作。

【党建工作】 2010年，全市教育系统继续加强领导班子和干部队伍建设，提高开拓创新能力。市教育局党委对市教育局直属事业单位（学校）校级领导班子职数及配备情况进行研究。制定《攀枝花市教育局直属学校领导班子成员续聘工作实施意见》，对12个任届期满的领导班子及成员进行续聘考察。完成2所“9＋3”学校领导班子和干部考察评估工作。深化干部选任制度改革。2010年市委组织部提拔教育系统副县级以上领导干部（含非领导职务干部）5人，转正5人；局党委提拔科级干部8人，转正1人。加大干部交流任用力度，完善中层干部竞争上岗制度，全年市教育局局机关及直属系统共交流干部13人。上挂下派锻炼干部13人。落实职务任免前谈话制度，共谈话16人。2010年市教育局党委共考察学校领导班子12个，考察干部66人次。规范直属学校（单位）内部机构和职位职数的设置及中层干部的审批、备案管理工作，全年共审批7所学校任命的34名中层正职干部。健全年轻后备干部培养、推荐、管理、定期考核及民主评议制度，向市委组织部推荐5名正县级及副县级后备干部人选；推荐6名援藏、上挂下派干部并到位任职；推荐6名干部为市委直接掌握联系的高层次人才候选人。加强对干部选拔任用工作的监督。组织贯彻实施干部选拔任用工作四项监督制度专题学习讨论，完成局党委干部选拔任用“两报告一评议”工作。全年共组织46名干部参加各类学习培训。加强党的基层组织建设，召开全市教育系统2010年党建工作会。开展纪念建党89周年系列活动。在“七一”期间，直属系统共表彰先进基层党组织11个，优秀共产党员50名，优秀党务工作者26名，全市教育系统共走访慰问党员40名。规范党员发展程序，确保新党员质量。2010年直属系统共发展党员43名（其中学生20名），转正党员34名（其中学生14名）。全市教育系统向甘肃舟曲及四川特大泥石流灾区捐款408 450.6元；向青海玉树地震灾区捐款566 953.2元。深入推进城乡党组织互助工程，大力开展“领导挂点、部门包村、干部帮户”活动。市教育局机关及直属各有关单位均与帮扶对象签订了互助协议，制定了帮扶方案及三年帮扶规划，共帮扶困难户28户、58人；开展农民实用技术培训4次，培训农民112人；召开座谈会21次，开展互助活动23次，协助提供帮扶资金24.87万元。开展在职党员到社区报到工作，共有52个基层党组织，760名在职党员到15个社区报到，搭建在职党员发挥作用的新平台，以推进城市区域化党建工作进程。

【教育学会会员代表大会】 2010年11月5日，第四届攀枝花市教育学会会员代表大会召开，大会换届选举产生55人组成的第四届常务理事会以及新一任学会领导机构。选举汤德坤为会长，刘自力、王廷明、张宣贵、彭伟、于大洪、邱贵福为副会长，郭霞为秘书长，肖敏、李天志为副秘书长。

（崔晨浩　刘万康）

高等教育

攀枝花学院

【概　况】 攀枝花学院是教育部布点在川西南、滇西北唯一一所以工为主的地方综合性普通本科院校。学院实行“省（四川）市（攀枝花）共建共管，以市为主”的管理体制。设电气信息工程学院、机电工程学院、土木工程学院、计算机学院、人文社科学院、外国语学院、经济与管理学院、艺术学院、材料工程学院、生物与化学工程学院、工程技术学院、医学院、继续教育学院、体育部、思想政治教育教学部等16个教学单位。设置35个本科专业、40个专科专业，专业设置涵盖理、工、文、法、经、管、医等7个学科门类。建有国家级特色专业1个,省级特色专业7个,省级精品课程9门,省级实验教学示范中心2个。形成以工为主、多学科兼容,普通高等教育、高等职业教育、成人高等教育协调发展的办学格局。学院继续保持了"全国精神文明建设工作先进单位"荣誉称号。

【"省市共建共管"相关政策落实】 学院积极争取落实"省市共建共管"管理体制的相应政策、机制,经多方努力,省委省政府同意将学校作为省属高校给予支持,科技厅将直接对学校科研项目立项,省教育厅也将给予学校享受省属高校相关政策的同等待遇;在项目以外,自2011年起从省教育事业经费中每年将安排不低于1 000万元的经费支持学校发展。

【人事制度改革和机构调整】 2010年,按照"优化结构,精干高效"的原则,学院制定《攀枝花学院岗位设置与聘用实施方案》、《攀枝花学院岗位设置细则》等纲领性文件,完成岗位设置与聘任工作,对学校原有机构进行整合,将四川省钒钛材料工程技术中心设置为独立的科研机构,新成立检测中心、科技创业产业园;撤销原成都教育基地管理处,其职责划归自考专修学院;撤销建设规划处,在后勤管理处下设工程建设与维修科、合同预决算科;撤销外事处,成立对外交流与合作处,与党委行政办公室两块牌子,一套人马,合署办公;撤销政策法规处(评建办公室),成立发展规划处(评估办、高教研究室),将高教研究室从教务处(学位办)划归发展规划处(评估办、高教研究室);成立研究生处,与科技处两块牌子,一套人马,合署办公;将后勤服务总公司从后勤管理处(后勤服务总公司)分离出来,独立设置后勤产业集团公司;计划财务处更名为财务处,国有资产管理处更名为技术装备处;将教务处(学位办)的教师培训管理职能划归人事处(职改办)。机构调整后,学校现有教学单位16个、教辅单位8个、党政群团综合管理部门17个和1个独立的科研机构。

【中央财政支持地方高校发展专项资金争取到位情况】 2010年,根据《财政部关于印发〈中央财政支持地方高校发展专项资金管理办法〉的通知》、《四川省财政厅四川省教育厅关于做好2010—2012年"中央财政支持地方高校发展专项资金"建设规划和2010年度项目预算编制工作的通知》精神,结合"十二五"教育事业发展规划的编制和服务"国家新型工业化产业示范基地"的建设目标,学校编制《攀枝花学院2010—2012年中央财政支持地方高校发展专项资金建设规划》,从教学实验平台、科研平台和专业实践基地建设、公共服务体系建设、人才培养和创新团队建设四个方面,组织申报3年共计1.125亿元的建设项目,其中申请中央财政专项资金7 500万元。通过多方努力,2010年度获得财政部中央财政支持地方高校专项资金300万和省级财政配套的50万元,共计350万元。同时,市政府原则同意给予学校3年共计3 000万元的配套投入。

【师资队伍建设】 2010年,学院十分重视教师队伍特别是高学历、高职称师资队伍的引进和培养,努力推动教学名师和专家建设工程、教学团队建设工程建设,组建教学名师、教学带头人、教学骨干三级教学梯队,积极拓展教师非学历培训内涵,选派教师到企事业单位学习,提高教师的工程应用能力和项目设计能力。年内引进硕士研究生28人,副高职称1人,其中首次引进海外留学归国人员1人,使具有硕士学位的教师达到474人,占专任教师的59.3%;考取博士、硕士研究生各4名,正在攻读博士、硕士学位达106人。推荐评审高级职务人员34名、"四川省学术和技术带头人"候选人2名及其"后备人选"候选人5名、"四川省有突出贡献的优秀专家"候选人4名、"攀枝花市级院士后备人选"候选人1名,完成5名市级专家导师制考核、16名市级各类专家和学术技术带头人承担导师任务结对工作,评选校级"教学名师"2名、校级"教学带头人"10名、校级"教学骨干"14名,选派11名教师进行单科进修、3名教师进行访学、8名教师到市内外企事业单位进行在岗实习。学校获攀枝花市委、市政府首届"攀枝花市人才奖"。

【专业建设及教学改革】 2010年,学院大力开展"通识教育"加"专业教育"的人才培养模式研究,建成省级项目"地方院校本科应用型人才执业素质培养创新实验区",促进了"专业能力强、执业素质高的高层次应用型人才"培养体系的形成。本着"提高应用、重点招标"的原则,创新教研教改项目的立项机制,首次采取招标方式与自主申报方式相结合的办法征集选题70余项。

主动适应地方经济社会发展需求,坚持"强化重点、突出特点"的原则,做好传统学科专业的调整和新办专业的管理与建设指导,积极开展新专业申报,切实加强特色专业建设,完成"钒钛资源加工工程"、"表面科学与技术"、"能源与资源工程"等3个战略性新兴产业相关专业以及"矿物加工工程"等9个常规专业的申报工作;工程管理被列为校级特色专业立项建设,化学工程与工艺、工程管理被列为省级特色专业建设项目,材料科学与工程列为国家级特色专业建设项目,实现攀枝花学院质量工程建设项目国家级"零"的突破。

深入推进课程建设。努力构建适应应用型人才培养的课程体系、教学内容、手段和方法,成功申报《微积分》《施工组织管理》《项目投资管理学》三个省级精品课程。

加强实践教学。以学生创新能力培养为核心,以学科竞赛和创新实验项目为平台,切实加强实践教学体系建设。组织1 000余名学生参加全国大学生英语竞赛、四川省大学生数学建模竞赛等学科竞赛31项,获全国一等奖3人次、二等奖8人次、三等奖17人次,省三等奖6人次,行业竞赛二等奖1队次、三等奖10队次;批准“复合钛白制备研究”等学生创新实验项目58项,提供创新经费10余万元,提高了大学生创新创业与实践能力。

【科研工作】 2010年,为调动广大教师科技创新的积极性,学院修订《攀枝花学院科研工作量计算办法》、《攀枝花学院科研工作考核办法》,积极开展科技攻关。加强与政府、企事业单位的联系和合作,通过拓宽合作领域,共申报国家、省、市级科研项目223项,其中国家自然科学基金项目6项、国家社会科学基金项目3项、教育部项目3项、省科技厅项目32项、省社科联项目9项、四川省教育厅项目59项、攀枝花市项目111项,争取各级科研立项66个,其中省级项目6个、市厅级项目47个、横向项目13个;科研经费总额达到641万元,其中横向项目经费188.2万元,学校科研项目立项数量、级别和科研经费呈现稳中有升的良好局面。与平大生物公司等多家企业签订科技合作协议与“共建联合实验室”合作协议,提高了学校科技服务地方经济建设的影响力,学校的科研工作初步形成依靠学校、来源政府的局面。积极整合科研力量,成功申报“化工资源有效利用”市级重点实验室。大力推进科技创业园区建设,打造集科研、教学、成果转化、社会服务于一体的服务平台。完成省社科联、省教育厅和市科技局到期的31项科研项目结题验收工作。2010年,学校科研成果获得省级奖励1项、市级奖励2项,论文发表于核心期刊100余篇,EI、SCI、ISTP收录26篇,学术专著10部,申请专利23项,获得专利授权11项。

【成人继续教育】 2010年,学院以服务地方经济社会建设为宗旨,不断优化资源配置,与攀枝花市经贸旅游学校、米易华森职业学校、凉山卫校等3所学校签订联合办学协议,创新推出全日制自学考试本专套读(2+2)+职业技能培训新的办学模式,构建多渠道、多层次的高等教育“立交桥”,开办会计、工商企业管理、机械制造与自动化等3个专业,自学考试报读741人,较2009年同比增加22.5%,学历教育招收学生2 327人,成人高等教育、自考工作等取得重大突破,形成融理、工、文、法、经、管、医为一体,专科、本科和研修班等层次并举,函授、自学考试、网络教育、等级考试、高级研修班、各类培训等多形式、多层次、多类型的继续教育体系。学院顺利通过四川省自学考试省级助学中心评审,成为攀西地区第一家省级助学中心。积极开展“送教育上门”活动,以独特的“菜单式”培训方式积极开发贴近社会实际需要的培训项目,2010年培训人数达33 500人,学校被市委市政府授予“攀枝花市人才培训基地”称号。

【党建工作】 2010年学院以深入学习实践科学发展观、学习中共十七大及十七届四中全会精神为主线,坚持抓好党委理论学习中心组的理论学习、教职工政治学习和大学生思想政治课学习,初步建立党总支中心组学习制度,推进校党委、党总支和党支部“三级联动”工作机制,组织中心组(扩大会)集中学习3次、教职工学习14次,组织200余名教师听取上级部门的各类报告。

学院坚持并完善干部选拔任用工作制度,做好干部的遴选、任用和配备,2010年共选拔正县级干部10名、副县级干部5名,完成13名干部的试用期考核工作,调整单位(部门)领导班子42人次。选派21名干部参加省高校干部培训中心的培训和其他业务部门组织的干部培训。贯彻落实党务公开制度,增强广大党员对党内事务的知情权和参与权,制定并落实《关于全面推行党员旁听学校党委会议制度的实施办法》。加大教职工和青年学生党员双向培养力度,在注重发展党员质量的前提下稳步提高教职工党员和学生党员比例。至年底,全校共设下属党委1个,党总支13个,党委直属党支部14个,党员达2 300名,其中教工党员1 050人、学生党员1 250人。进一步完善党校教育教学内容、方法和模式,利用校园网络加大党性知识教育的宣传力度,扩大入党积极分子培养教育覆盖面,全年开设入党积极分子培训班4期,培训学员2 300余人。

学院以创建全国文明单位为目标,以浓郁校园文化氛围为主旨,大力开展社会主义荣辱观教育、公民道德宣传、法制宣传、形势教育、“五五”普法、优秀文明单位创建等丰富多彩的文明创建活动,彰显了校园文化的育人功能。按照《四川省级文明单位(学校)考评验收细则》的要求,初步拟订《攀枝花学院优秀文明单位考评办法》,制定校园精神文明建设工作考核指标体系。

学院不断加强党风廉政教育,坚持做好招生、招投标、教育收费、干部选拔任用及重点建设项目等的监督监察和师生的维权工作。

(王同朝)

四川机电职业技术学院

【概　况】 四川机电职业技术学院(攀钢党校)(以下简称学院)是攀钢集团有限公司(以下简称攀钢)投资举办的一所普通高职学院。学院占地面积约63万平方米,建筑面积22万平方米,有马家田、金江两大校区,固定资产超1.3亿元(不含土地资产)。

2010年末,学院有全日制在校学生5 952人,有教职工652人,其中老师337人。有与专业配套的实习室、培训车间和实验室62个,教学设力求或系统934台(套)。计算机1 231台,馆藏图书40.69万册,较2010年增加10余万册;有400米和300米塑胶跑道绿茵运动场各1个,标准游泳池2个,多功能室内体育馆2座,有沙滩排球场、多功能活动中心、形体训练厅、学校报告厅。建有与国际互联网相连的校园网。学院有电子电气工程、机械工程、信息工程、材料工程、管理工程、基础、政治理论教学、实训实验等教学系部，共开设有电气自动化技术，钢铁冶炼、计算机网络技术、机械制造及自动化材料成型与控制技术、工业分析与检验数控技术、市场营销等29个专业。2010年，学院被攀钢评为“先进集体”并记集体一等功。2010年，学院成为省级示范高职院校和国家骨干高职院校建设单位，实现了学院和攀钢党校的教育资源整合，学院办学实力进一步提升，办学功能进一步健全。

2010年四川机电职业技术学院（攀钢党校）基本情况

表20　　单位：人

教学系部	招生数	毕业生数	在校生数	教职工数
电子电气工程系	466	398	1 816	47
机械工程系	667	876	2 068	61
信息工程系	146	81	246	37
材料工程系	404	333	1 282	27
管理工程系	164	134	415	9
基础部	67	59	125	69
政治理论教学部	—	—	—	27
成教处（党员干部）培训部	—	—	—	29
实训实验部	—	—	—	39
其　他	—	—	—	287
合　计	1 914	1 881	5 952	652

【四川省示范和国家骨干高职院校获确认】 2010年，为增强学院的核心竞争力，建设攀钢现代化人力资源基地，学院于2010年4月向四川省教育厅、财政厅申报省示范性高等职业院校建设单位和向教育部，财政部申报国家骨干高职院校建设单位的批准事宜。此次创建工作在全国1 200余所、四川省49所高职院校中进行申报、评审，历时9个多月。经过举办方论证推荐、专家实地考察和评审、公开答辩、公示、公布结果等阶段，2010年9月，四川省教育厅、财政厅联合发文，确定四川机电职业技术学院成为四川省首批4所示范高职院校建设单位之一。2010年12月，教育部、财政部联合发文，确定四川机电职业技术学院为全国100所“国家示范性高等职业院校建设计划”骨干高职院校建设单位之一。

【四川机电职业技术学院与攀钢党校整合】 2010年，学院按照攀钢的要求，实施与攀钢党校的教育资源整合工作，使攀钢教育培训资源布局更加合理，为攀钢的“二次创业”和“人才兴企战略”的实施发挥更大作用。学院制定攀钢党校的整合实施方案，按照专业对口、工作需要、合理配置和有效管理等原则，对相应的机构、业务进行整合，对干部人事进行调整。新成立政治理论教学部、党员干部培训部（成教处）和管理工程系经济管理教研室。两校的平稳整合，充分发挥了党员教育、干部培养、职工培训优势，整合了攀钢内部教学资源，有利于提升学校教育教学水平，增强办学实力，为攀钢的科学发展和服务提供更强支撑。

【职业教育培训】 2010年，学院加强与市、集团有限公司培训战略合作，以主动适应攀钢二次创业和社会进步对高技能人才的需求。学院采取脱产、业余、联合办班、送教上门、基层宣讲等办班形式，派出教师分别与攀钢长钢分公司、攀钢钒公司、钢城集团公司等联合举办班组长、党员、管理干部等培训班，并派出教师到攀钢公司和二级厂矿进行辅导讲座，全年培训党员干部6 000余人次，充分发挥了党员干部教育培训的主阵地作用。

学院主动适应攀钢公司发展和社会进步对高技能人才的需求，加强与市、攀钢公司在培训战略方面的合作，成立相关机构，强化服务意识，做好攀钢公司的技术比武和培训鉴定工作。协助攀钢公司完成第四届职工技术运动会开幕式和通用工种4个项目的技术比武工作。协助攀钢钢钒公司、钢城集团公司及攀枝花市城管局等10多个企事业单位开展技术比武。全年职工培训、职业技能鉴定15 000余人次，培训工作得到送培单位好评。

2010年，学院被中共四川省委、省政府批准为“四川省劳务培训机构”，被攀枝花市批准成为重点支持的国家级“高技能人才培训基地”和“攀枝花市定点培训机构”。

【教育教学】 2010年，学院把规范教学管理，提升教学管理水平，实施依法治校作为教学管理的总目标，完善教学管理规章制度，修订25个专业的教学计划，进一步明确专业人才培养的目标与规格。组织申报并获批《冶金机械设备维修》、《通用变频器应用技术》、《电气应用数学》等3门省级精品课程。学校“机电一体化教学团队”获省级优秀教学团队称号。3个学生代表队在“四川省职业院校学生技能大赛”中获得多项奖励；材料工程系学生代表队在“全国第一届冶金行业高职院校学生技能大赛”中获轧钢工种个人三等奖3个，团体三等奖1个；在“第一届全国有色金属行业职业院校学生职业技能竞赛”中获化学检验工个人三等奖2个。

学院坚持以“督”促“导”、以“赛”促“教”、以“研”促“改”的指导思想，教学督导有效推进，全年进行100余次教学检查工作，组织学生座谈30多场，收集信息300多条；成功举办以“实践教学能力提升”、“精品课程开发能力提高”、“教学团队建设”为目标的技能大赛，教师素质稳步提升，促进了教学工作的顺利进行。

【教育科研】 学院以教育教学研究和教学建设为重点，组织开展2010年校级教学建设项目和科研项目申报评审及成果奖励工作，实施第八届科研与教学成果奖励。学校申报的中国职教学会专项研究课题《职业院校“双师型”师资队伍建设的研究与实践》和《高等职业教育教学评价体系的研究与实践》等通过鉴定;申报的中国冶金教育学会课题《攀钢师带徒培养高技能人才模式研究》、《基于冶金行业模式的钢铁钒钛专业建设的探索与实践》、《基于企业培训学员的管理文化建设研究》等项目获准立项。

学院机械工程系教师袁晓东、电子电气系教师满海波获得“攀钢专家”的称号,机械工程系教师陈春、信息工程系教师李尚勇、基础部教师李开友、管理工程系教师伍大勇、电子电气工程系教师梁光第等8名教师获得“攀钢技术带头人”称号。电子电气工程系教师满海波获得“省级教学名师”称号。

【人文与素质教育】 2010年,学院克服时间长、人数多、干扰频繁、组织难度大等困难,完成攀枝花市和攀钢公司交办1 600人参加的四川省少数民族运动会开幕式大型节目的训练和表演任务。

学院积极开展人文素质教育和心理健康教育工作,编纂《高职学生人文读本》,制定《学生思想状况定期分析规定》。2010年,学校为毕业年级学生举行“大学生形象与礼仪”、“角色转换与心理压力调节”、“就业前的心理准备”等系列讲座,全年开展300余人次心理咨询工作与心理素质拓展讲座,听讲座人数约3 700人次。学校积极开展心理健康教育和心理咨询工作,全年咨询302人次,团体辅导750余人次,危机干预7人次;组织开展203次心理素质拓展训练;完成四川省教育厅关于开展高校“五二五大学生心理健康教育宣传活动周”工作;先后为2010级新生举办“大学生心理压力成因与压力管理”、“适应大学生活与心理压力调节方法”等系列讲座。

【学生资助、奖励与参保】 2010年,学院全力为困难学生开展资助工作。全年约256人次获得学校奖学金。学校用于学生奖学金和表彰的费用约19万余元;用于学生勤工俭学补助、困难补助、班费拨付等费用约为42万余元;节假日期间学院共为学生发放就餐券及活动费约10余万元。2010年,有3名学生获得国家奖学金,每人全年获奖学金8 000元;137名学生获得国家励志奖学金,每人全年获奖学金5 000元;1 715名学生获得国家助学金,每人全年平均获助学金3 000元;50名贫困且优秀的学生获得人均2 000元/年的“攀钢励志助学金”;50名优秀学生享受人均1 200/年的“蜀峰励志奖学金”;20名学生获得人均3 000元/年的“立宇人生”奖学金。有128名学生获得总额为23.04万元的国家学费减免;10名学生获得总额为2万元的广州助学基金;7名中职学生享受总额约692元免学费减书费的政策。学院积极贯彻落实国家大学生城镇基本医疗保险政策,完成在校学生参保工作,共有5 945人参保。同时,为规避毕业班顶岗实习学生下厂实习期间可能出现的风险,学院积极与保险公司磋商,为2 040名毕业班学生办理意外伤害保险。学院认真落实四川省教育厅学生资助管理中心《关于2010年生源地信用助学贷款有关工作的通知》精神,共为93人办理生源地助学贷款审核及回执打印。

【招生与毕业生就业】 2010年,学院本着“阳光招生”、“全面审核”、“择优录取”的原则,挖掘办学潜力,共计招生2 322人,其中三年制高职专科1 914人,五年制高职专科309人,五年制转录99人,新生入学报到率位居省高职院前列。

学院以就业为导向,多渠道搜集就业信息,认真做好毕业生就业指导和咨询工作,积极培养学生的就业和创业能力。2010年,学校共有大专毕业生1 881人,提供就业岗位3 000余个,推荐就业1 828人,占符合推荐条件毕业生的97%。

【党建和思想政治教育】 2010年,学院党委根据攀钢党委和省委教育工委的要求,坚持党的教育方针和社会主义办学方向,服从服务于攀钢扭亏增盈、联合重组、二次创业大局及学院中心工作和发展目标,围绕发展抓党建,抓好党建促发展,继续深化学习实践活动,认真贯彻中共十七届、四中、五中全会精神,落实全国、省高校党建工作会议和宣传思想工作会议精神及集团公司党委2010年工作要点,以改革创新精神全面加强党的建设。为深化学校改革、促进学校发展、维护学校稳定、构建和谐学校,提供了政治保证、思想保证、组织保证和精神动力。学院获攀钢2010年度先进集体。发挥学生党建工作在育人工作中的龙头作用。注重在优秀学生中发展党员,做到强化引导、加强教育、重视过程、注重培养。发展学生党员工作在广大学生中产生了良好的影响,带动了更多的学生追求进步。2010年,全院申请入党的全日制学生达2 100多人,发展为党员的学生达364人,转正学生党员109人。

学院发挥共青团的优势,做好团员青年工作,2010年开展团干部、学生干部专题培训、素质拓展活动2期;开办学生团校2期,培训学生1 926名,向党组织推优1 423人;组织“五四”文化月开幕式暨影评赏析活动、“五一二”汶川大地震2周年纪念祝福墙签名活动及社团文化周活动、世博情怀作品展及知识竞赛、P1C大赛、“机遇与挑战”大学生辩论赛、“校园金话筒主持人”大赛、“摄影、艺术作品”大赛,还与攀钢传媒中心联合开展纪念“一二·九”运动主持人大赛等活动。

【教职工生活】 学院通过开展困难慰问、为女职工办理大病互助保险、落实老干部政治生活待遇、为引进的高学历、高职称人才争取经济适用房、组织离退休职工和先进工作者外出疗养参观等多种形式,关心职工工作和生活,竭尽所能提高教职员工的生活质量,使全院教职工共享发展成果。春节慰问困难职工、患重症职工及离退休职工等近100人;全年看望慰问住院职工100多人次,慰问金额近4万元。暑假期间共组织学校先进、标兵等共25人外出疗养。

(周官强)

琴艺表演　　　　（寇华春　摄）

体育·卫生

体　　育

【管理机构】　2010年,攀枝花市设有市体育局、市体育总会、市全民健身指导委员会。市级单项体育协会10个。县(区)级体育行政主管部门5个、体育总会5个、全民健身指导委员会5个、单项体育协会36个。44个乡镇、16个街办全部成立体育健身活动领导机构,44个乡镇均建立综合文化站和老年人体育协会,130个社区全部建有社区文体活动中心,有健身辅导站199个。

2010年,攀枝花市根据《中华人民共和国社团管理条例》的规定,对市体育总会、市老年人体育协会、市信鸽协会进行换届。按照"有组织、有人员、有场地、有经费、有活动"的要求,加强基层体育机构组织建设,全市44个乡镇、16个街办均成立全民健身体育活动领导小组,增设全民健身体育工作职能;指导10个单项协会积极开展全民健身活动,督促其严格按照各自章程和工作安排开展工作,在全年举办的45项市级赛事中,有28项由市各单项协会组织或承办。

【全民健身活动】　2010年,攀枝花市深入贯彻实施《全民健身条例》,广泛开展全民健身活动。组织"全民健身日"群众体育活动启动仪式暨市直机关系列体育活动、棋牌项目万人同赛暨全市第七届棋类比赛等9项群众体育活动,在全市营造了浓厚的全民健身氛围。开展攀枝花市建市45周年群众体育展示活动,55个基层健身辅导站、市老年大学、攀钢健身气功辅导站、攀钢矿业公司离退休管理中心等12支队伍1 500余人,向市民展示了健身腰鼓、健身气功易筋经等10余项群众体育健身项目。开展元旦节"金海杯"第三十六届元旦越野赛、春节"舒华杯"趣味体育活动、元宵节市直机关庆祝建市45周年暨全市第九届元宵节登山活动、"五一"节第五届五人制足球比赛、"重阳节"离退休人员登山活动等重大节庆假日体育活动。年内,全市累计50 000余人次参加全民健身活动。

【群众体育竞赛】　2010年,攀枝花市举行市级群众体育竞赛活动45次,各县(区)举行县(区)级群众体育竞赛活动近60次,各行业各系统群众体育活动广泛开展,开展篮球、健身球操、自行车等21个项目,全市数十万人次参加各项竞赛活动。各界群众积极参与国家、省级群众体育竞赛,其中,参加全国肢体残疾人田径锦标赛获得3金,参加广州亚残运会获得1金2银,参加全国第五届特殊奥林匹克运动会获得2金1银,参加"2010年全国老年人健身展示大会太极拳(剑)交流活动"获得3金,参加全国健身气功锦标赛获得团体第七名,参加全省健身气功比赛获得两个一等奖。年内,攀枝花市还组队参加全国、全省地掷球、桥牌、棋类、自行车、健身球操、门球等项目的比赛。2010年,攀枝花市共获得全国群众体育比赛8金1银,省级比赛59金38银21铜的成绩。

【健身气功】　2010年,攀枝花市年检合格28个健身气功辅导站,审批新成立11个健身气功辅导站和2个健身气功"和谐站点";派出6人参加四川省健身气功教练员、裁判员、管理干部培训班。截至2010年,全市已经建立39个健身气功活动站点(含和谐站点9个),分布于攀枝花市东区、西区、仁和区和盐边县、米易县,参加健身气功活动达千余人。

【群众体育培训及辅导】　2010年,市体育局加大体育骨干培训力度,促进全民健身活动广泛开展,举办柔力球、太极拳等4期市级体育骨干培训班和10余期小型体育骨干培训班,共培训社会体育骨干1 000余人;培训合格二级社会体育指导员103名、三级社会体育指导员150名;选派5人参加四川省一级社会体育指导员培训,选派1人参加国家级社会体育指导员培训。年内,市体育局还派员深入仁和区总发乡和中坝乡、盐边县双龙村、米易县独树村等部分乡镇、村进行健身腰鼓、健身气功等大众喜爱的体育健身项目辅导,引导广大群众自觉参与体育健身活动。

【国民体质测试】　2010年,攀枝花市根据国家体育总局和省体育局统一部署，开展全国第二次国民体质监测专项工作，分别在东区、西区、仁和区、米易县、盐边县和市直机关、攀钢7个监测点，对不同年龄、不同性别、不同组别的3 600人进行身体形态、体能、机能三个方面进行监测，形成监测报告，了解掌握全市国民体质状况和发展趋势。年内，为掌握全市领导干部体质健康状况，建立领导干部体质数据库，指导领导干部科学健身，对全市市级领导及市级部门副县级以上领导干部共300余人进行体质测试，并为参测人员开出运动处方。

【参加四川省第十一届运动会】 2010年8月9日～19日，四川省第十一届运动会在自贡市举行。本届省运会由四川省人民政府主办，四川省体育局、自贡市人民政府承办。在本届运动会上，攀枝花市派出运动员、教练员、领队、工作人员等566人组成体育代表团，参加皮划艇、棒垒球、田径、足球等19个大项的比赛，获得35金、31银、27铜，奖牌总数93枚，总分2 544分的成绩，7支参赛队获得“体育道德风尚奖”运动队称号，攀枝花市体育代表团获得“体育道德风尚奖”代表团称号，取得运动成绩与“精神文明”双丰收。在全省21个市、州中，攀枝花市获得团体奖牌榜第七名，团体总分榜第八名，重点项目奖牌榜第五名，重点项目总分榜第八名，攀枝花竞技体育综合实力进入全省先进行列。

2010年攀枝花市参加四川省第十一届运动会金牌获得者情况

表21

姓名/团体	参赛项目	参赛组别
杨　壮	举　重	男子甲组62公斤级
李　攀	举　重	男子甲组56公斤级
王程苇	举　重	男子甲组52公斤级
马兰春	举　重	女子乙组63公斤级
关　岩	举　重	女子甲级75公斤级
女子500米双人皮艇	皮划艇	女子500米双人皮艇
罗春吉	皮划艇	男子2 000米单人划艇
女子1 000米双人皮艇	皮划艇	女子1 000米双人皮艇
男子1 000米双人皮艇	皮划艇	男子1 000米双人皮艇
女子垒球	垒　球	女子垒球
男子足球	足　球	男子乙组足球
男子棒球	棒　球	男子棒球
女子曲棍球	曲棍球	女子曲棍球
男子轻量级4 000米双人双桨	赛　艇	男子轻量级4 000米双人双桨
女子轻量级6 000米双人双桨	赛　艇	女子轻量级6 000米双人双桨

续表21

姓名/团体	参赛项目	参赛组别
李文亮	国际式摔　跤	男子乙组自由式58公斤级
罗正富	国际式摔　跤	男子甲组自由式66公斤级
钟议锋	田　径	男子乙组100米栏
黄　祥	田　径	男子甲组200米
陈　辰	柔　道	女子乙组44公斤级
米雁飞	柔　道	女子乙组48公斤级
李　露	激流回旋	女子单人皮艇全能
女子乙组团体	羽毛球	女子乙组团体
男子甲组团体奥林匹克淘汰赛	射　箭	男子甲组团体奥林匹克淘汰赛
饶　飞	拳　击	男子甲组64公斤级
曾　杰	跆拳道	女子乙组46公斤以上级

【参加四川省第七届残疾人运动会】 2010年8月25日～31日，四川省第七届残疾人运动会在自贡市举行。本届省残运会由四川省人民政府主办，四川省残疾人联合会、自贡市人民政府、四川省体育局承办。攀枝花市委、市政府对参加本届运动会高度重视，拨出专项经费，并组建由市政府副市长郑学炳担任代表团团长，市残联、市体育局相关负责人担任副团长的攀枝花市体育代表团。攀枝花市派出42名运动员参加田径、游泳、举重、乒乓球、羽毛球、象棋、盲人柔道、飞镖、聋人篮球9个项目的比赛。本市运动员获金牌22枚、银牌15枚、铜牌15枚，有21人次打破12项省记录，名列全省金牌榜和奖牌榜第7名，总分榜第9名。攀枝花市体育代表团获得本届运动会“体育道德风尚奖”荣誉称号，全面完成参赛目标任务。

2010年攀枝花市参加四川省第七届残疾人运动会金牌获得者情况

表22

运动员	参赛项目	参赛组别
商俊峰	跳　远	男子肢残44组
商俊峰	跳　高	男子肢残44组
殷志泽	标　枪	男子肢残46组
殷志泽	铁　饼	男子肢残46组
阮肥荣	100米蝶泳	女子S15组
阮肥荣	100米仰泳	女子S15组
阮肥荣	100米自由泳	女子S15组
阮肥荣	200米混合泳	女子S15组
阮肥荣	400米自由泳	女子S15组
沈传贵	50米自由泳	男子S5组
沈传贵	50米蝶泳	男子S5组

续表 22

运动员	参赛项目	参赛组别
沈传贵	100 米自由泳	男子 S5 组
沈传贵	200 米自由泳	男子 S5 组
徐明贵	4×100 米混合泳接力	男子 S15 组
蒋全梅	100 米蛙泳	女子 S15 组
陈洪伟	4×100 米混合泳接力	男子 S15 组
韦林均	4×100 米混合泳接力	男子 S15 组
晋晓祥	4×100 米混合泳接力	男子 S15 组
王远树	举重 60 公斤级	男子卧式
朱云保	举重 48 公斤级	男子卧式
马　琪	举重 52 公斤级	女子卧式
刘勤勤	举重 48 公斤级	女子卧式
高俊平	盲人柔道 73 公斤级	男子组
黄　云	乒乓球女子单打	听力组
赵攀伟	象　棋	男子肢体残疾组

【承办四川省第十三届少数民族运动会】 2010 年 11 月 10 日～16 日，四川省第十三届少数民族运动会在攀枝花市举行。本届运动会由四川省民族事务委员会、四川省体育局主办，攀枝花市人民政府承办。攀枝花市体育局主要承担五项工作。

体育场馆设施建设、维修改造和器材采购、赛场布置。加强建设工程项目监管，所有工程如期竣工、验收合格。积极做好原有场馆的维修、改造，完成场馆周边环境卫生整治。主动争取有关支持，确保各类比赛器材、物品等及时采购到位、分发到位、安装到位、赛场布置到位。

赛前集训、组织参赛。为保证训练工作正常有序进行，成立训练组织机构，明确各项目训练责任，结合本市实际情况，科学制订训练计划，扎实开展训练工作。派出 118 人组成代表团，参加 9 个竞赛项目，取得历史性突破：19 金、12 银、13 铜，攀枝花市代表团获得“体育道德风尚奖”和“优秀组织奖”称号，超额完成参赛目标任务。

裁判员和评委接待。为做好接待工作，专门成立接待组，由 13 名人员负责接待 2 工作。“一对一”接待裁判长，为裁判工作提供优质服务。尊重少数民族习俗，“标准统一，区别对待”，尽可能让被接待人员满意。保持信息畅通，信息反馈及时，在接送、购票、食宿、报销等方面未出现差错。

开、闭幕式入场式和主席台布置。精心设计开、闭幕式入场式程序，体现少数民族运动会自身特点和攀枝花特色。精心营造开、闭幕式氛围，体现运动会“平等、团结、拼搏、奋进”的主题。精心布置开、闭幕式主席台，做到“三提前三认真”：提前采购用具、认真筛选不出瑕疵，提前做好卫生、认真打扫不留死角，提前安排布置，认真思考不留遗憾。

竞赛组织。各项目裁判长、骨干裁判以及随队裁判 106 人由四川省体育局从省内抽调以及从云南省借调组成，从主观上避免可能出现的执裁不公现象发生。针对部分裁判员第一次担任少数民族传统体育运动会裁判工作、缺乏少数民族运动会比赛项目执裁经验的实际情况，在市会展中心专题组织举办裁判员培训班，以提高裁判员执裁水平。在竞赛场次和裁判员编排工作中，充分考虑各代表团运动员实际，尽可能兼顾好各方面不同意见，注重加强与裁判长和各代表团领队的沟通和协调，尽量减少由客观因素而造成不公正，实现大型体育赛事少有的“零投诉、零违纪、零纠纷、零事故”的目标。

2010 年攀枝花市参加四川省第十三届少数民族运动会金牌获者情况

表 23

运动员	参赛项目	参赛组别
杨文钢	田径 5 000 米	男子组
王彬凤 苏小明 朱正美	板鞋竞速 60 米	女子组
王彬凤 苏小明 朱正美 杨　兵 郝建龙 侯　波	板鞋竞速 2×200 米	混合拉力
马阿达 纳光平 马海石子 廖拾菊	射弩混合团体	民族标准弩
马阿达	男子跪姿	民族传统弩
马阿达	男子立姿	民族标准弩
马阿达	男子跪姿	民族标准弩
李文亮	北　嘎	52 公斤级
勒革拉日	北　嘎	62 公斤级
吉曲张里	格	62 公斤级
陈　格	格	87 公斤以上级
周　云	绊　跤	52 公斤级
侯耀明	押　加	85 公斤以上级
马明才	蹴　球	男子单蹴
付思雨	蹴　球	女子单蹴
马明才 付思雨	蹴　球	混合双蹴
普昆华 罗生海 普先林	陀　螺	男子团体
普丽萍 鄂丽梅 普天梅	陀　螺	女子团体
普昆华	陀　螺	男子单打

【攀枝花籍运动员参加亚运会】 2010年11月，在广州第十六届亚运会上，攀枝花市培养、输送的运动员田霞获得射击飞碟项目团体冠军，张洪波、陈坤获得棒球项目第四名，这是攀枝花市近年来培养输送的运动员在国际大赛中取得的最好成绩，展现了攀枝花市竞技体育在培养、输送优秀体育人才方面取得的工作成效。

【青少年体育竞赛】 2010年，市体育局根据《攀枝花市2010年青少年体育项目竞赛计划》，积极开展市级青少年体育竞赛，与市教育局共同组织田径、羽毛球、篮球等11项市级青少年体育竞赛和10余项区县级青少年体育竞赛。通过开展青少年体育竞赛，丰富了学生课外体育文化活动，提高了学生体育运动技术水平，增强了学生整体素质，为选拔优秀体育后备人才扩大了渠道。

【体育后备人才培养输送】 2010年，攀枝花市加强高水平体育后备人才基地建设，市体育中学、米易县业余体校、仁和区业余体校成功创建为"四川省高水平体育后备人才基地"。加强县级业训重点单位创建工作和市级业训单位建设，西区业余体校创建为"县级业训重点单位"。加强市水上运动中心、市场馆管理中心两个市级业训单位的管理和建设，从人、财、物等方面给予保障，确保业训工作顺利开展。2010年，全市业余训练工作扎实开展，体育后备人才培养、输送成效明显，全年共向省优秀运动队输送集训队员55人，8名队员被列入2010年四川省拟选招运动员人选公示名单。年内，还向普通高校(体育院、系)、专业体育院校输送体育人才116人。

【体教结合】 2010年，攀枝花市深化体教结合，不断夯实业余训练基础。抓好青少年体育俱乐部和体育传统项目示范学校的管理和建设，通过组建攀枝花市青少年体育俱乐部联合会和修改完善《攀枝花市体育传统项目示学校申报评比管理办法》来强化管理，促进发展；落实中共中央、国务院《关于加强青少年体育增强青少年体质的意见》，发挥"青少年体育俱乐部"的功能和作用，积极开展"学生阳光体育活动"；坚持普及与提高相结合，拓展业余训练覆盖面，建立"资源共享，责任共担，人才共育，特色共建"的运行机制和多层次的训练网络；继续开展国家级体育俱乐部和省级体育传统项目示范学校的申报创建工作，完成市经贸校申报国家级青少年体育俱乐部，市十五中申报四川省第十二批省级体育传统项目示范学校的申报工作；做好市外国语学校等10所学校创建"市级体育传统项目示范学校"的评审工作。

【体育产业调研】 2010年6月，攀枝花市根据国务院《关于加快体育产业发展的指导意见》，经过前期充分调查研究，在搜集第一手调研资料的基础上，参加在甘孜州康定县由省委政研室统一组织的全省体育产业发展座谈会。会上，攀枝花市体育局结合市情，提出发展"长江漂流"、"冬季训练"和"阳光休闲运动"等特色体育产业发展规划，得到省委政研室好评。

【体育彩票销售】 2010年，攀枝花市认真贯彻2010年全省体育彩票工作会议精神，制订下发《2010年度体育彩票宣传的指导意见》，扎实开展体育彩票宣传工作，全年完成体彩销量8 078万元，完成省体彩中心下达的目标任务。

【体育赛会经济】 2010年，攀枝花市吸引社会资金支持体育事业发展，积极与企业、商家联姻开展体育赛事，举办"攀钢杯"四川省第十三届少数民族运动会、"金海杯"第36届元旦健身跑、"鑫岛迎春杯"保龄球公开赛、"天宇房产"第一届"迎新春阳光杯"网球赛、新春"舒华杯"趣味体育活动、"安监杯"桥牌团体赛、四川省全民健身篮球赛(攀枝花赛区)暨全市第八届"攀煤·篮协杯"篮球赛等赛事，有力促进第三产业发展。

【全民健身路径建设】 2010年，攀枝花市继续加大群众健身设施建设力度，投资100余万建成47套全民健身路径，为广大市民就近开展健身活动提供便利。截至2010年12月底，全市累计安装全民健身路径290套。

【攀枝花市民族体育馆建设】 2010年，攀枝花市加大公共体育设施建设，建成攀枝花市民族体育馆。为承办四川省第十三届少数民族运动会，市政府决定在原炳草岗游泳池旁建设攀枝花市民族体育馆，该馆于2009年7月开工建设，2010年10月全面竣工并投入使用。总投资2 565万元，建筑面积4 884平方米，共计四层：一层为温水游泳池，二层为民运会射弩比赛场地，三层为民运会摔跤比赛场地，四层为民运会珍珠球比赛场地。四川省第十三届少数民族运动会结束后，攀枝花市民族体育馆作为攀枝花市全民健身活动的重要室内场地之一，主要设有游泳、羽毛球、乒乓球、篮球、排球等室内健身项目。

【农民体育健身工程】 2010年，攀枝花市加大"农民体育健身工程"建设力度，在全市44个乡镇和352个行政村共建成396套"农民体育健身工程"，实现全市乡、村全覆盖，此项工作在中国西部地区走在前列。

【依法行政】 2010年，攀枝花市坚持体育依法行政，全年共完成国家二级裁判员、二级运动员、二级社会指导员的审批件315件，审核41名一级运动员上报材料；组织专业技术人员，成立游泳场所专项安全检查组，对全市14个经营性游泳场所进行指导检查，并结合安全检查的情况，在矿山游泳中心举办2010年度全市游泳救生员培训班和救生员资质年审，培训试合格34名，资格年审合格21名，培训合格率达到100%；根据四川省法制办"全省法制部门于2010年1月起启用新式执法证，建立统一的法制工作平台"的工作要求，采用法制业务综合工作平台IC卡证件版系统和读卡器设备，实现全市体育依法行政工作全省联网，提升了行政执法队伍的监管水平。

【民生工程】 2010年,攀枝花市认真实施体育民生工程,加强公共体育场馆设施日常管理,延长市级体育场馆开放时间,以满足广大人民群众健身需求,全市公共体育场馆免费向群众开放69万人次;在社区、乡村以及新建生活区等安装47条全民健身路径,改善群众健身条件;投入10万元市级体彩公益金对100名贫困体育特长学生予以资助,帮助他们解决学习、生活和体育训练中的实际困难和问题。

(彭小平)

卫 生

【医疗机构及卫技人员】 截至2010年,全市共有各级各类医疗卫生机构1 021个。已建成国家三级甲等综合医院2所,三级甲等中西医结合医院1所,三级甲等专科医院2所,二级医院8所;疾病预防控制机构8个,卫生监督机构5个,医学科学研究机构2个,采供血机构1个;有43个社区卫生服务机构,43个乡镇卫生院;全市共有床位7 437张。2010年全市卫生技术人员达7 944人,执业(助理)医师3 412人,注册护士3 004人。

2010年9月13日,中共攀枝花市机构编制委员会办公室下发通知,同意将攀枝花市医学科技情报站更名为攀枝花市卫生信息中心。

【深化医药卫生体制改革】 2010年1月13日,全市召开深化医药卫生体制改革工作会议,攀枝花市深化医药卫生体制的改革全面启动。2010年4月,市医改领导小组针对医改近期加快推进基本医疗保障制度建设;初步建立国家基本药物制度;健全基层医疗卫生服务体系;促进基本公共卫生服务均等化;推进公立医院改革试点等五项重点工作,成立以万分管副市长为组长专项工作领导小组,负责推进医改近期五项重点工作。2010年8月2日,全市召开深化医药卫生体制改革工作第二次会议,对已开展的工作进行全面总结、分析,安排部署下一阶段工作。2010年12月24日,全市召开深化医药卫生体制改革领导小组第三次会议。至年底,医改近期五项重点工作稳步推进。

国家基本药物制度试点有序推进,东区、盐边县继续推进实施国家基本药物制度试点,新增米易县作为实施国家基本药物制度试点县。截至2010年12月,各级财政共安排实施基本药物制度补助资金598.94万元,全市实施基本药物制度药招网上采购订单总金额254.76万元,成交金额253.75万元。

基本医疗保障制度惠及人民群众。全市新农合参合率达93.79%。

基本公共卫生服务逐步均等化初显成效。居民健康档案、健康教育、儿童保健等9类基本公共卫生服务的落实,使城乡居民健康保障水平得到进一步提高。

基本医疗卫生服务体系建设进展顺利。全市已正式启动村卫生室的标准化建设,其中55个村卫生室建设纳入国债项目。全市已建成社区卫生服务中心16个。

公立医院改革试点工作正式启动。2010年5月,确定市中心医院作为公立医院改革试点单位,并开始试点工作。在试点过程中,按照"先易后难、稳步推进"的原则逐步推进。通过改革管理机制、补偿机制、运行机制和监管机制,逐步实现医院管理科学化、运行规范化、建设标准化、服务公益化的目标。

【扩大内需及灾后重建项目建设】 2010年,市卫生局争取精神卫生机构、县级医院、村卫生室和社区卫生服务中心,59个项目的中央资金7 170万元。其中县级医院建设项目2个,中央投资4 550万元,地方配套3 150万元;精神卫生机构建设项目1个,中央投资2 200万元,地方配套1 700万元;社区卫生服务中心建设项目1个,中央投资200万元,地方配套100万元;村卫生室建设项目55个,中央投资220万元,地方配套230万元。资金下达后快速启动59个项目建设,截至2010年12月,已有26个项目开工,6个项目完工。

加强2009年扩大内需和灾后重建未完工项目的管理,督促项目建设进度,完善项目建设手续。23个扩大内需项目全部建设完成,其中16个项目已投入使用;35个灾后重建项目中33个完工,2个在建(市三医院、仁和区人民医院)。

2010年9月12日,攀枝花市中心医院第二住院大楼暨干部保健中心项目正式开工,项目总用地面积约8 071平方米,总建筑面积为5.7万平方米。

【传染病预防控制】 2010年全市共报告各类法定传染病22种,发病数5 994例,发病率549.549.54/10万。全年无甲类传染病报告,年报告乙类传染病13种、3 359例,甲、乙类传染病发病率309.9/10万。

2010年,全市共报告现住址人类免疫缺陷病毒感染者和病人735人、死亡147人。全市各级医疗卫生机构对术前病人、性病病人等进行艾滋病扩大检测(PITC),共检测62 990人次。选择符合条件的艾滋病感染者和病人进行免费抗病毒治疗,全市接受免费抗病毒治疗累计111例,其中死亡18例,正在接受治疗93例。开展中医药治疗艾滋病试点项目,全市共有44名艾滋病感染者和病人参加了项目。

组织开展"全球基金结核病控制项目"、"中央财政补助结核病项目"和"四川省财政补助结核病项目"各项工作,完成《攀枝花市结核病预防控制规划(2001～2010年)终期评估报告》。开展第五次结核病流行病学调查,2010年6～7月,在仁和区流调点开展现场检查工作,应检人口1 750人,实际受检1 727人,受检率98.69%。全市各级结防机构共接诊肺结核可疑者2 174人,接诊率198.71/10万;共发现活动性肺结核病人579例,发现涂阳肺结核病人306例(初治涂阳292例、复治涂阳14例)。

防控霍乱疫情和其他肠道传染病,制定《攀枝花市2010年霍乱防治工作计划》及《攀枝花市2010年霍乱监测工作计划》,开展水体、污水、食品的监测和食品及从业人员的霍乱监测。召开2010年手足口病监测工作会,部署手足口病疫情报告与处理、病原性监测工作,全市无手足口病重症病例及死亡病例、暴发疫情发生。加强血吸虫病、鼠疫监控,督导检查米易县、盐边县的"春查秋灭"工作,对盐边县晚期血吸虫病病人的摸底工作进行指导、督导检查。对米易县、盐边县的春季查螺效果进行评估,经评估没有发现新的螺点。攀枝花市作为省级鼠疫监测点已经开展五年监测工作,制订《攀枝花市2010～2015年鼠疫监测方案》、《攀枝花市2010年鼠疫监测计划》。在加强人间疫情监测的同时,开展动物疫源地监测工作,均无异常情况发现。

加强流感、人禽流感监测,召开攀枝花市2010年流感监测工作会,对2009～2010年度流感监测工作进行分析总结,完成流感样病人咽拭子标本采样245份,PCR核酸监测阳性34份,阳性率13.88%,其中乙型流感占94.12%、甲型H1N1流感占2.94%、未分型占2.94%。完成全市8月龄～4岁儿童麻疹疫苗后续强化免疫,3～16岁人群梦乙脑灭活疫苗查漏补种,民生工程乙肝疫苗三轮补种工作,2008～2009年仁和区、米易县、盐边县第二轮强化免疫和甲型H1N1流感疫苗的接种。2010年,全市乙肝疫苗应补种儿童79 444人,实际共补种86 122人,接种率为107.65%。

开展慢性病社区综合防治工作,举办或参与全市基层医疗卫生机构国家基本公共卫生服务规范培训班,培训基层单位医疗卫生机构人员299人次,督导全市11个乡镇卫生院、9个社区卫生服务中心的居民健康档案建立及重点慢性病建档管理工作。全市城乡共完成居民健康档案建档469 190份,其中城市居民健康档案已建立367 918份,建档率达67%;农村居民健康档案已建立101 272份,建档率达21.54%。全市共建立重点慢性病(高血压、糖尿病、精神疾病、肿瘤)档案23 720例,规范管理14 972例,规范管理率为63.12%。开展伤害监测工作,米易县伤害监测点共报告伤害病例8 769张。开展仁和区肿瘤监测工作,2009～2010年10月,共报告肿瘤卡片423张。

加强健康危害因素监测控制,开展病媒生物、食品卫生、环境卫生、职业卫生、学校卫生监测工作。在东区、西区、仁和区、攀钢设立"四害"密度监测点4个,分别开展病媒生物密度监测工作。按照四川省卫生厅《2010年四川省食品安全风险监测实施方案的通知》要求,制订实施方案,开展食源性致病菌监测、食源性疾病被动监测和食源性疾病主动监测。

围绕全市城乡环境综合治理工作与规范国家公共卫生服务健康教育项目管理,充分发挥健康教育机构技术指导作用,在学校、医院、社区等开展健康教育督导检查,2010年对东区、西区、仁和区共54家单位的健康教育工作进行检查指导。利用各个卫生日、月活动,开展卫生宣传,共散发5.3万余份健康知识资料。加强与宣传部门、新闻媒体开展协作,开展乙脑疫苗查漏补种、麻疹疫苗强化接种、手足口病防治、防止野生蘑菇中毒、蜱虫防治、红眼病防治等健康教育宣传报道。

【卫生监督执法】 2010年,全市有餐饮业单位3 881户、从业人员17 292人。监督检查餐饮业覆盖率100%,100%纳入食品卫生监督量化分级管理并评级。

全市现有公共场所2 079户,对住宿业、美容美发场所、沐浴场所、游泳四类场所100%实施量化管理。

全市开展传染病防控监督检查3 065户次,其中医疗卫生机构2 362户次,其他703户次,监督覆盖率达100%。在全市开展2010年规范个体医疗市场监督管理专项行动。322家个体诊所完成了硬件改造,对218家实施量化评级。开展医疗广告监督162户次。组织开展打击非法行医规范医疗服务市场重点监督检查工作,全市共监督检查农村集市161个、社区街道54个、药品经营单位122个。查处取缔无证行医106户次(其中有固定场所27个、无固定场所79个),无证行医人员113人次。

对市中心血站和22家临床用血医疗机构的采供血执法情况进行监督检查。开展托幼机构的食品卫生监督和传染病防治卫生监督521户次。2010年全市将母婴保健执法监督纳入对医疗机构的日常监督一并进行。开展消毒新产品违法宣传疗效和添加药物、过氧化氢低温等离子体灭菌器使用单位进购索证情况专项检查;组织人员对餐巾纸、卫生巾、纸尿裤等消毒产品经营单位执行消毒管理办法情况进行专项检查。

各级卫生监督机构依据《中华人民共和国职业病防治法》,对存在职业病危害的315家用人单位开展日常执法监督工作。2010年度职业健康检查应检37 154人,实际健康检查35 684人,健康检查率为96.04%,检出职业禁忌症153人,全部按照相关规定调离原岗位,全年共新增职业病人及尘肺病晋级病人73人。2010年度全市接受职业卫生投诉案件73起,投诉案件处理率100%。

全年共检查放射诊疗单位65家,非医用辐射单位22家。对攀枝花市放射诊疗建设项目职业病危害评价情况进行监督检查,对162名放射工作人员进行培训,并发放"放射工作人员证"。

对47家集中式供水单位、118家农村学校供水、38家二次供水单位开展监督检查工作,完成市区的6家市政水厂和10家企业自建水厂枯水期的监督监测工作。完成"乡镇集中式供水卫生监督模式研究调查"和涉水产品抽检工作。

【医政管理】 制定《攀枝花市2010年"医疗质量万里行"活动方案》,启动攀枝花市2010年"医疗质量万里行"活动。对全市7家开展血液透析服务的医疗机构进行院感和质量控制专项检查。对全市一级以上医疗保健机构的消毒供应室和院感质量控制工作进行专项检查,督促各医疗机构按照2009年12月1日开始试行的《医院消毒供应中心管理规范及操作规程》进行供应室的相关工作。

对全市二级以上医疗机构的急诊科从制度建设、布局、人员配备、急救技能、应急能力、急救药品配备等方面进行全面检查,指导医疗机构加强急救能力建设。

要求各医疗机构建立健全药事管理组织和各项管理、考核制度,对用药情况进行合理性分析,加强药品的不良反应监测和报告,保证临床用药的合理性和安全性。督促各医疗机构加强麻醉药品和精神药品管理,按规定及时办理《麻醉、第一类精神药品购用印鉴卡》及进行变更或注销。

制定《2010年攀枝花市"优质护理服务示范工程"活动实施方案》,确定市中心医院、攀钢总医院、市第四人民医院、市中西医结合医院为活动示范医院。通过示范引导、整体推进,全面提高全市临床护理工作水平。

组织市中心医院、攀钢职工总医院、市三医院、市中西医结合医院和市妇幼保健院的医务人员开始对盐源县人民医院、甘洛县人民医院、都江堰市医院、木里县妇幼保健院等14家医疗机构开展为期3年的对口支援工作。

根据《攀枝花市医学重点专科评审管理办法(试行)》及《攀枝花市医学重点专科评审标准(试行)》,批准市中心医院脑神经疾病中心等9个重点专科为2010年攀枝花市医学重点专科。指导各医疗预防保健机构开展科研工作,配合市科技局做好医学科研课题的鉴定和评奖工作。2010年共有4项医学科技成果获得市政府科技进步二等奖,7项成果获得科技进步三等奖。

起草《攀枝花市医疗纠纷预防和处置办法(暂行)》,已由市政府法制局面向社会公开征求意见。

【无偿献血】 规范各用血医疗机构的血液领取、发放、储存、使用等环节,加强对临床用血的指导和监督,大力推进科学、合理使用血液,确保临床用血安全。加强无偿献血宣传工作,扩大自愿无偿献血队伍,开展各种形式的无偿献血宣传活动,2010年,全市共12 370人次参与无偿献血,采集全血390.11万毫升,继续保持临床用血100%来自无偿献血和自愿无偿献血达到100%的目标。

【惠民医疗服务】 按照市委、市政府的指示,继续在市中西医结合医院、市第二人民医院、仁和区人民医院、十九冶医院共4家医疗机构开展惠民医疗服务,实行"十免、十减、两优惠、一方便"("十免"即免收普通门诊挂号费、免收普通门诊诊查费、免收门诊肌肉注射费、免收门诊输液费、免收血常规检查费、免收大便常规检查费、免收小便常规检查费、免收心电图检查费、免收X线透视费、免收院内会诊费;"十减"即以下项目费用减少30%:住院诊查费、住院床位费、Ⅰ、Ⅱ、Ⅲ级护理费、抢救费、清创缝合费、胃镜检查费、血糖检查费、脑电图及脑地形图检查费、B超检查费、x线照片检查费;"两优惠"即被惠对象在惠民医院就诊时,对药品费用一符合《城镇基本医疗保险药品目录》用药一实行减少20%的优惠、被惠对象在惠民医疗机构医疗过程中使用的医用材料—不在医疗服务价格规定项目内的材料一,材料费用实行减少5%优惠;"一方便"即在惠民医院就医时,对其在本市三级综合医院一含中西医结合医院一化验、检查的报告单均可作为在惠民医院诊疗的化验、检查依据,除因进一步诊治需要外不再重复检查)的惠民医疗服务。2010年全市4家惠民医院共施行惠民医疗服务7 993人次,优惠金额达25万元。

【新型农村合作医疗】 2010年,继续加快推进基本医疗保障制度建设,全市除东区外均实施新型农村合作医疗制度,覆盖农业人口51.06万人。全市参合人数达47.89万人,参合率达93.79%。筹资水平由2009年的100元/人提高到140元/人,其中中央补助60元/人、地方财政补助60元/人,由省市县共同承担,个人缴费20元。全市最高补偿限额达到3.66万元。2010年,全市共有115 787人次得到补偿,累计补偿金额5 348.2万元。

根据《四川省卫生厅关于进一步推进新农合门诊统筹工作的通知》要求,攀枝花市选择西区启动门诊统筹试点工作。制定《攀枝花市新型农村合作医疗慢性非传染性疾病和重大疾病门诊补偿管理暂行办法》。

【农村卫生】 制定并印发《攀枝花市农村基层卫生机构基本公共卫生服务项目绩效考核办法(试行)》。通过建立基本公共卫生服务质量管理与持续改进、农村居民健康指标和满意度不断提高等综合绩效考核体系,强化对农村基层卫生机构提供的公共卫生服务基本项目、数量和质量的考核评估,规范农村基层卫生机构基本公共卫生服务工作内容和服务流程,落实基本服务项目的数量、质量要求,建立良好的农村基层卫生机构公共卫生服务工作运行和管理机制,从整体上提高全市农村基层卫生机构基本公共卫生服务水平。

全市启动村卫生室的建设,其中55个村卫生室的建设纳入国债项目。2010年9月1日印发《关于下发61个村卫生站建设项目计划的通知》,要求各县(区)根据上报的村卫生站建设项目计划进度精心组织,按计划时间进度实施。

制订并下发《攀枝花市2010年农村卫生人员培训项目实施方案》,截至12月底,已完成乡镇卫生院管理人员培训44人,乡村医生公共卫生专项培训495人。

2010年11月7日~10日,承办四川省2010年攀西片区新型农村合作医疗能力建设培训班,全市共49人参加培训。

【社区卫生】 根据攀枝花市"十一五"城市社区卫生发展规划,2010年全市已建成社区卫生服务中心16家,其中新建3家,改扩建13家。在建社区卫生服务中心5家,全部为新建。草拟《攀枝花市人民政府关于进一步推进社区卫生服务中心举办体制及运行机制转变的意见》。为促进全市基本公共卫生服务逐步均等化,规范社区卫生服务机构开展国家9类基本公共卫生服务项目,提高社区卫生服务水平和质量,年内选派3名人员参加省级师资培训。2010年3月30日至4月2日在攀枝花学院举办二期社区卫生服务信息管理系统培训班,培训内容为四川省社区卫生服务信息管理和决策支持系统的使用和管理,共120人参加培训。2010年9月19日~21日举办2010年国家基本公共卫生服务规范培训班,来自全市社区卫生服务机构共130人参加培训。

【妇幼卫生】 全市于2010年4月启动新生儿死亡评审工作,并在全市启动出生医学证明网络管理工作,县级以上产科单位均开展计算机打印出生医学证明,并逐步在有条件的乡镇卫生院开展此项工作。组织辖区新生儿疾病筛查采血单位产科护士长共18人进行新筛组织实施与质量管理培训。认真贯彻实施《攀枝花妇女、儿童发展纲要》,完成两纲重点指标监测任务、重难点指标分析。接受四川省人民政府妇女儿童发展纲要终期评估督导检查。市卫生局在市妇联2009年业务目标综合考核中获一等奖,在全市两纲监测统计考核评比中荣获一等奖。孕产妇死亡率30.68/万10、婴儿死亡率8.8‰、五岁以下儿童死亡率12.38‰、儿童系统管理率89.6%、住院分娩率95.87%。2010年全市的婚前医学检查率由2009年的22.39%提高到38.62%。市妇幼保健院顺利通过三甲复审,成立省级产前诊断分中心通过现场评审。仁和区妇幼保健院完成建设,东区妇幼保健站升级成为东区妇幼保健院,西区成立妇幼保健院。

【人才工作】 按照《四川省人事厅关于事业单位招聘卫生专业技术人员的意见》要求,积极争取政策支持,扩大卫生事业单位直接考核招聘的范围,对医学影像、麻醉、超声诊断、儿科等紧缺专业实行直接考核招聘。继续组织实施开展第三批学科带头人及首批短缺专业人才培养工作,加强督促检查。开展第三批次各类别专家和学术技术带头人承担导师任务申报工作,15名符合条件专家承担导师任务。积极推荐9名人选参加四川省有突出贡献优秀专家、2010年享受政府特殊津贴人员、第九批四川省学术技术带头人及后备人选选拔。组织开展第二批省农村卫生拔尖人才评选工作,向省卫生厅推荐上报4名在农村乡镇卫生院长期从事医疗卫生专业工作的优秀农村卫技人员。组织开展第九批省卫生厅学术技术带头人及后备人选选拔,向省卫生厅推荐上报12名人选。

完成2009年公开招聘工作人员工作,65人被正式聘用。为解决市二医院人才紧缺的状况,经市人事局特批,专门为市二医院组织一次公开招考,8人被市二医院正式聘用。

开展市级名中医的评选工作,共评选6名市名中医。

【中医药工作】 2010年攀枝花市全面推进中西医结合医院住院部大楼工程和创建全国重点中西医结合医院建设,指导和督促市中西结合医院严格按照标准开展创建工作。推动盐边县中医院的改扩建工程和医院迁建工作,改善盐边县中医院的就医环境。指导和督促米易县中医院创建"四川省精品中医医院"和医院综合楼建设,做好精品中医医院终期评审的准备工作。指导和督促市中西医结合医院抓好"四川省中医药防治重大疾病协作中心(四川省急性胰腺炎中西医结合防治技术协作中心、四川省眼科疾病中医药防治技术协作中心)"和一项中医药"治未病"中心(亚健康中医药防治、中医药视功能保健)开展工作,充分发挥中医药的优势和作用。认真开展中医药"三进"(进农村、进社区进家庭)工程,推动农村、社区中医药服务的发展。全市43家乡镇卫生院和13家社区卫生服务中心能开展10项以上的适宜技术。445家村卫生站和33家社区卫生服务中心能开展6项以上的适宜技术。

【爱国卫生工作】 全市国家卫生城市创建范围涵盖三区(东区、西区、仁和区)及钒钛产业园区,米易县、盐边县已创建为四川省卫生县城。市、县区爱卫办、城市管理等部门公布投诉电话方便群众举报接受群众监督,组织明察暗访,发现问题及时向部门和单位提出警告和限期整改。同时加大新闻媒体舆论监督力度,跟踪报道相关单位和部门进行及时整改的情况,推进全市卫生整体水平的提高。

2010年,市爱卫办围绕市委、市政府关于城乡环境综合治理的总体安排和全国爱卫办关于开展城乡环境卫生整洁行动的要求,集中整治与专项整治相结合,充分发动广大群众,扎实推进城乡环境综合治理工作。增加环卫设施、升级改造集贸市场等硬件建设,加大清扫保洁、监督检查力度,广泛发动群众积极参与,全面治理,城乡面貌明显改观。完成800座农村无害化卫生厕所建设任务。

全市健康城市建设各项筹备工作按照计划有序进行,2010年6月17日~18日,世界卫生组织与攀枝花市联合在本市召开的"攀枝花市健康城市工作研讨会"并取得圆满成功。年内本市完成城市健康状况基线调查。

【"十二五"卫生事业发展规划编制】 攀枝花市卫生局把"十二五"卫生事业发展规划编制工作纳入重要工作日程,成立攀枝花市"十二五"卫生事业发展规划编制领导小组。领导小组制定并下发"十二五"卫生事业发展规划编制方案。2010年7月15日,"十二五"卫生事业发展规划通过市科技局组织的专家小组评审。

【红十字会工作】 在2010年1月海地地震、4月青海省玉树地震和8月甘肃舟曲及四川省部分地区发生泥石流自然灾害后,市红十字会立即组织社会募捐,共为灾区募集资金42.1万余元。2010年,攀枝花市遭遇旱灾,市红十字会积极为灾区争取、募集资金和物资,争取到上级红十字会30万元的救灾款,采购纯净水和大米,分别发放到仁和区、米易县、盐边县受灾群众;动员社会力量募集款物,其中华为技术有限公司捐赠10万元,援建仁和区啊喇乡中心学校改水工程;成都可口可乐公司捐赠3.2万件纯净水,全部发送到受灾的学校。加强卫生救护培训工作,2010年红十字会共举办卫生救护培训2期;3月,与共青团市委共同举办志愿者卫生救护培训班,培训80余人;5月,对攀枝花机场全体工作人员进行培训,培训24人。

(田维新)

社

人口和计划生育

【人口控制主要指标完成情况】 2010年,攀枝花市人口计生工作以"稳定低生育水平、统筹解决人口问题、促进人的全面发展"为目标,以构建人口计生工作长效机制为主线,围绕全市经济社会发展大局,推进了全市人口计生事业持续健康发展。2010年全市共出生8 783人,比四川省下达控制指标少生2 217人;人口自然增长率4.22‰,比省下达控制指标低0.48个千分点;符合政策生育率91.5%,比省下达考核指标高1.5个百分点,全面完成四川省委、省政府下达的年度人口和计划生育工作目标任务。2010年12月,省委、省政府人口计生工作督察组对攀枝花市的工作给予充分肯定和高度评价,攀枝花市人口计生委被推荐为"十一五"全国人口和计划生育系统先进集体。

【人口文化建设】 年内,以纪念中共中央发表《关于控制我国人口增长问题致全体共产党员共青团员的公开信》30周年为主题,会同市委宣传部、市文联等联合开展纪念《公开信》发表30周年征文、第三届人口·家庭·健康公益广告和"阳江杯"中国人风采——纪念《公开信》发表30周年摄影作品征集活动,市内2万多名群众参与人口和计划生育知识竞赛。市、县(区)党政主要领导在《攀枝花日报》发表纪念《公开信》30周年署名文章。市人口计生委制作反映攀枝花市人口计生事业30年光辉历程的宣传画册——《生命之树常绿》。以创建"宣传教育示范基地"为抓手,打造人口文化精品和亮点,建成阿署达村、东风、同德等人口文化广场和文化长廊,西区清香坪路南社区"宣传教育示范基地",大水井人口文化浮雕艺术墙等一批人口文化工程。到2010年底,全市共建成人口文化小区5个,人口文化中心33个,人口文化书屋60个,人口文化茶园65个、大型宣传瓷砖画95幅、人口文化大院359个,人口文化中心户916个。继续深入开展"婚育新风进万家活动"、"新农村新家庭计划"、"关爱女孩行动"等活动,实施"计生短信到万家"工程,建立"超级信使"计生短信平台,推进新型人口文化建设,促进了广大群众婚育观念的转变。

【依法行政】 2010年,市人口和计划生育委员会对全市5个县(区)的32个乡(镇、街道)行政执法情况进行抽查,对175份执法文书进行案卷质量评查。开展规范性文件清理、评估工作。配合市纪委开展《四川省人口和计划生育违法违纪行为责任追究办法(试行)》立法评估工作。深入开展击"两非"专项行动和药具市场专项治理工作。在全市人口计生系统集中开展基层文明执法专项活动,进一步规范了行政执法行为。开展"百村(居)示范"活动,深化基层群众自治工作,促进基层计划生育民主管理和监督。加大对计划生育违法违纪行为责任追究和违法生育处理力度,依法做好社会抚养费征收工作。严格执行人口和计划生育行政执法"禁止以收取社会抚养费为目的放任违法生育和以完成人口计划生育为由而不允许合法的生育,禁止非法关押、殴打、侮辱违反计划生育法律、法规人员"等"十禁止"规定及群众工作纪律等相关规定。进一步完善信访工作制度,妥善解决合理诉求,全市无涉及人口计生工作的赴蓉进京非正常上访或集体上访。

【计划生育利益导向机制建设】 2010年,市人口和计划生育委员会组织实施以奖励扶助"三项制度"(农村计划生育家庭奖励扶助制度、计划生育家庭特别扶助制度、"少生快富"扶贫工程)为主的计划生育利益导向政策。2010年,将农村计划生育家庭奖励扶助制度和计划生育家庭特别扶助制度纳入全市民生工程进行实施。2010年全市确认奖励扶助对象4 418人、特别扶助对象505人、"少生快富"扶贫工程对象45户,共落实兑现奖励扶助金389.8万元。全面兑现独生子女父母奖励金,共为42 701户农村和城市"低保"家庭兑现独生子女父母奖励金256.2万元。落实完成计划生育"三结合"(计划生育工作与发展经济相结合、与帮助农民勤劳致富奔小康相结合、与建设文明幸福家庭相结合)帮扶任务8 256户,其中新增户1 505户,帮扶部门在项目、资金、物资、技术等方面投入资金300余万元,超额完成省下达的7 460户的目标任务。继续实施攀枝花市农村独生子女意外伤残、夭折家庭特殊困难户扶助制度。全市有110人纳入城镇企业职工基本养老保险,对24名因超龄不能参加养老保险的对象每人每年发放600元定期扶助金。市计生协会积极开展"生育关怀行动",组织独生子女、基层人口计生干部、计划生育受术对象参加相关保险,继续推进"幸福工程"。加强普惠政策与计划生育政策的衔接,县(区)积极探索创新计生利益导向机制。盐边县建立农村独生子女困难家庭救助制度和农村合作医疗保险独生子家庭补助制度。西区建立对参加"新农合"的独生子女家庭成员降低60%住院起付线的机制。仁和区继续实施对考入大学的独生女或双女家庭女孩给予1 000 ~2 000元的助学奖励制度、农村独女户和双女户家庭发展经济小额贷款贴息制度，共为 28 人发放助学奖励金 3 万元，为 89 户纯女户申请小额贷款 94.5 万元、贴息 11.7 万元。

【服务体系建设】 推进计划生育服务体系建设，对已竣工的 12 个“扩大内需”项目和 8 个“灾后恢复重建”项目的使用情况进行跟踪督查，并争取设备配套资金完善服务设施。仁和区认真实施最后 3 个计划生育服务体系“灾后恢复重建”项目。继续推进计生技术服务机构规范化建设和药具服务管理机构标准化建设，提高技术服务机构规范化管理水平。按照“五个一”(一间服务室、一名专兼职服务员、一个药具柜和药具包、一套宣传展板、一张 B 超检查床)标准进一步加强村级服务室建设。开展计生技术科研工作，承担的 4 个国家和省级科研项目已结题 3 个。建立病残儿童医学鉴定信息管理与决策分析系统，完成国家人口计生科研所“病残儿医学鉴定课题”在攀枝花市试点的相关工作。继续深化计划生育优质服务先进县(区)创建活动，开展人口计生优质服务县(区)“手牵手”活动。

【优生促进工程】 根据国家、省关于实施优生促进工程的要求，按照《攀枝花市加大婚前保健服务工作力度提高出生人口素质的意见》和《攀枝花市优生促进工程实施方案》的安排部署，会同卫生、民政等责任部门认真组织开展“免费孕前优生健康检查”服务，婚前医学检查率得到较大提升。2010 年，全市5 068对新婚夫妇有3 462对参加检查，参检率达到 68.3%，比 2009 年提高 28 个百分点。积极开展“知识干预”和“营养素干预”。邀请相关专家到市级机关、县(区)企业举办优生优育、女性健康、预防出生缺陷、婴幼儿早期教育等知识讲座，为 600 多名待孕育龄妇女免费发放“福格森”营养素；依据知情同意原则，对新婚待孕妇女和已孕妇女全部免费发放用于预防神经管畸形的小剂量叶酸片。以“三查”(查环、查孕、查病)活动为载体，在农村全面开展为已婚育龄妇女免费普查妇科疾病和免费为退出育龄期妇女取出宫内节育器工作。围绕“健康、家庭、和谐”主题，采取以县(区)、乡(镇)为单位的宣传形式，开展“男性健康专题讲座”、“育龄男性生殖健康普查服务活动”、“宣传服务走上街头活动”等形式多样、内容丰富的第十一个“男性健康日”宣传活动。东区针对辖区 0 ~ 3 岁婴幼儿家庭开通 QQ 咨询及电话咨询，开展一对一的个性化宣传指导；举办“婴幼儿早期教育基地成立两周年庆祝大会暨幼儿运动会”，参与群众5 000余人。同时，对辖区公办及民办托儿所、幼儿园实施早期教育指导，有序地推动了早教发展工程。

【流动人口计划生育服务管理】 以宣传贯彻《流动人口计划生育工作条例》、《四川省人民政府关于进一步加强流动人口计划生育工作的意见》和《攀枝花市人民政府关于进一步加强流动人口计划生育工作的实施意见》为契机，着力强化流动人口计划生育服务管理工作。进一步明确 13 个流动人口计划生育工作协调小组成员单位的职责，并签订流动人口计划生育工作目标责任书。同时，将流动人口计划生育服务管理情况纳入市政府综合目标考核范畴。2010 年市人大对《流动人口计划生育工作条例》贯彻落实情况进行调研，市人大常委会第 64 次主任会议专题听取了市政府贯彻落实《流动人口计划生育工作条例》情况的报告。按照“属地化管理、市民化服务”的原则，深入开展“心系流动人口、情暖新攀枝花人”活动，推进流动人口计划生育、优生优育和生殖健康基本公共服务均等化。将流动人口计划生育工作纳入社区共创、共建、共享活动之中，在各种评选等活动中将流入人口纳入评选对象。在“母亲节”、“六一”儿童节、“春节”等节庆活动期间，开展“送温暖、献爱心”活动，走访慰问空巢老人、留守儿童、农民工儿童、流动人口困难家庭，协调相关部门解决5 000多名流动人口在就业、就医、子女入托入学、法律援助、贫困救助等方面的实际问题，维护流动人口的合法权益。进一步拓展流动人口计划生育技术服务范围，为流动人口办理“流动育龄妇女免费殖健康服务证”、“流动人口免费服务卡”7 000多份，将流动人口纳入出生缺陷干预一级工程，为符合政策妊娠的“准妈妈”免费发送叶酸，为新婚夫妇进行免费生殖健康检查。在全市设立流动人口避孕药具免费发放点 400 多个，满足流动人口避孕节育、生殖健康需求。切实加强区域协作，先后与省内外 22 个市(州)签订流动人口计划生育服务管理区域合作协议，建立了联席会议制度，推进了服务管理工作区域“一盘棋”进程。

【信息化建设】 以“人口基础数据质量建设年”为抓手，认真开展全市人口和计划生育基础信息核查工作，完成育龄妇女信息系统(WIS 系统)数据“省级大集中”工作，6 月初正式并入四川省人口信息平台(PIP 系统)运行，全市录入 PIP 系统管理的户籍人口达 107.7 万余人，人口数据经省人口计生委综合评估质量居全省第二位。加强流动人口基础信息采集、录入工作。截至 2010 年 11 月底，PIP 系统录入全员流动人口202 214人，其中流入人口156 542人、流出人口45 672人。按照整合相关部门数据资源，更好地服务党政决策、服务相关部门、服务社会公众的构想。2010 年，市人口计生委牵头研发“攀枝花市人口宏观管理与决策交互系统”，一期项目已进入试运行，并于 2011 年 1 月 13 日通过了省、市相关专家和部门的评审。攀枝花市创新开展的“计生信息平台二代身份证识别系统”建设，被省人口计生委作为全省人口计生信息化建设项目进行推广。在第六次全国人口普查工作中，利用 PIP 系统承载的攀枝花市全员人口数据，为“六普”前期摸底工作提供了大量翔实的人口个案信息。全市组织乡、村两级千多名基层人口计生干部，直接参与了第六次全国人口普查工作。东区、攀钢人口计生局(办)还积极牵头做好人口“六普”工作。全市组织开展两次人口计生工作质量“封闭式”调研，分析比对人口基础信息核查相关数据，对全市人口计生工作质量进行综合分析评估，形成调研报告分送有关领导和部门参阅。

【人口发展战略研究】 2009年与北京大学合作的“攀枝花市人口发展态势和前景研究”、“攀枝花市人口与经济社会资源环境的可持续发展”两个研究课题，于2010年11月形成科研成果。向社会征集了83篇研究论文，并进行评审和奖励。运用人口发展战略研究成果，组织开展《“十二五”人口发展和计划生育事业发展规划》的编制工作并已通过专家组评审，规划的主要内容纳入全市国民经济和社会发展“十二五”规划中。“十二五”人口计划生育事业投入规划已经市委、市政府批准，并以文件下发。

【计划生育协会工作】 全市已有511个镇、村的计生协会会员之家达到规范化要求。全市有协会会员52 101人，建有会员小组2 395个，建立“会员之家”530个。全市参加计划生育投保的有11 626人，投保金额75.3万元。协会项目资金扶持4 906户，全市通过各种途径用于开展“生育关怀行动”资金957 163元。全市新成立4个流动人口计划生育协会。开展“百村(居)示范”活动，推进人口计生基层群众自治。西区路南社区、东区新风社区、仁和区红旗村被推荐为第一批全国示范村(居)。推进“优生促进工程”，提高了出生人口素质。9个乡(镇、街)、村(居)先进集体和5名优秀协会工作者、会员、志愿者受到中国计生协会表彰。

【干部队伍建设】 队伍职业化建设稳步推进，以“强基提质”工程为抓手，认真开展队伍职业化建设。科学制订工作方案，通过周学、月练、季考和岗位技能竞赛等多种形式，在人口计生技术服务队伍、药具服务管理队伍、统计与信息岗位开展大练兵活动，并在省级竞赛中取得较好成绩。组织19人参加国家人口计生委开考的生殖健康咨询员和助理咨询师考试。攀枝花市队伍职业化建设工作在全省进行经验交流。

通过邀请上级人口计生部门领导及相关人口学专家举办专业知识讲座、组织人员外出学习等方式，加强了市、县、乡人口计生干部专业知识培训和县(区)党政分管领导培训。先后组织开展行政执法、人口统计、技术服务、药具管理等业务培训。2010年5月，攀枝花市在南京人口国际培训中心举办攀枝花市县(区)党政分管领导和人口计生局长(主任)培训班。选派5名技术人员参加省“三千技术人才”培训，以提升人口计生干部队伍的综合素质和基本能力。2010年，攀枝花市将开通“12 356阳光计生服务热线”纳入政府民生工程。全市“12 356阳光计生服务热线”平台于2010年12月1日全面开通。以“阳光计生行动”为抓手，在全市人口计生系统全面开展民主评议政风行风活动。通过内部评议和外部评议，认真查找和整改在履行职责、办事公开、工作效率、服务态度、队伍形象、公正执法、清正廉洁等方面存在的问题和不足，以实际行动取信于民，全面推进政风行风建设，促进了群众对各级人口计生部门和人口计生干部的满意度的不断提升。市八届人大常委会第34次会议对政府4个组成部门2009年以来的六个方面履职情况进行评议，市人口计生委排第二名。在2009~2010年度政风行风建设满意度测评中，市人口计生委以93.72%的满意率在参加测评的26个部门、5个行业共44个单位中排名第一。

（杨仕显）

民政事业

【概　况】 攀枝花市民政局内设机关党委和办公室、民间组织管理处(挂行政审批处牌子)、优抚安置处(挂攀枝花市拥军优属、拥政爱民工作领导小组办公室牌子)、救灾救济处(挂攀枝花市救灾捐赠接收办公室牌子)、最低生活保障处、基层政权处、区划地名处、社会福利处、社会事务处、人事处、社会工作处等11个职能处室。管理攀枝花市军供站、市救助管理站(含攀枝花市流浪未成年人救助保护中心)、市社会福利院(含攀枝花市社会福利有奖募捐委员会办公室、攀枝花市儿童福利院)、市军队离退休干部休养所、市殡仪馆、市老龄工作委员会办公室、市青山公墓等7个事业单位。对东区民政局、西区民政局、仁和区民政局、盐边县民政局、米易县民政局、钒钛产业园区社会事务管理局的民政业务进行指导。全市民政系统组织机构和工作网络健全，44个乡镇、16个街道办事处配备有专(兼)职民政助理员或社会事务工作人员。截至2010年底，市、县(区)、乡(镇)、街道办事处共有民政工作人员414人，其中市民政局(含事业单位)152人、县(区)民政局(含事业单位、钒钛产业园区社会事务管理局)137人、乡(镇)、街道办事处民政助理员或社会事务工作人员125人[其中27人为“一村(社)一名大学生”计划、“三支一扶”计划、临时聘用等性质的工作人员]。

2010年，全市民政工作在各级党委政府的领导下，覆盖城乡的社会救助制度不断完善，农村五保供养水平稳步提高，困难群众生活得到有效保障；“八三〇”地震农房恢复重建工作全面完成；基层群众自治组织建设进一步加强，社区服务水平进一步提升；开展城乡环境综合治理进社区活动，城市社区风貌明显改善；优抚安置政策全面落实，退役士兵和军队离退休干部得到妥善安置，拥军优属、拥政爱民活动深入开展；帮扶特殊群体的社会福利慈善事业取得新成效；民间组织管理更加规范，区划地名、婚姻、殡葬、社会救助等专项社会事务依法管理；民政法制建设、民政宣传、民政信访、政务信息、安全生产、综合治理、维护稳定、精神文明建设等其他各项工作整体推进，民政干部队伍自身建设全面加强。2011年，攀枝花市民政局获市委、市政府“2009年度城乡环境综合治理工作先进集体”，“妇女儿童事业发展工作先进单位”，“四川省少数民族运动会‘一对一’接待单位先进集体”，“2009年度全市维护社会稳定工作二等奖”等20余项表彰。

【城乡居民最低生活保障】 全市各级民政部门认真贯彻执行城乡低保法规政策，将符合保障条件的城乡困难人员全部纳入了保障范围，全市实现动态管理下的“应保尽保”。

2010年12月，全市享受城市居民最低生活保障12 180户、24 454人，当月支出总额1 090.07万元，当月人均补差445.76元。全年累计保障人数302 483人次，累计支出总额5 610.98万元，累计月人均补差185.49元；全市享受农村最低生活保障15 635户、30 284人，当月支出总额349.09万元，当月人均补差115.27元。全年累计保障364 146人次，累计支出总额2 433.79万元，累计月人均补差66.84元。

2010年11月，市民政局印发《攀枝花市农村居民最低生活保障工作规程》，加强乡镇人民政府的职责，要求乡镇直接接受申请并开展入户调查，改变了农村低保一直以来以村委会为主的工作方式，重点对农村居民收入核定及民主评议等内容作了规范，明确各项收入的类别及计算方式，增加“对家庭中有未成年子女患重病、重残或家庭主要劳动力丧失劳动能力的减半计算家庭收入”的内容，细化了民主评议的程序。

2010年12月，经市政府第84次常务会研究决定，调整攀枝花市城市低保标准。东区、西区、仁和区由220元/人·月调整为275元/人·月建议议盐边县、米易县由205元/人月调整为260元/人·月从2010年8月起执行。全市提高标准55元，比原标准增长25%。

2010年12月，继续完善全市城市低保“分类施保”政策，将城市低保对象中的无法定供养人、无收入、无劳动能力的“三无人员”和学龄前儿童、义务教育阶段学生、普通高中阶段学生纳入“分类施保”范围，予以照顾性保障，确保他们享受相对较高的救助水平。补助标准按“三无对象”150元/人·月，学龄前儿童、义务教育阶段学生、普通高中阶段学生50元/人·月发放。

2010年12月，为缓解生活必需品价格上涨较快给城乡困难群众基本生活带来的压力，保障困难群众基本生活，按照四川省财政厅、省发改委、省民政厅、省教育厅《关于向我省家庭经济困难对象发放临时价格补贴的通知》的要求，对城乡低保对象共计54 706人，按城市低保对象80元，农村低保对象50元的标准发放临时价格补贴357.58万元。

【城乡医疗救助】 2010年，城市医疗救助全年累计救助28 892人次，支出529.54万元，城市低保对象年人均医疗救助210.08元。资助城市低保对象21 819人参加居民医保，占全市城市低保人数的89.22%，资助金额57.94万元。

全面推行农村医疗救助“一站式服务”，全年累计救助13 524人次，支出978.46万元，农村低保、五保对象年人均医疗救助286.96元。资助农村低保对象44 323人次（含五保对象，米易县含全部优抚对象）参加新型农村合作医疗，资助金额51.25万元。

2010年10月，攀枝花市人民政府办公室转发市民政局等部门《关于进一步完善城乡医疗救助制度的意见的通知》，进一步扩大医疗救助范围，将城市低收入家庭和农村低保边缘困难群众纳入救助；完善救助方式，由资助参保（合）、门诊救助、住院救助、临时救助、慈善救助等多种方式组成；提高救助标准，城乡低保对象中的重病和精神病患者每人每年最高住院救助提高到15 000元。

【救灾救济】 2010年，攀枝花市连续遭受低温冷冻、旱灾、风雹、山洪并泥石流、地质滑坡等多种自然灾害，全市有46.426万人次受灾，因灾死亡6人，失踪1人；饮水困难人口19.9596万人次，紧急转移安置人口0.1212万人次；因灾倒塌房屋1 054间；损坏房屋1 269间；农作物受灾面积36.7334千公顷，绝收8.2522千公顷，直接经济损失35 784.07万元。2009年冬至2010年5月，攀枝花市发生特大旱灾，受灾地区群众的生产生活发生较大困难。灾害发生后全市各级民政部门按照国家民政部《自然灾害应急工作规程》和《攀枝花市救灾应急预案》的要求，及时深入灾区查灾、核灾，指导灾民开展生产自救，积极做好各项灾后救助工作。3月19日~20日，国家减灾委、民政部工作组到攀枝花市视察受灾情。民政部救灾司专员柳永法、救灾司救灾处副处长张宇星在四川省民政厅副厅长三木滚、救灾处副处长周涛陪同下实地视察盐边县、仁和区旱灾情况。3月29日~30日，四川省民政厅厅长黄明全率厅办公室主任陶明明、福利处处长叶璐、救灾处副处长周涛，对攀枝花市盐边县旱灾情况进行视察。

2010年，全市下拨救灾资金1 256.48万元，调拨棉被1 500床，御寒衣裤1 000套。

为了提高全民政系统救灾能力，攀枝花市民政局不断完善救灾应急预案，认真做好综合减灾救灾应急指挥体系建设工作，修订完成《攀枝花市民政局救灾应急预案》，指导完善县级《救灾应急预案》。完成市、县（区）综合减灾救灾应急指挥体系立项、可行性研究报告。2010年，市民政局出台《攀枝花市民政局自然灾害救灾应急工作规程》，县（区）、乡镇（街道）结合当地实际，制定《自然灾害应急救助预案》。积极推进“减灾进社区”工作，东区瓜子坪街道兰尖社区和西区清香坪街道杨家坪社区被命名为“全国减灾示范社区”。

【农村五保】 认真贯彻《农村五保供养工作条例》，把符合五保供养条件的对象全部纳入供养范围，实现“应保尽保”。截至2010年12月底，全市有农村五保供养对象3 739人，其中分散供养1 691人、集中供养2 048人，集中供养率55%。

为提高供养水平，2010年1月，按照《攀枝花市人民政府关于贯彻落实〈国务院农村五保供养工作条例〉的实施意见》，县（区）调整村五保供养标准。2010年，农村五保供养每月最低供养标准达到265元，其中东区集中供养4 800元/人·年，分散供养360元/人·年；西区集中供养3 516元/人·年；仁和区集中供养3 480元/人·年，分散供养2 976元/人·年；米易县集中供养3 360元/人·年，分散供养3 000元/人·年；盐边县集中供养3 600元/人·年，分散供养2 640元/人·年。全市五保户丧葬费用由县（区）财政按人均1 000元~1 500元的标准另行预算安排。各县（区）农村五保供养金全部实现按月足额发放，全年累计支付五保供养金1 130万元。农村五保户的基本生活，除财政供养资金外，市、县

（区）民政部门将开展捐赠活动中募集的衣物优先安排给敬老院和五保户，在灾后倒房恢复重建工程中，优先安排散居五保户倒房恢复重建。继续将农村五保户优先纳入农村医疗救助，开展新型农村合作医疗的县（区）还资助五保户参加当地新型农村合作医疗，属于义务教育阶段的未成年五保户，按规定优先享受义务教育阶段"两免一补"政策。

为提高敬老院的管理水平，2010 年，攀枝花市民政局出台《攀枝花市民政局关于进一步加强农村敬老院管理的意见》和《攀枝花市民政局关于进一步加强农村敬老院安全管理的意见》，对财务管理、食品卫生、消防安全、安全保卫，突发事件处置、加强汛期值班等方面进行规范。继续健全完善农村五保供养数据库，进行规范化管理，集中供养和分散供养的五保户由乡镇政府与敬老院、村民委员会、义务供养人签订供养协议，明确供养责任。

2010 年，为提高五保户集中供养率，市、县（区）民政局结合当地实际认真制订方案和规划，投入资金 292.6 万元，新、改（扩）建农村敬老院 2 所，分别为改建米易县普威中心敬老院和新建盐边县共和乡敬老。2 所农村敬老院新增建筑面积2 905平方米，新增床位 150 张，使全市农村敬老院床位达到2 227张。

2010 年，仁和区前进镇敬老院被民政部评为"全国模范敬老院"，米易县被民政部评为"全国农村五保供养先进单位"。

【优待抚恤】 2010 年初，按照中央和四川省政府关于落实部分军队退役人员有关政策的通知精神，根据《四川省军人抚恤优待办法》和《四川省优抚对象医疗保障办法》、《攀枝花市优抚对象医疗保障办法》要求，全市 5 个县（区）均制定出台本县（区）的《优抚对象医疗保障办法》。全年共支出医疗资金 161.94 万元（盐边县除外），解决了重点优抚对象看病难问题。及时兑现各项优待抚恤政策，全市为2 900多名优抚对象共发放抚恤补助金 925.76 万元。落实优抚对象抚恤补助自然增长经费，市、县两级财政共投入自然增长经费 196.2 万元，提高了优抚对象的生活水平。落实群众优待金制度，2010 年共兑现义务兵群众优待金 112.8 万元。投入资金 71.4 万元，为 58 户优抚对象住房困难户新建和维修住房，落实攀枝花市优抚对象购买经济适用房的优惠政策。根据《革命烈士褒扬条例》、《革命军人优待抚恤条例》有关规定，上报调、评残报告 17 人，新增各类优抚对象 63 人。

【退役士兵安置】 2010 年，全市共接收退役士兵 342 人，其中，回农村安置的 177 人，城镇应安置 165 人，城镇已安置 165 人，其中自谋职业 81 人。全年共发放自谋职业一次性经济补助金 430.2 万元，发放退役军人待安置期间生活费和无工作的随军随队军人配偶生活补助费 24.26 万余元。为使退役士兵自谋职业金标准与全市经济发展、人民生活水平相适应，结合攀枝花市实际，调整城镇退役士兵自谋职业一次性经济补助金标准，制定《关于调整城镇退役士兵自谋职业一次性经济补助金标准的通知》，从 2011 年 1 月起，攀枝花市城镇退役士兵自谋职业一次性经济补助金标准定为：义务兵为本市职工年平均工资的 2 倍；一期复员士官为本市职工年平均工资的 3 倍；二期以上城镇复员或转业士官以一期复员士官自谋职业一次性经济补助金标准为基数，每增加一年服役年限增加自谋职业一次性经济补助金 3 000元。开展退役士兵创业就业技能培训，共培训 498 人，培训率达 100%。接收安置军队退休干部 2 人，完成省民政厅下达的军休干部和无军籍职工接收安置计划，军休干部政治待遇和生活待遇落实。

【双拥工作】 2010 年元旦、春节期间，全市紧紧围绕宣传和学习贯彻中共十七大精神，以创建全国双拥模范城（县）活动为契机，以军地开展"双向纳入"活动为载体，大力弘扬拥军优属、拥政爱民的光荣传统，广泛、深入、扎实地做好节日期间的拥军优属工作。通过走访慰问、军民联欢、关爱功臣等活动，认真落实优抚安置政策，确保了全市的祥和与稳定。各县（区）、驻攀各部队结合工作实际，认真安排、精心组织节日期间拥军优属、拥政爱民活动。据不完全统计全市元旦、春节和"八一"期间向驻攀部队和优抚对象发放慰问金 118.7 万余元。

为提高部队官兵生活水平，将驻攀部队官兵生活补贴、医疗补贴和生活设施建设等纳入市财政预算，对驻攀部队随军家属就业安置和社会保障在政策上给予优待。全市支援国防重点工程项目 2 个，投入经费 612 万元；减免部队各类经费 11 万元，补助官兵生活费 20 万多元。支援部队建设投入经费 150 万元，解决军队干部子女入学入托 4 人。驻攀部队官兵"把驻地当故乡、视人民为父母"，积极参加地方经济建设，维护社会稳定，勇挑急难险重任务，坚持服从和服务于经济建设大局，积极参加和支持地方经济建设。积极组织民兵广泛深入地开展立足岗位"创价值、增效益"活动，在经济建设中发挥骨干作用。在农村带领民兵大力实施产业结构调整，扶持种植养殖业，推动经济的快速发展。驻攀部队在处突、抢险救灾中共出动兵力17 191人次，出动车辆2 445台次，抢救财产 314 余万元，疏散被困群众 702 人，向帮扶对子扶贫、修路捐款114 070元。2010 年 11 月 4 日，四川省委、省政府、省军区召开的四川省双拥模范城（县、区）暨双拥模范命名表彰电视电话会议上攀枝花市第五次被授予四川省双拥模范城称号，米易县、盐边县、仁和区被授予双拥模范县（区）。

市军供站继续加强正规化建设，改善军供设施，完善应急供应方案，军供工作做到了优质、快速、准确、安全、保密。

【基层群众自治组织和社区建设】 在西区开展创建全国和谐社区示范区活动，通过一年创建，西区城市社区基础设施得到改善，社区功能也有了进一步完善，为创建全国和谐社区示范单位的检查验收奠定了基础。

完成社区民生工程建设，15 个城市社区的办公用房面积和公共活动场地面积分别达到 200 平方米的目标。

援建 8 个社区未成年人活动室，完成"十二五"社区服务体系建设规划。实施中央拉动内需项目建设，完成东区向阳街道和下属的4个社区的“一中心四站”建设。全市投资367万元，其中，中央投资210万元、东区配套157万元。抓好学习型社区建设工作，下发《市民政局关于开展学习型社区建设的通知》，在全市社区开展创建学习型社区活动。

加大农村社区建设步伐，东区、西区、钒钛产业园区的农村社区建设实现全覆盖，米易县、盐边县、仁和区的农村社区建设达到50%以上，全市2010年建设农村社区184个。至年底，全市所有农村社区均建立一门式社区服务大厅，公益事业服务站、互助救助站、卫生环境监测站、民间纠纷服务站、文体互动联络站、计生服务站，社区党组织办公室、社区村委会办公室、多功能会议室、综合活动室、档案室、图书阅览室，村（居）务公栏，室外活动场，与所在乡（镇）便民服务中心形成了服务网络，扩大了农村社区服务的覆盖面、受益面，实现了农村社区办理、代理服务全覆盖，让广大的农村居民在自己家门口就享受到了社区提供的各项服务。

按照《印发〈攀枝花市第八届村（居）民委员会换届选举工作实施办法〉的通知》（攀委办〔2010〕71号）要求，召开全市第八届村（居）民委员会换届选举工作会，深入基层实地指导，妥善处理来信来访等措施，顺利完成全市第八届村（居）民委员会换届选举工作，换届选举一次性成功率达到96%。

按照《关于进一步做好村务公开和民主管理“难点村”治理工作的通知》要求，全市排查出“难点村”4个村。通过市、县、乡、村四级层层落实责任，层层抓好落实，4个“难点村”的治理工作全部实现转变，达到治理的预期目标。村务公开工作进一步规范。2010年，投入资金近15万元，在市区通往各县（区）的7条主要公路上打造一批统一规模、统一样式、统一格式的村务公开栏，为全市352个村的公开栏建设提供模板，进一步规范村务公开栏建设。

城乡环境综合治理进社区工作，重点以“明确一个主题，制定一套方案，建好一支队伍，抓好一轮培训，搞好一次创建，建立一个机制”、“除陋习、树新风”专项和城乡结合部社区专项治理等活动为载体，通过形式多样的宣传，多管齐下的治理手段，严格的督导检查，社区背街小巷的卫生死角、社区道路、社区楼栋等环境卫生得到较大改观，居民的得到素质进一步提高。落实综合治理工作专项补助经费100万元，打造了20个重点社区，达到以点带面，全面推动的效果。

【社会福利事业和福利企业】 2010年，米易县建成社会救助福利中心，西区完成社会救助福利中心基础设施建设。盐边县社会救助福利中心二期工程5月完工，7月通过验收并交付使用。2010年西区和米易县新增床位各40张。按照“残疾孤儿手术康复明天计划”的要求，为2名福利机构残疾儿童实施手术。启动“西部贫困家庭疝气手术康复计划”项目，将27名贫困家庭儿童纳入手术计划，有11名患儿完全治愈。指导市社会福利院和各区县民政局完成孤残儿童统计工作，为攀枝花市235名孤儿办理保险期一年、保额达10万元的“孤儿重大疾病公益保险”。推荐6名品学兼优的孤儿就读四川省志翔职业技术学校。2010年开展养老服务社会化示范社区试点工作，向东区、西区、仁和区划拨市级福利彩票公益金100万元用于创建养老服务试点社区，省民政厅检查组对东区枣子坪街道大地湾和西区河门口街道高家坪两个社区检查后，下拨扶持资金30万元。加强福利企业监管，维护残疾职工合法权益。完成12家社会福利企业的变更以及1家福利企业资格认定工作。2010年全市有社会福利企业15家，安置残疾职工749人。

【社会慈善捐助】 2010年，全市福利彩票销售再次突破亿元大关，实现销售10 932万元，为全市募集到900余万元的福利彩票公益金。开展“四川慈善·福彩帮困助学”活动，按照公开、公正、公平的原则，对攀枝花市131名品学兼优的贫困家庭学生进行慈善助学，资助金额达43.45万元。2010年攀枝花市慈善会向全市发出向灾区捐赠倡议，共募集捐赠款557.37万元，接收定向捐款101万元和慈善爱心捐款11.05万元。拨付县（区）抗旱救灾捐赠款118万元，用于人畜饮水工程项目建设。

【行政区划和地名管理】 2010年，市民政局草拟攀枝花市行政区划调整方案，配合市东区开展东区政府机关办公驻地搬迁事项的调研和资料申报工作。

开展平安边界创建活动，攀枝花市西区、仁和区、盐边县政府与云南省的永仁县、华坪县、宁蒗县政府精心组织，相互协商，共同制定平安边界创建工作实施方案、边界线突发公共事件应急处置工作预案、签订《睦邻友好公约》；毗邻县区政府还建立健全会议联系制度、情况通报制度、定期走访制度、界线联合检查制度，为全面推进平安边界创建构建了有效的平台。通过精心组织，完成川滇线仁和—永仁、西区—华坪、盐边—华坪、盐边—宁蒗等线段的平安边界创建工作。按照省厅要求，组织开展1996年全面勘界工作以来的档案资料专项检查工作，按规定上报自查总结。

2010年市民政局制定出台《攀枝花市楼门牌号码编制安装暂行办法》，进一步规范名标志设置工作。认真做好新建房屋的编码工作，全年共对32个楼盘的新建房屋进行编码，共编制楼门牌15 335块。认真开展地名数据库建设，新录入地名数据信息11 000多条，累计录入地名数据21 411条。开展地名规划工作酒市民政局与市住房城乡建设局编制攀枝花市城区地名命名规划方案。通过广泛征求意见、在《攀枝花日报》、攀枝花市公众信息网上发布征集地名名称公告、组织召开专家评审会等程序，12月28日，市政府召开市级有关部门负责人会议研究，审批通过了该方案。继续组织编写《攀枝花市地名历史故事》，全年共编写24篇。完成《攀枝花市行政区划图》、《攀枝花市城区图》的再版发行工作。

【民间组织管理】 2010年，依法核准登记市级社会组织11

个，其中社会团体7个、民办非企业单位4个；依法办理30个市级社会组织的变更登记，办结率达100%。完成对市级社会组织2009年度年检工作，年检率达到98%，对未按时参加年检的民间组织进行查处，查处率达100%，并督促指导30个社会团体和1个民办非企业组织完成换届选举工作。牵头开展对社会团体会费和收费的清理工作，组织对市级140家社会团体的涉企收费行为进行检查，通过专项治理工作的开展，进一步规范了社会组织的收费行为，建立了行业协会规范发展的长效机制。继续推动攀枝花市行业协会发展改革，攀枝花市印刷协会等3家市级行业协会按规定要求完成与行政职能部门脱钩工作，米易县枇杷专业技术协会获得“全国先进社会组织”的荣誉称号，攀枝花市温州商会、攀枝花市文化市场管理协会、攀枝花市商贸电子职业技术学校、盐边县工商业联合会红果商会4家社会组织获得“四川省先进社会组织”的荣誉称号。

为推进社会组织自律与诚信建设，攀枝花市民政局继续在全市范围内展开社会组织自律与诚信建设活动，市级170家民间组织中已有85家开展自律与诚信建设活动并报送活动计划及各项制度，活动开展面达到50%。开展社区社会组织备案试点工作，全市完成70余个社会组织的备案，试点工作。

积极配合公安机关建立综合治理和快速反应机制。加大执法检查的力度，规范民间组织行为。对未经申请登记注册的“攀枝花市物理医学会与康复专委会筹备委员会”进行查处和责令市医学会整改；对在攀枝花市报刊上披露的“四川省汽车流通协会攀枝花分会”擅自在攀枝花市挂牌成立一事，及时向省民政厅报告情况，省民政厅已对省汽车流通协会作出整改处理。非法社会组织取缔率达到100%，为社会消除了不安定因素和隐患，确保了社会政治稳定。

牵头开展新社会组织深入学习实践科学发展观活动和社会组织创先争优活动。活动取得实效，新社会组织的建设进一步规范，作用发挥得到提升，达到预期目的。特别是新社会组织党的建设得到极大的推动，全市新社会组织建立党组织17个，覆盖124个新社会组织，覆盖率达22.22%。攀枝花市温州商会被四川省民政厅评为新社会组织学习实践科学发展观活动先进集体。

【婚姻登记和收养登记】 2010年，全市依法办理结婚登记9 881对，离婚3 908对，补领结婚证5 504对，补领离婚证316人/次，出具婚姻登记记录证明5 324人/次，婚姻登记合格率达到99%。进一步加强婚姻登记规范化建设工作，婚姻登记机关的婚姻登记和婚姻服务进行全面的清理整顿，对婚姻登记和婚姻服务没有实行人员、场地、收费三分开的进行检查整改。加强对全市婚姻登记登记信息化建设工作的指导，实现米易县全县婚姻登记工作与省厅婚姻登记联网运行。加大婚前保健服务工作宣传力度。各县（区）民政局采用多种方式，及时向婚姻当事人发放“免费婚检卡”、婚前保健宣传资料，与计生、人口、卫生等部门加强协作，切实把婚前保健工作落实到实处。2010年，全市共办理国内收养登记收养36个，登记达标率100%。

【殡葬管理】 加强殡葬法规宣传，开展文明祭祀活动。2010年清明节期间，围绕“文明祭扫、平安清明、和谐攀枝花”主题，在报刊、广播、电视、网络等宣传媒体上宣传文明祭祀等形式积极宣传殡葬法规，鼓励和引导群众文明、健康祭祀。清明节期间，各殡葬服务单位共拉横幅8幅，树宣传板5块，发放宣传资料8 000余份。同时在全市范围内开展“优质服务月”活动，围绕“优质服务、阳光殡葬”活动主题，进一步提高全市殡葬系统整体服务质量和水平，更好地满足了群众殡葬服务需求，树立起殡葬行业良好形象。全市各级民政部门及殡仪服务机构会同公安、交警、消防、安监、工商、城管等部门全力做好群众祭扫活动服务保障、交通疏导、消防安全、新闻宣传等工作，确保了全市群众清明节期间祭祀活动的安全、有序、文明、和谐。清明期间，全市共有18万余人出行开展各种形式的祭祀活动。全市5家殡仪服务单位接待祭祀群众达14.5万人，机动车流量达万余辆，在群众集中的祭祀场所没有发生一例群体性突发事件和祭祀火灾等安全事故。殡仪馆新建骨灰存放楼于2010年清明节期间完成骨灰搬迁工作并投入使用，市殡仪馆投入资金112万元新采购骨灰存放架8 095格，清理搬迁骨灰存放盒7 000余盒；投入资金47万元采购遗体冷藏柜15组，90个格位；针对本市遗体火化量逐年增加，投入资金50万元，采购殡仪服务车2台。市殡仪馆重新布置5个殡仪服务礼厅和7间高中低档次的守灵间，增加150平方米的平价殡葬用品超市，为广大丧家提供更加方便的殡仪服务。2010年全市火化遗体2 683具，全市经营性公墓销售墓穴1 082个，新修墓穴801个；已入墓安葬1 118个。

【社会救助】 2010年，全市4个救助管理机构对3 165名符合救助条件的人员实施救助，其中老年人245人（次）、未成年人311人（次）、残疾人248人（次）。按规定对符合救助条件的求助对象救助率达100%，救助信访处理率达85%。加快市救助站、市未成年人救助保护中心、市儿童福利院项目建设。该项目占地面积1.33万平方米，总投资为1 608.79万元。2010年2月26日，市委常委、常务副市长王川红主持项目开工奠基仪式，项目主体工程已于2010年10底完工，预计2011年3月投入使用。认真组织全市各级救助管理机构开展管理自查工作，对全市救助管理机构安全隐患进行全面调查清理，查找安全隐患和管理漏洞，进一步完善管理制度，落实整改措施。配合公安、城管等部门开展城市管理联合执法，开展“寒冬送暖”活动，对街头流浪乞讨人员实行上街主动劝导，及时发放食品和御寒衣物。

（李泽明）

残疾人事业

【概　况】 2010年，攀枝花市残疾人联合会（以下简称“市残联”)内设办公室、康复处、教就处、维权处4个职能处室，管理残疾人康复教育中心、残疾人劳动就业服务中心两个事业单位。全市残联系统(含三区两县残联)有在职职工56人，其中市残联22人(机关12人、事业单位10人)、东区残联7人、西区残联7人、仁和区残联7人、米易县残联6人、盐边县残联7人。全市残疾人人口7.46万人，持证残疾人1.34万人。

2010年，市残联围绕“发扬人道主义，发展残疾人事业”要求，深入贯彻落实科学发展观，以《中共中央、国务院关于促进残疾人事业发展的意见》(中发〔2008〕7号)、《中共四川省委、四川省人民政府关于促进残疾人事业发展的实施意见》(川委发〔2009〕14号)和《中共攀枝花市委、攀枝花市人民政府关于促进残疾人事业发展的实施意见》(攀委发〔2010〕3号)为指针，以改善残疾人民生为重点，以残疾人社会保障体系和服务体系建设为主要内容，全面做好残疾人康复、教育、就业促进、维权、宣传等工作，推动全市残疾人工作持续健康发展。2010年，攀枝花市残疾人社会保障体系不断健全，残疾人基本生活、基本医疗、基本养老等方面得到较好保障；残疾人服务项目得到拓展，残疾人康复、教育、就业促进等工作又添新措施；残疾人宣传工作力度加大，残疾人发展环境明显改善；残疾人文化体育活动丰富多彩，残疾人社会参与更加广泛。存在不足：残疾人综合服务设施建设工作滞后，攀枝花市残疾人劳动就业服务中心、攀枝花市残疾人康复教育中心无固定办公场所，工作开展受限制。

【残疾人社会保障体系建设】 攀枝花市委、市政府于2010年1月，出台《中共攀枝花市委、攀枝花市人民政府关于促进残疾人事业发展的实施意见》(攀委发〔2010〕3号)。《实施意见》结合本市实际，针对全市7.46万残疾人现状，着眼于解决残疾人最关心、最直接、最现实的利益问题，从残疾人医疗卫生、康复、教育、就业、权益维护、社会服务等方面提出新举措，让残疾人及残疾人家庭得到更多实惠，推动残疾人事业加快发展。具体措施包括：逐步将残疾人医疗康复费用纳入城镇基本医疗保险和农村合作医疗报销范围；将符合条件的贫困残疾人全部纳入城乡居民最低生活保障和有关生活救助政策范围，不断扩大低保分类施保政策对残疾人的惠及面，重点解决重残、孤残人员、一户多残、单亲残疾家庭的基本生活保障问题，并做好低收入残疾人家庭临时生活救助。继续做好农村贫困残疾人危房改造工作，着力改善农村贫困残疾人居住条件，争取2012年底前基本解决农村贫困残疾人的住房问题。符合廉租住房租住条件的城市低收入残疾人家庭要优先安排廉租住房；符合购买经济适用房的城市低收入残疾人家庭在同等条件下可优先购买经济适用房。根据方便监护的原则，接受义务教育的残疾学生可以就近入学，不受学区限制。完善扶残助学政策和措施，对贫困残疾儿童学前康复教育费用给予适当补助，对困难残疾学生和困难残疾人家庭子女给予补助，保障残疾学生和残疾人家庭子女接受义务教育。依法推进按比例安置残疾人就业，各级党政机关要带头安置残疾人就业，在招录工作人员时，除岗位有特殊要求外，不得拒绝录用(聘用)符合条件的残疾人。各级人民政府要在城市环境卫生、公共停车场、报刊信息(公用电话)亭、收费公厕等服务行业安排一定比例岗位安置残疾人就业。同等条件下，政府优先采购残疾人集中就业单位的产品和服务。各级文化部门要将残疾人文化工作纳入文化事业统筹安排，组织残疾人参与各类文化、艺术活动，注重残疾人文化、艺术人才培养，为残疾人参与文化、艺术、娱乐活动提供更加便利条件。各级体育部门将残疾人体育工作纳入全民健身计划，推广和普及适合残疾人参与的群众体育项目，免费向残疾人开放体育场馆。市级要建立适应残疾人需要的康复、医疗卫生、教育、就业服务、托养、文化体育等综合服务设施，有条件的县(区)也要建立残疾人综合服务设施，并纳入城乡公益性建设项目，给予重点扶持。公共服务机构要为残疾人提供优先优惠的服务。视力残疾人凭“残疾人证”免费乘坐市内公交车，其他持证残疾人凡户籍在攀枝花市的凭公交公司办理的有效证件免费乘坐市内公交车。盲人读物、邮件免费寄递。在公共停车场(点)，要设残疾人专用停车位，供残疾人免费停放。各级政府要逐步加大对残疾人事业发展经费的投入，建立稳定增长的残疾人事业发展经费保障机制。要重视和支持残疾人专门协会，给予必要工作经费和落实必要办公场所等。

2010年，攀枝花市启动东区、西区、盐边县新型农村社会养老保险工作(米易县新型农村社会养老保险试点工作已于2009年底启动)，给予残疾人缴费和领取基础养老金等方面特殊照顾：对符合参保条件的重度残疾人(残疾等级为一、二级和多重残疾)，由政府全额代其缴纳最低标准养老保险费；符合参保条件的其他残疾人(残疾等级为三、四级)，由政府代其缴纳最低标准养老保险费的50%，个人缴纳50%；政府部分或全部代残疾人缴纳养老保险费后，仍给予缴纳档次相对应的政府补贴，并记入个人账户；有条件的村和其他社会经济组织对参保人员进行各种补助和资助时，要向残疾人等特殊对象倾斜；已年满60周岁，未享受城镇职工基本养老保险待遇的农村残疾人，无论其子女是否参保缴费，均可享受基础养老金待遇。

2010年11月公布并执行攀枝花市农村居民最低生活保障办法，将所有符合保障条件的农村贫困残疾人纳入保障范围，实行“应保尽保”，并降低农村重度残疾人享受最低生活保障门槛：父母与重度残疾(含：肢体残疾类一、二、三级，智力残疾类一、二、三级，精神残疾类一、二、三级，视力残疾类一、二、三、四级，听力残疾类一、二级，言语残疾类一、二级；下同)成年未婚子女共同生活在一起，且父母平均收入低于4倍当地农村最低生活保障标准的重度残疾成年未婚子女不用另立户口、不用分开生活，可单独“分户”提出农村低保申请；家庭中未成年子女属重度残疾的，在计算家庭收入时减半计算；家庭主要劳动力丧失劳动能力的，其家庭经营性收入按平均效益收入的一半计算。

2010年12月调整攀枝花市城市低保“分类施保”政策。

新执行的“分类施保”政策于2010年8月起执行。政策规定:将肢体、智力、精神残疾类一级和视力残疾类(盲)一、二级归入“分类施保”的“一类重度残疾”,每人每月享受救助金额150元;肢体、智力、精神残疾类二、三级,视力残疾类(低视力)三、四级,听力、言语残疾类一、二级归入“分类施保”的“二类重度残疾”,每人每月享受救助金额100元;“多重残疾”按所属残疾中最重残疾类别及其等级享受。新政策不仅保持了原有享受对象不缩减,还增加了肢体、智力、精神残疾类三级残疾人到“二类重度残疾”分类施保类别,缓解了城市残疾低保对象面临的必要费用支出大的特殊困难。

2010年,残疾人看病难问题得到缓解,全市残疾职工全部参加职工基本医疗保险,1 345名城镇残疾居民参加城镇居民基本医疗保险,93%以上的农村残疾人参加新农合。农村残疾人养老问题得到基本解决,全市约5 400名农村残疾人加入新型农村社会养老保险。

【残疾人康复】 2010年,市残联利用“爱耳日”、“世界防治麻风病日”、“爱眼日”和“世界精神卫生日”等节日开展康复防治知识宣传和义诊活动,提高公众康复意识,扩大残疾人康复受益面。开展残疾人辅助器具供应工作,全年向肢体残疾人赠送轮椅217辆(其中台北曹仲植基金会捐赠71辆、市政府赠送146辆),发放中残联彩金配发和省级下发辅助器具820件。开展视力康复服务,2010年全市完成白内障复明手术1 300余例,其中为贫困白内障患者免费实施复明手术234例。4月,市委宣传部、市财政局、市卫生局、市民政局、市教育局、市劳动和社会保障局、市残联等七家单位联合下发《攀枝花市白内障无障碍市建设工作实施方案》,启动攀枝花市创建“全国白内障无障碍市”工作。年内,为13名低视力残疾人进行视力康复,培训低视力儿童家长25人,为150名低视力残疾人配送助视器。开展残疾儿童康复工作,对11名0~6岁肢体(脑瘫)残疾儿童和19名智力残疾儿童进行抢救性康复训练;对73名脑瘫儿童进行常规康复训练;对10名听力残疾儿童进行免费聋儿语言训练,培训聋儿家长12名,为5名聋儿免费配送助听器;康复训练孤独症儿童2名。争取“彩票公益金贫困肢残儿童矫治手术工作”和“四川省残疾人福利基金会爱心援助贫困肢体残疾人矫治手术工作”项目,开展肢残矫形康复工作。邀请省肢残矫治定点医院专家赴攀筛查手术适应对象95人,其中14人赴成都接受肢残矫治手术,手术对象共获得手术援助资金8.4万元。开展社区精神病康复医疗救助,定期为东区100名贫困精神病患者提供免费口服药,为6名重症贫困精神病患者提供一次性免费住院治疗。

【残疾人扶贫】 残疾人基本生活有保障,全市符合保障条件的4 200余名城乡贫困残疾人全部纳入最低生活保障范围,其中城市低保对象中的1 000余名重度残疾人享受残疾人分类施保。定期或不定期开展面向贫困残疾人的走访慰问活动,解决好残疾人面临的困难。2010年元旦、春节和助残日等节日期间,走访慰问贫困残疾人300余人,发放慰问金(品)约合8万元。5月,围绕第二十次全国助残日“加大扶持与救助力度,帮扶贫困残疾人”活动主题,全市残联系统开展扶残助残宣传和服务活动,为1 200余名残疾人提供法律法规和政策咨询,组织开展残疾人座谈会2场,出宣传专栏6期,发放宣传资料4000余册,1 000余名残疾人工作者和残疾人参与了本次活动,扶残助残效果较好。

【阳光家园计划】 攀枝花市结合本市实际,稳步推进“阳光家园计划”(“阳光家园计划”是由中国残联和财政部共同组织实施,是为改善智力、精神和重度残疾人生存发展条件、促进残疾人共享经济社会发展成果、满足残疾人托养服务基本要求而建立起来的以日间照料为主体、居家托养服务为基础的残疾人托养服务体系)。2010年,市残联完成全市生活不能自理重度残疾人摸底调查工作,选择条件较好的东区、西区、仁和区启动重度残疾人居家托养服务试点工作。对230名(其中东区43名、西区65名、仁和区122名)生活不能自理重度残疾人发放2009年居家托养护理补贴,对400名(其中东区150名、西区40名、仁和区50名、米易县60名盐边县100名)生活不能自理重度残疾人发放2010年居家托养补贴。每人每月补贴标准不低于50元,补贴资金主要用于生活不能自理重度残疾人常生活照料服务支出。

【残疾人教育】 2010年,市残联利用国家彩票公益金、残疾人就业保障金,资助110名贫困残疾学生入学。协助教育部门做好残疾高考生录取工作(2010年市内有1名残疾考生达到送档线),圆了该残疾学生的“大学梦”。协助攀枝花市特殊教育学校做好盲、聋、哑学生招生工作,帮助残疾适龄儿童入学。2010年东区残联为东区华山小学特教班投入资金12万元,用于改善教学环境,增添教学设备,扩大招生规模。

【残疾人就业】 2010年,市残联大力开展残疾人就业宣传工作,提高用人单位按比例安置残疾人的主动性和积极性。1月,开展就业援助月活动,为482名残疾人进行失业登记,走访慰问失业残疾人家庭130户,帮助82名残疾人实现就业或再就业,帮助120名残疾人个体工商户减免工商、税收等方面费用。全年,做好残疾人失业登记、职业培训、职业指导、职业介绍等工作,为300余名残疾人进行求职登记,为726名残疾人进行免费职业技能培训,为400余人(次)提供职业指导,为200多人(次)进行就业推荐。配合做好全市创建国家级创业型城市工作,成立攀枝花市促进残疾人创业带动就业工作领导小组,制定攀枝花市促进残疾人创业带动就业工作方案,在盐边县益民乡以公司加农户的方式,选择20户残疾人家庭,每户补贴3 000元,进行养兔试点;在仁和区支持57户残疾人从事个体养殖业,带动残疾人创业致富。

【残疾人维权】 做好残疾人信访工作，维护社会稳定、保障残疾人权益、化解矛盾。2010 年，全市残联系统办理残疾人来信来访 299 件（次），领导批示件和信访案件办结率 100%。全年未发生重信、重访和残疾人赴省、赴京集体上访事件。年内，继续对东区 52 名残疾人及其家庭进行状况监测，为领导决策提供依据。7 月，召开全市创建全国无障碍建设城市工作协调会，明确全市创建全国无障碍建设城市工作责任单位，落实职责分工。12 月 2 日，攀枝花市政府副秘书长肖光辉带领市残联、市建设局相关人员赴成都向创建全国无障碍建设城市检查验收小组汇报了攀枝花市自 2007 年以来开展创建全国无障碍建设城市工作情况，检查组对攀枝花市无障碍建设工作中取得的成绩予肯定，对存在的问题提出改进意见。

【残疾人宣传】 年内，攀枝花市残联与攀枝花市广播电台继续联办《同在一片蓝天下》残疾人专题节目，宣传残疾人法律法规、政策和相关知识，介绍自强不息残疾人事迹，促进全市残疾人事业发展。全年联办节目 24 期，48 次。

2010 年 4 月，市残联新建攀枝花市残疾人联合会网站（网址：WWW. pzhcl. com），为全市残联系统发布政务信息和在线服务提供网络平台，方便公众知情、参与和监督。

年内，市残联利用新闻媒体宣传优势，大力宣传全市残疾人事业发展状况、残疾人工作动态信息等，让广大群众了解残联工作情况，关注残疾人和残疾人事业发展。全年在市级报刊刊登反映残疾人事业和自强不息残疾人信息 40 余篇，在市电视台、市广播电台播放有关残疾人事业信息 30 余次。

【残疾人文化艺术】 年内，市残联在东区红星社区、仁和区总发立新村开展残疾人文化进社区（村）试点工作。在攀枝花市图书馆建立残疾人阅览室 1 个，方便残疾人阅读。2010 年 7 月，协助成都市残疾人艺术团在攀枝花宾馆举办《和梦想一起飞》大型文艺晚会，对促进文化交流，弘扬自强不息精神，进一步推动残疾人事业发展起到较好宣传作用。8 月，为肢体残疾人作家于彬作品《疑恋》发行举行文学创作座谈会，为其新书发行在《攀枝花日报》《攀枝花晚报》和《攀枝花广播电视报》上进行宣传。市委宣传部、市残联对于彬进行资金扶持，市文联吸收于彬为攀枝花市作家协会会员，以鼓励残疾人文学创作，推动残疾人文化艺术发展。

【残疾人体育】 2010 年，攀枝花市组建由 41 名残疾人运动员组成的攀枝花市残疾人体育代表团，参加 2010 年 8 月在自贡市举行的四川省第七届残疾人运动会。攀枝花市运动员获 22 金、15 银、15 铜，21 人（次）打破 12 项省纪录。攀枝花市代表团名列全省金牌榜第 7 位、奖牌榜第 7 位、团体总分第 9 位，荣获团体体育道德风尚奖。

攀枝花市残疾人运动员参加国内、国际体育赛事，亦获佳绩。2010 年 6 月，攀枝花市肢体残疾人赵攀伟参加四川省棋王预选赛获成都赛区第二名；7 月，赵攀伟参加全国残疾人象棋比赛获第七名。7 月，攀枝花市肢体残疾人运动员商俊峰代表四川省参加 2010 年全国残疾人田径锦标赛，获 2 金 1 铜。9 月，攀枝花市残疾人运动员赵媛代表四川省参加第五届全国特殊奥林匹克运动会，获 2 金 1 银。12 月，商俊峰代表中国队出征在广州举行的亚洲第一届残疾人运动会，获 1 金 2 银，创造了攀枝花市残疾人运动员参赛最好成绩。

【贫困白内障患者免费复明手术】 2010 年为帮助贫困白内障患者重见光明，攀枝花市委、市政府将“为 200 例贫困白内障患者减免复明手术费用”纳入 2010 年全市民生工程之中。责任单位攀枝花市卫生局、市残联齐心协力，通过政策宣传、患者筛查、精心手术、术后随访等工作，全年组织实施贫困白内障患者免费复明手术 234 例（其中东区 15 例、西区 12 例、仁和区 40 例、米易县 82 例、盐边县 85 例），患者脱盲率 99.2%，脱残率 98%。

【农村贫困残疾人危房改造工程】 为切实改善农村残疾人居住条件，攀枝花市委、市政府将“农村贫困残疾人危房改造任务 350 户”纳入 2010 年全市民生工程之中；四川省残疾人扶贫资金补助攀枝花市农村贫困残疾人危房改造项目 66 户。攀枝花市残联在全市农村贫困残疾人危房改造工作领导小组成员单位的配合下，克服重重困难，加强协作和督察，对 416 户（其中东区 5 户、西区 15 户、仁和区 80 户、米易县 172 户，盐边县 144 户）农村贫困残疾人危房户（或无房户）家庭进行房屋改造（或新建），改善了他们的居住条件。

【贫困肢体残疾人假肢安装或更换】 2010 年，攀枝花市首次将“为贫困肢体残疾人安装或更换假肢工作”纳入全市民生工程，下达安装或更换假肢任务 50 具。责任单位市残联精心组织、认真筛查，于 5 月底前完成假肢筛查和取型工作，初步确定假肢安装对象 86 名，需安装大、小腿假肢 95 具（其中双下肢截肢残疾人 9 名）。为确保每一位有假肢装配需求、又符合装配条件的贫困肢体残疾人都能得到假肢安装或更换，市残联积极向四川省残联汇报、争取，得到省残联支持，确保全市符合条件的 86 名贫困残疾人都能装配假肢。7 月初完成假肢试穿、调试和康复训练工作。全年全市为 86 名肢体残疾人安装大、小腿假肢 95 具（其中东区 23 具、西区 15 具、仁和区 19 具、米易县 25 具、盐边县 13 具）。

（黄金秀）

民族宗教事务

【概　况】 2010 年，全市有彝族、傈僳族、苗族、回族、纳西族等 41 个少数民族；有少数民族人口 15 万余人，占全市总人口的 14%；有 17 个民族乡镇（米易县 5 个，盐边县 7 个，仁和区5个)，占全市44个乡镇的39%；民族地区面积3 940平方千米，占全市总面积的53%。全市两县三区中，盐边县、米易县、仁和区享受民族地区待遇。

全市有宗教团体3个，其中：全市性宗教团体2个，即市天主教爱国会和市基督教三自爱国运动委员会；全县性宗教团体1个，即米易县伊斯兰教协会。批准开放宗教活动场所32处，其中佛教寺庙14处、伊斯兰教清真寺7处、天主教教堂6处、基督教教堂5处。全市有宗教教职人员70人，有信教群众近11万人，其中佛教约91 000人、道教约2 100人、伊斯兰教约2 560人、基督教约7 000人、天主教约6 000人。

2010年，市民族宗教事务委员会(以下简称市民宗委)按照“抓发展、保稳定、关注民生”的工作总体要求，把握“共同团结奋斗、共同繁荣发展”的民族工作主题和“落实政策抓管理、引导适应防渗透”的宗教工作思路，以筹办好四川省第十三届少数民族体育运动会为重点，全面贯彻执行中共民族宗教政策，依法管理民族宗教事务，认真接待和慎重处理来信来访，深入细致地开展民族宗教领域不稳定因素的排查，及时解决涉及少数民族和信教群众的矛盾和纠纷，严防伤害少数民族同胞和信教群众感情及利益的事件发生，增强民族团结，促进宗教和睦，维护攀枝花市民族地区和宗教领域的社会稳定。年内以民生工程为主线，全力以赴，加大对民族地区的投入，推进民族地区的经济社会事业发展。全年，全市17个民族乡(镇)国民生产总值达168 218万元，比2009年增加15 165万元，增长10%；农民人均纯收入达5 331元，比2009年增加485元，增长10%。

2010年民族宗教工作存在的主要问题和困难：民族地区村级组织换届选举中民主意识不强，存在个别家族、家支势力介入选举现象。部分边远地区仍有极少数群众吸、贩毒，影响了当地的稳定与发展。涉及少数民族同胞的劳务、医患纠纷时有发生，存在突发不稳定因素。

【民族地区开发资金投入及项目】 2010年，市民宗委争取和安排民族地区开发资金1 704万元。其中：争取到四川省“三州开发资金”498万元、支援不发达地区发展资金190万元、四川省自发迁居农民专项扶持资金200万元、四川省少数民族发展和散杂居民族发展资金130万元、省民族工作机动金66万元；安排市级少数民族发展资金400万元、市级民族工作机动金150万元、市级支援不发达地区发展配套资金70万元。

全市实施民族地区开发项目80个。其中，基础设施建设项目31个，民族地区农牧业产业化推动工程项目5个，民族教育发展十年行动计划项目4个，自发迁居农民后期扶持项目15个，民族地区实用技术和干部培训项目2个，民族地区科技文化等其他社会事业项目23个。

【七件实事办理】 2010年，市民宗委按照“帮穷扶困、惠及群众”的基本原则，认真把握资金投向，严格规范项目申报、实施、督查、验收、后续管理等关键环节，加大部门工作协调力度，整合资金，集中力量办大事，充分发挥两项资金的投入效益，为少数民族和民族地区办了七件实事。

民族地区农牧业产业化推动工程投入资金310万元，实施项目5个。完成盐边县、米易县、仁和区民族地区新建2 133.44万平方米核桃基地，其中盐边县800.04万平方米、米易县666.7万平方米，仁和区666.7万平方米；发展40万平方米柴胡示范种植；实施种草养畜46.669万平方米，棚圈改造1 050平方米、购买种羊735只。

“村村通公路”工程投入资金389万元，实施项目17个。完成民族地区改造弹石路面5.5千米，水泥路硬化36.3千米，新建和维修民区公路38千米，修建人行桥2座，改善了8 500余人的交通困难和水果、烤烟及其他农副产品的运输条件。

农村能源建设工程投入资金25万元，实施项目1个。完成民族地区250户太阳能建设，改善了250户群众生产生活条件。

水利及饮水工程投入资金155万元，实施项目13个。完成民族地区新建水池7口，架设管道46.9千米，“三面光”沟堰整治18.3千米。解决5 000余人的饮水困难问题，改善133.34万平方米土地灌溉问题。

民族教育发展十年行动计划工程投入资金100万元，配套财政、教育部门安排民族地区教育十年行动计划资金220万元，实施项目4个。完成仁和区啊喇乡中心校饮水工程，架设饮水管道10千米，修建过滤池1口，蓄水池1口。完成米易县湾丘乡中心校校园改造工程，绿化校园面积500平方米、安装宣传栏、教室和寝室内外美化、学校厕所水冲式改造、建设两个标准篮球场。完成米易县白坡乡中心校运动场改造工程，硬化地面2 560平方米，修建排水沟260米，沥青跑道2000平方米。完成仁和区民族中学各实验室设备购置。改善了4所中小学校4 000余名学生的学习条件。

民族地区实用技术和干部培训工程投入资金30万元，实施项目2个。开展民族地区爱国主义和法律法规培训班5期，培训450余人；举办旅游，核桃、樱桃、魔芋种植和养殖等各类实用技术培训班19期，培训2 585人，免费发放科普资料约1 000份。举办市、县两级“两项资金”管理业务培训班3期，培训300余人。举办民族宗教系统机关公文及信息培训班1期，培训65人。

自发迁居农民扶持工程投入资金200万元，实施项目15个。完成自发迁居农民安置区改造和硬化道路16.7千米，新建桥梁1座，解决了3 500余名自发迁居农民的交通困难问题。架设人畜饮水管道2.7千米，修建蓄水池2口，过滤池和清水池各1口；实施三面光沟渠整治1.6千米，解决64户270名自发迁居农民的饮水困难问题和6.667万平方米农田的灌溉用水问题。实施二次搬迁农民32户144人，架设220伏照明电路2千米，改善了200余名自发迁居农民的生产生活条件。

【承办四川省第十三届少数民族体育运动会】 四川省第十三届少数民族体育运动会于2010年11月10日~16日在攀枝花市举行，市民宗委作为牵头部门和筹委会办公室，充分发挥参谋助手、统筹协调、督促落实三大作用，在资金筹集、体育竞赛、开闭幕式、赛事组织、场馆运行、工程建设、安全保卫、新闻宣传、接待服务、食品安全、环境改善、群众参与、志愿服务、广场演出等方面做了大量的综合协调工作，圆满完成本届民运会各项工作任务。

2010年6月22日，市民宗委制定下发《关于成立承办四川省第十三届少数民族体育运动会内设工作机构的通知》，成立指挥部，由市政协副主席、市民宗委主任吴文发任总指挥，市民宗委党组书记段怀云任副总指挥，下设办公室、竞赛和大型活动部和接待部三个内设工作机构，明确工作职责，将责任落实到人头。

本届少数民族体育运动会于2010年11月10日9:30在市体育场开幕，2010年11月16日20:00在市体育馆闭幕。本届少数民族体育运动会设立有珍珠球、押加、摔跤、田径、射弩、蹴球、高脚竞速、板鞋竞速、陀螺9个竞赛项目和少数民族体育表演项目，参赛的有阿坝、甘孜、凉山、成都、乐山、攀枝花、绵阳、雅安、泸州、宜宾、西南民族大学、成都体育学院等12个市州和院校代表团1 664人参加，其中：团部人员149人，竞赛项目裁判284人，领队教练118人，运动员454人，表演项目评委7人，领队编导64人，表演人员430人(14个民族，少数民族占表演人员的68.6%)，观摩嘉宾158人。本届少数民族体育运动会竞赛项目共设金牌71枚、银牌71枚、铜牌67枚，攀枝花市代表队获得金牌19枚、银牌12枚、铜牌13枚。

本届少数民族体育运动会共投入资金5 890万元，其中场馆建设2 800万元，筹备和办公经费3 090万元(包括县、区和企业)。为了弥补经费不足，市民宗委争取省级补助资金908万元，向19家冠名和赞助企业筹集资金675万元，筹集物资折款130万元。为冠名和赞助企业制作89个广告牌位，在火车站、广场、体育场等16个地点制作悬挂空飘气球134个，宣传企业，为本届少数民族体育运动会营造良好氛围。

赛会期间，市民宗委组织11个表演队33个表演节目参加5个场次的广场展演，为广大市民表演具有浓郁少数民族风情的歌舞等节目，丰富了市民的业余文化生活。

【计生"三结合"】 2010年，市民宗委投入计划生育配套资金37万元(含仁和区民宗局配套2万元)，实施仁和区中坝乡计生"三结合"帮扶项目4个：安排资金15万元，完成修建引水渠3千米，解决13.334万平方米农田灌溉问题；安排清真寺缺口资金12万元，解决东区、西区、仁和区和外来务工人员穆斯林信教群众生活问题；安排资金9万元，完成核桃种植53.336万平方米，购买青花椒苗7 000多株，解决计生"三结合"户购苗难问题；举办3期农村实用技术培训和生殖生育知识培训，提高计生"三结合"户的科技知识和科技水平。

【对口"扶贫帮村"】 2010年，市民宗委投入资金10.5万元，实施对口扶贫帮村项目2个。补助盐边县高坪村大石坡4千米道路工程建设解决了400余人交通问题和40万平方米烤烟生产物资的运输难问题；开展对高坪村200万平方米核桃基地后续扶持工作，督促协调因旱死苗的补栽工作。

【资助少数民族贫困生】 2010年8月，市民宗委落实资金10万元，启动"2010年关爱少数民族贫困大学新生入学补助"活动。经审核，对2010年考取大学的符合补助条件的90名农村少数民族贫困生予以资助，帮助他们解决入学资金困难问题。

【维护民族宗教领域稳定】 2010年，市民宗委深入开展创建民族团结进步活动，加强对民区群众进行党的民族政策和法律法规的宣传教育，增强法律意识，提高自觉守法的能力，从源头上预防和减少矛盾纠纷。在元旦、春节、劳动节、国庆节、世博会、四川省第十三届少数民族体育运动会等期间，深入民族地区和各宗教活动场所，调查了解社情民意，排查不稳定因素48人次。认真接待和处理来信来访，对各类涉及少数民族问题的来信来访，谨慎处理，及时反映，依法答复，督办少数民族同胞权益保障事宜。全年共接待来信来访45人次，其中来访40人次、来信5人次。围绕"保一方净土，建美好家园"的禁毒宣传主题，深入到边远民族乡镇及村社和外出务工人员集散地，采取设立咨询点、悬挂横幅、张贴标语、散发禁毒宣传资料册、举办禁毒图片展、播放禁毒宣传VCD、上禁毒教育课等形式，积极开展禁毒宣传教育工作，提高民区群众禁毒意识和防毒拒毒能力。按照"发现早、控制住、处理好"的原则，积极协同有关部门依法妥善处理各类民族纠纷9件，切实保障当事人双方的合法权益，以维护社会稳定。

加强宗教政策法规的宣传教育和爱国主义教育。在全市宗教界人士迎春座谈会、中秋茶话会和国庆节期间，采取"以会代训"的方式，对全市宗教界人士和信教群众进行宗教政策、法律法规的宣传教育和爱国主义教育，努力扩大受教育面。在观音会、圣诞节、开斋节等重大宗教节日期间，深入到各宗教活动场所开展慰问活动，广泛地进行宗教政策、法律法规和爱国主义教育。

【藏区"9+3"职业免费教育】 2010年，市民宗委采取有效措施，协助抓好藏区"9+3"职业免费教育工作(实施藏区"9+3"职业免费教育计划是四川省为加快藏区跨越发展出台的重要举措，既是教育工程，也是民族地区惠民工程。"9"指九年义务教育，"3"指为三年职业教育)。按照《中共攀枝花市委办公室、攀枝花市人民政府办公室关于成立攀枝花市藏区学生关心指导委员会的通知》及中共攀枝花市委、攀枝花市人民政府有关要求，结合全市民族宗教工作实际，切实完善藏区“9 +3”免费职业教育工作实施方案，采取有效措施，抓好工作落实，确保藏区“9 +3”免费职业教育计划在攀枝花市顺利实施。

【依法办理民族宗教事务】 2010 年，根据四川省民族事务委员会、四川省公安厅关于印发《四川省实施〈关于中国公民确定民族成分的规定〉办法》的通知精神，依法办理民族成分更改、更正 216 份。

2010 年，市民宗委安排资金 28 万元，对西区平江天主教堂进行维修加固。根据全市宗教活动场所维修改造的实际情况，将 2010 年市级宗教活动场所维修补助资金 40 万元下达给有关县（区）。积极协调仁和区基督教活动点建设用地和西区基督教圣恩堂重建选址事宜。经努力争取，攀枝花市人民政府同意，从 2010 年起，追加全市宗教教职人员生活困难补助经费 5 万元，列入部门预算，解决困难教职人员的后顾之忧。向省宗教局争取到抗旱救灾资金 4 万元，用于仁和区民族地区饮用水工程建设。

【编制民族地区“十二五”发展规划】 2010 年，市民宗委认真总结分析全市民族地区“十一五”期间经济发展、基础设施建设、产业结构调整和教育、卫生等社会事业取得的成就和存在的不足，围绕国家“三农”政策、新农村建设和省、市提出的有关农村建设的新方向、新思路，多方收集资料数据，征求市级相关部门、各县（区）民宗局和部分民族乡镇意见和建议，不断修改完善，编制完成民族地区“十二五”发展规划。规划要点为：“十二五”期间民族地区经济社会发展的指导思想是：以邓小平理论和“三个代表”重要思想为指导，用科学发展观统领经济社会发展全局。把握“各民族共同团结奋斗，共同繁荣发展”的主题，全面贯彻执行党和国家的民族政策和法律法规。转变经济发展方式，加快民族地区基础设施建设和产业结构调整，深入推进社会主义新农村建设与和谐社会建设，切实增加农民收入。巩固和发展新型社会主义民族关系，促进民族地区经济社会事业全面较快发展。发展目标是：实现经济总量稳步可持续增长。全市民族地区国内生产总值年平均增长率力争 12%，2015 年达到302 099万元。实现基础设施不断完善，农民生活水平明显提高。“十二五”末，农民人均纯收入达到10 000元，年均增长率为 12% 左右，基本消除民区绝对贫困现象。实现教育、文化、卫生、科技、社会保障等社会事业健康发展。民区学校办学条件进一步改善，普及学前一年教育，学前三年教育得到长足发展；民区义务教育质量进一步提高，实现县域内义务教育基本均衡；民区初中毕业生升入高中阶段教育学校比例逐年提高。加大科技应用及推广，提高生产效率和生活质量。保障并逐步加大医疗卫生事业的投入，加强重大传染病和地方病的预防和控制，改善民区群众看病难的状况。引导和鼓励少数民族群众依法实行计划生育和优生优育，提高人口素质。社会公共服务基本健全，社会保障体系建设成效显著，社会安全度明显提高，各民族共同繁荣，共同发展，构建和谐社会取得新的进步。主要任务有：加强基础设施建设（包括通路工程，电力、广播电视、通信工程，水利工程，能源建设工程），改善民区群众生产生活条件。加大产业结构调整力度，发展优势产业和特色经济，促进民区群众增收。发展教育、科技、文化、卫生、体育等社会事业，促进社会进步。改善民族地区人居环境。培养新型少数民族农民。加大城市民族工作力度，巩固民族平等团结和谐的民族关系。加大投入，提高凉山自发迁居农民安置点群众生产生活水平。2010 年 8 月 27 日，该规划顺利通过了专家组评审。

【春节走访慰问活动】 2010 年 1 月 8 日 ~9 日，东区民宗局先后走访慰问区银江镇、密地街办、长寿路街办、弄弄坪街办、大渡口街办等 21 户少数民族困难家庭，送去价值5 000余元的慰问品和7 000余元现金。2010 年 1 月 20 日 ~30 日，市民宗委 5 位领导分别走访慰问 5 名困难群众，并为他们送去米、油等慰问品和慰问金 200 元或 300 元。

1 月 26 日，市民宗委党组领导带领 17 名在职党员干部购买价值3 000元的米、油等慰问品，走访慰问盐边县渔门镇高坪村 8 户结对帮扶贫困党员，并为每户送去米、油等慰问品和慰问金 200 元。

1 月 28 日，市民宗委对 12 名离（退）休干部职工和 1 名干部遗孀进行走访慰问，分别为他们送去慰问品（食用油 2 桶价值 280 元）和慰问金 200 元。

2010 年春节，按照省委、省政府的安排部署，为每个少数民族县（区）准备1 000份慰问信（挂历）和 20 万元专款，对每个县（区）1 000户少数民族困难群众进行慰问。2 月 1 ~5 日，仁和区、米易县、盐边县党委、政府率领民宗局等相关部门，带着省委、省政府的慰问信（挂历）和 20 万元专项资金购买的生活用品走访慰问少数民族困难群众3 000户 1 万余人。

【送温暖献爱心】 2010 年，市民宗委组织 27 名在职职工向青海玉树地震灾区捐款5 800元，倡导全市宗教界人士向青海玉树地震灾区捐款27 970元，为灾区群众送去了温暖和祝福。

（李　华）

社会保障

【概　况】 2010 年，全市人力资源和社会保障管理部门以抓扩面、促征缴、保稳定为主线，扩大社会保险覆盖范围，加强社会保险费征缴稽核，保证应收尽收，确保社会保险扩面征缴目标任务全面完成，确保各项社会保险待遇按时足额兑现。截至 12 月底，全市养老、失业、医疗、工伤、生育保险参保人数分别达到269 764人、199 692人、615 656人（含居民医保）、209 947 人、204 326 人，完成全年目标任务的

100.1%、106.22%、109.35%、104.14%、104.57%；五项社保基金征缴额分别达到185 355万元、13 038万元、74 727万元、5 527万元、1 684万元，完成全年计划的105.49%、200.58%、216.60%、109.66%、110.07%。确保全市离退休人员的基本养老金和失业人员的失业保险金按时足额发放，确保医疗、工伤、生育保险待遇按时足额支付，1～12月共发放基本养老保险金249 484万元，发放失业保险金1 411.54万元，支付医疗、工伤、生育保险待遇分别达61 536万元、6 348万元、1 695万元。积极推进新农保试点工作。努力解决被征地农民社会保险问题。圆满完成2010年增加企业退休人员基本养老金工作。增加养老金的人员共计133 034人，月人均增加基本养老金158.5元。积极开展继续减轻困难企业负担、稳定就业局势的工作。积极协调财政、交通等部门，研究解决市公路养护总段要求参加市级事业单位养老保险的历史遗留问题。积极做好养老保险省级统筹的各项准备工作。严格执行上级统一政策，对养老保险基金预算管理办法提出修改建议，完成省级调剂金上解任务。积极向上争取资金支持，全年共争取养老保险调剂金5.3亿元，确保全市离退休人员基本养老金的按时足额发放，社会保障体系建设进一步完善。

【养老保险】 截至12月底，全市企业职工基本养老保险参保人数269 764人，完成目标任务的100.1%；全市累计征收基本养老保险费185 355万元，完成目标任务的105.49%；确保了134 844名企业离退休人员基本养老金按时足额发放，共发放基本养老金249 484万元，社会化发放率均保持100%。精心组织实施调待工作，为符合条件的133 034名企业离退休人员人调整增加基本养老金，月人均增加158.5元，使企业离退休人员人均月基本养老金达1 518.4元。企业退休人员社会化管理服务工作稳步推进，共有128 587人纳入社区管理，社区管理覆盖面95.36%。继续借助“金保工程”网络系统进行全市统一领取养老金资格认证工作，认证比例94%，超出目标任务4%。

【新农保】 2010年，攀枝花市将新农保试点工作列入政府的重要工作内容之一，及时研究制定《攀枝花人民政府关于印发攀枝花市新型农村社会养老保险试点实施办法的通知》，对新农保政策进行调整和完善。截至12月底，全市新农保参保人数94 269人（享受待遇人数26 842人），完成全年目标任务的147.3%，个人缴费累计收入1 377.96万元。其中，米易县新农保参保人数89 497人（享受待遇人数25 430人），参保率83.1%，居全省前列，个人缴费收入1 272万元，共发放基础养老金1 815万元，全面完成年初制定的目标任务。在经办管理方面，米易县以发放存折为契机，对参保人员个人账户进行再次清理对账，基础资料以村社为单位按年度进行归档整理；东区、西区参保缴费人数分别为2 233人（享受待遇人数673人）和2 539人（享受待遇人数739人），个人缴费收入分别为69.76万元（含2009年补缴）和36.2万元。东区、西区经办管理工作正在按照经办规程要求逐步进行规范。2010年10月底，盐边县被列入国家第二批新农保试点范围，12月23日，盐边县正式启动新农保试点工作。

【医疗保险】 2010年，进一步完善基本医疗保险政策，从缴费标准、住院起付标准、住院报销比例、普通门诊统筹待遇、最高支付限额五方面提高居民医保保障水平。参保城镇职工和城镇居民住院最高支付限额分别提高到30万元和25万元，其中城镇职工和城镇居民基本医保统基金最高支付限额分别提高到16万元和9万元，达到2009年市平均工资和居民可支配收入的6倍以上。参保城镇职工和城镇居民，在医疗保险政策范围内，住院平均报销比例已分别达到82%左右和60%以上，增强了政策吸引力。完善关破企业退休人员参保办法，继2009年12月出台关于解决关破国有企业退休人员等参保办法后，2010年又结合本市实际，进一步完善相关规定，调整参保人员范围，延长办理时间，明确具体办法，简化了流程，提高了效率。全市已有10 145名符合条件的关闭破产、改制等企业退休人员办理了基本医疗保险参保手续，基本实现城镇劳动者医疗保险全覆盖。推动医疗保险关系转移接续工作，按照《四川省流动就业人员基本医疗保障关系转移接续登记管理实施办法（暂行）》，结合攀枝花市实际，拟定实施意见，确保了工作的启动实施。稳步推进居民医保工作，截至2010年12月底，全市参保居民人数为217 639人，完成全年参保扩面目标任务的124%，与2009年同期相比参保人数净增加约5万人，增幅达30%。

【失业、工伤、生育保险】 积极推进失业保险工作，全市失业保险参保人数，达到19.56万人，完成目标任务的104%，社会保险制度覆盖范围不断扩大；基金征缴额达到13 038万元，完成目标任务的200.58%，在实施社会保险缴费有缓有降特殊政策的背景下，全面超额完成目标任务。积极推进工伤保险工作，工伤保险参保人数209 947人，完成目标任务的100.78%，其中：农民工参保人数29 750人，完成目标任务的243.44%；组织因工（病）丧失劳动能力程度鉴定15批，共计2 508人；职业病6批，共计207人；继续做好老工伤人员纳入市级统筹工作，全年共有8 884名老工伤人员纳入统筹管理，认真研究工伤康复政策，提出开展工伤康复工作的建设性意见；积极开展生育保险工作，参保人数达204 326人，完成目标任务的101.45%；及时制定出台《攀枝花市劳动保障局关于做好我市城镇居民生育保障工作的通知》，对居民医保参保人员生育待遇政策进行了明确。

【“老工伤”统筹】 2010年，市人力资源和社会保障局将符合纳入条件的老工伤人员无条件地纳入统筹管理。按照尊重历史、先易后难、分类分期、平稳推进的原则，制定攀枝花市企业老工伤人员工伤保险待遇纳入工伤保险统筹管理意见，明确老工伤人员凡伤残等级达到1～10级的，均在当前不清算费用的情况下直接纳入工伤保险统筹管理，并将其符合条件的供养直系亲属也一并纳入统筹管理，从工伤保险基金中按规定支付待遇，今后视工伤保险基金运行情况再适当调整差别费率。全年全市已有8 884名老工伤人员由企业移交社保，纳入统筹管理，完成目标任务的118%。

【被征地“农转非”人员社会保险】 2010年，市政府制定出台《关于进一步做好征地农民社会保障工作的通知》，提出守全市统一的系统需求，明确市统一掌握的政策界限和操作流程，各县（区）从9月开始正式办理征地“农转非”人员参加社会保险的各项相关业务，整体运行情况良好。

【解决社会保险历史遗留问题】 2010年，妥善解决市养路总段职工参加事业单位养老保险的问题；继续做好部分退休人员养老金待遇等遗留问题的处理工作，妥善处理钢城企业公司部分退休女干部、部分退休人员因工龄和缴费等原因形成的历史遗留问题。按照实事求是的原则，认真开展市广厦建材股份公司涉及1 780多人历年缴费工资不实的问题以及市通力建筑公司部分人员上访问题，完成对部分退休人员历年缴费工资的稽核。除按时足额发放全市参保企业离退休人员基本养老金外，还代为发放全市改制破产企业各种生活补贴及离退休干部、新中国成立初期退休人员、企业分离办学退休教师、军转干部退休人员的各种生活补贴以及供养直系亲属生活困难补助。

【社会保险经办能力建设】 2010年，人力资源和社会保障局以队伍建设增强管理服务能力。局内实行竞争上岗，配齐配强经办机构领导班子。开展创先争优活动，增强队伍的服务意识，切实提高工作人员认真服务社会、服务参保人员的自觉性。开展创建学习型城市活动，不断提高队伍的素质。将干部学习培训和队伍管理作为一项重要工作常抓不懈，统一要求，统一组织，统一尺度，制定比较全面和系统的学习和管理制度，使队伍建设和管理实现良性循环，管理服务能力得到增强。以创新机制为着力点实现经办工作科学发展。按照市委、市政府的统一安排，市社保局等经办机构进驻市政府政务服务中心，提供各项社会保险政策咨询、查询、受理等“一站式政务服务”，方便了服务对象，提升了服务水平。实行办事公开，提高经办工作透明度。将城镇企业职工退休审批、5项社会保险的征缴和待遇支付等28项行政审批项目集中办理，做到依法透明、公开公正。实行首问责任和责任追究制度，强化了职工的经办责任，推进了事业的全面发展。以市级统筹为导向创新管理服务手段。完善“五险合一”市级统筹模式，实现真正意义上的统收统支。各县（区）社会保险基金除适当留存周转金外，全部上收市级管理。县（区）在完成征缴任务后，基金仍然出现缺口的，由市级全额调剂。实行五险“一单”征收，按照养老、医疗、失业、工伤、生育保险的顺序，合理确定记账分配额度，杜绝了用人单位选择参保和选择缴费的现象。全力打造医保“全域无障碍”结算模式，参保人员持社会保障卡到市内任何定点医疗机构住院、报销各项待遇，均可实现“一单制”结算。积极探索异地就医结算办法，通过完善异地居住（工作）数据库、建立异地工作站、增设异地定点医疗机构、采用“总额预付，定期清算”的方式，解决了参保人员反映强烈的报销周期长、手续繁琐、垫资困难等问题，提高了工作效率。利用医疗保险与定点医疗机构联网结算的成熟经验，实现工伤、生育保险与定点医疗机构的适时联网结算。各项社会保险基金实行统一会计核算，即全市“一套账、一套表”的核算模式。基本做法是每一项社会保险全市只设立一套账，市本级和各个县（区）都在同一个险种账套里进行该项社会保险基金收支核算，当月收支核算完成后，市本级统一编制一套报表上报，减轻了县（区）经办机构负担，有效保证了各项社会保险基金的安全，管理服务工作上了新的台阶。

【劳动保障信息化建设】 2010年，市人力资源和社会保障局加强劳动保障信息化建设，以“统一建设、应用为先”为重点，建成全市统一的数据中心，实现社会保险五大险种市级统筹，建立“五险合一、集中征收、集中财务、集中支付”的新型社会保险基金管理模式，建成以“卡、网、号”（社会保障卡、劳动保障门户网站、12 333劳动保障电话咨询服务中心）三位一体的劳动保障公共服务信息平台，网络终端覆盖全市900余个基层工作前端和协作机构，基本实现“同人同城同库”和“数据向上集中、服务向下延伸”的工作目标，保障了劳动保障各项业务发展的需要，为提升人力资源和社会保障部门各项服务能力奠定了坚实基础。随着业务的发展，金保工程网络计划纵向向乡镇、行政村、培训学校、工矿企业进一步延伸，横向加强与各政府部门的融合，实现银行、民政、公安、运营商的数据交换与共享。完成未来5年劳动和社会保障信息系统应用一体化系统建设规划框架的设计，实现就业失业登记系统的上线运行。完成20万张社会保障卡发行任务。社会保障卡的医疗保险消费功能、基本养老金领取功能已成功实现。做好“12 333”劳动保障咨询服务热线运行工作，总话务量达到6.9万人次。2010年4月，在全国人力资源和社会保障信息化工作座谈会上，攀枝花市被授予“全国金保工程建设示范单位”称号。人力资源和社会保障部党组副书记、副部长孙宝树对攀枝花市金保工程建设工作“深表祝贺，希望再接再厉，继续努力，发挥好示范作用，不断取得新的进步”。

【医保政风行风监督规范化建设】 2010年，市人力资源和社会保障局进一步加强医保政风行风监督规范化建设，聘请24名来自全市三区两县、代表各行业、各个层次的政风行风监督员，组成首届医保政风行风监督员队伍，并制定下发《攀枝花市医疗保险政风行风监督员管理试行办法》，赋予监督员知情权、监督权、建议权、评价权，提升政风行风监督深度和力度。在对医保服务、医保基金从上至下监管主线不变的同时,积极引入从下至上对医疗保险业务经办的另一支监管线,尝试医保多角度、多层次监管机制,初步搭建双向监督机制架构。

【就业失业登记制试点】 2010年,攀枝花市被确定为全省就业失业登记制工作试点城市。为全面及时掌握劳动者就业与失业变动情况,市人力资源和社会保障局进一步完善失业预警制度,全面开展就业失业登记制试点工作,通过在全市建立失业状况监测点,统计调查城乡失业就业数据,综合分析城乡调查失业率和城镇登记失业率,定期发布失业预警信息,从而为科学决策提供依据,达到预防、调节和控制较大规模的失业的作用。

(肖礼荣)

老龄事业

【概　况】 2010年,全市老年人155 993人,百岁老人26人,90岁以上享受高龄补贴的老年人979人。全市建有老年活动站(中心、室)203个,老年人参与活动43 774人。全市成立老年人协会173个,参加活动40 857人;其他老年社团组织78个,参加活动3 992人。全市建立老年学校13个,在校学员40 007人。

市老龄工作委员会是市政府主管老龄工作的议事协调机构,市老龄工作委员会办公室(简称市老龄办)是市老龄委的办事机构,由市民政局代管。2010年,市老龄办配备主任,按副县级干部管理。2009年市老龄办有职工7人,2010年全办职工9人,增加2人;东区老龄办2人;西区老龄办3人;仁和区老龄办1人;盐边县老龄办2人;米易县老龄办1人,县老龄办增挂米易县老年人活动中心牌子,核定全额拨款事业工勤人员编制2人,实际工作人员3人。

【创建敬老模范县(区)、乡(镇)、街道和敬老模范单位】 2010年5月24日,市老龄委制定下发《攀枝花市第三轮创建敬老模范乡(镇)、街道和敬老模范单位验收标准》。共有组织得力、宣传深入、措施完善、硬件具备、活动丰富等5条标准。

6月3日,市老龄办召开全市县(区)老龄办主任会议暨第三轮创模培训会,各县(区)老龄办主任、分管老龄工作的民政局局长和市民政局基层政权处、社会福利处的负责人参加会议。会议要求在开展创建敬老模范活动中,要继续振奋精神,抓住机遇,利用创模这个活动载体,争取解决一些长期以来想解决而无法解决的问题。

米易县参加全省第三轮省级敬老模范县(市、区)的申报活动,为创造良好的硬件环境,2010年年底,市老龄办下拨20万元福彩公益金用于米易县老年动动中心改造,主要项目为修建多功能教室和添置活动设施。

【启动居家养老服务】 2010年10月1日起,在城镇低保"空巢"老人中试行居家养老服务。通过"政府购买服务"的形式,对低保空巢老人提供一定的福利性服务。服务内容为生活照料、医疗护理、精神慰藉等。享受居家养老服务补贴的标准为:"三无"(无劳动能力、无生活来源、无赡养人和抚养人,或者其赡养人和抚养人确无赡养能力或者抚养能力)老人60元/月·人,患有重大疾病或重度残疾的低保空巢老人50元/月·人,低保空巢老人40元/月·人。居家养老服务补贴采用服务券、定向服务等形式开展服务活动。补贴费用由福利彩票公益金提供。至12月底,全市共有261名低保空巢老人将享受居家养老服务。

【慰问贫困老年人、百岁老人和孝亲敬老之星】 2010年重阳节前夕,市民政局、市老龄办领导带领县(区)有关人员,看望慰问攀枝花市百岁老人许炳森、王秀珍夫妇,贫困老人黄进芬,"孝亲敬老之星"田银花,并通过他们向全市老年人致以节日问候。重阳节期间,市财政下拨本级慰问金2.9万元、省老龄办下拨慰问金6 000元,由市老龄办组织慰问贫困老人139名、百岁老人27名,"孝亲敬老之星"4名和孝亲敬老楷模1名。

【老年大学(学校)建设】 2010年12月20日,市老龄办、市民政局联合下发《关于发展各级老年大学(学校)的通知》,明确对县(区)挂牌成立的老年大学(学校)实行评比奖励制。对制度完善、活动开展好的老年大学(学校)奖励不低于1万元的活动经费。奖励经费从市级福利彩票公益金中列支。至2010年底,东区有2个街道、6个社区,西区有3个社区挂牌成立老年学校。市老龄办下拨5万元对东区3个老年学校、西区2个老年学校进行奖励支持。

【老龄事业宣传】 2010年市老龄办和市宣传部门通过新闻媒体宣传攀枝花市老龄工作和老龄事业的发展。重阳节当天,《攀枝花日报》在头版头条刊登"孝亲敬老促和谐"新闻报道,《攀枝花晚报》制作"善待老人,就是善待我们的未来"、"攀枝花现有26位百岁老人"的专版。攀枝花电视台、攀枝花广播电台跟踪采访"孝亲敬老楷模"起永兴、"孝亲敬老之星"吴启英;《攀枝花日报》、《攀枝花晚报》报道城镇低保空巢老人中开展居家养老服务补贴的政策、开展情况,百岁夫妇许炳森、王秀珍的幸福生活场景。

【敬老爱老助老主题教育活动先进个人推荐、评选】 2010年3月,向四川省第四届敬老爱老助老主题教育活动组委会推荐先进个人5名。2010年9月,起永兴(男)被组委会评选为2010年四川省"孝亲敬老楷模",田银花(女)、吴启英(女)、陈松珍(女)、刘汉英(女)被评选为"孝亲敬老之星"。

(巫俊霞)

专 文

把攀枝花市打造成为四川省开拓东盟市场的桥头堡和排头兵

为积极贯彻国家和省的对外发展战略，抢抓发展机遇，充分发挥我市产业与区位优势，大力开拓东盟市场，做好实现“四个倾力打造”战略重点的资源和市场储备，2010年9月攀枝花市开拓东盟市场考察团赴缅甸、柬埔寨和越南进行了资源和市场考察。此次考察不仅加强了与东盟国家的沟通和联系，深化了对东盟市场的认识和了解，也将对我市在更高层次、更宽领域上研究和开拓东盟市场起到积极作用。

一、登高望远，我市积极参与东盟地区全面的经贸合作意义重大

我国与东盟各国地缘相近，文化相通，友好交往的历史源远流长。党中央和国务院历来重视同东盟各国的合作，多年来双方各领域合作不断深入，睦邻友好关系顺利发展，经贸合作作为中国东盟战略伙伴关系的重要基石，结出了丰硕成果。2010年1至6月份，东盟继续保持我国第四大贸易伙伴，中国与东盟进出口商品贸易总额达到1 364.9亿美元。在国家发展战略政策鼓励支持下，全国许多地方政府和企业积极投入于对东盟市场的开发合作中。作为西部大省的四川，省委、省政府将东盟国家确定为对外投资与合作的重点开拓市场。攀枝花市位于四川省最南端，又是一个以资源开发利用为主的工业城市，区位条件和产业特色使其自然具有成为四川省开拓东盟市场桥头堡和排头兵的可能。

（一）开拓东盟市场，有利于发挥我市区位和产业优势条件。从区位条件看，攀枝花处于成渝经济圈与昆明——东盟经济圈的连接带中点上，具有承上启下、联络两大区域经济圈的功能。随着中国和东盟双边贸易的日渐增长，昆明正逐步成长为中国——东盟直接边境贸易的中心城市，而我市作为四川省与东盟国家经济合作的前沿地带，是四川省距离东盟和昆明最近的地区，成都——昆明高速公路的打通将进一步提升攀枝花在四川与东盟经济中的地位，川滇交界的区位使我市在四川开拓东盟市场中具有地理优势条件。从产业发展特色来看，东盟国家在原木、石油、天然气、煤、矿产、天然橡胶等资源性产品上具有较大的优势。我市长期形成的矿山开采、矿产综合加工利用、特色产业链和钒钛优势产业链等工业基础（技术、管理、装备、产品等）在这些国家大有用武之地，具有很强的互补互利性，开拓潜力很大。同时，独特的气候条件，使我市多年来在发展早市蔬菜、亚热带水果、蔗糖等方面积累了比较成熟的种植技术，具有与缅甸、柬埔寨和越南等国家开展经贸合作的优势。

（二）开拓东盟市场，有利于我市企业做大做强。目前，东盟市场处于发展初期，机会多、领域广、潜力大，作为我国的近邻，尤其与我国接壤或者来往非常方便的缅甸、柬埔寨、越南等国家，正处于发展起步阶段或准备快速发展阶段，在基础设施、电力、矿产、冶金工业等领域合作的机会很多。我市抓住有利时机，及时组织和鼓励一批有实力的企业“走出去”，到东盟国家投资建厂、兴办贸易公司、承包工程或项目、参与当地企业的改扩建，可以进一步带动国内成品配套生产销售，克服国内市场饱和带来的竞争压力；可以推进产业转移使企业生产力布局形成梯次搭配，让企业现实的设备、技术等资产最大限度地发挥效益；可以利用投资所在国廉价的劳动力、丰富的资源以及对外贸易的政策，应对目前越来越突出的成本上升和国际贸易摩擦等问题。因此，有步骤、有计划和针对性地拓展东盟市场对我市企业在更广阔的空间发展，增强国际竞争力，从而快速做大做强具有重大意义。

（三）开拓东盟市场，有利于我市地方经济持续健康发展。随着攀枝花经济发展步伐的加快，资源需求剧增，资源供需矛盾逐渐显现；市委、市政府提出的要把攀枝花打造成“高水平战略资源开发基地”目标要求，都迫切需要我们获取新资源、开拓新市场、降低成本、提高效益、回避关税和贸易壁垒，这是我市民营经济长远发展的战略需要，也是我市产业结构调整、经济持续健康发展的要求。开拓东盟市场，特别是与越柬缅三国的合作，将有利于我市充分利用国际国内两个市场、两种资源，实现资源优化配置，获得规模经济效益；也将有利于我市实施“走出去”战略，发展外向型经济，开拓更广阔的出口市场，从而减少国际市场波动和贸易保护主义带来的出口风险，促进我市对外贸易市场多元化战略的实现。

二、时不我待,把发展同东盟的经贸关系作为我市对外开放战略的重点

随着经济形势的好转,东盟各国都采取各种措施,加大引资力度,放宽外资准入,不断优化投资环境。例如越南政府鼓励投资于基础设施薄弱的工业区;缅甸政府则把基础设施的建设作为投资重点,特别是在交通、能源等方面积极吸引外资。东盟国家的大力招商和诱人发展前景,吸引了众多的国家和企业前往该地区投资办厂经商,使东盟国家成为目前世界最为活跃的投资地之一。我国许多地方政府和企业在国家的鼓励支持下,充分发挥各自优势,在东盟国家已形成一股投资热潮。这次外出考察,考察团有一个强烈的感受:我们来晚了,原来国内已有这么多企业来这里投资了;我们来对了,原来这里还有这么多好的投资机会!

2010 年 1 月,中国——东盟自由贸易区正式启动。作为中国对外建立的第一个自贸区,这个涵盖 11 个国家、19 亿人口、GDP 达 6 万亿美元的巨大经济体,按人口算,将是世界上最大的自由贸易区;从经济规模上看,将是仅次于欧盟和北美自由贸易区的全球第三大自由贸易区;是发展中国家组成的最大的自由贸易区。从今年开始,中国和东盟国家之间 90% 的商品交易将基本实现零关税。这进一步促进了我国同东盟国家的经贸合作发展,也使我市在对外开放战略中致力于开拓东盟市场变得更加现实、更加必要、更加迫切。

三、主动出击,努力开创我市与东盟经贸合作的新局面

通过考察,我们强烈地感受到,虽然错失了本世纪初第一轮开拓东盟市场的机遇,但"亡羊补牢,为时不晚",机会仍然有,只要我们坚定信心,下定决心,完全有可能借助后发优势,在开拓东盟市场方面实现"后来居上"。为此,我们要认真借鉴先行地区和企业的经验,进一步采取主动措施,充分利用区位优势,发挥比较优势,抓住前所未有的机遇,拓展与东盟的经贸合作,积极主动地参与竞争和迎接挑战,在更大范围的竞争中发展攀枝花,在更高水平的挑战中提升攀枝花。

(一)树立新的观念,进一步加快我市对外开放步伐。实践表明,扩大对外开放已成为一个国家或地区实现经济社会快速发展的重要途径。由于历史原因,我市产业结构不尽合理,市场空间相对有限,要保持可持续的经济发展离不开国际、国内两种资源、两个市场。为此,需要进一步解放思想,牢固树立开拓创新意识,树立"企业走出去发展也是大力发展攀枝花"的新理念,抓住建设中国东盟自由贸易区这一重要的历史机遇,深入研究涉及扩大对外开放工作的重大战略性问题,明确新时期对外开放发展的新思路、新战略、新举措;积极引导和推动我市企业在"走出去"方面取得较大突破,推进全方位、多层次、宽领域的对外开放;正确理解和处理好"走出去"与"引进来"的关系,大力宣传"走出去"和"引进来"都是发展攀枝花、都能发展攀枝花,在新发展中走出新路子;通过扩大开放增强对新一轮国际产业转移的吸纳能力、消化能力和创新能力,在引进国内外资金、技术、人才和管理经验取得新突破。

(二)加强双边互访,逐步建立我市与东盟国家经贸长期合作关系。近年来,我国已与东盟之间建立了多层次、全方位的合作关系,省委、省政府领导也多次出访东盟国家,为我市扩大与东盟国象的经贸合作创造了有利条件。从这次考察来看,通过互访,逐步建立我市与东盟国家较为紧密的战略合作关系,对有实力的企业在东盟国家开展经贸合作有着十分重要的意义。因此,我市要加强对东盟国家的访问,积极邀请东盟国家相关政府部门负责人来攀参观考察、洽谈合作,使政府搭台、企业参与,以企业为主体,政府带领企业走出去开拓市场的形式形成机制,使我市企业与东盟的合作和发展能获得更有力的支撑。要充分利用西博会、昆交会、东盟博览会等展会平台以及各种形式的贸易投资促进会,加强各个层面的沟通交流,大力宣传我市发展情况、产业优势及企业实力。要继续加强与我国驻外使馆经商处、各合作单位和企业的联系,建立更加紧密的合作关系,为我市企业开拓东盟市场营造良好氛围。

(三)强化合作理念,积极引导支持我市企业开拓东盟市场。为了更有针对性地帮助我市企业开拓东盟市场,有效规避市场风险,提高国际竞争力,我们要充分发挥政府在宏观层面的指导引领作用,进一步提高政府支持外经贸工作的力度。一是尽快组织力量,建立专门的协调议事机制,结合我市"十二五"发展规划和东盟各国的发展计划,加强对东盟各个国家的市场研究,积极而谨慎地制订我市走出国门、全面拓展东盟市场的战略与对策。二是针对目前企业对东盟市场、法律法规尚不了解的现状,建立信息服务平台,多渠道、多层次搜集整理信息,由政府有关部门定期组织宣介和研讨会,为企业开拓东盟市场提供全面、准确的信息咨询服务。三是加大对企业"走出去"的资金扶持、金融服务和人才培训,为企业海外市场拓展和项目实施提供保障。四是促进企业整合优势、抱团出海、集团作战,实现业务互补和交叉支持,梯次开拓东盟市场和投资打造产业链企业集群,降低企业发展风险和成本,形成市场开拓和对外投资的整体效益。

(四)争取上级支持,主动将我市开拓东盟市场工作纳入国家和省里的统筹安排。近年来,我国与东盟国家各个层次、领域的交往合作越来越密切,合作的广度和深度越来越大,企业和地方政府也越来越深入、越广泛地参与其中,尤其是在经贸合作方面。我市引导企业参与东盟市场开拓也是在此背景下开展的。从自身条件和国家、省里产业发展战略来看,我市钒钛、钢铁、煤矿、矿山开采、工程建设、特色农业等都有一定比较优势,利用这些优势开拓东盟市场,既可以推动我市优势产业进一步发展,又融入到国家、特别是省里的产业发展战略之中,因而有可能争取到上级更多的支持。因此,在大力推进东盟市场开拓的工作中,我市应积极主动争取将这项工作纳入到国家和省里的统筹工作中,同时积极主动地与上级对口部门汇报沟通,争取更多的政策、项目、资金和技术的指导与支持,齐抓共管,形成合力,努力开创我市与东盟国家经贸合作的新局面。

(许建民)

攀枝花市主动融入成都、昆明大城市经济圈的对策与思考

自20世纪90年代末期,中国的改革开放进入了深水区。中国经济社会的发展也由单一的只注重沿海沿边发展进入到了区域平衡发展的新阶段,国家陆续出台了西部大开发、东北振兴和中部崛起等大的区域发展战略。突出区域规划、加强区域合作、推进区域发展已经成为当代和今后较长一段时期内我国经济社会又好又快发展、可持续发展、健康发展、科学发展的主渠道,也是构建和谐社会的必由之路。近几年来,中央政府先后批复涉及珠江三角洲、长江三角洲、天津滨海新区、福建省海峡西岸经济区、包括陕西、甘肃两省部分地区的关中——天水经济区、中国图们江区域、黄河三角洲、横琴新区、安徽皖江城市带、鄱阳湖生态经济区、重庆两江新区、以昆明为核心的滇中经济区等多部区域规划和文件,以促进区域间的协调发展。至此,我国经济出现了由纵向发展向区域发展转变的新趋势,适时推进区域合作,不断扩大经济发展空间,不仅是保持地区经济增长的新方式,也是经济发展的基本规律,这对于全面建设地方小康社会、加速地方经济社会的现代化具有特别重要的意义。

在国家发展战略已确定的情况下,各个地方,从政府到企业,都在寻找一条高效可行的,从资源依赖、国外市场依赖向自主创新、内需增长型转变的路径。在此背景下,攀枝花这样一个地处西南腹地崇山峻岭之中、交通不便、信息不畅、内需量小的重工业城市怎样搭上区域发展的动车组,以促进地方经济和城市建设的大发展?这必然是值得各级党委和政府深入思考的重大问题。为此,我们民进攀枝花市委在今年中共市委、市政府提出的调研课题中选择了《攀枝花主动融入成都、昆明大城市经济圈的对策与思考》进行调研。我们围绕课题精心拟定了提纲、组织了精干的课题组,先后到市政府相关部门、东区和昆明市进行了实地调查和了解,结合我们平时的观察思考并经多次修改,最终形成了这份调研报告,以供市委、市政府决策时参考。

一、攀枝花发展为什么必须融入大城市经济圈

(一)当前国家的发展战略是区域发展。任何一个地方要想获得更好的发展动力都必须要得到国家规划的支持,至少应该能够纳入省一级的规划之中。无论是计划经济时代的行政区域规划,还是市场经济时代的经济区域设立,都在长远的时期内决定了一个地方、一个区域的发展动力、发展水平、发展远景。

中国科学院可持续发展研究中心主任樊杰指出:过去,地方向中央、下级向上级主要是争取资金和项目。而现在地方向中央、下级向上级要的是规划和编制。尤其是08年以来,伴随着国家十大产业振兴规划的出台,各省区市雨后春笋般掀起了将下级层面的发展纳入上级发展规划,将地方层面发展纳入国家层面规划的区域发展规划编制的“搭车”热潮。这很大一部分是地区与地区之间、下级与上级之间、地方与中央之间相互联动的结果,不可能是单方面的一厢情愿。

也可以这么说,在国家的新一轮“五年发展规划”编制之际,哪个地方抓住机会,搭上了上级、搭上了中央规划的“动车组”,这个地方就将在未来几年取得长足发展、又好又快发展的全方位优势,取得发展的强大动力。

(二)就目前我们掌握的情况看,攀枝花地处川滇结合部,北靠成都,南邻昆明,古代时就是南丝绸之路上的节点城市,具有打通南北,拓展东西的地理优势,是四川通江达海,建立外贸通道的天然桥头堡。四川省已经把攀枝花作为战略性资源基地,并提出建设攀西城市群的目标,攀枝花已然成为四川省的重点发展区域和重点关注城市. 在四川的发展规划中具有重要的战略地位。因此. 我们应该有理由、有根据向四川省争取更多的政策、更多的项目、更多的资金、更多的规划。再看我们的南面:目前国家已经正式批准了以昆明为中心的“滇中经济区”规划,这其中包括我们的邻居云南省楚雄州,相邻的地位优势,为攀枝花主动融入昆明经济圈提供了便利。因此,攀枝花的发展最好、最简便的方法就是主动融入像成都、昆明这样离我们距离较近,又被纳入了国家规划的大城市经济圈。

二、攀枝花融入成都经济圈和昆明经济圈的可行性比较

(一)从地理位置来看,我市处于川滇交界处,距离成都的铁路里程有700多公里,而昆明离我们只有300多公里,随着交通枢纽的建设和完善,到昆明将会更加便捷。

(二)从交通运输和物流成本看,到昆明比到成都的成本要低得多。

(三)从产业结构的互补性、产业链对接的粘合度看,与成都相比,昆明的禀赋更高些。选择融入昆明市经济圈将更加有利于发挥攀枝花的产业优势,也有利于推动昆明经济结构的优化转型。合作,对于攀枝花和昆明都是有利的!

(四)融入是一种合作,而合作是需要双方互动,需要“两个积极性”的。昆明市对攀枝花主动融入持热情欢迎、主动协助的态度;而“成都经济圈”和“成渝经济区”都暂未将攀枝花纳入其中,省上的发展重点和主要精力更多地集中在经济总量大而且成长较好的成都平原和盆地周边地区,攀枝花在全省这盘棋中目前能得到的资金、项目、政策等方面的支持也相对有限。

(五)选择昆明,以民间的、经济的交往为载体,以区域合作的方式突破行政区划上的障碍。事实上,金沙江流域

的地区，大多也是南向的，很多人和企业走向了云南、贵州、广西等省区，甚至深入到了南亚、东南亚经济圈，在此交易成本较低，效果较好。一般来说，民间力量的取向和发展路径，也就是市场力量的指向。

三、融入昆明大城市经济圈是攀枝花发展的合理性诉求和必然选择

（一）特殊的地缘关系为攀枝花融入昆明经济圈提供了得天独厚的条件。昆明、攀枝花两市地缘相近、人文相通、民俗相融，有着割舍不断的人缘、地缘关系和悠久的政治、经济、文化交流历史。昆明、攀枝花两市距离仅351公里，都处于金沙江的上游，目前有108国道、京昆高速公路、成昆铁路等相连接。两市文化交流源远流长，早在远古时代两地居民就沿着西南丝绸之路的纽带彼此往来，相互交流，形成了你中有我，我中有你的格局。

（二）相似的自然资源为两地合作提供了广泛的领域。昆明、攀枝花两市自然资源较好，是西南地区矿产资源、水力资源、旅游资源相对丰富的地区。昆明以磷矿居多，居全国之首，盐矿居全国第二位，钒钛资源在昆明西北分布较多。攀枝花是中国钒钛之都，拥有全国64%的钒和93%的钛，铁矿储量居全国前列，钛资源居世界之首。昆明拥有面积约300平方公里的滇池，是全国第六大淡水湖。攀枝花水能资源丰沛，水能资源可开发量占全国可开发水能资源的18%以上。同时，两地都具有融自然风光、民族风情为一体的旅游资源。

（三）产业结构的互补性为两地的合作提供了广阔的前景。昆明产业"稍轻"，攀枝花产业"偏重"，产业结构互补性很强。攀枝花以工业为主，是我国重要的钢铁工业基地，钢铁、钒钛、能源、化工是我市的四大支柱产业，占全市规模以上工业总产值的95%以上。昆明以机床制造、汽车及零部件、光电子信息、生物医药等为主导产业，但重工业是该市的"软肋"；昆明是国家知识产权试点城市，高新技术产业较为发达，相比较而言，攀枝花经济极大地依赖于工业，第三产业、高新产业尚未形成规模经济，这就需要寻求新的增长模式，而主动融入昆明大城市经济圈发展是攀枝花市经济发展新的增长点。

（四）共同的发展需求为两地的合作提供了内在积极性。对昆明来说，向东已形成南贵昆经济带、向南正在积极建设昆曼经济带，而向西向北尚未形成经济带，而昆明也提出了向北发展的战略目标。对攀枝花来说，相比成渝经济圈，昆明近在咫尺，瞄准云南、接轨昆明、借势发展外贸、拓宽出口市场应成为攀枝花的发展方向。

云南地处我国西南边陲，与缅甸、老挝、越南为邻，与泰国较近，便于与东南亚各国进行交往。在长期的交往中，通过区域联系，形成中国西南——东南亚腹地经济圈，而昆明地处云南中部，城市人口已超过百万，城市生产总值位居云南首位，现又极力打造呈贡新城，与玉溪、曲靖、楚雄等逐步形成了滇中城市群，随着中国与东南亚经贸往来的深化，其地位将日益突出，因而昆明有望成为中国西南——东南亚腹地经济圈中的区域中心城市。攀枝花主动融入昆明经济圈，就可以主动融入更广阔、更有发展前景的国际、国内大市场。南边既有云南、贵州、广西等与我市大体同质地区的许多发展路径和经验可资借鉴；又有珠江三角洲、东南亚、泛北部湾经济圈等大市场等待我们去拓展。

四、攀枝花融入昆明经济圈的对策与建议

（一）建议市委、市政府将"融入昆明经济圈"纳入我市的发展战略，纳入我市的"十二五规划"之中，并为此制定出台一系列相关的政策。

市委、市政府在"十二五"发展规划中，将扩大开放、加强合作作为拓展发展空间，形成区域竞争优势的有效途径。依托优势资源，优化发展环境，全方位、宽领域、深层次优化配置发展资源，提高区域整体竞争力。创新招商引资方式，主动融入更大范围，更高层级的区域系统发展，建立辐射周边，面向中国东盟自贸区和东南亚海外市场的开放型经济格局列入战略重点，突出我市在制定发展规划和战略上向南开放的导向性，为攀枝花融入昆明大城市经济圈提供政策保障。

（二）加强交通枢纽建设和通道对接，完善区域内交通管理、收费及运输便捷措施，打通对外大通道。

我市是"南方丝绸之路"上重要的交通枢纽，是四川通往华南、东南亚沿边、沿海口岸的交通要道。为实现我市主动融入昆明经济圈的目标，加强两地交通枢纽对接，建议我市一是大力发展运量大、占地少、污染小的铁路运输，重点加快建设成昆铁路复线、丽—攀—昭铁路，构建攀枝花至昆明的交通干线，向西连接规划中的滇缅铁路、泛亚铁路、滇藏铁路，形成资源和产品运输的出口大通道。

二是加快推进丽攀、攀宜高速公路建设，向西连接华坪、丽江，向东连接会理、会东、宜宾、重庆、六盘水，形成煤炭矿石和产品的东西向公路运输主通道。

三是推动攀枝花至楚雄、大理、宝山、瑞丽等地的高速公路和攀枝花至会理、会东、盐源等周边县城高等级公路建设，构建攀枝花连接周边城市及县城的交通干线，通过打造区域大枢纽，加强与昆明、凉山、楚雄、丽江等地在经贸、技术、人才、旅游、文化等各方面的交流与合作，显著提升城市产业聚集能力、要素转化能力和区域带动能力。

四是建立航空通道，从我市现有航运来看，只开通了到成都、重庆、昆明的三条航线，建议力争开通攀枝花至北京、上海、广州等国内重点城市的航线，这样就形成了连接昆明、成都、重庆、西昌、丽江、大理、楚雄、六盘水、昭通等城市的对外交通网，打通攀枝花与昆明经济圈的快速通道。

（三）把攀枝花的旅游景点做精，融入云南旅游圈。实现两地旅游线路统一规划、延伸对接，游客资源共享、旅游业管理一体化、旅游业收入分配合理化、制度化。

由于我市在发展旅游业方面存在的固有缺陷依然存在，诸如旅游景区景点规模小并且分散、基础设施不够完善、交通不太方便、旅游产品单一、旅游服务离游客需求还有一定差距等等，这些因素制约了攀枝花的旅游业不能"单飞"。而与我们毗邻的云南旅游资源成熟，开发组织管理有整套的经验，同时第三产业的发展速度迅猛，不少景区（点）

在世界上具有较高的知名度和品位，适宜开展多种类型的旅游活动，具有邻近东南亚、南亚周边国家的地缘优势。通过建设国际大通道，配合云南境内的公路、铁路、航空网和水运建设，有利于与周边国家和省区开展区域合作，并融入东南亚、南亚旅游圈。随着中国—东盟自由贸易区建设的启动，云南正式提出共建统一澜沧江湄公河旅游圈、打造东南亚八国公园的构想。按照这一构想，云南省将在有关各国合作开发客源市场方面发挥枢纽作用，通过扩大周边地区客源市场，转接次区域的游客到国内其他旅游地的方式吸引海内外游客到云南旅游。同时，将按中国有关规定办理到次区域各国进行边境或出境旅游。在这种新的大环境和机遇面前，攀枝花市旅游业要趁势而上，有所作为。

建议我市要制定适合攀枝花旅游业发展的精品、品牌、生态、特色旅游，如：打造长江"金沙江漂流"品牌活动，同时，加强"阳光花城"的宣传力度，增强旅游产品的竞争力，提升旅游软实力，借势云南的游客资源和成熟的管理模式搭上云南旅游发展的快车，将攀枝花的旅游资源纳入云南的旅游线路，例如：攀枝花—楚雄—昆明；攀枝花—丽江—大理；攀枝花—泸沽湖—稻城等精品线路统一规划，共同开发，积极融入到云南旅游圈。

（四）加强两地干部互派挂职交流，促进两地发展理念、管理模式、管理制度的相互借鉴与合作，为两地的长期合作提供干部保证。

加强昆明市与攀枝花市两地干部交流，是新时期加强干部队伍建设的必然要求，是促进两地合作的重要举措之一。

加强两地的干部互派交流，一是有利于干部素质的提高，干部在一个地区和部门工作时间过长，思想容易僵化，视野和思路不够开阔，工作中缺乏兴奋点和创新意识，加之经历较单一，工作易被动。而工作岗位的变更、环境和任务的变化，能够促使交流干部迅速转换角色，自觉学习，拓宽视野，增添新本领；二是有利于干部成长进步。长期在一个地区或部门工作，易使干部产生自满和惰性，甚至安于现状、不思进取。环境的改变对交流干部而言，既是一种挑战，也是一种激励，可以促使其"换一个角度看世界"，改变其因循守旧、无所作为的精神状态，造就敢闯敢试、敢拼敢干的独特个性，并激发潜能、增强活力；三是通过两地干部互派锻炼，培养干部的发展意识和战略眼光，这对于本地区的长远发展有极其重要的影响，从根本上带动和促进两地各领域、各层次的融合度，加快攀枝花融入昆明经济圈的步伐。

（五）整合资源、优势互补，大力推进两市工业的产业结构升级，延伸产业链，发展"飞地经济"，促进经济可持续发展。

在产业结构方面，昆明市是以机械工业、化学工业、光电子信息和软件产业、生物及医药工业等为主导产业的轻工业城市，而我市是全国重要的钢铁工业基地和"中国钒钛之都"，是以钢铁、钒钛、能源、化工为主导产业的重工业城市，明显的产业结构互补性，为两地寻求新的经济增长点带来了机遇。

实施昆、攀两地的区域经济合作，是整合城市资源、追求城市经营效益最大化的战略选择，也是攀枝花主动融入昆明大城市经济圈的必要途径。建议我市一是要利用资源优势，做强钢铁、能源、化工、钒钛经济板块，打造优势产业板块，发挥规模优势效应，增强产品辐射周边区域的能力，形成规模化集聚化发展的西部钢铁产业集群。二是要更加积极主动的实施对外开放战略，强化开放意识，发展开放型经济，全方位、跨区域、开放性的配置资源，增强发展动力，以大开放促大发展。对于我市高新技术产业、第三产业等相对薄弱的产业要加大招商引资力度，不断扩大招商引资领域。坚定不移地实施"走出去、引进来"的战略，全面加强区域合作，主动融入昆明经济圈，突出向南开放，主动融入中国—东盟自由贸易区，拓展面向东南亚的海外市场，使我市成为四川省南向出海的桥头堡，推动形成对外开放新格局。

（六）加强金融合作，倾力打造现代物流，努力构建并完善信息通道，做大做强第三产业。

昆明市在《昆明市"十二五"现代物流业发展规划》中提出了全面构筑昆明现代物流业的"1 951工程"，即1个昆明国际陆港、9大重要物流通道、5大口岸物流战略节点和1个昆明国际陆港物流信息平台。在上述基础上，形成昆明现代物流产业。"1 234"格局，即1个滇中城市物流圈，沟通太平洋和印度洋，连接东亚、南亚、东南亚，辐射东南亚、南亚，泛珠三角经济区、泛长三角经济带和北经济区等四扇全方位物流辐射区，把昆明建设成为全球重要的国际区域物流枢纽城市。昆明市物流产业的大规模发展，为我市通过融入昆明经济圈向东盟贸易区发展提供了条件。

物流业是区域经济发展的基础，攀枝花要利用自身有效资源，巩固川滇交界物流集散地地位，以壮大物流业为突破，构建以成昆线、成攀高速和攀昆高速、丽攀高速为纵横主轴线，深入西部的运输网络，形成集公路、铁路、航空为一体，贯穿南北的大物流体系。同时，建议市委、市政府要加大对物流产业的投入，积极培育各种现代物流企业，大力发展第三方物流，重点选择汉风物流、攀钢汽运分公司等3～5家基础好、有发展前景的企业作为扶持对象，给予政策倾斜，使其做大做强，发展成为川、滇、黔交界区域乃至西南地区的物流市场支柱企业，全面提升我市交通货运的集约化、组织化水平；依托现有的优势产业和专业市场，重点引进一批国内知名的物流企业，建设一批大型物流园区；加快培育现代物流人才，为现代物流业的发展奠定人才基础；充分利用现代信息技术改造物流技术设施，建设覆盖川滇的物流信息与管理监控体系，依托昆明的物流辐射圈，全面加快攀枝花主动融入昆明大城市经济圈的步伐。

随着我国经济结构的调整和经济的发展。攀枝花市要充分利用城市体系格局和城市功能调整的有利契机，主动融入昆明大城市经济圈，眼光向南，完善制度、切实转变政府职能、开放经济，优化交通，强化城市功能，把握先发优势，促进区域经济的协作和发展，推进我市经济社会健康持续发展。

（民进攀枝花市委）

炳草岗全景　　（寇华春　摄）

附 录

统计资料

2010年攀枝花市国民经济和社会发展主要统计指标

表24

指标名称	单位	2010年
一、自然资源		
行政区域土地面积	平方公里	7 440
年末实有耕地面积	公顷	40 043
二、人口和劳动力		
年末户籍人口	万人	111.79
#男	万人	57.54
女	万人	54.25
当年出生人口	人	10 445
当年死亡人口	人	5317
城镇化率(常住人口口径)	%	60.1
人口自然增长率	‰	4.2
结婚人数	万对	0.98
平均预期寿命	岁	75
总和生育率	%	1.35
社会从业人员	万人	65.39
#第一产业	万人	21.85
第二产业	万人	20.4
第三产业	万人	23.14
年末单位从业人员数	万人	17.18
#女	万人	6.14
#第二产业	万人	3.59
第三产业	万人	2.51
城镇从业人员	万人	29
#国有单位	万人	12.8
城镇集体经济	万人	0.73
港澳台投资单位	万人	0.75
外商投资单位	万人	0.58
私营企业	万人	6.75
个体	万人	7.39

续表 24

指　标　名　称	单　位	2010 年
城镇登记失业人员数	人	11 337
三、农村经济		
有效灌溉面积	公顷	28 780
农业机械总动力	万千瓦	56
水产品产量	吨	26 468
四、全部国有及限额以上非国有工业		
企业单位数	个	388
工业总产值(当年价)	万元	9 534 603
#轻工业	万元	423 758
重工业	万元	9 110 845
#大型企业	万元	4 372 302
中型企业	万元	2 562 681
小型企业	万元	2 599 620
#国有及国有控股	万元	4 248 549
#内资企业	万元	9 248 203
#国有企业	万元	3 662 837
集体企业	万元	33 513
股份合作企业	万元	60 199
有限责任公司	万元	1 587 832
股份有限公司	万元	104 430
私营企业	万元	3 799 392
港澳台商投资企业	万元	21 945
外商投资企业	万元	264 456
工业增加值(当年价)	万元	3 485 851
资产总计	万元	17 732 174
负债合计	万元	13 395 169
所有者权益	万元	4 328 197
主营业务收入	万元	10 609 554
产品销售税金及附加	万元	100 649
应收账款	万元	533 455
产成品	万元	326 263
利润总额	万元	498 909
#应交所得税	万元	61 282
利税总额	万元	985 619
本年应交增值税	万元	386 061
全部从业人员年平均人数	万人	15.37
五、交通运输、邮电通讯、能源		
公路客运周转量	万人公里	95 938
公路货运周转量	万吨公里	438 760
境内公路总里程	公里	4 582
#等级公路(含一、二、三和四级公路)	公里	2 706

续表 24

指　标　名　称	单　位	2010 年
#高速公路	公里	145
等级外公路	公里	1 732
境内铁路营运里程	公里	182
境内火车站个数	个	11
民用汽车拥有量	辆	82 265
#私人汽车拥有量	辆	60 087
邮电业务总量	万元	148 679
#邮政业务总量	万元	8 496
#电信业务总量	万元	140 183
邮电主营业务收入	万元	94 542
#电信主营业务收入	万元	87 244
年末本地固定电话用户(不包括分机)	户	325 101
#住宅电话	户	262 108
#城市	户	220 818
农村	户	41 290
年末移动电话用户数	户	1 224 514
国际互联网用户	户	149 116
全年用电量	万千瓦时	1 139 621
#工业用电量	万千瓦时	1 055 071
#农村用电量	万千瓦时	17 162
六、固定资产投资		
全社会固定资产投资完成额	万元	3 306 974
#国有经济	万元	1 376 422
集体经济	万元	81 813
个体经济	万元	119 273
城镇固定资产投资完成额	万元	2 991 728
农村固定资产投资完成额	万元	315 246
城镇固定资产投资项目个数	个	737
房地产开发投资完成额	万元	341 989
#住宅	万元	226 496
商品房屋销售额	万元	289 081
#住宅	万元	250 196
商品房屋销售面积	万平方米	115
#住宅	万平方米	108.2
七、建筑业		
建筑企业单位数	个	80
建筑业企业年平均从业人员	人	54 809
建筑业总产值	万元	1 257 078
房屋建筑施工面积	万平方米	240.4
房屋建筑竣工面积	万平方米	91.9

续表 24

指　标　名　称	单　位	2010 年
八、国内贸易、对外经济和旅游		
批发零售业企业个数	个	93
住宿和餐饮业企业个数	个	39
批发零售业从业人员	人	5 831
住宿和餐饮业从业人员	人	3 740
批发零售业购进总额	万元	1 157 003
批发零售销售总额	万元	1 483 995
住宿餐饮销售总额	万元	30 315
批发零售业库存总额	万元	132 056
社会消费品零售总额	万元	1 401 671
#城市零售额	万元	1 309 907
乡村零售额	万元	91 764
#批发和零售业	万元	1 233 535
住宿和餐饮业	万元	168 147
进出口总额(包括转口贸易)	万美元	24 892
#进口总额	万美元	6 629
#出口总额	万美元	18 760
外商实际直接投资	万美元	20 834
当年合同外资金额	万美元	14 364
当年实际利用外资	万美元	20 834
星级饭店个数	个	12
星级饭店客房总数	间	1 255
名胜风景区和文物保护区个数	个	11
旅游人数	人次	7 052 100
#接待入境旅游者旅游人数	人次	255
#外国人	人次	253
#国内旅游者旅游人数	人次	7 051 900
旅游收入总额	万元	420 122
#国内旅游收入	万元	420 060
入境旅游外汇收入总额	万美元	9
九、人民生活和劳动工资		
全部单位在岗职工人数	人	273 500
城镇在岗职工人数	人	168 202
#国有经济单位	人	127 555
城镇集体经济单位	人	7 176
其他单位合计	人	36 523
城镇在岗职工年平均人数	人	170 189
城镇在岗职工工资总额	万元	625 742
#国有经济单位	万元	485 371
城镇集体经济单位	万元	18 681
其他单位合计	万元	122 190

续表24

指　标　名　称	单　位	2010年
全部单位职工平均工资	元	30 029
#国有单位	元	36 894
城镇集体经济单位	元	37 684
内、外资和港澳投资单位	元	27 619
私营单位	元	22 230
农村居民人均纯收入	元	6 293
农村居民人均生活费总支出	元	5 439
#食品支出	元	2 438
农村人均住房面积	平方米	34
城市人均建筑面积	平方米	49
#住宅	平方米	29
城镇居民人均可支配收入	元	16 882
城镇居民人均消费性支出	元	12 695
#食品支出	元	5 080
十、劳动就业		
第三产业从业人员数比重	%	35.39
城镇单位全部职工人数	万人	17.18
#女职工人数	万人	6.14
城镇登记失业率	%	3.5
工矿企业生产事故发生数	次	43
#死亡人数	人	46
离休、退休、退职人员数	万人	13.6
十一、社会保障		
民政经费	万元	22 532
福利企业职工人数	人	1 283
福利企业残疾职工人数	人	747
各种社会福利收养性单位数	个	37
各种社会福利收养性单位床位数	床	2 788
参加基本养老保险的职工数	人	262 029
参加基本医疗保险的职工数	人	223 117
参加失业保险人数	人	199 692
城镇居民最低生活保障人数	人	24 454
农村居民最低生活保障人数	人	30 284
农村传统救济人数	人	84
参加农村合作医疗的人数	人	478 900
居民最低生活保障人数	万人	5.47
#农村低保人数	万人	3.03
十二、财政、金融		
财政总收入	万元	1071039
#市州本级财政	万元	509 760
地方财政收入(含基金收入)	万元	564 889

续表 24

指　标　名　称	单　位	2010 年
#一般预算收入	万元	387 841
#市州本级财政	万元	181 050
各项税收	万元	305 567
#增值税	万元	71 867
营业税	万元	64 782
企业所得税	万元	28 393
个人所得税	万元	14 158
财政总支出	万元	941 427
地方财政一般预算支出	万元	750 766
#农林水事务	万元	66 158
科学技术	万元	7 585
教育	万元	116 530
社会保障和就业	万元	114 156
医疗卫生	万元	47 785
金融机构人民币存款余额	万元	5 707 153
#企业存款	万元	1 421 519
居民储蓄存款余额(包括邮政储蓄)	万元	2 814 232
#定期	万元	1 654 992
金融机构人民币贷款余额	万元	3 836 310
#境内贷款	万元	3 836 310
短贷款	万元	1 488 083
中长期贷款	万元	2 073 864
十三、文化、教育、科技、卫生		
广播覆盖率	%	95.5
电视覆盖率	%	96.4
有线电视入户率	%	71
公共图书馆	个	5
公共图书馆图书总藏量	千册	590
文化体育经费(地方财政)	万元	9 811
报纸发行数量	万份	2 488
各级体育社会团体	个	61
体育场馆数	个	6
全民健身路径	条	241
剧场、影剧院数	个	2
幼儿园数	所	186
在园儿童数	人	31 915
学校总数	所	128
#小学	所	64
普通中等学校	所	64
#普通中学	所	60
普通高等中学	所	2

续表 24

指 标 名 称	单 位	2010 年
在校学生总数	人	204 258
#小学	人	94 574
#女	人	45 006
普通中等学校	人	82 328
#普通中学	人	69 574
#女	人	33 975
普通高等学校	人	21 451
招收学生总数	人	53 363
#小学	人	14 404
普通中等学校	人	29 373
#普通中学	人	24 255
普通高等学校	人	8 174
毕业学生总数	人	44 575
#小学	人	17 091
普通中等学校	人	21 947
#普通中学	人	19 154
普通高等学校	人	4 948
专任教师总数	人	11 758
#小学	人	5 177
普通中等学校	人	5 097
#普通中学	人	4 679
普通高等学校	人	1 136
学龄儿童入学率	%	100
#女童入学率	%	100
教育部门经费总支出	亿元	16.38
小学教师学历合格率	%	99.88
从事科技活动人数	万人	1.4
专业技术人员数	人	51 178
#农业技术人员	人	1 938
全年专利申请数	个	811
卫生机构数	个	135
#医院、卫生院	个	66
疾病预防控制中心	个	8
妇幼保健站	个	8
卫生机构床位数	张	7 293
#医院、卫生院床位数	张	6 744
卫生机构人员数	人	9 873
医院、卫生院技术人员	人	5 724
#执业(助理)医师	人	2 108
注册护师、护士	人	2 485
卫生防疫人员数	人	238

续表 24

指　标　名　称	单　位	2010 年
5 岁以下儿童死亡率	‰	12.4
婴儿死亡率	‰	8.8
产妇住院分娩比例	%	95.9
孕产妇死亡率	十万之一	30.68
医院病床使用率	%	102.75
甲乙类传染发病率	十万之一	549.55
十四、市政公用事业		
城市排水管道长度	公里	619
水厂综合生产能力(包括单位自用)	万吨/日	59.01
供水管道长度	公里	1 223
用水人口	万人	67.6
全年供水总量	万吨	11 606
#生活用水量	万吨	3 362
煤气供应量	万立方米	159 719.4
#生活用	万立方米	5 173.8
液化石没气供应量	万立方米	6 592
#生活用	万立方米	5 500
年末营运车辆数	辆	23 882
年末出租汽车数	辆	1 475
建成区面积	公顷	61
公园面积	公顷	598
建成区绿化覆盖率	%	40.6
城市房屋建筑面积	万平方米	2 912
城市住宅建筑面积	万平方米	1 703
城市住宅使用面积	万平方米	1 192
城镇生活污水处理率	%	75.9
污水处理厂数	座	7
垃圾处理站数	个	4
污水排放量	万吨	10 196
污水处理量	万吨	2 674
生活垃圾清运量	万吨	25
生活垃圾处理量	万吨	23
城镇生活垃圾无害化处理率	%	91.19
十五、资源、环境与可持续发展		
建成区绿化覆盖面积	平方公里	25
森林面积	公顷	438 382
森林覆盖率	%	58.97
市镇人均公共绿地面积	平方米	9.99
当年造林面积	公顷	22 273
#退耕造林面积	公顷	533
自然保护区个数	个	3

续表 24

指　标　名　称	单　位	2010 年
自然保护区面积	公顷	99 938
环境污染治理本年完成投资总额	万元	32 257
工业二氧化硫排放量	吨	100 568
工业废水排放量达标率	%	97.2
工业烟尘排放量达标率	%	96.5
工业固体废物综合利用率	%	16.89

2010 年规模以上主要工业产品生产量

表 25

产品名称	单位	本年止累计
原煤	吨	11 290 976
洗煤	吨	14 061 446
铁矿石原矿量	吨	38 464 621
成品糖	吨	9 442
饮料酒	千升	88 662
#啤酒	千升	88 280
软饮料	吨	12 251
服装	万件	16
皮鞋	万双	7
人造板	立方米	5 770
焦炭	吨	5 479 867
盐酸(含量 31% 以上)	吨	9 834
烧碱(折 100%)	吨	12 527
纯苯	吨	24 072
黄磷	吨	108 079
涂料(油漆)	吨	8 281
水泥	吨	2 314 093
水泥电杆	根	16 299
砖(折标准砖)	万块	12 288
生铁	吨	6 261 266
粗钢	吨	5 828 704
钢材	吨	4 930 562
#铁道用钢材	吨	1 103 805
#重轨	吨	1 021 807
大型型钢	吨	61 281
棒材	吨	498 591
钢筋	吨	430 407
盘条(线材)	吨	67 727
中板	吨	253 344
热轧薄板	吨	28 044

续表 25

产品名称	单位	本年止累计
冷轧薄板	吨	160 434
中厚宽钢带	吨	1 003 594
热轧薄宽钢带	吨	255 776
冷轧薄宽钢带	吨	532 741
热轧窄钢带	吨	7 424
冷轧窄钢带	吨	20 108
镀层板(带)	吨	475 883
涂层板(带)	吨	12 471
焊接钢管	吨	18 932
铁合金	吨	112 480
发电量	万千瓦小时	2 365 371
#水电	万千瓦小时	708 140
水电	万千瓦小时	1 657 231

注:本表范围是全市年主营业务收入500万元及以上的工业法人企业。

2010 年攀枝花市主要人均指标在全省的位次

表 26

指　　标	四川省		攀枝花市			
	总计(亿元)	人平(元)	总计(亿元)	位次	人平(元)	位次
国内生产总值(现价)	16 898.59	20 828	523.99	15	43 960	1
全部工业增加值(现价)	7 326.44	9 030	364.63	9	30 591	1
规模以上工业利税总额	2 734.6	3 371	85.81	10	7 199	1
规模以上工业利润总额	1 469.5	1 811	38.26	14	3 210	1
全社会固定资产总额	13 581.96	16 740	330.7	18	27 744	3
社会消费品零售总额	6 634.72	8 177	140.17	17	11 760	2
地方财政一般预算收入	1 561.01	1 924	38.78	8	3 253	2
农民人均纯收入	5 140	5 140	6 293	3	6 293	3
城镇居民可支配收入	15 461	15 461	16 882	2	16 882	2

2010 年攀枝花市全社会固定资产投资

表 27　　单位:万元

指标名称	攀枝花市	东　区	西　区	仁和区	米易县	盐边县
合计	3 306 974	978 670	375 857	1 033 272	580 631	338 544
基本建设	1 460 890	370 122	156 200	613 480	144 086	177 002
更新改造	1 283 927	434 384	164 513	297 503	273 645	113 882
房地产开发投资	341 989	151 588	37 986	77 242	37 610	37 563
其他投资	220 168	22 576	17 158	45 047	125 290	10 097
#农户投资	101 316	4 581	388	45 047	45 000	6 300

市级领导名录(2010年)

中共攀枝花市委

书　记　赵爱明(女)

副书记　刘晓华　张　刎

常　委　王川红　肖立军(3月以前)　赵　辉　单　荣　张祖芸(女)　李群林　邵革军　程少华　沈　钧(3月以后)

攀枝花市人大常委会

主　任　赵爱明(女)

副主任　谢道全　杨文富　邓可兴　栗素娟(女)　张如英(女)　唐建民　张汝林　张国民(3月以后)

攀枝花市人民政府

市　长　刘晓华

副市长　王川红　赵　辉　柳康健　郑学炳　许建民　殷旭东　李章忠　沈　钧(3月前)　张　敏(3月以后)

攀枝花市政协

主　席　高方芹(女)

副主席　严文洪　庞向东　王庆友　张国明(3月以前)　伍维根　何　群　吴文发　刘建明　赵　勇(3月以后)

攀枝花军分区

司　令　程少华

政　委　杨树钊

2010年重要文件目录

2010年市委、市委办制发文件目录

文　号	标　题	发文时间
攀委发〔2010〕1号	中共攀枝花市委关于印发《中共攀枝花市委2009年工作报告》、《中共攀枝花市委2010年工作意见》及《中共攀枝花市委2010年经济工作安排》的通知	2010年1月5日
攀委发〔2010〕2号	中共攀枝花市委　攀枝花市人民政府关于深化医药卫生体制改革的实施意见	2010年1月12日
攀委发〔2010〕5号	中共攀枝花市委关于建立促进克学发展的党政领导班子和领导干部考核评价机制的试行意见	2010年2月5日
攀委发〔2010〕7号	中共攀枝花市委关于印发《攀枝花市选拔任用市管干部初始提名试行办法》的通知	2010年3月31日
攀委发〔2010〕8号	中共攀枝花市委　攀枝花市人民政府关于进一步加快林业发展的实施意见	2010年3月27日
攀委发〔2010〕9号	中共攀枝花市委关于进一步加强和改进人大工作的意见	2010年5月12日
攀委发〔2010〕10号	中共攀枝花市委　攀枝花市人民政府关于2010年党风廉政建设和反腐败工作的意见	2010年5月24日
攀委发〔2010〕11号	中共攀枝花市委　攀枝花市人民政府关于加大统筹城乡发展力度开创“三农”工作新局面的意见	2010年7月6日
攀委发〔2010〕12号	中共攀枝花市委　攀枝花市人民政府关于推进现代特色农业发展、促进省级新农村建设示范片工作的实施意见	2010年7月6日
攀委发〔2010〕13号	中共攀枝花市委　攀枝花市人民政府关于开展创建国家级创业型城市工作的实施意见	2010年8月23日
攀委发〔2010〕15号	中共攀枝花市委　攀枝花市人民政府关于印发《攀枝花市建设学习型城市的意见》的通知	2010年9月29日
攀委发〔2010〕16号	中共攀枝花市委关于进一步加强政法队伍建设的实施意见	2010年11月19日
攀委发〔2010〕17号	中共攀枝花市委　攀枝花市人民政府关于印发《攀枝花市中长期人才发展规划纲要(2010－2020年)》的通知	2010年12月24日
攀委办发〔2010〕1号	中共攀枝花市委办公室　攀枝花市人民政府办公室关于印发《建立攀枝花市经济社会发展评价机制的意见(试行)》的通知	2010年2月1日
攀委办发〔2010〕4号	中共攀枝花市委办公室　攀枝花市人民政府办公室关于强力推进重大工业产业化项目建设的意见	2010年3月25日
攀委办发〔2010〕6号	中共攀枝花市委办公室　攀枝花市人民政府办公室关于印发《攀枝花市开展“领导挂点、部门包村、干部帮户”活动实施方案》的通知	2010年5月18日

攀委办发〔2010〕8号	中共攀枝花市委办公室 攀枝花市人民政府办公室关于进一步加强学校、幼儿园及周边安全稳定工作的意见	2010年5月20日
攀委办发〔2010〕9号	中共攀枝花市委办公室关于转发《市委组织部、市委宣传部关于在全市基层党组织和党员中深入开展创先争优活动的实施意见》的通知	2010年5月20日
攀委办发〔2010〕10号	中共攀枝花市委办公室 攀枝花市人民政府办公室关于印发《攀枝花市预防和打击私挖盗采煤炭资源违法犯罪行为目标管理考核办法(试行)》的通知	2010年5月30日
攀委办发〔2010〕11号	中共攀枝花市委办公室 攀枝花市人民政府办公室关于印发《攀枝花市学术和技术带头人管理办法》等三个办法的通知	2010年6月9日
攀委办发〔2010〕12号	中共攀枝花市委办公室关于进一步完善民主党派、工商联、无党派代表人士参政议政机制的通知	2010年6月23日
攀委办发〔2010〕13号	中共攀枝花市委办公室关于印发《攀枝花市预防职务犯罪工作安排意见》的通知	2010年7月6日
攀委办发〔2010〕14号	中共攀枝花市委办公室关于印发《攀枝花市推进学习型党组织建设的实施意见》的通知	2010年7月15日
攀委办发〔2010〕16号	中共攀枝花市委办公室关于转发《市委组织部关于学习推广"春风经验"进一步加强和改进农村基层党建工作的意见》的通知	2010年7月22日
攀委办发〔2010〕17号	中共攀枝花市委办公室 攀枝花市人民政府办公室关于印发《攀枝花市打黑除恶工作责任制度》的通知	2010年8月19日
攀委办发〔2010〕19号	中共攀枝花市委办公室 攀枝花市人民政府办公室关于进一步加强未成年人家庭教育指导工作的意见中共攀枝花市委办公室关于建立市级	2010年9月9日
攀委办发〔2010〕20号	有关部门人事制度改革工作联席会议制度的通知	2010年11月4日
攀委办发〔2010〕21号	中共攀枝花市委办公室关于学习贯彻党的十七届五中全会精神的通知	2010年11月5日

2010年市政府、市政府办制发文件目录

文 号	标 题	发文时间
攀府发〔2010〕1号	关于印发攀枝花市新型农村社会养老保险试点实施办法的通知	2010年1月4日
攀府发〔2010〕2号	关于进一步加强公共机构节能工作的通知	2010年1月7日
攀府发〔2010〕3号	关于印发攀枝花市医药卫生体制改革近期重点工作实施方案的通知	2010年1月11日
攀府发〔2010〕4号	关于成立攀枝花市处置突发公共事件应急委员会的通知	2010年1月13日
攀府发〔2010〕5号	关于表彰全市2009年度招商引资先进单位和先进个人的通报	2010年2月24日
攀府发〔2010〕6号	关于表彰全市2009年度外贸出口先进企业的通报	2010年2月24日
攀府发〔2010〕7号	关于促进2010年固定资产投资增长的意见	2010年3月1日
攀府发〔2010〕8号	关于2009年度全市人口和计划生育工作目标考核结果的通报	2010年3月1日
攀府发〔2010〕11号	关于表彰全市2009年度外经贸工作先进单位的通报	2010年3月22日
攀府发〔2010〕12号	关于下达2010年第一批工业污染源限期治理项目的通知	2010年3月24日
攀府发〔2010〕13号	关于表彰2009年度全市金融工作先进单位的通报	2010年3月25日
攀府发〔2010〕14号	关于表彰2009年度旱季防火先进单位和先进个人的通报	2010年4月1日
攀府发〔2010〕15号	关于印发攀枝花市全面推进依法行政第二个五年规划的通知	2010年4月20日
攀府发〔2010〕16号	关于开展法治政府创建活动的意见	2010年4月29日

攀府发〔2010〕17号	关于规范融资性担保业务监管工作的通知	2010年5月4日
攀府发〔2010〕18号	关于实施基本药物制度推进基层医药卫生体制综合改革的意见	2010年6月10日
攀府发〔2010〕19号	关于进一步加强预算收入级次管理的通知	2010年6月13日
攀府发〔2010〕20号	关于加快建设台湾农民创业园的意见	2010年6月24日
攀府发〔2010〕21号	关于推进质量兴市战略的实施意见	2010年6月28日
攀府发〔2010〕22号	关于印发攀枝花生态市建设实施方案的通知	2010年7月12日
攀府发〔2010〕23号	关于进一步加大工作力度确保实现“十一五”主要污染物总量减排目标的通知	2010年7月15日
攀府发〔2010〕24号	关于启动市气象观测站搬迁工作的通知	2010年7月12日
攀府发〔2010〕25号	关于进一步加强流动人口计划生育工作的实施意见	2010年7月20日
攀府发〔2010〕26号	关于成立全市保障性安居工程协调小组的通知	2010年7月26日
攀府发〔2010〕27号	关于调整城镇居民基本医疗保险相关政策规定的通知	2010年8月17日
攀府发〔2010〕28号	关于加快推进核桃产业发展的意见	2010年9月3日
攀府发〔2010〕29号	关于表彰2010年度旱季防火先进单位和先进个人的通报	2010年9月15日
攀府发〔2010〕30号	关于进一步加强文物保护工作的通知	2010年9月15日
攀府发〔2010〕31号	关于分解下达省政府下达我市2010年度目标管理指标的通知	2010年9月25日
攀府发〔2010〕32号	关于召开2010年冬季征兵领导小组会议和工作会议的通知	2010年10月8日
攀府发〔2010〕33号	关于进一步加强对金沙江水电站建设区域范围管理控制的通知	2010年10月9日
攀府发〔2010〕34号	关于贯彻四川省农村居民最低生活保障办法的意见	2010年10月27日
攀府发〔2010〕36号	关于表彰攀枝花市代表团在四川省第十三届少数民族体育运动会上作出突出贡献的教练员、运动员的决定	2010年11月25日
攀府发〔2010〕37号	关于稳定市场物价保障群众基本生活的通知	2010年12月3日
攀府发〔2010〕38号	关于加快推进攀枝花农村商业银行筹建工作的通知	2010年12月6日
攀府发〔2010〕39号	关于加强我市路桥车辆通行费年费征收有关事项的通知	2010年12月5日
攀府发〔2010〕40号	关于表彰市体育代表团参加省第十一届运动会先进单位和先进个	2010年12月15日
攀府发〔2010〕41号	关于做好第一次全市水利普查工作的通知	2010年12月21日
攀府发〔2010〕42号	关于授予岑虹志等4名同学第三届攀枝花市青少年科技创新市长奖的决定	2010年12月30日
攀办发〔2010〕1号	关于印发攀枝花市2010年至2020年节能中长期规划的通知	2010年1月5日
攀办发〔2010〕2号	关于成立攀枝花市十二五规划编制工作领导小组的通知	2010年1月5日
攀办发〔2010〕3号	关于印发攀枝花市工业类别划分指导目录2009年本的通知	2010年1月7日
攀办发〔2010〕4号	关于进一步落实市政府常务会议相关要求的通知	2010年1月11日
攀办发〔2010〕6号	关于进一步做好综合减灾救灾应急指挥体系建设工作的通知	2010年1月11日
攀办发〔2010〕7号	关于印发攀枝花市应急救援支队组建方案的通知	2010年1月12日
攀办发〔2010〕8号	关于赴都江堰、汶川等地考察学习新农村建设和城乡风貌打造工作的通知	2010年1月13日
攀办发〔2010〕9号	关于不及时报送2009年工作总结及2010年工作安排的通报	2010年1月18日
攀办发〔2010〕10号	转发省政府办公厅关于进一步加强土地利用管理工作的紧急通知的通知	2010年1月21日
攀办发〔2010〕11号	关于表彰2009年度应急管理工作成效显著单位的通报	2010年1月27日
攀办发〔2010〕12号	关于表彰2009年度全市政务信息工作先进单位的通报	2010年2月2日
攀办发〔2010〕13号	关于2009年度政务信息工作目标任务未达标单位的通报	2010年2月10日
攀办发〔2010〕14号	关于印发攀枝花市人民政府2010年度推进依法行政工作安排的通知	2010年2月25日
攀办发〔2010〕15号	关于进一步做好被征地农民社会保障工作的通知	2010年2月27日

攀办发〔2010〕16 号	关于调整攀枝花市棚户区改造工程领导小组成员及工作职责的通知	2010 年 3 月 9 日
攀办发〔2010〕17 号	关于印发攀枝花市主城区客运秩序综合整治工作实施方案的通知	2010 年 3 月 12 日
攀办发〔2010〕18 号	关于我市苴却石保护开发及产业发展的指导意见	2010 年 3 月 12 日
攀办发〔2010〕19 号	关于印发攀枝花市县(区)政府、市级部门依法行政指标细则和攀枝花市县(区)政府、市级部门依法行政评估办法的通知	2010 年 3 月 15 日
攀办发〔2010〕20 号	关于表彰 2009 年度全市政务信息化工作先进单位的通报	2010 年 3 月 12 日
攀办发〔2010〕21 号	关于继续采取措施减轻企业负担稳定就业局势的通知	2010 年 3 月 16 日
攀办发〔2010〕22 号	关于转发四川省行政审批违法违纪行为责任追究办法的通知	2010 年 3 月 24 日
攀办发〔2010〕23 号	关于全市 2009 年工业经济责任目标完成情况和 2010 年工业经济责任目标安排的通知	2010 年 3 月 25 日
攀办发〔2010〕24 号	关于表彰 2009 年度全市工业经济先进单位的通报	2010 年 3 月 25 日
攀办发〔2010〕25 号	关于在全市范围内集中开展建筑用砖产品质量专项整治行动的通知	2010 年 3 月 26 日
攀办发〔2010〕26 号	关于印发丽攀高速公路攀枝花段征地拆迁补偿安置工作指导意见的通知	2010 年 3 月 28 日
攀办发〔2010〕27 号	关于印发“十一五”主要污染物总量减排攻坚行动方案的通知	2010 年 3 月 31 日
攀办发〔2010〕28 号	关于印发攀枝花市 2010 年消防工作意见的通知	2010 年 4 月 1 日
攀办发〔2010〕29 号	关于印发攀枝花市林地规划调整方案的通知	2010 年 4 月 1 日
攀办发〔2010〕30 号	关于印发我市机动车维修市场专项整治工作方案的通知	2010 年 4 月 7 日
攀办发〔2010〕31 号	关于印发攀枝花市 2010 年食品安全整顿工作方案的通知	2010 年 4 月 7 日
攀办发〔2010〕32 号	关于 2009 年度全市国土资源管理目标考评情况的通报	2010 年 4 月 8 日
攀办发〔2010〕33 号	关于调整攀枝花市预防和打击非法采矿行为领导小组成员的通知	2010 年 4 月 13 日
攀办发〔2010〕34 号	关于清理我市驻北京办事机构的通知	2010 年 4 月 9 日
攀办发〔2010〕35 号	关于印发全市 2009 年度民营经济发展主要指标完成情况和 2010 年度民营经济发展目标任务的通知	2010 年 4 月 15 日
攀办发〔2010〕36 号	关于印发丽江至攀枝花高速公路攀枝花段工程项目三年建设攻坚活动实施方案的通知	2010 年 4 月 26 日
攀办发〔2010〕37 号	关于印发参加第六届泛珠三角区域经贸合作洽谈会筹备工作方案的通知	2010 年 4 月 26 日
攀办发〔2010〕38 号	关于进一步加强汛期地质灾害防治工作的通知	2010 年 4 月 27 日
攀办发〔2010〕39 号	关于印发攀枝花市太阳能利用和产业发展规划的通知	2010 年 4 月 29 日
攀办发〔2010〕40 号	关于印发 2010 年地质灾害防灾预案的通知	2010 年 5 月 7 日
攀办发〔2010〕41 号	转发市纠风办关于 2010 年纠风工作实施意见的通知	2010 年 5 月 7 日
攀办发〔2010〕42 号	关于印发《攀枝花市村级公益事业建设一事一议财政奖补试点实施意见》《攀枝花市村民一事一议筹资筹劳管理试行办法》《攀枝花市村级公益事业建设一事一议则财奖补试行办法》的通知	2010 年 5 月 14 日
攀办发〔2010〕43 号	关于表彰 2009 年度住房保障工作先进单位和先进个人的通报	2010 年 6 月 1 日
攀办发〔2010〕44 号	关于印发攀枝花市人民政府顾问和特聘专家管理办法的通知	2010 年 6 月 3 日
攀办发〔2010〕45 号	关于印发国务院第六次全国人口普查领导小组公安部关于在第六次全国人口普查前进行户口整顿工作意见的通知	2010 年 6 月 2 日
攀办发〔2010〕46 号	关于印发攀枝花市 2010 年淘汰落后生产能力工作实施方案的通知	2010 年 6 月 8 日
攀办发〔2010〕47 号	关于印发攀枝花市创建国家级创业型城市工作方案的通知	2010 年 6 月 12 日
攀办发〔2010〕48 号	关于印发攀枝花市加快发展机械制造业暂行意见的通知	2010 年 6 月 12 日
攀办发〔2010〕49 号	关于印发四川省市县政府依法行政评估指标任务分解表的通知	2010 年 6 月 12 日
攀办发〔2010〕50 号	关于开展强农惠农资金专项清理和检查工作的实施意见	2010 年 6 月 25 日
攀办发〔2010〕51 号	关于印发 2010 年攀枝花市企业治乱减负工作实施意见的通知	2010 年 7 月 7 日

攀办发〔2010〕52号	关于印发攀枝花市企业安全生产风险抵押金存储和使用实施意见的通知	2010年7月16日
攀办发〔2010〕53号	关于建立全市进一步严格征地拆迁管理工作联席会议制度的通知	2010年8月4日
攀办发〔2010〕55号	关于印发攀枝花钒钛产业园区金江镇喻家坪滑坡体地质灾害防治应急预案的通知	2010年8月16日
攀办发〔2010〕56号	关于进一步加强当前安全生产工作的通知	2010年8月23日
攀办发〔2010〕57号	关于宣传贯彻国务院进一步加强企业安全生产工作通知的实施意见	2010年8月23日
攀办发〔2010〕58号	关于印发新农村市场体系建设实施方案的通知	2010年8月23日
攀办发〔2010〕60号	关于切实加强地质灾害防治工作的紧急通知	2010年8月24日
攀办发〔2010〕61号	关于转发省政府办公厅关于进一步加强值班工作通知的通知	2010年9月1日
攀办发〔2010〕62号	关于转发攀枝花市第四届公共交通周及无车日活动组织方案的通知	2010年9月3日
攀办发〔2010〕63号	关于做好市政府部门“三定”规定工作的通知	2010年9月8日
攀办发〔2010〕64号	关于2010年全市人防(民防)应急通信实兵演练暨灾情警报试鸣的通知	2010年9月15日
攀办发〔2010〕66号	关于认真做好规范性文件清理工作的通知	2010年9月13日
攀办发〔2010〕67号	关于印发攀枝花市廉租住房共有产权试行意见的通知	2010年9月27日
攀办发〔2010〕68号	关于加强生态市建设积极推进生态细胞工程创建的通知	2010年10月19日
攀办发〔2010〕69号	关于实行包抓驻点推动重点减排工作的通知	2010年10月20日
攀办发〔2010〕70号	关于印发2010中国·攀枝花欢乐阳光节总体方案的通知	2010年10月19日
攀办发〔2010〕71号	转发市民政局等部门关于进一步完善城乡医疗救助制度的意见的通知	2010年10月27日
攀办发〔2010〕72号	关于食品药品监管体制改革工作的实施意见	2010年11月12日
攀办发〔2010〕73号	关于印发攀枝花市进一步深化车辆超限超载治理工作的实施意见的通知	2010年11月16日
攀办发〔2010〕74号	关于抓紧实施共青水池建设项目的通知	2010年11月17日
攀办发〔2010〕75号	关于我市加快发展通信业的意见	2010年11月16日
攀办发〔2010〕76号	关于加强湖库水污染防治工作的通知	2010年11月18日
攀办发〔2010〕77号	关于进一步加强农村道路交通安全管理工作的意见	2010年11月22日
攀办发〔2010〕78号	转发省政府关于授予孙锐等同志四川省中小学特级教师称号的决定的通知	2010年11月24日
攀办发〔2010〕79号	关于成立全市打击侵犯知识产权和制售假冒伪劣商品专项行动领导小组的通知	2010年11月29日
攀办发〔2010〕80号	关于切实做好今冬明春灾害天气防范应对工作的通知	2010年12月6日
攀办发〔2010〕81号	关于加强政府网站内容保障工作的通知	2010年12月10日
攀办发〔2010〕82号	关于印发攀枝花市城市区域环境噪声功能区划的通知	2010年12月10日
攀办发〔2010〕83号	关于编制2011年度国有建设用地供应计划的通知	2010年12月10日
攀办发〔2010〕84号	关于印发打击侵犯知识产权和制售假冒伪劣商品专项行动方案的通知	2010年12月9日
攀办发〔2010〕85号	关于印发攀枝花市重大招商引资项目协调推进暂行办法的通知	2010年12月13日
攀办发〔2010〕86号	关于印发攀枝花市2011年政府集中采购目录及采购限额标准的通知	2010年12月15日
攀办发〔2010〕87号	关于《攀枝花政报》更名为《攀枝花市人民政府公报》的通知	2010年12月20日
攀办发〔2010〕88号	关于调整城市低保标准的通知	2010年12月22日
攀办发〔2010〕89号	关于印发2010年规范性文件制订计划的通知	2010年12月28日
攀办发〔2010〕90号	转发四川省人民政府办公厅关于转发《国务院关于进一步做好政府信息公开保密审查工作的通知》的通知	2010年12月29日
攀办发〔2010〕91号	关于调整部分社会保险缴费基数和缴费费率的通知	2010年12月30日
攀办发〔2010〕92号	关于调整城镇基本医疗保险最高支付限额的通知	2010年12月30日

2010年先进单位、先进个人

先 进 单 位

2010年获全国妇联、国家民政部、环保部、文化部、广电总局表彰的全国创建学习型家庭示范城市

攀枝花市

2010年获公安部全国公安机关爱民模范集体

攀枝花市公安局

2010年获公安部全国公安机关执法示范单位

米易县公安局

2010年获国务院国资委表彰的"中央企业技能竞赛先进单位"

中国十九冶集团有限公司

2010年获国务院国资委表彰的"中央企业红旗班组"

中国十九冶工安分公司吴仁强铆焊班

2010年获国务院安委会办公室表彰的全国安全生产月活动优秀单位

攀枝花市安全监管局

2010年获五一二地震灾后恢复重建四川省"五一"劳动奖状单位

攀钢集团冶金工程技术有限公司机电安装工程分公司

2010年获五一二地震灾后恢复重建四川省"工人先锋号"集体

攀枝花市仁和区平地镇迤沙拉村灾后恢复重建农民工互助队

攀枝花德铭化工有限公司机修班

攀枝花公路桥梁工程有限公司新密地大桥项目经理部

先 进 个 人

2010年获公安部"全国公安系统二级英雄模范"称号

罗东阳　　攀枝花市公安局仁和区分局金江派出所副教导员

2010年获公安部全国公安机关集中换发第二代身份证工作先进个人

周建高　　攀枝花市公安局治安支队户政大队民警

2010年被国务院国资委评为“中央企业技术能手”、“中央企业青年岗位能手”

徐帮学　　中国十九冶机装分公司职工

2010年全国劳动模范名单

安顺发　　四川省攀枝花市盐边县共和乡综合文化站主任

黄明安　　攀钢集团攀钢钒轨梁厂万能轧钢车间轴承预装班班长，准备工高级技师

张　文　　攀枝花钢城集团有限公司废旧物资分公司脱硫渣处理车间设备管理员兼技术员

2010年四川省劳动模范名单

程云俊(女)　　攀钢集团攀钢钒公司技术质量部计量车间向阳计量站班长

苏　洪　　攀枝花煤业(集团)有限责任公司花山煤矿综采三队党支部书记

刘建川　　中冶实久电装分公司职工，高级技师

李建超　　攀枝花市公路路政管理支队路政员

刘强声　　攀枝花市城市管理监察支队市容大队大队长

余新会(女)　　四川省烟草公司攀枝花市公司米易县营销部副经理

卢　嘉(女)　　攀枝花市东区大渡口街道金福社区党委书记。

汪碧祥　　攀枝花市银江金勇工贸有限责任公司维修班班长

余朝晖　　四川德胜集团攀枝花煤化工有限公司球团厂机电工段工段长，高级焊工

郑战江　　攀枝花市仁和果树示范繁殖基地，农艺师

王庭富　　攀枝花兴辰钒钛有限公司机械运输车间班长，安全管理员

白长荣　　攀枝花一立矿业股份有限公司收料班班长

鞠崇文　　攀钢集团矿业有限公司总经理，高级工程师

熊毓梁　　攀钢集团冶金工程技术有限公司党委书记，高级政工师

王国良　　四川煤炭产业集团有限责任公司董事，川煤集团攀枝花煤业(集团)有限责任公司董事长、总经理，采矿高级工程师

吴　强　　攀枝花钢城集团有限公司总经理，高级经济师

刘廷荣　　中国石油天然气股份有限公司四川攀枝花销售分公司副总经理，助理工程师

邹　明　　攀钢集团研究院有限公司材料研究所型材研究室副主任，高级工程师

马　莎(女)　　攀枝花市文化馆副馆长、副研究馆员

赖卫国　　攀枝花市人民检察院反贪污贿赂局副局长

周春蓉(女)　　攀枝花市卫生监督局监督二科大渡口队队长

刘雪涛(女)　　攀枝花市米易县第一小学校小学高级教师

倪方云　　攀枝花市仁和区总发乡立新村党支部书记、村委会主任

刘朝国　　攀枝花市米易县撒莲镇摩挲村村民委员会主任

彭建辉　　攀枝花市仁和区大田石榴协会副会长

索 引

本索引为综合性主题索引。包括正文部分21个部类(不包括特载、大事记、专文、附录)的内容。索引标目按汉语拼音字母表排序,同音字按声调顺序排序。标目后数为正文页码,字母a为左栏,b为右栏。

A

B

C

K

L

M

N

T